上海市政府专项资金项目"旅游＋校园体验中心"成果之一

中国经典景点

（中）

中南卷

夏林根——主编　夏林根　于梦寒——编著

中国出版集团

东方出版中心

图书在版编目（CIP）数据

中国经典景点. 中 / 夏林根, 于梦寒, 殷晶编著
. -上海：东方出版中心, 2020.11
　ISBN 978-7-5473-1689-4

　Ⅰ. ①中… Ⅱ. ①夏… ②于… ③殷… Ⅲ. ①景点 -
介绍 - 中国 Ⅳ. ①K928.7

中国版本图书馆CIP数据核字（2020）第172942号

中国经典景点（中）

主　　编　夏林根
编　　著　夏林根　于梦寒　殷　晶
责任编辑　费多芬　邓　伟
装帧设计　钟　颖

出版发行　东方出版中心
地　　址　上海市仙霞路345号
邮政编码　200336
电　　话　021-62417400
印 刷 者　上海万卷印刷股份有限公司

开　　本　710mm×1000mm　1/16
印　　张　61.5
字　　数　760千字
版　　次　2020年11月第1版
印　　次　2020年11月第1次印刷
定　　价　118.00元

前　言

由夏林根教授主持的上海市政府专项资金项目"旅游+校园体验中心"，包括"旅游大数据体验室""出境旅游目的地信息系统""中国经典景点信息系统""客源国风情体验室"等子项目。《中国经典景点》根据其中的"中国经典景点信息系统"的相关资料整理编纂而成。

本书所称的"经典景点"，除了由联合国教科文组织认定的"世界地质公园"和"世界遗产"以外，全部为国务院及各相关部、委、局评选认定和命名的"国家级"景点。它们是人们进行旅游活动的主要场所，也是推进生态文明、建设美丽中国的重要载体。

本书汇集中国31个省、市、自治区(不含港、澳、台)的"经典景点"1.2万余个，分为以下30个类别：

1. 中国历史文化名镇。指由住房和城乡建设部与国家文物局组织评选的，保存文物特别丰富且具有重大历史价值或纪念意义，能较完整地反映一些历史时期传统风貌和地方民族特色的镇。

2. 中国历史文化名村。指由住房和城乡建设部与国家文物局组织评选的，保存文物特别丰富且具有重大历史价值或纪念意义，能较完整地反映一些历史时期传统风貌和地方民族特色的村。

3. 全国特色景观旅游名镇(村)。指由住房和城乡建设部与文化和旅游部共同评定的，具有丰富的地域特色、水域特色、生物特色、气候特色等自然景观资源且保存完好，具有鲜明的非物质文化特色、特色建筑和设施、农林牧渔特色、产业特色、民族特色等人文景观资源，体现乡村和小城镇的地方风貌,具有较高的观光游览和休闲度假等旅游开发利用价值,具有显著的爱国主义、文化传承、城乡交流、科普教育等积极意义,适宜开展旅游活动,形成一定的旅游主题的镇或村。

4. 中国特色小镇。指由国家发展和改革委员会、财政部、住房和城乡建设部共同认定的,富有活力的,以休闲旅游、商贸物流、现代制造、教育科技、传统文化、美丽宜居等为特色的镇。

5. 中国历史文化街区。指由住房和城乡建设部、国家文物局共同认定的,风貌完整、传统建筑集中、历史文化遗存丰富的法定保护的区域或"历史地段"。

6. 国家级文化生态保护实验区。指由文化和旅游部批准建立的,以保护非物质文化遗产为核心,对历史文化积淀丰厚、存续状态良好,具有重要价值和鲜明特色的文化形态进行整体性保护的特定区域。

7. 国家生态旅游示范区。指由文化和旅游部、生态环境部共同评定的,具有明确地域界限、管理规范、具有示范效应的典型的生态旅游示范区。

8. 全国红色旅游经典景区。指由国家发展和改革委员会等认定的,以1840年以来在中国大地上发生的中国人民反对外来侵略、奋勇抗争、自强不息、艰苦奋斗,充分显示伟大民族精神的重大事件、重大活动和重要人物事迹的历史文化遗存为主体,组织接待旅游者进行参观游览,学习革命精神,接受革命传统教育和振奋精神、放松身心、增加阅历的旅游目的地。

9. 全国农业旅游示范点。指由文化和旅游部认定的,以农业生产过程、农村风貌、农民劳动和生活场景为主要景观的旅游活动的示范点。

10. 全国休闲农业与乡村旅游示范点。指由农业农村部、文化和旅游部认定的,推进农业功能拓展、农业结构调整、社会主义新农村建设和促进农民增收的休闲农业与乡村旅游的示范点。

11. 全国工业旅游示范点。指由文化和旅游部认定的,具有观赏、研学、展示、休闲、疗养、购物等功能,提供相应旅游设施与服务的场所,以及反映重大事件、体现工业技术成果和科技文明等的载体,包括工业企业、工业园区、工业展示区域、工业历史遗迹等。

12. 国家级非物质文化遗产生产性保护示范基地。指由文化和旅游部认定的,通过生产、流通、销售等方式,将非物质文化遗产及其资源转化为生产力和产品,产生经济效益,并促进相关产业发展,使非物质文化遗产在生产实践中得到积极保护,实现非物质文化遗产保护与经济社会协调发展良性互动的单位。

13. 国家级旅游度假区。指由文化和旅游部认定的,为了适应我国居民休闲度假旅游需求的快速发展,为人民群众积极营造有效的休闲度假空间,提供多样化、高质量的休闲度假旅游产品,为落实职工带薪休假制度创造更为有利的条件而设立的综合性旅游载体品牌。

14. 国家级风景名胜区。原称国家重点风景名胜区,指由国务院审定的,具有观赏、文化或者科学价值,能够反映重要自然变化过程和重大历史文化发展过程,基本处于自然状态或者保持历史原貌,具有国家代表性的自然景观、人文景观比较集中,环境优美,可供人们游览或者进行科学、文化活动的区域。

15. 国家级自然保护区。指由国务院审定的,对有代表性的自然生态系统、珍稀濒危野生动植物物种的天然集中分布区,有特殊意义的自然遗迹等保护对象所在的陆地、陆地水体或者海域,依法划出一定面积予以特殊保护和管理的区域。

16. 国家级水利风景区。指由水利部评定的,以水域或水利工程为依托,可以开展观光、娱乐、休闲、度假或科学、文化、教育活动的区域。

17. 国家级海洋特别保护区。指由国家海洋局认定的,具有特殊地理条件、生态系统、生物与非生物资源及海洋开发利用特殊需要的,采取有效的保护措施和科学的开发方式进行特殊管理的,具有生态保护和重要资源开发价值、涉及维护国家海洋权益的重要海洋区域。

18. 世界地质公园。指由联合国教育、科学及文化组织选出的,以具有地质科学意义、珍奇秀丽且独特的地质景观为主的,融合自然景观与人文景观的自然公园。

19. 国家地质公园。指由自然资源部认定的,以具有国家级特殊地质科学意义、较高的美学观赏价值的地质遗迹为主体,并融合其他自然景观与人文景观而构成的一种独特的自然区域。

20. 国家森林公园。指由国家林业和草原局批准设立的,森林景观特别优美,人文景物比较集中,观赏、科学、文化价值高,地理位置特殊,具有一定的区域代表性,旅游服务设施齐全,有较高的知名度,可供人们游览、休息或进行科学、文化、教育活动的场所。

21. 国家沙漠公园。指由国家林业和草原局批准设立的,以沙漠景观为主体,以保护荒漠生态系统和生态功能为核心,合理利用自然与人文景观资源,开展生态保护及植被恢复、科研监测、宣传教育、生态旅游等活动的特定区域。

22. 国家石漠公园。指由国家林业和草原局认定的,以多样化的岩溶地貌与生物景观资源为基础,以保护岩溶生态系统及其生态环境为基本出发点,以生态文化建设和科普宣教为主线,合理利用资源开展公众游憩、旅游休闲和进行科学、文化、宣传和教育活动的特定区域。

23. 国家湿地公园。指由国家林业和草原局批准设立的,具有一定规模和范围,以具有显著或特殊生态、文化、美学和生物多样性价值的湿地景观为主体,以保护湿地生态系统、合理利用湿地资源、开展湿地宣传教育和科学研究为目的,可供公众游览、休闲或进行科学、文化和教育活动的特定区域。

24. 国家矿山公园。指由自然资源部、文化和旅游部、生态环境部等评定的,以人类矿业遗迹景观为主体,体现矿业发展历史,具备研究价值和教育功能,可供人们游览观赏、进行科学考察与科学知识普及的特定的空间地域。

25. 国家考古遗址公园。指由国家文物局评定的,以重要考古遗址及其背景环境为主体,具有科研、教育、游憩等功能,在考古遗址保护和展示方面具有全国性示范意义的特定公共空间。

26. 世界遗产。指由联合国教育、科学及文化组织和其组织内的世界遗产委员会确认的,人类罕见的、目前无法替代的、全人类公认的具有突出意义和普遍价值的文物古迹及自然景观。

27. 全国重点文物保护单位。指由国家文物局评定的,具有重大历史、艺术、科学价值,在中华文明中具有标志性地位和全国性意义的最高保护级别的不可移动文物。

28. 国家一级博物馆。指由国家文物局评定的,具有文物、标本收藏保管、科学研究、陈列展览功能,在综合管理与基础设施、藏品管理与科学研究、陈列展览与社会服务等各方面处于最高等级的博物馆。

29. 国家重点美术馆。指由文化和旅游部认定的,具有展览、典藏、研究及公共教育和服务功能,有较好的基础设施、管理和服务,不以营利为目的的公益性美术馆。

30. 中华老字号。指由商务部认定的,历史悠久,拥有世代传承的产品、技艺或服务,具有鲜明的中华民族传统文化背景和深厚的文化底蕴,取得社会广泛认同,形成良好信誉的品牌。

本书分为六卷,即东北卷(包括辽宁、吉林、黑龙江),西北卷(包括陕西、甘肃、青海、宁夏、新疆),华东卷(包括上海、江苏、浙江、安徽、福建、江西、山东,不含台湾),华北卷(包括北京、天津、河北、内蒙古、山西),中南卷(包括河南、湖北、湖南、广东、广西、海南,不含香港、澳门),西南卷(包括重庆、四川、贵州、云南、西藏)。各卷以省级行政区为单位分类归集景点,各类别的景点原则上以认定入选的年份先后为序。本书资料原则上截止于2018年6月。

本书先由夏林根制定框架,选定景点,收集相关基本资料,然后由各分卷编纂者负责校订增补,最后由夏林根通稿审定。在编纂过程中,本书得到了上海杉达学院副校长王馥明教授、副校长娄斌超教授、校长办公室李扬女士,东方出版中心唐丽芳博士,上海奇众信息科技公司总经理高吉瑞先生的大力支持和帮助。本书较多地参考征引了相关政府机关和专业网站的资料,恕不一一列举。谨致谢忱!

目 录 CONTENTS

湖北篇

湖南篇

广西篇

河南篇

河南省，因大部分地区位于黄河以南，故称"河南"。原始社会时期，中原河南地区河流纵横、森林茂密、野象众多，被描述为人牵象之地，河南省由此简称"豫"。《尚书·禹贡》将天下分为"九州"，豫州位居天下九州之中，故河南省有中原、中州之称。

河南省位于中国中东部、黄河中下游，东接安徽省、山东省，北界河北省、山西省，西连陕西省，南临湖北省。总面积 16.7 万平方千米。

河南省地势西高东低，北、西、南三面分别环绕太行山脉、伏牛山脉、桐柏山脉、大别山脉，中、东、北部为华北平原，西南部为南阳盆地，西部为豫西山地，东南部为大别山区。灵宝市老鸦岔海拔 2 413.8 米，为全省最高峰；固始县淮河出省处海拔 23.2 米，为全省最低处。黄河横贯中北部，流域面积约占河南省总面积的 20%。东南部的淮河，流域面积约占全省总面积的 50%。

河南省属暖温带至亚热带、湿润至半湿润季风气候，年平均气温 12.1—15.7℃，极端最低气温−21.7℃，极端最高气温 44.2℃。

河南省辖郑州、开封、洛阳、平顶山、安阳、鹤壁、新乡、焦作、濮阳、许昌、漯河、三门峡、商丘、周口、驻马店、南阳、信阳等 17 个地级市,1 个省直辖行政单位济源市。全省共有 53 个市辖区、21 个县级市、83 个县。省政府驻地郑州市。2019 年年末,全省常住人口 9 640 万人。

河南省是中华民族的发源地之一。安阳殷墟是中国最早的都城。中国四大发明中的指南针、造纸术、火药三大技术均发明于河南省。从夏朝至宋朝,河南省一直是中国政治、经济、文化和交通中心,先后有 20 多个朝代建都或迁都河南省,是中国建都朝代最多、建都历史最长、古都数量最多的省份。春秋战国时期,河南省是"百家争鸣"的主阵地,道家、墨家、法家、名家、纵横家等思想均发源于河南省。河南省还是中国姓氏的主要发源地。河南省地处我国经济由东向西梯次推进发展的中间地带,是中国重要的经济大省,我国小麦、芝麻、烤烟、棉花、大豆的重要产区。

一、中国历史文化名镇

禹州市神垕镇 位于禹州市区西南隅。"垕"寓意"皇天后土"。中国钧瓷文化的发祥地之一。钧瓷始于唐,盛于宋,是中国五大名瓷"钧、汝、官、哥、定"之首,在宋代被皇家定为御用珍品。明清时期,全镇共有陶瓷企业460多家,生产钧瓷、炻瓷、高白细瓷等六大系列千余种产品,是中国北方陶瓷的主要产地和集散地。明清古街保存较为完整,石雕、木雕和瓷艺古朴典雅、端庄大方。现有的"钧瓷一条街""古玩一条街""手工作坊一条街",展现了钧瓷文化的博大精深。2005年入选中国历史文化名镇。

淅川县荆紫关镇 位于淅川县西北部,地处豫、鄂、陕三省接合部,素有"一脚踏三省""鸡鸣三省荆紫关"之称。自古为南北交通要塞,水运有"丹江通道",陆运有"商於古道",明清时期商业繁荣,有"小上海"之称。"明清一条街"古建筑群,有房舍楼阁2 200多间,1 500余间门面房均为清代建筑,是目前国内保存最完整的明清古街之一。还有千年古刹法海禅寺、天然溶洞青龙山罗汉洞,以及三省一条街、平浪宫、山陕会馆等景点。2005年入选中国历史文化名镇。

社旗县赊店镇 位于伏牛山南麓。因东汉光武帝刘秀在此赊酒幌为帅旗举兵反王莽而得名。曾为豫南巨镇,历史上与景德镇、佛山镇、朱仙镇齐名,为全国"四大商业重镇"之一。72条古街道保留清代布局,山陕会馆、厘金局、镖局、票号等古建筑鳞次栉比,保存完好。全国重点文物保护单位山陕会馆,被誉为"天下第一会馆"。传统木雕技艺、刺绣技艺、官粉制造技艺、扎染技艺、银器制造技艺、铜器制造技艺、赊店大调曲、赊店三弦书、黄河九曲连民间游艺和赊店心意拳等非物质文化遗产项目得到了有效保护。2007年入选中国历史文化名镇。

祥符区朱仙镇 位于开封市。别名"聚仙镇",明清鼎盛时期,72路神仙皆有庙祀奉,故名。新石器时代早期就孕育了早期人类文明。北宋末期,"朱仙镇"首次见诸史料记载。明清时期,因贾鲁河的开通而趋鼎盛,成为"南船北车"的转运处和货物集散地,跻身"中国四大名镇",仅寺庙建筑就达110多处,现存岳飞庙、关帝庙、朱仙镇清真寺等。木版年画以浓郁的民俗情趣、独特的艺术风格,被誉为中华"弥珍瑰宝",入选国家级非物质文化遗产名录。河南最大的剧种豫剧以及豫剧祥符调也是从朱仙镇孕育发展而来的。2008年入选中国历史文化名镇。

惠济区古荥镇 位于郑州市西北部。历史上南北大运河与黄河交汇于此。公元前5000年,人类祖先已在此劳作生息。自古为军事要地,公元前204年西楚霸王项羽与汉王刘邦曾决战于此。作为大运河脉络上保存较为完整的节点,汇聚了农耕文化、民俗文化、城市文化、军事文化、水利工程、渔业文化、漕运文化与丰富多彩的艺术瑰宝。现存古迹有古荥阳城遗址、古荥汉代冶铁遗址、纪公庙、周苛庙、城隍庙、孔氏家庙、汉霸二王城、西山仰韶文化遗址、唐碑等。2008年入选中国历史文化名镇。

确山县竹沟镇 位于确山县城西部。1926年,中国共产党在这里建立了基层组织,土地革命战争后期创建了红军游击队,抗日战争全面爆发后这里成为中国共产党在中原地区发展的重要阵地和战略支撑点。竹沟革命烈士陵园为全国重点烈士纪念建筑物保护单位。中型水库竹沟湖碧水青山、如诗如画,湖边有颇具神秘色彩的黄狼沟神仙洞。2008年入选中国历史文化名镇。

郏县冢头镇 位于郏县县城东北,郑尧高速、金孟线公路和前石公路穿境而过。传说汉朝薄姬娘娘埋葬于此,其子汉文帝刘恒建造看墓院,派军队驻守,皇亲国戚、达官显贵年年都来谒拜、奉香,冢头镇由此得名。明清时期已成为商贸中心,有"日进斗金"之说。留存至今的冢头西大街、东左街、北大街是明清时期商业最为发达的地界。保存有明清楼、七孔桥、清真寺、曹家宅院、梁渝宅院、解学士故宅、秦都司宅、刘思宅、闯王阁等明清古建筑共2 000多间房舍。2010年入选中国历史文化名镇。

遂平县嵖岈山镇 位于河南省中南部。群山叠翠,峰峦起伏。全国第一个人民公社"嵖岈山卫星人民公社"于1958年诞生于此。拥有大量历史文化景点,李自成、黄巢屯兵处及城墙,吴承恩生活遗迹,包公庙,缟毂中原会战遗址,李先念办公室旧址,九龙山烈士陵园等保护良好。2014年入选中国历史文化名镇。

滑县道口镇 位于滑县西北隅。历史上因交通发达、文化繁荣、商贾云集而有"小天津"之称。至今保存着隋唐大运河(永济渠)滑县段、蔡阳坟、教士楼、大王庙、道口粮仓和清代商贸一条街(顺河街),清代的住宅院落既有典型的北方民居特征,又有南方建筑的踪影,石刻、木刻、砖刻工艺精湛,反映了明清时代豫北居民的建筑风格和工艺水平。滑县木版年画、大弦戏、大平调被列入国家级非物质文化遗产名录。2014年入选中国历史文化名镇。

光山县白雀园镇 位于光山县东南部。自古以来商贸繁荣,商铺林立,明清时期达到鼎盛,素有"小汉口"之称。现存古街全长1 200余米,两侧大多为明清时期的建筑,有浓郁的豫南建筑风格。景点有"白雀园大肃反"监狱旧址、白雀园苏维埃政府、鄂豫皖省政府治安保卫局分局旧址、明代城门及古城墙、红军井等。改革开放以来,成为南茶北运的集散地、中转站,茶叶经纪人2 200多人,茶叶销售人员达1.3万人。2014年入选中国历史文化名镇。

二、中国历史文化名村

郏县临沣寨 隶属于郏县堂街镇。现存明清民居建筑400多间,青砖瓦屋一座连着一座,错落有致,甚为壮观,其中以朱氏三兄弟的宅院最为高大、考究。一个村落中明清民居建筑数量之多,保存之完好,在全国极为罕见,被誉为"古村寨博物馆""中原第一红石古寨"。2005年入选中国历史文化名村。

郏县张店村 位于郏县李口乡。"汉初三杰"之一张良的故里。张良"运筹帷幄之中,决胜千里之外",辅佐刘邦成就西汉大业,功成退隐,被尊为"谋圣",汉代村内就建有张良庙。明初张良后裔寻根问祖,迁返故里,建房筑寨。明清所建的西官宅,有一座三层石结构的碉楼,数十个拴马石,宽阔的道路,足见当年门庭若市的景象。与西官宅一路之隔的提督府,为明朝隆庆年间九门提督张乐舜的府院,五进院,后有花园,有房间110多间。2008年入选中国历史文化名村。

三、全国特色景观旅游名镇(村)

镇平县石佛寺镇 位于南阳市。南阳玉雕的发源地,中国最大的玉雕产品集散地,被称为"中国玉雕第一镇"。镇域内的玉加工业起源于新石器时代,宋、元两代渐具规模,明、清以来成为当地一大产业。现已形成贺庄摆件市场、榆树庄玉镯市场、小挂件批发市场、石佛寺翠玉玛瑙精品市场、玉博苑早市、玉雕湾综合市场等六大玉雕专业市场。玉雕产业的发展,带动了奇石、古玩、字画、瓷器、骨雕、角雕、铜制品等旅游工艺品加工销售业的迅速崛起。2010年入选全国特色景观旅游名镇(村)。

西峡县丹水镇 位于南阳市。以恐龙遗迹闻名天下。这里的恐龙蛋化石时间跨度大、分布广、数量大、种类多、蛋骨并存、多种化石并生、埋藏集中、保存好,堪称"世界之最"。已暴露的恐龙蛋化石达1 000多枚,分别归属于6科9属13种,下部地层至少还有16个产蛋层。丹水巨型长形蛋和戈壁棱柱形蛋,世所罕见。近年又发现大量鸭嘴龙、禽龙、原角龙、肉食龙等恐龙骨骼。现已建成恐龙遗迹园。2010 年入选全国特色景观旅游名镇(村)。

郏县广阔天地乡 位于平顶山市。原为大李庄乡,1954—1955 年 32 名回乡知识青年参加农业合作化工作,在全国开创了青年知识分子参加农村工作的先例,毛泽东亲笔批示大加赞扬。现存主要景点有毛主席塑像、毛主席批示手迹碑、广阔天地大有作为纪念馆、广阔天地博物馆、知青之家、知青旧居、知青桥、知青井、知青坝、知青游乐园、知青林等。2010 年入选全国特色景观旅游名镇(村)。

嵩县车村镇 位于嵩县南部伏牛山腹地。地跨长江、黄河、淮河三大水系,呈"南山北岭中河川"之势。山险石奇、林木繁茂,造就了天然的生态旅游资源,现已开发白云山、木札岭、卧龙谷、白云小镇、六龙山、龙池十八瀑、白鹰河等景点,以及双溪漂流和两个滑雪场。其中木札岭原始生态旅游区、白云山国家森林公园是洛阳南线生态游的精品景区。2010 年入选全国特色景观旅游名镇(村)。

禹州市神垕镇 2010 年入选全国特色景观旅游名镇(村)。参见中国历史文化名镇——禹州市神垕镇。

淅川县荆紫关镇 2010 年入选全国特色景观旅游名镇(村)。参见中国历史文化名镇——淅川县荆紫关镇。

栾川县三川镇 位于栾川县西北部。地处豫西高寒地区,是天然的避暑度假胜地。峰峦起伏,拥有近 70 平方千米飞播油松林,森林覆盖率高达 87%。盛产中药材,是珍稀植物的"基因库"。抱犊寨人文景观与自然景观完美结合,有望牛岭自然风光、解放军攻寨驻地等景点,还有大红川农业观光采摘园、小红村精品牡丹园、小红村金斗山庄和纵贯镇区长达 1.4 万米的彩叶林观光带。2011 年入选全国特色景观旅游名镇(村)。

济源市坡头镇 位于济源市最南部。中华文明发祥地之一,有栗树沟仰韶文化和龙山文化遗址,还有万佛山北魏石窟。拥有北方罕见的 30 余平方千米的宽阔水面,造就了"湿地绕碧水,大河染落霞""半城山色半城湖"的壮丽景观。坡头镇也是革命老区,抗日武装曾成功护送陈(赓)谢(富治)大军抢渡黄河。2011年入选全国特色景观旅游名镇(村)。

西峡县双龙镇 位于河南省西部伏牛山腹地。林业资源丰富,森林覆盖率89%。拥有龙潭沟瀑布群、灌河漂流和石门湖等山水风景区。有以油桐、山茱萸、板栗、猕猴桃、食用菌、中药材为主的120多个品种的果菌药园。已探明具有开采价值的矿藏有石墨、黄金、红柱石、大理石、锌镁石、花岗岩、重晶石、海泡石、石英等20余种,其中石墨总储量4亿吨,为"亚洲四大石墨矿床"之一。2011年入选全国特色景观旅游名镇(村)。

栾川县栾川乡 位于栾川县城东西两侧。拥有旧石器遗址和仰韶文化遗址。风景秀丽,设计了以老君山为代表的山水游、以鸡冠洞为代表的溶洞游和以养子沟为代表的农家游。老君山是伏牛山的主峰。鸡冠洞山清、水秀、石奇、洞幽,钟乳石、石笋、石柱、石幔、石瀑、石花姿态万千。养子沟因唐代贞观年间巾帼名将樊梨花在此安营扎寨、养子教子而得名,群峰险峻、怪石林立,以石林"八仙峰"、伏牛奇峰"牛心峰"、中华奇石"风动石"等地质奇观为主要特色。2011年入选全国特色景观旅游名镇(村)。

社旗县赊店镇 2011年入选全国特色景观旅游名镇(村)。参见中国历史文化名镇——社旗县赊店镇。

遂平县嵖岈山镇 2011年入选全国特色景观旅游名镇(村)。参见中国历史文化名镇——遂平县嵖岈山镇。

登封市告成镇 位于登封市东南隅。原名"古阳城",因武则天登嵩山封中岳,到达古阳城,说道"大功告成"而改名为"告成镇"。现有全国重点文物保护单位两处,省级重点文物保护单位两处,另有古寺、庙、遗址20多处,如周公测景台、元代观星台、天文博物院、夏都遗址、王城岗遗址、古阳城遗址和战国冶铁遗址、汉墓群、唐宋曲河瓷窑遗址等。另有石踪会饮、玉溪垂钓、颍水春耕、箕山避暑等中岳胜景。2015年入选全国特色景观旅游名镇(村)。

栾川县石庙镇 位于栾川县城西隅。因境内有一清朝石凿庙宇而得名。山清水秀,森林覆盖率达85%。千年古刹黄密寺、天鼓山、七姑寨、观星楼、老母洞、白衣阁等,均为栾川胜景。镇域内的洛阳伏牛山滑雪度假区,被誉为"中原第一滑雪场"。2015 年入选全国特色景观旅游名镇(村)。

汝阳县付店镇 位于汝阳县西南部。地处伏牛山腹地,历代都为战略要地。西泰山主峰海拔 1 599 米,面积达 126 平方千米,占全镇总面积的 60%。西泰山为外方山系,山石由古老的太古界、元古界火成岩组成,形成多种自然地貌景观,还有漫山遍野的杜鹃花,有"野生杜鹃花十万顷"之说。2015 年入选全国特色景观旅游名镇(村)。

郏县姚庄回族乡 位于郏县县城东隅。回族人口占 55%,为"中国少数民族特色村寨"。茶食文化积淀深厚,郏县的饮食"三绝"(茶水、牛肉、饸饹面)姚庄乡就占了两绝(茶水、牛肉)。早在宋嘉祐年间,这里的清真茶食就远近闻名,文学家苏轼曾在此写下"遂令色香味,一日备三绝"的佳句。地下水富含锗、锶等 40 多种对人体有益的微量元素。烧鸡、烧兔以千年传统腌制工艺和独特的风味享誉中原。2015 年入选全国特色景观旅游名镇(村)。

舞钢市尹集镇 位于舞钢市东南隅。山水相间,风景秀丽,素有"六山一水三分田"之称。九头崖风景区山峰陡峭,林木繁盛,冬暖夏凉,有 27 处古迹,8 洞 12 泉等 180 余处景点,其中九头崖、虎头山、百洞岩等是休闲娱乐的好去处,也是红色旅游胜地。毗邻石漫滩、田岗两座大型水库,还有任洞沟、老张沟等小型水库 2 个,坑塘堰坝 27 个,主要河流 3 条,地下水富含对人类有益的多种矿物质,是纯净水、矿泉水等水制品的理想加工基地。2015 年入选全国特色景观旅游名镇(村)。

林州市石板岩镇 地处林州市西北部。有三九严寒桃花开的桃花谷、三伏酷暑水结冰的太极冰山、千古之谜猪叫石等三大奇观,还有太行之魂王相岩、幽深谷幽仙霞谷、晋普龙洞小洞天、酷暑结冰太极山、亦真亦幻仙台山、鬼斧神工鲁班门、华夏一绝桃花瀑、太行平湖南谷洞等八大景观,被赞誉"步随景移,百里画廊,人间仙境"。国际滑翔基地鲁班门南教场也位于境内。2015 年入选全国特色景观旅游名镇(村)。

修武县云台山镇 位于修武县北部太行山区。红石峡、潭瀑峡、泉瀑峡、青龙峡、峰林峡、万善寺、子房湖、猕猴谷、茱萸峰、叠彩洞等景点,远近闻名。拥有世界地质公园、国家级风景名胜区、国家生态旅游示范区、国家级水利风景区、国家森林公园、国家猕猴自然保护区、国家文化产业示范基地等称号。2015 年入选全国特色景观旅游名镇(村)。

南召县乔瑞镇 位于南阳市。"八山一水半分田,半分道路和庄园"的深山乡镇。宝天曼旅游风景区兼有"泰山之雄、华山之险、黄山之奇",被联合国教科文组织列为世界生物圈保护区。仙人洞、宝天洞溶洞群,钟乳倒挂、景象万千。2015 年入选全国特色景观旅游名镇(村)。

方城县二郎庙乡 位于方城县东南部,桐柏山脉的大乘山横卧境内。拥有悠久的历史文化和山清水秀的自然景观:风光旖旎的大寺森林公园,始建于唐朝的普严寺,碧波荡漾的望花湖,秦末农民起义领袖陈胜故里,中原罕见的中州石林,南宋抗金古战场,南水北调中线工程最佳观赏地方城垭口。2015 年入选全国特色景观旅游名镇(村)。

新县田铺乡 位于新县东南部。地跨江淮两大流域,高山耸峙,峰峦叠嶂,大别山第二高峰黄毛尖屹立在境内东部。自然资源丰富,森林覆盖率87%。分布有高等植物 1 700 多种,野生动物 400 余种,板栗、银杏、茶叶、杭白菊等生态产品独具特色。2015 年入选全国特色景观旅游名镇(村)。

济源市五龙口镇 位于济源市东北部。地处山西与河南两省交界地带,是晋煤外运、南货北进的重要通道。古称"枋口",秦代开山凿渠以枋木为闸,后又开挖了利丰、广济、广惠、永利和兴利五渠,呈"五龙分水"之势,"五龙口"因此得名。风景秀丽,有温泉、盘谷、沁河、愁儿沟、阳落山白涧沟五大景区,景点 68 个,以猕猴、温泉为特色。历史文化厚重,有白居易笔下"孔山刀剑立,沁水龙蛇走"的沁河景区、秦代修建的古枋口遗址、曹魏时期的沁河古栈道遗址等。2015 年入选全国特色景观旅游名镇(村)。

驿城区蚁蜂镇 位于驻马店市西部。汉代名将张良的祖籍地。三面环山,形如盆地,森林覆盖率 68%。金顶山风景区因葱林秀水和天然氧吧而闻名遐迩,云梦山古栗养生园因古木参天、流水淙淙而享有盛名。2015 年入选全国特色景观旅游名镇（村）。

栾川县杨树坪村 位于栾川县石庙镇。海拔1 750米,是河南省海拔最高的行政村。群山环抱、环境优美,山上奇花异草遍地,有珍稀动物出没,四季景色各异。伏牛山滑雪场集休闲、度假、娱乐、商务于一体,每年一度的冰雪文化节和种类繁多的活动吸引了大量游客。登滑雪场高山观光区,可远眺熊耳山、老君山、犄角尖,云海荡漾、山峰隐现,令人难忘。2015年入选全国特色景观旅游名镇（村）。

栾川县养子沟村 位于栾川县城东南的栾川乡。因唐朝巾帼英雄樊梨花在此安营扎寨,养子教子而得名。养子沟风景区植被茂盛,森林覆盖率89%。主要景点有樊梨花屯兵的樊梨花寨、蜂蜜顺石壁流淌的蜂糖崖等。2015年入选全国特色景观旅游名镇（村）。

平桥区郝堂村 位于信阳市。三面环山、一面依水,森林覆盖率84%,为两河口国家湿地公园的组成部分。有始建于明朝中期的昭庆古禅寺、郝氏古祠堂、张玉恒故居、白桦故居纪念馆,以及银杏、国槐、板栗、枫杨、腺柳等百年古树;拥有2万亩生态茶山和1万亩板栗园;开设了斗茶、品茶、制茶的茶文化体验项目,以及爬山、山地自行车骑行、溯溪、手工炒茶能手大赛等生态体验项目。2015年入选全国特色景观旅游名镇（村）。

罗山县灵山村 位于信阳市东南部灵山镇。豫南名刹灵山寺坐落在镇区内。地下矿藏丰富,有金、银、铜、铁、钼、铅锌、萤石和花岗岩等。花岗岩品种繁多,色泽花纹美观,质地坚硬,出材率高;铅锌、萤石、金等矿品位高,母山钼矿储量大,开发前景广阔。2015年入选全国特色景观旅游名镇（村）。

四、中国特色小镇

温县赵堡镇 位于温县东部。公元前1525年商代帝祖乙的都城遗址位于境内。有清末名宦李棠阶故里,李棠阶曾任大理寺卿、军机大臣、礼部尚书等要职。名扬中外的太极拳发源于该镇陈家沟村,人称"武当赵堡太极拳"。作为当今北派武当太极拳的主要传承基地,大力开发太极文化产业,建立了太极文化村。2016年入选中国特色小镇。

西峡县太平镇 位于西峡县北部山区,地处伏牛山主脉老界岭腹地。森林覆盖率95%以上,"一山有四季,十里不同天"。清爽湿润的气候孕育了丰富的物种,有金钱豹、大鲵、梅花鹿、猫头鹰、香獐等珍稀野生动物,有中生代的古生动植物60多种,还有珍贵中药材1 200多种。2016年入选中国特色小镇。

禹州市神垕镇 2016年入选中国特色小镇。参见中国历史文化名镇——禹州市神垕镇。

确山县竹沟镇 2016年入选中国特色小镇。参见中国历史文化名镇——确山县竹沟镇。

汝州市蟒川镇 位于汝州市市区西南部。相传因远古时有大蟒出没而得名。严和店村是北宋初年著名的汝官窑所在地,有"十里蟒川河、十里大窑厂"之说。明清时期万里茶马古道上的重要驿站半扎古镇也在镇境内,古巷、古楼、古井、古寨、古树、古墓犹存。自然风景秀丽,罗圈冰川遗迹是"世界四大古冰川遗迹"之一。蒋姑山风景区林木茂盛,另有周赧王陵、冬青沟、鸳鸯湖、石门峡谷、喀斯特地貌蝙蝠溶洞等景观。已探明原煤储量4 500万吨,铝矾土储量1.3亿吨,有"煤海铝山"之称。2017年入选中国特色小镇。

孟津县朝阳镇 位于洛阳市北部,南依洛阳市区,北接黄河小浪底水利枢纽。历史底蕴深厚,石器时代的伏羲画八卦遗址位于卦沟村,北魏孝文帝陵位于官庄村,东汉军事家、外交家班超葬于张阳村,南唐后主李煜冥寂于后李村,豫西现存面积最大的清代古民居建筑卫坡古民居位于卫坡村。闻名遐迩的"三彩之乡",是唐三彩工艺品的发源地,南石山村的唐三彩工艺保留了唐三彩古色古香、浑厚质朴的大唐韵味,品种繁多、釉色艳丽、千姿百态。2017年入选中国特色小镇。

华龙区岳村镇 位于濮阳市东北部。东北庄杂技历史悠久，萌芽于夏商，兴盛于明清，为中国杂技文化的重要发祥地之一。东北庄被称为"杂技之乡"，与河北吴桥并称"杂技南北两故里"。矿产资源丰富，煤炭储量约2亿吨，石灰石、铝矾土等矿产储量也十分丰富。五星水库常年碧波荡漾，是避暑旅游胜地。2017年入选中国特色小镇。

商水县邓城镇 位于商水县西北部。三国时魏大将邓艾在此屯兵，故名"邓城"。古迹众多，以饮马台、叶氏庄园等最为著名。以"公司+农户"为基本形式，建成了十大生产基地、十大专业村，培育了5 000个专业大户，初步形成了粮油加工、蔬菜加工、辣椒生产、食用菌栽培、长毛兔和水獭兔饲养、生猪生产、手工纺织等七大龙头产业。邓城猪蹄、杠子馍、麻花等富有地方特色的小吃，闻名遐迩。2017年入选中国特色小镇。

巩义市竹林镇 位于巩义市东部浅山丘陵区。长寿山景色优美，春天上万株桃花怒放，深秋红叶漫山遍野。长寿风情古镇，集民俗文化、手工作坊、特色小吃、非物质文化遗产、民宿客栈为一体。曾获中国人居环境范例奖，被联合国教科文组织确定为"可持续发展的中国小城镇"试点镇。2017年入选中国特色小镇。

长垣市恼里镇 位于长垣市东南部。境内的黄河滩区生态游览区，建有乡村度假村、传统农业博物馆、农业超市区、私家园林区、百菜园、百家园、百花园等。利用地处黄河之滨的地理优势，全力打造"文化之旅、自然之旅、田园之旅"，已建成5万亩优质麦农业园，2万亩生态旅游示范园，2万亩速生丰产林，8 000亩优质水稻田和2 600亩转基因棉花地，田成方、树成行、路成网。2017年入选中国特色小镇。

林州市石板岩镇 2017年入选中国特色小镇。参见全国特色景观旅游名镇（村）——林州市石板岩镇。

永城市芒山镇 位于永城市北部。古称"砀"，得名于芒砀山。秦置砀郡，汉置砀县，唐称凤凰城，清为保安镇，1986年设芒山镇。芒砀山是千里豫东平原上唯一的山群，有"仙女峰"之称，是汉高祖刘邦斩蛇起义之地，被誉为"汉兴之地"。芒砀山汉文化旅游景区是国家级汉文化传承服务标准化试点单位和河南省"十二五"期间十大文化产业聚集区之一。有汉梁王墓群、刘邦斩蛇处、芒砀山地质公园、陈胜墓、夫子崖等景点，还有传承千年的芒砀山古庙会。2017 年入选中国特色小镇。

灵宝市函谷关镇 位于灵宝市北郊。古代西去长安、东达洛阳的通衢咽喉，中原文化和秦晋文化的交汇地，千百年烽烟际会、兵家必争的战略要塞。有汉王台、关龙逢墓、函谷夹辅、魏函谷关等名胜古迹，函谷关历史文化旅游区享誉海内外。2017 年入选中国特色小镇。

邓州市穰东镇 位于邓州市东北部。因地处春秋战国时期穰侯魏冉的封地以东而得名。明清时"商贸辐辏，商户千余家，为邓之首镇"。历史人文积淀深厚，先后出现了医圣张仲景、东汉尚书令左雄、清代武状元马殿甲等历史名人。现存古迹有新石器时代文化遗址太子岗、汉代涅阳城遗址、金鸡冢、九龙桥等。服装加工产业集群为穰东的特色和名片，是全国一级服装加工、批发基地。2017 年入选中国特色小镇。

镇平县石佛寺镇 2017 年入选中国特色小镇。参见全国特色景观旅游名镇——镇平县石佛寺镇。

五、国家级文化生态保护实验区

说唱文化(宝丰)生态保护实验区 宝丰县被誉为"曲艺之乡"和"中国民间艺术之乡"，宝丰说唱文化以马街书会为标志。马街书会是一项汉族民间曲艺盛会，和山东惠民的胡集书会并列中国北方两大书会。马街书会是全国各地说唱艺人的"朝拜圣地"，曲艺行当的交易盛会。每年农历正月十一到正月十三为书会的会期，全国数千名曲艺艺人负鼓携琴汇聚于此，在火神庙旁举行祭拜师祖和收徒拜师仪式。他们以天作幕、以地为台、以曲会友,京韵大鼓、山东琴书、三弦书等40多种曲艺曲种和上千部传统及现代曲目在这里集中展现。2017年入选国家级文化生态保护实验区。

六、国家生态旅游示范区

云台山国家生态旅游示范区 位于焦作市北部。云台山是世界地质公园、国家级风景名胜区、国家级水利风景区、国家森林公园,兼具北方之雄浑、江南之灵秀,并成为中国特殊植被的北界和最高纬度的猕猴保护区。分为云台山、神农山、青龙峡、峰林峡和青天河五大园区。2013年入选国家生态旅游示范区。

尧山·大佛国家生态旅游示范区 位于鲁山县境内。尧山因尧裔孙刘累为祭祖立尧祠而得名,是天下刘姓的起源地。战国思想家、社会活动家墨翟降世于尧山脚下,现有墨子故里遗址。尧山雄踞中原,有"三十六处名胜,七十二个景点",处处绮丽如画,一步一景。大佛景区拥有"世界第一大佛""世界第一大钟"等丰富的旅游文化资源,有牌坊、佛泉寺、愿心台、福慧大道、礼佛台、文化碑廊等景点,是集温浴疗养、观光旅游、休闲娱乐于一体的旅游胜地。2013年入选国家生态旅游示范区。

嵖岈山旅游景区 位于遂平县境内。山势嵯峨,怪石林立。南山、北山、花果山、六峰山砥足而立,秀蜜湖、琵琶湖、百花湖、天磨湖点缀其间,构成了一幅奇特秀丽的风光画卷,享有"中华盆景""中州独秀""江北石林""伏牛奇观"之美誉。历代为兵家必争之地。2014年入选国家生态旅游示范区。

淇河生态旅游区 位于鹤壁市淇滨区。淇河常年流水,四季不断流,上游有库容6亿立方米的盘石头水库,是鹤壁人民的"母亲河"。泉水较多,其中许沟温泉泉眼四处,出流稳定,水质清洁,四季恒温,富含硫黄、硒、镁、钠等矿物质。河两岸森林茂密,栖息有白鹭、野鸭、灰鹤等鸟类,动植物资源丰富。"淇河三珍"(淇河鲫鱼、冬凌草、缠丝鸭蛋)国内闻名。2015 年入选国家生态旅游示范区。

重渡沟风景区 位于栾川县潭头镇西南的伏牛山。东汉光武帝刘秀曾二渡伊水至此,摆脱王莽追杀,成就帝业,遂御赐"重渡"。有金鸡河、海翠河、水帘仙宫等景区,以"三绝"为特色。一绝为重渡沟的水。北方景区普遍缺水,但重渡沟上百个泉眼数百股泉水喷涌而出,汇成了源源不断的兰溪清流。二绝为重渡沟的竹,50 多万平方米竹林密密层层。三绝为重渡沟的农家旅舍,环翠居、翠屏居、桃花园、故人庄等农家旅舍充满田园气息。2015 年入选国家生态旅游示范区。

七、全国红色旅游经典景区

鄂豫皖苏区首府革命博物馆 位于新县。鄂豫皖革命根据地是土地革命战争时期中国共产党领导创建的全国第二大革命根据地,在此先后诞生了红四方面军、红二十五军、红二十八军三支主力红军。由李先念题写馆名的博物馆,占地面积 3 万平方米,中式建筑庄重典雅,与苍松翠柏深处的鄂豫皖苏区首府烈士陵园隔河相望,馆内有七个展厅,再现了老一辈无产阶级革命家的战斗足迹,展现了革命老区的今日风采。2016 年入选全国红色旅游经典景区。

鄂豫皖苏区革命烈士陵园 位于新县县城白马山。占地面积 22 万平方米,安葬着近百位革命烈士、老红军和红军将领。主要景点有概括鄂豫皖地区革命斗争历史的《燎原》浮雕墙,纪念鄂豫皖地区牺牲的 13 万余革命烈士的纪念碑、纪念堂、烈士事迹陈列室、英烈广场、流芳园、大别山魂纪念碑。珍藏有朱德、邓小平、李先念、徐向前、许世友、李德生、刘华清、迟浩田等党和国家领导人的亲笔题词及烈士遗物 4 500 余件。现为全国重点革命烈士纪念建筑物保护单位、全国爱国主义教育示范基地。2016 年入选全国红色旅游经典景区。

信阳市首府路和航空路革命旧址 包括中共中央鄂豫皖分局旧址、红四方面军总部旧址、鄂豫皖军委航空局旧址、鄂豫皖省工农民主政府旧址、鄂豫皖省苏维埃政治保卫局旧址、鄂豫皖苏区税务总局旧址等。1931 年红军攻克新集（今新县县城），鄂豫皖苏区党政军机关先后迁到这里，党中央在此建立了鄂豫皖分局，成立了鄂豫皖军委。现存的系列遗址建筑大多建于清末。2016 年入选全国红色旅游经典景区。

信阳市将军故里 新县田铺乡河铺村许家洼是许世友将军故里。主要景点有许世友将军的墓地、故居、生平事迹陈列室、纪念广场等。墓地占地约 90 平方米，墓身由白色花岗石砌成，墓前的灰色花岗石墓碑由杨尚昆、徐向前等所立，碑文由书法家范曾题写。故居有砖木结构房屋 10 间，占地面积 322 平方米。生平事迹陈列室根据当地农房样式改建而成，再现了许世友将军的传奇一生。2016 年入选全国红色旅游经典景区。

金刚台红军洞群 位于商城县大别山金刚台主峰。金刚台山上有近百个大小洞穴，是当年红军的生活居所和战斗堡垒，因此被称为"红军洞"。1935—1937 年，中共商（城）南县委领导金刚台妇女排和游击队，配合红 28 军，以"红军洞"为据点，进行艰苦卓绝的游击战争。2016 年入选全国红色旅游经典景区。

箭厂河革命旧址 位于新县南部。包括曹门革命红学旧址、箭厂河列宁小学旧址、红二十五军司令部旧址、中国工农红军第一军司令部旧址、鄂豫皖边特区工农民主政府旧址、新县第一个党支部成立纪念地、300 名烈士牺牲地、晋冀鲁豫野战军总部旧址、红四方面军后方总医院旧址、曹门农协旧址、中共鄂豫皖特委箭厂河会议旧址、中共安（红安）麻（麻城）经（经扶）县委旧址、中共鄂东特委木城寨会议遗址、占湾革命红学旧址、箭厂河农民暴动旧址、箭厂河防务委员会旧址、肖国清烈士就义纪念地、程儒香烈士纪念碑、红军洞、《中华苏维埃土地法》书写墙等。2016年入选全国红色旅游经典景区。

新四军第五师师部旧址　位于信阳市浉河区浉河港镇胡岗村。1939年1月,李先念等从竹沟南下到四望山,开创了豫鄂边敌后抗日根据地,组建了新四军第五师。新四军第五师主要活动于豫鄂边区,创建、巩固和发展了豫鄂边抗日根据地。旧址原有房屋五间,青砖黑瓦结构,现仅存地基。2016年入选全国红色旅游经典景区。

石林会议旧址　位于鹤壁市山城区石林镇。1947年豫北战役胜利结束后,刘伯承、邓小平在石林镇法隆寺召开军事会议,史称"石林会议",这里由此成为刘邓大军"强渡黄河""挺进中原""千里跃进大别山"等一系列我党我军历史上重大事件的策源地和发祥地。解放战争战略反攻的号角从这里吹响,解放全中国的序幕从这里拉开。旧址有作战指挥室、刘邓首长休息室、展览馆。2016年入选全国红色旅游经典景区。

竹沟革命纪念馆　位于确山县竹沟镇延安街。竹沟是中原地区革命的摇篮,刘少奇、李先念、彭雪枫、张劲夫等曾在这里工作和战斗,中国共产党著名报刊《拂晓报》《小消息报》在竹沟创刊。纪念馆始建于1956年,由周恩来题写馆名。景点有中共中央中原局、中共河南省委、新四军四支队八团队各机关旧址,豫鄂边军事会议旧址和刘少奇、李先念、彭雪枫等人的办公室等旧址。2017年入选全国红色旅游经典景区。

红二十五军长征出发地　位于罗山县铁铺乡何家冲村。红军长征四大出发地之一。主要包括中国工农红军二十五军军部旧址、长征出发集合地遗址和红二十五军医院旧址三部分。红二十五军军部旧址即何氏祠堂,始建于明代,现存房屋10余间,2016年发行的《中国工农红军长征胜利80周年——河南罗山红二十五军长征出发地》明信片的画面即这座祠堂。1934年11月16日,红二十五军近3 000名将士聚集何家冲村,宣誓长征,现存银杏树和红军碾等遗迹。2017年入选全国红色旅游经典景区。

桐柏英雄纪念馆 位于桐柏县叶家大庄。纪念馆即中共中央中原局、中原军区和中原行署旧址。纪念馆占地 2.3 万平方米，主体建筑面积 3 014 平方米，有 10 个院落，117 间房屋，原属叶氏家族村落。2017 年入选全国红色旅游经典景区。

二七纪念堂 位于郑州市钱塘路。京汉铁路总工会成立大会旧址。1923 年 2 月 1 日，京汉铁路工人在此举行总工会成立大会。由于遭到军阀无理阻挠，总工会于 2 月 4 日举行全路总罢工，郑州铁路工人拉响大罢工的第一声汽笛。2 月 7 日，军阀吴佩孚进行血腥镇压，造成震惊中外的"二七"惨案。纪念堂占地面积 6 440 平方米，是一座砖木结构的纪念性建筑。2017 年入选全国红色旅游经典景区。

焦裕禄烈士陵园 位于兰考县城北隅。焦裕禄曾任兰考县委书记，带领群众治理沙荒洼碱地，改变了兰考面貌，因积劳成疾病故，1966 年追认为烈士。陵园由纪念碑、墓区和纪念馆组成。墓区占地面积 210 平方米，汉白玉石砌墓冢，墓前有"焦裕禄烈士之墓"大理石碑，墓后纪念壁上镌刻着毛泽东题词"为人民而死虽死犹荣"。广场中央有一座高 19.64 米的革命烈士纪念碑，周围苍松翠柏，正面镌刻着毛泽东手书"革命烈士永垂不朽"。纪念馆收藏有焦裕禄遗物 89 件、照片 200 余幅。2017 年入选全国红色旅游经典景区。

红旗渠 位于林州市的太行山上。20 世纪 60 年代修建，总干渠长 70.6 千米，渠底宽 8 米，渠墙高 4.3 米，纵坡为 0.012 5%，被称为"人工天河"。红旗渠游览区由"分水苑""青年洞""络丝潭"三个景区组成。在分水苑景区，红旗渠总干渠一分为三，翠柏簇拥，渠水奔腾。在青年洞景区，红旗渠悬挂在巍峨雄险的太行山悬崖绝壁之上，主景"青年洞"靠断壁而凿，从大山之中穿通而过。络丝潭景区有漳河名胜"小三峡"、神秘莫测的"神龟洞"、凌空高悬的"铁索桥"。2017 年入选全国红色旅游经典景区。

淮海战役陈官庄战斗遗址 位于永城市陈官庄乡。陈官庄是淮海战役的决战场，解放战争在这里迈出极为关键的一步。在陈官庄战斗纪念馆的地宫内,安放着在淮海战役中牺牲的 1 691 位烈士的遗骨。168 页岩书石卷组成的烈士名录石刻墙,镌刻着华东野战军 11 个纵队和支前民工在陈官庄地区歼灭战中牺牲的 7 291 名烈士的英名,他们中最小的只有 13 岁。2017 年入选全国红色旅游经典景区。

彭雪枫故居及纪念馆　位于镇平县境内。中国工农红军、八路军、新四军高级指挥员,军事家彭雪枫诞生于此。故居原系草房,修葺后恢复生活、生产用房 21 间。纪念馆占地面积 2.47 万平方米,主体建筑面积 5 916 平方米,瞻仰大厅前矗立着高 3.2 米、重 1.5 吨的彭雪枫将军戎装铜像。2017 年入选全国红色旅游经典景区。

单拐革命旧址　位于清丰县双庙乡单拐村。抗日战争后期、解放战争初期,这里是中共中央北方局、冀鲁豫分局、冀鲁豫军区司令部暨军区第一兵工厂所在地,是邓小平、黄敬、宋任穷、王宏坤、杨勇、苏振华等领导同志生活战斗过的地方。旧址共有革命遗迹 38 处。2017 年入选全国红色旅游经典景区。

刘邓大军指挥部旧址　位于安阳市蒋村乡西蒋村。原为清代广东巡抚马丕瑶的府第马氏庄园,建于清光绪至民国初期。占地面积 2 万多平方米,分为三区六路,俗称"九门相照"。住宅三路的建筑格局大同小异,既有典型的北京四合院宽敞明亮的建筑风格,又有晋商大院深邃富丽的建筑艺术,还有中原地区蓝砖灰瓦五脊六兽挂走廊的建筑特色,被称为"中原第一官宅"。1947 年刘邓大军进入豫北地区,司令部设此。2017 年入选全国红色旅游经典景区。

南太行创业精神红色旅游景区　包括新乡市的刘庄、京华村、唐庄、裴寨村、郭亮洞等五处,分别位于新乡县七里营镇、小冀镇、卫辉市和辉县市张村乡。这五个地方都是艰苦奋斗,改变贫穷落后面貌的先进典型。郭亮洞人用血汗和生命在丹崖绝壁上开凿出一条长 1 300 米、宽 6 米、高 4 米的人工通道。2017 年入选全国红色旅游经典景区。

吉鸿昌将军纪念馆　位于扶沟县城鸿昌大道。吉鸿昌是抗日英雄、爱国将领,曾写下"恨不抗日死,留作今日羞。国破尚如此,我何惜此头"的就义诗。纪念馆占地面积 6.6 万平方米。广场上屹立的吉鸿昌将军青铜塑像,高 7.9 米、重 6 吨,广场西侧国防教育园放置有空军某部赠送的一架退役的歼-6 教练战斗机,济南军区赠送的一辆退役坦克及两门大炮。2017 年入选全国红色旅游经典景区。

八路军驻洛办事处纪念馆　位于洛阳市南关贴廓巷。八路军驻洛办事处是中国共产党于 1938—1942 年间在国民党第一战区长官司令部所在地洛阳设立的一个公开统战机构。纪念馆占地面积 4 200 多平方米,房屋 150 多间,砖木结构,建造于清道光中期,是南关富豪庄延珍家的宅院。纪念馆复原陈列有刘少奇住室、电台室、处长室、豫西省委会议室、警卫排住室等。2017 年入选全国红色旅游经典景区。

八、全国农业旅游示范点

河南省农业高新科技园　位于中牟县境内。包括国家级农作物品种区域站,国家救灾种子储备库,国家级农作物、果树、蔬菜品种区试站。1 000 多个小麦品种高低不一,600 多个玉米品种株型不同,300 多个果树品种三季开花四季有果,150 多个辣椒品种千奇百怪,七彩椒争奇斗艳。2004 年入选全国农业旅游示范点。

金鹭鸵鸟游乐园　位于郑州经济技术开发区十五大街南段。亚洲最大的鸵鸟养殖示范基地。设有骑鸟场、踩蛋场、太空球、垂钓中心、滑草场、空中索道、人工湖、水上乐园、攀岩、彩弹射击、峡谷漂流等 200 多个特色旅游娱乐项目。2004 年入选全国农业旅游示范点。

洛阳市南村　位于洛阳市涧西工业区。典型的都市村庄。村集体企业于 1998 年组建了南华集团公司,成为一家集冶金、铸造、机械加工等为一体的综合型乡镇企业集团公司。南村被评为"河南省村民自治先进村"。2004年入选全国农业旅游示范点。

临颍县南街村 位于临颍县东南部。南街村坚持集体所有制形式，建成国家大型一级企业集团南街村（集团）有限公司，拥有食品加工、印刷、制药等企业，形成了文化园区、工业园区、高新农业园区、村民住宅游览区、文化教育游览区、广场文化展示区、珍奇植物园区和革命传统教育区八大旅游景区，成为全国新农村集体致富的典范。2004年入选全国农业旅游示范点。

临颍县龙堂村 位于临颍县西部。龙堂村组建了农副产品精深加工、绿色蔬菜种植、休闲食品生产、粮食仓储物流、现代家居生产的综合性企业集团，形成了食品加工、现代农业和木业产业三大支柱产业，走出了一条"砖瓦柳编起步、粮食加工致富、集体个体齐上、配套成龙互补"的创业之路。曾获得"农业产业化国家级重点龙头企业""全国食品百强企业""社会主义新农村建设示范村""科技示范村""全国文明村""国家级生态村"等称号。2004年入选全国农业旅游示范点。

林州市太行大峡谷 位于林州市石板岩镇境内。这里海拔800—1 739米，相对高差1 000米左右，植被覆盖率90%。包括泉潭叠瀑桃花谷、百里画廊太行天路、太行之魂王相岩、原始生态峡谷漂流、人间仙境仙霞谷等景区。民宅建筑就地取材，石街、石院、石墙、石柱、石梯、石楼与大自然浑然一体，古色古香。2004年入选全国农业旅游示范点。

鄢陵国家花木博览园区 位于许昌市东部。占地面积1 500亩，划分为博览会展区、蜡梅文化展示区、生态科普展示区、热带植物盆景展示区、休闲度假区、游乐区、系列景观区等功能区域。建设景点200余个，包括会展中心、热带植物盆景展示厅、怡园、名优花木展示区、水生植物展示区、百年紫薇园、春夏秋冬园、科普示范区等。种植的植物有苏铁类、银杏类、松柏类、紫薇类、花草类、水生花卉等2 800个品种。2004年入选全国农业旅游示范点。

　　新乡市耿庄村　位于新乡市凤泉区南部,太行山南麓凤凰山下。全村艰苦创业,百折不挠,耕地实行机耕、施肥、播种、浇灌、收割五统一,形成"田成方、林成网、路相通、旱能浇、涝能排"的田园化格局,建设成"全国文明村"。2004 年入选全国农业旅游示范点。

　　新乡县京华园　位于新乡县小冀镇。占地面积 300 亩,亭台楼榭,曲径通幽,长廊相接石栏相连,松竹苍翠,百花争艳,生机盎然。有天地宫、历代名君殿、名臣名将府、中华名人馆等景点。2004 年入选全国农业旅游示范点。

　　新乡县刘庄村　位于新乡县七里营镇。地处豫北黄河故道,北依太行,南临黄河。从 1953 年开始,刘庄村人车推、肩挑、人抬,起岗填沟,拉沙盖碱,把刘庄村周围 750 多块凹凸不平的"盐碱洼""蛤蟆窝",改造成了旱能浇涝能排的高产稳产田。又兴办畜牧场、机械厂、食品加工厂、淀粉厂、制药厂等村办企业,实现了农村工业化、农业现代化、经济市场化、生活城市化。2004 年入选全国农业旅游示范点。

　　新乡县龙泉村　位于新乡县七里营镇。新修的龙泉大道穿村而过,人民胜利渠和东三干渠三面环绕。主要产业为村办集体企业与果树种植,产品销往省内外。经过规划建设的龙泉村,街道宽敞干净,楼房排列整齐,环境优美,四季常青,被评为"全国文明村"。2004 年入选全国农业旅游示范点。

　　鹤壁市康乐村　地处豫北明珠鹤壁市,南依悠悠淇水,西靠巍巍太行,毗邻京九铁路、京珠高速公路、107 国道。周围阡陌交错,一派田园景象。四季气候宜人,周围风景名胜星罗棋布,包括"中华第一古军校"云梦山、大丕山名胜风景区、天然太极图等。2004 年入选全国农业旅游示范点。

九、全国休闲农业与乡村旅游示范点

　　永城市芒山镇　2012 年入选全国休闲农业与乡村旅游示范点。参见中国特色小镇——永城市芒山镇。

汇鑫芳香世界 位于巩义市郊区。休闲观光农业园区,拥有200亩薰衣草花田、100亩缤纷玫瑰园、30亩百草园,以及婚纱摄影实景基地、垂钓鱼塘、大型雕塑景观。2013年入选全国休闲农业与乡村旅游示范点。

九华山茶叶生态农业观光园 位于固始县陈淋子镇。占地面积1.61万亩,主要分布在豫皖两省接合部海拔近千米的大别山绵延带上,是天然有机生态茶园。所产九华山牌信阳毛尖茶叶通过国家绿色食品认证、有机茶认证,曾获中国国际茶叶博览会金奖、2007年(日本)世界绿茶大会最高金奖。2013年入选全国休闲农业与乡村旅游示范点。

绿园果品种植农场 位于濮阳县清河头乡。占地面积1 295亩,是集"科技创新、示范带动、鲜果采摘、休闲观光"等功能为一体的标准化休闲农业示范园。已建成草莓大棚上百座、园区双向水泥道路5 500米和温泉井,配套建设了白果园、鳄鱼馆、鸵鸟养殖园、儿童娱乐中心、农家乐餐厅等设施,有力地促进了周边地区休闲农业和乡村旅游的发展。2013年入选全国休闲农业与乡村旅游示范点。

老乐山休闲农业产业园 位于驻马店市老乐山风景区。老乐山景区坚持发展生态旅游,着力打造特色旅游,生态农业建设示范园有香樟林、红枫林、樱花林、葡萄园、苹果园、樱桃园、核桃园、茶园等。2014年入选全国休闲农业与乡村旅游示范点。

嵩县天桥沟村 位于嵩县南部的车村镇。拥有千年以上的古木百余棵,山涧泉水长年不断,十余条溪流蜿蜒其中。生态资源丰富,野生菌、山茱萸、木耳、核桃、板栗等土特产闻名遐迩。重点打造了进村公路两侧的特色景观带,种植向日葵50亩、桔梗80亩、月季10亩,发展山茱萸、玫瑰、薰衣草1 000亩,已成为白云山下的风情小镇。2014年入选全国休闲农业与乡村旅游示范点。

养生嘉源休闲观光园 位于济源市承留镇花石村。占地面积1 050余亩,以高档休闲养生会所为核心,设有生态餐厅、住宿、茶室、画室、展厅、会议室、水疗中心等,建有特色果蔬观光采摘区、垂钓区、露营区、运动休闲区、乡土展示区等。高山、河流、天渠、湖区交相辉映,自然环境优美,田园风光浓郁。2014年入选全国休闲农业与乡村旅游示范点。

泓硕农业生态园 位于禹州市鸿畅镇南田庄村。已建成韩国梨、大樱桃、核桃等休闲旅游观光采摘园2 400余亩,休闲观光畜禽养殖场200亩,冷藏库及分拣车间1 500平方米,温室蔬菜大棚210余座,兰河休闲观光旅游通道5 000米。2015年入选全国休闲农业与乡村旅游示范点。

沙澧春天现代农业园区 位于源汇区阴阳赵镇。占地面积1 200亩,以科技创意农业为主题,以现代农业技术为支撑,以"北斗七星"温室综合体为主体,以花海景观为辅助,分为花海观光区、生态餐饮区、特色水果种植区、太空文化遨游区、农耕文化展示区、科普教育区、农业科技体验区、中医文化养生区、儿童拓展区、绿色烧烤区等十大功能区,是春观光、夏露营、秋采果、冬赏雪的都市休闲农业与乡村旅游胜地。2015年入选全国休闲农业与乡村旅游示范点。

胜雪高新农业园区 位于长垣县境内。把休闲农业与乡村旅游作为农村一、二、三产业发展的融合体,在促进农业提质增效、带动农民就业增收、拉动国内消费、传承中华农耕文明、推动城乡一体化发展方面发挥了重要作用。2015年入选全国休闲农业与乡村旅游示范点。

巩义市韵沟村 位于巩义市夹津口镇。森林资源丰富,森林覆盖率82%,有百年古树3 000株。大力发展特色林果业,已种植核桃1 000亩、柿子100亩、油桃200亩、杏300亩;积极打造中药材基地,种植药菊、油用牡丹等中药材500余亩,建成了嵩韵百草园;着力培育龙头企业,建成年产5万公斤家鸡蛋的高山散养鸡场和土猪养殖场;着力推进生态建设,共种植各类树木20万棵、玫瑰40万株、油用牡丹100万株,绿化荒山1 000余亩。2015年入选全国休闲农业与乡村旅游示范点。

临颍县南街村 2015年入选全国休闲农业与乡村旅游示范点。参见全国农业旅游示范点——临颍县南街村。

十、全国工业旅游示范点

金星啤酒集团有限公司　位于郑州市新郑路。占地面积 100 万平方米，拥有 25 条现代化的瓶装生产线和 1 条易拉罐生产线，啤酒年生产能力 200 万吨。公司注重环境的绿化和美化工作，建设了集奇石馆、植物园、观光走廊于一体的工业旅游园。2004 年入选全国工业旅游示范点。

三全食品股份有限公司　位于郑州市长兴路。1990 年研发了中国第一颗速冻汤圆，1993 年郑州市三全食品厂成立，开创了中国速冻食品产业。现占地 8 万多平方米，拥有几十条现代化的生产线及几万吨低温冷库。2004 年入选全国工业旅游示范点。

宇通客车股份有限公司　位于郑州宇通工业园。集客车产品研发、制造与销售为一体的大型现代化制造企业，1997 年在上海证券交易所上市，成为国内客车企业第一家上市公司。占地面积 1.13 平方千米，新能源厂区占地 1.33 平方千米，拥有底盘车架电泳、车身电泳、机器人喷涂等国际先进的客车电泳涂装生产线。宇通客车连续多年荣获世界客车联盟颁发的"年度最佳客车制造商""年度最佳创新客车""年度最佳客车安全装备""年度最佳环保巴士""年度最佳客车"等大奖。2004 年入选全国工业旅游示范点。

安彩集团　位于安阳市中州路。曾是中国最大的彩色玻壳生产基地、国家重点高新技术企业，主要产销太阳能光伏超白压延玻璃、优质浮法玻璃、TCO 玻璃、节能玻璃、液化天然气、压缩天然气等产品。企业通过 ISO9001 国际质量管理体系、ISO14001 环境管理体系和 OHSMS18001 职业健康安全管理体系认证，获得"全国质量效益型先进单位"等称号。2004 年入选全国工业旅游示范点。

许继集团有限公司　位于许昌市许继大道。电力、自动化和智能制造的高科技现代产业集团,聚焦于特高压、智能电网、新能源、电动汽车充换电、轨道交通及工业智能化五大核心业务,综合能源服务、智能制造、智能运检、先进储能、特殊特种行业全电化等五类新兴业务,是全国首批创新型企业和国家技术创新示范企业,曾荣获首届"中国工业大奖"表彰奖。2004年入选全国工业旅游示范点。

瑞贝卡发制品股份有限公司 位于许昌市瑞贝卡大道。集发制品及发用纤维原料的研制、开发、生产、销售于一体的发制品专业公司。公司生产的工艺发、女装假发、化纤发、教习头、男装发块、纤维发丝等六大系列数千种产品,畅销国内100多个大中城市和北美、西欧、亚洲、非洲40多个国家。"瑞贝卡牌"被认定为"中国驰名商标"。2004年入选全国工业旅游示范点。

黄河旋风股份有限公司 位于长葛市人民路。世界最大的人造金刚石制造基地,是超硬材料及智能制造的龙头企业。主要产品有碳系新材料(超硬材料及制品、超硬复合材料及制品、首饰用钻石、金刚石线锯、金刚石微粉、石墨烯)、合金粉、3D打印金属耗材及制件等。"旋风"牌系列产品畅销日本、美国、欧洲及东南亚市场,"旋风"牌人造金刚石被国家质检总局评为"中国名牌"产品。2004年入选全国工业旅游示范点。

洛阳一拖集团 位于洛阳市建设路。前身为第一拖拉机制造厂,是国家"一五"时期156个重点建设项目之一。1959年建成投产,新中国第一台拖拉机、第一辆军用越野载重汽车在这里诞生。现已形成以农业机械为核心,同时经营动力机械、零部件等多元产品的大型装备制造企业集团,是中国农机工业的重点骨干企业。建厂以来,已累计生产340余万台拖拉机和260余万台动力机械。2004年入选全国工业旅游示范点。

洛阳机车厂 位于洛阳市瀍河区启明东路。有洛阳和襄阳两个修造基地。大型轨道交通装备维保服务企业,具备年检修900台和谐型电力机车、既有电力机车和内燃机车的能力,并可根据客户需求提供站段建设、装备、线路维护和机车装备全寿命维保等总包服务工程。主产品涵盖和谐型电力机车、既有电力机车、内燃机车,铁路维保装备涵盖铁路综合检测车、地铁轨道检查车、地铁钢轨探伤车、铁路钢轨探伤车等产品。2004 年入选全国工业旅游示范点。

新飞集团 位于新乡市。以冷藏车、房车为主导产品的跨国企业，经营范围包括汽车和汽车零部件、电器机械和器材、航空航天器和设备、金属制品、通用设备的研发和销售等。先后通过 ISO9001：2000 国际质量管理体系认证和军工产品质量管理体系认证。冷藏车产业规模位居行业前三，房车销售增长率位居行业前列。2004 年入选全国工业旅游示范点。

好想你枣业发展有限公司 位于郑州新郑国际机场工业区。原名"奥星实业有限公司"。拥有 500 亩红枣科技示范园和 5 万亩无公害红枣联合基地，是集红枣科技示范种植、冷藏保鲜、科研开发、规模加工、出口贸易、文化生态旅游为一体的综合型加工企业。2006 年入选全国工业旅游示范点。

神马集团有限责任公司工业园 位于平顶山市建设中路。产业结构横跨化工、化纤两大行业，是全国 512 家、河南省 13 家重点企业之一，在"2006 中国制造业企业 500 强"中位列第 280 名。神马尼龙系列产品客户遍布亚洲、美洲、欧洲等 40 多个国家和地区，在国内外市场上享有盛誉。2006 年入选全国工业旅游示范点。

平高集团有限责任公司工业园 位于平顶山市南环东路。我国高压、超高压及特高压开关重大装备研发制造基地，是首家通过中科院、科技部"双高"认证的高压开关行业高新技术企业。先后荣获"中国最大 1 000 家企业集团""中国机械工业 100 强企业""中国制造业 500 强企业""国家级创新型企业""装备中国功勋企业""全国实施卓越绩效模式先进企业"等称号。2006 年入选全国工业旅游示范点。

宛西制药厂工业旅游区 位于西峡县境内。园内景点包括仲景文化广场、仲景牌六味地黄丸生产线、仲景会馆、仲景百草园、碑林、医圣山、张仲景大药房。游客可以观看中药生产流程，感受千种中草药的神奇与灵秀，品读博大精深的张仲景中医药文化。2007 年入选全国工业旅游示范点。

棠溪剑业有限公司工业旅游区 位于西平县境内。铸造的千年龙剑等巨型剑,先后被河南博物院、黄帝故里博物馆、北京奥组委、中国体育博物馆、中国收藏家协会、中国国家博物馆、军事博物馆等单位永久性收藏。棠溪宝剑在国内外荣获各种大奖 200 多项。2007 年入选全国工业旅游示范点。

蒙牛乳业集团公司工业旅游区　位于焦作市高新区。占地 17 万平方米,特设观光通道让消费者在游玩中了解企业的生产流程、先进工艺和企业文化。具备舒适的住宿条件,高档的就餐环境,拥有一支成熟的、专业的、高素质的接待队伍,成为规模化的现代精品旅游区。2007 年入选全国工业旅游示范点。

羚锐制药股份有限公司工业旅游区　公司总部位于大别山腹地的新县境内。羚锐集团大厦和羚锐新县外用药生产基地推出制药流程参观游,通过展现企业高科技制造工艺和生态园区的自然景观,吸引国内外游客,已逐步形成"参观+体验"和"参观+科普"式的工业旅游模式。2008 年入选国家工业旅游示范点。

十一、国家级非物质文化遗产生产性保护示范基地

杨志钧窑有限公司　位于"钧瓷之都"禹州市神垕镇。前身为中国工艺美术大师、国家级非物质文化遗产(钧瓷烧制技艺)代表性传承人杨志创立的"杨志钧瓷艺术工作室"。公司占地面积 6 660 平方米,集设计、加工、成型、上釉、烧成、陈设、销售于一体,生产区域环境整洁,是一座花园式窑场。2011 年入选国家级非物质文化遗产生产性保护示范基地。

星航钧窑有限公司　位于禹州市远航路。"星航"即国家级非物质文化遗产代表性传承人、中国古陶瓷艺术大师任星航。公司的钧瓷艺术作品以

端庄雄浑、质朴无华的造型,厚重玉润的釉色,寓意深远、包罗万象的意境,回环百结、意趣盎然的纹路形成了独具特色的艺术风格,被故宫博物院、人民大会堂、中国民族博物馆等单位收藏。先后获得国家级、省级各类奖项200余项。2011年入选国家级非物质文化遗产生产性保护示范基地。

九朝文物复制品有限公司 位于孟津县朝阳镇南石山村。洛阳唐三彩研究院唯一唐三彩仿古及现代系列工艺品设计研发生产基地,主要研制生产"九朝牌"仿古唐三彩五大系列产品。现为中国特种文物复仿制品单位,已通过ISO9001国际质量管理体系认证。产品远销东南亚、欧美等20余个国家及地区。2014年入选国家级非物质文化遗产生产性保护示范基地。

素花宋绣工艺有限公司 位于开封市龙亭区北郊乡王坟村。由中国工艺美术大师、国家级非物质文化遗产(汴绣)代表性传承人王素花创办。素花汴绣继承宋绣的优良传统,以绣制历史名画为主,兼顾当代人的艺术审美与趣味,题材多样、古朴典雅、生动逼真、色彩明丽,具有宋绣"较画更佳"的艺术效果。2014年入选国家级非物质文化遗产生产性保护示范基地。

朱文立汝瓷艺术有限公司 位于汝州市。前身是温泉汝瓷工艺实验厂,由中国民间文化汝瓷杰出传承人、联合国教科文组织评定的民间工艺大师朱文立创办。朱文立曾找到了文庙汝官窑遗址、张公巷北宋官窑遗址、北宋官窑早期窑址,为国内外古陶瓷专家研究汝瓷和北宋官瓷提供了依据。产品有汝官瓷、北宋官瓷、临汝瓷三大类200多种,被河南博物院、美国保尔博物馆等国内外多家博物馆收藏。2014年入选国家级非物质文化遗产生产性保护示范基地。

十二、国家级旅游度假区

尧山温泉旅游度假区 位于鲁山县西部的伏牛山东麓。尧山因尧的裔孙刘累立尧祠纪念先祖而得名,为天下刘姓发源地;又因山上众多石峰酷似人形,也被称为"石人山"。地处鲁山百里长的地壳大断裂带上,温泉成串珠状,每至冬季,水泡升腾,形成雾海,如人间仙境,被誉为"皇女汤""鲁阳神泉"。尧山滑雪乐园占地面积 20 万平方米,其中雪场 3 万平方米,雪具大厅3 000 平方米。2015 年入选国家级旅游度假区。

十三、国家级风景名胜区

鸡公山风景名胜区 位于信阳市境内。鸡公山是大别山的支脉,主峰像一只引颈高啼的雄鸡,故名"鸡公山"。鸡公山"青分豫楚、襟扼三江",有"佛光、云海、雾凇、雨凇、霞光、异国花草、奇峰怪石、瀑布流泉"等八大自然景观,是中国"四大避暑胜地"之一。现有大深沟、登山古栈道、灵化仙境、自然博物馆、珍稀动物观赏园、东沟瀑布群、波尔登亭等景点。1982 年入选国家级风景名胜区。

龙门风景名胜区 位于洛阳市南郊的伊河两岸。东为香山,西为龙门山,中间是伊水,两山屹立,形成一座天然门阙,故称"伊阙",又称"龙门"。风景清丽、寺院林立,历来是诗人游客流连忘返之地。龙门石窟始凿于北魏孝文帝迁都洛阳前后,历经东西魏、北齐、北周,隋唐至宋代又连续大规模营造,前后达 400 余年。石窟密布于伊水东西两山的峭壁上,南北长达 1 000米,共有佛像 9.7 万余尊、窟龛 2 345 个、碑刻题记 2 800 余品。1982 年入选国家级风景名胜区。

嵩山风景名胜区 位于登封市西北面。嵩山古名"外方""嵩高""崇高",是五岳的中岳。嵩山又分为少室山和太室山两部分,共 72 峰,最高峰连天峰海拔高达 1 512 米。著名景点有太室山、少室山、少林寺、中岳庙、嵩阳书院等。嵩山是世界地质公园、国家森林公园,嵩山古建筑群是世界文化遗产。1982年入选国家级风景名胜区。

王屋山—云台山风景名胜区 位于济源市、修武县境内。占地面积110平方千米。王屋山群山叠翠,谷深洞幽,石径奇险,道观庙宇星罗棋布,有奇峰秀岭35处,奇洞名泉26处,碧潭飞瀑8处,秀坪幽谷15处,洞天福地景观5处,有"道教第一洞天"王母洞、轩辕黄帝祭天处天坛峰、阳台宫、紫微宫、清虚宫等,还有国内罕见的大银杏树及稀世蒙文碑和愚公村等。云台山山势险峻,重峦叠嶂,有落差310米的大瀑布,满山覆盖的原始次生林,深邃幽静的沟谷溪潭,分为真庆宫、万善寺、温盘峪、子房湖、老潭沟、小寨沟、三秀峰、茱萸峰、百家岩等十大景区。1994年入选国家级风景名胜区。

尧山(石人山)风景名胜区 位于鲁山县境内。山岳型自然风景名胜区,主峰玉皇顶海拔2 153米,具有"华山之险、峨眉之峻、张家界之美、黄山之秀",集雄、险、秀、奇、幽于一体。森林覆盖率93%,拥有奇峰、怪石、飞瀑、温泉、山花、红叶、湖面、云海、原始森林、珍禽异兽及众多人文景观。中原大佛塑像高208米,是当今世界最高的铜铸佛像,被列入吉尼斯世界纪录。2002年入选国家级风景名胜区。

林虑山风景名胜区 位于林州市境内。太行山绵延千里,盘踞在河南、山西、河北三省辽阔的大地上,林州市西部的一段被称为南太行林虑山。林虑山最高峰海拔1 675米,年平均降雨量670毫米左右,四季分明,光照充足,春暖少雨,秋凉气爽,年平均气温12.7℃。主要景区有山前景区、王相岩景区、仙台山景区、桃花谷景区、太行平湖景区、林虑山国际滑翔基地等。林虑山历史悠久,是国家地质公园,也是著名的滑翔基地。2002年入选国家级风景名胜区。

青天河风景名胜区 位于博爱县境内。由天井关、大泉湖、三姑泉、观音峡、佛耳峡、靳家岭、月山寺七大游览区308个景点组成,既有北国山川之雄险,又有南疆河岳之柔美。有距今1 500年的北魏摩崖石刻和北魏古丹道,中国面积最大的红叶胜地靳家岭,是世界地质公园、国家级水利风景区、国家级猕猴自然保护区。2005年入选国家级风景名胜区。

神农山风景名胜区 位于沁阳市境内。神农山因炎帝神农氏在这里辨五谷、尝百草、设坛祭天而得名。动物种类繁多，其中数量最多的是国家二级保护野生动物太行猕猴。全国闻名的"四大怀药"怀山药、怀牛膝、怀地黄、怀菊花的原产地，有全国数量最多、分布最集中的珍稀树种野生龙鳞松林。还有太平寺千年摩崖石刻，佛、道共存的云阳寺、清静宫。2005 年入选国家级风景名胜区。

桐柏山—淮源风景名胜区 位于豫鄂两省交界地带的桐柏山脉中段，是古"四渎"之一淮河的发源地和江淮两大水系的天然分界线。桐柏山集雄、奇、险、幽、秀于一身，被专家称为"比华山之险，与黄山竞秀"。桃花洞动植物繁多，有香果树等 11 种国家重点保护野生植物，有金钱豹等 33 种国家重点保护野生动物。境内有豫南第一高峰桐柏山主峰太白顶，佛教禅宗白云系祖庭云台禅寺，被誉为天下"三十六洞天"之一的水帘洞，"中原四大名寺"之一的水帘寺，险幽神秘的淮河源。2009 年入选国家级风景名胜区。

郑州黄河风景名胜区 位于郑州市西北的黄河之滨，南依巍巍岳山，北临滔滔黄河。这里是黄河地上"悬河"的起点，黄土高原终点，黄河中下游的分界线，是黄河的最佳观赏地。分为五龙峰、岳山寺、骆驼岭、炎黄二帝塑像及广场、星海湖等五大景区，分布着炎黄二帝巨塑、黄河母亲哺育像、黄河碑林、万里黄河第一桥、毛主席视察黄河处、浮天阁、极目阁、孔雀园等 40 多处景点。2009 年入选国家级风景名胜区。

十四、国家级自然保护区

宝天曼自然保护区 位于内乡县境内。以森林生态和野生动植物为主要保护对象。森林覆盖率 97%。共有植物 2 911 种，其中国家重点保护野生植物 28 种、野生果树 110 余种、野生花卉 436 种、野菜类植物 173 种、药用植物1 055种；有陆生野生动物201种，其中兽类48种、爬行动物26种、两栖动物11种、鸟类116种；国家重点保护野生动物48种，其中：国家一级保护野生鸟类4种、国家一级保护野生兽类1种，国家二级保护野生鸟类32种、国家二级保护的野生兽类11种。1988年入选国家级自然保护区。

鸡公山自然保护区　位于信阳市境内。占地面积2 917公顷。地处中国南北的分水岭，大地构造属于秦岭褶皱系东段桐柏山脉和大别山脉褶皱带，地质构造以断裂为主，褶皱为次。岩石主要为鸡公山混合花岗岩和灵山复式花岗岩基。地表径流侵蚀作用强烈，沟谷切割较深，山脉泾渭分明，沟谷纵横密布。森林茂密，生物资源丰富，有植物251科915属2 260种，陆生脊椎动物28目69科258种，其中国家重点保护野生植物10余种、国家重点保护野生动物29种。1988年入选国家级自然保护区。

黄河湿地自然保护区　位于卫辉市和延津县接壤的黄河故道以及封丘县境内的黄河滩涂和背河洼地。占地面积2.48万公顷，主要保护对象为天鹅、鹤类等珍禽及内陆湿地生态系统。中原地区重要的水禽栖息越冬地，也是南北候鸟迁徙的重要停歇地。黄河两岸山坡、堤坡等陆地分布着天然草本植物、灌木和少量人工防护林、经济林，湿地植物主要为天然草本植物和农作物。共有植物743种，其中藻类植物118种，苔藓植物27种，维管植物598种。1996年入选国家级自然保护区。

黄河湿地鸟类自然保护区　位于封丘县和长垣县境内。主要保护对象为天鹅、鹤类等珍禽及内陆湿地生态系统。栖息着鸟类16目43科156种，其中国家重点保护的野生鸟类39种，国家一级保护的野生鸟类有东方白鹳、黑鹳、金雕、丹顶鹤、大鸨等10种，被列入《中华人民共和国政府及日本国政府保护候鸟及其栖息地环境协定》的鸟类67种，列入《中华人民共和国政府及澳大利亚政府保护候鸟及其栖息地环境协定》的鸟类19种，还有大量的食虫益鸟。1996年入选国家级自然保护区。

伏牛山自然保护区　位于西峡县、内乡县、南召县、栾川县和嵩县境内。地处中国亚热带和暖温带的分界线，中国长江、黄河、淮河三大水系的分水岭和淮河的水源地区。占地面积 5.6 万公顷。拥有河南省面积最大的天然林,森林覆盖率 88%,生态系统完整稳定。属森林生态类型自然保护区,主要保护对象为森林生态系统和野生动植物。1997 年入选国家级自然保护区。

太行山猕猴自然保护区　位于济源、沁阳、修武和辉县四县市境内。以猕猴、金钱豹等野生动物为主要保护对象。这里是猕猴亚洲分布的最北界,太行山猕猴是华北地区唯一的灵长类动物,为中国所特有的华北亚种,其形态、生理、代谢和遗传等方面与其他亚种有许多显著的差异,具有重要的科研价值和保护价值。1998 年入选国家级自然保护区。

董寨自然保护区　位于罗山县境内。以白冠长尾雉等森林珍稀鸟类为主要保护对象。地处我国南北候鸟迁徙的必经之路,分布有鸟类 237 种。其中国家重点保护的野生鸟类 39 种。有维管植物 175 科 784 属 1 879 种,兽类 16 科 31 属 37 种,两栖爬行类 12 科 44 种。2001 年入选国家级自然保护区。

恐龙蛋化石群自然保护区　位于南阳市伏牛山南麓的西峡、内乡、淅川、镇平县境内。主要保护对象为恐龙蛋化石。发现恐龙蛋化石 8 科 12 属 25 种,是中国境内面积最大、数量最多、种类最全的恐龙蛋化石群;也是中国发现的年代最早的恐龙蛋化石群,时代大约为中生代白垩纪早期。此前全世界出土的恐龙蛋化石不足 500 枚,而这里的恐龙蛋化石多达 10 万—40 万枚。2003 年入选国家级自然保护区。

连康山自然保护区　位于新县境内,地处大别山北麓鄂豫两省交界处。野生动物类型自然保护区,以国家二级保护野生动物白冠长尾雉及其栖息地和北亚热带森林生态系统为主要保护对象。属北亚热常绿落叶阔叶混交林带,分布有植物 235 种 954 属 2 435 种,可划分为七个植被型组,138 个群系,210 个群丛。野生动物 248 种,其中鸟类 17 目 40 科 173 种、兽类 6 目 16 科 37 种、两栖类 2 目 6 科 13 种、爬行类 3 目 7 科 25 种。2005 年入选国家级自然保护区。

小秦岭自然保护区　位于灵宝市西部、小秦岭北麓。森林生态类型自然保护区,主要保护对象是森林生态系统多样性、生物物种多样性、各种动植物物种及其生存环境。分布有大量的国家重点保护野生动植物:国家重点保护野生植物 13 种,包括国家一级保护野生植物红豆杉、银杏等,国家二级保护野生植物水曲柳、香果树、野大豆、天麻等 11 种;国家重点保护野生动物 27 种,包括国家一级保护野生动物豹、林麝、金雕、黑鹳等 4 种,国家二级保护野生动物金猫、豺、黄喉貂、水獭等 23 种。2006 年入选国家级自然保护区。

丹江湿地自然保护区 位于鄂、豫、陕三省交界处。属于湿地生态及鸟类类型自然保护区。常见的木本植物有 63 科 126 属 461 种,藤本植物有野蔷薇、猕猴桃、五味子等 26 种,草本植物有白草、茅草、莎草、龙须草等 410 种,药用植物有金银花、酸枣、柴胡等 400 多种,构成了绚丽多姿的森林植被。野生动物有世界珍禽朱鹮,还有数千只国家一级保护野生动物白鹳、黑鹳。常见的兽类有 20 种、鸟类 23 种、两栖类 6 种、爬行类 8 种、水生类 13 种、昆虫类 500 多种。2007 年入选国家级自然保护区。

大别山自然保护区 位于商城县境内。以保护过渡带森林生态类型和珍稀濒危动植物为主的自然保护区。地处江淮之间,是华北、华中和华东植物的镶嵌地带,三区植物区系相互渗透,兼容并存,具有明显的规律性、典型性、多样性,特有物种丰富。分布有国家一级保护野生动物 7 种,国家二级保护野生动物 57 种;国家一级保护野生植物 4 种,国家二级保护野生植物 20 种,国家级珍贵树种 15 种,以该保护区或周边地区为模式种命名的特有种 21 种。2014 年入选国家级自然保护区。

高乐山自然保护区 位于桐柏县东北部。高乐山是淮河的一级支流五里河、毛集河的发源地。地处北亚热带向暖温带过渡区,植被类型为典型的北亚热带常绿针阔叶林与落叶阔叶林向暖温带落叶阔叶林过渡类型。共有植物 160 多科 1 800 余种,哺乳类动物有豹猫、穿山甲、水獭、青羊等 30 多种,两栖类有大鲵、檫树蛙等 10 多种,鸟类有金雕、白鹤、黑鹳、白冠长尾雉等 200 多种,昆虫 2 000 多种。2016 年入选国家级自然保护区。

十五、国家级水利风景区

石漫滩水库风景区 位于舞钢市境内,地处伏牛山东部余脉。依托石漫滩水库和治淮第一坝而建。石漫滩水库是新中国在淮河流域兴建的第一座大型水库,1975 年遭遇历史上罕见的特大暴雨,水库大坝因大水漫顶而溃决,1993 年开始复建。建有警钟明珠碑、水利展览馆、奇石园。2001 年入选国家级水利风景区。

三门峡大坝风景区 位于三门峡市区东北部。相传大禹治水时疏浚河道,"斧劈三门",形成神门岛、鬼门岛、人门岛,故名"三门峡"。三门峡是我国在黄河干流兴建的第一座大型水利枢纽工程,被誉为"万里黄河第一坝"。每年 10 月至次年 5 月,三门峡水库碧水连天,清波粼粼;每年 6 月至 10 月,黄河恢复浊浪翻卷、一泻千里的壮观。2002 年入选国家级水利风景区。

云台山水利风景区 位于修武县境内。云台山以水称绝,素以"三步一泉,五步一瀑,十步一潭"而著称。落差 314 米的全国最高的大瀑布——云台天瀑,犹如擎天玉柱,蔚为壮观。天门瀑、白龙瀑、黄龙瀑、丫字瀑皆飞流直下,形成了云台山独有的瀑布景观。多孔泉、珍珠泉、王烈泉、明月泉清冽甘甜,青龙峡有"中原第一大峡谷"的美誉。2002 年入选国家级水利风景区。

黄河花园口旅游区 位于郑州市北郊花园口黄河南岸滩区。占地面积 6 平方千米,东西全长 10 千米。花园口是黄河下游的起始段,宋代曾在此建闸治水,后渐成村落。随着黄河河道南移,村落被河水淹没,成为黄河渡口。花园口属于典型的游荡性河段,河势变幻多端,具有宽、浅、散、乱、悬的特点。这里还是绵延数百千米,号称"水上长城"的黄河大堤的起点,是黄河治理的窗口。现已形成黄河生态林、黄河牧草园、黄河生态园、柳湖、休闲娱乐园五大景区。2002 年入选国家级水利风景区。

昭平湖风景名胜区 位于鲁山县境内。昭平湖即昭平台水库,控制流域面积 1 430 平方千米,蓄水量 7.27 亿立方米,是一座集防洪、灌溉、发电、养鱼、旅游为一体的大型人工湖。景区占地面积 40 余平方千米,丘陵起伏、沟壑纵横、烟波浩渺。不仅有奇特的岩石、突兀的山峰、茂密的丛林等自然风光,还有丰富的人文景观,如东周思想家墨子著经的著经阁、"筑土为龙"的腾龙地画、印证五千年文明史的邱公城遗址、刘秀拜祖招兵台等。2002 年入选国家级水利风景区。

群英湖风景名胜区 地跨焦作市区、修武县、博爱县与山西省晋城市。河流、湖泊深秀,高山、峡谷险峻,悬崖、溶洞遍布,奇峰、怪石林立。有寺庙、古树,有台地、草坪,有丛林、花卉及多种野生动植物,有集线瀑、帘瀑、绿潭于一体的"三潭映月"。群英湖大坝高 100.5 米,雄伟挺拔,造型美观,是世界最高的砌石拱坝之一。2002 年入选国家级水利风景区。

青天河风景名胜区 位于太行山南麓的博爱县境内。由天井关、大泉湖、三姑泉、观音峡、佛耳峡、靳家岭、月山寺七大游览区,308 个景点组成,素有"北方三峡"之荣,"豫北小桂林"之誉。青天河之水"天上来",三步一泉,五步一瀑,青山绕碧水,绿树掩古寺。大泉湖碧波荡漾,石佛滩杨柳依依,集江南水乡之情调和北方山川之雄浑于一体。2003 年入选国家级水利风景区。

窄口水库风景区 位于灵宝市五亩乡。占地面积 10 平方千米,是集湖光山色、峡谷奇石、花卉园林、娱乐休闲为一体的自然生态型风景区。拥有良好的绿色植物群落,稳定的绿色生态系统,宽阔的水体生态系统,开发了大坝、桂花峪、跃天寨、跃天湖等四大景区,热带鱼和特大野生鱼类观赏项目及桂花峪奇石、假山喷泉、荷花塘、牡丹园和植物园等景点。2003 年入选国家级水利风景区。

黄河小浪底水利枢纽 位于孟津县与济源市之间的黄河干流上,是黄河中游最后一段峡谷的出口。小浪底水利枢纽是黄河干流上一座集减淤、防洪、防凌、供水灌溉、发电等为一体的大型综合性水利工程,坝顶高程 281

米,库容 126.5 亿立方米,淤沙库容 75.5 亿立方米,控制流域面积 69.4 万平方千米,占黄河流域面积的 92%。晋豫黄河峡谷与库区的柏崖山、红崖山、黄鹿山等 20 多个景点及雄伟的水库大坝交相辉映,形成湖光山色、千岛星布、"高峡出平湖"的自然景观。2003 年入选国家级水利风景区。

黄河柳园口水利风景区 位于开封市境内。占地面积 42 万平方米,以"情系黄河"为主题,设置了摇篮景区、秋实景区、黄河颂景区、密林景区和水上乐园景区。景区基于柳园口现有的环境地貌,以雕塑、展览馆、毛主席视察黄河纪念碑、镇河铁犀为主线,体现了黄河文化和治河文化的内涵,展现了炎黄子孙对黄河的依恋之情和美好愿望。2004 年入选国家级水利风景区。

红旗渠水利风景区 位于林州市境内。林州是个土薄石厚、水源奇缺的贫困山区,以红旗渠为主体的灌溉体系,有效灌溉面积达 54 万亩。红旗渠灌区共有干渠、分干渠 10 条,总长 304 千米,支渠 51 条,总长 524 千米,斗渠 290 条,总长 697 千米,农渠 4 281 条,总长 2 488 千米,小型水库 48 座、塘堰 346 座,总库容 2 381 万立方米,还建了水电站和提水站。2004 年入选国家级水利风景区。

铜山湖水利风景区 位于泌阳县城东隅。铜山湖是 20 世纪 60 年代修筑的人工水库,库容量 1.33 亿立方米,蓄水面积 16 平方千米。湖水清澈,碧波万顷,湖光山色,岛湖相连,是镶嵌在南阳盆地东沿的一颗明珠。主要景点有龟岛、灵岛、仙人掌岛、佛脚岛、水怪岛、松湾垂沟、半岛渔火等。2004 年入选国家级水利风景区。

香山湖水利风景区 位于鄂豫皖接合部的新县。地处淮河水系潢河上游,是由人工内陆湖形成的水利自然风景区。香水湖修建浆砌石重力拱坝,库容量 8 385 万立方米。景区占地面积 10.6 平方千米,森林覆盖率 85% 以上,生态良好,环境优美。群山绵绵,岛屿众多,洲岛交错,石奇景幽,茂林修竹,山清水秀,素有"豫南西子"的美誉。有香炉峰、大坝雄关、普济寺、灵猫石、观音望湖石、天梯、佛缘石等 40 多个景点。2004 年入选国家级水利风景区。

鲇鱼山水库风景区 位于商城县城西南处。鲇鱼山水库建于 20 世纪 70 年代,库容 8.3 亿立方米,流域面积 924 平方千米,功能以防洪、灌溉为主,兼及发电、航运、养殖、旅游。库区内有大小岛屿千余座,松林翠绿茂密,鸟禽成群栖息。库区周围山峦重叠,树林郁郁葱葱,有 4 000 多亩板栗园,300 多亩茶园,还有净梵寺、温泉书院等人文遗址。2004 年入选国家级水利风景区。

石门湖水利风景区 位于西峡县境内。占地面积 1 167 平方千米,水域面积 7 平方千米。主要景点有八里沟大瀑布、太行山猕猴保护区、三龛、三潭、石门湖、老爷顶、西莲寺等。喷泉、瀑布众多。"一线泉"飞流直下,"凤凰泉"四季喷涌,日出水量上万立方米,富含多种微量元素。火硝洞宽阔幽深,四壁岩石似人如兽,巧夺天工。建有湖心鸟岛、五松坪度假村、九崖沟避暑山庄。2005 年入选国家级水利风景区。

龙山湖风景区 位于光山县县城西南的潢河龙山处。龙山湖是为防洪、灌溉、城市供水、发电、旅游开发而修建的一座人工湖。湖坝筑于两座山头之间,因坝头有座南龙山,坝中间有座珠山,坝北边有座北龙山,被称为"二龙戏珠",龙山湖由此得名,是鸟类栖息的天堂。2005 年入选国家级水利风景区。

白沙水库水利风景区 位于禹州与登封市交界处。白沙水库修建于 1951 年,是以防洪为主的大型水利枢纽工程,因大坝紧靠禹州市白沙村而得名。白沙水库水域面积 19.43 平方千米,石崖峭壁,飞瀑清泉,湖心小岛,古木幼林,景观不胜枚举。东岭关是三国时期关羽保护皇嫂"千里走单骑"、寻找刘备"过五关斩六将"的第一关,至今遗存有"义勇武安王庙",庙前有戏楼和望嵩桥等文化遗迹。2005 年入选国家级水利风景区。

濮阳黄河水利风景区 即渠村分洪闸黄河游览区,位于河南省东北部黄河下游左岸。渠村分洪闸是北金堤滞洪区分滞洪水的大型水利工程,设计分洪流量 1 000 立方米每秒,工程总宽 209.5 米,上下游全长 749 米,共分

56 孔,占地面积 52 万平方米。南临滔滔黄河,两侧连接黄河大堤,共有四五个大型水面,形成了独特的自然风光。共有工程雄姿、田园风光、鱼塘秋月、民族风情、高塔浮云、春华秋实等十大景观。2005 年入选国家级水利风景区。

范县黄河水利风景区　位于范县境内。规划面积 4.5 平方千米,现已建成黄河览胜、天然浴场、郑板桥纪念馆、垂钓中心等四个景点和秋塘采莲、激流飞舟、大河观览、月下听涛、沙滩消夏、河边赛马、池塘垂钓等八大景观。2006 年入选国家级水利风景区。

望花湖水利风景区　位于方城县城东南处。因此处曾有望花亭而得名。望花湖水库于 1959 年建成,库容 1.2 亿立方米,湖光山色,林木茂盛,风景绮丽。已建成环岛路、环湖路、滨湖路、鸳鸯岛、假山、望花亭等景观建筑,并建有望花湖度假村。2006 年入选国家级水利风景区。

南海水库水利风景区　位于安阳市西郊。南海水库由洹河上游的彰武水库和南海水库组成,总库容 1.85 亿立方米,控制流域面积 970 平方千米,具有防洪、工农业供水、发电、旅游等综合效益。彰武水库常年水面约 3 平方千米,适宜开展多种水上娱乐项目。南海水库两岸山势险峻,沟深谷长,连绵约 10 千米,上游赵河段山清水秀,悬崖峭壁、奇峰怪石层出不穷。周边有全国重点文物保护单位小南海石窟,距今 1.3 万年—2.5 万年的原始人洞穴,唐代大型道观长春观等。2006 年入选国家级水利风景区。

泼河水利风景区　位于光山县泼河镇。泼河水库是集旅游、养殖、度假、灌溉为一体的大型水库,控制流域面积 222 平方千米,总库控 1.5 亿立方米,库水面 11 平方千米。库坝由 1 座主坝和 11 座副坝组成,主坝长 1 050 米,坝高 26.6 米,在碧蓝的湖水映衬下宛如一条俯卧的长龙,气势雄伟。湖光山色秀丽,水域景观优美,盛产无污染绿色食品泼河鱼和"碧波翠毫"有机茶。2007 年入选国家级水利风景区。

宿鸭湖水利风景区　位于汝南县罗店镇。宿鸭湖水库为人工修建的平原水库,是以防洪为主,结合灌溉、发电、养殖、旅游等多项功能的大型水利枢纽工程。水库土坝全长35.29千米,高58米,坝顶宽4—7米,蓄水面积239平方千米。现已成为众多鸟类繁衍地,近10万只候鸟的栖息地。2007年入选国家级水利风景区。

沧河水利风景区 位于卫辉市北部南太行山东麓。沧河蜿蜒穿流于苍峪山大峡谷之中,塔岗水库、狮豹头水库、正面水库是沧河上梯级开发的三座中型水利枢纽工程,全长约25千米,宽约1.5千米。塔岗湖、奇峪山、青年洞、公仆苑、小店河明清古建筑群、林坚出生地、白龙湖、跑马岭生态园、猿猴洞、千年银杏树等众多人文自然景观点缀其中,还有河道漂流、山果采摘、野生鱼烧烤等旅游项目。2007年入选国家级水利风景区。

将军渡黄河水利风景区 位于台前县孙口镇。1947年6月刘邓大军12万人以孙口为中心强渡黄河,揭开了解放战争战略反攻的序幕;1947年9月华东野战军西线兵团30万人从这里南渡黄河,挺进豫皖苏;1949年4月东北人民解放军50万大军踏过孙口黄河浮桥,挥师南下进军江南,孙口渡口因此被称为"将军渡"。景区以"晋冀鲁豫野战军强渡黄河纪念地"为依托,建设了"将军渡黄河游览区"。2007年入选国家级水利风景区。

黄河开仪水利风景区 位于孟州市黄河左岸,黄河自西向东贯穿全境。景区规划为"一个主中心、一条主轴线和六个次中心"。一个主中心是指以黄河楼为中心的黄河滩中心广场,一条主轴线是指黄河文化走廊,六个次中心是指生态农业观光区、餐饮服务中心区、武林园、湿地生态旅游区、沙地森林公园和水上运动区。2008年入选国家级水利风景区。

陆浑湖水利风景区 位于嵩县东北部。陆浑水库于1965年建坝蓄水,是黄河上游三大水库之一,蓄水量13.2亿立方米,最大水深31米,是治理黄河隐患,保证水库下游洛阳、郑州、开封三大城市安全的大型水利枢纽工程。陆浑大坝横断伊河,全长1 000余米,坝高55米,顶宽8米,坝顶防浪墙顺直如线,洁白的栏杆、笔直的灯杆蜿蜒连绵,由菱形图案组成的外坝坡整齐美观,建筑物形态各异,溢洪道工作房如大鹏展翅,构成了一幅美丽的画卷。2008年入选国家级水利风景区。

沙澧河水利风景区　位于漯河市境内。淮河水系的两大支流沙河、澧河在漯河市区交汇,形成了双河汇城的独特景观。城区的沙澧河开发建设面积约 86 平方千米,是集城市防洪、旧城改造、生态保障、文化旅游为一体的综合性工程,打造了独具滨河特色的绿色生态长廊、历史文化长廊、休闲娱乐长廊和体育健身长廊。2009 年入选国家级水利风景区。

龙王沟水利风景区　位于南阳市卧龙区北部。龙王沟水库面积 11 平方千米,70% 的面积已绿化成林。核心景区麒麟湖(中心岛)由一湖一岗十二岛组成。中心岛有丰富的森林植被和种类繁多的野生鸟类,空气清新,环境宜人,全年花果长伴,夏季平均气温 27.4℃,是一处避暑胜地。景区有泛舟、垂钓、野营度假、体验农家美食、采摘蔬果等休闲旅游项目。2009 年入选国家级水利风景区。

商丘黄河故道湿地水利风景区　位于商丘市境内。黄河故道商丘段起于梁园区刘口乡,西至李庄乡郑阁村,全长 26.7 千米,占地面积 645 平方千米。设置了盆景区、奇石园、花田、水中森林、湿地植物园、森林氧吧等景点。今日的黄河故道,湿地、湖泊、森林密布,俨然一座"水长城"。2010 年入选国家级水利风景区。

鸭河口水库水利风景区　位于南召县境内,地处汉江支流白河的上游。依托鸭河口水库而建,水库总库容 13 亿立方米,兴利库容超过 7 亿立方米,具有防洪、灌溉、养殖、旅游等功能。库内水面广阔,水质纯净,岸线蜿蜒曲折,蓝天、碧水、青山、岛屿、礁石、沙滩是景区的主要特色。2010 年入选国家级水利风景区。

郑州黄河生态水利风景区　位于郑州市黄河之滨,南依巍巍岳山,北临滔滔黄河。这里是黄河地上"悬河"的起点,黄土高原终点,黄河中下游的分界线。独特的地理特征形成了水利风景区博大、宏伟、壮丽、优美的自然景观。历史古迹丰富,文化遗产众多,著名景点有五龙峰、桃花峪、五龙峰、大禹山、岳山寺、星海湖等。2011 年入选国家级水利风景区。

南湾水利风景区　位于信阳市西南部。南湾水库水域面积 75 平方千米,最大蓄水量16.3亿立方米,兼有防洪灌溉、水力发电、水产养殖、城市供水和旅游观光等多种功能。湖面烟波浩渺,水质清纯透明,掬手可饮。湖中大小不一、形态各异的61个岛屿,错落有致地散落于清碧的湖水之中,犹如碧珠洒盘,景象万千。2011年入选国家级水利风景区。

薄山湖水利风景区 位于确山县境内。薄山湖水质纯净,环境幽雅,是动植物繁衍生息的天堂。这里有200多种野生动物,其中有天鹅、鸳鸯、梅花鹿、黄羊、长尾锦雉、红腹锦雉、娃娃鱼、河鳗等珍稀动物几十种。2011年入选国家级水利风景区。

容湖水利风景区 位于柘城县境内。依托容湖而建,属于城市河湖型水利风景区,占地面积4平方千米。包括北湖生态公园和千树园两个景区。北湖生态公园分为主题公园、民俗文化、精品商务等六大功能区,包括湖心小岛、观湖石桥、观鱼栈道、儿童乐园、白瓷宝塔等景点。千树园景区是集生态旅游、文化展示、休闲娱乐、科普教育等功能为一体的植物生态园。2011年入选国家级水利风景区。

西子湖水利风景区 位于洛宁县境内。属于水库型水利风景区,占地面积35平方千米。水库由两个峡谷组成,峡谷蜿蜒曲折,两山夹峙,水流如带;盆地湖面浩瀚辽阔,碧波荡漾,一望无际。2011年入选国家级水利风景区。

商丘古城水利风景区 位于商丘市睢阳区境内。占地面积14.1平方千米,其中水面面积2.67平方千米。护城河环睢阳古城一周,与古城自然和谐地融为一体。自然生态环境优美,人文历史资源丰富,旅游景点达20余处。以古城城湖为依托,在充分发挥古城湖防洪除涝的基础上,大力发展水利旅游,先后建成了欢乐谷、南湖水上乐园、南湖公园等景点。2012年入选国家级水利风景区。

板桥水库水利风景区 位于驻马店市驿城区板桥镇。依托板桥水库而建。板桥水库是以防洪为主,兼有城市供水、灌溉、水产养殖等综合效益的大型水利枢纽工程,控制流域面积768平方千米。大坝雄伟,湖水碧绿,山水相映,景色如画,已成为集观光、娱乐、休闲、度假于一体的风景区。2012 年入选国家级水利风景区。

颍河水利风景区 位于禹州市境内。依托颍河水利工程而建,三座橡胶坝跨度均在 110 米以上。主景区占地面积 20.7 平方千米,湿地分布广泛,自然环境优美,空气清新,生物种类繁多。沿湖种植绿化树 10 万多棵、草坪 10 万平方米,形成高标准景观园林 135 公顷,建设亲水平台 108 处,建成了禹州市区四个大型游乐园。2013 年入选国家级水利风景区。

嘉应观黄河水利风景区 位于武陟县东南部。占地面积 18.11 平方千米,其中水域面积 7.02 平方千米,灌渠和林带长 86.4 千米,林木绿地覆盖率 42%。由大美黄河水域、黄沁河湿地、沿黄堤防林带、人民胜利渠、共产主义渠、武嘉灌渠、白马泉灌渠组成。景区内的嘉应观是全国重点文物保护单位,被誉为"黄河故宫"。还有雍正皇帝下令堵口而建的御坝,毛泽东、江泽民曾视察的引黄灌溉自流渠——人民胜利渠。2014 年入选国家级水利风景区。

沱河日月湖水利风景区 位于永城市城区。城市河湖生态型水利风景区。以沱河、日月湖为依托,通过实施采煤沉陷区综合治理、河湖连通、水生态修复、水环境整治工程,形成水面 4 平方千米、湿地 0.6 平方千米,园林绿化 3.9 平方千米,栽植各类树木 49.6 万棵,新建桥梁六座、景观拱桥六座,建成了马岗山、乌金山、日月山、锦鲤池、新隋堤等 10 余个生态景观。2014 年入选国家级水利风景区。

龙湖水利风景区 位于周口市淮阳区城区。龙湖由东湖、柳湖、南坛湖、弦歌湖四部分组成,占地面积 11 平方千米,其中水域面积 5 平方千米,是中国内陆最大的环城湖之一。龙湖四面环抱城区,湖中有城,城中有湖,湖中有景,景在城中。具有典型的湖泊湿地生态系统,动植物资源丰厚,是我国中部地区重要的候鸟停歇地、越冬地和繁殖地。2014 年入选国家级水利风景区。

民权黄河故道水利风景区 位于民权县境内。由任庄、林七、吴屯三座中型阶梯水库连贯而成。植被覆盖率达 95% 以上,岸边垂柳迎风飘荡,在此远眺黄河故道大堤，曲折连绵，逶迤苍莽，像一条巨龙横卧在豫东大地上。2014年入选国家级水利风景区。

北湖水利风景区 位于睢县城北。由东湖、西湖、苏子湖、濯锦湖、恒山湖、甘菊湖、凤凰湖组成，占地面积15.6平方千米，其中水域面积6.9平方千米、湖面7平方千米。保存着过渡带特有的生物群落。环湖形成了以松树、国槐、野桃、栎类等为主的人工林和天然次生林，林草覆盖率高达98%。盛产茶叶、板栗、石榴等信阳特产和花鲢、白鲢、青鱼等30多种经济鱼类，有白鹭、黄羊、野猪、白冠长尾雉等30多种野生动物。2015年入选国家级水利风景区。

曹魏故都水利风景区 位于许昌市中心城区。占地面积105平方千米，其中水面面积4.35平方千米。由曹魏古城、三国文化产业园和水韵许昌旅游综合体三大核心项目组成。景区总体布局为"一核、两翼、六带"结构，形成了"五湖四海畔三川，两环一水润莲城"的水生态美景，融三国文化、都市生态文化和魏都风情文化为一体。2016年入选国家级水利风景区。

响河水利风景区 位于虞城县境内。以响河为骨干河道，由响河、周商永运河、十字河串联森林公园、两河口公园、木兰文化公园和人民公园组成。公园内有以虞城历史上四位古代先贤名字命名的仓颉湖、商均湖、伊尹湖、木兰湖，占地面积4.8平方千米，其中水域面积2.8平方千米，呈现出"城中有湖、河湖连通、天蓝地绿、水秀城美"的水乡景观。2016年入选国家级水利风景区。

古柏渡南水北调穿黄水利风景区 位于荥阳市西北的王村镇。西接虎牢关，东连飞龙顶、汉霸二王城、桃花峪旅游区，北濒滔滔黄河，南界茸茸川原。占地面积3.5平方千米，古柏苍翠，绿树掩映，风光秀丽，景色宜人，是黄河旅游线上重点名胜之一。2017年入选国家级水利风景区。

太行平湖水利风景区 位于林州市石板岩镇。占地面积92平方千米，其中水域面积3平方千米，是太行大峡谷露水河的拦河蓄水工程，也是红旗渠补源工程。太行平湖四面环山，山峰层峦叠嶂，景色迷人，宽阔的水面如同在深山中镶嵌的一颗巨大的珍珠。2017年入选国家级水利风景区。

南乐西湖生态水利风景区 位于南乐县城西部。以全长17.7千米的马颊河河道为主体,占地面积10.3平方千米,其中水域面积3.6平方千米,是集引黄调蓄、涵养水源、生态建设、休闲娱乐为一体的多功能水库。总体布局为"一心、一河、两园、多点"。"一心"即以南乐西湖为核心,"一河"即马颊河景观带,"两园"即森林公园和湿地公园,"多点"包括睢溪清流、杏园飞鹭、西湖烟柳、繁水荷花、方山耸翠、平邑秋波等景点。2017年入选国家级水利风景区。

十六、世界地质公园

云台山世界地质公园 位于焦作市北部。占地面积约556平方千米,是以裂谷构造和地质地貌景观为主,以自然生态和人文景观为辅的综合型地质公园。在裂谷作用大背景下形成的"云台地貌",是新构造运动的典型遗迹。在长期处于构造稳定状态的华北古陆核上,发育了一套相对完整且具代表性的地台型沉积,完整地保存了中元古代、古生代海洋环境,尤其是陆表海环境的沉积遗迹。2004年入选世界地质公园。

嵩山世界地质公园 位于登封市境内。占地面积450平方千米,主要地质遗迹类型为地质(含构造)剖面。嵩山在大地构造上处于华北古陆南缘,连续完整地出露35亿年以来太古代、元古代、古生代、中生代和新生代五个地质历史时期的地层,地层层序清楚,构造形迹典型,被地质界称为"五代同堂"。玉寨山、峻极峰、五指岭、尖山等多由石英岩组成,立壁千仞,险峻清秀,奇峰异谷遍布,形成独特的地形、地貌。清晰地保存着发生在距今23亿年、18.5亿年和5.7亿年前的三次前寒武纪全球性地壳运动形成的沉积间断和地层角度不整合界面遗迹,形成隆、陷、褶、断等地壳表面构造类型与环、线、块相间排列的构造格局,是地壳构造演化的一个缩影。2004 年入选世界地质公园。

伏牛山世界地质公园 位于我国中央山系秦岭造山带东部的核心地段,横跨西峡、内乡、淅川、南召、镇平、邓州、嵩县等县市,在宝天曼国家地质公园、南阳恐龙蛋化石群国家级自然保护区、宝天曼国家森林公园、伏牛山国家地质公园和南阳独山玉国家矿山公园的基础上整合而成。2006 年入选世界地质公园。

王屋山—黛眉山世界地质公园 位于济源市西部和新安县北部,是一座以典型地质剖面、地质地貌景观为主,以古生物化石、水体景观和地质工程景观为辅的综合型地质公园。王屋山保存了 25 亿年前开始的嵩阳、中条、王屋山、晋宁、加里东、海西、燕山、喜马拉雅等八次造山运动的地质遗迹,其中元古代火山岩再现了 14.5 亿年前的古裂谷、古火山,是时代最早的古火山天然博物馆。黛眉山的主体是厚达 820 余米的中元古界紫红色石英砂岩,波痕、泥裂、交错层理等沉积构造遗迹多达数百种,是反映距今 12 亿年的华北古海洋沉积特征的天然博物馆。2007 年入选世界地质公园。

十七、国家地质公园

宝天曼国家地质公园 位于内乡县福山寨至马山口一线以北的山区。占地面积 1 088 平方千米,群山耸峙、拔地腾霄,遍布着变质地层、构造剥蚀地貌、岩溶洞穴、瀑布峡谷等珍贵的地质遗迹。地处秦岭造山带之中,是经历长期多次不同造山作用而形成的复合型大陆造山带,记录着造山带 30 亿年来的演化历史。森林茂密,植被类型复杂,垂直带谱明显,物种资源丰富,有高等植物 256 科 1 054 属 2 911 种,陆栖脊椎动物 201 种。1988 年入选国家地质公园。2001 年成功申报成为世界生物圈保护区。

嵖岈山国家地质公园 位于遂平县境内。典型的花岗岩地质地貌,大地构造位于我国中央造山系秦岭造山带华北地块南缘构造带东段。山体主要由距今 1.2 亿—1.4 亿年的燕山期岩浆熔融侵入岩体冷凝后形成的花岗岩组成,花岗岩体是秦岭造山带构造演化留下的地质遗迹。2004 年入选国家地质公园。

关山国家地质公园 位于辉县市八里镇。分为宝泉、关山、八里沟、回龙、万仙山五大园区,有下古生界、中元古界和太古宇所有古老地层,群山竞秀,层峦叠嶂,沟壑纵横,飞瀑流泉,既有雄伟而苍茫的石壁景观,又有美妙而秀雅的山乡风韵。有面积 130 平方千米的国家猕猴保护区,有金钱豹、野猪、林鹿等 30 种兽类,金雕、金丝雀等 100 余种鸟类和 1 500 余种植物。2005 年入选国家地质公园。

郑州黄河国家地质公园 位于郑州市北郊的黄河之滨。南依岳山,北抵黄河,占地面积 202 平方千米。地处黄河中下游的交界处,黄土高原与黄淮平原的过渡地带,地质遗迹景观包括第四纪黄土地质剖面、人类活动遗迹与古生物景观遗迹等。晚更新世马兰黄土,沉积厚度堪称世界之最,独特的古土壤序列清楚地反映出近 260 万年来古气候、古环境的变化规律。2005 年入选国家地质公园。

神灵寨国家地质公园 位于洛宁县三官庙林场。以典型花岗岩石瀑地貌、水体自然景观和自然生态景观为主,河洛文化为辅的综合性地质公园。亿万年来多种地质作用形成了北方地区独特的花岗岩峰丛地貌、罕见的石瀑和高山湿地、形态各异的象形石等景观。神灵大峡谷内,特殊的河床地貌和 2 600 多米厚的花岗岩基造就了我国最大的石瀑群。石瀑面高 218 米,水平宽 578 米,面积达 10 万平方米,堪称中华一绝。2005 年入选国家地质公园。

金刚台国家地质公园 位于商城县东南处。地处扬子板块与华北板块的拼合部位,位于秦岭—大别造山带的东段,在漫长的地质历史演化过程中留下了丰富的地质遗迹,有悬崖峭壁、"仰视为峰、俯视为岭、平视为墙"的峰墙地貌、冲谷地貌与低山丘陵区、以花岗岩为基底的山前冲刷地貌,以及姿态万千的象形奇石。千米以上的山峰有 10 余座。2005 年入选国家地质公园。

小秦岭国家地质公园 位于灵宝市焦村镇。占地面积 60 平方千米,具有独特的地貌特征,小秦岭腹地的金矿田是目前世界上发现的唯一特大型变质核杂岩金矿床。娘娘山周边伸展拆离剪切带转折端构造岩石和构造形迹,枣香峪变质核杂岩内部太华群基底层型剖面、花岗岩奇峰地貌,河南省最高峰——老鸦岔脑奇峰、黄土台塬地貌景观等,是极具典型性且稀有的地质遗迹。2009 年入选国家地质公园。

红旗渠—林虑山国家地质公园 位于林州市境内。占地面积 193 平方千米,由红旗渠和林虑山两大园区组成,是一座以峡谷地貌、地质工程景观为主,水体景观与生态人文景观交相辉映的综合型地质公园。区域内保存了新太古界、中元古界、古生界和新界等地质时期的地质遗迹,属典型的多级台阶切割式地貌。太行大峡谷拥有雄秀兼备的多级台阶地貌景观,峡谷、障谷、峡中峡共同构成了大峡谷地区步移景换的奇特景观,体现了我国北方山岳的雄伟壮丽。2009 年入选国家地质公园。

汝阳恐龙国家地质公园 位于汝阳县付店镇和刘店镇。占地面积 71.17 平方千米,包括西泰山园区、刘店恐龙园区两个园区。以恐龙化石为主,以花岗岩地貌景观、典型地层剖面为辅的综合型地质公园。汝阳境内已发现恐龙属种 10 大类、化石点 130 多个,命名了 6 种恐龙:"汝阳黄河巨龙""洛阳中原龙""巨型汝阳龙""史家沟岘山龙""刘店洛阳龙"及"汝阳云梦龙"。"汝阳黄河巨龙"长 18 米,肩高 6 米;"巨型汝阳龙"是目前世界上已知最粗壮、最重的恐龙;"洛阳中原龙"填补了中国无结节类甲龙的空白。被认定为第一批"国家级重点保护古生物化石集中产地"。2011 年入选国家地质公园。

尧山国家地质公园 位于鲁山县境内。地处伏牛山东麓。尧山是秦岭造山带的重要构造部位,有着极其复杂的演化历史,先后经历了地壳的"中岳运动""崤熊运动""卢临运动""叶舞运动",并受喜马拉雅山造山运动的影响,在长期的风化剥蚀和沧桑变迁中逐渐形成。尧山峰奇石怪,尤以象形山石著称,像人似兽的山石美不胜收,且常有云雾相伴,变幻无穷。瀑长涧深,九曲瀑涡旋相连,银线瀑一线通天,造型奇特,令人叹为观止。2011年入选国家地质公园。

十八、国家森林公园

嵩山国家森林公园 位于登封市境内。地形以低山丘陵为主,山峰主要有跑马岭、俊极峰、嵩山岭、九朵莲花山、御寒山、马鞍山等。植被具有明显的暖温带特色,主要由栓皮栎林、槲树林、化香林、山杨林、槲栎林、黄檀林和毛黄栌灌丛、野山楂灌丛、荆条灌丛、六道木灌丛、美丽胡枝子灌丛等类型。有植物180多科720属1 442种,针叶林、阔叶林、乔木、灌木、花草、药材齐全。有动物400余种,其中禽类42科118种,以小型哺乳动物和无脊椎动物为主。1986年入选国家森林公园。

花果山国家森林公园 位于宜阳县西南部。占地面积1.8万公顷。分为五大景区:花山觅圣区,有花山庙、唐僧石等景观;岳顶风光区,有岳顶日出、岳山雾雪等景观;七峪飞瀑区,有碧玉潭、珍珠潭、青龙潭、串珠潭、隐龙潭等景观;灵山名胜区,有凤凰山、凤凰泉、灵山寺等景观;珍稀动植物保护区,有麦穗山、石练山、大石猴等景观。这里有许多与《西游记》中相同的地名,如铁板桥、水帘洞、玉皇顶、南天门、高老庄等。1991年入选国家森林公园。

寺山国家森林公园 位于西峡县城西的灌河岸边。占地面积760公顷,林木以四季常青、生长茂密的马尾松、杉木为主,兼有连翘、迎春、杜鹃、绣线菊等灌木。分为三大景区:立石沟,有"西岭迎春""竹径通幽""霜林红叶"

"百花闹春""松林听涛""栎海烟云"等景点;太阳沟,有"冬雪拥翠""松岭石径"等景点;水磨沟,有珍贵稀有植物观赏区、科学试验园地。公园内还有半山亭、洼尊石、燃灯寺等古迹。1992年入选国家森林公园。

石漫滩国家森林公园 位于舞钢市南郊。占地面积1.2万公顷,群山起伏,山峰叠翠,沟深崖高,石奇林密,亚热带原始次生林地达1万余公顷,森林覆盖率在90%以上。分为龙泉湖、九头崖、天池、旗山、马鞍山、平岭、九州、螃背山、五峰山、九龙山等十大景区。1992年入选国家森林公园。

薄山国家森林公园 位于确山县境内。森林覆盖率75%,是野生动植物繁衍生息的天堂,分布有南北缘各类植物1 500种,其中薄山兰花品质优异,种类繁多,是我国北方著名的兰花品种资源库。盛产板栗、拳菜、猕猴桃、野葡萄、野山菌、薄山湖野生鱼等特产,素有"天然公园""六十里水上画廊"之称。1992年入选国家森林公园。

开封国家森林公园 位于开封市郊区。公园内有白云峰、玉皇顶、小黄山、鸡角尖、千尺崖等奇石景观,万亩原始林、唐代银杏林、野生牡丹园、高山杜鹃园、红桦林、白桦林、箭竹林等森林景观,黑龙潭、黄龙井、珍珠潭、青龙瀑布、白龙瀑布、九龙瀑布等瀑潭景观,白云洞、青蛇洞、锣鼓洞、洞天栈道、仙人桥等洞窟景观,还有乌曼寺、云岩寺、玉皇阁等人文景观。1992年入选国家森林公园。

亚武山国家森林公园 位于灵宝市豫灵镇。南居巍巍秦岭,北瞰滔滔黄河。占地面积5 120公顷,以雄、奇、险、秀、野的自然景观著称。以险峻、峭拔的五峰为主体,以山清水秀为特色。海拔1 200米的玉锁天湖,水域面积达7.5万平方米,是中原罕见的高山湖泊。1992年入选国家森林公园。

白云山国家森林公园 位于嵩县西南部伏牛山腹地。地跨长江、黄河、淮河三大流域,处于北亚热带向暖温带的气候过渡带,是天然的生物资源基因库。占地面积1.68万公顷,海拔1 500米以上的山峰37座,其中玉皇顶海拔2 216米,为八百里伏牛山主峰,是中原地区观云海看日出的胜地。有九龙大峡谷、玉皇顶、鸡角曼、白云峰等景点,白云湖、情人谷、高山牡丹园、留侯祠、芦花谷、萌宠乐园、玻璃栈道等休闲区。1992 年入选国家森林公园。

云台山国家森林公园 位于修武县境内。占地面积 2.4 万公顷。断石绝壁上有松柏旁逸斜出,巍然独立、傲视群山。姿态各异的树木与造型奇特的巨石、怪石相映成趣。山间小径两侧常有茂密竹林,散发着竹林特有的幽香气息。山林深处是茂密的原始森林,遮云蔽日。树丛间还有多种草本植物,高低错落,生长繁茂。1993 年入选国家森林公园。

龙峪湾国家森林公园 位于栾川县境内。奇峰林立,林海茫茫。中原首峰鸡角尖海拔 2 213 米,壁削万仞;千年太白杜鹃,花冠如拳;黑龙瀑喷珠吐玉,银光飞溅;仙人谷碧水清潭,流云飞瀑;万亩落叶松遮天蔽日,旱莲遍布。森林覆盖率 99%,有植物 1 900 余种,其中中药材 800 多种,有"移步三棵药"之说。野生动物达 400 余种,其中国家一、二级保护野生动物 48 种。1994 年入选国家森林公园。

天池山国家森林公园 位于嵩县西北部熊耳山区。占地面积 1 716 公顷,主要有飞来石、天池、玉女溪、韩王墓、二郎沟五大景区,森林覆盖率达99%。奇花古木众多,动植物种类繁多,有乔木、灌木 71 科 1 800 余种,动物184 种。还有 467 公顷的第二世纪冰川遗留产物和世界珍稀濒危植物南方红豆杉。1994 年入选国家森林公园。

五龙洞国家森林公园 位于林州市五龙镇。山势宏厚苍劲,危岩壁立,怪石嶙峋;山坡植被茂密,树木葱郁,林海茫茫;溶洞幽穴星罗棋布,山泉溪流遍布山涧,有五龙洞、四道沟、鸡冠山和驴驮沟四大景区。五龙洞为天然石灰岩溶洞,大厅面积 1 100 平方米,可容纳 2 000 余人,最宽处 60 米,最高处 44 米,深度为 1 200 余米,形成于 2 亿年前,被誉为"太行山第一大溶洞"。1995 年入选国家森林公园。

南湾国家森林公园 位于信阳市西南部。南湾湖周边天然公益林面积达 8 000 公顷,森林植被覆盖率达 90%,是信阳市的绿色生态屏障。分布有各类植物 2 000 多种,南湾湖盛产的"南湾鱼"享誉中原;南湾湖上游群山连绵,云雾缭绕。1996 年入选国家森林公园。

甘山国家森林公园 位于三门峡市区南隅。甘山84峰,峰峦叠嶂,最高峰海拔1885米。甘露峰、玉翠峰、罗汉峰、聚仙峰、光武峰,气势磅礴,站立峰顶举目眺望,三门峡市、九曲黄河依稀可见。甘山的森林覆盖率达95%以上,植物种类达2 100多种,其中有千年槲树、500年树龄的河南巨杨,还有金钱豹、羚羊、梅花鹿等野生动物110余种,其中国家重点保护野生动物8种。1999年入选国家森林公园。

淮河源国家森林公园 位于桐柏县境内。地处豫鄂两省交界处的桐柏山脉中段北麓,为千里淮河发源地。森林覆盖率98%以上,动植物资源丰富,被誉为中州地区的天然"物种基因库"和"自然博物馆"。自然景观多瀑布、洞穴,其中以十八罗汉洞最为壮观,霹雳闪电洞最为神奇,入洞有锣鼓响声和雷鸣闪电声。2002年入选国家森林公园。

铜山湖国家森林公园 位于泌阳县城东隅。占地面积1 996公顷。有林地1万公顷,树木古朴苍劲、高耸挺拔,林随山延,水绕林行,林入水中,石散山岭,鸟兽出没,花草点缀,被誉为"天中大森林"。有维管植物883种,其中国家二级保护野生植物3种;有野生动物数百种,其中国家二级保护野生动物9种。2002年入选国家森林公园。

黄河故道国家森林公园 位于商丘市梁园区北部黄河故道上。占地面积6 500公顷,是我国罕见的平原人工林国家森林公园。黄河故道大堤始筑于明朝弘治年间,长134千米,高13米,底宽百米,平均高出地面13米,曲折连绵,逶迤苍莽,构成了独特的黄河故道"悬河"景观。林木茂密,百鸟争鸣,野生动物出没其中。天沐湖和天泉湖湖水清澈,鱼翔浅底,芦苇茂盛。2002年入选国家森林公园。

郁山国家森林公园 位于新安县西南隅。地属伏牛山余脉,为浅山丘陵地貌。郁山主峰海拔600多米,峰奇石怪,象形石众多,或似人或似动物。郁山南麓的龙泉,一年四季长流不息,为优质矿泉水。名胜古迹有汉王台、窦宪墓、廉吏李恂拾橡崖、将军庙陈抟讲道石、韩擒虎寨等。修建了松树浴、栎树浴、柏树浴等三个森林浴区。2002年入选国家森林公园。

神灵寨国家森林公园 位于洛宁县县城东南处。占地面积 5 300 公顷，有 2 200 多种植物，300 多种动物，景点 160 多个，是一座以花岗岩石瀑地貌、水体自然景观、自然生态景观为主，河洛文化为辅的综合性地质公园。神灵寨莲花顶有 0.67 公顷高山湿地。拥有大面积的白皮松天然群落，北方罕见的大片竹林，是世界上纬度最高的淡竹原产地。2003 年入选国家森林公园。

玉皇山国家森林公园 位于卢氏县狮子坪乡。占地面积 1.07 万公顷，主峰玉皇尖海拔 2 058 米。以玉皇尖为中心，以明朗河为纽带，以大片原始森林和落叶松基地、小灵山、壮沟峡谷、南台尖、三叠峰为主要景观，森林覆盖率 98% 以上。高大挺拔的日本落叶松林，为森林公园的独特风景，是珍稀动物生存栖息的场所。2003 年入选国家森林公园。

嵖岈山国家森林公园 位于遂平县境内。分为北山、南山、六峰山、琵琶湖、天磨湖、龙天沟、红石崖、凤鸣谷等区域，树木葱茏，古柏苍苍。仅凤鸣谷景区，就有原生树木 620 余种。常见树种有板栗、橡树、槐树、枫杨；珍稀树种有紫檀、银杏等。林区里栖息着猫头鹰、四足蛇、野猪等多种国家重点保护野生动物。2004 年入选国家森林公园。

金兰山国家森林公园 位于新县境内。由连康山、西大山、金兰山三大片区组成，占地面积 3 330 公顷。地处亚热带向暖温带过渡地带，森林资源丰富，树木种类繁多。2005 年入选国家森林公园。

始祖山国家森林公园 位于新郑市西南部。占地面积 4 667 公顷。始祖山主峰海拔 1 050 米，风光秀丽，可北望滔滔黄河，西望叠翠群峰，南望连片果林，东望万里平畴。公园内沟壑纵横，峁顶相间，地形地貌独特。2005 年入选国家森林公园。

黄柏山国家森林公园 位于鄂豫皖三省交汇处。占地面积 2.28 万公顷，青松翠竹遍山，奇峰怪石林立，悬崖瀑布成群，古塔寺院幽深。森林覆盖率 97%，生态环境优越，自然资源丰富。植物多达 2 800 多种，属于国家重点保护野生植物的就有 20 多种。白冠长尾雉、商城肥鲵为公园所独有，两株千年古银杏更是罕见。2006 年入选国家森林公园。

燕子山国家森林公园　位于灵宝市东南部。燕子山主峰海拔 1 497 米，秀峰林立，净潭棋布，古木参天，山清水秀。两条奔流不息的溪流像玉带一样串起大小十余处瀑布。有国家重点保护野生动物金钱豹、穿山甲、红腹锦鸡、麝、鹿等，国家重点保护野生植物水杉、粗榧、银杏、灵春木、水曲柳、鹅掌楸等，还有天麻、灵芝等珍贵药材。2006 年入选国家森林公园。

棠溪源国家森林公园　位于西平县城西南部。山丘型自然风景区，分为棠溪峡、棠溪湖、蜘蛛山、跑马岭四大片区，森林覆盖率95%以上。自然景观星罗棋布。天然城堡东西绵延 10 余千米，始祖峰仰卧在蜘蛛山的北峰，棠溪峡"十里春谷蝉盈耳"。人文史迹不胜枚举，如战国冶铁遗址、嫘祖庙、始祖庙、汪郎祠、大唐石寨、刘秀饮马井、狄青练兵场等。2006 年入选国家森林公园。

大鸿寨国家森林公园　位于禹州市鸠山镇。大鸿寨地质地貌类型丰富，生态类型多样，名胜古迹遍布。巍峨雄壮的卧佛山主峰、尖峭峻拔的摘星楼、开阔平坦的坷垃垛，以及钻天洞、烽王台、和尚洞、白果树、水帘洞、佛爷庙、樊梨花台、闯王峡、老羊山、情人谷等，令人称奇。2008 年入选国家森林公园。

汝州国家森林公园　位于汝州市境内。分为风穴寺和九峰山两个片区。山水险峻奇秀、精致秀丽，保存着完整的森林自然景观，蕴藏着丰富的动植物资源。植被类型以天然次生林为主，森林覆盖率达 92%。风穴寺始建于东汉初平年间，毁于董卓之乱，重建于北魏，是中国最古老的佛寺之一。九峰山包括五垛山、九峰山、四寨山、猴王山，景色各有千秋。2011 年入选国家森林公园。

天目山国家森林公园　位于信阳市平桥区西北部桐柏山东麓。前身是创建于 1958 年的天目山林场。公园涵盖两山两河两湖，即天目山、大寨山、柳河、明河、尖山水库、天目湖，群山逶迤，古树参天，茂林修竹，溪水潺潺，动植物资源丰富。2015 年入选国家森林公园。

大苏山国家森林公园　位于光山县城西南隅。占地面积 2 789 公顷，主要由大苏山、龙首山、王母观三个片区组成,森林覆盖率95%。分布有植物133科436属891种,主要有马尾松群落、杉木林、栓皮栎群落、枫杨群落;野生动物300多种,其中兽类40种、爬行类30种、鸟类160多种,国家重点保护野生动物10多种。2015年入选国家森林公园。

云梦山国家森林公园　位于淇县境内。云梦山属太行山脉,主峰海拔577米,峰峦叠嶂,山岚雾霭,云蒸霞蔚,泉水潺潺,百花争艳,自古以来就是游览胜地,历代文人墨士留下不少诗章、摩崖题记和碑刻,在山顶还有空中草原——云梦大草原,一派塞外风光。战国时期纵横家鼻祖鬼谷子在这里隐居,聚徒讲学,创办军庠,现存古军庠遗址景点50多处。2015年入选国家森林公园。

十九、国家湿地公园

陆浑湖国家湿地公园　位于嵩县东北部。以库塘为主的近自然湖泊湿地,占地面积42.22平方千米,其中湿地面积41.18平方千米,湿地率98%,有"中原红海湾"的美誉。植被区划属暖温带落叶阔叶林带,共有维管植物77科228属355种。动物地理区划中属古北界华北区,已知脊椎动物有249种。2013年入选国家湿地公园。

淇淅河国家湿地公园　位于林州市临淇镇。主体为淇河、淅河的河流湿地,为典型的北方浅山区河流湿地生态系统,优良的水质、丰富多样的生物环境,在河南省和我国北方地区具有一定的独特性。清泉涓流,碧波浩渺,绿树成荫,亭台楼榭错落有致,游览小道贯穿其间。2014年入选国家湿地公园。

双洎河国家湿地公园　位于长葛市北部。占地面积6.27平方千米,湿地风貌自然质朴,原始野秀,河滩水草丰美,河岸林木苍翠,水鸟翩翩,鱼虾游弋,构成了和谐共生、动静皆宜的湿地景观。以此为生存栖息地的鸟类逐年增多,共监测到新增鸟类 39 种,其中包括白额雁、普通鵟、日本松雀鹰等国家二级保护野生动物。2014 年入选国家湿地公园。

丹阳湖国家湿地公园 位于淅川县境内。占地面积 252.26 平方千米,湿地率达 96%。分为南北两园,南园位于丹江口库区主水面,功能以保育、恢复为主;北园位于内陆河口与大型水库交接处,以科普宣教、合理利用为主。有国家二级保护野生植物香果树、杜仲、银杏,国家一级保护的野生鸟类白鹳、黑鹳、大鸨,国家二级保护的野生鸟类鸳鸯、大天鹅、小天鹅、灰鹤等。2014 年入选国家湿地公园。

湍河国家湿地公园 位于邓州市境内。以湍河河道为主体,占地面积 17 平方千米,其中湿地面积 15.31 平方千米,湿地率为 90%。共记录维管植物 118 科 434 属 880 种,其中蕨类植物 11 科 14 属 24 种,裸子植物 4 科 7 属 10 种,被子植物 103 科 409 属 846 种。候鸟及其他鸟类的越冬地和繁殖地,有属于国家重点保护的两栖动物和鸟类、兽类 154 种,其中有金雕和秃鹫等国家一级保护野生动物,大天鹅等国家二级保护野生动物 21 种。2014 年入选国家湿地公园。

铜山湖国家湿地公园 位于泌阳县城东部。占地面积 12.15 平方千米,其中湿地面积 10.29 平方千米,湿地率 85%。铜山湖库容 1.33 亿立方米,是河南省重点保护的饮用水源地。融湿地景观、森林景观和乡村田园景观还有深厚的历史民俗文化于一体,组成了丰富多样的景观系统。2014 年入选国家湿地公园。

容湖国家湿地公园 位于柘城县县城北侧。容湖是明嘉靖年间黄河决口冲灌入城而形成的天然湖泊,占地面积 1.76 平方千米。容湖风光秀丽,拥有丰富的植被和水鸟资源,历史文化底蕴丰厚,湖底和岸边文物古迹众多。2014 年入选国家湿地公园。

中原水城国家湿地公园 位于睢县县城北郊。主要包括北湖、苏子湖、濯锦湖、恒山湖、甘菊湖、凤凰湖、通惠渠黄堤口至西关段及利民河等,占地面积 7.25 平方千米,其中湿地面积 4.43 平方千米。分布有维管植物 83 科 262 属 516 种,野生脊椎动物 5 纲 29 目 75 科 241 种,其中国家重点保护野生植物 7 种,国家一级保护的野生鸟类 3 种,国家二级保护的野生鸟类 23 种。历史文化遗迹众多,著名的有宋襄公陵墓、宋襄公望母台、甘菊泉、桃花洞、苏轼留墨处等。2014 年入选国家湿地公园。

周商永运河国家湿地公园 位于虞城县西北部。占地面积 2.73 平方千米。利用周商永运河、响河及其周边的自然资源和文化资源,重点开展湿地保护与恢复工程,建设黄淮海平原中部集水源保护,湿地动植物保护,湿地可持续利用示范,湿地科研、监测和宣教于一体,防洪抗旱、灌溉等功能兼备的湿地公园。2014 年入选国家湿地公园。

郑州黄河国家湿地公园 位于郑州市惠济区的黄河河道南侧。占地面积 23.9 平方千米。具有典型的河流湿地生态系统,动植物资源丰富,每年数量巨大的候鸟在此停歇、越冬或繁殖。以"生态保护之典范、科普学习之课堂、黄河文化之长廊、郑州品味之名片"为目标,打造了"郑风和鸣""花信风语""芦荡雁影""柽柳迎春""黄河晓渡""五谷丰登""黄河云卷""逸园春早""风荷映日""黄河九曲"等十大景点。2015 年入选国家湿地公园。

北汝河国家湿地公园 位于襄城县北汝河两岸。占地面积 11.87 平方千米,其中湿地 5.34 平方千米。淮河上游伏牛山区域的重要水源地,主要建设有候鸟观测站、候鸟观光平台、亲水休闲平台、观光步道等。还有春秋古城墙、双龙湖、玉皇阁、孔子自宋去楚渡口等古迹。2015 年入选国家湿地公园。

伊河国家湿地公园 位于伊川县境内。占地面积 13.84 平方千米,湿地率 95%,主要有河流湿地、沼泽湿地、人工湿地等湿地类型。属典型的河流湿地,保持了自然质朴的原始景观。水面、滩涂、沙洲、沟汊、池塘、乔木林、灌丛、草丛、农田为鸟类提供了多种多样的栖息环境和丰富的食物,吸引大量珍禽异鸟在此停歇、越冬、繁衍,是我国重要的水禽栖息地和候鸟迁徙停歇地。2015 年入选国家湿地公园。

惠济河国家湿地公园 位于鹿邑县城东北方。主要包括惠济河河道及其支流太平沟、明净沟的部分河段,有河流湿地、沼泽湿地、人工湿地三种湿地类型。九曲环绕、四季有水、水草丰美,河边野草丛生,两岸杨柳成荫;沙州、绿洲、沼泽星罗棋布,草长莺飞,野鸭簇动;河滩广阔,植被丰富,林木连绵不断,郁郁葱葱。2016年入选国家湿地公园。

龙湖国家湿地公园 位于淮阳县城东侧。占地面积505平方千米。属于典型的湖泊沼泽湿地,具有丰富的生物多样性。野生动植物种类繁多,湿地植被类型多种多样,包括挺水植物群落、沉水植物群落、漂浮植物群落、湿生草甸群落等。植被呈现出从水生到陆生的演替,是优良的物种基因库。2016年入选国家湿地公园。

马颊河国家湿地公园 位于南乐县境内。占地面积4.78平方千米,其中湿地3.87平方千米,湿地率81%。重点实施景观绿化和湿地恢复改造工作,建设了18个湿地岛屿,种植芦苇、蒲草、千屈菜、观赏莲等10种水生植物20万余株,栽植各类乔灌木10万余株,铺设草坪6万余平方米。2016年入选国家湿地公园。

北汝河国家湿地公园 位于襄城县境内。淮河上游伏牛山区和黄淮平原过渡地带水源地保护、湿地生物多样性保护的河流型湿地。占地面积8.97平方千米,其中湿地5.34平方千米,湿地率61%。有效改善了汝河沿线的生态环境,突显"山在城中、城在山中、山水相依、绿满城廊"的城市空间景观。有维管植物62科237属422种,脊椎动物5纲30目64科183种,包括国家一级保护的野生鸟类金雕,国家二级保护的野生鸟类大天鹅等11种。2016年入选国家湿地公园。

白龟湖国家湿地公园 位于平顶山市白龟山水库。占地面积6.73平方千米,其中湿地4.97平方千米。地貌景观包括湖泊湿地、岛屿等,水域风光包括湖泊、池塘等,生物景观包括林木、草地、野生动物及其栖息地。建有科普宣教展馆、湿地植物园、湿地功能展示园以及湿地生态监测中心、生态监测站、鸟类监测点。主要文化活动有观鸟节和湿地摄影。2011年入选国家湿地公园(试点)。

沙河国家湿地公园 位于漯河市区西部。占地面积6.51平方千米,其中湿地4.5平方千米,湿地率69%。滩涂广阔,动植物资源丰富。生长有蒲、苇、莲、菱、萍等群落。共有植物82科222种,鸟类15目31科125种,两栖类1目4科12种,爬行类3目8科19种,兽类5目8科24种,鱼类8目14科27种。2011年入选国家湿地公园(试点)。

淇河国家湿地公园 位于鹤壁市淇滨区与淇县交界处。占地面积3.33平方千米,其中湿地2.71平方千米,湿地率81%。地质地形多样,温泉资源丰富,水质良好,有维管植物90科506种,脊椎动物87科351种,包括150多种鸟类,灰鹤、苍鹭等国家重点保护野生动物。2011年入选国家湿地公园(试点)。

金堤河国家湿地公园 位于濮阳县境内。占地面积5.41平方千米,湿地率72%。以湿地生态、滨水休闲、湿地文化为特色,集湿地生态观光、湿地科普宣教、滨水休闲度假、湿地文化体验等功能于一体的湿地公园,已成为豫北湿地保护修复的示范基地。2012年入选国家湿地公园(试点)。

汤河国家湿地公园 位于汤阴县西部。占地面积7.1平方千米,其中湿地5.69平方千米,占总面积的80%。多样的湿地类型和良好的生存环境孕育了丰富的生物多样性,现有维管植物634种,其中有国家一级保护野生植物1种,国家二级保护野生植物3种;有鸟类174种,其中国家一、二级重点保护的野生鸟类23种。有观鸟塔、人工湖、科普馆、宣教长廊、小河竹林等景点。2012年入选国家湿地公园(试点)。

两河口国家湿地公园 位于信阳市平桥区境内。杜河与东双河在此汇聚,经过500米的宽阔河道汇入浉河,形成三河两次汇聚的湿地景观。以两河口天然河流湿地生态系统为核心,由淮河流域上游重要的永久性河流、洪泛平原湿地、库塘、运河和输水河组成复合湿地生态系统。多样的湿地类型和良好的生态环境,孕育了丰富的生物多样性,有维管植物113科377属781种,野生脊椎动物5纲34目63科300种。2012年入选国家湿地公园(试点)。

白河国家湿地公园 位于南阳市中北部。以大型人工湖泊和具有丰富水量的自然河流为核心,由永久性河流、洪泛平原湿地、大型库塘、运河和输水河组成复合湿地生态系统。以鸭河口水库和白河为主体,拥有上段森林景观、中段乡村田园景观和下段现代城市景观。这里是我国候鸟迁徙路线中线的重要节点,有高等维管植物 900 种,野生脊椎动物 256 种。2012 年入选国家湿地公园(试点)。

唐河国家湿地公园 位于唐河县境内。占地面积 6.76 平方千米,其中湿地 4.75 平方千米,湿地率 70%。永久性河流、洪泛平原湿地、输水河等组成了复合湿地生态,生物多样性比较丰富,共有高等维管植物 82 科 313 种,野生脊椎动物 63 科 230 种,其中国家一级重点保护的野生鸟类 2 种,国家二级重点保护的野生鸟类 24 种。2013 年入选国家湿地公园(试点)。

汾泉河国家湿地公园 位于项城市境内。典型的黄淮平原水网湿地生态系统,包括项城市的驸马沟、清水河下游段、长虹运河、谷河、汾河、泥河等河段湿地,占地面积 11.55 平方千米,其中湿地 10.2 平方千米,湿地率 88%。园内"丰"字形的生态廊道,串联起了项城城乡建设的节点,成为集科研监测、科普宣教、休闲游憩于一体的开放型湿地公园。2013 年入选国家湿地公园(试点)。

金水国家湿地公园 位于台前县境内。占地面积 14.07 平方千米。以金堤河湿地景观为依托,整合沿河两岸的自然及人文景观资源,建设以湿地生态、滨水休闲、湿地文化为特色,防洪灌溉能力强大、水质优良、物种丰富、湿地景观独特的湿地公园。2013 年入选国家湿地公园(试点)。

淮河国家湿地公园 位于息县东南部。主要包括息县境内的淮河段、淮河故道及其周边缓冲区域,占地面积 24.42 平方千米,其中湿地 13.26 平方千米。生物多样性丰富,具有浓郁中原文化和楚韵风情,形成了人与水禽和谐相处的乐园,成为保护、利用、提高湿地资源的国家示范基地。2013 年入选国家湿地公园(试点)。

漳河峡谷国家湿地公园 位于安阳县都里镇,地处"东亚—澳大利亚迁徙线"的重要中部通道。占地面积 6.46 平方千米,湿地率为 35%。河滩地、浅水湿地、河岸及岸边山坡构成较为完善的生态体系,共有野生动物30目76科167属244种,其中有国家一级保护野生动物黑鹳、金雕,国家二级保护野生动物青鼬等26种;野生植物70科167属330种,其中有国家一级保护野生植物南方红豆杉,国家二级保护野生植物草麻黄、野大豆、鹅掌楸、榉树等。2013年入选国家湿地公园(试点)。

民权黄河故道国家湿地公园 2013年入选国家湿地公园(试点)。参见国家级水利风景区——民权黄河故道水利风景区。

龙山湖国家湿地公园 位于光山县县城西南处。晏河、泼河、塔沙河三条河流汇入龙山湖,水质优良,是县城主要水源地。湖周峰峦叠翠,林木苍茫。现为河南省青虾养殖基地,设有上千亩垂钓场。2015年入选国家湿地公园(试点)。

香山湖国家湿地公园 2015年入选国家湿地公园(试点)。参见国家级水利风景区——香山湖水利风景区。

二十、国家矿山公园

独山玉矿山公园 位于南阳市境内。独山历史悠久,是佛、道两教的圣地,佛教名刹豫山寺始建于东汉建安初年,祖师宫始建于明初。独山山体浑圆,森林覆盖率达95%,有着"一山突出,单椒杰立"的独特地貌。遗存有从明清时期至今的近千个探矿、采坑遗迹以及新石器时代的玉铲出土遗址,以通天探槽为代表的现代探矿工程和以玉华洞为代表的采矿工程,系统地反映了独山玉的开采利用历史。2005年入选国家矿山公园。

缝山矿山公园 位于焦作市北部。包括焦煤集团和北山缝山公园两个核心景区,一个森林公园辅助景区,占地面积11.67平方千米,其中绿化面积达80%以上。以煤矿开采遗迹景观为主体,以石灰岩采矿遗迹、地面塌陷遗迹为核心,融合古代瓷窑遗址、现代影视城等人文景观于一体的综合性矿山公园。2010 年入选国家矿山公园。

凤凰山矿山公园　位于新乡市境内。占地面积 5.94 平方千米,包括凤凰山、愚公泉、世利苑和潞王陵四大景区。以矿山遗迹为主、地质遗迹为辅的综合性矿山公园。奇峰、怪石、飞瀑、流泉、珍禽异兽及人文景观,构成完整的风景体系。2010 年入选国家矿山公园。

二十一、国家考古遗址公园

殷墟考古遗址公园　位于安阳市殷都区小屯村。占地面积约 36 平方千米,其中核心保护区面积 4.14 平方千米。现存遗迹主要包括殷墟宫殿宗庙遗址、殷墟王陵遗址、洹北商城、后冈遗址以及聚落遗址(族邑)、家族墓地群、甲骨窖穴、铸铜遗址、手工作坊等。出土了大量都城建筑遗址和以甲骨文、青铜器为代表的丰富的文化遗存,展现了中国商代晚期辉煌灿烂的青铜文明。2010 年入选国家考古遗址公园。

隋唐洛阳城考古遗址公园　位于洛阳城区东隅,地跨洛河两岸。占地面积 47 平方千米,由宫城、皇城、里坊区和郭城组成。宫城的应天门,皇城的端门、天津桥、天街和郭城的定鼎门串联起来,构成隋唐洛阳城的城市中轴线。始建于隋朝大业初年的紫微城,是隋唐时期的大朝正宫,为隋、唐、后梁、后唐、后晋、北宋等朝代的理政之所。隋唐洛阳城见证了中国封建社会最辉煌的一段历史,其平面布局、建筑形制对后世影响深远。2010 年入选国家考古遗址公园。

郑韩故城考古遗址公园　位于新郑市区双洎河与黄水河交汇处。郑韩故城为东周时期郑国和韩国的都城遗址。遗址城垣周长约 20 千米,城内面积 16 平方千米。城墙、宫殿、手工作坊遗址及郑国贵族墓地等各类遗址遗迹,展示了一座距今 2 700 年左右的诸侯国都城的面貌。2017 年入选国家考古遗址公园。

二十二、世界遗产

龙门石窟 2000 年入选世界文化遗产。参见国家级风景名胜区——龙门风景名胜区。

安阳殷墟 2006 年入选世界文化遗产。参见国家考古遗址公园——殷墟考古遗址公园。

嵩山"天地之中"古建筑群 位于郑州嵩山腹地及周围地区。这里的历史建筑群,历经周朝、汉朝、西晋、北魏、隋朝、唐朝、宋朝、金朝、元朝、明朝、清朝等朝代,构成了一部中原地区上下三千年形象直观的建筑史,是中国时代跨度最长、建筑种类最多的古代建筑群,是中国先民独特宇宙观和审美观的真实体现。高超的建筑学成就,代表了我国古代建筑制度的形制典范,集中体现了人类杰出的创造力;以"天地之中"为基本理念的庙、阙、寺、塔、台和书院等,集中体现了中国各代的礼制、宗教、科技、教育等成就,代表了我国传统文化的精华,为中国多元文化的载体和典范。2010 年,少林寺(常住院、初祖庵、塔林)、东汉三阙(太室阙、少室阙、启母阙)、中岳庙、嵩岳寺塔、会善寺、嵩阳书院、观星台等 8 处 11 项,以"天地之中"古建筑群之名入选世界文化遗产。

中国大运河:河南段 中国大运河始建于春秋时期。由隋唐大运河(永济渠、通济渠、邗沟、江南河段)、京杭大运河(通惠河、北运河、南运河、会通河、中河、淮扬运河、江南运河段)、浙东运河共三大部分 10 段河道组成;地跨北京、天津、河北、山东、河南、安徽、江苏、浙江 8 个省、直辖市 27 座城市,全长 2 700 千米(含遗产河道 1 011 千米),纵贯中国最富饶的华北大平原与江南水乡,通达海河、黄河、淮河、长江、钱塘江五大水系,是世界上开凿时间较早、规模最大、线路最长、延续时间最久的运河。2014 年,联合国教科文组织将 27 段河道和 58 个遗产点,以"中国大运河"名列入《世界遗产名录》。大运河河南段主要是指通济渠和永济渠,流经洛阳、商丘、开封、郑州、新乡、焦作、鹤壁、安阳等 8 座地级市,涵盖了河道、码头、河堤、桥梁、仓窖、水工设施等遗产类型。纳入遗产点的有洛阳市回洛仓遗址和含嘉仓遗址、通济渠(汴河)郑州段、通济渠(汴河)商丘南关段、通济渠(汴河)商丘夏邑段、永济渠(卫河)滑县—鹤壁浚县段、浚县黎阳仓遗址,后续又纳入商丘古城、北宋东京城遗址、荥阳故城、洛口仓遗址、云溪桥、合河石桥、枋城堰遗址、百泉和卫源庙。

丝绸之路:长安—天山廊道的路网 "丝绸之路"是公元前 2 世纪至公元 16 世纪古代亚欧大陆间以丝绸为大宗贸易的长距离贸易与文化交流的交通大动脉。"丝绸之路"的长安—天山廊道,东起黄土高原上的长安(今西安),向西翻越秦岭和祁连山,穿过河西走廊,过敦煌的玉门关,从楼兰(今哈密)继续沿天山南北两侧到达伊犁河、楚河与塔拉斯河谷地。2014 年,联合国教科文组织将古代帝国或可汗王国的都城和宫殿建筑群、贸易中心、宗教窟寺、古道驿站、关口、烽火台、多段长城、碉堡、墓地和宗教建筑等共 33 处(其中中国 22 处、哈萨克斯坦共和国 8 处、吉尔吉斯共和国 3 处),以"丝绸之路:长安—天山廊道的路网"为名列入《世界遗产名录》。中国的 22 处遗产点,分布在陕西、河南、甘肃和新疆四省区,其中河南省境内有四处:汉魏洛阳故城遗址、隋唐洛阳城定鼎门遗址、新安县汉函谷关遗址、陕州区崤函古道石壕段遗址。

二十三、全国重点文物保护单位

郑州—太室阙 位于登封市太室山。汉代太室山庙前的神道阙,始建于东汉元初年间,与少室阙、启母阙并称中岳"东汉三阙"。由凿石砌成,分东西二阙,阙门间距 6.75 米,东阙高 3.92 米,西阙高 3.96 米。两阙结构相同,由阙基、阙身、阙顶三部分构成。西阙阙额题额以及铭文篆隶参半,笔画方中带圆,篆书意趣多于隶书,代表了秦汉之际中国文字演变的一段特殊历程。1961 年入选全国重点文物保护单位。

郑州—少室阙　位于登封市少室山东麓。汉代少室山庙前的神道阙,建于东汉延光年间,与太室阙、启母阙并称中岳"东汉三阙"。以青灰色块石砌筑,分东西二阙。两阙结构相同,为二重子母阙,由阙基、阙身、阙顶三部分构成,阙身由正阙和副阙两部分组成。少室阙上雕刻的画像有车马出行、宴饮、兽斗、击剑、狩猎、马技等,是汉代雕刻艺术的代表作。少室阙是中国古代祭祀礼制建筑的典范之一,1961 年入选全国重点文物保护单位。

郑州—启母阙　位于登封市太室山南麓万岁峰下。汉代启母庙前的神道阙,建于东汉延光年间,与太室阙、少室阙并称中岳"东汉三阙"。以凿石雕刻砌成,分东西二阙。西阙北面有两方阙铭,一方为《启母阙铭》,另一方是《请雨铭》。启母阙雕刻艺术在世界金石雕刻史上占有重要地位。1961 年入选全国重点文物保护单位。

郑州—嵩岳寺塔　位于登封市嵩山南麓嵩岳寺内。嵩岳寺始建于北魏永平年间,原为宣武帝的离宫,后改建为佛教寺院,殿宇达千余间,僧众 700 余人。嵩岳寺塔为中国现存最古老的砖塔之一。15 层的密檐式砖塔,通高 37 米,塔身各部为"宝箧印经塔"(阿育王塔)式样,火焰形尖拱,具有古印度犍陀罗艺术风格。1961 年入选全国重点文物保护单位。

郑州—观星台　位于登封市告成镇周公庙内。元至元十三年(公元 1276 年)由天文学家郭守敬创建,是世界上最早的天文建筑之一。青砖石结构,通高 12.62 米,台身呈覆斗状,昼参日影,夜观极星,以正朝夕。院内还有唐代依周代旧制重建的周公测景台。登封观星台是当年全国 27 个地方天文台和观测站的中心观测站,于元至元十八年(公元 1281 年)编制出当时世界上最先进的历法——《授时历》。《授时历》求得的回归年周期为 365.242 5

日,与现代科学推算的回归年期仅差26秒,与当今世界许多国家使用的阳历——格里历一秒不差,但《授时历》比格里历早300年。1961年入选全国重点文物保护单位。

郑州—郑州商代遗址　位于管城区、中原区和二七区一带。商代早期都城遗址,占地面积约25平方千米,包括三重城垣遗址、宫殿区遗址、居住聚落遗址、墓葬区、手工作坊遗址、窖藏坑等遗迹类型。城垣分宫城、内城和外城,三重城池和宫殿区的整体形制奠定了中国城市发展的基础。出土遗物中陶器数量最多,青铜器数量较多。1961年入选全国重点文物保护单位。

郑州—郑韩故城(含韩王陵)　位于新郑市区双洎河与黄水河交汇处。春秋郑国和战国韩国的都城。故城分为东城和西城。城墙分层夯筑而成,出土了一批春秋中晚期青铜器,代表性器物有莲鹤方壶、九鼎八簋等。郑韩故城的布局体现了东周列国都城的典型模式。北墙外侧有数处马面建筑,是中国早期的新型城墙防御设施。郑韩故城周边地区的韩王陵墓群,是战国时期韩国九世侯王的陵墓群,已发现陵寝28座,每座墓葬都有数量不等的车马坑和贵族墓。1961年入选全国重点文物保护单位。

郑州—巩县石窟　位于巩义市洛河北岸。北魏、东魏、西魏、北齐、隋、唐、宋各代相继凿窟造像。现存洞窟5个、千佛龛1个、摩崖造像3尊、摩崖像龛328个、碑刻题记186篇、佛像7 743尊。石窟结构紧凑,布局严谨,雕刻内容丰富、精美,构图设计富于整体性,在雕刻史上具有一定的地位。许多完整的帝后礼佛图、伎乐人、神王像、飞天等,是全国稀有的石窟雕刻精品。1982年入选全国重点文物保护单位。

郑州—宋陵　位于巩义市市区。南有嵩山,北有黄河,依山傍水。北宋皇帝及其陪葬宗室的陵寝,占地面积约156平方千米。北宋皇帝太祖、太宗、真宗、仁宗、英宗、神宗、哲宗及宣祖均葬于此,统称"七帝八陵"。诸帝陵园建制统一,平面布局相同,皆坐北朝南,分别由上宫、宫城、地宫、下宫四部分组成。围绕帝陵有近千座陵墓,地面石刻现存近千方,是一座浩瀚的大宋历史博物馆。1982年入选全国重点文物保护单位。

郑州—净藏禅师塔 位于登封市嵩岳太室山南麓积翠峰下。创建于唐天宝年间。由基座、塔身和塔顶三部分组成,除塔刹为石雕外,全由青砖砌筑。塔高10.34米,基座高2.63米。塔身各角砌五面倚柱,塔内顶作穹隆式。塔身以上为叠涩砖檐,塔顶由须弥座和山花蕉叶等组成刹座。塔刹以石雕成火焰宝珠,雕刻精美。1988年入选全国重点文物保护单位。

郑州—打虎亭汉墓 位于新密市牛店镇。东汉晚期墓葬。东西并列两个土冢,均为砖石混合结构,墓室建筑形式和结构基本相同,都是用巨大的石块和大青砖砌券而成。西冢为画像石墓,东冢为壁画墓,内容为宴饮图、百戏图、收租图、豆腐作坊工艺图、车马出行图、狩猎图以及浅底线刻朱雀、玄武、青龙、白虎等。墓内石刻、壁画为东汉绘画艺术珍品。1988年入选全国重点文物保护单位。

郑州—西山遗址 位于惠济区古荥镇。新石器时代晚期城址,距今4 800—5 300年,占地面积约3.1万平方米。发掘面积6 300余平方米,清理房基120余座,窖穴、灰坑2 000余座,灰沟20多条,墓葬200余座,瓮棺130座,出土陶器、石器、骨器、蚌器等遗物以及兽骨、种子等动植物遗骸数千件。其中最为重要的是发现和确认了仰韶文化晚期的夯土建筑城垣。1996年入选全国重点文物保护单位。

郑州—王城岗及阳城遗址 位于登封市告成镇。以龙山文化中晚期遗存为主,兼有裴李岗文化、二里头文化以及商周时期文化遗存,年代为公元前2070年左右。王城岗为夏代初期都城,发现龙山文化晚期的小城堡两座以及大型房基、奠基坑、窖穴、灰坑等遗迹,出土有大量陶器、石器、骨器、铜器等生产工具和生活用具。阳城是春秋战国时期的城址,占地面积140万平方米。阳城南墙外有战国时期的铸铁作坊。1996年入选全国重点文物保护单位。

郑州—初祖庵及少林寺塔林 初祖庵位于嵩山少室山五乳峰下,宋宣和年间为纪念初祖达摩而建,现存山门、大殿、千佛阁、面壁亭、圣公圣母亭,占地面积3 400平方米。初祖庵大殿斗拱、梁架、雕饰与《营造法式》相合,是宋代木构建筑技术的重要例证。少林寺塔林位于少林寺西,是少林寺历代和尚的坟墓,现存自唐贞元年间至清嘉庆年间的砖石墓塔232座。1996年入选全国重点文物保护单位。

郑州—裴李岗遗址　位于新郑市西北郊。遗址东半部为村落遗迹,西半部为氏族墓地,占地面积2万平方米。发掘墓葬114座、陶窑1座、灰坑10余个以及几处残破的穴居房基,出土各种器物400多件,包括各种石器、陶器、骨器等。墓坑多呈长方形,墓葬绝大多数为单人仰身直肢葬,随葬品主要为生产工具和生活用具。遗址年代早于仰韶文化1000多年,填补了我国仰韶文化以前新石器时代早期的一段历史空白,被命名为"裴李岗文化"。2001年入选全国重点文物保护单位。

郑州—大河村遗址　位于金水区北部。包括仰韶文化,龙山文化和夏、商时期文化的大型古代聚落遗址。占地面积40多万平方米,文化层堆积厚7—12.5米,文化遗存延续时间达3300多年之久。出土房基47座、窖穴297座、墓葬354座,出土完整或可复原的陶、石、骨、蚌、牙、角、玉等不同质地的各类遗物3500余件。其中一号房基的墙壁高达1米,属新石器时期仰韶文化晚期建筑。大河村遗址是我国20世纪70年代考古重要发现之一,被命名为"大河村类型"。2001年入选全国重点文物保护单位。

郑州—古城寨城址　位于新密市曲梁镇。占地面积约17万平方米,现存东、南、北三面城墙和南北相对两座城门缺口。发现仰韶文化、龙山文化、二里头文化、二里岗文化等各个时期的灰坑163个,墓葬11座,陶窑4座,房基4座,出土的陶器系磨光黑陶或红陶制品,器形以酒器和炊具为主。古城寨城址是我国迄今发现的保存最好、城防设施最完整、中原地区面积最大的新石器时代龙山文化城址之一,为二里头文化宫殿基址和廊庑基址找到了源头。2001年入选全国重点文物保护单位。

郑州—荥阳故城　位于惠济区古荥镇,地处荥泽西岸广武山之阳。城垣始建于战国,秦汉屡有修建。城垣呈不规则长方形,南北长2000米,东西宽1500米。城墙版筑,残高20米,上宽10米,基宽30米。故城内发现有房基、夯土台、水管道等设施。汉代冶铁作坊规模宏大,冶炼技术先进。荥阳自古为兵家必争之地,楚汉之争,双方屡据荥阳,刘邦取敖仓之粟扼项羽于荥阳东,终以鸿沟为界中分天下。2001年入选全国重点文物保护单位。

郑州—巩义窑址 位于巩义市东郊白河两岸。始烧于北朝,发展于隋,盛于唐,式微于宋、金。早期生产青瓷,隋代开始生产白瓷,唐代主要生产白瓷,另外还生产黑釉、黄釉瓷、三彩瓷。这里的白瓷,胎质坚细,洁白莹润,薄胎白瓷呈半透明状。最早被发现的黄冶村唐三彩窑址于2001年入选全国重点文物保护单位,2006年白河两岸的其他窑址入选全国重点文物保护单位,并与黄冶三彩窑址合并,更名为"巩义窑址"。

郑州—后周皇陵 位于新郑市郭店镇。五代时期陵墓群,现存陵墓包括嵩陵、庆陵、顺陵和懿陵。嵩陵为后周太祖郭威墓。庆陵为后周世宗柴荣墓,陵前原有御制祭文碑44通,现存33通。顺陵是后周恭帝柴宗训墓,墓室和墓道保存有壁画。懿陵是后周世宗皇后符氏墓。2001年入选全国重点文物保护单位。

郑州—康百万庄园 位于巩义市康店镇。明末清初地主庄园建筑。临街建楼房,靠崖筑窑洞,四周修寨墙,濒河设码头,建筑面积6.43万平方米,规模宏大。分为住宅区、作坊区、栈房区、饲养区、金谷寨、祠堂等六部分,是中原代表性的民居建筑群。庭院皆为两进四合院,建制大致相同,每座建筑均装饰各种精美的砖雕、木雕、石雕,是一座雕刻艺术的宝库。庄园背依邙山,面临洛水,因而有"金龟探水"的美称,与山西晋中乔家大院、河南安阳马氏庄园并称"中原三大官宅"。2001年入选全国重点文物保护单位。

郑州—会善寺 位于登封市太室山南麓。前身是北魏孝文帝的一所离宫,魏亡后舍宫为寺。现存二进二院18座建筑。始建于元代,后多次重修,现殿内木架及檐下斗拱均为元代遗物。大殿建筑出檐深远,斗拱硕大。现存北齐《会善寺碑》等碑碣石刻30余通,唐至清代古树120余株,明代铸大铁钟一口。会善寺是佛教传入我国后最早建立的佛寺之一,唐代女皇武则天赐佛拜僧的佛教圣地。2001年入选全国重点文物保护单位。

郑州—永泰寺塔 位于登封市永泰寺的山坡上。建于盛唐时期。11 层密檐式,青砖黄泥垒砌而成,通高 24 米,壁厚 1.6 米,塔基底边长 5.05 米。塔身自下而上每层高度均匀递减、塔檐逐渐内收,外轮廓的连线呈柔和的抛物线状。塔室内部为方形,空筒状。塔刹由仰莲、五重相轮等组成。2001 年入选全国重点文物保护单位。

郑州—法王寺塔 位于登封市嵩山南麓玉柱峰下。法王寺始建于东汉永平年间,是汉明帝专为印度高僧摄摩腾和竺法蓝译经传教而敕建,为中国第一所菩提道场。寺内有密檐式唐塔一座,单层唐塔三座,元塔和清塔各一座。密檐式唐塔为 15 级的砖塔,高居寺院后部台地上,是全寺的标志。2001 年入选全国重点文物保护单位。

郑州—中岳庙 位于嵩岳太室山南麓黄盖峰下。前身是太室祠,原为祭祀嵩山太室山神的场所。南北朝时期,道教在中国形成,太室祠易名为嵩岳庙,成为中原地区道教活动中心,仍保留着礼制建筑的特点。庙院面积近 11 万平方米,现存明清建筑 400 余间,汉至清代古柏 300 余株,金石文物百余件,是中国五岳中现存规模最大、最完整的一组古建筑群。2001 年入选全国重点文物保护单位。

郑州—大唐嵩阳观纪圣德感应之颂碑 俗名"大唐碑",位于登封市嵩阳路嵩阳书院大门前。唐天宝年间立,通高 9.02 米,宽 2.04 米,厚 1.05 米,重达 80 吨,雄伟壮观。碑文内容主要记述唐玄宗李隆基为寻求"长生不老"之术,命嵩阳观道士孙太冲炼丹九转的故事。宰相李林甫撰文,著名书法家徐浩八分隶书,堪称唐隶上乘作品。该碑石质坚硬细腻,雕工精致,是我国唐碑的优秀代表作之一。2001 年入选全国重点文物保护单位。

郑州—织机洞遗址 位于荥阳市崔庙镇。旧石器时代中晚期洞穴遗址。洞穴呈石厦状,口宽 12—15 米,进深 21 米以上,洞内面积 300 余平方米。发现文化堆积 24 层,用火痕迹 17 处。出土大角鹿、原始牛等动物化石 2 000 余件,刮削器、砍砸器等石器 2 万余件,还发现较多的加工过的兽骨。织机洞遗址是河南地区第四纪洞穴沉积的重要发现。2006 年入选全国重点文物保护单位。

郑州—新砦遗址 位于新密市刘寨镇。占地面积约 100 万平方米,主要遗存属龙山文化晚期和二里头文化早期。遗址设有外壕、城壕、内壕三重防御设施,中心区建有大型城址,出土的遗物数量众多,做工精美。遗址发现的"三叠层",即下层为龙山文化层,中层为新砦期文化层,上层为二里头早期文化层,证明了龙山文化与二里头文化之间确实存在新砦期,填补了龙山文化晚期与二里头文化早期的缺环。新砦遗址是原始社会末期典型的民族聚落中心,在考古学上称为"新砦期"。2006 年入选全国重点文物保护单位。

郑州—唐户遗址 位于新郑市观音寺镇。占地面积约 140 余万平方米,其中裴李岗文化遗存面积达 30 万平方米,是我国目前发现的面积最大的裴李岗文化时期的聚落遗址。清理各类遗迹 368 个,其中房址 65 座、灰坑 241 个、灰沟 13 条、墓葬 48 座、道路 1 条,文化遗存堆积丰富,包含有裴李岗文化、仰韶文化、龙山文化,二里头文化及商周文化聚落群址。裴李岗文化时期房址多为半地穴式建筑,平面呈椭圆形、圆形、不规则形和圆角长方形,布局形式具有环壕防御性质和凝聚式向心布局的特征。2006 年入选全国重点文物保护单位。

郑州—大师姑城址 位于荥阳市广武镇。二里头文化时期城址。占地面积 51 万平方米,由城垣和壕沟两部分组成,文化层厚度 2—2.5 米。发掘清理夯土房址、灰坑、窖穴、灰沟等多处遗迹,出土有青铜工具、玉钺、玉杯及大量的石制生产工具和陶制生活用具。大师姑城址是我国迄今为止发现的唯一一座四至和城垣分布清楚的二里头文化城址,填补了夏代城址考古的空白,2003 年入选"全国十大考古新发现"。2006 年入选全国重点文物保护单位。

郑州—小双桥遗址 位于中原区石佛镇。占地面积近 600 万平方米,文化年代相当于郑州二里岗上层二期。发现有城墙夯土建筑基址、祭祀坑、石磬和原始瓷尊、石圭等遗物。青铜建筑饰件造型独特,纹饰繁缛,为国内首次发现;陶缸表面绳纹之间的朱书陶文,是我国迄今发现的商代最早的书写文字。1995 年入选"全国十大考古新发现"。2006 年入选全国重点文物保护单位。

郑州—大周封祀坛遗址 位于登封市西万羊岗上。建于武周万岁登封年间,是女皇武则天封禅嵩山而筑的三坛之一。占地面积约 1 000 平方米,坛高约 10 米,上圆下方。坛前立有武则天撰写的《大周升中述志碑》,碑高 4.49 米,宽 1.48 米,厚 0.60 米,记述武则天率领文武大臣封禅中岳、禅祭少室大典的盛况。梁王武三思撰文,书法家薛曜书。2006 年入选全国重点文物保护单位。

郑州—欧阳修墓 位于新郑市辛店镇。欧阳修是北宋文学家、史学家,唐宋八大家之一,官至枢密副使、参知政事。自北宋熙宁八年(公元 1075 年)欧阳修葬此以来,陆续葬有欧阳修的祖母李氏、欧阳修的继配第三夫人薛氏以及长子欧阳发、次子欧阳奕、三子欧阳棐、四子欧阳辩、孙欧阳慇、欧阳愬等人。陵园自然环境优美,有"欧坟烟雨"之誉。现仅存大殿,入门和东西厢房。2006 年入选全国重点文物保护单位。

郑州—李诚墓 位于新郑市龙湖镇。李诚为北宋建筑学家,所著《营造法式》对后世建筑技术的发展具有深远的影响。原墓园占地约 7 000 平方米,土冢高大,冢下有墓室,墓室为砖室,近圆形。后代逐渐荒废,土冢墓顶已塌,仅存 3 米高,其他已夷为平地。墓冢前建有四角碑亭,亭内立有石碑。2006 年入选全国重点文物保护单位。

郑州—新郑轩辕庙 位于新郑市市区北关。包括轩辕庙、南崖宫及明代石寨墙。创始年代不详。轩辕庙为一组四合院建筑,主殿奉祀黄帝像,壁绘黄帝生平事迹画。南崖宫原有三宫,现仅存中宫轩辕宫,主要建筑有庙门、诚心亭、碑亭和初建于明朝的人文初祖殿,保存有古今石碑 50 余通。院内有古柏 16 棵。2006 年入选全国重点文物保护单位。

郑州—崇唐观造像 位于登封市太室山。崇唐观原名隆唐观,因避讳唐玄宗李隆基而改名"崇唐观"。现存清代老君殿,硬山灰瓦顶;殿内存有唐代石雕造像,通高 2.8 米,面部丰满,神态沉静;须弥座上浮雕有五伎乐。另存唐代碑刻两通,清代碑刻一通。2006 年入选全国重点文物保护单位。

郑州—刘碑寺碑　位于登封市大冶镇。北齐天保年间刘氏家族所立造像碑。曾建筑碑楼寺,称"刘碑寺",初为道观,后佛道合一;占地面积 3 800 平方米,四合院形式。碑立于正殿,用青石雕成,高 3.17 米,宽 1.46 米,厚 0.45 米。碑座前后有 12 个浮雕武士像,碑座后为线雕山林狩猎等图案。碑首雕盘龙六条,其下刻有大佛像数尊,并有内置雕佛像的数个小龛。碑后有正楷和隶书碑文。2006 年入选全国重点文物保护单位。

郑州—郑州二七罢工纪念塔和纪念堂　2006 年入选全国重点文物保护单位,2017 年入选"中国 20 世纪建筑遗产项目"。参见全国红色旅游经典景区——二七纪念堂。

郑州—李家沟遗址　位于新密市岳村镇。旧石器时代至新石器时代的遗址,距今约 1 万年。出土有细石核与细石叶等典型的细石器遗存,含绳纹及刻划纹等装饰的粗夹砂陶及石磨盘等,稳定栖居形态的大型石制品及人工搬运石块。石器所用原料多是不见于本地的优质燧石。数量较多的大型石制品加工简单,器物形态亦不稳定。陶片均为粗夹砂陶,部分陶片质地较坚硬,显示其烧成火候较高。2013 年入选全国重点文物保护单位。

郑州—尚岗杨遗址　位于管城回族区南曹乡。仰韶文化中晚期遗址。遗址是一个大的村落,占地面积 7.5 万平方米,文化层堆积厚 2—3 米。遗址中心区外围有两条环形壕沟。发现有房基、灰坑、墓葬等。房基为"木骨整塑",墙壁与地坪经烧烤呈砖红色,十分坚固。灰坑多为筒状和袋状,墓葬均为竖穴土坑墓。出土有大量的仰韶文化晚期人类生产、生活用具。2013 年入选全国重点文物保护单位。

郑州—后庄王遗址　位于中原区沟赵乡。仰韶文化中晚期原始聚落遗址,占地面积约 5 万平方米。发现有灰坑、墓葬等遗迹,出土有陶、石、骨、角、蚌器等遗物。文化遗存分上、中、下三层。下层、中层相当于仰韶文化中期;上层属于仰韶文化晚期,部分遗物如镂孔足盆形鼎、彩陶碗和内折沿敛口矮圈足豆,属于大河村类型。出土的生活用具主要是陶器,生产工具主要是石器。2013年入选全国重点文物保护单位。

郑州—青台遗址　位于荥阳市广武镇。仰韶文化中晚期遗址。遗址突出地面形成高地,占地面积近10万平方米,文化层厚约3.5米。文化遗存分为三期,有房基、窖穴、陶窑、墓葬等,出土有陶、石、骨、蚌、玉、角器等一批相当珍贵的文化遗物。一期约相当或稍早于庙底沟类型早期,二期约与秦王寨类型早期相近,三期与秦王寨类型晚期相同。2013年入选全国重点文物保护单位。

郑州—秦王寨遗址　位于荥阳市北邙乡。仰韶文化遗址。占地面积约3万平方米,地表散存较多的红烧土块、陶器、石器残片等,文化层厚3—4米,断崖上暴露灰坑、墓葬、房基等。陶器以泥质红陶为主,间有黑陶和夹砂陶,器形盛行三足器,纹饰以彩陶居多,其中白衣彩陶色彩绚丽,花样繁多,构图匀称,为彩陶工艺中的上品。该遗址被学术界称为仰韶文化秦王寨类型。2013年入选全国重点文物保护单位。

郑州—人和寨遗址　位于新郑市辛店镇。包含龙山文化、新砦期文化、夏商文化以及夏商城址在内的多时代遗址,占地面积约20万平方米。发现地上部分夯土遗存,东部是一座夏商时期的古城址,西南部是龙山文化遗存。在晚清至民国时期,因取土修筑寨墙,遗址中部被破坏。2013年入选全国重点文物保护单位。

郑州—花地嘴遗址　位于巩义市站街镇。新石器时期至夏代的大型聚落遗址。遗址呈扇形分布,由外环壕和内城构成,占地面积约30万平方米。发现4条环壕、3个祭祀坑、10余座房址、数个灰坑及2座陶窑,出土有骨、石、蚌器、陶器、玉器、朱砂绘陶礼器,还有诸多动物骨骼及农作物颗粒。2013年入选全国重点文物保护单位。

郑州—曲梁遗址　位于新密市曲梁镇。以二里头文化为主,兼有龙山文化、商代文化和汉代文化遗存的聚落遗址。占地面积约24万平方米,文化层厚2—4米。清理有灰坑、墓葬、水井等遗迹。出土二里头文化陶器有夹砂圈底深腹罐、球腹罐、捏口罐等,纹饰有绳纹、篮纹、附加堆纹、弦纹、指甲压印纹;石器有铲、镰、斧、凿等。出土商代陶器鬲、子母口甗、平底罐、折沿弧腹盆等,陶胎较薄,纹饰规整;石器有铲、刀、锛、镰、斧、凿等。2013 年入选全国重点文物保护单位。

郑州—娘娘寨遗址 位于荥阳市豫龙镇。西周至东周时期的古城址,占地面积约 102 万平方米。城址由内城、外城及护城河组成。清理各类遗迹 1 600 多个,主要有城墙、城门、房址、夯土基址、墓葬、道路、陶窑、灰坑、水井、灰沟、土灶等。出土遗物多为陶器,还有石器、骨器、蚌器、小型铜器和玉器等。2013 年入选全国重点文物保护单位。

郑州—稍柴遗址 位于巩义市芝田镇。龙山文化、二里头文化及商代文化遗址,占地面积约 200 万平方米。清理窖穴 45 个,墓葬 7 座,出土陶、石、蚌、骨等各种遗物 500 多件。早在仰韶文化时期就有人类在这里生活,龙山文化时期、新砦期、二里头文化时期、商代、周代至汉代一直延续不断,为中华文明之源探索工程提供了重要的实物资料。2013 年入选全国重点文物保护单位。

郑州—南洼遗址 位于登封市君召乡。占地面积 30 万平方米,清理出灰沟、水井、灰坑和墓葬等,出土有陶器、石器、蚌器、骨器、贝器、绿松石等,器形主要有罐、豆、盃、爵、贝币等。白陶遗存较为丰富,其中的网坠形白陶器为首次发现。遗址包含二里头文化一至四期、殷墟时期、东周至唐宋时期的文化遗存,面积之大,延续时间之长,文化内涵之丰富,发展序列之完整,较为罕见。2013 年入选全国重点文物保护单位。

郑州—望京楼遗址 位于新郑市新村镇。占地面积约 168 万平方米,发现二里头文化时期和二里岗文化时期两座城址,出土一批重要的文化遗物。保存有三重城墙及三重护城河、城门、道路、大型夯土建筑基址、房基、墓葬等 200 余处遗迹,其中以夏代和商代城址的发现最为重要。2013 年入选全国重点文物保护单位。

郑州—祭伯城遗址 位于郑东新区。两周时期和明清时期相互叠压的两个城址。两周时期城址呈东西长方形,中部有南北向一道城墙墙体相隔,整体呈现"曰"字状,占地面积约 138 万平方米。明清时期城址基本呈东北西南方向椭圆形,位于两周城址的中部以南区域,已探出城圈、护城河、夯土基址等遗迹,遗址范围达 50 万平方米。2013 年入选全国重点文物保护单位。

郑州—华阳故城　位于新郑市郭店镇。原是华国的都城,郑国东迁后灭掉华国,华国故城成为郑国重要城邑之一,著名的华阳之战就发生在这里。城址占地面积约 36 万平方米,夯土城墙,四面城墙及城角加筑了用于守城和瞭望的马面,数量达 10 个之多。城内发现有夯土建筑、灰坑、水井、墓葬等遗迹。2013 年入选全国重点文物保护单位。

郑州—京城古城址　位于荥阳市豫龙镇。东周初年郑国东迁,以京城(现荥阳京襄城)为郑国东迁后的第一个国都。该城春秋属郑,战国属韩,秦属三川郡,汉属河南郡,设京县。现存的一处较大的春秋时期古城址,尚存城墙九段,长 1 000 余米,高 3—7 米,基宽 25 米,夯层厚 5—12 厘米,并有明显的版筑痕迹。2013 年入选全国重点文物保护单位。

郑州—苑陵故城　位于新郑市龙王乡。秦汉时期的苑陵故城,东西长约 2 300 米,南北宽 1 700 米,城墙黄土板式夯筑,夯窝清晰,绳纹、陶片举目可见。城内有许多高土台,城外有 31 座墓冢和烽火台遗迹,出土有大量铜器、陶器和米字纹空心砖。城墙下层叠压有周代夯土,内含夹砂绳纹陶片。城内有大量西周文化遗存。2013 年入选全国重点文物保护单位。

郑州—汉霸二王城　位于荥阳市广武镇。秦末汉初的军事堡垒。汉王城、霸王城东西相峙于广武山上。汉王城为刘邦所建,霸王城为项羽构筑。由于黄河水的长期南侵冲刷,北城墙全部及城内大部沦入河水,部分东西城墙和大部分南城墙得以保存。遗物主要为陶器和铜兵器。汉霸二王城自古就是一处军事要地,因秦末汉王刘邦与霸王项羽在此大战争夺天下而闻名。2013 年入选全国重点文物保护单位。

郑州—铁生沟冶铁遗址　位于巩义市夹津口镇。汉代河南郡铁官管理的第三号冶铁作坊遗址。冶炼生铁、铸铁、制造铁器的综合性工场,占地面积约 2.16 万平方米。西部为冶铁区,东部为铸铁区,北部为生活区,南部为通道和出渣区。发现的矿井有方井、斜井、竖井,采矿工具有铁镢、铁锤等。已知的汉代冶铁遗址中出土物最丰富的一处,年代约西汉中晚期至东汉。2013 年入选全国重点文物保护单位。

郑州—密县瓷窑遗址 位于新密市老城西关。密县瓷窑的烧造年代始于晚唐,终于北宋。遗址占地面积约 30 万平方米,文化层厚 2—4 米。发掘瓷窑 3 座、陶窑 1 座、碾料池 1 座、釉料池 1 座。属于北方磁州窑系,以白瓷为主,黑瓷和青瓷次之,还有少量的酱釉、黄釉瓷。瓷器主要是小型器,典型器物有白釉瓷碗、白釉绿彩注子、黄釉席纹注子、青釉花边枕、珍珠地划花动物纹枕等,还烧造一定数量的宋三彩器。2013 年入选全国重点文物保护单位。

郑州—苌村汉墓 位于荥阳市王村镇。汉代壁画墓。夯土墓冢,高约12 米,直径约 60 米。墓室由甬道、前室、东侧室和三个后室组成,外石内砖结构,石壁厚 0.7 米,砖厚 0.3 米。墓室主室呈长方形,绘有彩色壁画。甬道前后石门的正背两面均刻有高浮雕铺首衔环,正面还有浅地线刻图案和朱绘木纹。甬道两侧和前室四壁及顶部满绘彩色壁画,总面积达 300 平方米。2013 年入选全国重点文物保护单位。

郑州—少林寺 位于登封市太室山南麓。创建于北魏太和年间,孝文帝为印度高僧跋陀落迹传教而建。主要由常住院、塔林、初祖庵、二祖庵、达摩洞、甘露台及分散的墓塔石刻等组成,其中常住院为少林寺的主体。少林寺是世界著名的佛教寺院,汉传佛教的禅宗祖庭,还是少林武术的发源地,在中国佛教史上占有重要地位,被誉为"天下第一名刹",素有"天下功夫出少林,少林功夫甲天下"之说。2013 年入选全国重点文物保护单位。

郑州—后士郭壁画墓 位于新密市西大街。地面现存四个土冢,五座汉墓。已发掘的三座墓,均为砖石结构,形制基本相同,由斜坡墓道、圆券甬道、墓门、前室、中室、南耳室、北耳室、北主室和西侧室组成。其中后士郭 1号墓出土的陶仓楼上所绘的彩绘收租图,形象生动。墓中的石刻《斗鸡图》,

在美术史上有重要地位。2013 年入选全国重点文物保护单位。

郑州—千尺塔 位于荥阳市贾峪镇圣寿寺。建于北宋仁宗年间。六角九级密檐楼阁式砖塔,通高 15 米。塔身用青砖砌筑而成。千尺塔的排水处理构造及翼角起翘的做法,采用了类似中国古代木构建筑屋面曲线处理的手法,既增强了塔身的曲线美,又减轻了雨水侵害,增加了塔的寿命。建成已近千年,历经地震仍基本完整,仅顶部及南部各门之间有损毁。2013 年入选全国重点文物保护单位。

郑州—寿圣寺双塔 位于中牟县黄店镇。寿圣寺始建于唐代,兴于宋代,鼎盛时有两进寺院,寺僧数十人。塔的形状仿照尉迟敬德的双鞭而建。宋初,西塔七层 30 米、东塔四层 18 米,两塔一直都没有顶。双塔建筑均为六角形,塔身以灰色砖垒砌,每层都有券门、真窗和盲窗。每层塔身上都有佛像浮雕。现东塔直立,西塔向东北方向倾斜了 40 厘米。2013 年入选全国重点文物保护单位。

郑州—凤台寺塔 位于新郑市城关乡。凤台寺已毁于战乱年代,古塔尚存。具体始建年代不祥,明嘉靖年间重修。六角九级叠涩密檐式砖塔,由基台、塔身、塔刹、地宫四部分组成,通高 19.1 米,塔的轮廓呈抛物线形,既保留了宋代建筑风格,又体现了河南地方建筑手法。地宫的壁画保存完好。2013 年入选全国重点文物保护单位。

郑州—清凉寺 位于登封市少室山清凉峰下。始建年代不详,金贞祐年间重建。现存院落二进,殿宇 15 间,碑刻三通。大殿面阔、进深均三间,单檐歇山顶,正脊两端置大吻,中部饰卷草花卉、龙凤图案。殿内做减柱造,只有后金柱两根,石质覆盆式柱础,为古朴的宋金风格。梁架结点用襻间、坐斗、真昂等早期建筑作法。2013 年入选全国重点文物保护单位。

郑州—南岳庙 位于登封市大金店镇。始建于金,明、清两代重修。原有三进院落,现存府君殿(正殿)、财神殿、三官殿、火神殿、龙王殿、三星殿等。府君殿面阔三间,进深三间,单檐歇山式灰筒瓦顶,顶脊两端置大吻,正脊上端置狮子驮宝瓶,脊两侧饰砖雕龙凤戏牡丹等图案,梁上饰以游龙为主的彩绘。此殿梁架与殿顶木架为金代构筑。2013 年入选全国重点文物保护单位。

郑州—郑州城隍庙(含文庙大成殿) 郑州城隍庙位于商城路,建于明代初期,是郑州市区现存规模最大、保存最完整的明清古建筑群。南北轴线上有大门、仪门、戏楼、大殿、后寝宫等建筑,古朴典雅,彩画鲜艳生动,戏楼造型尤其精美,保存有碑刻 20 余通。郑州文庙位于郑州市东大街,始建于东汉永平年间,现仅存大成殿。大成殿为单檐歇山式建筑,墙体红色,屋顶为蓝色琉璃瓦,建筑构件细部采用传统木雕、石雕和砖雕;左侧为碑廊,立着年代久远的十通古碑,其中有乾隆皇帝御制的《平定回部告成大学碑记》碑和康熙年间大学士张玉书题写的《至圣先师孔子赞》碑。2013 年入选全国重点文物保护单位。

郑州—登封城隍庙 位于登封市城区。建于明代初年。三进院落,占地面积 8 200 平方米。现有大门、东西掖门、照壁、东西厢房、仪门、卷棚、大殿、东西廊房、东西配房等明清建筑 90 余间,明清重修碑刻五通,清代石狮一对。大殿面阔五间,进深三间,歇山式灰筒瓦顶。殿檐下及殿内共用木柱 24 根,柱下置青石柱础。2013 年入选全国重点文物保护单位。

郑州—郑州清真寺 位于管城回族区清真寺街。占地面积 1.15 万平方米,始建于元末明初,是郑州市规模最大、历史最悠久、具有中国传统建筑特色的伊斯兰建筑。现存大门、望月楼、拜殿等,均为清代中叶以后建筑。主院中轴线上有照壁、大门、望月楼、礼拜大殿及窑殿。院西南角有"巴巴墓"两座。2013 年入选全国重点文物保护单位。

郑州—密县县衙 位于新密市老城十字街。始建于隋大业年间,毁于元代,明清屡毁屡修。占地面积约 4 万平方米,五进院,现存大门、仪门、大堂、二堂、三堂、大仙楼、东西两侧厢房、牢房等建筑,均为砖木结构,硬山灰瓦顶。大堂为"勾连搭"式建筑,二堂面阔五间,进深三间,前檐出廊,是知县办公的地方。大堂西南为监狱,由男牢、女牢、刑讯房、狱神庙组成。主体建筑基本保持清代建筑风格。2013 年入选全国重点文物保护单位。

郑州—慈云寺石刻 位于巩义市大峪沟镇慈云寺内。慈云寺是中国最早的寺院之一,建于东汉永平年间,唐代贞观年间玄奘法师奉敕重修,后经宋、元、明、清多次重修。现存石刻 101 方,其中重要碑刻有明天顺四年(公元 1460 年)所立的《释迦牟尼双足灵相碑》《青龙山慈云禅寺五十三峰圣景之图》碑等。2013 年入选全国重点文物保护单位。

郑州—张祜庄园 位于巩义市新中镇。巩义三大庄园之一,始建于清朝末年。有 13 处院落、80 余间楼房、30 余孔窑洞。五处宅院从南往北依次为"柏茂园""柏茂仁""柏茂信""柏茂顺""柏茂恒"。依山筑窑洞、临街盖楼房,具有北方地区和黄土高原建筑的典型特点。抗日战争期间,曾为八路军豫西抗日独立支队的司令部和豫西专员公署办公处。2013 年入选全国重点文物保护单位。

郑州—刘镇华庄园 位于巩义市河洛镇。刘镇华家族故居。刘镇华早年参加同盟会,后任镇嵩军司令,陕西、安徽两省督军和省政府主席。占地面积约 1 万平方米,有院落 6 个、石砌窑洞 30 孔、楼房 210 间、平房 30 间。整体建筑风格中西结合,规模宏大,保存完好。2013 年入选全国重点文物保护单位。

三门峡—仰韶村遗址 位于渑池县仰韶村。占地面积近 30 万平方米,文化层厚 2—4 米。发现有四层文化层相叠压,自下而上为仰韶文化中期、仰韶文化晚期、龙山文化早期、龙山文化中期。其上还有东周文化的遗存。由于以彩绘陶器为特征的文化现象首先在仰韶村发现,故命名为"仰韶文化"。仰韶文化属于母系氏族公社繁荣时期,距今约 5 000—7 000 年。仰韶村遗址的发现和考古发掘,标志着中国史前考古学和近代考古学的诞生。1961 年入选全国重点文物保护单位。

三门峡—虢国墓地 位于上村岭一带。虢国是西周初年的姬姓诸侯国,为周文王弟弟的封国。虢国国君及贵族的墓地,占地面积约 4 万平方米,分为四个墓群,墓葬总数在 500 座以上(含车马坑和祭祀坑)。国君墓群在北部,埋葬着西虢东迁的历代国君和众多的高级贵族。虢季、虢仲两座国君墓中随葬有大量的青铜器、玉器,玉菱铜芯剑、缀玉面罩等均是稀世珍宝,1991 年入选"全国十大考古新发现"。1996 年入选全国重点文物保护单位。

三门峡—北阳平遗址 位于灵宝市阳平镇。新石器时代遗址。南北长近 5 000 米,东西宽 300—500 米,有"十里长街"之称。发现灰坑 27 个,其中仰韶时期灰坑 24 个,西周灰坑 3 个;发掘古墓葬 5 座,其中仰韶文化时期墓葬 2 座,战国墓葬 3 座;发掘仰韶文化时期的房子 3 座,发现各种陶片、石器、骨器数十万件。属于仰韶文化和龙山文化,以庙底沟类型为主。2001 年入选全国重点文物保护单位。

三门峡—庙底沟遗址 位于陕州古城。公元前 3900 年—前 2780 年原始氏族公社的村落遗址。占地面积约 36 万平方米,发现房屋 5 座、灰坑 700 多个、窑址 11 座、墓葬近 200 座,出土陶器、瓷器、骨器、石器、铜器等上千件。遗址文化内涵分为两期。下层为仰韶文化遗存,命名为"仰韶文化庙底沟类型"。上层属仰韶文化向龙山文化过渡时期遗存,命名为"庙底沟二期文化"。2001 年入选全国重点文物保护单位。

三门峡—宝轮寺塔 位于湖滨区。宝轮寺始建于唐代,金代大定年间重建,寺早已毁,唯塔独存。因在塔旁击掌有蛤蟆式回音而俗称"蛤蟆塔",是我国历史最悠久的回音建筑。13 级叠涩密檐式砖塔,通高 26.5 米,用青灰条砖一顺一丁垒砌而成。塔身自下而上逐层收敛,每层高度均匀递减,外轮廓呈抛物线型,用菱角牙子砖和叠涩砖层砌出塔檐。翼角下有风铎,风吹铃动叮当作响。2001 年入选全国重点文物保护单位。

三门峡—鸿庆寺石窟 位于义马市常村镇石佛村。原有六窟,依白鹿山南北一字排开,现存四窟。除第四窟为唐代作品外,其余三窟均为北魏时期作品。第一窟中有方柱,多存浮雕,浮雕构图严谨,雕刻精美,堪称北魏佛教石雕艺术的佳作。第四窟雕有一佛二弟子二菩萨。第二窟和第三窟坍塌损毁严重。2001 年入选全国重点文物保护单位。

三门峡—不召寨遗址 位于渑池县坡头乡。相传汉代博学多才的名士周党,拒绝汉光武帝刘秀征召拒入仕途而隐居于此,他隐居的村庄被称为

"不召寨"。不召寨遗址是黄河流域最早的新石器时代遗址之一,保存完整,内涵丰富,灰层和灰坑较多,厚度 2—3 米,采集的标本有石斧、石锛、三棱石镞等石器,光面黑陶、压印方格纹陶、蓝纹陶等陶器。2013 年入选全国重点文物保护单位。

三门峡—卢氏城隍庙　位于卢氏县城中华街。始建于明洪武初年,宣德年间毁于战乱。天顺至成化年间重建,嘉靖年间又遭火灾,万历九年(公元 1581 年)修复扩建,即成现有规模。现存建筑有正殿五间,香祭亭转角楼和乐楼各三间,东西厢房各十间,左右香积厨各两间,均系黄龙脊,绿瓦与种种吻兽相映成趣。2013 年入选全国重点文物保护单位。

三门峡—陕州区安国寺　位于陕州区西李村乡。始建于隋代。主体建筑群以火墙为界分前后两处院落。前院包括山门和三重佛殿,另有经房、禅房、钟楼、东西莲池和石碑经幢。后院有佛殿一重,石碣两块。保存有清顺治、康熙、乾隆年间的石碑。2013 年入选全国重点文物保护单位。

三门峡—庙上村地坑窑院　位于渑池县张村镇。地坑院又称"天井窑院",是古代穴居生存方式的遗留物,被称为中国北方的"地下四合院"。庙上村的地坑院大多有一二百年的历史,其中较早的院子有 200 多年历史,住了六代人。较年轻的几座,建造于 20 世纪五六十年代,最晚的一座挖掘于 1976 年。地坑院具有"见树不见村,进村不见房,闻声不见人"的奇妙景象。2013 年入选全国重点文物保护单位。

开封—祐国寺塔　位于开封市东北隅。建于北宋皇祐初年。因塔之外壁为褐色琉璃砖镶嵌,似铁色,俗称"铁塔"。通高 55.08 米,八角 13 层,仿木构楼阁式砖塔,内部用砖砌筑,外部砌筑仿木结构的门窗、柱子、斗拱、额枋、塔檐、平座,整个砖塔用 28 种不同标准型的砖制构件拼砌而成。塔外壁琉璃花纹砖图案多达 50 余种。千百年来,历经多次水患、地震、暴风雨、炮击等仍巍然屹立。1961 年入选全国重点文物保护单位。

开封—北宋东京城遗址　位于开封市区及其周围。北宋都城遗址。东京城始建于后周显德年间,北宋定都于此后经多次修筑。历史上曾多次遭受战乱破坏。明代崇祯末年李自成决黄河灌城,故城大部被泥沙深埋地下。清道光中期黄河决口,外城残基复被淤没。有外城、内城和皇城三重城垣,外城周长 2.91 万米,有城门 14 座、水门 7 座;内城周长约 1.16 万米,有城门 10 座。皇城是北宋时期皇帝的议事殿阁和寝宫所在地,周长 2 500 米左右。1988 年入选全国重点文物保护单位。

开封—开封城墙 位于开封市区西北部。唐建中年间重筑汴州城,奠定了开封城墙的基础。明洪武初年重修开封城墙,改土城为砖城。历经战乱和黄河泛滥,如今的城墙之下叠压着五层古城墙,规模、格局乃至重要坐标都未改变。现存城墙为清道光中期重建,高 8 米,宽 5 米,周长 14.4 千米,青砖结构,为仅次于明朝南京城墙的中国现存第二大城垣遗址。1996 年入选全国重点文物保护单位。

开封—山陕甘会馆 位于龙亭区徐府街。建于清乾隆中期。四合院式布局,占地面积 3 870 平方米。中轴线上依次为照壁、戏楼、牌楼、正殿,附属建筑位于东西两侧。会馆建筑风格鲜明,韵致高雅。山陕甘会馆是"馆庙合一"建筑,既是祭祀关羽的场所,又是清代山西、陕西、甘肃三省旅汴客商联络感情的场所。2001 年入选全国重点文物保护单位。

开封—焦裕禄烈士墓 2001 年入选全国重点文物保护单位。参见全国红色旅游经典景区——焦裕禄烈士陵园。

开封—鹿台岗遗址 位于杞县裴村店乡。村落遗址。文化层厚约 2—8 米,自下而上依次属于仰韶文化、河南龙山文化、先商文化、岳石文化、早商文化、春秋时期文化。遗址原来面积很大,后被挖掉大部分,东北两面遭受破坏,现形成高 6 米的断崖。出土器物有陶器、骨器、石器、蚌器、牙角器、铜器等,其中以生产工具和生活用具为主,生活用具又以陶器为主,纹饰丰富。2006 年入选全国重点文物保护单位。

开封—尉氏兴国寺塔 位于尉氏县城关镇兴国寺内。兴国寺建于北宋太平兴国年间,寺已毁而塔尚存。六角形八层楼阁式砖塔,通高 30 米。塔身呈六棱锥状,塔刹为六角形伞状攒尖,上置宝瓶。塔心柱有盘旋梯道,可达塔顶。塔体内外壁均镶嵌有砖雕佛龛,嵌砖雕佛像 250 余尊,雕刻精美细腻。2006 年入选全国重点文物保护单位。

开封—朱仙镇清真寺 位于朱仙镇。初建于北宋太宗年间,扩拓于明嘉靖年间,重修于清乾隆初期。占地面积 9 000 多平方米,"回"字形庭院布局,由前山门、碑楼、卷棚、大殿、窑殿、耳房、南北厢房、沐浴室、后山门构成。第三进院落为主体院落,九级台阶烘托起 16 间大殿,雄伟壮观。2006 年入选全国重点文物保护单位。

开封—开封东大寺 位于顺河回族区清平南北街。中国宫殿式清真寺建筑风格。始建于明代,清道光末年重修。明代规模宏大,至清末衰落。现为三进院落。大门面阔五间,三明二暗,前立门狮,脊顶七孔仙桥装饰别具特色,门楣镶刻"护国清真""护国佑民"题词。2000 年被评为全国百座"模范清真寺"。2006 年入选全国重点文物保护单位。

开封—刘青霞故居 位于顺河回族区北土街。刘青霞为我国近代教育家、社会活动家、辛亥革命志士,曾任北京女子法政学校校长、北京女子参政同盟会会长。刘家宅院建于清光绪初年,三进院落,占地面积 900 余平方米,共有清末民初建筑风格的房间 70 余间。建筑雕饰素雅,门敞窗明,雅而不俗,是清末典型的北方民居四合院建筑。2006 年入选全国重点文物保护单位。

开封—河南留学欧美预备学校旧址 位于前营门街。原址是清雍正年间修建的河南贡院,1911 年辛亥革命河南起义指挥部曾设于此。预备学校创建于 1912 年,主体建筑基本保持了民族建筑的坡屋顶形式,檐下采用传统木雕装饰,又融合了西方建筑手法,浑厚典雅,是 20 世纪初期大型民族建筑的代表作。2006 年入选全国重点文物保护单位。

开封—启封故城 位于祥符区朱仙镇。春秋时期,郑庄公在郑国东北边陲的古城村一带屯兵筑城,取"启拓封疆"之意名"启封"。西汉景帝刘启即位后,为避帝讳改称"开封",是为"开封"一名的由来。后京杭大运河通航,汴州(今开封市)成为繁华的水陆大都会,相距数十里的启(开)封城失去往日的光彩。唐代延和初年,启(开)封县治所移至汴州(今开封),启封城逐渐废弃沦为一个村落。现故城荡然无存,只有西墙一段高7米、宽30余米的残垣。2013年入选全国重点文物保护单位。

开封—段岗遗址 位于杞县县城西南的段岗村。新石器时代至春秋时期遗址。发现有丰富的二里头文化遗存,也有龙山文化的遗存。出土古斧、石凿、骨匕首及瓮、壶、罐、盘等残片和不完整的陶甗、矮乳状鬲腿以及鹿角、兽骨等。新石器时代遗迹有房基、窖穴、烧灶、排水沟等。生产工具包括石斧、石镰、石铲、石锨、骨锥、蚌镰等。陶器以夹砂和泥质灰陶为主,多浅灰色。2013年入选全国重点文物保护单位。

开封—朱仙镇岳飞庙(含关帝庙) 位于祥符区朱仙镇。岳飞庙始建于明成化年间,与汤阴、武昌和杭州岳飞庙并称为全国四大岳飞庙。占地面积1.8万平方米,三进院落,大殿供奉岳飞的彩色塑像,高4.3米。关帝庙紧挨着岳飞庙,现存主体建筑为原大殿前的卷棚,面阔五间,进深两间,单檐歇山式建筑,殿顶覆绿色琉璃瓦。山门右侧的一棵松树,一干分四枝,名"四人松",喻刘关张与军师孔明君臣四人。2013年入选全国重点文物保护单位。

开封—相国寺 位于自由路。著名佛教寺院,始建于北齐天保年间,唐延和元年(公元712年)赐名"大相国寺"。北宋时期多次扩建,是当时京城最大的寺院和全国佛教活动中心。后因战乱、水患而损毁,清康熙初期重修。中国传统的轴称布局,主要建筑有大门、天王殿、大雄殿、八角琉璃殿、藏经楼等。现存藏经阁和大雄宝殿均为清代建筑,殿内置木雕密宗四面千手千眼观世音巨像,高约7米,全身贴金。钟楼内有高约4米的巨钟,重万余斤,有"相国霜钟"之称。2013年入选全国重点文物保护单位。

开封—天主教河南总修院旧址 位于东郊羊尾铺村。1930年由罗马教廷传信部拨款修建,是培养天主教中国神职人员的高级学校,1958年停办。占地面积3.8万平方米,主体建筑为一座呈椭圆形的二层楼房,大小房间190间,既有欧洲巴洛克式教会建筑的风格,又有中国传统的马头墙砌法和雀替。庭院宽敞,种植石榴、榕花、松柏、无花果等树木。2013年入选全国重点文物保护单位。

开封—国共黄河归故谈判旧址 位于民生街。1938 年 6 月日寇进逼中原,蒋介石下令在郑州北部花园口扒开黄河大堤,黄河改道入淮,豫、皖、苏三省受灾地区达 44 个县市。1945 年日本投降后,蒋介石筹堵花园口使黄河归故,妄图达到"以水代兵",分割和水淹解放区的目的。黄河归故谈判是中国共产党和中国国民党于 1946 年开始举行的关于黄河回归故道的谈判,最终达成了《上海协议》。旧址为两座小楼,因其为外国人投资所建,俗称"红洋楼",抗战胜利后为联合国救济总署所在地。2013 年入选全国重点文物保护单位。

南阳—社旗山陕会馆 位于社旗县赊店镇。清乾隆中期山西、陕西在赊旗店的商贾集资兴建的民间商会建筑。占地面积 1.3 万平方米,现存殿、堂、楼、阁及各种建筑 130 余间。主体建筑由琉璃大照壁、悬鉴楼、大拜殿、春秋楼四部分组成。"三龙戏珠"浮雕照壁,高 20 米,宽 13 米,用彩釉陶瓷大方砖砌成,透花雕龙,金碧辉煌。1988 年入选全国重点文物保护单位。

南阳—张衡墓 位于石桥镇。张衡是东汉时期天文学家,发明浑天仪、地动仪,是东汉中期浑天说的代表人物之一。联合国天文组织将月球背面的一个环形山命名为"张衡环形山",太阳系中的 1802 号小行星命名为"张衡星"。墓园占地面积 1 600 平方米,由汉阙、山门、门房、拜殿、角楼、石像生、浑天仪、地动仪雕塑等组成,崔瑗、夏侯湛、骆宾王、郑谷等都曾为张衡墓撰铭竖碑。1988 年入选全国重点文物保护单位。

南阳—张仲景墓及祠 位于医圣祠街。张仲景是东汉人,官至长沙太守,被后世尊称为"医圣",所著《伤寒杂病论》被尊为医学经典。张仲景祠占地面积 1.4 万平方米,大门两侧有仿汉子母阙一对,前院两厢为新建的碑廊,东侧为现代名人手书的题词石刻近百种,西侧为中国历代名医画像石刻数十方。张仲景墓位于祠院中部,始建无确考,明崇祯年间园丁掘井复得墓碑,遂恢复墓冢;现存墓冢为方形仿汉砖石结构,墓顶放一青石雕莲花台,墓四角各嵌入一青石雕羊头。1988 年入选全国重点文物保护单位。

南阳—南阳武侯祠　位于城西卧龙岗。三国时期政治家、军事家诸葛亮十年躬耕隐居地和历代祭祀诸葛亮的地方，也是汉昭烈皇帝刘备"三顾茅庐"处。初建于魏晋，元延祐初年元仁宗命名为"武侯祠"。明嘉靖年间明世宗钦赐庙额，颁祭文，并于嘉靖十八年（公元1539年）特遣驸马都尉邬景和来宛致祭，武侯祠地位日隆。现今武侯祠基本保持元明的布局风格，木构建筑多为明清重建或增建。保存着汉代以来碑刻300余通，被誉为"卧龙碑林"。1996年入选全国重点文物保护单位。

南阳—内乡县衙　位于内乡县城东大街。始建于元大德年间。占地面积8 500平方米，中轴线上排列着主体建筑大门、大堂、二堂、迎宾厅、三堂，两侧建有庭院和东西账房等，共6组四合院，85间房屋，均为清代建筑。1996年入选全国重点文物保护单位。

南阳—八里岗遗址　位于邓州市八里岗。新石器时代部落遗址，占地面积近9万平方米。1991年以来进行了七次发掘，揭露面积5 000余平方米。1994年，因发现了仰韶文化中晚期长排连间套房基址而入选"全国十大考古新发现"。发现房基66座，墓葬150余座，灰坑窖穴千余个，文物标本万余件。文化层厚3—5米，其中大多数为仰韶文化至石家河文化的新石器晚期至铜石并用时代的遗存。2001年入选全国重点文物保护单位。

南阳—南阳知府衙门　位于宛城区民主街。南阳府衙初置于元至元年间，共历199任知府。现存房屋100余间，占地面积3.6万平方米，轴线对称，主从有序，布局多路，院落数进，保留了元、明、清三代的建筑艺术。2001年入选全国重点文物保护单位。

南阳—荆紫关古建筑群　位于淅川县荆紫关镇。古镇依丹江南北延伸2 500米，700多间清代建筑风格的房舍沿街分布，错落有致。南街设关门，砖石结构，二层级、单拱门，跨街而立，1914年建。关门内为平浪宫，建于清初，屡有重修，占地面积460平方米，硬山式建筑。院内建三级叠檐、四角攒尖式钟楼和鼓楼，碧瓦金檐，玲珑剔透。2001年入选全国重点文物保护单位。

南阳—瓦房庄冶铁遗址　位于宛城区瓦房庄。汉代全国著名的冶铁中心,占地面积约 12 万平方米。有五项世界之最:一是世界冶铁鼓风奇迹——热鼓风设备;二是世界最早的双堆叠铸技术;三是球墨铸铁产品,比英美早 2 000 多年;四是最早的以人为动力的水排鼓风机械;五是发达的铁范铸造工艺。2006 年入选全国重点文物保护单位。

南阳—泗洲寺塔 位于唐河县城区新春路。始建于宋绍圣年间,明洪武年间重建。万历年间两次被雷击,踵修如故。仿木结构楼阁式砖塔,外形系八棱锥形,共 11 级,高 49.75 米。塔内有砖砌心柱,柱周围筑螺旋台阶可登塔顶;第二级外壁嵌有 59 尊释迦牟尼佛像;第四级外壁嵌有 6 尊佛像。塔身翼角雕制龙首 80 条,龙首口内衔铁环,环下系风铎。塔顶端有时会冒出"白烟"(系集聚的蠓虫),"古塔凌烟"为古唐河八景之一。2006 年入选全国重点文物保护单位。

南阳—鄂城寺塔 位于卧龙区石桥镇。鄂城寺塔始建于隋大业年间,现塔为宋代重建。仿楼阁式砖塔,平面呈六角形,七层,通高 23 米,通体用青砖平砌,塔体逐层收减,整个塔身略成抛物线形,造型俊秀。第二层塔壁的各面各嵌砌有 8 块砖雕佛像。塔下有一水井,井水与周围河水同消涨。2006 年入选全国重点文物保护单位。

南阳—仓房香严寺 位于淅川县仓房镇。始建于唐朝,敕封"大唐慧忠国师道场",唐宣宗曾在寺内避难,剃度为僧。自唐代宗颁旨敕护起,香严寺与少林寺、白马寺、相国寺并称为"中原四大名寺"。明永乐年间重建,规模宏大,号称"十方长寿大香严禅寺"。清代有六世九位临济宗高僧任住持,成为临济宗的重要道场。原有上下两寺。下寺已没于丹江水库,现有上寺占地面积 4 200 平方米,木雕、石雕、砖雕为香严寺三绝。2006 年入选全国重点文物保护单位。

南阳—福胜寺塔 位于邓州市城区古城街。始建于宋天圣年间。原为 13 层,元末遭兵毁,变为 7 层,明洪武初年重修。仿楼阁式密檐浮雕砖塔,高 38.28 米,外廓略呈抛物线形,通体呈八棱圆锥状。塔身全部用青砖垒砌,内外壁面用白灰浆勾缝,内部用红黏土黏合,刚柔适度,造型优美。塔身内外壁面嵌砌雕砖 2 000 多件。塔下有地宫,出土有金棺银棒、佛顶骨、舍利子等文物。2006 年入选全国重点文物保护单位。

南阳—杏花山与小空山遗址 位于南召县云阳镇。杏花山遗址是一处旧石器时代早期人类活动与居住的遗址,采集到一颗猿人牙齿化石及大量第四纪哺乳动物化石,定名为"南召猿人",距今四五十万年,和北京猿人接近。小空山遗址属于猿人洞穴遗址,洞穴内有厚约 1 米的残余灰烬层、300 余件石制品和一批哺乳动物化石。2013 年入选全国重点文物保护单位。

南阳—黄山遗址 位于卧龙区蒲山镇。新石器时代遗址。发掘房基 3 处,不同时期的房屋 10 间,有的独成一室,有的两间相通,以隔墙分开,室中间有烧灶。发现墓葬 57 座,大多数为仰身直肢葬。随葬陶器有鼎、钵、壶、盆、罐、豆、碗、盘、杯、器座、环、纺轮,骨器有针、锥、簪、镞、匕及猪、牛、鹿骨等。2013 年入选全国重点文物保护单位。

南阳—太子岗遗址 位于邓州市穰东镇。新石器时代聚落遗址。南朝梁武帝时发生"侯景之乱",西魏军攻占江陵,陈霸先被俘,其妻柳敬言及其乳婴陈叔宝流落到今邓州市穰东镇南,在一荒坡岗子上搭庵度日。后陈霸先自立为帝,改国号为"陈"。陈霸先驾崩后其侄子陈顼继承王位,后传位给太子陈叔宝。因陈叔宝在这个岗子上居住过,这个岗子被称为"太子岗"。遗址高出地面 9 米,东西长 1 000 米,南北宽 500 米,文化层厚 1—5 米,文化分属仰韶文化和屈家岭文化。2013 年入选全国重点文物保护单位。

南阳—八里桥遗址 位于方城县城南部的潘河两岸。夏代缯侯曲烈侯国国都所在地,也是曾氏起源地。占地面积 40 多万平方米,清理灰坑 14 座。出土的卜骨、带有刻画符号的陶器、石钺、带穿石斧、玉斧、圆柱形祭祀陶器座和白陶爵等,为一般夏商遗址中所未见,而钺是原始部落中酋长或首领权力的标志物,在中国古代是王权的象征。八里桥夏代遗址的发掘,揭开了古缯国神秘的面纱。2013 年入选全国重点文物保护单位。

南阳—邓窑遗址 位于内乡县乍曲乡。宋代汝窑系瓷窑,创于唐,盛于宋,至金元时期仍在烧造。其地宋代为邓州所辖,故名"邓窑"。在 1 平方千米范围内,散存着成堆的窑具、瓷片、残窑壁和烧土块等。窑具有两类,一类是烧制窑具,有器托、垫饼等;另一类为造型窑具,有蹲狮范、抢球俑范和抱物俑范等。瓷器纹饰丰富多彩,大部分采用凸起的阳纹,题材主要为花卉与水生物两大类,在全国现已发掘的瓷器中比较罕见。2013 年入选全国重点文物保护单位。

南阳—镇平菩提寺　位于镇平县老庄镇。建于唐高宗永徽年间。园林式寺院,依山而建,四重院落。主要建筑有二佛殿、大雄宝殿、法堂和藏经楼。现存碑刻明代三通,清代六通,民国三通,时间最早的为明成化十二年(公元 1476 年)。刻于 1931 年的《登镇平杏花山宿菩提寺有序碑》,碑体敲之如钟鸣,在不同部位有宫、商、角、徵、羽五音,故又称"五音石""钟石碑"。寺前有一雄两雌三棵银杏树,树龄 1 300 多年。鬼柳靠崖而生,树龄达千年以上。珍藏的《贝叶经》是国家一级文物。2013 年入选全国重点文物保护单位。

南阳—佛沟摩崖造像　位于方城县小史店镇。此处为桐柏山余脉,当地群众谓之"佛爷沟"。造像分别镌刻在两块天然巨石之上,共计 32 龛 138 身,最高者 1.4 米,最低者 20 厘米。主要有释迦牟尼佛、普贤菩萨、文殊菩萨、观世音菩萨等,雕刻细腻,技法娴熟。2013 年入选全国重点文物保护单位。

平顶山—风穴寺及塔林　位于汝州市境内。风穴寺创建于东汉初平年间,毁于董卓之乱,复建于北魏。寺院建筑依山势布局,最早的建筑是唐开元年间的七祖塔,高 22 米,九级密檐式砖塔。金代的中佛殿面阔、进深各三间。明代毗卢殿、钟楼保留有宋金建筑特点,钟楼内悬有北宋铁钟。塔林有 83 座塔,其中元塔 16 座,其余为明清塔;大多为砖塔,部分为石塔。1988 年入选全国重点文物保护单位。

平顶山—清凉寺汝官窑遗址　位于宝丰县大营镇。宋元时期一处规模较大的窑场,占地面积超过 100 万平方米。汝窑为宋代五大名窑之冠。汝官窑产品种类既有碗、盘等日常生活用器,又有尊、瓶等艺术陈设器,造型庄重大方,胎质细腻致密,胎色灰中略带黄色,俗称"香灰胎",釉面开有细密的本色纹片,制作工艺精湛,是当时青釉瓷器的代表作品。2001 年入选全国重点文物保护单位。

平顶山—蒲城店遗址 位于卫东区。以新石器时代龙山文化和夏代二里头文化早期遗址为主,又有两周、汉、宋、明各个时期的遗存。发现有房基、壕沟、灰坑、墓葬、水井灶等遗迹。2006 年入选全国重点文物保护单位。

平顶山—叶邑故城 位于叶县县城西部。叶邑曾于鲁成公十五年(公元前 576 年)至鲁昭公十八年(公元前 524 年)作为许国国都。城址平面呈方形,地面城垣已毁,散存少量遗物,采集有陶片、砖瓦残块等。发掘春秋战国时期的古墓葬 10 余座,其中有多座属于楚国大夫级的官员墓葬。发掘的许国国君许公宁墓,出土文物 300 多件,其中 60 多件为国内罕见。2006 年入选全国重点文物保护单位。

平顶山—望城岗冶铁遗址 位于鲁山县境内。汉代遗址。考古揭露面积 2 000 多平方米,发现宋代烧瓦窑、汉代窑、汉代水井、汉代冶铁高炉等遗址,出土冶铁风管、铁叉、铁犁铧等遗物。2006 年入选全国重点文物保护单位。

平顶山—段店窑址 位于鲁山县梁洼镇。占地面积约 16 万平方米,文化层厚 1—3 米。遗存有较多的黑瓷、白瓷、黑釉白斑、三彩及天目瓷、青瓷等残器,还发现了残窑壁等遗迹。段店花瓷的釉色开钧瓷、汝瓷之先河,有钧、汝不分之说。2006 年入选全国重点文物保护单位。

平顶山—张公巷窑址 位于汝州市汝州老城中大街。北宋官窑遗址。中心区面积约 3 600 平方米。发现一些类似汝窑瓷器、窑具和素烧坯残片,清理出不同时期的房基、水井、灰坑和过滤池,出土了一批完整或可复原的瓷器和用具。窑址地层堆积复杂,遗物种类繁多。2006 年入选全国重点文物保护单位。

平顶山—应国墓地 位于薛庄乡。周代应国贵族墓地,其中包括应国灭亡后部分楚国贵族墓葬与两汉时期的一些平民墓。发掘墓葬 310 多座,其中应国国君及夫人墓近 20 座;出土各类文物 1 万多件,其中有铭文的青铜器 200 多件。铜器铭文涉及大射礼、俯聘礼、帝王庙号、丧服制度,对古代礼仪制度与诸侯方国史研究有重要价值。2006 年入选全国重点文物保护单位。

平顶山—法行寺塔　位于汝州市丹阳西路。由塔基、塔身、塔刹三部分组成,通高 20.87 米。塔基平面近正方形,塔身上下风格迥然不同,下方为四方形,上为八角形密檐叠涩,呈方柱体。塔身正南面辟一圆券门,顶端残留三层方形叠涩檐砖,为唐代砖塔特有的建筑风格。塔身的壁面砖虽经多次抽换,外形仍保留有唐代风格。2006 年入选全国重点文物保护单位。

平顶山—三苏祠和墓　位于郏县茨芭镇。"三苏"指北宋文学家苏轼、苏辙兄弟及其父亲苏洵三人。苏轼、苏辙兄弟见莲花山余脉下延,酷似家乡峨眉山,就议定以此作为归宿地。宋建中靖国元年(公元 1101 年)苏轼卒于常州,遗嘱葬汝州郏城县钧台。政和二年(公元 1112 年)苏辙卒于颍昌,其子将之与苏轼葬于一处。苏洵本葬于眉州眉山故里,元至正十年(公元 1350 年)置苏洵衣冠冢于此,遂成"三苏墓"。三苏祠殿建于元至正年间,内有"三苏"彩色塑像;殿内外有金、元、明、清石碑,清代的《三苏先生佳城图》碑尤为突出。留有许多珍贵的诗文碑刻,现存祭文、诗词碑刻 49 通。2006 年入选全国重点文物保护单位。

平顶山—郏县文庙　位于郏县老城南街。典型的左学右庙建制,既是郏县的学宫,又是郏县古代官方、孔氏家族、社会各界祭拜孔子的专祀庙宇。建筑气势恢宏、工艺考究、结构典雅、雕刻精美、彩绘超群。中心庙区占地面积 9 000 多平方米,保存建筑 22 栋 71 间。2006 年入选全国重点文物保护单位。

平顶山—叶县县衙　位于叶县东大街。始建于明洪武初年。主体建筑有大堂、二堂、三堂、狱房、厨院、知县宅、大仙祠、虚受堂、思补斋等,建筑风格沿袭了中国北方地区对称的庭院式建筑结构布局,突出了中国北方地区乃至黄河中下游地区粗犷、端庄、古朴的建筑特点。2006 年入选全国重点文物保护单位。

平顶山—汝州文庙　位于汝州市城区望嵩路。初建于明洪武初年,占地面积 2.08 万平方米。中轴线上排列有大成殿、启圣宫、名宦、乡贤等大殿及廊房 50 余间。明清时期,文庙一直是汝州的最高学府。2006 年入选全国重点文物保护单位。

平顶山—元次山碑　位于鲁山县一高校园内。又名"容州都督元结碑",全称《唐故容州都督兼御史中丞本管经略使元君表墓碑铭并序》,系唐代书法家颜真卿于大历七年(公元 772 年)63 岁时为好友元结撰写并书丹的悼文。全文以寸半见方的楷书写就,字迹浑厚雄健,遒劲秀拔,气势磅礴,是颜体的代表作品之一,其拓片曾于 1972 年赴日本展出。2006 年入选全国重点文物保护单位。

平顶山—李楼遗址　位于杨楼镇。新石器时代至夏朝的遗址。发掘面积约 300 平方米,清理出房基 6 座、墓葬 12 座、灰坑 15 座,复原陶器 82 件。李楼一期和二期均属于河南龙山文化晚期遗存。2013 年入选全国重点文物保护单位。

平顶山—煤山遗址　位于汝州市煤山公园内。遗址山体地层呈黑灰色,故以"煤山"为名。断崖上多见袋形、敞口灰坑,文化堆积层次明显,地表散存有大量的龙山文化时期、二里头文化时期以及商代、西周、汉代的陶片及螺壳、鹿角等遗物。遗址的绝对年代为夏代,距今 4 500 年左右,文化性质为新石器时代龙山文化晚期煤山类型。2013 年入选全国重点文物保护单位。

平顶山—小李庄遗址　位于宝丰县杨庄镇。新石器时代至南北朝时期以仰韶文化、二里头文化和商文化为主的聚落遗址,历经 4 600 年。占地面积约 100 万平方米,内涵丰富,文物精美多样。两处以石块为柱础的长方形房基,房基附近的卜骨和排列有序的泥质红陶钵、夹砂红陶罐及陶瓮,具有重要的学术价值。2013 年入选全国重点文物保护单位。

平顶山—文集遗址　位于叶县常村乡。占地面积约 60 万平方米,东部为新石器时代文化遗址,西部是宋元时期的遗址。南水北调中线工程的主干渠经过宋元时期遗址的东部。发现文物遗迹1 470多个,最为重要的遗迹是五座保存较好的大型房基、四个存留瓷器数量较多的窖藏坑和一个埋藏有一大缸铜钱币的窖藏坑。2013年入选全国重点文物保护单位。

平顶山—父城遗址 位于宝丰县李庄乡。商至南北朝时期的古城址。父城在商周时为应国之地,春秋时是楚国北方边陲重镇,秦朝时为父城县。占地面积约220万平方米,发现有春秋战国墓葬区,出土春秋及战国时期青铜壶、铜鼎、铜剑、铜铃、铜镜、铜戈,春秋绳纹陶片及汉代板瓦等文物。遗址的附属文物有楚长城、运粮河、冯异墓、白雀寺、三姑墓。2013年入选全国重点文物保护单位。

平顶山—舞钢冶铁遗址群 位于舞钢市尹集镇。从战国到西汉的冶铁铸造场地,包括许沟、沟头赵、翟庄、圪垱赵、石门郭冶铁遗址和尖山采矿遗址等六处,占地面积约1万平方米。发现大量的矿石、炼渣、炉壁、铁块,还有从战国到汉代的遗物,甚至有晋代遗物,说明当地的冶铁业始于战国直到汉代,有的延续到西晋。2013年入选全国重点文物保护单位。

平顶山—严和店窑址 位于汝州市境内。始烧于北宋早期,北宋晚期达到鼎盛,元代时仍在生产,是继五代越窑青瓷之后北宋中原地区最大的青瓷制瓷中心。多为民窑,有少数官窑。严和店窑的青瓷产品品种繁多,釉色淡雅,温润如玉,图案生动,线条流畅,做工精湛,技艺卓绝,陶瓷界称之为"青瓷之都,青瓷之鉴"。2013年入选全国重点文物保护单位。

平顶山—香山寺大悲观音大士塔及碑刻 位于宝丰县周庄镇香山寺。香山寺毁于"文化大革命"期间。观音大士塔始建于东汉,现塔重建于北宋熙宁初年。八角形九级楼阁式砖塔,通高33米。塔身外壁二三层有数百个砖雕佛龛。保存有元至大元年(公元1308年)翻刻的宋代蒋子奇撰文、蔡京书丹的《香山大悲菩萨传》碑,被称为"蔡京碑",高2.22米、宽1.46米,碑文49行,每行78字,通体用楷书写成。2013年入选全国重点文物保护单位。

平顶山—临沣寨 位于郏县堂街镇。始建于清同治初年,被誉为"中原第一红石古寨",有"汝河南岸第一府"之称。寨墙长约1 100米、高6米多,系浅红色条石砌筑,寨墙上有城垛 800 多个。临沣寨为洼地型古村落,周围千亩芦苇、百亩竹园。寨内有较为完整的清代四合院、三合院 20 多座,清代民居近 400 间。2013 年入选全国重点文物保护单位。

平顶山—郏县山陕会馆　位于郏县县城西关大街。建于清康熙中期。有前后殿、戏楼、钟鼓楼等建筑。戏楼为歇山式台顶,戏楼檐下有精美的木雕,花卉、禽鸟、人物等造型生动,工艺精湛。钟鼓楼高 4 米,双层飞檐,凌空耸峙,上下飞檐挑角端设套兽,各有挂铃一枚。2013 年入选全国重点文物保护单位。

平顶山—豫陕鄂前后方工作委员会旧址　位于鲁山县老城大街的福音堂。福音堂始建于清光绪中期,人称"牧师楼"。1947 年鲁山解放,传教人员离去,这里成为豫陕鄂后方工作委员会领导人的驻地。现已建成豫西革命纪念馆,中共中央政治局原常委、中央军委原副主席刘华清题写馆名。2013 年入选全国重点文物保护单位。

焦作—府城遗址　位于中站区府城村。商代早期军事重镇遗址,占地面积近 10 万平方米。已经发现城址、宫殿基址、房基、灰坑等。城址周长约 1 200 米,西城墙和北城墙保存较好,地面暴露部分高 2—3 米。在城址中部发现四处宫殿基址遗址,其中一号宫殿基址长 70 米、宽 50 米,分为南北两个院落,由南殿、正殿、北殿与东回廊、西回廊构成一个封闭性的组群建筑。2001 年入选全国重点文物保护单位。

焦作—朱载堉墓　位于沁阳市区。朱载堉为明太祖朱元璋九世孙,郑藩之六代王子郑恭王朱厚烷之子,近代音像理论先驱,有"律圣"之称,也是近代科学的开拓者。朱载堉殁后,明神宗追谥为"端靖",赐葬于沁阳九峰山下。墓区砌有围墙,南有神道 120 米。土冢用石围砌,直径 7.6 米,高 2.5 米。冢前有百余名家的碑刻题记。2001 年入选全国重点文物保护单位。

焦作—天宁寺三圣塔　位于沁阳市博物馆院内。建于金大定年间。总高 32.76 米,由基座、塔身、塔顶三部分组成。方形基座承托着 13 层密檐式塔身。基座南面一券门上方有青石题额一方,上书"中天一柱"四个大字。

各层高度由下向上逐层递减，宽度也逐级收敛，整体轮廓呈抛物线形。2001年入选全国重点文物保护单位。

焦作—妙乐寺塔 位于武陟县大虹桥乡。妙乐寺已毁，仅存寺塔。始建于唐，后周显德年间重修。我国现存最古老、保存最为完整的五代砖塔之一。13级密檐叠涩式，高34.19米。塔身南壁2—13层各一龛，内置铜佛，其余壁面间或辟设佛龛，亦置铜佛。各层檐的翼角下有木质角梁，梁头悬铁风铎，清脆悦耳之声数里可闻。塔顶铁刹由相轮、宝盖、仰月和宝珠组成，四隅各置一尊铁狮。2001年入选全国重点文物保护单位。

焦作—嘉应观 位于武陟县嘉应观乡。清康熙年间武陟黄河先后五次决口，康熙派雍正亲临堵口，雍正继位后加固堤坝，封赏历代治河功臣，下诏建造嘉应观。仿故宫敕建的官、庙、衙三体合一的建筑群，占地面积9.3平方千米。大殿天花板上有65幅圆形彩绘龙凤图，清一色的满族文化风格。天花板材料是檀香木，不见蛛网，不粘灰尘，鸟虫不进，所以又称"无尘殿"。2001年入选全国重点文物保护单位。

焦作—慈胜寺 位于温县番田镇。始建于唐贞观年间，后毁于战火，元至元年间按照元代官式建筑的营造法则重建。占地面积7 000平方米，现存山门、天王殿、大雄殿。天王殿未使用大梁，利用斗拱、枋、榫卯巧妙相连，将屋顶的重量传到中柱上，体现了高超的建筑艺术。殿内西壁现存元代所绘"四大天王"壁画，是罕见的元代壁画珍品。五代后晋天福年间的石幢，高5.4米，17层，用10多块石块交错垒叠而成，石块间没有任何粘连，虽历经千年仍完好无缺。2001年入选全国重点文物保护单位。

焦作—山阳故城 位于山阳区新城街道。以汉代遗存为主的古城址，占地面积约300万平方米。现存四重城墙，北城墙长1 850米，东城墙长1 350米，西城墙长1 000米，南城墙仅200米。以西城墙最为壮观，上部宽约20米，最宽处63米、高10余米，比当时汉魏都城洛阳的城墙宽近1倍。故城外围有汉代各个时期的墓葬千余座，出土了苏蔺墓群、战国青铜布币、汉代陶仓楼等。2006年入选全国重点文物保护单位。

焦作—当阳峪窑址 位于修武县西村乡当阳峪村。当阳峪窑从唐代开始烧造瓷器,到北宋后期达到高峰,金代继续繁荣,元代中期始渐衰落,是宋金时期我国北方大规模的民间窑场。遗址东西长约 2 000 米,南北宽约 1 000 米。现存宋代崇宁四年(公元 1105 年)的《德应侯百灵翁之庙记》碑刻,为当年建窑神庙时所立。2006 年入选全国重点文物保护单位。

焦作—韩愈墓 位于孟州市韩庄村。韩愈为唐代文学家、哲学家,位列唐宋八大家之首。墓园建于唐宝历初年。墓冢高 10 余米,冢前建有祠堂,计有飨堂 3 间,门房 3 间。祠内有石碑 13 通,记载有韩愈生平事迹等。墓前有古柏两株,相传为唐代栽植,左株高 17 米,围 4 米;右株高 13 米,围 3.7 米。2006 年入选全国重点文物保护单位。

焦作—胜果寺塔 位于修武县城西南隅。胜果寺建于宋绍圣年间,原有殿宇 72 间,已废,唯塔独存。砖塔,通高 26.15 米。平面呈八角形,每边长 3.1 米。共 7 层,每层高度自下而上均匀递减,宽度逐层收敛。各层檐下均用仿木结构的斗拱装饰,玲珑壮观。塔内有梯道,可拾级登高直达塔顶。2006 年入选全国重点文物保护单位。

焦作—百家岩寺塔 位于修武县北嵇山。百家岩寺为三国魏晋文学家"竹林七贤"隐居地。寺塔始建于唐,现存为金代塔。八角九级楼阁式砖塔,高约 23 米。塔身每层高度自下而上递减,渐有收分,塔体外形轮廓略呈抛物线形。每层檐下施仿木斗拱。塔刹已毁,仅存刹座。2006 年入选全国重点文物保护单位。

焦作—沁阳北大寺 位于沁阳市自治街。创建年代不详,明万历初年重修,清代增建并重修。分男寺、女寺,占地面积 3 100 平方米。女寺为多座硬山灰瓦顶建筑。男寺规模大,现存大门、过厅、南北讲堂、拜殿等;大门为悬山券棚琉璃瓦顶,檐下施斗拱,脊饰精美。保存有明清碑刻九通。2006 年入选全国重点文物保护单位。

焦作—千佛阁 位于武陟县城南大街。因楼上有千手千眼佛,故称"千佛阁"。建于明嘉靖年间,重修于清咸丰年间。原有山门、中佛殿、千佛阁,千佛阁两侧有关帝庙、城隍庙,西院为僧院。三檐歇山回廊式建筑,上层面阔三间、进深三间,中下层面阔五间、进深五间,绿色琉璃瓦覆顶,七架梁结构。2006 年入选全国重点文物保护单位。

焦作—青天河摩崖 位于博爱县许良乡丹河口东岸。由北魏摩崖和石佛滩隋唐摩崖造像组成。北魏摩崖镌刻于北魏永平初年,以线刻观世音立像为中心,像两侧刻题记 432 字;石刻上的字点划峻厚,骨肉丰美,是魏碑中的精品。石佛滩隋唐摩崖造像开凿于隋大业年间,唐代又开凿一批佛龛,现存佛龛 59 个、造像 78 尊、题记 10 方。2006 年入选全国重点文物保护单位。

焦作—徐堡古城址 位于温县武德镇。发现龙山文化及西周、春秋、战国、汉代、宋代、明代、清代各时期的文化遗存,其中龙山文化晚期的古城址是我国发现的龙山文化中规模较大的城址。占地面积约 20 万平方米。西城墙残长 360 米,南城墙残长 500 米,东城墙残长 200 米,北城墙被沁河冲毁。共发掘各个时期房址、陶窑、窖穴、灰坑、水井、墓葬等遗迹 200 多处,出土陶、玉、石、骨、蚌类文物 150 件。2013 年入选全国重点文物保护单位。

焦作—西金城遗址 博爱县金城乡。龙山文化中期遗存。城址大部分压在村舍之下,城内面积 25.8 万平方米,城墙周长近 2 000 米。北墙、东墙和南墙外侧有防御壕沟。城内东南角发现较大面积的高土岗,岗上的龙山文化堆积深厚,居住遗迹密集,断崖有长 10 米以上的大房址。出土龙山文化时期的陶器以及典型标本数百件,首次发现小麦、大豆等碳化物。2013 年入选全国重点文物保护单位。

焦作—商村遗址 位于武陟县乔庙乡。新石器时代至商周时期的遗址,占地面积约 6 万平方米,文化层厚 2—3 米。在 2 平方千米范围内,分布着八个大型墓冢。地表文物有商王庙、汤帝陵等。商王庙屡毁屡建,现仅存宋代、元代重修商王庙石碑各一通。汤帝陵有唐代古槐,苍老虬劲。遗址地表和附近的古阳堤上,发现大批商周文化遗存,其中有泥质黑陶罐、陶耳杯、陶碗、罐,战国粗绳纹筒瓦与板瓦,铸有"祖乙""父丁"铭文的商代青铜鼎。2013 年入选全国重点文物保护单位。

焦作—邗国故城 位于沁阳市西万镇。邗国为周朝姬姓封国之一。故城建于商代,西周鼎盛,汉代延续使用,此后衰败废弃。占地面积约48万平方米,城周围有宽40米的城壕。现存北城墙及东城墙一段,残高2—7米,宽17—22米。故城西北约1千米处的小城,战国时期修筑,清代修缮,四城门额上有石刻"迎旭""古邗城"。故城东100余米的龙门河西岸有一条南北长2.5千米的防洪堤防,筑于西周。故城周围发现有大量商代、春秋、战国及汉代时期的墓葬群。2013年入选全国重点文物保护单位。

焦作—汉献帝禅陵 位于修武县方庄镇。东汉献帝刘协及曹皇后的陵墓。陵墓深17米,高7米,封土夯筑,东北、东南各有一座陪葬墓。2013年入选全国重点文物保护单位。

焦作—许衡墓 位于中站区。许衡是元代政治家、理学家,曾任太子太保、国子祭酒、中书左丞、集贤大学士等职。墓冢高9米,冢前有石碑。释奠堂之南有高大的碑楼两座,里边都有龟负蟠龙头的石碑,前为乾隆御祭碑,后为欧阳元撰文的神道碑。神道碑两旁有人、马、羊、狮子、老虎石刻,石刻形象逼真。墓地占地面积20万平方米,松柏茂密。2013年入选全国重点文物保护单位。

焦作—药王庙大殿 位于山阳区中星街道。唐武德年间,孙思邈在天仙庙结草为庐,炮制草药,治病救人,完成了《千金要方》《千金翼方》等书籍初稿。唐昭惠王仰慕孙思邈,扩修庙宇,并封孙思邈为"药王",把天仙庙改为药王庙。现仅存一座药王大殿,为元代建筑,主要文物有透灵碑、千头柏、药王大殿、药王井、子母槐、历代名医烙画。2013年入选全国重点文物保护单位。

焦作—显圣王庙 位于孟州市堤北头村。始建于元至正年间,清乾隆年间重建。大殿面阔三间,进深四架橡,单檐悬山顶,结构严谨,古朴大方。庙院内保存有清朝乾隆年间石碑一通。2013年入选全国重点文物保护单位。

焦作—寨卜昌村古建筑群 位于博爱县苏家作乡。寨卜昌村是明代迁至此地的药王卜昌、油王卜昌、乔卜昌共同修筑而成的村寨。现存建筑少数建于明末清初,大部分为清乾隆、嘉庆和道光年间修建。主要分为两类:一是古寨墙、寨河、石桥,二是民居建筑群,有院落12个和祠堂1座。民居建筑形式基本相同,墙体为条砖砌就,梁架斗拱上刻龙凤花鸟人物并加以彩绘,屋顶为灰布筒板瓦覆盖,保留有大量的石雕、砖雕和木雕。2013年入选全国重点文物保护单位。

焦作—青龙宫　位于武陟县龙源镇。始建于明永乐年间,清嘉庆年间奉旨重修。占地面积3万余平方米,房屋百余间,主要建筑有龙凤亭、古戏楼、拜殿、玉皇阁、诚心桥、后寝宫、龙圣宫、后大殿等。2013年入选全国重点文物保护单位。

焦作—西关清真寺　位于博爱县西关东西大街村。建于元代,盛于明清。占地面积8 000平方米,现有大殿、窖殿、讲堂、教学楼、退思轩、望月楼等建筑12座。大门楼为双层斗拱,绿琉璃瓦覆顶,脊峰有1米多高的鱼肚白宝葫芦如凤冠顶珠,门楼两侧有两个大圆窗恰似凤眼,整个门楼如凤头。保存有清代至民国的石碑七通,较为珍贵。2013年入选全国重点文物保护单位。

焦作—窄涧谷太平寺石窟　位于沁阳市紫陵镇悬谷山峭壁上。太平寺始建于北魏,几度兴废,至民国废弃。北魏时期建寺院时在悬崖峭壁上开窟造像,隋唐时期继续开窟造像,五代及金、明、清时期摩刻《金刚经》,续造窟龛。现存三窟六龛,分别雕刻菩萨、佛僧、道士、天王像、金刚经文。其中千佛洞窟内四壁雕刻造像1 251尊,每尊都有姓名,且有确切铭记。2013年入选全国重点文物保护。

焦作—水南关清真寺阿文碑　位于沁阳市水南关村。水南关清真寺始建于元代,明、清均有增修,"文革"期间遭破坏,1992—1995年复修。现有建筑120多座。在寺院旧址的地下3米多深处发现一通古体阿拉伯文《清真言碑》,竖长方形,高180厘米,宽108厘米,青石质地,十分珍贵。2013年入选全国重点文物保护单位。

信阳—鄂豫皖革命根据地旧址　位于新县新集镇。1931 年初,红军攻克新县新集,这里成为鄂豫皖革命根据地的政治、经济、文化中心。旧址包括中共中央鄂豫皖分局旧址、红四方面军总部旧址、鄂豫皖军委航空局旧址、鄂豫皖省苏维埃政府税务总局旧址、鄂豫皖省苏维埃政府旧址、鄂豫皖省苏维埃政治保卫局旧址等。鄂豫皖分局旧址原是一家地主住宅,前后五进院,有七栋中式楼房,房屋 60 余间。1988 年入选全国重点文物保护单位。

信阳—红二十五军长征出发地　1996 年入选全国重点文物保护单位。参见全国红色旅游经典景区——红二十五军长征出发地。

信阳—番国故城遗址　位于固始县城北。番国是楚国灭蓼后扶持的小国,都城称为楚邑。遗址分内外两城,周长 13.5 千米,城墙和护城河大部分尚存。内外两城城墙由黄黏土夯筑而成,墙基最宽处 50 米、高 7 米、顶宽 30 米,夯窝清晰。发掘了几十座楚墓,另有两座大型汉墓。发现有春秋战国时期的陶器残片标本,出土的一套九枚铸有"番子臣周"铭文的编钟,为番国器物。2001 年入选全国重点文物保护单位。

信阳—城阳城址　位于平桥区。筑于春秋早期。秦破楚都,楚襄王曾到此避难,城阳城成为楚国临时国都,包括内城、外城、太子城、楚墓群等。内城占地 68 万平方米,外城占地 182 万平方米。发现楚墓 200 多座,出土文物 2 000 多件,其中有一套完整的青铜编钟,用其演奏的《东方红》乐曲 1970 年搭载我国第一颗人造卫星回响太空。2001 年入选全国重点文物保护单位。

信阳—黄国故城　位于潢川县隆古乡。西周诸侯国黄国的都城。城址平面呈长方形,周长 6 720 米。城门遗迹有三处,城墙系夯土筑成,夯土中含有西周晚期或春秋早期遗物。城墙四周有护城壕,壕宽约 36 米。城内中部有一夯土台基,俗称"黄君台",残高 2—3 米,面积约 1.3 万平方米。发现有青铜礼器和兵器。2006 年入选全国重点文物保护单位。

信阳—陈元光祖祠　位于固始县陈集乡。陈元光及其子陈珦、孙陈酆、曾孙陈谟相继任漳州刺史,祖孙六代开漳治漳计 150 年。陈元光开发漳州,受到历代朝廷的褒封和百姓的尊崇,被奉为"开漳圣王"。祠堂始建于唐代,占地面积5 000平方米,现存房屋31间,为四合大院,大殿中央立陈元光塑像,神龛上方书额"威震闽粤""尘净东南"。左配殿供奉陈元光祖父母塑像,右配殿供奉陈元光父亲塑像。2006年入选全国重点文物保护单位。

信阳—邓颖超祖居 位于光山县司马光中路。全国政协原主席、中国妇女运动的先驱邓颖超祖父及父亲居住的地方。占地面积2 000平方米,前后两进,现存房屋30多间,为两个独立的四合院,建筑结构严谨,格扇门窗古朴典雅,是一座典型的具有南方特点的清代建筑。2006年入选全国重点文物保护单位。

信阳—中国工农红军第二十五军司令部旧址 位于新县箭厂河乡。旧址为祠堂,建于清朝咸丰初年,占地面积316平方米,前后两排,每排五间,与东西各两间耳房构成"四水归池"的天井院。1933年7月,工农红军第二十五军司令部驻此。2006年入选全国重点文物保护单位。

信阳—蒋国故城 位于淮滨县期思镇。蒋国为周代姬姓诸侯国,公元前622年前后被楚所灭,前后延续400余年。占地面积约85万平方米。北面已无城墙痕迹,其余三面墙址断续可见,墙址高2—3米,基宽32米,墙址宽15—20米。南部护城河尚存。出土西周时期的铜锛、铜镞、陶豆、骨簪、骨针等遗物。2013年入选全国重点文物保护单位。

信阳—永济桥 位于光山县的拒马河上。始建于明万历初年。九孔石桥,总长660米,主桥长153米,宽8.5米。桥身全部用长方巨石砌成,栏杆系汉白玉雕饰。桥面两侧设地袱和高0.84米的栏板、1.4米高的望柱,栏板雕净瓶、荷叶,望柱雕方形卷叶,工艺精美。两端引桥各有涵洞11个。桥南桥北各有牌楼一座,画栋雕梁。桥面巨石最重的一块达2吨。被称为"中国第一长石拱桥"。2013年入选全国重点文物保护单位。

信阳—鸡公山近代建筑群 位于浉河区。20世纪初期,西方传教士先后在信阳市鸡公山购地建造了六幢别墅。随后传教士和商人纷至沓来,建造了一幢幢风格各异的石头房子。目前鸡公山尚存1903—1949年间中、美、英、俄、日、德、法、瑞典、挪威、丹麦等 23 个国家建造的建筑 119 处。2013 年入选全国重点文物保护单位。

周口—平粮台古城遗址　位于淮阳县大朱村。新石器时代晚期龙山文化城址，是我国目前发掘出土的最早的古城遗址之一。城址占地面积约 5 万平方米，城墙残高 3 米，宽 10 米。城内有高台建筑，屋墙用土坯垒砌而成。出土了大量的珍贵文物，包括生产工具、生活用品、装饰品，还有住过的土房痕迹。1988 年入选全国重点文物保护单位。

周口—太昊陵庙　位于淮阳城北隅。春秋时这里已建伏羲陵墓。太昊陵是中国 18 大名陵之一。现陵园占地面积 33 万余平方米，寝殿后的伏羲陵高 20 余米，陵前巨碑上镌"太昊伏羲之墓"。1996 年入选全国重点文物保护单位。

周口—周口关帝庙　位于川汇区中州路。关帝庙本名"山陕会馆"，始建于清康熙中期，乾隆、嘉庆时多次扩修，至道光中期全部建成，前后历时 145 年。占地面积 1.26 万平方米，纵深布局三进院落，仿宫殿式。环境清幽，殿堂秀丽，碑碣林立，古柏参天，是河南省最大的关帝庙。1996 年入选全国重点文物保护单位。

周口—鹿邑太清宫遗址　位于鹿邑县太清宫镇。春秋末年道家创始人老子的诞生地。始建于东汉延熹年间，唐高祖李渊追认老子为始祖，以老子庙为太庙，起建宫阙殿宇。唐乾封初年，唐高宗李治追封老子为"太上玄元皇帝"，增建"紫极宫""太清楼"，改庙名为"玄元庙"。唐开元年间唐玄宗李隆基改紫极宫为"太清宫"，亲为《道德经》作注，刻石立于太清宫。现存太极殿、圣母殿、娃娃殿等清代建筑，唐宋金元碑刻 20 多通。2001 年入选全国重点文物保护单位。

周口—商水寿圣寺塔　位于商水县郝岗乡。始建于北宋明道年间。六角九级楼阁式砖塔，通高 41.4 米。塔身各层均有砖雕佛像。各角砌倚柱，檐下有砖雕斗拱。外壁饰券门假窗。塔身砌有盘旋踏道可登塔顶。第四层塔心室内北墙嵌有石雕佛像三尊。塔刹为铁质宝瓶式。历经战火、地震，保存完好。2006年入选全国重点文物保护单位。

周口—太康文庙 位于太康县城关回族镇。始建于明宣德初年,明末毁于兵火。清顺治初年重建。今存清代重修的大成殿及拜殿。大成殿宽22.65米,屋顶覆盖绿色琉璃瓦,正中央的屋脊上有琉璃烧制的人物、宝瓶、彩珠等,四角的下垂屋脊以及其他部位设置有琉璃狮子等;门头上方的牡丹、龙等饰品,是罕见的雕刻珍品。2006年入选全国重点文物保护单位。

周口—吕潭学校旧址 位于扶沟县吕潭镇。1921年,吉鸿昌与父亲吉筠亭共同筹资,兴办了吕北初级小学。1931年,吉鸿昌又出资在吕潭镇兴建私立吕潭学校,从小学至师范,各科齐全,免费招收学生。1938年黄水泛滥后仅存房屋25间,教学楼、宿舍、办公室保存较好。2006年入选全国重点文物保护单位。

周口—段寨遗址 位于郸城县巴集乡。新石器时代聚落遗址,占地面积约11万平方米。共分四层:第一层厚2.93米,属仰韶文化早中期,出土有石斧、石凿、蚌镰等器物;第二层厚2.39米,属仰韶文化中晚期,出土陶器有泥质红陶、磨光灰陶,器物有陶鼎等;第三层厚1.56米,属仰韶文化晚期,出土有泥质红陶、泥质灰陶、磨光陶纺轮等;第四层厚1.63米,含有大汶口文化、龙山文化、商周文化等文化层,出土文物有陶豆、陶鼎、陶簋等。2013年入选全国重点文物保护单位。

周口—刘崇墓 位于淮阳县境内。刘崇是东汉明帝四子陈敬王羡之子,初为安寿亭侯,后为陈王。占地面积500多平方米。关键部位和墓门、停放棺木的后室,均用青石垒砌,后室的门、门楣等部位都有减地浅浮雕画像。建筑材料为青砖,根据各个部位的需要烧制成大小不等的楔形,戳印各式花纹图案,青砖的型号达16种。2013年入选全国重点文物保护单位。

周口—高贤寿圣寺塔 位于太康县高贤乡。建于宋明道年间。七级楼阁式砖塔,高41.5米,实心灰口,平面呈正六边形,上有宝珠塔刹。塔基部每边长4.2米。第一级每面宽3.8米,南面正墙除第七级外均有真门,每层檐下均施有砖雕斗拱。塔身共饰石雕佛像211尊,石碣14块。2013年入选全国重点文物保护单位。

周口—邓城叶氏庄园 位于商水县邓城古镇。邓城因三国大将邓艾屯兵于此而得名。叶氏先祖依靠水运而发家成为当地巨富。占地面积 2 万平方米,从清康熙年间始,历时半个多世纪建成。典型的硬山式四合院组群建筑,门楼威武高大,主楼富丽华贵,各院落华淡相间,选材精良,做工精细。原有楼房 400 多间,现仅存一院,瓦房 17 间、楼房 70 间。2013 年入选全国重点文物保护单位。

周口—袁寨古民居 位于项城市王明口镇。清咸丰年间项城县捻军四起,袁氏家族奠基人、漕运总督袁甲三斥巨资购买明末世宦石氏庄园,建寨御捻。占地面积 18 万平方米,由三组庭院建筑群组成,每组院落各三进院,共有 17 个天井院落。内设兵营、学校、花园、住宅等,计楼房、平房 22 座 98 间,有三道护寨河,是清代典型的防御寨堡。2013 年入选全国重点文物保护单位。

新乡—潞简王墓 位于市区北郊。潞简王朱翊镠是明太祖朱元璋九世孙,明穆宗朱载垕第四子,明神宗万历皇帝朱翊钧之弟。陵墓建成于万历中期,仿照万历皇帝在北京的定陵,被誉为"中原定陵"。由东墓区(潞王墓)、西墓区(次妃赵氏墓)和神道三部分组成,占地面积 27 万平方米。建筑用材除极少数砖木外,几乎全部采用青石和白石,被称为"中原石头城"。石刻仪仗群共设石兽 14 种,远远超过了明孝陵、明长陵石兽 6 种的规制,为潞王陵所独创。1996 年入选全国重点文物保护单位。

新乡—比干庙 位于卫辉市境内。比干为商代帝乙的弟弟,被封为相臣;纣王沉迷酒色,殷商王朝颓败,比干以死谏君。周武王封其为"垄"(国神),北魏孝文帝为其建庙。现存建筑群为明弘治年间重建。庙墓合一,是中国第一座含墓祭人的祠庙。保存有从春秋时期到清乾隆年间的石碑 64 通。1996 年入选全国重点文物保护单位。

新乡—孟庄遗址 位于辉县市孟庄镇。以仰韶文化和龙山文化为主,兼有夏、商、周文化的遗址,时代距今约 6 000 年。占地面积约 25 万平方米,发现了龙山文化、二里头文化(夏)及商三个时期的三叠土城。发现的鸵鸟蛋化石,属于"安氏鸵鸟蛋"化石,距今已有 50 万年。2001 年入选全国重点文物保护单位。

新乡—百泉 位于辉县市西北的苏门山南麓。占地面积约 3.4 平方千米,因湖底泉眼无数而得名。因泉水自湖底喷涌而出,累累如贯珠,又名"珍珠泉"。泉水甘洌,清澈见底。百泉湖开凿于商代,已有 3 000 多年的历史。主要有百泉湖、苏门山、碑廊、啸台、清辉阁、邵夫子祠等 50 多个景点。2001 年入选全国重点文物保护单位。

新乡—共城城址 位于辉县市市区中北部。始建于西周初年,因是西周晚期共国国君共伯和的封地,故称"共城"。城址平面略呈方形,周长约 5 千米。现残存城墙约 1 500 米,残高平均 6 米,墙基宽 40 米,顶宽 10 米左右,夯土筑成。夯层中发现有商、周时期细粗绳纹陶片。城内外发现有夯土建筑台基、灰坑、墓葬等遗迹。2006 年入选全国重点文物保护单位。

新乡—白云寺 位于辉县市薄壁镇。始建于唐代。寺内有单檐悬山大殿 5 间,中殿、山门、东西陪殿及出厦阁楼等 50 余间。寺后有元代石塔两座,雕刻精致。寺东有宋代五百罗汉碑,纪事翔实。寺西有金沙、银沙二泉,泉旁有地藏殿。西临石崖,黑龙洞深邃莫测。普照大禅师石塔刻工精细,造型优美,为元代石雕艺术稀品。寺内外六株银杏树为白云寺一大景观,千百年来几经战火劫难仍巍然屹立。2006 年入选全国重点文物保护单位。

新乡—望京楼 位于卫辉市卫辉古城内。明万历年间修建,所用料石来自太行山中,使用"土围作胎"的方法把笨重的石料运到几十米的高空。楼高 33 米,宽 30 米,进深 19 米,砖石结构。外壁用青石砌筑,内壁用白石镶筑,外壁中间有白石腰檐。形体高大,结构坚固,砌筑工整,具有典型的官式建筑风格。2006 年入选全国重点文物保护单位。

新乡—西明寺造像碑 位于新乡县历代石刻艺术博物馆内。建于北魏晚期。造像通高 4.8 米,宽 1.65 米,背光呈莲花瓣形,正面雕一佛二菩萨,本尊为无量寿佛,两侧菩萨为观世音和大势主。雕刻细腻,线条流畅。2006

入选全国重点文物保护单位。

新乡—琉璃阁遗址 位于辉县市东南隅。商周至汉代遗址,占地面积约 12 万平方米。遗址区有一座明代建筑风格的重檐八角阁楼文昌阁,因以琉璃瓦盖顶,世称"琉璃阁"。木结构,通高 15.35 米,阁体两层,三重檐攒尖顶。琉璃阁战国墓地长约 600 米,宽约 400 米,发掘战国墓 80 座,出土玉器近千件以及一批铜器。2013 年入选全国重点文物保护单位。

新乡—沙门城址 位于延津县榆林乡。整个城址被黄沙所覆盖,金元时期的城址位于现地表下 1.5 米左右,北宋时期的遗迹深埋于现地表 3 米以下,战国至西汉时期的遗物出土于现地表 7 米以下。发现的遗迹有城墙、道路、房基、水井、农田、灰坑、灶等,清理出土瓷器、陶器、釉陶器、石器、玉器、骨器、铜器、铁器及建筑遗物、冶炼遗物、动物骨骼等。2013 年入选全国重点文物保护单位。

新乡—玲珑塔 位于平原新区。原为善护寺的附属建筑物,建于宋徽宗崇宁年间。清代善护寺失火,寺毁塔存。仿木结构楼阁式砖塔,全高 47.25 米,平面六角形,13 级,塔的底层已被泥沙淤在地下。经受过 10 多次地震,1938 年又遭到日本侵略军的炮击,仍巍然屹立。目前塔身向东北方向倾斜 13 度 33 分。2013 年入选全国重点文物保护单位。

新乡—广唐寺塔 位于延津县石婆固乡。广唐寺始建于唐代,宋明均有修葺,现塔建于北宋中期。平面六角七级仿楼阁式砖塔,残高 26.8 米,底层直径 9.6 米,塔顶不存。塔身檐部皆置砖制五铺作双抄斗拱,每层转角处均砌依柱,塔体稳定。第二层以上各层均辟有半圆拱券门,并饰有网纹格棂窗,券门外壁下沿均施木骨。造型奇特,雕刻工艺精湛。2013 年入选全国重点文物保护单位。

新乡—天王寺善济塔 位于辉县市天王寺旧址。元至元年间创建。七级六角形砖塔,高 24.4 米,自下而上逐层收敛呈锥形,通体嵌砌石雕佛像,斗拱、棱柱、假窗,瑰丽多姿,建筑风格富有民族特色。2013 年入选全国重点文物保护单位。

新乡—香泉寺石窟 位于卫辉市太公镇。始建于北齐天保年间，登封少林寺第二任住持稠禅师游历化缘到此，发现泉水甘甜清纯，于是取名"香泉寺"。元代临山崖重修香泉寺。唐、宋、金、元、清历朝均有石刻、雕像。2013 年入选全国重点文物保护单位。

新乡—陀罗尼经幢 位于卫滨区平原乡原宁境寺内。经幢建于五代后晋开运年间，用青石雕刻对接而成，由幢座、幢身及幢顶三部分组成，八角七级，通高 6.5 米，壮若石塔。幢身最下一节刻有《陀罗尼经》，第四节龙柱上刻有楼台和侍女等，幢顶八角盘上刻伎乐人、飞天和人面兽身的舞蹈形象，刻工精湛，刀法娴熟。2013 年入选全国重点文物保护单位。

新乡—新乡文庙大观圣作之碑 位于红旗区政府院内。北宋大观年间，宋徽宗赵佶颁布诏书《八行八刑条例》，各州、府、县奉诏立碑于学宫（文庙）。因由皇帝撰文并书写，故称"圣作之碑"。现各地的"大观碑"仅存四通，这通石碑保存最好。碑体高大，刻工精致。宋徽宗赵佶能书善画，以"瘦金体"著称于世，此碑用"瘦金体"所书，极具艺术价值。石碑的上部及两侧刻有"二龙戏珠"和花草图案，碑的正文和书款共 27 行，正文共 1 007 字，缺损 118 字。2013 年入选全国重点文物保护单位。

新乡—河朔图书馆旧址 位于卫河公园内。"河朔"的"河"指黄河，"朔"指北方，泛指今焦作、新乡、鹤壁、濮阳、安阳等地。河朔图书馆建成于 1935 年，建楼费用以募捐等方法筹集。中式风格的钢筋水泥建筑。主楼为宫殿式建筑，楼长 44 米宽 22 米，两边两层屋顶歇山式，中间三层重檐素瓦攒尖式。屋顶飞檐走兽，雕梁画栋。2013 年入选全国重点文物保护单位。

商丘—汉梁王墓群 位于永城市芒砀山。汉朝梁国刘武及其家族的墓葬群。共有 13 座崖墓，斩山作廓，穿石为藏。主要的陵墓有梁孝王陵、王后陵、梁共王陵、僖山汉画像石墓等，出土四神云气图、金缕玉衣、镏金车马器、骑兵俑、精美玉器等众多稀世文物。王后陵地宫从墓室门口到西宫主室跨度达 150 米，最大落差 9.9 米。1996 年入选全国重点文物保护单位。

商丘—归德府城墙 位于睢阳区。归德即今商丘，归德古城在商代就已基本成型,当时称为"亳"。明正德年间在旧城北部重筑新城,以元代城墙为南城墙,至嘉靖年间包砖建成。城墙总长 4 355 米,高 6 米,顶阔 6 米,基址阔 9 米。1996 年入选全国重点文物保护单位。

商丘—王油坊遗址 位于永城市酂城镇。旧黄河淤泛之土丘,占地面积约 1 万平方米,文化层的厚度一般在 3 米以上,除个别地方有较薄的扰土层或汉代层外,大多在表土层下即为河南龙山文化晚期遗存。清理房基 11 座,灰坑 25 个,墓葬 14 座,出土大批龙山文化晚期的陶石、骨蚌、角器。2006 年入选全国重点文物保护单位。

商丘—李庄遗址 位于柘城县申桥乡。占地面积约 2.18 万平方米。以新石器时代晚期的龙山文化遗存为主,同时又含有较多的岳石文化遗存。遗址区有一个埋有九头整牛的"九牛祭坑",表明了祭祀者的地位非同一般。2006 年入选全国重点文物保护单位。

商丘—宋国故城 位于睢阳区。因地处古睢水北岸,故称"睢阳城"。公元前 11 世纪,周武王灭殷商后封殷纣王庶兄微子启于宋,建此宋都城。宋国曾是春秋五霸之一,被齐所灭后宋城一度衰落,至汉文帝前元年间封少子刘武为梁孝王,又在宋城建都筑梁苑。宋国故城占地面积 10.2 平方千米,西墙的大部分以及南墙和北墙的西段保存较好,城墙顶部距地表最浅处 1 米左右。2006 年入选全国重点文物保护单位。

商丘—阎庄圣寿寺塔 位于睢阳区。始建于北宋时期。六角形九层密檐式砖塔,通高 22 米,底座周长 28.4 米。塔身分内外两层,外涂白色。一至六层外壁嵌砖雕佛像,造像各异。六角形塔心室,室壁用佛像砖砌,顶部饰彩绘图案。在塔座主壁龛内以及各层回廊的砖壁上,嵌有许多碑刻和名人题咏。虽经多次地震侵袭,风雨剥蚀,仍巍然屹立。2006 年入选全国重点文物保护单位。

商丘—崇法寺塔 位于永城市西城区。崇法寺始建于宋元祐年间,已废。现存八角楼阁式九层砖塔,高 34.6 米,底层直径 7.7 米。塔体为椎柱形,每层檐下均有仰莲相托。仰望塔身,如九朵莲花开放。1—4 层嵌有深绿色琉璃雕砖,构图为一佛三菩萨。八角皆有石龙头,龙头系铁铃,随风而铿锵齐鸣。地宫中央砖砌莲花依柱棺床,上置长方形石函。石函内供奉有佛舍利,并以金、银、玛瑙、水晶、玉石等七宝供养,还有唐宋两朝的铜钱和稻谷。2006年入选全国重点文物保护单位。

商丘—造律台遗址 位于永城市酂城镇。相传西汉丞相萧何曾在此制订法律,故名"造律台"。现存圆形土丘,高约7米,底部南北长54米,宽34米,文化层堆积厚8—9米。上层为商代遗存,下层为龙山文化遗存。文化遗物颇为丰富,其中有石斧、骨箭头、骨锥等。2013年入选全国重点文物保护单位。

商丘—柘城孟庄遗址 位于柘城县岗王镇。商代前期遗址。南北长280米,东西宽110米,发现房基九座、陶窑一座、墓葬七座,出土有大量生产工具、生活用具、卜骨龟甲等。2013年入选全国重点文物保护单位。

商丘—芒砀山汉代礼制建筑基址 位于永城市芒砀山。汉代礼制建筑基址。地处西汉梁王墓群的中心。平面近方形的石台基,占地面积1 055平方米。台基四边用凿制规整的条石垒砌成石墙,中间为原始岩体,顶部为夯土。发现三块方形柱础石,北端础石中间残留有圆形木柱痕,中间础石正中有刻画的十字柱心。础石四周有瓦片堆积,多为饰绳纹的板瓦。2013年入选全国重点文物保护单位。

商丘—柘城故城 位于柘城县城关镇。城池呈长方形,东西长1 800米,南北长1 600米。现存城墙长230米,宽10—15米,高5—10米,夯土筑就。护城河宽100米左右。主要遗迹有街道、房基、庭院、水井、排水设施等;典型文物有汉代的大陶瓮、汉代五铢钱、唐三彩、唐代白瓷、宋代黄釉瓷器以及元、明时期的各种瓷器和各朝代的建筑构件。2013年入选全国重点文物保护单位。

商丘—大运河商丘南关码头遗址 位于睢阳区。隋朝至宋朝时期的遗址。码头遗址跨大运河南北两岸,分砖石结构和夯土结构两种。在北岸码头遗址发现砖石砌筑的排水沟、房基、船板、灶台、宋代瓷片、青砖及北宋"熙宁元宝"钱币等。明代中期,隋唐大运河商丘段因河道淤塞被废弃,后因黄河多次泛滥被掩埋于地下。2013年入选全国重点文物保护单位。

商丘—徐堌堆墓群 位于商丘古城西北方。西汉时期墓葬,包括徐堌堆、沈堌堆、朱堌堆、胡堌堆、三陵台、老君台等墓葬群。徐堌堆占地面积8 402平方米,有异穴合葬的两个大型墓葬。沈堌堆占地面积1 100平方米,现存一座四面陡峭形似覆盆状的堌堆。朱堌堆占地面积8 284平方米,突有二峰,形似昂头卧虎状。胡堌堆封土规模、土质、土色、形制、包含物与徐堌堆基本一致。三陵台占地面积12 224平方米,三陵并峙,地基相连,为人工封土,陵上有千年古柏440余棵。老君台占地面积1 450平方米,现存土台,台上有庙。2013年入选全国重点文物保护单位。

商丘—淮海战役总前委旧址 位于睢阳区闫集镇。包括中原野战军司令部旧址、渡江战役总前委旧址。1948年12月,淮海战役总前敌委员司令部移驻张菜园村,邓小平、陈毅、刘伯承等在此指挥了淮海战役第三阶段的战斗。其间,政治部设在洪庄,后勤部设在圣保罗医院,其他机关和部队分驻邻近20余村。旧址占地面积2万平方米,有房屋23间。2013年入选全国重点文物保护单位。

漯河—贾湖遗址 位于舞阳县北舞渡镇。新石器时代前期遗址。占地面积5.5万平方米,文化层厚1—1.5米,发现重要遗迹数以千计,出土文物5 500余件及大量动植物遗骸。遗址内的重要发现:一是世界上最早的酿酒坊;二是我国最早的碳化稻米及石磨盘、磨棒、石铲;三是世界上最早的家畜驯养地;四是世界上年代最早、保存最完整的乐器——骨笛;五是蚕丝蛋白残留物;六是迄今为止人类所知最早的文字雏形甲骨契刻符号;七是体现原始崇拜意识的装饰品、葬龟、权形骨器。名列"中国20世纪100项考古大发现"。2001年入选全国重点文物保护单位。

漯河—小商桥 位于临颍县皇帝庙乡。始建于隋开皇年间,宋代大修,元大德年间重修,明正德年间整修,清康熙中期再度整修。为敞肩单孔石拱桥,使用并列砌筑法,主拱与两侧小拱横券均用20道拱石并列砌筑而成,拱券纵向使用腰铁加固,桥基、券脸、栏板、栏杆等部位保留有历代精美石刻,属北宋建筑风格。2001年入选全国重点文物保护单位。

漯河—受禅碑与受禅台 位于临颍县繁城镇。三国魏黄初初年刻立。当年魏王曹丕在此接受汉献帝的禅让登基称帝,受禅碑记载了这次禅让盛典。此碑由王朗文,梁鹄书,钟繇镌字,谓之三绝。受禅台为一座高台,台分三层,呈上圆下方状,高约13米,总面积8 448平方米。2001年入选全国重点文物保护单位。

漯河—郝家台遗址 位于郾城区孙庄乡。占地面积约5万平方米,文化层厚3—5米。遗址中最重要的是一座龙山文化中期城址,占地面积近3.3万平方米,城墙宽5米,高0.8米,东墙、北墙和四个城角保存尚好。城内发现大量房基、窖穴、瓮棺葬,并有木板地面遗痕,出土有陶、石、骨、蚌器数千件。城址距今约4 500年,是中华文明探源工程的重要项目之一。2006年入选全国重点文物保护单位。

漯河—许慎墓 位于召陵区姬石乡许庄村。许慎是东汉经学家、文字学家,精文字训诂,所著《说文解字》是我国第一部说解文字原始形体结构及考究字源的文字学专著。墓冢高5米,周长33米,墓前立有清顺治初年重修墓碑、康熙中期《汉孝廉许公之墓碑》和光绪初年《许夫子从祀文庙记碑》。村北原有许慎故祠,已废。2006年入选全国重点文物保护单位。

漯河—彼岸寺碑 位于郾城区西大街。建筑年代无考。唐代初年,彼岸寺已是全国闻名的佛教圣地。历代名人如唐代韩愈、杜甫、刘长卿,宋代苏辙、苏轼,元代元好问等文人墨客,均在彼岸寺留下过足迹。寺碑建于北宋太平兴国年间,形似古塔,雕刻有蟠龙立柱,碑上刻有古朴工整小篆铭文。2006年入选全国重点文物保护单位。

漯河—阿岗寺遗址 位于舞阳县马村乡。新石器时代遗址。占地面积约21万平方米,遗址覆压有仰韶文化、大汶口文化、良渚文化、裴李岗文化等遗存,出土文物有石斧、石镰、石铲、骨锥、陶纺轮、陶拍、网坠、陶鼎、陶豆、陶罐、陶瓿、陶壶以及稻粒和动物骨骼。2013年入选全国重点文物保护单位。

濮阳—戚城遗址 位于濮阳市区。戚城又称"孔悝城",春秋时期卫国北部的重要城邑,春秋各国诸侯曾在这里进行七次会盟。遗址地上部分为周长1 520米的古城残垣,地下保存着自6 000多年前仰韶文化到汉代的遗存。城址内有城门、宫殿基址、道路、夯土台、水井等遗迹,出土有龙山文化鼎、盆、豆等陶器残片,商代灰陶细绳纹鬲、大口尊等陶器残片,以及周代、汉代等不同时期的遗物。1996年入选全国重点文物保护单位。

濮阳—唐兀公碑 位于濮阳县杨什八郎村唐兀公祖茔。元代初期,唐兀公随皇嗣昆仲南下,收金破宋,卓著勋劳,退隐后兴利除弊甚博众望,为今濮阳柳屯、鲁河二乡杨十八郎和西杨、南杨村杨姓的先祖。该碑全称《大元赠敦武校尉军民万府百夫长唐兀公碑》,立于元至正十六年(公元1356年),通高3.2米,盝顶莲座镂雕造型奇特,隽秀雅致,现已罕见。碑亭后面有六座用砖砌成墓体的坟丘。2006年入选全国重点文物保护单位。

濮阳—冀鲁豫边区革命根据地旧址 1940年在清丰县成立冀鲁豫边区革命根据地的区委和军区,1944年冀南区党委并入成立平原分局,迁到清丰县城东南的单拐村。1945年春至1946年10月,邓小平、杨勇、宋任穷等先后在此指挥锡山战役和解放阳谷、封丘、延津等战役。分局旧址已废,仅存冀鲁豫军区司令部旧址,为一四合院,东屋三间为当年的司令部,南屋两间瓦房是杨勇旧居。邓小平旧居在东西大街,原有楼房三间,仅存砖券拱门。2006年入选全国重点文物保护单位。

濮阳—西水坡遗址 位于濮阳县城西南隅西水坡。发掘出仰韶文化时期的三组墓穴。第一组45号墓穴中有一男性骨架,身长1.84米,仰卧,头南足北。其左右两侧分别摆有蚌塑龙虎图案。此墓东、西、北三小龛内各葬一少年。2013年入选全国重点文物保护单位。

濮阳—卫国故城 位于濮阳县五星乡。周代城址,占地面积916万平方米。卫国是商代一个重要的诸侯国。战国时期,卫都因在濮水之阳而更名"濮阳"。城址平面为长方形,城墙基础宽约70米,顶部宽20—30米,城墙之外有一周护城壕。四面城墙城共长1.26万米。不少地段在距离地表7—8

米处才见夯土。2013年入选全国重点文物保护单位。

洛阳—龙门石窟(含白居易墓) 位于洛龙区龙门镇,2000年入选世界文化遗产。白居易墓坐落在洛阳市龙门东山的琵琶峰上,占地面积27万平方米,翠柏葱郁,奇花飘香,有墓冢、自然石卧碑、乌头门、登道、碑楼。卧碑刻有《醉吟先生传》,碑重24吨,是目前国内最大的石书之一。1961年入选全国重点文物保护单位。

洛阳—白马寺 位于洛龙区白马寺镇。始建于东汉永平十一年(公元68年),是佛教传入中国后兴建的第一座官办寺院,有中国佛教"祖庭"和"释源"之称。现存遗址为元、明、清遗物。长方形院落,占地面积约4万平方米。主要建筑列于南北向的中轴线上,有五重大殿和四个大院以及东西厢房。保存了大量元代夹纻干漆造像如三世佛、二天将、十八罗汉等,弥足珍贵。现为全国汉传佛教重点寺院。1961年入选全国重点文物保护单位。

洛阳—汉魏洛阳故城 位于洛阳城东隅。西周初周公营建洛邑,称"成周"。因城在洛水之北,东周时称"洛阳"。西汉刘邦定都于此。东汉光武帝建武元年(公元25年)在此定都,改洛阳为"雒阳"。曹魏定都时复改为"洛阳"。西晋亦以此为都。北魏孝文帝十八年(公元494年)自平城迁都于此。因汉魏两代最为繁盛,故史称"汉魏洛阳故城"。中国七代王朝的都城,前后延续使用近1600年。1961年入选全国重点文物保护单位。

洛阳—二里头遗址 位于偃师市二里头、圪垱头和四角楼等三个自然村,占地面积3平方千米左右。中华文明探源工程"六大都邑"之一,其年代距今3500—3800年,相当于夏、商王朝时期。考古发掘持续了40多年,发现有宫殿建筑基址、平民居住址、手工业作坊遗址、墓葬和窖穴等,出土器物有铜器、陶器、玉器、象牙器、骨器、漆器、石器、蚌器等,其中青铜爵是目前所知中国最早的青铜容器。遗址中部有30多座夯土建筑基址,是迄今为止中国发现的最早的宫殿建筑基址群。二里头遗址是二里头文化的命名地。1988年入选全国重点文物保护单位。

洛阳—尸乡沟商城遗址 即偃师商城遗址,位于偃师市区西部。商代早期二里岗文化时期的都邑级遗址,占地面积约 2 平方千米,有大城、小城、宫城三重城垣。发现城门、道路、宫殿、居址等遗迹,出土大量石器、陶器、铜器、玉器等遗物。既有大型宫殿建筑,又有军事防御设施,具备了早期都城的规模和特点,是一处商代早期都城遗址。1988 年入选全国重点文物保护单位。

洛阳—隋唐洛阳城遗址 1988 年入选全国重点文物保护单位。参见国家考古遗址公园——隋唐洛阳城考古遗址公园。

洛阳—千唐志斋石刻 位于新安县铁门镇。千唐志斋建于 20 世纪 30 年代初,是辛亥革命元老张钫自建园林的一部分。张钫生前酷爱金石字画,与于右任、章太炎、康有为等交往甚密,广泛收罗历代墓志铭及书画石刻,运至家乡,辟地建斋,妥为保存。保存有西晋至民国年间历代墓志铭、碑碣等 1 419 件。1996 年入选全国重点文物保护单位。

洛阳—邙山陵墓群 位于西至孟津县常袋乡酒流凹村——洛阳市郊红山乡杨冢村一线,东至偃师山化乡南游殿村—化乡忠义村一线。占地面积 756 平方千米,有大型封土墓 970 多座,两周、两汉、曹魏、西晋、北魏、隋、唐、五代、宋、金、元、明、清等各个时期、各种类型的墓葬达数十万之多,号称“无卧牛之地”。曾出土数以万计的珍贵文物。2001 年入选全国重点文物保护单位。

洛阳—恭陵 位于偃师市缑氏镇。唐高宗李治第五子、武则天长子李弘的陵墓,永徽七年(公元 655 年)李弘被立为太子,故称“太子冢”;曾一度监国,追谥“孝敬皇帝”。中原地区规模最大的一座唐代帝陵,也是我国唐代陵墓群中保存最好的一座,灵台封土呈覆斗形,四周原有神墙护围,神门外土阙尚存。现存石像生 18 件和石碑 1 通,神道两侧石刻有一组盛唐陵墓石刻。2001 年入选全国重点文物保护单位。

洛阳—潞泽会馆 位于老城区新街。始建于清乾隆初年,是当时潞安府、泽州府(今长治、晋城)商人在洛阳的聚会之所。占地面积 1.5 万平方米,规模宏大,布局严整,保存基本完好。现存有舞楼及东西配房、钟鼓楼、大殿及东西配房、后楼及东西厢房等建筑,每层建筑的构件几乎都有木雕装饰,精美绝伦。2001年入选全国重点文物保护单位。

洛阳—王湾遗址 位于涧西区红山乡。占地面积8 000平方米,文化层厚3米左右。发现有新石器时代的房基、灰坑和墓葬,以及西周、东周、晋、北朝时期的灰坑、陶窑、墓葬等。出土的陶器众多,发展演变脉络清晰。首次发现在仰韶文化中用石块铺砌的墙基和挖槽等现象。2006年入选全国重点文物保护单位。

洛阳—滑国故城 位于偃师市府店镇。滑国本与周天子同为姬姓,并封为伯爵的国家,都城叫"费",所以古史称滑国为"费滑",后被秦所灭。故城三面环绕深堑,天然半岛似的地形易守难攻。城垣屈曲呈弧形,南北长约2 000米,东西宽约1 000米,断断续续的夯土城墙残体时隐时现。城区内随地可见仰韶文化、龙山文化以及商、东周、汉、唐等朝代的文化遗存。现存城门上的砖雕"古滑城"为清道光十七年(公元1837年)所立。2006年入选全国重点文物保护单位。

洛阳—范仲淹墓 位于伊川县彭婆乡。范仲淹是北宋中叶的政治家、军事家和文学家,北宋诗文革新运动的先驱。墓园分前后两域。前域为范仲淹及其母秦国太夫人、长子监溥公范纯佑墓,中央有祭庙一所,还有一间青砖青瓦铺成的山门,殿中悬光绪皇帝御笔"以道自任"匾额,宋仁宗篆额的"褒贤之碑",另有翁仲、石羊、石狮等。后域为次子范纯仁、三子范纯礼、四子范纯粹及后代之墓,植有古柏千余株。2006年入选全国重点文物保护单位。

洛阳—两程故里 位于嵩县田湖镇。"两程"指宋代理学家程颢、程颐兄弟,宋元时代屡受加封,明景泰六年(公元1455年)代宗诏封程村为两程故里。明天顺六年(公元1462年)英宗敕建两程故里石坊。现存遗迹有石坊和两程祠。石坊当路矗立,上书"圣旨",下书"两程故里"。两程祠为三进院落,有棂星门、诚敬门、道学堂。道学堂是祭祀两程的正殿,上挂宋理宗敕封的"理学亢宗"匾额及康熙钦赐的"学达性天"匾额。2006年入选全国重点文物保护单位。

洛阳—洛阳周公庙 位于隋唐都城洛阳城内。隋代大业年间始建,为纪念西周时期政治家、军事家、思想家、西周都城洛邑(今洛阳市)的缔造者、中国儒家思想的奠基人周公姬旦的祠庙。唐贞观、开元年间,明嘉靖、万历年间重修。现存一组古建筑,包括定鼎堂、礼乐堂、三殿及东西廊房。2006年入选全国重点文物保护单位。

洛阳—关林 位于洛龙区关林镇。建安二十四年(公元219年)孙权偷袭荆州,关羽退走麦城,大义归天。曹操追赠关羽为荆王,刻沉香木为躯,以王侯之礼下葬,并建庙祭祀。明万历中期扩建成面积14万平方米、院落四进、殿宇廊庑150余间的朝拜关公圣域。清康熙初年敕封为"忠义神武关圣大帝林",始称"关林"。冢、庙、林三祀合一的古代建筑,前为祠庙,后为墓冢。2006年入选全国重点文物保护单位。

洛阳—河南府文庙 位于老城区文明街。始建于元代,重修于明嘉靖年间。由南向北作台阶式上升,沿中轴线向两边展开,正南为琉璃陶朔彩龙壁,向北依次是棂星门、辟雍、水池、石桥、戟门、大成殿、后殿。传统宫殿式建筑,建筑风格融合了中原文化,反映河洛地区特点,承袭古制又不乏时代特点。2006年入选全国重点文物保护单位。

洛阳—祖师庙 位于老城区北大街。清雍正初年修建,乾隆初年维修。原有戏楼、大门、照壁,还有前后殿,大殿内供奉着祖师铜像。现存祖师庙大殿面阔五间,单檐歇山式琉璃瓦顶,梁架结构属元代建筑风格。2006年入选全国重点文物保护单位。

洛阳—洛阳山陕会馆 位于老城区南关马市街。始建于清康熙、雍正年间,是当时洛阳附近的山西和陕西两地商人筹资修建的经商聚会场所。占地面积约1万平方米,布局前密后疏,有琉璃照壁、山门、舞楼、正殿、拜殿等建筑,门前有两对威风凛凛的石狮子。正殿面阔五间,进深三间,歇山式顶,琉璃覆瓦,勾连斗拱,别具一格。2006年入选全国重点文物保护单位。

洛阳—升仙太子碑 位于偃师市府店镇。武周圣历年间武则天赴嵩山封禅,留宿于猴山升仙太子庙,撰写碑文并亲为书丹,笔法婉约流畅,意态纵横。碑额"升仙太子之碑"六字,以飞白体书就,笔画中丝丝露白。碑文行书和草书相间,接近章草书体。碑文上下款和碑阴的《游仙篇》杂言诗、题名等,分别出自唐代书法家薛稷、钟绍京之手。历代书法爱好者视《升仙太子碑》为书法艺术珍品。碑高 6.54 米,上宽 1.58 米,下宽 1.74 米,厚 0.55 米。2006 年入选全国重点文物保护单位。

洛阳—八路军洛阳办事处旧址　位于南关贴廓巷。八路军洛阳办事处于 1938 年设立,主要任务是护送从延安至前线总部、中原局、晋东南八路军前方总部及豫皖苏边区的工作人员,动员组织群众参加八路军,输送地方干部到延安学习。旧址为三座清代民居院落,建于清道光中期,砖木结构,青砖灰瓦民房 30 多间,门、窗上雕刻有花纹装饰,雕刻细腻,栩栩如生。2006 年入选全国重点文物保护单位。

洛阳—七里坪遗址　位于栾川县境内。旧石器时代遗址。遗址内采集的标本大多为白色透明的石英岩,器形主要为石核、石片、砍砸器、尖状器,其地质时代为中更新世晚期。具有长江流域、黄河流域旧石器时期特点。2013 年入选全国重点文物保护单位。

洛阳—北窑遗址　位于瀍河回族区。旧石器时代遗址。遗址连续叠压的不同土层均有石器发现,层次清晰,具有明显的连续性,分属距今 3 万—10 万年。2013 年入选全国重点文物保护单位。

洛阳—土门遗址　位于伊川县。新石器时代遗址。出土文物有陶缸、釜、釜形鼎及残彩陶盆、罐、器盖、红顶钵、重唇口尖底瓶、高领瓮等。出土文物中最具特色的是数量繁多的泥质红陶缸,其中一个有别致黑白图案的用作瓮棺的陶缸,在仰韶文化中甚为罕见,被命名为"伊川缸"。2013 年入选全国重点文物保护单位。

洛阳—桥北村遗址　位于嵩县库区乡。新石器时代遗址,属仰韶文化庙底沟类型,是河洛文化之源。占地面积 8.75 万平方米,出土陶器以细泥红陶、粗红陶和白衣彩陶为主,还有少量夹砂粗陶;石器有钻孔石刀、石镰、石凿、石轮、石斧等。2013 年入选全国重点文物保护单位。

洛阳—西王村遗址　位于洛宁县赵村镇西王村。新石器时代遗址,南北长 1 500 米,东西宽 300 米。2013 年入选全国重点文物保护单位。

洛阳—洛阳东周王城　位于西工区。东周时期古城遗址。周长约 15 千米,有四面城垣和三个城角。城墙始建于春秋中期,战国至秦汉时曾多次修补。宫殿区以主殿堂为中心左右对称,院落内分成许多相对独立的小单元。清理出东周时期烧制陶器的区域、粮窖 80 余座及大型战国墓葬 5 座。在城外发现了大型的馆驿性质的建筑遗迹。另有大量珍贵文物出土。2013 年入选全国重点文物保护单位。

洛阳—刘国故城　位于偃师市西南隅。春秋至汉代的古城。南北长约 1 220 米,东西宽约 650 米,城区内耕土层中散落着大量春秋至汉代的板瓦、筒瓦、小砖等建筑材料及盆、壶、豆、瓮等陶制器皿残片。在陶家村的东北处断崖上,残存的夯土城墙遗迹清晰可见。南城墙墙体分为东西两段,现长 272 米,夯土距地表最浅处 0.1 米,最深处 0.6 米。2013 年入选全国重点文物保护单位。

洛阳—宜阳韩都故城　位于宜阳县城韩城镇。战国七雄之一韩国的早期都城。占地面积 310 万平方米。城垣由夯土筑成,其中东墙与北墙保存较好。发现有挹秀门、通贤门和凝瑞门等三座城门,外围有建筑基址、烧窑群、墓葬、烽火台等,还采集到大量的铜戈、矛等战国时代的兵器。2013 年入选全国重点文物保护单位。

洛阳—新安函谷关　位于新安县东关村。汉函谷关是中国古代重要的关隘之一,古代丝绸之路东起点的第一道门户,始建于汉武帝元鼎初年,唐代诗人王昌龄的著名诗句"秦时明月汉时关,万里长征人未还"的"汉时关"就指此地。关楼东临涧水,西通县城,南连青龙山,关前南北两侧高厚城墙延伸山间形成天然屏障,唯有通过城门方可出入此关。2013 年入选全国重点文物保护单位。

洛阳—宋陵采石场　位于偃师市大口乡。宋陵所用石材大多取于此。

采石场断壁上岩层裸露,岩层似阶梯状,石壁上遗留有采石断面以及采石坑,如燕穴蜂巢,密密麻麻。山谷中散落着大量废石料,石色青而润泽,质地纯净细腻,是适合雕刻大型石雕的优质石灰岩。最大的一个采石坑长约10米余,宽4米,深2米。采石场东、西、南三面,六处石壁上刻有《宋陵采石题记》。在100多平方米的崖面上刻有30多尊佛像。2013年入选全国重点文物保护单位。

洛阳—洛南东汉帝陵 位于伊滨区庞村镇。地处万安山北麓高坡上,海拔较高;陪葬墓群地处伊洛河河谷和万安山山麓高坡下,整个陵区占地面积约200平方千米,涉及6个乡镇、67个自然村落。共有六座帝陵,即明帝显节陵、章帝敬陵、和帝慎陵、殇帝康陵、质帝静陵和桓帝宣陵,还有众多的后妃和王公贵族的陪葬墓。2013年入选全国重点文物保护单位。

洛阳—魏明帝高平陵 位于汝阳县大安乡。三国时期曹魏第二位正式即位的魏明帝曹叡与明元郭皇后合葬陵。封丘用黄土夯筑,整体形状呈覆斗形,占地面积250平方米;封堆四面呈斜坡状,顶平。在封丘周围的台地上采集到一些砖瓦残片,其中的砖为泥质模制青砖,瓦为泥质灰陶的板瓦和筒瓦,瓦的表面多为直绳纹,内面为布纹。2013年入选全国重点文物保护单位。

洛阳—后晋显陵 位于宜阳县石陵村。五代十国后晋开国皇帝后晋高祖石敬瑭的陵墓。封土高20米,周长100米。墓前有清雍正初年所立的"晋高祖之陵墓"碑。墓前原有石像生九对,现多埋于地下。因常年淤积,陵冢湮没过半,神道石刻外露1.5米,余皆埋没不见。2013年入选全国重点文物保护单位。

洛阳—程颐程颢墓 位于伊川县白虎山麓。程颢、程颐兄弟俩为北宋思想家,理学奠基者,世称"二程"。包括程墓和程祠两部分,前为祠庙,后为墓冢。祠由门楼、厢房及大殿等组成,有明清时代的石碑数十通。墓冢前有墓碑、供案及石羊、石马等,四周有坟墙围护。墓、祠一带古树参天,肃穆幽静。2013年入选全国重点文物保护单位。

洛阳—五花寺塔 位于宜阳县三乡村。建筑年代不详。经千年风霜侵蚀,塔身略微倾斜,但仍屹立不倒。塔起九级,高 11 丈 9 尺 9 寸,青砖结构,八角密檐,底部周长 31 米,塔体外部下层以石条筑砌。五花寺塔是为盛放僧人舍利而修建的佛塔。2013 年入选全国重点文物保护单位。

洛阳—灵山寺 位于宜阳县城西灵山北麓。相传周灵王寝葬于此,故名"灵山",灵山寺因此得名。始建于唐,鼎盛于宋。现仅存山门、中佛殿(大悲殿)和大雄殿等。大悲殿、大雄殿皆为单檐歇山顶,斗拱梁枋,保留着金代建筑的遗风。大雄殿内的三世佛像为明代泥塑作品。后面砖墙上嵌有历代题咏石刻 28 通。大雄殿前阶下有一座七级佛塔,建于明成化年间。2013 年入选全国重点文物保护单位。

洛阳—水泉石窟 位于偃师市寇店乡。开凿年代从北魏至北宋,主要是北魏之作。窟内正中刻主佛两尊,左佛通高 5 米,右佛残高 3 米,两佛并列。窟外北壁有唐先天年间造像一龛,为盛唐艺术风格。窟外南壁保存碑记一通,依山而刻,其中有关于石窟历史的记载。窟壁间雕大小佛龛 400 余个,龛内多雕一佛、二菩萨、二弟子或交脚弥勒佛等。2013 年入选全国重点文物保护单位。

洛阳—万佛山石窟 位于吉利区吉利乡。开凿于北魏时期,现存石窟分为上、下两寺院,造像 300 余尊。上寺院建在半山腰,有大佛龛、莲花洞、双窟,下寺院有锣鼓洞和神游洞。窟群造像以三世佛为主,双窟莲花藻井中的太极图,造像风格更多地保留了云冈石窟的特点。2013 年入选全国重点文物保护单位。

洛阳—大宋新修会圣宫铭碑 位于偃师市山化乡。立于宋景祐初年。螭首,龟座,通高 9.2 米,宽 2.22 米,厚 0.72 米。碑文楷书,36 行,每行 84 字,字迹工整。碑首两侧有四条浮雕盘龙,龙尾盘向碑顶端,龙首伸向碑首四角。碑首上部还有一尊佛像,碑周身有龙形线刻、流云图案和云鹤纹浮雕图案。2013 年入选全国重点文物保护单位。

洛阳—洛阳西工兵营 位于中州中路与解放路交叉口。建于 1914 年,占地面积2.7平方千米,建营房5 000间,1920年直系军阀吴佩孚进驻这里后扩大至7平方千米,房屋增加至1万余间。1932年南京国民政府迁至洛阳,国民党中央党部驻扎于此。七七事变后兵营成为第一战区司令长官部。现存四合院、高级住宅、惜阴书室、老吴桥和阅兵台。四合院为中国古代建筑风格,南北大厅走廊的木柱基座为中国古典力士石刻柱础。2013年入选全国重点文物保护单位。

洛阳—洛阳涧西苏式建筑群　20世纪50年代,百废待兴的新中国开始实施第一个五年计划,洛阳成为全国重点建设的八个工业城市之一。洛阳涧西苏式建筑群是苏联在洛阳援建重点工程时建造的厂房和生活区,主要包括第一拖拉机制造厂、中铝洛阳铜业等企业的厂房以及涧西区2号街坊、10号街坊、11号街坊的苏式建筑。2013年入选全国重点文物保护单位。

济源—济渎庙　位于庙街村。古时济水独流入海,与长江、黄河、淮河并称"四渎"。隋开皇初年,朝廷为祭祀"四渎"神之一的济渎神而建庙。唐贞元年间,在庙后增建北海祠。明天顺年间,庙宇占地达27万平方米。自隋代起,历代皇帝遣使莅临,举行盛大祭典活动;唐宋时期,但凡国之大事,都要向济水神、北海神祭告,民间祭祀活动更加频繁。济渎庙布局呈"甲"字形,现存古建筑72间。1996年入选全国重点文物保护单位。

济源—大明寺　位于轵城镇。西汉时期,轵城曾两度被封为侯国。大明寺前身是轵侯祭祖的焚修香院。宋康定初年改建为寺院,金末毁于兵燹。元代重修,前后历时30年。三进院落,占地面积2.06万平方米。现存古建筑有山门、中佛殿、后佛殿及左右配殿、僧房等13座计41间。2001年入选全国重点文物保护单位。

济源—奉仙观　位于北海街道。因主体建筑三清殿用荆木作梁,故又称"荆梁观"。始建于唐垂拱初年,现存金、明、清建筑10座。山门为清代所建,面阔三间,进深两间,单檐悬山顶。玉皇殿建于明代,面阔三间,进深四架椽,单檐悬山顶。三清殿建于金大定年间,面阔五间,进深七架椽,单檐悬山顶。2001年入选全国重点文物保护单位。

济源—轵国故城　位于轵城镇。"轵"是指古代马车上车轴的末端。周襄王十七年(公元前635年),周襄王以阳樊等地赐予晋文公。晋军围阳樊,阳樊大夫仓葛率民众退聚东南20里驻守,始以战车列围,继而筑城,"轵城"一名由此而来。占地面积约330万平方米,战国时期一度为韩国国都,富冠海内。城垣内出土有大量陶器、石器、骨器、铁器、铜器等,其中汉文帝五铢钱石范、石磨盘和铜薰炉富有时代特色。2006年入选全国重点文物保护单位。

济源—柴庄延庆寺塔　位于城区延庆寺旧址。建于宋景祐初年。六角七级密檐式砖塔,通高28.16米,外壁各层嵌有砖雕佛像1000多尊,造型生动,近于北魏手法。塔心室呈六角形,叠涩式收顶。二层以上有叠涩式砖层收顶,上置木板楼板。南门内置《大宋河阳济源县龙潭延庆禅院所修舍利塔记》石碑,为杨虚已仿晋王羲之行书书丹,运笔遒劲流畅,颇得王书真谛,其拓片曾在日本展出。2006年入选全国重点文物保护单位。

济源—阳台宫　位于王屋山华盖峰南麓。始建于唐开元年间,全称"大阳台万寿宫",为"王屋山三宫"(阳台宫、紫微宫、清虚宫)之一。北依天坛山,高高矗立,形似凤首,面对开阔的九芝岭,犹如凤尾,阳台宫处于凤背之上,被视为"丹凤朝阳"的风水宝地。依山而建,三进院落,三清大殿居前,玉皇阁坐后,旁列廊庑,西有道院,总面积6165平方米。三清大殿有唐、宋遗制和风貌,殿前有四株古柏和一株七叶树,树龄均在千年以上。2006年入选全国重点文物保护单位。

济源—五龙口古代水利设施　位于济源市东北部的沁水口。秦朝就在此地修建水渠,后曹魏、唐、元均在此修渠,明代建成五条水渠,灌溉济源、沁阳、孟县、武陟和温县,故称"五龙口"。其中四条水渠现在仍在使用,并保存有永利渠闸和三公祠、文济渠闸和袁公祠。永利渠闸建于明代,三公祠建于清嘉庆年间,袁公祠建于明万历年间。2013年入选全国重点文物保护单位。

安阳—殷墟　1961年入选全国重点文物保护单位。参见国家考古遗址公园——殷墟考古遗址公园。

安阳—修定寺塔 位于磊口乡。初建于北齐天保初年,唐代重修,现存塔身浮雕砖皆为唐代制作,故称"唐塔"。因塔身遍涂红橘色,俗称"红塔"。单层砖砌浮雕方塔,通高约 16 米,残高 9.5 米,外壁用菱形、矩形、三角形、平行四边形等不同形制的浮雕砖 3 775 块嵌砌而成。雕砖图案工艺精致,细腻入微。古塔周围群山环绕,树木葱茏,溪水潺潺,环境幽静。1982 年入选全国重点文物保护单位。

安阳—羑里城遗址 位于汤阴县城北的空旷原野上。羑里城又称"文王庙",厚达 7 米的文化层断面清晰。3 000 年前殷纣王在此关押周文王姬昌达七年之久。"划地为牢""文王拘而演周易"历史典故均源自于此。1996 年入选全国重点文物保护单位。

安阳—灵泉寺石窟 位于善应镇。"灵泉寺"之名系隋文帝所赐,为北方佛教圣地,称"河朔第一古刹"。石窟始凿于东魏武定年间,止于宋代,前后 600 余年。现存有东魏至宋代的石窟造像、摩崖石塔 200 余处。1996 年入选全国重点文物保护单位。

安阳—汤阴岳飞庙 位于汤阴县城岳庙街。为纪念南宋抗金名将岳飞而建的祠庙。始建年代无考,今址为明景泰初年重建,以后历代屡有增建,逐渐成为一处完整的古建筑群。占地面积 6 300 平方米,殿庑建筑百余间,布局严谨,殿堂雄伟,亭廊秀丽,碑碣林立,古柏参天。2001 年入选全国重点文物保护单位。

安阳—安阳天宁寺塔 位于古城内。因位于旧彰德府文庙东北方,为当地"文风"的象征,又称"文峰塔"。建于五代后周广顺初年,砖木结构密檐式砖塔,通高 38.65 米,五层八面,平台、莲座、辽式塔身、藏式塔刹的形制世所罕见。2001 年入选全国重点文物保护单位。

安阳—明福寺塔 位于滑县城关镇。明福寺建于隋仁寿初年,后陆续扩建,被誉为滑台名刹,历经战乱殿堂已毁。塔初建于唐宝历初年,现存佛塔为北宋早期建筑,九层密檐式砖石结构,通高 43 米,八角亭子顶,塔身及塔刹由 70 余种不同规格的灰砖砌成。塔身外壁镶嵌佛像砖雕 50 多种 1 234

块,人物造型栩栩如生,具有唐代遗风。2001 年入选全国重点文物保护单位。

安阳—小南海石窟 位于安阳县小南海。北齐石窟,现存东、西、中三窟。东窟进深和面阔均为 1.29 米,高 1.67 米,正面中间雕琢释迦佛,两侧壁各雕三尊菩萨。西窟进深 1.76 米,面阔 1.36 米,高 1.76 米,正中雕释迦牟尼佛,结跏趺坐于长方形台座。中窟进深 1.34 米,面阔 1.19 米,高 1.78 米,正中雕释迦牟尼佛,火焰背光。2001 年入选全国重点文物保护单位。

安阳—三杨庄遗址 位于内黄县梁庄镇。汉代村落遗址。因黄河泛滥深埋于泥沙中,遗存汉代庭院 14 处及道路、湖塘、农田等遗迹,出土了大量汉代遗物。庭院为二进院布局,相互之间被农田相隔,每家庭院均有通向田间大道的独家小道;堂屋(主房)为瓦顶,庭院周围或水沟环绕,或毗邻池塘,庭院一周绿树荫翳。2005 年入选"全国十大考古新发现"。2006 年入选全国重点文物保护单位和"十一五"国家重要大遗址。

安阳—红旗渠 2006 年入选全国重点文物保护单位。参见全国红色旅游经典景区——红旗渠。

安阳—白营遗址 位于汤阴县白营村。新石器时代晚期龙山文化遗址。占地面积 3.36 万平方米,文化遗存堆积厚达 3—5 米。早期遗存有半地穴式房基、窖穴等,出土遗物中陶器以灰陶为主,也有红陶和黑陶,生产、生活工具有鼎、罐、钵、斝以及石斧、石杵、石铲、骨镞、骨针、蚌镰等,还发现了木结构水井。中晚期文化遗存主要有陶器、石器以及各种质料的装饰品和卜骨等。2013 年入选全国重点文物保护单位。

安阳—固岸墓地 位于安阳县安丰乡。东魏北齐墓地。发掘面积 2.5 万平方米,清理墓葬 333 座,包括战国墓 32 座、秦汉墓 68 座、魏晋墓 6 座、十六国墓 3 座、北朝墓 144 座、隋墓 3 座、唐墓 3 座、宋墓 1 座和清墓 6 座,时代尚待判定的墓葬 60 余座。出土文物 2 201 件。2013 年入选全国重点文物保护单位。

安阳—安阳高陵 即曹操墓,位于安丰乡。曹操是东汉末年政治家,曹魏建立后被追尊为"武皇帝",史称"魏武帝"。公元220年曹操卒于洛阳,葬在邺城西门豹祠以西的丘陵中,没有封土建陵。高陵是一座多墓室的带斜坡墓道的大型砖室墓,占地面积740多平方米,结构复杂,规模宏大。2009年入选"全国十大考古新发现"。2013年入选全国重点文物保护单位。

安阳—阳台寺双石塔 位于林州市五龙镇。阳台寺始建年代不详,历经战乱天灾,原有建筑早已无存,仅存唐代石塔两座。密檐式石塔,塔基为方形石板承须弥座,四边雕兽头、伎乐、力士和仰莲。塔身半圆拱券门雕有龙、飞天、羽人、莲蓬等图案和小六角塔,门两侧雕力士和蹲狮。各层塔檐周边均线刻缠枝花卉,每层中间有一龛,龛内雕坐佛一尊。2013年入选全国重点文物保护单位。

安阳—大兴寺塔 位于内黄县城西南处。始建于唐武德年间,历经多次地震和洪水冲击,至今巍然屹立。八角九级密檐式实心砖雕塔,通高18.7米,第一层位于地表下4.6米深。塔体除砖雕外,全用条砖砌筑,棱角分明。各层檐下饰有仿木结构的砖雕斗拱和莲瓣承托。出土瓷灯、残石佛、石函等文物。2013年入选全国重点文物保护单位。

安阳—兴阳禅寺塔 位于安阳县马家乡李家庄村。兴阳禅寺创建于唐代,寺内殿宇已毁,仅存此塔。因底层立有一丈八寸高的石佛,故名"丈八佛塔"。七层密檐式砖塔,通高约20米。各层檐部均砌仿木斗拱,塔檐外展,呈凌空欲飞之势。相轮多盘塔刹,上置宝瓶,八角悬挂铁铃,随风摆动声音悠扬。2013年入选全国重点文物保护单位。

安阳—韩王庙与昼锦堂 位于安阳古城内东南营街。昼锦堂是宋代三朝宰相韩琦修建的一座堂舍。据《汉书·项籍传》"富贵不归故乡,如衣锦夜行"之句,反其意而用之,故名"昼锦堂"。昼锦堂中最为著名的是号称"三绝"的《昼锦堂记》石碑。韩琦去世后,被宋徽宗封为魏郡王,韩王庙为奉祀韩琦而建,所以又名"魏公祠"。韩王庙现存大门、二门、殿堂三间,琉璃瓦沿边点缀,庄重典雅。2013年入选全国重点文物保护单位。

安阳—高阁寺 位于文峰区赵王府内。赵王即明成祖第三子朱高燧。

民国时期,赵王府内的建筑纷纷倾圮,只剩下这座殿阁。因建在砖砌的高台基上而名"高阁寺"。高台楼阁式建筑,通高 20 余米,重檐九脊,歇山顶式,琉璃瓦顶。现存殿阁重建于明成化年间。2013 年入选全国重点文物保护单位。

安阳—彰德府城隍庙 位于文峰区鼓楼东街。始建于北周大象至隋大业年间,至今已有 1 400 多年。清代时有五院落、六大殿并有左右厢房,规模宏伟。1933 年城隍大殿被毁,戏楼、牌楼、八字墙改建店铺,辟为市场。1982 年进行修缮。现存大殿建于明初。2013 年入选全国重点文物保护单位。

安阳—林州惠明寺 位于林州市河顺镇。始建于宋代,元、明、清多次修葺。据说惠明法师在金大定十一年(公元 1171 年)葬于此,故名"惠明寺"。寺内还有惠明和尚石刻画像。现存建筑有天王殿、大佛殿、水陆殿等,均系明清建筑,有少量宋元的瓦饰和木构件。惠明寺塔造型优美,比例匀称,雕刻精湛。2013 年入选全国重点文物保护单位。

安阳—洪谷寺塔与千佛洞石窟 位于林州市合涧镇。初创于北齐武平年间。洪谷寺塔为七级密檐式砖塔,通高 15.4 米,塔内中空,塔外为叠涩檐,呈抛物弧线形,顶部有宝瓶式塔刹。千佛洞石窟开凿于北齐武平五年(公元 574 年)至唐乾封元年(公元 666 年)之间。民国时期,大佛、菩萨被盗凿,珍贵石刻湮没于深山。2013 年入选全国重点文物保护单位。

安阳—袁林 位于北关区洹水北岸的太平庄。袁世凯及其夫人于氏的墓园。袁世凯冒天下之大不韪称"帝",最后四面楚歌。袁世凯的大儿子袁克定想效仿历代帝王称袁世凯墓园为"袁陵",但被当政的徐世昌反对,于是称为"袁林"。1918 年建成,占地面积 92 713 平方米,建筑群仿明清帝陵形制而规模略小。墓冢内包水泥外砌石墙。既承袭我国传统建筑规制,又吸取西洋建筑风貌,中西合璧。2013 年入选全国重点文物保护单位。

安阳—西蒋村马氏庄园 2013 年入选全国重点文物保护单位。参见全国红色旅游经典景区——刘邓大军指挥部旧址。

鹤壁—大伾山摩崖大佛及石刻 位于浚县大伾山天宁寺院内及其附

近。摩崖大佛为倚坐式弥勒造像,面向黄河,通高 21.33 米,属北朝时期作品,为中原地区年代最早、造型最大的摩崖大佛。大佛左手扶膝,右手施无畏印,造型古朴,线条遒劲,反映了早期造像的艺术特点。大佛总高 8 丈,藏于 7 丈高的楼阁内,故有"八丈佛爷七丈楼"之称。附近有历代石刻碑铭 300 余通。2001 年入选全国重点文物保护单位。

鹤壁—卫国故城 位于淇县城关镇。城郭周长 1.04 万米。城基宽 50—70 米,残高 1.5—3.6 米,城墙板筑。在夯土中发现有春秋战国时期的陶豆柄、陶盘、陶盆、绳纹板瓦、矮足粗绳纹鬲等。城东有两个作坊遗址,冶铁作坊约 9 万平方米,发现有冶铁残炉、木炭、熔渣、范板和残鼓风管等;制骨作坊约 2.4 万平方米,发现有牛、猪等各种骨骼,上面的锯痕清晰,有的已变为化石。2006 年入选全国重点文物保护单位。

鹤壁—云梦山摩崖 位于淇县西南隅。云梦山主峰海拔 577 米,峰峦叠嶂,山岚雾霭,云蒸霞蔚,泉水潺潺,百花争艳。历代文人墨士在此留下不少诗章、摩崖题记和碑刻。战国时期的鬼谷子、唐代甄济、明代水木氏曾在此隐居多年。主要有宋代石窟和元、明、清各代的摩崖题记 100 余品,明清碑碣 30 余通,形成了庞大的摩崖石刻群。2006 年入选全国重点文物保护单位。

鹤壁—大赉店遗址 位于淇滨区大赉店村。新石器时代至商代的遗址。地层堆积有仰韶文化时期、龙山文化时期、商朝、周朝、汉朝的文化层,是我国考古史上较早进行科学发掘的重要遗址之一。清理出西周中晚期墓葬、西周中期灰坑和房址等遗迹。出土的遗物有各种石器、陶器、骨器、角器和蚌器。出土的陶器中,有仰韶文化的彩陶,还有龙山文化的黑陶和商代的灰陶。2013 年入选全国重点文物保护单位。

鹤壁—宋庄东周贵族墓地 位于淇县宋庄和方寨之间。卫国贵族墓地。发掘 10 余座古墓葬,出土了青铜器和陪葬器物 3 000 余件,许多编钟、甗、匜等器皿纹路清晰、制作精美,刻有铭文,为国家一级文物。2013 年入选全国重点文物保护单位。

鹤壁—玄天洞石塔 位于盘石头水库库区内,屹立于淇河北岸玄天洞东南。始建于元,重建于明正德年间。四角九级重檐楼阁式青石建筑,塔身自下而上逐层收敛,高约 12 米。从 2 层到 9 层,每层每壁都砌有横向排列的小佛龛,转角处均刻有姿态各异的力士像。在地宫发现有释迦牟尼两弟子造像。2013 年入选全国重点文物保护单位。

鹤壁—浚县古城墙及文治阁 位于浚县城区。古城墙现存卫河沿岸段城墙 768 米及姑山南侧城墙遗迹。文治阁通高 20 米,分楼、台两部分。券门外嵌镶青石横额,东曰"丹流东壁",西曰"壁泻西山",清代书法家赵素庐书;南曰"清环黎水",北曰"黛护伾岚",清代书法家张子白书。平台上建两层高楼,双重檐,攒尖顶,挑角,花脊,琉璃瓦剪边。2013 年入选全国重点文物保护单位。

鹤壁—碧霞宫 位于浮丘山南端峰巅。始建于明嘉靖年间,明、清多次重修扩建。占地面积 1.12 万平方米,前后三进院落,殿宇楼阁 87 间。主体建筑以南北为轴线,东西对称分布,井然有序。山门面阔三间,单檐歇山式建筑,绿色琉璃瓦覆顶。中院古柏参天,碑碣如林。大殿是卷棚歇山顶拜殿和悬山顶后殿组合式建筑。后殿内并排三座砖雕莲台,台上各有木雕神橱一座,透雕龙、凤、花卉。2013 年入选全国重点文物保护单位。

鹤壁—田迈造像 位于淇县高村镇。建于北魏太和年间至正光年间,至今已有约 1 500 年。因由以田迈为首的官吏、贵族、僧人、平民等佛教信徒捐钱雕造,故名"田迈造像"。通高 331 厘米,雕刻有释迦牟尼、弥勒佛、文殊菩萨、飞天、日、月、龙、狮、礼佛图等,内容丰富,物像众多。2013 年入选全国重点文物保护单位。

鹤壁—刘庄遗址 位于淇滨区大赉店镇。占地面积 30 余万平方米,发掘面积 7 700 平方米,发现仰韶文化大司空类型文化遗存及大规模的先商文化公共墓地。336 座墓葬分布于东西 110 米、南北 55 米的范围内,排列规律,随葬品达 400 余件(套)。2013 年入选全国重点文物保护单位。

许昌—钧台钧窑遗址 位于禹州市境内。钧窑是宋代五大名窑之一,因以县城内的钧台一带窑址所产品质最高,故统称为"钧窑"。钧窑创于唐代,盛于北宋末年,衰落于元代,专门为宫廷烧制瓷器。窑炉呈圆形或马蹄形,为就地挖筑的半地穴式土壁窑。一般是单火膛窑,火膛顶有方形烟囱,窑室内使用筒形或漏斗形匣钵装烧瓷器,每钵仰置一件瓷坯,坯下垫锯齿状圆形支烧具,燃烧温度达 1 200℃ 以上。1988 年入选全国重点文物保护单位。

许昌—瓦店遗址 位于禹州市瓦店村。新石器时代遗址,以龙山文化晚期遗存为主,是全国面积最大的龙山文化晚期人类聚落遗址之一。遗址内最重要的发现是大型夯土建筑基址,还在夯土中发现用于奠基的人牲遗骸数具。2006 年入选全国重点文物保护单位。

许昌—石固遗址 位于长葛市老石固村。裴李岗文化和仰韶文化共存的人类聚落遗址,人称"乐神"的葛天氏之墟。占地面积约 4 万平方米,包括居住遗迹和墓葬。考古发掘面积约 1 500 平方米,清理房基、窖穴和灰坑等遗迹和遗物。一般文化层堆积 1.3—1.7 米。底层为裴李岗文化,上层为仰韶文化。2006 年入选全国重点文物保护单位。

许昌—扒村窑址 位于禹州市城区扒村。民间窑址,创烧于唐代,终止于元代。文化堆积层分元、宋、五代、晚唐等四层,五代堆积层较薄,占地面积近百万平方米。出土的瓷器瓷片品种造型繁多,产品多为白底黑花,釉色有黑、白、三彩、加彩等,黑彩浓而醇厚。2006 年入选全国重点文物保护单位。

许昌—乾明寺塔 位于鄢陵县乾明寺路。始建于隋仁寿年间。塔下原有乾明寺院,据岗为寺,地当乾位,寺因此为名。原塔18层,明嘉靖初年因地震塔身9级以上坠地,随即重建。现存楼阁式砖塔,平面呈六角形,高13层38米。第三层塔身一周嵌琉璃佛像雕砖 8 块。塔顶为铜质宝珠塔刹。1996年全面修缮,发现珍贵文物48件。2006 年入选全国重点文物保护单位。

许昌—许昌文峰塔 位于许昌博物馆内。建于明万历年间。13 层楼阁式砖塔,通高51.3 米,呈平面八角形,由地宫、基座、塔身、塔刹组成。基座为石质八角形束腰须弥座,浮雕连续性的仰覆瓣莲和卷草花纹,玲珑秀丽。塔顶置放有铜镜一面,铜剑一把。塔前立有明万历、清康熙、清嘉庆年间的石碑。2006 年入选全国重点文物保护单位。

许昌—灵井"许昌人"遗址　位于灵井镇。占地面积近万平方米,文化层深 7.2—5.6 米,出土动物化石和石器 3 万余件,另有数百件骨器。其中 45 件古人类头骨化石,距今 10.5 万—12.5 万年。2013 年入选全国重点文物保护单位。

许昌—许由寨遗址　位于鄢陵县陈化店镇。原始社会末期的古城堡遗址,占地面积约 10 万平方米,文化层厚 3—5 米,发现的遗迹有灰坑、墓葬等,出土了石器、陶器及青铜器等遗物,还有古许由寨牌匾、许由古寨墙、重修许由寺公德碑等重要遗迹。2013 年入选全国重点文物保护单位。

许昌—鄢国故城　位于鄢陵县彭店乡。西周时期的古城。西周初期,鄢为妘姓之国,即古鄢国。公元前 770 年平王东迁,鄢侯被郑武公所灭,废国为邑。古鄢城坐落在一南北土陵之上,故名"鄢陵"。"晋楚鄢陵之战""唐雎不辱使命""郑伯克段于鄢与掘地见母"等历史故事均发生于此。遗址占地面积约 4 万平方米,随处可见不同时期遗留下来的各式各样的陶器。2013 年入选全国重点文物保护单位。

许昌—十二连城　位于长葛市区东北双洎河南岸。沿土岗而筑的断断续续的 12 段墙体,连绵 10 余里,今人称之为"十二连城"。墙体夯筑,夯层厚 15—20 厘米,上部散落有汉代砖瓦,下部有新石器时代红陶和瓦陶残片,揭露多处灰坑、水井等遗迹,出土大量战国时期各类实用器物残片。2013 年入选全国重点文物保护单位。

许昌—汉魏许都故城　位于建安区张潘镇。建安初年曹操迎汉献帝到许都,对原城宫室、殿宇、粮仓武库、街道、园林等进行大规模改建扩建,形成了恢宏的汉魏许都故城。文化堆积层厚约 6 米,上层为汉魏文化层,中层为西周和战国时期文化层,下层为二里岗文化层。分为内外两城,占地面积 1.44 平方千米。城内建筑有许昌宫、京福殿、承光殿、永始台、毓秀台、丞相府等。出土文物有汉朝铜鼎、铜矛等以及曹魏时期大型行军锅等物件。

2013 年入选全国重点文物保护单位。

许昌—后汉皇陵 位于禹州市苌庄乡。共有三座五代后汉帝后墓群。一是后汉高祖刘知远的睿陵,陵前原有气势宏伟的神道石刻群和翁仲神兽,现仅存一高大土冢和几个偃卧田垄间的石狮。二是后汉李氏高后陵,是刘知远皇后李氏的陵墓,神道石刻及翁仲神兽已大部不存,仅存头部已残失的文吏俑两个,石兽两个。三是后汉隐帝刘承祐的颖陵,墓冢已夷为平地。2013 年入选全国重点文物保护单位。

许昌—明周王墓 位于禹州市无梁镇。包括明代被封为周王的朱元璋第五子朱橚的陵墓、朱橚的后代周恭王墓及周端王墓。墓群虽处深山,几百年来却多次被盗掘。朱橚的陵墓现存一个规模庞大的地宫,10 个墓室被洗劫一空。嫔妃陪葬墓地宫面积 400 余平方米,双曲拱券覆盆状,18 券洞同穴分室,门朝向高大宽敞的环形甬道,拱券青砖弧面预先烧制,为中国已发现的地宫建筑形制中所独有。2013 年入选全国重点文物保护单位。

许昌—兴国寺塔 位于鄢陵县马栏镇。兴国寺始建于五代后周显德初年。兴国寺塔建于北宋太平兴国年间,砖结构六角九层楼阁式建筑,通高 27 米,塔身往上层层缩小,每层装饰斗拱、椽檐、绶花,有塔门 1 个,佛室 1 个,门龛 6 个,铁质塔刹。塔身笔直崇秀,为典型的北宋建筑。2013 年入选全国重点文物保护单位。

许昌—坡街关王庙大殿 位于禹州市文殊镇。原为一组关帝庙建筑群,现仅剩大殿。始建于元至正初年,大殿面阔、进深均三间,硬山建筑,青砖砌墙,琉璃脊饰,灰瓦顶,平面减柱造,架梁、斗拱等结构和做法绝大部分保留了元代建筑的特点。2013 年入选全国重点文物保护单位。

许昌—襄城文庙 位于襄城县城利民街。始建于唐贞观初年,是中原最早的文庙之一。今存聚奎壁和大成殿。大门前的聚奎壁,建于明万历初年,挑山式结构,因壁顶覆盖琉璃瓦又名"琉璃影壁";壁高 9.5 米,长 24.45 米,厚 1.63 米,主体画面长 13.25 米,由三组彩色砖浮雕组成,中为"四龙戏二珠",东西两侧为"麒麟望月""双凤朝阳",堪称古代浮雕艺术的精品。大成殿为清康熙中期重建,是一座九脊八坡歇山式建筑,绿色琉璃瓦顶。2013年入选全国重点文物保护单位。

许昌—襄城城墙　位于襄城县城。始建于春秋,成规模于汉代,魏、晋、唐、宋、明、清屡加修葺。现存古城墙全长2 297米,高6.5米,宽5米。古城墙西门保存较完整,是一座瓮城门,呈椭圆形,由朝南和朝西两个城门组成,周长约200米。朝南的城门上曾有匾额"眺嵩,西扼陕川"。2013年入选全国重点文物保护单位。

许昌—襄城乾明寺　位于襄城县西北部。传统文化以八卦对八方,西北方属乾,故名"乾明寺"。建于唐武德年间,后几经扩建,盛于唐宋,元初曾遭兵燹,明代恢复重建。南倚首山,北向汝水,西临古道,布局严整,气势磅礴。2013年入选全国重点文物保护单位。

许昌—天宝宫　位于许昌县艾庄回族乡。南宋嘉熙年间创立,占地面积2万平方米。中轴线上原有建筑山门、拜亭、岳王殿、关圣殿、老君殿、玉皇殿、雷祖殿、三皇殿、真武殿,今老君殿、三皇殿已不存。真武殿年代最久,高10米,面阔九间,进深五间,殿顶覆盖绿色琉璃瓦,九脊六兽,单檐歇山式。存有元、明、清碑刻多通。2013年入选全国重点文物保护单位。

许昌—许昌关帝庙　位于许昌市许继大道霸陵公园内。清康熙中期为纪念关羽霸陵桥挑袍而建。全国"八大关庙"之一。现存古建筑群占地面积1.1万平方米,三进院,九殿一阁,布局严整,庄重典雅。庙内现有明清碑碣50余通。2013年入选全国重点文物保护单位。

许昌—禅静寺造像碑　位于长葛市第十四初级中学院内。刻于东魏兴和年间。碑高250厘米、宽84厘米、厚26厘米,碑额上雕刻有六条倒首盘龙。碑文计1 265个字,字体扁而匀称,用笔圆润含蓄,开创了唐楷之先河。碑文清代辑入《书法大字典》,康有为在其编著的《广艺舟双楫》中将此碑文列为碑品中的"逸品上",拓片曾于1973年在日本展出。2013年入选全国重点文物保护单位。

驻马店—中共中央中原局旧址　位于确山县竹沟镇。1938年9月,中共中央在此成立中原局。在此之前,中共河南省委已迁入竹沟。这里成为第二次国内革命战争时期中原革命根据地的中心,也是新四军第二、第四、第五师的发祥地。旧址原为清末山西商人所建店铺,为毗连的四处砖瓦房四合院。旧址房屋大部分在 1975 年特大洪水中倒塌,1981 年后按原貌修复瓦房 30 余间。1988 年入选全国重点文物保护单位。

驻马店—蔡国故城(含上蔡楚国贵族墓地) 位于上蔡县西南隅。西周和春秋时期蔡国都城。故城平面略呈长方形,现存城墙高 4—11 米,宽 15—25 米,总长约 10 490 米,为夯土筑成。城内中部有一土台,面积 120 万平方米。楚国贵族墓地位于蔡国故城以西的卧龙岗,占地面积约 28 平方千米。墓葬密集,排列有序,其中不乏"甲"字形高级贵族大墓,其中肖里王楚冢、郭庄楚冢、湾李楚冢等残留有较高的夯筑封土。历经 10 多次盗掘,依然出土珍贵文物 1 000 余件。1996 年入选全国重点文物保护单位。

驻马店—酒店冶铁遗址 位于西平县城西南隅。东周冶铁遗址。汉代建冶炉城并置铁官。遗址南北长 2.5 千米,东西宽 1.5 千米,文化层厚 1.5 米左右,保存有炉壁、矿渣、矿石碎坯和板瓦、筒瓦、陶片等。发掘出土战国时期冶铁炉一座,是我国迄今发现的时代最早、保存最完整的冶铁炉。1996 年入选全国重点文物保护单位。

驻马店—杨台寺遗址 位于驿城区诸市乡。新石器时代遗址。占地面积近 8 万平方米。遗址西部的文化层厚 2—5 米,发现灰坑、房基柱础、陶灶、红烧土等遗存,出土有指甲纹鼎足、鸭嘴形鼎足和器盖、陶豆、陶罐、陶碗、红陶钵、澄滤器等,生产工具有石斧、石镞、石镰、陶纺轮等,装饰品有陶环。2006 年入选全国重点文物保护单位。

驻马店—下河湾冶铁遗址 位于泌阳县马谷田镇。战国、秦汉时期官营冶铁遗址。占地面积 23 万平方米,主要文化遗迹为冶炼炉与熔化炉、陶窑、居住遗存、灰坑和水井等。遗址区内随处可见炉壁残块、炼渣、铁块、铁矿石和陶豆、陶釜、板瓦、筒瓦等残片。炼铁炉至少在 100 座以上,目前仍暴露有炼铁炉六座,如此规模的冶铁遗址在全国十分罕见。2006 年入选全国重点文物保护单位。

驻马店—宝严寺塔 位于西平县县城东关。宝严寺建于唐代,民国年间废。该塔始建于北宋时期,已有近千年的历史。七级仿木结构楼阁式砖塔,通高 28.8 米,整体呈奶黄色,平面呈六角形;塔角雕饰龙首,塔身浮雕壁画;顶端有莲花状铁铸塔刹,高达 2.16 米。2006 年入选全国重点文物保护单位。

驻马店—悟颖塔 位于汝南县县城。唐代和尚悟颖所建。因传说每年夏至日中午没有影子,又名"无影塔"。九层六边形楼阁式砖塔,通高 26 米,塔身逐级内收,塔体外廓呈抛物线形。塔身用长 35 厘米、宽 16.5 厘米、厚 5.5 厘米特制的青灰砖平卧顺砌而成,石灰浆粘壁面,黄泥黏合砖缝。塔内砌有盘旋梯道,可拾级登临第八层,宛如玉带的汝水,幽静如画的小南海,气势恢宏的南海禅寺,尽收眼底。2006 年入选全国重点文物保护单位。

驻马店—嵖岈山卫星人民公社旧址 遂平县嵖岈山卫星人民公社是全国第一个人民公社,成立于 1958 年 4 月 20 日。现存旧址红瓦铺顶,墙体布满当年的标语、语录和画像。楼内为当年设置的"七部、一办、一委"办公室。图片文物展示区展出《卫星人民公社简章》、公社民兵胸章、周恩来总理签名的奖状,以及大炼钢铁的资料、文物、照片等 1 500 余件。另有大礼堂、大食堂、招待所、炼钢炉等旧址。2006 年入选全国重点文物保护单位。

驻马店—董桥遗址 位于西平县境内。黄帝正妃嫘祖的故里,是以仰韶文化为主,兼有龙山文化、二里头文化、东周文化和汉文化的古聚落遗址。占地面积近 50 万平方米。这里的仰韶文化遗存以泥质红陶、泥质姜黄陶为主。2013 年入选全国重点文物保护单位。

驻马店—台子寺遗址 位于驿城区庙湾镇。新石器时代遗址。古寺在清末被毁,遗存台地。占地面积约 2 万平方米,最高处高出地面 6 米。地面散布着大量贝壳、螺壳。采集有石斧、鹿角、纺纶、角锥、牙锥、石镞、鼎足、鬲足、甗、澄滤器等器物残片。2013 年入选全国重点文物保护单位。

驻马店—天堂寺遗址 位于汝南县南余店乡。遗址呈椭圆形,占地面积 5.16 万平方米。采集的标本,既有江汉流域石家河文化的器物,又有黄河流域河南龙山文化和商周时期的典型器物。遗址包含了新石器时代仰韶文化、屈家岭文化、石家河文化、河南龙山文化、二里头文化以及商周时期的遗存,规模大,文化层深厚,持续时间长,遗物甚多,文化面貌及文化性质较为明显,发展序列清晰。2013 年入选全国重点文物保护单位。

驻马店—葛陵故城 位于新蔡县境内。始建于战国时代,是战国时期平夜君的封邑所在地。汉光武帝封后汉三杰之一的铫期之子铫丹为侯邑,建都于葛陵城。故城四面环水,呈龟背形,占地面积 15.96 万平方米。城外有大量古墓葬,发掘了三座战国时期墓葬,其中一座墓的主人为平夜君。出土数量可观的兵器、生产工具、装饰品等珍贵文物,其中葛陵楚简 1 500 余枚,竹质墨迹,有文字近 8 000 个。2013 年入选全国重点文物保护单位。

驻马店—沈国故城 位于平舆县射桥乡。春秋至汉代的古城。沈国曾是周文王第十子聃季载的封国。遗址东西长 1 350 米,南北宽 1 500 米,文化层厚 1—5 米,出土了戈、青铜剑、陶拍、环底罐等春秋青铜器和陶器,采集有鬲、罐等春秋陶器残片。春秋战国墓地曾出土一批蚁币。2013 年入选全国重点文物保护单位。

驻马店—正阳石阙 位于正阳县城东关烈士陵园内。全国仅存的几处汉代墓阙之一。单檐四阿顶式子母阙。正阙高 4.25 米,子阙高 3.05 米,为局部刻有画像的石块构砌而成,东、南两面可见雕饰、浅浮雕人物、牛、龙和花纹等图案,北立面有云雷纹、漩纹以及五铢钱纹等雕饰,脊饰已无存。子阙阙顶三面出檐均为 0.35 米。2013 年入选全国重点文物保护单位。

驻马店—秀公戒师和尚塔 位于平舆县李屯乡。金代高僧秀公戒师和尚的墓塔。密檐式砖砌塔,通高 14 米,共七级,平面呈六角形,塔壁错缝平直,各级檐层砖磨仿木斗拱。二级南面设塔门,三级北面设望窗,四级、七级均设壁龛。底座周长 13.8 米,塔身逐级内收,顶部装石制仿法轮塔尖。结构严谨,虽历经千年沧桑,仍保存基本完好。2013 年入选全国重点文物保护单位。

二十四、国家一级博物馆

河南博物院 位于郑州市农业路。1927 年创建于开封,1961 年迁至郑州。新馆于 1998 年开放。占地面积 8.4 万平方米,建筑面积 5.5 万平方米,建筑群取"九鼎定中原"之寓意,体现中原文化源远流长、博大精深的特征。现有藏品 17 万余件(套),大多数为珍贵文物,其中以青铜器、玉石器、陶瓷器、石刻造像等最具特色。基本陈列:中原楚系青铜艺术馆、明清珍宝馆、河南古代玉器馆、"天地经纬"、"中原古代文明之光"。2008 年入选国家一级博物馆。

郑州博物馆 位于郑州市嵩山南路,1999 年开放。原址在郑州市建设东路碧沙岗公园,建于 1928 年。主展馆面积 8 337 平方米,以郑州出土的商代青铜方鼎为造型基础,取"鼎立中原"之寓意,配以圆形碟状屋顶,出檐深远,隐喻"天圆地方"的哲学观念。先后举办过"古代石刻艺术陈列""画坛巨匠——徐悲鸿绘画艺术展""郑州改革开放以来配合基本建设考古成果展""红旗渠精神展"等 90 多个陈列展览。2008 年入选国家一级博物馆。

洛阳博物馆 位于洛阳市隋唐里坊区。创建于 1958 年。建筑外形如方鼎屹立,寓意"定鼎洛邑""鼎立天下",气势恢宏。举办"河洛文明""珍宝展""汉唐陶俑展""唐三彩展""宫廷文物展""石刻艺术展"和"书画展"七大专题陈列。先后在日本、韩国、美国、法国、意大利、比利时、瑞典、澳大利亚等 20 多个国家和地区独立或合作举办了文物交流展览。2008 年入选国家一级博物馆。

南阳汉画馆 位于南阳市卧龙岗。始建于 1935 年,三易馆舍,新馆于 1999 年开放,建筑面积 6 000 平方米,是目前我国建馆最早、藏品最多、规模最大的一座汉画像石刻艺术博物馆。收藏汉画像石总量达两千余块,共有九个主展厅和三个临时展厅,陈列着 200 余块精品画像石。2008 年入选国家一级博物馆。

开封市博物馆 位于开封市郑开大道。建筑面积 5.43 万平方米,馆藏文物 8 万余件,以陶瓷器、铜器、书法、绘画、石刻为特色。部分特色藏品如年画等,曾远赴美国、日本、加拿大等地展出。2017 年入选国家一级博物馆。

鄂豫皖苏区首府革命博物馆 2017 年入选国家一级博物馆。参见全国红色旅游经典景区——鄂豫皖苏区首府革命博物馆。

二十五、中华老字号

马豫兴食品有限公司(注册商标:马豫兴) 位于开封市鼓楼区丁角街。"马豫兴桶子鸡"始创于清咸丰初年,由肥壮母鸡加多味辅料入老汤文火浸煨而成,体形丰满、乳香诱人。1993 年入选中华老字号。

开封第一楼有限责任公司(注册商标:第一楼) 位于开封市寺后街。前身是始建于 1922 年的第一楼包子馆,经营小笼灌汤包子和什锦包子宴。"第一楼小笼灌汤包子"源于北宋都城东京(今开封),以用料考究、皮薄馅大、灌汤流油、软嫩鲜香、肥而不腻的风味和"提起像灯笼,放下似菊花"的形状,被誉为"中州膳食一绝"。2006 年入选中华老字号。

真不同饭店有限责任公司(注册商标:真不同) 位于洛阳市老城区中州东路。创始于清光绪中期。洛阳水席始于唐代,当时仅作宫廷国宴之用,后官府和商绅也可享用。由于选料精细、烹制讲究、味道鲜美、口感爽利,博得古今中外宾客的高度赞扬。2006 年入选中华老字号。

大有丰酱园(注册商标:归德大有丰) 位于商丘市睢阳区中山西三街。创始于清顺治初年。主导产品有酱腌菜、豆腐乳、酱油、食醋和酱类五个系列。酱腌菜以酱香浓郁、咸甜适口、质地脆嫩而誉满中原。2006 年入选中华老字号。

洛阳酒家（注册商标：八景） 位于洛阳市中心城区。始创于1956年，经营特色豫菜、粤菜、上海菜等名优菜系，以洛阳八景宴、三头宴、毛家宴等宴席享誉业界，有"东西南北菜、春夏秋冬香"的美誉。2006年入选中华老字号。

振华肉食有限公司（注册商标：叶振华） 位于商水县新城区章华台路。三国时期的魏国大将邓艾屯兵邓城，常令手下烧制猪尾、猪蹄下酒，邓城"叶氏猪蹄"开始流传。至清朝中期，逐步形成一套卤制秘方。现生产真空包装的"叶氏猪蹄"，色泽纯正，肉味醇厚，爽口不腻，肉嫩筋脆，咸淡宜口，食不沾手，回味悠长。2010年入选中华老字号。

老丁家食品有限公司（注册商标：沙颍） 位于西华县城关红花路。主导产品是以"逍遥镇丁家胡辣汤"技术秘诀为特色的"沙颍"牌胡辣汤系列方便食品，包括胡辣汤精粉、胡辣汤纯料、五香豆沫粉、混菜粉、干炸粉、牛肉粉等20多个品种。2010年入选中华老字号。

洛阳正骨医院（注册商标：平乐正骨） 位于洛阳市启明南路。中医骨伤专科医院，由具有200多年历史的"平乐郭氏正骨"发展而来。平乐郭氏正骨（洛阳正骨）起源于清嘉庆年间的孟津县平乐村，因其医术精湛、疗效显著，被称为"平乐正骨"。2010年入选中华老字号。

汝阳刘笔业有限公司（注册商标：汝阳刘） 位于郑州市中州大道。"汝阳刘毛笔"发源于项城汝阳刘村，至今有两千多年的历史。自秦朝开始，"汝阳刘毛笔"成为宫廷御笔。东晋书法家王羲之称赞为"妙笔"，汝阳刘村被誉为"妙笔之乡"。现以生产学生用笔、书画用笔、高中低档礼品套笔为主，有120多个品种规格，年生产毛笔20万套，产品远销韩国、日本、法国、美国、东南亚等20多个国家和地区。2010年入选中华老字号。

建洛生物科技有限公司（注册商标：建洛） 位于洛阳市洛常路。起源于清初的瑞芳栈酱园。"建洛"牌系列产品有酱油、食醋、醋饮品、酱品、酱菜、调味品、豆制品等七大类200多个品种。2010年入选中华老字号。

四知堂制药厂（注册商标：四知堂） 位于汝州市城东高新技术园区。

主要生产经营拥有两千年文化渊源和 400 年临床验证的纯中药制剂"四知堂痹通药酒"。东汉时期组方,清朝时定名并作为商品面世的"四知堂药酒",因组方简约,疗效奇特而闻名医药界,曾有"北有同仁堂,南有胡庆余堂,中原四知堂"之称。2010 年入选中华老字号。

焦作百货大楼有限责任公司(注册商标:JIAOBAI+图形) 位于焦作市解放中路。始建于 1955 年。坚持诚信经营,开办全市首家超市,兼并焦作市纺织品公司,开办恒兴商厦,已成为以百货、家电、超市为主,以房地产、民办教育等产业为辅的大型商业企业。2011 年入选中华老字号。

精华眼镜行(注册商标:精华眼镜) 位于郑州市金水区纬二路。1930 年创立,是郑州市第一家曲光验光眼镜行。现经营品种达 5 000 余种。2011 年入选中华老字号。

宋河酒业股份有限公司(注册商标:宋河) 位于鹿邑县城。大型白酒酿造企业。宋河产品,根植中原丰厚的传统酿制文化沃土,汲取清澈甘甜的古宋河地下矿泉水,以优质高粱、小麦为原料,结合精湛的传统酿造工艺与现代酿造科技,窖香浓郁,绵甜爽净,回味悠长。宋河工业园区占地面积 80 万平方米,储酒能力达 8 万吨。2011 年入选中华老字号。

十三香调味品集团有限公司(注册商标:王守义) 位于驻马店市十三香路。1984 年由王守义创立,是系列香辛料调味品清真企业。除"王守义十三香"调味料外,还生产"麻辣鲜调料""鸡精"等复合调味料,包子饺子料、炖肉料、咖喱粉等复合香辛料,胡椒、花椒、孜然等单粉香辛料以及八角、花椒、小茴香等干货类,共 30 多个品种 70 多种规格,产品畅销全国 30 多个省市,还销往新加坡、加拿大、澳大利亚等国家。2011 年入选中华老字号。

天丰面业有限责任公司(注册商标:双鱼) 位于开封市新门关街。前身是开封面粉厂,由创建于 1914 年的益丰面粉公司和创建于 1918 年的天丰面粉公司合并而成。现为拥有面粉、挂面、馒头等多条食品加工生产线的食品加工企业,主导产品是"双鱼"牌面粉、"双鱼"牌挂面、"双鱼"牌烩面、"双鱼"牌馒头。2011 年入选中华老字号。

世魁清真肉制品有限责任公司(注册商标：世魁) 位于卫辉市边段庄村新濮路。前身为卫辉市杜记清真肉食厂，是全国少数民族特需用品(清真食品类)定点生产企业。主导产品"世魁"牌牛肉肉嫩味香，味透骨髓，获得"中华名小吃"称号。2011年入选中华老字号。

张弓酒业有限公司(注册商标：张弓) 位于宁陵县张弓镇。这里盛产小麦、高粱，有质地纯净的地下泉水，酿酒资源得天独厚。张弓酒具有悠久的历史渊源和丰富的文化内涵，汉光武帝刘秀曾封张弓酒为御宴用酒。现年生产白酒能力5万余吨。2011年入选中华老字号。

宝丰酒业有限公司(注册商标：宝丰牌) 位于宝丰县城人民路。宝丰酒是清香型白酒，起源于"仪狄造酒"，唐朝被定为"贡酒"。宝丰酒以颗粒饱满、里实皮薄的优质高粱为主要原料，以大麦、小麦、豌豆混合培制而成的清茬大曲为发酵剂，采用传统"清蒸二次清"酿造工艺，陶瓷地缸发酵、低温蒸馏、分级摘酒、陶坛贮陈，陈年老熟，以不同特点的酒基和调味酒科学调配而成。2011年入选中华老字号。

罗锅肉制品公司(注册商标：罗锅) 位于新乡市解放路。1934年前后，新乡新荣街开设了一个卤肉店铺，制作的卤肉选料讲究，色泽鲜艳，味道鲜美，颇受食客欢迎，因业主有点驼背，人们将他制作的酱肉昵称为"罗锅肉"。近年来，改进烹煮工序，创新方料配比，优化配料、烹煮、用汤方法，罗锅肉制品色泽更加红润，风味更加独特。2011年入选中华老字号。

合记烩面(注册商标：合记) 位于郑州市海滩街。源于1946年开业的老乡亲饭店。合记烩面面筋肉香、汤鲜味美，"一碗吃尽中原风"，成为郑州餐食业的名片之一，被誉为"河南烩面鼻祖"。先后获得"全国清真名牌风味食品""中华名小吃""中华餐饮名店""全国绿色餐饮企业"等称号。2011年入选中华老字号。

湖北篇

湖北省,因位于洞庭湖以北而得名。清康熙三年(公元 1664 年),湖广分治,大体以洞庭湖为界,南为湖南省布政使司,北为湖北省布政使司,是为湖北建省之始。

　　湖北省地处中国中部,长江中游,简称"鄂"。东邻安徽省,西连重庆市,西北与陕西省接壤,南接江西省、湖南省,北与河南省毗邻。总面积 18.59 万平方千米。

　　湖北省处于中国地势第二级阶梯向第三级阶梯过渡地带,地势呈三面高起、中间低平、向南敞开、北有缺口的不完整盆地。地貌类型多样,山地、丘陵、岗地和平原兼备。山地、丘陵和岗地、平原湖区各占 56%、24%和 20%。地势高低相差悬殊,西部号称"华中屋脊"的神农架最高峰神农顶海拔 3 105 米,东部平原的监利县谭家渊附近地面高程为 0 米。

　　湖北省地处亚热带,位于典型的季风区内。除高山地区外,大部分为亚热带季风性湿润气候,光能充足,热量丰富,无霜期长,降水充沛,雨热同季。大部分地区冬冷、夏热,春季温度多变,秋季温度下降迅速。年平均气温

15℃—17℃。

湖北省辖副省级市武汉,黄石、十堰、荆州、宜昌、襄阳、鄂州、荆门、黄冈、孝感、咸宁、随州等 11 个地级市及恩施土家族苗族自治州,39 个市辖区、25 个县级市、36 个县、2 个自治县、1 个林区。省政府驻地武汉市。2019 年年末,常住人口 5 927 万。

湖北省位居华中腹地,是中华文明的重要发祥地之一,创造了灿烂的楚文化。湖北是"千湖之省",现有湖泊 755 个。三峡工程是世界上最大的水利枢纽工程,丹江口水库为南水北调中线工程起点。湖北省是中部地区最大的综合交通通信枢纽,武汉新港是中部首个亿吨大港。

一、中国历史文化名镇

监利县周老嘴镇　位于监利县北部。始建于明朝,古迹众多。天竺山是楚灵王修建的离宫章华台遗址,有"章台晓霁"之美名;筑有供月夜观色的"璇台",被题以"璇台涌月";曹操曾在此修仓屯粮,仓库垸沿用至今;元末农民起义领袖陈友谅曾驻兵于此,现有胭脂河、白马寺留存。还是土地革命战争时期湘鄂西革命根据地的红色首府,保存着湘鄂西省委、省政府等旧址48处。古镇依水而建,街道呈"丰"字型布局,构成了颇具特色的街巷空间。2005年入选中国历史文化名镇。

红安县七里坪镇　位于大别山南麓的鄂豫两省交界处。街道两边房屋清一色的青砖黑瓦、木格窗户、木板门扇。黄麻起义的策源地,红四方面军等三支红军部队的诞生、重建或改编地,当年刘邓大军千里跃进大别山的主战场。2005年入选中国历史文化名镇。

洪湖市瞿家湾镇　位于洪湖市区西北部。洪湖水产品的重要集散地,历来商贾云集,经济活跃。建于明弘治年间,保存有明清建筑21栋。曾是第二次国内革命战争时期湘鄂西革命根据地的中心,贺龙、周逸群、段德昌等在此开创了水上游击战争的先例,名震湘鄂西的中国工农红军第六军在此成立,国民革命军128师在此顽强抵抗8万日军。近年来,大力发展生态农业、现代加工业和旅游观光业三位一体的特色经济,以唐城大道为轴心的新型工业园区,展示着乡村大都市现代企业的风貌。2007年入选中国历史文化名镇。

监利县程集镇 位于监利县西陲,南枕长江荆江大堤,西邻江陵、石首两县市,为监利县西大门。春秋战国时期,楚王在此修建了豪华的离宫荆台。明初成为远近闻名的商埠码头,曾是江汉平原商埠重镇。现遗存110余栋明清时期建筑,被誉为"最具湖北传统特色的商埠建筑"。现存老街长1 000多米,宽不过4米,民居比肩接踵。永丰寺、文昌宫、观音庵是远近香客朝拜的圣地。贺龙、周逸群等创建湘鄂西革命根据地的后勤物资集散地,新四军第五师襄南指挥部分支机构曾设于此。2007年入选中国历史文化名镇。

郧西县上津镇 位于郧西县城西北部。与陕西省山阳县交界,南依汉水,北枕秦岭,素有"朝秦暮楚、天子渡口"之称。自三国魏文帝黄初年间设县至今,先后14次建县,6次设郡,2次置州。现存城池建于清嘉庆年间,占地面积8万多平方米,是全国仅存的四座县级古城之一,古城本体、建筑风貌、空间格局均保存较好。古风犹存的山陕会馆,飞檐斗拱的明清老街,典雅别致的天主教堂,玉皇滩边的天子渡口,印证着古城的沧桑。2007年入选中国历史文化名镇。

咸安区汀泗桥镇 隶属于咸宁市。汀泗桥是一座石拱桥,始建于南宋淳祐年间。桥东群山叠嶂,桥西湖泊密布,自古是兵家必争之地,素有"九县通衢"之称。现存古建筑面积1.2万平方米,有始建于宋代的汀泗桥、汀泗街、庙巷、胭脂路,始建于明清的醉仙阁、寿春堂及始建于宋明的民居、商铺、作坊。1926年在此发生北伐战争汀泗桥战役,战役遗址现为全国重点文物保护单位。2009年入选中国历史文化名镇。

阳新县龙港镇 位于阳新县城西南处。自古就是鄂赣两省四县商品集散地,素有"小汉口"之称。如今是鄂赣边界地区的商贸中心,以生产粮、棉、油、麻、渔、畜禽竹木而著称。曾是大革命时期鄂东南特(道)委所在地,鄂东南革命根据地的政治、军事、经济和文化中心。保存有革命旧址70多处,其中全国重点文物保护单位16处,省级文物保护单位19处。2009年入选中国历史文化名镇。

宜都市枝城镇 地处湘鄂山区向江汉平原的过渡地带,自古为川黔湘鄂重要的物资集散地,素有"楚蜀咽喉,鄂西门户"之称。"万里长江,险在荆江",荆江的起点就在枝城。长江水道直通东西,焦柳铁路横贯南北,是长江流域九大水铁联运枢纽之一,国家级煤炭配送重要支点之一。现存丹阳书院、文宫塔、九道河、白水古渡等古迹,并建有西湖公园。2009 年入选中国历史文化名镇。

潜江市熊口镇 位于潜江市中部。清朝末年为当地经济、文化中心及水陆交通枢纽,民国时期成为兵家必争之地,战事频繁。有着悠久的革命历史和光荣的革命传统,贺龙、周逸群、段德昌、钱瑛、廖汉生等曾在这里英勇抗战,留下红二军军团部、红六军军部、苏维埃潜江县政府、襄南军分区司令部等革命旧址 141 处。现已形成水产食品加工、服装纺织、建筑建材加工、农业特色种养及观光等经济产业,为全国发展改革试点镇、全国重点镇。2010 年入选中国历史文化名镇。

钟祥市石牌镇 位于钟祥市西南部,东临汉江。有文字记载的历史长达 2 000 多年。全国闻名的"豆腐之乡",新建豆腐工艺造型雕塑 110 件、仿真文化墙 250 平方米,再现了从磨豆煮浆到点卤成型的豆制品制作工艺流程。2014 年入选中国历史文化名镇。

随县安居镇 位于随州市城西处。涢、溠二水在镇区交汇,是汉水支系上游重要的漕运码头。镇区西北的王楼村,为古随国都城遗址。镇郊的羊子山、桃花坡等地,发现西周至战国时期的古墓群 10 余处,仅羊子山一处就出土西周至战国的兵器、祭器、礼器、酒器及生活用器数百件。镇南的安南山,绵延十余千米,有"覆船耸翠""清凉钟声""两岸桃花""潘州夜雨"等景观。镇区老街"九街十八巷"保存良好,古香古色,见证了古镇昔日的繁华景象。2014 年入选中国历史文化名镇。

麻城市歧亭镇 位于湖北省东北部,鄂豫皖三省交界的大别山中段南麓。古时是重要水陆交通要冲,有着 1 500 多年的文明史。明末清初的"湖广填四川"大移民,歧亭镇乡亲跋山涉水西迁巴蜀建功立业。古镇背山临水,城前东南方良田万顷,举水河川流而过汇入长江,城后九螺山风景区群山连绵不断,直贯大别山山脉。2014 年入选中国历史文化名镇。

二、中国历史文化名村

黄陂区大余湾村 位于武汉市木兰镇。历史悠久,曾有过"一门三太守,五代四尚书"的辉煌历史。院落交错的小巷间,石磨、古井、油漆斑驳的木亭散落,偶见残缺的木石雕刻、画梁牌匾,一派宁静古朴的景象。现存古建筑群建于明末清初,20 余条巷子纵横分隔,50 多户石砌屋雕梁画栋,保存较完好。2005 年入选中国历史文化名村。

恩施市滚龙坝村 位于崔家坝镇。滚龙坝为鄂西山地常见的山间小平地,村庄南北有尖龙河、洋鱼沟两条河流,尖龙河水黄被称为"黄龙",洋鱼沟水清被称为"青龙",两条溪水如滚龙汇流入天坑,故名"滚龙坝"。以土家大姓向氏家族为主的自然村落,古朴雅致,其中聚合式农舍大多为明清古建筑。2007 年入选中国历史文化名村。

宣恩县两河口村 地处土家族母亲河酉水源头。沿龙潭河呈串珠状分布,以彭家寨为中心,曾家寨、汪家寨、唐家坪呈"三星拱月"之势。古时是"盐花古道"出入湘鄂的重要关隘。曾出土汉代编钟。完好保存并沿用着数个吊脚楼群,囊括单吊式、双吊式、二层吊式、三层吊式、平地起吊式和"一"字吊等吊脚楼样式。居民土家族占80%,是国家级非物质文化遗产"薅草锣鼓"的发源地,为中国民间文化艺术之乡。2008 年入选中国历史文化名村。

赤壁市羊楼洞村 位于赵李桥镇。相邻湘鄂两省四县(市)的商品集散地。山林资源丰富,万亩茶园连绵起伏。自唐太和年间起普种山茶,是中国最早的绿茶产地之一,松峰茶的原产地。明嘉靖初年制茶业相当发达,极盛时有茶庄 200 余家,商旅店铺百余家,为"中国大茶市"。现存石板街路面上有一条寸余深的深槽,是明清时期运茶的鸡公车碾出的印迹,见证了当年茶叶交易的盛况。2010年入选中国历史文化名村。

宣恩县庆阳坝村　位于宣恩县椒园镇西北部。地处南连湘黔北接川陕的"盐花大道""茶马大道"两条交通古道的交会点,是南来北往各类民生物资和土特产品的集散地,每天迎来送往数以千计的商家茶客、马帮。凉亭老街保持着民族生活的原始风貌,是我国现存最完整的古代遗风土家街市之一。整齐漂亮的特色民居,绿野千里的茶园,腊肉腊肠、合渣、咂酒等土家特色美食,淳朴浓厚的土家歌舞民俗,古韵犹存。2010年入选中国历史文化名村。

利川市鱼木村　位于谋道镇。土家族集聚村寨,至今保留有古代土家人的传统习俗。脚下踩的是青石路,主寨楼用青石砌就,寨楼上下两层楼板亦以石作,射击孔下依壁建有石台,绝壁上令人望而却步的"亮梯子"由一块块青石错位镶嵌而成。"三阳关"卡门,"亮梯子"石栈道凿于绝壁之上。相传当年土司交战,对方久攻不下,土司叹道"要攻克此寨犹如缘木求鱼","鱼木寨"之名由此而来。保存有清代碑墓10座,墓石石雕工艺精湛。2014年入选中国历史文化名村。

麻城市杏花村　位于麻城市西南的歧亭镇。晚唐诗人杜牧诗句"借问酒家何处有,牧童遥指杏花村"中"杏花村",即指该村。杏花古刹相传始建于唐代,乾隆皇帝下江南时御笔题写"杏花古刹",并定为国庙;罗汉堂内的五百罗汉形态各异,栩栩如生;主殿后面有清端祠、宋贤祠、忠节祠;三祠后面有陈季常、甘鲁望、张憨子的墓地。还有东坡桥、苏步桥、杏花古井、风月塘、东坡垂钓处、放生池、方山亭、摩崖石刻、石母娘娘庙、逸亭等景点。2014年入选中国历史文化名村。

三、全国特色景观旅游名镇(村)

神农架林区木鱼镇　位于神农架林区南部。湖北"长江三峡—神农架—武当山旅游黄金线"上的节点城镇和游客集散地,鄂西生态文化旅游圈的核心板块。拥有神农坛、官门山、香溪源、天生桥等景区和三堆河漂流项目。被授予"全国环境优美乡镇""中国人居环境范例奖"等称号。2010年入选全国特色景观旅游名镇(村)。

夷陵区三斗坪镇 位于宜昌市夷陵区西南部,地处风景秀丽的长江西陵峡中段南岸。举世闻名的三峡工程坝址所在地,有"三峡坝首第一镇"之称。山清水秀,巴风楚韵,有跨越6 000年历史的黄牛峡文化遗存,纪念大禹的黄陵庙,始建于清代的杨家湾老屋,还有西陵奇险"三把刀",绵延四千米的黑溪沟,美如水彩的暮阳溪,诗意如画的三峡人家。2010年入选全国特色景观旅游名镇(村)。

咸安区刘家桥村 隶属于咸宁市桂花镇。明崇祯年间始建。清道光中期修建的古民居,建筑面积3.5万平方米,有大小房屋740间。历史上是远近闻名的书香门第,有"墨庄世第"之称。曾有各类匾额50余块,如今还存15块,古韵犹存。大力发展生态产业及特色种植业,实现万亩生态林业产业化,形成了一批主题突出、特色鲜明的精品观光农业项目。2011年入选全国特色景观旅游名镇(村)。

应城市汤池镇 地处京山、天门、汉川三县市七乡镇交界处。中国温泉之乡,拥有全国五大高温、高品质温泉之一的"玉女汤"温泉,温泉日产量达1.04万吨,温度常年恒定于72—79℃之间;温泉中富含对人体有益的矿物质和微量元素。还有新石器时代留下的陶家湖古城墙遗址。被评为"全国环境优美乡镇""全国'一村一品'示范村镇""全国首批旅游标准化示范单位"。2011年入选全国特色景观旅游名镇(村)。

黄陂区双泉村 位于武汉市木兰镇,地处木兰山南麓的木兰川。全村有13个自然湾,其中大余湾现有75栋明清时期古民居。钟灵毓秀,人才辈出。村民聪慧勤劳,雕匠、画匠、石匠、木匠远近闻名,特别是制陶窑匠较多,如今制陶业仍十分发达。2011年入选全国特色景观旅游名镇(村)。

洪湖市瞿家湾镇 2011年入选全国特色景观旅游名镇(村)。参见中国历史文化名镇——洪湖市瞿家湾镇。

五峰县长乐坪镇 位于五峰县中部。自然景观得天独厚,有柴埠溪、"中华书山"白鹿石林、"湘鄂第一峰"壶瓶山、"天然奇穴"将军洞、"鄂西奇观"天生石桥等景点。贺龙、王炳南曾率领工农红军先后三次在此进行整训、改编。现有高山绿色蔬菜5万亩、茶叶3万亩、五倍子等药材1万亩,农业专业合作社15家,其中两家为全国示范社。2015年入选全国特色景观旅游名镇(村)。

梁子湖区梁子镇 隶属于鄂州市。梁子湖是全国十大名湖之一,水质绝佳。梁子岛点将台是三国时期蜀汉大将关羽演兵点将之处,还有万历台、玉红阁、魁星楼、四官殿、仙人洞、绊马石、寻梦园等景点。现存的张家楼房是李先念、王震、张体学等在鄂南地区开展抗日游击战争的指挥部,毛塘村是全国战斗英雄赵怡忠烈士的故乡。2015年入选全国特色景观旅游名镇(村)。

钟祥市客店镇 地处大洪山南麓腹地,钟祥、京山、随州三县市交界处。大洪山国家级风景名胜区的主景区,景点众多,有以娘娘寨为代表的峰峦斧脊景观10余处,以黄仙洞为代表的溶洞景观30余处,以珍珠泉为代表的泉溪瀑湖景观30余处,以古银杏为代表的古树名木群落20余处,以李先念、陈少敏等战斗过的旧址为代表的革命历史景观10余处。2015年入选全国特色景观旅游名镇(村)。

大悟县宣化店镇 位于大悟县东北部,地处鄂豫两省交界处。曾是鄂豫两省商贸中心。著名的革命老区,曾为中原军区司令部驻地,打响了解放战争第一枪。1946年5月周恩来、李先念与美国代表、国民党方面代表在镇上的湖北会馆举行谈判。谈判旧址、中原军区司令部、中原军区会场旧址均保存完好。2015年入选全国特色景观旅游名镇(村)。

罗田县九资河镇 位于黄冈市。春秋时期鸠兹国国都所在地。拥有八大景区,著名景点有罗田天堂寨、大别山国家森林公园、罗田天堂湖国家湿地公园、圣人堂村、官基坪村新屋垸、青苔关、瓮门关、崇义西关、岐岭关。东腔戏、畈歌、舞龙狮、皮影戏、拳术等古国遗风至今犹存。解放战争时期,刘邓大军千里跃进大别山,曾以九资河为根据地。2015 年入选全国特色景观旅游名镇(村)。

赤壁市赤壁镇 位于赤壁市西北的长江中游南岸。地理位置优越,水陆交通发达,丘陵、平原兼而有之,湖泊星罗棋布,自古乃兵家必争之地。因东汉末年的赤壁之战而得名,是我国古代"以少胜多、以弱胜强"七大战役中至今唯一尚存原貌的古战场遗址。赤壁古战场遗址主要集中在赤壁山、南屏山和金鸾山上,主要景点有摩崖石刻、翼江亭、拜风台、武侯宫、庞统阅兵书处和凤雏庵等。2015 年入选全国特色景观旅游名镇(村)。

随县长岗镇 位于随州市西南处。镇域内的大洪山主峰宝珠峰海拔1 055 米,素有"楚北第一峰"盛誉;山势雄伟,峰峦叠翠,森林茂密,还有千年银杏和楠木、香果树、灯台树等数十种名贵树木。河溪密布、泉水四溢,珍珠泉、牡丹泉和南泉河中有泉、泉汇成河。黄龙池水质清澈醇酣。2015 年入选全国特色景观旅游名镇(村)。

神农架林区大九湖镇 地处我国中亚热带向北亚热带的过渡地区,由大巴山东延的余脉组成亚高山盆地地貌,盆地底部海拔 1 730 米,最高峰2 800 米,有"高山平原"之称。镇域内的九座湖泊在神农架群山环绕中,如珍珠般散落。拥有高山无公害蔬菜种植基地、中药材种植基地。现今成为国际重大赛事的举办场所之一,先后承办"环大九湖神农架国际大学生自行车挑战赛""神农架国际马拉松比赛""神农架国际摄影节"。2015 年入选全国特色景观旅游名镇(村)。

兴山县高岚村 位于水月寺镇南部。高岚自然风景区素有"十里画廊"的美称,有栩栩如生的睡佛山、伟岸而立的将军柱、仰天长啸的"朝天吼"、憨态可掬的骆驼峰、惟妙惟肖的孔雀岭、形神兼备的昭君石等 100 多处自然景观。"朝天吼"河道全长 6.5 千米,落差 148 米,是历年"中国自然水域国际极限漂流 F1 大赛"的举办地。2015 年入选全国特色景观旅游名镇(村)。

安陆市钱冲村 位于安陆市西部的王义贞镇,地处荆门、孝感、随州三市"金三角"腹地。有华中地区最大的古银杏群落,被誉为"中华银杏第一村"。东晋张昌、元末陈友谅两位农民起义领袖在此安营扎寨,现留有蜜蜂寨、太平寨等多处遗址;1939—1941年,李先念曾率部在此战斗三个春秋,现存新四军五师建军、五师司令部、五师政治部、五师医院、"七七"报社等旧址。2015年入选全国特色景观旅游名镇(村)。

荆州区张场村 位于荆州市西北部的川店镇。村域内的熊家冢墓地,是目前已知规模最大、保存最好的楚国高等级贵族墓地。熊家冢由主冢、陪冢、车马坑、排葬坑和壕沟五部分组成,占地面积近8万平方米。已发现120座殉葬坑,在132.4米长的车马坑内,发掘出80辆战马车阵。依托2 300多年前的楚风余韵,建设了农家乐接待服务区、楚风民俗文化体验区、生态观光休闲区、凤凰山滨水娱乐区。2015年入选全国特色景观旅游名镇(村)。

嘉鱼县官桥村 位于官桥镇。曾是"住土砖房、吃返销粮"的穷村,现已拥有一批高科技的企业集团、国家级高新技术企业。获得"全国绿色小康村""全国生态文化村""国家级生态村"等称号。2015年入选全国特色景观旅游名镇(村)。

曾都区吉祥寺村 位于随州市三里岗镇东南部。阡陌纵横,绿树葱茏,房屋整齐,建有香菇种植园、香菇产业园、香菇贸易区,为全国最大的出口香菇标准化栽培示范基地、中南地区最大的香菇交易市场,形成了以香菇产业为主,集生产、加工、观光、旅游、商贸于一体的产业链。2015年入选全国特色景观旅游名镇(村)。

建始县小西湖村 位于花坪镇,地处野三峡景区核心地带。四周群山环抱,中间是一片湿地和湖水,是古代"川盐入湘"的必经之地。海拔1 300米,夏季气候凉爽,又有野三峡景区清江画廊和黄鹤桥峰林等自然景观,曲径通幽,亭台相望,"醉西湖""望湖楼""湖畔楼""西湖山庄"等以"湖"命名的农家乐星罗棋布,成为休闲避暑胜地。2015年入选全国特色景观旅游名镇(村)。

四、中国特色小镇

夷陵区龙泉镇 位于宜昌市东部,北倚长江三峡,东襟荆楚大地,是一个"六山一水两分田,一分道路和庄园"的丘陵镇。小镇生产的"稻花香"白酒久负盛名。拥有农产品加工龙头企业晓曦红和三峡新能源、昌耀新材料、兴葆科技、龙泉机械等九家国家级高新技术企业。现为全国行政管理体制改革试点镇。2016 年入选中国特色小镇。

枣阳市吴店镇 位于襄阳市。东汉光武帝刘秀的故里,"光武中兴"的发祥地,素有"古帝乡"之称。名胜古迹甚多,东有光武旧宅皇村刘秀遗迹陈列馆和战国楚墓九连墩,西有千年古刹白水寺,南有刘秀聚兵计伐王莽的磨剑山,北有西汉古城遗址春陵城。现已形成轻纺、机械、塑料化工、汽车配件、农副产品等五大特色工业园区。2016 年入选中国特色小镇。

东宝区漳河镇 位于荆门市。因漳河水库而得名。漳河水库是为拦截长江中游北岸漳河及其支流建成的水库群,是国家级水利风景区。历史人文古迹众多,有曾为农民起义军根据地的"伍峰寨",有关羽试刀的"祭公剑",有修建于清代的"乐天处",有居中原之最的观音岛双面观音佛像等。2016 年入选中国特色小镇。

红安县七里坪镇 2016 年入选中国特色小镇。参见中国历史文化名镇——红安县七里坪镇。

随县长岗镇 2016 年入选中国特色小镇。参见全国特色景观旅游名镇(村)——随县长岗镇。

松滋市沧水镇 位于松滋市西南部,地处湘鄂边界。历史文化丰厚,有新石器时代遗址,东周、汉代古墓群及水下文物。早在 2 300 多年前,屈原的《楚辞》中就描述了楚人祀神之地"沧水西斋"。灵鹫寺已有 1 500 余年历史,西斋清真寺已有 200 多年历史,藏有清同治初年手抄的《古兰经》30 本和张学良、杨森题词。镇域内还有浥水国家级水利风景区、浥水国家森林公园和浥水国家湿地公园。2017 年入选中国特色小镇。

兴山县昭君镇 地处长江北岸的香溪河中游。三峡库区整体搬迁重建的集镇。西汉"和亲使者"王昭君的故乡,1994 年仿汉代原图复建了昭君宅。据说"昭君临水而居,恒于溪中浣纱,溪水尽香",故香溪又名"昭君溪"。谭家山麓的玉虚洞是一个石灰岩溶洞,洞口呈半月状,正厅长约 85 米,宽约 40 米,高约 50 米,俨然如地下宫殿。洞中清泉长滴,凉爽宜人,钟乳石千姿百态,其中一根高约 10 余米的钟乳石形如龙盘石柱,十分奇异。洞内外摩崖石刻和碑刻甚多,其中不乏珍品。2017 年入选中国特色小镇。

仙桃市彭场镇 地处江汉平原腹地。全镇工业企业 218 家,从业人员 5 万多人,其中无纺布制品加工和配套企业 116 家,从业人员 2.2 万人,基本形成了无纺布生产—制品加工—包装装饰的产业链;出口量占全国总量的 40%,成为全国最大的无纺布制品加工出口基地。近年又开发了中天机械、顺祥高温耐火材料、诚宇汽配、腾飞钢构等项目,以无纺布产业为主导,电子化工、机械制造为"双翼"的工业格局正在加速形成。2017 年入选中国特色小镇。

老河口市仙人渡镇 位于老河口市城南处,汉丹、襄渝两条铁路在镇区交汇,316 国道、汉十高速公路纵贯全镇,区位优势明显。相传楚国名将伍子胥遭奸臣陷害,逃到江边,巧遇仙翁搭救而脱险,故称"仙人渡"。全镇绿化覆盖率 31%,2017 年入选中国特色小镇。

竹溪县汇湾镇 地处竹溪县中南部山区。因汇湾河横贯东西而得名,汇湾河水质清澈见底,甘甜可口。茶叶种植历史已有 2 000 多年,素有"贡茶之乡"的美誉。梅子垭村保存有唐宋时期的古茶树 57 棵,楚地梅子茶与慈孝沟楠木、彭裕沟大米史称"竹溪三贡"。景点众多,如古朴幽雅的饶家大院、长约 4 千米的古盐道、修建于清代的曾家寨、占地面积约 3 亩的楠木林等。2017 年入选中国特色小镇。

嘉鱼县官桥镇 地处武汉城市圈"两型社会"建设综合配套改革试验区。明代以前,嘉鱼通往蒲圻的驿道在此通过。元正元年间在白湖汊上修建了一座石拱桥,名曰"官桥",官桥镇由此得名。有现代乡村风情的居民别墅群、古香古色的文昌塔和乾坤阁、风景秀丽的南北沿湖景观带。2017 年入选中国特色小镇。

神农架林区红坪镇 位于神农架林区中西部。物种繁多,有国家一级保护野生动物金丝猴、华南虎、金钱豹、云豹、毛冠鹿、金雕、白鹤等 7 种,国家二级保护野生动物 49 种;有白熊、白鹿、白蛇、白喜鹊等多种白化动物;有国家一级保护野生植物珙桐,国家二级保护野生植物光叶珙桐、连香树、杜仲、鹅掌楸、麦吊杉等;还有中药材 2 023 种。主要旅游景点有神农顶风景区、红坪画廊风景区、燕大风景区、牛场坪滑雪场等。2017 年入选中国特色小镇。

蔡甸区玉贤镇 位于武汉市蔡甸区中部。山清水秀,风景怡人,5 000 亩大茶湖及近十座瑰丽的青山错落于村庄间。农业以种植水稻为主,兼植棉花、油料作物。拥有千亩无机脆冠梨生产基地、8 000 亩园林绿化苗圃基地、万亩莲藕长廊、自有品牌"松林"牌精养鱼池基地。2017 年入选中国特色小镇。

天门市岳口镇 地处江汉平原腹地、汉水之滨,是鄂中水陆要津,湖北省水陆联运港口之一。原名"约价口",源于唐代诗人皮日休的诗句"行檣约物价,岸柳牵人裾"。南宋将领岳飞屯兵于此,改称"岳家口",简称"岳口",至今已有 1 000 余年的历史。明清以来,庙宇盛兴,修建了梵宫宝殿、禅林古刹、会馆书院、楼阁塔亭,现存古迹遗址有"岳口十景"、武圣庙、新安书院、晴川书院、湖震书院、护国寺、园林宝塔等。2017 年入选中国特色小镇。

利川市谋道镇 位于利川市西北部,扼鄂西渝东咽喉,历代为兵家商贾必争之地。古称"磨刀溪",已有 1 700 余年历史。天下第一杉树高 35 米,胸径 2.5 米,冠幅 22 米,树龄 500 多年,是世界上树龄最大、胸径最粗的水杉母树之一;鱼木寨是国内保存最为完好的土家山寨之一。2017 年入选中国特色小镇。

潜江市熊口镇　　2017 年入选中国特色小镇。参见中国历史文化名镇——潜江市熊口镇。

五、中国历史文化街区

武汉市江汉路及中山大道历史文化街区　　位于汉口市核心地段,南起三民路,北至黄兴路,西至泰宁街,东到沿江大道,见证了武汉近代历史风云事件。基本格局为"两区三片,十字轴线"。"十字轴线"是由江汉路、中山大道构成的十字形骨架;"两区"是以江汉路为界的南北两个片区,其中北片为近代万国租界片区,南片为民国华界片区;"三片"为中山大道沿线历史建筑相对集中地段,即历史风貌突出的国民政府旧址片、金城银行片和总工会旧址片。2015 年入选中国历史文化街区。

六、国家级文化生态保护实验区

武陵山区(鄂西南)土家族苗族文化生态保护实验区　　包括恩施州全境(恩施市、利川市、建始县、宣恩县、咸丰县、鹤峰县、巴东县、来凤县)以及宜昌市的长阳县和五峰县。保护对象主要是划定范围内的多民族的非物质文化遗产及其代表性传承人,相关的自然生态、历史遗迹和其他文化遗产。鄂西南是多民族聚居之地,具有中华民族文化的多样性、包容性、复合性特点的一个代表性区域。鄂西南的汉族、土家族和苗族融合巴文化、楚文化、汉文化,创造并传承了具有清江流域特色的武陵山区文化。区域内留存着大量崖葬遗迹、宗教遗址以及土家族摆手堂、唐崖土司皇城遗址、容美土司遗址等土家族民族文化遗址。2014 年入选国家级文化生态保护实验区。

七、国家生态旅游示范区

神农架国家生态旅游示范区 位于湖北省西部边陲。神农架因华夏始祖炎帝神农氏在此架木为梯、采尝百草、救民疾夭、教民稼穑而得名。从印支运动末至燕山运动初产生的强烈褶皱和大面积掀斜,奠定了神农架的地貌骨架。第四纪气候的变化,形成了溶蚀地貌、溶蚀侵蚀地貌、剥蚀侵蚀地貌、堆积地貌等四种类型的地貌。自然资源丰富,有较丰富的矿藏,高等维管植物 199 科 872 属 3 183 种,其中鄂西特有植物 42 种,药用植物超过 1 800 种;有脊椎动物 493 种,其中国家重点保护野生动物 73 种,现有中国特有的珍稀动物金丝猴种群 1 200 余只。2013 年入选国家生态旅游示范区。

黄冈市龟峰山风景区 位于大别山中段南麓。龟峰山由龟峰、龟背和龟尾等九座山峰组成,最高峰薄刀峰海拔 1 320 米,是大别山主峰之一。龟峰酷似一只翘首问天的万年巨龟。龟背岭上生长着面积达 10 万多亩的千年野生杜鹃。景区以奇、险、峻、秀的自然景观和四季分明的景色吸引八方游客。人文历史悠久,革命遗迹繁多,物产丰富,以"龟峰山岩绿茶"最为著名。2014 年入选国家生态旅游示范区。

东湖生态旅游风景区 位于武汉市中心城区。东湖湖岸曲折,港汊交错,碧波万顷,青山环绕,岛渚星罗,自古就是游览胜地,留下了屈原"泽畔行吟"、楚庄王击鼓督战、三国时刘备设坛祭天、李白放鹰题诗等故事。现有九女墩、陶铸楼、屈原纪念馆、朱碑亭等近现代历史文化遗址。这里也是鸟的天堂,有珍稀鸟类五类 234 种,其中濒危鸟类两种、国家二级保护的野生鸟类 9 种。2015 年入选国家生态旅游示范区。

尧治河生态旅游景区　位于保康县尧治河村。尧治河与神农架山水相连,旅游资源得天独厚。野人沟又名"尧帝沟",相传系尧帝为治水而开,全长 4 千米,曲折幽长,水秀洞奇,怪石林立,神秘莫测。集野人文化、神农文化、地质文化、民间文化于一体。2016 年入选国家生态旅游示范区。

八、全国红色旅游经典景区

八七会议旧址纪念馆　位于武汉市江岸区鄱阳街。1927 年 8 月 7 日,中共中央在此召开紧急会议,即八七会议。会议总结了大革命失败的经验教训,纠正和结束了陈独秀的右倾投降主义错误,选出了以瞿秋白、李维汉、苏兆征为首的中央临时政治局,确定了土地革命和武装反抗国民党反动统治的方针,决定发动湘、鄂、赣、粤等省农民秋收起义。会址原是英国人的公寓怡和新房,砖木结构,武汉国民政府建立后二楼是苏联援华农业顾问洛卓莫夫的住处,八七会议就在洛卓莫夫的住房内召开。2004 年入选全国红色旅游经典景区。

武昌毛泽东旧居及中央农民运动讲习所旧址纪念馆　位于武汉市武昌区红巷。中央农民运动讲习所是第一次国共合作时期毛泽东倡议创办并主持的一所培养全国农民运动干部的学校,许多共产党人、国民党左派和知名人士如瞿秋白、李立三、恽代英、彭湃、方志敏等在此任教。讲习所校舍建于清光绪年间,占地面积 1.28 万平方米。2004 年入选全国红色旅游经典景区。

麻城市烈士陵园　位于麻城市陵园路。第二次国内革命战争时期,麻城是鄂豫皖根据地的重要组成部分,是黄麻起义的策源地之一,新四军开展抗日游击战和刘邓大军挺进大别山的活动区域。在几十年的革命斗争中,麻城涌现了大批革命志士,仅 1955—1965 年授衔的麻城籍将军就有 36 位。烈士陵园占地面积 9 万平方米,有黄麻起义和鄂豫皖苏区革命烈士纪念碑、麻城革命纪念馆、王树声纪念馆、王树声大将墓、李硕勋烈士纪念广场、"红色中国"音乐纪念广场等。2004 年入选全国红色旅游经典景区。

黄麻起义和鄂豫皖苏区革命烈士陵园 位于红安县城关镇。红安是黄麻起义的策源地和鄂豫皖革命根据地的摇篮,是著名的"将军县",走出了200 多位人民军队的高级将领,诞生了三支红军主力部队——红四方面军、红二十五军和红二十八军。烈士陵园占地面积约 1 平方千米,由牌坊、纪念碑、烈士祠、烈士纪念馆、烈士墓、骨灰堂和园林等组成。2004 年入选全国红色旅游经典景区。

麻城市乘马会馆 位于麻城市乘马岗镇乘马岗村。原为佛教庙宇,始建于清乾隆年间,1913 年改建为学堂。1926 年在这里成立了麻城地区第一个区中共党支部和区农民协会,成为农民运动的大本营。1927 年春"麻城惨案"发生,武昌农民运动讲习所学生军驰援麻城,在这里设立战斗指挥部,成立了麻城起义的骨干武装——麻城农民自卫军。2005 年入选全国红色旅游经典景区。

湘鄂西革命根据地旧址群 湘鄂西革命根据地是土地革命战争时期割据范围最大的三块红色根据地之一,鼎盛时期曾覆盖 58 个县市,拥有 2 万正规红军和近 5 万地方武装。早期旧址位于江陵县沙岗红军街及周边乡村,主要包括鄂西党的第三次代表大会会议旧址、鄂西红军印刷厂旧址、鄂西特别委员会旧址、鄂西少共总部和鄂西苏维埃联县政府旧址、中共江陵县委员会旧址、江陵县五区苏维埃政府旧址、江陵县贫民协会旧址、江陵县苏维埃政府五区区委机关旧址、鄂西教导大队兵运训练班旧址、贺龙指挥机关旧址、贺龙旧居、许光达旧居、邓中夏旧居、彭之玉旧居、柳直荀旧居、周逸群旧居等。后期旧址大部分集中于洪湖市瞿家湾镇红军街(老街)和沿河路街道。2005 年入选全国红色旅游经典景区。

湘鄂西苏区革命烈士陵园 位于洪湖市城区南郊。占地面积 40 万平方米,古朴的四柱三间的飞檐斗拱牌坊迎门而立,坊额上镌刻着李先念题写的园名。纪念碑正前方有一尊贺龙元帅全身铜像。纪念碑以西是一幢飞檐起脊古色古香的烈士祠,吊唁厅前陈放着湘鄂两省50多个县市烈士的英名录,展室里展出了102位烈士的遗像和部分遗物。2005年入选全国红色旅游经典景区。

宣化店谈判旧址 位于大悟县宣化店镇。1946年上半年,国民党违反《国共停战协定》,集结20多个师(旅)包围和蚕食中原解放区。1946年5月8日周恩来到达宣化店,会同中原军区司令员李先念与美国代表白鲁德、国民党方面代表徐永昌的代理人王天鸣进行谈判,最后签订了停止中原武装冲突的《汉口协议》。旧址原为宣化店湖北会馆,现陈列着当时三方谈判代表的席位及有关图片和文字资料,厢房内原样保存着周恩来睡过的门板及办公的桌、椅、油灯。2005年入选全国红色旅游经典景区。

新四军五师旧址 位于大悟县芳畈镇。1941年"皖南事变"后,中共中央重建新四军,将李先念率领的豫鄂挺进纵队编为第五师。1942年5月,第五师司令部迁驻大悟山下白果树垸。新四军第五师在白果树垸和四周邻村开办了兵工厂、卷烟厂、造纸厂、印刷厂、毛巾厂等,还设有银行,开办了七七报社、消费合作社等。旧址共五间,面积约300平方米,砖木结构。2005年入选全国红色旅游经典景区。

英山革命烈士陵园 位于英山县城区。英山是鄂豫皖革命根据地的重要组成部分,1927年成立了中共党支部,1930年建立了苏维埃红色政权。革命战争年代,英山有10万多人参军参战,为革命输送了五个团的兵力,开展了无数次前仆后继的革命斗争,牺牲了2万多优秀儿女。陵园占地面积5.33万平方米,建有"一塔(纪念塔)、两馆(纪念馆和陈列馆)、三亭(揭竿亭、曙光亭和御侮亭)、二碑(烈士纪念碑和抗日阵亡将士纪念碑)"以及革命烈士墓群。2005年入选全国红色旅游经典景区。

红二十八军红军医院旧址 位于英山县桃花冲八里排附近的密林中。自1933年1月起,鄂豫皖根据地曾三次成立红二十八军,组建了红军医院。桃花冲当年为红二十五军、红二十八军根据地后方医院、刘邓大军战地医疗所所在地,被誉为"血染红土三尺深"的红色纪念地。2005年入选全国红色旅游经典景区。

罗田县胜利烈士陵园 位于罗田县胜利镇磨儿石山。胜利镇是罗田地区革命策源地,鄂豫皖革命根据地之一,也是中共罗田县第一个党支部诞生地。烈士陵园分为东、西二区,东区为陵园区,占地面积 2 万平方米,内有烈士纪念碑、革命烈士遗孤李逸心捐建的览胜亭和革命烈士展览馆;西区为文物区,现存罗田县第一个党支部诞生地——金凤楼、吴光浩就义地、纪念碑以及红一军军部、鄂豫皖南线巢匪司令部等一批革命先烈战斗和生活过的旧址。2005 年入选全国红色旅游经典景区。

新四军第五师旧址群 位于随州市曾都区洛阳镇。1939 年元月—1942 年 6 月,李先念、陈少敏、任质斌、刘少卿等率领新四军鄂豫挺进纵队在此浴血奋战,创建了白兆山抗日根据地。皖南事变后,李先念率新四军第五师官兵在九口堰向全国通电就职。新五师司令部、政治部设在孙家大院,师直机关、抗大十分校、挺进报社、边区建设银行、战地医院、兵工厂等分布在九口堰村。2010 年入选全国红色旅游经典景区。

鄂东南革命烈士陵园 位于阳新县北郊竹林湖畔的卧虎山。占地面积 28.5 万平方米。陵园由纪念碑、纪念馆、烈士纪念堂、九烈士墓地、正气亭、国防园组成,陈列有毛泽东、刘少奇、周恩来、董必武、吴玉章、彭德怀、何长工、滕代远、郭沫若、程子华等在鄂东南革命的资料,展现了湘鄂赣 21 个市、县 502 位烈士的生平事迹。2011 年入选全国红色旅游经典景区。

陈潭秋故居 位于黄冈市黄州区陈策楼镇陈策楼村。陈潭秋是无产阶级革命家,1920 年陈潭秋和董必武等在武汉成立了共产党早期组织,1921 年 7 月出席中共一大,曾任江西省委书记、江苏省委组织部长等职。故居建于清光绪中期,1928 年春被国民党反动派烧毁,1980 年仿原貌复建,现有青砖瓦房两幢,有"陈潭秋生平展览"。2011 年入选全国红色旅游经典景点。

湘鄂赣革命根据地旧址群 湘鄂赣革命根据地位于湖南、湖北、江西三省边界地区,开辟于 1928 年 7 月,1932 年红军和地方部队发展到 1.6 万余人。湖北境内的湘鄂赣革命根据地旧址,位于阳新县西南部,保存有旧址 70

余处,主要有:彭德怀旧居、中共鄂东南特委遗址、中共鄂东南道委旧址、鄂东南苏维埃政府旧址、鄂东南总工会旧址、鄂东南政治保卫局旧址、鄂东南工农兵银行旧址、彭杨学校旧址、鄂东南电台及编讲所旧址、鄂东南中医院旧址、龙燕区第八乡苏维埃政府旧址等。2016 年入选全国红色旅游经典景区。

红三军团建军旧址 位于大冶市刘仁八镇。1930 年,彭德怀在刘仁八村的三房垴主持红五军、红八军军委扩大会议,即"刘仁八会议",宣布成立中国工农红军第三军团,彭德怀为军团总指挥兼前委书记。1930 年 8 月,红三军团在湖南永和市同朱德、毛泽东率领的红一军团会师,组建中国工农红军第一方面军。旧址原为地主刘凤成的住宅,一进三重砖木结构建筑,建筑面积 2 394 平方米。现为红三军团建军纪念馆。2016 年入选全国红色旅游经典景区。

湘鄂赣军区司令部旧址 位于鄂州市梁子湖区梁子岛南部的张家楼房。湘鄂赣军区成立于 1932 年春。1937 年冬,军区及其所属部队整编为新四军第一支队第一团。1945 年 7 月八路军南下支队南下湘粤边,湘鄂赣军区撤销。1945 年 5 月湘鄂赣军区副司令张体学回师樊湖地区开展武装斗争,曾在梁子岛张家楼房居住,部队指挥部也设在这里。2016 年入选全国红色旅游经典景区。

大别山抗日军政学校旧址 位于红安县七里坪秦氏祠。1937 年 10 月—1938 年 6 月,在此创办抗日干部训练班,郑位三、董必武、叶剑英等曾到干部训练班作报告,秦基伟、刘西尧、张体学等都曾在此学习,成为抗战时期孕育抗日将领的革命摇篮。墙壁上的"巩固团结、保证和平"八个大字至今清晰可见。2017 年入选全国红色旅游经典景区。

刘邓大军挺进大别山指挥部旧址 1947 年 8 月,刘伯承、邓小平率领晋冀鲁豫野战军千里跃进大别山,揭开了解放战争由战略防御转入战略反攻的序幕。新县、商城县是刘邓大军转战大别山期间的驻扎地,刘伯承、邓小平、李先念、李达等驻扎在新县郑边大湾村,刘邓大军司令部机关驻扎在新县八里畈乡宋畈村宋氏宗祠,刘邓大军前方指挥所驻在商城县长竹园乡五里山村。2017 年入选全国红色旅游经典景区。

黄冈革命烈士陵园 位于团风县杜皮乡。黄冈革命的火种点燃于 1919 年五四运动期间,1949 年 5 月黄冈全境解放。在历次革命战争中,黄冈老区有无数英烈光荣牺牲。烈士陵园占地面积 33 万平方米,革命历史纪念馆陈展面积 948 平方米,珍藏画像、照片 248 张,图表 21 幅,实物 42 件。2017 年入选全国红色旅游经典景区。

辛亥革命武昌起义纪念馆及首义广场 位于武汉市武昌区蛇山南麓的阅马场。纪念馆原址为武昌起义军政府旧址,占地面积 1.86 万平方米,建筑面积 6 000 多平方米。1911 年 10 月 10 日武昌起义成功,革命党人在此成立中华民国军政府鄂军都督府,宣告废除清朝宣统年号,建立中华民国,武昌因此被誉为“首义之区”。首义广场是阅马场的一个广场,占地面积 21.95 万平方米,北广场上雪松苍苍,绿草如茵;南广场上有武昌首义中牺牲的彭楚藩、刘复基、杨洪胜烈士雕像。2017 年入选全国红色旅游经典景区。

中山舰纪念馆 位于武汉市江夏区金口街中山舰路。中山舰原名“永丰舰”,清宣统年间清政府向日本三菱造船厂订购。1922 年孙中山在广州蒙难期间登临永丰舰指挥平叛斗争。1925 年孙中山去世后永丰舰易名为“中山舰”。中山舰于 1938 年武汉会战中在长江金口水域被日军飞机炸沉,1997 年被整体打捞出水。1999 年成立武汉中山舰博物馆,恢复 1925 年永丰舰易名为中山舰时的历史原貌,保留了 1938 年武汉保卫战中被日机炸沉的历史痕迹。2017 年入选全国红色旅游经典景区。

北伐战争汀泗桥战役遗址 位于咸宁市咸安区汀泗桥火车站以北的京汉铁路西侧。1926 年 8 月,国民革命军第四军叶挺独立团与吴佩孚的北洋军在此展开激战,大败北洋军,为北伐军进军武昌开辟了道路。1929 年 10 月,国民政府在当年的战场遗址修建北伐汀泗桥战役烈士陵园,有阵亡烈士墓、纪念碑、纪念亭。2006 年在汀泗桥镇兴建了北伐汀泗桥战役纪念馆。2017 年入选全国红色旅游经典景区。

荆州市 98 抗洪及荆江分洪工程 荆江南岸公安县境内的荆江分洪工程,是万里长江上第一个大型水利工程。工程分进洪闸和节制闸。进洪闸(北闸)屹立于北端太平口,全长 1 054 米,54 孔,设计进洪量 8 000 立方米每秒。节制闸横跨南端黄山头虎渡河,全长 337 米,32 孔,设计泄洪流量 3 800 立方米每秒。1998 年夏季,突发超历史纪录的特大洪水,经过近两个月的艰苦奋战,终于夺取了抗洪抢险斗争的胜利。后在观音矶旁修建了"98 抗洪纪念亭"。2017 年入选全国红色旅游经典景区。

长江三峡水利枢纽工程 位于宜昌市夷陵区三斗坪镇。是当今世界最大的水力发电工程——三峡水电站的主体工程,也是三峡大坝旅游区的核心景观。1993 年开工建设,2008 年竣工。三峡大坝工程包括主体建筑物及导流工程两部分,全长约 3 335 米,三峡大坝长 2 309 米,高 185 米,共有发电机组 26 台套,年平均发电量 847 亿千瓦时。三峡大坝旅游区拥有坛子岭园区、截流纪念园等园区,占地面积 15.28 平方千米。2017 年入选全国红色旅游经典景区。

张自忠纪念馆 位于宜城市十里长山张自忠将军殉国处。张自忠曾任国民党第五战区右翼集团军兼第 33 军总司令,国民党上将衔陆军中将,1940 年在襄阳与日军战斗中壮烈牺牲,2009 年被评为"100 位为新中国成立作出突出贡献的英雄模范人物"之一。纪念馆占地面积 747 平方米,四合院建筑风格。门楼两侧的花岗岩上分别镌刻着毛泽东题写的"尽忠报国"以及蒋介石题写的"英烈千秋"。2017 年入选全国红色旅游经典景区。

湘鄂边苏区革命烈士陵园 位于鹤峰县城娄水河畔。为纪念鹤峰苏区在第二次国内革命战争中牺牲的英雄儿女而建。1928—1935 年,鹤峰县各族人民为开辟革命根据地,建立、发展和保卫红色政权进行了不屈不挠的斗争。陵园内安葬着段德昌、王炳南、贺英三位革命烈士,有楼牌、贺龙铜像、烈士祠、纪念碑和主墓群。烈士祠内陈列着 80 多位烈士的画像及简介。2017 年入选全国红色旅游经典景区。

五里坪革命旧址群 位于鹤峰县五里乡五里村。1931 年 4 月中共湘鄂西中央分局在五里坪召开分特委扩大会议,改分特委为湘鄂边特委,五里坪成为湘鄂边苏区的政治中心和反"围剿"斗争的指挥中心。1931 年 9 月因遭国民党反动派"围剿",特委和联县政府转移至东乡及桑鹤边界的黄连溪一带。革命旧址群以中共湘鄂边特委机关和湘鄂边五县联县政府为主体,包括 23 处重要革命旧址建筑。2017 年入选全国红色旅游经典景区。

鼓锣山三十二烈士殉难处 位于鹤峰县境内。鼓锣山地处鄂湘边境,壁立千仞,绝壁绵延数里,远望呈弧形,像鼓又像锣,故名"鼓锣山"。1931 年 4 月,贺龙领导的红三军主力转战鄂西北,王炳南率领独立团留守湘鄂边。国民党军队 1.5 万人乘机"围剿",独立团浴血奋战,最后 32 位战士手挽手集体跳崖,壮烈牺牲。2017 年入选全国红色旅游经典景区。

红三军军部旧址 位于鹤峰县中营乡红岩坪村。1933 年 3 月,红三军在红岩坪发展红军、扩大苏区,红军部队达 1 万多人,枪炮局、被服厂、红军医院、湘鄂西特委等机关也随迁到红岩坪,鹤峰成为湘鄂西红军反"围剿"的主战场和战略后方。旧址是一栋"钥匙头"吊脚木楼,地处宜攻、宜守、宜退的战略要地。2017 年入选全国红色旅游经典景区。

忠堡大捷遗址及烈士陵园 忠堡大捷遗址位于咸丰县忠堡镇。为策应中央红军北上长征,巩固湘鄂川黔革命根据地,打破国民党反动派的"围剿",红二、六军团于 1935 年 6 月发起忠堡战役,终获大捷,成为一次以少胜多、以弱胜强的经典战例。1986 年在忠堡大捷遗址修建了纪念碑,廖汉生题写碑名。2004 年修建了烈士陵园。2017 年入选全国红色旅游经典景区。

九、全国农业旅游示范点

武汉谦森岛庄园 位于武汉市黄陂区祁家湾街李桥村。由四个林果生产场组成,拥有果园种植面积一万多亩,栽种澳大利亚黑李、日本红李和樱桃、草莓,所产李果畅销国内市场,远销海外。"林果综合开发项目""果品产后处理技术开发和应用项目"被列入国家"星火"计划项目。昔日的"荒丘"变成乡亲们致富的"希望之岛"。2012 年入选全国农业旅游示范点。

武汉农业生态园 位于武汉市黄陂区武湖街道。武汉市农业农村现代建设示范园区,占地面积 152.4 平方千米,分为蔬菜花卉区、渔牧林结合养殖区、高效农业区、农庄休闲区、社区服务区和林果长廊带,以"回归自然、享受文化农业"为主题。已建成现代蔬菜园、生态科普园、开隆高新牧科园、名优水产种苗繁育中心、种鸭场、高效农业园、良种杨树繁育中心基地等项目 20 多个。2012 年入选全国农业旅游示范点。

蓝田农业生态旅游区 位于荆州市洪湖西北部。依托百里洪湖而建,洪湖湖水清澈见底,盛夏可以采莲、垂钓,春冬可以猎鸭,是天然的游乐场所。水域辽阔,水草茂盛,湖中生活着 70 多种鱼类,有 20 万亩生态园、10 万亩荷花塘、十里荷花带、万亩莲藕区。2012 年入选全国农业旅游示范点。

梁子湖(岛)生态旅游区 位于鄂州市梁子湖区西北部。湖中小岛梁子岛,面积 2.2 平方千米,四季分明,夏无酷暑、冬无严寒,终年均可旅游。动植物资源丰富,有鸟类 137 种,其中国家一级保护的野生鸟类 5 种,国家二级保护的野生鸟类 15 种;鱼类 105 种,主要经济鱼类 30 余种。拥有梁子岛度假村、七星山庄、地龙体育中心等近百个旅游场所及项目。2012 年入选全国农业旅游示范点。

襄阳锦绣园 位于襄阳市邓城大道。占地面积 16.7 万平方米,集现代农业科技生态旅游观光和农业高新技术的开发、运用与休闲娱乐为一体的现代都市园林。现有美国大棚、法国大棚和日光联栋大棚 56 个,建有现代农业科学技术展示中心和种子组培研究中心。引进国内外名、优、特、稀的瓜果、蔬菜、花卉等 2 000 多个品种。分为植物观光区、立体滚动花区、沙丘植物示范无土立体水培区等,形成多层次、结构立体的农业生产体系。2012 年入选全国农业旅游示范点。

中华鲟园 位于宜昌市夷陵区黄柏河江心岛。占地面积2万平方米,包括鲟鱼馆、标本馆、鳄鱼馆、热带鱼馆、水族长廊、展览厅和生产养殖车间。有十多个品种的世界各国鲟鱼、扬子鳄、湾鳄、胭脂鱼和种类繁多的热带鱼及长江名特鱼类。中华鲟是我国特有的珍稀鱼类,有一亿多年的生长史,是世界现存鱼类中最原始的种类之一;成鱼体长可达5米,体重超过千斤,是长江里的"鱼王",有"水中熊猫"之称,被国家列为一级保护野生动物。2012年入选全国农业旅游示范点。

十、全国休闲农业与乡村旅游示范点

湖北省现代农业展示中心 位于武汉市黄陂区武湖生态园。设有种子、水产、园艺、水果、设施农业、循环农业、野生植物、农业机械等八个专业展示区,展示农业新技术、农作物新品种,常年展示新品种1 100多个、新模式30多项、新技术50多项、新机制5项,记录观测数据40多万条。现为国家现代农业示范区的核心区、全国农业科普教育基地、全国青少年农业科普教育基地。2011年入选全国休闲农业与乡村旅游示范点。

钟祥市彭墩村 隶属于钟祥市石牌镇。拥有6 000亩"田成方、林成行、渠成网、路相通、旱能浇、涝能排"的高产农田,500亩无公害蔬菜基地,200亩高密度水产养殖基地,1.5万只种鹅基地,10万只蛋鸡养殖基地,每年出笼100万只禽苗和100万只优质鹅,出栏2 000头猪,年产优质鱼100万斤。现有农耕文化博览园、千弓荡情人岛、野外烧烤区、有机果蔬采摘园、太空水莲基地、香樟园、枇杷园、桂花园等景点。2011年入选全国休闲农业与乡村旅游示范点。

农耕年华农业风情园 位于武汉市黄陂区蔡店乡。占地面积3 000亩,已建成农业科技示范区、农事农活体验区、百果观赏采摘区、度假会务健身区等 12 个功能区,拥有 40 余个自然人文景观。五谷蔬菜品种齐全,珍稀植物种类繁多,奇花异草满园飘香,奇瓜异果琳琅满目。2011 年入选全国休闲农业与乡村旅游示范点。

道茶文化旅游山庄 位于十堰市武当山旅游经济特区八仙观村。以"村场合一、以场带村"的集体经济模式,大力发展武当道茶特色产业。设有三丰武术学校,习武强身,品茶悟道,感受武当文化。2012 年入选全国休闲农业与乡村旅游示范点。

安福桃缘景区 位于枝江市安福寺镇秦家塝村。玛瑙河东侧的桃花园达 5 万余亩,50 亩以上的连片桃园 100 多个,几千万棵桃树绵延 50 千米,集世界各地 100 多个品种。阳春三月,万亩桃花争奇斗艳,姹紫嫣红,如履仙境。2012 年入选全国休闲农业与乡村旅游示范点。

丁家冲休闲观光园 位于京山市东南部。占地面积 2 万多亩,群山环抱,碧水萦绕,森林覆盖率 90%。有薄壳核桃基地 1 万亩,优质京山贡枣 1 000 亩,百果园 1 000 亩,珍稀树桩盆景、花卉苗木基地 500 亩,果园散养土鸡 1 万只,天然养鱼池 500 亩,生态养猪 1 000 头,自然养羊 1 000 只,有机稻田 500 亩。2012 年入选全国休闲农业与乡村旅游示范点。

青天袍民俗山庄 位于神农架林区木鱼镇青天村。山庄建筑为木质吊脚楼,拥有茶园 186 亩,建有 200 平方米的茶叶加工厂和 150 平方米的品茶室。以地方民俗和采茶等农事活动为主题,主要有休闲度假、农事体验、农业观光等活动。2012 年入选全国休闲农业与乡村旅游示范点。

九宫山生态农业观光园 位于通山县九宫山镇畈中村蘑菇畈。占地面积 450 亩,种植大棚葡萄、草莓、礼品西瓜、石榴、甜柿,引进世界优良品种 30 多个,采用游客直接进园观光采摘方式销售。"九宫农庄"牌葡萄获得国家绿色食品认证。还建立了水上竹楼农家餐庄、垂钓休闲区。2012 年入选全国休闲农业与乡村旅游示范点。

保康县尧治河村 隶属于保康县马桥镇,地处房县、神农架林区和保康三县(区)交界处。有长达 4 千米的尧帝神峡,朝观暮浴的梨花山,深不可测的老龙洞,神秘肃穆的龙门寺,道教圣地黄龙观,气势非凡的巴岩峡,飞泻而下的滴水岩瀑布。原是一个贫困村,人均粮食占有量不足 300 斤,年人均收入不足 300 元,现已甩掉了贫困的帽子,被评为"全国最美休闲乡村"。2013年入选全国休闲农业与乡村旅游示范点。

麻柳溪羌寨 隶属于咸丰县黄金洞乡麻柳溪村。风光秀丽,气候宜人,民居依山而建,百年古塔倒映水中。众多的木构吊脚楼房,或依山傍水,或掩蔽于绿林树丛,或临于悬崖峭壁,被称为"吊脚楼群落"。阔院独栋的吊脚楼,以"伞把柱"为轴心,屋面飞檐翘翼,黛青色的瓦、深红色的柱子,装饰朴素典雅,色彩艳丽大方。2013 年入选全国休闲农业与乡村旅游示范点。

金龙水寨十里荷花长廊景区 位于武汉市蔡甸区索河镇。充满欧式情调和浪漫风情的英伦风格小镇。青山环抱,春季茶花满坡,夏季荷塘月色,秋季桂花飘香,冬季寒梅傲雪。水域面积 80 万平方米,名贵荷花 200 余种,花期长达 5 个月之久,长堤绿道,水榭亭台,百荷竞放,每年举办莲花节。2013 年入选全国休闲农业与乡村旅游示范点。

中华紫薇园 位于襄阳市襄城区尹集乡。紫薇是襄阳市市花。占地面积 1.5 万亩,是全国最大的专类植物园。种植有树木花卉 300 多个品种,其中野生紫薇和驯化紫薇 20 多个品种,繁育各类紫薇百万株。现有组团式特色小园区 20 多个,包括紫薇广场、紫薇慧谷、紫薇花乡、紫薇大世界、紫薇水街、紫微宫、紫薇园艺园、紫薇农庄等。每到盛夏,整个园区都是紫薇花的海洋。2014 年入选全国休闲农业与乡村旅游示范点。

龙凤山生态园休闲度假村 位于大冶市刘仁八镇龙凤山麓。依山而建,傍水而生,青山绿水,翠竹郁葱,莺飞草长,鸟语花香,是一家集农业、林业、畜牧业、种植业、养殖业、农副产品加工业、红色生态旅游于一体的生态养生度假村。龙凤山山林面积 1.1 万亩,林中种植时令蔬菜,养殖各类家禽。还有山地攀爬、CS 真人野战镭射、射击训练等户外拓展项目。2014 年入选全国休闲农业与乡村旅游示范点。

龙王垭生态文化观光园　位于十堰市竹溪县龙王垭场。竹溪自古盛产茶叶,至今还保存有十几棵千年古贡茶树。在海拔 800—1 300 米的云雾山中,有茶园 11 万亩、生态有机茶园 2.3 万亩,是国家级茶叶标准化建设示范基地,所产龙峰茶获得国家地理标志保护产品认证。2014 年入选全国休闲农业与乡村旅游示范点。

新建源生态农庄　位于孝感市孝南区毛陈镇雨坛村。占地面积 3 800余亩,房屋建筑错落有致,百年古木参天翳日,田园景观四季变化,水清山绿,空气清新,一派城郊乡村景色。怀旧的徽派庄园,白墙黛瓦,暗红色的漆彩,斑驳的石板小径,勾勒出江南的古朴本色。2015 年入选全国休闲农业与乡村旅游示范点。

十堰生态农业科技示范园　位于十堰市黄龙镇。农产品销售、农业科技创意及成果展示、果蔬采摘、体验休闲旅游相结合的现代都市农业示范园区。拥有乐高新农业技术展示馆、都市生活馆、热带风情馆等五个温室场馆,总面积达 49.8 亩。以绿色蔬菜种植、花卉苗木培育为主体,一年四季旱能保水、干能保湿,热能降温、冷能供热,年产优质绿色蔬菜 4 500 多吨,培育珍贵花卉苗木 10 万余株。2015 年入选全国休闲农业与乡村旅游示范点。

太湖港桃花村　位于荆州市荆州古城西门外。拥有桃园 1 200 亩、梨园1 500 亩、农业科技示范园 500 亩和莲花岛屿 100 亩、垂钓基地 200 亩及农家特色餐店 58 家。2015 年入选全国休闲农业与乡村旅游示范点。

汇源农谷生态体验园　位于钟祥市境内。占地面积 400 亩,以农业体验为核心,建设了太空农业展示馆、五谷六畜体验区、农乐游嬉区、水生植物观赏区。2015 年入选全国休闲农业与乡村旅游示范点。

希尔寨生态农庄　位于武穴市梅川镇铜鼓山。这里曾经是抗日战争和解放战争时期的重要战场。占地面积 1 200 余亩,其中水域面积 5.3 万平方米。种植了 10 余种 3 万多株名贵花卉果木,如海棠、梅花、樱花、紫薇、玉兰、红枫、无患子等。依托大别山红色旅游及周边佛教圣地、名胜古迹,融自然风光、花卉园林、人文景观和休闲娱乐于一体。2015年入选全国休闲农业与乡村旅游示范点。

十一、全国工业旅游示范点

长江三峡工程坝区 2004年入选全国工业旅游示范点。参见全国红色旅游经典景区——长江三峡水利枢纽工程。

葛洲坝船闸工业旅游区 位于宜昌市境内。葛洲坝船闸是葛洲坝枢纽航运工程船舶通行的闸门。葛洲坝水利枢纽是长江干流上第一座大型水利枢纽工程,被誉为"万里长江第一坝"。葛洲坝枢纽航运工程作为配合三峡工程建造的反调节航运梯级工程,极大地改善了长江三峡区域120千米水域的通航条件,大量货船从此安全畅通地出入川江。2006年入选全国工业旅游示范点。

八峰药化工业园 位于鹤峰县溇水河畔。地处海拔400—1 440米,地形地势地貌险、奇、峻。占地面积14平方千米,长7千米、宽1.2米的万步石梯路,九曲八弯,曲径通幽。生产厂区内的荷花池,占地1.35亩,池内四盆睡莲花繁叶茂;池面上的九曲廊桥,装有白炽彩灯108盏,夜间灯光四射,光彩夺目。2006年入选全国工业旅游示范点。

大冶铁矿主园区 位于黄石市铁山区境内。大冶铁矿开采历史悠久,自三国东吴黄武年间开始开采迄今已有1 700余年。清光绪中期湖广总督张之洞建成中国第一家用机器开采的大型露天铁矿,成为汉阳铁厂的原料基地,冶萍公司的主要组成部分。大冶矿区由尖山、狮子山、象鼻山、尖林山、龙洞和铁门坎等六大矿体组成,单个矿体长360—920米,倾斜延深100—550米。2006年入选全国工业旅游示范点。

十二、国家级非物质文化遗产生产性保护示范基地

高龙城投资管理有限公司　位于武汉市汉阳区江堤中路。公司创建的"高龙城非遗传承园",占地面积 1.2 万平方米,项目主体为"武汉木雕船模"。木雕船模是一种传统雕塑艺术,创始于清末。木雕船模按比例模拟制作各类木船,工艺精美考究,刻画细致入微,造型逼真传神。制作过程包括设计、出料、放样、船体制作、零部件制作、髹漆、装配等主要工艺环节,"镂空精梭"和"精工制模"是全套技艺的精髓。2014 年入选国家级非物质文化遗产生产性保护示范基地。

天仙雕花剪纸有限公司　位于孝感市交通大道。主要经营雕花剪纸等工艺品,并成立了孝感雕花剪纸传承中心展示馆。孝感雕花剪纸融合了南北艺术之长,既有北方粗犷苍劲的风格,又有南方玲珑细腻的特点,以物比兴,以形传神。以象征勃勃朝气和无限生机的花、蝶为题材的《花引蝶》,曾在美、英、德、法等 20 多个国家参展。2014 年入选国家级非物质文化遗产生产性保护示范基地。

夏氏丹药制作基地　位于京山市境内。夏氏丹药制作技艺是中医传统制剂方法,源于清代宫廷御医别传的丹药炼制及临床运用技术,为国家级非物质文化遗产传统医药项目。中国炼丹活动起源于公元前 3 世纪的战国时期,在中医传统制剂基础上将药物加温升华发展为炼丹术。炼丹实验方术大多失传,湖北夏氏家族至今仍延续着这一古老的制药方法,通过烧炼矿物类药物以制造"白降丹"。2014 年入选国家级非物质文化遗产生产性保护示范基地。

唯楚木艺有限公司　位于荆州市荆州区御河路。荆州地处江汉平原,长江荆江段,自古就是优质木材、生漆和黄金的产地,是楚文化发祥地。楚

式漆器髹饰技艺是一种民间传统技艺,成熟于春秋战国时期,两千多年来一直在荆州地区世代传承。主要品类有榫卯髹漆彩绘木雕类、金漆盆盘类,造型奇异瑰丽,图饰丰富多样,色彩饱和雅重。2014年作为楚式漆器髹饰技艺传承保护单位,入选国家级非物质文化遗产生产性保护示范基地。

巾帼挑花工艺有限公司　位于黄梅县蔡山镇。公司主要经营黄梅挑花工艺品销售。黄梅挑花是一种传统民间艺术,起源于唐宋,发展成熟于明末清初,现为国家级非物质文化遗产,中国国家地理标志保护产品。黄梅挑花以元青布作底,用针将五彩丝线挑制在底布的经线和纬线交叉的网格上,形成色泽绚丽、立体感强的图案。2014年入选国家级非物质文化遗产生产性保护示范基地。

十三、国家级旅游度假区

太极湖旅游度假区　太极湖位于道教圣地、国家级风景名胜区武当山下,水域面积1 000多平方千米,烟波浩渺,水天一色,湖岛珠连,是南水北调中线水源地。度假区分为城市功能片区和旅游功能片区。其中城市功能片区以武当新城游览板块为主,重点建设旅游发展中心、武当国际武术交流中心、武当艺术馆、太极剧场等项目;旅游片区由旅游度假板块、水上游览板块和户外休闲板块组成,重点建设度假酒店、旅游码头、主题公园等。2015年入选国家级旅游度假区。

十四、国家级风景名胜区

东湖风景名胜区　位于武汉市武昌区东部。东湖水域面积达33平方千米,湖岸曲折,港汊交错,碧波万顷,青山环绕,岛渚星罗。由听涛区、磨山区、落雁区、吹笛区、白马区和珞洪区六个片区组成,楚风浓郁,楚韵精妙。1982 年入选国家级风景名胜区。

武当山风景名胜区 位于丹江口市境内。武当山是中国道教圣地,奇峰怪立,谷涧纵横,自然风光以雄为主,兼有险、奇、幽、秀等多重特色。主峰天柱峰拔地而起。周围共有 72 峰,金童峰、玉女峰亭亭玉立,婀娜多姿,香炉峰、蜡烛峰云雾缭绕,香烟弥漫,形成一幅"七十二峰朝大顶,二十四涧水长流"的天然画图。还有"天柱晓晴""金殿倒影""乌鸦接食""香麝跃涧"等奇观,被誉为"自古无双胜境,天下第一仙山"。1982 年入选国家级风景名胜区。

大洪山风景名胜区 位于湖北省中北部。大洪山横跨随州市、京山市、钟祥市,盘基百里。主峰海拔 1 055 米,素有"楚北天空第一峰"的盛誉。春季万物初醒,山花烂漫;夏季清泉飞瀑,是避暑的胜地;秋季层林尽染,金灿灿的野菊满山坡崖畔;冬季瑞雪纷飞,玉树琼枝。国家一级文物曾侯乙墓编钟发现于此。有佛教寺庙 26 处,自唐朝以来一直是佛教的圣地。1988 年入选国家级风景名胜区。

隆中风景名胜区 位于襄阳市郊区。隆中因《隆中对》的故事,被世人称为"智者摇篮""三分天下"的策源地。明代就形成了"隆中十景"。占地面积 209 平方千米,包括古隆中、水镜庄、承恩寺、七里山、鹤子川等五大景区。1994 年入选国家级风景名胜区。

九宫山风景名胜区 位于湖北省通山县与江西省武宁县交界的幕阜山脉中段。九宫山最高峰老鸦尖海拔 1 678 米,全年平均气温 14.3℃,夏季平均气温 21.9℃,是华中地区著名的避暑胜地。有保存完好的中亚热带常绿阔叶林区,森林覆盖率达 97%,存有大片原始森林和第四纪冰川遗迹,有近千种名贵动植物,近百种珍稀濒危物种。占地面积 166 平方千米,其中核心区 67 平方千米。1994 年入选国家级风景名胜区。

陆水湖风景名胜区 位于赤壁市境内。陆水湖因三国东吴名将陆逊在此驻军而得名,水域面积 57 平方千米,蓄水量 7.2 亿立方米。湖中有 800 多个岛屿,大者面积 1 平方千米左右,小者如一叶扁舟。湖水澄明碧透,湖岸的雪峰山林丰竹茂,以山幽、林绿、水清、岛秀闻名遐迩。1958 年兴建的三峡试验坝,是中国水利史上第一次采用大块体预制安装筑坝施工方法建造的,如今建成了"三峡试验坝主题公园"。2002 年入选国家级风景名胜区。

丹江口水库风景名胜区 位于丹江口市中部。占地面积 471 平方千米,其中水域面积 155 平方千米。以国家南水北调中线工程源头丹江口水库为核心,水库被誉为"中国水都、亚洲天池",是亚洲第一大人工淡水湖,水质常年保持在国家二类标准以上。文物古迹、风景名胜众多,核心景区主要为生态保护区、自然景观保护区和史迹保护区,以南水北调中线工程标志性建筑和控制性工程丹江口大坝为主要特色。2017 年入选国家级风景名胜区。

十五、国家级自然保护区

九宫山自然保护区 位于通山县南部地区。森林生态系统类型自然保护区,主要保护对象是中亚热带森林生态系统、珍稀濒危动植物、人文景观及第四纪冰川遗迹。占地面积 1.66 万公顷,拥有保存完好的中亚热带常绿阔叶林区,森林覆盖率达 97%。共有维管植物 1 983 种,其中国家一级保护野生植物有南方红豆杉和钟萼木,国家二级保护野生植物有金毛狗等 22 种;脊椎动物 260 种,其中国家一级级保护野生动物有白颈长尾雉、华南虎、云豹、豹和金雕等 5 种,国家二级保护野生动物有穿山甲等 34 种。1981 年入选国家级自然保护区。

神农架自然保护区 1986 年入选国家级自然保护区。参见国家生态旅游示范区——神农架国家生态旅游示范区。

长江新螺段白鱀豚自然保护区 位于湖北省洪湖、赤壁、嘉鱼和湖南省临湘四市县的交界处。地处新滩口至螺山的长江江段,全长 136 千米,水面宽阔,河道曲折,浅滩、江心洲发育,饵料丰富,生境良好,是白鱀豚最集中分布区之一。白鱀豚仅产于我国长江中下游,是世界濒危的淡水鲸类和我国一级保护野生动物。占地面积 1.35 万公顷,主要保护对象为白鱀豚及其生态环境。1987 年入选国家级自然保护区。

长江天鹅洲白鱀豚自然保护区 位于石首市北部的长江中游北岸。占地面积 1.52 万公顷,主要保护对象为白鱀豚及其生态环境。天鹅洲南依九曲回肠的下荆江河段,北靠一马平川的江汉平原,外围是长约 40 千米的边滩,内环 20 千米的长江故道,中心为约 1 400 公顷的天鹅岛,构成了淤积洲滩和牛轭湖相互交融的洪泛平原湿地,适合白鱀豚和江豚栖息繁衍。1992 年入选国家级自然保护区。

石首麋鹿自然保护区 位于石首市北部的长江天鹅洲故道区。天鹅洲故道由遗留的长江故道、故道围绕的小岛和故道外的边滩组成,属典型的近代河流冲积物沉积而成的洲滩平原。保护区占地面积 1 567 公顷,属野生动物类型自然保护区,主要保护对象是野化麋鹿及其栖息的淡水沼泽生态系统。1998 年入选国家级自然保护区。

五峰后河自然保护区 位于五峰土家族自治县中南部。占地面积 4.1 万公顷,属森林生态系统类型自然保护区,主要保护对象是中亚热带森林生态系统和珍稀濒危野生动植物。1.3 亿年前冰川袭来,地球上许多生命灭绝,后河却留下了大量的植被群落。野生维管植物 2 279 种,其中极度濒危植物 29 种;野生脊椎动物 307 种,其中极度濒危动物 51 种。2000 年入选国家级自然保护区。

青龙山恐龙蛋化石群自然保护区 位于郧阳区。青龙山海拔 220 米,出露地层主要为中元古武当群、白垩系上统、第四系,其中白垩系上统角砂岩、含角砾的粉砂岩和细砂岩为恐龙蛋化石产蛋地层,距今约 6 500 万—13 500 万年。地表可见的恐龙蛋化石或蛋坑有 2 000 个,绝大部分保持较原始的成窝状态,每窝一般有恐龙蛋 10 枚左右,最多一窝达 61 枚,举世罕见。目前世界上共发现八个恐龙蛋科,青龙山就有五个恐龙蛋科,且多数属种为首次所见。2001 年入选国家级自然保护区。

星斗山自然保护区　位于利川市、恩施市、咸丰县三县市境内。野生植物类型自然保护区,主要保护对象为中亚热带森林生态系统以及水杉原生群落和珙桐、台湾杉等珍稀野生植物及野生动物。地处清江源头,山峦起伏,孤峰兀立,沟壑纵横,占地面积 6.83 万公顷,其中核心区 2.12 万公顷。孑遗植物水杉的模式标本产地,也是世界上唯一现存的水杉原生群落集中分布区。2003 年入选国家级自然保护区。

七姊妹山自然保护区　位于宣恩县的东部。七姊妹山因七峰依次排列似传说中的七仙女而得名,自然环境独特,地貌类型多样,动物资源丰富,珍稀植物繁多,属中国三大特有现象中心之一的"川东—鄂西特有现象中心"的核心地带。侏罗纪第三纪冰川活动遗留下来的孑遗植物珙桐群落达 700公顷。保护区占地面积 3.46 万公顷,其中核心区 1.16 万公顷。2008 年入选国家级自然保护区。

龙感湖自然保护区　位于黄梅县东南部。湖泊湿地类型自然保护区,占地面积 2.23 万公顷,其中核心区 8 100 公顷。地势低平,水网交织,栖息着白头鹤、黑鹳、白鹤、东方白鹳、大鸨 5 种国家一级保护的野生鸟类,发现国内最大的白头鹤种群 425 只。还有白琵鹭、白额雁、大天鹅等 27 种国家二级保护野生动物。发现我国最大的野生秤锤树种群,分布面积达 2 公顷。2009年入选国家级自然保护区。

赛武当自然保护区　位于十堰市茅箭区境内。赛武当主峰海拔 1 723米,因山高超过武当山主峰而得名。森林生态系统类型自然保护区,主要保护对象是武当山脉独特的自然环境和生态系统,亚热带北缘代表性常绿阔叶林群落,大面积的原生性巴山松林,南水北调中线工程库前水源涵养地。占地面积 2.12 万公顷,其中核心区 8 100 公顷。有天然和较为常见的维管植物 155 科 627 属 1 259 种,其中国家重点保护野生植物 15 种;陆栖脊椎动物26 目 63 科 204 种,其中国家重点保护野生动物 33 种。2011 年入选国家级自然保护区。

木林子自然保护区 位于鹤峰县境内。森林生态系统类型自然保护区,主要保护对象为中亚热带森林生态系统、珙桐等珍稀植物群落及国家重点保护野生动植物资源。有维管植物 206 科 943 属 2 797 种,其中列为国家一级保护野生植物的有红豆杉、南方红豆杉、伯乐树、珙桐、光叶珙桐和银杏等;陆生野生脊椎动物 4 纲 26 目 75 科 190 属 302 种,其中列为国家一级保护野生动物的有豹、云豹、华南虎、林麝和金雕等。2012 年入选国家级自然保护区。

忠建河大鲵自然保护区 位于咸丰县忠建河流域。野生动物类型自然保护区,主要保护对象是国家二级保护野生动物大鲵。大鲵是中国特产,属于由水生脊椎动物向陆生脊椎动物过渡的类群,咸丰是中国仅有的几个大鲵原产地之一,种群资源居中国前列。占地面积 1 043 公顷,其中核心区 360 公顷。忠建河海拔 500 米以上,两岸森林及灌木覆盖率大,河水中有大量水生昆虫、溪蟹以及短体副鳅、宽鳍鱲等 10 余种野杂鱼类,为大鲵提供了良好的饲料基础。2012 年入选国家级自然保护区。

堵河源自然保护区 位于竹山县境内。堵河源是汉江最大支流堵河的源头,中国南水北调中线工程的核心水源区,引江补汉中线工程的天然水道。占地面积 4.72 万公顷,其中核心区 1.79 万公顷。主要保护对象为北亚热带和温带过渡区的自然生态系统、珍稀濒危野生动植物资源及其栖息地。地处秦巴山区汉水流域,周边的 35 座山峰海拔都在 2 000 米以上。分布有国家珍稀濒危野生植物 46 种,国家一级保护的野生兽类 3 种,国家一级保护的野生鸟类 2 种。2013 年入选国家级自然保护区。

十八里长峡自然保护区 位于竹溪县南部。峰高谷深,崖壁陡峭,故有"长峡"之称。地处鄂、渝、陕交界处的大巴山东段,是我国生物多样性保护的关键地区和秦巴水源涵养区,鄂西北地区和南水北调工程水源涵养地之一。占地面积 3.05 万公顷,属野生植物类型保护区,主要保护对象为极度濒危动植物的种群及其栖息地、北亚热带的大面积常绿阔叶林、亚高山森林生态系统。分布有植物 172 科 905 属 2 523 种,其中国家重点保护野生植物 43 种。红豆杉原始群落 3 平方千米,珙桐原始群落 3.3 平方千米。陆生脊椎动物 307 种,其中国家重点保护野生动物 48 种。2014 年入选国家级自然保护区。

洪湖自然保护区 地跨洪湖市和监利县。内陆湿地和水域生态系统类型自然保护区,保护对象为淡水湖泊湿地生态系统及珍稀水禽。占地面积 3.71 万公顷,其中核心区 1.29 万公顷。分布有维管植物 472 种,浮游动物 379 种,鱼类 57 种,其中胭脂鱼和鳗鲡是国家重点保护的野生鱼类。鸟类 138 种,每年越冬水鸟达数十万只,其中属国家一级保护的有白鹳、黑鹳、中华秋沙鸭、白尾海雕、白肩雕、大鸨等 6 种,属国家二级保护的 13 种。2014 年入选国家级自然保护区。

南河自然保护区 位于谷城县西南部。地处北亚热带向暖温带的过渡地带,是汉江中游水源涵养地和襄樊地区生态屏障。占地面积 1.48 万公顷,其中核心区 4 400 公顷。属森林生态系统类型自然保护区,保护对象为北亚热带森林生态系统、古老孑遗珍稀濒危野生植物及其生态环境、珍稀野生动物及其繁衍栖息地。分布有维管植物共 183 科 731 属 1 548 种,其中国家一级保护野生植物 2 种,国家二级保护野生植物 13 种;野生脊椎动物 277 种,其中国家一级保护野生动物 5 种,国家二级保护野生动物 47 种。2014 年入选国家级自然保护区。

大别山自然保护区 位于大别山南麓,地处英山县和罗田县北部。占地面积 2.38 万公顷,其中核心区 7 700 公顷。属森林生态系统类型自然保护区,主要保护对象为北亚热带森林生态系统及珍稀野生动植物。境内多山,河系较为发达。有维管植物 195 科 763 属 1 465 种,其中国家二级保护野生植物 16 种;野生脊椎动物 26 目 65 科 208 种,其中国家重点保护野生动物 27 种。2014 年入选国家级自然保护区。

巴东金丝猴自然保护区 位于巴东县北部,地处大巴山东缘。占地面积 1.02 万公顷,其中核心区 6 400 公顷。野生动物类型自然保护区,以金丝猴为主要保护对象。分布有国家一级保护野生植物红豆杉、珙桐、光叶珙桐等 3 种,国家二级保护野生植物 18 种;陆生脊椎动物 348 种,其中国家一级保护野生动物有金丝猴、林麝、金钱豹、金雕 4 种,国家二级保护野生动物 53 种。长期活动在保护区内的金丝猴有 800 多只。2016 年入选国家级自然保护区。

五道峡自然保护区 位于保康县境内。森林生态系统类型自然保护区,主要保护对象为北亚热带森林生态系统及其生物多样性、珍稀濒危野生植物资源及其原生地、国家重点保护野生动物及其栖息地。自然植被分为针叶林、阔叶林、灌丛、草丛 4 个植被型组,10 个植被型,46 个群系。占地面积 2.07 万公顷,其中核心区 7 700 公顷。分布有维管束植物 189 科 869 属 2 060 种,其中国家重点保护野生植物 24 种,国家珍贵树种 19 种,国家珍稀濒危保护植物 32 种;野生脊椎动物 93 科 231 属 332 种,其中国家一级保护野生动物有云豹等 3 种,国家二级保护动物有猕猴等 12 种。2017 年入选国家级自然保护区。

大老岭自然保护区 位于宜昌市夷陵区境内。森林生态系统类型自然保护区,以珍稀濒危野生动植物及其栖息地和三峡库区湿地为主要保护对象,特别是大面积的原始森林、原始次生林和水源涵养林;珍稀濒危野生动植物资源及其栖息地,特别是珙桐、红豆杉等国家珍稀濒危植物及豹、林麝、白肩雕、猕猴、红腹锦鸡等国家珍稀濒危野生动物及其栖息地。分布有高等植物 246 科 1 010 属 2 469 种,陆生脊椎动物 92 科 266 属 418 种,保存着亚热带北部山地特有的多种珍稀植物群落,是中国中亚热带北缘山地森林生态系统多样性及其生物物种基因库保存最完整的区域之一。占地面积 1.43 万公顷,其中核心区 7 300 公顷,森林覆盖率 98%。2017 年入选国家级自然保护区。

崩尖子自然保护区 位于长阳土家族自治县中南部。地处武陵山脉东段,海拔相对高差 2 000 多米,海拔超过 1 000 米的山峰 34 座。占地面积 1.33 万公顷,以保护鄂西南山区具有代表性的中亚热带森林生态系统和珙桐、林麝、金钱豹等珍稀濒危野生动植物为主。分布有 3 个植被型组,8 个植被型,42 个群系,现有维管植物 1 955 种,其中国家重点保护野生植物 22 种;有野生动物 2 063 种,其中国家重点保护野生动物 54 种。2017 年入选国家级自然保护区。

十六、国家级水利风景区

漳河水利风景区　地处荆门、宜昌、襄阳三市交界处。占地面积 400 平方千米。依托漳河水域而建,水库面积 104 平方千米,库容 20.35 亿立方米,最大水深 61 米,库中岛屿 36 座、半岛 164 个、库汊 240 个,群山环拥,森林连片,湖岸曲折,湖面辽阔,景色如画。现已建成兼有水下、水面、库岸、低空游乐的立体游乐园。2002 年入选国家级水利风景区。

龙麟宫水利风景区　位于恩施市西郊。依托高桥水库出水源头的天然洞穴而建,集洞穴观光、土家歌舞表演、民族风情展示、水上游乐、餐饮住宿、会议接待等功能于一体的综合型的水利风景区。龙麟宫俗称"出水洞",集水洞、迷津洞、干洞于一体,分水陆两界,沿途聚集 200 多个景点,溶洞叠转迂回,千奇百怪,上洞、中洞、左洞、右洞、水洞、天洞组成了一个庞大的洞穴体系。2003 年入选国家级水利风景区。

惠亭湖水利风景区　位于京山市西南郊。占地面积 38 平方千米,其中湿地 33 平方千米。惠亭水库总库容 3.14 亿立方米,有效库容 1.735 亿立方米,集雨面积 284 平方千米,是一座以灌溉为主,兼有防洪、城镇供水、生态补水、发电等综合效益的大(二)型水库。河汉港湾众多,溪流纵横,动植物种类繁多。拥有高峡平湖、小岛林立、溪流峡谷等众多秀丽的山水景观,惠亭山公园森林覆盖率达 90%以上。2004 年入选国家级水利风景区。

三道河水镜湖水利风景区　位于南漳县城西处。三道河水镜湖是以防洪、灌溉为主,兼有水力发电、水利旅游、城镇供水等综合利用的水利枢纽工程,集雨面积 780 平方千米,总库容 1.61 亿立方米。库区景观由两条绵延 10 千米的河道串联五湖、四峡、三岛组成,山中有水水中有山、湖中有湖景中有景,如诗如画。枢纽景观由全长 881 米高 46.5 米的主坝、三座副坝、六扇弧形闸门及险峻的泄洪道和度假村别墅区、樱花谷等组成。2005 年入选国家级水利风景区。

温峡湖水利风景区 位于钟祥市近郊。依托温峡口水库及水电站而建。温峡口水库集雨面积 595 平方千米,总库容 5.78 亿立方米,是一座以防洪、灌溉为主,兼有发电、旅游等综合利用的水利工程。大坝坝高 51 米,坝长 450 米,坝顶宽 8 米。烟波浩渺,库区水面辽阔,水体清澈,林地面积大,植被茂盛。温峡漂流全长 4 千米,沿岸有香炉岩、月亮岩、陈家冲瀑布、桃花山、银子岩等景点。2006 年入选国家级水利风景区。

洈水水利风景区 位于松滋市西南部。依托洈水水库而建,洈水水库是一座以灌溉、防洪、发电为主的大型水库,汇水面积 1 142 平方千米,总库容 5.93 亿立方米。水库主坝轴线呈“S”形,坝长 8 968 米。湖水浩渺碧澄,天水一色,湖中有 500 个湖心岛,湖中有岛,岛中有湖,有“楚南仙境千岛湖”之美誉。2007 年入选国家级水利风景区。

夏家寺水利风景区 位于武汉市黄陂区木兰乡。依托夏家寺水库而建,占地面积 33 平方千米。夏家寺水库是一座以灌溉、防洪为主的大(二)型水库,总库容 2.9 亿立方米,控制流域面积 142 平方千米。景区水面 20 平方千米,大小岛屿 23 个,库汊港湾 132 个,库岸曲折长达 58 千米,长年栖息着各种鸟类 10 余万只。2007 年入选国家级水利风景区。

武汉江滩水利风景区 位于武汉市城区长江、汉江“两江四岸”交汇处。占地面积 234 万平方米,由汉口江滩、汉阳江滩、武昌江滩和汉江江滩组成。将防洪工程的环境效益、生态效益和社会效益相结合,把昔日杂屋滩涂、防洪险点改造建设成为融防洪、景观、旅游、休闲、健身为一体的防洪屏障和亲水岸线,获得“中国人居环境范例奖”等称号。2008 年入选国家级水利风景区。

观音湖水利风景区　位于大别山南麓的孝昌县境内,地处双峰山、鸡公山之间。依托观音湖而建,占地面积 118 平方千米。观音湖湖面 17.3 平方千米,容水 1.4 亿多立方,湖水明澈如镜,湖岸曲折幽深。大悟山、小悟山南北对峙,隔湖相望,峰奇景秀。大悟山奇峰峭壁,怪石嶙峋,是历史悠久的佛教圣地。2009 年入选国家级水利风景区。

天堂湖水利风景区　位于大别山南麓的罗田县境内。天堂湖是一座人工水库,水域面积 10 平方千米,集雨面积 220 平方千米,总库容 1.62 亿立方米,是一座集灌溉、发电、防洪、养殖等多种功能于一体的大型水库。湖面宽大,湖汊库湾众多,水质清澈,犹如蜿蜒的银带飞舞在群山之中。有国家一级保护野生植物 2 种,国家二级保护野生植物 4 种,国家二级保护野生动物 1 种。2009 年入选国家级水利风景区。

毕升湖水利风景区　位于英山县陶河乡。这里是我国宋代活字印刷术发明者毕昇的故里。依托詹河水库而建,奇峰、异石、怪洞、神仙谷、高峡平湖等景观独特。森林覆盖率达 95%,动植物资源丰富,有多种珍稀动植物,出产苍术、天麻、茯苓、桔梗、柴胡等中药材。2010 年入选国家级水利风景区。

富水湖水利风景区　位于通山县境内。依托富水湖而建。富水湖方圆 260 平方千米,其中湖面面积 80 平方千米,库容量 17.3 亿立方米,湖岸线 180 千米,水域辽阔,湖水清澈。有隐水洞、大畈核电站、狮子崖、牛鼻孔、五指山、莲花潭、板桥、吴家祖祠、谭家祖祠等景点,还有采茶戏、山鼓、秧鼓等民间文艺。2011 年入选国家级水利风景区。

清江水利风景区　位于长阳土家族自治县境内。清江发源于利川市龙洞沟,流经恩施、长阳、巴东,在宜都市注入长江,全长 423 千米。占地面积 23.38 平方千米,其中湿地 14.06 平方千米,湿地率 60%。隔河岩水电站是一座具有发电、防洪、旅游、航运等综合功能的大(一)型水利枢纽工程,总库容 34 亿立方米。主要景点有山映青江的倒影峡、土家吊脚楼群仙人寨。2012 年入选国家级水利风景区。

浮桥河水利风景区 位于麻城市境内。依托浮桥河水库而建,浮桥河水库的卫星地貌图像恰如翩然起舞的凤凰,故有"凤凰湖"之美誉。占地面积 94 平方千米,其中水域面积 50.5 平方千米。有大小河汊 40 余条、大小岛屿 70 多座,四季景色如画。有凤凰山、乌江渡、大安寺、百丈岩、朱仙寨等人文古迹。有植物 67 科 120 属 156 种,动物 27 目 60 科 135 种。2014 年入选国家级水利风景区。

天河水利风景区 位于郧西县境内。占地面积 8 平方千米,山清水秀,风光旖旎。樱花谷林深谷幽,汇集了世界各地名贵樱花 20 余万株。2015 年入选国家级水利风景区。

北闸水利风景区 2015 年入选国家级水利风景区。参见全国红色旅游经典景区——荆州市 98 抗洪及荆江分洪工程。

白莲河水利风景区 位于浠水、英山、罗田三县交界处。依托白莲河水库而建,集山水览胜、文化交流、休闲度假、生态休养四大功能于一体的水利风景区。占地面积 308 平方千米,其中水域面积 41 平方千米,为"大水库、大湿地、大电站、大供水、大灌区"的水利水电工程综合体。包括"一廊、两核、三区"。"一廊"为百里画廊,指白莲河水带,一步一景;"两核"为白莲镇综合服务核和温泉镇综合服务核;"三区"为西部山水游憩区、南部生态修养区和东部文化度假区。2016 年入选国家级水利风景区。

百里荒水利风景区 位于宜昌市夷陵区与远安县、当阳市的交汇处。百里荒因古代方圆百里、荒无人烟而得名。依托柏家坪、普溪河小流域工程而建,占地面积 32 平方千米。建成了"林海松涛""林间彩带""绿色生态护坡""碧水蓝天"等特色水土保持示范工程。2016 年入选国家级水利风景区。

明山水利风景区 位于麻城市白果镇、盐田河镇、龟山镇境内。依托明山水库而建,由 24 座秀美的山峰和一座碧波浩渺的人工湖构成,群山环绕,绿树掩映,森林覆盖率达 90% 以上。明山水库集雨面积 182 平方千米,总库容 1.69 亿立方米,调洪库容 0.51 亿立方米,兴利库容 0.97 亿立方米。占地面积 28 平方千米,其中水域面积 10 平方千米。2016 年入选国家级水利风景区。

金银湖水利风景区　位于武汉市东西湖区。占地面积 42 平方千米,其中水域面积 10 平方千米。依托金银湖浩大的湖面而建,属城市河湖型水利风景区。金银湖是武汉市汉口地区的城中湖,由东大湖、上金湖、金湖、银湖、下银湖、墨水湖、东银湖等七个湖泊组合而成。东流港、黄狮海、潇湘海、径河等四条水道纵横贯通,金岛、银岛、卧龙岛等九个半岛点缀其中,湖岸线长达 7.2 万米。2017 年入选国家级水利风景区。

大同水库水利风景区　位于蕲春县大同镇。依托大同水库枢纽工程而建,属水库型水利风景区。大同水库总库容 2.6 亿立方米,流域面积 176.5 平方千米,主坝原为黏土木板心墙砂壳坝,现为塑性混凝土心墙坝。水库水系属蕲河流域鸳鸯河支流,野人河、柳林河、车门河、操山河、柳树河等五条支流纵横交错,有瀑布 7 处、大小龙潭 24 处。占地面积 50 平方千米,其中水域面积 12.2 平方千米。2017 年入选国家级水利风景区。

梅川水库水利风景区　位于武穴市梅川镇境内。梅川水库是一座中型水库,总库容 3 935 万立方米,正常蓄水位 69.8 米。水库型水利风景区,占地面积 25 平方千米,其中水域面积 4.6 平方千米。景点有水库大坝、输水管、溢洪道、群英隧洞、多宝塔、鲤鱼岛、水库早期工作区等十余处。920 米长的大坝,输水管控制室,溢洪道两岸以及水库管理处周围,均为绝佳观景平台。2017 年入选国家级水利风景区。

十七、世界地质公园

神农架世界地质公园　2013 年入选世界地质公园。参见国家生态旅游示范区——神农架国家生态旅游示范区。

大别山世界地质公园　位于罗田县北部大别山南麓。占地面积409平方千米,分为天台山、龟峰山和大别山主峰三个园区。大别山大地构造处于华北板块和扬子板块的接合带,有海拔1 000米以上山峰90余座,其中主峰天堂寨海拔1 729米。地质遗迹丰富,在黄土岭发现了大别山地区最早古陆核的残留物。保留了自太古代以来地球演化所产生的种类丰富的岩浆活动地质遗迹。2018年入选世界地质公园。

十八、国家地质公园

长江三峡国家地质公园　位于恩施市巴东县至宜昌市伍家岗区地区。占地面积2 500平方千米,包括秭归元古代园、西陵峡震旦纪园、晓峰寒武纪园、黄花奥陶纪园、新滩地质灾害防治纪念园、兴山晚古生代园、巴东三叠纪园、归州侏罗纪园和宜昌白垩纪园等九个园区,46个级别不同的地质遗迹保护点。其中有国内外著名的震旦系层型剖面,中国众多岩石地层单位的命名剖面,后期新构造运动及河流、岩溶、地下水和风化作用所塑造的峡谷、溶洞和河湖景观。2004年入选国家地质公园。

木兰山国家地质公园　位于武汉市黄陂区北部。地处大别山南麓余脉与江汉平原过渡地带,主峰木兰山为两条南北走向的山脉,海拔582米,地质形成年代可追溯到7亿—10亿年前的新元古代,木兰山蓝片岩带是1 700千米的秦岭—大别—苏鲁蓝片岩带的重要组成部分。占地面积340平方千米,森林覆盖率95%。主要分为古寨区、石景区、花苑区、山庄区四大景区。有分布广泛、保存完好的蓝片岩、红帘石等地质遗迹。2005年入选国家地质公园。

青龙山恐龙蛋化石群国家地质公园　2005年入选国家地质公园。参见国家级自然保护区——青龙山恐龙蛋化石群自然保护区。

武当山国家地质公园　2009 年入选国家地质公园。参见国家级风景名胜区——武当山风景名胜区。

五峰国家地质公园　位于五峰土家自治县境内。占地面积 1 945 平方千米,包括以岩溶峡谷地貌为特色的柴埠溪景区、以岩溶形态地貌为特色的白鹿景区、以构造地貌及岩溶地貌为特色的白溢寨景区、以构造地貌和原始生态为特色的后河景区、以地表岩溶地貌为特色的湾潭景区等五大景区。地处鄂西碳酸盐岩高度发育区,拥有完整的岩溶体系、典型的构造遗迹和地质剖面等地质遗迹,因此又被称为"岩溶公园"。2011 年入选国家地质公园。

九宫山—温泉地质公园　位于通山县境内,横亘鄂赣边陲的幕阜山脉中段。幕阜山脉海拔 1 657 米,是我国中南部最高峰之一。九宫山为花岗岩、变质岩组成的窟窿构造,属断层山地形的冰川地貌。占地面积 212 平方千米,以岩溶景观和温泉为主要特色。主要地质遗迹分布面积 29 平方千米。大崖头瀑布落差 420 米,为我国目前已知落差最大的瀑布之一;隐水洞全长5 180 米,次生沉积物发育齐全,玲珑剔透。2011 年入选国家地质公园。

清江国家地质公园　位于长阳土家族自治县境内。占地面积 23.38 平方千米。以东西向的地质大走廊清江干流为主线,串联武落钟离山、香炉石两大园区,形成"一廊两园"的总体布局,属于构造及岩溶地貌类型地质公园。展示了中国南方 8 亿年来的地壳及环境演化,是一个集古人类遗址,地层古生物、古冰川遗迹,构造形迹和河谷、岩溶地貌以及人文景观为一体的天然地质博物馆。2014 年入选国家地质公园。

腾龙洞大峡谷地质公园　位于利川市、恩施市境内。占地面积 224 平方千米。包括腾龙洞旱洞和清江伏流地下河洞穴的全部洞道。清江在"卧龙吞江"处被鲸吞变为伏流潜入地下,伏流段直线距离达 17 千米,是目前中国最大的伏流洞穴系统。腾龙洞洞穴系统长 59.8 千米,位居亚洲第二位。以长堰槽为代表的岩溶干谷系统和峰丛洼地地貌,形成优美的岩溶景观。2014 年入选国家地质公园。

远安化石群地质公园　位于远安县境内。占地面积 500 平方千米,包括

"一馆两园两点"。"一馆"即远安县地质博物馆;"两园"即张家湾三叠纪水生爬行动物化石园和荷花镇奥陶纪头足类化石园;"两点"为盐池河岩崩景点和望家冲石林景点。张家湾是三叠纪水生爬行动物化石密集分布区,化石出露面积 4 平方千米,在 60 平方米的揭露点中已揭露出八条不同形体特征的水生爬行动物化石。2018 年入选国家地质公园。

十九、国家森林公园

九峰国家森林公园 位于武汉市洪山区境内。占地面积 333 公顷,森林覆盖率 85% 以上。自然景观优美,野生动植物资源丰富,现有鸟类 60 余种,植物 580 多种,其中乔木 200 余种。建有野生动物笼舍 8 000 多平方米,野生动物运动场 15 万余平方米。名胜古迹有九峰律寺、明清古驿道、三眼桥、珍珠泉、仙人石、太阳石、罗汉肚、狮子头等。1992 年入选国家森林公园。

鹿门寺国家森林公园 位于襄阳市襄州区东津镇。东汉建武年间建立鹿门寺,营建殿堂数百楹,遂以庙名山,成为佛教圣地。占地面积 1 867 公顷,森林覆盖覆盖率 93%。共有植物资源 78 科 157 属 223 种,其中木本植物 162 种、藤本植物 4 种、草本植物 57 种。野生动物资源丰富,仅鸟类就有 64 种。著名景点有鹿门牌坊、神仙洞、大殿、八角井、天井、瀑雨池等。1992 年入选国家森林公园。

玉泉寺国家森林公园 位于当阳市境内。玉泉山秀冠三楚,素有"三楚名山"的美称。玉泉寺于南朝时敕建,隋代为天台宗祖庭之一。占地面积 9 667 公顷,山峦连绵,林木毓秀,植物种类繁多,木本花卉、树木达 380 多种。以悠久的历史文化,众多的名胜古迹和无数的奇洞、怪石、秀峰、峻岭而著称。1992 年入选国家森林公园。

大老岭国家森林公园 1992 年入选国家森林公园。参见国家级自然保护区——大老岭国家级自然保护区。

神农架国家森林公园 1992 年入选国家森林公园。参见国家生态旅游示范区——神农架国家生态旅游示范区。

龙门河国家森林公园 位于昭君故里宜昌市兴山县与神农架原始林区、巴东县交汇处。占地面积 4 644 公顷。气候、土壤、植被等都具有南北过渡的特征。珙桐、紫茎、兴山榆等珍稀树种均有分布。有国家重点保护野生动物大鲵、金丝猴、林麝、红腹锦鸡等。溶洞景观是主要特色,地下溶洞达十余处。1993 年入选国家森林公园。

薤山国家森林公园 位于谷城县西南处。薤山因产中草药薤白而得名,是襄阳古隆中至道教圣地武当山旅游热线的三大节点之一,也是通往神农架的必经之地。年平均气温 12℃,夏季平均 22℃,是难得的避暑胜地,历代文人墨客在此留下了不朽的诗篇。占地面积 4 533 公顷,林木参天,森林覆盖率达 93%。1994 年入选国家森林公园。

大口国家森林公园 位于钟祥市大洪山南麓。占地面积 1 590 公顷。以低山地貌为主,平均海拔 350 米,主要植被为落叶阔叶林和针阔混交林,森林覆盖率超过 90%。有植物 500 余种,其中木本植物 438 种,国家重点保护野生植物有水杉、银杏、杉、桃、杜仲、对节白腊、垂枝侧柏等 12 种。有野生动物 50 多种,其中国家重点保护野生动物 8 种。分为九级天溪景区、云台观景区、鹰子洞景区、柳门口景区四大景区。1995 年入选国家森林公园。

柴埠溪国家森林公园 位于五峰土家族自治县境内。典型的大峡谷风景区,占地面积 6 667 公顷。属典型的喀斯特地貌,峡谷两岸山石经亿万年风雨侵蚀和风化,形成了众多奇峰异石。有坛子口、大湾口、蛟口、断山口四大景区 120 余处景点。1996 年入选国家森林公园。

潜山国家森林公园 地处咸宁市区。潜山属幕阜山余脉,山上古树参天,浓荫蔽日,翠竹扶风,四季常青;山下淦河盘横九曲,烟波浩渺,山水相映成趣。占地面积 206 公顷,森林覆盖率达 93%。分布有近 200 种奇花异草,南北树种 700 多个,其中国家一级保护野生植物有珙桐、秃杉、水杉等 5 种,国家二级保护野生植物有金钱松、马褂木、银杏等24种。有各类动物110多种。1996年入选国家森林公园。

八岭山国家森林公园　位于荆州市境内。八岭山由八道崇岭组成,绵亘15千米。春秋战国时期是楚国的公墓区,现已探明的大型古墓有320多座,相传楚庄王、楚康王、楚平王、楚昭王、樊妃以及明代11位藩王俱葬于此。地下埋藏的历史文物全国罕见,堪称一座地下文物宝库。占地面积667公顷,森林覆盖率77%。1996年入选国家森林公园。

清江国家森林公园　位于长阳土家族自治县境内,地处鄂西南山区。占地面积5.57万公顷,森林植被良好,湖泊岛屿、山岳地貌、瀑布温泉、奇峰洞穴等自然风景层出不穷。雄伟的水电工程、浓郁的巴土民族风情文化与自然风景交相辉映。1996年入选国家森林公园。

大别山国家森林公园　1996年入选国家森林公园。参见国家级自然保护区——大别山自然保护区。

洈水国家森林公园　位于松滋市西南部。占地面积28.6万公顷,冬无严寒,夏无酷暑,四季如春。森林覆盖率92%,有裸子植物、被子植物千余种,形成多层次的植被群落。常见野生兽类20余种,飞禽近40种。每年举办桃花节、狩猎大赛、传统灯会等活动。1998年入选国家森林公园。

三角山国家森林公园　位于浠水县的东部。三角山因三柱奇峰状如突兀兽角而得名。占地面积6 452公顷。有紫云禅寺、耕园、翠园、灵秀山家园、三峰尖五个景区,层峦叠嶂,高峻险要,怪石嶙峋。老龙洞的泉水一日分子时和午时两次涨潮,故有"子午泉"之称;洞内有三泉,当地人常据此预测阴晴。还有断板龟、锦鸡、红毛鸡等珍稀野生动物40多种。2002年入选国家森林公园。

中华山国家森林公园　位于广水市城区北部。占地面积5 140公顷,山水风光秀丽,奇峰怪石林立,寺庙历史悠久,古堡寨墙众多。有珍稀名木10多类,国家重点保护野生动物10多种,绿色植物覆盖率达100%,是集森林旅游、疗养避暑、观光度假为一体的旅游胜地,鄂北重要的生态保护区域。

2002 年入选国家森林公园。

太子山国家森林公园 位于京山市南部。太子山因嘉靖皇帝年少时常在此狩猎而得名。境内还有西汉王莽藏金洞,曹操兵败赤壁、败走太子山时的"丢石点兵堆""跑马场",明朝黎侍郎墓群,名列"京山古八景"的仙女洞、仙女泉,郑板桥办案地,新四军第五师抗日战场等。占地面积 7 930 公顷,森林覆盖率 80%。分布有常绿或落叶针叶林、阔叶林、林下植被等 138 科 204 属近 400 种,其中有仅在此成片生长的植物对节白腊。还有兽类、鸟类、禽类、鱼类、昆虫 200 多种。2002 年入选国家森林公园。

天台山国家森林公园 位于鄂豫之交的红安县境内。湖泊缠绕、河溪纵横、峰峦叠嶂、古木参天,植被覆盖率达 90%,森林覆盖率达 80%,天高云淡、空气清新。占地面积 6 000 公顷,有野生动物 340 余种,野生植物 750 余种,其中国家一级保护野生植物 8 种。野生樱花达百万余株,连片分布面积达 500 多公顷,是中原地区已发现的最大的野生樱花群落。2003 年入选国家森林公园。

坪坝营国家森林公园 位于咸丰县坪坝营镇坪坝营村。占地面积 1.32 万公顷,群山逶迤,浩瀚苍茫,人迹罕至。有 8 000 公顷原始森林、5 300 公顷原始次生林和 4 000 公顷人工林,森林覆盖率 96% 以上。有植物近 2 000 种,生活着锦鸡、香獐、大灵猫等 200 多种珍禽异兽。2004 年入选国家森林公园。

吴家山国家森林公园 位于英山县北部。占地面积 5 873 公顷,地势险峻,沟壑纵横,海拔 290—1 729 米。森林植被类型为亚热带常绿、落叶阔叶混交林带,森林覆盖率达 96%。有野生动物 200 余种,其中国家重点保护的野生动物有金钱豹、小灵猫、长尾雉、娃娃鱼等 18 种。2004 年入选国家森林公园。

千佛洞国家森林公园 位于荆门市城区。占地面积 290 公顷,森林覆盖率 85%。林木茂盛,山峦起伏,景色优美,以"城中森林"著称。有隋朝修建的东山宝塔、唐代修复的虎牙关、环境优美的千佛洞、四季不竭的品泉及读书台、千佛寺、白龙观等,自然人文景观保存较好。2005 年入选国家森林公园。

双峰山国家森林公园 位于孝感市东北部。双峰山主峰为两座对峙的山峰,相传由七仙女双乳"仙化"而成,双峰山由此而得名。占地面积 1 400 公顷,森林覆盖率 89%,主要树种为马尾松和杉树。有"峡谷探幽""双峰托日""书院听琴""回龙晨钟""凉亭看花""林海听涛""古寨烽烟""白云晓月""万兽朝圣""农家社火""达海洞天""沧海泛舟"等 12 个景区。景区内的白云寨古战场建寨已有 1 400 多年历史,回龙寺是孝感最早的佛教寺庙。2005 年入选国家森林公园。

大洪山国家森林公园 2006 年入选国家森林公园。参见国家级风景名胜区——大洪山风景名胜区。

虎爪山国家森林公园 位于京山市境内。虎爪山因有虎爪状印迹的巨石而得名,为京山西部第一高山。占地面积 2 600 公顷,森林覆盖率 92%。山峻林密,古道幽深。有堪称江汉绝景的鹰子洞瀑布,气势磅礴的柳门口瀑布,神秘莫测的乌龙洞,曲折幽静的九级天溪、上下天池,恬静淡雅的楠竹林,荫翳蔽日的参天大树。有万松林海、千顷杉竹、十里银杏、五岭栎林、三山红叶等景观。2008 年入选国家森林公园。

五脑山国家森林公园 位于麻城市近郊。占地面积 2 153 公顷,森林覆盖率 95%。有面积 200 公顷的茶花大观园,汇集国内外茶花品种 600 多个。还有菊花园 30 公顷、低山杜鹃园 200 多公顷。2008 年入选国家森林公园。

沧浪山国家森林公园 位于郧阳区境内。占地面积 7 467 公顷,森林覆盖率 92%,峰岭峦连,沟壑纵横,是十堰市的绿色屏障。既有美丽的森林景观、丰富的野生动植物资源,又有得天独厚的地貌景观、天象景观和厚重的沧浪文化。有香飘万里的万亩天然腊梅园,神奇迷人的沧浪大峡谷,保存完好的清代建筑涂氏庄园。2008 年入选国家森林公园。

安陆古银杏国家森林公园 位于安陆市境内。占地面积 2 413 公顷。全市有银杏 20 多万亩,3 670 万株,其中千年以上的古银杏 48 株、500 年以上的 1 468 株、百年以上的 4 683 株。2009 年入选国家森林公园。

牛头山国家森林公园 位于十堰市张湾区。占地面积 1 840 公顷,森林覆盖率达 93%。植被茂密,生物物种丰富,还有石瀑、峡谷、山岳等地文景观,溪流、水库相融的水域风光,古树名木聚集的生物群落,保存完整的古军事楚方城遗址。2009 年入选国家森林公园。

诗经源国家森林公园 位于房县五台乡。《诗经》是我国文学史上最早的诗歌总集,收入西周初年至春秋中叶约 500 多年的诗歌 305 篇。《诗经》相传为尹吉甫采编、孔子编订。尹吉甫是西周房陵(今房县)人,曾经长期在房县五台、青峰一带游览采风,编辑《诗经》,此处遂被称为"诗经源"。占地面积 1.08 万公顷,有大片的原始次生林,珍稀植物 200 多种,森林覆盖率 84%。2011 年入选国家森林公园。

九女峰国家森林公园 位于竹山县境内。占地面积 3 527 公顷,森林覆盖率 97%。地文景观以峡谷、山岳地貌为主,群峰耸峙,山高谷深。武陵峡全长 7 000 米,平均高差 800 米以上,峡谷最宽处 20 多米,最窄处不到 2 米,切割纵深,奇丽多姿。有红豆杉、珙桐、鹅掌楸等国家重点保护野生植物 31 种,猕猴、黑熊、豹、林麝等国家重点保护野生动物 43 种。日出、晚霞、云海、迷雾、彩虹、积雪等天象奇观与溪水、幽谷、险峰构成了一幅美妙绝伦的画卷。2011 年入选国家森林公园。

偏头山国家森林公园 位于竹溪县郊区。占地面积 3 132 公顷,森林覆盖率 92%。有维管植物 162 科 668 属 1 460 种,主要植被类型有阔叶林、针叶林和灌丛三种类型。有国家珍稀濒危野生植物 13 种,国家一级保护野生植物 2 种,国家二级保护野生植物 6 种。有国家重点保护的两栖动物 15 种,国家二级保护的野生鸟类 29 种,国家二级保护的野生兽类 4 种。森林景观有林海绿浪、十里杉廊;地貌景观有龙头香、回心石;人文景观有祖师庙、父母殿等。2012 年入选国家森林公园。

丹江口国家森林公园 位于丹江口市境内。地处南水北调中线工程水源地丹江口库区沿岸,由牛河森林公园、千岛画廊、神仙洼、九龙岛和丹江口大坝等景区组成。占地面积1.78万公顷,层峦叠嶂,峡谷幽长,草木葱茏,森林覆盖率91%。库汉纵横,水域辽阔,青山碧水交相辉映。森林植被丰富,树龄千年以上的翠柏、槐柳、皂荚、银杏树达百余株。野生动物363种,其中国家重点保护野生动物200多种。2013年入选国家森林公园。

崇阳国家森林公园　位于崇阳县桂花泉镇境内。占地面积1 000公顷,山峦起伏,山水相依,曲径通幽,植被茂密,森林覆盖率90%。物种繁多,有5个植被类型17群系,有锦鸡、豹猫等鸟类、兽类、两栖动物120多种。2014年入选国家森林公园。

汉江瀑布群国家森林公园　位于郧西县羊尾镇境内。占地面积5 680公顷。生物富集,汇聚了北温带和北亚热带众多物种与森林植被资源,森林覆盖率90%以上。龙潭河原生态瀑布群有大小瀑布130个,汩汩水流,四时不绝,旱季不枯,雨季不浑。有野生植物1 600余种,其中名贵中药材400多种。有野生动物100多种。2014年入选国家森林公园。

西塞国国家森林公园　位于宜昌市夷陵区樟村坪镇。占地面积1.46万公顷,分为九砦湾、圈椅淌、黑良山、望江山等景区。九砦湾景区怪石林立,瀑布重叠,古树名木遮天蔽日。圈椅淌景区是野生动物的乐园,还配有滑雪场和滑草场。黑良山景区有长12千米的大峡谷。望江山景区有保存完好的万亩原始森林,分布着古老的孑遗植物群落,有高山杜鹃群落和大面积的高山草甸,更有多种珍稀濒危动植物。2015年入选国家森林公园。

岘山国家森林公园　位于襄阳市城区南郊。占地面积1 759公顷,由羊祜山、虎头山、琵琶山、真武山、凤凰山等19座山体组成。资源丰富,林木茂密,森林覆盖率达93%,是古城南部的自然生态屏障。2015年入选国家森林公园。

白竹园寺国家森林公园　位于枣阳市城郊。占地面积3 052公顷,分为白竹园寺、牛心寺、观音洞、九里沟四大景区,森林覆盖率88%以上。竹园寺隐藏在崇山峻岭繁茂修竹之中,寺院门口有左雌右雄两棵千年银杏树,枝繁叶茂。有石塔88座,雕刻精巧。2015年入选国家森林公园。

二十、国家湿地公园

黄冈国家湿地公园　位于黄冈市东北部,浠水河中游。占地面积 66.54 平方千米,其中湿地面积 55.44 平方千米,湿地率 83%。水面辽阔,水质优良,是黄冈市饮用水水源地,集防洪、灌溉、发电、供水、航运、旅游等多功能于一体。有鱼类 4 目 8 科 33 种,陆生脊椎动物 23 目 68 科 148 种,其中鸟类 15 目 42 科 97 种,国家二级保护野生动物 11 种;有维管植物 114 科 297 属 411 种。2011 年入选国家湿地公园。

大九湖国家湿地公园　位于神农架林区西南边陲,坐落于长江和汉水的分水岭上。大九湖因一条小溪串着九个湖泊而得名。占地面积 93.2 平方千米,主要包括亚高山草甸、泥炭藓沼泽、睡菜沼泽、苔草沼泽、香蒲沼泽、紫茅沼泽以及河塘水渠等。共有高等植物 145 科 474 属 984 种,其中国家重点保护的野生植物 14 种;陆生脊椎动物 70 种,其中国家重点保护的野生动物 33 种。2013 年入选国家湿地公园。

汉江国家湿地公园　位于谷城县城关镇东隅。汉江两大支流南、北二河在谷城交汇,形成汉江最大的湿地——后湖湿地,占地面积 21.9 平方千米,包括养殖水面 3 平方千米、生态林地 7 平方千米、滩涂湿地 10 平方千米。植被茂盛,水草丰美。村庄阡陌纵横,湖泊镶嵌其间,一派田园风光。"仙人古渡""粉水澄清""后湖夜月"之美景,与城内三神殿、明清古建筑和谐相映。2016 年入选国家湿地公园。

遗爱湖国家湿地公园　位于黄冈市境内。占地面积 5 平方千米,其中水域面积 3 平方千米,沿湖岸线 29 千米。成"一环、两片、五区、十二景"布局:"一环"是沿湖观光旅游的环形主路线;"两片"是东湖片区和西湖片区;"五区"是东坡文化休闲区、文化商业休闲区、竹园生态休闲区、原生态自然保护区和户外运动游乐区;"十二景"分别是"遗爱清风""临皋春晓""东坡问稼""一蓑烟雨""琴岛望月""红梅傲雪""幽兰芳径""江柳摇村""水韵荷香""大洲竹影""霜叶松风""平湖归雁"。2016 年入选国家湿地公园。

莫愁湖国家湿地公园 位于钟祥市境内。湿地公园主体为莫愁湖及其周边区域,莫愁湖是汉江中游南岸的第一大湖泊。占地面积 19.47 平方千米,属于典型的城区湖泊湿地类型,有自然岛屿 32 座,常见浮藻类 6 门 15 种,维管植物 82 科 213 属 301 种,还栖息有国家二级保护的野生鸟类赤腹鹰。2016 年入选国家湿地公园。

保安湖国家湿地公园 位于大冶市保安镇。保安湖原与梁子湖连接,1964 年建东沟闸后与梁子湖分离。占地面积约 70 平方千米,其中保安湖面积约 40 平方千米。包括"一环七珠"旅游区:"一环"即环保安湖游憩轴,"七珠"即西海半岛的运动休闲区、磨山半岛的休闲度假区、黄金湖的国际垂钓中心、野溪嘴的温馨港湾、保安口的万亩湘莲湿地、葫芦墩的亲水休闲运动区、秀水湾的湖鲜养生会所。2016 年入选国家湿地公园。

金沙湖国家湿地公园 位于红安县城西郊。金沙湖库容 1.06 亿立方米,集雨面积 108 平方千米。占地面积 19.03 平方千米,其中湿地 15.91 平方千米。共有野生植物 300 多种,野生动物 80 余种。金沙湖与周边湿地是西伯利亚—澳洲候鸟迁徙路线上一处重要的中转站,雁鸭类、鸻鹬类、鹭类、鹳类等珍贵水鸟常年在这里栖息。湿地生态系统已经趋于成熟和稳定,湿地生态系统的结构和功能已经接近天然湖泊湿地。2016 年入选国家湿地公园。

武山湖国家湿地公园 位于武穴市城区东北部。武山湖是一座滨临长江的自然湖泊,湖阔水深,"武湖明月"为"广济十景"之一。占地面积 20.9 平方千米,其中湿地 18.1 平方千米。有高等植物 88 科 272 属 410 种,脊椎动物 29 目 50 科 156 种,其中国家重点保护野生动物 9 种,是我国中部重要的候鸟停歇点。2016 年入选国家湿地公园。

后官湖国家湿地公园 位于武汉市蔡甸区彭家山头。由知音湖、皮泗海、筲箕湖、高湖及沿岸用地组成,属湖泊湿地类型,占地面积 20.89 平方千米。有水鸟和林鸟 130 种,国家一级保护的野生鸟类白头鹤有 71 只,国家二级保护的野生鸟类灰鹤有 383 只。2016 年入选国家湿地公园。

惠亭湖国家湿地公园 2016 年入选国家湿地公园。参见国家级水利风景区——惠亭湖水利风景区。

天堂湖国家湿地公园 2016 年入选国家湿地公园。参见国家级水利风景区——天堂湖水利风景区。

长寿岛国家湿地公园 位于襄阳市樊城区牛首镇。长寿岛是因河道变迁而淤积起来的一座江心岛,拥有 15 平方千米沙地及沙滩,森林面积约 12 平方千米,森林覆盖率 73%。占地面积 17.15 平方千米,湿地率为 80%。有河流、滩涂、岛屿等多种典型河流湿地景观,是典型的淡水河流湿地。2017 年入选国家湿地公园。

返湾湖国家湿地公园 位于潜江市后湖管理区境内。返湾湖原名"反王湖",因元末起义军陈友谅兵败于此而得名。属湖泊湿地类型,占地面积 8 平方千米,有植物 347 种、野生脊椎动物 188 种,还有国际极危物种青头潜鸭、国家二级保护野生动物白琵鹭等,每年在此栖息、繁殖或经此迁徙的鸟类有 30 多种。2017 年入选国家湿地公园。

潘集湖国家湿地公园 位于沙洋县曾集镇。江汉平原典型的人工湿地,占地面积 5.4 平方千米,其中湿地 4.71 平方千米。这里有国家二级保护野生植物 1 种,国家二级保护野生动物 5 种,还有湖北省重点保护野生动物 55 种。2017 年入选国家湿地公园。

藏龙岛国家湿地公园 位于武汉市江夏区。占地面积 4 平方千米,包括杨桥湖、上潭湖、下潭湖、玉叶滩、明星林场等区域,有"藏龙八景""杨桥湖二十四桥"等景观。生活着黑斑蛙、中华大蟾蜍、乌梢蛇、豹猫等湖北省重点保护动物,八哥、家燕、黑水鸡、灰喜鹊、大山雀等湖北省重点保护的鸟类。2017 年入选国家湿地公园。

青龙湖国家湿地公园 位于当阳市庙前镇。以巩河水库为主体,占地面积 6.8 平方千米,其中林地 3.56 平方千米、水域 3.22 平方千米,湿地率 47%。分布有野生植物 112 科 259 属 375 种,包括银杏、苏铁、水杉等国家重点保护野生植物;野生动物 29 目 66 科 175 种,有中华秋沙鸭、穿山甲、虎纹蛙等 10 余种国家重点保护野生动物。2017 年入选国家湿地公园。

沙湖国家湿地公园 位于仙桃市沙湖镇。典型的内陆湖泊湿地,东与长江相接,西与汉水相连,南依洪湖东荆河大堤,北靠仙桃东荆河大堤,古老的东荆河贯穿全境,成为公园的主要水系纽带。拥有滩涂、沼泽、水域、芦苇荡等多种原生态湿地风光,栖息着国家一级保护野生动物 2 种、国家二级保护野生动物 30 多种。2017 年入选国家湿地公园。

策湖国家湿地公园 位于浠水县南部,长江中游北岸。1 800 多年前东吴大将孙策在这里训练水军,"策湖"因此得名。占地面积 11.42 平方千米,其中湿地 11.3 平方千米,是长江中下游典型的湖泊湿地。分布有植物 165 科 499 属 738 种,湿生植物主要包括苔草群丛等 9 个群丛;有脊椎动物 59 科 126 属 187 种,其中国家一级保护野生动物 2 种,国家二级保护野生动物 5 种。是乌鳢国家级水产种质资源保护区。2018 年入选国家湿地公园。

安山国家湿地公园 位于武汉市江夏区。占地面积 12.15 平方千米。以湖泊湿地为主,有部分的沼泽湿地,湿地率为 78%。分布有维管植物 337 种,国家一级保护野生动物 2 种,国家二类保护野生动物 11 种。每年来此越冬的珍稀候鸟达 130 多种,多达数万只,其中以雁形目鸟类最多,如国家一级保护的野生鸟类东方黑鹳、白鹤以及小天鹅、灰鹤等。2018 年入选国家湿地公园。

古南河国家湿地公园 位于房县东南部。以南河主河道房县段为主体,占地面积 18.18 平方千米,其中湿地 10.74 平方千米,湿地率 59%。分布有植物 1 652 种,其中国家珍稀濒危野生植物 41 种、国家重点保护野生植物 21 种、国家珍贵树种 18 种;有野生动物 226 种,其中鸟类 165 种。2018 年入选国家湿地公园。

朱湖国家湿地公园 位于孝感市孝南区,范围涵盖孝南境内的府河、沦河流域以及朱湖农场和毛陈镇部分区域。占地面积51.56平方千米。主要有天然湿地和人工湿地两大类。天然湿地由河流和沼泽组成,面积34.14平方千米;人工湿地由库塘、水产养殖基地、稻田组成,面积3.55平方千米。有各种植物259种,野生动物194种。2018年入选国家湿地公园。

沮河国家湿地公园　位于远安县县城近郊,公园范围内沮河长10.6千米。占地面积4.87平方千米,其中湿地1.8平方千米。具有典型的山区森林和湿地复合生态系统,野生动植物资源丰富,有各类植物293种,其中维管植物256种,野生动物136种,其中有黑鹳、秃鹫、雕鸮、鸳鸯等国家重点保护野生动物。2018年入选国家湿地公园。

黄龙滩国家湿地公园　位于十堰市张湾区黄龙镇。层峦叠嶂,碧波秀水,是堵河入汉江的最后一道生态屏障,十堰城区主要饮用水源区。占地面积8.75平方千米,湿地率50%。分布有维管植物121科324属540种,脊椎动物250种,有野大豆、虎纹蛙、白额雁、黑鸢等28种国家二级保护野生动植物。2018年入选国家湿地公园。

仙居河国家湿地公园　位于荆门市东宝区仙居乡。占地面积4.04平方千米,包括水库湿地、稻田湿地、永久性河流湿地等类型,湿地率46%。水质达到国家二类标准以上,湿地生态系统良好。野生植物有400多种,野生动物有200多种。2018年入选国家湿地公园。

封江口国家湿地公园　位于随县中部。依托封江口水库而建,封江口水库总库容2.52亿立方米,控制流域面积460平方千米。占地面积29.91平方千米,其中湿地26.37平方千米,包括永久性河流、库塘和沼泽。2018年入选国家湿地公园。

龙湖国家湿地公园　位于竹溪县龙坝镇。占地面积2.21平方千米,主体为竹溪河水库,库区集雨面积120平方千米,总库容量2 348万立方米,承担着为竹溪县城10余万居民供水的重要职能。地质多样,水质良好,有鸳鸯湖、仙人寨、打儿窝、将军石等景点。2018年入选国家湿地公园。

圣水湖国家湿地公园　位于竹山县上庸古镇。潘口水电站建成后形成的人工库塘型湿地。占地面积 32.55 平方千米。圣水湖水域 60 多平方千米,平均水深超过百米,水位稳定,是水上运动项目集训和赛事活动举办的理想之地。画舫、游船、漂浮泳池、快艇、游乐船、摩托艇、水上自行车、垂钓等娱乐项目应有尽有。2018 年入选国家湿地公园。

富水湖国家湿地公园　2018 年入选国家湿地公园。参见国家级水利风景区——富水湖水利风景区。

沲水国家湿地公园　2018 年入选国家湿地公园。参见国家级水利风景区——沲水水利风景区。

张家咀国家湿地公园　位于英山县城北部。大别山南麓典型的低山丘陵湿地,长江一级支流浠水和大别山国家自然保护区的重要水源地,是水鸟越冬地和中继站。占地面积 5.13 平方千米,其中水域面积 3.84 平方千米。有野生植物 104 科 359 属 595 种,其中国家二级保护野生植物 2 种;有野生动物 120 种,其中国家二级保护野生动物 9 种。2005 年入选国家湿地公园(试点)。

东湖国家湿地公园　位于武汉市中心城区。水域主要包括团湖、后湖、喻家湖。占地面积约 10.2 平方千米,湖岸曲折,碧波万顷,青山环绕。以沼泽湿地、河流景观为主,还有草滩、砾石滩、沙滩、湿地林木滩地。设有水生花卉园、水上迷宫、蔬菜耕作区。2008 年入选国家湿地公园(试点)。

赤龙湖国家湿地公园　位于蕲春县赤东镇、蕲州镇、八里湖国营农场、赤东湖渔场及恒丰湖渔场境内。占地面积 109 平方千米,其中湿地 67 平方千米。地貌类型属长江冲积平原湖滩地貌,集丘陵、湖泊、湿地等自然景观为一体。分布有多种国家重点保护动物和珍稀濒危动物,其中国家一级保护野生动物有白鹤、东方白鹳、白头鹤、黑鹳等,国家二级保护野生动物有天鹅、鸳鸯等 27 种;有维管植物 183 种、木本植物 630 种、草本植物 80 余种、水生植物 50 余种。2009 年入选国家湿地公园(试点)。

漳河国家湿地公园　2009 年入选国家湿地公园(试点)。参见国家级水利风景区——漳河风景名胜区。

陆水湖国家湿地公园　2009 年入选国家湿地公园(试点)。参见国家级风景名胜区——陆水湖风景名胜区。

天龙湾国家湿地公园 位于宜都市西南部，八百里清江下游处。由自然湿地和人工湿地生态系统及周边良好的森林生态系统组成，占地面积12.4平方千米，其中湿地4.61平方千米。拥有植物151科481属777种，两栖动物3科7种，爬行动物7科19种，鸟类33科106种，蝶类8科81种，千只以上的白鹭群居区三处，多次发现国家一级保护野生动物中华秋沙鸭。2011年入选国家湿地公园（试点）。

浮桥河国家湿地公园 2011年入选国家湿地公园（试点）。参见国家级水利风景区——浮桥河水利风景区。

青山国家湿地公园 位于崇阳县青山镇。典型的人工库塘湿地，占地面积22.49平方千米，其中湿地12.3平方千米。500多个大小岛屿为众多生物提供了繁衍栖息的场所。共有湿地植物73科209属289种，脊椎动物5纲36目90科274种，其中国家一级保护野生植物1种、国家二级保护野生植物6种、鄂南稀有树种6种，有25种鱼类是中国特有物种，120种鸟类中有14种为国家二级保护野生动物。2012年入选国家湿地公园（试点）。

大溪国家湿地公园 位于通城县四庄乡大溪村和纸棚村。占地面积9.32平方千米，其中湿地4.43平方千米。山深林茂，万木争荣，拥有自然岛屿10多个，被誉为"通城之肺"。水系主要为青山河水系、大溪水库、双港和大溪港等入库溪流。地下水资源丰富，有松散岩类空隙水、基岩裂隙水和碳酸盐岩岩溶水三种类型。有岗丘植物114科304属，湿地维管植物74科222属326种，野生脊椎动物5纲36目81科241种，其中国家一级保护野生动物有白颈长尾雉和云豹两种。2013年入选国家湿地公园（试点）。

襄阳汉江国家湿地公园 位于襄阳市汉江四桥到崔家营大坝之间的水域和滩地。占地面积38.94平方千米。其中，老龙洲通过退田还湿地，改造人工林，改造土壤及水环境等方式，恢复了老龙洲原有湿地生态景观，打造了高品位的湿地生态旅游、休闲、观光场所。2013年入选国家湿地公园（试点）。

贡水河国家湿地公园 位于宣恩县野椒园风景区。以忠建河流域为主体,由桐子营水库、双龙湖水库、忠建河河道等周边湿地及外围山体组成,类型为库塘湿地和永久性河流湿地,占地面积 5.6 平方千米,湿地率 80%。2013 年入选国家湿地公园(试点)。

万洋洲国家湿地公园　位于宜城市的汉江东侧万洋洲。占地面积 24.66 平方千米,其中湿地保育区、恢复重建区面积 22 平方千米。湿地类型为永久性河流湿地以及洪泛平原湿地,湿地率 70%。拥有维管植物 74 科 185 属 229 种,脊椎动物 27 目 52 科 119 种。2013 年入选国家湿地公园(试点)。

向阳湖国家湿地公园　位于咸宁市咸安区北部。包括向阳湖、向阳湖奶牛场部分区域,占地面积 59.52 平方千米,其中湿地 50.64 平方千米,湿地率 85%。湿地类型有湖泊湿地、沼泽湿地、河流湿地、人工湿地。以湖泊湿地为主,占总面积的 51%;其次是库塘湿地,占总面积的 17%。2014 年入选国家湿地公园(试点)。

杜公湖国家湿地公园　位于武汉市东西湖区柏泉农场境内,含幺教湖和杜公湖两个湖面,占地面积 2.31 平方千米。杜公湖水域面积 1.59 平方千米,水草茂盛,碧波荡漾,鱼虾成群。2014 年入选国家湿地公园(试点)。

清凉河国家湿地公园　位于南漳县北部的李庙镇和九集镇,主要包括石门集水库及其下游的清凉河至绕城路大桥段。占地面积 12.33 平方千米,其中湿地 9.17 平方千米,包括河流湿地和人工湿地两大类,涉及库塘、永久性河流、洪泛平原湿地和淡水养殖场四个湿地类型。2014 年入选国家湿地公园(试点)。

金湖国家湿地公园　位于枝江市东北侧,地处鄂西山区与江汉平原的过渡地带。金湖是典型的江汉平原低洼地带天然淡水湖泊,因从空中俯瞰宛如一条灵动的金鱼而得名。占地面积 7.33 平方千米,其中湿地 6.89 平方千米,湿地率 94%。2014 年入选国家湿地公园(试点)。

汈汊湖国家湿地公园　位于汉川市境内。汈汊湖是"日"字形全封闭式湖泊。占地面积 24.9 平方千米,其中各类湿地 24.62 平方千米,湿地率 99%。2014 年入选国家湿地公园(试点)。

环荆州古城国家湿地公园 位于荆州市，包括荆州古城的三条河流——护城河、太湖港河、荆襄河，占地面积 4.69 平方千米。水源充足，动植物资源丰富，有维管植物 121 科 513 种，其中国家二级保护野生植物有 3 种；野生动物 66 科 152 种，其中国家二级保护野生动物 8 种。2014 年入选国家湿地公园（试点）。

崇湖国家湿地公园 位于公安县中东部的荆江分洪区内。崇湖原是一个调蓄湖，自长江三峡工程建成使用，长江洪水威胁大为降低，调蓄作用不再明显。占地面积 14.75 平方千米，其中湿地 14.64 平方千米，湿地率 99%。分布有植被 353 种，鸟类资源有 131 种，其中被列入《世界自然保护联盟濒危物种红色名录》的有青头潜鸭和罗纹鸭，国家二级保护野生动物有 11 种。2014 年入选国家湿地公园（试点）。

百溪河国家湿地公园 位于五峰土家族自治县境内。百溪河发源于五峰县境内的独山，是长江的重要支流之一，在五峰境内流域面积 1.64 平方千米，河道长 30.5 千米。占地面积 5.02 平方千米，其中湿地 3 平方千米，湿地率为 60%。2014 年入选国家湿地公园（试点）。

清江国家湿地公园 2014 年入选国家湿地公园（试点）。参见国家级水利风景区——清江水利风景区。

府河国家湿地公园 位于安陆市府河西部。府河亦称涢水，涢水流域大部在古德安府（今安陆市）境内而得名。占地面积 15.58 平方千米，属河流湿地型公园。2015 年入选国家湿地公园（试点）。

圈椅淌国家湿地公园 位于宜昌市夷陵区樟村坪林场境内。圈椅淌因其自然形态酷似青山绿水之间摆放了近百把"圈椅"而得名。占地面积 3.27 平方千米，属特殊类型亚高山森林沼泽湿地，由千年原始森林、绿色草甸、沼泽溪沟、清泉滩涂、林中小河所构成，有永久性河流、藓类沼泽、草本沼泽、灌丛沼泽、森林沼泽等五种湿地类型。2015 年入选国家湿地公园（试点）。

张家湖国家湿地公园 位于天门市九真镇境内。张家湖水域面积 6.53 平方千米，平均水深 1.8 米，是典型的浅水湖泊。占地面积 1.09 平方千米，其中湿地 8.41 平方千米,湿地率 78%。主要是永久性淡水湖以及永久性河流。共有植物 244 种,其中 3 种为国家二级保护野生植物;有动物 22 种,有 6 种鸟类为国家二级保护的野生鸟类。2015 年入选国家湿地公园(试点)。

菱角湖国家湿地公园　位于荆州市荆州区西北部的马山镇。菱角湖因形似菱角而得名。占地面积 12.36 平方千米,其中湿地 11.58 平方千米,湿地率 94%。野生鸟类资源丰富,冬候鸟野鸭、鸬鹚、白琵鹭、反嘴鹬、灰雁、白鹭等,总量逾万只。2015 年入选国家湿地公园(试点)。

老观湖国家湿地公园　位于孝感市境内。老观湖原为泛水湖,因多次修堤筑坝,面积不断缩小,遂成内湖,水质有不断恶化趋向。后经水环境截污工程、污水处理工程、水生态修复工程和湖岸景观工程等综合整治,水质明显改善,生态环境得到修复。占地面积 13.72 平方千米,其中湿地 12.33 平方千米,包括永久性淡水湖、草本沼泽、淡水养殖场三种湿地类型。2015 年入选国家湿地公园(试点)。

三菱湖国家湿地公园　位于石首市桃花山镇桃花山北部。占地面积 8.54 平方千米。三菱湖因形如一枚巨大的三角红菱而得名,湖面面积 4.67 平方千米,蓄水量 446 万立方米。湖东岸有红军树、范蠡墓和龙泉寺等名胜古迹。2015 年入选国家湿地公园(试点)。

徐家河国家湿地公园　位于广水县长岭镇。徐家河水库系拦截长江流域府河支流徐家河而成,集水面积 753 平方千米,总库容 7.78 亿立方米,是一座以灌溉为主,兼有防洪、发电、供水、航运、养殖等综合效益的大型水库。占地面积 41.63 平方千米,其中湿地 39.78 平方千米,湿地率 96%。2016 年入选国家湿地公园(试点)。

涢水国家湿地公园　位于云梦县县城附近,地处三楚腹地、涢水中游。占地面积 10.79 平方千米。湿地生态环境丰富,动植物种类繁多,具有维护生物多样性、调节蓄水灌溉、净化水质等多种功能,是涢水流域湿地生态系统的重要组成部分。2016 年入选国家湿地公园(试点)。

莲花湖国家湿地公园　位于阳新县老城区与新城区接合部。淡水湖泊湿地,由莲花湖、大泉湖、卢家坝湖和石灰寨湖等组成,占地面积 10.47 平方千米,其中湿地 8.92 平方千米,湿地率 85%。是长江中下游小天鹅、白琵鹭等珍稀水禽的重要觅食区,也是雁鸭类、鹭类、鸥类等水禽的主要繁衍、栖息区。2016 年入选国家湿地公园(试点)。

老江河故道国家湿地公园　位于监利县境东南部。老江河原系长江主道,长江河道裁弯取直后形成长江故道。老江河与长江主河道之间隔长江大堤,水系通过闸门相通。老江河渔场是我国四大家鱼种质生态库之一,盛产青鱼、红尾鱼、桂花鱼、武昌鱼、淡水白鲳等多种优质淡水鱼。占地面积 22.38 平方千米,其中湿地保育区和恢复重建区 19.95 平方千米,占公园湿地总面积的 93%。2016 年入选国家湿地公园(试点)。

珍湖国家湿地公园　位于嘉鱼县陆溪镇,地处陆水河出口与长江交汇处。珍湖原与陆水河连通,明朝时期由于陆水河泥沙淤积,湖的西面淤成洲地,形成湖泊。珍湖湖面面积 1.75 平方千米,集雨面积 13.6 平方千米,库容 43.2 万立方米。湿地公园以陆水河、珍湖为主体,占地面积 51 万平方米,湿地率 94%。2016 年入选国家湿地公园(试点)。

泗河国家湿地公园　位于十堰市茅箭区中东部。占地面积 10.4 平方千米,湿地率 64%。包括泗河茅箭区段和马家河、茅塔河、田湖堰河三条河流部分河段及划入三条河流的部分汇水沟,属典型的河流型湿地公园。2016 年入选国家湿地公园(试点)。

郧阳湖国家湿地公园　位于十堰市郧阳区。占地面积 17.44 平方千米。2016 年入选国家湿地公园(试点)。

二十一、国家矿山公园

黄石国家矿山公园　位于黄石市铁山区境内。矿冶大峡谷长 2 200 米,宽 550 米,最大落差 444 米,坑口面积达 108 万平方米,被誉为"亚洲第一天坑"。拥有亚洲最大的硬岩复垦基地。大冶铁矿是中国第一家采用机器开采的大型露天铁矿,亚洲最大最早的钢铁联合企业汉冶萍公司主要组成部分,中国近代工业先驱张之洞创办洋务企业唯一保留下来、仍在正常运作的企业,中国第一支大型地质勘探队——429 地质勘探队诞生地。2005 年入选国家矿山公园。

应城国家矿山公园 位于应城市境内。核心区在风景秀丽的团山。分膏矿景区、盐矿景区和温泉景区三个景区,占地面积约 30 平方千米,主要矿业遗迹面积 20 平方千米。已建成我国首个石膏博物馆,通过文字图片、雕塑场景、艺术装置等手段,全方位展现古老矿山蜕变成为城市花园的发展历程。2010 年入选国家矿山公园。

潜江国家矿山公园 位于江汉平原腹地。探明富藏石油、天然气、卤水、岩盐、钾盐、钾芒硝、无水芒硝等矿产资源,还有矿泉水、陶土等地下资源。岩盐分布面积约 2 000 平方千米,岩盐累计厚度约 1 800 米,矿产埋藏深度 700—2 145 米,估算盐岩的地质储量为 7 900 亿吨。2012 年入选国家矿山公园。

樟村坪国家矿山公园 位于宜昌市夷陵区樟村坪镇。磷矿资源富集,占地面积 3.3 平方千米,分地上和地下两部分。2012 年入选国家矿山公园。

云盖寺绿松石矿山公园 位于十堰市郧阳区境内。云盖寺绿松石是世界公认的优质绿松石,已有 2 800 年的开采历史。2017 年入选国家矿山公园。

尧治河矿山公园 位于保康县境内。尧治河磷矿地处我国第四大磷矿的中心地带,保有地质储量为 9 000 万吨,远景储量达 6 亿吨以上。矿业遗迹丰富,磷矿品位高。2017 年入选国家矿山公园。

二十二、国家考古遗址公园

楚纪南城考古遗址公园 位于荆州市荆州区。纪南故城为东周时期楚国郢都故址,因在纪山之南,汉以后史称"纪南城"。公元前 689 年—前 278 年的四百多年间,楚国共有 20 个帝王在此即位。城内有宫殿区、贵族区、平民区和手工业作坊区。城东南部有占地约 160 万平方米的大型宫殿遗址,城外有古墓数百座,几座中型楚墓出土了数以千计的文物。秦大将白起"拔郢"后,此城便成废墟。2013 年入选国家考古遗址公园。

盘龙城国家考古遗址公园 位于武汉市黄陂区境内。盘龙城中心区面积约 1.2 平方千米,外城面积 2.5 平方千米。文化堆积的时代,上限为屈家岭文化,下限相当于殷墟早期。内城兴建年代在公元前 15 世纪前后,相当于商代二里岗文化时期,外城尚未确定兴建年代。出土的长 104 厘米的大玉戈,被列入《首批禁止出国(境)展览文物目录》。盘龙城遗址是"中国 20 世纪 100 项重大考古发现"之一。2017 年入选国家考古遗址公园。

二十三、世界遗产

武当山古建筑群 位于丹江口市境内。唐贞观年间敕建,明代达到鼎盛,历代都有增修扩建。整个建筑群采用皇家建筑规制,形成了"五里一庵十里宫,丹墙翠瓦望玲珑,楼台隐映金银气,林岫回环画镜中"的"仙山琼阁"的意境,绵延 70 千米,体现了道教"天人合一"的思想,堪称中国古代建筑史上的奇观。1994 年入选世界文化遗产。

明清皇家陵寝:明显陵 位于钟祥市纯德山上。建于明正德年间,是明嘉靖皇帝的父亲恭睿献皇帝朱祐杬、母亲慈孝献皇后的合葬墓。占地面积1.83 平方千米,是明代帝陵中单体面积最大的皇陵。规划布局和建筑手法独特,在明代帝陵规制中具有承上启下的作用,"一陵两冢"的陵寝结构为历代帝王陵墓中绝无仅有。明嘉靖皇帝朱厚熜御敕所建的元佑宫,供皇室宗亲和州府官员朝奉显陵之所,占地面积 1.5 万平方米,形制结构与北京故宫类似。2000 年作为"明清皇家陵寝"的组成部分入选世界文化遗产。

土司遗址：唐崖土司城遗址　位于咸丰县唐崖镇。遗址所在地古属施州，主要族群为自古定居于此的土家族，元末起由覃氏土司世袭统治，管辖领地 600 平方千米。始建于元至正年间，鼎盛于明天启年间，废止于清雍正中期改土归流，共历 16 代 18 位土司。城址总面积 74 万平方米，主要遗存有张王庙、"荆南雄镇"牌坊、衙署、大寺堂、土司墓、采石场、营房、桥上桥、院落、道路等。城址格局清晰，功能完备，保存完整，为西南地区最具代表性的土司城址之一。2015 年唐崖土司城遗址与湖南永顺老司城遗址、贵州遵义海龙屯土司遗址以"土司遗址"为名列入《世界遗产名录》。

神农架　2016 年入选世界自然遗产。参见国家生态旅游示范区——神农架国家生态旅游示范区。

二十四、全国重点文物保护单位

武汉—武昌起义军政府旧址　位于武昌区阅马场。因主体建筑为红色楼房，又称"红楼"。原是清政府于宣统初年所建的湖北省咨议局大楼，共有房 11 栋，建筑面积 6 000 余平方米，西方古典建筑风格。现大门和主楼上端匾额均为宋庆龄题写。院门外正前方立有孙中山铜像。1911 年 10 月 10 日辛亥革命武昌起义成功，革命党人在此组成革命军政府，颁发第一号布告，宣布废除清朝帝制，建立中华民国。1961 年入选全国重点文物保护单位，2016 年入选首批"中国 20 世纪建筑遗产项目"。

武汉—八七会议会址　1982 年入选全国重点文物保护单位。参见全国红色旅游经典景区——八七会议旧址纪念馆。

武汉—盘龙城遗址　1988 年入选全国重点文物保护单位。参见国家考古遗址公园——盘龙城国家考古遗址公园。

武汉—武汉国民政府旧址 位于江汉区南洋大楼。该楼由爱国华侨简氏兄弟于 1917 年兴建,水泥钢筋结构,共有六层。这里一度是武汉国民政府的办公处。1996 年入选全国重点文物保护单位。

武汉—湖泗瓷窑址群 位于江夏区梁子湖沿岸。因最早发现于湖泗乡而得名。已查明烧制青白釉瓷的窑堆 98 座,时代为五代至元明。窑堆一般高约 5 米,围径 100 米左右,最大的高达 9 米,围径约 200 米。以仰烧法烧制民间常用瓷器。窑群规模大、分布范围广、延续时间长,在长江中游地区的古代窑址中并不多见。2001 年入选全国重点文物保护单位。

武汉—明楚王墓 位于江夏区龙泉镇。明朝昭、庄、宪、康、靖、端、愍、恭、贺等九位楚藩王的陵寝,另有历代先贤陵墓 48 处。各陵寝面积均在百亩以上。昭王陵保存最好,庄、靖、愍三陵部分建筑台基基本保存完好。出土金册(铜质)、玉印、腰带等 100 余件文物。开放的景点有楚天名山牌坊、远眺亭、楚昭王陵园、龟碑亭、婆婆树、樊哙雕像及樊哙墓等。2001 年入选全国重点文物保护单位。

武汉—武汉农民运动讲习所旧址 位于武昌区红巷。武汉农民运动讲习所是大革命时期国共两党合作创办的培养农民运动干部的学校,由邓演达、毛泽东、陈克文担任常务委员,毛泽东实际主持工作。旧址原为北路学堂,大革命失败后一度为军队驻地,后一直为学校。旧址占地面积 1.3 万平方米,有房屋四栋。2001 年入选全国重点文物保护单位。

武汉—大智门火车站 位于江岸区京汉街。清光绪二十九年(公元 1903 年)启用,是中国第一条长距离准轨铁路——京汉铁路的终点站。建筑面积 1 176 平方米,主楼四角筑有塔楼,屋顶中部为四坡红瓦屋面,两端为覆盆式铁瓦屋面,主出入口由并列的三洞六扇门组成。1991 年新的汉口火车站建成后停止使用。2001 年入选全国重点文物保护单位。

武汉—江汉关大楼 位于沿江大道与江汉路交会处。清政府于同治初年在汉口设立海关,名"江汉关"。江汉关大楼占地面积 1 499 平方米,建筑面积 4 009 平方米。采用钢筋混凝土筏式基础,主楼四层,底层为半地下室,钟楼四层,总高度 46.3 米,为武汉当时最高的建筑物。现存江汉关大楼落成于 1924 年。2001 年入选全国重点文物保护单位,2016 年入选"中国 20 世纪建筑遗产项目"。

武汉—武汉大学早期建筑 位于东湖湖畔。1936 年竣工,作为教学基地沿用至今。建筑群遵循"轴线对称、主从有序、中央殿堂、四隅崇楼"的中国传统建筑原则,形成以图书馆、理学院、工学院为主体的三个建筑团组,融合中西建筑之长,古朴典雅,巍峨壮观,堪称近现代中国大学校园建筑的佳作。有宋卿体育馆、樱园老斋舍、老图书馆、半山庐、周恩来故居和郭沫若故居等 26 栋建筑,2001 年入选全国重点文物保护单位。2016 年入选"中国 20 世纪建筑遗产项目"。

武汉—詹天佑故居 位于江岸区洞庭街。建于 1912 年。詹天佑任汉粤川铁路会办兼总工程师期间由他本人设计监造。两层楼砖木结构的西式楼房,独立式庭院住宅。1993 年建立詹天佑故居陈列馆,有文物藏品 43 件(套),其中有詹天佑出国留学时使用的木箱,修筑铁路时用的计算尺,工作学习用的《英汉大词典》及詹天佑亲笔题字送给其子的照片等。纪念馆的旁边是一所以詹天佑名字命名的小学。2001 年入选全国重点文物保护单位。

武汉—汉口近代建筑群 位于汉口大智门火车站以南至江汉路、京汉大道以东至长江边地区。包括英、法、德、俄、美领事馆旧址,均为清代建筑。英国领事馆为三幢西式二层楼房,1936 年重建。法国领事馆为一幢西式二层砖墙青瓦楼房,清光绪中期重建。德国领事馆为一幢二层砖混结构维多利亚式建筑,四周卷廊、门及屋顶具德式建筑风格。俄国领事馆为一幢砖混结构西式二层楼房和八栋平房。美国领事馆为一幢砖木结构西式楼房,主楼三层,整个建筑具有巴洛克式风格。2006 年入选全国重点文物保护单位。

武汉—汉口中华全国总工会旧址 位于江岸区友益街。旧址原系叶开泰药号传人叶凤池的公馆,建于 1920 年,由左右两栋西洋式建筑组成,西楼为三层砖混结构,东楼为两层砖混结构,外观朴实而典雅,占地面积 1 507 平方米。1926 年 10 月湖北省总工会成立,设机关于此,随后中华全国总工会由广州迁武汉,也在此办公。苏兆征、李立三、刘少奇等在此领导工人运动。2006 年入选全国重点文物保护单位。

武汉—无影塔 位于武昌区。传说夏至中午时分,此塔无影,故称"无影塔"。原名兴福寺塔,建在洪山东端山麓兴福寺内,兴福寺始建于南朝梁元帝承胜年间,南宋咸淳年间重建兴福寺并建此塔。太平天国军队攻打武昌城时与清军在洪山几度激战,兴福寺建筑物被毁,仅此塔幸存。1962 年塔身倾斜破裂,随后迁建于洪山公园。仿木结构楼阁式塔,全部用石块砌成,平面呈八角形,高 11.25 米。2013 年入选全国重点文物保护单位。

武汉—胜像宝塔 位于武昌区。元至正年间由威顺王建于黄鹤楼故址前的黄鹄矶头,1955 年修建武汉长江大桥时拆迁至蛇山西部、京广铁路跨线桥旁,1984 年迁入黄鹤楼公园。佛教密宗佛塔,塔高 9.36 米,座宽 5.68 米,采用外石内砖方式砌筑,以石砌为主,内部塔室使用了少量的砖。2013 年入选全国重点文物保护单位。

武汉—槐山矶驳岸 位于江夏区金口街槐山西麓长江边。明嘉靖年间由当地政府和商户出资修建了供航运拉纤和船只停靠的驳岸,采取一横一丁错缝平砌法以大块花岗岩条石构筑,分上中下三层台阶式纤道,沿槐山山脚依山就势而筑。全长 247 米,平均高度 7 米。驳岸的南端上、中两级台阶纤道各建一券顶式涵洞,上下连通。2013 年入选全国重点文物保护单位。

武汉—禹稷行宫 位于汉阳区龟山东麓。为祭祀大禹而筑,始建于宋绍熙年间。历代多次重修。占地面积 380 平方米,木构建筑,大殿为硬山顶式厅堂。2013 年入选全国重点文物保护单位。

武汉—古德寺 位于江岸区黄浦路。始建于清光绪初年。"古德"有"心性好古,普度以德"之意。占地面积近 3 万平方米,建筑面积近 8 000 平方米,混合了欧亚宗教建筑的特色。2013 年入选全国重点文物保护单位。

武汉—起义门 位于武昌区首义路起义街。原是武昌古城的中和门,始建于明洪武年间,是武昌古城十座城门中唯一保存至今的一座。城门高 7.1 米,宽 5 米。城门上有重檐歇山顶城楼,朱柱青瓦,斗拱飞檐。1911 年 10

月 10 日,湖北新军工程营起义军迅速控制中和门,参加起义的南湖马炮营得以从此门入城,在城头架炮轰击湖广总督府。1981 年城楼在原址修复,2011 年恢复重修了 333 米城墙,增加辛亥革命碑林、风雨长廊、楚望亭、首义烽火石刻等。2013 年入选全国重点文物保护单位。

武汉—京汉铁路总工会旧址 位于江岸区解放大道。1923 年 2 月京汉铁路总工会在郑州成立,遭到军阀的阻挠和破坏,总工会秘密迁移至此,张国焘在这里开会,起草宣言、电稿,编写宣传品,这里成为领导京汉铁路总同盟罢工斗争的指挥部。砖木结构的院落式民房,共有房间十间,占地面积 204 平方米,建筑面积 106 平方米。1980 年按原貌进行修缮,并布置"二七"罢工斗争史迹的陈列。2013 年入选全国重点文物保护单位。

武汉—汉口中共中央宣传部旧址 位于江岸区黄石路辅义里。1927 年初,与共产党合作的国民党中央和国民政府由广州迁都武汉。中共中央迁到武汉后中宣部设在这里。旧址为一栋两层砖木结构的里弄住宅,有两个天井,红瓦屋顶,建于 1917 年。2013 年入选全国重点文物保护单位。

武汉—中共中央领导人汉口住地旧址 位于江岸区。1927 年"七一五"反革命政变后,中国共产党转入地下活动,周恩来和邓颖超曾秘密居住于此。周恩来赴南昌领导起义后,邓颖超转移市郊,瞿秋白、杨之华、李维汉以及邓小平秘密居此。1927 年 9 月中共中央迁往上海,瞿秋白等先后离开。旧址为一幢西式三层公寓楼房,钢筋混凝土结构。2013 年入选全国重点文物保护单位。

武汉—中国共产党第五次全国代表大会旧址 位于武昌区都府堤。原为国立武昌高等师范学校附属小学,创办于 1918 年。1927 年 4 月,中国共产党第五次全国代表大会在此举行开幕式,之后在汉口黄陂会馆继续进行。同年 5 月,中国共产主义青年团第四次全国代表大会亦在此召开。湖北地区早期党组织负责人陈潭秋曾在此以教书作掩护进行革命活动。旧址占地面积 7 900 平方米,建筑临街立面采用西方古典风格,内部为传统木建筑形式。现已辟建为中共五大会址纪念馆。2013 年入选全国重点文物保护单位。

武汉—武汉中央军事政治学校旧址　位于武昌区解放路。第一次国共合作时期国共两党合力创办的高等军事院校,隶属于国民党中央军事委员会。1926年10月北伐军光复武汉,国民党中央于两湖书院旧址创办中央军事政治学校(黄埔军校)政治科。1927年3月正名为"中央军事政治学校"。"七一五"反革命政变后,大部分学生编入国民革命军第二集团军第四方面军军官教导团,成为南昌起义、广州起义等武装起义的重要力量。旧址占地面积1.4万平方米,砖木结构,尚存三栋平房。2013年入选全国重点文物保护单位。

武汉—武汉中共中央机关旧址　位于江岸区胜利街。原为俄国租界四民街一座古老的西式三层居民楼,红墙赤瓦。1926年秋武汉成为大革命的中心,中共中央机关陆续由上海迁来。1927年4月中共中央总书记陈独秀抵达武汉后居住于此。中共中央秘书厅、组织部、宣传部等部门在周边地区办公,党中央的许多重要会议和重大事情都在这里召开、决策。2013年入选全国重点文物保护单位。

武汉—湖北省立国书馆旧址　位于武昌区武珞路。始建于清光绪末年,由张之洞主持创办,1934年迁入现址。国民政府迁往武汉后国民政府军事委员会设于此。馆舍建筑面积2.5万平方米,外形为中国古典宫殿式结构,中部三开间凸出为主楼,前廊有四根通贯二层的朱红顶檐圆柱,顶层为歇山碧瓦,四周的横梁与墙面上饰有精美的雕塑图案。2013年入选全国重点文物保护单位。

武汉—汉口新四军军部旧址　位于江岸区胜利街。1937年12月,叶挺组建的新四军军部在此成立。1938年1月,新四军军部迁往南昌,这里改为新四军驻汉办事处。旧址为日本住宅式建筑,现按原貌修复,辟为纪念馆,复原陈列叶挺、项英、郭沫若办公室以及政治部、副官处、参谋处、军需处、军医处等办公室。2013年入选全国重点文物保护单位。

武汉—八路军武汉办事处旧址　位于江岸区长春街。八路军武汉办事处成立于1937年10月,是中国共产党在国民党统治区建立的公开办事机构。1937 年 12 月中共中央在武汉成立长江局,机关秘密设在办事处内。1937 年 12 月至 1938 年 10 月,周恩来、董必武、秦邦宪、叶剑英、邓颖超、王明等人在这里领导长江局和八路军武汉办事处的工作。旧址原为日商大石洋行,是一幢四层日式建筑,砖混结构,占地面积 1 777 平方米,1944 年被美国飞机炸毁,1978 年在原址按原貌重建。2013 年入选全国重点文物保护单位。

武汉—武汉长江大桥 位于武昌蛇山和汉阳龟山之间的长江江面上。新中国成立后在长江上修建的第一座复线铁路、公路两用桥,1957 年 10 月通车,大桥建成伊始即成为武汉市的标志性建筑。全长约 1 670 米,桥身共有八墩九孔,每孔跨度 128 米,桥下可通万吨巨轮。八个桥墩除第七墩外,其他都采用"大型管柱钻孔法",是我国首创的新型施工方法。2013 年入选全国重点文物保护单位。

十堰—武当山金殿 位于丹江口市武当山天柱峰的顶端。俗称"金顶",始建于明永乐年间。中国现存最大的铜铸建筑物,占地面积约 160 平方米,阔 4.4 米,深 3.15 米,高 5.54 米,整体铜铸,外饰镏金。四周立柱 12 根,殿顶翼角飞举,上饰龙凤、海马、仙人等吉祥物。内壁浅雕流云纹饰,线条柔和流畅。1961 年入选全国重点文物保护单位。

十堰—紫霄宫 位于丹江口市武当山上。始建于北宋宣和年间,明永乐年间重建,并封之为"紫霄福地"。占地面积约 27.4 万平方米,共有建筑 29 栋,建筑面积 6 854 平方米。对称布局,中轴线上为五级阶地,由上而下递建龙虎殿、碑亭、十方堂、紫霄大殿、圣文母殿,两侧以配房等建筑分隔为三进院落,构成一组鳞次栉比、主次分明的建筑群。主体建筑紫霄殿面阔进深各五间,共有檐柱、金柱 36 根,排列有序。四周陈列着上百尊元、明、清代铸造的神像和供器,大多为铜铸饰金。1982 年入选全国重点文物保护单位。

十堰—"治世玄岳"牌坊 位于江口市玄岳村。始建于明嘉靖年间,耸立在武当山北麓的一豁口处。俗称"玄岳门",四柱三间五楼仿木结构石牌坊,宽 14.5 米,通高 11.9 米。嘉靖皇帝敕额"治世玄岳"四字,字径 0.8 米见方。额、枋、柱、栏分别采用浮雕、镂雕和圆雕手法刻仙鹤游云、八仙及花鸟图案。1988年入选全国重点文物保护单位。

十堰—南岩宫　位于丹江口市武当山南岩上。唐宋时就有道士在此居住,元代道士在此创建道观,至大初年建成"万寿宫",元末建筑毁于大火。明永乐年间重建,时有大小殿宇640余间,赐额"大圣南岩宫",清末大部分建筑复毁。现仅存元建石殿,明建南天门、碑亭、两仪殿等建筑。原元君殿旧址上尚存玉皇大帝神像一尊,峨冠华衣,形态逼真。1996年入选全国重点文物保护单位。

十堰—学堂梁子遗址　位于十堰市青曲镇。旧石器时代遗址。先后发现两具早期人类头骨化石,采集石制品300多件,主要是以当地砾石为原料制作的大型石器,有石核、石片、尖状器和刮削器等。还发现大熊猫、东方剑齿象等第四纪更新世早期的哺乳动物化石20余种。地质时代为早更新世晚期。2001年入选全国重点文物保护单位。

十堰—玉虚宫遗址　位于丹江口市武当山玉虚路。明永乐年间敕建,建成8宫、2观、36庵堂、72岩庙等建筑,永乐皇帝钦定为"玄天玉女宫"。嘉靖年间增修扩建,占地面积达525万平方米,房屋2 200余间。天启年间主要建筑均遭火劫。清乾隆初年再次遭到大火,附属建筑一并化为灰烬。1935年遇山洪暴发,大片房屋被吞没,自此成残垣断壁。现残存建筑主要有两道长1 036米的宫墙,两座碑亭,里乐城的五座殿基和清代重建的父母殿、云堂以及东天门、西天门、北天门等遗址。2001年入选全国重点文物保护单位。

十堰—慈孝沟"采皇木"摩崖　位于竹溪县小汇乡。明嘉靖年间所刻。崖壁长8米,宽8米。石刻文字直排楷书,正文计9行共68字。字体圆润浑厚,刚劲有力。摩崖四周古树附藤,参天蔽日,清幽静雅。2006年入选全国重点文物保护单位。

十堰—武当山古建筑群　2006年入选全国重点文物保护单位。参见世界遗产——武当山古建筑群。

十堰—梅铺猿人遗址 位于郧阳区梅铺镇西寺沟龙骨洞。梅铺猿人早于北京周口店猿人,生活在距今约 50 万—100 万年之间。在洞内发现有猿人牙齿四颗,经过人工打磨痕迹清楚的石核,20 余种伴生动物化石,其中一部分属熊猫、剑齿象动物群,还有距今 60 万—100 万年的更新世初期的桑氏鬣狗和第三纪残存的较为古老的动物嵌齿象。2013 年入选全国重点文物保护单位。

十堰—黄龙洞遗址 位于郧西县香口乡。旧石器时代遗址。黄龙洞为大型管状溶洞,洞口宽 50 余米,高 10 多米,洞内大处可容数千人,窄处仅容一身,高低不一,深幽莫测。洞内有地下河,宽丈余,现已涸。洞内石笋甚多,如山、如人、如禽、如兽,千姿百态,各尽其妙。黄龙洞出土动物化石 1 700 余件,发现人类牙齿化石五枚。2013 年入选全国重点文物保护单位。

十堰—七里河遗址 位于房县境内。新石器时代聚落遗址,占地面积 6 万多平方米。遗存有房屋遗迹 19 处、墓葬 26 处以及一大批陶器、石器和骨器。遗址含有江汉平原的新石器文化元素,与中原地区的新石器文化有着密切的联系,属于汉水中上游的丹江流域新石器文化系统。2013 年入选全国重点文物保护单位。

十堰—甘氏宗祠 位于竹溪县中峰镇。始建于清康熙中期。为纪念康熙年间鄂陕地方守备甘继芳为国捐躯事迹而建。乾隆、光绪年间均有扩建。砖木结构,建筑面积约 400 平方米,由正殿、后殿、厢房、伙房、围墙、大门楼组成。建筑、彩画、泥塑、石雕、砖雕、木雕做工精美,内涵丰富。2013 年入选全国重点文物保护单位。

十堰—大丰仓 位于郧阳区城关老城小西门,紧邻汉江。国家储备粮食的古建筑群,始建于明成化年间,万历年间毁于水灾,改设现址。现存仓房建筑三栋,黑瓦青砖的仓房 30 间,占地面积 1.2 万平方米,建筑面积 1 129 平方米。保存至今的大丰仓,见证了湖北古代"五谷丰登"的盛况。2013 年入选全国重点文物保护单位。

十堰—上津古城 2013 年入选全国重点文物保护单位。参见中国历史文化名镇——郧西县上津镇。

孝感—新四军五师司令部旧址 1996 年入选全国重点文物保护单位。参见全国红色旅游经典景区——新四军五师旧址。

孝感—门板湾遗址 位于应城市城北街道星光村。占地面积约 110 万平方米,文化层厚 0.8—2 米。遗址中部有屈家岭文化时期的城址,城址平面呈方形,南北长约 550 米,东西宽约 400 米。城垣底宽约 40 米,顶宽约 14 米,残高约 1—5 米。垣外有城壕遗迹,长约 260 米,最宽处约 60 米,深约 3.5 米。城垣内发现有彩陶纺轮、彩陶杯、曲腹杯、鼎等残片以及灰坑和大型建筑基址。2001 年入选全国重点文物保护单位。

孝感—陶家湖遗址 位于应城市四龙河与陶家河交汇处。主要堆积属屈家岭文化和石家河文化时期。占地面积约 67 万平方米,土筑城垣,城垣外有壕沟环绕。挖出大量红烧土和完整的陶器;城内采集标本多为陶器,器形有鼎、碗、圈足盘、豆、盆、瓮、红陶杯等。2006 年入选全国重点文物保护单位。

孝感—中原军区旧址 位于大悟县宣化店镇。包括中原军区司令部旧址、中原军区首长旧居、中原军区大会场旧址等。1946 年 1 月,中原部队进至光山以南、礼山以北地区,中原局、中原军区司令部进驻此处,在此指挥了中原突围战役,拉开了全国解放战争的序幕。2006 年入选全国重点文物保护单位。

孝感—叶家庙遗址 位于孝南区朋兴乡。新石器时代屈家岭文化时期城址,距今 5 000 余年。占地面积约 30 万平方米,呈较规整的长方形,总占地达 60 万平方米。城门宽达 50 米。城垣外面的环形壕沟形态比较完整,现东部及东南部地表仍可见到环形水系,其余地段仍可见到环状的洼地。发现有城垣、壕沟(护城河)、城门、居住场所、墓地等重要遗迹。2013 年入选全国重点文物保护单位。

孝感—草店坊城遗址 位于孝昌县花园镇。由城垣、城门及护城河组成,占地面积 16 万平方米。城垣周长 1 326 米,设有城门两座,外有护城河,城墙夯土修筑,城垣的拐角上筑有高大的楼橹建筑。2013 年入选全国重点文物保护单位。

荆门—屈家岭遗址 位于京山县屈家岭。新石器时代村落遗址。以黑陶为主的文化遗存,被定名为"屈家岭文化",年代距今约 4 600—5 000 年。出土大量用于生产和生活的石器和陶器,蛋壳陶器、彩绘陶器和彩绘纺纶,证明新石器时代江汉平原已具有较高水平的烧陶技术和纺织手工业。1988 年入选全国重点文物保护单位。

荆门—纪山楚墓群 位于沙洋县纪山镇。包括尖山、郭家岗、东田家岗、杨家岗、曾家冢、郭店大小薛家洼等 24 处墓地,其中封土堆墓葬 273 座,无封土堆墓葬不计其数。最大的墓葬直径 40—68 米,高 2.5—7 米。纪山作为楚国首都的近郊,成为楚国王室家族的公墓区。1996 年入选全国重点文物保护单位。

荆门—明显陵 1996 年入选全国重点文物保护单位。参见世界遗产——明清皇家陵寝:明显陵。

荆门—马家垸遗址 位于沙洋县五里铺镇。新石器时期城址,距今 4 500 年左右。城址占地面积约 50 万平方米,城垣土筑,夯层清楚。城垣内筑护坡,一般宽 5 米,城垣外坡陡直。城垣外有护城河,四面各辟一城门,其中西城垣及东城垣还设有水门。采集到大量的陶器、石锛、古斧、鼎、碗等生产工具和生活器具。2006 年入选全国重点文物保护单位。

荆门—钟祥文峰塔 位于钟祥市郢中镇龙山之巅。始建于唐僖宗广明初年,明洪武中期重建。圆形实心砖石塔,由地宫、塔座、覆钵、相轮、宝盖和利刹六部分组成。通体雪白,通高 21.52 米。顶部为三个铜质圆形宝盖,四周悬挂铜铃;一柱嵌三元,象征"三元及第"。地宫中珍藏着佛教珍物,佛像 1 尊、辟支佛舍利 2 颗、柏达师舍利 20 颗、碧峰师灵骨 1 枚。2006 年入选全国重点文物保护单位。

荆门—城河遗址 位于沙洋县后港镇双村。土城垣残高 5 米,底宽 13 米左右,周长约 1 000 米,被命名为"草家湾遗址",2006 年更名为"城河遗址"。长江中游汉水流域发现的一处大型新石器时代古城址,保存完整,文化内涵丰富,有大溪文化至石家河文化时期的文化遗存。2013 年入选全国重点文物保护单位。

荆门—龙王山遗址 位于东宝区子陵铺镇。占地面积约 20 万平方米,为新石器时期大溪文化晚期的文化遗存,距今约 5 000 年。墓地和居址保存较完整,墓地单墓出土器物之多以及墓葬形制之特别,在全国都很少见。2013 年入选全国重点文物保护单位。

荆门—苏家垄墓群 位于京山县坪坝镇。春秋时期曾国贵族墓地,占地面积 1 500 平方米,有墓葬百余座,出土以九鼎七簋为代表的大量青铜礼器,造型庄重,纹饰精细。曾国君主曾伯漆之墓,长 5.6 米,宽 4.9 米,密密麻麻塞满了各种成套的青铜器,不少器物上还有龙的形象,车马坑中有五具完整的马骨。2013 年入选全国重点文物保护单位。

荆门—中共豫鄂边区委员会旧址 位于京山县新市镇小焕岭村。旧址分东西两院,占地面积 650 平方米。1939 年 11 月,中原局建立新的鄂豫边区党委,党委机关驻扎在京山八字门。1940 年 10 月,李先念带领边区党委机关迁驻小焕岭,驻扎两年之久,小焕岭成为豫鄂边区抗日斗争的领导中心。2013 年入选全国重点文物保护单位。

荆州—楚纪南故城 1961 年入选全国重点文物保护单位。参见国家考古遗址公园——楚纪南城考古遗址公园。

荆州—湘鄂西革命根据地旧址 湘鄂西革命根据地早期旧址位于江陵县沙岗红军街及周边乡村,2013 年入选全国重点文物保护单位。后期旧址大部分集中于洪湖市瞿家湾镇红军街(老街)和沿河路街道,1988 年入选全国重点文物保护单位。参见全国红色旅游经典景区——湘鄂西革命根据地旧址群。

荆州—八岭山古墓群 位于八岭山。占地面积 40 多平方千米,现尚存古墓 560 余座,其中以楚墓居多,明藩王墓次之。不少墓冢雄踞山头,宛若山峰,构成八岭山的壮观奇景。1988 年入选全国重点文物保护单位。

荆州—鸡公山遗址　位于郢北村鸡公山。旧石器时代晚期长期使用并保存完好的石器制作场遗址,占地面积约 1 000 平方米。旧石器及其加工残碎物比比皆是,文化层厚达 1 米多。存在两期文化堆积,第一期距今 5 万年,第二期距今约 2 万年。出土数以万计的打制石器、石核和石器废料。1996年入选全国重点文物保护单位。

荆州—荆州城墙　位于荆州区境内。荆州依巴蜀之险,为历代兵家必争之地,秦灭楚后为历代封王置府的重镇。荆州城始建于东汉,原为土城,南宋始建砖城,元初拆除,明初又建,明末被毁。现存城墙为清顺治初年重建,高近 9 米,厚约 10 米,周长 11 千米,城墙、城门、敌台、堞垛等均保存较好。1996 年入选全国重点文物保护单位。

荆州—走马岭遗址　位于石首市东升镇。走马岭因三国名将关羽曾在此策马扬鞭而得名。新石器时代遗址,始筑年代在距今 5 000 年的大溪文化晚期或屈家岭文化早期。遗址核心是一平面呈不规则长方形古城址,占地面积约 20 万平方米,其中城内遗址面积约 5 万平方米。2001 年入选全国重点文物保护单位。

荆州—阴湘城遗址　位于荆州区马山镇。新石器时代城址,占地面积约 20 万平方米。文化层厚一般在 2.5 米左右,局部地段达 3.5 米以上。文化堆积自下而上可分为大溪文化层、屈家岭文化层、石家河文化层和西周层,其中大溪文化层最厚,石家河文化层最薄。发现房屋基址 13 座、陶窑 4 座、瓮棺 8 座、灰坑及水稻田的遗迹,出土有石、陶、骨、木等类遗物,城壕内有大量的动植物遗迹和文化遗物。2001 年入选全国重点文物保护单位。

荆州—鸡鸣城遗址　位于公安县狮子口镇。新石器时代城址,平面略呈圆角梯形,占地面积约 18 万平方米,距今 5 000 多年。城垣外有城壕。城内高地有厚达 2 米以上的文化层。城址范围内采集有大溪文化至石家河文化时期的文化遗物。城东南 100 米外发现一处小型遗址,文化层厚 1 米以上。2006 年入选全国重点文物保护单位。

荆州—荆州三观　指玄妙观、太晖观和开元观。玄妙观位于荆北路,始建于唐开元年间,北宋真宗下诏更名为"天庆观",元成宗复改为"玄妙观",元顺帝赐题"九老仙都宫",清代改名为"元妙观"。原有山门和六座殿阁,玉皇阁前竖有一块元至正年间的石碑,碑文为元代洞庭学士欧阳元撰写,元代书法家危素手书,是一件珍贵文物。太晖观位于太晖山上,原是明代湘献王朱柏所营建的王宫,建于洪武中期;规模和装饰都超过当时所规定的等级规制,被人告发有反逆之心,遂改为道观。开元观位于荆西路,始建于唐开元年间,现存建筑为明清两代重建,共有三重殿宇。2006 年入选全国重点文物保护单位。

荆州—万寿宝塔　位于荆江大堤观音矶头之上。明嘉靖年间始建。塔内一层正中有接引佛一尊,身高 8 米,肃然威严。塔体内外壁嵌佛龛,共有汉白玉坐佛 87 尊,神态各异。部分塔砖为正方形,图文并茂,品类繁多,计有花卉砖、浮雕佛像砖、满藏回蒙汉五种文字砖共 2 347 块。塔砖来自全国 8 省 16 个州府县,均为各地信士所敬献。塔顶为葫芦形铜铸镏金,刻有《金刚经》全文。2006 年入选全国重点文物保护单位。

荆州—荆江分洪闸　2006 年入选全国重点文物保护单位。参见全国红色旅游经典景区——荆州市 98 抗洪及荆江分洪工程。

荆州—桂花树遗址　位于松滋市王家大湖南端。新石器时代遗址,占地面积约 17 万平方米。文化堆积分别属于大溪、屈家岭、石家河三种文化。遗迹为墓葬和灰土。出土文物有石器、陶器和玉器。桂花树遗址首次明确了大溪文化、屈家岭文化、石家河文化的叠压关系和屈家岭文化、石家河文化在器物类别组合上的区别。2013 年入选全国重点文物保护单位。

荆州—马山墓群　位于荆州区马山镇和川店镇。有封土堆古墓葬 300余座,分布面积约 20 平方千米,其中大部分是春秋战国时期的楚墓。出土有陶器、铜器、漆木器、玉石器等。一号墓出土大量保存完好的丝织品,五号墓出土吴王夫差青铜矛,望山一号墓出土越王勾践青铜剑。2013 年入选全国重点文物保护单位。

荆州—郢城遗址　位于荆州区。秦汉时期的遗址。郢城曾是楚国都城。公元前 689 年文王从当阳迁都纪南,昭王时又迁都郢城,将郢城打造成繁华的都市,是当时楚国的政治、经济和文化的中心。战国时期被秦将白起攻破后,郢城遂废。遗址为土城垣,周长 5.5 千米,城垣高 3—6 米,宽 15—20 米,垣顶宽 7—10 米,城门及烽火台等遗迹可见。2013 年入选全国重点文物保护单位。

黄石—铜绿山古铜矿遗址 位于大冶市城西南隅。占地面积约 2 平方千米,是商朝早期至汉朝的采铜和冶铜遗址,开采时间可追溯到夏朝早期。铜绿山蕴藏丰富的铜铁矿床,古矿井集中在大理岩与火成岩的接触带上,主要有孔雀石、赤铜矿、自然铜等。古代工匠为掘取铜矿石,开凿竖井、平巷与盲井,并用木质框架支护,采用了提升、通风、排水等技术。1982 年入选全国重点文物保护单位。

黄石—鄂王城城址 位于大冶市金牛镇鄂王城村。公元前 877 年,楚国国君熊渠封其子红为鄂王,鄂王的都城为鄂,即今鄂王城遗址。占地面积约 11 万平方米,现存城垣基脚宽约 20 米,顶宽约 10 米。城垣土筑,东城门有大小两座,大东门宽约 15 米,小东门宽约 4 米,城垣外有护城河环绕。遗存有大量的板瓦、筒瓦等建筑材料,出土楚国的金币"郢爰"、嵌金乌纹戈及石斧和大量生活陶器皿。2001 年入选全国重点文物保护单位。

黄石—龙港革命旧址 位于阳新县龙港镇。1927 年 9 月龙港秋收起义,随后红五军进驻龙港,开创鄂东南革命根据地,设立了鄂东特委、鄂东南特(道)委,领导湘鄂赣边境地区 21 个县(市)的革命斗争,现存革命旧址 70 余处,包括鄂东南苏维埃政府、彭德怀旧居、彭杨学校、红军后方医院等 30 余处旧址。2001 年入选全国重点文物保护位。

黄石—汉冶萍煤铁厂矿旧址 位于西塞山区、黄石港区。清光绪末年,在汉阳铁厂、大冶铁矿、萍乡煤矿的基础上成立汉冶萍煤铁厂矿有限公司,简称"汉冶萍公司",是中国历史上第一家用新式机械设备进行大规模生产的钢铁煤联合企业,1948 年熄炉停炼。现完整保留有汉冶萍时期的高炉栈桥一座、冶炼铁炉一座、日式住宅四栋、欧式住宅一栋、瞭望塔一座、卸矿机一座。2006年入选全国重点文物保护单位。

黄石—大冶兵暴旧址 位于大冶市原大冶师范学校内。1929年12月,共产党员程子华率两个连的进步士兵与李灿、何长工所领导的红五军里应外合,在此举行起义,攻克了大冶县城。旧址为清代同治年间所建的武备学堂,四栋砖木硬山式飞檐结构,绿釉琉璃瓦。2006年入选全国重点文物保护单位。

黄石—红三军团革命旧址 2006年入选全国重点文物保护单位。参见全国红色旅游经典景区——红三军团建军旧址。

黄石—大路铺遗址 位于阳新县白沙镇。新石器时代晚期、商周时期遗址。占地面积8万余平方米,出土了大量与矿冶和青铜器铸造有关的遗物,还有较多的小件青铜器和仿铜陶礼器。2013年入选全国重点文物保护单位。

黄石—华新水泥厂旧址 位于黄石港区。始建于清宣统年间,是中国近代最早开办的三家水泥厂之一。初建时年产水泥6万吨,2005年停产。旧址包括厂房、窑、磨房装包机等建筑和设备,现存三台大型水泥湿法旋窑,其中一、二号窑为1947年从美国进口,三号窑为国产。2013年入选全国重点文物保护单位。2016年入选首批"中国20世纪建筑遗产项目"。

黄冈—李时珍墓 位于蕲春县蕲州镇。墓呈椭圆形,周围砌有青石条护墓。墓前有明万历年间李时珍的儿子所立的墓碑,墓边有其父母合葬墓。墓前立纪念碑,碑顶有李时珍半身雕像。陵园两侧为李时珍纪念馆,长廊壁上嵌有《本草图》石刻,陈列馆内有李时珍所著《本草纲目》的各种版本以及众多中草药标本。1982年入选全国重点文物保护单位。

黄冈—红安七里坪革命旧址 位于红安县的大别山南麓。红安七里坪是第二次国内革命战争时期革命根据地之一。现存革命旧址40余处,包括鄂豫皖特区苏维埃、革命法庭、工会、银行、黄麻起义会场、中共黄安县委驻地、红军经济公社、列宁小学等。七里坪镇后山上建有纪念碑,碑上镌刻有董必武手书的"革命烈士永垂不朽"。1988年入选全国重点文物保护单位。

黄冈—四祖寺塔 位于黄梅县大河镇。四祖寺始建于唐武德年间,终毁于兵燹。毗卢塔建于唐朝永徽年间,四方形单层仿木结构砖塔,高 11.34 米。众生塔建于北宋元符年间,六角单檐攒尖顶仿木构石塔。衣钵塔建于宋代,通高 3.17 米,塔身刻象、狮子、葵花、荷花等图案。2001 年入选全国重点文物保护单位。

黄冈—柏子塔 位于麻城市九龙山上。六边形楼阁式砖塔,莲花形平座以及直棂窗为唐代盛行的建筑风格,球纹窗又具五代风格。原为九层,日寇侵华时将塔顶及八、九层炸毁,现存七层半,残高 34.72 米。2006 年入选全国重点文物保护单位。

黄冈—五祖寺 位于黄梅县五祖镇。建于唐永徽年间,是中国禅宗第五代祖师弘忍大师的道场,也是六祖慧能大师得法受衣钵之地,被御赐为"天下祖庭"。占地面积 5 万平方米,整体像古代宫殿建筑,四大主殿天王殿、大雄宝殿、毗卢殿、真身殿建于中轴线上。最盛时有殿宇、庵堂和亭、台、楼、阁 1 000 余间。2006 年入选全国重点文物保护单位。

黄冈—陡山吴氏祠 位于红安县陡山村。始建于清乾隆中期,后毁于火灾,光绪年间重修。三进式建筑群,占地面积 3 000 平方米,建筑面积 1 410 平方米,各种装饰工艺技法齐全,是徽派古建筑艺术的宝贵遗产。牌楼是一座龙头鱼尾式的三层飞檐建筑,屋檐上悬挂着铜铃。观乐楼是一座两层木楼,雕龙画凤。拜殿是宗族议事之处,分为上殿和下殿,供着吴氏宗祖牌位。2006 年入选全国重点文物保护单位。

黄冈—东坡赤壁 又名"黄州赤壁""文赤壁",位于古城黄州的西北隅。因有岩石突出像城壁一般,颜色呈赭红色,故名"赤壁"。因苏轼的《念奴娇赤壁怀古》《前赤壁赋》《后赤壁赋》而闻名。由于历史上长江多次改道,现已无法看到"大江东去浪淘尽"和"惊涛拍岸卷起千堆雪"的壮丽景象。2006 年入选全国重点文物保护单位。

黄冈—李先念故居 位于红安县高桥镇。李家祖辈租种地主佃田时住过的庄屋。典型的鄂东民间建筑风格,土砖瓦房,一进三间,保持了原貌。

西侧两间是李先念父母的住房,清宣统元年(公元1909年)李先念诞生在这里,并度过了他的童年和青少年时代。2006年入选全国重点文物保护单位。

黄冈—董必武故居　位于红安县城关镇民主街。故居原有前后三排,前后两个院子,一个天井。堂屋右边一间小卧室是董必武出生的地方,也是董必武与黄俊贞的婚房。2006年入选全国重点文物保护单位。

黄冈—毛家咀遗址　位于蕲春县境内。占地面积约3万平方米,文化层厚2.5米左右。清理出西周木构建筑踪迹5 000平方米左右,发现直径20厘米的木桩280根及一些木板墙和平铺的大木板。出土石家河文化的陶器、石家河文化的铜器、秦汉遗物等。2013年入选全国重点文物保护单位。

黄冈—双城塔　位于红安县七里坪镇。楼阁式砖塔,13层,高约35米,底层边长4.5米。塔身外每层均有排列规整的未封闭洞口,应为建塔时搭建脚手架所留。塔内部通道顶部均有斗拱承托藻井、天花,天花以雕刻莲花、牡丹、双线纹等装饰;各层斗拱、腰檐、勾栏、门窗、藻井、神龛等均以特制砖拼装而成,榫卯相扣,严密合缝。塔刹早年损毁。在二层内部天花斗拱和塔檐条砖上有模印"修塔陈陂记"铭文。2013年入选全国重点文物保护单位。

黄冈—郑公塔　位于武穴市郑公塔镇。始建于五代后晋天福年间,明成化年间重修。七层八角密檐式砖木结构,高19.74米。每层安有神像,外墙正壁嵌有古朴花纹图案,各层由不同式样的琉璃青瓦铺盖,顶部为葫芦形三级铜铸塔顶,为国内罕见。塔身与地面有约20度的倾斜。2013年入选全国重点文物保护单位。

黄冈—万年台戏台　位于浠水县马垅镇。始建于清乾隆年间,道光中期重建。戏台由正台、道具室、化妆室三大部分组成。台基由白石砌成,正面嵌着一块青方石,上面刻着南北二星下棋图。前台由两根六方石柱支撑,柱上外侧雕有"双龙朝阳",内侧雕有"双狮戏绣球"。前台面阔6.1米,进深4.95米,重檐歇山灰瓦;后台面阔12.04米,进深6.2米,单檐歇山顶。2013年入选全国重点文物保护单位。

咸宁—李自成墓　位于通山县九宫山北麓。墓地占地面积300平方米,沿石基边缘砌有一米高的八方形块石护栏,墓葬位于石基中央,高约 1.5 米,块石结构,墓顶竖 2.5 米高石碑。四周青松翠柏挺立,奇花异草相依。1988 年入选全国重点文物保护单位。

咸宁—北伐汀泗桥战役遗址　1988 年入选全国重点文物保护单位。参见全国红色旅游经典景区——北伐战争汀泗桥战役遗址。

咸宁—孙郭胡城址　位于咸安区向阳湖镇。战国时期古城遗址,由于周边三个村民小组分别是孙姓、郭姓和胡姓,遂命名为"孙郭胡文化遗址"。城壕口宽近 20 米,深近 4 米,城垣宽达 24 米,上宽现存 5—10 米。发掘了一批战国时期的遗迹,如城堡、烽火台、城墙和壕沟等。2013 年入选全国重点文物保护单位。

咸宁—新店土城遗址　位于赤壁市新店镇。战国、西汉时期的古城遗址。由大小土城及城址北部的王家岭、花园岭、祝家岭三处墓地构成。城墙均为黏土夯筑,城墙周围有护城壕。2013 年入选全国重点文物保护单位。

咸宁—沈鸿宾故居　位于咸安区太乙村。沈鸿宾生于清道光中期,因战功升任台湾海营提督,光绪中期积劳成疾,逝于台湾,时年 47 岁;后追赠一品封典,授振威将军加勃勇巴图鲁。沈鸿宾故居建于清同治年间,由沈鸿宾本人主持兴建,建筑面积约 1 404 平方米。2013 年入选全国重点文物保护单位。

咸宁—王明璠府第　位于通山县大路乡。又名"芋园",有"大而无华"(非豪宅)之意。王明璠在清末同治、光绪年间曾任江西上饶等地知县,颇有政声,被朝廷诰授奉政大夫、朝议大夫,享受从四品俸禄。府第为王明璠退官回乡后修建,建筑面积 3 600 平方米,面宽 11 间,进深五进,仅天井就有 32 个,四周高墙围护。府第东有荷塘,西有果园,南有竹园,北有后花园。2013 年入选全国重点文物保护单位。

咸宁—赤壁摩崖石刻　位于赤壁市赤壁镇赤壁山矶头的临江崖壁上。摩崖石刻共十处。1 号石刻为明代留存楷书"赤壁"二字,字长 1.5 米、宽 1.04 米。2 号石刻为楷书阴刻"赤壁"二字。3 号石刻为碑体阴刻"赤壁"二字。4 号石刻为宋代残存的隶书阴刻"赤"字,为三国周瑜手书。5 号石刻为清同治末年长江水师提督黄翼升草书阴刻"鸾"字。6 号石刻为明洪武中期楷书阴刻王奉词《过赤壁偶成绝句》两首。明嘉靖年间的 7 号石刻为 1 号石刻的题记。时代不明的 8 号石刻为楷书阴刻诗词石刻。9 号、10 号石刻分别为阴刻两个戴冠执矛士兵人物画像。2013 年入选全国重点文物保护单位。

咸宁—向阳湖文化名人旧址 位于咸安区。向阳湖"五七干校"是全国规模最大的干校之一,1969 年文化部所属的 26 个部门和文艺团体的 6 000 多名文化人及其家属,分三批先后在此"劳动锻炼",他们烧砖盖房,围湖造田,短则一年,长则五年,为当地留下了万亩湖田、千栋四合院,也留下了一篇篇不朽之作。2013 年入选全国重点文物保护单位。

鄂州—怡亭铭摩崖石刻 位于滨江大道长江南岸江边。唐朝永泰初年裴鹏在此卜地建亭,李阳冰将其命名为"怡亭",并用小篆书写了序言,由裴虬撰写铭文,李莒用隶体书写铭款,一并刻于一巨石之上,被宋人蒋之奇称为"三绝"。此铭在宋欧阳修《集古录》《大明一统志》,清钱大昕《潜研堂金石文跋尾》,吴荣光《筠清馆金石记》,瞿中溶《古泉山馆金石文编》中皆有记述,但历代传拓较少。怡亭早已无存,仅存石刻。1988 年入选全国重点文物保护单位。

鄂州—鄂州观音阁 位于长江中的巨型礁石"龙蟠矶"上。始建于宋代,元至正年间重建,明清多次重修。垒石成台,台上建阁,凌空虚悬,横江而峙,长 24 米,高 14 米,以红石青砖砌就,雄峻巍峨。2006 年入选全国重点文物保护单位。

鄂州—吴王城遗址 位于鄂城区。三国东吴都城。魏黄初年间孙权接受魏文帝曹丕所封的"吴王",开始营建吴王城,取"以武而昌"之意,把鄂县改名"武昌",故名"武昌城",孙权在此称帝后又名"吴大帝城"。东吴统治期间,孙吴三建武昌宫,二度建都武昌,历时 50 余年,是三国六朝时期已经确知的、年代最早的古代都城遗址。城址东西长 1 100 米、南北宽 500 米,宫城内有孙权称帝时大会群臣的金銮宝殿太极殿,有举行祭祀、接见宾客的礼宾殿,还有孙权起居的安乐宫等。2013 年入选全国重点文物保护单位。

恩施州—大水井古建筑群 位于利川市柏杨坝镇。建筑面积 6 000 平方米,有 24 个天井、174 间房屋,规模宏大。西南部分始建于明代晚期,木架木壁,古朴典雅;东北部分为清乾隆年间改修扩建,砖木并作,中西合璧。修饰华丽,柱头及穿梁皆有雕花,飞檐和屋脊均有青花瓷碗碎片镶嵌成的图案,彩楼、门窗刻有工艺精巧的花鸟虫鱼等图案,天井内还有水池和各种精致的花坛。2001 年入选全国重点文物保护单位。

恩施州—建始直立人遗址 位于建始县高坪镇。原名"巨猿化石洞",旧石器时代遗址。发现早期直立人牙化石五枚及石器、骨器,包括步氏巨猿在内的哺乳动物化石 9 目 37 科 68 属 87 种,距今 195 万—215 万年。属于直立人与巨猿共生的化石地点,是我国发现的最早的古人类遗址之一,是典型的更新式洞穴堆积。2006 年入选全国重点文物保护单位。

恩施州—施州城址 位于恩施市境内。包括施州城墙遗址、柳州城遗址及宋代碑刻。施州城墙始建于宋代,历经元、明、清各朝扩建维修,周长 3.5 千米,东北两城楼、城门毁于 20 世纪 50 年代初,西、南城楼及城门保存完整。柳州城为恩施州覃氏发祥地,唐时于此设施州行军总管,覃氏十三世承袭;南宋开庆年间施州郡守谢昌元移城于此,据险抗元,柳州城内现存四座城门遗址、城墙、石刻、马道、校场坝、将军坟、哨卡等遗迹。2006 年入选全国重点文物保护单位。

恩施州—容美土司遗址 位于鹤峰县容美镇。建于明万历年间。包括屏山爵府遗址、细柳城、万人洞、情田洞、九峰读书台等遗迹。屏山爵府遗址最为重要,现存有大堂、二堂、阅兵台、跑马场、花园、土牢等遗存。城西悬崖上的山洞,是土司田舜年藏书之地。2006 年入选全国重点文物保护单位。

恩施州—仙佛寺石窟 位于来凤县沙坨鱼种场。始凿于初唐至盛唐时期,后历代均有增凿,清代于龛上设檐。有四个较大的佛龛,造像 13 尊,均采用圆雕技法。窟前原有的山门、观音堂、钟鼓楼、大佛殿等,毁于"文革"中。2006 年入选全国重点文物保护单位。

恩施州—唐崖土司城址　2006 年入选全国重点文物保护单位。参见世界遗产——土司遗址：唐崖土司城遗址。

恩施州—五里坪革命旧址　2006 年入选全国重点文物保护单位。参见全国红色旅游经典景区——五里坪革命旧址群。

恩施州—鱼木寨　2006 年入选全国重点文物保护单位。参见中国历史文化名村——利川市鱼木村。

恩施州—彭家寨古建筑群　位于宣恩县沙道沟镇。彭家寨是武陵山区土家族聚落，以公共用地的院坝、风雨桥为中心，众多单体建筑组合成村寨。建筑面积约 8 000 平方米，全部为吊脚楼，有房屋 22 栋及风雨桥一座，彭继文老屋、彭武元老屋、彭武阶老屋、彭继元老屋、杨祖祥老屋、彭继检老屋、彭南祥老屋、彭继权老屋、周品老屋等保存较好。2013 年入选全国重点文物保护单位。

襄阳—广德寺多宝塔　位于城西隅。建于明弘治年间。塔为砖石结构，金刚宝座式，通高 16.8 米。塔座平面呈八方形，高 7.26 米，以青砖平砌。八角砌圆弧形砖柱，上饰石雕螭首，下奠石柱础。基础为条石筑成，高 0.45 米。塔座东南、西北、西南、东北四面各有石砌券门，高 1.66 米，宽 1.02 米。1988 年入选全国重点文物保护单位。

襄阳—雕龙碑遗址　位于枣阳市鹿头镇。新石器时代原始氏族公社聚落遗址。因遗址附近曾竖一刻有飞龙的石碑，故名"雕龙碑遗址"。占地面积 4.5 万平方米，文化层厚达 3 米。发现新石器时代不同时期、不同形式或不同用途的房址、窑穴（或灰坑），以及成人土坑墓、婴儿瓮棺葬等遗迹，出土生产工具、生活用具及装饰品约 4 000 余件，绝对年代距今 5 000—6 000 年。1996 年入选全国重点文物保护单位。

襄阳—襄阳"古隆中"　位于市郊隆中山。海拔 306 米，盘旋起伏，状若盘龙，古木参天，树林如海，环境幽雅，是三国蜀相诸葛亮年轻时的隐居地。东汉建安年间刘备"三顾茅庐"，诸葛亮提出统一谋略"隆中对"，辅佐刘备蜀汉基业。故居晋代即有碑记，唐建武侯庙，现有武侯祠、三顾堂、三义庙、抱膝亭、古隆中石牌坊、野云庵、草庐亭等明清建筑。三顾堂两厢碑廊上嵌有诸葛亮《隆中对》《出师表》《后出师表》等石刻及名人题记。1996年入选全国重点文物保护单位。

襄阳—楚皇城城址 位于宜城市郑集镇。春秋战国时期楚国都城。占地面积2.2平方千米,四周有土筑城垣。城墙东南有烽火台遗址。城垣共有六座城门,其中东城垣北段的城门是古河道的出口。出土有西周晚期的铜方壶、东周时期的大型铜车、嵌玉片的鳖形带钩,还有铜鼎、蚁鼻钱、金币"郢爰"及陶鬲、陶鼎等。2001年入选全国重点文物保护单位。

襄阳—襄阳城墙 位于襄阳市境内。襄阳城始筑于西汉高帝时,三面环水,一面靠山,易守难攻,作为军垒一直使用到唐代,宋时由原土城改为砖城。城墙总长7.6千米,外砌城砖,内用土夯筑,高8.5米,宽5—15米,城垣上设置垛堞4000多个,护城河最宽处250米,共有六座城门,自古有"铁打的襄阳""华夏第一城池"之说。2001年入选全国重点文物保护单位。

襄阳—襄阳王府绿影壁 位于王府巷。明正统初年营造的王府门前的照壁,崇祯末年王府被毁,唯照壁保存至今。绿影壁高7.6米,宽26.2米,厚1.6米,中间刻有"二龙戏珠"。四周边框精雕小龙64条,姿态各异。影壁造型庄重,雕刻华美,风格豪放,生动雄伟,是石刻珍品。2001年入选全国重点文物保护单位。

襄阳—邓国故址 位于樊城北隅。邓国是西周时期的诸侯国,封为侯,公元前678年被楚国所灭。秦统一后,邓城属于南阳郡。土城墙,东墙长766米、南墙长896米、西墙长713米、北墙长858米。邓城北约3千米的丘陵地带,有两周时期墓葬群。2006年入选全国重点文物保护单位。

襄阳—九连墩墓群 位于吴店镇。战国中晚期的墓群。共有土冢九个,俗称"九连墩"。最大的冢俗称"鹰子包",直径45米,封土高4.5米。其余八个冢直径在35米左右。封土皆为白膏泥,并有夯打迹象。1号车马坑长52米,宽12米,坑内有车40辆,马88匹,是已发现的楚墓中最大的实物陪葬车马坑。2号墓出土了1 000多枚竹简,保存较好。2006年入选全国重点文物保护单位。

襄阳—茨河承恩寺 位于谷城县境内。始建于隋大业年间,名"宝严禅寺",明洪武年间重建,天顺年间改名为"承恩寺"。现存天王殿、水陆崇圣殿、和尚殿、钟鼓楼等建筑。钟鼓楼上悬挂着一座高约8尺的铜钟,以梵文作装饰的万斤之钟悬于钟笋之上。2006年入选全国重点文物保护单位。

襄阳—米公祠 位于襄阳市境内。纪念宋代书法家米芾的祠宇,原名"米家庵",始建于元代,扩建于明代,后改名"米公祠"。自清康熙中期始,先后由米芾第18代孙米瓒、第19代孙米爵、第20代孙米澎重建,同治年间再建。祠内有纪念性建筑拜殿、宝晋斋、仰高堂等,珍藏有清雍正年间摹刻的米芾手书45通,其他碑刻145通。2006年入选全国重点文物保护单位。

襄阳—郭家岗遗址 位于宜城市雷河镇。以东周楚文化遗存为主的遗址。占地面积近120万平方米,文化层堆积厚1.5—2.0米,遗存有圆形、椭圆形或不规则的灰坑,并分布较密,一般直径为1.5米左右。出土遗物有陶器、石器、铜器等,器形主要有鬲、罐、豆、盂、瓿、壶等。文化发展序列清楚,器物组合完整。2013年入选全国重点文物保护单位。

襄阳—南漳山寨群 位于南漳县境内。明代至清代时期的遗址。古山寨有380余座,其中以卧牛山寨、春秋寨、樊家寨、青龙寨、尖峰岭寨、张家寨等最具代表性和典型性。数量众多、规模宏大、分布密集、品相完好。2013年入选全国重点文物保护单位。

襄阳—安乐堰墓群 位于南漳县武安镇。墓葬分布在安乐堰村两座相距1.5千米、海拔50米的土岗上,占地面积约5平方千米,墓葬200余座。地表散落大量五花土、白膏泥,出土大量椁板和一件带铭文的兵器戈。2013年入选全国重点文物保护单位。

襄阳—霸王坟墓群 位于老河口市仙人渡镇。占地面积4万平方米,土冢高10余米,直径300余米,冢旁有汉柏树和杨树。曾发现古代使用过的灶坑数十个,出土保存完好的文物数百件,彩绘漆方豆、漆耳杯、彩绘木臂铜弩机、透雕玉佩等制作精美。2013年入选全国重点文物保护单位。

襄阳—李曾伯纪功铭　位于襄城区檀溪街道。李曾伯为京湖制置使,曾奉天子命,调都统高达、幕府王登提兵复襄、樊两城。摩崖呈方形,高 4.7 米,宽 4.4 米,面积约 20 平方米,刻写于南宋宝祐年间。铭文共 79 字,字径 0.3 米,碑文宽正,阴刻楷书,字体方正宽博,遒劲有力,刻工技艺高超,保持了书体的原有神韵,堪称楷书中的珍品。2013 年入选全国重点文物保护单位。

宜昌—玉泉寺及铁塔　位于当阳市玉泉山东麓。玉泉寺为佛教天台宗祖庭之一。相传东汉建安年间僧人结庐于此,南朝后梁时梁宣帝敕为"覆船山寺",隋代改为"玉泉寺"。大雄宝殿前置隋代大型铁质文物十余件,殿侧有石刻观音画像。玉泉铁塔本名"佛牙舍利塔",俗称"棱金铁塔""千佛塔",北宋嘉祐年间铸建,仿木构楼阁式,八角 13 级,通高 16.95 米,重 26 472 千克;地宫为石质六角形竖井,内置汉白玉须弥座,座上置石函三重,函中供奉舍利。1982 年入选全国重点文物保护单位。

宜昌—关庙山遗址　位于枝江市问安镇。新石器时代遗址,距今 4 000—6 000 年。现存面积约 4 万平方米。发现房址十座,另有瓮棺等遗迹。房址多为长方形或方形地面建筑,房址内有坡顶、竹骨泥墙、隔墙等遗迹。磨制石器品种多,制作精细,多为斧、锛类工具。陶器有口径达 76 厘米的陶盆、蛋壳胎彩陶,还发现有陶鼓、陶摇铃等陶质乐器。2001 年入选全国重点文物保护单位。

宜昌—磨盘山遗址　位于当阳市河溶镇。东周时期的古墓群。包括磨盘山墓群、赵家巷墓群、曹家岗墓群、新火村墓群等,总面积达 75 平方千米。出土楚子超乍食繁鼎、番仲戈、许戈等器物。2001 年入选全国重点文物保护单位。

宜昌—季家湖城址　位于当阳市草埠湖镇。遗址南北长 1 600 米,东西宽 1 400 米,现存夯土南垣长 86 米,底宽 13.4 米,残高 1.4 米。城壕宽 9.8 米,深约 1 米。城北杨家山子遗址发掘出相互叠压的新石器时代晚期地层和东周地层,发现有东周时期房基、制陶作坊、窖穴和墓葬。2001 年入选全国重点文物保护单位。

宜昌—青山墓群　位于枝江市问安镇。东周时期楚国贵族陵墓,分布在大竹园、革新、英雄、龚家坪、新建等五个自然村,占地面积15万平方米,有24处大型墓冢和密集的楚墓群。出土文物有青铜器、兵器、车马器及丝绸等珍贵文物。2006年入选全国重点文物保护单位。

宜昌—关陵　位于当阳城区西北隅。原称"大王冢",为纪念三国蜀将关羽而建,与山西运城解州关帝庙、河南洛阳关林并称中国"三大关庙"。明成化年间敕建庙宇,落成于明嘉靖年间,始名"关陵"。以后多次修缮,仍保留明代的建筑风格。建筑群以宫墙相连,红砖黄瓦,富丽堂皇。陵园采用中轴对称式帝陵规制,中轴线上有八座建筑物。正殿大门上方有清同治皇帝御笔"威震华夏"金字匾额。陵冢为一圆形封土堆,高7米,围70余米,石墙、石栏环抱。2006年入选全国重点文物保护单位。

宜昌—黄陵庙　位于夷陵区三斗坪镇的长江江边。古称"黄牛庙""黄牛祠",又称"黄牛灵应庙",为纪念大禹开江治水而建。主轴线上的建筑有山门、禹王殿、屈原殿、祖师殿,保存有大量有关长江三峡特大洪水水位等重要的水文遗迹和实物资料。尚存一块诸葛亮为重建黄牛庙而撰刻的《黄牛庙记》石碑,出土唐代莲花瓣石柱础残片数块,两件完整的莲花瓣石柱础。2006年入选全国重点文物保护单位。

宜昌—凤凰山古建筑群　位于秭归县茅坪镇凤凰山。因兴建三峡大坝,1990年将屈原祠等古建筑迁建于此。占地面积2.7万平方米,建筑面积约1.1万平方米。主要建筑有屈原祠、屈原故里牌坊、江渎庙、水府庙、紫光阁、王氏宗祠、杜氏祠堂、郑书祥老屋、郑启光老屋、郑韶年老屋、刘正林老屋、郑万琅老屋、三老爷老屋、彭树元老屋、邓永清老屋、游县长老屋、郑万瞻老屋、惠济桥、江渎桥、千善桥、迎和门、景圣门、新滩古井等。2006年入选全国重点文物保护单位。

宜昌—三游洞摩崖　位于宜昌市西北的长江边山崖上,地处西陵峡峡口处与下牢溪交汇处。唐元和年间,文学家白居易、白行简、元稹三人始游洞中,由白居易作《三游洞序》书于石壁,"三游洞"由此得名。历代名家雅士纷至沓来,探踪寻幽,记诗赋文。现存宋代至民国题刻 43 方,其中宋代题刻12 方、明代 2 方,著名文学家欧阳修、黄庭坚、苏轼都有诗碑刻。2006 年入选全国重点文物保护单位。

宜昌—杨守敬故居和墓 杨守敬故居位于宜都市陆城新街。杨守敬是清末民初金石学家、藏书家。故居建于清康熙年间,占地面积 1 600 平方米,砖木结构,中轴线对称布局,二进八开间,有卧室、书房、藏书楼。清道光十九年(公元 1839 年)杨守敬诞生于此。现辟为杨守敬纪念馆,馆藏《历代舆地图》等遗著、墨迹、遗物等 2 500 多件。杨守敬墓位于宜都市陆城龙窝村,占地面积 204 平方米,墓冢为圆形土堆,高约 3.2 米,墓前石碑有杨守敬浮雕半身像。2006 年入选全国重点文物保护单位。

宜昌—长阳人遗址 位于长阳土家族自治县大堰乡钟家湾村。洞穴处于高山丘陵盆地,四周山峦起伏,怪石嵯峨。遗址中心占地 700 平方米,部分文化层堆积厚达 5 米以上,分为七个自然堆积层,时代最早的距今约 4 100年。发现有人类的上颌骨和牙齿及共存的古脊椎动物等化石,被定名为"长阳人",属早期智人。2013 年入选全国重点文物保护单位。

宜昌—南襄城遗址 位于远安县洋坪镇。战国至汉代的城址,占地面积 27 万平方米。现残存北城墙和东城墙,长 213 米,宽 21 米,高 1.9 米,为夯筑而成。城内有大量的战国至汉代的瓦块及陶片,出土有青铜剑 40 余把,最长的一把达 62 厘米。还发现一口深 10 米的古陶井。城北有金坝岭东周古墓群,城南有墓岭岗东汉古墓群。2013 年入选全国重点文物保护单位。

宜昌—李来亨抗清遗址 位于兴山县茅麓山区。李来亨曾被朝廷封为临国公,在此建立帅府。明末李自成起义失败后,李来亨率数万部众入川鄂边境驻军百羊寨、茅麓山等地。康熙初年清廷调集三路大军围攻,李来亨屡败清军,援绝粮尽,举家自焚。遗迹主要有 17 个城寨和 7 个洞寨以及百羊寨战壕、落步河壕沟、七步半古道、炸子岭桥、百羊桥、张家湾桥、圣帝行宫遗址、茅麓山井、茅麓山堰窝池、石碓窝等。2013 年入选全国重点文物保护单位。

宜昌—杨家湾老屋　位于夷陵区三斗坪镇。始建于清乾隆中期。砖木结构,纵深两进,横连11屋,共有七个天井。明间及主要厅堂为穿斗式木构架,其他房屋为硬山搁檩式,青瓦屋面,风火墙及前后檐风格独特。明间大门上有披檐,门框由青石打磨拼接而成,门柱饰浅浮雕"鹿鹤逢春"图案,雕刻精细。1939—1945年曾作为江防总指挥部。2013年入选全国重点文物保护单位。

宜昌—百宝寨岩屋　位于远安县境内。岩屋的最早开凿年代无法考证,明万历年间已有记载,清嘉庆、道光、咸丰三朝曾重建岩屋。由付家岩屋、李家岩屋、官冲岩屋、金鼎观、磨盘岩屋、偏岩屋、毛家岩屋、象屁股山岩屋、绿水岩屋、杨林岩屋、乔家湖岩屋、钟家岩屋、折船山岩屋、庙岗岩屋、黄鹄滩岩屋及一些零散岩屋组成,共23处250间。岩屋功能有居住、屯兵、躲避兵火等。2013年入选全国重点文物保护单位。

随州—擂鼓墩古墓群　位于随州市西北隅。主要是战国早期曾国君主曾侯乙之墓。红砂岩坡上凿石为穴,墓室面积220平方米,深约20米。主棺分内外两层,全为彩绘。另发现殉葬棺21具,殉葬人多系13—25岁的女性。随葬物品有礼乐器、兵器、车马器、金玉器、漆木竹器及竹简等7 000多种。古墓出土的大批珍贵文物,现藏湖北省博物馆。1988年入选全国重点文物保护单位。

随州—安居遗址　位于随县安居镇。周代至汉代遗址。内城南北长约190米,东西宽约170米,东、西、北三面墙基保存较好。东、北城墙外发现有护城壕沟,宽约10米。北面地表2米以下发现护城壕淤泥。外城大都已毁弃,城内东南角有一处夯土台基,西北部文化层厚约0.8米,城内还采集到春秋至汉代的遗物。2013年入选全国重点文物保护单位。

天门—石家河遗址　位于石家河镇。占地面积120万平方米,是长江中游地区已知的分布面积最大、保存最完整、延续时间最长的新石器时代聚落遗址之一。包括手工作坊区、居民生活区、祭祀区和墓葬区等,周围约8平方千米范围内紧密环绕着二三十个一般聚落,形成一个具有密切关系的聚落群体。石家河遗址及由它命名的石家河文化,是三星堆文化、楚文化的重要源头。1996 年入选全国重点文物保护单位。2001 年名列"中国 20 世纪 100 项考古大发现"。

天门—白龙寺 位于皂市镇。相传始建于南朝。新中国成立后多次维修,龙脊兽瓦,红墙朱门,重檐斗拱,兽鸟嵌扉,历代建筑艺术风格并存,古刹恢复了当年的风姿。大雄宝殿楹柱 28 根,中柱十字通风。存有明、清以来石碑五通,碑文字体工整,碑额与龟趺花纹精细,其中以明崇祯年间所刻者为最珍贵。2013 年入选全国重点文物保护单位。

潜江—龙湾遗址 位于潜江市西南隅。春秋时代东周遗址。发现 19 座大型夯土台基,总面积约 21 万平方米。三层台基的宫殿基址,贝壳路,土木结合的榫卯结构柱洞,土木结构夯土台基,台内地梁的设置,完整的地下排水管道,均属罕见。2001 年入选全国重点文物保护单位。

二十五、国家一级博物馆

湖北省博物馆 位于武汉市武昌区东湖风景区。占地面积 8.19 万平方米,综合陈列馆、楚文化馆、编钟馆三足鼎立,构成一个硕大无比的"品"字,体现了楚国建筑的中轴对称、一台一殿、多台成组、多组成群的高台建筑布局格式。建筑面积 4.96 万平方米,展厅面积 1.34 万平方米,馆藏文物 26 万余件(套),属青铜器、漆木器、简牍最有特色,其中国家一级文物 945 件(套)。越王勾践剑、曾侯乙编钟、郧阳区人头骨化石、元青花四爱图梅瓶,为四大镇馆之宝。2008 年入选国家一级博物馆。

武汉博物馆 位于武汉市江汉区青年路。建筑面积 1.78 万平方米,陈列面积 6 000 平方米,库房面积 4 000 平方米。藏品 10 万余件,包括陶瓷、青铜器、书画、玉器、竹木牙雕、珐琅器、印章等众多种类。2008 年入选国家一级博物馆。

荆州博物馆　位于荆州市荆州区荆中路。占地面积 5 万余平方米,建筑面积 2.3 万平方米。馆藏文物 13 万余件(套),其中国家一级文物 492 件(套)。配合各项工程建设,先后发掘了 7 000 多座古墓葬和近 20 万平方米的古文化遗址,发掘出土珍贵文物 12 万余件。2008 年入选国家一级博物馆。

武汉中山舰博物馆　2017 年入选国家一级博物馆。参见全国红色旅游经典景区——中山舰纪念馆。

辛亥革命武昌起义纪念馆　2017 年入选国家一级博物馆。参见全国红色旅游经典景区——辛亥革命武昌起义纪念馆及首义广场。

二十六、国家重点美术馆

湖北美术馆　位于武汉市武昌区东湖之滨。湖北省文化建设的标志性建筑之一。占地面积 1.53 万平方米,建筑面积 2.5 万平方米,展区面积约 5 000 平方米。曾举办学术品牌展、地域美术史书写展、传统艺术展、当代艺术展、国际交流展、藏品展等 230 多场展览。2011 年入选全国重点美术馆。

武汉美术馆　位于武汉市江岸区中山大道南京路口。馆址为原汉口金城银行大楼,是一座四层楼的钢筋混凝土结构建筑。改建后的新馆于 2008 年开放,建筑面积 1.2 万多平方米,展厅面积约 2 600 平方米。2015 年入选国家重点美术馆。

二十七、中华老字号

马应龙药业集团股份有限公司(注册商标:马应龙)　位于武汉市洪山

区南湖路。始创于明万历年间。集药品制造、药品研发、药品批发零售的连锁医药集团公司,生产剂型超过 30 种,生产的国药准字号药品超过 300 种,有 18 个国药准字号品种入选《国家基本药物目录》,其中"马应龙麝香痔疮膏""麝香痔疮栓""龙珠软膏""马应龙八宝眼膏"为公司独家产品。2006 年入选中华老字号。

五芳斋食品贸易有限公司(注册商标:五芳斋) 位于武汉市江岸区中山大道。于清咸丰年间创始于上海,1946 年引入武汉,经营江浙风味菜肴和小吃。现已发展成为中型餐饮和食品加工企业。公司通过了 ISO9001:2008 国际质量体系认证,逐步实现自动化、智能化的管理。2006 年入选中华老字号。

曹祥泰食品有限责任公司(注册商标:曹祥泰) 位于武汉市武昌区解放路。前身为创办于清同治初年的曹祥泰杂货店。主营糕点、副食品、面粉、食品添加剂。2006 年入选中华老字号。

长生堂理发总店(注册商标:长生堂) 位于武汉市江岸区中山大道。"长生堂"店招始创于清宣统末年。近年来,将现代修剪技法和时尚烫染与经典剪裁技术巧妙结合,塑造出来的发型倍受欢迎。2006 年入选中华老字号。

孝感麻糖米酒有限责任公司(注册商标:孝感牌) 位于孝感市航空路。综合性食品加工企业,前身是 1954 年建立的孝感县麻糖厂,现已发展成为"湖北省农业产业化重点龙头企业""全国绿色食品示范企业"。年产麻糖 2 500 吨、米酒 2 万吨、芝麻仁 5 000 吨、特色系列糕点 2 000 吨。2006 年入选中华老字号。

楚河鱼面厂(注册商标:楚河) 位于云梦县楚王城大道。云梦鱼面源于清道光中期,产品畅销全国及国际市场。楚河鱼面厂在传承鱼面特色工艺的基础上,更新生产设备,开发出开袋可炒的楚河炒面王。2006 年入选中华老字号。

赵李桥茶厂(注册商标:川) 位于赤壁市赵李桥镇。前身为羊楼洞砖茶厂,1949年由羊楼洞镇的"复兴""民生""义兴""聚兴顺""天源茂"五家茶庄合并成立,砖茶生产历史可追溯到清咸丰年间。历史上闻名遐迩的"川"字茶的传承者,国家级非物质文化遗产赵李桥砖茶制作技艺传承保护单位,国家定点边销茶原料储备单位。2006年入选中华老字号。

老亨达利世界名表有限公司(注册商标:老亨达利) 位于武汉市江岸区江汉路。中国亨达利钟表店起源于清同治初年的上海,主要经营中高档进口表,并附设修理厂,以严格校验、保证质量及精工修理著称。1915年,曾在上海美华利钟表店当学徒的陈文生在汉口开设了中国人自己的汉口亨达利钟表行,1934年搬至现址。加工设备先进,检测手段完善,建有完整的质量保证体系,在钟表行业享有较高声誉。2010年入选中华老字号。

汉明喜来登眼镜有限公司(注册商标:汉明喜来登) 位于武汉市江岸区江汉二路。创建于1917年,主要经营生产和销售眼镜镜片、镜架及其眼镜产品。2010年入选中华老字号。

稻花香酒业股份有限公司(注册商标:稻花香) 位于宜昌市夷陵区龙泉镇。以生产稻花香系列白酒为主的股份制企业,湖北省最大的白酒生产基地。拥有24条国内先进的白酒自动化灌装生产线,商品酒年生产能力超过10万吨。产品曾获得"中国农业博览会铜奖",连续八年名列"中国500最具价值品牌"。2010年入选中华老字号。

枝江酒业股份有限公司(注册商标:枝江) 位于枝江市马家店迎宾大道。由创办于清嘉庆年间的"谦泰吉槽坊"演变而来。湖北省最大的白酒生产企业之一,已发展成为以白酒酿造为主,以包装彩印、纯净水制造、资源回收、饮料加工为辅的现代化企业集团。拥有大型发酵窖池3 500个,现代化灌装生产线36条,年产商品白酒10万吨。曾名列"中国食品工业百强企业"。2010年入选中华老字号。

天龙黄鹤楼酒业有限公司(注册商标:黄鹤楼) 位于武汉市汉阳区鹦鹉大道。黄鹤楼酒古称"汉汾酒",兴于唐宋,盛于明清,清康熙年间以"天成槽坊"而负盛名。如今是"中国白酒工业百强企业"之一。2010年入选中华老字号。

久康食品有限公司(注册商标：久康) 位于十堰市郧阳经济开发区双江大道。1913年始创于武汉,1971年迁至十堰市,主营传统糕点。"久康"为湖北省著名的百年烘焙品牌,"久康月饼"在"中国月饼文化节"荣获"优质月饼""名牌月饼"称号。2010年入选中华老字号。

白鸭食品有限公司(注册商标：白鸭) 位于黄石市沈下路。原为黄石市食品公司加工分厂,成立于1953年。主要加工"白鸭"牌松花皮蛋、红心咸鸭蛋、鹌鹑皮蛋等蛋类系列产品。公司首创的无铅皮蛋腌制工艺获得湖北省科技进步奖一等奖,"白鸭"牌无铅松花皮蛋荣获首届中国食品博览会金奖。2010年入选中华老字号。

谈炎记饮食有限公司(注册商标：谈炎记) 位于武汉市硚口区中山大道。1920年专做水饺的黄陂人谈志祥肩挑小担在汉口三曙街夜市流动售卖武汉风味的水饺,招牌"谈炎记"。"谈"为其姓氏,字的右半为"炎","炎"为两个"火","火"上加"火",寓意生意红红火火,买卖兴旺发达。"谈炎记水饺"被中国烹饪协会认定为"中华名小吃"。2010年入选中华老字号。

米酒大楼(注册商标：孝感米酒) 隶属于孝感市宏源饮食服务公司,位于孝感市槐荫大道。"孝感米酒"已有上千年历史,在明代就已出名。孝感米酒以优质糯米为原料,用孝感特制的蜂窝酒曲做发酵剂,经糖化发酵制成,米散汤清,颜色玉白,蜜香浓郁,入口甜美。2010年入选中华老字号。

黄山头酒业公司(注册商标：黄山头) 位于公安县藕池镇民主街。藕池是千年古镇,酿酒历史可追溯到北宋年间。公司前身为湖北藕池曲酒厂,始创于1913年,以"窖香浓郁、绵甜甘爽、香味协调、尾净余长"的独特风格广受欢迎。2010年入选中华老字号。

涢河酒业有限公司(注册商标：碧山) 位于安陆市府城碧涢路。1956年,始于唐朝的九个酿酒小作坊公私合营成立涢河酒厂,2002年改制成立有限公司。主导产品有"封缸涢酒""涢酒老窖""涢酒",高、中、低档齐全。2010年入选中华老字号。

四季美饮业有限责任公司（注册商标：四季美） 位于武汉市江汉区中山大道。在四季美汤包馆和四季美饮业公司的基础上重组改制成立。四季美汤包馆的"金鱼戏莲"曾获全国饮食行业优质产品"金鼎奖"，"汤包""四季美赤豆稀饭""四季美红油牛肉粉"被认定为"中华名小吃"。"四季美西红柿汤包"在第七届"中国美食节"上荣获"金鼎奖"。2010年入选中华老字号。

黄石市食博园饼业有限公司（注册商标：黄石） 位于黄石市黄石大道。前身是1953年成立的黄石市国营食品厂。主要生产"黄石港饼"，还生产经营中秋月饼、春节糕点、端午两糕及系列休闲点心等，有70多个品种100多种规格。2010年入选中华老字号。

武汉健民药业集团股份有限公司（注册商标：健民） 位于武汉市汉阳区鹦鹉大道。国家高新技术企业，"健民"牌商标为中国驰名商标。有80多个产品系列。2010年入选中华老字号。

武汉烟草（集团）有限公司（注册商标：红金龙、黄鹤楼） 位于武汉市硚口区仁寿路。前身是创建于1916年的南洋兄弟烟草公司汉口分公司，如今是全国烟草行业36家重点企业之一。2010年入选中华老字号。

武汉叶开泰药业连锁有限公司（注册商标：叶开泰） 位于武汉市江汉区中山大道。前身为始创于明崇祯年间的叶开泰中药房，已有370多年历史，为中国最古老的四大中药名店之一。如今是以中药为主的药店连锁企业。"叶开泰中医药传统技艺"被列入《湖北省非物质文化遗产名录》。2010年入选中华老字号。

湖北省工艺美术服务部（注册商标：晶钰首饰） 位于武汉市武昌区解放路。主营雕塑和金属工艺品、首饰、漆器工艺品、植物纤维编织工艺品、抽纱刺绣品、染织品、工艺鞋帽、绣衣、地毯、美术陶瓷、剧装道具、工艺伞扇、装饰灯具、民间工艺品及其他非工艺品的零售与批发。2010年入选中华老字号。

襄樊郝曙光实业有限公司（注册商标：郝曙光） 位于襄阳市襄城区利民街。主要提供摄影服务，以稳定可靠的产品质量和良好的经营信誉，取得了广大客户的信任。2010年入选中华老字号。

湖南篇

湖南省,因绝大部分在洞庭湖以南,宋代划定为荆湖南路,始称"湖南"。因省内最大河流湘江流贯南北而简称"湘",也称"潇湘""三湘"。湖南自古盛植木芙蓉,因此有"芙蓉国"之称。清康熙三年(公元 1664 年)置湖广按察使司,湖广行省南北分治,湖南独立建省。

湖南位于中国中南部、长江中游南部、洞庭湖以南,东临江西,西接重庆、贵州,南毗广东、广西,北与湖北相连。总面积 21.18 万平方千米。

湖南地处云贵高原向江南丘陵和南岭山脉向江汉平原过渡的地带,东、南、西三面环山,中部丘岗起伏,北部湖盆平原展开,形成了朝东北开口的不对称马蹄形地形。全省以山地和丘陵地貌为主,占总面积的 2/3。石门境内的壶瓶山为境内最高峰,海拔 2 099 米。北部是境内地势最低、最平坦的洞庭湖平原,海拔大都在 50 米以下,临谷花州海拔仅 23 米,是省内地面最低点。

湖南属大陆性亚热带季风湿润气候,冬寒冷而夏酷热,春温多变,秋温陡降,春夏多雨,秋冬干旱。年平均气温为 16—19℃。

湖南省辖副省级市长沙,株洲、湘潭、衡阳、邵阳、岳阳、张家界、益阳、常德、娄底、郴州、永州、怀化等 13 个地级市及湘西土家族苗族自治州,36 个市辖区、18 个县级市、68 个县(其中 7 个自治县)。省政府驻地长沙市。2019 年年末,常住人口 6 818.4 万。有土家族、苗族、瑶族、侗族、白族、回族等 54 个少数民族。

在 40 万年前旧石器时期湖南就已有人类活动。在 1 万多年前,人类就在此种植稻谷,在五千年以前的新石器时代,湖南的先民就开始过定居生活。湖南矿藏丰富,素以"有色金属之乡"和"非金属之乡"著称,已探明储量矿种 109 种。湖南是全国重要的粮食生产基地,自古就有"鱼米之乡"和"湖广熟、天下足"之说。湖南处于东部沿海地区和中西部地区的过渡带、长江开放经济带和沿海开放经济带的接合部,具有承东启西、连南接北的枢纽地位。

一、中国历史文化名镇

龙山县里耶镇 位于龙山县城以南的武陵山腹地。"里耶"土家语意为"开拓这片土地"。镇东北发现新石器时代遗址,出土石斧、石片、红泥陶器等,被命名为"龙山文化"。里耶战国古城临河而建,包括城墙、城壕、井、道路、作坊、管署及贫民居住区等,北城墙和西城墙保存基本完整。大板村发现西汉古城址和规模宏大的汉墓群,墓室密集,墓葬丰厚。2005 年入选中国历史文化名镇。

望城区靖港镇 位于长沙市,地处湘江西岸。靖港相传为纪念唐朝大将李靖而命名。拥有新石器时代遗址 15 处,出土有大量石器、陶器。木屐、纸伞、风筝盛行一时,民间艺术丰富多彩,香干及火焙鱼至今称奇。现保存"八街四巷七码头"格局,"宏泰坊""育婴堂"等晚清砖木结构建筑保存完好,杨泗塔、观音庙、紫云宫等远近闻名。2008 年入选中国历史文化名镇。

永顺县芙蓉镇 本名王村,因电影《芙蓉镇》在此拍摄,遂更名为"芙蓉镇"。拥有两千多年历史,因宏伟瀑布穿梭其中,被称为"挂在瀑布上的千年古镇",与龙山里耶镇、泸溪浦市镇、花垣茶峒镇并称"湘西四大名镇"。镇内有记载土家族政治军事历史的全国重点保护文物单位"溪州铜柱"和电影《芙蓉镇》外景拍摄现场等人文景观以及五里石板街、芙蓉镇大瀑布、土司行宫(飞水寨)、土人居穴遗址等景点。2008 年入选中国历史文化名镇。

绥宁县寨市镇 位于绥宁县西南部。原有青石城墙,建有九庙(观音堂、孔子庙、城隍庙、关帝庙、火神庙、龙王庙、南岳庙、飞山庙、九龙观)、四祠

(龙家祠、杨家祠、龚家祠、二公祠)、三会馆(长郡会馆、五宝会馆、江西会馆)、两庵(祈阳庵、磐古庵)、两阁(文昌阁、悬天阁)及钟鼓楼、八角亭、风雨桥、虎溪书院。云雾山上的封山育林古碑立于南宋建炎年间,至今保存完好。2010年入选中国历史文化名镇。

泸溪县浦市镇 位于泸溪县东南部。历史古迹众多,沅水文化源远流长。有保护完好的明清时代古民居、古建筑78幢,古商铺218间,旧石器遗址一处。观澜书院始创于清嘉庆年间,光绪年间改为"官立高等小学堂"。修建于明洪武年间的高山坪古驿道,青石板铺砌,是湖南境内现存规模最大、保存最完好的古驿道。2010年入选中国历史文化名镇。

洞口县高沙镇 位于邵阳市西部。汉代已成集镇,历来是湘西南人文盛地、交通枢纽和农副产品集散地,有着湖南省乃至我国南方最大的仔猪、种猪、中猪产销基地。著名景点有"高沙八景"、"石堰八景"、曾八支祠、青云书院、南峰寺、八景园等。高沙老街保存着以"十八茅湾"为代表的历史文化遗产,成片的较为完整的历史街区。2014年入选中国历史文化名镇。

花垣县边城镇 位于花垣县西部。原名"茶洞镇",后因沈从文的小说《边城》改名为边城镇。旅游文化景点有翠翠岛、百家书法园、清水江畔的苗家吊脚楼、边城古镇的林立店铺及青石板街、保存完好的古镇城墙、太平军石达开西征将士牌位、刘邓大军进军大西南宿营指挥所、八排瀑布、仙人洞等。2014年入选中国历史文化名镇。

二、中国历史文化名村

岳阳县张谷英村 隶属于岳阳县张谷英镇,地处岳阳、平江、汨罗三县市交汇处。始建于明万历年间,以始迁祖先张谷英命名,至今已有500多年历史。江南民居古建筑群始建于明嘉靖年间,由"当大门""王家塅""上新屋"三大群体组合而成。"当大门"取意于大门两侧的石鼓——门当,门当越大表示家族越旺、家势越大;门上方的横梁叫"户",表示一户人家,当大门的门户上刻有太极图形与门当彼此呼应,二者合起来就叫作"门当户对"。2003年入选中国历史文化名村。

江永县上甘棠村 位于江永县城西南夏层铺镇。唐天宝年间周氏先祖在此定居立宅,村名"甘棠"含有对先祖的怀念之意。因处于谢沐河的上游,故称"上甘棠"。保存着200多幢明清时代的民居及大量的明清建筑,如明万历年间的文昌阁、弘治年间的门楼、嘉靖年间的步瀛桥,还有寿宣亭、忠厚祠、月陂亭等。2007年入选中国历史文化名村。

会同县高椅村 位于会同县境内的巫水河畔。因三面环山一面临水,地形宛如一把太师椅而得名。侗族古村寨,以五通庙为中心,呈梅花状分布排列,巷道与封闭式庭院呈八卦阵式,将村落分为五个自然村庄。保存有明洪武年间到清光绪初年五百年间的古建筑104栋,总建筑面积近两万平方米。大将粟裕的故乡。著名景点有民俗博物馆等。2007年入选中国历史文化名村。

零陵区干岩头村 位于永州市富家桥镇,地处湘南五岭山脉南麓。宋代理学家周敦颐后裔于明朝中期迁移至此生息繁衍,历26代近600年。现存周家大院始建于明景泰年间,三面环山,平面呈北斗形状分布,由六个院落组成,占地百余亩,层楼叠院,错落有致。各种特产名目繁多,竹、竹笋制品产业颇具规模。2007年入选中国历史文化名村。

双牌县坦田村 位于双牌县理家坪乡西北隅。由何氏先祖建于北宋大中祥符初年,全村清一色为何姓,已繁衍48代。清代以前的连片古建群落占地20万平方米,古建筑达200多座,宋元明清各个时期的古建筑、古遗址保存完好。修建于清道光中期的岁圆楼,为全国重点文物保护单位。2010年入选中国历史文化名村。

祁阳县龙溪村 位于祁阳县潘市镇。村域内有座山呈龙形,小溪从山脚流出,故名"龙溪"。依山临水,规模庞大,气势恢宏,由老屋院、品字书屋、李家宗祠等组成。所有建筑均为砖木结构,青石为基础,山墙飞檐翘角,造型雄伟美观,装饰艺术精美。其中李家宗祠是中国古代家庙的代表,展现了我国宗族制度的历史文化,现为全国重点文物保护单位。2010年入选中国历史文化名村。

永兴县板梁村　位于永兴县高亭乡。村落初建于宋末元初,盛于明清时代,是典型的湘南宗族聚落。600多年前,汉高祖刘邦之弟、楚王刘交的后裔——刘子芳在古老的龙泉庙旁落户,为板梁始祖。全国各地从板梁迁徙出去而形成的刘姓村庄有400多个,约8万多人。有接龙桥、古驿道、龙泉古庙、望夫楼、石板巷、明清古建筑等多处景点。至今保存完好的360多栋明清历史建筑,栋栋雕梁画栋,飞檐翘角,工艺精湛。2010年入选中国历史文化名村。

辰溪县五宝田村　位于辰溪县上蒲溪瑶族乡。清康熙年间立村,至今已有300余年历史。因村前田中有五个形似“元宝”的小土包,遂名“五宝田”。背倚龙脉山,面临玉带溪。至今保存有耕读所、兰陵别墅等十多幢深宅大院。兰陵别墅修建于清嘉庆中期,占地面积550平方米,主人萧氏为兰陵郡望族。2010年入选中国历史文化名村。

永顺县老司城村　位于永顺县灵溪镇。南宋绍兴年间至清雍正年间永顺彭氏土司的政治、经济、军事、文化中心,本名“福石城”,因是彭氏土司政权八百年统治的古都,亦称“司城”“老司城”。老司城是土司制度的物化载体,包括宫殿区、衙署区、街巷区、墓葬区、宗教区、苑墅区等,有纵横交错的八街十巷,人户稠密,市店兴隆,史书有“城内三千户,城外八百家”“五溪之巨镇,万里之边城”的记载。留存遗址主要有祖师殿、彭氏宗祠、土司德政碑、翼南牌坊、土司地宫、土司古墓群等。2014年入选中国历史文化名村。

通道侗族自治县芋头村　位于通道县双江镇。侗族村寨,始建于明洪武年间。古建筑群因山就势,结构造型具有典型的侗族风格,鼓楼、门楼、芦笙场、古井、凉亭、萨岁坛、古墓葬群、民居木楼及青石板驿道一应俱全,保存完好。建筑沿山谷布局,既与环境融为一体,又形成了独特的“山脊型”“山谷型”民居模式。现有鼓楼4座、风雨桥3座、侗族吊脚楼78座。2014年入选中国历史文化名村。

通道侗族自治县坪坦村 位于通道县坪坦乡。古建筑群有坪坦鼓楼、孔庙、飞山庙、高坪鼓楼及坪坦鼓楼的附属文物南岳宫、戏台等四处共六栋建筑物。坪坦鼓楼始建于清同治年间,纯木穿斗式构架。地处"百里侗乡文化长廊"的中心地带,境内有清代修建的风雨桥九座。主要土特产有油茶等,还有锰矿、硅石等地下矿藏。2014年入选中国历史文化名村。

绥宁县上堡村 隶属于绥宁县黄桑坪苗族乡。村寨依山而建,海拔900米,是比较罕见的高山侗寨。明末清初,以上堡为中心爆发农民起义,李天保假托李世民后裔,率领侗苗人民3万余人揭竿而起,波及3省18县,建立王国,自封武烈王,定都上堡村,至今保存有金銮殿、校马场、点将台、忠勇祠、旗杆石、拴马树等历史遗迹。2014年入选中国历史文化名村。

绥宁县大园村 位于绥宁县关峡乡。始建于清乾隆年间,已有200多年的历史。苗家村寨有14组建筑,倚山而建,伴水而筑,院落成群,石巷交错。有保存完整的民居古建筑百余栋,总建筑面积3.4万平方米。寨子的主楼门,木质结构,飞檐斗拱,粗犷宽敞。沿门两侧呈"八"字形展开的墙垛用青砖砌成,墙垛上有彩色字画。2014年入选中国历史文化名村。

江永县兰溪村 位于江永县兰溪瑶族乡。蒋姓族人于唐元和年间定居于此,欧阳姓族人于北宋治平年间迁徙于此,是名副其实的千年瑶寨。勾蓝瑶寨是一个保存完好的瑶族祖居地,有"世外桃源"之美誉。现存明清时期古建筑,类型有民居、祠堂、戏楼、守夜屋、门亭、风雨桥、石质寨墙、舞榭歌台,有湖南面积最大的祠堂壁画,另有古碑刻百余通。"洗泥节"等风俗民情传承已久。2014年入选中国历史文化名村。

龙山县捞车村 位于龙山县苗儿滩镇。洗车河、靛房河、捞车河将地势平坦的捞车冲积坝一分为三,形成了"洗车""梁家寨""捞车"三个土家村寨。民居依山而建,整齐有序,景象壮观。全村有传统民居287栋,其中明代建筑5栋、清代建筑58栋、民国建筑34栋,风格明快,工艺精湛。2014年入选中国历史文化名村。

三、全国特色景观旅游名镇(村)

韶山市韶山村 位于韶山市韶山乡。伟大的无产阶级革命家毛泽东的故乡,全国爱国主义教育基地和革命纪念地。围绕红色旅游,大力发展生态农业。红色旅游产业特色明显,主要景点有毛泽东故居、毛泽东纪念园、毛泽东纪念馆等。2010年入选全国特色景观旅游名镇(村)。

龙山县里耶镇 2010年入选全国特色景观旅游名镇(村)。参见中国历史文化名镇——龙山县里耶镇。

永兴县板梁村 2010年入选全国特色景观旅游名镇(村)。参见中国历史文化名村——永兴县板梁村。

平江县加义镇 位于平江县境东部,扼湘赣要冲。特色产业是休闲旅游业。还有喻杰故居、平江惨案旧址、新四军通讯处、加义烈士陵园、苏维埃旧址、李六如故居等。2011年入选全国特色景观旅游名镇(村)。

望城区彩陶源村 位于长沙市望城区丁字镇西北端的湘江之滨。村域内的铜官窑遗址,始创于唐代"安史之乱"以后,鼎盛于中晚唐时期,五代以后渐趋衰落,从创烧、兴盛至衰落大约经历了200年之久,是中国古代重要的陶瓷生产基地。现有谭家坡1号龙窑、采泥洞、蓝家坡、都司坡、古运货码头等46处遗迹,被列入"大遗址保护项目",铜官窑陶瓷烧制技艺入选国家级非物质文化遗产。2011年入选全国特色景观旅游名镇(村)。

双峰县荷叶镇 位于双峰县东面部,地处湘中、湘西通往南岳衡山的必经之地。因四周环山、中部低平形似一片荷叶而得名。清代名臣曾国藩的故乡。2011年入选全国特色景观旅游名镇(村)。

望城区铜官镇 位于长沙市境内湘江东岸。三国时期为吴国和蜀国的分界处,相传吴将程普与蜀将关羽约定互不侵犯,共铸铜棺,故名"铜棺",今人改称"铜官"。历来以陶瓷闻名于世,隋末唐初出现了大型的窑场,是全国五大陶都之一,古遗址随处可见。留存有吴楚桥、泗州寺、云母寺、守风亭、东山寺、王爷庙、庆云宫等古建筑。也是革命老区,曾为中共湖南省委、湖南省工委、湘江特委的驻地。2015 年入选全国特色景观旅游名镇(村)。

宁乡市花明楼镇 位于宁乡市东南端。刘少奇的故乡。煤炭、耐火泥、石灰石等贮量较大,耐火产业历史悠久。近年来,机械制造、仪表螺丝、玻璃制品等行业迅速发展。主要景点有刘少奇故居、刘少奇纪念馆、双狮岭、狮子山、麒麟山、芙蓉寨等。2015 年入选全国特色景观旅游名镇(村)。

浏阳市大围山镇 位于浏阳市东北部。地处湘赣边境,浏阳河发源于此。客家人的聚集地,通用客家语,历来有"浏东重镇"之称。远在新石器时期就有人类居住,曾发现商周文化遗址一处、龙山文化遗址三处。清代修建的石拱桥众多,同治年间修建的青兰桥,道光年间修建的长鳌江桥,光绪年间修建的田心桥、永幸桥,保存完好且尚在使用。清代修建的祠堂,雕梁画栋,颇为气派。2015 年入选全国特色景观旅游名镇(村)。

湘乡市壶天镇 位于娄底、宁乡、湘乡三地交界处。因所处的地形呈"壶"形而得名。长 500 米的青石板老街,所用青石每条长短、宽窄、厚薄各不相同,横竖有致,嵌合平整。街两边砌排水沟,条石砌沿,以青石凿出地漏。著名景点有猫公山、岩龙洞、水浒庙水库等。2015 年入选全国特色景观旅游名镇(村)。

汝城县热水镇 位于汝城县东部。镇境内汤河头温泉水温高,"气如烟雾,水若沸汤",因此得名。著名景点有温泉福泉山庄、飞水寨、热水河漂流、蜗牛塔等。福泉山庄的温泉,水温一般为 91.5℃,最高达 98℃。蜗牛塔又称"热水塔",始建于元初,现存为清代所建。2015 年入选全国特色景观旅游名镇(村)。

资兴市黄草镇 地处东江湖风景区的核心区。辖区内有惊险刺激的"东江漂流"和神秘清幽的"沃水峡谷",素有"江南水中镇、东江湖中花"之美誉。林业、渔业、果茶业、旅游业为四大支柱产业。盛产杉木、松木、楠竹,拥有红豆杉、银杏、澳洲桉树、景烈白兰等珍稀树种。盛产水果、生姜、板栗、鱼、冬笋、香菇、茶油、蜂蜜等土特产。2015年入选全国特色景观旅游名镇(村)。

望城区光明村 位于长沙市白箬铺镇。金洲大道穿村而过,交通便利。自然生态环境优美,青山碧水之间青瓦、白墙的民居错落有致,宛若一幅江南民居的风景画。在新农村建设过程中,建成了葡萄、花卉苗木、无公害蔬菜等种植基地,形成了以农家乐为载体的乡村休闲旅游产业。2015年入选全国特色景观旅游名镇(村)。

长沙县双冲村 位于长沙、平江两县交界处的白沙镇。群山环绕,清溪如带,明清时期建设的木鱼神大屋保存完整。一座座晚清民国风格的院落掩映在青山翠竹间,池塘、木亭、小桥、假山互相呼应。传统的农业村庄,拥有充满地域文化特色的农耕示范园。2015年入选全国特色景观旅游名镇(村)。

邵东市大羊村 位于袁家岭附近。村域内有"南岳七十二峰"之一的大云山,山峦叠嶂、奇峰突兀,水系发达,溪、瀑、泉、涧、潭景观兼具。地貌景观有"南天柱""一线天""鸭婆石""青蛙石""叫化岩""鸡冠峰""姊妹石""狮子石""道士石""仙人斧""仙人床""仙人桥""乌龟洞"等,人文景观有申太芝炼丹寺院、六仙殿、辖皇殿、古代炮楼、王夫之等名人的诗词碑林等,还有大云山休闲度假区、探险狩猎场、云山乐园等。2015年入选全国特色景观旅游名镇(村)。

石门县长梯隘村 位于石门县西北部的罗坪乡。明朝中期设立长梯隘。森林茂密,盛产茶叶,茶林相间,风景独特。民房多以高门槛、高窗户、吊脚木质结构为主,居民以土家族人为主。长梯隘国家石漠公园以熔岩地貌地质遗迹景观为主,风景河段地质遗迹为辅。2015年入选全国特色景观旅游名镇(村)。

安化县高城村 隶属于江南镇。地处大熊山麓半腰,与邻村海拔高差较大,人户大都邻溪席水而居,房屋集中成列成行。山多田少的边远山村,四周群山环绕,古木林立,鸡犬之声相闻,俨然世外桃源。原是茶马古道上的一个驿站,高城马帮是清末中国南方最大的马帮之一,繁忙季节马帮倾巢而出绵延数千米,煞是壮观。2015 年入选全国特色景观旅游名镇(村)。

岳阳县张谷英村　2015 年入选全国特色景观旅游名镇(村)。参见中国历史文化名村——岳阳县张谷英村。

四、中国特色小镇

浏阳市大瑶镇　位于浏阳市东南部。全镇经济以花炮产业为主导,是花炮文化的发祥地,素有"花炮之源""彩印之都"的美誉。风景名胜主要有:中国花炮文化博物馆、邱仙姑庙(云台山)、邱家大屋、吴楚国界、古汉墓群、狮子岩、九华山、金树山寺、三元宫、财神庙、社君庙、李畋故里、李畋公园以及千年古樟等。2016 年入选中国特色小镇。

邵东市廉桥镇　位于邵东市北部,是邵阳市的东大门。中药材种植历史悠久,廉桥药材市场是国家批准的大型药材市场,享有"南国药都"之美誉。以松龄堂为龙头的中药饮片加工企业迅猛发展,形成了集种植、加工、仓储、销售于一体的全产业链发展模式。徐家铺木材市场为中南最大的木材市场。朝阳生态产业园等农业旅游观光产业蓬勃发展。2016 年入选中国特色小镇。

汝城县热水镇　2016 年入选中国特色小镇。参见全国特色景观旅游名镇(村)——汝城县热水镇。

双峰县荷叶镇　2016 年入选中国特色小镇。参见全国特色景观旅游名镇(村)——双峰县荷叶镇。

花垣县边城镇　2016 年入选中国特色小镇。参见中国历史文化名镇——花垣县边城镇。

临澧县新安镇　位于临澧县西北部。因扼淞澧平原西南咽喉,明初即屯兵设市,明清为澧水流域重镇,现存有申鸣古城遗址。镇域内石灰石矿床裸露,石膏矿储量丰富,煤炭、铁矿石也有很大储量,素有"建材之都"的称号。肥沃的冲积平原盛产棉花、油菜、小麦、蔬菜,北缘丘陵地带为优质果木种植基地。2017年入选中国特色小镇。

邵阳县下花桥镇　位于邵阳县东部。花岗岩矿产资源丰富,分布有各类喀斯特地貌溶洞,山间怪石林立。有野鸡、野兔、白鹭及各种鸟类,还有野百合、枇杷、黄林树、野柿子、竹笋等野生植物。既有湖光山色、洞府仙境,又有文物名胜、奇风异俗,形成了独特的自然风光和古代楚文化景观。主要景点有"石山老""风子岩""娥子冠""新风岩"等。2017年入选中国特色小镇。

冷水江市禾青镇　位于冷水江市南部。镇域内有红云岩风景区、银凯休闲山庄。"红云岩"是一个天然溶洞,熔岩密布,石柱高耸。"洪云岩"底部的鸿云寺,有一座用木桩依地势建造的悬空吊脚楼台,曾作为僧侣的习武修行打坐之地。2017年入选中国特色小镇。

望城区乔口镇　隶属于长沙市,位于长沙、益阳、湘阴、宁乡四市县交界之地。地处湘江之滨,洞庭湖畔,三面环水,有"朝有千人作揖,夜有万盏明灯"之说。著名景点有湘江、柳林江、撇洪河、团头湖等。团头湖是一个天然湖泊,湖岸曲折多弯,湖内有仙泥墩、塔山咀、樟木咀、黑公咀等。另有湖尾古遗址、乔江书院、三贤堂等人文景观。2017年入选中国特色小镇。

宁远县湾井镇　位于宁远县东南隅。镇域内有九嶷山,为纪念唐代状元李郃所建的状元楼,始建于明崇祯年间的路亭村云龙牌坊,还有久安背翰林祠、东安头翰林祠、读书岩、赛景岩等。状元楼是一方形楼阁,历经元、明、清数代修缮,飞檐斗拱,高大壮观。读书岩系喀斯特地貌山岗,溶洞遍岗。赛景岩洞长1 860米,有十几个大厅、五条瀑布、两座自然石桥、四个自然湖泊。2017年入选中国特色小镇。

攸县皇图岭镇　位于攸县北部。湘东地区经济重镇,有"一脚踏两省,鸡鸣闻三县"之说。主要农特产品为生姜、辣椒、西瓜、豆腐、楠竹、竹笋等。皇图岭农贸市场始于清光绪年间,是全省十大农贸市场之一。丁氏堡楼建筑以本土风格为主,略带西方元素,选用了当时少见的红砖和筒瓦作为建筑材料,房高墙坚,左右各有碉楼一座,射击孔12个,具有防卫功能,保存完好。

2017 年入选中国特色小镇。

湘潭县花石镇　位于湘潭县西南部。湘潭、衡山、湘乡三县市交界处的物资吞吐枢纽。全国最大的湘莲生产基地和莲籽贸易集散中心,是名副其实的"湘莲之乡"。也是历史名城、千年古镇,西汉时期即因地理位置显要、历史文化厚重而被建为湘南县的县城。2017 年入选中国特色小镇。

华容县东山镇　位于华容县东北部,地处四面皆山、中间平坦的丘陵地区。镇域内的墨山,山顶禅寺香火终年不绝,是僧人修持和骚客游览的胜地。白果村有一棵白果树,树龄已有 1 700 多年,是桃花山风景区一绝。相传三国时期关公挡曹时在此倒马、斩龙,附近现存倒马岩、斩龙石。还有东山水库、仙鹅寺、龙口瀑布等景点。2017 年入选中国特色小镇。

珠晖区茶山坳镇　位于衡阳市。著名景点有珠晖塔、唐宋青瓷衡州窑址、福海国际旅游度假区、茶山坳古墓群等。珠晖塔为"雁城三塔"之一,始建于清光绪年间,为安徽巡抚衡阳人王之春主持兴建;塔身属砖石结构,塔内有石级旋梯,拱门嵌有进士黄自元手书大理石刻碑文。农产品如香西瓜、白萝卜、白菜、豆角、凉薯等久负盛名。2017 年入选中国特色小镇。

宁乡市灰汤镇　位于宁乡市西南部。开发利用已有 2 000 多年历史,历来被誉为"神水""圣泉""国汤"。东鹜山有打卦石、八仙石、鹰咀石、鸭婆洞、高山寺、香炉峰等景点景观。三国时蜀相蒋琬诞生于此,至今仍有他洗马濯缨的相公桥、相公潭遗迹。2017 年入选中国特色小镇。

龙山县里耶镇　2017 年入选中国特色小镇。参见中国历史文化名镇——龙山县里耶镇。

五、中国历史文化街区

柳子街历史文化街区　位于永州城郊潇水西岸、愚溪北畔。柳宗元在永州生活期间曾居于愚溪边,后人于溪畔建柳子祠堂,将溪北的古道称作"柳子街"。柳子街全长550米,皆为青石古道,街巷两边粉墙黛瓦,漏窗巧缀,颇具江南水乡风韵。巷内建筑,除了云墙和青石院门、台阶,大多是古老的木板屋和一些砖瓦结构建筑。零陵花鼓戏、鱼鼓、米酒、小吃等闻名遐迩。2015年入选中国历史文化街区。

六、国家级文化生态保护实验区

武陵山区(湘西)土家族苗族文化生态保护实验区　位于武陵山区,为土家族、苗族聚集地区。在长期历史发展过程中,当地土家族、苗族人民创造了丰富多彩的民族传统文化,包括世代相传的非物质文化遗产,如神话、传说、歌谣、鼓舞、织锦、刺绣、印染等,与当地自然环境、古村镇、古建筑相依相存,形成了较为完整的文化生态区域。保护实验区包括湘西地区47个乡镇,重点保护对象为各级文物保护单位351处,国家历史文化名城凤凰古城,中国历史文化名镇里耶古镇,非物质文化遗产1 056项。2010年入选国家级文化生态保护实验区。

大围山国家生态旅游示范区　位于浏阳市东北部。中亚热带典型的森林生态系统和高山湿地生态系统,植被覆盖率达99.5%。地质地貌奇特,第四纪冰川地质遗迹类型齐全,分布广泛,保存完好。野生动植物资源丰富,其中红豆杉、钟萼木等国家重点保护野生植物60多种;动物1 000多种,有云豹、大鲵等国家重点保护野生动物26种。大围山是浏阳河的发源地,文化底蕴深厚,客家方言、山歌、习俗独具特色。景观景点丰富,有红一方面军会师旧址李家大屋、红军后勤医院、湖南省苏维埃政府驻地旧址、绵绶堂等。2013年入选国家生态旅游示范区。

七、国家生态旅游示范区

东江湖国家生态旅游示范区 位于资兴市境内。东江湖是南岭和罗霄山脉南部合围的一个湖泊,耒水的源头之一。以自然风光为主,集雄山、秀水、奇石、幽洞、岛屿等自然景观和人文景观于一体。东江漂流全程 26 千米,穿行于怪石清泉原始次森林之中,以滩多浪急落差大,水碧石怪鱼奇,两岸森林植被佳而闻名。主要景观有:雾漫小东江、东江大坝、龙景峡谷、兜率灵岩、三湘四水、东江湖文化旅游街。2013 年入选国家生态旅游示范区。

神农谷国家森林公园 位于炎陵县十都镇境内,地处罗霄山脉中段。神农谷是湘赣两大水系的分界线和发源地。分布有国家重点保护野生植物 74 种,其中资源冷杉(大院冷杉)、银杏、银杉、南方红豆杉、伯乐树、莼菜等 6 种为国家一级保护野生植物。主要珍稀树种群落有:银杉群落、大院冷杉群落、南方铁杉群落、福建柏群落和南方红豆杉群落。有国家重点保护野生动物近 30 种。主要景点有:落水源瀑布、珠帘瀑布、黑龙潭、桃花桥、石板滩、龙潭天河、万阳河峡谷、神农飞瀑等。2014 年入选国家生态旅游示范区。

阳明山国家森林公园 位于双牌县东北隅。处于华南、华东、华中三大野生植物区系的交汇点,森林覆盖率 98%,有原始次生林数万亩、华南最大的华东黄杉和红豆杉群落。有云豹、白鹇、红腹锦鸡等国家重点保护野生动物 100 多种。有万寿寺、小黄江源、歇马庵、北江冲、大黄江源等五大景区 80 多个景点。2014 年入选国家生态旅游示范区。

黄桑生态旅游区 位于绥宁县境内。占地面积 254 平方千米,其中天然次森林 1.6 万公顷。森林覆盖率 86%,分布有珍稀野生植物 108 种、古老孑遗野生植物 36 种、我国特有野生植物 18 种、观赏野生植物 166 种,另有动物 230 多种。生长有长苞铁杉 38 株,是我国迄今为止发现的最大一处铁杉群落。山势起伏,峰峦叠翠;溪谷幽深,古木参天;高山流水相映成景,鬼斧神工。2016 年入选国家生态旅游示范区。

八、全国红色旅游经典景区

韶山毛泽东故居和纪念馆　位于韶山市韶山冲。包括毛泽东故居、毛泽东父母的墓、毛氏宗祠、毛鉴公祠、毛震公祠、韶山农民夜校旧址、考察湖南农民运动旧址等。展出文物和资料 500 余件、历史照片近 200 幅、雕塑 6 尊、模型 5 个、场景复原 6 处等,其中,有毛泽东少年时代睡过的床,读过的《诗经》《论语》,反映毛泽东在韶山开展农民运动的《贺尔康日记》,1941 年刻印的记载有毛泽东诞生年月的《韶山毛氏族谱》等。2005 年入选全国红色旅游经典景区。

中共湘区委员会旧址暨毛泽东、杨开慧故居　位于长沙市八一西路,坐落于一个大菜园之中。青瓦平房,砖木结构,共六间。1922 年中共湘区委员会建立,毛泽东任书记,堂屋右边第一间房子是毛泽东与杨开慧的卧室兼办公室,他们的两个儿子毛岸英、毛岸青均出生于此。右边第二间房子是杨开慧的母亲杨老太太的住房;堂屋左边第一间房子是客房,许多到湘区汇报工作或参加会议的同志曾在此休息和住宿。2005 年入选全国红色旅游经典景区。

刘少奇故居和纪念馆　位于宁乡市花明楼镇炭子冲。故居占地面积近800 平方米,建筑面积 300 多平方米,土木结构的四合院,泥砖墙上粉饰着糠壳泥,屋面半是小青瓦半是茅草。纪念馆主要包括刘少奇故居和门楼广场、铜像广场、生平业绩陈列馆、文物馆、刘少奇母校炭子冲学校旧址。主馆建筑面积 3 200 平方米,陈列面积 980 平方米,分散自由群体型庭院结构。2005 年入选全国红色旅游经典景区。

秋收起义会师旧址纪念馆 位于浏阳市文家市镇。原为一所书院,创办于清道光中期,初名"文华书院",光绪末年改为"里仁学校"。1927年9月,秋收起义部队在这里会师,确定了起义队伍上井冈山的战略部署,为中国革命由城市转向农村、实现革命力量的战略转变明确了方向。前敌委员会军事会议在书院承德堂召开。文昌阁左侧的新斋为当年毛泽东住室。工农革命军约1 500人在书院操场举行会师大会,会后便开始向农村进军。2005年入选全国红色旅游经典景区。

杨开慧故居和纪念馆 位于长沙县开慧乡开慧村。故居是一座土砖木质结构的瓦房,大小房间共28间,始建于清乾隆末年,清光绪二十七年(公元1901年)杨开慧诞生于此。纪念馆由杨开慧故居、杨开慧烈士陵园及板仓教育活动中心三部分构成。陵园正中塑建了一座高3.8米、重11吨的开慧烈士全身汉白玉像。毛泽东悼烈士的诗词《蝶恋花·答李淑一》镌刻在黑色的花岗石巨屏上。2005年入选全国红色旅游经典景区。

岳麓山景区 位于长沙市岳麓区的湘江西岸。岳麓山是南岳衡山七十二峰的最后一峰,中国四大赏枫胜地之一。现有岳麓山、橘子洲、岳麓书院、新民学会四个核心景区,是集山、水、洲、城于一体的国家级风景名胜区、湖湘文化传播基地和爱国主义教育示范基地。岳麓书院是中国古代著名的"四大书院"之一,也是中国现有保存最好的一座古代书院。景区内还有爱晚亭、麓山寺、云麓宫、黄兴墓、蔡锷墓、第九战区司令部战时指挥部旧址等景点。2005年入选全国红色旅游经典景区。

彭德怀故居和纪念馆 位于湘潭县乌石镇。典型的湘潭农村宅院,始建于1925年,彭德怀任湘军团长时出资修建。彭德怀早年居住地,也是投身革命后在家乡唯一长时间居住活动的场所;砖木结构,占地面积2 490平方米,建筑面积350平方米,名"三华堂",意为得华(彭德怀原名)、金华、荣华三兄弟之华厦。现已建设为彭德怀纪念馆。2005年入选全国红色旅游经典景区。

任弼时故居 位于汨罗市弼时镇唐家桥村。任弼时是伟大的马克思主义者、无产阶级革命家。故居建于清末,占地面积3 600平方米,砖木结构,上中下三进,大小37间房,上进左侧7间房为任弼时及父母一家居住。建有弼时纪念亭;西南方有弼时中学和序贤小学,是任弼时的母校。2005年入选全国红色旅游经典景区。

罗荣桓故居 位于衡东县荣桓镇南湾村。故居建于1914年,三进四厢,房屋20间。清光绪二十八年(公元1902年)罗荣桓诞生于此。罗荣桓是中华人民共和国的开国元勋,中华人民共和国十大元帅之一。故居内设有陈列室,展出珍贵文献、照片和实物150余件。2005年入选全国红色旅游经典景区。

贺龙故居和纪念馆 位于桑植县洪家关白族乡洪家关村。故居由朝门、正屋和马厩、牛栏三部分组成,四周砌有围墙,始建于清道光年间。贺龙和他的姐姐、妹妹、弟弟都出生在这里。两度被毁,1977年按原貌修复。现已建成贺龙纪念馆。"贺龙故居"匾额由邓小平题写,"贺龙纪念馆"牌匾由江泽民题写。2005年入选全国红色旅游经典景区。

平江起义旧址 位于平江县城内。1928年6月,彭德怀率领国民革命军湖南陆军独立第五师第一团和第三团三营驻平江,彭德怀、滕代远、黄公略等共产党人在天岳书院发动了"平江起义",成立中国工农红军第五军。旧址原为清代同治年间所建的天岳书院,砖木结构,有讲堂三间,院长住房两间,斋房50余间,古朴庄重。现已建成平江起义旧址纪念馆。2005年入选全国红色旅游经典景区。

湘鄂西革命根据地旧址 位于华容县境内的湘鄂边界。大革命时期,华容农民运动风起云涌;土地革命战争时期,华容是湘鄂西革命根据地的一个重要组成部分;抗日战争时期,在华容成立的中共湘北工作委员会,是洞庭湖区人民的战斗指挥部。旧址包括三个部分:一是以何长工故居为中心,包括何长工故居、何长工广场、何长工纪念馆、何长工纪念碑、何氏宗祠、英雄湖、长征主题探险乐园、何长工与毛泽东主题雕塑群、华容革命将领碑林、百米革命主题书画长廊等;二是以烈士陵园为中心,包括烈士墓碑、将军墓碑、博物馆等;三是以桃花山、明碧山革命根据地为核心,包括华容县苏维埃政府旧址、"东山惨案"旧址、贺龙农民军元宵暴动纪念碑、新四军江南挺进支队指挥部、战地医院等。2005 年入选全国红色旅游经典景区。

湘南暴动指挥部旧址 位于宜章县城关镇。1928 年 1 月,朱德、陈毅等率领南昌起义保留下来的一部分队伍,由广东折回湘南举行年关暴动,建立了湘南第一个红色政权宜章县苏维埃政府,改编部队组成中国工农革命军第一师。旧址原为清代宜章守备署,四栋两层建筑物的四合院,中厅是起义指挥部及朱德、陈毅等的住房,两侧为红军战士营房。现为全国爱国主义教育基地。2005 年入选全国红色旅游经典景区。

"三大纪律六项注意"颁布旧址 位于桂东县沙田镇。"三大纪律六项注意"是中国人民解放军"三大纪律八项注意"的前身,1928 年 4 月秋收起义部队到达桂东县沙田村,毛泽东在沙田圩"三十六石丘"田边的土台上,向工农革命军和地方赤卫队进行思想政治教育和建军宗旨教育,正式宣布"三大纪律六项注意",从而奠定了红军统一纪律的基础。三大纪律是:行动听指挥,不拿工人农民一点东西,打土豪要归公。六项注意是:上门板,捆铺草,说话和气,买卖公平,借东西要还,损坏东西要赔。2005 年入选全国红色旅游经典景区。

红二方面军长征出发地 位于桑植县境内。1935 年 11 月,红二、六军团在刘家坪召开誓师大会,开始了万里长征。旧址包括刘家坪乡龙堰峪村的红二军团部(兼代总指挥部)旧址、湘鄂川黔省委旧址、省革命委员会旧址、省军区旧址和中央军委湘鄂川黔分会旧址,瑞塔铺乡瑞市村的红六军团司令部旧址。1986 年在刘家坪乡修建了中国工农红军第二方面军长征出发地纪念碑。2005 年入选全国红色旅游经典景区。

湘鄂川黔革命根据地旧址 位于永顺县境内。湘鄂川黔革命根据地是在第二次国内革命战争时期由红二方面军创建。1934 年 12 月—1935 年 4 月,湘鄂川黔省革命委员会设在塔卧镇雷家大屋,中共湘鄂川黔省委驻丁家院子,省财政部、红二军司令部、红六军司令部、随营学校、兵工厂、医院等设在附近。其他革命旧址还有红军医院、苏维埃郭亮县政府等。现保存有省委、省政府、省军区、红四分校、省委党校、无线电台、兵工厂等旧址。2005 年入选全国红色旅游经典景区。

东山学校旧址 位于湘乡市书院路。原名"东山书院",始建于清光绪中期。毛泽东于清宣统末年来校求学,许多革命战士和知名人士也曾在此学习,如陈赓大将、谭政大将、著名诗人萧山、革命烈士毛泽覃等。1958 年毛泽东为母校题写了校名。2011 年入选全国红色旅游经典景区。

红军长征通道会议旧址 位于通道侗族自治县罗蒙山下的恭城书院。恭城书院是中国现存最完整的侗族古书院之一,原名"罗蒙书院",始建于北宋崇宁年间,清乾隆末年重建。1934 年中央红军长征途经通道时,在书院内召开临时政治局会议,形成了"通道转兵"决议,史称"通道会议"。2011 年入选全国红色旅游经典景区。

南岳忠烈祠 位于衡阳市南岳衡山香炉峰下。为纪念抗日阵亡将士而建,1943 年竣工。1944 年被日军破坏,1966 年又遭到严重损毁,2013 年全面修复。由祠宇和墓葬区两部分组成。祠宇为宫殿式建筑,共五进。祠宇周围为公墓区,占地面积 13 万平方米,分布有 19 座烈士墓葬,其中 12 座为个人墓,7 座为集体墓。纪念碑形如五颗直指蓝天的巨型炮弹,象征着各族人民团结一心,同仇敌忾,奋起抗战的决心。2011 年入选全国红色旅游经典景区。

中国人民抗日战争胜利芷江受降旧址、飞虎队纪念馆 位于芷江侗族自治县七里桥,包括抗日胜利受降纪念坊、中国战区受降旧址(包括受降会场、中国陆军总司令部、何应钦办公室等)、受降史料陈列馆、受降亭等。1945 年 8 月 21 日,侵华日军副总参谋长今井武夫飞抵芷江进行乞降会谈,交出了在华兵力部署图,接受了陆、海、空三军缴械投降备忘录。至 9 月 8 日,双方确定了日本投降各项条款及受降签字时间、地点,完成了接受日军投降的全部实质性工作。飞虎队纪念馆坐落于芷江机场东边,包括飞虎队纪念馆、空军作战指挥塔旧址和中美空军联队俱乐部旧址三栋建筑。2011

年入选全国红色旅游经典景区。

茶陵县工农兵政府旧址　位于茶陵县城关镇前进村。1927 年 11 月,工农革命军胜利攻占茶陵县城。旧址原系南宋至清代的州(县)署衙门,始建于南宋中叶,1928 年毁于战火,2005 年全面修复。现已建成茶陵工农兵政府纪念馆。2011 年入选全国红色旅游经典景区。

红军标语博物馆　位于炎陵县霞阳镇大操坪。博物馆主体外墙通体为红色,正面左右各三面红旗,寓意为"边界的红旗始终不倒"。博物馆共分三层八个展厅,采用地台式、通柜式、壁龛式、镶嵌式、平柜式、平板式等形式,辅以投影、多媒体、触摸屏等手段,展示了红军标语及其书写背景。2011 年入选全国红色旅游经典景区。

湘南起义汝城会议旧址　位于汝城县津江村。1927 年 11 月,朱德秘密召开湘南、粤北党组织负责人会议,策划湘南起义,史称"汝城会议"。汝城会议旧址有古建筑六栋,现已建成纪念馆,被列为全国重点文物保护单位。2012 年在纪念馆旁边兴建了军旗广场。2016 年入选全国红色旅游经典景区。

胡耀邦故居和陈列馆　位于浏阳市中和镇苍坊村。典型的湖南农家建筑,砖木结构,始建于清咸丰年间。目前所存的房屋为胡耀邦的曾祖父俩兄弟当年所共有,共计 19 间房,总面积约 450 平方米。胡耀邦于 1915 年出生在这栋老屋的一间厢房里。2016 年入选全国红色旅游经典景区。

湖南省立第一师范学校旧址　位于长沙市城南书院路妙高峰下。清光绪二十九年(公元 1903 年)湖南师范馆创立,宣统末年迁建长沙书院坪"城南书院"旧址,改称"湖南省立第一师范学校"。1913 年春至 1918 年夏,毛泽东在该校第八班学习。校舍仿日本青山师范(今东京学艺大学)建筑风格,砖木结构,由师范部和附属小学部两大建筑群组成,由走廊或亭楼连接,形成四合院落。2016 年入选全国红色旅游经典景区。

何叔衡、谢觉哉故居　位于宁乡市沙田乡。何叔衡是毛泽东的挚友,1921 年 7 月出席中共第一次全国代表大会,曾任中华苏维埃共和国中央执行委员会委员,1935 年在长汀突围战斗中壮烈牺牲。故居为一普通农舍,建于清乾隆年间,有正房、左右厢房 23 间,小青瓦屋面,土砖泥筑院墙,占地面积约 2 600 平方米。谢觉哉是无产阶级革命家、政治家、社会活动家。故居始建于清道光末年,占地面积约 640 平方米,砖木结构,由堂屋、卧室、厨房、杂屋等组成;谢觉哉于清光绪十年(公元 1884 年)出生于此。2016 年入选全国红色旅游经典景区。

雷锋纪念馆 位于长沙市高新区雷锋街道。雷锋是伟大的共产主义战士,1962 年 8 月因公殉职,年仅 22 岁。纪念馆以翔实的内容、丰富的资料,再现了雷锋短暂而不平凡的一生。园区内有雷锋纪念碑、雷锋塑像、雷锋墓、雷锋事迹陈列馆等建筑及青少年教育活动设施。2016 年入选全国红色旅游经典景区。

九、全国农业旅游示范点

荆坪古文化村 位于中方县中方镇。战国时是牂牁古国之都且兰古城,汉代为舞阳县址,唐宋为溆州城址,是清乾隆皇帝启蒙老师潘仕权的故里。现有祠堂、古驿道、伏波宫、文昌阁、节孝坊、唐代古井、水文碑、龙凤桥、观音阁、五通神庙及旧石器时代和新石器时代遗址等 20 多处古文化遗址。荆坪及舞水河一带历来为各民族及各部族的杂居之地,民俗文化气息浓厚,酒歌、傩戏、渔鼓、霸王鞭等民俗文化流传至今。2004 年入选全国农业旅游示范点。

花乡农家乐 位于益阳市赫山区黄泥湖乡仙蜂岭村。仙蜂岭是闻名遐迩的花卉之乡。20 世纪 90 年代,仙蜂岭人集前辈的智慧和经验,进行花卉苗木的生产栽培,如今已有 1 600 多亩花卉苗圃。农家乐特色鲜明的有杨梅山庄、云龙山庄、李家庄、望江园、长青园、天然阁等,植被茂盛,自然环境优越。2004 年入选全国农业旅游示范点。

富家桥异蛇村　位于永州市零陵区富家桥镇。以唐代文豪柳宗元《捕蛇者说》开篇第一句"永州之野产异蛇"而取名。创建于 1993 年,建有标准化养蛇场 40 亩,野生甲鱼(中华鳖)养殖场 30 亩,拥有年产 600 吨异蛇酒自动化生产线。2004 年入选全国农业旅游示范点。

十、全国休闲农业与乡村旅游示范点

小埠生态农业产业园　位于郴州市北湖区保和乡小埠村。产业园以郴州小埠生态农业有限公司为主体,主要经营谷物、蔬菜、园艺植物、果树的种植,牲畜及家禽的饲养和农副产品销售。2013 年入选全国休闲农业与乡村旅游示范点。

金太阳现代休闲农庄　位于宁乡市灰汤镇。灰汤温泉被誉为"潇湘第一泉",具有 2 000 多年的历史。农庄由金太阳温泉中心、金太阳温泉会馆、金太阳柴火饭庄组成,是一个以温泉为载体,集餐饮、住宿、观光旅游为一体的生态农庄。2013 年入选全国休闲农业与乡村旅游示范点。

乡村之恋休闲农庄　位于岳阳市君山区柳林洲镇双伍村。农庄内设宾馆一栋,配有大、小会议室,特色木屋茶楼,标准化垂钓鱼塘,特色水车,艺术长廊,是集住宿、垂钓、品茶、观看民间艺术表演等为一体的休闲场所。2013 年入选全国休闲农业与乡村旅游示范点。

怡心生态园　位于衡阳市珠晖区酃湖乡红卫农场。是一家以"乡村民俗特色,生态旅游农业"为主题,集养生养老、观光、餐饮、住宿、会议、商务等功能于一体的大众化度假休闲中心。依山傍水,白壁、青瓦、红柱、木房,形成"小桥、流水、人家"的江南园林式风格。2014 年入选全国休闲农业与乡村旅游示范点。

新富豪云尚庄园 位于长沙市开福区成功村。以"光伏低碳"为主题的葡萄采摘基地,是集生态种植、水产养殖、休闲垂钓、观光采摘、农事体验、红酒品鉴、拓展训练、会务接待于一体的生态休闲观光园区。现有早香蜜、早黑宝、粉红亚都蜜、巨玫瑰、黄玫瑰、黄玉、红宝石无核等30多个优良葡萄品种。2014年入选全国休闲农业与乡村旅游示范点。

神龙山庄 位于城步苗族自治县儒林镇。集餐饮、休闲农业、商务会议于一体的休闲农庄,成立于2007年。2014年入选全国休闲农业与乡村旅游示范点。

山那边度假村 位于湘潭市昭山示范区马鞍村。拥有大面积的原生态森林绿地和七口垂钓鱼塘,40余间客房,可同时容纳350人的中西餐厅,还有户外拓展、运动休闲、养生护理、自助耕种、农林果蔬开发、山林游艺以及别墅租买等服务项目。2014年入选全国休闲农业与乡村旅游示范点。

爱尚三合绿色庄园 位于郴州市北湖区华塘镇三合村。以蔬菜种植为基础,以休闲农业为主题,以优美的自然环境为背景,吸引游客前来体验乡村生活。2015年入选全国休闲农业与乡村旅游示范点。

南方葡萄沟 位于中方县桐木镇。刺葡萄是中国特有的野生葡萄品种,因生长的枝条上密布皮刺而得名。中方县拥有400多年的刺葡萄种植历史,仅桐木镇就有刺葡萄种植面积2万多亩,农民人均种植面积达1亩,被中国农学会葡萄分会授予"中国刺葡萄之乡"。2015年入选全国休闲农业与乡村旅游示范点。

花源里生态休闲农业示范园 位于桃源县沙坪镇。按照"休闲+文化旅游+农业观光+滨水度假的生态旅游"模式,打造休闲养生基地,是一处具有旅游观光、休闲度假、文化娱乐、体育健身、养生保健等多功能的生态旅游度假区。2015年入选全国休闲农业与乡村旅游示范点。

慧润农庄 位于长沙县开慧镇。庄名"慧润",取自杨开慧和毛泽东(字润之)的名字。将开慧纪念馆的职工餐厅改造成了颇有情调的绿色森林餐厅,将农民古朴的泥砖房改成了慧润农舍,将农民闲置的民居改造成了慧润民宿。2015 年入选全国休闲农业与乡村旅游示范点。

锦大渔村　位于益阳市大通湖沙堡洲。集会议接待、特色垂钓、大湖观光、休闲娱乐于一体的生态度假渔村。2015 年入选全国休闲农业与乡村旅游示范点。

十一、全国工业旅游示范点

醴陵陶瓷基地　位于醴陵市境内。醴陵具有两千年陶器制作的历史，是釉下五彩瓷原产地，中国"国瓷""红官窑"所在地，中国陶瓷历史文化名城。东汉时期就有较大规模的作坊专门从事陶器制作，清雍正初年开始烧制粗瓷，清朝末年至民国初年进入一个新的发展时期。醴陵的炻瓷系列产品，造型千姿百态，釉彩五颜十色，创造了醴陵瓷业的一片新天地。2004 年入选全国工业旅游示范点。

湘泉酒文化城　位于吉首市郊外振武营的三眼泉畔。原是一座作坊型的小酒厂，现已成为名扬海内外的现代化酒城，年产"湘泉"酒一万吨、"酒鬼"酒 2 000 吨。建有酒文化陈列馆，浓缩了湘西几千年的酒文化。2004 年入选全国工业旅游示范点。

湘西老爹农业科技开发公司工业园　位于吉首市人民南路。公司秉持健康、生态的发展理念，生产优质健康木本食用油、天然有机健康食品以及日化品等，在果王素产品开发领域具有世界领先的技术。利用湘西武陵山区丰富的天然野生植物资源，建设有机无污染原料基地，建立武陵山区（湘西）木本野生植物油工程技术研究中心，开发天然健康有机食品。2006 年入选全国工业旅游示范点。

凤滩水力发电厂工业园　位于沅陵县境内。凤滩水库是一个蓄水量达13.9 亿立方米的人工湖，水库大坝高 112.5 米，是我国最高的混凝土空腹重力拱坝之一,过坝滑道全长1 060米。2006年入选全国工业旅游示范点。

鑫达银业 位于永兴县永兴大道。"鑫达"是集银业、银加工业、米业、旅游业于一体的集团化公司。2007年入选全国工业旅游示范点。

十二、国家级非物质文化遗产生产性保护示范基地

土家织锦技艺传习所 位于龙山县苗儿滩镇捞车村。湘西土家族织锦技艺已有1 500多年的历史。土家族先民的古代巴人,善于纺织,桑蚕、麻甚至成了贡品。秦汉时期,土家族以布缴纳赋税。三国时期,土家族人逐步掌握了汉族先进的染色技术,编织出五彩斑斓的土锦。土家族织锦工艺复杂,使用古老的纯木质腰式斜织机织造,经过纺捻线、染色、倒线、牵线、装箱、滚线、捡综、翻篙、捡花、捆杆上机、织布、挑织等12道工序制作而成。2012年入选国家级非物质文化遗产生产性保护示范基地。

侗锦织艺发展有限公司 位于通道侗族自治县。侗锦是侗族纯手工艺品,有2000多年的历史,现已成为展示中国"女织"文化的活化石。侗锦有"素锦"和"彩锦"之分,编织侗锦要经过轧棉、纺纱、排纱、织锦等10多道复杂工序,侗锦图案多为菱形、四方形、圆形、三角形,以鸟、兽、虫、鱼、花、人、楼等为主体,用概括、抽象和夸张的手法构图,结构精密严谨,图案精美雅致。2012年入选国家级非物质文化遗产生产性保护示范基地。

湖南省湘绣研究所 位于长沙市车站北路。湘绣是中国四大名绣之一,是具有湘楚文化特色的湖南刺绣产品的总称,已经有2 000多年历史。研究所是中国湘绣生产、研发、销售的专业机构,拥有9位国家级工艺美术大师、10位省级工艺美术大师。《雄狮》《饮虎》等湘绣精品,荣获中国工艺美术"百花奖"。2014年入选国家级非物质文化遗产生产性保护示范基地。

陈扬龙釉下五彩瓷艺术中心　位于醴陵市姜湾老街。"釉下五彩"是清末醴陵窑创烧的一种瓷器,以五彩缤纷的色调、优美清新的艺术风格、精致巧妙的工艺技法、丰富多样的花色品种,在中国瓷坛独树一帜。1915年荣获巴拿马太平洋万国博览会金奖,被国外媒体誉为"东方陶瓷艺术的高峰"。艺术中心由中国工艺美术大师、国家级非物质文化遗产醴陵釉下五彩瓷烧制技艺的传承人陈扬龙创建。2014年入选国家级非物质文化遗产生产性保护示范基地。

十三、国家级旅游度假区

灰汤温泉旅游度假区　位于宁乡市灰汤镇。"灰汤"之名由"灰汤锅子"的池塘名派生而来。由于池塘中有温泉掺入,冬春季节塘水不冷,适宜野生动植物生长,久而久之在塘底沉积了较多的灰色淤泥;由于池塘中有热水涌出,并伴有大量的色白如玉的气泡冒出,所以池塘被叫作"灰汤锅子",温泉被叫作"汤泉""沸玉泉"。灰汤温泉已有2 000多年的历史,水温高达89.5℃,以微量元素丰富、水温高等特点享誉世界。2015年入选国家级旅游度假区。

十四、国家级风景名胜区

衡山风景名胜区　位于衡阳市南岳区境内。道教全真派圣地。处处茂林修竹终年翠绿,奇花异草四时飘香,自然景色秀丽,有"南岳独秀"之美称。衡山主要山峰有"祝融""紫盖""天柱""石廪""芙蓉",被称为"衡岳五峰",

最高峰祝融峰海拔 1 300 多米。野生动植物资源丰富,种类繁多,优势树种为杉木、马尾松和阔叶树。拥有世界独有的自然分布野生植物绒毛皂荚和衡山蹄盖蕨。野生动物有中华蟾蜍、大鲵、红中华鳖、银环蛇、穿山甲、野猪、灰胸竹鸡等。1982 年入选国家级风景名胜区。

武陵源(张家界)风景名胜区 位于张家界市境内。由张家界、索溪峪和天子山三大景区组成。主要景观为石英砂岩峰林地貌,共有 3 103 座奇峰,姿态万千,蔚为壮观。地下溶洞串珠贯玉,已开发的黄龙洞初探长达 11 千米。武陵源以奇峰、怪石、幽谷、秀水、溶洞"五绝"而闻名于世。沟壑纵横,溪涧密布,森林茂密,人迹罕至,森林覆盖率 85%,植被覆盖率 99%。有野生植物 3 000 余种,乔木 700 余种,可供观赏园林花卉 450 种,陆生脊椎动物 116 种。1988 年入选国家级风景名胜区。

岳阳楼—洞庭湖风景名胜区 位于岳阳市区西北部。包括岳阳楼古城区、君山、南湖、芭蕉湖、汨罗江、铁山水库、福寿山、黄盖湖等九个景区。洞庭湖是楚文化的摇篮。岳阳楼为我国江南三大名楼之一,自古有"洞庭天下水,岳阳天下楼"之誉。1988 年入选国家级风景名胜区。

韶山风景名胜区 位于湘潭县境内。群山起伏,钟灵毓秀,风光旖旎,人文景观和自然景观交相辉映。西有韶峰、黑石寨、峰子山,山势雄伟磅礴。旧有著名"四绝""八景"。"四绝"是:六朝松、飞来船、四方竹、白石泉;"八景"是:"韶峰耸翠""塔岭晴霞""仙女茅庵""凤仪亭址""胭脂古井""石壁流泉""顿石成门""石屋清风"。主要景点有滴水洞、韶山八景壁碑、故居景区、清溪景区、毛泽东故居、毛泽东纪念馆、毛泽东诗词碑林等。1994 年入选国家级风景名胜区。

崀山风景名胜区 位于新宁县境内。"崀"字相传为舜帝所造。包括天一巷、辣椒峰、夫夷江、紫霞峒、天生桥六大景区,18 处风景小区,已命名的重要景点 500 余处,有三大溶洞和一片原始森林,总面积 108 平方千米。崀山的丹霞地貌青年、壮年、晚年各个时期都有发育。2002 年入选国家级风景名胜区。

岳麓风景名胜区 2002 年入选国家级风景名胜区。参见全国红色旅游经典景区——岳麓山景区。

猛洞河风景名胜区 位于湘西土家族苗族自治州境内,地处武陵山脉。分为猛洞河、王村(芙蓉镇)、不二门、老司城等四个部分。猛洞河地跨永顺、古丈两县,全长 100 多千米,因源头在龙山县猛必村,附近有一洞,水从洞内流出,故名"猛洞河"。河道两岸峭壁高耸,古木参天、银瀑飞泻。王村为酉水河边的千年古镇,古朴典雅,独具一格。不二门为永顺城南门外一石林公园,附近有仙人洞、洗心泉、观音庙等景点 10 余个。老司城是一座有 850 年历史的土司都城。2004 年入选国家级风景名胜区。

桃花源风景名胜区 位于桃源县西南处。桃花山之名取自陶渊明及其《桃花源诗并序》中的"陶公山"。主要景区为秦人村,由桃花洞、洞天驿馆、寰楼等组成。桃花洞是进入秦谷的唯一入口,走出洞口便是一片田园风光;洞天驿馆分为卫楼、戍楼、息楼三个单体建筑;寰楼是秦谷里最大的一栋建筑。2004 年入选国家级风景名胜区。

紫鹊界梯田—梅山龙宫风景名胜区 位于新化县水车镇。紫鹊界梯田起源于先秦,已有 2 000 余年历史,梯田总面积达 13 平方千米以上,以地势高、规模大、形态美而著称。梅山龙宫地处雪峰山(古称梅山)腹地,是一个集溶洞、峡谷、峰林、绝壁、溪河、漏斗、暗河等多种喀斯特地貌景观于一体的大型溶洞群,洞穴达九层,分为龙宫迎宾、碧水莲宫、玉皇天宫、龙宫仙苑、龙宫风情、龙凤呈祥等六大景区。2005 年入选国家级风景名胜区。

德夯风景名胜区 位于吉首市西部。"德夯"苗语意为"美丽的峡谷"。占地面积 108 平方千米,由于山势跌宕,绝壁高耸,峰林重叠,形成了许多断崖、石壁、瀑布、原始森林,伴以苗家吊脚楼,一派田园诗情。有苗家做客、拦门对歌、敬酒、苗族鼓舞、灯火送客等 30 多个民俗旅游项目。著名景点有德夯苗寨、流沙瀑布、天问台等。2005 年入选国家级风景名胜区。

苏仙岭—万华岩风景名胜区 位于郴州市郊区。由苏仙岭、万华岩、东塔岭、仙岭湖四个景区组成。苏仙岭原名"牛脾山",相传因郴人苏耽在此修道成仙而改名"苏仙岭"。著名景点有桃花居、白鹿洞、三绝碑、景星观、升仙石、八字铭、望母松、沉香石、苏仙观等。万华岩景区是仍在发育中的大型地下河溶洞，属典型的喀斯特岩溶地貌，以自然风光著称。2009 年入选国家级风景名胜区。

南山风景名胜区 位于城步苗族自治县，地处大南山的腹地。以中国最大的高山台地草原为中心，有连片天然草山 23 万余亩。南山牧场是我国南方最大的现代化山地牧场。一年四季绿草如茵，风景如画。老山界景区、大坪景区、长安营景区和五团民俗风情村，文化底蕴深厚；紫阳峰景区、茅坪湖景区、沙角洞景区和白云湖景区，风光旖旎；蛟龙洞景区、南山顶景区和白云洞景区，险峻幽深。2009 年入选国家级风景名胜区。

万佛山—侗寨风景名胜区 位于通道县万佛山镇太平岩村。由八大景区、46 处景点和 510 余处地质遗迹组成。万佛山是全国最大的丹霞峰林地貌之一，群峰挺立，植被丰茂，"独岩挺秀""七星古庵""福地洞天""雄狮望月""擎天一柱""美女望夫""神州海螺""金龟觅食""天生鹊桥""三十六弯森林迷宫"被誉为"十大绝景"。另有神秘的百里侗文化风情旅游线。2009 年入选国家级风景名胜区。

虎形山—花瑶风景名胜区 位于隆回县西北部。虎形山地处雪峰山脉东麓，拥有十里大峡谷、2 000 米宽的石瀑、万贯冲万亩梯田等上百处自然景观，全国重点文物保护单位魏源故居、"中国花瑶第一村"崇木凼花瑶古寨、古瑶人街等数十处人文景观。花瑶是湘西南腹地瑶族的一个分支，因女性桃花服饰独特、色彩艳丽，故称"花瑶"。2009 年入选国家级风景名胜区。

东江湖风景名胜区 2009 年入选国家级风景名胜区。参见国家生态旅游示范区——东江湖国家生态旅游示范区。

凤凰风景名胜区 位于凤凰县境内，地处武陵山脉南段与沅麻盆地的交接地带。以峡谷、峰林、台地、溶洞、瀑布、构造形迹等地质遗迹景观为特色。褶皱和断裂构造均有发育，尤以断裂发育最甚。其中，台地峡谷型岩溶地貌为公园特有的地貌，岩溶台地与峡谷相间分布，台地边缘（峡谷两侧）发育着峰丛、峰林,台地上发育着溶沟、石芽、岩溶洼地、漏斗和落水洞。2012年入选国家级风景名胜区。

沩山风景名胜区　位于宁乡市西部。主要分为四大景区,即以千年古刹密印禅寺为核心的佛教文化区,以青羊湖为中心的青羊湖水上区,以黄材炭河里西周古城遗址为中心的青铜文化区,以黄材千佛洞为中心的千佛洞景区。晚唐灵祐禅师所建的密印禅寺规模宏大,正殿四壁所嵌12 988尊镏金佛像,为世界佛寺之奇观。2012年入选国家级风景名胜区。

炎帝陵风景名胜区　位于炎陵县鹿原镇。炎帝陵是炎帝神农氏的安息地,享有"神州第一陵"之誉。炎帝神农氏的安葬地,最早见于晋代皇甫谧撰写的《帝王世纪》,西汉时陵墓被夷为平地。唐代陵前建有佛寺,后屡毁屡建。清雍正年间按清王朝古帝王陵殿规制重建,奠定了炎帝陵殿的基本形制,形成"前三门—行礼亭—正殿—陵寝"的四进格局。炎帝陵祭典入选首批国家级非物质文化遗产。2012年入选国家级风景名胜区。

白水洞风景名胜区　位于新邵县境内。由白水洞、白云岩、资江小三峡三个景区组成,集峡谷、溶洞、瀑布等自然景观与寺庙、道观、民俗等人文景观于一体。自然景观有高峡平湖(罗山水库)、流泉飞瀑、地下溶洞群、白龙洞等,人文景观有寺院、宗祠、牌坊、古墓葬、名人故居等,其中保存较为完好的有太平天国古战场遗址,抗日战争遗址和李臣典、刘策成、廖耀湘、李文、李公望等的名人故居。2012年入选国家级风景名胜区。

九嶷山—舜帝陵风景名胜区　九嶷山位于宁远县南部,地处湘江上游,是国家级自然保护区。舜帝陵位于宁远县九嶷山瑶族乡。舜帝是"五帝"之一,是有名的孝子,被后世奉为"二十四孝"之首。最早的舜庙建于夏朝,第二座舜庙建于秦代,现存的舜帝庙建于明洪武初年,分为两个自然院落,九个单体建筑,三面宫墙环绕。2017年入选国家级风景名胜区。

里耶—乌龙山风景名胜区　位于龙山县境内。由里耶景区、八面山景区、乌龙山大峡谷景区、洛塔景区、洗车河景区组成。里耶是战国古城。八面山悬崖峭壁,山貌如覆舟。乌龙山拥有世界上密集度最大的溶洞群,台地峡谷型岩溶地貌景观壮观而罕见。洛塔以造型奇特的石林、孤峰、峡谷、溶洞、落水洞、瀑布、地下河系等景观著称,200 万平方米的石林国内罕见。2017 年入选国家级风景名胜区。

十五、国家级自然保护区

八大公山自然保护区 位于桑植县北部。以保护亚热带常绿落叶阔叶林和野生动物为主的森林生态系统类型自然保护区。由斗篷山、杉木界、天平山三大林区组成。有珙桐、光叶珙桐、南方红豆杉、红豆杉、钟萼木、银杏等国家一级保护野生植物 6 种,国家二级保护野生植物 29 种,药用野生植物 1 000 余种。国家一级保护野生动物有金钱豹、云豹、林麝、白冠长尾雉、金雕等 5 种,国家二级保护野生动物有猕猴等 51 种。1986 年入选国家级自然保护区。

东洞庭湖自然保护区 位于岳阳市境内,地处长江中游荆江江段南侧。地势低平,整体地貌为起伏很小的浅盆状平原,属泛北极野生植物区,中国—日本森林植物亚区。主要保护对象为洞庭湖湿地生态和生物资源。有维管野生植物、被子野生植物、裸子野生植物多种,仅君山就有刚竹属野生植物 16 种;有白鹤、白头鹤、白鹳、黑鹳、大鸨、中华秋沙鸭、白尾海雕、中华鲟、白鲟、白鳍豚、江豚等国家一级保护野生动物。1994 年入选国家级自然保护区。

壶瓶山自然保护区 位于石门县境内。森林和野生动植物类型自然保护区,保护对象为华南虎、金钱豹、林麝等濒危动物物种及其栖息地和珙桐、红豆杉等珍稀野生植物物种及群落。地带性植被为中亚热带北部常绿阔叶林亚地带,是东亚两大植被区系重要交汇地区。国家一级保护野生植物有珙桐、光叶珙桐、银杏、钟萼木、红豆杉、南方红豆杉等;国家一级保护野生动物有华南虎、金钱豹、云豹、金雕,还有国家二级保护野生动物 48 种。1994年入选国家级自然保护区。

莽山自然保护区 位于宜章县南部。森林生态系统类型自然保护区,主要保护对象是南岭野生植物区系的原生型常绿阔叶林生态系统、生物多样性及珠江支流北江源头自然生态环境。有华南五针松群落、长苞铁杉群落、福建柏群落等原生野生植物群落,南方红豆杉、伯乐树、莼菜等国家一级保护野生植物,福建柏等国家二级保护野生植物 14 种。有蟒、黄腹角雉、云豹、金钱豹、华南虎、梅花鹿等国家一级保护野生动物,虎纹蛙等 26 种国家二级保护野生动物。1994 年入选国家级自然保护区。

张家界大鲵自然保护区 位于张家界市武陵源区。地处武陵山脉东段,以山地为主,是湖南湘、资、沅、澧四大水系的发源地。主要地质遗迹为砂岩峰林地貌、岩溶洞穴。主要保护对象为大鲵及其所处的生态环境。已知高等野生植物达 3 000 余种,其中木本野生植物 500 多种,包括国家一级保护野生植物珙桐、伯乐树、南方红豆杉等 5 种,国家二级保护野生植物白豆杉等 16 种。有野生动物 400 多种,其中国家一级保护野生动物豹、云豹、黄腹角雉 3 种,国家二级保护动物猕猴等 25 种。1996 年入选国家级自然保护区。

都庞岭自然保护区 位于永州市西南端,地处南岭山地中部、都庞岭主脉。山地土壤深厚,腐殖质较厚,有机质含量丰富,适宜于野生植物生长。森林生态系统类型自然保护区,主要保护对象是中亚热带向南亚热带过渡地带典型的植被类型及森林生态系统。分布有国家一级保护野生植物资源冷杉、南方红豆杉、伯乐树,国家二级保护野生植物福建柏等 35 种。国家一级保护野生动物有云豹、金钱豹等,国家二级保护野生动物有短尾猴等 10 种兽类,鸢等 9 种鸟类,虎纹蛙、大鲵 2 种两栖类。2000 年入选国家级自然保护区。

小溪自然保护区 位于永顺县境内,地处武陵山西端。侵蚀流水地貌和岩溶地貌同时发育,河流侵蚀切割强烈,呈山地、山原、丘陵、岗地及向斜谷地等多种类型。主要保护山地常绿阔叶林生态系统。有野生植物 1 500

多种,其中木本野生植物 419 种,国家保护的珍稀濒危野生植物 18 种。楠木有闽楠、湘楠、紫楠、白楠、润楠等 16 种,有"楠木之乡"的美称。2001 年入选国家级自然保护区。

桃源洞自然保护区　位于炎陵县东北隅,地处南岭山地向湘中丘陵过渡的边缘地带,属中山地貌。保护对象为华南虎、黄腹角雉、云豹、金钱豹、资源冷杉(大院冷杉)、银杉、南方红豆杉、伯乐树、兰科野生植物等国家重点保护野生动植物物种资源及其生物多样性,中亚热带湿润地区原始常绿阔叶林森林生态系统。2002 年入选国家级自然保护区。

乌云界自然保护区　位于桃源县南部,地处云贵高原向湘赣丘陵、湘西山地向洞庭湖平原过渡的典型地带。森林生态系统类型保护区,有华中低海拔地区现存面积最大、保存较完整的中亚热带常绿阔叶原始次生林。森林植被覆盖率达 93%,是湘西北重要的水源涵养区和生态屏障。野生植物原始种类如木兰科、八角科、腊梅科、金粟兰科、杜仲科、小檗科、木通科、大血藤科和五味子科等,还有孑遗野生植物银杏。有银杏等国家一级保护野生植物 4 种,金钱松等国家二级保护野生植物 23 种;有华南虎等国家一级保护野生动物 4 种,穿山甲等国家二级保护野生动物 19 种。2005 年入选国家级自然保护区。

黄桑自然保护区　2005 年入选国家级自然保护区。参见国家生态旅游示范区——黄桑生态旅游区。

鹰嘴界自然保护区　位于会同县东南部,地处湘西南边陲。以森林群落和珍稀野生动植物栖息环境等为保护对象。充足的水热条件和肥沃的土壤,为林木生长发育提供了得天独厚的条件。常绿阔叶林植被包括 16 个群系,其中以典型常绿阔叶林栲类、润楠类和杜英类为主。国家一级保护野生植物有银杏、红豆杉、南方红豆杉、莼菜、伯乐树(钟萼木),国家二级保护野生植物有篦子三尖杉等 18 种。国家Ⅰ级保护野生动物有云豹、白颈长尾雉、白鹳、白鹤等 4 种,国家二级保护野生动物有大鲵等 21 种。2006 年入选国家级自然保护区。

南岳衡山自然保护区 位于衡阳市南岳区境内。以南岳生态圈为主体建立的森林生态类型自然保护区,以黄腹角雉、大鲵、穿山甲、青鼬、大灵猫、小灵猫、林麝、斑羚、鸢、松雀鹰、虎纹蛙等珍稀濒危野生动物及其栖息地,南方红豆杉、伯乐树、银杏、篦子三尖杉、金钱松、闽楠、喜树、香果树、榉树等珍稀濒危野生植物及其群落,以及中国亚热带少数地区保存较为完整的森林植被和森林生态系统为主要保护对象。已记录高等野生植物 266 科 973 属 2 149 种,野生动物 64 科 186 种。2007 年入选国家级自然保护区。

借母溪自然保护区 位于沅陵县借母溪乡。地处云贵高原向江南丘陵过渡的第二级阶地、沅水与澧水分水岭南侧,是武陵山脉南支向东南伸展的中低山分支。有中国罕见的沟谷原始次生林。主要保护对象:中亚热带北部亚地带的原始次生常绿阔叶林,完整的石灰岩森林植被的陆地生态系统多样性,以大量的珍稀濒危野生动植物为代表的生物多样性资源。有国家一级保护野生植物 4 种,国家一级保护野生动物白颈长尾雉和林麝。2008 年入选国家级自然保护区。

八面山自然保护区 位于桂东县西部,地处罗霄山脉中南段。野生动植物资源丰富,珍稀濒危物种多,有中国最大的银杉群落,另有南方铁杉纯林、穗花杉林等珍贵树种群落。共有国家重点保护野生植物 21 种,其中国家一级保护野生植物 5 种,即银杉、银杏、红豆杉、南方红豆杉、伯乐树。动物区系具有典型性和过渡性特点,竹鸡、麂、獐、毛冠鹿、锦纹姬、尖吻蝮、画眉、鼬獾、苏门羚、豪猪、竹鼠等,为华中区东部丘陵平原亚区典型的代表物种。2008 年入选国家级自然保护区。

六步溪自然保护区 位于安化县西北部。地处湘西山地雪峰山北麓,雪峰山加里东弧形褶皱隆起带中段。地带性植被为常绿阔叶林,植被类型主要有常绿阔叶林、常绿落叶阔叶混交林、针阔混交林等 3 个植被型组、7 个植被型、10 个植被亚型、43 个群系。有国家一级保护野生动物白颈长尾雉、云豹、林麝,国家二级保护野生动物大鲵等。2009 年入选国家级自然保护区。

新宁舜皇山自然保护区　位于新宁县东南部,地处南岭山系越城岭中段与雪峰山系余脉之间。保护对象为南岭山地的原生性亚热带常绿阔叶林森林生态系统,国家珍稀、特有野生动植物物种资源及其栖息地,长江流域的重要水源涵养林地。地质构造古老、地貌独特、生态环境复杂多样,不仅有华南—南岭区系野生植物,而且有典型的南岭森林类型,还有本地特有的野生植物群落,植被类型复杂多样。有国家一级保护野生植物6种,国家二级保护野生植物21种,国家一级保护的哺乳动物2种,国家二级保护的哺乳动物7种。2009年入选国家级自然保护区。

阳明山自然保护区　2009年入选国家级自然保护区。参见国家生态旅游示范区——阳明山国家森林公园。

高望界自然保护区　位于古丈县东北部,地处武陵山脉腹地。属于森林生态类型自然保护区,地带性植被为中亚热带常绿阔叶林,植被类型与野生植物群落多样,森林覆盖率89%。有野生植物221科976属2 440种,其中国家一级保护野生植物4种;大型真菌7目16科61种;脊椎动物29目87科279种,其中国家一级保护野生动物3种。2011年入选国家级自然保护区。

白云山自然保护区　位于保靖县境内。山高谷深,溪河纵横,是沅水上游的重要水源涵养地区。以珍稀雉类动物为主要保护对象的野生动物类型自然保护区。国家一级保护野生植物有伯乐树、珙桐、红豆杉、南方红豆杉等,国家二级保护野生植物有榉木等24种;国家一级保护野生动物有云豹、金钱豹、林麝、白颈长尾雉、黄腹角雉、金雕等6种,国家二级保护野生动物有穿山甲等51种。2013年入选国家级自然保护区。

东安舜皇山自然保护区　位于东安县西南部,地处南岭山系越城岭山脉中段。主要保护对象是亚热带常绿阔叶林森林生态系统及资源冷杉、伯乐树、南方红豆杉、华南五针松、林麝、黄腹角雉等珍稀物种。有林麝、云豹、黄腹角雉和白颈长尾雉等国家一级保护野生动物4种,藏酋猴等国家二级保护野生动物31种;有资源冷杉、南方红豆杉、钟萼木、银杏、报春苣苔等国家一级保护野生植物5种,桫椤等国家二级保护野生植物20种。2013年入选国家级自然保护区。

九嶷山自然保护区 位于宁远县南部。主要保护对象为南方红豆杉、钟萼木、报春苣苔、林麝等国家重点保护野生动植物资源。华南区系的野生植物比较集中,野生植物种类较多,有福建柏、杜仲、金钱松、银杏、篦子三尖杉等国家二级保护野生植物,药用植物有黄花草、三七、黄精等百余种。有金钱豹、穿山甲、麝、金鸡等国家重点保护野生动物。2013 年入选国家级自然保护区。

金童山自然保护区 位于城步苗族自治县境内。中国南岭与雪峰山脉交汇部低海拔亚热带常绿阔叶林森林生态系统的典型代表,保存有大面积的常绿阔叶林或常绿落叶阔叶混交林,是原生性的顶级群落。主要保护对象为国家重点保护野生植物资源冷杉、南方红豆杉、伯乐树、银杏、铁杉、水青树、天女木兰、中华五加、亮叶水青冈、华南五针松、长苞铁杉等,国家一级保护野生动物云豹、林麝、白颈长尾雉等。林下分布有 39 种兰科野生植物及天麻、黄连等多种名贵中药材。2013 年入选国家级自然保护区。

西洞庭湖自然保护区 位于汉寿县境内。洞庭湖的西部咽喉,是长江中下游洪流的首个"承接器"和防旱"前哨站",也是江(长江)湖(洞庭湖)生态系统的调节器,构建洞庭湖湿地乃至长江中下游湿地安全体系的重要战略要地。拥有河流、湖泊、沼泽、人工湿地等多种湿地生态类型,生物多样性在亚热带内陆湿地类型中具有典型的代表性。分布有国家一级保护的野生哺乳动物麋鹿,国家一级保护的鸟类白鹤、白尾海雕、黑鹳和东方白鹳,国家一级保护的野生鱼类中华鲟。2014 年入选国家级自然保护区。

十六、国家级水利风景区

娄江风景区 位于张家界市的江垭水库。库内库外景致各异,各具特色。以溇水流域的幽湖、峡谷、奇山、古木和危崖等自然风光为主,包括九溪古城、江垭古镇、龙王洞等人文景观,既有原始质朴的乡村吊脚楼,又有历史悠久的古城古街,更有浓郁的土家族、苗族风情。2002 年入选国家级水利风景区。

水府水利风景区　位于湘潭市湘江支流涟水的中游。以水府庙水库为主体。水府庙水库是一座以防洪、灌溉为主,兼顾发电、供水等功能的大型水利枢纽工程。水库水面宽阔辽远,碧波荡漾,周边群山环绕,树木苍翠,风光旖旎,环境优雅。文化底蕴深厚,有毛泽东、陈赓、谭政、萧三等求学过的东山书院;有蔡和森纪念馆、湘乡文庙、陶龛学校;有千年古刹云门寺;还有18 世纪的繁荣古镇——新边港、南宋大型古窑遗址等。2002 年入选国家级水利风景区。

九龙潭大峡谷水利风景区　位于通道侗族自治县境内。自然河湖型水利风景区。河谷中有千年奇石、怪石嶙峋,山间茂林修竹、四季常青,两岸流泉飞瀑点缀其间,景色秀丽。有阳洞滩瀑布和许愿崖、石灰溶洞青龙洞、阳洞滩水电站,还有千户聚居的侗寨和全国重点保护文物单位侗族建筑瑰宝马田鼓楼等景点。2003 年入选国家级水利风景区。

洣水水利风景区　位于衡东县洣水河段下游。属水库型水利风景区。洣水发源于罗霄山脉西麓的炎陵县枝山,因流经炎帝陵而被称为"圣水河"。洣水曲折迂回,两岸群峰簇拥,风光旖旎。主要景点:甘溪河坝、元宝大观、水上街市、龙岩洞、萧家老屋、潭江口渔村、郦公钓鱼台、晏光双庙、锡岩仙洞、灵山老庙等。2004 年入选国家级水利风景区。

湘江水利风景区　位于长沙市区。城市河湖型水利风景区,集防洪、观光旅游、休闲健身于一体,有长沙"外滩"之称。湘江水流平缓,河床宽阔,支流汇注,牛头洲、橘子洲、傅家洲、月亮岛、腾飞岛沙渚连绵,串成长岛。以休闲长廊和雕塑为主景,配以形式各异的小广场、景观小品、灯光亮化等配套设施。2004 年入选国家级水利风景区。

酒埠江水利风景区　位于攸县东北部的酒埠江镇。依托酒埠江水库而建。酒埠江水库是国家大(二)型水库,两岸群山环绕,林木葱茏,盛产青鱼、草鱼、鲫鱼、银鱼。生物丰富多样,共有野生维管植物110多种,包括国家一级保护野生植物南方红豆杉、银杏等;脊椎动物157种,包括国家二级保护野生动物10种。还有攸女仙境、宝宁寺、地质博物馆等景点。2004年入选国家级水利风景区。

鱼形山水利风景区 位于安化县境内。依托鱼形山水库而建。鱼形山水库是一个以灌溉为主,兼顾防洪、发电、种植、养殖、旅游开发于一体的多功能中型水利工程,因水库旁一座青山形似一尾昂头摆尾的鲤鱼而得名。山势连绵起伏,山谷蜿蜒曲折,清幽奇逸,群山环抱平湖,湖水清澈。开设了快艇游湖、库边垂钓、夏日游泳、划竹排等休闲娱乐项目。2005年入选国家级水利风景区。

便江水利风景区 位于永兴县境内。依托便江水域而建,属自然河湖型水利风景区。沿江两岸绵延数十里的楠竹林青翠欲滴,满目悬崖峭壁怪石嶙峋。还有永桥、九鼎山、十面鼓、千年古樟(连理树)、雏鹰山、南天赤壁、象山等景点,被誉为"百里便江,百里画廊"。2005年入选国家级水利风景区。

千龙湖生态度假村 位于望城区格塘镇。千龙湖坝顶高程38米,最大坝高7.9米,正常蓄水1 024万立方米,灌溉面积3万余亩,修有东、中、西三条干渠。植被有低山针叶林、常绿与落叶阔叶混交林、常绿阔叶林、竹林、灌草丛、草甸和沼泽、水生野生植物群落,有脊椎动物29目72科209种,其中国家二级保护野生动物11种,还有白喉林鹟、白头鹎等中国特有的鸟类。2005年入选国家级水利风景区。

大龙洞水利风景区 位于花垣县补抽乡。水库型水利风景区,是吉首市母亲河峒河的源头,双龙风景区的核心景区。有气势磅礴的瀑布群、葱茏苍翠的原始次森林、蚩尤后裔祭祖的苗傩洞、遇旱祈雨的雷公洞、云雾缭绕的峡谷天桥、乾嘉苗民起义古战场、石达开西征时安营扎寨的翼王坡、形态奇特的河岛沙滩等景观。2006年入选国家级水利风景区。

阳明山水利风景区 2006年入选国家级水利风景区。参见国家生态旅游示范区——阳明山国家森林公园。

五龙溪水利风景区 位于中方县牌楼镇。五龙溪水库是一座以灌溉为主,兼顾防洪、发电、供水、养殖、休闲娱乐的综合性水利工程,水库大坝高48米,最大库容1 320万立方米。植被良好,草本野生植物和木本野生植物多达2 000多种,野生动物近1 000种,是怀化市无公害水果基地。民居建筑多为湘西土家、苗族风格。拥有龙溪飞瀑、岩溪洞仙、将官寨、猫耳洞、妖怪洞等景点。2007年入选国家级水利风景区。

皂市水利风景区 位于石门县皂市镇。皂市水库是澧水流域防洪体系中的重要工程。因皂市水利枢纽而形成的人工湖——仙阳湖,湖面微波荡漾,两岸怪石嶙峋,草茂树丰。2008年入选国家级水利风景区。

长潭岗水利风景区 位于凤凰县境内。依托长潭岗水力发电站而建,属于水库型水利风景区。长潭岗水库是一座以防洪为主,兼有发电、灌溉、供水、旅游等综合效益的中型水利工程,碧波万顷,风光秀丽。地处库尾处的天龙峡风景区,由天龙大峡谷和古苗寨两部分组成,地势险要,美景成群,苗寨的古老建筑保存完好。古苗寨旁还有南方长城遗址、兵营遗址等。2008年入选国家级水利风景区。

九观湖水利风景区 位于衡山县境内。九观湖即九观桥水库,水系源自岣嵝峰和白石峰,是截湘江支流百港水系而筑成的人工湖,水体清澈无污,库边草木茂盛,林中幽静清新,生态环境良好。库区有柑橘、茶叶等经济作物基地和禹王碑、南岳圣帝庙等遗址。2008年入选国家级水利风景区。

织女湖水利风景区 位于衡阳县城南部。依托牛形山水库而建,属于水库型水利风景区。紫云峰雄伟俊俏,松竹滴翠,山腰建有紫云佛寺,佛寺附近有巨型响鼓崖。紫云峰下的织女湖碧波荡漾,形成了湖中有山、山中有湖的奇观。紫云峰南面的大型溶洞奇特壮观,洞口旁边的天然矿泉清澈透明,味道醇正。2008年入选国家级水利风景区。

黄材水库水利风景区 位于宁乡市黄村镇,地处宁乡、安化和桃江三县交界地带。以黄材水库为主体,属于水库型水利风景区。黄材水库是一座以灌溉为主,兼有发电、防洪、养殖、旅游等综合效益的国家大(二)型水利工程。群峰起伏,山清水秀,还有密印寺、黄材炭河里青铜文化遗址、灵祐祖师塔、张栻父子墓、何叔衡故居、谢觉哉故居等人文景观。2009 年入选国家级水利风景区。

紫鹊界水利风景区 位于新化县水车镇。以紫鹊界为中心的层层叠叠的梯田,是南方稻作文化和苗瑶山地渔猎文化交融糅合的历史遗存,有"梯田始祖""梯田王国"之美誉。梯田高处无任何山塘、水库,依靠森林植被、土壤、田埂形成综合储水保水系统,凭借基岩裂隙孔隙水源,构成纯天然自流灌溉工程。2009 年入选国家级水利风景区。

青年水库水利风景区 位于韶山市城区附近。依托青年水库而建,属水库型水利风景区。青年水库地处群山之间,原是一条宽阔的山谷,谷内有一道深涧,涧两边分布着大片水田。地质构造多样,环库山地形态各异。岸边青松挺秀,林草覆盖率高,生物多样性丰富,有穿山甲、獐、狸、獾等珍稀动物。2009 年入选国家级水利风景区。

斜陂堰水库水利风景区 位于衡阳县境内。地处南岳衡山南麓,依托斜坡堰水库而建,属水库型水利风景区。库区水面宽广,群山环抱,是一处以灌溉为主,结合防洪、发电、养殖等综合利用的中型水库工程。自然生态保护良好,野生动植物种类繁多。地质形态多样,丹霞地貌独具特色;人文积淀深厚,民俗风情浓郁,陶瓷文化、红色文化、宗教文化底蕴深厚。2009 年入选国家级水利风景区。

边城水利风景区 位于花垣县边城镇。依托花垣河清水江段防洪综合整治工程而建,属自然河湖型水利风景区。森林、河流、岛屿等自然景观特色鲜明,风光优美,资源组合度较高,生态环境良好;历史文化底蕴深厚,景点众多,民风淳朴。沈从文的著名小说《边城》及苗族民族文化风情为景区增添了浓郁的人文色彩。著名景点有沿河民居、翠翠岛、百家书法园等。2010 年入选国家级水利风景区。

蔡伦竹海水利风景区 位于耒阳市黄市镇和大义乡。依托耒水上堡水电站而建,属于水库型水利风景区。耒河从景区穿越而过,上堡电站拦坝蓄水形成高峡平湖,竹、水、洞景观相呼应,风景优美。竹林面积广阔,有蔡伦古法造纸作坊、大河滩古街、陶洲古街、周家大院、紫霞禅祠、张良洞、曾国藩征兵处等人文遗迹。2011 年入选国家级水利风景区。

王家厂水利风景区 位于澧县王家厂镇。依托王家厂水库而建,王家厂水库由大坝、副坝、溢洪道、南北灌溉输水管、电站等建筑物组成,是一座以防洪、灌溉为主,兼具发电、养鱼、航运、旅游等功能的大型水利枢纽。水域风光包括双珠岛、百岛湖、七林草原、古城岗、太青山、岩门溪、洞市滩、天然浴池、宋鲁湖等,山林风光包括刻木山、宝塔山、天供山等,文化景观包括城头山古遗址、八十档古遗址、余家牌坊等。2012 年入选国家级水利风景区。

燕子洞水利风景区 位于辰溪县火马冲境内。燕子洞属岩溶地貌,山势险峻,沟壑幽深,林木葱茏,溪水淙淙,自然景观丰富优美。核心景区有燕子洞、一线天、高峡平湖、分水凼瀑布、半月潭、怡神园等景点。燕子洞内大小洞不计其数,洞洞相通,水质洁净,清凉可口;阴河造成的潭池、河漫滩、河心洲随处可见;钟乳石或似金帘玉幕,或似万亩梯田,或似仙女沐浴,或似狮、象、猴、人,形态逼真。2012 年入选国家级水利风景区。

柳叶湖水利风景区 位于常德市城区东北部。依托柳叶湖而建,属于城市河湖型水利风景区。柳叶湖为洞庭湖的一部分,因湖面形似一片柳叶而得名。柳叶湖有完整的湖泊沼泽型湿地生态系统,湖、塘、池、港、荡等自然景观丰富,松、柳、樟、红棘木等常青树达 1 300 多种,其中稀有野生植物 33 种,有杜鹃、石蒜、野百合、山菊、兰花等多种野生花卉资源,还有太阳山地区的古树群。2013 年入选国家级水利风景区。

皇家湖水利风景区 位于益阳市资阳区。水利工程宏伟壮观,防洪堤、涵(水)闸、泵站等设计精巧。环湖山坡起伏,树木林立,湖中天然水生动植物资源丰富。欧式风格的建筑群,名贵花卉,亭台楼榭,相得益彰。2013 年入选国家级水利风景区。

潇湘源水利风景区 位于江华瑶族自治县境内。以涔天河水库为核心,主要由潇湘源滨河风光带、涔天河水库旅游度假区、黄龙山原始森林区和大龙山生态旅游区四部分构成。高峡平湖,山雄岭峻,自然生态环境优越,名胜古迹众多,民族文化浓郁,人文旅游资源丰富。景区内有秦始皇开疆之时的屯兵遗址,有瑶族的朝圣之地盘王殿,有元结、柳宗元、徐霞客等文人墨客游览题咏过的"江华八景"。2013 年入选国家级水利风景区。

韶山灌区水利风景区 位于韶山市境内。依托韶山灌区工程而建,主体包括韶山灌区内的总干渠、南北干渠、左右干渠及渠道沿线区域,是一个以灌溉为主,兼具防洪排涝、发电、工矿城镇供水、航运、养殖等综合利用的大型引水工程。有苍翠的青山和清澈的碧水,有四时不同的田园风光和错落有致的山水景观,有风格各异的水利建筑。2014 年入选国家级水利风景区。

清水湖水利风景区 位于汉寿县太子庙镇。以清水坝中型水库为依托,具有典型洞庭湖文化特色的水利风景区。建成了国际会议中心、高尔夫俱乐部、水上乐园,拥有水上餐厅、游船、天然游泳场、名贵鱼垂钓场、波音737 飞机参观点等休闲娱乐项目。2014 年入选国家级水利风景区。

东江湖水利风景区 位于资兴市境内。依托东江水库而建。东江湖是一座集防洪、发电、供水、旅游、航运等综合效益和多项调节功能的大(一)型水库,正常蓄水位 285 米,正常库容 81.2 亿立方米,是湘江下游防汛抗旱的"调节器"和缓解水污染的"稀释器"。2015 年入选国家级水利风景区。

湘江源水利风景区 位于蓝山县境内。依托板塘和高塘坪两座中型水库而建,属于水库型水利风景区。湘江和潇水的发源地,峡谷幽深,森林茂密,瀑布云集,自然生态环境优美,原生态特征明显。生物物种丰富,有国家重点保护野生植物 48 种、国家重点保护野生动物 30 种。2015 年入选国家级水利风景区。

千家峒水利风景区 位于江永县千家峒瑶族乡。依托古宅水库和源口水库而建,由瑶族古都千家峒度假区、千古之谜女书岛度假区、千年古村上甘棠水系游览区、千年勾蓝瑶寨度假区、源口水库休闲度假区、古宅水库小古源漂流度假区等构成,是生态景观、自然景观、人文景观、瑶族文化、女书文化、耕读文化、水利资源相结合的综合观光景区。2015年入选国家级水利风景区。

青山垅—龙潭水利风景区　位于永兴县东部山区。青山垅水库是一座以灌溉为主,兼顾防洪、发电、供水等综合功能的大(二)型水利工程;龙潭水库为青山垅水库的结瓜水库。枢纽工程由水库大坝、溢洪道、泄洪洞闸门、灌溉洞闸门等组成。大坝蓄水形成高峡平湖,自然风光得天独厚,既有"青山明珠"之美誉,又有"神奇丹霞"之特色。2015年入选国家级水利风景区。

半岛水利风景区　位于长沙市望城区境内。依托城市防洪工程和斑马湖湿地公园而建,属于城市河湖型水利风景区。包括斑马湖湿地公园、马桥河湿地公园、马湖、张家湖。已重点打造了沩水水闸、滨江景观带、雷锋公园等水利工程和景观,河湖贯通,调蓄滞洪功能完善,并与望城主城区形成公园式城区的景观风貌。2016年入选国家级水利风景区。

热水河水利风景区　位于汝城县热水镇。依托乐洞水及两江口水库而建,属自然河湖型水利风景区。汝城素有"鸡鸣三省"之称,乐洞水是章江源头的一个分支。主要有温泉文化园、热水汤河、福泉山庄、仙人桥、蜗牛塔、畲族村寨、南国天山草原、飞水寨瀑布等景点。2016年入选国家级水利风景区。

四清湖水利风景区　位于郴州市北湖区华塘镇,地处湘江三级支流同心河上游。四清湖是一座以灌溉为主,兼顾防洪、发电、养殖、旅游等综合效益的中型工程,四周群山环抱,景色迷人。水文景观主要以四清水库、燕子窝水库为轴,以四清湖生态农庄为主体。地文景观有狮子岭、"七仙姑赶羊"。天象景观有雨景、雾凇、朝晖、晚霞、云海等。森林茂密,植被完好,生物多样性丰富,有国家重点保护野生植物9种,其中国家一级保护野生植物1种,国家二级保护野生植物8种。2016年入选国家级水利风景区。

杨家滩水利风景区　位于涟源市杨市镇。依托孙水河、龙溪河、沙溪河和金盆水闸而建,属于自然河湖型水利风景区。杨家滩水资源丰富,自然风光秀丽,历史古迹众多,有龙山国家森林公园、湘军故居群、飞水度假区、杨家滩古镇等。孙水河古村落核心保护区内的彭氏宗祠、龙山药王殿、老刘家等具有很高的历史文化价值。2016 年入选国家级水利风景区。

和平湖水利风景区　位于芷江侗族自治县境内。十里长湖,百里绿廊,千亩湿地,万亩水面。2017 年入选国家级水利风景区。

洋湖湿地水利风景区　位于长沙市湘江新区。北依岳麓山,东临湘江,靳江河、雅河环绕其中。由湿地休闲区,湿地生物多样性展示区,湿地科教区,湿地生态保育区及雅河、靳江河滩涂湿地五个区域组成,是我国中南地区比较大的城市湿地。湿地生态系统完整,有 1 500 多种湿地野生植物和 400 多种鸟类。2017 年入选国家级水利风景区。

浯溪水利风景区　位于祁阳县境内。属自然河湖型水利风景区。以湘江、祁水、浯溪湿地、琵琶洲、石峡洲、观音滩、中州岛等自然生态景观和浯溪碑林、陶铸故居、李家大院、杨氏宗祠、天主教堂等历史人文景观为主体,以祁阳民俗文化为支撑,以保护水资源、维护水环境和水生态为宗旨,以生态保护与修复、滨水娱乐为主导,集水利调节、文化体验、山水休闲、生态教育等功能于一体。2017 年入选国家级水利风景区。

十七、世界地质公园

张家界世界地质公园　位于张家界市武陵源区,地处云贵高原东北部与湘西北中低山区的过渡地带。发育有砂岩峰林地貌和岩溶地貌。大小洞穴几十个,岩溶洞穴地貌举世称奇。最具代表性的黄龙洞,由五个上下连通的岩溶洞穴组成,总高 160 米,总长 30 千米以上;洞内各种窟穴、边槽、倒石芽及各种形态的化学堆积物发育充分。植被茂盛,珍稀动植物种类繁多,为中国野生植物区系中最有代表性的自然遗产地之一。2004 年入选世界地质公园。

十八、国家地质公园

张家界砂岩峰林地质公园 2001 年入选国家地质公园。参见世界地质公园——张家界世界地质公园。

飞天山国家地质公园 位于郴州市苏仙区境内。地处南岭山脉的北部,素有"南岭福地,湘南明珠"的美誉。以丹霞地貌和喀斯特溶洞为主要特色。红岩绿水,赤壁丹霞,峡谷奇洞,组成了"四面青山列翠屏""草木花光尽是香"的丹霞地貌景观。主要景点有飞天山、岩溶洞、水下晶锥、千年悬棺、卧佛等。2002 年入选国家地质公园。

崀山国家地质公园 2002 年入选国家地质公园。参见国家级风景名胜区——崀山风景名胜区。

红石林国家地质公园 位于古丈县西北部。包括红石林、坐龙峡、栖凤湖和"金钉子"保护区四个景区,以红石林景区为主。红石林独特的地形地貌和地质环境条件,形成罕见的地质遗迹,并保留有完整的发育演化遗迹,被称为"红石林博物馆"。2005 年入选国家地质公园。

酒埠江国家地质公园 位于攸县东部,地处湘赣交界的罗霄山脉中段西侧。发育着典型、独特而完整的岩溶峰丛谷地地貌和溶洞、地下河系统,是我国小区域内岩溶地貌体系最完整的地点之一。既有数十平方千米的酒仙湖,又有多个巨大的溶洞和天然仙人桥岩溶地貌,保持着近乎原始的生态环境。溶洞密集成群,多层洞道连通形成规模宏大的立体迷宫洞网,化学沉积物多达十几种,还有大量地下河冲刷、堆积以及洞中崩塌堆积景观,堪称"洞穴博物馆"。2005 年入选国家地质公园。

凤凰国家地质公园 2005 年入选国家地质公园。参见国家级风景名胜区——凤凰风景名胜区。

乌龙山国家地质公园 位于龙山县境内。由洛塔园区和乌龙山园区组成。洛塔园区的地质遗迹以岩溶台地、峡谷和石林地貌为典型特征,地表洼地、漏斗星罗棋布,簇簇石林千姿百态,石林中时有溶洞贯穿,已发现大小溶洞 314 个,溶洼漏斗 106 个。乌龙山峡谷长 15 千米,最窄处仅 50 米,已发现大小溶洞 212 个,还分布有天坑鼓大型天坑,以飞虎洞最为奇特壮观。2009 年入选国家地质公园。

湄江国家地质公园 位于涟源市西北部。峡谷及山峰崖壁,石林地貌,岩溶洞穴地貌,地下河、泉、瀑布、崩塌堆积地貌及奇形怪石、海洋生物化石等地质遗迹景观丰富多样,集典型性、稀有性、系统性、完整性、自然性和优美性于一体。龙泉峡是典型的溶蚀—侵蚀作用形成的碳酸盐岩岩溶低山沟谷型地貌景观,岩溶地质遗迹的规模、种类、内涵均具有全国乃至世界性意义。2009 年入选国家地质公园。

石牛寨国家地质公园 位于平江县石牛寨镇。丹霞丘峰众多,姿态各异,是国内规模最大的丹霞地貌群落之一,以"十里绝壁""百里丹霞"最具代表性。"十里绝壁"是一道从丹霞群峰中拔地而起的高危崖壁,"百里丹霞"宛如一幅无尽的丹霞画卷。景点有"一牛二龟三关险,四桥五寨六线天,七奇石八寺庙,百零八崖景无边",以奇险著称。保存完好的 2 000 多米古城墙,享有"天下第一寨"之美誉。2011 年入选国家地质公园。

大围山国家地质公园 2011 年入选国家地质公园。参见国家生态旅游示范区——大围山国家生态旅游示范区。

十九、国家森林公园

张家界国家森林公园 位于张家界市境内。有奇峰 3 000 多座,如人如兽、如器如物,气势壮观,有"三千奇峰,八百秀水"之称。森林覆盖率达

98%,被称为"自然博物馆和天然野生植物园"。植物种类繁多,仅木本野生植物就有93科517种。1982年入选国家森林公园,是中国第一个国家森林公园。

云山国家森林公园　位于武冈市城南郊。地处雪峰山余脉,云海、山峰、幽谷、溪涧、瀑布、流泉、怪石、古树、古刹、古道一应俱全,以山奇、水秀、林幽、云幻著称,被誉为"楚南胜地"。原始次生阔叶林200公顷,野生植物1 500多种,其中属国家一级保护野生植物的有银杏、水杉、香果树、南方红豆杉、钟萼木、秃杉等。有脊椎动物200多种,其中属国家一级保护野生动物的有长尾雉、红腹角雉、云豹等。1992年入选国家森林公园。

南华山国家森林公园　位于湘西凤凰古城南侧,地处云贵高原东缘武陵山脉东北部。分布有树种300多种,珍贵、稀有野生植物20余种。其中国家一级保护野生植物有南方红豆杉、香果树、银杏、水杉。野生陆地脊椎动物中有国家重点保护野生动物白颈长尾雉、猕猴、穿山甲、小灵猫、林麝、水獭、雀鹰、金鸡、勺鸡、白冠长尾雉等16种。1992年入选国家森林公园。

黄山头国家森林公园　位于安乡县黄山头镇。"黄山头"因土石皆黄色而得名。地处低湖平原地带,生长有各类树木及草本野生植物1 000多种,其中水松、金钱松、菩提树、红果铁冬青为珍稀树种。有近300种野生动物,主要有獾、果子狸、松鼠、蜈蚣等。黄山头也是荆楚古文化的发源地之一,有原始社会村落遗址、战国遗址、晋唐古墓葬等古迹。1992年入选国家森林公园。

天门山国家森林公园　位于张家界市城区南郊。天门山是一座四周绝壁的台形孤山,有发育较齐全的岩溶地貌。山顶相对平坦,保存着完整的原始次生林,有着很多珍贵和独特的野生植物,有世界罕见的高山珙桐群落,森林覆盖率达90%。主要景点有天门洞、通天大道、天门山索道、玻璃栈道、鬼谷栈道、天门山寺等。1992年入选国家森林公园。

天际岭国家森林公园　位于长沙市雨花区洞井镇。植被类型属于典型的亚热带常绿阔叶林,以马尾松林、湿地松枫香混交林以及亚热带常绿阔叶

林为主,形成了 14 个景观独特的植被园。常见野生植物及栽培野生植物
3 800 多种,其中包括银杉、红豆杉、绒毛皂荚等珍稀濒危野生植物近 180 种。
主要景点有樱花园、木兰园、茶花园。1992 年入选国家森林公园。

天鹅山国家森林公园 位于资兴市中部,罗霄山脉南端。植被完好,海
拔 800 米以上为常绿落叶混交林,海拔 800 米以下为亚热带常绿阔叶林和针
叶林,既保存了完好的原始次森林,又有大面积的人工栽培林。有木本野生
植物 600 余种,其中属于国家重点保护野生植物的有 10 多种。已发现脊椎
动物 240 种,其中黄腹角雉、白颈长尾雉等为国家一级保护野生动物,猕猴、
穿山甲、大灵猫、大鲵等 28 种为国家二级保护野生动物。1992 年入选国家
森林公园。

东台山国家森林公园 位于湘乡市城南经济开发区。地貌属于湘江中
下游红岩丘陵区湘潭盆地中低缓丘陵,是侏罗纪时期开始的燕山运动所形
成的断陷盆地中的隆起部分,具有典型的新华夏系构造带上的断裂特征。
植被类型为亚热带常绿阔叶林,有木本野生植物 180 多种,草本野生植物
1 000 余种。栖息着鼬、蛇、穿山甲、小灵猫、豪猪、青鼬和山羊、田毛猪及各
种蛇类;鸟类有信天翁、白腹黑啄木鸟、环颈雉、山斑鸠、火斑鸠、竹鸡、猫头
鹰、寿带鸟等。1992 年入选国家森林公园。

桃花源国家森林公园 位于桃源县城西南部。森林覆盖率 70%以上,
有木本野生植物 446 种。常见的野生哺乳动物有黄麂、果子狸、香狸等 15
种,鸟类有锦鸡、环颈雉等 30 种,爬虫类有龟、蛇等 15 种,两栖动物有青蛙等
12 种。1992 年入选国家森林公园。

神农谷国家森林公园 1992 年入选国家森林公园。参见国家生态旅游
示范区——神农谷国家森林公园。

莽山国家森林公园 1992 年入选国家森林公园。参见国家级自然保护
区——莽山自然保护区。

大围山国家森林公园 1992 年入选国家森林公园。参见国家生态旅游
示范区——大围山国家生态旅游示范区。

九嶷山国家森林公园 1992 年入选国家森林公园。参见国家级自然保护区——九嶷山自然保护区。

阳明山国家森林公园 1992 年入选国家森林公园。参见国家生态旅游示范区——阳明山国家森林公园。

舜皇山国家森林公园 1992 年入选国家森林公园。参见国家级自然保护区——舜皇山自然保护区。

夹山国家森林公园 位于石门县城东南隅。因东西双峰对峙、南北一道中通而得名"夹山"。地处武陵山系东翼十九峰山脉，属低山丘陵地貌。层峦叠嶂、万木争荣。植被属中亚热带常绿阔叶林北部亚地带、三峡武陵山地栲类润楠区。主要为天然针阔混交林和人工栽植的杉木林，其次是人工栽植的湿地松等经济林。有木本野生植物 200 多种，野生哺乳动物 66 种、鸟类 500 多种、爬行类 71 种、两栖类 40 种、昆虫类 1 000 多种、水生动物 200 多种。1993 年入选国家森林公园。

不二门国家森林公园 位于永顺县城南的猛洞河畔。地貌有山地、山原、丘陵、岗地及向斜谷地等多种类型。野生动物主要有云豹、金钱豹、苏门羚羊等大型哺乳动物，属于国家重点保护野生动物的有 70 余种。主要景点：不二门摩崖石刻、洗心池、观音岩、培英塔、不二门温泉、溪州土家族民俗博物馆等。1993 年入选国家森林公园。

河洑国家森林公园 位于常德市西郊。有大小山岭 56 个、沟谷 42 条，素有湘西北"绿色明珠"之美称。植被类型为亚热带常绿阔叶、灌木林，森林植被覆盖率 90% 以上。共有种子野生植物 400 多种，其中裸子野生植物 40 多种，被子野生植物近 400 种。主要景点有太和观、战地遗址等。1994 年入选国家森林公园。

岣嵝峰国家森林公园 位于衡阳县岣嵝乡。森林覆盖率 95%，有原始次生林 30 多公顷，野生植物 1 000 多种，各类树种 300 余种，其中珍稀树种 20 余种；野生动物 340 余种，其中国家重点保护野生动物十余种。主要景点：禹王殿、禹王碑、理纱河、白石峰、妙溪瀑布、陈士杰墓等。1995 年入选国家森林公园。

大云山国家森林公园　横跨岳阳、临湘两市县。野生植物主要有三尖杉科、杉科、松科、柏科、竹科、木兰科、茜草科、蔷薇科、椴树科、壳斗科、蓝果树科等。拥有鱼类、两栖类、爬行类、鸟类、哺乳类等脊椎动物 100 余种,其中国家一级保护野生动物有白鹤、白颈长尾雉、云豹、穿山甲,国家二级保护野生动物有大鲵、野猪、红腹角雉、白鹇、红腹锦鸡等。主要人文景观有大云山祖师殿、玉真观、观音古寺、三捷碑、白云亭、石光祖师墓、烈士纪念塔、观音坐莲石刻等。1996 年入选国家森林公园。

花岩溪国家森林公园　位于常德市城南隅,地处鼎城、安化、桃源三县交界处。属中低山地,野生植物繁多,常见的兽类有:原猫、大灵猫、小灵猫、野猪、华南兔等。1997 年入选国家森林公园。

云阳国家森林公园　位于茶陵县城近郊,地处湘赣交界的罗霄山脉武功山系。由云阳山、天堂山、杨柳山、鹰嘴岩等山峰组成。植被类型为亚热带常绿阔叶林,森林覆盖率 92%。野生植物物种丰富。有银杏、杜仲、沉水樟、檫木、银木荷等珍稀树种;有鹿、穿山甲、狸猫、水獭、大鲵、独角青牛、金环蛇、银环蛇、两头蛇、猴面鹰、鹦鹉等 52 种野生动物。主要景点:云阳仙道观、祈丰台、神龟谷、古南岳宫。2002 年入选国家森林公园。

大熊山国家森林公园　位于新化县境北部。森林覆盖率 95%。物种繁多,有银杏、南方红豆杉、钟萼木等国家重点保护野生植物 43 种,云豹、草号鸟、红腹锦鸡等国家重点保护野生动物 27 种。有濒临绝灭的连香树、金钱柳、罗柏、天师栗等。最为称奇的是熊山古寺的银杏王,树冠 160 平方米,树高 28.5 米,树龄 1 400 多年。主要景点:熊山寺、娘娘殿、梅山龙宫和九龙池等。2002 年入选国家森林公园。

中坡国家森林公园　位于怀化市北郊。林地面积 1 286 公顷,森林覆盖率 94%。保存完好且集中成片的天然次生林 340 公顷,以及大面积多树种混交林。有国家一级保护野生植物 7 种,国家二级保护野生植物 18 种,古树名木 400 余株。有国家一级保护野生动物 3 种,国家二级保护野生动物 15

种。2002 年入选国家森林公园。

幕阜山国家森林公园 位于平江县南江镇,居幕阜山脉主峰中上部。山高林密,沟壑幽深,野生动植物资源丰富,拥有我国中南地区面积最大的黄山松母树林基地。有南方红豆杉、香果树、钟萼木、半枫荷、鹅掌楸、银杏、金钱松、福建柏、胡桃等国家重点保护野生植物 30 多种;有云连、摇竹霄、杜仲、厚朴等珍贵野生药材 200 余种;有云豹、金雕、黄腹角雉、莽虎纹蛙、鹰嘴龟、穿山甲等国家重点保护野生动物 50 多种。2005 年入选国家森林公园。

金洞国家森林公园 位于祁阳县金洞林场南端。原始次生林面积达 700 公顷,有高等野生植物 1 557 种,其中国家重点保护野生植物 56 种;古树群落八大类,其中 300 年以上的古银杏有 100 多株、100 多年以上的有 300 多株,还有赤皮青冈、乐东拟单性木兰等树种。有 31 种国家重点保护野生动物。2005 年入选国家森林公园。

百里龙山国家森林公园 位于新邵县东北部。分为岳平峰、烟竹、捞底石三大景区。森林植被类型以中亚热带常绿阔叶林为主。有国家重点保护野生植物 13 种,国家一级保护野生动物 1 种,国家二级保护野生动物 18 种。主要景点:枫树坑水库、高山杜鹃、枫树凼瀑布。2006 年入选国家森林公园。

千家峒国家森林公园 位于江永县高泽源林场。拥有天然林 3 362 公顷,其中原始森林 836 公顷,次生林 2 526 公顷。南方红豆杉群落、南方铁杉群落、长苞铁杉群落、福建柏群落、楠木群落、白克木群落、木莲群落、香樟群落总面积达 110 公顷。有野生植物 185 科 692 属 1 637 种,其中国家重点保护野生植物 38 种。还有国家重点保护野生动物 21 种。2006 年入选国家森林公园。

五尖山国家森林公园 位于临湘市城西隅。五尖山因由轿顶山、鹰嘴山、周家山、望城山和麻姑山五座山峰组成而得名。地处中亚热带向北亚热带过渡区域,森林覆盖率达 98%,立木蓄积总量 15 万立方米。分为望城山、麦坡岭、龙头山、柴家冲四大景区,100 余个自然和人文景点如颗颗珍珠散落在公园之中,以桃花溪、龙头山珍稀野生植物园、柴家冲原始次生林最具代表性。2007 年入选国家森林公园。

两江峡谷国家森林公园 位于城步苗族自治县西南部。植被属泛北极野生植物区,中国—日本森林植物亚区,胸径在 80 厘米以上或树龄 100 年以上的古树有 100 余株。有银杏、南方红豆杉、钟萼木等国家一级保护野生植物,闽楠、樟树、花榈木等 56 种国家二级保护野生植物;有林麝、云豹等国家一级保护野生动物,黑熊、大鲵等 27 种国家二级保护野生动物。2008 年入选国家森林公园。

雪峰山国家森林公园 位于洪江市东部雪峰山脉主峰苏宝顶地域。包括雪峰山度假山庄、抗日战争纪念园、雪峰山狩猎园、雪峰山野生植物园、雪峰山登山运动基地、李自成纪念园。野生动植物资源丰富,仅木本野生植物就达 700 多种,野天麻、灵芝、白术、茯苓、金银花等野生药用植物 500 余种;有山鲵、野猪、岩鸡、锦鸡等野生动物 40 余种。2008 年入选国家森林公园。

桃花江国家森林公园 位于桃江县境内。除水体外森林覆盖率高达 99.6%,主要林木为杉木、松类。竹林面积 4 万公顷,其中楠竹 3.98 万公顷。自然生态环境优良,野生动植物资源丰富,共有银杏等国家重点保护野生植物 14 种,白鹤、云豹等国家一级保护野生动物 14 种。2008 年入选国家森林公园。

月岩国家森林公园 位于道县西部。主要植被类型为亚热带常绿阔叶林。有国家一级保护野生植物资源冷杉、南方红豆杉、伯乐树;有国家一级保护野生动物林麝,国家二级保护野生动物猕猴、穿山甲等。主要景点:大江源景区、庆里源景区、月岩景区、中坪景区、韭菜岭山地湿地、云溪湖、三叠瀑布等。2008 年入选国家森林公园。

峰峦溪国家森林公园 位于桑植县城西南隅。主要为丘陵低山地形,森林覆盖率 87%。由梅家山景区、西界景区、峰峦溪景区、九天洞和苦竹河景区组成。梅家山景区地处丘陵低山区,山体表层砾岩遭风化作用强烈,土层较厚,植被覆盖率高;西界景区为中山地貌,山体构造为石灰岩,山体土壤腐殖质较厚,多高大的乔木;峰峦溪景区为石英砂岩峰林地貌;九天洞是喀斯特地貌的特大溶洞,构造复杂,洞内有树化石和其他溶洞少见的岩溶物质。2008 年入选国家森林公园。

湘江源国家森林公园　2008 年入选国家森林公园。参见国家级水利风景区——湘江源水利风景区。

柘溪国家森林公园　位于安化县境内。由柘溪景区、云台山景区、茶马古道景区三部分组成。植被类型为中亚热带偏北次生常绿阔叶林、落叶阔叶混交林,森林覆盖率94%。属中低山地形,地势起伏,沟谷相间,汇高山、峡谷、溪流、瀑布、茂林于一身。有溶洞景观,有国家一级保护野生植物银杏、银杉、水杉、南方红豆杉、伯乐树、珙桐等 6 种,国家二级保护野生植物金钱松等 17 种;有国家一级保护野生动物白颈长尾雉、云豹和林麝等 3 种,国家二级保护野生动物大鲵等 22 种。2009 年入选国家森林公园。

天堂山国家森林公园　位于常宁市西南部。由弥泉景区、印山景区和中田古民居景区组成。森林植被类型众多,包括亚热带针叶林、常绿阔叶林、落叶阔叶林、竹林、常绿灌丛。名贵珍稀树种有银杏、铁冬青、椤木石楠、栲树、尖叶四照花、樟树、枫香、南方红豆杉、罗汉松、苍叶红豆、花榈木、三尖杉、鹅掌楸等 30 余种,狮园的南方红豆杉和银杏树龄已有 800 多年。国家重点保护野生动物有水鹿、穿山甲、大鲵、花面狸、猪獾、果子狸、麂子、大王锦蛇等。2009 年入选国家森林公园。

香山国家森林公园　位于宁乡市夏铎铺镇。属于中亚热带湿润气候区,雨量充沛,为野生动植物生息繁衍创造了良好的自然环境。有国家重点保护野生植物 23 种,国家重点保护野生动物 14 种。分为香山冲、龙凤峡、嵇加山三个景区,共有山、水、石、寺等知名景点 50 多个,著名景点有"竹林云海""香山烟雨""棋盘巨石""宝塔神树""响鼓潭瀑布""烈马卧槽"等。2009 年入选国家森林公园。

九龙江国家森林公园　位于汝城县东南部,地处郴州市汝城县境内。分为九龙觅仙、九龙戏水、九龙奇岩、九龙飞瀑和热水温泉五大景区。森林覆盖率达97%,有保存完整的原始次生林群落及南岭山脉低海拔沟谷阔叶林。有银杏、南方红豆杉等5种国家一级保护野生植物,金矮松等15种国家二级保护野生植物。还有古驿道、古炮楼、古驿站、古凉亭遗址。2009年入选国家森林公园。

嵩云山国家森林公园 位于怀化市洪江区。属雪峰山区,林地面积3 074公顷,森林覆盖率达92%。园区涵盖了生物景观、地文景观、水文景观、人文景观及天象景观五大景观类型,主要景点有祖师洞、张家坟、白云洞等。2010年入选国家森林公园。

天泉山国家森林公园 位于张家界市永定区的西北部。属武陵山脉,分为主景区和苦储林景区两个片区。属华中野生植物区的湘西北地区,野生植物资源丰富。有珍稀濒危野生植物54种,包括国家一级保护野生植物珙桐、银杏、南方红豆杉、伯乐树;有国家一级保护野生动物2种,国家二级保护野生动物31种。主要景点有天泉山、茅岩河、七年寨、大宴溪等。2010年入选国家森林公园。

西瑶绿谷国家森林公园 位于临武县西瑶乡。分为长河、分水坳、黄木坳、凤凰岭四大景区,森林覆盖率95%。森林植被分为针叶林、常绿阔叶林、落叶阔叶林、灌木林和竹林五类。集中连片保存较完整的天然次生林达4 000多公顷。分布有野生植物1 730多种,动物323种,其中国家一级保护野生植物3种。2010年入选国家森林公园。

熊峰山国家森林公园 位于安仁县城郊。地处罗霄山脉余脉,永乐江横贯其中。分为熊峰山、九龙庵、猴昙仙、龙脊山四大景区,森林覆盖率95%。分布有国家一级保护野生植物3种、国家二级保护野生植物9种;脊椎动物共有157种,其中国家二级保护野生动物10种。主要景点有雄峰古寺、铁索桥、新三注塔、瑰丽龙脊山、九龙瀑布、莽山梯田等。2012年入选国家森林公园。

罗溪国家森林公园 位于洞口县罗溪瑶族乡。群峰耸立,地貌景观多样,有高耸的山峰,奇、险、幽、深的峡谷,奇形怪状的石峰,湍急的河流与潺潺清泉。森林茂密,古木参天,物种多样,有保存较完好的原生植被,大面积的硬叶常绿阔叶林、常绿阔叶林及常绿与落叶阔叶混交林等森林景观。分为万丈岩、高登山、湘黔古道和公溪湖四大景区，著名景点有龙头三吊瀑布群、普照寺、宝瑶古寨等。2012年入选国家森林公园。

福音山国家森林公园　位于新田县城郊。地处湘、粤、桂三省交会地带，南岭山脉阳明山南麓，分为福音山景区、南国武当山景区、皇宫洞景区，森林覆盖率90%。分布有国家一级保护野生植物2种、国家二级保护野生植物17种，国家重点保护野生动物24种，保存有古树9 000余株，包括珍稀上甘茶、千年南方红豆杉等。2012年入选国家森林公园。

黑麋峰国家森林公园　位于长沙市望城区桥驿镇，地处湘江东岸、长沙近郊。森林覆盖率82%，森林植被类型为亚热带常绿阔叶林。分布有青冈栎、苦槠、樟树、枫香、麻栎等典型的地带性阔叶林以及白栎、映山红、橙木等地带性灌木林。有野生种子植物650多种，其中具有药用价值的113种。野生动物70多种，列为国家重点保护的野生动物有8种。2012年入选国家森林公园。

坐龙峡国家森林公园　位于古丈县境内。森林覆盖率81%，植被垂直带特征明显，植被类型有常绿阔叶林、常绿落叶阔叶混交林、落叶阔叶林、灌丛等，结构较复杂。分布有国家重点保护野生植物26种，其中国家一级保护野生植物有银杏、南方红豆杉、钟萼木3种，国家二级保护野生植物有鹅掌楸等23种。百年古树名木210株，有一株马尾松树龄在150年以上，胸径达1.27米，树高27米。有国家一级保护野生动物白颈长尾雉，国家二级保护野生动物红腹锦鸡等21种。2012年入选国家森林公园。

攸州国家森林公园　位于攸县东部，地处罗霄山脉中段西侧。由相对独立的酒埠江和千洞峡两大景区组成，前者依托酒仙湖，以人文景观为主体，后者依托石白峡谷，以地质景观为主体。森林覆盖率达90%。公园内有种子植物1 174种，其中国家一级保护野生植物3种，国家二级保护野生植物34种。2013年入选国家森林公园。

矮寨国家森林公园　位于吉首市境内。山岳型峡谷森林公园，森林覆盖率87%。由矮寨、红山和深坳三个独立的片区组成。矮寨片区拥有保存完好的亚热带植被、峡谷地貌景观和古苗寨、矮寨特大悬索桥;红山片区植被类型为针叶林、针阔混交林,主要群落有杉木林、马尾松林、红枫林以及枫香与马尾松的混交林;深坳片区拥有以利川润楠、青冈、黄连木等为优势种构成的次生林。有国家重点保护野生植物33种,野生药用植物985种。2013年入选国家森林公园。

嘉山国家森林公园 位于津市城区西南角。由关山、嘉山和药山三个景区组成,森林覆盖率达96%。现有野生植物811种,其中银杏、水杉和南方红豆杉3种为国家一级保护野生植物;有野生动物150多种,其中属国家二级保护野生动物的有虎纹蛙、小灵猫、穿山甲等12种。主要景点有古大同寺、药山寺、嘉山风景区等。2014年入选国家森林公园。

永兴丹霞国家森林公园 位于永兴县中部。以丘陵、岗地地貌类型为主,丹霞地貌是主要地貌。植被类型包括常绿阔叶林、常绿落叶阔叶混交林、落叶阔叶林、竹林、暖性针叶林、常绿阔叶灌丛、落叶阔叶灌丛、灌草丛、沼泽植被、水生植被等。有伯乐树、南方红豆杉、银杏、水杉、水松等5种国家一级保护野生植物,鹅掌楸等15种国家二级保护野生植物。主要景点有苦槠林、千年古樟、红楠山庄闽楠古树、侍郎坦石刻群、大明寺等。2015年入选国家森林公园。

齐云峰国家森林公园 位于桂东县境内。由南华片区、三台山片区和齐云峰片区组成,森林覆盖率达92%。植被类型为中亚热带沟谷常绿阔叶林、中亚热带常绿阔叶林、中亚热带针阔混交林及山顶草甸等。有南方红豆杉、柏乐树、莼菜等国家一级保护野生植物3种,国家二级保护野生植物13种。2015年入选国家森林公园。

四明山国家森林公园 位于祁东县境内。四明山有海拔800米以上山峰六座,主峰腾云岭海拔1 044米,森林覆盖率87%。拥有森林植被景观、地文景观、水文景观、天象景观、人文景观等丰富的景观类型,现有珍贵树种白玉兰、银杏、楠木、摇钱树、青钱柳、紫穗槐等10多种。常年活动着香猫、猪獾、穿山甲、猴鹰、夜鸦等珍禽异兽数十种。2015 年入选国家森林公园。

北罗霄国家森林公园 位于平江县加义乡境内。森林植被属中亚热带典型常绿阔叶林。有银杏、水杉、红豆杉、红椿、闽楠、香果树、青钱柳等国家重点保护野生植物 57 种。有兽类、鸟类、爬行类、两栖类等野生动物 100 多种。2015 年入选国家森林公园。

靖州国家森林公园 位于靖州县西南隅。由排牙山、地理冲和飞山湖三个片区组成,最高峰海拔 987 米。植被类型为中亚热带常绿阔叶林,森林覆盖率 87%。有野生植物 925 种,其中珍稀树种 50 余种、国家一级保护野生植物古银杏等 6 种、国家二级保护野生植物楠木等 16 种;有野生动物 200 余种,濒危野生动物有穿山甲、宽尾凤蝶等 29 种,还有松雀鹰、白鹇、小灵猫等国家二级保护野生动物 19 种。2015 年入选国家森林公园。

嘉禾国家森林公园 位于嘉禾县西南部。湖南省四大城郊型森林公园之一,由南岭片区和九老峰片区组成,森林覆盖率为 84%。南岭片区有天然次生林约 1 200 公顷,分布有伯乐树和闽楠等国家重点保护野生植物 9 种;有陆生脊椎动物 183 种,包括红腹锦鸡和赤腹鹰等国家重点保护野生动物 18 种。九老峰由 41 座平地而起的突兀山峰构成,野生植物种类丰富,区系特征明显。自然景观融奇峰、妙谷、幽洞、佳木、怪石等于一身。2015 年入选国家森林公园。

沅陵国家森林公园 位于沅陵县内。森林植被类型为中亚热带北部常绿阔叶林,森林覆盖率 90%。有国家重点保护野生植物鹅掌楸、樟树、榉树、闽楠、红椿、凹叶厚朴等,有国家二级保护野生动物大灵猫、小灵猫、穿山甲、青鼬、红腹角雉、红腹锦鸡等。主要景点有凤凰寺、鹰嘴岩、夸父山、九连洞峡谷、沅水等。2015 年入选国家森林公园。

溆浦国家森林公园 位于溆浦县境内。由穿岩山、威虎山和龙泉山三个片区构成,总面积 8 291 公顷,其中龙泉山片区面积占一半以上,片区之间森林风景资源互补性强、特色鲜明。以古村落、梯田、山峰、峡谷、溪流等资源组合为特色,集山水观光、休闲度假、户外运动、文化体验、科普教育等为一体。2017 年入选国家森林公园。

汉寿竹海国家森林公园 位于汉寿县丰家铺镇。森林覆盖率 92%，野生动植物资源丰富，有银杏、南方红豆杉等国家一级保护野生植物，有小天鹅、雀鹰、苍鹰、红隼、长耳鸮、穿山甲等国家二级保护野生动物。历史遗迹众多，有钟相、杨幺起义扎寨屯兵建造的太子寨、先锋寨、铁甲寨，以及云雾寺、五宝庵、竹隐庵、云峰禅寺等宗教庵堂。2017 年入选国家森林公园。

萱洲国家森林公园 位于衡山县中部。由萱洲、紫金、白云三个片区组成。境内有列入南岳衡山七十二峰的五座山峰，湘江流贯园区，地貌主要是花岗岩地貌和丹霞地貌。有国家重点保护野生动植物，有地下温泉资源和湖南省面积最大的香果树群落，有禹王碑、萱洲古镇、毛泽建烈士陵园等人文景点，有岳北山歌、衡山皮影等民俗文化。2017 年入选国家森林公园。

岐山国家森林公园 位于衡阳市市区西北隅。由三条森林峡谷组成，有凤凰湖、车江金马湖、清花溪三处湿地。有樟树、榉树、闽楠、金荞麦、野大豆等国家二级保护野生植物 8 种，有国家二级保护野生动物 9 种。岐山凤凰谷拥有我国南方目前面积最大、保存最完整的低海拔原生阔叶林。位于岐山之巅的万寿仁瑞寺，已有近 400 年历史。2017 年入选国家森林公园。

太白峰国家森林公园 位于祁阳县境内。谷、坡、岩、洞、壁等多种自然环境相融合，森林群落结构完整，古树名木品种繁多，有近千种野生动植物。有穿山甲、虎纹蛙等国家二级保护野生动物 18 种，有国家地理标志保护产品祁阳石、浑然天成的溶洞群等独特的自然景观和濒临灭绝的珍稀动物祁阳小鲵。森林覆盖率 83%。2017 年入选国家森林公园。

二十、国家石漠公园

云台山国家石漠公园 位于安化县境内。云台山因山顶平阔终年云雾缭绕而得名。拥有大面积的冰碛岩地貌，得天独厚的气候与地质条件非常适宜茶树生长。还有真武古观、水库、吊桥、龙泉洞、玻璃栈桥等景观。2016年入选国家石漠公园，是我国第一个国家石漠公园。

五公仙国家石漠公园　位于耒阳市小水镇。依托当地生态公益林而建。五公仙地区具有独特的喀斯特岩溶地貌，喀斯特森林生态系统的特征突出，地貌类型多样，生物多样性丰富，是耒水国家湿地公园生态安全屏障的重要组成部分。2017年入选国家石漠公园。

新宁国家石漠公园　位于新宁县境内。分为万塘、水庙、回龙寺三个独立片区。地貌属喀斯特丘岗型大石芽地貌，有石芽、石林、石墙、溶蚀洼地、溶蚀漏斗、落水洞、天坑、溶洞等类型，是湘南地区喀斯特地貌类型较为齐全的区域。2017年入选国家石漠公园。

长梯隘国家石漠公园　位于石门县罗坪乡。拥有山峰、溶洞、岩溶漏斗、石林、岩溶峰丛、岩溶洼地等地貌形态，著名景点有红石林、天目洞、莲花洞、百丈峡天坑等。分布有国家一级保护野生植物红豆杉、银杏，国家二级保护野生植物中华蚊母；有国家一级保护野生动物林麝、金雕，国家二级保护野生动物22种。2017年入选国家石漠公园。

刻木山国家石漠公园　位于临澧县刻木山乡。属于喀斯特地貌。有国家二级保护野生植物6种，国家二级保护野生动物7种，湖南省重点保护野生动物88种，中国濒危动物20种。2017年入选国家石漠公园。

红石林国家石漠公园　位于张家界市永定区尹家溪镇红石林村。以红石林和地下溶洞为主的地貌资源分布广、规模大，具有生物资源的多样性和文化资源的特殊性。生态环境和景观风貌保存良好，具有旅游观赏和科考价值。2017年入选国家石漠公园。

赤石国家石漠公园　位于宜章县赤石乡。奇峰突起，危岩耸立，巨石遍布。公园以生态保护、峰丛峡谷观光为主题，以赤石岩溶地质地貌景观及植被景观为基础，以岩溶森林生态系统与生物多样性的保护为核心，以岩溶地质地貌宣传与生态建设为内涵。2017年入选国家石漠公园。

雷峰山国家石漠公园　位于溆浦县西部。地貌类型以中低山、丘陵为主,地势起伏,沟谷相间,切割强烈,山势陡峭,汇高山、峡谷、溪流、茂林于一体。岩溶山地特点分明,有崖壁、溶洞、石林、石芽、天生桥等类型。2017年入选国家石漠公园。

伏口国家石漠公园　位于涟源市伏口镇。公园内石林石巷密布,怪石形态各异。2017年入选国家石漠公园。

二十一、国家湿地公园

涔槐国家湿地公园　位于澧县境内,地处武陵山脉向洞庭湖平原过渡地带。以涔水永久性河流和山门水库、王家厂水库库塘湿地为主体,由自然河流、库塘、河心洲滩、洪泛平原湿地、沼泽和环湖森林组成库塘—河流复合型湿地生态系统。生物多样性丰富,野生植物区系成分复杂,具有明显的环湖低丘野生植物区系特征。库区内水质良好,是澧县重要的生活饮用水水源。2013年入选国家湿地公园。

春陵国家湿地公园　位于桂阳县境内。库塘—江河复合型湿地公园,有永久性河流、洪泛平原湿地、库塘和淡水养殖场四大湿地类型,各湿地类型交错分布,景观各异,构成了一系列既相互独立又紧密相依的湿地生态系统。分布有银杏、南方红豆杉等国家一级保护野生植物,柔毛油杉等13种国家二级保护野生植物,虎纹蛙、大鲵等12种国家二级保护野生动物。2013年入选国家湿地公园。

思蒙国家湿地公园　位于溆浦县西部。属于岩溶、丹霞地貌区,沅水流域具有代表性的河流湿地,涵盖溆水下游河道、银珍水库、河州漫滩和周边部分山地。有国家一级保护野生植物银杏、水杉;有国家二级保护野生植物樟树等6种;有国家二级保护野生动物虎纹蛙等10种。2013年入选国家湿地公园。

东湖国家湿地公园　位于华容县南部。包括"五湖一库",即东湖、罗帐湖、北汉湖、中西湖、下西湖、北汉水库,总面积 57 平方千米,其中湿地 49.76 平方千米。湿地分为湖泊湿地、沼泽湿地和人工湿地三大湿地类,永久性淡水湖、草本沼泽、库塘、输水河和淡水养殖场五大湿地型。有细果野菱、莲、菹草、菖蒲、假稻、南荻等十多个湿地野生植物群系,有金荞麦等国家重点保护野生植物 8 种,国家二级保护野生动物 11 种。2013 年入选国家湿地公园。

日月湖国家湿地公园　位于双牌县境内。南岭山地典型的库塘湿地、自然河流湿地和森林景观的复合生态系统,森林覆盖率达 98% 以上。湿地植被具有生物多样性丰富、地理成分复杂多样、野生植物种类繁多的特点。以菊科禾本科、莎草科、蔷薇科、蝶形花科等为优势科,有国家重点保护野生植物 3 种,国家一级保护野生动物中华秋沙鸭,国家二级保护野生动物赤腹鹰、燕隼等 7 种。2013 年入选国家湿地公园。

天湖国家湿地公园　位于常宁市洋泉镇。典型的内陆河流湿地系统,生态系统较为完整。有苏铁、野大豆、金荞麦、中华结缕草等国家重点保护野生植物,有白琵鹭、小天鹅、斑头鸺鹠等国家二级保护野生动物。2013 年入选国家湿地公园。

花园阁国家湿地公园　位于邵阳市关峡苗族乡和长铺子苗族乡。湖泊、山塘、浅水湿地、河滩地及河岸边森林构成完善的生态体系,分为永久性河流、库塘湿地、洪泛平原湿地、淡水养殖场等多个湿地型。有国家二级保护野生植物野大豆、金荞麦、中华结缕草等 6 种,还有绞股蓝、七叶一枝花、虎耳草等稀有野生植物。列为国家二级保护野生动物的有虎纹蛙、红隼、草鸮等 11 种。2014 年入选国家湿地公园。

水俯庙国家湿地公园　位于湘潭市和娄底市交界处。现为湖南省水源战略保护区。有维管野生植物 800 多种,其中陆生野生植物 596 种,湿地野生植物 206 种,国家重点保护野生植物 6 种;有国家二级保护野生动物 14

种,其中 9 种动物被列入《中国濒危动物红皮书》。2005 年入选国家湿地公园(试点)。

东江湖国家湿地公园 2005 年入选国家湿地公园(试点)。参见国家级水利风景区——东江湖水利风景区。

千龙湖国家湿地公园 位于长沙市望城区格塘镇。包括千龙湖和团头湖及其中间部分地带。千龙湖即格塘水库,为一中型水库,坝顶高程 38 米,最大坝高 7.9 米,正常蓄水 1 024 万立方米,灌溉面积 3 万多亩。团头湖可调蓄水量 2 500 多万立方米,是长沙地区最大的湖泊之一。湖泊湿地类型特征明显,溪流、沟渠、池塘、河道各种水体形式丰富。2008 年入选国家湿地公园(试点)。

酒埠江国家湿地公园 2008 年入选国家湿地公园(试点)。参见国家级水利风景区——酒埠江水利风景区。

雪峰湖国家湿地公园 位于安化县境内。主要包括雪峰湖、资江干流安化东坪—珠溪口段及周边区域。有国家一级保护野生植物 2 种,国家二级保护野生植物 8 种;有国家二级保护野生动物 22 种,其中有不少中国与日本、中国与澳大利亚共同保护的候鸟。2009 年入选国家湿地公园(试点)。

洋沙湖—东湖国家湿地公园 位于湘阴县城南侧。包括洋沙湖、东湖、湘江干流湘阴县城段及其周边部分区域。河流形态自然,岸线优美,植被景观秀丽,是洞庭湖周围湖泊与河流湿地的典型代表。有野生植物 565 种,其中国家重点保护野生植物 20 种;有野生动物 198 种,其中国家重点保护野生动物 16 种。2009 年入选国家湿地公园(试点)。

金洲湖国家湿地公园 位于宁乡市郊区。主要是永久性河流湿地与洪泛平原湿地两种类型。总体布局是"一线、两带、三区、三主题"。"一线"即沩江水系景观主轴线,"两带"即沩江东西两岸沿江风光带,"三区"即生态保育、宣教服务、观光休闲体验三个重点功能区,"三主题"即金洲湖湿地生态展示休闲区、珍洲水乡风情园区、南太湖森林景观游憩区。2009 年入选国家湿地公园(试点)。

峒河国家湿地公园 位于吉首市境内。天然湿地和人工湿地构成的复合湿地生态系统,以宽谷河流、河漫滩、江心洲与草本沼泽为主体。野生植物资源丰富,其中国家一级保护野生植物 4 种、国家二级保护野生植物 10 种。2009 年入选国家湿地公园(试点)。

汨罗江国家湿地公园 位于汨罗市境内,包括汨罗江干流汨罗段及其周边部分区域。紧邻洞庭湖,生态地理区位十分重要。野生动植物资源丰富,河流形态自然、岸线优美,植被景观秀丽,是我国中亚热带江河冲积平原向低山丘陵区过渡区域河流湿地的典型代表。以汨罗江以及溪流、沼泽、洲滩等湿地为主体景观,观赏性强。2009 年入选国家湿地公园(试点)。

五强溪国家湿地公园 位于沅陵县境内。河流、人工湖、沼泽和环湖森林组成的湿地—森林复合生态系统。包括五强溪水库、酉水、沅水、五强溪水库下游段及周边区域,总面积 206 平方千米,其中湿地 198 平方千米。有湿地野生植物 268 种,其中国家一级保护野生植物 4 种,国家二级保护野生植物 12 种。2011 年入选国家湿地公园(试点)。

松雅湖国家湿地公园 位于长沙县县城北部。松雅湖是退田还湖工程实施后恢复重建形成的浅水湖泊,具有湖泊、森林沼泽、人工岛屿以及湖岸生态带等复合生态景观。湿地分为湖泊湿地、沼泽湿地和人工湿地。野生植物有浮水野生植物 13 种,沉水野生植物 16 种,挺水野生植物 7 种,湿生野生植物 90 种,主要优势科为禾本科、莎草科和菊科,其中国家一级保护野生植物 2 种、国家二级保护野生植物 5 种,还有国家二级保护野生动物 11 种。2011 年入选国家湿地公园(试点)。

耒水国家湿地公园 位于耒阳市永济镇。主要包括耒水及周边缓冲区域,总面积 35.89 平方千米,其中湿地 32.43 平方千米,湿地率 90%。生物多样性丰富,共有野生植物 877 种,其中国家二级保护野生植物 4 种,野生动物 191 种,有国家二级保护野生动物 13 种。2011 年入选国家湿地公园(试点)。

毛里湖国家湿地公园 位于津市市东南部,洞庭湖西北边缘、澧水下游。毛里湖由99条沟汊溪河汇聚而成,总面积62.5平方千米。有湿地野生植物403种,湿地动物262种。2011年入选国家湿地公园(试点)。

琼湖国家湿地公园　位于沅江市城区,地处南洞庭湖国际重要湿地、西洞庭湖国际重要湿地及资江、沅江与澧水的交汇地带。涉及湖泊湿地、沼泽湿地和人工湿地三大湿地类,永久性淡水湖泊、草本沼泽、运河、输水河、淡水养殖场、库塘九个湿地型。拥有野生植物543种,其中有金荞麦、中华结缕草等4种国家二级保护野生植物。有脊椎动物198种,其中有鸳鸯、雀鹰、鸢等国家二级保护野生动物17种。2011年入选国家湿地公园(试点)。

新墙河国家湿地公园　位于岳阳县境内。岳阳市地区重要饮用水源和生态保护廊道。以新墙河为主体,铁山水库为核心,形成了"库—河—湖"复合生态系统。涵盖河流湿地、沼泽湿地和人工湿地三大湿地类型。野生动植物种类繁多,有野生种子植物576种,野生脊椎动物174种。2011年入选国家湿地公园(试点)。

沅水国家湿地公园　位于桃源县城东南隅。是一个集湿地保护与修复、文化展示、科普宣教、科研监测、生态旅游于一体的综合性湿地公园。湿地类型以永久性河流湿地、洪泛平原湿地为主。公园内有野生维管植物150多种,国家一级保护野生动物中华秋沙鸭,国家二级保护野生动物鸳鸯等5种。2011年入选国家湿地公园(试点)。

黄家湖国家湿地公园　位于益阳市资阳区长春镇。岛屿、湖汊众多,形成了湖泊湿地、沼泽湿地、河流湿地以及人工湿地构成的复合湿地生态系统。拥有国家二级保护野生动物虎纹蛙、白尾鹞,国家一级保护野生植物莼菜,国家二级保护野生植物野菱、乌苏里狐尾藻等。2011年入选国家湿地公园(试点)。

书院洲国家湿地公园　位于安乡县境内。水系发达,由河流湿地、沼泽湿地和人工湿地构成复杂的生态环境,为众多生物提供了繁衍栖息场所。湿地植被丰富繁多,共有野生种子植物520种、野生脊椎动物202种。2011年入选国家湿地公园(试点)。

南洲国家湿地公园　位于南县境内。北依长江,四面环洞庭湖,是洞庭湖的腹地和心脏地带,具有独特的湖区平原湿地生态景观和湿地文化特色。2011 年入选国家湿地公园(试点)。

白云湖国家湿地公园　位于城步苗族自治县境内。由白云湖库区、白云洞景区及十万古田三个部分组成。湿地主要有永久性河流、洪泛平原湿地和库塘。十万古田片区是西伯利亚—南亚—澳大利亚鸟类的重要迁徙通道。已发现 700 多种野生植物,其中属国家重点保护野生植物的 27 种,野生香料植物 25 种,野生药用植物 80 多种,包括世界首次发现的五加科新属湖南参。另有香獐、狗熊、金钱豹、金鸡、巨型岩鸡、大鲵、红嘴相思鸟等 11 种珍稀动物。2013 年入选国家湿地公园(试点)。

涔天河国家湿地公园　位于江华瑶族自治县中部。中国候鸟迁徙路线中线湖南段的重要节点。主要包括涔天河、涔天河水库及周边一定区域。有野生高等维管植物近千种,野生脊椎动物 218 种,其中国家重点保护野生植物 7 种。2013 年入选国家湿地公园(试点)。

渠水国家湿地公园　位于会同县西部。由洪泛平原湿地和库塘等组成。共有野生维管植物 700 多种,其中有榉木、黄连木、中华水韭、多色龙虾花、野菱、萍蓬草、苦苣苔等稀有野生植物。野生脊椎动物 200 多种,其中鱼纲 42 种,中国特有物种尖头鲹、侧条厚唇鱼、刺鳅等 18 种,有濒危物种中华纹胸鲱、岔尾黄颡鱼和青鳉;有国家重点保护野生动物雀鹰、燕隼、鸳鸯、草鸮、红腹锦鸡等 10 种。2013 年入选国家湿地公园(试点)。

魏源湖国家湿地公园　位于隆回县六都寨镇。由魏源湖、狐狸岛和鹭鸟山三个部分组成,以魏源湖为主体。魏源湖是一座以灌溉为主,兼有防洪、发电、养殖、旅游等综合功能的大型水利工程。湿地主要分为永久性河流、洪泛平原和库塘三大湿地型。有维管植物 800 多种,其中国家二级保护野生植物有樟树、野大豆、金荞麦;野生脊椎动物 200 多种,其中国家二级保护野生动物有大鲵等 12 种。2013 年入选国家湿地公园(试点)。

天子湖国家湿地公园　位于邵阳县城,为资江两大支流赧水和夫夷江汇合地。有野生维管植物 430 多种,脊椎动物 150 多种,其中国家重点保护野生动物 7 种。这里是中国南方鸳鸯、鹭鸟的重要栖息地,我国南方包括喀斯特溶洞湿地在内的复合湿地生态景观的重要科普教育基地,也是资江上游的重要生态安全屏障。2013 年入选国家湿地公园(试点)。

涟水国家湿地公园 2013 年入选国家湿地公园(试点)。参见国家级水利风景区——涟水水利风景区。

紫水国家湿地公园 位于东安县中部。以紫水河和高岩水库为主体,包含紫水河两岸人工湿地、河州漫滩和高岩水库及周边部分山地。"库塘—河流"复合型湿地公园,包括河流湿地和人工湿地两个湿地类,永久性河流、洪泛平原湿地、稻田和库塘四个湿地型。有国家重点保护野生植物 8 种,国家二级保护野生动物 15 种。2014 年入选国家湿地公园(试点)。

官庄湖国家湿地公园 位于株洲市、醴陵市境内。开放的水域、肥沃的洲滩,孕育了丰富的生物资源,有国家一级保护野生植物 2 种、国家二级保护野生植物 3 种,有脊椎动物 215 种,还有种类丰富的软体动物。区域内有金、铜等矿产资源,粮食作物以水稻、玉米和红薯为主。2014 年入选国家湿地公园(试点)。

羞女湖国家湿地公园 位于桃江县境内。包括永久性河流与洪泛平原湿地等两个湿地型。羞女湖属于洞庭湖平原过渡地区典型的河流湿地生态系统,是南洞庭湖最大的补给水源。有湿地野生植物近 300 种,有国家一级保护野生植物水杉,国家二级保护野生植物中华结缕草、旱莲木等 5 种。有国家一级保护野生动物中华秋沙鸭,国家二级保护野生动物斑头鸺鹠、领角鸮等 7 种。2014 年入选国家湿地公园(试点)。

黄金河国家湿地公园 位于平江县黄金洞乡。依托黄金河、黄金洞水库及周边部分森林而建。包括河流湿地、沼泽湿地、人工湿地三大湿地类,永久性河流、森林沼泽、草本沼泽、库塘、淡水养殖场和稻田六种湿地型,是汨罗江源头的复合型湿地。在数十万亩森林中有各种类型的针叶林、阔叶林、针阔混交林、灌木林,还零星分布着数千亩次生林,是森林与湿地复合生态系统的典型代表。有国家重点保护野生植物水杉、香樟、厚朴和金荞麦，国家二级保护野生动物虎纹蛙等9种。2014年入选国家湿地公园(试点)。

东阳湖国家湿地公园 位于茶陵县境内。东阳湖因明朝茶陵籍首辅李东阳而命名。主要包括洮水水库和水库大坝以下的洮水河段以及洮水水库两岸周边山地。森林植被划分为三个植被型组12个群系；湿地植被划分为三个植被型组29个群系。公园以保护洮水水库、洮水河流及其水质和湿地生态系统功能为核心，城乡居民饮用水水源保护、水力发电、农田灌溉和库区调蓄防洪等多种功能兼备。2014年入选国家湿地公园(试点)。

清江湖国家湿地公园 位于洪江市托口镇，地处云贵高原向江南丘陵过渡地带的雪峰山脉。以清江湖为主体，清江湖是沅江上游及湘西南最大的人工湖，是一座集发电、航运、灌溉等功能为一体的国家大(一)型水库。有野生湿地植物235种，其中国家二级保护野生植物6种；有国家二级保护野生动物10种。2014年入选国家湿地公园(试点)。

五龙潭国家湿地公园 位于靖州苗族侗族自治县中南部。湘西南山区水量较大的渠水永久性河流和水质优良的五龙潭库塘湿地组成复合湿地生态系统。有桢楠、樟树、中华结缕草等6种国家二级保护野生植物，有黑耳鸢、小鸦鹃、虎纹蛙等12种国家二级保护野生动物。2014年入选国家湿地公园(试点)。

鸟儿洲国家湿地公园 位于常德市鼎城区十美堂镇。由沙潮河、牛耳湖、水产养殖场、稻田和周边河堤组成，总面积16.41平方千米。野生动植物资源丰富，有国家二级保护野生植物樟树、金荞麦、野大豆、中华结缕草等4种，国家二级保护野生动物白尾鹞、燕隼、红隼等8种。2014年入选国家湿地公园(试点)。

武水国家湿地公园 位于泸溪县境内，地处武陵山脉向雪峰山脉过渡地带。包括沅水一级支流武水及能滩水库、朱雀洞水库、小陂流水库、五强溪水库库尾沅水泸溪段及周边部分区域，以永久性河流、库塘等湿地为主。有野生脊椎动物170多种，野生维管植物980多种。2014年入选国家湿地公园(试点)。

古苗河国家湿地公园 位于花垣县境内,地处云贵高原东部边缘、武陵山脉中段、洞庭湖流域四大河流之一的沅水上游。以古苗河水库和古苗河为主体,包括古苗河水库、古苗河下游河道、河洲漫滩和周边部分山地。湿地类型包括河流湿地、人工湿地两大湿地类,永久性河流、洪泛平原湿地、库塘三个湿地型。有国家二级保护野生植物 12 种;有野生脊椎动物近 150 种,其中国家二级保护野生动物 12 种。2014 年入选国家湿地公园(试点)。

萱洲国家湿地公园 位于衡山县萱洲镇。包括湘江大源渡航电枢纽工程主库区和洪泛淹没区,入库河流龙荫港、黄泥港、大源江及其周边的洪泛平原区和部分水稻田和山地。湿地分为河流湿地和人工湿地两大湿地类,永久性河流、洪泛平原湿地、库塘和稻田四个湿地型。有国家二级保护野生植物 6 种,国家一级保护野生动物中华秋沙鸭,国家二级保护野生动物 10 种。2014 年入选国家湿地公园(试点)。

筱溪国家湿地公园 位于新邵县中西部。包括晒谷滩大坝至筱溪大坝的资水段,五星坝至小河口的石马江段,龙溪河、下源水库、羊古坳等水域,洲滩及周边部分山地、稻田。小庙头为资水上游和中游的分界点,资水峡谷悠长,喀斯特地貌千姿百态。湿地植被有 30 个群系,其中苦菜、眼子菜、金鱼藻等广布于河流两岸,系优良水质指示种群。有野生湿地植物近 320 种,其中国家一级保护野生植物 1 种,国家二级保护野生植物 5 种。还有国家二级保护野生动物 8 种。2014 年入选国家湿地公园(试点)。

龙湾国家湿地公园 位于新化县荣华乡。因水域天然呈龙形而得名。属柘溪水电站库区,包括长 21 千米的资江及千岛湖、铜铃湖、晚坪湖等 11 个湖泊,还有大虎岩森林、观音岛和丛山界森林,是中国南方典型的河流—湖泊—森林复合型湿地,有针叶林、针阔混交林、阔叶林、灌草丛和草甸型、沼泽型、水生型野生植物,还是候鸟迁徙通道的停歇地和补给点,拥有 130 多种鸟类和多种野生鱼类资源。有国家重点保护野生植物 5 种,国家二级保护野生动物 12 种。2014 年入选国家湿地公园(试点)。

平溪江国家湿地公园 位于洞口县境内。以平溪江为主体,包括沿岸林地与洲滩。野生沼生及水生植物100余种,以菖蒲、短尖苔草、节节草、益母草和球果蔊菜为优势种。有樟树、野大豆和金荞麦3种国家重点保护野生植物。公园有洲岛11处,河滩密布,体现出溪谷平原区与丘岗区河流湿地生态系统的典型特征,在湘西南地区具有独特性。2014年入选国家湿地公园(试点)。

莲湖湾国家湿地公园 位于衡南县与常宁市交界处。包括近尾洲水电枢纽工程库区、联合水库、清江河和周边部分山地等。总面积8.98平方千米,其中湿地面积8.08平方千米,湿地率达90%。以保护季节性河流景观和多样的野生鱼类为重点。2014年入选国家湿地公园(试点)。

仙阳湖国家湿地公园 位于石门县境内。仙阳湖地处洞庭湖水系澧水支流溇水下游,兼有河流和湖泊湿地生态系统的特点,是湘西北最大的人工湖泊之一,也是湘西北水资源重地、水产品宝库、生物多样性王国、防洪蓄洪枢纽和旅游胜地。公园周边群山环抱,森林茂密,野生动植物资源丰富,其中有国家重点保护野生植物26种、国家重点保护野生动物42种。2014年入选国家湿地公园(试点)。

大通湖国家湿地公园 位于南县境内。包括大通湖、金盆河、老河口运河,处于洞庭湖的中心地带。大通湖东临东洞庭、南连南洞庭、西注目平湖、北纳藕池水,因四通八达而名"大通湖",是湖南省最大的内陆淡水养殖湖泊,保存着完整和典型的天然湿地生态系统,是许多珍稀濒危候鸟的重要栖息地、繁殖地和中转站。2014年入选国家湿地公园(试点)。

永乐江国家湿地公园 位于安仁县县城西侧。开阔平原型河流湿地,核心部分包括排山河、清朝江、宜阳河三条支流。物种资源丰富,有国家一级保护野生动物中华秋沙鸭等。拥有永乐江流域两岸的熊峰山国家森林公园、稻田公园、神农殿景区、洋际神农百草园、渡口丹霞景区等。2015年入选国家湿地公园(试点)。

来仪湖国家湿地公园 位于益阳市赫山区东北部,地处南洞庭湖国际重要湿地的南缘。包括来仪湖、鹿角湖、白萍湖、窑头湖、高湾湖等湖泊以及沟通这些湖泊、连接外部水系的向阳渠、新河电排渠等河(渠)道。湿地类型包括河流湿地、湖泊湿地和人工湿地三大类。分布有国家一级保护野生动物 1 种,国家二级保护野生动物 11 种;国家二级保护野生植物 3 种。2015年入选国家湿地公园(试点)。

西河国家湿地公园　位于郴州市东河组团南片区。主要包括湘江上游的耒水支流西河及其源头仰天湖山地湿地及其周边部分区域。2015 年入选国家湿地公园(试点)。

白泥湖国家湿地公园　位于岳阳市云溪区。白泥湖系长江古河道积水而成,水草丛生,盛产芡实、螺蚌和鱼鳖,具蓄洪、灌溉和养殖之利。总面积11.95 平方千米,湿地率达 90%。有湖泊湿地、沼泽湿地和人工湿地三大湿地类,永久性淡水湖、草本沼泽等六种湿地型。有国家二级保护野生植物 4种,国家二级保护野生动物 7 种。2015 年入选国家湿地公园(试点)。

夫夷江国家湿地公园　位于新宁县境内。包括夫夷江干流的洞新高速公路跨江大桥至堡口河段、夫夷江支流关桥水的双江口至书房院河段、井坪江的井坪坝至水庙堂河段等水域、洲滩及周边部分山地。有野生脊椎动物186 种,其中国家二级保护野生动物 14 种,有 5 种被列入《濒危野生动植物种国际贸易公约》;野生种子植物 957 种,其中野生湿地植物 238 种,国家二级保护野生植物 5 种。2015 年入选国家湿地公园(试点)。

猛江河国家湿地公园　位于永州市金洞管理区,地处南岭山系的阳明山脉,白水源头。由晒北滩水库水体,牛头山到水库大坝河道以及周边部分山地组成。共有脊椎动物 230 多种,其中国家二级保护野生动物 18 种;野生维管植物 1 030 余种,其中南方红豆杉、钟萼木为国家一级保护野生植物,另有 7 种国家二级保护野生植物。2015 年入选国家湿地公园(试点)。

九嶷湖国家湿地公园　位于宁远县水市镇、九嶷山瑶族乡境内,地处南岭山脉生态屏障区腹地,湘江之源潇水源头的上游水源集聚区。主要包括九嶷湖、九嶷河及周边部分山地。主要景点有:瑶族民俗文化体验园、瑶族塔、沿河木栈道、生态湿地科普园、生态林地、野趣探险园、瑶药种植园、彩蝶园、彩色水稻种植园、奇异瓜果园、生态蔬菜园等。2015年入选国家湿地公园（试点）。

浏阳河国家湿地公园　位于浏阳市东部，紧邻浏阳市中心城区。以高坪镇小溪河流域为核心，以株树桥水库为主体，包括浏阳河及上游的小溪河、大溪河部分河段。地处中亚热带常绿阔叶林地带，生态系统完整，是典型的南方低山丘陵森林—河流复合湿地公园。树种以马尾松、杉木、樟树、檫木、青冈、山乌桕等为主，有陆生脊椎动物140余种，其中国家一级保护野生动物有黑鹳，国家二级保护野生动物有海南鳽、小天鹅、鸳鸯、松雀鹰等。2015年入选国家湿地公园（试点）。

玉带河国家湿地公园　位于通道侗族自治县中部。涵盖玉带河水域、河洲漫滩和周边部分林地。有已记载的野生种子植物830余种，典型湿地野生植物237种，其中有国家二级保护野生植物香樟、闽楠、花榈木、中华结缕草、野大豆、金荞麦等6种。野生脊椎动物224种，其中有国家二级保护野生动物鸳鸯、黑冠鹃隼、红隼、白鹇、斑头鸺鹠等21种。2015年入选国家湿地公园（试点）。

湄峰湖国家湿地公园　位于涟源市湄江镇。有永久性河流、草本沼泽、库塘湿地等五个湿地型，是南方喀斯特低山丘陵地区库塘湿地生态系统的典型代表。有国家重点保护野生植物银杏、野大豆、金荞麦、呆白菜等6种，国家重点保护野生动物虎纹蛙、黑耳鸢、雀鹰等12种；被列入《濒危野生动植物种国际贸易公约》的保护物种有眼镜蛇、斑头鸺鹠等21种；中国特有物种大斑花鳅、镇海林蛙、灰胸竹鸡等19种。2015年入选国家湿地公园（试点）。

酉水国家湿地公园　位于保靖县境内。包括碗米坡水库、碗米坡水库大坝至酉水第三桥的酉水河段、酉水支流溪香河、艨艟溪及其周边部分山地。植被茂盛，河流湿地类型特征明显，是一个典型的"河流—库塘"复合型湿地生态系统。野生动植物资源丰富，生物多样性价值突出，有国家二级保护野生动物鸳鸯等。2015年入选国家湿地公园（试点）。

锦江国家湿地公园　位于麻阳县境内，地处我国三大候鸟迁徙路线的中线上。主要包括锦江、尧里河、黄土溪水库、太平溪、鸬鹚江及周边的生态公益林和绿地,总面积 19.19 平方千米,其中湿地 15.66 平方千米,湿地率为 82%。以锦江为主体,以典型的山区河流和沙洲为特色,库—河—江—林—城复合生态系统在我国南方山区具有较强的典型性和代表性。2016 年入选国家湿地公园(试点)。

猛洞河国家湿地公园 位于永顺、古丈两县境内。包括猛洞河中下游、酉水河下游段和灵溪中下游一带的广大地区。猛洞河永顺县城至龙头峡一段,有峡关 50 多个,曲折 100 多处,溶洞 300 多个,树木 500 多种,鸟类 190 多种。有维管植物 149 科 472 属 710 种,其中湿地植物 207 种、石灰岩特有植物 52 种、中国特有植物 127 种、国家重点保护野生植物 7 种。森林植被以人工植被和石灰岩生境次生植被为主,湿地植被划分为 4 个植被型组、10 个植被型、40 个群系。2016 年入选国家湿地公园(试点)。

潇水国家湿地公园 位于永州市零陵区中部。包括潇水、贤水零陵区河段及周边部分山地,总面积 15.5 平方千米,其中湿地 13.76 平方千米,湿地率为 88%。属洞庭湖上游湘江支流潇水水系,地处南岭山脉北部、零祁丘岗盆地南端、"南岭山脉生态屏障"向"湘江生态屏障"的过渡地带,生态区位重要。永久性河流、洪泛平原等湿地构成的湿地生态系统,生物资源丰富多样、植被保存完好,有国家二级保护野生植物 6 种,国家二级保护野生动物 13 种。2016 年入选国家湿地公园(试点)。

息风湖国家湿地公园 位于汉寿县城中部。总面积 18.37 平方千米,其中湿地 15.44 平方千米,涵盖湖泊湿地、河流湿地等四类湿地类型。生物多样性丰富。湿地公园的建立对构建洞庭湖流域大生态保护格局、完善洞庭湖湿地生态系统与生物多样性保护体系等具有重要的意义。2016 年入选国家湿地公园(试点)。

潕水国家湿地公园 位于中方县境内。以潕水中方段、五龙溪水库和乌溪水库为主体,涵盖两岸河洲漫滩、两条入河溪流及周边部分山地。自然景观独特,生态良好,生物多样。2016 年入选国家湿地公园(试点)。

钟水河国家湿地公园 位于嘉禾县珠泉镇。"石、洞、峰、岩"齐具,喀斯特岩壁、溶洞、丛石均有。森林与湿地复合的生态系统孕育了较为丰富的物种多样性,有国家二级保护野生植物香樟、金荞麦等5种,国家二级保护野生动物日本松雀鹰、白尾鹞等7种。2016年入选国家湿地公园(试点)。

道水河国家湿地公园 位于临澧县平原地带。包括佘市桥镇殷家溪至烽火乡六方洲之间的道水河段水域、洲滩及其周边部分山地、稻田,总面积9.53平方千米,其中湿地9.19平方千米,湿地率为96%。2016年入选国家湿地公园(试点)。

浯溪国家湿地公园 2016年入选国家湿地公园(试点)。参见国家级水利风景区——浯溪水利风景区。

洋湖国家湿地公园 2016年入选国家湿地公园(试点)。参见国家级水利风景区——洋湖湿地水利风景区。

二十二、国家矿山公园

柿竹园矿山公园 位于郴州市境内。占地面积86.7平方千米,其中核心区47.1平方千米。拥有"七区一带一馆":矿业文化博览区、体育公园、矿业遗迹展示区、井下探秘区、水上游乐区、千里山高山景区、金狮岭原始生态区、矿业文化览胜漂流带、矿山公园博物馆。公园主题碑高14.3米,寓意已探明143种矿物。主体雕塑以直立的凿岩合金钻头为原型,擎天而起,象征着地矿人的精神。12根金灿灿的图腾柱,取材于20世纪70年代末柿竹园矿筹建时遗留的生产用水输水管,代表着柿竹园矿12种优势矿种。2012年入选国家矿山公园。

宝山矿山公园 位于桂阳县内。以古代采矿遗址、现代采矿遗址为核心景观,以矿冶历史文化为主题,充分展示古代和现代采掘工艺流程。宝山自古享有"八宝之地"的美誉,已探明的矿藏达11类103种,其中铅、锌、铜、锡和石墨储量居中国前列,是名副其实的"千年矿都"。公园内"铜钱币"雕塑总高 27 米,厚 3.8 米,外圆内方,正反面分别书写"开元通宝"和"桂"字。2012 年入选国家矿山公园。

湘潭锰矿矿山公园　位于湘潭市雨湖区鹤岭镇。占地面积 9.92 平方千米,其中核心区 70 万平方米。分为矿山环境恢复治理示范区、生态农业观光休闲区、井下探秘区、现代工业参观区、矿山综合服务区、科普教育区等六大功能区。2013 年入选国家矿山公园。

二十三、国家考古遗址公园

长沙铜官窑国家考古遗址公园　2014 年入选国家考古遗址公园。参见全国特色景观旅游名镇(村)——望城区彩陶源村。

城头山国家考古遗址公园　位于澧县车溪乡。城头山遗址是中国南方史前大溪文化至石家河文化时期的遗址,也是迄今中国发现的时代最早、文物最丰富、保护最完整的古城遗址之一。距今 7 000 年前就有人类在此居住和从事生产等活动。大约 5 000 年前筑垣为城,现存墙体宽 25—37 米,高 2—4 米。城址总面积约 15.2 万平方米,出土有古城遗址、氏族墓葬、大型祭坛、灌溉设施完备的水稻田等大批珍贵文物,被评为"中国 20 世纪 100 项考古大发现"之一。2017 年入选国家考古遗址公园。

二十四、世界遗产

武陵源　1992 年入选世界自然遗产。参见国家级风景名胜区——武陵源(张家界)风景名胜区。

中国丹霞：崀山　中国丹霞是由陆相红色砂砾岩在内生力量(包括隆起)和外来力量(包括风化和侵蚀)共同作用下形成的各种地貌景观的总称。它们的共同特点是壮观的红色悬崖以及一系列侵蚀地貌，包括雄伟的天然岩柱、岩塔、沟壑、峡谷和瀑布等。跌宕起伏的地貌，对保护亚热带常绿阔叶林和许多野生动植物起到了重要作用。崀山于 2010 年作为"中国丹霞"的组成部分入选世界自然遗产。参见国家级风景名胜区——崀山风景名胜区。

土司遗址：永顺老司城遗址　2015 年永顺老司城遗址与湖北恩施唐崖土司城遗址、贵州遵义海龙屯土司遗址以"土司遗址"为名入选世界文化遗产。参见中国历史文化名村——永顺县老司城村。

二十五、全国重点文物保护单位

长沙—秋收起义文家市会师旧址　1961 年入选全国重点文物保护单位。参见全国红色旅游经典景区——秋收起义会师旧址纪念馆。

长沙—黄兴故居、墓　黄兴是中国近代民主革命家，1916 年病故于上海，1917 年移柩长沙葬于岳麓山。墓区占地面积 1 914 平方米，墓上建有方型墓塔，以整块花岗石琢成四棱形，通高 11 米，似利剑直插云天。黄兴故居位于长沙县黄兴镇，建于清同治初年，现存土砖青瓦平房 12 间，占地面积约 4 300 平方米。上厅左边是黄兴卧室，置西式铜腿金属简易床。1982 年入选全国重点文物保护单位。

长沙—岳麓书院　位于岳麓山下。中国历史上"四大书院"之一，中国现存规模最大、保存最完好的书院建筑群。主体建筑分别为书院主体、附属文庙及新建的中国书院博物馆，现存建筑大部分为明清遗物，中轴对称、层层递进的院落,营造出一种庄严、神妙、幽远的纵深感和视觉效应,体现了儒家文化尊卑有序、等级有别、主次鲜明的社会伦理关系。1982 年入选全国重点文物保护单位。

长沙—刘少奇故居 1982 年入选全国重点文物保护单位。参见全国红色旅游经典景区——刘少奇故居和纪念馆。

长沙—长沙铜官窑遗址 1988 年入选全国重点文物保护单位。参见全国特色景观旅游名镇(村)——望城区彩陶源村。

长沙—谭嗣同故居 位于浏阳市北正南路。谭嗣同是中国近代著名政治家、思想家,维新派人士,领导戊戌变法,失败后就义,为"戊戌六君子"之一。故居建于明末清初,占地面积约 1 万平方米,三栋两院,硬山顶结构。"大夫第"屋顶的每一根梁架、每一个斗拱以及雀替,均有雕饰图案。1996 年入选全国重点文物保护单位。

长沙—湖南省立第一师范学校旧址 2006 年入选全国重点文物保护单位。参见全国红色旅游经典景区——湖南省立第一师范学校旧址。

长沙—炭河里遗址 位于宁乡市黄材镇。殷商王朝后期"大禾方国"的都城,占地面积约 2 万平方米。发现大型土台建筑遗迹、城墙、城壕和一批贵族墓葬,出土各类文物 2 000 余件。2004 年入选"全国十大考古新发现"。2013 年入选全国重点文物保护单位。

长沙—马王堆汉墓 位于芙蓉区。西汉初期长沙国丞相利苍及其家属的墓葬。先后发掘了三座西汉时期墓葬。墓葬结构复杂,椁室构筑在墓坑底部,由三椁、三棺及垫木所组成。木棺四周及其上部填有木炭,木炭外又用白膏泥填塞封固。随葬品丰富,共出土丝织品、帛画、漆器、陶器、印章、封泥、竹木器、农畜产品、中草药等遗物 3 000 余件。2013 年入选全国重点文物保护单位,2016 年被评为"世界十大古墓稀世珍宝"。

长沙—汉代长沙王陵墓群 位于岳麓区天马山。两汉时期长沙王及王后的陵墓群。已知有王陵 26 座。墓葬形制为竖穴岩坑墓,黄肠题凑葬制。先后发掘了西汉长沙靖王吴著、某代王妃曹氏、某代王后渔阳的墓。出土了数以千计的珍贵文物,2013 年入选全国重点文物保护单位。

长沙—张南轩墓(含张浚墓) 张浚与张南轩系父子。张南轩为南宋著名理学家,宋孝宗乾道年间在长沙岳麓书院、城南书院讲学多年。张南轩墓位于宁乡市巷子口镇,以花岗石砌成墓围,三合土封冢,青石墓碑,墓前有石柱四根,山下有南轩祠。清同治年间立碑,敕令"文官下轿,武官下马"。张浚官至南宋枢密院使,封魏国公,是抗金派领袖。张浚墓位于宁乡市官山乡,以花岗石砌成墓围,以三合土筑成凸字形封冢,黄土夯筑,表封混凝土,冢首竖青石墓碑。2013 年入选全国重点文物保护单位。

长沙—曾国藩墓 位于岳麓区坪塘街道。曾国藩是湘军创始人,为清末两江总督、直隶总督、武英殿大学士,封"一等毅勇侯"。曾国藩与欧阳夫人的合葬墓。墓冢占地面积约 300 平方米,三合泥拌碎石混合封堆,上铺砌花岗石,残高 2 米。墓后立碑三通,主碑高 3 米,宽 2 米,附碑均饰龙纹浮雕。墓前有拜台,祭坪约 50 平方米,东西各立石阙一个。墓地前有古银杏、罗汉松各两株,蓊郁茂盛。2013 年入选全国重点文物保护单位。

长沙—天心阁古城墙 位于城南路与天心路交会处。明洪武年间营建长沙城垣,改土筑城墙为砖石建筑。明末张献忠率部攻入长沙,城墙遭破坏。清顺治年间,拆运明藩王府砖石修筑城墙,长沙再度"城池崇屹,甲于他郡"。城墙的重要组成部分——"月城",因形状像半个月亮而得名,是古代屯兵和放置炮台的地方,还有储存弹药和粮食的仓库以及通往城外的密道。今仅存天心阁古城墙一段,余已拆除。2013 年入选全国重点文物保护单位。

长沙—浏阳文庙 位于浏阳市圭斋路。始建于宋代,清道光中期改建成现格局。面街背山,共有 13 个建筑单元。大成殿重檐歇山顶,琉璃筒瓦铺面,青花瓷砖作脊,中置葫芦宝顶。大殿由 32 根花岗岩石柱支撑,分三层排列。正面以雕花镂空的中堂门作屏,周围置石栏围廊。殿后御碑亭昔有康熙乾隆所题"斯文在兹""万世师表"等匾额。金碧辉煌,回廊贯通,朱墙环抱,具有典型的清代江南建筑风格。2013 年入选全国重点文物保护单位。

长沙—禹王碑 位于岳麓山北峰。镌于石崖壁,宽 140 厘米,高 184 厘米,碑文9行,每行9字,凡77字,末有楷书"右帝禹制"。字体奇古,似蜷身蝌蚪,难以破译。宋代时从南岳衡山拓来的复制品,真正的禹王碑在南岳衡山,为南岳衡山的"镇山之宝"。亭侧有清欧阳正焕书"大观"石刻。2013年入选全国重点文物保护单位。

长沙—徐特立故居 位于长沙县五美乡观音塘。砖木结构的四合院式民居,典型的清末南方四合院建筑,有大小房间19间,建筑面积582平方米。院内有水井一眼,檐下形成回廊,小青瓦屋面,方格窗向内支撑。前临田野,后靠小山,周围松柏、香樟、翠竹环绕,十分幽雅。2013年入选全国重点文物保护单位。

长沙—爱晚亭 位于岳麓山下清风峡。"中国四大名亭"之一,始建于清乾隆末年。原名"红叶亭",后根据唐代诗人杜牧"停车坐爱枫林晚,霜叶红于二月花"的诗句改名"爱晚亭"。抗日战争时期被毁,1952年重建。亭形为重檐八柱,琉璃碧瓦,亭角飞翘,似凌空欲飞状。内为丹漆圆柱,外檐四石柱为花岗岩,亭中彩绘藻井,东西两面亭楣悬以红底镏金"爱晚亭"额,为毛泽东手迹。亭内立碑,上刻毛泽东手书《沁园春·长沙》诗句。2013年入选全国重点文物保护单位。

长沙—新民学会旧址 位于荣湾镇。原为当地农民守祖坟的墓庐屋,后由蔡和森租住。1918年毛泽东、蔡和森等在此成立新民学会,为"五四"时期最早的以学生为主体的进步团体,后来不少会员成为中国共产党的早期党员。竹篱斜护的古朴农舍,占地面积约175平方米,有青瓦白屋五间,竹木结构,木排架、竹织壁、小青瓦屋面。2013年入选全国重点文物保护单位。

长沙—湖南大学早期建筑群 位于岳麓山。共有九栋建筑,分别是二院、科学馆、工程馆、大礼堂、老图书馆、胜利斋教工宿舍、第一学生宿舍、第七学生宿舍、老九舍,分别体现了20世纪20—50年代不同历史时期的建筑艺术风格,有二三十年代的西洋古典主义和折中主义风格的建筑,有40年代的早期现代主义风格的建筑,还有50年代的民族风格建筑,是中国近现代建筑史的缩影。2013年入选全国重点文物保护单位。2017年入选第二批"中国 20 世纪建筑遗产项目"。

长沙—湖南省苏维埃政府旧址 位于浏阳市大围山镇。建于清光绪中期,原为当地大户涂氏的庄园式建筑。1931 年湖南省苏维埃政府以此为办公地址。砖木结构,建筑格局为三进五开间,左右各有两列厢房。大门为歇山顶风火墙,左书"男女平权",右书"工农专政"。阁楼上为当年的油印室,墙上留有油印传单的痕迹。藻井、翘角、卷棚、过亭均饰以绘画雕刻,色彩鲜艳。2013 年入选全国重点文物保护单位。

长沙—中共湘区委员会旧址 2013 年入选全国重点文物保护单位。参见全国红色旅游经典景区——中共湘区委员会旧址暨毛泽东、杨开慧故居。

长沙—胡耀邦故居 2013 年入选全国重点文物保护单位。参见全国红色旅游经典景区——胡耀邦故居和陈列馆。

长沙—何叔衡故居 2013 年入选全国重点文物保护单位。参见全国红色旅游经典景区——何叔衡、谢觉哉故居。

长沙—谢觉哉故居 2013 年入选全国重点文保单位。参见全国红色旅游经典景区——何叔衡、谢觉哉故居。

郴州—湘南年关暴动指挥部旧址 1996 年入选全国重点文物保护单位。参见全国红色旅游经典景区——湘南暴动指挥部旧址。

郴州—义帝陵 位于郴州市区。义帝姓熊名心,是战国楚怀王熊槐之孙。秦末陈胜、吴广揭竿起义,各路起义军拥立在民间牧羊的熊心为楚怀王。秦灭,项羽分封诸王,佯尊熊心为义帝,又弑义帝于郴城,后葬其于城邑后山。1918 年义帝陵被驻郴湘军总司令谭延闿盗掘。1988 年沿汉制复堆半圆形陵冢,高 5.2 米,封土堆底座有麻石围箍。陵旁有义帝祠,祠内有义帝像。2013 年入选全国重点文物保护单位。

郴州—绣衣坊(含范氏家庙和中丞公祠) 位于汝城县城郊乡益道村。绣衣坊建于明正德年间,系朝廷为旌表监察御史范辂之德行而建,雕刻精细,纹饰精美,结构庄重,形制美观。中丞公祠与绣衣坊同时期建造。范氏家庙是范氏家族的宗祠,建筑精美。2013 年入选全国重点文物保护单位。

郴州—汝城古祠堂群 汝城是一个多民族居住的偏邑山县,保留着始于宋元、盛于明清的古祠堂 700 余座。每个祠堂各有特色,其中以金山古祠堂群、黄氏家庙、李氏宗祠最具代表性。金山古祠堂群的卢氏家庙"叙伦堂",面阔三间,纵深三进,三重风火墙,占地面积 367 平方米,檐下如意斗拱下额枋浮雕多种彩绘图案,如"龙凤八仙""双龙戏珠"等,栩栩如生;门前有一个直径 30 米左右的半圆形池塘,池塘外有数千米的空旷之地,暗示"门前开阔、鹏程万里"。2013 年入选全国重点文物保护单位。

郴州—侍郎坦摩崖石刻群 位于永兴县境内。侍郎坦因唐代韩愈泊舟于此而得名,是一个上覆下空、依山傍水的红砂岩天然坦洞,高 12 米、宽 150 米,最深处 16 米,坦底连江,需泊舟而入。在一条长 15 米、宽 3 米的石廊岩壁上,尽是历代文人墨客的摩崖题刻。2013 年入选全国重点文物保护单位。

郴州—苏仙岭摩崖石刻群 位于苏仙区城区。苏仙岭有白鹿洞、升仙石、望母松等景点,久负盛名,自古有"湘南胜地"的美称。由秦少游作词、苏东坡作跋、米芾书写的《踏莎行·郴州旅舍》被转刻在苏仙岭的岩壁上,史称"三绝碑"。2013 年入选全国重点文物保护单位。

郴州—邓中夏故居 位于宜章县太平里乡。主体建筑为湘南民间四房三间两层砖木结构,青砖墙体、青瓦屋面、木板楼阁。清光绪二十年(公元 1894 年)中国工人运动和学生运动的领袖邓中夏诞生于此,并在此度过了青少年时代。右厢房前间为邓中夏父母卧室,左厢房后间为邓中夏卧室。2013 年入选全国重点文物保护单位。

株洲—炎帝陵 1996 年入选全国重点文物保护单位。参见国家级风景名胜区——炎帝陵风景名胜区。

株洲—醴陵窑 位于醴陵市城区北隅。分布面积 129 平方千米,其中核心区沩山窑区面积 20.3 平方千米。沩山窑区从宋末元初开始制瓷,直至 20 世纪 80 年代,窑火绵延近千年,现保存有自宋至民国时期窑址 84 处,另有古瓷泥矿井 12 处、炼泥作坊 5 处、瓷片堆积点 34 处。保存最完整的古瓷窑厂始烧于清末光绪年间,占地面积约 1 550 平方米,碓泥作坊、澄泥池、制瓷作坊、窑炉、仓库及办公楼保存完好。醴陵窑创烧的釉下五彩瓷,是中国陶瓷史上的一大里程碑。2013年入选全国重点文物保护单位。

株洲—茶陵古城墙　位于茶陵县城。始建于南宋绍定年间。城墙遗址总长3 353米,有城门2座,马道1处,其中600余米为宋代石头墙,保存完好。古城墙内还有150余栋保持相对完好的古民居、古院落,以及南宋州衙、文庙、千年铁犀、笔支塔、紫薇门、迎熏门、角楼、状元桥、青云观、莲花庵、城隍庙等古迹遗址。2013年入选全国重点文物保护单位。

株洲—网岭墓群　位于攸县网岭镇。在环带状的小山坡上分布着大小墓葬近百座。墓群中有三座典型的越墓,墓坑狭长,随葬品少。已发掘的40多座楚墓,全为竖穴土坑墓,无棺椁、葬具。汉晋两朝墓葬多为券顶砖室墓,西汉前期墓葬为竖穴土坑墓,唐、明、清时期的墓葬多为土坑墓。2013年入选全国重点文物保护单位。

株洲—渌江书院　位于醴陵市城郊。始建于宋淳熙年间。三面环山,占地面积近7 000平方米。书院设讲堂、内厅、斋堂和考棚。院前有千年古樟,古樟下有明王守仁诗碑:"老树千年惟鹤住,深潭百尺有龙蟠。僧居却在云深处,别作人间境界看。"考棚前院有于右任书"宁太一纪念碑","文化大革命"期间遭破坏。李立三、程潜、陈明仁、左权等近代名人曾在这里求学。2013年入选全国重点文物保护单位。

株洲—李立三故居　位于醴陵市渌江乡。李立三是中国无产阶级革命家,中国工人运动主要领导人之一。故居始建于19世纪80年代,占地面积2 355平方米,黄色围墙,八字柴门,有房屋32间,为土木结构的单层庭院式民居。李立三的父亲和伯父均为清朝秀才,在此办过私塾。正屋大门石刻门额由胡耀邦题"李立三同志故居"。2013年入选全国重点文物保护单位。

株洲—渌江桥　位于醴陵市南郊。始建于南宋乾道年间,此后800年间,屡毁屡建达20余次。原为木墩木梁结构,1924年改建为石拱桥。全长187米,宽8米,高12米,2台、9墩、10孔,最大跨径16米,基深14米,桥中建支桥接通状元洲。有保存完整的名人所题桥名桥碑。此桥自古为交通要津,现仍为醴陵城南北交通的咽喉。2013 年入选全国重点文物保护单位。

常德—常德铁幢 位于滨湖公园内。铁幢置于高 1.42 米的石幢座上,为宋初遗物。高 4.34 米,底部直径 0.9 米,重约 1 521 千克。圆柱形,上大下小,用白口生铁铸成。铁幢基座部分铸有佛像、金刚力士、龙虎及莲瓣等纹饰,质朴有力。幢身铸《般若波罗蜜多心经》。我国现存的经幢大多为石制,铁铸经幢非常少见。1982 年入选全国重点文物保护单位。

常德—城头山遗址 1996 年入选全国重点文物保护单位。参见国家考古遗址公园——城头山国家考古遗址公园。

常德—彭头山遗址 位于澧县大坪乡。年代距今约 7 800—8 200 年。有地面式、浅地穴式建筑遗迹和以小坑二次葬为主的墓葬。出土遗物石器大多数是打制石器,既有大型砾石石器,也有黑色细小隧石器;陶器古朴简单,全部由原始的贴塑法制成,胎厚而不匀,大部分陶器的胎泥中夹有炭屑,一般呈红褐色或灰褐色。发现了世界上最早的稻作农业痕迹——稻壳与谷粒,为确立长江中游地区在中国乃至世界稻作农业起源与发展中的历史地位奠定了基础。2001 年入选全国重点文物保护单位。

常德—八十垱遗址 位于澧县梦溪镇。占地面积约 3 万平方米,文化堆积主要属彭头山文化时期,年代距今 7 500—8 500 年。发现环绕聚落的围墙、挡水坝、墓葬 100 余座和以干栏式建筑为主的居住房址,出土大量的陶器、石器、骨器、木器,还有百余种野生植物杆茎与果核。收集稻谷、稻米近 1.5 万枚,保存状况良好,个体变异幅度大,群体面貌十分复杂,定名为"八十垱古稻"。2001 年入选全国重点文物保护单位。

常德—桃花源古建筑群 位于桃源县南沅江南岸。唐代始建寺观,宋时鼎盛,元末毁于火,明景泰年间重建殿宇,明末又毁于火。清光绪年间重修陶渊明祠,沿山配修亭阁。现存集贤祠、桃花观、方竹亭、蹑风亭、探月亭、水源亭、菊圃、千丘田等。因东晋诗人陶渊明作《桃花源记》而著名。2013 年入选全国重点文物保护单位。

常德—余家牌坊 位于澧县车溪乡牌楼村。建于清道光年间。当地余继泰之妻罗氏,24 岁夫故守节,长子早卒,次子为感养育之恩,要求为母亲建节孝坊,得道光皇帝批准。牌坊用汉白玉建成,六柱三间九楼式,高 12.7 米,东西长 7.5 米,南北宽 5 米。上层两侧饰立体蟠龙浮雕,中部刻有"圣旨"两字。柱、坊及博风板上遍饰立体浮雕。全坊为镂空雕刻,造型生动、工艺精湛。2013 年入选全国重点文物保护单位。

常德—虎爪山遗址 位于津市澧水右岸。旧石器时代遗址,占地面积 1 万平方米。出土有石核、石片和石球三大类石制品,还有石片石器和砾石石器,出于距地表 2 米左右的第四纪网纹红土层中。地质时代为中更世早中期,文化时代为旧石器时代早期晚段。2013 年入选全国重点文物保护单位。

常德—鸡公垱遗址 位于澧县澧南乡。旧石器时代中期遗址。发掘出一个石制品密集的分布面,16 平方米范围内出土 150 多件石制品,高差不出 30 厘米。石制品的原料主要为石英岩,其次为硅质岩,还有石英、燧石等。石器组合为砍砸器、大尖状器、似手斧石器、石球、刮削器等,其中以大型的砍砸器、大尖状器为主。加工方法基本上为锤击法,器体厚大笨重。2013 年入选全国重点文物保护单位。

常德—十里岗遗址 位于澧县澧阳平原中部一小山岗上。占地面积约 4 万平方米,文化层堆积 60—70 厘米,属旧石器时代石器制作场。发现水稻硅质体,是我国最古老的水稻遗存之一。出土物有四类:砾石、燧石、石英与赤铁矿石。砾石类多工具锤与石片石器,燧石与石英类多石核与刮削器。2013 年入选全国重点文物保护单位。

常德—汤家岗遗址 位于安乡县境内。新石器时代遗址,距今 6 000 年左右,占地面积 2 万平方米。早期遗存有灰坑 1 个,墓葬 10 座,出土一件原始社会艺术品陶塑猴头,还有石器、陶器等;中期有灰坑 9 个,墓葬 2 座,石器有斧、弹丸、敲砸器、打磨器等。还发现了城墙搭配壕沟的"城壕"式防卫设施。2013 年入选全国重点文物保护单位。

常德—三元宫遗址 位于澧县梦溪镇。遗址的早、中期是大溪文化遗存,遗迹有红烧土建筑残迹、灰坑和四座墓葬,烧土块里夹有稻秆、稻壳,出土有猪、牛、羊等家畜骨骼。陶器以泥质红陶为主,中期泥质灰陶显著增多,还出现了彩陶和白陶,有单耳杯、圈足碗等大溪文化的典型器物。遗址的晚期是屈家岭文化遗存,主要有墓葬19座,人骨已朽,葬式不明,各墓均有随葬品,大部分是实用陶器。2013年入选全国重点文物保护单位。

常德—孙家岗遗址 位于澧县大坪乡。新石器时代遗址。占地面积约23万平方米,文化层厚1—2米。发掘面积400平方米,清理32座新石器时代晚期墓葬,出土玉器26件,种类丰富,制作精美。属石家河文化早、中期遗存。2013年入选全国重点文物保护单位。

常德—鸡叫城遗址 位于澧县。相传有仙人夜间筑城,鸡叫而成,故名"鸡叫城"。属屈家岭文化中、晚期遗存,距今4 000—5 200年,陆续使用到龙山文化时期。垣壑尚存,城墙用黄色黏土夯筑而成,夯筑层残高2—3米。东北两门外各筑烽火台一座。居住遗址柱洞密而小,一般直径15—20厘米,深度20—30厘米。发现有龙山文化遗存,多灰色夹砂粗陶,有大口罐、敞口尊等。2013年入选全国重点文物保护单位。

常德—丁家岗遗址 位于澧县涔南乡。占地面积约6.66万平方米。发现一批墓葬、祭祀台、祭祀坑等遗迹。最早文化遗存可上溯到皂市下层文化时期,经历汤加岗文化时期、大溪文化时期、屈家岭文化时期,最晚为石家河文化时期,其中尤以汤加岗文化时期和大溪文化时期两个时期文化遗存保存最完整、最典型。2013年入选全国重点文物保护单位。

常德—划城岗遗址 位于安乡县城北隅。占地面积约5万平方米。清理出灰坑17个,墓葬115座,房屋建筑局部两处,陶窑一座,出土大量精美白陶和彩陶。文化堆积厚约1—3米,包含三个文化时期,即大溪文化时期、屈家岭文化时期和龙山文化时期,延续时间长达2 500年。2013年入选全国重点文物保护单位。

常德—皂市遗址 位于石门县皂市镇。占地面积约7万平方米,文化层厚1—2米。遗址分布区的东、西两头包含新石器时代、商、东周三个时期的文化堆积,商文化层堆积较厚,遗物较丰富。遗存有大量的石器、陶器和野猪、野牛、鹿等10多种动物骨骼。皂市下层文化遗存的发掘,把洞庭湖区新石器时代的文化推溯到7 000年以前。2013年入选全国重点文物保护单位。

常德—申鸣城遗址 位于临澧县新安镇。相传申鸣为楚国士子,以孝闻名天下。楚国王子白公作乱,杀死申鸣的父亲,申鸣击败叛军并杀死了白公。楚王以百斤黄金犒赏申鸣,申鸣拒不接受,于朝堂之上自杀身亡。楚王下令在申鸣故地筑城纪念。原为方形城郭,有内外两重,残长约500米,残宽约300米。出土战国时期的泥质灰陶鼎、豆及绳纹板瓦、筒瓦等建筑残片。古城周围有大中型墓群以及成片的小墓。2013年入选全国重点文物保护单位。

常德—采菱城遗址 位于桃源县青林回族维吾尔族乡。战国至汉代城址。占地面积约49.8万平方米。现残存城墙10段,总长1425米,高3—7米,厚7—9米。发掘战国至西汉古墓100余座,采集夹砂红陶、夹砂灰陶、泥质红陶、泥质灰陶陶片、绳纹筒瓦、绳纹陶鬲等文物。2013年入选全国重点文物保护单位。

常德—索县汉代城址 位于鼎城区韩公渡镇。东西南北均有城门。城的四角有瞭望台,残高7—8米。城的四周有护城河,宽约30米。城址内遍布汉砖、汉瓦和汉代陶器残片。曾出土有铭文"汉寿城"字样的古砖和陶器等。2013年入选全国重点文物保护单位。

常德—九里楚墓群 位于临澧县九里乡。现有大小封土堆近百座,其中有20座封土堆底部直径在30米以上。已发掘的一座墓葬,墓口东西长34.5米,南北宽32.8米,墓深20米,墓道长19米,墓口往下有22级台阶,棺椁保存完好。椁长、宽均为8.8米,高4.4米。出土文物有龙凤钟鼓架、兵器架,玉器、陶器、漆木器,还有不少竹简。2013年入选全国重点文物保护单位。

常德—青山崖墓群 位于临澧县青山船闸下游。崖墓群建在一个松散的红砂石壁上,构造基本一致,共有大小洞穴104个。一类是单室,另一类是多室。清理器物有五铢钱、直百五铢、布泉、瓶形琉璃珠和黄色蓝色琉璃珠,还有铜指环等。2013 年入选全国重点文物保护单位。

常德—南禅湾晋墓群　位于安乡县黄山头镇。以刘弘墓为中心,占地面积约 4 万平方米。刘弘墓墓室平面为正方形,边长 3.6 米,顶部为穹隆形,高 4.2 米,墓底中央横砌棺床。出土随葬品有金器、玉器、贴金铁器、错金铜器、银器、铜器、铁器、瓷器、漆器、滑石器、陶器、石器。墓主刘弘为西晋名将,《晋书》中有传,《三国志·魏书》《资治通鉴》均有记载。刘弘墓的发掘被列入 1991 年"全国十大考古新发现"。2013 年入选全国重点文物保护单位。

常德—花瓦寺塔　位于澧县宜万乡。建于北宋初年。八角形七层密檐式实心砖塔,通高 22 米,底径 5.5 米。塔修建在一土台上,倒锥形塔基,基座正北设有砖券拱门与地宫相通。地宫顶部砌八方攒顶式藻井。塔身转角处砌有倚柱,每层腰檐底部砌出一道莲花瓣以承托腰檐,腰檐转角处的翘角作一鸟翼卷云形,塔顶置琉璃葫芦瓶式刹。2013 年入选全国重点文物保护单位。

常德—夹山寺　位于石门县夹山森林公园内。唐咸通年间始建,享有"三朝御修"的盛誉,规模宏大,有"骑马关山门"之称。清顺治初年重修,规模超唐、宋、元时期,被誉为"楚南名刹"。数度兴废,现有建筑主要有山门、九曲桥、钟鼓楼、天王殿、大雄宝殿、大悲殿、法堂、藏经楼、灵泉塔等。2013 年入选全国重点文物保护单位。

常德—澧州文庙　位于澧州古城。始建于宋代。明清以来经历 10 多次重建和维修。现存文庙占地面积 8 000 多平方米,建筑面积 3 500 平方米。在南北中轴线上有头门、状元桥、棂星门、大成门、大成殿、崇圣祠等建筑。大成殿前置有东、西两厢房和钟鼓楼亭。所有建筑被高大宫墙环绕,廊廊相通,檐檐相连。2013 年入选全国重点文物保护单位。

常德—澧州古城墙　位于澧县县城内。古澧州州府的城墙。明洪武初年,澧州府治从新城(新洲)迁于此,垒土为城,后多次溃于水患。明永乐初年重修。明景泰,清康熙、乾隆、道光、同治年间多次修补、加固。城墙基用条状青石垒筑,墙体砌青砖,中间填土夯实,设城门六座。东、南城墙保持较好,长约 2 000 米,高 3—5 米。2013 年入选全国重点文物保护单位。

常德—星子宫古建筑群　位于桃源县热市镇。明洪武初年创建,因位于星子山顶,故名"星子宫"。明末清初扩建,清乾隆、嘉庆、道光年间几度改制扩建。中轴线上依次有百子堂、王爷殿、南天门、星子宫、寝宿殿、火工殿等建筑,全部用石料砌成,盖瓦为生铁所铸,气势宏伟、石刻精湛。2013 年入选全国重点文物保护单位。

常德—林伯渠故居　位于临澧县修梅镇。林伯渠是中国无产阶级革命家,曾任中央人民政府秘书长、全国人大常委会副委员长。故居始建于清光绪年间,建筑面积 857 平方米,砖木结构,硬山顶,门、窗、壁、望板、地板均用木板拼合,并刷涂桐油,古朴典雅,"诗礼伴家"气息浓厚。2013 年入选全国重点文物保护单位。

娄底—富厚堂　位于双峰县荷叶镇。曾国藩故居,曾国藩曾任两江总督、直隶总督,诏加"太子太保",封"一等毅勇侯",授"武英殿大学士",升"光禄大夫",谥"曾文正公"。清同治年间开始营造"侯府",历时 10 年。占地面积 4 万余平方米,建筑面积 9 203 平方米,土石砖木结构,有八本堂、求厥斋、旧朴斋、艺芳馆、思云馆、八宝台、辑园、凫藻轩、棋亭、藏书楼等建筑。藏书楼藏书 30 多万卷,是我国保存完好的最大的私家藏书楼之一。2013 年入选全国重点文物保护单位。

娄底—新化北塔　位于新化县城北资水西岸。建于清道光中期。塔高 42 米,料石青砖结构,八角形,上嵌石舫,舫尾状如翘角,上覆铁瓦铸顶。塔基尽铺巨石,缝灌灰浆,层垒而上,中无片隙寸土,固如磐石。石栏上嵌刻"唐十八学士"像,栩栩如生。塔中有相对螺旋砖阶直升塔顶,共 492 级。塔内七层,层层有壁画、书法。历代名人登临,赋诗甚多。2013 年入选全国重点文物保护单位。

娄底—蔡和森、蔡畅故居　位于双峰县井字镇。蔡和森是中国共产党早期领导人之一,1931 年被捕遇害。蔡畅是蔡和森的妹妹,中国妇女运动的卓越领导人。故居是蔡和森、蔡畅青少年时期的居所,建于清朝末年,穿斗式梁架砖木结构,占地面积550余平方米,平面布局呈倒"凹"字形,四周有矮矮的土围墙,门前有池塘。2013年入选全国重点文物保护单位。

娄底—红二军团长征司令部旧址 位于新化县奉家镇。1935年12月,贺龙、任弼时、关向应率中国工农红军第二军团进入新化县奉家镇上团村,设军团部于此。旧址建于清末民初,占地面积约7 000平方米,共有房屋80余间。大门正面为圆形拱门,两边为一层砖木结构房屋,其他三栋为"凹"字形双层砖木回廊式建筑。2013年入选全国重点文物保护单位。

岳阳—岳阳楼 位于洞庭北路。"江南三大名楼"中唯一保持原貌的古建筑。始建于公元220年前后。三国时期为东吴大将鲁肃的"阅军楼",魏晋南北朝时称"巴陵城楼"。中唐李白赋诗之后,始称"岳阳楼"。现存建筑为清光绪初年重建,1983年落架大修。主楼高19.42米,进深14.54米,宽17.42米,三层、四柱、飞檐、纯木结构,四根楠木金柱直贯楼顶,周围绕以廊、枋、椽、檩互相榫合,是中国仅存的盔顶结构古建筑。北宋范仲淹脍炙人口的《岳阳楼记》更使岳阳楼名闻天下。1982年入选全国重点文物保护单位。

岳阳—任弼时故居 1982年入选全国重点文物保护单位。参见全国红色旅游经典景区——任弼时故居。

岳阳—平江起义旧址 1988年入选全国重点文物保护单位。参见全国红色旅游经典景区——平江起义旧址。

岳阳—屈子祠 位于汨罗市城西北玉笥山顶。祭祀战国时期楚国大夫屈原的祠庙。始建于汉代,现存建筑为清乾隆中期重建。占地面积1 354平方米,三进三厅,前有三座砖砌大门,门楼上刻有表现屈原的浮雕。正殿为砖木结构,单层单檐,青砖砌墙,黄琉璃瓦覆顶,风格古朴秀雅。过道的墙壁上镶嵌着许多石碑,镌刻着后人凭吊屈原的诗文词赋。祠内有多株树龄300年以上的桂树。2001年入选全国重点文物保护单位。

岳阳—岳阳文庙 位于岳阳二中校园内,与岳阳楼隔街相望。从北宋庆历年间到清同治年间的800多年里,经历30多次修葺和扩建,2003年落架大修。现存大成殿面阔五间,进深三间,重檐歇山顶,屋檐起翘,具宋代建筑风格。殿内 16 根横木,在石墩和大柱之间垫有一块约 30 厘米厚的鼓形横木,为古代建筑中所罕见。天花板上明弘治初年大修时留下的一幅"盘龙戏凤"图,依稀可辨。2001 年入选全国重点文物保护单位。

岳阳—张谷英村古建筑群　位于张谷英镇。明洪武年间由江西人张谷英创建,故名"张谷英村"。历经 500 多年的沧桑巨变,现基本保留原状。环山建村,半月形布局,现存明清古屋 1 732 间,总建筑面积 5 万多平方米。60 条一米多宽的巷道将多户人家分隔成独立的院落,又将各家连接在一起,走家串户可晴不曝日,雨不湿鞋。2001 年入选全国重点文物保护单位。

岳阳—铜鼓山遗址　位于云溪区陆城镇。盘龙城类型的商代早期文化遗址,保存完整。发掘面积 400 平方米,清理东周墓葬七座,出土商代遗存的陶器有鬲、大口尊、簋、爵、斝、盆、大口缸、罐、鼎、釜等,石器有锛、刀等,铜器有箭镞、削等。东周墓出土有鬲、盂、罐、鼎、敦、壶、盘、匜、匕、勺、铜剑、铜矛等。1997 年出土了青铜鼎和青铜瓿。2013 年入选全国重点文物保护单位。

岳阳—罗子国城遗址　位于河市镇。罗子国是商周时期的一个子爵小国,约在公元前 690 年被楚周武王所灭。城址略呈长方形,占地面积约 23.6 万平方米。护城河现存宽 5—10 米,深浅不一,最浅处超过 3 米。北城保存较好,墙基宽 14 米,残高约 3 米,黄土夯筑,夯土中杂有少许的灰烬和泥质灰胎陶片。城内有长 25 米、宽 7 米的土台,堆积有筒瓦、板瓦及绳纹陶片。2013 年入选全国重点文物保护单位。

岳阳—大矶头遗址　位于云溪区陆城镇。大矶头建于清代,是长江中下游水道上唯一保存的利用自然山体和矶头修筑的人工石矶。石矶呈圆弧状,面积 1 980 平方米,用花岗岩条石砌成三级平台,全长 550 米。矶石上的浮雕造型及叠砌等工艺都极为精细。每级平台的石墙之上,雕凿有钩眼,方便纤夫们拉纤时攀爬抓手。在第二级平台的石墙上有三块蜈蚣浮雕,寓意"镇龙降妖"。2013 年入选全国重点文物保护单位。

岳阳—龙窖山堆石墓群　位于临湘市羊楼司镇。在龙窖山 74 平方千米的土地上,分布着 52 处 500 多个以石构筑物为主的各种文化遗迹,是以堆石为墓冢的大型古墓群。堆石墓顺着山势用石块垒堆,不用任何泥浆黏合。2013 年入选全国重点文物保护单位。

岳阳—慈氏塔 位于洞庭湖边。始建于唐代,现存为南宋淳祐年间建筑。"慈氏"是指佛教中的弥勒佛。砖石结构,楼阁式,八角七层,通高 39 米。下部塔基用五层麻石铺砌而成,塔身全部用青砖砌筑。自第二层起,每层四面均设有小佛龛,共有 28 个。塔顶置有铁刹相轮,上有六根铁链从塔顶直贯塔基,起稳固和避雷作用。2013 年入选全国重点文物保护单位。

岳阳—湘阴文庙 位于湘阴县城步行街。始建于北宋庆历年间,现有建筑为清乾隆初年重建。由金声坊、玉振坊、泮池、状元桥、太和元气坊、大成门、大成殿及厢房组成,保存较为完整。庙前有状元桥,状元桥两侧分别有"肃然起敬""太和元气"牌坊,均为石樗结构,用花岗石块镂空雕刻而成,制作精良。2013 年入选全国重点文物保护单位。

岳阳—左文襄公祠 位于湘阴县文星镇。又称"相国祠""左公祠",建于清光绪中期,为纪念晚清政治家、湘军重要首领左宗棠而建。砖石结构,由三组硬山式殿宇和边廊组成,门窗雕满花草、鸟兽图案,正堂侧室井然有序,走廊迂回曲径通幽。庭院栽满花草乔木,暗影浮动。祠内塑有左宗棠像。2013 年入选全国重点文物保护单位。

岳阳—岳州关 位于岳阳楼区。清光绪二十五年(公元 1899 年)开关,是清政府自鸦片战争门户开放以来的第一个自开口岸。三栋英式二层建筑,呈"品"字形屹立于湖畔山头,分上、中、下三馆,上为邦办公馆,中为办公地点,下为税务司公馆,现仅存上馆,占地面积 415 平方米。2013 年入选全国重点文物保护单位。

岳阳—岳阳教会学校 位于南湖新区。由美国牧师创办于清光绪二十七年(公元 1901 年)。内设大学部,后改为高级农业职业科,俗称"湖滨大学"。抗日战争期间迁往湘西沅陵继续办学,新中国成立后改为"岳阳农校"。现存校舍 13 栋,全部为砖木结构的欧式建筑,占地面积约 40 万平方米。有券廊式教学楼、回廊式宿舍楼,也有造型别致、布局自由的别墅式小洋楼。2013 年入选全国重点文物保护单位。

岳阳—中共平江县委旧址 位于平江县三阳乡。1927 年"马日事变"后至 1928 年 4 月中共平江县委机关驻地,也是当时县委书记、中共六大主席团成员毛简青烈士的旧居。建于 1919 年,占地面积 5 000 余平方米,砖木结构,原有 5 栋 28 间房,现仅存上栋 7 间和西栋横厅及过巷各一间。郭亮、夏明翰、罗纳川、余贲民等曾在这里工作和居住,屋后有毛简青手栽的两株板栗树。2013 年入选全国重点文物保护单位。

岳阳—大云山"三战三捷"摩崖石刻 位于岳阳县大云山。1939 年,原国民党第九战区副司令兼国民革命军第二十七集团军司令杨森在此与进攻长沙的日本侵略军展开激战,大获全胜。1942 年杨森登上大云山,写下了"三战三捷"巨幅字样,40 名石匠花了两个月时间,将大云山隆兴宫外一块石壁凿出一块 90 平方米的平面,将"三战三捷"四个大字刻于石壁上,每个字2.2 平方米。抗战胜利后,第七挺进纵队司令王翦波竖了一块《大云山抗战胜利纪念碑》。2013 年入选全国重点文物保护单位。

衡阳—南岳忠烈祠 1996 年入选全国重点文物保护单位。参见全国红色旅游经典景区——南岳忠烈祠。

衡阳—南岳庙 位于南岳区原南岳镇。始建于唐初,占地面积 9.85 万平方米,祀奉南岳大帝。主体建筑有牌坊、古戏台、正川门、御碑亭、嘉应门、御书楼、正殿、寝宫及北后门。其中嘉应门、御碑亭、寝宫等建筑保存有宋、明时代的建筑构件。2013 年入选全国重点文物保护单位。

衡阳—蔡侯祠 位于耒阳市龙亭侯蔡伦墓前。原为东汉造纸术发明家蔡伦故宅。占地面积 408 平方米,砖木结构,大门石额"蔡侯祠"。檐头用青龙白虎瓦当遮椽,方砖铺地,房顶单檐、歇山造。祠内有汉桂一株,并有古柏10 株和药树数株。2013 年入选全国重点文物保护单位。

衡阳—衡州窑 衡阳古为衡州。窑址主要集中在衡阳市的湘江两岸,发现蒋家、车江、云集等唐宋时期窑址 180 多处,其中以东阳渡镇、蒋家村、云集镇三处窑址最多,号称"百里窑场"。衡州窑系列窑场自唐代中期创烧,五代时极为兴盛,南宋后开始衰落。衡州窑以青瓷为主,表面大多简朴素面,器型设计精巧,形神完美,品种丰富,以优美的釉质、釉色争胜。2013 年入选全国重点文物保护单位。

衡阳—云集窑 位于衡南县云集镇云集村。云集窑为民间龙窑,始建于唐末,盛于宋,终于元,烧造时间 400 余年。现存窑址八座,曾发掘出土两座五代至北宋的龙窑和大批器物标本以及珍贵文物,其中 2 号龙窑长达 50 米,前后有两道由四个匣钵垒成的挡火墙。2 号窑上层覆盖的堆积物厚达 3 米,出土了刻有"太平兴国四年""衡阳县界窑"和"黄竹下窑"的铭文器物和窑具,在同一窑内出土三件标年器、定名器,实属罕见。2013 年入选全国重点文物保护单位。

衡阳—水口山铅锌矿冶遗址 位于常宁市松柏镇和水口山街道,分布范围达 1.2 平方千米。清光绪中期成立铅锌矿局,实行规模化开采,当时铅锌产量占世界总产量的 1/3,被誉为"世界铅都"。现存遗址:水口山第三冶炼厂、铅锌矿影剧院、五号矿井、斜坡式古矿井——忆苦隆、老鸦巢冶炼遗址、水口山原办事公署、龙王山露采场、康汉柳饭店、水口山工人俱乐部成立会旧址——康家戏台。2013 年入选全国重点文物保护单位。

衡阳—大渔村王氏宗祠 位于衡南县栗江镇。祭祀祖先或先贤的场所,始建于北宋嘉祐年间。明永乐年间大修,清雍正、乾隆、光绪年间多次维修,御赐"楚南第一家"。宗祠柱梁用材硕大,制作规整,大量使用各种斗拱,彩绘斗拱、如意斗拱,建筑规格之高在中南地区祠堂建筑中十分罕见。2013 年入选全国重点文物保护单位。

衡阳—王船山故居及墓 王船山即明末清初思想家王夫之。故居位于衡阳县曲兰乡湘西村,建筑面积 176 平方米,横列式平房,一进三间,悬山顶,小青瓦,为湘南一般民居建筑风格。王船山的墓园在距故居 5 000 米外的大罗山下。2013 年入选全国重点文物保护单位。

衡阳—南岳摩崖石刻 南岳即衡山,现仍保留摩崖石刻 400 多处,书体篆、隶、草、行、楷俱全。时代明晰可考的有唐及唐以前的 3 处,宋代 14 处,明代 54 处,清代 27 处,民国 31 处,新中国建立以来 27 处。崖刻中时代最早的当数南台寺后大石上"南台寺"三字,款署"梁天监中,沙门海印";字数最多的为弥陀寺废址右侧石壁上的《还丹赋》,共 355 字,为唐或唐以前勒石;字径最大的为天柱峰石壁上的"南天柱石",楷书,竖排,每字高 4.88 米,宽 4.5 米,笔画宽 70 厘米,深 20 厘米。2013 年入选全国重点文物保护单位。

衡阳—湘南学联旧址 位于江东粤汉马路。1919 年,湖南进步学生成立以"联络感情,交换知识,促进文化,改良社会"为宗旨的"湘南学生联合会",是当时衡阳民主革命运动的中心。当年毛泽东的住房、办公室、会议室已按原貌修复陈列。旧址后侧新建了陈列馆,馆名"毛泽东同志革命纪念地湘南学生联合会旧址陈列馆"由郭沫若题写。2013 年入选全国重点文物保护单位。

衡阳—湘南起义旧址群 1928 年 1 月,朱德、陈毅等率领南昌起义保留下来的一部分队伍,由广东折回湘南发动"宜章年关暴动",建立了湘南第一个红色政权宜章县苏维埃政府,改编部队组成中国工农革命军第一师。湘南起义的遗址,分布于汝城县、嘉禾县、宜章县、永兴县、桂阳县、安仁县、资兴市、耒阳市、炎陵县,其中中共中央驻汝城特别工作委员会旧址、汝城会议旧址、宜章碛石暴动旧址、中共嘉禾南区支部活动旧址、萧克故居、郴县苏维埃政府旧址、桂阳县苏维埃政府旧址、安仁轿顶屋会议旧址、资兴彭公庙联席会议旧址,永兴县第九区苏维埃政府旧址、板梁暴动夺枪旧址、何坤故居、湘南工农兵代表会议旧址太平寺、中共宜章县委旧址、工农革命军后方医院旧址、后坛岩兵工厂旧址、汝城会议旧址、汝城县苏维埃政府旧址黄氏总祠、朱德范石生谈判合作旧址等,先后于 1996 年、2013 年入选全国重点文物保护单位。

衡阳—罗荣桓故居 2013 年入选全国重点文物保护单位。参见全国红色旅游经典景区——罗荣桓故居。

怀化—龙兴寺 位于沅陵县虎溪山麓。唐太宗李世民即位称帝第二年下旨修建,是世界上现存最古老的寺庙之一。无钉无铆木质结构建筑群,建筑主体 14 座,建筑面积 1 800 平方米,唐代建筑风格,因历朝多次重修而留下了许多宋明遗迹。大雄宝殿重檐歇山式屋顶,八根楠木内柱直径 80 多厘米,镂空石刻讲经莲花座玲珑剔透。大殿正面一块"眼前佛国"匾,为明礼部尚书董其昌的字迹。1996 年入选全国重点文物保护单位。

怀化—马田鼓楼 位于通道侗族自治县坪阳乡。始建于清顺治年间。方形二层楼阁,九层八柱,木结构,高 20 米,顶盖八角形,上托葫芦宝顶,干栏式抬梁纯木构架。南北对称的偏楼为歇山顶式,顶部檐口与主楼的第二层平行,而下一层檐口与主楼第一层连接,偏楼与主楼浑然一体。鼓楼封檐板与楼内大梁彩绘民间图画,各檐翘角饰禽兽浮雕及颇具侗族特色的小块彩绘花纹卷草图案。1996 年入选全国重点文物保护单位。

怀化—向警予故居 位于溆浦县卢峰镇。向警予是中国共产党最早的女党员之一。故居建于清末民初,五柱穿斗式木构架砖围护墙的湘西木板屋四合院,占地面积 1 200 多平方米。现为"向警予同志纪念馆",馆名由胡耀邦题写。广场上有向警予塑像纪念碑,碑高 9.4 米,碑铭由陈云题写,并刻有 1928 年蔡和森在莫斯科撰写的《向警予同志传》全文。1996 年入选全国重点文物保护单位。

怀化—芋头侗寨古建筑群 2001 年入选全国重点文物保护单位。参见中国历史文化名村——通道县芋头村。

怀化—坪坦风雨桥 位于通道侗族自治县坪坦乡坪坦河上。风雨桥又称"花桥""福桥",为侗族建筑"三宝"之一。侗族建村寨依山又傍水,都要在寨边的溪河上建一座桥,以不让风水福气随水流去。坪坦有九座风雨桥:普修桥、回龙桥、普济桥、永定桥、永福桥、回福桥、观月桥、文星桥、中步头桥。均始建于清代,建桥过程中不用钉铆,只采用木榫卯,甚至使用了古老的湿藤绑扎法。2006 年入选全国重点文物保护单位。

怀化—高庙遗址 位于洪江市安江镇。新石器时代遗址。发现一具保存完好的 7 400 年前的女性人体骨架;挖掘一座 5 700 年前部落首领的夫妻墓,墓中有象征贵族或宗教领袖权力的祭祀用品玉钺,贵族妇女装饰用品玉璜、玉玦;发现 10 多座距今 5 300—5 800 年的房址及几十座古墓穴;出土一处距今约 7 000 年的大型祭祀场所,主祭场前面还有人工挖出的呈方形或圆形的人祭坑和牲祭坑;出土大量工艺精美的陶器和宗教祭祀艺术品。2006年入选全国重点文物保护单位。

怀化—洪江古建筑群　位于洪江区。北宋元祐年间建洪江寨,元末时为湘黔商镇。明代设洪江驿,清代置洪江镇,民国时有"小南京"之称。保存有山西、常德等十大会馆,300 多栋古窨子屋,60 余座庙、堂、祠、院及一些学堂、钱庄、戏台、作坊、商铺、青石街等。明清窨子屋和会馆是这里最有特色的古建筑。2013 年入选全国重点文物保护单位。

怀化—抗日胜利芷江洽降旧址　位于芷江侗族自治县七里桥。包括洽降会场、洽降纪念坊、资料展览室、纪念抗战胜利展览馆、中国陆军总司令部、何应钦办公室等。1945 年 8 月,侵华日军副总参谋长今井武夫奉命飞抵芷江洽降。中国战区受降全权代表何应钦在芷江部署全国 16 个受降区 100处缴械点受降事宜。1947 年国民政府在洽降地建"受降纪念坊",纪念坊高 8 米,宽 10.64 米,进深 1.5 米,石料、青砖砌成。2013 年入选全国重点文物保护单位。2017 年入选"中国 20 世纪建筑遗产项目"。

怀化—安江农校纪念园　位于洪江市安江镇。安江农校前身为国立第十一中学职业部,1939 年建于湖南武冈,因日寇南侵内迁于此。"杂交水稻之父"、中国工程院院士袁隆平带领他的助手们在这里从事科研工作长达 40年。占地面积 20 万平方米,保留有旧式办公楼、校训牌、袁隆平旧居、杂交水稻温室、鱼塘、早期杂交水稻试验田、捞禾深井、玻璃温室、高温抗病鉴定圃等教学及科研设施。2013 年入选全国重点文物保护单位。

怀化—黔城古建筑群　位于洪江市西部。黔城始建于西汉汉高祖年间,新中国成立前一直是黔阳县治所在地,现为汉族、侗族、苗族、瑶族等多民族聚居地。古城区占地面积 0.8 平方千米,青石街巷纵横交错,明清建筑比比皆是。依附南北两条主街道形成鱼骨状道路系统,以商业店铺为主的南正街,以富商大贾住宅为主的西正街,以庙宇殿堂为主的北正街,以会馆码头为主的上河街、下河街,以及县衙、书院、文庙、武祠遗址、古客栈、亭台楼阁、祠堂戏院等,保存完好。2013 年入选全国重点文物保护单位。

怀化—芷江天后宫　位于芷江侗族自治县县城舞水河西岸。原为建于清乾隆初年的福建会馆,现存建筑面积 1 970 平方米。重檐歇山顶门坊,高 10.6 米,宽 6.3 米,顶盖斗拱飞檐,十二金鲤咬脊,葫芦攒尖;两侧雄狮蹲踞,石鼓对峙,围以塑有双龙、大象、金瓜饰物的石质栏杆;坊上浮雕共 95 幅,最大的 2 米见方,最小的仅 0.09 平方米,龙凤狮鱼、竹木花草、人仙神鬼,惟妙惟肖。2013 年入选全国重点文物保护单位。

怀化—芙蓉楼　位于洪江市黔城镇。唐天宝年间,王昌龄被贬为龙标尉后曾建芙蓉楼,为饮酒赋诗、宴宾送客之地。现建筑为清道光中期重修。主楼背廊临江,纯木结构,重檐歇山顶,二层有明轩可供远眺。周围有冰心玉壶亭、耸翠楼、半月亭等,与自然的山石、江水、林木巧成布局,有"楚南上游第一胜迹"之誉。楼侧竖立 200 多块历代诗赋碑石,其中有颜真卿、岳飞、米芾等的手迹。2013 年入选全国重点文物保护单位。

怀化—兵书阁与文星桥　位于通道侗族自治县锅冲苗族乡。侗族地区集桥、亭、阁、殿为一体的典型建筑。兵书阁始建于清嘉庆中期。文星桥始建于清乾隆中期,光绪晚期复修,是一座架于陆地之上的无墩廊桥,全长 19.2 米,木构架为穿斗四柱三间排列,东端是双肩庑殿顶盖八字门坊,西端建单檐庑殿顶门坊,中部建重檐歇山顶式阁楼。2013 年入选全国重点文物保护单位。

怀化—白衣观　位于通道侗族自治县播阳镇。清乾隆中期修建,供奉太上老君和侗族崇拜的诸神。楼阁共五层,高约 18 米,纯木结构,平面呈八方形。各层原有神龛,现已不存。主楼四周用干砌盒斗式砖墙围合成院落,占地面积 920 平方米。2013 年入选全国重点文物保护单位。

怀化—高椅村古建筑群　2013 年入选全国重点文物保护单位。参见中国历史文化名村——会同县高椅村。

怀化—荆坪村古建筑群 2013 年入选全国重点文物保护单位。参见全国农业旅游示范点——荆坪古文化村。

怀化—恭城书院 2013 年入选全国重点文物保护单位。参见全国红色旅游经典景区——红军长征通道会议旧址。

湘潭—韶山冲毛泽东同志故居 位于韶山市韶山乡。建于民国初年，土木结构，泥砖墙，青瓦顶，一明二次二梢间，左右辅以厢房，进深二间，后有天井、杂屋，共 13 间半，建筑面积 223 平方米。清光绪十九年（公元 1893 年）毛泽东诞生于此，在这里生活了 17 年。1925 年毛泽东偕杨开慧回韶山开展农民运动时居住在这里。1950 年按原貌修复。1961 年入选全国重点文物保护单位。

湘潭—彭德怀故居 2001 年入选全国重点文物保护单位。参见全国红色旅游经典景区——彭德怀故居和纪念馆。

湘潭—齐白石故居 位于白石乡。齐白石是我国杰出的人民艺术家，世界文化名人。故居建于清咸丰年间，建筑面积 150 平方米，土墙茅顶，共有七个房间。清同治三年（公元 1864 年）齐白石出生于此，并在此度过了童年、少年和青年时代。2006 年入选全国重点文物保护单位。

湘潭—东山书院旧址 位于湘乡市东台山麓。始建于清光绪中期，名"东山精舍"，现为东山学校的一部分，基本上保留了 120 多年前的原貌。建筑采取中轴对称多重院落空间布局，由围墙、阙屋、环河、石桥、正堂三进（头门、讲堂、礼殿）、东西书斋及藏书楼组成，其中东西书斋为对称结构，具有典型的湖湘书院特色，同时融入了地方祠庙建筑特点和西式建筑风格。毛泽东、陈赓、谭政等曾在此求学。2013 年入选全国重点文物保护单位。

湘潭—北五省会馆 位于雨湖区平政路。始建于清康熙初年，由陕西商人建立，故名"陕西会馆"。同治年间，在秦地经商的各省商贾出资扩建，相继建起钟楼、鼓楼、过殿、正殿等建筑物，形成今日之规模。因捐资者中以山西、陕西、甘肃、河南和山东等五省商号最多，故有"北五省会馆"之称。占地面积 4 000 余平方米，宫殿式木质结构。其中的九处壁画为清道光至同治年间作品。2013 年入选全国重点文物保护单位。

湘西州—溪州铜柱 位于永顺县王村花果山上。铜柱是中国古代划分疆界的标志。后晋天福年间,湘西溪州之战爆发。南楚王马希范派兵征讨溪州,土家族苗族首领彭士愁奋力抵抗。后相约议和,以铜铸柱,并铭刻誓状。铜柱高 4 米,重 2 500 千克;柱身为中空八面体,柱内用马氏统治时期所铸的铁钱填实。柱上刻有《复溪州铜柱记》,共 2 000 多字,楷书书就,字体秀丽。1961 年入选全国重点文物保护单位。

湘西州—老司城遗址 2001 年入选全国重点文物保护单位。参见中国历史文化名村——永顺县老司城村。

湘西州—里耶古城遗址 2001 年入选全国重点文物保护单位。参见中国历史文化名镇——龙山县里耶镇。

湘西州—凤凰古城堡 位于凤凰县都里乡。典型的苗族风格建筑,始建于明嘉靖年间,完成于清嘉庆年间。占地面积约 5 000 平方米,平面呈椭圆形,有东、南、西、北四座城门,城楼及碉楼。房屋墙体以青片石错缝干砌,屋面以铺青石桥叠放,形成相对的密封状态,俗称"石板寨"。明清时期是苗疆边防线上的重要军事要塞,如今已成为民间村落。2006 年入选国家重点文物保护单位。

湘西州—沈从文故居 位于凤凰县中营街。沈从文是著名作家、历史文物研究者,出版《长河》《边城》等小说,著有《中国古代服饰研究》。故居由沈从文祖父,曾任清朝贵州提督的沈宏富建于清同治中期,木结构四合院建筑,占地面积 600 平方米,分为前后两栋,共有房屋 10 间,镂花门窗小巧别致。沈从文于清光绪二十八年(公元 1902 年)出生于此,并在此度过了童年和少年时代。2013 年入选全国重点文物保护单位。

湘西州—不二门遗址 位于永顺县境内。商周时期遗址,占地面积7.65 万平方米。由岩窝遗址、洗心池遗址、虎字岩遗址、摩崖石刻遗址、蚌壳岩遗址、强盗洞遗址、老鹰洞遗址、松柏古道遗址等 22 处洞穴或石厦组成。这里有万年古文化遗址、千年温泉、百年摩崖石刻,奇山、奇水、奇石、奇树、奇景,世上独一无二,故称"不二门"。2013年入选全国重点文物保护单位。

湘西州—四方城遗址　位于保靖县迁陵镇。城址轮廓呈方形,故名"四方城"。包括四方城遗址,汉代青铜冶炼遗址,战国粮窖遗址和战国时期、汉代墓群。发掘面积4 000平方米,发现大量板瓦、筒瓦,瓦砾下层均系夯筑土层。2013年入选全国重点文物保护单位。

湘西州—魏家寨古城遗址　位于保靖县清水坪镇。长方形台地残高2.2米,占地面积6 150平方米,护城河残长510米,宽约12米。发掘西汉古墓260座,出土汉代青铜礼器和流通货币等文物2 700多件。其中一长方形土坑竖穴墓,墓口长4米、宽3米,墓底长3.8米、宽2.9米,深度1.4—2.3米,棺床残宽约0.3米,出土石器3件、玉器3件、青铜器2件、铁器1件,但未发现墓志。2013年入选全国重点文物保护单位。

湘西州—里耶大板遗址与墓群　位于龙山县里耶镇大板村。包括西汉和东汉时期的两座古城。发掘出土秦简3.6万余枚,绝大部分为秦隶书写。汉墓群规模宏大,东西长2 500米,南北宽800米,占地面积1平方千米,有墓葬近千座,墓室密集,墓葬丰厚。2013年入选全国重点文物保护单位。

湘西州—羊峰古城遗址　位于永顺县石堤镇。建于宋代。占地面积11.56万平方米。四面各设城门,城内有衙署区、居住区、墓葬区、街道、桥梁、古井等,布局严谨,保存完整。2013年入选全国重点文物保护单位。

湘西州—里耶麦茶战国墓群　位于龙山县里耶镇。占地面积约4平方千米,已发掘55座古墓,均为土坑竖穴墓,出土铜器有剑、戈、印章、镜、罄、铃、带钩,陶器有鼎、敦、壶、钵、豆、罐、簋、纺轮及琉璃管石、玉璧、残铁器及石饰件等。其中巴氏柳叶剑等战国时期兵器铸造精良,锋利无比,乃旷世奇珍。2013年入选全国重点文物保护单位。

湘西州—乾州文庙　位于吉首市乾州古城。占地面积约5 000平方米,建筑呈塔式、歇山、硬山三种形式。庙高约20米,两层木质建筑,下方以青色条石为基,上以鳞灰瓦盖顶。由数十根大红柱顶立,每根红柱下都有鼓石基。四周环以青砖院墙。鼓石青砖,木柱方梁,雕花门窗,楼宇飞檐,可见昔日的繁华辉煌。2013 年入选全国重点文物保护单位。

益阳—涂家台遗址 位于南县南洲镇。占地面积约 3 万平方米,文化层堆积厚 0.5—1.2 米,保存尚好,包含皂市下层文化和彭头山文化晚期两个阶段。发掘 240 余平方米,发现了一批重要遗迹,包括房基、墓葬、灰坑等,还有战国墓一座,出土了大量精美的陶器。2013 年入选全国重点文物保护单位。

益阳—羊舞岭古窑址 位于赫山区龙光桥镇早禾村、石笋村和沧水铺镇交界的丘陵山地。由薛家坡窑址、高岭窑址、凸咀上窑址、杨泗庙窑址、李家村窑址等民间窑址群组成,因主窑场所在地名为羊舞岭,故称"羊舞岭窑"。揭露出的古窑场占地面积近 2 万平方米,窑具与残瓷堆积如山,烧制的产品主要有青白瓷、青瓷、黑釉瓷、褐釉瓷和青花瓷。2013 年入选全国重点文物保护单位。

益阳—腰子仑春秋墓群 位于桃江县文家渡村(原腰子仑村)。东周时期楚、越两族共用的墓地。有古墓葬 600 多座,占地面积约 24 万平方米。墓坑深浅不一,最深达 1.35 米,最浅只有 0.2 米。墓坑形制分为狭长方形窄坑墓、带头龛的窄坑墓、带腰坑的狭长形窄坑墓、带二层台的长方形宽坑墓、长方形宽坑墓等五种类型,出土了一批越式和楚式兵器与生产、生活用具。2013 年入选全国重点文物保护单位。

益阳—陶澍墓 位于安化县小淹镇沙湾坪。陶澍是清末湘军将领胡林翼的岳父、左宗棠的亲家,官至兵部尚书、两江总督。陶澍去世后,道光帝连续颁发三道御旨赐葬。墓园由左宗棠亲自择地修建,占地面积 3 万余平方米,环筑围墙,御碑亭内两只巨大的石鳌背负一块由书法家何绍基书写的道光皇帝御赐碑文,墓前有墓表、石俑、石马、石虎、石兔。2013 年入选全国重点文物保护单位。

益阳—安化风雨桥 安化县境内保存有清代至民国时期的风雨桥 29 座,数量之多为全国罕见。代表性的风雨桥:东坪镇建于清光绪年间的镇东桥、伊溪桥,建于 1917 年的马渡桥,建于 1931 年的红岩塘桥;烟溪镇建于清咸丰年间的卧龙桥;田庄乡建于清宣统年间的万善桥;渠江镇建于清光绪年间的南关桥、大塘桥,建于 1945 年的大林口桥;清塘镇建于 1942 年的木家桥;南金乡建于 1934 年的包台桥;梅城镇建于清道光初年的燕子桥,建于清同治末年的栗林思贤桥,建于清光绪年间的福星桥、十义桥;马路镇建于清光绪年间的乐善桥,建于 1916 年的晓溪桥;顽沙村建于清乾隆末年的苦竹溪桥;乐安镇建于清乾隆年间的晏家桥、肖家桥;古楼乡建于民国年间的烈溪桥;柘溪镇建于清光绪年间的复古桥;仙溪镇建于清宣统末年的适中桥;大福镇建于清同治末年的仙牛石桥,建于 1929 年的永盛桥,等等。2013 年入选全国重点文物保护单位。

益阳—信义会建筑群　包括信义教堂(五马坊牧师楼)、信义大学教学楼、信义大学教师宿舍楼等,均建于清光绪末年。五马坊牧师楼位于资阳区资江北岸,悬山砖木结构的三层楼房,占地面积近 2 000 平方米,既有湖湘民居建筑的特点,又有异国建筑风情。信义大学教学楼位于赫山区,庑殿砖木结构的两层楼房,占地面积近 1 000 平方米,四坡屋面上盖绿釉筒瓦。信义大学教师宿舍楼为硬山砖木结构的两层楼房,占地面积约 800 平方米,具有北欧风情。2013 年入选全国重点文物保护单位。

益阳—厂窖惨案遗址　位于南县厂窖镇。1943 年 5 月,日本侵略军在这座小镇疯狂屠杀无辜百姓 5 万余人,烧毁房屋 3 000 多间,炸沉、烧毁船只 2 500 多艘。现已建成"厂窖惨案"纪念馆,园区内有"厂窖惨案"遇难同胞纪念碑、和平桥、警钟亭、洗血轩文化长廊、"厂窖惨案"群体雕塑、血水河、纪念广场等。纪念碑高 19.43 米,碑座高 5.9 米。2013 年入选全国重点文物保护单位。

永州—浯溪摩崖石刻　位于祁阳西南湘江西岸与浯溪交汇处。江边崖岸上刻有自唐代以来 300 多位名人的书画诗文词题等 486 处。石刻中的《大唐中兴颂碑》,以文绝、字绝、石绝被称作"摩崖三绝"。1982 年入选全国重点文物保护单位。

永州—宁远文庙　位于宁远古城西廓九嶷山。祭祀我国古代思想家、教育家孔子的庙堂,是中国封建社会里庙学合一的教育机构。以精美的石雕著称,特别是 20 根高 5 米的灰色大理石雕柱,高浮雕深镂空工艺十分精美,具有极高的艺术价值。1996 年入选全国重点文物保护单位。

永州—玉蟾岩遗址 位于道县寿雁镇。由旧石器时代晚期向新石器时代早期过渡的一处文化遗存,被誉为"天下谷源、人间陶本"。文化堆积厚1.2—1.8 米,出土了大量的石器、棒器、动物骨头残骸、种子、栽培水稻的谷壳标本和陶器,诠释了人类制陶工业的起源,在世界稻作农业文明及人类制陶工业的起步阶段具有重要的地位。1995 年和 2001 年先后被列为"全国十大考古新发现"和"中国 20 世纪 100 项考古大发现"。2001 年入选全国重点文物保护单位。

永州—柳子庙 位于零陵区柳子街。"柳子"即唐代文学家、唐宋八大家之一的柳宗元,他因参与王叔文改革失败遭贬,在永州谪居 10 年,写下了《永州八记》《江雪》《捕蛇者说》等诗文。始建于北宋至和年间,占地面积2 000 多平方米,歇山顶式砖木结构,有戏台、中殿和后殿。历代碑碣甚多,其中《荔子碑》《捕蛇歌》《寻愚溪谒柳子庙》等堪称文物珍品。《荔子碑》文章为韩愈所作,字为苏东坡所书,内容为颂扬柳宗元的事迹,世称"三绝"。2001 年入选全国重点文物保护单位。

永州—阳华岩摩崖 位于江华县城东的竹园寨。山势向阳,陡峭如削,中有石磬,下有寒泉,自唐代以后,平整的洞壁成了文人墨客刻石题咏的胜地。唐元结任道州刺史时,至江华过阳华岩而作《阳华岩铭有序》,于永泰初年书刻岩外,世称名迹,至今保存完好。附近有历代名人题刻 30 多处,其中字迹清晰可辨的 38 处,皆为阴刻;最大的 2.3 平方米,最小的 0.75 平方米,字体有篆、隶、楷、行、草等。2013 年入选全国重点文物保护单位。

永州—树德山庄 位于东安县芦洪市镇。为唐生智故居。唐生智曾任北伐军前敌总指挥,抗日战争时任南京卫戍司令,1949 年参与组织湖南和平起义,新中国成立后任湖南省副省长。山庄修建于 1927 年,布局基本完整,建筑保存完好。门楼、主楼、洋楼是山庄的主体建筑,门楼为中式建筑,主楼、洋楼融中式和西式建筑风格于一体。2013 年入选全国重点文物保护单位。

永州—春陵侯城遗址 位于宁远县柏家坪。西汉武帝元朔年间,封长沙王子刘买为春陵侯,立侯城于此。城墙高4米,东墙长193米,西墙长182米,南、北墙长160米,城外四周有护城河。城址内外有秦汉时期的编织纹、席纹、米字纹、叶脉纹和各种方格印纹硬陶罐残片。2013年入选全国重点文物保护单位。

永州—泠道故城遗址 位于宁远县冷水镇。泠道县为秦置,隋废泠道并将其并入营道县,宋乾德年间改宁远县,县治迁今址,故城废。泠道城作为县治长达1 100余年。城址占地面积1.48万平方米,四角城雉残高5—7米,四周夯土城墙残高1—5米,城周围有护城壕,宽17—25米,深2.5—3米,城外有四处墓葬群。2013年入选全国重点文物保护单位。

永州—允山玉井古窑址 位于江永县允山镇。宋代窑址,后续生产至少700年。占地面积2平方千米,文化层堆积厚1—3米,有大中小型陶窑几十座,出土上千种青瓷器,器形种类有钵、碟、碗、杯、壶等,釉色有青、黑、绿,还有玳瑁斑;釉下绘西瓜、鱼、鸟等图案,还有以吉祥字画为主的印花,如"福山寿海""金玉满堂""莲鱼图案"等。瓷器形体小巧,胎质紧密而薄,做工精细,烧制技术高超。2013年入选全国重点文物保护单位。

永州—鬼崽岭遗址 位于道县祥霖铺镇。因山上有众多石雕的"小人",当地人称小人(孩)为"鬼崽崽",此山遂名"鬼崽岭"。石刻人像或立或蹲或坐或仰,高的几尺,矮的寸许;有的悬在树上,有的藏于树苑,有的埋在地下,有的躺在水中;有手持朝笏的文官,有跃马仗剑的武官;有强壮雄健的男性,有大腹便便的孕妇。成像年代大致为战国时期到唐代,是迄今为止发现的时代最久远的人像石雕群体。2013年入选全国重点文物保护单位。

永州—湘桂古道永州段 湘桂古道北连湖南潇水,南接广西贺州,自秦汉至民国时期屡经拓修扩建。古道永州段以道县双屋凉亭为起点,全长约250千米,分为东西两线:西线纵贯江永县后进入广西,东线斜穿江华瑶族自治县后进入广西。相关文物点有：朝天桥、五通庙、文昌阁、午田风雨桥、双屋凉亭、华岩铺、莲祠亭—平安桥、同善亭—安乐桥、老村古渡口、秦兵营遗址等 25 处。2013 年入选全国重点文物保护单位。

永州—回龙塔 位于零陵区。建于清道光初年。砖石结构，八角七级，高近 30 米。塔内有旋梯至塔顶，每层四方均有券门。每层平座和腰檐之间的高度不等，平座和腰檐下设有五镇作斗拱，斗为砖制，拱为石作，形制保留了宋代建筑的遗风。2013 年入选全国重点文物保护单位。

永州—云龙坊与王氏虚堂 位于宁远县湾镇。云龙牌坊始建于明崇祯晚期，为旌表路亭村进士王性而修建，王性是明弘治年间进士，曾任广东陵水县知县、补任赵州知州。云龙坊高 14 米，宽 14.3 米，进深 4.35 米，全木结构，歇山顶单檐，檐枋上雕刻人物、花卉、飞禽走兽，工艺精湛。王氏虚堂原为王氏宗祠，系明清两朝祭祀舜帝陵官员的用膳之地，四进三厅木构建筑，现存明、清碑记四方，其中清嘉庆《奉宪禁革碑》刻有禁止祭舜官员征夫扰民的条文。2013 年入选全国重点文物保护单位。

永州—龙溪李家大院 位于祁阳县潘市镇龙溪村。始建于明弘治年间，营造时间长达 80 多年。占地面积 2.38 万平方米，原由老屋院、吊竹院、上院、下院和品字书屋等组成，现仅存上院、下院和李氏宗祠。上院和下院有房屋 48 栋，有游亭、巷道或阶檐相通。整个大院有 1 200 多个花窗，150 个柱礅，精雕细刻。其中木雕梅花错、石雕摇钱树，形制之美、保存之完整在国内罕见。2013 年入选全国重点文物保护单位。

永州—涧岩头周家大院古建筑群 位于零陵区富家桥镇。建于清光绪中期。因聚族而居于此的都是宋代理学鼻祖周敦颐的后裔，故名"周家大院"。占地面积 7 800 平方米，大小房屋 51 间。布局严谨，设计精巧，建筑考究，砖瓦磨合，斗拱飞檐，彩饰金装，砖石木雕，工艺精湛。2013 年入选全国重点文物保护单位。

永州—濂溪故里古建筑群 位于道县清塘镇。濂溪村人都是宋代理学鼻祖周敦颐后裔。村庄依山而建，村前沃野十里，濂水中流；村右为龙山，村左为豸岭。村后道山扶疏叠翠如画屏矗立。2013年入选全国重点文物保护单位。

永州—龙家大院 位于新田县枧头镇。因全村居民均为龙姓,故称"龙家大院"。依山而建,三面环山,现存建筑48栋,均为青砖砌就的清水墙、小青瓦,硬山顶搭配风火墙,亭台楼阁木雕精美,彩绘绚丽,影壁凝重质朴。大院的左边是青龙山,延绵数十里葱茏如青龙,山上灌木苍翠,随风飘摇,极似龙尾。村右是白虎山,山势险峻,顶有古堡,龙骧虎视方圆数十千米。"坐堂听书""丹凤朝阳""榭楼垂钓""双珠撑朝""狮子望楼""五代同堂""秀涧藏龙""葫芦晓月"是"龙家大院八景"。2013年入选全国重点文物保护单位。

永州—岁圆楼古建筑群 位于双牌县理家坪乡。共有清代建筑200多座,最具代表性的是岁圆楼。岁圆楼是典型的湘南民居,始建于清道光中期,占地面积4.2万平方米,三栋房屋共66间;房屋每根柱子下面都有一个六面形石柱础,每面都雕有鱼虫花鸟、龙蛇羊马;大堂屋内梁檩门窗及各种日常用品都雕有寓意吉祥的花鸟虫兽等内容,汇集了阴刻、阳刻、浮雕、镂空雕、圆雕等多种雕刻技法。2013年入选全国重点文物保护单位。

永州—零陵文武双庙 武庙是祭祀关圣大帝——关云长的寺庙,位于零陵古城东山,现仅存正殿及抱厦,为清光绪中期重修。历史上零陵武庙曾是湘南永州、衡阳、邵阳、郴州等州府共同奉祭的高等级武庙,五进五开间,为我国江南规模最大的武庙之一,有"北有山西运城,南有湘首永州"之说。零陵文庙位于零陵区城东。现存的大成殿坐北朝南,建于1.7米的台基上,典型的宫殿式建筑。文庙虽历经风雨沧桑,仍以规模宏大,气势雄伟备受世人瞩目。2013年入选全国重点文物保护单位。

永州—广利桥 位于东安县紫溪镇花桥村印水河上。建于清乾隆中期,取"广济行人,万民便利"之意而命名。全长36.8米,高7米,宽4.5米。桥墩三拱,拱高6米,两端用青石砌成,迎水处做成突出的尖钩状,犹如"金鸡脚"。桥面过道处填以黄土,人称"豆腐腰",故有"金鸡脚、豆腐腰,莫把石板垫路腰"之说。石阶中镶嵌的九只石刻金蟾呼之欲出,俗称"九只金蟾"。2013 年入选全国重点文物保护单位。

永州—久安背翰林祠 位于宁远县湾井镇久安背村。湘南地方特色的祠堂建筑。宋代建下座三厅,明代在祠前建牌坊,后经清同治年间修葺,成为集会、娱乐、休闲的公众活动场所。祠前木坊为三门四柱三楼全木结构,檐下饰七层如意斗拱,飞檐宝顶;戏楼为歇山顶木结构建筑。2013 年入选全国重点文物保护单位。

永州—朝阳岩石刻 位于零陵区朝阳岩。唐代道州刺史、文学家元结乘舟路过此地,写下"朝阳岩下湘水深,朝阳洞口寒泉清"的名句。摩崖石刻汇集了唐代、宋代、元代、明代、清代的众多文学家、诗人吟咏赞叹永州的精篇力作,收藏了柳宗元、黄庭坚、邢恕、何绍基等书法大师的名作,篆、隶、草、楷、行五体俱全,是一座墨香四溢的书法艺术宝库。2013 年入选全国重点文物保护单位。

永州—淡岩石刻 位于零陵区富家桥镇。淡岩风景秀丽,"淡岩秋月"为"永州八景"之一。自宋代起,文人骚客纷至沓来,赋诗作词,在洞壁上留下了大量的题刻。原有宋代至清代石刻 206 方,其中宋代 152 方、元代 2 方、明代 28 方。宋代黄庭坚、周敦颐、范祖禹、杨万里、李建中,明代张勉学、王泮,清代周崇傅等,均留有诗文,石刻书体有篆、隶、草、行、楷,风格多样。现仅存 30 余方。2013 年入选全国重点文物保护单位。

永州—李达故居 位于冷水滩区。李达是中国共产党创始人之一,哲学家、经济学家、法学家、社会学家和教育家。故居原为清代豪绅黎某的庄房,前后两栋,砖木结构,悬山顶,盖小青瓦。1940—1947 年,李达在这里翻译并撰写了大量研究和传播马克思主义的理论著作。现辟为李达生平陈列室。2013 年入选全国重点文物保护单位。

永州—舜帝庙遗址 2013 年入选全国重点文物保护单位。参见国家级风景名胜区——九嶷山—舜帝陵风景名胜区。

永州—上甘棠村古建筑群 2013 年入选全国重点文物保护单位。参见中国历史文化名村——江永县上甘棠村。

邵阳—魏源故居　位于隆回县司门前镇。魏源是中国近代史上"睁眼看世界"的第一人,提出的"师夷长技以制夷"的思想对中国甚至世界都有深远影响。故居始建于清乾隆初年。木结构四合院,两栋正房和左厢房均为平房,单檐悬山顶,盖小青瓦。正房、左厢房均面阔五间,进深两间。右厢房为二层楼房,面阔七间,进深四间。魏源在这栋楼里度过了他的童年和少年时期。1996 年入选全国重点文物保护单位。

邵阳—邵阳北塔　位于北塔区,与砥柱矶上的亭外亭隔江相望,素有"天开画图"之称。建于明万历初年。楼阁式砖石塔,外观八面七层,通高 26 米。塔底南面设半圆券顶大门,大门两侧以半圆形青砖筑倚柱四通,上方筑门楣,重檐翘角,出檐饰砖磨如意斗拱。逐层每角原配有铜铃,风吹铃响,悦耳动听。2013 年入选全国重点文物保护单位。

邵阳—蔡锷故居、公馆和墓　蔡锷是中国近代民主革命家。蔡锷故居位于大祥区蔡锷乡,始建于清康熙中期,前后三进,面阔各五间,砖木结构,土砖砌墙,单檐悬山顶。清光绪八年(公元 1882 年)蔡锷诞生于此,并度过了青少年时代的大部分时光。蔡锷公馆位于洞口县山门镇,砖木结构,前后三进,面阔各五间,进深两间,占地面积 1 300 平方米,大门石刻对联"修文演武又能手,护国倒袁一伟人"。蔡锷墓位于长沙市岳麓山,墓地周围筑有石阶,广植松柏、香樟。2013 年入选全国重点文物保护单位。

邵阳—塘田战时讲学院旧址　位于邵阳县塘田市镇。1938 年夏,吕振羽受中共湖南省委委托,在此创办"塘田战时讲学院",培养抗日干部,1939 年被国民党反动派查封。讲学院存在仅 8 个月,培训了 250 余名进步青年。院址原是清末太子少保席宝田的别墅,前后四排,每排三栋,木结构梁架。除后栋外,每栋的明间前后无墙壁,连接起来成为长廊式的厅堂。四周设青砖围墙。2013 年入选全国重点文物保护单位。

邵阳—宝庆府古城墙　位于大祥区资江南路。始建于汉代,原系土筑城垣,宋代改为砖石城墙,明、清曾多次修葺扩建。周长约 4 000 米,高 8—10

米,宽 12—19 米,设有朝天、定远、大安、庆丰、临津五道城门,西、南二门各筑瓮城,驻兵守御。城墙上筑炮台 12 座、敌楼 7 座。城外东濒邵水,北临资江,西、南凿池,易守难攻。现存城墙为宝庆古城的北城墙,为宋至清代遗物。2013 年入选全国重点文物保护单位。

邵阳—武冈城墙 位于武冈市区。始建于宋代,夯土结构。明代采用方形青石垒筑,城门增至八座。清咸丰末年建造大炮台一座、小炮台 52 座。自明代至民国,城垣屡经修补。1993 年复建,城墙长 5 874 米,宽 3 米,高 6.6米,分小皇城、内城、外城,均为青石砌成。2013 年入选全国重点文物保护单位。

邵阳—洞口宗祠建筑群 洞口县遗存上百座明清宗祠,著名的有曲塘杨氏宗祠、金塘杨氏宗祠、高沙曾八支祠、伏龙洲肖氏宗祠(兰陵会馆)、江潭王家祠堂(又名王元帅宫)、石江镇双江村江阴侯祠、江洲村刘氏宗祠等 11处,其中最早的建于明正德元年(公元 1506 年),最晚的建于清宣统二年(公元 1910 年)。宗祠古朴自然,石雕、泥塑、彩画具有较高的历史、艺术和科学价值。2013 年入选全国重点文物保护单位。

邵阳—荫家堂 位于邵东市杨桥镇。建于清道光初年。体量庞大布局严谨的湘西南民居建筑,老屋背靠凤凰山,面对开阔的田垄,屋前有蒸水河流经。主体建筑为砖瓦结构,屋墙全部用青砖砌成,有正屋 108 间、杂屋 40间,天井 44 个,圆木柱 156 根。2013 年入选全国重点文物保护单位。

邵阳—中国工农红军第七军指挥所旧址 位于绥宁县寨市古镇。1930年 12 月,邓小平与张云逸一起在此指挥了攻占绥宁县城的战斗,是自百色起义后红七军扭转战局的第一场重大胜利。旧址始建于宋代,砖木结构的二层四合院,门联、浮雕精美,鳌头高耸。指挥所旧址附近的山头上完整地保留了一座红军哨堡、两条红军标语和四座红军战壕。2013 年入选全国重点文物保护单位。

邵阳—黄埔军校第二分校旧址 黄埔军校第二分校设在武冈县城,部分军官总队分别设在洞口县的杨氏宗祠、曾八支祠、尹氏宗祠。1938 年日军进逼武汉,中央陆军军官学校武汉分校迁来武冈,改名为"中央陆军军官学校第二分校"。至1945年10月,共毕业学员23 502人。2013年入选全国重点文物保护单位。

张家界—骑龙岗古墓群 位于慈利县零阳镇。战国至汉代墓葬,墓葬总数超过千座。凡战国墓都是东西向,西汉墓西向的居多。墓都深葬,深度一般超过3米,9号大墓深5.3米。发掘的36号大墓,有墓道、二层台,形制为覆斗直壁,墓壁光洁规整,填土为较纯的青灰土,棺椁尚存,出土楚简1 000多枚,漆木器数十件,青铜兵器有剑、戈、矛、戟、箭镞等,青铜礼器有鼎、壶等。2013年入选全国重点文物保护单位。

张家界—普光禅寺古建筑群 位于张家界市区。始建于明永乐年间,占地面积8 618平方米,历史上包括文庙、武庙、城隍庙、崧梁书院等,现尚存普光寺、武庙、文昌祠等。庙内供奉释迦牟尼、观世音、玉皇大帝、文殊菩萨、普贤菩萨、四大天王、十八罗汉、"三清"(元始天尊、灵宝天尊、太上老君)以及关公等诸多神像。2013年入选全国重点文物保护单位。

张家界—田家大院 位于永定大道。始建于宋真宗年间,清代雍正初年大修。田氏族人的祖居,田氏先祖田承满在北宋年间先后任太保、太傅、太师,官居极品,曾以统抚衔代朝廷官束湘西诸土司王。有大小房屋31间,三层堂屋,四个天井,四合围墙,东西对称,砖木结构,融土家园林、土家吊脚楼于一体,是典型的土家族老院子,湘西乃至全国保存最为完好的土家古宅之一。2013年入选全国重点文物保护单位。

张家界—石堰坪古建筑群 位于永定区王家坪镇。共有182栋吊脚楼,大多建于清代和民国时期。吊脚楼形式多样,别具一格,有"7"字形、"山"字形、"一"字形等造型。古香古色的吊脚楼错落有致,水碾、筒车犹存。2013年入选全国重点文物保护单位。

张家界—红二、六军团长征出发地旧址 2013年入选全国重点文物保护单位。参见全国红色旅游经典景区——红二方面军长征出发地。

张家界—湘鄂川黔革命根据地旧址 2013年入选全国重点文物保护单

位。参见全国红色旅游经典景区——湘鄂川黔革命根据地旧址。

张家界—贺龙故居 2013 年入选全国重点文物保护单位。参见全国红色旅游经典景区——贺龙故居和纪念馆。

二十六、国家一级博物馆

湖南省博物馆 位于长沙市开福区东风路。湖南省最大的历史艺术类博物馆。占地面积 5.1 万平方米,总建筑面积为 9.1 万平方米。常设陈列:汉墓陈列、商周青铜器陈列、名窑陶瓷陈列、明清书法陈列、明清绘画陈列、新发现陈列。馆藏藏品:战国御龙帛画,商代豕形铜尊,黑地彩绘漆棺,曲裾素纱禅衣,汉墓 T 形帛画,大禾人面纹方鼎,唐摹《兰亭序》。2008 年入选国家一级博物馆。

刘少奇同志纪念馆 位于宁乡市花明楼镇。刘少奇传记性专馆。主要包括刘少奇故居和门楼广场、铜像广场、生平业绩陈列馆、文物馆,主馆建筑面积 3 200 平方米,陈列面积 980 平方米,有 8 个展室、1 个声像厅和 2 个怀念亭。收藏文物资料 15 507 件,珍贵文物 571 件,其中一级文物 36 件、二级文物 93 件、三级文物 442 件。2008 年入选国家一级博物馆。

韶山毛泽东同志纪念馆 2008 年入选国家一级博物馆。参见全国红色旅游经典景区——韶山毛泽东故居和纪念馆。

长沙简牍博物馆 位于长沙市天心区白沙路。国内首座集简牍收藏、保护、整理、研究和陈列展示于一体的现代化专题博物馆。占地 2 万平方米,主体建筑面积 1.41 万平方米,绿化广场 8 000 余平方米,馆内展览面积约 5 000 平方米。藏品主要为 1996 年长沙走马楼出土的 14 万余枚三国孙吴时期纪年简牍和 2003 年发现的 2 万余枚西汉初年纪年简牍,另有青铜、漆木、书画、金银等其他藏品约 3 500 件。2017 年入选国家一级博物馆。

二十七、中华老字号

火宫殿有限公司（注册商标：火宫殿） 位于长沙市天心区坡子街。号称"八大小吃十二名肴"，如姜二爹的臭豆腐、姜氏女的姐妹团子、周福生的荷兰粉、胡桂英的猪血、邓春秀的红烧蹄子、罗三的米粉、陈益祥的卤味、胡建岳的牛角饺子等，享誉三湘，其中以臭豆腐声誉最高。2006年入选中华老字号。

玉楼东有限公司（注册商标：玉楼东） 位于长沙市芙蓉区。百年名店，被誉为湘菜的发源地。菜品更新换代快，获奖菜品层出不穷，特色菜肴有"柴把鳜鱼""发丝百页""酱汁肘子""龙舟载宝""毛家红烧肉""洞庭龟羊""金鱼戏莲"等。2006年入选中华老字号。

九芝堂股份有限公司（注册商标：九芝堂） 位于长沙市桐梓坡西路。前身为"劳九芝堂药铺"，创建于清顺治初年。公司秉承"九州共济、芝兰同芳"的经营理念，以药业为中心，向中药材的规范化种植延伸，适度介入生物制品和化学药品，形成科、工、贸一体化的"健康产业"。2006年入选中华老字号。

杨裕兴有限公司（注册商标：杨裕兴） 位于长沙市蔡锷中路。前身为"杨裕兴"面馆，创建于清光绪中期，店主姓杨，取"富裕兴盛"之意，冠名"杨裕兴"。经营的面条全部手工擀制，面质优良、精细均匀，下锅不粘不稠，吃起来极有韧性。2006年入选中华老字号。

杨裕兴实业有限公司（注册商标：杨裕兴） 位于衡阳市石鼓区人民路王家巷。以杨裕兴面条生产、销售为主业的股份制餐饮连锁企业。公司拥有四大知名品牌"杨裕兴""天裕卤味王""天裕面神"和"一水潮亭"。2006年入选中华老字号。

又一村有限公司（注册商标：又一村） 位于长沙市芙蓉区中山路。"又一村"原为清朝巡抚官署花园，以"柳暗花明又一村"之意命名。这片官荫之地汇聚了多家百年字号名肴老店，1956 年众店合而为"又一村饮食店"，1998 年成立长沙饮食集团又一村责任有限公司。经营中式快餐业务，"花菇无黄蛋""子龙脱袍""麻辣子鸡""烧方肉""银丝卷""菊花烧卖"等湘菜、湘点名声远扬。2006 年入选中华老字号。

凯旋门摄影有限责任公司（注册商标：凯旋门） 位于长沙市雨花区韶山北路。前身为长沙市凯旋门摄影公司，创建于 1946 年，以雄厚的实力、精湛的技艺享誉三湘。2006 年入选中华老字号。

老杨明远眼镜有限公司（注册商标：老杨明远） 位于长沙市芙蓉区五一大道。主要经营眼镜，最早可以追溯到明万历年间，时代变迁，数易其主。20 世纪 80 年代初，老杨明远眼镜"重出江湖"，于 1996 年注册成立有限公司。2006 年入选中华老字号。

玉和酿造有限公司（注册商标：玉和） 位于长沙县榔梨镇龙华路。清顺治初年，江苏苏帮酿造大师董玉和来湘开设玉和酱园，以"玉和醋"闻名。"玉和醋"以优质糯米为主要原料，辅以紫苏、花椒、茴香等，以炒焦的草米为着色剂，从原料加工到成品包装各道工序操作规程极为严格，产品制成后要储存一到两年后方可出厂销售。2006 年入选中华老字号。

九如斋食品开发有限公司（注册商标：九如斋） 位于长沙市天心区解放西路。创建于 1915 年。主导产品有传统糕点、月饼、西式糕点、卤腊制品、菌油等，素以"选料考究、工序严谨、制作精良、质量上乘"而著称。2006 年入选中华老字号。

清真第一春餐饮有限公司（注册商标：第一春） 位于常德市。1937 年抗战全面爆发后，南京著名厨师火介眉避难来到常德，开店经营锅贴、米粉、水饺、炒面、卤味等小吃，1988 年正式定名为"清真第一春"。2006 年入选中华老字号。

億昌食品有限公司（注册商标：億昌） 位于沅江市经济开发区。"億昌"起源于清末的一家糕点作坊,清宣统末年集资成立"億昌"熬坊,"億昌"寓含"亿万民生,昌盛兴隆"之意,前店后坊式经营。2006 年入选中华老字号。

银苑有限公司(注册商标:银苑) 位于长沙市雨花区雅塘村。始于 20世纪 40 年代中期的"银苑茶厅",新中国成立后逐步发展成为以经营茶、点心、冷饮为主的专业茶馆。特色湘菜有 40 多种,如"东坡方肉""银苑金牌鸭""东安子鸡"等,特色点心有"银苑鲜肉包""水晶包""滚酥大油饼""鸳鸯馅饼"等。2010 年入选中华老字号。

龙牌酱业集团有限公司(注册商标:龙) 位于湘潭市雨湖区南岭路。由清乾隆初年的专业酱园演变而来,现已建成以生产酱油为主,集生产、贸易、房地产开发于一体的现代股份制民营企业集团。有龙牌酱油、凤牌酱油、鸿雁牌酱菜等四大类 50 余个品种。龙牌酱油曾获 1915 年巴拿马万国博览会金奖。2010 年入选中华老字号。

德茂隆食品工贸有限公司(注册商标:德茂隆) 位于长沙市天心区沙河街。起源于清光绪初年的德茂隆酱园。2006 年德茂隆酱园调料食品综合商行、通泰综合商场、长沙调料食品批发公司等改制组建长沙市德茂隆食品工贸有限公司。2010 年入选中华老字号。

甘长顺面食有限公司(注册商标:甘长顺) 位于长沙市走马楼。早年由汨罗人甘长林始办于清光绪初年,馆名"甘长顺"取"长治久顺"之意。面馆历来以精取胜,经常挂牌经营的高、中、低档品种有 30 多种,如酱汁面、冬笋肉片面、肉丝面、鸡丝面等,其中尤以酱汁面、鸡丝面最负盛名。2010 年入选中华老字号。

黄春和实业有限公司(注册商标:黄春和) 位于长沙市天心区城南西路。前身为"黄春和粉馆",系长沙人黄春和创立,至今已有 70 余年历史。经营的米粉以选料考究、制作精细、风味独特、爽口鲜美而著称。2001 年企业改制成立了长沙市黄春和实业有限公司。2010 年入选中华老字号。

湖南省湘绣研究所(注册商标:金彩霞) 2010 年入选中华老字号。参见国家级非物质文化遗产生产性保护示范基地——湖南省湘绣研究所。

金生花炮有限公司(注册商标：金生) 位于浏阳市双拥东路。创建于1976年，是一家生产礼花弹、冷光烟花、玩具烟花和鞭炮等产品的科技公司。2010年入选中华老字号。

三吉斋饼屋(注册商标：三吉斋) 位于长沙市开福区湘江北路，隶属于长沙沃华经贸公司。始创于清道光初年，店名"浙绍徐元吉斋"。以制作和经营点心、酱菜为主，销售各种南货为辅，主要产品有绍饼、绍酒、绍糕、大面薄脆和元宵等，经营品种达200多个。2010年入选中华老字号。

广东篇

广东省,简称"粤"。宋太宗至道三年(公元 997 年),广南路分为广南东路和广南西路,今广东省大部分属广南东路,"广东"即广南东路的简称。清初将明代的布政使司改称为省,"广东省"名称正式使用。

广东地处中国大陆最南部,自东向西依次与福建省、江西省、湖南省、广西壮族自治区接壤,毗邻香港特别行政区、澳门特别行政区,西南部雷州半岛隔琼州海峡与海南省相望。陆地面积 17.97 万平方千米。大陆海岸线长4 114.3 千米,居全国第一位。

全省山脉大多与地质构造的走向一致,以北东—南西走向居多,如斜贯粤西、粤中和粤东北的罗平山脉和粤东的莲花山脉;粤北的山脉多为向南拱出的弧形山脉,粤东和粤西有少量北西—南东走向的山脉;山脉之间有大小谷地和盆地分布。平原以珠江三角洲平原最大,潮汕平原次之,还有高要、清远、杨村和惠阳等冲积平原。

广东属于东亚季风区,从北向南分别为中亚热带、南亚热带和热带气候,年平均气温 21.8℃。

广东辖广州、深圳 2 个副省级市,珠海、汕头、佛山、韶关、湛江、肇庆、江门、茂名、惠州、梅州、汕尾、河源、阳江、清远、东莞、中山、潮州、揭阳、云浮等 19 个地级市,包括 20 个县级市、34 个县、3 个自治县、65 个市辖区。省政府驻地广州市。2019 年年末,常住人口 11 521 万。

广东是中国光、热和水资源最丰富的地区之一,拥有众多的优良港口。主要矿产有高岭土、泥炭土、银、铅、铋、铊等。广东是岭南文化的重要传承地,语言、风俗、生活习惯和历史文化都有独特风格。

一、中国历史文化名镇

番禺区沙湾镇 位于广州市,地处珠江三角洲中部。始建于南宋,已有800余年历史。现存大量明、清及民国时期古建筑,仅祠堂就有100多座。以车陂街、安宁西街为中心的沙湾古村落,完整地保存着岭南地区的梳式布局,保存大量砖雕、木雕、石雕、灰塑、壁画等岭南特色艺术品,还有留耕堂、宝墨园、南粤苑、鳌山古庙群等岭南特色建筑。2005年入选中国历史文化名镇。

吴川市吴阳镇 位于吴川市西南部,东濒南海,海岸线长14千米。吴川古县城,明洪武间即筑以土城,文物古迹众多,有始建于南宋的极浦亭、读书楼,元朝的圣殿(学宫),明朝的双峰塔、巷门寨东炮台遗址、止寨港遗址,清朝的状元府、状元坊,还有城南门、古兴隆寺、城隍庙、白衣庵、中山纪念堂等。曾获"诗词之乡"称号。2005年入选中国历史文化名镇。

开平市赤坎镇 位于开平市中部,地处珠江三角洲西南部。清初在此设县,地处水路交通枢纽,由此可通达澳门、广州、东莞、江门、新会等地。抗日战争结束后华侨回乡,洋货涌入,市场繁荣。现存有大量华侨建筑,如迎龙楼、南楼、关族图书馆、司徒氏图书馆和堤西路的骑楼等。2007年入选中国历史文化名镇。

香洲区唐家湾镇 位于珠海市。起源于唐代,是唐家湾地区最早的自然村。清末兴办洋务企业的唐廷枢、民国首任内阁总理唐绍仪、工人运动著名领袖苏兆征皆诞生于此。山林地区大部分为经济林用地,丘陵地带主要植物有桃金娘科树木百多种,滨海盐渍地带有由几十种植物构成的红树林植物群体,平原地带有朴树、马尾松、大叶桉、木棉树等,有"岭南植物园"的美誉。有唐绍仪故居、苏兆征故居等文化景点。2007年入选中国历史文化名镇。

陆丰市碣石镇 位于陆丰市南部碣石湾畔,海岸线长40.3千米。古称"石桥盐场""老苏城""碣石卫"。拥有玄武山旅游区、田尾山海洋景区、明卫城遗址等。2007年入选中国历史文化名镇。

东莞市石龙镇 位于东莞市北部。起源于新石器时代,曾两次设市。地势北高南低,地貌类型丰富。有仙溪福地牌坊、林屋祠堂等人文古迹。2008年入选中国历史文化名镇。

惠阳区秋长镇 位于惠阳区中南部,东邻大亚湾。客家人聚居区,拥有粤东地区规模较大、保存较好的客家围屋80多幢。叶挺、廖似光和叶亚来的故乡,是惠阳地区著名的革命老区和侨乡之一。现有叶挺故居、碧滟楼、会龙楼、会水楼、拱秀楼等文化景点,素有"千秋客家文化、百年红色经典"之美誉。2008年入选中国历史文化名镇。

普宁市洪阳镇 位于普宁市东北部,三面环山,四水归汇,有"盘底珠"的美称。明万历年间设县于此,历史文化底蕴深厚。较完整地保留了潮汕风俗和传统,"洪阳钧天乐社"、"英歌"队、潮州大锣鼓队和醒狮队声名远扬。有潮汕地区著名的美食粿汁、无米粿、猪肠灌糯米、蚝烙、浮油豆干、鼠瓜烙、尖米丸、鱼头粥、番薯粥、乒乓果等。2008年入选中国历史文化名镇。

中山市黄圃镇 位于中山市最北部,地处"珠三角"西岸都市圈发展的核心板块,广州、深圳、佛山、江门、东莞、珠海、香港、澳门八城市一小时交通圈内。先后获得"中国食品工业示范基地""全国农产品加工创业基地""中国腊味食品名镇"等称号。320年历史的报恩禅寺、距今2 000年的海蚀遗址保存较好;飘色艺术自明末清初传承至今,被誉为"中国飘色之乡"。2010年入选中国历史文化名镇。

大埔县百侯镇 位于梅州市大埔县东部。"百侯"有"多出人才"之意。

民风淳朴、风景优美，留存有大量脍炙人口的诗词、楹联还有宋代摩崖石刻。钠长石、黏土、陶泥等资源丰富，"金公主"牌木屐远销海外。有"侯山十二景""马寺晨钟""古榕荫下""西岩朝翠""东廓晚霞"等景观。2010年入选中国历史文化名镇。

斗门区斗门镇　位于珠海市，地处珠江三角洲南端。南宋称"潮居里"，是历朝都司巡检驻地。农产品以水稻、水产、水果为主，是著名的"荔枝之乡"。有西洋与岭南建筑风格融合的百年斗门旧街，丁字形的街道两侧是保存完好的骑楼商店。先后荣获"全国重点镇""国家卫生镇""国家级生态乡镇"等称号。2014年入选中国历史文化名镇。

西海区西樵镇　位于佛山市，地处珠江三角洲腹地。西樵山钟灵毓秀，流泉飞瀑终年不绝，发掘大规模新石器时代遗址，被考古学者誉为"珠江文明的灯塔"，被命名为"西樵山文化"。纺织业始于五六千年以前，20世纪80年代形成"千家厂、千家店、万台机、亿米布"的产销规模，有"广纱甲天下"的美誉。山间有七个岭南古村落，保留着传统的婚嫁习俗和生产劳动习俗。2014年入选中国历史文化名镇。

梅县区松口镇　位于梅州市，梅江下游，水陆交通便利。历史悠久，明清时期已是嘉应州最繁华的乡镇之一。人文资源丰富，有400年历史的梅州元魁塔、明末留存的72个天井、"世德堂"围龙屋、有70多年历史的中山公园等。人才辈出，明清两代出现了4位翰林、9位进士、27位举人。有"文化之乡""华侨之乡""山歌之乡"的美誉。2014年入选中国历史文化名镇。

大埔县茶阳镇　位于大埔县北部。明嘉靖年间建成，有470多年历史。地处汀江下游，境内有三条河流交汇，是粤闽两省三县12个乡镇的重要贸易集散地，广东省首批"中心镇"之一。以水稻、烤烟、蜜柚为主要经济作物，竹、木资源丰富。有"父子进士"石牌坊、古城墙、关岳庙等景观。2014年入选中国历史文化名镇。

大埔县三河镇　位于大埔县西部，因梅江、汀江、梅潭河三江在境内交汇而得名。1927年南昌起义部队自福建长汀、上杭南下时，朱德、周士第等率领的国民革命军第四军第二十五师在此与敌人激战三昼夜,最后一部分部队辗转来到井冈山与毛泽东率领的中国工农革命军第一军第一师会合,现有三河坝烈士纪念碑、三河坝战役纪念园,还有明代古城墙、韩江源标志雕像、明代兵部尚书翁万达墓、火船屋、凤集亭、古榕渡等景观。2014年入选中国历史文化名镇。

二、中国历史文化名村

三水区大旗头村 位于佛山市乐平镇。清代村落,方形结构,布局规整,硬山顶锅耳式风火墙,内部采用广东民居典型的三间两廊式,小巷纵横,锅耳式建筑颇具特色。还有裕礼郑公祠、郑氏公祠、振威将军庙、尚书第、建威等五座家庙。人杰地灵,人才辈出,如广东水师提督郑绍忠、粤军将领郑润琦、抗美援越烈士郑绍杭、二级战斗英雄郑志安等。2003年入选中国历史文化名村。

龙岗区鹏城村 位于深圳市东部的大鹏镇。明代为抗击倭寇而设立"大鹏守御千户所城",是明清两代海防军事要塞,也是深圳别称"鹏城"的来源。有侯王庙、天后宫、赵公祠、参将署等古迹。清代民居留存完好,错落有致,宁静古朴。将军第有序分布,其中以抗英名将赖恩爵的振威将军第最为宏伟壮观。2003年入选中国历史文化名村。

茶山镇南社村 位于东莞市东江南侧。始建于宋朝,已有800多年历史。重点历史建筑众多,有始建于明崇祯年间的社古寨墙,遗存有神台基座及碑座红石雕刻的百岁翁祠,纪念谢氏百岁夫妻的百岁坊,南社村谢氏家族始祖谢氏大宗祠,清光绪年间武进士谢元俊的资政第、谢遇奇家庙等。古树繁多,树龄百年以上的数十棵,最长的超过800年。古民居多为三间两廊布局,集家庙、水坊、古井为一体。2005年入选中国历史文化名村。

开平市自力村 隶属于开平市塘口镇。由安和里、合安里和永安里三个自然村组成,村名取"自力更生"之意。有九座碉楼、六座庐,建筑精美。2005 年入选中国历史文化名村。

顺德区碧江村 位于佛山市北滘镇。建于南宋初年,明清时期已为顺德四大圩镇之一。自明景泰年间至清代中叶,走出了 26 名进士、145 名举人。仕人遍布全国各地,告老还乡后建造祠堂和宅第园林,至今留存祠堂、宅第、民居、书塾、园林等明清古建筑共 1 万多平方米,其中以金楼、泥楼、见龙门、慕堂苏公祠、苏三兴大宅、泰兴大街祠堂群、村心祠堂群最为著名。2005 年入选中国历史文化名村。

番禺区大岭村 位于广州市石楼镇西北面。典型的岭南古村落,山清水秀、风景优美。房屋傍水而建,以古街为主轴,旁生里巷,形成"鱼骨状"的街巷格局。有保存完好的岭南风格建筑 9 000 平方米,如柳源堂、永思堂、龙津桥等,门楼、牌坊、麻石巷、古树、蚝壳墙等随处可见。2007 年入选中国历史文化名村。

东莞市塘尾村 隶属于石排镇。宋代建村,已有 800 多年历史,是东莞现存较好、规模较大的古村落。依山而建,布局合理,由围墙、炮楼、里巷、祠堂、书室、民居、古井、池塘、古榕等组成传统村落景观。现存古民居 268 座,祠堂 21 座,书室 19 座,古井 10 眼,围门 4 个,炮楼 28 座。2007 年入选中国历史文化名村。

中山市翠亨村 位于南朗镇,京珠高速公路穿过,是中山市东南部水陆交通要塞。原名"蔡坑村",因山林青翠而改名。孙中山先生的故乡,有孙中山故居、孙中山雕塑、瑞接长庚牌坊、翠亨民居展示区、翠亨农业展示区、中山鼎、警世钟等人文旅游景点。2007 年入选中国历史文化名村。

恩平市歇马村 位于圣堂镇锦江河畔。元至正年间立村,已有 670 多年历史。古屋精致,青砖砌墙,屋檐和屋脊以描龙雕凤的灰塑装饰。明清时期考取功名或有官职的达 670 多人,被称为"举人村",至今尚存 7 间祠堂、200 多块举人石碑、清朝的圣旨石碑等古迹。2008 年入选中国历史文化名村。

连南瑶族自治县古排村 隶属于三排镇,地处广东省西北部。四周山势险要,溪水奔流,青翠的群山连绵起伏。古民居遍布山岗,青砖砌墙,黑瓦盖顶,造型独特。2008 年入选中国历史文化名村。

澄海区前美村 位于汕头市隆都镇。始建于元末,有近 700 年历史。潮汕地区著名的古村落。清末富商陈慈黉的故居,占地 2.54 万平方米,分设"善居室""朗中第""寿康里""三庐"四大宅院,厅房共 506 间,是潮汕建筑文化与西方建筑文化的结合体。2008 年入选中国历史文化名村。

仁化县石塘村 隶属于石塘镇。明洪武年间建村,已有 640 多年历史。古建筑大多是明清建筑遗存,建筑风格集客家风情、徽派特色于一体。现存宗祠等古建筑 133 座,保存完好的有 106 座。古时繁华的商贸一条街——三角街,至今还保留着较为完整的店铺门面和布架。2010 年入选中国历史文化名村。

梅县区茶山村 隶属于梅州市水车镇。奇石高耸,景色秀丽,有旗尾石、饭甑石、瓦鹰石等。保留着明末至民国初年修建的客家民居 34 栋。地处山区,山地多、土壤肥沃,四季如春,阳光充足,是具有优越自然条件的综合农业区。茶山三华李闻名省内外,每年春暖时节,万亩李花竞放,芬芳四溢。2010 年入选中国历史文化名村。

佛冈县上岳古围村 隶属于龙山镇。始建于宋代,已有 720 多年历史。依山而建,保留至今的明清老房子约有 1.5 万平方米,是目前广东规模最大、保全完好的古建筑群之一。五家为邻,五邻为里,共有 18 个里,各里以稳固森严的围墙连成一体,围墙上没有窗户,只有枪眼、观察孔稀疏点缀其间,成为古村重要的防御屏障。最有特色的锅耳楼,中轴对称,主次有序,层次分明。锅耳楼中的天井有聚集雨水的功能,寓意"聚财"。2010 年入选中国历史文化名村。

南海区松塘村 隶属于佛山市西樵镇。宋理宗时期南迁至此,已有 800 多年历史。百巷朝塘,自然环境优美。传统建筑达 2 万多平方米,代表性建筑有区氏宗祠、六世祖祠、见五大夫祠、东山祖祠、樵侣祖祠、明德社学、养正书舍、培元书舍、汇川家塾、孔圣庙等。传统民居、宗祠家庙、古树古井构成了独具特色的历史风貌,随处可见的"三雕一塑",充分展现了岭南建筑艺术。2010 年入选中国历史文化名村。

花都区塱头村　隶属于广州市炭步镇。始建于元至正年间,已有 660 年历史。古树环绕,风景优美。现存明清时期岭南风格古建筑 200 座,其中祠堂、书室、书院近 30 座,炮楼、门楼三座。2014 年入选中国历史文化名村。

蓬江区良溪村　隶属于江门市棠下镇。"良溪",取"良才大用,溪水长流"之意。北宋时已有谢、龚两姓居住,南宋绍兴初年罗贵率领 36 姓 97 户迁徙至此,如今 80% 的村民是罗姓。现存罗氏大宗祠、罗贵墓、节孝牌坊等文物古迹。2014 年入选中国历史文化名村。

台山市浮石村　位于斗山镇东部。相传村西北江中有巨石,随水浮沉,称"浮石",村因此得名。始建于清康熙年间,聚落呈梯级状分布,建筑为沙土砖木结构平房。传统民间艺术"浮石飘色"名扬海内外。2014 年入选中国历史文化名村。

遂溪县苏二村　隶属于建新镇。村内多荔枝树,原名"荔枝村"。北宋文豪苏东坡喜食荔枝,当年被贬海南途经遂溪,慕名走进荔枝村,可惜荔枝成熟的季节已过;后来遇赦北归,再次踏进荔枝村,终于如愿以偿。为了纪念苏东坡两次踏进荔枝村,遂改名为"苏二村"。有 40 多幢明清时代的石砖结构古民居,还有 50 多间的"拦河屋",保存着完好的枪口和炮口,屋顶的古墙蜿蜒盘曲,气势恢宏。2014 年入选中国历史文化名村。

蕉岭县石寨村　位于南礤镇中东部。依山傍水,自然与人文环境保存良好,有 500 多年历史。建于明代的石寨土楼,为典型的客家防御性民居建筑。祖堂、树德楼、方楼、崇德楼、田子屋、华祝堂、儒林第等古建筑保存完好。有毛竹、烤烟、红菇等特色农作物。2014 年入选中国历史文化名村。

陆丰市石寨村　位于大安镇东南面。群山环抱,小河蜿蜒,平坦谷地方圆十里,中间突起一座形如雄狮的小山岗,石寨村落即置于此。始建于唐,有 1 000 多年历史。民居依山势高低逐级而建,寨墙周长约 700 米,高 10

米。地下排水系统设计可谓一绝。巷道石板下隐约可见又深又宽的排污暗渠,汇入环城巷道主暗渠,再流向寨外直通鉴湖。2014 年入选中国历史文化名村。

和平县林寨古村 位于和平县东南部的兴井村。始建于清末,有典型客家风格的方围屋 200 多幢,每幢占地 1 000—3 000 平方米不等,四角置高达 8—10 米的碉楼,主体建筑为三进院落厅堂式布局,尤以谦光楼、颍川旧家和中宪第最具代表性。2017 年入选中国历史文化名村。

三、全国特色景观旅游名镇(村)

惠东县巽寮镇 位于稔平半岛西南角,地处大亚湾东部,与大亚湾经济技术开发区隔海相望。海岸线长 20 多千米,有丰富的海洋资源。旅游资源丰富,有巽寮湾度假村、三角洲、石雕公园、自然岛、阿妈庙等,是著名的海滨旅游风景区。2011 年入选全国特色景观旅游名镇(村)。

高栏港经济区平沙镇 位于珠海市。早在 4 000 多年前就有人类在这里活动,平沙及其附近一带海域曾是宋元时期的古战场,曾出土大批新石器时代文物和宋元文物。近年来已迅速崛起为经济强镇、农业大镇和旅游名镇。拥有海泉湾度假区、武林源主题公园和"世外桃源"等著名景点。2011 年入选全国特色景观旅游名镇(村)。

中山市三乡镇 位于珠江三角洲中部、中山市南部。毗邻珠海,山丘环列。宋代曾设盐场。地表和地下水资源丰富,其中有几处温泉眼,平均水温 85℃,自流量平均每天 188 吨。土壤肥沃,适宜种植水稻。有文昌阁、罗三妹山、古鹤村古村落等旅游景点。2011 年入选全国特色景观旅游名镇(村)。

东莞市虎门镇 位于东莞市西南部、珠江口东岸。地处南亚热带,海洋性气候,常受季风影响,四季温暖。有威远炮台、沙角炮台、虎门海战博物馆、虎门大桥等旅游景点。曾获得"全国重点镇""国家电子商务示范基地""国家电子信息产业基地"等 100 多项国家级和省级荣誉称号。2011 年入选全国特色景观旅游名镇(村)。

霞山区特呈岛村 特呈岛位于雷州半岛东北部,是湛江市湛江湾水道中间的一座小岛,北邻南三岛,东临太平洋,西靠湛江港,是湛江港的天然屏障。有 40 公顷国家重点保护的红树林,拥有 400 多年历史的洗太庙及众多抗日革命旧址。2011 年入选全国特色景观旅游名镇(村)。

饶平县新丰镇 位于饶平县北部,毗邻福建、江西。地势以丘陵、山地为主。有润丰楼、五全楼、白石寺、乌石庙、弘法寺、温泉等景点。饶平县为造瓷业大镇,以"历史久、瓷窑多、规模大、品种全、产量多"而闻名。2011 年入选全国特色景观旅游名镇(村)。

清新区太和镇 清新区人民政府所在地。风景秀丽,旅游资源丰富,有太和古洞风景区、明霞洞生态旅游度假区、玄真漂流旅游度假区、五星漂流度假区、飞水塔等。以发展工业为主,是城区重点工业区。2011 年入选全国特色景观旅游名镇(村)。

始兴县沈所镇 位于始兴县县城西南部。水陆交通便利,土地资源丰富,气候温润,有利于生态林业发展。以种植黄烟、水稻、蚕桑为主,兼种花生、豆类、生姜、水果等经济作物。自然风景优美。2011 年入选全国特色景观旅游名镇(村)。

恩平市歇马村 2011 年入选全国特色景观旅游名镇(村)。参见中国历史文化名村——恩平市歇马村。

东莞市南社村 2011 年入选全国特色景观旅游名镇(村)。参见中国历史文化名村——东莞市南社村。

增城区派潭镇 位于广州市。原始自然生态景观保持较好,自然风景秀美,有广府文化与客家文化结合的白水寨风景名胜区、白水仙高山瀑布、九座海拔超千米的山峰等。人文景观有太平天国将领石达开故居、腊田围熊氏宗祠、车洞老水车、派潭老街、灵山明万历古钟等。大力发展农业,种植水稻、荔枝、龙眼、烟叶、茶叶等经济作物,其中凉粉草、大红柿、粉葛是闻名特产。2015 年入选全国特色景观旅游名镇(村)。

潮阳区海门镇　位于汕头市东南部沿海。明洪武年间始建海门城,迁守御千户所于此。濒临南海,海岸线长 19.6 千米,有得天独厚的渔业优势,以水产批发与贸易、海淡水养殖业为主要产业。2015 年入选全国特色景观旅游名镇(村)。

丰顺县八乡山镇　位于丰顺县西南部,地处粤东莲花山脉中段。拥有丰富的生态资源,山水风光秀美,美景浑然天成,有粤东大峡谷云卷峡、千亩大水库、万亩绿茶园、尖山、天堂庵、广善寺、文昌祠、东江苏维埃纪念馆等。2015 年入选全国特色景观旅游名镇(村)。

东莞市清溪镇　位于东莞市东南部,与深圳市、惠州市接壤。客家古镇,定期举办客家文化艺术节,清溪彩扎麒麟制作技艺已被列入《国家级非物质文化遗产名录》。有茅輋水库、清溪森林公园。2015 年入选全国特色景观旅游名镇(村)。

香洲区万山村　隶属于珠海市万山镇。海水清澈,物产丰富,渔村风貌保存完整。四季分明,物产丰富,风景如画。村内有锻件厂、生物化肥厂、防水材料厂等企业。主要农产品有山药、芹菜梗、小芋头、水稻、通菜、苹果、大白菜、橙子、柚子等。2015 年入选全国特色景观旅游名镇(村)。

新会区陈皮村　隶属于江门市会城镇,位于珠江八大出海口崖门水道银洲湖畔。面向南海,背靠凤山,田野、鱼塘环绕四周,大榕树、石板巷、青砖房、全竹美食街有序分布,依山傍水,钟灵毓秀。新会人生产、加工和食用新会陈皮的历史已有 700 多年。2015 年入选全国特色景观旅游名镇(村)。

博罗县旭日村　隶属于龙华镇。现存明清时期古村落 600 多处,均为砖瓦房结构,是当时文化特色、民族风情的集中展示。全村皆为陈姓。由于陈氏先祖为南迁的客家人,古村形成了典型的客家宗族聚居的特色。2015 年入选全国特色景观旅游名镇(村)。

郁南县兰寨村　位于连滩镇。历史悠久,人杰地灵,英才辈出,自然风光旖旎,文化底蕴深厚。保留有元朝末年的长约 25 米、高 3.5 米的古城墙和古街巷,清末古建筑 30 座。有状元进士馆、十德文化馆、农耕典当馆、林氏宗祠、状元亭、林如堂状元碑、双桂堂古屋、安宁庙、瑞昌大屋、进士碑、状元及第牌匾等众多古迹。2015 年入选全国特色景观旅游名镇(村)。

和平县兴井村　2015 年入选全国特色景观旅游名镇(村)。参见中国历史文化名村——和平县林寨古村。

南海区松塘村　2015 年入选全国特色景观旅游名镇(村)。参见中国历史文化名村——南海区松塘村。

连南县古排村　2015 年入选全国特色景观旅游名镇(村)。参见中国历史文化名村——连南县古排村。

番禺区大岭村　2015 年入选全国特色景观旅游名镇(村)。参见中国历史文化名村——番禺区大岭村。

开平市自力村　2015 年入选全国特色景观旅游名镇(村)。参见中国历史文化名村——开平市自力村。

南海区西樵镇　2015 年入选全国特色景观旅游名镇(村)。参见中国特色小镇——南海区西樵镇。

大埔县百侯镇　2015 年入选全国特色景观旅游名镇(村)。参见中国历史文化名镇——大埔县百侯镇。

四、中国特色小镇

顺德区北滘镇　位于佛山市,地处广州主城区、佛山新城、顺德主城区的交会处。古称"百滘",意为"百河交错、水网密集"。经济发展支柱产业主要包括家电制造、金属材料制造以及机械设备制造等。为"全国文明镇""国家卫生镇""国家级生态乡镇"。2016 年入选中国特色小镇。

高要区回龙镇　位于肇庆市。自然风光优美，历史文化底蕴深厚，有黎槎村、槎塘古村落、光荣村红砂岩采石场遗迹、回龙书院、祖庙、邓甲楼等人文旅游资源。2016 年入选中国特色小镇。

梅县区雁洋镇　位于梅州市，地处莲花山脉的五指峰下。原为湖洋低洼水田，候鸟多，大雁成群聚居于此，故名。"八山一水一分田"的山区镇，矿产资源、水力资源、旅游资源丰富，有叶剑英纪念园、"雁南飞"、雁鸣湖、千年古刹灵光寺、粤东名山五指峰等五大旅游景区。2016 年入选中国特色小镇。

江东新区古竹镇　位于河源市西南部，东江中游东岸。主要地形为低山、丘陵，南亚热带海洋性气候，水系发达、河湖众多。有越王山、古竹陈家祠、河源石窟、道姑岩、荔枝长廊等旅游景区，有"鱼米之乡、工业重镇、商贸之埠"之美誉。2016 年入选中国特色小镇。

中山市古镇镇　位于中山市西北部，地处中山、江门、佛山三市的交汇处。以灯饰、花卉苗木两大产业为支柱，是华南地区较大的花卉苗木种植基地和销售市场，灯饰业总产值占中国市场份额的 60% 以上。林氏宗祠始建于明正德年间，已有 500 多年历史。2016 年入选中国特色小镇。

开平市赤坎镇　2016 年入选中国特色小镇。参见中国历史文化名镇——开平市赤坎镇。

顺德区乐从镇　位于佛山市。325 国道贯穿南北，东平水道和顺德水道夹镇而流，地理位置优越。现代商贸和物流业兴旺发达，拥有家具、钢材和塑料三大专业市场，名列 2018 年度全国综合实力千强镇。2017 年入选中国特色小镇。

蓬江区棠下镇　位于江门市，地处广东省中南部，珠江三角洲腹地。水陆交通便利，珠江水系的西江由北至南流经全镇。山清水秀，有良溪古村、滨江大道绿道、陈垣故居等旅游景点。拥有 800 多年历史，物产富饶，素有"鱼米之乡"和"水果之乡"的美誉。2017 年入选中国特色小镇。

丰顺县留隍镇　位于丰顺县东北部。以农业经济为主，主产水稻、红薯、甘蔗、姜、烟草等。盛产橄榄、青梅、枇杷、龙眼、荔枝、杨梅、香蕉、柿子等水果。温泉资源丰富,东留鹿湖天然温泉平均水温 65℃,品质好、水温高、流量大。还有军塘湖、韩江留隍大桥、万江古庙、古榕林、妈宫、红崇炮楼等旅游资源。2017 年入选中国特色小镇。

揭东区埔田镇 位于揭阳市。纯农业镇,有"水果之乡"之称。竹笋面积 3.8 万亩,是揭阳市麻竹笋生产、加工、销售一条龙产业化示范基地。竹笋品种独特、品质优良,是国内罕见的食用笋品种,有"岭南山珍"美称。埔田香蕉肉质金黄,软滑甜美。"古山二号"龙眼果实鲜嫩、清甜可口、营养丰富。埔田生态农业观光风景区有"千亩竹林""万亩蕉园"。2017 年入选中国特色小镇。

中山市大涌镇 位于中山市西南部。亚热带季风气候,阳光充足,生物资源丰富,有大量有药用价值的自然植被。获"中国红木雕刻艺术之乡""中国红木家具生产专业镇""中国牛仔服装名镇""国家卫生镇"等称号。有卓旗山庄、安堂祠堂等旅游资源。2017 年入选中国特色小镇。

电白区沙琅镇 位于茂名市。宋朝初期形成集市,后沿用沙琅巡检司名,得名"沙琅镇"。居民绝大多数为客家人。自然资源丰富,水源充沛,有小水电站三座。经济发展以农业为主,有优质稻谷、荔枝、香蕉、甘蔗等农业生产基地,是"全国重点镇""全国造林绿化百佳镇""全国一村一品示范镇"。2017 年入选中国特色小镇。

廉江市安铺镇 位于廉江市西南部,地处雷州半岛九洲江下游。拥有500 多年的历史。历史古迹众多,有抗战炮楼、玉枢宫、安铺中山公园、文阁等。特色美食有安铺白切鸡、安铺鱼生粥、安铺糯米鸡、螺锥肉煲豆腐头等。2017 年入选中国特色小镇。

鼎湖区凤凰镇 位于肇庆市。山地土质肥沃,阳光充足,雨水充沛,盛产肉桂、香粉、松脂、蜂蜜、桂油等农副产品和砂糖橘、佛手、黄榄等优质水果,地下蕴藏着大量的铁、铜、石英石、黄金等矿物,并有石灰石、陶土、高岭土等资源。九坑河水库风光旖旎,是度假、避暑休闲的胜地。环境幽静,山清水秀,有黄金沟、藏龙沟、九龙湾、同古山居等旅游景点。2017 年入选中国特色小镇。

湘桥区意溪镇 位于潮州市广东省东部,与潮州古城隔江相望。文物古迹众多,有鳄渡秋风茶亭、蔡家围墙遗址、明代石猴、摩崖石刻、明代建筑普同塔、海角山贝丘文化遗址,还有别峰古寺、东山庵、孝禅寺、三山灵庙、三师公庙、松林古寺、白塔寺、紫莲森林度假村等景点。特产橡埔青皮橄榄色泽光润美观,肉质甘脆,多汁而少渣。2017 年入选中国特色小镇。

英德市连江口镇 位于英德市南部,地处北江、连江交汇处,是英德市的南大门。有 2 000 多年的历史,历代为兵家必争之地。自然资源丰富,北江小三峡之一的浈阳峡,以"古、秀、奇、险、幻"而闻名。大樟沙滩度假村,绿树成荫,是休闲度假的胜地。农业以种植冬瓜、砂糖橘、麻竹笋等经济作物为主。2017 年入选中国特色小镇。

南海区西樵镇 2017 年入选中国特色小镇。参见中国历史文化名镇——南海区西樵镇。

潮阳区海门镇 2017 年入选中国特色小镇。参见全国特色景观旅游名镇(村)——潮阳区海门镇。

斗门区斗门镇 2017 年入选中国特色小镇。参见中国历史文化名镇——斗门区斗门镇。

番禺区沙湾镇 2017 年入选中国特色小镇。参见中国历史文化名镇——番禺区沙湾镇。

五、中国历史文化街区

中山市孙文西历史文化街区 位于中山市石岐街道。以孙文西骑楼街为中心,包括烟墩山以南、瓮菜塘街以北、岐江以东、悦来路以西区域,核心保护区面积 7.1 万平方米,主要历史建筑有思豪大酒店、福寿堂、永安侨批局、骑楼式商铺、岐江桥等。中国传统建筑、具有折中主义色彩的华侨建筑与古典复兴主义建筑并存,是珠三角地区典型的近代商业街,比较完整地保留了清末民初的空间格局,地域文化特色显著。2015 年入选中国历史文化街区。

六、国家级文化生态保护实验区

客家文化(梅州)生态保护实验区 位于广东省梅州市境内。梅州是国家历史文化名城,客家文化积淀深厚,民俗风情独特。丰富的非物质文化遗产资源与自然生态环境、文物古迹、村落城镇相互依存,形成了底蕴深厚、特色鲜明的岭南客家文化,是客家文化的主要发源地之一和客家文化向外传播的核心区。2010 年入选国家级文化生态保护实验区。

七、国家生态旅游示范区

丹霞山国家生态旅游示范区 位于韶关市东北隅的仁化县境内。丹霞是由陆相红色砂砾岩在内生力量(包括隆起)和外来力量(包括风化和侵蚀)共同作用下形成的各种地貌景观的总称,包括壮观的红色悬崖以及一系列侵蚀地貌,例如,天然岩柱、岩塔、沟壑、峡谷和瀑布等。沟壑纵横的地貌,对保护包括约 400 种稀有或受威胁物种在内的动植物和亚热带常绿阔叶林起到了重要作用。仁化县境内的丹霞山,是世界"丹霞地貌"命名地,占地面积292 平方千米,由 680 多座顶平、身陡、麓缓的红色砂砾岩石构成,"色如渥丹,灿若明霞",以赤壁丹崖为特色,是世界已发现的 1 200 多处丹霞地貌中发育最典型、类型最齐全、造型最丰富的丹霞地貌集中分布区。2013年入选国家生态旅游示范区。

雁南飞茶田景区 位于梅州市梅县区雁洋镇。融茶叶、水果生产,生态公益林改造,园林绿化和旅游度假于一体的生态农业示范基地和开放型旅游度假区,是全国农业旅游示范点、全国高产优质高效农业标准化示范区。2014年入选国家生态旅游示范区。

南昆山生态旅游区 位于龙门县西南部。平均海拔600多米,主峰天堂顶海拔1 228米。有1.6万公顷原始森林、4 000公顷连绵竹海,重峦叠嶂,古树参天,青竹遍野,森林覆盖率达98%,有"北回归线上的绿洲"之美誉。有2 000多种植物,其中穗花杉、沙椤以及红花荷、竹柏、银杏、观光木等国家重点保护野生植物20余种。有130多种珍稀动物。2015年入选国家生态旅游示范区。

八、全国红色旅游经典景区

广州市毛泽东同志主办农民运动讲习所旧址 位于广州市中山四路。原是番禺学宫,始建于明洪武初年,清代重建,是一组红墙黄瓦、古朴庄重的建筑群。第一次国共合作时期,为培养农民运动干部,在共产党人的倡议和主持下,以国民党的名义在广州举办的农民运动讲习所。1926年5—9月,第六届农民运动讲习所在此举办,毛泽东任所长,周恩来、萧楚女、彭湃、恽代英等共产党员任教员,来自20个省区的327名学生在此学习农民运动的理论和方法,接受严格的军事训练。2005年入选全国红色旅游经典景区。

广州起义纪念馆和烈士陵园 广州起义纪念馆位于广州市起义路,馆址为1927年12月中国共产党领导的广州起义建立的苏维埃政府旧址,叶剑英题书馆名。广州起义烈士陵园位于广州市中山二路,1954 年为纪念在广州起义中牺牲的烈士修建的纪念性公园。现为全国重点烈士纪念建筑物保护单位。2005 年入选全国红色旅游经典景区。

叶剑英元帅纪念馆　位于梅州市梅县区雁洋镇虎形村。1989 年竣工,原建筑面积 1 560 平方米,1994 年又增加 1 800 平方米,现代园林式建筑。馆名由杨尚昆题写。陈列面积 500 平方米,陈列照片、题词、文献手稿、办公用具、文房四宝等。馆前竖立叶剑英戎装铜像。2005 年入选全国红色旅游经典景区。

深圳市博物馆(新馆)及莲花山公园　深圳市博物馆新馆位于深圳市福田区福中路,1988 年开馆,占地面积约 3.7 万平方米,由展楼、工作楼、文物库和视听厅四处独立的建筑物组成,主要分为古代深圳展厅、近代深圳展厅、深圳民俗展厅以及"走进野生动物的情感世界"展厅。莲花山公园占地面积 1.94 平方千米,主要分为风筝广场、山顶广场等。2011 年入选全国红色旅游经典景区。

海丰县红宫红场旧址、彭湃故居　位于海丰县海城镇。红宫原为明代的"海丰学宫",1927 年 10 月海丰人民第三次起义,当时会场四周和街道墙壁都刷成红色,会场内用红布覆盖墙壁,学宫改称"红宫"。红场原为"东仓埔",1927 年 12 月"庆祝海丰苏维埃政府成立大会"在这里召开,1928 年 1 月董朗、颜昌熙等率领的南昌起义部队与叶镛、袁裕、徐向前等率领的广州起义部队在此胜利会师。彭湃是中国农民运动的杰出领袖,1929 年 8 月不幸被捕,壮烈牺牲。彭湃故居始建于清末,建筑面积 266 平方米,彭湃的童年和青少年时期在这里度过。1925 年第一次东征时,周恩来与彭湃在此会面,建立中共海丰特别支部,中共海丰地委在此办公。2011 年入选全国红色旅游经典景区。

孙中山故居和纪念馆　位于中山市南朗镇翠亨村。占地面积 500 平方米,建筑面积 340 平方米。砖木结构,中西结合的两层楼房,楼房上层各有七个赭红色装饰性的拱门。屋檐正中饰有光环的灰雕,环下雕绘一只口衔钱环的飞鹰。建筑物门多窗多通道多,居屋前后左右均有门通向街外。今故居按原样陈列,故居前辟为公园,故居旁另建孙中山纪念馆。2011年入选全国红色旅游经典景区。

三元里人民抗英斗争纪念馆 位于广州市广园中路。清道光二十年(公元1840年)英国发动对华鸦片战争。次年5月英军劫掠队到三元里一带抢劫,侮辱妇女,三元里附近103乡人民组成反侵略武装抵御英军,打死英军200多人,大获全胜。旧址原为供奉北帝的三元古庙,三间砖木结构建筑,始建于清初。1950年建立三元里人民抗英烈士纪念碑,1958年三元里人民抗英处三元古庙遗址被辟为三元里人民抗英斗争史料陈列馆,展示三元里抗英遗留的沙盘、七星旗、武器和战利品文物及史实资料。2011年入选全国红色旅游经典景区。

黄花岗七十二烈士墓 位于广州市越秀区先烈中路。清宣统三年(公元1911年)孙中山领导的同盟会发动广州起义,终因寡不敌众而失败,喻培伦等100余人牺牲。同盟会员潘达微冒险奔走四方,由慈善机构出面收殓遗体,共得72具,合葬于广州东郊红花岗,红花岗易名为"黄花岗"。潘氏死后亦附葬于此。墓区占地面积16万平方米,正门有高13米的牌坊,镌刻孙中山亲笔题词"浩气长存"。内有墓亭、陵墓、纪功坊、记功碑等。2011年入选全国红色旅游经典景区。

黄埔陆军军官学校旧址 位于广州市黄埔区长洲岛。原为清朝陆军小学和海军学校校舍。1924年孙中山在此创办培养军事干部的中国国民党陆军军官学校,后先后改名为"中央军事政治学校""国民革命军军官学校""国民革命军黄埔军官学校",1930年迁往南京。军校在长洲岛先后招生六期,毕业生共8 000余人。1938年日军飞机轰炸长洲岛,校本部被夷为平地。1996年按"原位置、原尺度、原面貌"的原则重建校本部。校本部是一座岭南祠堂式四合院建筑,两层砖木结构,三路四进。2011年入选全国红色旅游经典景区。2017年入选"中国20世纪建筑遗产项目"。

鸦片战争博物馆 位于东莞市虎门。专题博物馆,包括鸦片战争博物馆、虎门林则徐纪念馆、海战博物馆。展馆中轴线上依次矗立着虎门人民抗英群像、林则徐塑像等。馆内分四层,展出销烟池的木桩、木板、林则徐手书的对联、条幅、抗英时用过的武器等。2011 年入选全国红色旅游经典景区。

三河坝战役纪念园　位于大埔县三河镇汇东村。1927 年 8 月南昌起义军向闽西上杭、永定、长汀及广东大埔进军,其中由朱德率领的 3 000 多人据守三河坝,随后与国民党三个师 2 万多人激战三昼夜,歼敌几千人,史称"三河坝战役"。纪念园内有三河坝战役烈士纪念碑、三河坝战役纪念馆、朱德雕塑、浮雕墙等。纪念碑呈四方形,高 15 米,碑身正面为朱德题写的碑名。2011 年入选全国红色旅游经典景区。

梅关古道景区　位于南雄市珠玑镇梅关村。梅岭为赣粤两地分界岭。梅岭古道始建于秦,汉、晋、唐扩建,宋嘉祐年间重修,在大梅关上修建关门,刻有"梅关"二字。关门北面石匾书"南粤雄关",南门石匾书"岭南第一关"。梅岭古道是全国保存最完整的古驿道之一,长 8 千米,宽 2—4 米,以青石鹅卵石铺砌而成,道旁是繁茂的灌木丛,两侧山崖树木葱茏,层峦叠翠。2011 年入选全国红色旅游经典景区。

五兴龙中央苏区苏维埃政府旧址及兵工厂旧址　五兴龙苏维埃政府旧址位于龙川县回龙镇的大塘肚村。因四面环山、草丛深密成为根据地中心基地。土地革命时期,建立红色地下交通网,为中央苏区提供后勤物资援助。旧址为清代客家风格建筑,二进三横,土木结构,占地面积 358 平方米。兵工厂旧址曾是一座清代的打铁铺。2016 年入选全国红色旅游经典景区。

叶挺纪念馆　位于惠州市惠阳区秋长街道。叶挺 1927 年参加南昌起义和广州起义,1941 年皖南事变时被国民党逮捕,出狱后加入中国共产党,1946 年 4 月因飞机失事遇难。纪念馆为单层院落式结构,建筑面积 2 758 平方米,陈列展示面积 2 500 平方米,馆名由叶剑英元帅题写。展览馆有八个展厅,厅内竖立高两米的叶挺汉白玉雕像。雕像两侧是江泽民的开馆题词:"北伐名将,抗日英雄,铁骨铮铮,浩气长存。"2016 年入选全国红色旅游经典景区。

九、全国农业旅游示范点

广州花卉博览园 位于广州市芳村区西南端。占地面积6 000亩,由花卉展销示范区、花卉科研示范区、大沙河生态旅游区组成。园内主要有观赏树木、盆景根雕、蔓性草本植物、球根花卉、多肉植物、宿根草花等,引进国内外知名花卉企业380多家。设施先进的花卉拍卖中心建筑面积达3 000平方米,配备拍卖信息系统。花卉超市有铺位500多家,经营鲜花,兼营塑料花、干花、丝袜花、盆栽精品、园艺产品等。园内有七巧园、艺萃园等景点。2002年入选全国农业旅游示范点。

深圳西部海上田园 位于深圳西部珠江入海口。占地面积2 445亩,以生态旅游为主题,以基塘田园风光为依托,将沿海滩涂变成了巧夺天工的人间仙境。海上田园拓展基地设施齐全,设有高空、地面、水上、野外及室内等各种拓展培训项目。2002年入选全国农业旅游示范点。

深圳光明农场 位于深圳市西北部。占地面积8.25万亩,其中绿地面积占95%,森林覆盖率达70%,有"都市后花园"的美誉。农场内有上万亩果园,七个姿态各异的大小水库,养殖乳鸽、奶牛。2002年入选全国农业旅游示范点。

珠海农业科学研究中心 位于珠海市前山双龙山农业现代化示范园。1963年成立,前身为珠海县农科所。包括三个科研所,四个所属企业,两个试验场,四个面积共4 000多亩的科研基地。2002年入选全国农业旅游示范点。

汕头农业科技园 位于汕头市区西侧。占地面积约240亩,已建成并开放的功能园区有门景区、科研园、科技英才雕塑廊、科普画廊、潮汕传统农具展示廊、奇花异果园等17个。2002年入选全国农业旅游示范点。

雁鸣湖旅游度假村 位于梅州市梅县区雁洋镇。占地1万多亩。以绿色旅游和生态保健为主题,兴建春晖园、夏晓园、秋实园、冬融园四大功能景区,各景区配套系列度假及娱乐设施,是集观光旅游、休闲娱乐、养生健身于一体的旅游度假地。2002年入选全国农业旅游示范点。

广新农业生态园 位于高要区白土镇和回龙镇两镇之间。占地5 000多亩。分为康体娱乐及会议培训区、生态环保农业区、极限运动探险区、青少年科普教育区四大功能区域,集食、住、玩、购物、会议为一体。2002年入选全国农业旅游示范点。

清远"广州后花园" 位于清远市的最南端。园内有树林3万亩,湖面4 000亩,已经建成酒店区、休闲公园、百果园等。休闲公园游玩项目包括滑草场、围栏狩猎、烧烤场、手工作坊、体能拓展训练等。百果园内有15万株果树。2002年入选全国农业旅游示范点。

苏家围乡村旅游区 位于河源市义合镇。苏家围是苏东坡后裔聚居地,村庄山水环绕,全村有18座有中原特色的客家民居围屋,其中5座为明代建筑。还有迎亲桥、紫苏园、永思堂、千年榕等景点。2002年入选全国农业旅游示范点。

陈村花卉世界 位于佛山市顺德区陈村镇。陈村是岭南著名的花乡,有两千多年的花卉种植历史,素有"岭南千年花乡"的美誉。园区分为科技培育农业园区和休闲观光农业区域两部分,前者展示专业化、标准化的花卉栽培技术并提供产业技术培训,后者设立花卉科普馆、农事体验区、花卉销售中心等为消费者提供服务。中国花卉交易广场、国际兰花交易中心两大市场,吸引了泰国、菲律宾、新加坡等10多个国家和地区的400多家花商进驻经营。2002年入选全国农业旅游示范点。

侨鑫高科技农业发展有限公司 位于佛山市三水区乐平镇。占地面积2 000多亩。已建成集农业田园观光、科普教育、户外拓展训练、休闲度假于一体的生态旅游景区。设有大型烧烤场、野炊场。倚湖而立的鑫农餐厅可容纳350人就餐。2002年入选全国农业旅游示范点。

蔼雯教育农庄　位于佛山市高明区明城镇的鹿洞山下。鹿洞山群山环抱,空气清新。农庄是集教育和旅游功能为一体的非营利性青少年教育基地,有绿色田园区、畜牧区、岭南佳果区、中草药区、野外烧烤区等十多个专项教育区域,还有钓鱼、森林寻宝等娱乐项目。2002 年入选全国农业旅游示范点。

新会现代农业基地　位于江门市新会区。占地面积 1 800 亩,设有无土栽培瓜果区、名优花卉区、优质水果园以及检测化验培训中心。种植情人果、炮仗花、禾雀花等六种藤生植物,面积 6 余亩的联动大棚内培植了荷兰红掌、金钱树等名贵花卉,还开辟了捕鱼区和摘果区。2002 年入选全国农业旅游示范点。

雁南飞茶田度假村　2002 年入选全国农业旅游示范点。参见国家生态旅游示范区——雁南飞茶田景区。

十、全国休闲农业与乡村旅游示范点

绿岛旅游山庄有限公司　位于饶平县钱东镇。由果林地改建而成。占地面积 2 250 亩,拥有成片的果园,周边有风景秀美的山川湖,有千竹湖、明清古寨等数十个景点。每逢节日,有民间演员表演潮剧、潮乐、潮曲等。2010 年入选全国休闲农业与乡村旅游示范点。

根本农业科技扶贫有限公司　位于清新区太和镇环城路。主要生产食用菌、灵芝等农产品。旗下有种植、养殖、生产加工、旅游和零售等 10 家子公司。采取"公司+基地+农户"的企业扶贫模式,带动一万多户农民脱贫奔小康,被认定为"国家扶贫龙头企业"。2010 入选全国休闲农业与乡村旅游示范点。

陈村花卉世界休闲农业园　2010 年入选全国休闲农业与乡村旅游示范

点。参见全国农业旅游示范点——陈村花卉世界。

雁南飞茶田景区 2010 年入选全国休闲农业与乡村旅游示范点。参见国家生态旅游示范区——雁南飞茶田景区。

长鹿环保度假农庄 位于佛山市顺德区。占地面积 600 亩,分为长鹿休闲度假村、机动游乐主题公园、水世界主题公园、农家乐主题公园和动物主题公园等园区,配以娱乐设施、旅游度假基础设施和商务会议场所,是以岭南历史文化、顺德水乡风情、农家生活为特色的旅游度假地。2011 年入选全国休闲农业与乡村旅游示范点。

一棵树休闲农庄 位于珠海市斗门区珠海大桥西侧。占地面积约 400 亩,拥有 60 多项拓展训练项目的户外拓展基地、泰式建筑风格与中国山水庭院风格相结合的水上餐厅、环境优美的淡水垂钓场、大型烧烤场、无公害蔬菜瓜果园,还有儿童游乐天地。2012 年入选全国休闲农业与乡村旅游示范点。

东坑农业园 位于东莞市东坑镇。占地面积 4 500 亩,是集现代农业生产、绿色生态保护、农耕文化传承于一体的都市田园综合体。建有铁皮石斛种植基地、花卉种植基地、"喜悦之乡"基地、亲子农场、益品原农场、无土蔬菜基地、圣茵苗木基地、水产养殖基地。有环湖绿道、九曲桥等景观,周边种植莞香、檀香等名贵树种。2013 年入选全国休闲农业与乡村旅游示范点。

罗浮山风景区澜石村 隶属博罗县长宁镇,位于罗浮山东面的山脚下。中医草药文化远近闻名,村道、学校墙壁和庭院外墙上,绘制着一幅幅展示中国传统医药文化的图画,充满文艺气息。2013 年入选全国休闲农业与乡村旅游示范点。

清溪生态农业产业园 位于东莞市清溪镇铁场村。占地面积 3 896 亩,环境优美。集农业培育、观光旅游、娱乐休闲为一体的农业园,按"一心两带八区"布局:一心即生态园的主入口广场;两带即百花景观带和莞香景观带;八区即特色花卉生产区、优质水果生产区、优质蔬菜生产区、优质水产养殖区、生态风景林养护区、优质水果品种繁育区、水生植物生产示范区、湿地净化区。2014 年入选全国休闲农业与乡村旅游示范点。

湟川三峡—龙潭度假区 位于连州市区与龙潭镇的连江河段。湟川三峡即仙女峡、楞伽峡、羊跳峡,全长 20 多千米,自然风光秀美,有滴翠瀑布、鸳鸯瀑布等瀑布景观,另有古戏台、纤夫道等景点,是以观光度假为主,兼有养生、休闲、娱乐等功能的旅游度假区。2014 年入选全国休闲农业与乡村旅游示范点。

紫莲度假村 位于潮州市的东北部。占地面积约 1.5 万亩,依山傍水,提供休闲度假、商务公务等服务。紫莲山地处乌龙茶之乡——凤凰山一脉,形状如紫莲绽放,山清水秀。2014 年入选全国休闲农业与乡村旅游示范点。

博罗县农业科技示范场 位于博罗县湖镇镇。占地面积 3 650 亩,其中优质水果基地 1 100 亩、鱼塘 800 亩、水田 300 亩,已初步建成为集农业科研、农业示范推广、农业科技培训、科普教育、旅游观光、农特产品加工为一体的综合性现代农业园区。2015 年入选全国休闲农业与乡村旅游示范点。

金湾台湾农民创业园 位于珠海市平沙镇。2008 年成立的广东省首家台湾农民创业园,为广东省人民政府与农业农村部共建的国家级现代农业园区。占地面积 4.5 万亩,其中核心区 7 655 亩。入驻企业 40 家。2015 年入选全国休闲农业与乡村旅游示范点。

盈香生态园 位于佛山市高明区凌云山下。占地面积 1 800 亩,主要包括九寨欢乐水城、百亩花海、鸟巢科普园、开心农场、凌云飞渡玻璃桥等。盈香烤全羊、盈香濑粉、香茅茶等特产远近闻名。2015 年入选全国休闲农业与乡村旅游示范点。

天露山旅游度假区 位于新兴县境内。天露山是粤中南部最高峰,海拔 1 251 米,云雾缭绕,奇石遍布。康体娱乐休闲设施配套完善,有全长 3.8 千米、落差 188 米的禅龙峡漂流,有梅林野战区、拓展基地、梯田花谷、无忧谷原始森林探险栈道、原生态梅花树林,还有湖景酒店、温泉木屋别墅、水景瀑布餐厅等食宿设施。2015 年入选全国休闲农业与乡村旅游示范点。

南亚热带植物园 位于湛江市麻章区湖光岩畔,与湖光岩、金鹿苑形成湛江市的旅游"金三角"。绿树成荫,奇花异草竞相开放,是综合性科研基地,为热带植物的引种和开发利用研究提供丰富资源。2015年入选全国休闲农业与乡村旅游示范点。

十一、全国工业旅游示范点

广州抽水蓄能电站　位于广州市从化区吕田镇,地处南昆山脉北侧。大亚湾核电站的配套工程,为保证大亚湾核电站的安全运行和满足广东电网填谷调峰的需要而兴建。占地面积27平方千米,上下水库水域面积740万平方米,集雨面积1 940万平方米。上水库海拔900米,下水库海拔270米,落差630米,绿地面积2 428万平方米,是世界上最大的抽水蓄能电站之一。2002年入选全国工业旅游示范点。

阳江十八子集团　位于阳江市阳东区境内。阳江刀剪历史悠久,驰名中外。企业从手工生产碳钢菜刀起步,如今已形成现代化、机械化规模生产,产品有上千种规格。主打产品"十八子作"是"中国驰名商标",远销全国各地及日本、美国、加拿大、韩国等30多个国家和地区。2002年入选全国工业旅游示范点。

石湾美术陶瓷厂　位于佛山市石湾镇东风路。石湾制陶已有5 000年历史。专业生产艺术陶器、建筑艺术陶、装饰艺术陶等,拥有10位国家级陶艺大师和16位省级陶艺大师。制作的陶塑动物获中国工艺美术"百花奖"银奖。公司设有工艺品展销大厅珍陶馆、国际陶艺家创作基地和陶艺教育培训中心。2002年入选全国工业旅游示范点。

东鹏陶瓷股份有限公司　位于佛山市石湾镇。公司专业生产地砖、墙砖、工业用砖及卫浴产品,先后获得国家专利技术300多项。在美国、英国、德国、意大利、法国、韩国、西班牙等近30多个国家和地区注册了国际商标,产品远销海外 130 多个国家和地区。2002 年入选全国工业旅游示范点。

新丰江水电站 位于河源市境内,地处珠江水系东江支流新丰江下游亚婆山峡谷出口处。我国自行设计、自行施工、自行安装的大型水电工程。大坝为单支墩大头坝,坝顶高程 124 米,装有四台国产机组。1960 年首台机组并网发电,1962 年土建工程竣工。2002 年入选全国工业旅游示范点。

华夏陶瓷博览城 位于佛山市禅城区南庄镇。占地面积 200 万平方米,分为会展中心、营销商贸区、仓储物流区、餐饮娱乐区、技术研发区和陶瓷综合批发市场。营销网点遍布全国以及海外 100 多个国家和地区。2002 年入选全国工业旅游示范点。

伊泰莲娜 DIY 地带工业旅游区 位于中山市坦洲伊泰莲娜首饰工业城。占地面积 3 000 多平方米,分为首饰观赏区、DIY 空间、爱神广场、梦工场、欧洲小街和食趣园六大部分,是中国首家首饰主题文化公园。2006 年入选全国工业旅游示范点。

羊城晚报报业集团印务中心 位于广州市天河区黄埔大道。占地面积 6 万多平方米,楼高三层,是花园式的现代化报业印务中心。装备两组 8CKF 双幅双面彩色高斯纽斯兰无轴高速轮转机,配置四条爱克发公司北极星系列计算机直接制版系统,实现了从采编平台到报纸印刷的全数码工艺流程,成为亚洲最大规模的全数码报业印刷基地。2006 年入选全国工业旅游示范点。

台山发电有限公司工业园 位于台山市铜鼓湾。装机容量为 900 万千瓦,是亚洲最大的火力发电厂之一。先后获得"中国建设工程鲁班奖"、"全国五一劳动奖章"、全国"安康杯"竞赛优胜单位、"全国电力行业优秀企业"。2006 年入选全国工业旅游示范点。

中国瓷都陈列馆 位于潮州市潮安区新风路。展厅面积 3 800 平方米,收集了唐代以来潮州各个历史时期的陶瓷精品 6 000 多件(套)。分为历史陶瓷、获奖作品、日用陶瓷、工艺美术和卫生洁具五个展区,是广东省规模最大、品种最齐、数量最多的陶瓷展馆。镇馆之宝《清明上河图》陶瓷浮雕壁画,长 62 米,宽 2.9 米,由 1 352 块瓷板拼成。2006 年入选全国工业旅游示范点。

中山咀香园工业旅游区　位于中山市石岐街道凤鸣路。生产基地占地面积近 5 万平方米。以传统秘方结合现代技艺,生产饼干系列、蛋卷系列、曲奇系列等产品。2006 年入选全国工业旅游示范点。

十二、国家级非物质文化遗产生产性保护示范基地

潮州市艺葩木雕厂　位于潮州市西湖工业城内。潮州木雕是一项民间雕刻艺术,主要用于建筑装饰、家具装饰、案头装饰等。厂区占地面积约 3 800 平方米,是潮州市规模最大的潮州木雕工艺品生产企业。2011 年入选国家级非物质文化遗产生产性保护示范基地。

新石湾美术陶瓷厂有限公司　2011 年入选国家级非物质文化遗产生产性保护示范基地。参见全国工业旅游示范点——石湾美术陶瓷厂。

潮绣研究所　位于潮州市湘桥区昌黎路。广东的粤绣名列中国四大名绣之一,分广州刺绣和潮州刺绣两类。潮州刺绣有绒绣、钉金绣、金绒混合绣、线绣等品种,各具特色。2014 年入选国家级非物质文化遗产生产性保护示范基地。

华兴端砚厂　位于肇庆市端州区端州二路。端砚是中国四大名砚之一,唐代初年,出产于端州(肇庆市东郊的端溪),故名"端砚",距今已有 1300 多年的历史。端砚以石质坚实、润滑、细腻而驰名于世,用端砚研墨不滞,发墨快,墨汁细滑,书写流畅不损毫,字迹颜色经久不变。厂区占地面积 1 600 余平方米,各工种技术力量雄厚,雕刻制砚技艺高超。2014 年入选国家级非物质文化遗产生产性保护示范基地。

十三、国家级旅游度假区

华侨城旅游度假区 位于南海之滨的深圳湾畔。占地面积 6 平方千米，分为"锦绣中华""中国民俗文化村""世界之窗""欢乐谷"四大主题公园。"锦绣中华"浓缩展示中国五千年历史文化；"民俗文化村"是一个集各民族民间艺术和民俗风情于一体的大型文化旅游景区；"世界之窗"以世界园林技艺展示、民俗风情表演及高科技娱乐项目为主；"欢乐谷"有美术馆、艺术中心、休闲公园、体育俱乐部、大型购物广场等 20 多项文化娱乐设施。2018年入选国家级旅游度假区。

十四、国家级风景名胜区

星湖风景名胜区 位于肇庆市境内。由七星岩和鼎湖山两大景区组成，为石灰岩峰林型山水风景，占地面积 20.61 平方千米。主要景点有"天溪十景""云溪十景"等。七星岩湖面广阔，七座苍翠的山岩矗立湖滨，排列如同北斗；岩内多溶洞，岩壁上留有许多题刻。鼎湖山群峰竞秀，古木参天，以丛林古刹、飞瀑流泉著称。散布在庆云寺周围的数千亩自然林，属南亚热带季雨林型，具有独特的岭南景色。1982 年入选国家级风景名胜区。

西樵山风景名胜区 位于佛山市南海区西樵镇。西樵山是七八千万年前由海底火山喷发岩浆、岩块、火山灰后形成的死火山，山体外陡内平，状若莲衣复合，九龙岩、冬菇石、石燕石等峰岩形态万千。岩石节理发育，裂隙纵横，富有潜水，有泉眼 232 口，瀑布 28 处。西樵山早在新石器时代就有人类活动,留下历代地下采石场等许多历史遗迹,史学界称为"西樵山文化"。明代中叶成为南国理学名山,保存有云泉仙馆、白云古寺、摩崖石刻等文物古迹。1982 年入选国家级风景名胜区。

丹霞山风景名胜区　1988 年入选国家级风景名胜区。参见国家生态旅游示范区——丹霞山国家生态旅游示范区。

白云山风景名胜区　位于广州市的东北部。占地面积 21 平方千米,有山峰 30 多个,主峰摩星岭海拔 382 米。地处亚热带、热带交接处,南亚热带季风气候,山林茂密,层峦叠嶂,是旅游避暑的胜地。清末时有白云寺、双溪寺、能仁寺、弥勒寺等古寺及白云仙馆、百花冢等名胜古迹。现有蓠湖、三台岭、鸣春谷、摩星岭、明珠楼、飞鹅岭、荷依岭等七个游览区。2002 年入选国家级风景名胜区。

西湖风景名胜区　位于惠州市惠城区。由西湖和红花湖两个景区组成,占地面积 21 平方千米,其中水域面积 3.13 平方千米。自然风光优美,素以"五湖""六桥""八景"而闻名。古色古香的亭台楼阁隐现于树木葱茏之中。北面高榜山雄峻蔚然,势若龙盘,地貌钟灵毓秀,适合登高览胜、健身运动。2002 年入选国家级风景名胜区。

罗浮山风景名胜区　位于东江之滨。罗浮山山势雄伟壮丽,自然风光旖旎,也是中国道教名山,道教称之为"第七洞天""第三十四福地";与南海县境内的西樵山并称为"南粤二樵",故又有"东樵山"之称。占地面积 260 平方千米,有大小山峰 432 座,飞瀑名泉 980 处,洞天奇景 18 处,石室幽岩 72 个。2002 年入选国家级风景名胜区。

湖光岩风景名胜区　位于湛江市区西南处。湖光岩是一个以玛珥火山地质地貌为主体,兼有海岸地貌、构造地质地貌等多种地质遗迹的自然生态公园。占地面积 38 平方千米,由雷琼世界地质公园博物馆、楞严寺等 20 个景点组成。2004 年入选国家级风景名胜区。

梧桐山风景名胜区　横跨罗湖、盐田和龙岗三区。占地面积 32 平方千米,是国内罕有的位于市区、以滨海山地和自然植被为景观主体的自然风景名胜区。分为主入口景区、凤谷鸣琴景区、梧桐烟云景区、碧梧栖凤景区、生态保护区、封山育林区、东湖公园景区、仙湖植物园景区等八大景区。2009年入选国家级风景名胜区。

十五、国家级自然保护区

鼎湖山国家级自然保护区 位于肇庆市鼎湖区。占地面积 1 133 公顷。有近 400 年历史的地带性原始森林——南亚热带常绿阔叶林和其他多种森林类型。主要保护对象为南亚热带地带性森林植被。华南地区生物多样性最丰富的地区之一。1956 年入选国家级自然保护区，是中国第一个自然保护区。

车八岭国家级自然保护区 位于始兴县东南部。占地面积 1 612 公顷。森林生态类型自然保护区，主要保护对象为中亚热带常绿阔叶林及珍稀动植物。分布有 2 000 余种珍稀植物，有华南虎、黄腹角雉、穿山甲等珍稀动物。有车八岭自然博物馆、野生动物园、南水水库、韩泷祠等旅游景点。1988 年入选国家级自然保护区。

内伶仃岛—福田国家级自然保护区 位于珠江口内伶仃洋东侧。占地面积 554 公顷，由内伶仃岛和福田红树林两个区域组成。地处南亚热带地区，气温湿润，层峦叠嶂。动植物种类繁多，其中白桂木、野生荔枝等为国家重点保护野生植物，猕猴、水獭、穿山甲、黑耳鸢、蟒蛇、虎纹蛙等为国家重点保护野生动物。1988 年入选国家级自然保护区。

港口海龟国家级自然保护区 位于惠东县稔平半岛的海湾岸滩。保护区面积 1 800 公顷，其中海域面积 16 平方千米，主要保护对象为海龟繁殖地。这里海水、沙滩环境质量良好，沿岸海洋植物以马尾藻、石莼及赤藻等湿地植物为主，是鱼类、贝类等海洋生物繁殖与栖息的良好场所。每年 6—

10 月有成批海龟洄游到此产卵。1992 年入选国家级自然保护区。

南岭国家级自然保护区 位于广东北部南岭山脉中段。占地面积 5.84 万公顷,保护对象为中亚热带常绿阔叶林和珍稀濒危野生动植物及其栖息地。分布有国家重点保护野生植物 40 多种,国家重点保护野生动物 86 种。其中国家一级保护的野生鸟类 2 种、国家二级保护的野生鸟类 35 种;有哺乳类动物 17 科 70 多种,爬行类 9 科 31 种;有维管植物 187 科、蕨类植物 33 科。自然与人文景观众多,如燕子岩、大觉禅寺等。1994 年入选国家级自然保护区。

丹霞山自然保护区 1995 年入选国家级自然保护区。参见国家生态旅游示范区——丹霞山国家生态旅游示范区。

湛江红树林国家级自然保护区 位于湛江市章麻区。属森林与湿地类型的自然保护区,主要保护对象为热带红树林湿地生态系统及其生物多样性。拥有天然红树林 9 000 余公顷,约占全国红树林总面积的 1/3,是我国大陆沿海红树林面积最大的自然保护区。保护区被列入《国际重要湿地名录》,成为我国生物多样性保护的关键性地区和国际湿地生态系统就地保护的重要基地。1997 年入选国家级自然保护区。

象头山国家级自然保护区 位于博罗县境内。占地面积 10 697 公顷,其中核心区 3 636 公顷,森林覆盖率 94%。属森林生态类型的自然保护区,主要保护对象为南亚热带常绿阔叶林和野生动植物。分布有维管植物 1 647 种、被子植物 1 520 种,格木、半枫荷、黑桫椤等濒危物种 10 种,有陆生脊椎野生动物 305 种。2002 年入选国家级自然保护区。

中华白海豚国家级自然保护区 位于珠江口北端。总面积约 4.6 万公顷,其中核心区 1.4 万公顷。主要保护对象为中华白海豚及其栖息活动区域。珠江口水域水温适宜中华白海豚繁衍,丰富的生物资源提供了饵料。保护区的建立最大限度地减少了人为干扰,既挽救了濒危的中华白海豚种群,又保护了珠江口水域自然环境的生物多样性,修复了海洋生态系统,增值了渔业资源。2003 年入选国家级自然保护区。

雷州珍稀水生动物国家级自然保护区 位于雷州半岛西侧。原名"雷州白蝶贝自然保护区",始建于1983年,是广东省最早设立的海洋与渔业类型的自然保护区。主要保护对象包括国家一级保护野生动物儒艮、中华白海豚,国家二级保护野生动物大珠母贝(白蝶贝)、白氏文昌鱼、绿海龟、棱皮龟、玳瑁、斑海豹、热带点斑原海豚、宽吻海豚、江豚等珍稀水生动物,以及珊瑚礁、海草场等生态系统。2007年入选国家级自然保护区。

徐闻珊瑚礁国家级自然保护区　位于雷州半岛西南部的徐闻县境内。总面积1.44万公顷,其中核心区4 356公顷。主要保护对象为珊瑚礁及海洋生态资源。徐闻珊瑚礁区面积达1.09万公顷,其中密集区约6 000公顷,连片面积大、种类集中多、保存完好,珊瑚品种已鉴定辨认的有2目17科49种,尚待鉴别的有2种,其中不乏珍稀种类,有些品种是国内首次发现。2007年入选国家级自然保护区。

罗坑鳄蜥国家级自然保护区　位于韶关市曲江区境内。占地面积1.88万公顷。鳄蜥是第四纪冰川末期遗留下来的古老爬行类动物,有"活化石"之称,被列为国家一级保护野生动物。中国鳄蜥野生种群数量为1 000—1 200只,该保护区的鳄蜥野生种群有500—600只,约占中国野生鳄蜥种群数量的一半,是中国已知最大的鳄蜥野生种群。2013年入选国家级自然保护区。

云开山国家级自然保护区　位于广东省西南部云开山脉腹地。占地面积1.25万公顷。主要保护对象为南亚热带常绿阔叶林生态系统、珍稀濒危野生动植物资源和水源涵养林,是广东省保存最完整和最具代表性的森林生态系统类型的自然保护区之一。2014年入选国家级自然保护区。

十六、国家级水利风景区

飞来峡水利枢纽水利风景区　位于清远市境内,地处北江中下游的分界点。占地面积300平方千米。大坝长3 000米,北江湖面面积72平方千米,还有全国最大的灯泡贯流式机组。库区内涟阳、盲仔、香炉三个峡谷有北江"小三峡"之称。建有飞来公园、水利纪念雕塑、青年广场、望江亭、垂钓场、水利实验基地、水库移民新村等数十个景点。2001 年入选国家级水利风景区。

高州水库玉湖风景区　位于高州市东北部。高州水库是以灌溉、防洪、供水为主,结合发电等综合利用的大型水利枢纽工程。主坝长 1 000 米、高 50 米,库区水面 40 多平方千米,清澈碧绿。湖中百岛形态各异,有桃花岛、观鲤池、玉湖广场、玉湖度假村、植物园等景点,有玉湖荡舟、野战、古装照相、喂金鱼、喂火鲤等娱乐活动项目。2004 年入选国家级水利风景区。

小良水土保持生态风景区　位于茂名市电白区小良镇。典型的沿海台地地形地貌,包括科普广场、生态恢复示范区、水土保持示范区、优良水土保持植物保育区、趣味科普区、珍稀植物保护区、现代复合农业示范区和桉树栽培试验区等八个功能区。采取工程措施和生物措施相结合的方式全面治理水土流失,种植有荔枝、龙眼、杨桃等水果和桉树,水土保持效果良好。设有径流小区控制观测站、自动气象观测站、人工气象观测站,既是全国水土保持监测点之一,也是中科院的热带海岸带退化土地恢复与重建定位站。2004 年入选国家级水利风景区。

白盆湖生态风景区　位于惠东县白盆珠镇莲花山下。白盆湖是白盆珠水库兴建后形成的人工湖,长约 30 千米,湖面最宽处约 5 千米。湖区风景秀丽,湖心岛众多,形成了"水上迷宫"等众多的水上风景。有 900 多年历史的古刹,天然的硫酸盐温泉,大坝、厂房、孤岛、瀑布、庙宇、青山和绿水,组成一幅美丽的山水画。2005 年入选国家级水利风景区。

洞天湖水利风景区　位于梅县西北部。依托梅西水库而建。水库水面面积 5 平方千米,总库容 5 100 万立方米,是以防洪、灌溉为主,结合发电、农业养殖、生态旅游等功能的中型水库。拥有 2 平方千米连片原始次森林。主要景点:由奇石名景组成的洞天公园,水质清澈、群山环抱、湖心岛屿众多的水上乐园,创建于明万历年间的普渡庵等。2007 年入选国家级水利风景区。

益塘水库水利风景区　位于五华县西北部。益塘水库始建于 1971 年,集水面积 38 平方千米,是梅州市最大的水库。水质优良,有 300 多个大小库湾,15 个小岛,山水相映成趣。有建于清末的南海观音像,万亩荔枝园,五福将军庙及益塘寺大佛,集山、水、林等文化观光旅游资源于一体。2009 年入选国家级水利风景区。

湟川三峡水利风景区　位于连州市南端,珠江流域北江水系连江干流上游。依托马面滩拦河坝而建,属自然河湖型水利风景区。占地面积 30 平方千米,其中水域面积 16 平方千米。峡谷幽深,熔岩奇秀,瀑布飞流,兼有"长江峡谷奇趣"之险,"漓江山水仙境"之秀。人文积淀深厚,韩愈、刘禹锡、周敦颐等历史名家都曾留下诗文和墨迹,出土石斧、石镞、纺轮等珍贵文物。2010 年入选国家级水利风景区。

增江画廊水利风景区　位于增城区境内。依托增江河道综合整治工程而建,属于城市河湖型水利风景区,占地面积 35 平方千米。增江画廊是指增江河两岸约 20 千米的自然景观,沿线有增江公园、南山风塔、水乡龙舟屋、联益亲水码头等 10 多个主题景点。西岸景区有天然游泳场、生态湿地公园、雁塔公园、西堤体育公园、荔江公园、滨江公园和约 23 千米的自行车健身路径。2011 年入选国家级水利风景区。

丹霞源水利风景区　位于仁化县城南郊。占地面积 69 平方千米,主要包括锦江"小丹霞"至瑶山水电站 50 千米范围内的五级梯级电站。两岸山水风光秀丽,赤壁丹崖、碧绿植被、藏蓝天色三色相汇,浑然天成。生态环境优良,空气质量良好,是天然氧吧。2013 年入选国家级水利风景区。

竹洲水乡水利风景区　位于珠海市斗门区白蕉镇。占地面积 46 平方千米,其中水域面积约 10 平方千米。包含竹银水库、月坑水库、水松林、竹篙岭及周边水利设施、村庄等,水资源丰富,生态环境优良,江心岛上有连片的水松林。2014 年入选国家级水利风景区。

白云湖水利风景区　位于广州市白云区境内。占地面积 2.07 平方千米,其中水面面积 1.06 平方千米。属于城市河湖型水利风景区,由广和泵站、引水渠、湖区、石井河泵站四大主体水利工程构成。是一座以自然生态为特色,集水安全、水生态、水景观、水文化于一体的水利工程风景区。2015年入选国家级水利风景区。

鹤地银湖水利风景区 位于湛江市境内。依托鹤地水库而建,占地面积 13 平方千米,其中水域面积约 9 平方千米。鹤地水库属于国家大型水利枢纽工程,库容 11.44 亿立方米,集发电、灌溉、通航于一体;水库长龙坝总长 7.9 千米,雄伟壮观。碧波荡漾,群山连绵起伏,是旅游观光、休闲度假的胜地。2016 年入选国家级水利风景区。

花都湖水利风景区 位于广州市花都区境内。花都湖面积 2.87 平方千米,是广州面积最大的一个人工湖,集生态保护、环境教育于一体的滨水绿道,集观光、游览、健身、娱乐于一体的游憩绿道,集展示、传播、互动等功能于一体的文化长廊,风景优美。2016 年入选国家级水利风景区。

十七、国家级海洋特别保护区

青澳湾国家级海洋公园 位于南澳岛的东端。总面积 12.46 平方千米,岸线长约 6 634 米,包含一个重点保护区、一个适度利用区、两个生态与资源恢复区和一个预留区。以鲸、豚、龟等珍稀野生海洋生物为主要保护对象。海水营养盐丰富,饵料多;海底起伏不平,礁石众多,为附着性海藻、珊瑚、附着性底栖生物等提供栖息与繁衍场所。2014 年入选国家级海洋特别保护区。

十八、世界地质公园

丹霞山世界地质公园 2004 年被联合国教科文组织认定为世界地质公

园。参见国家生态旅游示范区——丹霞山国家生态旅游示范区。

雷琼世界地质公园 位于琼州海峡两翼,由海南省海口园区和广东省湛江园区组成,是雷琼裂谷发生南海盆地扩张的火山学和岩石记录。总面积 379 平方千米,其中核心区域 4.7 平方千米。由火山口湖和火山熔岩组成,火山分布密集,共有 101 座火山。湛江园区位于湛江市区西南部,占地面积 38 平方千米,以玛珥火山地质地貌为主体,兼有海岸地貌、构造地质地貌等多种地质遗迹,自然生态良好,人文景观丰富。2006 年被联合国教科文组织认定为世界地质公园。

十九、国家地质公园

凌宵岩国家地质公园 位于阳春市河朗镇。凌宵岩是中国最具代表性的喀斯特溶洞地质遗迹之一,素有"南国第一洞府"之称。凌霄岩分为正岩、东岩、西岩三大洞,正岩高约 100 米,长、宽各 200 米,洞内 19 条如楼宇般高大的钟乳石柱直撑岩顶,气势磅礴,天然形成"一线天""一颗星""水底月"三大奇景。2004 年入选国家地质公园。

西樵山国家地质公园 2004 年入选国家地质公园。参见国家级风景名胜区——西樵山风景名胜区。

恩平温泉国家地质公园 位于恩平市那吉镇。地处低山丘陵地区,占地面积 80 平方千米。以金山温泉为主体,以各种花岗岩石及其演化遗迹、构造破碎带及瀑布等自然景观为依托,还有古代采金遗址和石头村人文景观,形成融自然、生态及人文为一体的特色景致。2005 年入选国家地质公园。

封开国家地质公园 位于封开县境内,地处西江上游。占地面积 1326 平方千米,主要地质遗迹面积 117 平方千米。燕山期花岗岩构成的巨大圆丘形地貌景观,古生代碳酸盐岩岩溶地貌景观,泥盆纪石英砂岩形成的张家界砂岩峰林地貌景观,浓缩了粤西5亿年的沧桑巨变,记录了岭南古人类的演化历史,奇特壮观,是国内外罕见的地质奇景。2005年入选国家地质公园。

阳山国家地质公园 位于阳山县境内。占地面积55平方千米,由第一峰园区和小北江园区两个园区组成。主要地质遗迹为古生代碳酸盐岩形成岩溶地貌景观,景观类型齐全,分布密集,有溶洞、峡谷、峰丛、峰林等地貌景观以及涧、泉、湖、瀑等水体景观。还有韩文公读书台、钓鱼台、纪念馆、北山古寺等人文景观。2009年入选国家地质公园。

二十、国家森林公园

梧桐山国家森林公园 位于深圳市沙头角梧桐山南麓。占地面积1 933公顷。森林植被资源丰富,以常绿阔叶林为主。动物种类多样,有哺乳动物24种,食虫目和食肉目各两种。历史悠久,早在明清时期,"梧岭天池"就被誉为"新安八景"之一。"梧桐烟云"被列为"深圳八景"之一。1989年入选国家森林公园。

小坑国家森林公园 位于韶关市曲江区境内。占地面积1.6万公顷。树木茂密,森林覆盖率85%,其中原始森林2 000公顷。物种多样,有野生植物1 600多种,其中属国家重点保护的33种,珍稀品种有鹿子三尖杉、水松、铁杉、水莲等。公园内有人工湖,湖中有岛,湖光山色相映成趣。有含氡温泉,已建成温泉疗养区。还有森林别墅区、湖岛度假区,开辟了多种水上娱乐和森林旅游项目。1992年入选国家森林公园。

南澳海岛国家森林公园 位于南澳西半岛。占地面积1 370公顷,占南澳岛总面积的1/6,森林覆盖率92%。主峰大尖山海拔588米,是汕头市最高峰。包括黄花山书法石刻园、大尖山景区等两大部分。生态保护完好,动植物资源丰富,有植物 102 科 1 400 多种,动物 130 多种。1992 年入选国家森林公园。

南岭国家森林公园　位于乳源瑶族自治县与湖南省交界地带。占地面积 2.73 万公顷,是广东省面积最大的自然保护区。属亚热带温湿气候,降雨量充沛,有广东面积最大的原始森林。多矿藏资源,有钨、锡、铝、锌等有色金属。有濒危种子植物 35 种,濒危蕨类植物 4 种,兽类、鸟类、昆虫类动物资源丰富。有小黄山景区、瀑布群景区、亲水谷景区等。1993 年入选国家森林公园。

新丰江国家森林公园　位于东源县境内。占地面积 16 万公顷,其中水域面积 370 平方千米,内有 360 多个绿岛。森林大部分为亚热带常绿阔叶林,森林覆盖率 78%。动植物资源丰富,生态环境优美。主要景点:镜花岭、龙凤岭、水月湾、桂山、送水观音、三里长峡。1993 年入选国家森林公园。

韶关国家森林公园　位于韶关市浈江区境内。占地面积 2 011 公顷,主要包括黄岗山、莲花山、芙蓉山。属亚热带季风气候区,有野牡丹、尾松、荷木等植物资源,有鸟纲、哺乳纲、爬行纲、两栖纲等动物资源。保持着良好的森林生态环境,是韶关市民健身、娱乐、休闲的重要场所。1993 年入选国家森林公园。

流溪河国家森林公园　位于广州市从化区东北部。占地面积 8 831 公顷。溪流碧波万顷,湖中分布着大小岛屿 22 个。东南部耸立着五指山、鸡枕山等山峰,重峦叠嶂。地处亚热带,四季常青,风光如画。有三桠塘幽谷、小漓江、翡翠群岛、湖滨栈道、流溪绿道等自然景观,还有水上游乐、户外拓展等 10 多个游乐项目。1993 年入选国家森林公园。

南昆山国家森林公园　1993 年入选国家森林公园。参见国家生态旅游示范区——南昆山生态旅游区。

西樵山国家森林公园　位于佛山市南海区西樵镇。占地面积 1 400 公顷。土壤类型是主要发育在粗面岩、凝灰岩基质上的赤红壤,以中土层居多。由于母岩多具气孔状结构,节理发育,原生节理与后生裂隙纵横交错,潜水丰富。主要植被类型有阔叶林、南亚热带沟谷雨林、南亚热带常绿阔叶林、亚热带针叶林、亚热带针阔混交林、南亚热带竹林、南亚热带竹阔混交林等。分布有植物 800 多种,野生脊椎动物 220 种。1994 年入选国家森林公园。

石门国家森林公园 位于广州市从化区东北部。前身为 1960 年建立的大岭山林场。占地面积 2 636 公顷,森林覆盖率达 99%。属南亚热带季风气候,阳光充裕。植被丰富,有保存完好的 1 000 余公顷原始次生林;珍贵动物有白颈长尾雉、蟒蛇、水獭、穿山甲、白鹇、小灵猫等 20 多种。有石门风景区、石灶风景区、田园风光区、天堂顶风景区等旅游资源。1995 年入选国家森林公园。

圭峰山国家森林公园 位于江门市新会区境内。圭峰山因形似圭璧而得名。峰峦叠嶂,错落起伏,相对高度在 300—400 米之间,主峰云峰海拔545 米。青山翠岭,集自然景观、人文景观于一体。现有"玉台晚钟""绿护桃源""圭峰叠翠""玉湖春晓""龙潭飞瀑"等景区。1997 年入选国家森林公园。

英德国家森林公园 位于英德市境内。占地面积 10.7 万公顷。属南岭山脉东南支脉的山区丘陵地带,典型的亚热带季风气候,常年气候温和,雨量充沛,森林覆盖率约 71%。旅游资源丰富,有宝晶宫碧落洞、仙桥地下河、英西峰林走廊等八大景区 115 个景点。2000 年入选国家森林公园。

广宁竹海国家森林公园 位于广宁县境内。占地面积 813 公顷。翠竹绵延浩如烟海,构成一幅气势雄伟、景色奇特的天然竹林美景。全年四季均可观竹:春看竹雾、夏赏竹绿、秋览竹浪、冬观竹翠。还有特色民族竹寨、竹林茶寮、竹生态园、竹水车、竹吉普车等项目。2004 年入选国家森林公园。

北峰山国家森林公园 位于台山市的东南部,古兜山的崇山峻岭之中。主峰瓶身峰海拔 922 米。热带森林、奇峰怪石、天然瀑布等景观美不胜收。林深谷幽,鸟语花香,宛如仙境。建有济公堂、桃花源、水上乐园、人工沙滩、梅林、野营区、烧烤区、射击场等。2004 年入选国家森林公园。

大王山国家森林公园　位于云浮市境内。占地面积806公顷,具有典型的南方丘陵山地地貌特征。公园内有植物48科125属180多种,野生动物36种,森林覆盖率达87%。森林景观、地文景观、人文景观、天象景观资源丰富。2004年入选国家森林公园。

梁化国家森林公园　位于惠东、惠阳、紫金三县交界处。占地面积6 594公顷,其中游览区830公顷。地形起伏多变,最高峰海拔1 100多米,最低处海拔只有60米左右,相对高差超过1 000米,地貌类型属中低山山地。亚热带季风气候,植被为常绿阔叶林,森林覆盖率85%以上。2005年入选国家森林公园。

神光山国家森林公园　位于兴宁市福兴街道神光村。占地面积675公顷,森林覆盖率92%。神光山顶峰海拔360米,森林植被以亚热带常绿阔叶林和针阔叶混交林为主,最高树龄达800—1 000年。有植物1 000多种,野生动物400多种。旅游景点有始建于北宋嘉祐年间的神光寺,占地3 000平方米、建筑面积1 150平方米的祖师殿,巨石"石古大王",宋代学士罗孟郊少年读书临池习书的墨池及墨池寺、探花书院。2005年入选国家森林公园。

观音山国家森林公园　位于东莞市樟木头镇。森林覆盖率达90%以上,生长和繁衍着近千种野生植物和300余种野生动物。自然环境清幽,空气清新宜人。有国际会展中心、古树博物馆、慈云阁、百鸟园、仙宫岭、观瀑亭、观音圣像、观音寺、藏经阁、三圣堂、祈福苑、耀佛丛林、感恩湖等30多个景点。2005年入选国家森林公园。

三岭山国家森林公园　位于湛江市区西南隅。自然生态园林面积达1 500公顷,林木茂盛、鸟语花香,有乔木318种、灌木536种,其中国家重点保护野生植物6种;脊椎动物4纲18目35科89种,其中国家重点保护野生动物9种。2006年入选国家森林公园。

雁鸣湖国家森林公园　位于梅州市梅县区雁洋镇。占地面积7.7万公顷。分为西北和东南两大部分。西北部以山地和沟谷景观为主,分布有大面积的针阔混交林和阔叶混交林,森林景观优美,生态环境良好。东南部是旅游接待服务区,以低丘和水库景观为主,分布有园林绿地、南药基地、苗圃、桉树林和经济林。2006年入选国家森林公园。

天井山国家森林公园 位于乳源瑶族自治县西北部。天井山因主峰上有一形似天井的天然湖泊而得名。占地面积5 564公顷,以中亚热带原始森林、山顶矮林、云锦杜鹃群落、豹纹石和石蛋地貌地质遗迹最具代表性。现有维管植物216科946属2 572种,是名副其实的"植物基因宝库",其中属国家一级保护的有水杉、伯乐树和桫椤。野生动物有陆栖兽类86种,两栖类33种,爬行类74种,鸟类217种,鱼类33种,昆虫超过1 100种。还是盛产中药材的宝库,尤以南药闻名。2008年入选国家森林公园。

大北山国家森林公园 位于揭西县境内,地处潮汕平原西部。大北山属莲花山余脉,70多座山峰连绵起伏,嶂峦叠嶂,平均海拔700多米,森林覆盖率85%以上。常见植物有148科700多种,野生动物种类繁多。著名景观有十八湾瀑布、龙潭崆瀑布、北山日出、北山枫林以及毛竹园、茶园风光等。2008年入选国家森林公园。

镇山国家森林公园 位于蕉岭县境内。占地面积2 177公顷,森林覆盖率达96%。公园有禾雀花、红豆杉等珍稀名贵树种和藤灌花木100多种,观赏竹130多种。建有桂花园、梅花园、桃花园、杨梅园、松涛园、镇山亭园中园、百树园和百竹园等九个功能景观区。2009年入选国家森林公园。

南台山国家森林公园 位于平远县石正镇和大柘镇境内。南台山为武夷山山脉南伸的余脉,是粤东典型的丹霞地貌分布区。由南台山大佛景区、石龙寨观佛景区、程旼纪念园景区组成,占地面积2 073公顷。共有维管植物191科628属1296种,有常绿阔叶林、竹林、温性针阔叶混交林、暖性针叶林等四种植被型和若干群系。野生动物245种,其中国家一级保护野生动物5种,国家二级保护野生动物18种。2009年入选国家森林公园。

康禾温泉国家森林公园 位于东源县康禾镇境内。占地面积4 620公顷,其中林地面积4 310公顷,森林覆盖率达92%。森林连片完整,其中天然森林占82%,天然亚热带常绿阔叶林占66%。拥有丰富的温泉资源,日出泉量达 1 万立方米,是天然优质温泉。2017 年入选国家森林公园。

阴那山国家森林公园 位于大埔县大麻镇。占地面积 2 592 公顷,其中林地面积 2 222 公顷,森林覆盖率 85%,以亚热带常绿阔叶林为主。自然资源丰富,有桫椤、半枫荷等国家重点保护野生植物 12 种,国家重点保护野生动物 7 种。以森林自然景观为主,兼与客家山村田园风光、千年古刹相融合的综合性森林公园。2017 年入选国家森林公园。

中山国家森林公园 位于中山市城区。城区型公益性森林公园,占地面积 1 067 公顷。由树木园、金钟湖公园、大尖山森林公园、古香林公园等组合而成,森林覆盖率 87%。有宋帝遗址、古香林寺(旧址)、马蹄水水电站遗址、大尖古庙等人文景点。2017 年入选国家森林公园。

二十一、国家湿地公园

海珠湖国家湿地公园 位于广州市海珠区东南部。占地面积 8.69 平方千米,其中水域面积 3.37 平方千米,主要包括万亩果园、海珠湖及相关河涌。珠三角河涌湿地、城市内湖湿地与半自然果林镶嵌交混的复合湿地生态系统,广州市城区重要的生态隔离带。海珠湖面积约 95 万平方米,兼具调洪蓄涝、污水治理和生态环境营造等功能,与周边石榴岗河等六条河涌构成"一湖六脉、六涌环湖"的水网格局。2015 年入选国家湿地公园。

乳源南水湖国家湿地公园 位于乳源县西南隅。以河流湿地、湖泊湿地、沼泽湿地和森林组成的复合湿地生态系统为主体,占地面积 62.84 平方千米。物种丰富、植被类型多样,有植物 2 400 多种,其中国家重点保护野生植物 35 种;野生脊椎动物 438 种,无脊椎动物 3 000 种以上,其中国家重点保护野生动物 34 种。2015 年入选国家湿地公园。

九龙山红树林国家湿地公园 位于雷州市调风镇境内。占地面积

12.71 平方千米,其中湿地占 91%。主要植被种类为红树林,面积达 1.28 平方千米。九曲十八弯的河道贯穿公园,山间小瀑布旁是怪石林立的玄武岩,宝林禅寺依山而建庄严雄伟。公园内还生长有珍稀的半红树植物玉蕊、银叶树。2016 年入选国家湿地公园。

孔江国家湿地公园　位于南雄市境东北角,地处南岭南麓,为北江源头之一。占地面积 16.68 平方千米,是典型的湿地—森林复合生态系统。有入库溪流、水库、沼泽、洪泛湿地、洲滩与环库森林等,生态系统结构较完整。2016 年入选国家湿地公园。

万绿湖国家湿地公园　位于东源县境内。万绿湖是东江的主要水源地,库容 139 亿立方米。占地面积 375 平方千米,水系发达,水质清澈。公园内有植物 1 000 多种,其中国家重点保护野生植物 43 种。另有国家二级保护野生动物 37 种。2016 年入选国家湿地公园。

东江国家湿地公园　位于东源县境内。占地面积 7.76 平方千米,其中自然湿地 5.46 平方千米。江水碧波荡漾,两岸生长着粉单竹;江中有数十个大小不同形状各异的沙洲岛屿。有维管植物 356 种,鱼类 68 种,野生陆栖脊椎动物 137 种,鼋、鳞蛇为国家一级保护野生动物,还有国家二级保护野生动物 10 种。2017 年入选国家湿地公园。

二十二、国家矿山公园

芙蓉山国家矿山公园　位于韶关市武江区境内。芙蓉山是历史文化名山,2100 年前的西汉时期就有道士在此修道炼丹,唐朝时有僧人在此建庙,是佛道圣地,历代文人墨客留下许多诗篇。芙蓉山蕴藏着丰富的矿物资源,曾经有过辉煌的煤矿和石灰岩矿开采历史,至今山上仍然残存大量采矿遗迹。占地面积 21.7 平方千米,分为主题雕塑广场、园林小品、矿山公园博物馆三大景区,有蓉山古刹、气象站、观景台、木芙蓉园、木兰园、芙蓉仙洞、芙蓉湖等景点。2005年入选国家矿山公园。

鹏茜国家矿山公园　位于深圳市坪山区。典型的喀斯特地貌,地下开采的非金属矿山,主要生产大理石矿物,两条矿道分别位于地下40米、90米处。2005年入选国家矿山公园。

白石嶂国家矿山公园　位于五华县西北的白石嶂钼钨矿区。白石嶂钼钨矿是我国最早发现并开采的钼钨矿床之一。矿山闭坑停产后,地下开采巷道保存规整完好,巷道围岩稳定,地下空间较大。占地面积2平方千米。2010年入选国家矿山公园。

凡口国家矿山公园　位于粤、湘、赣三省交界处的仁化县红山自然保护区内。矿床中除富含铅、锌、硫外,还有银、汞、镉、锗、镓等伴生稀散金属。地质矿产遗迹、矿产采掘遗迹、矿产的选冶加工遗迹保存完好,极为罕见。2013年入选国家矿山公园。

大宝山国家矿山公园　位于韶关市曲江区沙溪镇。矿产资源历史悠久,公元999年已有人在此炼铜。园内蕴藏有铁、铜、硫、铅、锌、钼、钨等矿产资源,资源丰富且可综合利用的伴生矿多。2013年入选国家矿山公园。

凤凰山国家矿山公园　位于深圳市平湖镇。占地面积88万平方米。以芙蓉花园式矿场为背景,保留有典型的辉绿石地质剖面、大型矿山采场与加工场、矿业活动遗迹及辉绿岩矿业制品。芙蓉石场是矿山生态环境治理的典型示范区,石场复绿整治颇有成效。2017年入选国家矿山公园。

二十三、世界遗产

开平碉楼与古村落　位于开平市境内。开平位于新会、台山、恩平、新兴四县之间,历史上为"四不管"之地,明朝土匪猖獗,社会治安混乱,且河流众多,每遇台风暴雨洪涝灾害频发,当地民众被迫在村中修建碉楼以求自保。最多时达 3 000 多座,现存 1 833 座。2007 年入选世界文化遗产。

中国丹霞:丹霞山　2010 年作为"中国丹霞"的组成部分入选世界自然遗产。参见国家生态旅游示范区——丹霞山国家生态旅游示范区。

二十四、全国重点文物保护单位

广州—三元里平英团遗址　1961 年入选全国重点文物保护单位。参见全国红色旅游经典景区——三元里人民抗英斗争纪念馆。

广州—广州公社旧址　即广州苏维埃政府旧址,位于广州市起义路。1927 年 12 月中国共产党领导发动广州起义,在此建立了中国第一个苏维埃政权——广州苏维埃政府,后人称为"广州公社"。旧址现存大门、三座办公楼和拘留所。南楼为办公室和警卫连连部;中楼为苏维埃政府会议室、办公室和工人赤卫队总部;北楼为军事指挥部,东北面为监狱。四面有 2 米多高的围墙,大门后有花园。1961 年入选全国重点文物保护单位。

广州—光孝寺　位于越秀区光孝路。初为公元前 2 世纪南越王赵建德的住宅。三国时代,吴国虞翻谪居于此,辟为苑囿,世称"虞苑"。虞翻死后,舍宅作寺。寺名曾几次更改,南宋时定名为"光孝寺"。始建于东晋的大雄宝殿,南朝时达摩开凿的洗钵泉,唐朝的瘗发塔、石经幢,南汉的千佛铁塔,宋、明时期的六祖殿、卧佛殿,以及碑刻、佛像、诃子树、菩提树等,都是珍贵的佛教遗迹遗物。1961 年入选全国重点文物保护单位。

广州—黄花岗七十二烈士墓　1961 年入选全国重点文物保护单位。参见全国红色旅游经典景区——黄花岗七十二烈士墓。

广州—广州农民运动讲习所旧址　1961 年入选全国重点文物保护单位。参见全国红色旅游经典景区——广州市毛泽东同志主办农民运动讲习所旧址。

广州—洪秀全故居　位于花都区大布乡官禄布村。洪秀全为清朝太平天国农民起义领袖,称"天王"。故居建于清代,是一排六间泥砖、瓦顶木结构平房,石砌墙基。洪秀全在此居住生活了 30 余年。故居西端第一间为洪秀全夫妇住房,泥墙,无间隔,陈设简陋,仅有仿客家样式的床、桌子和凳子。第二间房子正面挂洪秀全太祖洪英纶夫妇画像,画像上有洪秀全的亲笔题诗。故居附近有洪秀全读书和教书的私塾和洪氏宗祠等。原建筑在金田起义后被清政府焚毁,新中国成立后重建。1988 年入选全国重点文物保护单位。

广州—中国国民党第一次全国代表大会旧址　位于文明路广东省博物馆大院。中国国民党第一次全国代表大会于 1924 年 1 月 20 日在这里的钟楼礼堂召开。礼堂现已恢复当时大会召开时的原状,正面的主席台上有孙中山画像和中国国民党党旗,台下的座位全部贴有当时出席会议人员的编号和姓名。该建筑原为广东贡院,清光绪三十年(公元 1904 年)改建为两广师范学堂。1924 年孙中山在此设立广东大学,后来改为中山大学。1933 年,中山大学迁往城外石牌五山新校园(今华南理工大学校址)。1988 年入选全国重点文物保护单位。

广州—中华全国总工会旧址　位于越秀南路。原为惠州会馆,1924 年为国民党中央工人总部,1925 年中华全国总工会迁此。1958 年会址修缮复原,辟为纪念馆。旧址建筑面积 1 746 平方米,中间有一圆拱形大门和雕花铁栏栅门扇。前院中间有一座两层带地下室的砖木结构西式洋房。1988 年入选全国重点文物保护单位。

广州—陈家祠堂　即陈氏书院,位于中山七路。陈氏书院于清光绪二十年(公元 1894 年)落成,是广东省各地陈氏宗族共同捐资兴建的"合族祠",装饰华丽、保存完好的传统岭南祠堂式建筑。由大小 19 座单体建筑组成,集广东民间建筑装饰艺术之大成,巧妙运用木雕、砖雕、石雕、灰塑、陶塑、铜铁铸和彩绘等装饰艺术,是一座民间装饰艺术的璀璨殿堂。1988 年入选全国重点文物保护单位。

广州—黄埔军校旧址 1988年入选全国重点文物保护单位。参见全国红色旅游经典景区——黄埔陆军军官学校旧址。

广州—秦代造船遗址、南越国宫署遗址及南越文王墓（含南越国木构水闸遗址） 秦代造船遗址位于中山四路，始建于秦始皇统一岭南时期，西汉初的文景年间废弃。造船工场规模巨大，有三个并排的木结构造船台和木料加工场。南越国宫署遗址位于中山四路，公元前203年秦将赵陀割据岭南建立南越国，在都城番禺（今广州）兴建王宫御苑；遗址内不仅有南越宫苑，还有自秦朝至民国的遗迹遗物，已建成南越王宫博物馆。南越文王墓位于解放北路，是西汉初年南越王国第二代王赵眜的陵墓，出土文物中有"文帝行玺"金印以及"赵眜"玉印，已开辟为西汉南越王博物馆。南越国木构水闸遗址位于惠福东路，距今地表深约4米，水闸自北向南可分为引水渠、闸室和出水渠三部分，现存长20.1米，为目前世界上发现的年代最早、规模最大、保存最完整的木构水闸遗址。1996年入选全国重点文物保护单位。

广州—怀圣寺光塔 位于光塔路。怀圣寺占地面积约3 800平方米；寺内有龙眼树和凤眼果树各一，故又有"龙凤寺"之称。光塔在寺的西南角，建于唐贞观年间，塔高36.6米，用砖石砌成，建筑平面为圆形，中为实柱体。有梯两条各自连通前后塔门，沿螺旋形梯可登塔顶露天平台，在平台正中又有一段圆形小塔。1996年入选全国重点文物保护单位。

广州—沙面建筑群 位于珠江岔口白鹅潭畔。"沙面"曾称"拾翠洲"，因是珠江冲积而成的沙洲，故名"沙面"。沙面在宋、元、明、清时期为国内外通商要津和游览地，清咸丰末年沦为英法租界。曾有10多个国家在此设立领事馆，9家外国银行、40多家洋行在此经营。现有150多座欧洲风格建筑，其中有42座为新巴洛克式、仿哥特式、券廊式、新古典式及中西合璧风格建筑。1996年入选全国重点文物保护单位，2017年入选第二批"中国20世纪建筑遗产项目"。

广州—圣心大教堂 位于一德路。清光绪中期建成，国内现存最宏伟的双尖塔哥特式建筑之一。由于教堂的全部墙壁和柱子都是用花岗岩砌造,故又称"石室天主教堂"。教堂分为三层,底层开三座尖拱券门,门框外有层层退入的七对柱线与七层尖拱肋,中部正中有直径6米、石雕镂空的玫瑰窗。二层当中是一用石头雕刻镂空的圆形玫瑰窗。三层为钟楼。1996年入选全国重点文物保护单位。

广州—广州大元帅府旧址　位于纺织路。1917—1925年,孙中山两次在这里建立大元帅府。旧址原为清末广州士敏土厂办公楼,建于清光绪中期,由前后两幢三层楼房、东西广场和正门等组成。两座大楼由花岗岩、红砖、水泥、钢材及木材等构筑,楼板横梁采用法国进口钢材,历经100多年依然坚固如初。前楼三层楼的四周有三米宽走廊,南北面均有九个半月形券拱。后楼建筑格局同前楼。1996年入选全国重点文物保护单位。

广州—莲花山古采石场　位于番禺区莲花山镇。拥有2000年历史的古采石场遗址,开采时间自西汉初年一直延续至清道光年间,西汉南越王墓石料即采自莲花山。古采石场以切割式凿岩法开采,遗留的采石面平均高25米,最高处达40米,最深处在地面下13米,至今仍保留着古代采石时留下的石柱、石板及大量未能运走的石料。2001年入选全国重点文物保护单位。

广州—中山纪念堂(含中山纪念碑)　位于越秀山。中山纪念堂1929年奠基,1931年落成。主体建筑采用西方先进钢结构建筑技术,由前后左右四座宫殿式重檐歇山抱厦建筑组成。堂顶镶盖宝蓝色琉璃瓦,瓦面分高低四层,层层飞檐出卷。大堂内建筑空间跨度达71米,气势恢宏,富丽堂皇。中山纪念碑与中山纪念堂处于同一轴线上,是由花岗岩石砌成的方锥形建筑物,四坡尖顶,颇有冲天之势。2001年入选全国重点文物保护单位。

广州—余荫山房　位于番禺区南村镇。清代举人邬彬的私家花园,始建于清同治初年。占地面积1 598平方米,以小巧玲珑、布局精细著称。布局巧妙,亭台楼阁、堂殿轩榭、桥廊堤栏、山山水水,尽纳于方圆300步之中。2001年入选全国重点文物保护单位。

广州—南汉二陵　即南汉高祖刘岩的康陵和南汉烈宗刘隐的德陵,位于番禺区新造镇。南汉系五代时十国之一,曾称"大越国",都番禺(今广州),历五主共 67 年。康陵建有陵园和陵台,陵台由圆台、方座、散水等构成,南侧有神龛、祭台和坡道,地下筑玄宫,陵园四周有长长的垣墙;与历代陵寝规制不同的是围垣四隅设双角阙,陵前设有廊式建筑。德陵为带墓道长方形多重券顶砖室墓,墓坑长 26.47 米,宽 5.82 米,出土青瓷罐和釉陶罐 272 件,晶莹透亮,是五代青瓷中的上品。2006 年入选全国重点文物保护单位。

广州—六榕寺塔　位于六榕路。六榕寺建于南朝,曾是禅宗道场,现为汉族地区佛教全国重点寺院。寺塔建于梁大同年间,清初重修,现塔为 1931 年重修,是一座仿楼阁式的穿壁绕平座结构的砖木塔,高 57.6 米,八角九级(里面 17 层),铜质刹柱上有 1 023 尊浮雕小佛。花塔的根基为坚固的花岗岩砌筑的相互连环依托的九井环基。2006 年入选全国重点文物保护单位。

广州—广裕祠　位于从化区太平镇钱岗村。相传南宋宰相陆秀夫在广东崖门以身殉国后,部分族人逃到此处藏匿,陆续发展成钱岗村,广裕祠就是陆氏家族的宗祠,始建于明永乐初年。共三进,占地面积 992 平方米,木构架,两旁山墙承重、屋面素瓦、悬山屋顶。获得联合国教科文组织 2003 年度亚太地区文化遗产保护奖"杰出项目奖"。2006 年入选全国重点文物保护单位。

广州—粤海关旧址　位于荔湾区岭南街道。粤海关创立于清康熙中期,与江海关、津海关合称"清朝三大海关",俗称"大钟楼",1916 年建成。钟楼为穹隆顶,高 13 米,四面各砌双柱塔,分为两层,下为钟室,上为钟机房。钟楼里有目前全国罕见的、保存完好的英制全机械传动式立钟。2006 年入选全国重点文物保护单位。

广州—广东咨议局旧址　位于中山三路。广东咨议局成立于清宣统元年(公元 1909 年)。1921 年孙中山在此宣誓就任非常大总统。1925 年国民党中央党部迁入此处办公。毛泽东担任国民党中央宣传部代部长时在这里二楼办公。1926 年国民党第二次全国代表大会、国民党二届二中全会均在这里召开。旧址主楼为砖木钢梁柱混合结构,前圆后方,大厅屋顶为半球形,八柱环列,空间开阔。2006年入选全国重点文物保护单位。

广州—清真先贤古墓 位于越秀区桂花岗。明清中国学者称伊斯兰教义为"至清至真",伊斯兰教被称为"清真教",其墓地称之为"清真先贤古墓"。共葬有40多位伊斯兰教传教士。园林式的墓园,四周绕有墙垣,内有拜殿、方亭、厢房。先贤的坟墓墓室中空外圆,形如悬钟。现存的殿堂及其他建筑,均为明代风格。2013年入选全国重点文物保护单位。

广州—五仙观及岭南第一楼 五仙观位于越秀区惠福西路。建于明洪武初年,祭祖五仙的谷神庙,依山而建,绿琉璃瓦重檐歇山顶,木构架保存完好。现存有头门、后殿、东斋与西斋等建筑。岭南第一楼是一座城楼式的建筑物,楼基用红砂石砌筑,楼高7米,中通往来,作城门状,上建栋宇巨檐,构成一座轩敞的楼台。2013年入选全国重点文物保护单位。

广州—镇海楼与广州明城墙 镇海楼位于越秀山,建于明洪武年间,楼高25米,阔31米,深16米,下面两层围墙用红砂岩条石砌造,三层以上为砖墙,外墙逐层收减,绿琉璃瓦覆盖,饰有石湾彩釉鳌鱼花脊,朱红墙绿瓦砌成,巍峨壮观。广州明城墙,周长13千米、高10米,有城门、城楼、敌楼、警铺等,现仅存高度不等的残垣。镇海楼、广州明城墙、五仙观中的岭南第一楼,被誉为"广州明初三大古迹"。2013年入选全国重点文物保护单位。

广州—南海神庙 位于黄埔区庙头村。创建于隋开皇年间,占地面积3万平方米,深五进,中轴线上有牌坊、头门、仪门、大殿、后殿,两侧有廊庑。现存建筑多为清代所筑,建筑布局尚存周代建筑遗风。2013年入选全国重点文物保护单位。

广州—中国共产党第三次全国代表大会会址 1923年6月,中国共产党第三次全国代表大会举行,会址和代表宿舍位于今恤孤院路。两层砖木结构金字瓦顶的普通房子,门临大街。底层南边是会议室,北边作饭厅。二楼两间是宿舍,间墙只有半截,上有金字架承顶横梁和桁桷,顶上没有天花板。在楼下的会议室中央,摆放着一张西式长方台子,两边是一列的长条凳,前后两端摆着小方凳。2013 年入选全国重点文物保护单位。

珠海—宝镜湾遗址 位于金湾区南水镇。占地面积一万余平方米,出土了大量新石器时代晚期至商周时期的陶器、石器、玉器、水晶器等遗物及居住遗迹。其中,网坠 100 多件以及以重达 18.5 千克的石锚,反映了史前居民渔业生产的特征。2006 年入选全国重点文物保护单位。

珠海—陈芳家宅 位于香洲区。陈芳是清朝末年经营致富的华侨。包括陈芳故居、石牌坊群和陈氏墓园,建于清光绪中期。故居占地面积 5 742 平方米,包括陈公祠、大屋三座、洋房和花厅各一座,周围筑砖墙,东西两角置哨楼,具有突出的岭南风格。石牌坊群原为四座,现存三座,均为三间三楼式石牌坊。陈氏墓园为石砌灰砖墓,占地面积 2 000 平方米,筑有凉亭。2006 年入选全国重点文物保护单位

珠海—三灶岛侵华日军罪行遗迹 位于金湾区三灶镇。包括日军机场遗址、碉堡、弹药库、"慰灵"石刻、日军慰安所、兴亚第一国民学校遗址、兴亚第二国民学校遗址、万人坟和千人坟等。1938 年 1 月日军在三灶岛登陆,把三灶作为侵略华南的军事基地。在沦陷的八年中,日军杀害三灶同胞 2 891 人,还将从朝鲜及中国台湾、万山、横琴等地抓来修机场的 3 000 多名民工秘密杀害,1979 年将骨骸迁葬于竹沥山。2013 年入选全国重点文物保护单位。

云浮—大湾古建筑群 位于郁南县大湾镇。建于明、清时期。融绘画、书法、雕塑、建筑四种艺术元素为一体,檐板、斗拱、雀替、驼峰、屏风、神楼等木雕花板,石雕、砖雕、柱础、陶瓷塑、栏板、木雕花窗等,互相配合衬托,千姿百态,具有浓郁的粤西地方特色。其中 14 座建筑于 2013 年入选全国重点文物保护单位。

云浮—龙龛岩摩崖石刻 位于罗定市苹塘镇龙龛岩洞室内的石壁上。唐高祖武德年间在龙龛石室辟立道场,于龛之北壁造像,左右两厢绘飞仙、宝塔、罗汉、圣僧。武周圣历年间,将冠军大将军行左豹韬卫将军、上柱国颍川郡开国公陈集原撰写道场铭镌刻于龛座右壁,全文 1 238 字,笔法遒丽,镌刻技艺精湛娴熟。石室内还有明清以来的访碑石刻多方,可辨认的访碑墨

书题记 100 多处。2013 年入选全国重点文物保护单位。

揭阳—古榕武庙 即关帝庙,位于榕城区天福路。始建于明万历中期,占地面积 1 400 平方米,三间三进四合院布局,组合严整,景象壮观,反映了明清建筑风格和潮汕地方特色。多次扩建、重修,留下许多题匾书跋碑记。2013 年入选全国重点文物保护单位。

揭阳—揭阳学宫 位于韩祠路。始建于南宋绍兴年间。现存建筑群由 21 座单体建筑构成,占地面积 5 526 平方米。采用中轴线布局,高台基殿堂式结构。主要建筑物有照壁、棂星门、泮桥、泮池、大成门、东西庑、大成殿、崇圣祠等。主体建筑均为高台基、大圆柱、红瓦绿檐,庄严肃穆。1927 年秋天南昌起义部队到达揭阳时,周恩来、贺龙、叶挺等领导人曾在此召开军事会议。2013 年入选全国重点文物保护单位。

揭阳—丁氏光禄公祠 位于元鼎路与方厝河交叉口。丁日昌旧居,时人称作"丁府"。丁日昌,广东丰顺县人,历任苏松太道、两淮盐运使、江苏布政使、江苏巡抚、福州船政大臣、福建巡抚,是近代洋务运动的先行者。公祠建于清同治至光绪初年,是一个集祭祀、起居、藏书、教育于一体的建筑群,建筑规模宏大,布局实用大方,木雕精美且极具地方特色,为典型的潮汕地区祠堂风格。2013 年入选全国重点文物保护单位。

茂名—隋谯国夫人冼氏墓 位于电白区电城镇。冼夫人系高凉俚人部落首领,汉人高凉太守冯宝之妻,在隋朝被册封为谯国夫人。墓园占地面积 1.35 万平方米,四周残墙用沙土打夯而成。墓碑用青色麻石凿成,高 2.07 米、宽 0.70 米、厚 0.1 米。墓碑前 50 米处建有一座砖木结构、四合院式的冼夫人庙。2013 年入选全国重点文物保护单位。

梅州—叶剑英故居 位于梅县区雁洋镇。泥砖砌筑的农舍,属粤东地区客家围屋。坐东朝西偏南,共有 15 间房屋,远处青山含黛,四野田园青翠。清光绪二十二年(公元 1896 年)叶剑英诞生在此,并在此度过童年时代。2001 年入选全国重点文物保护单位。

梅州—丘逢甲故居 位于蕉岭县文福镇。丘逢甲是晚清爱国诗人、教育家,1895 年任台湾抗日义勇军统领,抗倭失败后内渡定居嘉应州镇平(今梅州市蕉岭县),先后在嘉应、潮汕、广州等地倡导新学。故居又名"心泰平草庐","心泰平"三字取自黄山谷"闲暇无事心太平"的诗句,又因清末翰林温仲和题写"培远堂"匾额,故又名"培远堂"。故居建于清光绪中期,占地面积 1 800 多平方米,两堂四行,中轴对称,后面半圆形围屋与前面的五个门楼形成封闭式的客家围屋。2006 年入选全国重点文物保护单位。

梅州—父子进士牌坊 位于大埔县茶阳镇。建于明万历年间,为纪念江西按察副使饶相父子同中进士而建。花岗岩建造,高 12.5 米,宽 4.65 米,四根正柱和八根附柱并列四排,呈"四柱三间"式,有三层檐顶。当心间横匾,正反面分别雕刻"父子进士""丝纶世美"字样。牌坊饰以"双龙腾云""双龙戏珠""双龙衔花""双狮滚球"等图案。2013 年入选全国重点文物保护单位。

梅州—人境庐和荣禄第 位于梅江区。人境庐建于清光绪初年,荣禄第建于清同治末年,均由我国近代爱国诗人黄遵宪建造。人境庐是黄遵宪的书斋,建筑面积 900 多平方米,屋名取意于东晋诗人陶渊明"结庐在人境,而无车马喧"的名句。砖木结构园林式建筑,由厅堂、息亭、七字廊、五步楼、十步阁、卧虹榭、鱼池、假山和花圃等构成。荣禄第是黄遵宪的故居,建筑面积 680 平方米,是一座三堂两横式的传统客家民居建筑。2013 年入选全国重点文物保护单位。

梅州—谢晋元故居 位于蕉岭县新铺镇。谢晋元毕业于黄埔军校,曾任团长等职,淞沪会战中率八百壮士死守上海四行仓库,1941 年被汪精卫收买的叛徒刺杀身亡。故居由谢晋元的曾祖父建于清咸丰年间,建筑面积 675 平方米,沙灰瓦木结构的平房,两座大门分别为"儒林第"和"荆树居"。1905 年 4 月谢晋元出生在故居儒林第南幢,并在这里度过了童年时期。珍藏有谢晋元生平图片实物。2013 年入选全国重点文物保护单位。

惠州—叶挺故居 位于惠阳区秋长街道。建于清光绪初年,是一幢规模较小的客家围屋。故居广场中央竖立一座叶挺铜像。馆藏叶挺使用过的名片、指挥刀等。2006 年入选全国重点文物保护单位。

东莞—林则徐销烟池与虎门炮台旧址 虎门海滩的销烟池,是两个边长各 45 米的大池子,清道光十九年(公元 1839 年),钦差大臣林则徐主持将收缴的英、美等国输入中国的鸦片共 2 万余箱、2 376 254 斤当众销毁。虎门炮台位于珠江口虎门两岸。清道光二十年(公元 1840 年)英国发动侵略中国的鸦片战争。1841 年 2 月 25 日,英军大举进攻虎门,提督关天培率军英勇抗击,关天培与部众 400 余人全部壮烈牺牲,现虎门炮台附近有"义勇之冢"和"节兵义坟"。1982 年入选全国重点文物保护单位。

东莞—可园 位于莞城区。始建于清道光末年。占地面积 2 204 平方米,外缘呈三角形,绕以青砖围墙。内有 1 楼、6 阁、5 亭、6 台、5 池、3 桥、19 厅、15 间房,处处有景,景景不同,均以"可"字命名,如可楼、可轩、可堂、可洲。清一色的水磨青砖结构建筑,最高的可楼高 17.5 米,四面明窗,飞檐展翅,凭窗可眺莞城景色,为岭南园林的代表作。与顺德清晖园、佛山梁园、番禺余荫山房合称清代"粤中四大名园"。2001 年入选全国重点文物保护单位。

东莞—南社村和塘尾村古建筑群 位于茶山镇,两村落古建筑均为明清时代所建。南社村村民祖先大多为浙江绍兴谢氏后代,上百间民居多为珠江三角洲特有的"三间两廊"形式,面积几十至近百平方米,民居、祠堂、门楼、古巷、古井、古墓等融为一体。塘尾村为李氏家族聚落,现存古民居 268 座,祠堂 21 座,书室 19 座,古井 10 眼,围门 4 个,炮楼 28 座。2006 年入选全国重点文物保护单位。

东莞—却金亭碑 位于莞城街道光明路、教场街街口。明嘉靖年间立,万历中期重修。明嘉靖十七年(公元 1538 年),番禺县尹李恺来东莞检查外贸,不准官吏随意抽盘、骚扰外商。外商筹得 100 两白银酬谢李恺,李恺坚决不受。外商便用这笔钱建了这座"却金亭碑"。碑高 184 厘米,宽 102 厘米,青石制作;碑的上部雕刻着细腻的云海涌日花纹,花纹间是用古篆体书就的《却金亭碑记》碑额,下面的楷体碑文为《却金亭碑记》,镌刻精良。2006 年入选全国重点文物保护单位。

东莞—大岭山抗日根据地旧址 位于大岭山镇。原广东人民抗日游击队东江纵队第三大队机关所在地。旧址包括九处文物点，其中第三大队大队部、会议室、大家团结报社、交通站、粮食加工场、操场六处位于大王岭村，医务所、中山书院、连平联乡办事处三处分别位于瓮窑村、油古岭村和连平髻岭村。2006 年入选全国重点文物保护单位。

东莞—蚝岗贝丘遗址 位于南城街道。新石器时代晚期贝丘遗址，距今约 5 000 年。保存面积 650 多平方米。揭露面积 272 平方米，发现墓葬、房址、灰坑、红烧土活动面等遗迹。遗物包括白陶、彩陶、刻划纹陶等陶器，树皮布石拍、蚝蛎啄、石斧等石器和骨器、蚌器。2013 年入选全国重点文物保护单位。

东莞—广九铁路石龙南桥 位于石龙镇。清光绪三十三年（公元 1907 年）清政府修筑广九铁路广州—深圳段，清宣统三年（公元 1911 年）通车，全长 179 千米，是当时连接内地与香港的唯一铁路线。石龙南桥横跨东江，单线铁路大桥，钢石木混凝土混合结构。桥设五孔，第 1—4 孔为 70 米下承梁，第 5 孔为 20 米上承钢板梁。在抗日战争时期屡遭日军的轰炸，新中国成立后经几次大修，原铁轨保存完好。2013 年入选全国重点文物保护单位。

中山—孙中山故居 1988 年入选全国重点文物保护单位。参见全国红色旅游经典景区——孙中山故居和纪念馆。

中山—中山纪念中学旧址 位于南朗镇翠亨村。由孙中山之子孙科创建，1936 年落成。由中国近代杰出的建筑师吕彦直设计。日本侵华期间曾被日军占做医院，但主体建筑得以保存。曾命名为"总理故乡纪念中学校"，新中国成立后更名为"中山纪念中学"，现校名由宋庆龄于 1978 年题写。2013 年入选全国重点文物保护单位。

中山—茶东陈氏宗祠群 位于南朗镇茶东村。陈氏宗祠始建于明代中期，清康熙年间重建。之后陆续修建贡三陈公祠、净溪陈公祠、筠溪陈公祠，成为一个陈氏宗祠群。陈氏宗祠群占地面积 2 500 平方米，建筑面积 1 500

平方米,三进三间,现存祠院为道光年间重修,保留着明末清初的建筑风格。2013年入选全国重点文物保护单位。

佛山—佛山祖庙 位于禅城区祖庙路。北宋元丰年间始建,称"祖堂"。明洪武初年重修,清光绪中期大修,形成今日的建筑群。占地面积3万平方米,建筑装饰大量采用陶塑、木雕、砖雕、灰塑等。陈列有石刻匾额,明、清时期的石兽、陶塑瓦脊,大量的金木雕建筑构件,大型铁铸武士立像,铁铸瑞兽,铁炮等。1996年入选全国重点文物保护单位。

佛山—康有为故居 位于南海区丹灶镇。康有为是中国近代维新派领袖、思想家。故居原名"涎香老屋",建于清代中叶,一厅、二廊、二房布局,硬山顶,是一座典型的珠江三角洲清代农村住宅,清咸丰八年(公元1858年)康有为诞生于此,他在这里遍览群籍,撰写了传诵千古的《大同书》(初稿)。1983年故居修复,作"康有为史迹陈列室"。1986年在故居附近建康有为纪念馆。1996年入选全国重点文物保护单位。

佛山—东华里古建筑群 位于福贤路。房屋建筑用花岗岩铺砌勒脚石,每块勒脚石面积约2平方米,有些还雕出角花和围线。勒脚石以上为水磨青砖结砌墙体,室内装饰十分华丽,多有木雕屏风、花罩隔扇、木板墙、天花板等高档装置。街道路面全用色泽一样的花岗岩石条铺砌,条石宽30厘米、长约150厘米,表面经过雕琢。2001年入选全国重点文物保护单位。

佛山—南风古灶、高灶陶窑 位于石湾镇。明正德年间修建的龙窑。南风古灶窑长34.4米,窑室长30.87米,高灶陶窑长32.16米,窑室长28.56米,窑内结构如圆拱隧道,以小型砂砖砌成,明清时期为陶业大行"水巷大盆行"的专业龙窑,历来以煅烧大盆类产品为主。500多年来,两窑陶瓷生产不断,虽经多次维修,但窑灶基本建筑不失原貌,保留原龙窑特有的烧成工艺和独特的"窑变""釉变"艺术效果,是世界上最古老的,且持续使用至今的古窑。2001年入选全国重点文物保护单位。

佛山—古椰贝丘遗址 位于高明区。古椰是4 000年前生活在今珠江口地区的一个原始部落。遗址面积约4万平方米,发掘面积1 000平方米,挖出了 15 座周代墓,发现柱洞、灰坑等遗迹单位 89 个,发现了一处早期的活动面和一处唐代的路面。出土的文物,包括砍砸器、刮削器、石斧、石锛、石凿和砺石等在内的石器,一些属于陶器的夹砂粗陶片,还有猪脊骨、鳖壳等动物遗骨。还发现了保存完好的木器,更重要的是出土了 40 多粒稻谷,属新石器时代晚期遗物。2013 年入选全国重点文物保护单位。

佛山—清晖园 位于顺德区大良镇。原为明末状元黄士俊所建的花园,清乾隆年间为进士龙应时购得。园名"清晖",意为和煦普照之日光,喻父母之恩德。经龙氏五代人多次修建,逐渐形成了格局完整而又富有特色的岭南园林。现存建筑主要建于清嘉庆年间,占地面积 2.2 万平方米,碧水、绿树、古墙、漏窗、石山、小桥、曲廊与亭台楼阁交互融合。清晖园与佛山梁园、番禺余荫山房、东莞可园并称为清代"粤中四大名园"。2013 年入选全国重点文物保护单位。

佛山—顺德糖厂早期建筑 位于顺德区大良街道。陈济棠主政广东期间,兴建全国第一批机械化甘蔗制糖企业,顺德糖厂是其中之一。从捷克斯可达公司引进全套制糖设备,采用国际食糖质量标准组织生产,日压榨能力 1 000 吨。现存制糖车间、压榨车间和成品糖仓库等四栋早期厂房,钢框架结构,大跨度钢桁架上盖铁皮顶,空心红砖墙。2013 年入选全国重点文物保护单位。

韶关—云龙寺塔 位于董塘镇。建于晚唐乾宁光化年间。原名"仰山禅师塔",因 200 米外有云龙寺,更名为"云龙寺塔"。斗拱平檐楼阁式,五层四角实心砖方塔,残高 10.44 米;每层设壸形佛龛,腰檐和假平座成直线正中排列,均有仿木砖砌倚柱、额枋、斗拱,覆钵形顶,无塔刹。1988 年入选国家重点文物保护单位。

韶关—三影塔 位于南雄市永康路。始建于北宋大中祥符年间,明正统年间重修。楼阁式砖塔,共 9 层,高 50.2 米。塔身每层均伸出飞檐和栏杆,飞檐的梁头上都悬挂着一只铜钟,全塔共有 48 只铜钟。檐脊的末端各蹲伏一匹酱红色的陶制貔貅,寄以祛灾托福之意。1988 年入选全国重点文物保护单位。

韶关—满堂围 位于始兴县隘子镇满堂村。清朝道光中期建。面阔178.8米、进深83.4米,二至五层高约8—15米。由上新屋、中心围、下新屋三个单元组成,各单元有各自的正门,可分可合;河石青砖墙,牢固结实,楼梁瓦梁一根挨一根密密排放,地面用河卵小石铺就几何形图案。1996年入选全国重点文物保护单位。

韶关—石峡遗址(含马坝人遗址) 位于曲江区马坝镇。新石器时代遗址,发现柱洞、灰坑、陶窑等遗存,清理墓葬136座。包含四个不同时期的文化堆积,第一层是距今6 000年左右的新石器时代文化层,第二层是距今4 000—5 000年被命名为"石峡文化"的新石器时代晚期文化层,第三层是距今3 100—3 800年的早期青铜文化层,第四层是西周晚期到春秋时期的晚期青铜文化层。马坝人遗址是两座石炭纪石灰岩孤峰,溶洞纵横交错,上下相通,底层终年积水,水清且洌,在溶洞中的一条裂隙发现人类头骨化石,是直立人向智人过渡的早期类型人类化石。2001年入选全国重点文物保护单位。

韶关—南华寺 位于曲江区马坝镇。中国佛教名寺之一,禅宗六祖惠能弘扬"南宗禅法"的发源地。始建于南北朝天监初年,梁武帝赐名"宝林寺"。后相继更名为"中兴寺""法泉寺",宋太宗赐"南华禅寺",寺名沿袭至今。因禅宗六祖在此弘法,也称"六祖道场"。建筑面积1.2万平方米,由曹溪门、放生池、宝林门、天王殿、大雄宝殿、藏经阁、灵照塔、六祖殿等建筑群组成。现为汉族地区佛教全国重点寺院。2001年入选全国重点文物保护单位。

韶关—双峰寨 位于仁化县石塘镇。1915年建成,占地面积1.13万平方米。护寨河宽13.7米,水深1.5米。以一个主楼和四个炮楼为主轴,东西两面城墙中间各有瞭望台。主楼五层,高15.3米,墙体全部用石灰石及青砖砌成。炮楼共有55个炮眼,可从不同角度打击不同方向的来犯之敌。2006年入选全国重点文物保护单位。

韶关—丹霞山摩崖石刻　位于仁化县境内。丹霞山摩崖石刻集中分布于长老峰的别传寺、通天峡、海螺岩、宝珠峰等五个区域。现有宋代以来僧家、香客、政要人士、文人墨客留下的摩崖石刻 111 方，其中宋刻 8 方、元刻 9 方，书法有楷、行、草等，刻有题字、题名、题记、题诗、碑文、游记等。刻于别传寺山门峭壁上的"丹霞"二字，通高 2.7 米、宽 2 米。2013 年入选全国重点文物保护单位。

韶关—长围村围屋　位于始兴县罗坝镇。长围村围屋由围楼和民居组成，建于清代。围楼呈长方形，四层，高 15 米，有木梯可登楼。围墙牢固结实，底层外墙厚 1 米。民居为青砖瓦木构筑，中间祖堂三厅二井，两侧民居二厅四房，地面铺薄青砖。2013 年入选全国重点文物保护单位。

韶关—南粤雄关与古道　2013 年入选全国重点文物保护单位。参见全国红色旅游经典景区——梅关古道景区。

清远—慧光塔　位于慧光路慧光公园内。始建于南北朝宋泰始年间，是我国最古老的砖塔之一。木构中空塔，九层 17 级，通高 49.86 米，每层用砖砌出角柱，层层向上递减，呈直线收缩。塔基建在一座小石山的山尖上，历经千年风吹雨打和地壳运动，塔身向西倾斜 1.047 2 米。2006 年入选全国重点文物保护单位。

江门—梁启超故居　位于新会区茶坑村。建于清光绪年间，是一幢古色古香的青砖土瓦平房，建筑面积 400 多平方米。怡堂书室是梁启超曾祖父所建，是梁启超少年时读书、接受儒家传统思想的地方。清光绪十八年（公元 1892 年）梁启超携同新婚妻子李蕙仙回乡，就居住在书室的偏房，长女梁思顺也出生于此。2001 年建成梁启超故居纪念馆。1996 年入选全国重点文物保护单位。

江门—开平碉楼　2001 年入选全国重点文物保护单位。参见世界遗产——开平碉楼与古村落。

湛江—雷祖祠　位于雷州市英傍山。始建于唐贞观年间，是纪念唐代雷州首任刺史陈文玉（雷祖）的祠堂。祠内文物丰富，有千年石人、乾隆御赐匾额及历代碑刻 30 余通。历代显宦名流,骚人墨客,游览之余留下感人的诗篇。1996 年入选全国重点文物保护单位。

湛江—硇洲灯塔 位于硇洲岛。始建于清光绪二十五年(公元 1899年)。由塔座、塔身和灯具三部分组成,高 23 米,用规格一致的花岗岩石砌筑,灯具用 160 块三棱水晶镜片组成,如蚌状灯罩,中置凸透镜。1996 年入选全国重点文物保护单位。

湛江—唐氏墓群 位于雷州市唐家镇。唐菽林为宋朝宰相唐介第六代裔孙,宋嘉定元年(公元 1208 年)进士及第,钦任雷州府户禄推官。以唐菽林石墓为中心,周围分布着保存完好的宋、元、明、清历代唐氏家族墓 52 座,其中宋代石墓 6 座、元代石墓 17 座、明代石墓 6 座、明清土丘墓 23 座,大多为方坛或龟形石墓。陵园前有"阳洒离陲"大石坊。唐菽林及其三位夫人的石墓墓前有石祭桌,墓后有清光绪末年的重修碑、唐菽林石雕像、碑记亭、溯源亭。2013 年入选全国重点文物保护单位。

湛江—广州湾法国公使署旧址和法军指挥部旧址 位于霞山区海滨路。广州湾法国公使署建立于清光绪二十九年(公元 1903 年),混凝土结构,建筑三层,总面积 1 902 平方米,室内宽敞。广州湾法军指挥部即广州湾法国警察署,坐落在广州湾法国公使署对面,建于清光绪二十六年(公元1900 年),高两层,面积约 400 平方米,砖石砌筑。2013 年入选全国重点文物保护单位。

潮州—广济桥 位于湘桥区,横跨韩江。始建于南宋乾道年间,明嘉靖年间形成"十八梭船廿四洲"的格局。1958 年全桥加固维修,拆除十八梭船,改建为三孔钢架及两处高桩承台式桥梁。2003 年全面维修,按明代风格修复。广济桥为浮梁结合结构,由东西二段石梁桥和中间一段浮桥组合而成,梁桥由桥墩、石梁和桥亭三部分组成,集梁桥、浮桥、拱桥于一体,是我国古桥的孤例。1988 年入选全国重点文物保护单位。

潮州—许驸马府 位于中山路葡萄巷。北宋英宗之女德安公主之驸马许珏的府第。建于宋英宗治平年间,历代屡有维修,至今较好地保留了始建时的布局及特色。府第面宽 42 米,进深 47 米,建筑面积约 1 800 平方米。主体建筑为三进五间,独厅、独院、独天井,格局独特。1996 年入选全国重点文物保护单位。

潮州—笔架山潮州窑遗址 位于潮州市东郊笔架山。潮州城外有大量的优质瓷土,为瓷器生产提供了先决条件。潮州窑始于唐,盛于宋,绵延 2 千米。窑室内部都用砖砌筑隔墙,最长的一座残长 79.5 米。产品以白瓷为主,器类有碗、盏、盆、钵、盘、碟、杯、灯、炉、瓶、壶、罐、盂、粉盒、人像、动物玩具等,釉色有白、影青、青、黄、酱褐等。2001 年入选全国重点文物保护单位。

潮州—开元寺 位于开元路。唐开元年间敕建,以殿阁壮观、圣像庄严、文物众多而闻名遐迩,有"百万人家福地,三千世界丛林"之美誉。主要文物:开元寺始建时所造的石经幢,唐代佛教艺术文物石刻大栏板,宋政和年间铸造的大铜钟,元泰定年间雕就的大香炉,铸于元至正年间的铜质大云版,清乾隆年间的《龙藏》等。2001 年入选全国重点文物保护单位。

潮州—己略黄公祠 位于湘桥区。潮州黄姓家祠,建于清光绪中期。二进院,面宽 15.4 米,进深 25.7 米,现有建筑面积 550 平方米。建筑特色主要是装饰木雕。木雕的题材以戏曲传奇、民间故事为主,技法以圆雕、沉雕、浮雕、镂空为主,梁枋两端饰以形象各异的龙、凤、狮等祥瑞动物,充分运用了黑漆装金、五彩装金、本色素雕等表现手法。2001 年入选全国重点文物保护单位。

潮州—韩文公祠 位于韩江东岸。始建于北宋咸平二年(公元 999 年),是中国现存最早的纪念唐代文学家韩愈的祠庙。原址在城南,南宋淳熙十六年(公元 1189 年)迁至今址。元、明两代修葺 20 多次。主体建筑分前后二进,并带两廊,后进筑在比前进高出几米的台基上,内供韩愈塑像。祠内梁间遍挂名家题写匾额,沿壁环列历代碑刻 40 方。2006 年入选全国重点文物保护单位。

潮州—道韵楼　位于饶平县三饶镇。建于明末清初,墙基在地面上仅垫两层青砖,墙体为黄土夯筑,至今仍完好无损。楼有大门和旁门两通道,楼外环巷之外另筑围屋八列,即在主楼八角的楼角相对留出八条巷道,构成环护大楼的八排围屋。楼内外构成了八卦图的布局。土楼具有防水、防火、防兽、防震、防贼、防旱等功能。2006 年入选全国重点文物保护单位。

潮州—从熙公祠　位于潮安区彩塘镇。旅居马来西亚的侨领陈旭年所建,告竣于清光绪初年。面宽 31.22 米,进深 42.25 米,二进院落布局,前厅与后厅之间是天井,两侧有廊轩,后厅有抱厦,形成四厅相向的格局。首进门楼前分置精致石狮一对,门楼屋架有双面镂空石雕。2006 年入选全国重点文物保护单位。

潮州—潮州老城古民居建筑群　位于南门十巷历史街区、许驸马府历史街区和旧西门街历史街区,包括辜厝巷林宅、郑厝巷蔡宅、甲第巷外翰第、甲第巷大夫第、德里旧家、辜厝巷王宅、兴宁巷大夫第、红栏杆、东府埕儒林第、卓府、马使埕闫宅、青亭巷大夫第、黄尚书府和铁巷陈宅等 14 座明代、清代、民国时期古民居。黄尚书府是明朝南京礼部尚书黄锦的府第,始建于明崇祯年间,面宽 50 米,进深 77.5 米,是一座三进堂屋,主体建筑保存完整。甲第巷大夫第建于清代中后期,梁柱古朴,椽梁、门窗雕花,可见当年的富丽堂皇。2013 年入选全国重点文物保护单位。

河源—龟峰塔　位于源城区南堤路的龟峰山上。建于南宋绍兴年间,"河源八景"之一。楼阁式砖塔,平面为六角形,外观为 7 层,内为 14 层,墙体厚 3.3 米,通高 42.6 米。经 880 多年的风雨侵蚀,塔顶已失,塔檐与平座崩塌,瓦面无存,塔内各层原有木楼板亦已毁坏殆尽。2006 年入选全国重点文物保护单位。

汕头—文光塔　位于潮阳区中华路。始建于宋绍兴初年,明、清时期三次倒塌又重建,现存建筑保持明代复建时的样貌外观。楼阁式七层石塔,平面八角形,塔高 42.3 米。门顶有清朝潮阳知县唐文藻所书"文光塔"三字石匾及对联。2013 年入选全国重点文物保护单位。

汕头—崎碌炮台　位于金平区。筑成于清光绪初年。环圆状的城堡，墙体为花岗岩石料，以贝灰、沙、煮烂的糯米粥及红糖调和夯筑，台面跑道用贝灰和糯米浆混合夯筑，炮台底层坑道与十字交叉拱窟窿全部用非风化花岗岩规格石砌筑，垛口炮位均铺上花岗岩石条，石缝严密，砌筑坚固。2013 年入选全国重点文物保护单位。

汕头—国民革命军东征军总指挥部、总政治部旧址　位于外马路。1925 年 11 月，国民革命军东征军第二次进入汕头市，总指挥部、政治部设于此处。旧址原是英国人办的酒店，始建于 1924 年，钢筋混凝土整体式梁板柱砖木混合结构的两层楼房，总建筑面积 1 420 平方米。1996 年改建为"汕头市东征军革命史迹陈列馆"。2013 年入选全国重点文物保护单位。

汕尾—海丰红宫、红场旧址　1961 年入选全国重点文物保护单位。参见全国红色旅游经典景区——海丰县红宫红场旧址、彭湃故居。

汕尾—元山寺　位于陆丰市碣石镇。始建于南宋建炎初年，明洪武中期扩建。始称玄山寺，后因避清康熙玄烨的帝讳，改称"元山寺"。建筑格局为多组四合院对称式，卧岗面海，依山递建山门、前殿、中殿、正殿、配殿、厅堂，重斗叠拱，高脊飞瓴，雕梁画栋，木雕、石雕、嵌瓷、铜铸、玉雕、陶瓷、泥塑无不形神兼备，工艺精湛。2001 年入选全国重点文物保护单位。

深圳—大鹏所城　位于龙岗区大鹏镇。明清两代中国南部的海防要塞，始建于明洪武中期。占地面积约 11 万平方米，现存古迹有振威将军第、县丞署、关帝庙、候王庙、赵公祠等。大鹏所城的赖氏家族，三代五将，当地有"宋朝杨家将、清代赖家帮"之美誉。保存有赖恩爵将军墓、赖信扬将军墓、赖世超将军墓、赖恩锡将军墓、赖氏始祖赖吾彪将军墓、赖世超夫人墓、赖恩爵原配夫人墓等赖家墓群。2001 年入选全国重点文物保护单位。

肇庆—梅庵　位于肇庆市西郊。相传惠能和尚喜梅，客居古端州城西岗时曾于岗上植梅，以锡杖掘井。北宋至道初年，智远和尚为纪念惠能而建此庵，取名"梅庵"。占地面积 5 000 平方米，建筑面积 1 400 平方米，四周筑有围墙,主体建筑有山门、大雄宝殿、六祖殿、前后天井、前后两廊,附属建筑有庵前平台、六祖井、众缘堂、荃香室、常光亭、六云亭、碑廊和梅园等。以独特的建筑艺术著称。1996年入选全国重点文物保护单位。

肇庆—德庆学宫　位于德城镇朝阳路。始建于北宋大中祥符年间。由大成殿、崇圣殿、尊经阁、乡贤祠、杏坛等组成,占地面积3900多平方米。元大德初年重建的大成殿,打破了传统厅堂"八柱撑空"的木梁架结构传统,采用"四柱不顶"的独特形式。1996年入选全国重点文物保护单位。

肇庆—悦城龙母祖庙　位于德庆县悦城镇。龙母祖庙是一座砖木石结构建筑,虽经百年风雨雷电,至今瓦不漏,墙不裂,柱不弯,地不陷。地下排洪渠道溢流通畅快捷,即使洪水侵浸,庙宇内外清洁如故,绝无淤泥。庙内梁、柱、桁、檐,几乎全是木雕、砖雕、石雕、灰雕、陶雕,精妙绝伦。2001年入选全国重点文物保护单位。

肇庆—肇庆古城墙　位于肇庆市区旧城区。北宋皇祐年间始筑土城墙,宋政和年间将土城扩大,并筑为砖城。古城墙周长2800多米,高6.5—10米,宽8.5—18米,外皮砌砖,内为夯土。砖墙厚60—120厘米。城墙外围有28个突出的敌台。历史上经过20多次修葺,城墙和城门位置未改,至今仍然保存完整。2001年入选全国重点文物保护单位。

肇庆—七星岩摩崖石刻　位于肇庆市城北七星岩。七星岩的七座石山,崖壁面积不足1.5平方千米,镌刻着唐朝至今的石刻523方。石刻集诗词歌赋、游记史实、对联题咏于一炉,其中最多的是诗词歌赋,故有"千年诗廊"之美誉;分布密集、文体齐全、字体纷繁、保存完整,是精美的石刻艺术品。2001年入选全国重点文物保护单位。

阳江—独石仔洞穴遗址　位于阳春市境内。旧石器时代晚期至新石器时代早期的古人类洞穴遗址。洞穴高15米,宽2—8米,深20米,面积200平方米。发现有古人类的文化遗物,包括石器、骨器和动物骨化石等1400多件,其中有一颗旧石器晚期的智人牙齿,还有大量人类食后所遗弃的螺蚌壳和动物烧骨化石。2013年入选全国重点文物保护单位。

二十五、国家一级博物馆

广东省博物馆 位于广州市天河区珠江东路。1959 年对外开放。新馆于 2010 年建成,占地面积 6.7 万平方米。场馆陈列展览以广东历史文化、艺术、自然为三大主要陈列,分为历史馆、自然馆、艺术馆和临展馆四大部分。藏品 16.6 万余件(套),还有图书资料 10 余万册。2016 年入选国家一级博物馆。

西汉南越王博物馆 位于广州市解放北路。1988 年对外开放。建筑面积 1.74 万平方米,以南越王墓原址为中心,依山而建,是岭南现代建筑的代表,曾获得六项国内外建筑大奖。设有陶瓷枕专题陈列,现藏陶瓷枕多达 400 余件,制作年代上自唐代下迄民国,以宋、金为主,数量之多、品质之精、窑口之广在国内同类收藏品中均属罕见。2016 年入选国家一级博物馆。

深圳博物馆 2016 年入选国家一级博物馆。参见全国红色旅游经典景区——深圳市博物馆(新馆)及莲花山公园。

广东民间工艺博物馆 位于广州市荔湾区恩龙里。1959 年成立,场馆内长期设有“广东传统雕刻艺术”“广东象牙雕刻艺术”“广东刺绣”“百年陈氏书院”等展览,同时不定期展出广州织金彩瓷、潮州金漆木雕、广绣等民间工艺品。2016 年入选国家一级博物馆。

广州博物馆 位于广州市越秀山镇海楼。主要包括“三二九”起义指挥部旧址纪念馆、三元里人民抗英斗争纪念馆。1911 年 4 月 27 日(农历三月二十九日),黄兴率由革命党人组成的“选锋队”(敢死队),打响了“三二九”起义第一枪,100 多名革命党人当场牺牲或被捕后就义。当年的起义指挥部改建为纪念馆。2016 年入选国家一级博物馆。

孙中山故居纪念馆 2016 年入选国家一级博物馆。参见全国红色旅游经典景区——孙中山故居和纪念馆。

二十六、国家重点美术馆

广东美术馆　位于广州市二沙岛烟雨路。1997 年开馆。建筑面积 2.2 万平方米,设有 12 个展厅,展区面积 8 000 平方米,户外雕塑展示区面积 5 000 平方米。以中国近现代美术作品和海外华人美术作品为收藏对象,其中以中国近现代沿海美术作品和广东当代美术作品为收藏重点,藏品以绘画、雕塑、陶艺为主体。2011 年入选国家重点美术馆。

关山月美术馆　位于深圳市福田区红荔路。关山月是我国著名的国画家、教育家和岭南画派大师。1997 年开馆,建筑造型独特,色彩古朴典雅。建筑面积 1.51 万平方米,拥有八个室内标准展厅、一个中央圆形大厅和一个户外雕塑广场,展厅总面积 4 000 平方米,展线总长 600 米,配备了恒温恒湿、自动防火和防盗监控系统。2011 年入选国家重点美术馆。

广州艺术博物院　即广州美术馆,位于广州市越秀区麓湖路。场馆共分四层,有中国历代绘画馆、中国历代书法馆、佛山陶艺馆、专题陈列馆、雕塑展区等区域,是集多位艺术家名人馆、专题展览馆、交流展览馆于一体的现代化大型艺术类博物馆。2015 年入选国家重点美术馆。

二十七、中华老字号

王老吉药业股份有限公司(注册商标：王老吉)　位于广州市白云区广花二路。始于清道光年间,前身为王老吉联合制药厂,2004 年恢复"王老吉"字号。经营"王老吉凉茶""润喉糖""龟苓膏"等食品,"王老吉冲服凉茶颗粒""小儿七星茶冲剂""保济丸"等中成药,其中"凉茶"为国家级非物质文化遗产。2006 年入选中华老字号。

冯了性药业有限公司(注册商标:冯了性) 位于佛山市禅城区佛罗路。前身是由"冯了性药铺"等 57 家制药店铺组成的佛山市制药一厂,2000年恢复有 380 多年历史的"冯了性药行"字号。"冯了性风湿跌打药酒"创制于明代中期,还有"保济丸""蛇胆川贝散""蛇胆陈皮散""抱龙丸"等产品。首创药材湿法微波灭菌生产线、全自动蜜丸蜡壳装封生产线、中药酒剂卷式膜分离过滤生产线。2006 年入选中华老字号。

敬修堂(药业)股份有限公司(注册商标:敬修堂) 位于广州市人民南路。始创于清乾隆中期,拥有 200 多年历史。生产 11 个剂型 140 多个品种产品,其中"追风透骨丸""中风回春丸""清热消炎宁""化痔栓""跌打万花油"被列入国家中药保护品种。2006 年入选中华老字号。

宏兴集团股份有限公司(注册商标:宏兴) 位于潮州市西荣路。始于清康熙初年。拥有中成药、保健品、中药饮片三个生产基地,生产销售蜜丸、片剂、口服液、散剂、颗粒、糖浆等 10 个剂型产品,其中"丹田降脂丸""滋肾宁神丸""参七脑康胶囊"被列为国家中药保护品种,"心灵丸""通窍益心丸"被列为国家保密处方品种。2006 年入选中华老字号。

致美斋酱园(注册商标:致美斋) 位于广州市白云区三元里大道。始创于明万历年间,清朝时已有三场一店的规模。主营酱油、蚝油、食醋、调味酱、调味汁、调味粉等近 100 个规格 50 多个产品。2006 年入选中华老字号。

潘高寿药业股份有限公司(注册商标:潘高寿) 位于广州市番禺区天保路。起源于广东开平人潘百世、潘应世兄弟于清光绪中期创立的"长春洞潘高寿"药铺。主要生产煎膏剂、口服溶液、胶囊剂、糖浆剂等剂型的产品 40多种,其中"川贝枇杷露""蛇胆川贝液""蛇胆川贝枇杷膏""蜜炼川贝枇杷膏"为四大支柱产品。"潘高寿中医药文化""潘高寿凉茶保密处方和专业术语"被列入《国家级非物质文化遗产名录》。2006 年入选中华老字号。

明珠珍珠红酒业有限公司(注册商标:珍珠) 位于兴宁市前街。前身为 1950 年成立的"兴宁城镇酒业社"。黄酒、白酒和配制酒酿造酒厂,主要产品有珍珠红系列酒、明珠春酒、兴酒、小锅米酒、雄蜂蛹酒、姜酒等 40 多种品种,产品畅销全国各地,出口二十几个国家。2006 年入选中华老字号。

海天调味食品有限公司(注册商标:海天) 位于佛山市文沙路。起源于清乾隆年间的佛山酱园,已有近 300 年的历史。产品涵盖酱油、蚝油、酱、醋、料酒、调味汁、鸡精、鸡粉、腐乳等几大系列百余种品种。建有面积超 60 万平方米的玻璃晒池和发酵大罐,专门用于高品质酱油的阳光酿晒。2014 年在上海证券交易所主板挂牌上市。2006 年入选中华老字号。

广州酒家企业集团有限公司(注册商标:广州酒家) 位于广州市荔湾区中山七路。始建于 1935 年,前身是西南酒家,以传统粤菜闻名。主要经营餐饮服务,拥有餐饮品牌"广州酒家""天极品""西西地""好有形",食品品牌"利口福""秋之风",连锁饼屋 160 多家。2017 年在上海证券交易所成功上市。2006 年入选中华老字号。

东古调味食品有限公司(注册商标:东古牌) 位于鹤山市古劳镇麦水工业区。前身为清咸丰初年创立的"调珍酱园"。现生产酿造酱油、南腐乳、食醋、酱、调味料、果酱、酱腌菜等七大类产品。"东古一品鲜"荣获 2014 年中国(国际)调味品及食品配料博览会金奖。2006 年入选中华老字号。

星群(药业)股份有限公司(注册商标:群星) 位于广州市海珠区南洲路。前身为清同治年间成立的"黄祥华药厂"。公司拥有全自动颗粒制造及包装设备、软胶囊制造设备、硬胶囊填充设备、液体灌注设备、胶囊包装设备及高效液相色谱仪等先进设备,生产胶丸、酊水糖浆、药油、颗粒冲剂四大剂型的产品,其中"安神补脑液"为国家中药保护产品。2006 年入选中华老字号。

广州市药材公司(注册商标:采芝林) 位于广州市荔湾区。始建于1956 年,主营中药材、中药饮片、中成药、西药、中草药和药粉,兼营医疗器械。2006 年入选中华老字号。

莲香楼(注册商标:莲香楼) 位于广州市荔湾区第十甫路。拥有百年历史,有"莲蓉第一家"的美誉。前身是始创于清光绪中期的糕酥馆,采用莲子制饼馅。光绪年间翰林学士陈如岳品尝糕点后手书"莲香楼",成为至今使用的牌匾。2006 年入选中华老字号。

权祥凉茶有限公司(注册商标:徐其修) 位于英德市浛洸镇鹿城路。前身为"徐其修凉茶铺",祖传五代,拥有百年历史。开设凉茶连锁店 600 多间,建厂生产凉茶、灵芝茶饮料、颗粒冲剂、浓缩袋泡茶、凉茶糖等徐其修凉茶系列品种。2006 年入选中华老字号。

益和堂制药有限公司(注册商标:沙溪) 位于中山市沙溪镇宝珠西路。始于清朝光绪末期。生产片剂、胶囊剂、丸剂、颗粒剂、袋泡茶、箭煮茶、糖浆剂、煎膏剂八大剂型共 190 个中成药和化学药产品,其中 47 个产品被列入《国家基本药物目录》,传统产品"沙溪凉茶系列产品"被列入《国家级非物质文化遗产名录》。2006 年入选中华老字号。

何济公制药有限公司(注册商标:何济公牌) 位于广州市荔湾区荔湾路。前身为"何济公药行"。1936 年研制的"解热止痛散",深受百姓信赖。拥有橡胶膏剂、散剂、眼膏剂、颗粒剂、滴眼剂、胶囊剂、栓剂、溶液剂等 15 个 GMP 认证剂型,共 260 多个国药准字品种。2006 年入选中华老字号。

陶陶居饮食有限公司(注册商标:陶陶居) 位于广州市荔湾区第十甫路。烘焙工坊和餐饮连锁企业。"陶陶居"品牌始创于清光绪初年,是广州最有名的茶楼之一。糕点选料上乘,茶点、中西饼、月饼、粽子等技艺传承百年。2006 年入选中华老字号。

皇上皇肉食制品厂(注册商标:皇上皇) 位于广州市海珠区宝岗路。"皇上皇"品牌始创于 1940 年,选料纯正、品质优越,是"中国驰名商标"。全国肉制品行业的骨干企业,腊味产品天然生晒,色泽鲜明、衣脆肉嫩,盛名远扬。2006 年入选中华老字号。

广德泰酒厂实业有限公司(注册商标:广德泰牌) 位于汕头市潮阳区和惠路。生产长春酒、大补酒、三蛇酒等 10 多个品种,味醇甘美,色如琥珀,入口醇和。"广德泰酒"始创于清光绪年间。2006 年入选中华老字号。

咀香园食品有限公司(注册商标:咀香园) 位于中山市火炬开发区沿江东二路。1918年甘香松化的杏仁饼成为香山特产,后设店销售。产品有杏仁饼系列、月饼系列、中式饼系列、速食羹系列四大系列60多个品种。2006年入选中华老字号。

爱群大酒店(注册商标:爱群) 位于广州市越秀区沿江西路。1937年创立,拥有80余年历史。建筑风格独特,是广州地标性建筑。酒店拥有300多间客房及各类型会议室,独享一线江景。2006年入选中华老字号。

新亚大酒店(注册商标:新) 位于广州市越秀区人民南路。1927年创立,古典欧陆式建筑风格,是当时广州最豪华的酒店。现拥有客房125间(套)。2006年入选中华老字号。

太吉酒厂有限公司(注册商标:陈太吉) 位于佛山市石湾镇太平街。前身是始于清道光年间的"陈太吉老酒庄"。企业秉承独特的酿造工艺,以优质肥肉在陈年酒埕中长期浸酿,再用陶制酒缸陈藏,是传统的豉香型白酒的典型代表。"石湾牌"系列米酒是最早出口海外的米酒产品之一。2011年入选中华老字号。

大有酱园食品有限公司(注册商标:大有) 位于江门市新会区。前身"大有酱园"创立于清嘉庆初年。现已发展成为年产蜜饯、凉果成品3 000吨,果仁成品2 500吨的大型现代化食品生产企业,产品销售至全国及欧洲、北美、东南亚。2011年入选中华老字号。

美味鲜调味食品有限公司(注册商标:岐江桥牌) 位于中山市中山火炬开发区。前身为清代末期、民国初期的"香山酱园"。我国调味品行业的主要品牌企业之一,产品包括酱油、鸡粉(精)、酱类、蚝油、醋类、腐乳、料酒、味精、食用油、罐头等11个大类100多个品种,300多种规格。2011年入选中华老字号。

九江酒厂有限公司(注册商标:远航) 位于佛山市南海区九江镇沙口工业区。拳头产品"九江双蒸酒"已有200多年历史,"秘传曲种、两次蒸馏、陈肉酝浸、陶缸老熟"的酿造技艺得以一脉相传。2011年入选中华老字号。

趣香食品有限公司（注册商标：趣香） 位于广州市荔湾区第十甫路。专制中西饼的店铺,20 世纪 50 年代与四家制饼店铺合并,保留"趣香"品牌。集五家制作技艺之长,"趣香月饼"声名远扬。2011 年入选中华老字号。

泮溪酒家有限公司（注册商标：泮溪） 位于广州市荔湾区龙津西路。起源于 1947 年创立的一家小酒家。酒家建筑由中国著名园林建筑师莫伯治设计,汇聚了岭南庭园特色及其装饰艺术的精华。2011 年入选中华老字号。

泮塘食品有限公司（注册商标：泮塘） 位于广州市白云区钟落潭镇。"泮塘食品"创始于唐代。公司拥有 5 条生产线、12 个商标专利,生产岭南特产马蹄粉（荸荠粉）、莲藕粉、棱角粉、茨菇粉、茭笋粉和葛根粉。2011 年入选中华老字号。

宝生园有限公司（注册商标：宝生园） 位于广州市越秀区大沙头二马路。以生产经营蜂产品、茶叶产品为主。"宝生园"创办于 1924 年,是广东第一家养蜂场,1989 年更名为"宝生园蜂产品总汇"。2011 年入选中华老字号。

顺德酒厂有限公司（注册商标：红荔） 位于佛山市顺德区大良五沙顺昌路。源于明末清初的民间酿酒作坊。主要生产豉香型、米香型、浓香型、酱香型白酒,果露酒（包括保健酒）和发酵酒,其中"红荔"牌系列产品为岭南一代名酒。拥有多项专利技术。2011 年入选中华老字号。

老山合腊味厂（注册商标：老山合） 位于汕头市澄海区凤翔南门北旱工业区。专业加工生产肉制品的腊味厂,已有百年历史。主要有猪头粽（猪首花）、肉松、肉脯、肉丝、腊肉、卤味、软罐烧鸭、烧鸡、鸭脚、五香牛肉等系列产品。2011 年入选中华老字号。

粤鸿餐饮食品有限公司（注册商标：应记） 位于佛山市禅城区莲花路。主要经营农副产品及粥、粉、面条等。2011 年入选中华老字号。

北园酒家（注册商标：北园） 位于广州市越秀区小北路。20 世纪 20 年代末创立,已有 90 多年历史。毗邻白云山,树木茂密,环境幽静,建筑保持岭南庭园风格,菜品丰富,食材新鲜。2011 年入选中华老字号。

新华大酒店（注册商标：**新华**） 位于广州市越秀区人民南路。1932 年建立。酒店有 138 间客房，可欣赏珠江美景。2011 年入选中华老字号。

合记饼业有限公司（注册商标：**盲公**） 位于佛山市南海区狮山镇。清嘉庆后期由一位盲人始创，"盲公饼"因此得名。盲公饼用糯米配以食糖、花生、芝麻、猪肉、生油等上乘原料制成。160 年来坚持传统工艺制作，目前有大小两种规格的产品。2011 年入选中华老字号。

口衣记鸡饭店（注册商标：**口衣记**） 位于湛江市霞山区园岭路。始于1935 年开设的鸡饭档，独创的白切鸡生意火爆。2011 年入选中华老字号。

陈李济药厂（注册商标：**陈李济**） 位于广州市海珠区广州大道。始创于明万历年间。主要生产中药口服固体制剂，剂型有传统的丸剂和现代的胶囊剂、片剂、颗粒剂、滴丸剂，已形成心脑血管类、风湿骨痛类、妇科类、滋补类、呼吸类、消化类六个产品系列。"陈李济文化"被列入《国家级非物质文化遗产名录》。2011 年入选中华老字号。

奇星药业有限公司（注册商标：**奇星**） 位于广州市黄埔区云埔一路。产品以心脑血管药物为主，儿科用药为辅，拥有丸剂、片剂、胶囊剂、颗粒剂、散剂、合剂六大剂型近 80 个品种，产品畅销国内外。2011 年入选中华老字号。

德众药业有限公司（注册商标：**安宁**） 位于佛山市佛平路。中成药制药企业，"少林铁打止痛膏""源吉林甘和茶"早在清光绪年间就已闻名南方。现有产品 76 个，包括片剂、颗粒剂、橡胶膏剂、胶囊剂、喷雾剂、丸剂及茶剂等七个剂型。2011 年入选中华老字号。

明兴制药有限公司（注册商标：**明兴**） 位于广州市海珠区工业大道。前身为广州明兴制药厂，始创于清光绪年间。生产小容量注射剂、冻干粉针剂、片剂、胶囊剂、口服液、颗粒剂、原料药以及医疗器械（透析剂）。2011 年入选中华老字号。

南方厨具发展有限公司（注册商标：**双狮**） 位于广州市海珠区工业大道。"双狮牌"刀具原名"何正岐利成记"，始创于清嘉庆年间，有 200 多年历史。刀具锋利且外形美观,畅销全国。2011 年入选中华老字号。

光华制药股份有限公司(注册商标:禾穗牌) 位于广州市海珠区南石路。前身为 1912 年建立的"唐拾义药厂",是中国华南地区最早的西药厂之一。生产中西药制剂,研发药品有感冒药类、心脑血管类、消炎止咳类、消化道类、维生素补钙类、营养保健类、妇女儿童类及西药抗生素类等八大系列。"小柴胡颗粒新制法"获国家发明专利。2011 年入选中华老字号。

广州市电筒工业公司(注册商标:虎头牌、TIGERHEAD) 位于广州市荔湾区西华路。主要经销、批发照明产品,包括电筒、应急灯、家居照明、户外灯光工程类产品。2011 年入选中华老字号。

新以泰体育用品分公司(注册商标:新以泰) 位于广州市越秀区中山四路。始于清咸丰末年创办的"以泰文房四宝店"。现已发展成为设有零售兼批发的三个商场的体育用品企业。2011 年入选中华老字号。

健民医药连锁店(注册商标:图形) 位于广州市北京路。1952 年成立,主要经营药品、医疗器械、食品、保健食品、化妆品、个人护理产品、妇婴用品等上万个品种产品。2011 年入选中华老字号。

生茂泰茶厂(注册商标:生茂泰) 位于广州市白云区桥中路坦尾南街。创始于清同治初年。以经营绿茶、红茶、青茶、普洱茶、白茶、花茶以及工业原料茶为主,现有连锁店和经销商近 100 家。2011 年入选中华老字号。

利工民实业公司(注册商标:利工民) 位于广州市增槎路。创始于1923 年,初期为一间洋杂铺。现是集织造、染整、制衣为一体的多元化经营企业。经营纯棉高支纱汗衫背心、棉毛内衣套装、T 恤、休闲服、运动服和毛巾家纺等系列产品。2011 年入选中华老字号。

大印象制药有限公司(注册商标:萧广丰泰) 位于汕头市潮南区陇田镇乌石村。企业研制了方便快捷的"大印象易泡茶"。"萧广丰泰"牌长春药酒始创于清咸丰初年,具有暖肾益精、祛风湿、壮筋骨、调和气血等显著功效。2011 年入选中华老字号。

李占记钟表有限公司(注册商标:李占记) 位于广州市越秀区中山四

路。始创于 1915 年,以精湛手艺修缮高档名贵手表而闻名。2011 年入选中华老字号。

鹤鸣鞋帽商店有限公司(注册商标：图形)　位于广州市荔湾区下九路。始于 1956 年,以零售鞋帽、皮革及制品、针纺织品、服装、日用百货商品为主,为顾客提供优质产品,拥有健全的售后服务体系。2011 年入选中华老字号。

新石湾美术陶瓷厂有限公司(注册商标：红狮)　2011 年入选中华老字号。参见全国工业旅游示范点——石湾美术陶瓷厂。

琳琅婚纱摄影有限公司(注册商标：琳琅)　位于广州市荔湾区第十甫路。企业提供摄影、照片处理等服务,有强大的专业技术团队。2011 年入选中华老字号。

广州金银首饰有限公司(注册商标：第一福)　位于广州市荔湾区陈家祠道。1967 年登记成立,以黄金制品、珠宝首饰及相关物品的制造、销售为主。2011 年入选中华老字号。

南海毛巾有限公司(注册商标：红棉)　位于佛山市南海区里水镇胜利村。拥有完整的织、漂、染、印设备。主要产品包括厨房用巾、浴巾、酒店套巾、家用毛巾、毛巾布以及各类毛巾制品等。产品 70% 以上出口,销往美国、日本等地。2011 年入选中华老字号。

中一药业有限公司(注册商标：中一)　位于广州市黄埔区云埔一路。前身为清康熙初年创立的"保滋堂药店",现从事中成药的研发、制造、销售以及健康咨询服务。主要产品有六大剂型近 140 个品种,有 100 多项专利,其中"消渴丸"开创中西医结合治疗糖尿病的先河,荣获"中国专利优秀奖"。2011 年入选中华老字号。

鹰金钱企业集团公司(注册商标：图形)　位于广州市从化区工业大道。前身为始创于清光绪中期的广东罐头厂。主要有水产类、肉类及饮料类等罐头产品,有鲮鱼、金枪鱼、午餐肉及冰糖雪耳炖木瓜等几十个品种。2011 年入选中华老字号。

广西篇

广西壮族自治区,简称"桂"。秦朝时广西大部分地区属于桂林郡和象郡,"桂"由此而来。宋朝建制"广南西路",后简称"广西路",是为"广西"名称的由来。元至正二十三年(公元1363年)设置广西行中书省,为广西建省之始。1958年广西省改为"广西僮族自治区",1965年又改名为"广西壮族自治区"。

广西地处祖国南疆,东连广东省,南临北部湾并与海南省隔海相望,西与云南省毗邻,东北接湖南省,西北靠贵州省,西南与越南接壤。总面积23.76万平方千米,管辖北部湾海域面积约4万平方千米,大陆海岸线长约1595千米。

广西地处云贵高原东南边缘,两广丘陵西部,南临北部湾海面,西北高、东南低,呈西北向东南倾斜状。山岭连绵、山体庞大、岭谷相间,四周多被山地、高原环绕,中部和南部多丘陵平地,有"广西盆地"之称。猫儿山主峰海拔2141米,是华南第一高峰。

广西地处低纬度,北回归线横贯中部,南临热带海洋,北接南岭山地,西延云贵高原,属亚热带季风气候区。气候温暖,雨水丰沛,光照充足。夏季日照时间长、气温高、降水多,冬季日照时间短、天气干暖。年平均气温17.5—23.5℃。

广西辖南宁、柳州、桂林、梧州、北海、崇左、来宾、贺州、玉林、百色、河池、钦州、防城港、贵港等14个地级市,包括40个市辖区、8个县级市、51个县、12个自治县。首府南宁市。2019年末,常住人口4 960万。

广西矿产资源种类多、储量大,尤以铝、锡等有色金属为最,是全国10个重点有色金属产区之一。发现矿种145种,其中64种储量居全国前10位,12种居全国第1位。广西是中国—东盟博览会的举办地,在中国与东南亚的经济交往中占有重要地位。

一、中国历史文化名镇

灵川县大圩镇　位于桂林市东南隅。始建于北宋初年,已有千年历史。有万寿桥、古东瀑布、石板路、会馆等人文景观与自然景观。民居建筑以三进、四进式为主,集商住于一体。是桂林城郊最大的商品蔬菜基地、绿色优质稻基地,是典型的农业大镇。2005年入选中国历史文化名镇。

昭平县黄姚镇　位于昭平县东北部。因以黄、姚两姓居多,故名"黄姚"。地处漓江下游,为喀斯特地貌,奇峰林立、溶洞幽深、清溪潆绕,自然景观有8大景24小景。八条主街全部由黑色板石镶嵌,道路平滑如镜。明清风格的古民居古建筑为九宫八卦阵式布局,有何香凝、张锡昌、千家驹等文化名人故居寓所。粮食及各类水果主产区,盛产优质大米、青梅、黄精、枸杞、酸梅等。2007年入选中国历史文化名镇。

阳朔县兴坪镇　位于阳朔县东北部。原为熙平县治所在地,为阳朔最早的圩镇。境内有龙盘洲、九马画山、螺蛳山、莲花岩、天水寨、灵宝阁等八大景区24个景点,还有明代修建的腾蛟庵。2007年入选中国历史文化名镇。

兴安县界首镇　位于兴安县北部。依湘江而建,为兴安、全州、灌阳、资源四县交界之地。自古为商贸重镇,人文历史景观众多,拥有保存完好的明清时代古建筑群。2014年入选中国历史文化名镇。

恭城瑶族自治县恭城镇　位于桂林市东南部,为恭城县政府所在地。主产水稻、柑橙、甘蔗、青麻、蔬菜等。建立了以矿产品冶炼加工、竹木器加工为主的飞鼠岩工业小区和以微拖生产、建材加工为主的江贝工业小区,建立了无公害水果标准化栽培示范基地。2014年入选中国历史文化名镇。

八步区贺街镇 位于贺州市。文化古迹众多,有浮山、桂花井、瑞云山、文庙、陈王祠等著名景点,还有保存完好的汉代古城墙。浮山四周悬崖峭壁,奇险无比,浪沧亭刻有历代书法家的作品,环碧亭、陈侯祠、对歌楼、钓鱼台等建筑青瓦玉栏、红柱丹梁,古诗楹联随处可见。2014年入选中国历史文化名镇。

鹿寨县中渡镇 位于鹿寨县西北角。拥有以香桥岩国家地质公园为中心的九龙洞、响水瀑布、鹰山、洛江古榕等自然风光,古欲岩化石遗址、拉敢岩摩崖石刻、钟秀杰故居、中渡抚民厅、罗公馆、粤东会馆、中渡古炮楼、中渡武庙等古迹。镇中心的旧商号、客栈以及清代中期青砖灰瓦、木质结构的古民居,保存较好。现已形成里洪水库观光园、千亩茶叶观光基地、十里荷塘观光基地、万亩油菜观光基地。2014年入选中国历史文化名镇。

二、中国历史文化名村

灵山县大芦村 位于灵山县佛子镇。生态环境良好,拥有镂耳楼、三达堂、东园别墅、双庆堂、蟠龙堂、东明堂、陈卓园、富春园和劳克公祠等,古建筑群面积达22万平方米。村宅依山傍水,藏有文天祥手迹等大量的文物珍品。现存300多副明清时期创作的传世楹联。2007年入选中国历史文化名村。

玉州区高山村 位于玉林市。海拔不高,因周边经常发生洪灾而此村从未被水淹,故称"高山"。始建于明天顺年间,保存有明清宗祠13座,古民宅150幢,古闸门6个,古青砖巷道9条,以及众多古坟、古井、古戏台、古剧场、古石碑、古石礅、古石柱,明清时代的进士匾、文魁匾、楹联、画像、古线装书籍、壁画、灰塑、木雕等。2007 年入选中国历史文化名村。

富川瑶族自治县秀水村 位于富川县朝东镇。始于盛唐开元年间,毛氏家族在此繁衍至今,始祖毛衷为开元年间进士。拥有"三江涌浪""灵山石宝""眠兔藏烟""天然玉鉴""青龙卷雾""鳌岫仙岩""大鹏展翅""化鲤排云"等八大景观。保存有宋、元、明、清的状元楼、进士屋、进士门楼、毛氏宗祠、古戏台、石板街巷、雕花石鼓、石门槛以及大量的古民居建筑。2008 年入选中国历史文化名村。

江南区扬美村 位于南宁市江西镇。地处左江下游,三面环江,风景优美。完好地保存着青石板铺就的八条古街,砖木结构的明清古民居 700 多间。2010 年入选中国历史文化名村。

阳朔县旧县村 位于白沙镇凤冠山下。北面群山环抱,山势连绵起伏。始建于 1 400 多年前。现存 44 座古民居,多为南方青砖灰瓦马头墙建筑,院院相通、户户相连,院中有院、门中有门。黎氏宗祠门前龙头巧夺天工,"进士第"宅院面西而立,保留着进士碑和将军纪念碑。2014 年入选中国历史文化名村。

灵川县镇江头村 位于青狮潭镇。现有 180 余座 620 多间砖瓦结构民居,其中 60% 以上属明清时代建筑。2014 年入选中国历史文化名村。

富川瑶族自治县福溪村 位于朝东镇。有宋代理学鼻祖周敦颐的讲学堂及其后裔的宅院,雕梁画栋的宗族门楼 13 座,庙宇戏台 24 个,还有许多古色古香的民居,保持了原有青砖素瓦、飞檐翘角和小桥流水等桂北民居风格。结合"一溪、二庙、三桥、四祠、十三门楼、十五街巷"的结构体系进行改造,形成完整有序的田、园、山、水、村相互交融的历史文化展示区。2014 年入选中国历史文化名村。

兴安县榜上村 位于漠川乡,地处深山腹地的湘江支流漠川河畔。现有古民居 60 余座,小青瓦、坡屋面、马头墙、木花格窗、青石墙裙,桂北古民居的建筑风貌基本保存完好。2014 年入选中国历史文化名村。

灌阳县月岭村 位于文市镇南部。唐氏先祖于宋淳祐年间迁徙此地定居建村,已有 700 多年的历史。现存的明末清初古民居,属于典型的湘南式民居风格。保存完整的官府庭院式建筑六大院,依次名为"翠德堂""宏远堂""继美堂""多福堂""文明堂""锡嘏堂";每院有六幢房舍,每幢均为上下两层,前设中门、天井和大堂,后有小堂和天井,配有住房、厨房、客房、仓库、戏楼和花园,各院围墙道路均用石围石砌,宽敞明亮,气势恢宏。2014 年入选中国历史文化名村。

三、全国特色景观旅游名镇(村)

兴安县兴安镇 地处"湘桂走廊"要冲,已有 2000 多年历史,是兴安县政治、经济、文化、旅游中心。气候宜人,物产丰富,是华南地区最大的葡萄生产区之一,全国商品粮、毛竹、白果、柑橘、生猪肉生产基地。旅游资源丰富,拥有世界最古老的人工运河灵渠,爱国主义教育基地的突破湘江战役纪念公园。2010 年入选全国特色景观旅游名镇(村)。

龙胜各族自治县龙脊村 位于和平乡,是龙脊风景名胜区的重要组成部分。龙脊廖姓于明万历年间迁入此地,至今已有 430 多年的历史。拥有广西保存最完整、最古老、规模最大的壮族杆栏式建筑群,其中五处木楼已经超过 100 年,最老的木楼达 250 年,富有神韵。拥有梯田 1 000 余亩,梯田风光独具特色。2010 年入选全国特色景观旅游名镇(村)。

昭平县黄姚古镇 2010 年入选全国特色景观旅游名镇(村)。参见中国历史文化名镇——昭平县黄姚镇。

三江侗族自治县程阳八寨 位于镇林溪乡。拥有马安、平寨、岩寨、平坦、懂寨、程阳大寨、平埔、吉昌等八个侗族村寨,有近 1 万侗族百姓在此居住,村寨连成一片,完好地保存着侗族的木楼建筑样式和民族服饰、歌舞文化等民俗。程阳风雨桥建于 1912 年。2011 年入选全国特色景观旅游名镇(村)。

恭城瑶族自治县红岩村 位于莲花镇。依山傍水,莲花河流经村域,河水清澈缓流,绿柳成荫,适宜泛舟休闲。有瑶寨风雨桥、滚水坝、梅花桩、环形村道、灯光篮球场、游泳池、旅游登山小道等公共设施。经济以月柿种植为主,已建成千亩月柿大果园。有农家别墅 60 多幢、客房 300 多间、餐馆近 50 家,基础设施完善。曾获"全国生态文化村"等荣誉。2011 年入选全国特色景观旅游名镇(村)。

藤县道家村 位于象棋镇。古为水路驿站,是窦家司驻地,商贸往来频繁。山水环绕,翠竹茂盛,竹林是石表山风景区的重要旅游景点之一。丹霞地貌与水体完美结合,有古码头、榕树、古戏台、四知堂、石表山、覆船洲、铜钟石、望江亭等景点。实施"景区带村"旅游扶贫项目,在造林绿化、林产工业和森林生态旅游方面取得长足的进步。2011 年入选全国特色景观旅游名镇(村)。

阳朔县兴坪镇 2011 年入选全国特色景观旅游名镇(村)。参见中国历史文化名镇——阳朔县兴坪镇。

鹿寨县中渡镇 2011 年入选全国特色景观旅游名镇(村)。参见中国历史文化名镇——鹿寨县中渡镇。

宜州区刘三姐镇 位于宜州区东北部。自然风光优美,岩溶地貌奇特,奇峰异洞众多。刘三姐的故乡,山歌文化源远流长。2007 年创设实景演出《印象·刘三姐》。现已形成以刘三姐文化为核心的旅游产业,相关景点包括刘三姐公园、刘三姐故居、刘三姐书院、刘三姐度假山庄、刘三姐竞技表演场等。另有古龙河、临江河、壮古佬等景区。2015 年入选全国特色景观旅游名镇(村)。

大新县硕龙镇 位于大新县城西部,地处中越边境。原名"石龙",因山岭走向与巨龙形似而得名。是"边贸旺镇"和"旅游名镇"。旅游资源丰富,有德天跨国瀑布景区、老木棉景区、大阳幽谷、沙屯叠瀑、地下长城、千年蚬木王、靖边炮台等景点。互市贸易火爆,有德天、硕龙、岩应三个边贸互市点和国家二类口岸硕龙口岸。2015 年入选全国特色景观旅游名镇(村)。

融水苗族自治县雨卜村 位于香粉乡中北部。居民以苗族、侗族为主。地处元宝山南麓,依山傍水,风光绮丽。贝江支流六甲河穿流而过,原始地貌保持完好。拥有千亩原始森林、漫山遍野的竹海,森林覆盖率达 80% 以上。苗岭晨光美丽神秘,龙贡漂流惊险刺激,三友瀑布雄伟奇丽,还有千年古榕、龙宝大峡谷、卜令天然泳池、卜令沟侗寨等 10 个景点。吹笙踩堂、拉鼓、踩脚求爱、斗马等,是苗族传承千年的民俗文化,苗锦、蜡染、银饰等手工艺品是苗族文化的明珠。2015 年入选全国特色景观旅游名镇(村)。

兴安县高寨村 地处猫儿山脚下,重峦叠嶂,竹林遍野。开发了华江十里大峡谷、漓源瀑布等景点,建造了超然派休闲山庄,修筑了别具一格的风雨桥,形成了村中有景、景中有村,村景相融的新农村。高寨是个瑶族村,至今保留着浓郁的民族风格。2015 年入选全国特色景观旅游名镇(村)。

灌阳县小龙村 位于新圩镇西南面。四周山石环绕,"井"字稻田阡陌纵横,一条弯弯曲曲的小江从田园蜿蜒而过,流进山脚下黑岩山洞;洞内景色奇特,如一条小龙游回洞府,小龙村因此而得名。以千家洞景区为载体,修建了观景台、情侣林、小龙河、人工湖、石拱桥、文化舞台,建立了杂交水稻高产示范园,推出"生态农业休闲观光旅游"项目,打造了一条"春踏青赏花、夏游洞沐浴、秋采果游园、冬赏银杏摘草莓"的农村生态旅游精品线。2015 年入选全国特色景观旅游名镇(村)。

岑溪市三江口村 位于南渡镇。白霜涧漂流景区、天龙顶白霜涧漂流景区和天龙顶山地公园在此交汇。环境优美,有著名景点天龙顶山地公园。以"山水休闲特色旅游文化风情村"为目标,建设生态景观、旅游配套设施、文化小品等,重点打造了"神仙滩""神仙谷"等特色景点。2015 年入选全国特色景观旅游名镇(村)。

港口区簕山村 位于防城港市企沙镇。地处钦州湾西岸,广西现存较完整的古渔村之一。村前为数十平方千米的浅海沙滩,村民收入来源于养殖和捕捞沙虫、牡蛎、青蟹、文蛤、对虾等海产品。以"古村、古树、古渔猎"为特色发展旅游业,打造生态休闲旅游,是一个具有深厚历史文化底蕴的渔村。2015 年入选全国特色景观旅游名镇(村)。

乐业县火卖村 位于同乐镇西部。由于长期受岩溶地质作用,形成了四周高、中间低的喀斯特小漏斗式的盆地,飞虎洞、老虎洞、迷魂洞等岩溶洞穴中生长着各种形态奇特的石笋、石柱、石盾、莲花盆等洞穴奇观。东南方的观音山上可观旭日东升与茫茫云海。拥有古朴的染布、制香、造纸等民俗。2015 年入选全国特色景观旅游名镇(村)。

武宣县下莲塘村 位于武宣县东部的东乡镇,是武宣通往桂平、梧州等市的"东大门"。东南山脉绵延,北边有百崖大峡谷景区,东边为双髻山。村内树木茂盛,有百年古树 20 余株。历史悠久,村北有明清建筑将军第,村南有岭南庄园风格与欧式风格结合的刘统臣庄园。大力发展红心蜜柚特色产业,红心蜜柚种植面积已达 8 600 亩。2015 年入选全国特色景观旅游名镇(村)。

金秀瑶族自治县古占民俗旅游村 位于长垌乡,是金秀大瑶山旅游区的核心区。周围群山拥翠,郁郁葱葱,环境幽雅怡人。村民以瑶族居多。民居依山而建,成梯形,气势雄伟壮观。桃红李白蕉绿竹翠八角飘香,房屋多为夯土瓦房,是典型的生态旅游村庄。2015 年入选全国特色景观旅游名镇(村)。

四、中国特色小镇

恭城瑶族自治县莲花镇 位于县城南部。有珠江水系河流,石榴界、榴石顶、笔山、崆峒山、山狮角、山旗头、东科山等山峰,以及古色古香的朗山民居。蕴藏钛、铁、铅、锌、锡、大理石、花岗岩等矿产资源,其中以大理石、花岗岩储量最丰富。生态环境优良,是著名的"月柿之乡""柑橙之乡"。以"赏果园风光,品瑶乡风情"为主题,集生态农业、旅游观光为一体。2016年入选中国特色小镇。

铁山港区南康镇 位于北海市,地处北部湾畔。历史悠久,曾是船货交换集散地。英才辈出,古迹众多,其中骑楼街最为著名。解放路老街骑楼,长约600米、宽9米,有100多年的历史。植物资源丰富,有100多种红树林等亚热带植物,86棵百年以上名树古木。有"花灯""神相""还福""社戏""地戏"等非物质文化遗产项目。2016年入选中国特色小镇。

八步区贺街镇 2016年入选中国特色小镇。参见中国历史文化名镇——八步区贺街镇。

鹿寨县中渡镇 2016年入选中国特色小镇。参见中国历史文化名镇——鹿寨县中渡镇。

港南区桥圩镇 位于贵港市,是贵港市东南部政治、经济、文化中心和交通枢纽。羽绒产业为经济发展支柱产业,是"中国羽绒之乡"。打造广西铜鼓湾温泉度假区,形成"一轴、三片、多点"的景观结构。美食众多,有桥圩鸭肉粉、生炒田螺、桥圩猪鞭粥、泥蛇粥、芋头饭、马蹄粉、猪脚莲藕煲、螺蛳粉等。2017年入选中国特色小镇。

桂平市木乐镇 位于桂平市东部。地下资源丰富,有储量丰富的锌、锰、铁等矿石。手工业发达,是远近闻名的"服装之乡",生产的运动服装畅销全国各地和东南亚、中东、南非等地,被评为"中国休闲运动服装名镇"。2017年入选中国特色小镇。

横县校椅镇 位于县城北部。地广人多,土质肥沃,瓜菜种植面积4 500亩,年产鲜品4吨以上,主要品种有甜玉米、番茄、椒类、瓜类、菜豆、莲藕等。粮食种植业是经济支柱产业。大力发展生态旅游项目,木祥生态园项目为该县旅游品牌。2017年入选中国特色小镇。

银海区侨港镇 位于北海市区,地处北海银滩中段。陆地面积只有0.7平方千米,为中国面积最小的镇之一。1978年1万多越南归侨汇集于此。居民以从事渔业为主,年捕捞量达10万吨以上,年加工水产品达8万吨,是广西重要的海产品深加工基地和北海市重要的渔业生产基地。2017 年入选中国特色小镇。

兴安县溶江镇 位于古灵渠河畔,地处漓江源头。四面环山,中间是平川,322 线国道和湘桂铁路纵贯全镇,成为沟通湘桂的咽喉要塞,是桂北地区商品运输及旅游观光的必经之地。历史悠久,秦汉时期商贾云集,有秦城和古汉墓群遗址。有金、银、铁、铝、铜、大理石等矿产资源,毛竹、杉木、杂木等森林资源。水资源丰富,是漓江、珠江二大水系之源,素有"九江八水一条河"之称。盛产葡萄、罗汉果、柑橘,是华南最大的葡萄生产基地之一。2017 年入选中国特色小镇。

江州区新和镇 位于崇左市。以甘蔗种植业为支柱产业,还种植花生、水稻、剑麻、西瓜等。大力发展特色养殖,先后建立了奶水牛养殖基地、黑山羊圈养小区、黑水河名贵鱼种养殖示范基地、新和街肉猪繁育基地。2017 年入选中国特色小镇。

苍梧县六堡镇 位于县西部。居民以汉族和瑶族为主。资源丰富,矿产资源主要以铅锌矿为主。林业资源以马尾松、八角、竹子为主,森林覆盖率达 85%。经济以种植业为主,其中六堡茶较为著名。2017 年入选中国特色小镇。

灵山县陆屋镇 位于县西南部。属于丘陵地貌区,南亚热带季风气候,盛产甘蔗、莪术、茶叶、蚕桑等农特产品,糖蔗种植业为支柱产业。矿产资源丰富,主要有石膏、锰、花岗岩等,其中石膏矿储量较高。陆屋中山公园内有烈士陵园和烈士纪念碑。1995 年被建设部定为"全国小城镇建设试点镇"。2017 年入选中国特色小镇。

昭平县黄姚镇 2017 年入选中国特色小镇。参见中国历史文化名镇——昭平县黄姚镇。

宜州区刘三姐镇 2017 年入选中国特色小镇。参见全国特色景观旅游名镇(村)——宜州区刘三姐镇。

五、中国历史文化街区

北海市珠海路—沙脊街—中山路历史文化街区　始建于清道光初年,原为"升平街",已有 200 年历史。街长 1 440 米,宽 9 米,沿街是二至三层的骑楼式商业建筑。受 19 世纪末叶英、法、德等国领事馆风格影响,临街两边墙面的窗顶多为卷拱结构,卷拱外沿及窗柱顶端都有雕饰线。临街的骑楼部分,既是道路向两侧的扩展,又是铺面向外部的延伸。2015 年入选中国历史文化街区。

六、国家级文化生态保护实验区

铜鼓文化(河池)生态保护实验区　位于河池市。铜鼓集雕刻、绘画、装饰、音乐、舞蹈于一身,是中国古代南方少数民族及东南亚一些地区最具代表性的文化之一,史学界有"北鼎南鼓"之说。保护区范围涵盖河池市全境,分为核心区、次核心区、延伸区。已建设和命名 5 个非物质遗产生产性保护示范基地、5 个非物质遗产代表性项目传习所、5 个铜鼓文化生态保护村、5 个非物质遗产保护传习示范户,还有 50 位非物质遗产代表性项目传承人。2012 年入选国家级文化生态保护实验区。

七、国家生态旅游示范区

姑婆山国家生态旅游示范区　位于贺州市平桂区黄田镇境内。占地面积 338.3 平方千米,其中核心区 84.8 平方千米。有 25 座海拔 1 000 米以上的山峰,最高峰海拔 1844 米,是桂东第一高峰。有著名的仙姑瀑布、玉龙瀑布、奔马瀑布、罗汉瀑布。沟壑纵横,溪水潺潺,森林覆盖率达 92%,空气干净,负氧离子含量高达每立方厘米 15.6 万个。2013 年入选国家生态旅游示范区。

大龙潭景区 位于柳州市区南部。占地面积 5.44 平方千米,是集喀斯特自然山水景观、中国南方少数民族风情文化、亚热带岩溶植物景观为一体的大型风景游览区。旅游资源丰富,林木苍翠,卧虎山、美女峰、孔雀山等 24 峰形态各异,耸立于一湖(镜湖)、二潭(雷潭、龙潭)周围。雷、龙二潭水温如恒,每逢隆冬水汽蒸腾,烟雾缭绕,故称"双潭烟雨"。唐代文学家、柳州刺史柳宗元曾在此为民祷雨,并著有《雷塘祷雨文》传世。2014 年入选国家生态旅游示范区。

大德天景区 位于大新县硕龙镇德天村。地处中国与越南边境地带,以中越国界之河归春河为源头的德天瀑布,是中越边境线上的跨国瀑布,与越南的板约瀑布连为一体。德天瀑布三级跌落,最大宽度 200 多米,纵深 60 多米,落差 70 余米。2015 年入选国家生态旅游示范区。

八、全国红色旅游经典景区

红七军军部旧址 位于百色市。1929 年陈豪人、张云逸等发动并领导了百色起义,中国工农红军第七军成立,前委和政治部设在百色清风楼,军部设在粤东会馆。这里记录着红七军和右江各族人民为祖国的独立和人民的解放事业英勇奋斗的光辉业绩,1977 年邓小平亲笔题词"中国工农红军第七军军部旧址"。2005 年入选全国红色旅游经典景区。

红八军军部旧址 位于龙州县县城龙州镇。包括红八军军部旧址、左江革命委员会旧址。军部旧址为一幢法式三层楼房,砖墙、木板楼层,左江革命委员会旧址为一幢中式二层砖木结构楼房,两栋楼房原为"瑞丰祥"钱庄。邓小平于1929年到龙州布置起义前期工作,1930年领导龙州起义,创建中国工农红军第八军,其间在此办公和居住。2005年入选全国红色旅游经典景区。

红七军和红八军会师地旧址 位于乐业县境内。1930年年初"百色起义"后,红七军和红八军经过艰苦奋战,在乐业县城胜利会师。会师地点覃家老院是原军部营地旧址,修建于清乾隆年间,至今基本保持原貌。2005年入选全国红色旅游经典景区。

韦拔群故居及纪念馆 位于东兰县武篆镇东里村。韦拔群是中国早期农民运动领袖之一,百色起义领导者之一。故居占地面积250平方米,有前后两幢泥砖瓦房。前屋是当年韦拔群接待革命同志、召集农军开会的地方,后屋为韦拔群一家生活起居室。现故居前屋内有韦拔群半身塑像,四壁以图画和史料展示韦拔群烈士的事迹。后屋按当年情景还原,摆设有祭龛、草席、石碓、石磨等。2005年入选全国红色旅游经典景区。

东兰烈士陵园 位于东兰县县城曲江路九曲河畔。大革命时期以来英勇牺牲的2 258名东兰籍革命烈士和无名英烈的纪念园。园内有大门亭廊、仿古排门、烈士纪念馆、烈士纪念塔、韦拔群烈士墓、解放东兰烈士纪念碑、英雄群雕、纪念亭等纪念建筑。现为全国重点烈士纪念建筑保护单位。2005年入选全国红色旅游经典景区。

红七军前敌委员会旧址 位于东兰县武篆镇。木石结构四层六角塔楼,底宽7米、高17.5米。韦拔群同志组织农民攻打东兰县城时,这里是指挥部和东兰县革命委员会、武篆区农民协会的办公地,邓小平和张云逸在此楼上办公居住。红七军主力北上后,桂系军阀重兵镇压右江革命,将此楼尖顶改为平顶。1958年重修后楼顶加高,增至四层。2005年入选全国红色旅游经典景区。

广西农民运动讲习所旧址 位于东兰县武篆巴学村。原名"北帝岩",

是一个天然石洞,高43米,深137米,洞内宽敞明亮,干燥平坦,可容纳数千人。韦拔群在参加广州农民运动讲习所学习后,回家乡创办了这所讲习所,吸引了右江地区东兰、凤山、百色、河池、田东、田阳等10多个县270多名进步青年来此学习。1930年红七军军长张云逸来到武篆,将北帝岩改名为"列宁岩"。2005年入选全国红色旅游经典景区。

桂林市红色旅游系列景区 包括八路军驻桂林办事处旧址、红军长征突破湘江烈士纪念碑园、湘江战役灌阳新圩阻击战旧址、湘江战役全州觉山铺阻击旧址。八路军驻桂林办事处旧址位于桂林市区中山北路,占地面积800多平方米,中式两层木质楼房建筑,1938年李克农租下此地作为八路军桂林办事处。2005年入选全国红色旅游经典景区。红军长征突破湘江烈士纪念碑园位于兴安县城西南的狮子山。1934年10月,中央红军8万多人撤离中央苏区,突破敌人三道封锁线后进抵湘桂边境,蒋介石调集30万大军在湘江以东地区布下了第四道封锁线,红军将士浴血奋战七昼夜,以折损过半的惨重代价分别从兴安县的界首,全州县的大坪、凤凰咀等主要渡江点突破湘江。纪念碑园占地面积8万平方米,由大型群雕、主碑、纪念馆组成。大型雕塑有"红军""送别""长征""渡江""永生"五组浮雕。2005年入选全国红色旅游经典景区。

太平天国金田起义旧址 位于桂平市城北隅。清咸丰元年(公元1851年)金田起义爆发。旧址包括韦昌辉故居、新圩三界庙、傅家寨、古林社、风门坳等五处。犀牛岭北端的古营盘有太平天国起义时的"拜旗石"。古营盘前的草坪是当年太平军练兵场,犀牛岭西北坡现有太平天国金田起义历史陈列馆。北王韦昌辉故居在犀牛岭东侧的金田村内,拜上帝会总部曾设于此。新圩三界庙是太平军的前军指挥部。2011年入选全国红色旅游经典景区。

镇南关大捷遗址 位于凭祥市西南隅的中越边境地区。镇南关始建于汉代,初名"鸡陵关",明永乐年间改为"镇夷关",清初改名"镇南关"。清军在此修建炮台、营垒、城堡130多座,安装大炮和其他火炮,修三关,设56卡、

64 陉,筑路 500 千米,连成一个防御体系。清光绪十一年(公元 1885 年),清军在此大败法国侵略者。2011 年入选全国红色旅游经典景区。

小连城要塞遗址　小连城又名"将山炮台",位于龙州县彬桥乡。清光绪十二年(公元 1886 年)由抗法名将、署理广西提督苏元春为抵御法国军队入侵所建,时为桂越千里边防线上的指挥中枢兼提督行辕。依山势共筑有炮台 15 座,装备德国克鲁伯大炮,扼守龙州的水陆门户,是一处重要的国防要塞。2011 年入选全国红色旅游经典景区。

大连城要塞遗址　位于凭祥市郊外。清光绪十一年(公元 1885 年)镇南关大捷后,广西提督苏元春督办广西边防军务时营建的军事指挥中心。2011 年入选全国红色旅游经典景区。四面环山,当年苏元春依山势修筑城墙,将四周山峰连成一体,八座炮台耸立于山头之巅,有"连城天险"之称,故称为"大连城"。2011 年入选全国红色旅游经典景区。

昆仑关战役旧址景区　位于南宁市兴宁区。1939 年 11 月日军第五师团等攻陷南宁,12 月 4 日占领昆仑关。中国军队为了夺回昆仑关,继而解放南宁,进行了猛烈的反击。昆仑关战役旧址,除古关楼、昆仑古道等古代遗迹外,还包括南门牌坊、北门牌坊、阵亡将士纪念塔、阵亡将士公墓、抗战碑亭、草帽山战场工事遗址、昆仑关战役博物馆等。2017 年入选全国红色旅游经典景区。

九、全国农业旅游示范点

广西现代农业科技示范园　位于南宁市西乡塘区广西农科院内。占地面积 165 亩,设有工厂化农业设施展示区、有机生态农业示范区、立体农业示范区、百果园、绿色科普长廊、虫世界馆、蝴蝶园、农业科技成果展馆、人工湖和野菜餐馆,是现代农业高新技术浓缩集成的标志性展示窗口,农业科普和青少年素质教育基地。现为全国农业科普示范基地。2002 年入选全国农业旅游示范点。

阳朔世外桃源　位于阳朔县白沙镇五里店。仿陶渊明《桃花源记》中描绘的意境,结合当地田园山水风光而开发的旅游区。分为水上游览与徒步观赏两种方式,水上乘轻舟游览湖光山色,欣赏古老的迎宾、祭祀、狩猎民俗与边寨风情,徒步可观赏少数民族的古寨群,还可在渊明山庄学习古代酿酒、造纸、印刷、竹雕、木刻、制陶技艺。2002 年入选全国农业旅游示范点。

柳州农工商农业观光旅游区　位于柳州市鱼峰区羊角山镇柳石路。旅游区内有迷你洞、水上游乐场、民族度假村等景点。2002 年入选全国农业旅游示范点。

百色凌云茶场　位于凌云县境内。山岭重叠,峰峦起伏,土壤肥沃,终年云雾缭绕,冬不严寒,夏无酷暑,年均气温 19—23℃,年降雨量 1 700—1 800 毫米。土壤多为高原森林土,有机质含量高,土层深厚肥沃,适宜茶树生长。茶树多生长在 800—1 500 米的崇山峻岭上,连片茶园多分布在峡谷溪间。2002 年入选全国农业旅游示范点。

广西现代农业技术展示中心　位于南宁市西乡塘区相思湖东路。集现代农业展示,新品种、新技术、新成果应用推广,农业技术培训,农业产业化经营和农业观光旅游五大功能于一体,常年展示 200 多个蔬菜品种、200 多个水果品种和 200 多个花卉品种。现为全国农业科普示范基地、全国科普教育基地、全国青少年农业科普示范基地。2005 年入选全国农业旅游示范点。

布洛陀芒果风情园　位于田阳县东部。占地面积 1 万亩,种有芒果、龙眼、荔枝、大青枣等水果,其中芒果有田阳香芒、红金煌芒、凯特芒等 38 个品种。建有香芒庄、桂香庄、金穗庄三个大庄园,以及芒果文化廊、游客摄像区、摘果区、水上度假木屋、茶趣馆、游泳池、网球场、垂钓区、民族歌圩广场、饮食场所等设施。2005 年入选全国农业旅游示范点。

北流市罗政村　隶属民乐镇。地处大容山南麓,人均耕地不足 0.8 亩。罗政人穷则思变,种植苗圃 800 多亩、蘑菇 90 亩、潮菜 300 亩;建有接力楼、诗画廊、文化广场、文化长廊、古荔园、提子园、西竺岩,俨然一座生态公园。曾获得"全国生态文明村""绿色小康村""全国卫生村"等称号。2005年入选全国农业旅游示范点。

融安县大洲村　位于长安镇北部,四周环水。地处中亚热带季风气候区,气候温和,雨水充沛。有淘金山、景福堂、猴王庙等观光休闲景点。以农业种植为主,是无公害蔬菜生产基地,其中大洲头菜、萝卜、凉薯等土特产名扬广西。2005年入选全国农业旅游示范点。

三江县丹州村　隶属于丹洲镇。丹州是柳江河上一座椭圆形的岛屿,遗留下众多古迹。森林覆盖率67%。居民世代以种植沙田柚为生,岛上有1 100棵沙田柚树,部分树龄已达上百年,全村年产沙田柚300多吨。集古镇风光游览、农业生态田园体验、农家餐饮休闲娱乐等功能于一体。2005年入选全国农业旅游示范点。

红岩生态旅游新村　2005年入选全国农业旅游示范点。参见全国特色景观旅游名镇(村)——恭城县红岩村。

大芦村民族风情旅游区　2005年入选全国农业旅游示范点。参见中国历史文化名村——灵山县大芦村。

十、全国休闲农业与乡村旅游示范点

田野生态农业旅游区　位于北海市境内。占地面积1 020亩,是北海市最大的集农业观光、休闲度假、科普教育、餐饮娱乐等功能于一体的农业生态旅游观光区。分为观光园、烧烤园、垂钓园、采摘园、竹园、游乐场等区域。种有北海道黄杨、金丝柚木、香花槐、斑叶富贵榕等植物,泰国莲雾、番荔枝、番石榴、龙贡、金佛手、红杨桃等近百种水果。每年举办水果采摘、农家乐等活动。2010年入选全国休闲农业与乡村旅游示范点。

十万大山金花茶观赏园　位于上思县境内。占地面积1 200亩。金花茶育苗中心年育苗木30万株,种植金花茶约40万株。十万大山文化展示厅展现了十万大山风土人情、特产资源、历史文化、金花茶资料等,是集金花茶种苗繁育、金花茶规范化种植和农业生态休闲观光旅游为一体的观赏园区。2010年入选全国休闲农业与乡村旅游示范点。

柳州农工商有限责任公司观光农业旅游区　公司拥有大桥园艺场、洛维园艺场、红星园艺场、鹧鸪江园艺场、柑橘种植场五个国有农场和一个果树研究所。已建成7 000亩名特优水果生产基地、3 000亩无公害蔬菜基地、5 000亩水产养殖基地、年出栏5万头的养猪基地、年出栏150万羽的家禽基地。香料厂生产的天然香料产品有20多个品种,其中名牌产品"桂花浸膏"以净油含量高出国家标准20%以上的优良品质而饮誉国内外。2010年入选全国休闲农业与乡村旅游示范点。

草山王茶业有限公司　位于乐业县逻沙乡全达村。拥有优质有机茶园4 200亩,其中2 800亩已通过国家有机认证。主要业务是茶叶和山茶油加工、销售。"乐业红"牌绿茶和红茶是主要产品。2010年入选全国休闲农业与乡村旅游示范点。

南丹县王尚屯　位于里湖瑶族乡南部。四面峰峦环绕。以农业为支柱产业,主要种植猕猴桃、核桃等。全屯居民均为白裤瑶族,民风淳朴,敬酒歌、细话歌、赶夜街、打陀螺、斗鸡斗鸟等民俗活动丰富多彩。2013年入选全国休闲农业与乡村旅游示范点。

东兴市竹山村　隶属于东兴镇。因盛产竹子得名。有大清国一号界碑、竹山古街、北仑河口红树林保护区、古榕部落等景点。2013年入选全国休闲农业与乡村旅游示范点。

武宣县下莲塘村　2013年入选全国休闲农业与乡村旅游示范点。参见全国特色景观旅游名镇(村)——武宣县下莲塘村。

南丹县下街屯　隶属于芒场镇。南丹县现代特色农业核心示范区内一个集旅游观光、文化体验、休闲养生为一体的示范点。白墙、灰瓦、马头墙的民居建筑错落有致。种植格桑花 130 亩、油葵 30 亩,利用 30 亩水面建设荷花池、游泳池、凉亭,打造小桥流水的村庄风貌。2014 年入选全国休闲农业与乡村旅游示范点。

百里新村休闲农业示范区 位于阳朔县白沙、兴坪、阳朔等镇区。西连葡萄山景区,东部包括国家级风景名胜区桂林漓江兴坪镇段。以金橘种植产业为特色,金橘种植面积达 10 万亩,开展以采摘互动休闲游为特色的"金橘之旅"。2014 年入选全国休闲农业与乡村旅游示范点。

港口区簕山古渔村 2014 年入选全国休闲农业与乡村旅游示范点。参见全国特色景观旅游名镇(村)——港口区簕山村。

"美丽南方"休闲农业旅游区 位于南宁市西乡塘区。蜿蜒的石埠堤将青瓦房古村落、台湾水果园、胤龙生态园、凤凰园、忠良村等地穿了起来。已建成特色农业示范区三个,龟鳖养殖加工生产、葡萄种植及葡萄酒生产、青瓦房民俗风情古村落体验等生态农业、休闲农业、创意农业项目 48 个。2015 年入选全国休闲农业与乡村旅游示范点。2017 年成为国家田园综合体建设试点项目。

"荷田水乡"乡村旅游示范点 位于贵港市覃塘区覃塘镇北部。覃塘莲藕产业示范区的主园区,覃塘莲藕产业示范区连片种植莲藕 2 700 多亩,突出经营组织化、装备设施化、生产标准化、要素集成化、特色产业化。拥有秀丽的双鸡山。龙凤江清澈见底,两岸景色秀美,河床、湿地、滩涂等入景成画。2015 年入选全国休闲农业与乡村旅游示范点。

"五彩田园"现代农业示范区 位于玉林市玉东新区茂林镇。甄选出七个特色农业产业,打造特色农业产业区、都市农林休闲区、农场庄园集聚区、农业合作试验区。2015 年入选全国休闲农业与乡村旅游示范点。

东兴市万尾村 位于江平镇。沿边沿海,京族人口占 95%,村民主要从事浅海捕捞、海水养殖、海产品加工和运销、旅游餐饮服务、边境贸易。拥有15 千米长的金滩、滨海浴场、京族哈亭、京族歌圩、京岛荷塘、红树林和百年红豆树等景观。"京族哈节"是国家级非物质文化遗产。2015 年入选全国休闲农业与乡村旅游示范点。

红岩农家乐旅游点 2015 年入选全国休闲农业与乡村旅游示范点。参见全国特色景观旅游名镇(村)——恭城县红岩村。

十一、全国工业旅游示范点

柳州钢铁厂 位于柳州市北雀路。现为柳州钢铁股份有限公司。始建于 1958 年,是一家以钢铁生产为主,实行多元化经营的大型钢铁联合企业。名列中国企业 500 强,位居广西工业企业之首。拥有焦化、烧结(球团)、炼铁、炼钢、轧钢等完整的钢铁生产工艺装备和技术,通过 GB/T19022—2003 测量管理体系认证,计量部门获得国家质量技术监督局颁发的企业完善计量检测体系合格证。2004 年入选全国工业旅游示范点。

柳州卷烟厂 位于柳州市屏山大道。广西烟草行业规模最大的卷烟企业,具有 50 多年卷烟生产历史,拥有国际先进水平的各类专用卷烟设备 120 台(套),年产卷烟达 45 万箱。多次被评为“全国烟草行业先进集体”。2004 年入选全国工业旅游示范点。

燕京(桂林漓泉)啤酒股份有限公司 位于桂林市翠竹路。前身是“桂林漓泉股份有限公司”。采用“燕京+漓泉”的双品牌运作模式,借助桂林得天独厚的自然生态环境,利用优质的漓江水资源,采用现代化的生产设备、先进工艺及原生态的优质原料,酿出“持久新鲜、极致醇净、香气优雅”的啤酒。2005 年入选全国工业旅游示范点。

西津发电厂工业园 位于横县的郁江境内。由广西自行设计、自行施工建设的第一座中型水电站,是全国最大的低水头河床式径流电站之一。以发电为主,兼有航运、防洪、灌溉等综合效益的水利枢纽工程,为水电系统培养和输送了大批技术和管理人才。2006 年入选全国工业旅游示范点。

玉柴机器集团有限公司工业园 位于玉林市玉柴大道。始建于1951年。以资本运营和资产管理为核心的投融资管理型公司。已经形成"发动机产业链""新能源及环保产业链""产业金融及商贸物流服务"三大核心战略产业板块，拥有国家级企业技术中心、内燃机国家工程实验室等，与40多家国内外科研机构合作建立联合开发中心，打造国际前沿的科研基地。2006年入选全国工业旅游示范点。

燕京啤酒(玉林)有限公司工业园 位于玉林市玉州区燕京路。2004年注册成立，以啤酒、饮用纯净水为主要经营产品。2006入选全国工业旅游示范点。

丹泉酒业有限公司工业园 位于南丹县城关镇民行北路。始建于1956年，前身是"南丹县酒厂"。酱香、浓香、米香三大香型白酒生产企业，年产能七万吨，是广西最大的白酒生产企业。2007年入选全国工业旅游示范点。

坭兴陶艺术馆 位于钦州市滨江北路。坭兴陶是中国"四大名陶"之一，以钦江东西两岸特有的紫红陶土为原料，将东泥封闭存放，西泥制成陶器坯料，东泥软为"肉"，西泥硬为"骨"，"骨、肉"得以相互支撑，经过坭兴陶烧制技艺烧制后形成坭兴陶。该馆致力于坭兴陶文化的挖掘、传承和发扬。2007年入选全国工业旅游示范点。

十二、国家级非物质文化遗产生产性保护示范基地

靖西市壮锦厂 位于靖西市。壮锦是中国"四大名锦"之一。靖西壮锦起源于汉代，形成于唐宋时代，明朝时为朝廷贡品。1956年组成绣织社，1960年改称壮锦厂。主要生产"锦绚牌"绣球和壮锦挂画、壁画、被面、真丝

绣花披巾等产品,工艺独特、质地坚实、色彩艳丽,在国内外市场享有较高的声誉。2011 年入选国家级非物质文化遗产生产性保护示范基地。

坭兴陶艺有限公司 位于钦州市滨江北路。2000 年重组成立,注册商标为"古安陶艺"。设有坭兴陶艺术馆、坭兴陶传统技艺传习馆、生产制作车间、大中专院校陶艺习训基地。钦州坭兴陶烧制技艺为国家级非物质文化遗产。2014 年入选国家级非物质文化遗产生产性保护示范基地。

十三、国家级风景名胜区

漓江风景名胜区 位于桂林市境内。世界上规模最大、风景最美的岩溶山水游览区之一。漓江又名"桂水",是喀斯特地貌发育最典型的地区之一,有象鼻山、冠岩和黄布倒影等自然景观,人称"百里漓江、百里画廊"。亚热带季风气候,四季分明,雨量充沛。动植物资源丰富,约有 1 593 个动物种类,有维管植物 202 科,其中裸子植物 6 科、被子植物 152 科。1982 年入选国家级风景名胜区。

西山风景名胜区 位于桂平市内。以西山名胜为主体的集锦式风景名胜区,主要景点:太平天国金田起义遗址、太平山动植物自然保护区、紫荆山壮村瑶寨、天南福地洞天罗丛岩及白石洞天、麻垌荔枝之乡、浔州古城和北回归线标志,以林秀、石奇、泉甘、茶香闻名于世。1988 年入选国家级风景名胜区。

花山风景名胜区 位于崇左市的宁明、龙州两县境内。以古代壮族大面积山崖壁画为主要景观,花山岩画已被列入世界文化景观遗产。石灰岩峰丛、峰林洼地、河谷之间充满田园风光,凭祥友谊关、大新德天大瀑布是重要景点。1988 年入选国家级风景名胜区。

十四、国家级自然保护区

花坪国家级自然保护区　位于龙胜、临桂两县交界处。前身为桂林地区广福林区,占地面积 1.51 万公顷。属于森林生态系统类型的自然保护区,以珍稀孑遗树种银杉和其他珍稀濒危野生动植物资源及典型常绿阔叶林带森林生态系统为主要保护对象。1978 年入选国家级自然保护区。

弄岗国家级自然保护区　位于龙州和宁明两县境内。呈西北—东南向长条状地块,典型的喀斯特地貌。占地面积 1.04 万公顷,由陇呼、弄岗、陇山三片组成,森林覆盖率 99%。植物种类丰富,有蕨类植物和种子植物 172 种 709 属 1 454 种,野生动物 22 目 57 科 139 种。我国 14 个具有全球意义的陆地生物多样性关键地区之一。1980 年入选国家级自然保护区。

山口红树林生态国家级自然保护区　位于合浦县山口镇。占地面积 8 000 公顷,包括沙田半岛东西两侧的海域和陆域。地处南亚热带海洋性季风气候,海区潮汐类型属不正规全日潮。以红树林自然生态系统为保护对象。英罗湾有面积 80 公顷的红树林,15 种红树植物,96 种浮游植物,158 种底栖硅藻,258 种昆虫,26 种其他动物。1990 年入选国家级自然保护区。

营盘港—英罗港儒艮国家级自然保护区　位于合浦县境内。占地面积 3.5 万公顷。以儒艮和中华白海豚为主的珍稀海生动物及其栖息环境为保护对象。南亚热带海洋性季风气候,处于我国海岸线西南部,水质优良,藻类丰富,有喜盐草、矮大叶藻、贝克喜盐草等品种。1992 年入选国家级自然保护区。

金花茶国家级自然保护区　位于防城港市防城区境内。占地面积 9 099 公顷,属广西北部湾经济区的生态地区及大湄公河次区域,是水源涵养与生物多样性保护的重要功能区。以珍稀濒危金花茶组植物及其赖以生存的北热带森林生态系统为主要保护对象。1994年入选国家级自然保护区。

木论国家级自然保护区 位于环江毛南族自治县西北部。占地面积1.08万公顷,属森林生态系统类型的自然保护区,以中亚热带喀斯特森林生态系统为保护对象。有维管植物910种,隶属176科530属,大型真菌12目30科46属68种,其中有保健药用的灵芝、云芝,还有地下块菌。1998年入选国家级自然保护区。

大瑶山国家级自然保护区 地跨金秀瑶族自治县、荔浦县、蒙山县,占地面积2.56万公顷,以银杉、瑶山鳄蜥、瑶山苣苔及金斑喙凤蝶等珍稀动植物和典型常绿阔叶林生态系统为主要保护对象。以海拔1979米的最高峰圣堂山为中心,四周逐次下降为中低山,低山、高丘、低丘各种地貌,形成了类型多样的类丹霞地貌风景带。植被丰富,有维管植物213科870属2335种。2000年入选国家级自然保护区。

北仑河口国家级自然保护区 位于防城港市防城区和东兴市境内。占地面积3000公顷,海岸线长87千米,有河口海岸、开阔海岸和海域海岸等地貌类型。以红树林生态系统为主要保护对象。红树林连片生长且面积较大,共10科13种,形成12种红树林群落,其中连片木榄纯林和大面积老鼠簕纯林群落为中国罕见。滩涂和沿海渔业资源丰富,有27种鱼类,84种大型底栖动物。是候鸟的重要繁殖地和迁徙停歇地。2000年入选国家级自然保护区。

大明山国家级自然保护区 位于广西中南部。占地面积1.79万公顷,其中核心区8377公顷。属于森林生态系统类型的自然保护区,以山地森林生态系统为保护对象。分布有多样性山地混合森林和珍稀生物物种资源。已知有维管植物209科764属2023种,其中国家一级保护野生植物1种、国家二级保护野生植物15种。野生脊椎动物31目90科208属294种。2002年入选国家级自然保护区。

猫儿山国家级自然保护区 位于兴安县、资源县、龙胜县三县交界处。占地面积约1.7万公顷,其中核心区7759公顷,包括老山界、高寨戴云山等区域。已知有高等植物 2 484 种、脊椎动物 345 种、昆虫 3 300 种。世界上最具典型特征的原生性亚热带山地常绿落叶阔叶混交林植被保存最为完好的地区之一,是中国 14 个具有全球意义的陆地生物多样性关键地区和 16 个生物多样性热点地区之一。2003 年入选国家级自然保护区。

十万大山国家级自然保护区　主体部分位于上思县境内,部分地区位于防城港市防城区。占地面积 5.83 万公顷,其中核心区 2.36 万公顷,森林覆盖率约 65%。森林生态系统类型的自然保护区,以珍稀动植物资源及其栖息地,广西南部沿海地区主要的水源涵养林,垂直带谱上的山地常绿阔叶林和不同自然地带的典型自然景观为保护对象。2003 年入选国家级自然保护区。

岑王老山国家级自然保护区　位于田林、凌云县境内。地处云贵高原与广西盆地接壤地带,中国地势第二级阶梯与第三级阶梯的过渡带,地貌为云贵高原外围的桂西山原中山地形。占地面积 2.52 万公顷。以南亚热带常绿阔叶混交林、垂直带谱森林生态系统和黑颈长尾雉、叉孢苏铁、伯乐树等珍稀濒危物种为主要保护对象。2005 年入选国家级自然保护区。

九万山国家级自然保护区　位于融水苗族自治县、罗城仫佬族自治县、环江毛南族自治县三县交界处。占地面积 4 万公顷,中国亚热带地区生物种类最丰富的地区之一,主要保护对象为以中亚热带常绿阔叶林及其垂直带谱为主的森林生态系统,以伯乐树、南方红豆杉、合柱金莲木为主的珍稀濒危植物以及以鼋、蟒蛇、熊猴、林麝、金钱豹为主的珍稀濒危动物。2005 年入选国家级自然保护区。

千家洞国家级自然保护区　位于灌阳县境内。前身是广西灌阳千家洞国有林场。占地面积 1.22 万公顷,其中核心区 6 470 公顷,森林覆盖率 84%,属于森林生态系统类型的自然保护区。植物资源丰富,属国家重点保护野生植物的有 33 种,其中属国家一级保护野生植物的 6 种。已发现脊椎动物 236 种。2006 年入选国家级自然保护区。

金钟山黑颈长尾雉国家级自然保护区　位于隆林县与西林县境内。黑颈长尾雉分布最为集中的自然保护区。主要保护对象：国家一级保护野生动物黑颈长尾雉,国家一级保护野生植物贵州苏铁和隆林苏铁,珍稀兰科植物资源,森林植被及动物植物栖息环境,天生桥水库湿地及重要水源涵养林。2007 年入选国家级自然保护区。

崇左白头叶猴自然保护区　位于崇左市境内。占地面积 2.56 万公顷,由间断分布的扶绥县岜盆片、扶绥和江州交界区域大陵片、江州区驮逐片和江州区板利片四片石山区组成。属于野生动物类型的自然保护区,以白头叶猴、黑叶猴等野生动物及其赖以生存的喀斯特石山森林生态系统为主要保护对象。2012 年入选国家级自然保护区。

大桂山鳄蜥国家级自然保护区　位于贺州市八步区境内。占地面积3 780 公顷,其中森林面积 3 042 公顷,森林覆盖率 88%。以国家一级保护野生动物鳄蜥及其栖息地为主要保护对象。分布有陆生野生动物 269 种,其中有林麝、蟒蛇等国家重点保护野生动物和白鹇、红腹锦鸡等野生雉科动物,还有建兰、金钗石斛等兰科植物。2013 年入选国家级自然保护区。

邦亮长臂猿国家级自然保护区　位于靖西市境内,地处中国与越南交界处。我国目前已知的唯一的极度濒危物种黑冠长臂猿的栖息地。分布有国家一级保护野生动物黑冠长臂猿、黑叶猴、熊猴、金钱豹、林麝、蟒蛇等 6 种,国家二级保护野生动物大壁虎、苏门羚等 37 种。目前保护区内长臂猿种群数量约为四群 30 只。2013 年入选国家级自然保护区。

恩城国家级自然保护区　位于崇左市大新县境内,包括恩城榄圩、雷平、堪圩安民三个独立的分区。占地面积 2.58 万公顷,其中核心区 7 810 公顷。重峦叠嶂,溶洞遍布,河流纵横,村庄错落。以黑叶猴、林麝、蟒蛇、石山苏铁及其生态环境,还有北热带喀斯特森林生态系统为主要保护对象,属于森林生态系统类型的自然保护区。分布有野生维管植物 190 科 648 属 1 007种,其中国家重点保护野生植物 11 种;陆生脊椎动物 4 纲 25 目 79 科 261种,其中国家重点保护的陆生脊椎野生动物 28 种,包括蟒蛇、黑叶猴、林麝等国家一级保护野生动物。2013 年入选国家级自然保护区。

元宝山国家级自然保护区　位于融水苗族自治县境内。占地面积 9 040 公顷,以森林植物资源、水资源及其珍稀树种为主要保护对象。分布有 300 多种木本植物,34 种药用植物,7 种纤维植物,16 种淀粉植物。有黄杨、杜鹃、深山含笑、广东白兰花、木莲等观赏植物。主要树种有元宝山冷杉、华南五针松、长苞铁杉、福建柏、三尖杉、南方红豆杉、短叶罗汉松、红楠、银鹊树等。有国家一级保护野生动物黑颈长尾雉,国家二级保护野生动物猕猴、熊猴、水鹿、穿山甲、林麝、小灵猫、鬣羚、白鹇等。2013 年入选国家级自然保护区。

七冲国家级自然保护区　位于昭平县境内。占地面积 1.43 万公顷,其中核心区 4 827 公顷。森林生态系统类型完整,有保存良好的原生性森林。植物种类丰富,珍稀濒危野生植物众多,原始植被保存完好。分布有 1 570 种野生维管植物,其中伯乐树为国家一级保护野生植物,金毛狗、桫椤、黑桫椤、水蕨等 9 种为国家二级保护野生植物。2014 年入选国家级自然保护区。

资源冷杉国家级自然保护区　位于资源县境内。占地面积 4341 公顷,属于濒危物种资源冷杉的模式标本产地和集中分布区之一。区域内有国家一级保护野生植物资源冷杉、红豆杉、南方红豆杉、伯乐树等 4 种,国家二级保护野生植物半枫荷、香果树等 5 种,还栖息着麝、黑熊、红腹锦鸡、红腹角雉、大鲵等数十种珍稀动物。2016 年入选国家级自然保护区。

十五、国家级水利风景区

澄碧河水利风景区　位于百色市东北隅。依托澄碧河水库而建,澄碧河水库是以发电为主的大型水利工程,水面面积 39 平方千米,总库容 11.5 亿立方米,水质纯净、澄清如滤,为国家一级饮用水源。岛屿星罗棋布,周围溪流盆道水湾曲折,常年有各种飞鸟云集。还有壮族雅芒天然石岩人头像、清泉溶洞和观音庙等景点。2002 年入选国家级水利风景区。

洪潮江水利风景区 位于北海市北部湾畔。依托洪潮江水库而建,洪潮江水库是集防洪、灌溉、发电、旅游为一体的多功能综合型水库,库区内有 1 026 个岛屿,因此又称"星岛湖"。分为东西两个景区,东景区有梁山水寨、三关、瞭望塔、忠义堂、后寨、文殊院、断金亭等景点,西景区有涌金门、六和塔、石拱桥、苏杭水街等景点。2002 年入选国家级水利风景区。

大王滩水利风景区 位于南宁市凤凰岭下。依托大王滩水库而建,是绿都南宁的十大景点之一。大王滩水库是集防洪、灌溉、发电、旅游等多功能为一体的大型水库,总库容 6.38 亿立方米,水面面积达 38 平方千米,主坝高 37.3 米,长 670 米,副坝 10 座,发电站 3 座。2002 年入选国家级水利风景区。

天雹水库水利风景区 位于南宁市区西郊心圩镇。依托天雹水库而建,天雹水库占地面积 73.3 万平方米,库区总容量 1 864 万立方米,以灌溉、养鱼为主。湖中岛屿大小各异,湖水波光粼粼,林木郁郁葱葱,有桃花洞、桂花园、蓬莱岛、太公湖、情人岛、飞索渡等景点。2004 年入选国家级水利风景区。

鉴河水利风景区 位于德保县境内。依托鉴河而建,属于自然河湖型水利风景区,占地面积 4.8 平方千米。鉴河水质良好、水量充足,流域横穿整个德保县。鉴河河道曲折蜿蜒,流域内喀斯特景观得天独厚,两岸风光旖旎,壮乡民俗风情丰富多彩,是集休闲度假、游览观景、民俗体验、水上活动、自然保护和科普教育为一体的水利风景区。2011 年入选国家级水利风景区。

月岛湖水利风景区 位于鹿寨县境内。依托月岛湖水库而建,水库占地面积 1.8 平方千米,其中水面面积 53 万平方米,有四个独立岛屿。逶迤曲折的湖岸线、茂盛葱郁的树林、烟波浩渺的湖水、自然天成的湖湾,构成了独特多姿的自然景观。2012 年入选国家水利风景区。

地下大峡谷水利风景区 位于南丹县境内。占地面积 36.5 平方千米,由天生桥水库、八穿河、恩村洞和九洞天等景区组成。八穿河流经八座山洞和数百个大小溶洞,有多个地下河出口。恩村洞溶洞密布,洞体半山镂空,内有 24 个洞厅。2013 年入选国家级水利风景区。

融江河谷水利风景区 位于柳城县境内。依托融江、龙江、柳江、沙埔河等河段和大埔电站、糯米滩电站等水利工程而建,属自然河湖型水利风景区。总面积 53.2 平方千米,其中水域面积为 45.3 平方千米。沿岸风光优美,环境幽静。2013 年入选国家级水利风景区。

象江水利风景区 位于象州县境内,地处广西中部大瑶山西麓。占地面积 274 平方千米,拥有象州凉泉、古象温泉、罗秀河引水工程、河村古榕群等景点,集休闲娱乐、观光游赏、度假疗养、漂流探险、科普教育等多功能为一体。2013 年入选国家级水利风景区。

龙潭鹅泉水利风景区 位于靖西市境内。以龙潭水库、金龙水库和龙潭河、鹅泉河、难滩河等为重点,配合鹅泉、龙潭湿地公园、旧州古镇、骆驼山、爱布瀑布等景观打造而成。2014 年入选国家级水利风景区。

澄江水利风景区 位于都安瑶族自治县境内。以澄江河和地苏地下河流域为主体,呈狭长带状分布。主要包括澄江湿地公园、地下河地质公园、密洛陀文化公园等区域,其中澄江河源头九顿天窗、太阳天窗,东庙巴丁天窗、弄工天窗,以及黄龙湖湿地、益梨湿地、响水关、密洛陀文化公园、瑶台度假村等核心景点,知名度较高。2016 年入选国家级水利风景区。

灵渠水利风景区 位于兴安县境内。依托灵渠而建,灵渠历史悠久,于秦始皇三十三年(公元前 214 年)凿成通航,是世界上最古老的运河之一,有"世界古代水利建筑明珠"的美誉,现为全国重点文物保护单位、世界灌溉工程遗产。景区主要是对灵渠进行保护修缮、周边环境综合整治,并在此基础上进行旅游资源开发。2017 年入选国家级水利风景区。

万峰湖水利风景区 位于隆林自治县中西部。依托天生桥水库和卡达水库工程而建。主要分为天生桥水库和冷水河两大部分,是集科、教、文、娱为一体的复合型水文化综合体验风景区。天生桥水库水面面积 178 平方千米,坝高 180 米,内有 30 多个全岛、58 个半岛,天湖烟波浩渺,重峦叠嶂,湖光山色,美不胜收。2017 年入选国家级水利风景区。

十六、世界地质公园

乐业—凤山世界地质公园　位于百色市乐业县,地处云贵高原向广西盆地过渡的斜坡地带。占地面积930平方千米,由乐业大石围国家地质公园和凤山岩溶国家地质公园两部分组成,包括黄猄天坑、大石围天坑、穿洞天坑、罗妹洞、布柳河、鸳鸯泉、三门海和江洲长廊八大景区。典型块状岩溶区,发育有两大地下河系统,形成了成熟的高峰丛地貌。独特天坑生态环境保护了生物多样性,如天坑植物群落、布柳河河谷森林群落和洞穴动物群落等。2012年入选世界地质公园。

十七、国家地质公园

资源国家地质公园　位于资源县境内。占地面积125平方千米。丹霞地貌尤为典型,有丹霞寨型山、丹霞峰型山、丹霞石柱及丹霞石、丹霞龙脊或龙角、丹霞迷宫和壁画等景观。雨量充沛,地表水资源丰富,有清泉、飞瀑。植被多样,有原生植物164科1 120余种,中草药有杜仲、厚朴、黄柏、天麻、茯苓、金银花、五倍子等。2002年入选国家地质公园。

涠洲岛火山国家地质公园　涠洲岛位于北海市东南处,占地面积26.88平方千米,由火山喷发堆凝而成,是我国最大最年轻的火山岛。岛上海积及熔岩景观奇特,较有名的是"龟豚拱碧""滴水丹屏"等景点。既有南亚热带海洋性气候的天然优势,又有火山喷岩形成的海蚀岸积地貌胜迹,四周烟波浩渺,全岛绿树茂密,风光旖旎。曾被评为"中国最美十大海岛"。2004年入选国家地质公园。

香桥喀斯特国家地质公园 位于鹿寨县中渡镇。占地面积 139 平方千米,分为老虎岩、香桥仙境、响水涌泉和中渡古镇四个景区。主要地质地貌类型为岩溶峰丛、峰林、峡谷、溶洞、天生桥和石林。植被丰富,有国家重点保护野生植物岩溶山花和树龄逾千年的古榕等。自然景观众多,有香桥天生桥、香桥岩溶峡谷、响水低头瀑布、脑纹状洞穴沉积等。2005 年入选国家地质公园。

桂平国家地质公园 位于桂平市境内。占地面积约 73 平方千米,包括西山、龙潭、白石山三大园区。地质遗迹景观突出,有丹霞地貌、花岗岩地貌、砂岩峰丛地貌和峡谷地貌等。自然景观众多,有大藤峡景观,集雄、奇、险、秀于一体的龙潭砂岩峰丛,以及冷泉、瀑布、河流等水体景观。2009 年入选国家地质公园。

七百弄国家地质公园 位于大化瑶族自治县境内。由千山万弄景区、板兰峡谷景区、石国天都景区、十里幽谷景区组成。有成群、成片、连续分布的高峰丛、深洼地、谷地与峡谷、岩溶洞穴、地下暗河。海拔 800 米以上的山峰有 9 000 多座,有 2 566 个各种形状的洼地。2009 年入选国家地质公园。

五皇山地质公园 位于浦北县龙门镇五皇岭。占地面积 40 平方千米。有残峰、悬崖陡壁、石蛋、流水冲蚀崩积地貌、一线天等地质遗迹,尤以花岗岩地质地貌景观为珍贵。石蛋分布广泛、数量众多,外形圆润灵秀,意象丰富,具有较高的美学价值。还有 8 000 公顷连片的椎林,是全国最大的红椎林保护区。2011 年入选国家地质公园。

十八、国家森林公园

桂林国家森林公园 位于桂林市象山区境内。前身是桂林市龙泉林场,占地面积581公顷,其中森林面积318公顷,森林覆盖率55%。以林海松涛为主体,融石山、土山、林貌景观为一体,亭、台、楼、阁恰到好处地点缀其间,是集生态保护和休闲娱乐为一体的综合性森林公园。1992年入选国家森林公园。

良凤江国家森林公园 位于南宁市南郊。前身为南宁树木园,占地面积4 864公顷,由良凤江核心区、凤凰湖森林度假区、五象岭森林公园构成。南亚热带季风气候,冬短夏长。自然资源丰富,有菩提文化苑、游乐世界等景点。有122科1294种的亚热带树种及广西濒临灭绝的树种,属国家重点保护野生植物的85种,是华南地区最大的金花茶种质资源基因库。1992年入选国家森林公园。

三门江国家森林公园 位于柳州市东郊古亭山下。古亭山海拔556米,为柳州市区第一高峰。前身是三门江林场。占地面积9 300公顷,群山环抱,山体连绵,蜿蜒曲折的柳江和洛清江从公园内穿过,还有众多的山塘水库。树木葱茏,动植物种类丰富。1993年入选国家森林公园。

龙潭国家森林公园 位于桂平市西北部。占地面积7 800公顷,北回归线横穿公园南部。属于丹霞地貌区,自然景观秀丽多姿,著名景点有龙潭瀑布、龙潭峡谷。森林繁茂,有我国南方稀有的园籽荷,高踞绝崖的广东五针松,被誉为"活化石"的孑遗植物桫椤,还有紫荆木、格木等10余种国家重点保护野生植物。动物资源珍贵,有国家一级保护野生动物瑶山鳄蜥,国家二级保护野生动物猕猴、穿山甲等10余种。1993年入选国家森林公园。

大桂山国家森林公园 位于贺州市八步区境内。占地面积3 000公顷。拥有云栈湖、天坑瀑布、天槽峡谷、三鹰潭瀑布、五马归槽瀑布等景点。植被资源丰富,有红椎、毛栲、栲树、甜槠、黄果厚壳桂、泡花润楠、荷木等。珍稀动物有黄腹角雉、毛冠鹿、金猫、穿山甲、白鹇、鹧鸪、黄莺、琼蛇、吹风蛇等。1994年入选国家森林公园。

元宝山国家森林公园 位于融水苗族自治县境中部。占地面积2.5万公顷,由白虎顶、兰坪峰、元宝峰及无名峰四大主峰构成。其中元宝峰最高峰海拔2 086米,是华南第三高峰。原始森林面积6 000多公顷。动植物种类繁多,有植物1 000多种,其中国家重点保护野生植物17种。1994年入选国家森林公园。

八角寨国家森林公园 位于资源县境内,占地面积125公顷。地处亚热带季风性湿润气候区,山地气候特征明显。以资江漂流区和八角寨丹霞地貌观光区为主体,还有宝鼎瀑布、百卉谷生态景园、老山界原始森林、银竹老山动植物自然保护区等外围景区景点。1996年入选国家森林公园。

十万大山国家森林公园 位于上思县南部。占地面积8 810公顷。原始森林茂密,山清水秀。植被种类多样,有195科533属1 890种,其中金花茶为国家一级保护野生植物,万年木、紫荆木为国家二级保护野生植物。生活着野生动物300多种,其中5种属于国家一级保护野生动物,18种属于国家二级保护野生动物。1996年入选国家森林公园。

龙胜温泉国家森林公园 位于龙胜县龙胜镇,地处越城岭南端桑江(浔江)上游。占地面积1 000公顷,重峦叠嶂、怪石嶙峋、林木葱郁、谷幽涧深、溪水清澈。以龙胜温泉为核心,有猴山、五剑山、鑫字山、棋盘山、白面奇石、飞云洞、龙音潭瀑布、季节泉、岩门索桥等景点。分布有银杏、长柄山毛榉、篦子三尖杉等珍稀植物和黑熊、猕猴、鹿、麝、灵猫、娃娃鱼等珍稀动物。1996年入选国家森林公园。

姑婆山国家森林公园 1996年入选国家森林公园。参见国家生态旅游示范区——姑婆山国家生态旅游示范区。

大瑶山国家森林公园 位于金秀瑶族自治县境内的大瑶山脉中段。公园内有60多座海拔1 300米以上的石峰,其中大瑶山是典型的丹霞式峰林地貌。地处南亚热带和中亚热带的过渡地带,四季如春。森林面积12万公顷,有维管植物216科855属2 232种,植物种类占亚热带植物区系的86%,其中28种为国家重点保护野生植物,62种为瑶山特有植物。有陆栖脊椎动物481种,其中国家一级保护野生动物有瑶山鳄蜥、金斑喙凤蝶等6种,另有国家二级保护野生动物46种。1997年入选国家森林公园。

太平狮山国家森林公园 位于藤县太平镇。狮山形成于7 000万年前，经地壳运动、风化、侵蚀、冲刷等形成峭壁万丈、峡谷幽深的独特地貌。峰、壁、谷、石四种不同的景观意境对比强烈，形成既神奇秀美又雄奇伟岸的景色。2002年入选国家森林公园。

黄猄洞天坑国家森林公园 位于乐业县大石围天坑旁，地处云贵高原的东南麓。由于古代地壳多次变化，地层褶皱起伏，加上流水的侵蚀，地表遭受切割，峰高谷深，已失去第三纪的始新世——古新世形成的云贵高原地貌景观。由黄猄洞天坑景区、风岩洞天坑景区、花坪景区、盘古王景区、一沟景区和西南民俗风情园组成，拥有四大天坑67个景点，集天坑、溶洞、高山、森林、瀑布于一体。2002年入选国家森林公园。

飞龙湖国家森林公园 位于苍梧县梨埠镇。飞龙湖因湖面狭长曲折，形似一条腾空飞舞的长龙而得名。占地面积1.21万公顷。湖面水平如镜，湖水清澈，湖光山色相映成趣。湖中有岛屿20多个，千姿百态。四周青山环抱，重峦叠嶂，古树参天，集青山、茂林、瀑布、岛屿于一体，以湖光山色、瀑布奇观为特色。2003年入选国家森林公园。

大容山国家森林公园 位于北流市境内。占地面积2 930公顷，植被覆盖率93%。原生植被为北热带常绿阔叶林，现大部分被人工林替代。主要景点有柳杉景观林、野生杜鹃林、高山矮林、高山草甸等。有植物357种，其中国家重点保护野生植物23种，有金花茶、穗花杉、杪椤、石槲、石兰等珍稀植物。还有野生动物180种。2003年入选国家森林公园。

九龙瀑布群国家森林公园 位于横县镇龙山南麓。占地面积1 640公顷，植被类型为亚热带常绿季雨林，森林覆盖率88%。狮子溪、平田溪、白龙涧、鲤鱼溪、九龙溪五条溪流在园内汇合，形成了20多道瀑布景观，尤以"白龙出潭""群龙迎宾""双龙戏珠""紫龙相会""龙女吐珠""九龙入宫""飞龙朝泉""神龙庆殿""龙鼓响潭"等瀑布最为壮观。2005年入选国家森林公园。

平天山国家森林公园 位于贵港市西郊。占地面积1 676公顷，森林覆盖率 90%。平天山主峰海拔 1 158 米，是观赏日出日落、远眺郁江平原的佳处。动植物资源丰富，种类繁多，有桫椤、格木、喜树、海南五针松、罗汉松等珍稀植物和 18 种国家重点保护的兰科植物；有虎纹蛙、山瑞、猕猴、穿山甲、小灵猫、苏门羚等国家重点保护野生动物。植物繁茂，空气清新，负氧离子含量高。2005 年入选国家森林公园。

红茶沟国家森林公园　位于融安县城西郊。占地面积 17 平方千米，其中原始森林、次生林及人工林 1 500 公顷，林海茫茫，一年四季鸟语花香，空气中负氧离子含量每立方厘米高达 7.3 万个，是天然大氧吧。生长有竹节兰、桫椤、四方藤等国家重点保护野生植物，树种达 2 000 多种。主要景观有情侣树、百丈瀑、古潭瀑布、镇山雄狮、红茶林、杜鹃林等。2005 年入选国家森林公园。

阳朔国家森林公园　位于阳朔县东北部。占地面积 3.39 万公顷。属广西海洋山山脉的西翼，以中、低山为主的山地地貌类型。山脉连绵，重峦叠嶂，山峰海拔多在 600—1 300 米之间。分布有维管植物 1 756 种，其中国家一级保护野生植物 4 种，国家二级保护野生植物 15 种；有野生脊椎动物 243 种，其中国家重点保护野生动物 23 种。2005 年入选国家森林公园。

龙滩大峡谷国家森林公园　位于天峨县境内。占地面积约 4 200 公顷。地处亚热带季风气候区。植被属中亚热带常绿落叶阔叶混交林，森林覆盖率 96%。丰富的植物种类和岩溶地貌有机结合，构成了层次丰富、姿态万千的森林景观。主要景点有龙滩大峡谷、珍稀植物园等。2008 年入选国家森林公园。

狮子山国家森林公园　位于平乐县东南部。占地面积 6 518 公顷，森林覆盖率 95%。动植物资源丰富，分布有国家一级保护野生动物鳄蜥、蚺、熊猴、林麝等 4 种，国家二级保护野生动物原鸡、凤头鹰、白鹇、穿山甲、小灵猫、地龟、虎纹蛙等 33 种。国家一级保护野生植物 12 种。2017 年入选国家森林公园。

龙峡山国家森林公园　位于崇左市境内。占地面积 23 万公顷，森林覆盖率达95%。分为龙峡山(水口林站—中渡村)、银山(水口林站—卜利村—中渡村—大村)、宜山(马安村—宜村—卜寨村)三个片区。属南亚热带季风性气候,喀斯特地貌典型,是我国35个生物多样性保护优先区域之一。2017年入选国家森林公园。

十九、国家石漠公园

八仙岩国家石漠公园　位于宾阳县邹圩镇仙岩村、古昔村一带的石山地区,地处红水河流域生物多样性保护和水源涵养的重要节点。占地面积6.2平方千米,主要由巨砾和裸露的基岩组成,属于亚热带地区典型的石山灌丛植被群落。2017年入选国家石漠公园。

环江国家石漠公园　位于环江毛南族自治县思恩镇、水源镇、大才乡、长美乡和大安乡境内。总面积约160平方千米,拥有典型的喀斯特峰丛洼地地貌。公园与紧邻的九万山和木论两个国家级自然保护区共同构筑桂西北生态安全屏障与水源涵养地。2017年入选国家石漠公园。

二十、国家湿地公园

北海滨海国家湿地公园　位于北海市银海区。占地面积20平方千米,其中湿地面积18.27平方千米,占土地总面积的91%。湿地类型有人工湿地和河流湿地,是我国南部沿海复合湿地生态系统的典型代表。分布有维管植物672种,是水鸟等动物的栖息地。2016年入选国家湿地公园。

会仙喀斯特国家湿地公园　位于桂林市临桂区会仙镇,分布于睦洞、新民、山尾、四益、文全五个行政村。湿地面积为 5 平方千米,是中国最大的岩溶湿地。生物资源丰富,有维管植物 108 科 241 属 316 种,陆生脊椎动物 234 种,鱼类 46 种。2017 年入选国家湿地公园。

西津国家湿地公园 位于横县西津水库。占地面积 19 平方千米,其中湿地 16 平方千米,湿地率为 87%。华南地区重要的内陆湿地,为众多珍稀濒危动植物提供了适宜的生境,吸引了大量候鸟到此停歇和越冬,在全球生物多样性保护和鸟类保护方面占有重要地位。分布有维管植物 442 种,其中国家重点保护野生植物 2 种;脊椎动物 353 种,其中国家重点保护野生动物 27 种。2017 年入选国家湿地公园。

二十一、国家矿山公园

合山矿山公园 位于合山市人民中路,紧靠红水河。占地面积 18.3 平方千米,由两个园区九个功能区组成。东矿园区由矿业遗迹保护区和综合服务区、地下采煤过程体验区、煤矸石主题公园、大型体育休闲运动区及南洪水库亲水娱乐区组成;里兰园由煤矸石山公园、综合服务区、奇石文化鉴赏区、红水河休闲旅游带和民俗风情体验区组成。煤都合山自清光绪三十一年(公元 1905 年)开始采煤,已有 115 年历史。矿产地质遗迹众多,自然风光优美,奇石文化独特。2010 年入选国家矿山公园。

雷公岭矿山公园 位于全州县东南郊,紧靠湘江。占地面积 3.6 平方千米,由两个锰矿矿区(雷公塔园区和宝塔岭园区)和一个水上园区组成。锰矿矿床分布于地表浅层,易于开采和分选。矿业遗迹中的尾矿、废矿、泥沙流失,造成河道淤积,淤积积累高出水面,形成相互连接的岛群或独立的孤岛。2010 年入选国家矿山公园。

二十二、国家考古遗址公园

甑皮岩考古遗址公园 位于桂林市象山区。占地面积 13 万平方米,包括 72 处洞穴遗址,年代距今 7 000—1.2 万年,是华南地区新石器时代早期代表性遗址。两次发掘面积约 200 平方米,发现多处烧坑和垃圾坑,出土了一万多件史前文化遗物。甑皮岩遗址是中国制陶技术的重要起源地之一,甑皮岩先民是现代华南人和东南亚人的古老祖先之一。2011 年入选国家考古遗址公园。

二十三、世界遗产

中国南方喀斯特:桂林 喀斯特是发育在以石灰岩和白云岩为主的碳酸盐岩上的地貌。"中国南方喀斯特"集中了中国最具代表性的喀斯特地形地貌区域,形成于距今 50 万—3 亿年间,总面积达 1 460 平方千米。桂林主要以石芽、石林、峰林、天生桥等地表喀斯特景观著称于世。以岩洞地貌为主的芦笛岩洞景观,有各种形状的溶洞堆积地貌,形成了"碧莲玉笋"的洞天奇观,还有武鸣伊岭岩、北流沟漏洞、柳州都乐岩、鹿寨香桥岩、兴平莲花岩、兴安乳洞、永福百寿岩、宜山白龙洞、凌云水源洞、龙州紫霞洞等,都是著名的溶洞景观区。山青、水绿、洞奇、石美,千百年来享有"桂林山水甲天下"的美誉。2014 年作为"中国南方喀斯特"的拓展项目入选世界自然遗产。

中国南方喀斯特:环江 环江毛南族自治县木论乡的喀斯特地貌,以锥形山为主,裸露纯质石灰岩山地环境,有世界上喀斯特地貌区连片面积最大、保存最完好、最原始的喀斯特森林。在神奇的群峰林海中，形似古塔的塔形山，顶端尖峭的锥形山，四周群峰林立形如盆状的洼地，由锥峰围成的深陷如漏斗的峰丛漏斗，地貌奇特。环江县洛阳镇的文雅天坑群，是中国第二大天坑群，其中哥爱天坑直径约500米，深约400米，坑底生长着高大的原始森林，洞口地下暗河交汇，河岸有金黄的沙滩，洞穴中钟乳石发育奇特，巨大的石笋、石柱、石瀑、石帘等千姿百态，晶莹剔透。2014年作为"中国南方喀斯特"的拓展项目入选世界自然遗产。

左江花山岩画　位于崇左市左江及其支流明江流域。"花山"壮语意为"有画的石山"。花山岩画是战国至东汉时期左江流域壮族先民骆越人群体祭祀遗留下来的壁画，距今已有2 000多年。画面长约172米，距江面最高处约90米，底部高出江面30米。绘画颜料是赭红色的赤铁矿粉，用动物脂肪稀释调匀，用草把或鸟羽直接刷绘在天然崖壁上。画法采用单一色块平涂法，只表现所画对象的外部轮廓，没有细节描绘。风格古朴，笔调粗犷，是目前中国发现的单体最大、内容最丰富、保存最完好的一处岩画。地点分布之广，作画难度之大，画面之雄伟壮观，为国内外罕见。2016年入选世界文化遗产。

二十四、全国重点文物保护单位

南宁—顶蛳山遗址　位于邕宁区蒲庙镇。占地面积5 000平方米。广西境内保存面积最大、出土遗物遗迹最丰富、最有代表性的新石器时代贝丘遗址之一。分居住区和墓葬区，清理墓葬331座，出土人骨骸400多具，葬式包括仰身葬、侧身葬、俯身屈肢葬及屈肢蹲葬等多种形式。出土的细小石器及数量较多的陶器，均为广西同类贝丘遗址中首次发现。还发现成排、有规律的柱洞，为长方形干栏式建筑。2001年入选全国重点文物保护单位。

南宁—昆仑关战役旧址　2006 年入选全国重点文物保护单位。参见全国红色旅游经典景区——昆仑关战役旧址景区。

南宁—智城城址　位于上林县白圩镇。智城是唐代澄州刺史韦厥隐居地建筑。以陡峭的石灰岩山体为城垣,在山谷中构筑城防,利用山谷走向分设内、外城。内城占地面积 1.13 万平方米,外城占地面积 5.13 万平方米。2006 年入选全国重点文物保护单位。

南宁—伏波庙　位于横县境内。始建于东汉,重修于北宋中期。汉伏波将军马援征交趾(今越南北部)驻兵于此,后人立庙祀之。有钟鼓楼、牌楼、前殿、祭坛、中殿、回廊、后殿等建筑,布局严谨。山墙壁画仙佛神将神情飘逸,珍禽奇花栩栩如生。中殿屋架和紫柱的雕饰淡雅精致,层次繁多。2013 年入选全国重点文物保护单位。

南宁—南宁育才学校旧址　位于心圩镇。南宁育才学校是 1951 年越南在南宁建立的人才培养基地。旧址原是清道光年间建造的黄氏祠堂,现内部仍是古祠堂样式,大梁上还有"大清道光十九年岁次己亥"的字样,青砖铺地,雕花门扇,保留祭祀的拜亭、绿色木板墙、砖槛墙和绿色木方格花窗。后座大门正中门楣越南办学人员刻制的红色五角星仍保留完好。2013 年入选全国重点文物保护单位。

玉林—经略台真武阁　位于容县城人民公园内。唐乾元年间诗人元结筑经略台,明初在经略台上建真武庙。明万历元年(公元 1573 年)将真武庙增建成三层楼阁,即真武阁。真武阁呈方塔形,通高 13.2 米,面宽 13.8 米,进深 11.2 米,全阁用 3 000 条大小不一的格木构件串联吻合,被誉为"天南杰构"。经略台、真武阁建在砂堆上,历千年而不倒;全阁不用一颗钉子,全部是木隼结构,以杠杆原理串联吻合,数百年里稳如泰山;二楼中有四根大柱子承受上层楼板、梁、柱和屋瓦的千钧重量,柱脚却悬空不落地。1982 年入选全国重点文物保护单位。

玉林—容县近代建筑　位于容县县城及黎村、杨村、杨梅镇、松山镇等乡镇。建筑种类较多,主要以民国时期国民党将军的别墅、故居建筑群为主,是我国西南地区少有的民国时期建筑群。建筑群风格独特、结构合理、装饰豪华、环境幽雅,大多采用仿欧式一至二层砖木结构。2006 年入选全国重点文物保护单位。

玉林—谢鲁山庄 位于陆川县乌石镇谢鲁村。占地面积 27 万平方米。亭台楼阁,回廊曲径,依山构筑,所有房屋均为砖墙瓦顶。原名"树人书院",始建于 1921 年,历时七年建成。因园内花卉品种繁多,也称"谢鲁花园",1980 年更名为"谢鲁山庄"。2013 年入选全国重点文物保护单位。

桂林—灵渠 位于兴安县境内。秦始皇三十三年(公元前 214 年)凿成通航,是世界上最古老的运河之一。主体工程由铧嘴、大天平、小天平、南渠、北渠、泄水天平、水涵、陡门、堰坝、秦堤、桥梁等组成,沟通了湘江、漓江,打通了南北水上通道,连接了长江和珠江两大水系,构成了覆盖华东华南的水运网。自秦以来,对巩固国家的统一,加强南北政治、经济、文化的交流,促进各族人民的往来,都起到了积极作用,至今依然发挥着重要作用。1988 年入选全国重点文物保护单位。2018 年入选第五批世界灌溉工程遗产名录。

桂林—李宗仁故居 位于临桂区两江镇。李宗仁是中国爱国民主人士,早年加入同盟会,为国民党桂系首脑。1949 年 12 月去美国,1965 年回到北京。故居建于清末民初,占地面积 5 060 平方米,木结构二层楼房,有 7 个院落、13 个天井,大小厅房 113 间。李宗仁曾在此举行婚礼,接待国民党要人、桂系将领。1996 年入选全国重点文物保护单位。

桂林—靖江王府及王陵 靖江王府位于桂林市独秀峰下,是明朝分封在靖江(今桂林)的历代诸王的居所。始建于明洪武初年,占地面积 19 万平方米,建筑格局及建筑形式仿造北京紫禁城,太平岩和独秀峰上遗留历代摩崖石刻数十方。1922 年孙中山以桂林为北伐大本营,设总统行辕于王府。靖江王陵位于桂林市尧山西麓,从靖江王朱赞仪葬于尧山起,先后有 11 位靖江王葬于此,故有"靖江王十一陵"之称。还葬有明代历朝靖江王次妃、王府将军等,共有 316 座墓葬。1996 年入选全国重点文物保护单位。

桂林—八路军桂林办事处旧址　1996 年入选全国重点文物保护单位。参见全国红色旅游经典景区——八路军驻桂林办事处旧址。

桂林—桂林石刻　分布于普陀山、月牙山、龙隐岩龙隐洞等 30 余处名山洞府。现存唐代至清代石刻近 2 000 方，其中唐代石刻 28 方、造像 149 龛 484 尊，五代石刻 1 方，宋代石刻 484 方、造像 26 龛 101 尊，元代石刻 30 方，明代石刻 352 方，清代石刻 478 方，年代无考的石刻 117 方，是全国摩崖石刻最多的地方之一，宋代题刻居全国之最。文体有题名题记、诗词曲赋、赞颂歌铭、论说评议、序跋书札等，书体篆、隶、行、草俱全。2001 年入选全国重点文物保护单位。

桂林—甑皮岩遗址　2001 年入选全国重点文物保护单位。参见国家考古遗址公园——甑皮岩考古遗址公园。

桂林—秦城遗址　位于兴安县城溶江镇。秦代修建灵渠、统一岭南的屯兵遗址、军事要塞，是五岭之一越城岭要塞的相关设施。大营占地面积约 12 平方千米，现尚存马家渡、七里圩、太和堡等城垣遗址。七里圩南有一处称为"王城"的长方形土城，被视为秦兵营地指挥部。外城埂高、厚均约 1 米，尚有马厩。遗址两边高山绵亘，四面江流环绕，进可攻、退可守，适宜宿营屯兵。2006 年入选全国重点文物保护单位。

桂林—江头村和长岗岭村古建筑群　江头村位于灵川县漓江上游护龙河畔，是北宋哲学家、理学创始人周敦颐后裔繁衍生息之地；保留有 180 余座明清时代的古民居，青砖灰瓦、屋檐层叠、错落有致；明代的房子为穿斗式结构，有照壁窗；清代的房子青砖包墙，山墙造型多样，高大轩敞；梁、柱、枋、檐雕饰以龙、凤、鹿和莲花等吉祥物。长岗岭村位于兴安灵渠至桂林、大圩古商道的中央，清代民国时期为桂林一带的富豪村；保留清朝早期建筑陈家大院、莫家老大院、莫家新大院，另有五福堂公厅、莫氏宗祠、卫守府官厅等府第古宅。2006 年入选全国重点文物保护单位。

桂林—燕窝楼　位于全州县永岁乡石头岗村。蒋氏祠堂之门楼，始建于明弘治年间，建筑面积 446 平方米。楼高 12 米，宽 8 米，上四层，下三层，整座牌楼不用一根钉,由 324 根榫木卯装而成,梁枋、雕刻、彩绘工艺精致。2006 年入选全国重点文物保护单位。

桂林—恭城古建筑群 位于恭城瑶族自治县拱辰街、太和街。包括文庙、武庙、周渭祠、湖南会馆等四座院落式明清建筑。武庙始建于明万历中期,由戏台、雨亭、头门、正殿、后殿和两侧配殿组成,戏台为武庙建筑之精华,台基前饰戏剧故事浮雕,门窗、雀替、风檐板雕花,脊饰多种戏剧人物和花草虫鱼,形态逼真,是难得的艺术精品。周渭祠由戏台、门楼、正殿、后殿和厢房组成,主体建筑门楼,木构件浮雕、透雕动物、花草、人物图像,均具有较高的艺术价值。2006 年入选全国重点文物保护单位。

桂林—湘江战役旧址 位于兴安县、全州县、灌阳县,由湘江战役战场、渡口、指挥部旧址、烈士墓等组成。湘江战役是中央红军突围最壮烈、最关键的一仗,我军与敌军苦战,终于撕开了敌军重兵设防的封锁线,粉碎了蒋介石围歼红军于湘江以东的计划。湘江战役主要战事发生在广西全州,因而又称"全州战役"。2006 年入选全国重点文物保护单位。

桂林—晓锦遗址 位于资源县晓锦村。新石器时代遗址。揭露面积 800 多平方米,出土石器、陶片、炭化稻米和果核等各类文物 2 000 余件,发现很有考古价值的墓葬和建筑遗址。出土的 1.3 万粒炭化稻米,属人工栽培稻,为我国岭南地区发现的最早、海拔最高、数量最大的标本之一。遗址地处长江流域与珠江流域两大水系交汇处,被命名为"晓锦文化"。2013 年入选全国重点文物保护单位。

桂林—湘山寺塔群与石刻 位于全州县全州镇。包括妙明塔、觉传和尚墓塔、大圆鉴翁老和尚塔、洗钵岩泉、湘山摩崖石刻、放生池石雕、湘山寺建筑基础遗存等,分布面积 3.45 万平方米。妙明塔始建于唐乾符初年。觉传和尚墓塔、洗钵岩泉均建于清道光初年。湘山石刻年代最早者为北宋熙宁年间的游寺记事碑,22 尊吉祥动物组成的放生池石雕为湘山寺保存最完整的一处石刻。湘山寺建筑基础遗存为两处残存的明代石砌墙基。2013 年入选全国重点文物保护单位。

桂林—永宁州城城墙 位于永福县百寿镇。明成化年间始建土城,后改筑石城。城墙用长方形料石砌筑,南北长 430 米,东西宽 170 米,高 3.5—3.7 米,厚 3—3.3 米,周长 1 200 米。民国时,先后改永宁州为永宁县、古化县和百寿县,一直为县城所在地。2013 年入选全国重点文物保护单位。

桂林—百寿岩石刻 位于永福县百寿镇。宋至清代摩崖石刻。岩高 7 米,洞宽 9 米。宋代绍定初年镌楷书大"寿"(繁体)字于洞顶石壁之上,其中嵌有小"寿"字 100 个,篆、隶、行、草各体均备,结构紧凑,笔力遒劲。"百寿图"中的 100 个小寿字更是字体各异,无一雷同,还旁注文体出处。有的字如其形,如蝌蚪文、星斗文、火文、树文、龙文、凤文、聚宝文等。2013 年入选全国重点文物保护单位。

梧州—李济深故居 位于龙圩区大坡镇。故居是一处融中西方建筑艺术风格于一体的大宅院,瓦面建有墩子式的人行道,与四角上的炮楼相通,是一座居室与炮楼完美结合的进可攻、退可守的建筑物。清光绪十一年(公元 1885 年)李济深诞生在这里。1996 年入选全国重点文物保护单位。

梧州—太平天国永安活动旧址 位于蒙山县(古称永安州)城区。古城墙始建于明成化年间,现存城墙为清道光年间修复,墙砖上"道光"字样清晰可见。四周分别建有炮台,是太平军占领州城后和清军对峙的战防工事。旧址中的太平天国文物展厅,保存太平天国文物 1 500 余件,有盾牌、猪仔炮、钩镰、关刀、三叉、弹丸、竹篙枪等。2006 年入选全国重点文物保护单位。

梧州—中山纪念堂 位于中山公园内。孙中山为了筹备北伐,于1921—1922 年先后三次驻梧州。1925 年孙中山在北京逝世后,李济深倡议集资筹建中山纪念堂,1930 年 10 月建成。主体建筑采用中国古典宫殿式与西洋教堂式相结合的建筑结构,具有中西结合的建筑艺术风格。2006 年入选全国重点文物保护单位。

梧州—中和窑址 位于藤县中和村。宋代瓷窑遗址,以生产外销瓷器为主的民间瓷窑。产品胎较轻薄,胎质洁白细腻,半透明,釉色以青白色的影青釉为主,有少量米黄、灰褐釉。种类繁多,造型多变。部分产品坯普遍用轮制,兼用模印,装烧技术普遍使用匣钵,早期采用一钵一器的仰烧法,晚期采用一钵多器的叠烧法。2013 年入选全国重点文物保护单位。

梧州—梧州近现代建筑群 包括梧州海关旧址、美孚石油公司旧址、英领事署旧址、思达医院旧址、梧州邮局旧址、新西酒店、天主教堂。建筑为中西式或西式建筑风格,建于清末或民国。整体框架保存较好,是梧州乃至广西保存最好的近代西洋建筑群之一。2013 年入选全国重点文物保护单位。

柳州—程阳永济桥 位于三江县古宜镇,横跨林溪河。建于 1912 年。石墩木结构楼阁式建筑,2 台 3 墩 4 孔。墩台上建有五座塔式桥亭和 19 间桥廊,亭廊相连,浑然一体。桥长 64.4 米,宽 3.4 米,高 10.6 米。桥中有五个多角塔形亭子,飞檐高翘,犹如羽翼舒展。整座桥梁不用一钉一铆,以榫衔接。全部结构斜穿直套,纵横交错,一丝不差。1982 年入选全国重点文物保护单位。

柳州—岜团桥 位于三江侗族自治县独洞乡的孟江河上。始建于清光绪中期,历时 13 年建成。桥长 50 米,桥台间距 30.14 米,两台一墩,两孔三亭,另设畜行道小桥,成为双层木桥,两层高差 1.5 米。木桥的立体功能分工属国内外首创,与现代双层立交桥有异曲同工之妙。2001 年入选全国重点文物保护单位。

柳州—马胖鼓楼 位于三江侗族自治县八江乡马胖寨。始建于 1928 年。楼呈宝塔形,由四根长 13 米、胸径近 2 米的杉木组成长方形支柱,外加小柱和飞檐,层层叠穿而成。楼高 15 米,长、宽各 11 米,共 9 层,重瓴飞檐,如雄鹰展翅。楼檐雕龙绘凤,细致精美。在主柱构成的正方形对角和边线的延长线上,还有 24 根粗大的边柱。28 根柱子的垫台,都用上等青石制成。2006 年入选全国重点文物保护单位。

柳州—白莲洞遗址 位于市东南郊的白面山南麓。旧石器时代遗址。遗存文物有用火遗迹火坑、人类牙齿化石、石器、陶片和动物化石、动物牙齿化石等。文化堆积层厚达 3 米,整个堆积层可划分为旧石器时代晚期,过渡期和新石器时代早、中期三个不同时期的文化层。2006 年入选全国重点文物保护单位。

柳州—鲤鱼嘴遗址　位于大龙潭公园内。占地面积 200 余平方米,发现了六座墓葬,出土千余件陶片、石器、骨器、蚌器和大量的水陆生动物遗骸。遗址第一期属于旧石器时代向新石器时代的过渡阶段,第二期的年代距今 9 000 年前后,第三期的年代距今约 6 500 年。三期之间存在明显的时间缺环,同一时期的文化堆积之间也存在着文化间歇层,说明人类曾离开鲤鱼嘴遗址另觅新的栖居地。2006 年入选全国重点文物保护单位。

柳州—柳侯祠碑刻　位于柳侯公园内。柳侯祠为纪念唐代政治家、思想家、文学家柳宗元而建,现址为明代柳侯祠庙址,清宣统初年在原址重建。柳侯祠为三进制木砖结构,占地面积约 2 000 平方米。祠内主要的文物收藏为历代碑刻,保存有自宋至今的历代碑刻 45 方。镇祠之宝为《荔子碑》,碑文摘自韩愈《柳州罗池庙碑》的《享神诗》,诗赞柳侯,字为苏轼亲笔,唐宋三大文豪的文采神韵凝于一碑,故称之为《韩文苏书柳事碑》或"三绝碑"。2006 年入选全国重点文物保护单位。

柳州—胡志明旧居　位于柳南区柳石路。原为南洋客栈,1943 年 9 月—1944 年 9 月胡志明在此居住,开展革命活动。胡志明旧居文物保护单位还包括乐群社旧址、蟠龙山扣留所旧址、红楼旧址。乐群社原为柳州汽车总站,1943—1944 年胡志明经常在此与越南独立同盟会的负责人讨论工作。蟠龙山扣留所旧址位于窑埠街,1942 年 12 月—1943 年 9 月胡志明被国民党当局关押于此。红楼位于友谊路柳州饭店内,1954 年 7 月胡志明在此与周恩来就日内瓦会议涉及的恢复印度支那和平问题举行会谈,发表了联合公报。2006 年入选全国重点文物保护单位。

柳州—柳城巨猿洞　位于柳城县社冲乡。洞口离地面约 90 米。先后六次进行发掘,挖掘总长度 180 余米,共出土巨猿下颚骨 4 个,巨猿牙齿化石 1 100 多枚,分别代表 72 个巨猿个体,还有哺乳动物化石 4 000 多枚。2013 年入选全国重点文物保护单位。

柳州—和里三王宫　位于三江县城西部。明末清初为纪念古夜郎国竹王三子而建。占地面积 1 200 平方米,古代汉族宫廷式建筑,戏台、偏舍等采用侗族穿斗干栏式构造,是一座典型的融合汉侗建筑艺术特色的建筑物。附属建筑人和桥,建于清光绪中期,桥基为石拱式,桥体为侗族传统穿斗干栏式,同时体现了侗族塔阁式鼓楼建筑风格,是一座具有侗族特色的拱形风雨桥。2013 年入选全国重点文物保护单位。

柳州—柳州旧机场及城防工事群旧址　柳州机场建于 1929 年,现存遗迹包括飞机跑道、机场指挥塔、机场指挥部山洞、山洞飞机库、机场油库及哨所、机场驻军营房和飞虎队营房、飞虎队俱乐部及其弹药库山洞、机场碉堡等。抗日战争期间,此处曾驻扎我国空军部队、苏联志愿航空队、美国飞虎队。张公岭环山工事碉堡群修筑于 20 世纪 30 年代,战壕、碉堡皆用钢筋混凝土构筑,深藏于山岭内。柳州防御工事碉堡群建于民国时期,分别位于鸡喇村、金鸡岭、磨滩村、大鹅山、小鹅山、新云村、门头村等地,片石钢筋混凝土结构,保存基本完好。2013 年入选全国重点文物保护单位。

百色—中国工农红军第七军、第八军军部旧址　红七军军部旧址位于粤东会馆,1929 年百色起义后,中国工农红军第七军在此成立。粤东会馆历史悠久,以三大殿为主轴。红八军军部旧址位于龙州县龙州镇,为一幢法式三层楼房,砖墙、木板楼层,原为"瑞丰祥"钱庄。1988 年入选全国重点文物保护单位。

百色—右江工农民主政府旧址　位于田东县平马镇。原是经正书院,始建于清代,占地面积 7 336 平方米,分前、中、后三院,各院自成体系,整座建筑古香古色。百色起义前夕,右江地区革命的主要领导人邓小平、张云逸、雷经天等曾在这里工作、生活。旧址已建成右江革命纪念馆。1996 年入选全国重点文物保护单位。

百色—百谷和高岭坡遗址　位于那毕乡,为旧石器时代遗址。百谷遗址原始地貌保存完好,发现数量较多的石制品、可供年代测定的玻璃陨石标本,遗址表面还发现大型砾石石器。高岭坡遗址出土了石制品 150 多件和玻璃陨石等,推断距今约 70 万年,把历史上人类在广西活动的时间大大提前。

2001 年入选全国重点文物保护单位。

百色—感驮岩遗址 位于中越边境的那坡县城龙山脚下。洞穴遗址，洞内南侧有一泉水流出，注入洞前人工围造的团结湖。遗址所在洞穴洞口向西，洞口高出湖面约 5 米。洞室南部近洞口处为清代土司衙署遗址。现存遗址面积约 1 200 平方米，保存较好的文化堆积约 400 平方米。发现墓葬 3 座、灰坑 1 个、用火遗迹多处，完整的陶、石、骨、蚌、铁器千余件。2006 年入选全国重点文物保护单位。

百色—布兵盆地洞穴遗址群 位于田东县与田阳县交界处。发现田州岑氏土司墓和人类远祖住过的么会洞。么会洞保存有较为丰富的堆积物，采集到小猪、猕猴等一些哺乳动物化石和石制品。2013 年入选全国重点文物保护单位。

百色—那赖遗址 位于田阳县田州镇。分布范围约 5 平方千米，为旧石器时代古文化遗址，距今约 80.3 万年。遗址内散布着大量打制石器及加工碎片，器型有手斧、手镐、砍砸器、刮削器等，还采集到玻璃陨石。遗址的最高处有一约 50 平方米的核心区，石制品分布密集。2013 年入选全国重点文物保护单位。

百色—西林岑氏家族建筑群 位于桂西北群山间的西林县。明上林长官司土官岑密的庄园旧址，也是岑密的后人清云贵总督、抗法将领岑毓英和清两广总督岑春煊父子的故居。依山而建，宫保府、南阳书院、增寿亭、岑氏祠堂等古建筑错落有致，其中岑氏土司府是保存完好的明代建筑。2013 年入选全国重点文物保护单位。

来宾—忻城莫土司衙署 位于忻城县翠屏山麓。始建于明万历初年，历任土司继续拓建，形成规模宏大的土司衙署建筑群。由土司衙门、莫氏祠堂、土司官邸、大夫第、三界庙等组成，占地面积 38.9 万平方米，建筑面积 4 万平方米，是全国现存规模最大、保存最完好的土司建筑群之一。衙署建筑皆为砖木结构，气势宏大。莫氏土司统治忻城 400 余年，历经元、明、清三个朝代。1996 年入选全国重点文物保护单位。

北海—大士阁　位于永安村。当年这里森林密布,古榕蔽天,环境清幽,是避暑养身胜地。大士阁面临大海,两层双亭相连的亭阁式结构,整座亭阁共有 36 根柱,72 条横牵,108 个矮仔顶,其中一根柱悬空不落地,是这座建筑中最奇特的地方。自明朝以来,历经多次风暴地震,岿然不动。1988 年入选全国重点文物保护单位。

北海—合浦汉墓群　位于合浦县廉州镇。汉代古墓群。已发掘 400 余座,出土文物上万件。墓室分土坑和砖室两种。墓室除放置棺具的主室外,有的还有耳室或侧室。墓道多数为斜坡式,个别为阶梯式。随葬品有铜器、铁器、陶器、漆器、金饼、金珠和水晶、玛瑙、琉璃、琥珀饰品等。1996 年入选全国重点文物保护单位。

北海—北海近代建筑　清光绪二年(公元 1876 年)中英签订《烟台条约》,北海被列为对外通商口岸。此后,英国、德国、奥匈帝国、法国、意大利、葡萄牙、美国、比利时等八个国家先后在北海设立领事馆和商务机构,建造了欧式风格的楼宇,包括教堂、医院、海关、洋行、修女院、育婴堂、学校等 20 余座建筑,其中有 15 座建筑保存至今。多为一至两层,四面坡瓦顶,室内有壁炉,窗门多为拱券式。2001 年入选全国重点文物保护单位。

北海—大浪古城遗址　位于合浦县石湾镇。汉代聚落遗址。占地面积约 5 万平方米。发现数量众多的刻划纹和几何印纹陶片,有泥质陶和夹质陶两种,颜色以灰黑色为主,纹饰有方格纹、米字纹、水波纹、回字方格纹、席纹等,纹饰纤巧繁缛、拍印清晰。2013 年入选全国重点文物保护单位。

北海—草鞋村遗址　位于合浦县。发掘出数以千计的汉墓,出土的珍贵文物不胜枚举,其中有在东西通商史上扮演重要角色的各种水晶、琥珀和琉璃制品。还发掘出汉代大型窑址、连片汉代方砖地面和水井等建筑遗迹。2013 年入选全国重点文物保护单位。

北海—惠爱桥　位于合浦县廉州镇西门江上。始建于明正德年间。三铰拱人字架结构,拱脚支撑在两岸石砌的榄核形桥墩堠上,桥墩旁设有砖砌弧拱式泄水孔,桥全部为木质结构。惠爱桥的桥梁结构和设计独具匠心,在广西属首创,在全国也属罕见。2013 年入选全国重点文物保护单位。

贵港—金田起义旧址 1961 年入选全国重点文物保护单位。参见全国红色旅游经典景区——太平天国金田起义旧址。

崇左—左江花山岩画 1988 年入选全国重点文物保护单位。参见世界遗产——左江花山岩画。

崇左—连城要塞遗址和友谊关 连城要塞遗址分布在北海、防城至崇左、百色一线。凭祥市北的大连城,建于清光绪年间,沿山脊山峰连续修筑城墙、炮台,城内有练兵场、跑马场、军事指挥部,现城墙、碉堡尚存。北海市铁山港区营盘镇的珍珠城,建于明洪武年间,城墙中间用珍珠贝壳掺和黄泥夯筑,城垣表面砌青砖。龙州县城西北的小连城,建于清光绪年间,沿山巅筑城墙、设炮台,山峰间石墙连环,内有工事、兵房、火药库。友谊关位于凭祥市南大青山与金鸡岭之间,南邻越南,是中越交通咽喉,与龙州水口关、平而关并称"南天边陲三关"。2006 年入选全国重点文物保护单位。

崇左—越南共产党驻龙州秘密机关旧址 位于中越边境上的龙州县城南街。自 1926 年起,胡志明等越南革命者陆续来到龙州县,建立越南印度支那共产党的秘密机关和交通联络点。2006 年 5 月建成胡志明展馆。2013 年入选全国重点文物保护单位。

钦州—刘永福、冯子材旧居建筑群 刘永福旧居位于板桂街,砖木结构,院落式布局,共有大小楼房 119 间,有门楼、照壁、主座、廊房、谷仓、书房及暗道等建筑,还有戏台、花园、菜园、鱼塘、晒场等设施。冯子材旧居位于沙埠镇白水塘区,院落式布局,有六角亭、珍赏楼、书房、虎鞭塔、菜园等。刘永福、冯子材旧居均系典型的清代南方府第建筑群,具有简朴典雅的艺术特色。2001 年入选全国重点文物保护单位。

钦州—越州故城 位于浦北县石埇镇。南朝至唐代城址。古城依山势构筑,南濒南流江。分内城和外城,外城南墙长约 370 米,西墙长约 280 米。城址内出土南朝残铁刀和方格印纹陶片及隋唐陶器、瓷器、城砖、瓦当、铭文铜钟等文物。2013 年入选全国重点文物保护单位。

钦州—大芦村古建筑群 大芦村位于灵山县城东郊,号称"荔枝村"。劳氏古宅共有九个群落,分别建于明清两代,建筑面积达22万多平方米。现保存有305副古对联,对联内容多为修身、持家、创业、报国。2013年入选全国重点文物保护单位。

河池—红军标语楼 位于金城江区河池镇。此楼原为民主人士吴自若的住宅。1930年3—11月,红七军三次攻占河池县城,红军战士在楼内墙上书写和绘制了大量革命标语、漫画。至今保留下来的红军标语共55条、漫画6幅,书写面积达90多平方米。这幢红军标语楼是全国保存红军当年革命标语最多、最集中、最完整、内容最丰富的革命旧址。2006年入选全国重点文物保护单位。

河池—广西农民运动讲习所旧址 2006年入选全国重点文物保护单位。参见全国红色旅游经典景区——广西农民运动讲习所旧址。

河池—凤腾山古墓群 位于环江毛南族自治县下南乡。凤腾山状似一只腾飞的凤凰,"凤凰"的左峰起伏绵延,如一条翻腾巨龙;"凤凰"的右峰昂然矗立,似一只咆哮猛虎;前隔一垅稻田,平地隆起一个半球形土丘,像地面冒出的一颗宝珠。当地毛南族人认为这是块风水宝地,以此为祖先墓地。共有大小古墓700多座。清代以前的古墓立的是无字碑,年代无法考证。立碑刻字的多建于清乾隆至咸丰年间。2013年入选全国重点文物保护单位。

河池—会仙山摩崖石刻 位于宜州区白龙公园内。北山耸峙,壮若雄狮,登山极目,市区景物尽收眼底,自唐代始即为游览胜地。山顶有鸟型巨石一方,呈展翅状,明刻"骑云"二字;石前平台原建有齐云阁,峭壁上刻有"极高明"三个大字,为明代参将李霁所题。2013年入选全国重点文物保护单位。

贺州—临贺故城 位于八步区贺街镇。始建于西汉元鼎年间。宋代时利用东汉、五代城垣,用青砖包砌,城上筑城垛,四面辟门并建敌楼。元、明、清沿用宋临贺城。清同治、光绪年间和民国初均有修葺。包括旧县城址、洲尾城址、河西古城、河东古城等四个城址,六大古墓群、两座寺庙及一处宋代营盘,保存有大量富于地方特色的古建筑,包括寺庙、祠堂、捕厅、衙门、义仓、会馆、文庙、石板街道、古井、民居、码头及水门等。2001 年入选全国重点文物保护单位。

贺州—马殷庙　位于富川瑶族自治县朝东镇福溪村。纪念和祭祀五代十国时期楚王马殷的庙宇,始建于明永乐初年。庙宇构件加工精细,装饰考究,极富艺术价值。2006 年入选全国重点文物保护单位。

贺州—富川瑶族风雨桥群　风雨桥是瑶族地区的公共建筑,瑶族群众称之为"凉桥"或"风水桥"。除木桥外,大多在石拱桥上加盖桥廊、桥亭,在桥台上建阁楼,穿斗式木构架,二层檐或三层檐,有的四层檐,通高在 9—10 米间。风雨桥不仅是路人避雨之处,也是瑶族青年男女谈情说爱的约会场所。富川县保存至今的古代瑶族风雨桥有 18 座。2013 年入选全国重点文物保护单位。

二十五、国家一级博物馆

广西壮族自治区博物馆　位于南宁市民族大道。省级综合性历史、艺术类博物馆,占地面积约 4 万平方米。拥有 7 万多件(套)文物(含古籍),在陈列大楼外有 2.4 万平方米的民族特色文物苑,每天都有民族歌舞演出。2008 年入选国家一级博物馆。

广西民族博物馆　位于南宁市青环路。展示民族文化的专题博物馆。建筑面积 3.3 万平方米,藏品包括古代铜鼓、民族服饰、织锦刺绣、生产生活用具、民间工艺及民间建筑共 3.5 万件(套)。场馆主体建筑外形是独具广西民族特色的铜鼓,犹如展翅鲲鹏遨游于青山绿水中。常设"穿越时空的鼓声——铜鼓文化""五彩八桂——广西民族文化陈列""壮族文化展""多彩中华——中华民族文化展""缤纷世界——世界民族文化展览""昨日重现——百年老物件展"等六个常设展览。2017 年入选国家一级博物馆。

二十六、中华老字号

玉林制药有限责任公司（注册商标：玉林） 位于玉林市城站路。前身是 1956 年创立的玉林制药厂，目前是康臣药业集团的成员企业，是一家研发、生产、销售中成药和天然药物的中药制药企业。公司产品有 74 个品种，其中"正骨水""湿毒清胶囊""鸡骨草胶囊"等 12 个品种为国家中药保护品种，"正骨水"入选《中国地理标志产品大典》。2006 年入选中华老字号。

南宁百货大楼股份有限公司（注册商标：南百） 位于南宁市区商业中心。1996 年"南宁百货"在上海证交所上市。目前经营面积 10 万多平方米，拥有公司本部百货大楼，五象购物中心，贵港中环商业广场和桂平、贵港、邕宁超市等，经营品种 12 万多种。2006 年入选中华老字号。

湘山酒业有限公司（注册商标：湘山） 位于全州城东隅。前身为广西全州湘山酒厂。生产米香型白酒、黄酒、露酒、保健酒等四大类 80 多个品种的产品。2011 年入选中华老字号。

南宁市酱料厂（注册商标：铁鸟） 位于南宁市经济开发区。源于清咸丰年间的"大盛祥"酱园，是南宁市最早的酱料铺。1960 年"大盛祥"与其他酱园合并，更名为"国营南宁市酱料厂"，并注册"铁鸟"牌商标。2011 年入选中华老字号。

龙山酒业有限公司（注册商标：龙山） 位于梧州市龙山路。公司拥有各类技术人才近百人，生产研发设备齐全，主要有"岭南神酒""广南香蛇酒""百岁酒""老梧州三花酒""三蛇酒""蛤蚧酒""蛇胆酒"等产品。2011 年入选中华老字号。

三花股份有限公司（注册商标：桂林） 位于桂林市上海路。前身为"安泰源""品洌"等几家百年老字号酿酒作坊合并成立的"桂林酿酒厂"。

生产白酒、啤酒、果露酒、醋四大类 25 个系列 100 多种产品。其中"桂林三花酒"有千年历史,也是"桂林三宝"之一。2011 年入选中华老字号。

梧州茶厂(注册商标:三鹤) 位于梧州市鸳鸯江畔。专业茶叶加工厂,有六堡茶、茉莉花茶、白兰花茶、香片茶、普洱茶、绿茶、保健茶等七大系列产品。"三鹤"牌六堡茶以"红、浓、陈、醇"的特点和提神醒脑、去油解腻、健胃养生等保健功效而闻名。2011 年入选中华老字号。

梧州制药(集团)股份有限公司(注册商标:中华) 位于梧州市工业园区。现代化综合型高新技术制药企业。拥有 11 大类剂型 217 个品种产品,310 个药品注册证,5 个国家专利产品,21 个全国独家生产品种,99 个《中国药典》收载品种,5 个国家中药保护品种。2011 年入选中华老字号。

双钱实业有限公司(注册商标:双钱) 位于梧州市工业园区。专业生产龟苓膏、龟苓宝、罐装食品、饮料、固体饮料及方便食品。"双钱"牌龟苓膏首创易拉罐及塑料碗装包装形式,畅销国内及日本、东南亚、美国等国家和地区。2011 年入选中华老字号。

海南篇

海南省,简称"琼",别称琼崖、琼州。公元前 110 年,中央政府在海南岛设置珠崖郡、儋耳郡,属交州刺史管辖,海南正式纳入中国版图。1988 年,独立建省。

海南省位于中国最南端,北以琼州海峡与广东省划界,西隔北部湾与越南相对,东面和南面在南海中与菲律宾、文莱、印度尼西亚和马来西亚为邻。陆地(主要包括海南岛和西沙群岛、中沙群岛、南沙群岛)总面积 3.54 万平方千米,海域面积约 200 万平方千米,是中国国土面积(含海域)第一大省。海南岛本岛面积 3.39 万平方千米,是仅次于台湾岛的中国第二大岛。

海南岛四周低平,中间高耸,以五指山、鹦哥岭为隆起核心,向外围逐级下降。山地、丘陵、台地、平原构成环形层状地貌,梯级结构明显。

海南岛地处热带北缘,属热带季风气候。长夏无冬,年平均气温 23—26℃,最冷的 1 月份温度仍达 17—24℃,稻可三熟,菜满四季。

截至 2019 年末,海南辖 4 个地级市、8 个市辖区、5 个县级市、4个县、6个自治县。省政府驻地海口市。2019年末,常住人口944.72万。黎族是海南岛上最早的居民。

海南岛是中国最大的"热带宝地",土地面积占全国热带土地面积的42.5%。矿产资源种类较多,动植物药材资源丰富,素有"天然药库"之称。海南岛是中国理想的天然盐场,沿海港湾滩涂许多地方都可以晒盐。

一、中国历史文化名镇

三亚市崖城镇 位于海南岛南端三亚市西部。地处宁远河下游开阔地带,历代为州、军治和地方政府所在地。土地肥沃,物产丰富,是三亚市农业经济强镇。环境优越,交通便捷,为旅游业的发展提供了有利条件。崖州湾与三亚市的亚龙湾、大东海、三亚湾、海棠湾合称为"三亚五大名湾"。2007年入选中国历史文化名镇。

儋州市中和镇 位于儋州市中北部。以平原丘陵地形为主,平均海拔22米。宋朝文人苏东坡贬谪海南时曾在此居住,至今东坡遗风犹存,其中东坡书院为儋州历代最高学府,培养了不少人才。古儋州州城所在地,有1 300多年历史,留有古城墙、桄榔庵遗址、州衙门遗址、丽泽书院遗址、宁济庙、许氏宗祠等众多名胜古迹。近年来,成为儋州市中北部地区商品服务与农贸产品集散中心。2008年入选中国历史文化名镇。

文昌市铺前镇 位于文昌市最北部。三面环海,水产品种类繁多。占地面积135平方千米,其中耕地面积25.3平方千米,沿海沙地60平方千米,海岸线长38千米。拥有铺前港、新埠港、歌村湾、林梧港和木兰湾等五个天然港湾,百年骑楼老街、斗炳塔、溪北书院等历史人文景观,旅游资源丰富。2008年入选中国历史文化名镇。

定安县定城镇 位于定安县北部,是定安县政治、经济、文化、交通中心。地形以台地、阶地为主,平均海拔70米,年平均气温23℃,适宜农业作物生长。拥有定安古城、见龙塔、王映斗故居、胡濂故居、解元坊、亚元坊等名胜。2008年入选中国历史文化名镇。

二、中国历史文化名村

崖州市保平村 位于三亚市,是古崖州的边关重镇、海防门户。古称"毕兰村",后改为"保平村",意为保世代平安。历史悠久,文化底蕴深厚,自古以来文教昌盛、人才辈出,历史上曾有"保平多贡生"的美誉,也是国家级非物质文化遗产崖州民歌的发源地。以粮食生产、南繁育种为经济支柱,每年都有大批优良种子、热带水果、冬季瓜菜、槟榔、椰子远销全国各地。明清古宅保存完好。2010年入选中国历史文化名村。

文昌市十八行村 位于会文镇的西部。祖先从福建迁来此地,清代官员辈出,衣锦还乡后建居于此。房屋按十八行建造,坐北朝南成辐射状扇形分布;十八行前后对齐、高低有序,房屋相连,为多进封闭式院落,保持着海南民间传统民居特色,寓意"兄弟同心、邻里不欺"。古建筑保存较为完整,是海南省现存规模最大的明清时期的村落。2010年入选中国历史文化名村。

定安县高林村 位于定安县东南部与海口市甲子镇交界处。村庄完整地保存了清代传统建筑风格,依山傍水,整齐划一,巷道七纵三横,是古代海南少有的有建设规划的村庄。民居90%为清代建筑,著名的有张岳崧故居、张氏宗祠,还有古官道、驼峰木雕、张岳崧手书之阴刻葵木楹联等,汇聚了清代建筑艺术的精华。2010年入选中国历史文化名村。

三、全国特色景观旅游名镇(村)

兴隆华侨农场 位于万宁市东南部,东线高速公路由此贯穿,交通便利。自然条件优越,群山环抱,年均温24.5℃,热带风光绮丽。2010年入选全国特色景观旅游名镇(村)。

五指山市水满乡 位于五指山市东北部。黎语"水满"最早出现在清代的海南方志中,意为"非常古老、至高无上"。水满乡是海南岛海拔最高的乡镇,乡域森林覆盖率达75%,土壤丰实,自然肥力高。五指山自然保护区是观光避暑、休闲度假、登山探奇的综合性山地旅游胜地。2010年入选全国特色景观旅游名镇(村)。

琼海市中原镇 位于琼海市东南部。地理性标志之一的南洋钟楼,具有浓郁的南洋建筑风格。2015年入选全国特色景观旅游名镇(村)。

琼海市博鳌镇 位于琼海市东部海滨,万泉河入海口,东临南海。"博鳌"一词有"鱼类丰硕"的含义。气候温和,光照充足,雨量充沛。境内有万泉河、龙滚河、九曲江三江汇流。植被茂盛,聚江、河、湖、海、山、岭、泉、岛屿八大地理地貌为一体。是博鳌亚洲论坛永久性会址所在地,有博鳌水城、博鳌龙潭洋农业公园等。2015年入选全国特色景观旅游名镇(村)。

琼海市潭门镇 位于琼海市东部沿海,东面环海,海岸线长18千米。有全市最大的中型水库合水水库,海南东部唯一的天然深水良港龙湾港,还有海南岛通往南沙群岛最近的港口之一的潭门港,也是南海诸岛作业渔场的给养基地和深远海鱼货的集散基地。海产品加工闻名全省,产品销往全国各地和东南亚各国。2015年入选全国特色景观旅游名镇(村)。

保亭县什进村 隶属于保亭黎族苗族自治县三道镇。原是一个不起眼的贫困村,经过数年的努力,现已成为布隆赛乡村文化旅游区,建设有不同风格的乡村文化旅游度假群落,构造起了多功能、配套设施齐全的风情小镇。2015年入选全国特色景观旅游名镇(村)。

琼中县什寒村 隶属于琼中黎族苗族自治县红毛镇。位于红毛镇西北方,坐落在黎母山和鹦哥岭之间的高山盆地中,是海南省海拔最高的村庄之一。森林茂密,溪流缠绕,在云雾中若隐若现,有着"天上什寒"的美誉。村子的东、西、北三面都是天然林保护区,气候温和,雨量充沛,适宜居住、养生、旅游。2017 年入选全国特色景观旅游名镇(村)。

四、中国特色小镇

琼山区云龙镇 位于海口市。革命老区乡镇,有全国爱国主义教育示范基地琼崖红军云龙改编旧址,有冯白驹将军的故居,还有陶公山以及唐胄墓。2016 年入选中国特色小镇。

琼海市潭门镇 2016 年入选中国特色小镇。参见全国特色景观旅游名镇(村)——琼海市潭门镇。

澄迈县福山镇 位于澄迈县北部。原始森林生态保护良好,森林覆盖率达 60%,空气新鲜。有面积 6.6 平方千米的福山水库,水资源丰富,灌溉条件优越,利于种植咖啡树。水库四周有约 1.3 平方千米的咖啡树种植园,是海南省最早种植咖啡树的地方之一,也是海南省知名品牌"福山咖啡"的原产地。已建成万嘉果农庄、亚珠庄园等十几家休闲农庄。2016 年入选国家新型城镇化综合试点地区。2017 年入选中国特色小镇。

秀英区石山镇 位于海口市,与西海岸带状公园山海相连。主要旅游景点火山口国家地质公园,是一座具有火山文化、生态园林、特色建筑的主题公园。公园内有火山生态广场、登山道、古树长廊、火山喷发口遗迹。2017 年入选中国特色小镇。

文昌市会文镇 位于文昌市域东南隅。海岸线长 23 千米,地理位置优越,基础设施完善,是文昌市经济重镇。以农业、渔业为主,旅游资源丰富,有冯家湾、红树林、椰林、海底石头公园、侨乡民居、官新温泉等。2017 年入选中国特色小镇。

琼海市博鳌镇 2017 年入选中国特色小镇。参见全国特色景观旅游名镇(村)——琼海市博鳌镇。

琼海市中原镇　2017 年入选中国特色小镇。参见中国特色景观旅游名镇(村)——琼海市中原镇。

五、国家生态旅游示范区

呀诺达雨林文化旅游区　位于保亭黎族苗族自治县三道镇,地处"大三亚"旅游圈的"金三角"地区。"呀诺达"是海南方言,意为"您好",表示"友好欢迎和祝福"。拥有热带雨林、峡谷奇观、流泉叠瀑等旅游资源。2014 年入选国家生态旅游示范区。

亚龙湾热带天堂森林公园　位于三亚市东南的亚龙湾国家旅游度假区,占地面积 1 506 平方千米。有 1 500 余种热带植物、190 余种野生动物、210 栋山间别墅,是亚龙湾由滨海向山地、由海洋向森林的重要延伸。拥有中国最南端最大最完整的热带雨林生态资源,是一座集登山探险、野外拓展、休闲观光、养生度假、科普教育、民俗文化体验等活动于一体的生态旅游度假景区。2015 年入选国家生态旅游示范区。

六、全国红色旅游经典景区

五指山革命根据地纪念园　位于五指山市毛阳镇毛贵村。毛贵村曾是五指山革命根据地的大本营——琼崖区党委等机关的驻扎地。纪念园以爱国主义教育为主题,缅怀革命先烈李振亚、刘秋菊等抗战英雄。五指山革命根据地纪念碑高 23 米,象征着海南 23 年(1927—1950 年)革命斗争的光辉历史,是全国 30 条"红色旅游精品线"之一。2005 年入选全国红色旅游经典景区。

工农红军琼崖纵队改编旧址　位于海口市琼山区云龙镇。云龙镇是冯白驹将军的故乡,琼山区革命根据地之一。1937年七七事变后,以冯白驹为首的中共琼崖特委按照"团结抗战"的指示,与国民党海南当局达成协议,于1938年12月将岛上的游击队改编为广东省第14统率区民众抗日自卫独立队,史称"云龙改编"。旧址内竖立一尊手握钢枪的独立队战士全身铜质铸像,总高10.4米,其中铜像高4.6米,座高5.8米,正面刻有徐向前的题词"琼崖抗日先锋"。2005年入选全国红色旅游经典景区。

红色娘子军纪念园　位于琼海市嘉积镇。为纪念在第二次国内革命战争时期诞生的"中国工农红军第二独立师女子军特务连"而建造的文化旅游区,是一座集热带风情园林和大型雕塑、浮雕为一体的大型文化旅游纪念园。设有和平广场、纪念广场、歌舞广场、椰林寨、红色娘子军军史陈列馆等,重现了琼岛妇女光辉的革命斗争史。2005年入选全国红色旅游经典景区。

母瑞山革命根据地纪念园　位于定安县南部的中瑞农场。母瑞山是琼崖纵队的根据地,被称为"琼崖革命的摇篮"。建有冯白驹将军和琼崖革命主要奠基人王文明的铜像,设有陈列馆、题词亭、湖中亭、假山池、石狮子等景观。作为主体建筑的两层陈列馆,展出海南新民主主义革命时期革命斗争的珍贵文物。2005年入选全国红色旅游经典景区。

六连岭革命遗址　位于万宁市的东北方。六连岭为五指山余脉,是琼崖纵队开辟的根据地,当地军民坚持了23年艰苦卓绝的斗争,为夺取琼崖新民主主义革命的胜利作出重要贡献。设有革命烈士纪念碑,碑高12.5米,碑身正面刻有"革命烈士永垂不朽",碑背浮雕是朱德视察六连岭时的诗作:"六连岭上现彩云,竖起红旗革命军。二十余年游击战,海南人民树功勋。"2011年入选全国红色旅游经典景区。

张云逸大将纪念馆　位于文昌市文城镇文建路。张云逸是文昌人,早年加入中国同盟会,参加了黄花岗起义、辛亥革命、护国战争和北伐战争,为华东解放战争的胜利作出了重要贡献。1955年被授予大将军衔。纪念馆馆名由聂荣臻元帅题写,陈列室陈列有张云逸在各个革命时期的照片、画作152 幅,书稿 88 件,实物 48 件,还有毛泽东等党和国家领导人的题词等。2011 年入选全国红色旅游经典景区。

解放海南岛战役烈士陵园　位于海口市海秀中路金牛岭公园内。前身是"金牛岭革命烈士陵园"。陵园松柏环绕、庄严肃穆,安葬着 1950 年为解放海南岛在渡海登陆作战中英勇捐躯的人民解放军渡海先锋营官兵。建有烈士纪念碑、烈士纪念堂、烈士名录墙、烈士事迹陈列室等。2011 年入选全国红色旅游经典景区。

解放海南纪念塑像热血丰碑及解放纪念园　位于临高县临城镇。包括热血丰碑、解放海南临高角登陆纪念馆、百年灯塔等。热血丰碑纪念塑像高l8.9 米,是海南最大的革命历史纪念塑像。2016 年入选全国红色旅游经典景区。

解放海南战役决战胜利纪念碑　位于澄迈县金江镇。为了纪念在美亭决战中牺牲的革命先烈而建。美亭决战是中国人民解放军渡海部队在琼崖纵队的配合之下,同驻守海南岛的国民党军队进行的规模最大、最激烈的一场决战,该战役的胜利加速了海南岛的解放。纪念碑高 8 米,底座宽 2.8 米,碑座高 1.3 米,刻有中国人民解放军渡海登陆部队在美亭地区同国民党军队进行决战的概况。2016 年入选全国红色旅游经典景区。

秀英炮台　位于海口市海秀大道秀英村。始建于清光绪中期,由拱北、镇东、定西三座大炮台和振武、振威两座小炮台组成,与广东的虎门炮台、上海的吴淞炮台、天津的大沽炮台并称"中国古代四大炮台"。炮台筑在 240 多米长的海岸小山丘上,建筑规模宏大,历经百年,至今保存完好。2016 年入选全国红色旅游经典景区。

海南铁矿死难矿工纪念碑　位于昌江县石碌镇金牛岭北麓,海南铁矿矿山公园内。纪念碑呈方柱形,碑高 11 米,碑上镌刻"日寇蒋匪统治时期死难矿工纪念碑"15 个大字,碑座下面的碑文描述了铁矿矿工在日伪时期的悲惨遭遇,其余三面浮雕反映了矿工的英勇斗争。2016 年入选全国红色旅游经典景区。

田独万人坑 位于三亚市吉阳区田独村,是日军侵华时期杀害和奴役中国近万名矿工的遗址。1939 年日军侵占了田独矿山,疯狂掠夺资源,虐待劳苦矿工,许多劳工被迫害致死。1958 年海南铁矿田独矿区用水泥砌筑了一座日寇时期受迫害死亡工友纪念碑,碑高 2 米。2001 年在原纪念碑旁再建了一座纪念碑,碑高约 8 米,碑上镌刻"田独万人坑死难矿工纪念碑"。2016 年入选全国红色旅游经典景区。

永兴岛纪念碑 位于三沙市永兴岛。永兴岛是西沙群岛中最大的岛屿,二战期间曾被日军占领,1946 年我国舰队收复后立下此碑。纪念碑正面刻有"海军收复西沙群岛纪念碑",背面刻有"卫我南疆"。后张君然任海军西沙群岛管理处主任时,又重竖"海军收复西沙群岛纪念碑",碑背面刻有"南海屏藩"四个大字。该碑在 20 世纪末被收录在《中国百年历史名碑》中,成为西沙群岛的历史见证。2016 年入选全国红色旅游经典景区。

七、全国农业旅游示范点

兴隆热带植物园 位于兴隆华侨旅游经济区。三面环山,东临南海,日照充足湿度大,适宜热带亚热带植物生长。占地面积约 600 亩,分为植物观赏区、试验示范区、科技研发区、立体种养区和生态休闲区五大功能区。有 3 400 多个植物品种,数千种热带观赏植物,其中 65 种为珍稀濒危植物,27 种被收录于《中国植物红皮书》。2005 年入选全国农业旅游示范点。

万嘉果农庄 即"海南农垦热带植物园",位于澄迈县福山镇。1999 年海南金鼎实业公司到红光农场租地,种植热带水果,从单纯的种植业企业发展成为集农贸、旅游、加工、销售于一体的综合性企业。生产的热带水果系列产品在全国大中城市热销。2005 年入选全国农业旅游示范点。

八、全国休闲农业与乡村旅游示范点

三亚小鱼温泉　全称为"三亚小鱼温泉实业有限公司",现已更名为"三亚田园温泉"。位于三亚市凤凰镇水蛟村,占地面积81亩。泉眼处水温60℃,池水水温42℃,共有88个露天或半露天浴池,温泉浴包括中药浴、花草浴、椰奶浴、泥浴、人鱼共浴。2011年入选全国休闲农业与乡村旅游示范点。

槟榔谷原生态黎苗文化旅游区　位于保亭县与三亚市交界的甘什岭自然保护区。因地处一条绵延数千米的槟榔谷地而得名。"无槟榔不成礼,无槟榔不成婚",槟榔是黎家文化的代名词。由甘什黎村、生态苗寨、神秘雨林、大型原生态黎苗歌舞"槟榔·古韵"四大板块组成,是一个多民族、多文化、多形态、多元型复合式旅游风景区。2011年入选全国休闲农业与乡村旅游示范点。

龙泉乡园　位于海口与文昌交界的东路镇。龙泉集团打造的集旅游、餐饮、休闲、观光为一体的乡村休闲度假村。2011年入选全国休闲农业和乡村旅游示范点。

兴隆热带植物园　2011年入选全国休闲农业和乡村旅游示范点。参见全国农业旅游示范点——兴隆热带植物园。

亚龙湾国际玫瑰谷　位于三亚亚龙湾国家旅游度假区内,占地面积2 760亩。以玫瑰文化为主导的休闲旅游综合体。以农田、水库、山林为主体,集中种植玫瑰,开发出玫瑰精油、护肤品、化妆品、玫瑰花茶、小食品等玫瑰衍生品。2014年入选全国休闲农业与乡村旅游示范点。

美雅乡村公园　位于琼海市博鳌风情小镇西侧。占地面积1 590亩,是大路坡、南强、朝烈、美雅和后埇五个文明生态村连带组成的纯天然、原生态带状公园的一部分。有乡村旅馆、农家乐、绿野驿站以及觅景岭头等,充满乡村的悠闲生活气息。2014年入选全国休闲农业与乡村旅游示范点。

兴隆热带花园　2014年入选全国休闲农业与乡村旅游示范点。参见全国休闲农业示范点——兴隆热带植物园。

兰花产业园　位于海口市龙华区新坡镇和琼山区旧州镇。产业扶贫示范项目,核心区占地面积2 062亩。以生产展示为主,兼具游乐休闲功能和兰文化教育功能。种植兰花苗500多万株,主打蝴蝶兰、文心兰等产品,是全国蝴蝶兰温室种植面积最大的基地之一。兰花苗远销国内北京、上海、广州等地以及国外日本、韩国、新加坡等地。2015年入选全国休闲农业示范点。

槟榔河国际乡村文化旅游区　位于三亚市凤凰路。槟榔成林、植物多样、气候宜人,绿植覆盖率达85%以上。旅游区着力开发农业旅游和黎族民俗文化,已设置黎族文化博览区、"梦里黎乡"农家乐、乡村客栈等景点。2015年入选全国休闲农业与乡村旅游示范点。

九、国家级非物质文化遗产生产性保护示范基地

合田旅业有限公司　位于保亭县三道镇槟榔庄园。海南黎族妇女通过纺、染、织、绣四大工序制作出黎锦。女性从小通过母亲的言传身教来学习技能,凭借自己的想象力以及对传统样式的了解来设计纺织图案。这些图案成为黎族历史、宗教、文化、传统和民俗的见证,被誉为中国纺织史上的"活化石"。2014年入选国家级非物质文化遗产生产性保护示范基地。

锦绣织贝实业有限公司　位于海口国家高新技术产业开发区狮子岭工业园。主要业务为传承、开发和制作传统手工黎族织锦工艺品。建立了黎锦生产和研发基地,已开发研制出12大类100多个品种的黎锦作品。2014年入选国家级非物质文化遗产生产性保护示范基地。

十、国家级旅游度假区

亚龙湾旅游度假区 位于三亚市吉阳区。亚龙海湾呈月牙形,占地面积66平方千米,其中度假区面积18.6平方千米。沙滩长约7 000米,平缓宽阔,浅海区宽达50—60米,沙质柔软、海水清澈。热带海洋性气候,全年平均气温25.5℃,海水温度不超过26℃,适宜开展各类海上运动。海底热带鱼种类繁多,珊瑚礁保存完整,适合开展以潜水为主的水下活动。拥有滨海公园、海底观光世界、海上运动中心、高尔夫球场、游艇俱乐部等,吸引了20余家国际品牌酒店入驻,也是重大国事活动、国内外赛事、文体活动的举办地。2018年入选国家级旅游度假区。

十一、国家级风景名胜区

三亚热带海滨风景名胜区 位于三亚市境内。包括海棠湾、亚龙湾、大东海、天涯海角、落笔洞、大小洞天等景区,占地面积212平方千米。海棠湾,集碧海、蓝天、青山、银沙、绿洲、奇岬、河流于一身,19千米长的岸线风光旖旎。亚龙湾,海南最南端的一个半月形海湾,沙滩绵延7 000米且平缓宽阔,浅海区宽达50—60米,沙粒洁白细软,海水澄澈晶莹,海底有珊瑚礁、热带鱼、贝类等。大东海,辽阔的海面晶莹如镜,阳光、碧水、沙滩、绿树构成一幅美丽的热带风光图画,是海水浴、阳光浴的理想之地。天涯海角,前海后山,碧水蓝天,烟波浩瀚,刻有"天涯""海角""南天一柱""海判南天"的巨石雄峙南海之滨,为海南一绝。落笔洞,石灰岩溶洞数不胜数,洞外古树参天,荫翳蔽日。大小洞天,以海景、山景和石景著称,被誉为"南溟奇甸"。2017 年入选国家级风景名胜区。

十二、国家级自然保护区

东寨港自然保护区　位于海口市美兰区演丰镇。占地面积 33 平方千米,其中红树林保护区 16 平方千米。湿地类型的自然保护区,以红树林湿地生态系统及珍稀濒危鸟类为主要保护对象。红树林是海岸湿地生态系统中唯一的木本植物,能调节气候、护岸护堤、防风搏浪、抵御海潮。保护区内有红树、半红树植物 35 种。有 194 种鸟类在此栖息,成为迁徙水禽的重要停歇地。1986 年入选国家级自然保护区。

大田自然保护区　位于海南省西部的东方市境内。地处平缓的丘陵地区,占地面积 13 平方千米,是以海南坡鹿及其生存环境为保护对象的野生动物类型的自然保护区。海南坡鹿是海南岛所特有的热带珍稀鹿种,国家一级保护野生动物。建立了高围栏保护核心区,面积达 3 平方千米。资源种类丰富,有 602 种维管植物、36 种兽类、79 种鸟类、11 种两栖类动物、18 种爬行类动物、109 种昆虫,对于全球生物物种资源保护具有重要意义。1986 年入选国家级自然保护区。

霸王岭长臂猿自然保护区　位于昌江黎族自治县东南部。占地面积近 300 平方千米,气候温和,雨量充足,动植物种类繁多,生态系统保护完整,森林覆盖率达 97%。海南长臂猿是极度濒危的物种。1988 年入选国家级自然保护区。

三亚珊瑚礁自然保护区　位于三亚市南部。占地面积 85 平方千米,其中海域面积 70.94 平方千米,包括亚龙湾、大东海、三亚湾三部分。以造礁珊瑚、非造礁珊瑚、珊瑚礁及其生态系统和生物多样性为保护对象的海洋生态类型的自然保护区。这里海水交换充分,有机质含量丰富,是珊瑚生长的良好环境。现有造礁珊瑚 117 种,动植物近 500 种,还有玳瑁、绿海龟和中华鲎等濒危物种。1990 年入选国家级自然保护区。

大洲岛海洋生态自然保护区 位于万宁市东南海面。占地面积 70 平方千米,其中岛屿面积 4.2 平方千米,由两岛三峰组成。海洋生态类型的自然保护区,以金丝燕、珊瑚礁及海岛海洋生态系统为保护对象。大洲岛又名"燕窝岛",因盛产金丝燕窝得名。分布有 577 种维管植物、23 种海南特有植物、81 种鸟类,野生动物及鱼类资源非常丰富,是生物多样性热点区。1990 年入选国家级自然保护区。

尖峰岭自然保护区 位于海南岛西南部,跨乐东、东方两县市。占地面积约 202 平方千米,其中核心区 99 平方千米,森林覆盖率高达 98%,是现存纬度最低、垂直系统最完整、保存最完好的热带原始森林地区之一。尖峰岭是大型天然物种基因库,有 2 258 种野生植物、400 种野生脊椎动物、312 种大型真菌,无脊椎动物资源丰富,其中蝴蝶达 449 种。2002 年入选国家级自然保护区。

铜鼓岭自然保护区 位于海南岛东北部的文昌市龙楼镇。占地面积 44 平方千米,其中海域面积 30.67 平方千米。有 984 种植物,其中 35 种为海南特有种,9 种为国家重点保护野生植物,还有 10 种兽类、20 余种鸟类,造礁石珊瑚、珊瑚藻、软体动物及其他造礁生物 100 多种。2003 年入选国家级自然保护区。

五指山自然保护区 位于海南岛中部。五指山海拔 1 867 米,是海南岛最高山脉,因其形似五根手指而得名。核心区面积约 80 平方千米,是中国热带地区面积最大的热带原始森林之一。森林生态系统类型的自然保护区,主要保护对象是原始热带雨林及其生态系统、珍稀动植物资源及其栖息地。分布有国家一级保护动植物 3 种,国家二级保护动植物 36 种。保护区内负氧离子含量每立方厘米 5 万个以上。2003 年入选国家级自然保护区。

吊罗山自然保护区 位于海南岛东南部。吊罗山主峰海拔 1 519 米,森林覆盖率达 96%以上。地形复杂,河流落差大,雨水集中,水能蕴藏量大,水力资源丰富,是我国珍稀的低地原始热带雨林区之一。主要保护对象为海南粗榧、海南紫荆木、坡垒木、海南大灵猫、穿山甲、孔雀雉等。有热带低地雨林、热带季雨林、热带山地雨林、热带山地常绿阔叶林、山顶常绿阔叶矮林等五种植被类型,物种达 3 500 多种。2008 年入选国家级自然保护区。

鹦哥岭自然保护区 位于海南岛中南部。占地面积 505 平方千米,因山头形状与鹦鹉嘴神似而得名。最高海拔 1 812 米,是海南第一大河流南渡江和第二大河流昌化江的主要发源地。以热带雨林及其生态系统为主要保护对象,保护区内有华南地区连片面积最大的热带森林,其中基本未受人为干扰的原始森林面积占保护区总面积的 64% 以上,是海南目前面积最大、自然景观条件最为复杂的保护区。已发现 15 种海南岛特有种,64 种独有亚种,至今仍存在大量未探明的新物种,是我国生物物种宝库。2014 年入选国家级自然保护区。

十三、国家级水利风景区

松涛水库风景区 位于儋州市南部。松涛水库是海南第一大水库,横跨儋州市和白沙县,集雨面积 1 496 平方千米,库岸线长达 544 千米,是以灌溉为主,发电、防洪、航运、养殖、旅游综合利用的大型水利工程。湖中岛屿众多,奇山异洞引人入胜。景区利用交通发达及生态资源丰富的优势发展水利风景旅游,打造观山水景观、品尝鳙鱼的特色旅游活动。2002 年入选国家级水利风景区。

南丽湖水利风景区 位于定安县中部。占地面积 46 平方千米,其中湖区面积 26 平方千米,水面面积 12.3 平方千米。南丽湖是琼北最大的人工淡水湖,湖水清澈见底,岛屿、半岛镶嵌湖中,四周林荫环抱,风景优美宜人。常年水温 22—23℃,终年适宜垂钓。2006 年入选国家级水利风景区。

合水水库水利风景区　位于琼海市福田镇。水库主坝顶长950米,副坝长325米。原为土坝,因多次地处强台风风口,大坝及护坡屡遭破坏,已重修为浆砌石护坡,同时建一米高的浆砌石防浪墙。现灌溉面积1 167公顷,渠堤通车里程11千米。2014年入选国家级水利风景区。

毛真水库(神玉岛)水利风景区　位于保亭黎族苗族自治县响水镇,占地面积4.55平方千米,为水库型水利风景区。毛真水库以灌溉为主,兼具防洪发电功能。2016年入选国家级水利风景区。

美舍河水利风景区　美舍河全长23.86千米,流域面积约50平方千米,纵贯海口市美兰、琼山、龙华三区。水质优良,河岸青葱,综合治理效果明显。2017年入选国家级水利风景区。

十四、世界地质公园

雷琼世界地质公园　位于琼州海峡两翼,由海南省海口园区和广东省湛江园区组成,是雷琼裂谷发生南海盆地扩张的火山学和岩石记录。总面积379平方千米,其中核心区域面积4.7平方千米。由火山口湖和火山熔岩组成,火山分布密集,共有101座火山。海口园区内有丰富的热带半落叶季雨林、热带常绿季雨林、石山灌木草丛和热带经济作物。2006年被联合国教科文组织认定为世界地质公园。

十五、国家地质公园

石山火山群国家地质公园　位于海口市石山镇。占地面积108平方千米。琼北火山于新生代早期第三纪喷发,第四纪全新世最后一次喷发。公园内有36座保存完好的环杯锥状火山口地貌遗址、40多座火山堆、30多条熔岩隧道,类型丰富,景观神奇,是中国为数不多的在全新世发生强烈活动的休眠山群之一。2004年入选国家地质公园。

十六、国家森林公园

尖峰岭国家森林公园 1992年入选国家森林公园。参见国家级自然保护区——尖峰岭自然保护区。

蓝洋温泉国家森林公园 位于儋州市。树林茂密,森林覆盖率90%以上,热带植物分布林间。夏长无冬,光照充足,平均气温22.6℃。莲花山下蓝洋温泉群有10多处自然泉眼,水温41—93℃,水质优良且含氡。1999年入选国家森林公园。

吊罗山国家森林公园 1999年入选国家森林公园。参见国家级自然保护区——吊罗山自然保护区。

海口火山国家森林公园 位于琼山区西部石山镇。园内及附近有距今2.7万—100万年前火山爆发形成的36个死火山口,是世界上完整的死火山群之一。野生荔枝林面积约10平方千米,有荔枝、菠萝蜜、番石榴、龙眼等灌木30余种,草本植物20多种;野猪、穿山甲、蟒蛇及各种飞禽等珍稀野生动物几十种,还有火山喷发后形成的熔岩溪、火山湖、火山洞、喷泉等自然景观,火山井、玉龙泉、火山民居等人文景观。2000年入选国家森林公园。

七仙岭温泉国家森林公园 位于保亭黎族苗族自治县。占地面积约22平方千米,地势北高南低,平均海拔100—200米,最高峰海拔1126米。气候温润,年均气温23℃。由温泉区和森林区两部分组成,原始热带雨林密布全山,已探明的珍稀植物与野生动物有500多种。七仙岭有七口自喷泉口,最高水温达 97℃,泉水富含微量元素、矿物质及少量氨和镭,既有热带原始森林景观又有优质温泉,集山峰、温泉、田园、森林为一体。2001 年入选国家级森林公园。

黎母山国家森林公园 位于琼中县境内,是海南三大河流——南渡江、万泉河、昌化江的发源地。公园由六大景区组成,总面积 1.28 万公顷,其中天然林面积 7 200 公顷,有植物 2 000 种以上。2002 年入选国家森林公园。

海上国家森林公园 位于儋州市的新盈农场。占地面积约 526 公顷,是以沿海红树林保护、科学研究和旅游项目开发为主的国家森林公园。拥有红树林、林榄、海莲、角果木、白骨壤、秋茄、桐花等各科树种 32 种以上,还有千年野生荔枝树 2 000 多株,是海南首次发现、保存最完整的大面积野生荔枝林。2005 年入选国家森林公园。

霸王岭国家森林公园 位于昌江黎族自治县东南部。占地面积近 9 000公顷。气候温和,雨量充足,动植物种类繁多,原始林木种类有 1 400 种。已开发白石潭和雅加两个景区。2006 年入选国家森林公园。

兴隆侨乡国家森林公园 位于海南东部兴隆华侨农场。占地面积 2 815公顷,包括凤凰岭和热带花园两个景区,是集旅游观光、休闲养生、生态保护和科普教育为一体的综合性公园。森林覆盖率达 85%,是我国保存完好的低地热带雨林原始林。2013 年入选国家森林公园。

十七、国家湿地公园

新盈国家湿地公园 位于儋州市光村镇泊潮港。占地面积 5 平方千米,是中国首个海上红树林国家湿地公园。有红树林植物 18 种,伴生植物 17种,浅海、红树林和人工湿地构成的复合型湿地生态系统。生态环境优良,有 70 多种国家重点保护的野生鸟类在此越冬。2016 年入选国家湿地公园。

南丽湖国家湿地公园　位于定安县境内。占地面积 24.1 平方千米。以湖泊、湖滨浅滩湿地为主,同时有河流、河漫滩涂等地貌。动植物资源丰富,因地近我国候鸟南北迁徙中线的南端,淡水湿地水禽种类丰富。2016 年入选国家湿地公园。

东河国家湿地公园　位于三亚市吉阳区。湿地面积约 2.4 平方千米。生态资源丰富,有 322 种维管植物、27 种蕨类植物、295 种被子植物、138 种野生脊椎动物、65 种鸟类、17 种爬行类。原由东岸湿地公园、三亚东河段、红树林生态公园三个区块组成,现已将三亚河西河片流域纳入其中,并更名为"三亚河国家湿地公园",实现了三亚河流域湿地资源保护全覆盖。2016 年入选国家湿地公园。

十八、全国重点文物保护单位

海口—海瑞墓　位于滨涯村。海瑞是明代杰出的政治家,一生清廉,惩办权奸,深得民心。墓园建于明万历中期,南北长 115 米,东西宽 41 米,包括石牌坊、海瑞墓、海瑞塑像、海瑞陈列馆及相关建筑。大门石碑坊横批"粤东正气"四个红色大字,一条大道直通墓地,甬道两侧设有石羊、石马、石狮、石人。每年农历二月二十日海瑞忌日,当地百姓都要到墓前来祭祀。1996 年入选全国重点文物保护单位。

海口—丘浚故居及墓　位于琼山区府城镇。丘浚为明代理学家,学识渊博。故居占地面积约 700 平方米,包括前堂和可继堂,是海南现存最早的木结构建筑。丘浚墓建于明洪武二年(公元 1369 年),占地面积约 2 500 平方米。1996 年入选全国重点文物保护单位。

海口—五公祠　位于琼山区。五公指的是唐朝名相李德裕,宋朝名相李纲、李光、赵鼎,宋朝名臣胡诠。建筑群建于明万历年间,占地面积 7 万平方米,由观稼堂、学圃堂、东斋组成,并和苏公祠、两伏波祠及其拜亭、洞酌亭、粟泉亭、洗心轩、游仙洞连成一片,建筑面积 2 800 余平方米,各个建筑既有自己的独特风貌,又形成一个协调的整体,树木蓊郁,流水潺潺,环境清雅,有"琼台胜境"的美誉。2001 年入选全国重点文物保护单位。

海口一中共琼崖第一次代表大会旧址 位于龙华区解放西路。原为邱氏祖宅,占地面积 1 839 平方米,二进三间四合院式布局的砖木结构,典型的海南民居建筑。1926 年中共琼崖第一次代表大会在此召开。2001 年入选全国重点文物保护单位。

海口一秀英炮台 2006 年入选全国重点文物保护单位。参见全国红色旅游经典景区——秀英炮台。

海口一珠崖岭城址 位于琼山区龙塘镇。汉武帝于元鼎七年(公元前110 年)在海南岛设置珠崖和儋耳二郡,是中央政府在海南设置的最早的行政机构。汉始元五年(公元前 82 年)儋耳郡并入珠崖郡,珠崖郡成为当时海南岛的最高行政机构。珠崖岭高约几十米,顶平坦,成方状,形状如城堡。当年的城垣楼门、屋宇房居、街头巷尾已了无痕迹,但从遗址挖掘出的城墙砖及陶片判断,是唐朝中晚期的遗址。2013 年入选全国重点文物保护单位。

海口一琼海关旧址 位于得胜沙路。琼海关建于 1934 年,东西长 35.1米,南北长 17.8 米,高 25 米,建筑面积 740 平方米,砖混结构。建筑物平面采用不对称布置,南面设有门厅及阳台,北边及西边设有门廊,每个房间通过川堂连接。整幢建筑物功能分区明确,平面布置合理,通风采光极好,是海南岛 20 世纪 30 年代的代表性建筑物之一。2013 年入选全国重点文物保护单位。

三亚一落笔洞遗址 落笔洞位于落笔峰上,因石灰岩溶洞中央有两根钟乳垂吊,形如巨笔悬空而得名。遗址距今约一万年,已发现大量动物化石、200 多件石制品、晚期智人牙齿化石等,是海南省已发现的最早的旧石器时代遗址,对于研究早期人类开发利用海南地区的历史,更新世至全新世过渡期华南与东南亚地区史前文化起到至关重要的作用。2001 年入选全国重点文物保护单位。

三亚—藤桥墓群　位于海棠湾镇。古墓群延伸到陵水与三亚市交界的陵水湾畔海滩,占地面积1 400平方米。中国南方地区已发现的年代最早、规模最大、延续时间较长的穆斯林墓地,共发现距今1 000多年的45座墓葬,为竖穴土坑墓,上无封土,无葬具和随葬品。2006年入选全国重点文物保护单位。

三亚—崖城学宫　位于崖州区牌坊街。始建于北宋庆历年间,是古代崖州最高学府。坐北朝南,沿中轴线对称布局,形成宫殿式建筑群。现仅存主体建筑大成殿、谒台、东西庑、大成门。2006年开始对孔庙大成门前的原有已毁建筑进行复原维修,包括少司徒牌坊、万仞宫墙、礼门、义路、棂星门、泮池、泮桥、前东西庑廊、忠孝祠、节义祠及孔庙后面的崇圣祠和东面的明伦堂。2013年入选全国重点文物保护单位。

三沙—甘泉岛遗址　位于永兴社区西沙群岛甘泉岛。甘泉岛是西沙群岛为数不多的淡水岛屿,广东水师提督李准巡海发现此岛上的泉水甘甜可饮用,遂命名为"甘泉岛",当地渔民称之为"圆峙""圆岛"。岛屿周边礁石过多,不利于渔民近海作业,因此无常驻居民。发现大量以唐宋时期瓷器为主的生活用品以及砖墙小庙1座、珊瑚石垒砌13座。2006年入选全国重点文物保护单位。

三沙—北礁沉船遗址　位于永乐群岛北端,西沙群岛北礁东北礁盘上。此地从唐代起就是海上丝绸之路的必经之地,经过四次西沙考古调查及水下文物发掘,发现10余处沉船遗迹。西沙海域暗礁多,浅滩横流,船队经过时易触礁沉没或遇滩搁浅,因此留下了大量沉船。沉船中发现铜锭、铜镜、铜剑鞘、永乐年款的瓷器和钱币等大量文物,是研究我国古代海上丝绸之路的重要依据。2006年入选全国重点文物保护单位。

三沙—华光礁沉船遗址　位于华光礁环礁内侧。1996年被渔民发现后曾多次遭到非法盗掘,遗址破坏严重。"华光礁1号"是中国第一次发现的六层船体构件的古船,展现出我国古代造船工匠的精湛技艺。"华光礁1

号"沉船已顺利出水并修复,还挖掘出万件古瓷器。2013 年入选全国重点文物保护单位。

琼海—蔡家宅　位于博鳌镇留客村。20 世纪二三十年代,印尼侨领蔡氏兄弟回国建造的一座中西合璧、青砖彩瓦的大宅院,占地面积 400 多平方米。2006 年入选全国重点文物保护单位。

临高—临高角灯塔　位于临城镇昌拱村的临高角海边,琼州海峡西进口处。清光绪二十年(公元 1894)由法国人始建,为海南最古老的灯塔之一。塔高 20.8 米,宽 1.88 米,塔身为全钢板结构,外存六根斜柱支撑,周围支撑钢杆 350 条。塔身为圆柱形结构,饰有红白相间横带,直径 1.88 米。周围砌有周长为 133.8 米的围墙。是海南岛西北部重要的航标。2010 年入选全国重点文物保护单位。

昌江—信冲洞遗址　位于七叉镇。信冲洞坐落在混雅岭南部悬崖峭壁上,因常年雨水侵蚀作用,石灰岩山体形成了洞中有洞的地貌。洞顶有裂隙堆积,支洞中发现灵长目、食肉目、长鼻目等类型的动物化石,是我国最南部的古生物化石点,为我国研究古生物化石分布的范围和种类提供重要信息。2013 年入选全国重点文物保护单位。

儋州—东坡书院　位于中和镇。苏东坡被贬儋州时居住、讲学的场所。始建于北宋绍圣年间,原名"载酒堂",典出《汉书·扬雄传》中的"载酒问字"。建筑面积 3 800 平方米,土木结构,有前门、大殿、载酒亭、载酒堂、东坡祠、东西厢房(现为书画廊)、尊贤堂、钦帅堂、望京阁、迎宾堂、陈列馆等建筑物及东坡讲学彩雕群像、春牛石雕、东坡铜像、钦帅井和碑刻等。展出大量苏东坡书稿墨迹,还有历代名家诗画的碑刻。1996 年入选全国重点文物保护单位。

儋州—儋州故城　位于中和镇。又称"中和古城",自古有"粤南名镇"之称。始建于唐武德年间。城周长约 1 600 米,近似方形,设东、南、西、北四城门,外筑月城并开壕沟,布局严谨,防御设施齐全。初为夯土城墙,明代增砌石包墙,部分城墙及东、南门已被拆除,现存西、北两门及长 900 米、残高

3.6 米的夯土城墙。保留东坡井、魁星塔、桃榔庵遗址（苏东坡被贬儋州时居所）、州衙遗址等。2006 年入选全国重点文物保护单位。

儋州—洋浦盐田　位于洋浦半岛，紧邻大海。占地面积 50 万平方米，共有 7 300 多个形态各异的砚式石盐槽，年产盐 500 吨。该盐田汉朝时已存在，是我国最早的日晒制盐点之一，也是至今保留最完好的采用原始日晒制盐方式的古盐场。目前仍有盐工在此使用原始工艺制造海盐。2013 年入选全国重点文物保护单位。

澄迈—美榔双塔　位于永发镇美榔村。两塔相距 20 米。六面大塔为"姐塔"，共五层，高 13.06 米，塔身有廊，六壁均有雕像。四面小塔为"妹塔"，共七层，高 13.68 米，塔壁有瑞兽及佛教图文浮雕，每层塔心供奉佛像。双塔造型奇特，石刻浮雕栩栩如生，反映了宋元时期的石刻艺术之精华。1996 年入选全国重点文物保护单位。

文昌—斗柄塔　位于铺前镇七星岭。始建于明天启年间，是明代礼部尚书王宏诲建造的灯塔。高约 20 米，塔身平面呈八角形，共七层，每层收缩递减，门额石匾刻有"斗柄塔"三字。塔坐东北朝西南，对应北斗，犹如七星生柄，故名"斗柄塔"。2013 年入选全国重点文物保护单位。

文昌—文昌学宫　位于文东路。始建于北宋庆历年间，明洪武年间迁于此地。建筑面积 3 300 平方米，左右对称，庭院宽广，在前庭中轴线上供奉孔子全身塑像。庙内建筑中雕刻的花草、鸟兽、历史人物千姿百态。2013 年入选全国重点文物保护单位。

文昌—韩家宅　位于东阁镇。旅居泰国的文昌富商韩钦准于 1936 年回乡所建，占地面积 1 335 平方米，采用海南传统的单纵轴线多进式布局，四进大宅院，每进正屋三开间，横房 16 间，四面有高大的院墙护卫。东横屋顶建方形凉亭两座，是海南侨乡建筑的典型代表。房屋内外墙壁有大量彩绘壁画。2013 年入选全国重点文物保护单位。

陵水—陵水县苏维埃政府旧址　位于椰林镇。前身为"琼山会馆"。始建于 1921 年，占地面积 1 127 平方米，建筑平面为长方形，三进式，每进之间有天井分隔。1927年,陵水县苏维埃政府在此诞生,点燃了全岛革命斗争的火种。2006年入选全国重点文物保护单位。

十九、国家一级博物馆

海南省博物馆 位于海口市国兴大道。海南省综合性博物馆。占地面积4万平方米,展厅面积1.2万平方米,建筑高度25米,地上三层。馆内陈列全面展示了海南的历史、文物、非物质文化遗产、少数民族文化等。2016年入选国家一级博物馆。

二十、中华老字号

龙华沿江饭店(注册商标:沿江) 位于海口市龙华区月朗新村。前身为20世纪40年代伍毓葵开办的"毓葵鸡饭店",1992年迁至海口市,改名为"海口沿江鸡饭店"。2011年入选"中华老字号"。

上海市政府专项资金项目"旅游＋校园体验中心"成果之一

中国经典景点

（中）

西南卷

夏林根——主编　殷　晶——编著

中国出版集团

东方出版中心

前　言

由夏林根教授主持的上海市政府专项资金项目"旅游+校园体验中心"，包括"旅游大数据体验室""出境旅游目的地信息系统""中国经典景点信息系统""客源国风情体验室"等子项目。《中国经典景点》根据其中的"中国经典景点信息系统"的相关资料整理编纂而成。

本书所称的"经典景点"，除了由联合国教科文组织认定的"世界地质公园"和"世界遗产"以外，全部为国务院及各相关部、委、局评选认定和命名的"国家级"景点。它们是人们进行旅游活动的主要场所，也是推进生态文明、建设美丽中国的重要载体。

本书汇集中国31个省、市、自治区（不含港、澳、台）的"经典景点"1.2万余个，分为以下30个类别：

1. 中国历史文化名镇。指由住房和城乡建设部与国家文物局组织评选的，保存文物特别丰富且具有重大历史价值或纪念意义，能较完整地反映一些历史时期传统风貌和地方民族特色的镇。

2. 中国历史文化名村。指由住房和城乡建设部与国家文物局组织评选的，保存文物特别丰富且具有重大历史价值或纪念意义，能较完整地反映一些历史时期传统风貌和地方民族特色的村。

3. 全国特色景观旅游名镇（村）。指由住房和城乡建设部与文化和旅游部共同评定的，具有丰富的地域特色、水域特色、生物特色、气候特色等自然景观资源且保存完好，具有鲜明的非物质文化特色、特色建筑和设施、农林牧渔特色、产业特色、民族特色等人文景观资源，体现乡村和小城镇的地方

1

风貌,具有较高的观光游览和休闲度假等旅游开发利用价值,具有显著的爱国主义、文化传承、城乡交流、科普教育等积极意义,适宜开展旅游活动,形成一定的旅游主题的镇或村。

4. 中国特色小镇。指由国家发展和改革委员会、财政部、住房和城乡建设部共同认定的,富有活力的,以休闲旅游、商贸物流、现代制造、教育科技、传统文化、美丽宜居等为特色的镇。

5. 中国历史文化街区。指由住房和城乡建设部、国家文物局共同认定的,风貌完整、传统建筑集中、历史文化遗存丰富的法定保护的区域或"历史地段"。

6. 国家级文化生态保护实验区。指由文化和旅游部批准建立的,以保护非物质文化遗产为核心,对历史文化积淀丰厚、存续状态良好,具有重要价值和鲜明特色的文化形态进行整体性保护的特定区域。

7. 国家生态旅游示范区。指由文化和旅游部、生态环境部共同评定的,具有明确地域界限、管理规范、具有示范效应的典型的生态旅游示范区。

8. 全国红色旅游经典景区。指由国家发展和改革委员会等认定的,以 1840 年以来在中国大地上发生的中国人民反对外来侵略、奋勇抗争、自强不息、艰苦奋斗,充分显示伟大民族精神的重大事件、重大活动和重要人物事迹的历史文化遗存为主体,组织接待旅游者进行参观游览,学习革命精神,接受革命传统教育和振奋精神、放松身心、增加阅历的旅游目的地。

9. 全国农业旅游示范点。指由文化和旅游部认定的,以农业生产过程、农村风貌、农民劳动和生活场景为主要景观的旅游活动的示范点。

10. 全国休闲农业与乡村旅游示范点。指由农业农村部、文化和旅游部认定的,推进农业功能拓展、农业结构调整、社会主义新农村建设和促进农民增收的休闲农业与乡村旅游的示范点。

11. 全国工业旅游示范点。指由文化和旅游部认定的,具有观赏、研学、展示、休闲、疗养、购物等功能,提供相应旅游设施与服务的场所,以及反映重大事件、体现工业技术成果和科技文明等的载体,包括工业企业、工业园区、工业展示区域、工业历史遗迹等。

12. 国家级非物质文化遗产生产性保护示范基地。指由文化和旅游部认定的,通过生产、流通、销售等方式,将非物质文化遗产及其资源转化为生产力和产品,产生经济效益,并促进相关产业发展,使非物质文化遗产在生产实践中得到积极保护,实现非物质文化遗产保护与经济社会协调发展良性互动的单位。

13. 国家级旅游度假区。指由文化和旅游部认定的,为了适应我国居民休闲度假旅游需求的快速发展,为人民群众积极营造有效的休闲度假空间,提供多样化、高质量的休闲度假旅游产品,为落实职工带薪休假制度创造更为有利的条件而设立的综合性旅游载体品牌。

14. 国家级风景名胜区。原称国家重点风景名胜区,指由国务院审定的,具有观赏、文化或者科学价值,能够反映重要自然变化过程和重大历史文化发展过程,基本处于自然状态或者保持历史原貌,具有国家代表性的自然景观、人文景观比较集中,环境优美,可供人们游览或者进行科学、文化活动的区域。

15. 国家级自然保护区。指由国务院审定的,对有代表性的自然生态系统、珍稀濒危野生动植物物种的天然集中分布区,有特殊意义的自然遗迹等保护对象所在的陆地、陆地水体或者海域,依法划出一定面积予以特殊保护和管理的区域。

16. 国家级水利风景区。指由水利部评定的,以水域或水利工程为依托,可以开展观光、娱乐、休闲、度假或科学、文化、教育活动的区域。

17. 国家级海洋特别保护区。指由国家海洋局认定的,具有特殊地理条件、生态系统、生物与非生物资源及海洋开发利用特殊需要的,采取有效的保护措施和科学的开发方式进行特殊管理的,具有生态保护和重要资源开发价值、涉及维护国家海洋权益的重要海洋区域。

18. 世界地质公园。指由联合国教育、科学及文化组织选出的,以具有地质科学意义、珍奇秀丽且独特的地质景观为主的,融合自然景观与人文景观的自然公园。

19. 国家地质公园。指由自然资源部认定的,以具有国家级特殊地质科学意义、较高的美学观赏价值的地质遗迹为主体,并融合其他自然景观与人文景观而构成的一种独特的自然区域。

20. 国家森林公园。指由国家林业和草原局批准设立的,森林景观特别优美,人文景物比较集中,观赏、科学、文化价值高,地理位置特殊,具有一定的区域代表性,旅游服务设施齐全,有较高的知名度,可供人们游览、休息或进行科学、文化、教育活动的场所。

21. 国家沙漠公园。指由国家林业和草原局批准设立的,以沙漠景观为主体,以保护荒漠生态系统和生态功能为核心,合理利用自然与人文景观资源,开展生态保护及植被恢复、科研监测、宣传教育、生态旅游等活动的特定区域。

22. 国家石漠公园。指由国家林业和草原局认定的,以多样化的岩溶地貌与生物景观资源为基础,以保护岩溶生态系统及其生态环境为基本出发点,以生态文化建设和科普宣教为主线,合理利用资源开展公众游憩、旅游休闲和进行科学、文化、宣传和教育活动的特定区域。

23. 国家湿地公园。指由国家林业和草原局批准设立的,具有一定规模和范围,以具有显著或特殊生态、文化、美学和生物多样性价值的湿地景观为主体,以保护湿地生态系统、合理利用湿地资源、开展湿地宣传教育和科学研究为目的,可供公众游览、休闲或进行科学、文化和教育活动的特定区域。

24. 国家矿山公园。指由自然资源部、文化和旅游部、生态环境部等评定的,以人类矿业遗迹景观为主体,体现矿业发展历史,具备研究价值和教育功能,可供人们游览观赏、进行科学考察与科学知识普及的特定的空间地域。

25. 国家考古遗址公园。指由国家文物局评定的,以重要考古遗址及其背景环境为主体,具有科研、教育、游憩等功能,在考古遗址保护和展示方面具有全国性示范意义的特定公共空间。

26. 世界遗产。指由联合国教育、科学及文化组织和其组织内的世界遗产委员会确认的,人类罕见的、目前无法替代的、全人类公认的具有突出意义和普遍价值的文物古迹及自然景观。

27. 全国重点文物保护单位。指由国家文物局评定的,具有重大历史、艺术、科学价值,在中华文明中具有标志性地位和全国性意义的最高保护级别的不可移动文物。

28. 国家一级博物馆。指由国家文物局评定的,具有文物、标本收藏保管、科学研究、陈列展览功能,在综合管理与基础设施、藏品管理与科学研究、陈列展览与社会服务等各方面处于最高等级的博物馆。

29. 国家重点美术馆。指由文化和旅游部认定的,具有展览、典藏、研究及公共教育和服务功能,有较好的基础设施、管理和服务,不以营利为目的的公益性美术馆。

30. 中华老字号。指由商务部认定的,历史悠久,拥有世代传承的产品、技艺或服务,具有鲜明的中华民族传统文化背景和深厚的文化底蕴,取得社会广泛认同,形成良好信誉的品牌。

本书分为六卷,即东北卷(包括辽宁、吉林、黑龙江),西北卷(包括陕西、甘肃、青海、宁夏、新疆),华东卷(包括上海、江苏、浙江、安徽、福建、江西、山东,不含台湾),华北卷(包括北京、天津、河北、内蒙古、山西),中南卷(包括河南、湖北、湖南、广东、广西、海南,不含香港、澳门),西南卷(包括重庆、四川、贵州、云南、西藏)。各卷以省级行政区为单位分类归集景点,各类别的景点原则上以认定入选的年份先后为序。本书资料原则上截止于2018年6月。

本书先由夏林根制定框架,选定景点,收集相关基本资料,然后由各分卷编纂者负责校订增补,最后由夏林根通稿审定。在编纂过程中,本书得到了上海杉达学院副校长王馥明教授、副校长娄斌超教授、校长办公室李扬女士,东方出版中心唐丽芳博士,上海奇众信息科技公司总经理高吉瑞先生的大力支持和帮助。本书较多地参考征引了相关政府机关和专业网站的资料,恕不一一列举。谨致谢忱!

目 录 | C O N T E N T S

四川篇

贵州篇

云南篇

西藏篇

重庆篇

重庆简称"渝",别名"山城""巴渝""渝州""雾都""桥都""江城"。南宋淳熙十六年（公元 1189 年），宋光宗赵惇先封恭王再即帝位，自诩"双重喜庆"，"重庆"由此得名。1997 年设为直辖市。

重庆市位于中国西南部、长江上游地区，东邻湖北省、湖南省，南靠贵州省，西接四川省，北连陕西省。总面积 8.24 万平方千米，为中国面积最大的直辖市。

重庆地势由南北向长江河谷逐级降低，西北部和中部以丘陵、低山为主，东南部靠大巴山和武陵山。山地面积占总面积的 76％，丘陵占 22％，河谷平坝仅占 2％。长江干流自西向东横贯全境，流程长达 665 千米。重庆主城区海拔 168—400 米。

重庆属亚热带季风性湿润气候，冬暖春早，夏热秋凉，四季分明，年平均气温 16—18℃。大部分地区年平均降水量 1 000—1 350 毫米，降水多集中在 5—9 月，春夏之交夜雨尤甚，有"巴山夜雨"之说。重庆有"雾都"之称，年平均雾日 104 天，壁山区云雾山全年雾日多达 204 天，堪称世界之最。

重庆市下设渝中、大渡口、江北、沙坪坝、九龙坡、南岸、北碚、渝北、巴南、万州、涪陵、永川、璧山、大足、綦江、江津、合川、黔江、长寿、南川、铜梁、潼南、荣昌、开州、梁平、武隆 26 个区，另有 8 个县、4 个自治县。2018年末，常住人口 3 101.79 万，其中少数民族有 193 万多人，以土家族人口为最多。

重庆是巴渝文化发祥地，曾三为国都，四次筑城，抗日战争时期为"战时首都"，世界反法西斯战争远东指挥中心，被誉为"英雄之城""不屈之城"。长江上游地区的经济、金融、科创、航运和商贸物流中心，西部大开发重要的战略支点，"一带一路"和长江经济带重要联结点。重庆是西南地区最大的工商业城市，国家重要的现代制造业基地，全国重要的粮食主产区、商品猪肉生产基地，全国著名的优质水果、榨菜、桐油、烤烟产地，还享有"中国火锅之都""中国会展名城""世界温泉之都"等众多美誉。

一、中国历史文化名镇

合川区涞滩镇　位于渠江之畔,是"涞滩—双龙湖风景区"的重要组成部分。原名"涞滩古寨",始建于晚唐时期,兴盛于宋代。古镇分上场与下场,一高一低,一上一下,互为照应。上场坐落在雄视渠江的鹫峰山上,其势巍峨。下场在渠江边,紧靠渠江码头,街道两侧民居多为前店后宅。四座城门呈十字对称,400 余间明清时期的小青瓦房高低错落,200 余米的青石小巷古朴典雅,基本保持了明清时代的原始风貌。二佛寺是重庆"巴渝小十景"之一,摩崖石刻造像是国内罕见的佛教禅宗造像集聚点。2003 年入选中国历史文化名镇。

潼南区双江镇　位于涪江下游。因猴溪、浮溪两条溪流形如玉带环绕其周围而名"双江"。建于明末清初。古街石板铺路,现存有中街、东街、上西街、下西街、南街、北街、兴隆街、水巷子、老猪巷九条街道。有全国重点文物保护单位杨氏民居、杨尚昆出生地四知堂、杨闇公旧居邮政局大院、中共潼南区第一个党支部遗址永绥祠等 10 余座清代民居风格的院落,有将军楼和中正室等抗战遗址,有天主堂、禹王宫、关帝庙、张飞庙等宗教祭祀古迹。2003 年入选中国历史文化名镇。

石柱土家族自治县西沱镇　位于长江之滨。原名"西界沱",古为"巴州之西界",因地临长江南岸回水沱而得名。自古就是长江上游重要的深水良港,水陆贸易繁盛。云梯街是长江沿线唯一垂直于江面的街道,从长江边依山坡直上竖建,长达 2 500 米,宛如云梯直上云霄,有"万里长江第一街"的美誉。街道两旁保存着明清时期修建的土家族民居吊脚楼,以紫云宫、禹王宫、万天宫、桂花园等建筑最为著名。2003年入选中国历史文化名镇。

渝北区龙兴镇 位于铜锣山脉与明月山脉之间的南段浅丘盆地,地处两江新区核心区。古称"隆兴",是一个有着600余年历史的文化古镇,共有70余处文化遗址,典型建筑有古庙、古寨、祠堂、老街民居。龙湾森林公园、御临河滨河公园、两江国际影视城等旅游休闲项目,与龙兴古镇旅游互动相融。2005年入选中国历史文化名镇。

江津区中山镇 位于江津区南部,镇域紧邻四面山国家级风景名胜区、大圆洞国家森林公园。古街、古寺、古庄园、古梯田镶嵌在青山绿水间。在这里不仅可以吃"百家宴",看民俗表演,逛历史文化长廊和访古民居街道,而且还能乘坐游船一览古镇全貌。2005年入选中国历史文化名镇。

酉阳土家族苗族自治县龙潭镇 位于重庆市主城区东南部,地处武陵山区腹地,是通达鄂、湘、黔的重要门户。因伏龙山下有两个状如"龙眼"的氽水洞积水成潭,古镇自"龙眼"之间穿过,形如"龙鼻",因而得名"龙潭"。自宋及清600余年的"蛮不出洞,汉不入境"的土司统治政策,造就了古镇独有的建筑艺术和神奇的民族文化。古镇顺湄舒河而建,50多座土家族吊脚楼翘角飞檐。有赵世炎故居、万寿宫、石板街、古井、古桥、古码头、风火墙、龙洞石刻、龙潭水库、三黛沟、渤海古树群、王家大院等景点。2005年入选中国历史文化名镇。

北碚区金刀峡镇 位于北碚区东北部。因金刀峡风景区而得名。有偏岩古镇、金刀峡和胜天湖三大旅游景区。偏岩古镇有着300多年的历史,老街区、古戏台、禹王庙、古客栈、古石桥、玉屏书院等古建筑保存完好,还能欣赏到打连响、山歌会、秧歌舞等民间艺术。金刀峡风景区以峡险、山雄、水秀、瀑多、潭碧而著称。胜天湖四面环山,碧水、秀山、高瀑、怪石、孤岛、游鱼、幽境,是疗养避暑胜地。2007年入选中国历史文化名镇。

江津区塘河镇 位于重庆市江津区与四川省合江县交界处。古镇建于明代,兴盛于清代。古镇核心区有古街区、石龙门园、延重寺三部分,共有明清建筑群近 4 万平方米,被称为"历史建筑博物馆"。镇域内的磜子坪风景区自然资源丰富,散落其间的红岩硐寨群气势雄伟,是研究巴蜀历史文化发展的珍贵资料。古镇还盛产荔枝和高山云雾茶。2007 年入选中国历史文化名镇。

綦江区东溪镇 与贵州省习水县接壤,是万盛石林、南川金佛山、江津四面山等景区的中转地。原名"万寿场",建场已有 2 200 多年,建镇也有 1 300 多年。街道依岩靠水,川黔青石板古道穿镇而过,3 000 余棵黄桷树枝繁叶茂,明清穿斗结构吊脚楼别具一格,素有"渝南第一山水古镇"的美誉。现保存完好的景点有王爷庙、"旌表节孝"牌坊、盐马古道、南华宫、万天宫、麻乡约民信局、太平桥、抗战时期国民政府军事参议院旧址等。摩崖石刻、木雕、川剧评书、龙灯舞狮、唢呐字画、秧歌腰鼓,令人叹为观止。2007 年入选中国历史文化名镇。

九龙坡区走马镇 西临璧山、南接江津,有"一脚踏三县"之称,自古就是成渝路上的重要驿站。古镇历史可追溯到汉代,至明代中叶日趋鼎盛。如今尚存古驿道遗址、古街区、铁匠铺、老茶馆、明清建筑古戏楼、孙家大院、慈云寺遗址等。自古盛行说故事、喝茶、看川剧的习俗,文学气息尤为浓烈。"走马镇民间故事"被列入首批国家级非物质文化遗产名录。每年三月举办"走马观花旅游文化节"。2008 年入选中国历史文化名镇。

巴南区丰盛镇 位于巴南区东部。建于宋朝,店铺林立、商贸发达,素有"长江第一早码头"之称。自然景观、地质奇观颇多,有三潮水(间歇泉群)、出鱼洞、响石、打铁洞、歇凉洞、黑风洞、云封洞等 60 余个溶洞,有天然枫林、响水湖、12 级响水瀑布群。有保存完好的碉楼 6 处,各类寺、庙、寨近30 座,如紫云寺、铁瓦寺、女王庙、江西庙、铁瓦寨、天平寨等。还有散落于民间的根雕、盆景、草编、竹编、刺绣等传统工艺品。盛产优质大米、花菇、西瓜等农产品,是巴南区的绿色食品生产基地。2008 年入选中国历史文化名镇。

铜梁区安居镇 位于琼江、涪江交汇的南岸,乌木溪穿镇而过,是重庆市北部重要的口岸城镇。境内有大安溪(琼江),取"安居乐业"之意,得名

"安居"。始建于隋朝,已有1 400多年的历史。文物古迹众多,明清建筑鳞次栉比。古城内曾有"九宫十八庙",现万寿宫、下紫云宫、元天宫、城隍庙、东岳庙、妈祖庙等八处保存较好。镇东玻仑山上的"玻仑捧月"是著名的"安居八景"中仅存的一处。2008年入选中国历史文化名镇。

永川区松溉镇 位于永川区南部、长江北岸。因境内松子山、溉水而取名"松溉"。古镇有七绝:一是明清建筑,主要是吊脚楼、四合院、穿斗屋;二是祠堂和庙宇,以罗家祠堂、陈家祠堂和清洁寺为代表;三是石板路,蜿蜒曲折近5 000米;四是夫子坟,即注经大师陈鹏飞之墓;五是古县衙,又称"老官庙";六是陈公堰,系明代水利工程,也是优美的自然景观;七是长江温中坝,是重庆长江上游面积最大的中坝。2008年入选中国历史文化名镇。

荣昌区路孔镇 2013年更名为"万灵镇"。西南面临濑溪河,东北依靠起伏的丘陵山峦,是一座以水兴市、以市兴镇的寨堡式古镇。街市依山而建,层层叠叠,素有"小山城"的美誉。主要有大荣寨、明清老街、大荣桥、白银滩、尔雅书院、赵氏宗祠、湖广会馆、影视基地等景点。杀年猪、赛龙舟、缠丝拳等富有特色的民间文化传承至今。2010年入选中国历史文化名镇。

江津区白沙镇 位于渝西南长江之滨,扼川东、黔北咽喉要道。始建于东汉末年。由于长江江畔沙粒呈现白色而得名。国家级深水良港,黔北地区及江津西部的经济、文化、商贸中心和交通枢纽,素有"天府名镇""川东文化重镇"之盛誉。主要景点有白沙古镇景区、驴溪河景区、黑石山景区、老重庆影视拍摄基地等。古镇保存有众多的传统民居、寺庙及西洋风格的洋楼。2010年入选中国历史文化名镇。

巫溪县宁厂镇 位于巫溪县城北隅。三峡地区古人类文明的发祥地和摇篮,有"上古盐都"之称。天然盐卤泉自镇北宝源山洞流出,明清时成为"中国十大盐都"之一,至今保留有秦汉的大宁盐厂遗址。依山傍水,吊脚楼、过街楼等古建筑和民居沿后溪河蜿蜒延伸,青石街道狭长崎岖,三面板壁一面岩,俗称"七里半边街"。2010年入选中国历史文化名镇。

开州区温泉镇　位于开州区东北部。因境内有热泉，四季常温，古名"温汤井"，有着 2 000 多年的历史。温汤井古盐场曾是三峡地区重要的制盐场之一，现已成为当地群众洗澡、泡脚的场所。镇区被东里河一分为二，沿河而建的民房颇有吊脚楼的韵味。境内有国家级风景名胜仙女洞景区、四川名泉温汤泉、幽静险奇的七里潭风景区、始建于乾隆初年的七里潭廊桥等。温泉镇还有元宵对骂、斗亮等独特民俗。2014 年入选中国历史文化名镇。

黔江区濯水镇　位于黔江区东南角。因水而兴，起于唐代，兴于宋代，土家族为主要族群。旅游景区主要有濯水古镇和蒲花暗河。濯水古镇总体格局为"一堤二街三宫六院"，街巷保留完整，有红军渡、水师城门、天理良心文化展览馆、风雨廊桥、八贤堂、万天宫、龚家抱厅、烟房钱庄、汪本善旧居、汪氏油号、万寿宫等景点。蒲花暗河全长 1 600 多米，属典型的喀斯特地貌，主要景点有水上天生三桥、苍天有眼、暗河、大漏斗、间歇泉、赤穴、绝壁栈道、蒲花河峡谷等。文化积淀丰厚，有非物质文化遗产后河古戏和西兰卡普等民间工艺。2014 年入选中国历史文化名镇。

二、中国历史文化名村

涪陵区安镇村　位于青羊镇。青羊镇因北宋年间的青羊铺石岩雕像"青羊"而得名。人文底蕴丰厚，有着重庆最大的明清建筑庄园群，其中最有名的当属陈万宝庄园，为典型的徽派建筑群。龙潭河横穿村落，河上有一座清朝乾隆中期修建的神仙桥，全长 50 米，桥拱远看薄似蛋壳，仅 0.4 米厚，巧夺天工。景点还有青羊湖、青羊铺古遗迹群（青羊浮雕、北宋大文豪苏东坡桂岩石刻、大清皇赐贞节牌坊）、清代石龙井庄园等。2014 年入选中国历史文化名村。

三、全国特色景观旅游名镇(村)

北碚区静观镇 位于嘉陵江东岸。因境内有一古庙静观寺而得名。静观花卉闻名遐迩,以人工造型、园林艺术巧夺天工而见长,素有"中国花木之乡"之称。有建于北宋时期的塔坪寺、王朴烈士陵园、重庆台湾农民创业园、素心村、西部幸福微电影拍摄基地等景点。2010 年入选全国特色景观旅游名镇(村)。

奉节县兴隆镇 位于渝鄂边界七曜山山脉和巫山山脉连接带上,地处天坑地缝风景名胜区腹地。自古是渝鄂边界重要的物资集散中心,因历来商贸繁荣、生意兴隆而得名。镇域内森林资源覆盖率 65% 以上,独特的喀斯特地貌和山地垂直气候,形成了雄、奇、险、秀的兴隆山水。拥有绝世奇观的天坑地缝,鬼斧神工的旱夔门,雄奇险峻的迷宫河、桃源河、九盘河、石笋河、硝坑天坑群,还有如诗如画的茅草坝高山天然草场。2010 年入选全国特色景观旅游名镇(村)。

荣昌区路孔镇 2010 年入选全国特色景观旅游名镇(村)。参见中国历史文化名镇——荣昌区路孔镇。

大足区宝顶镇 位于大足区东北部,地处世界文化遗产大足石刻核心景区。有自唐代至清代的摩崖石刻造像 18 处,共 1 万余尊。宝顶山石刻景区有大佛湾、小佛湾、圣寿寺、佛祖寺、广大寺、万岁楼等,常年香火旺盛。镇域内森林覆盖率 60%,第三产业以荷莲、石雕、冬菜尖、葡蒜、根雕等最有特色,荷花品种较多,尤以西施睡莲和五彩睡莲最为珍稀。2011 年入选全国特色景观旅游名镇(村)。

永川区茶竹村 位于茶山竹海街道。国家森林公园茶山竹海景区的核心区,3.3 平方千米连片的茶园,13.3 平方千米浩瀚的竹海,形成罕见的茶竹共生景观。森林覆盖率高达 97%,负氧离子浓度较高,有天然氧吧之称。主要景点有桂山茶园、青龙茶园等三大片茶园,有金盆竹海、竹海迷宫等六大片竹海,还有朱德楼、田坝子古墓、天子殿、薄刀岭、"永川秀芽"茶叶科技观光示范基地、古寨遗址天堡寨、仿古商业文化街等。每两年举办一次的"国际茶文化旅游节"享誉中外。2011 年入选全国特色景观旅游名镇(村)。

奉节县白帝镇 位于奉节县东部,地处瞿塘峡口,长江北岸。文化底蕴丰厚,南宋军事堡垒白帝城遗址也有部分在该镇,现已挖掘出南宋古城墙遗址 5 600 多米。杜甫曾在此居住,创作诗歌 430 余首。李白曾在该镇清涟溪居住,写下了"朝辞白帝彩云间,千里江陵一日还。两岸猿声啼不住,轻舟已过万重山"的千古名句。主要景点有八阵遗风、紫阳城旧址、杜甫墓碑、赤甲山和、草堂湖等。白帝镇还是奉节脐橙的发源地,创造了"一棵树养活 30 万人"的奇迹。2011 年入选全国特色景观旅游名镇(村)。

忠县石宝镇 位于忠县东部,濒临长江北岸。因境内有被誉为江上明珠的石宝寨而得名。石宝寨出人意料的选址和奇特的建筑艺术令人叹为观止,是长江三峡黄金旅游线路上的重要景点、全国重点文物保护单位。石宝镇还有优美动人的石宝玉印山传说,汉砖、汉阙、汉基等遗迹。有后溪湖休闲度假区(包括渔人码头、水上游乐园、后溪湖湿地公园)、三峡民俗风情街、乡村民俗体验区(巴渝民宿院落、崇圣寺、生态农业观光体验园区)、三峡盐浴体验区等景点和以吴毅烈士故居、秦伯卿烈士故居为主的红色革命教育基地。2011 年入选全国特色景观旅游名镇(村)。

江津区洪洞村 位于四面山镇。周边有水口寺景区、大窝铺原始森林等景区。自 2000 年退耕还林后,70%的村民产业转移,主要从事生态旅游服务业,洪洞村成为"民改宿"的主力军。森林覆盖率98.5%,拥有集体林面积44.7 平方千米,林业产业年产值超千万元。2017 年入选全国第一批"绿色村庄"。2011 年入选全国特色景观旅游名镇(村)。

涪陵区蔺市镇 位于"中国榨菜之乡"涪陵的西郊。濒临长江,是长江黄金水道上的重要水码头。已有 800 多年历史,自古有"君子镇"之美誉。

旅游资源丰富,有风景秀美的梨香溪、中西合璧的红酒小镇、100 多平方千米的坪上田园自然风光。人文底蕴深厚,有东方剑齿象化石遗址、凤阳新石器殷商遗址、战国至两汉墓群等遗址遗迹,有以雷家大院、大屋基碉楼、状元堡、四方井、四坪寨等为代表的民居建筑,还有流传至今的龙舞、评书等表演艺术形式以及特醋、油醪糟等民俗传统工艺。2011 年入选全国特色景观旅游名镇(村)。

万州区甘宁镇 位于万州区西南部。因三国东吴名将甘宁而得名。万州大瀑布宽 151 米,高 64.5 米,面积达 9 739.5 平方米,宽度与面积均为亚洲之最。甘宁湖是万州大型饮用水源地,水质优良。人文历史悠久,有何其芳故居、抗日阵亡将士纪念碑、陆安桥等文物保护单位,有修建于清代道光年间的皇兴寨等古建筑。甘宁鼓乐是重庆市非物质文化遗产,至今已有 1 800 多年历史。森林覆盖率达 49%,是万州的森林生态镇之一。2015 年入选全国特色景观旅游名镇(村)。

涪陵区武陵山乡 位于武陵山脉乌江下游东岸。武陵山海拔 1 968 米,多为喀斯特地貌,造就了武陵山大裂谷风景区,山、林、泉、洞、瀑、崖、湖、潭、峡、坑、缝一应俱全,铜墙铁壁、如来神掌、将军石、青天峡地缝等景点堪称一绝。森林面积 118 平方千米,森林覆盖率达 83%,是涪陵区最大的林区乡。武陵山国家森林公园坐落于此,峰峦叠嶂、林海茫茫。还有不少人文景观,其中最负盛名的为角帮古寨,寨内有 99 个"宝顶",素有"百顶村"之称。2015 年入选全国特色景观旅游名镇(村)。

九龙坡区白市驿镇 明清时期设驿站于此,商贾云集,物产丰富,素有"白日场"之称,故而得名"白市驿"。形成了以机械制造、花卉园艺、食品加工、家具生产四大产业为主的产业集群。有以陶然居建设示范基地、贝迪温泉农业、以莉之园、蓝湖园、巴渝风情园等为代表的休闲旅游服务业,还有驿都花海、白市驿森林公园等风景区。2015 年入选全国特色景观旅游名镇(村)。

綦江区黑山镇 位于云贵高原向四川盆地过渡的大类山余脉。镇域内有著名的黑山谷景区,由黑山谷、龙鳞石海两个景区组成,有峻岭、峰林、幽峡、峭壁、森林、竹海、飞瀑、碧水、溶洞、仿古栈道、浮桥、云海、田园、原始植被、珍稀动植物等各具特色的景观,以森林峡谷、飞泉流瀑为特色。资源丰富,有白云石、萤石、高岭土等矿产资源,还有以猕猴桃、方竹笋为主的农业资源。2015年入选全国特色景观旅游名镇(村)。

巴南区东温泉镇 位于巴南区东部。境内的东温泉风景区历史悠久,温泉水总储量45亿立方米,日可开采量5万立方米。景区内的东温泉热洞,是世界喀斯特地貌上唯一的恒温温泉热洞。境内还有始建于明朝嘉靖年间的白沙禅寺,入选重庆市"十大森林氧吧"的木耳山,长江一级支流五布河,仙女峰、飞鹰峰、慈云峰、翠屏峰、宁安山等奇山异峰,仙女洞、古佛洞、打儿洞、龙洞清泉等溶洞奇观,狮子蓬莱岛屿仙境、双江胜景、关津峡谷等河谷奇观。2015年入选全国特色景观旅游名镇(村)。

长寿区长寿湖镇 位于龙溪河流域中下游的长寿湖畔。因境内的长寿湖而得名。长寿湖因人工拦截龙溪河建设狮子滩水电站而形成,水域面积65平方千米,是西南地区最大的人工湖之一,湖中有203个岛屿,湖湾岛汊交织,浅滩成片。镇域内还有展示巴渝文化、福寿文化的长寿(菩提)古镇,每年举办庙会节、巴渝文化节、啤酒火锅节、万寿节千叟宴、柚子节等活动。2015年入选全国特色景观旅游名镇(村)。

武隆区仙女山镇 位于武隆区中北部。植被保护良好,森林覆盖率63%。旅游资源丰富,有仙女山国家森林公园、天生三桥、龙水峡地缝、石院天坑、大型实景歌会《印象武隆》等自然和人文旅游资源。现有休闲农庄、生态水果、可食花卉、科技烤烟、厚朴药材五大特色产业。2015年入选全国特色景观旅游名镇(村)。

万州区凤凰村 位于太安镇。资源丰富,有重庆最大的高山茶园、重庆最壮观的梯田、重庆最古老的桂花树、深厚的农耕文化、连片的杜鹃林。现已建成中华金桂、千层梯田、盐茶古道、司南古祠、茶岭文化广场、茶岭古泉、双峰望日、杜鹃花海、乡村风物观光园、气象科普基地、漫步走廊、大坡茶田、火棘幽径 13 个景点。成功打造了三峡乡村旅游节、三峡帐篷节、三峡茶文化节、三峡茶乡放歌等节会活动品牌。2015 年入选全国特色景观旅游名镇（村）。

綦江区石坪村　位于永新镇西部。主要产业为梨子种植和乡村旅游。位于石坪村的梨花山核心景区，有观景台、同心亭、赏花亭、梨树王等 10 处赏花点。梨花丛中，梨文化古诗词石碑镌刻着千年来文人对梨花的咏叹，纵横交错的梨花步道连接着核心景区每一片梨园。梨花山每年举办永新梨花节，形成以"春看花、夏观树、秋品梨"为特色的缤纷景观。2015 年入选全国特色景观旅游名镇（村）。

渝北区印盒村　位于统景镇北部。出产的"歪嘴李"蜚声海内外。依托万亩李林，大力发展乡村旅游，打造了火烧坡、茅岭坡、同心柏、水石坝等 30 余个景点。农家菜、农家米、野芹菜、野山药等深受游客喜爱。每年举办李花赏花季和采摘季活动。以花为媒，以节会友，配合统景温泉打造"泡温泉、赏李花、品名果"的都市生态休闲游精品路线。2015 年入选全国特色景观旅游名镇（村）。

巫溪县红池村　位于文峰镇，地处大巴山东段南麓，东接长江三峡风景名胜区的大宁河景区，是大宁河的源头。红池坝位于红池村的核心区。红池坝海拔 1 800—2 630 米，林草覆盖率 85%，是"中国南方第一大高山草场"；坝域内有云中花海、天子城草原、西流溪、团城峡谷、十二垭山地、度假区等六大区域 50 余个景点，素有"云中花海，锦绣草原"之称。种植业以高山蔬菜和中药材为主，养殖业以黄牛、板角山羊及生猪为主，农副产品远销海内外。2015 年入选全国特色景观旅游名镇（村）。

彭水苗族土家族自治县阿依河村　位于绍庆街道。村域内有阿依河景区，苗家人把善良、美丽、聪慧的女子称为"娇阿依"，阿依河因此得名。阿依河景区有峡谷听音、竹筏放歌、碧潭戏水、浪遏飞舟、情定苗寨、青龙天梯、青龙洞和青龙谷八大旅游项目，融山、水、林、泉、峡于一体，集雄、奇、险、秀、幽于一身，徒步穿行可观奇花异草，荡舟江上可赏激流险滩，夜宿山寨可品苗家美味。民俗风情浓郁,至今还保留着古老的造纸术。2015 年入选全国特色景观旅游名镇(村)。

四、中国特色小镇

万州区武陵镇 位于万州区、忠县、石柱县交界处。始建于北周时期,苏洵、苏轼、黄庭坚、王周等名家曾在武陵作诗留赋。遗址众多,有涪溪口遗址、麻柳沱遗址、武陵遗址群、木枥观遗址等。遗址群规模庞大,历史跨度为旧石器至明清,先后出土文物达 2 万余件,其中汉阙、虎钮錞于王等为国宝级文物。旅游景点主要有汉文化古镇、石桥水乡湿地公园、四面山、木枥山、二面岩、黄金雁谷龙眼生态农业园等。武陵板凳龙、武陵龙舟是非物质文化遗产项目。2016 年入选中国特色小镇。

涪陵区蔺市镇 2016 年入选中国特色小镇。参见全国特色景观旅游名镇(村)——涪陵区蔺市镇。

黔江区濯水镇 2016 年入选中国特色小镇。参见中国历史文化名镇——黔江区濯水镇。

潼南区双江镇 2016 年入选中国特色小镇。参见中国历史文化名镇——潼南区双江镇。

南川区大观镇 位于南川区西北部。镇域内的重庆乡村旅游十二金钗大观园,由薰衣草园、玫瑰园、蓝莓园、香草园、樱花园、荷花园等 12 个花果园区组成,每月有花开,四季景不同。人文底蕴厚重,出过历史文化名人张竟若,有特色建筑张之选碉楼,有"香宝舞"、重庆"'三不加'酱·醋"等文化传承,还有农耕文化博物馆、乡愁馆、川军抗战实景演出等文化项目。打造了蓝莓、香草、薰衣草、荷花、中药材、百合等 10 个千亩产业园,建设了重庆市中医药科技产业园。2017 年入选中国特色小镇。

永川区朱沱镇 位于长江之滨。唐高祖武德初年在此设县,有 1 400 年左右的历史。长江黄金水道流经镇内 15 千米,自古有"重庆长江上游第一镇"之称。旅游景点有朱沱老街、望山寺、汉东城遗址、朱沱烈士陵园、深水码头等,其中古镇以"四院三楼两门一寺"最有特色。2017 年入选中国特色小镇。

垫江县高安镇 位于垫江县城的东部,是垫江县重要的交通枢纽。平均海拔 420 米,气候温和,景色宜人,森林公园宝鼎山杜鹃奇秀,长江一级支流龙溪河穿镇而过,城在水中、水在城中,推窗见绿,人居环境优美。历史最早可以追溯至春秋时期,传统文化厚重,有宝鼎寺庙、瞎马古寨先民生活遗址以及出土的商代新石器等古迹文物,舞龙狮、赛唢呐、薅秧歌等传统文化活动蓬勃开展。2017 年入选中国特色小镇。

大足区龙水镇 位于大足区东南部,濑溪河穿镇而过。始建于唐代乾元初年,距今 1 200 余年,古有"昌州"之名。因龙溪河流经此地且水源丰富而得名。龙水湖与大足石刻交相辉映,素有"小西湖"之雅称;湖面如碧玉似翡翠,点缀着108 个形态各异、姿态万千的小岛。已初步形成五金机电、五金材料、汽摩配件、钢模铸造、农用机械五大特色产业,被称为"五金之乡"。2017 年入选中国特色小镇。

铜梁区安居镇 2017 年入选中国特色小镇。参见中国历史文化名镇——铜梁区安居镇。

江津区白沙镇 2017 年入选中国特色小镇。参见中国历史文化名镇——江津区白沙镇。

合川区涞滩镇 2017 年入选中国特色小镇。参见中国历史文化名镇——合川区涞滩镇。

长寿区长寿湖镇 2017 年入选中国特色小镇。参见全国特色景观旅游名镇(村)——长寿区长寿湖镇。

酉阳土家族苗族自治县龙潭镇 2017 年入选中国特色小镇。参见中国历史文化名镇——酉阳土家族苗族自治县龙潭镇。

五、中国历史文化街区

磁器口历史文化街区 位于沙坪坝区。占地面积 1.5 平方千米。始建于宋真宗咸平年间,是嘉陵江下游著名的商业码头。清朝初年,因盛产和转运瓷器,得名"瓷器口",后更名为"磁器口"。拥有"一江两溪三山四街",马鞍山、金碧山、凤凰山三山遥望。凤凰、清水双溪漾洄并出,嘉陵江由北而奔,形成天然良港。主要景点有川东山地民居(钟家院、童家院)、水码头、华子良陈列馆、深水井、九石缸、宝轮寺、文昌宫、古玩陶瓷艺术馆等,蕴含着丰富的巴渝文化、宗教文化、沙磁文化、红岩文化和民间文化,是重庆古城的缩影和象征,被称为"小重庆"。2015 年入选中国历史文化街区。

六、国家级文化生态保护实验区

武陵山区(渝东南)土家族苗族文化生态保护实验区 位于重庆市东南地区土家族、苗族聚居地"二区四县"——黔江区、武隆区、酉阳县、石柱县、秀山县、彭水县,占地面积 1.98 万平方千米,总人口 377.69 万。主要包括酉水河流域土家山寨文化生态带、阿蓬江流域土家族苗族民俗文化生态带、酉阳土司历史文化与多民族文化生态交融带、黔江小南海土家族村寨民俗文化生态带、洪安边城传统商贸文化生态带、秀山龙凤花海文化生态带、梅江苗族特色民俗文化生态带、郁江流域彭水盐丹黔中文化生态带、诸佛江流域苗家文化生态涵养带、芙蓉江武隆浩口仡佬族特色文化生态带、武隆东北部苗族土家族文化生态带、"巴盐古道"文化生态保护带、武陵山区龙河流域土家传统民族文化生态保护带等重点区域。该地区有南溪号子、石柱土家啰儿调、玩牛、秀山花灯、秀山民歌、酉阳民歌、土家族摆手舞、高台狮舞、苗族民歌等 11 个国家级非物质文化遗产（代表性项目）；西兰卡普、后坝山歌、马喇号子、帅氏莽号、濯水后河戏等 115 项市级非物质文化遗产；南腰界红三军司令部旧址、赵世炎故居、重庆冶锌遗址群（石柱）三处全国重点文物保护单位；石柱西沱、酉阳龙潭、黔江濯水、秀山洪安等五个重庆历史文化名镇；银杏村、天池坝村、新建村、民族村、大河口村、镇佛山村等 45 个中国传统村落。2014 年入选国家级文化生态保护实验区。

七、国家生态旅游示范区

四面山旅游区　位于重庆市西南部，属云贵高原大娄山北翼余脉，系地质学上的倒置山。占地面积 213 平方千米，分为东、西两个部分，东部景区由龙潭湖、望乡台、珍珠滩、土地岩、大洪海组成，西部景区由水口寺、飞龙庙、大窝铺组成，共八大景区 130 个景点。四面山被称为"千瀑之乡"，其中望乡台瀑布堪称"华夏第一高瀑"；以土地岩为代表的丹霞地貌发育完整，与瀑布组合呈现出"水映丹霞"的独特美景；森林覆盖率 95.14%，是地球同纬度规模最大、保存最完好的亚热带常绿阔叶林带之一；神秘莫测的灰千岩摩崖壁画，尽显先巴文化。2014 年入选国家生态旅游示范区。

天生三桥—仙女山国家生态旅游示范区　位于武隆区。由仙女山国家森林公园和天生三桥两个景区构成。仙女山国家森林公园占地面积 89.1 平方千米，平均海拔 1 900 米，最高峰海拔 2 033 米，以独具魅力的高山草原、南国罕见的林海雪原、青幽秀美的丛林碧野景观而闻名。天生三桥又名"武隆天坑"，属典型的喀斯特地貌，三座天然形成的石拱桥天龙桥、青龙桥、黑龙桥纵向排列，平行横跨在羊水河峡谷上，形成了"三桥夹两坑"的奇特景观，是亚洲最大的天生桥群。2013 年入选国家生态旅游示范区。

巫山小三峡—小小三峡生态旅游区　位于巫山县。巫山县位于四川盆地最东沿,东临湖北省巴东县,南接湖北省建始县,西抵重庆市奉节县,北依重庆市巫溪县,东北与湖北省神农架林区接壤,被誉为"渝东门户"。巫山县最早为三峡地区古鱼国属地,已有 2 200 多年历史。小三峡景区位于大宁河下游,与长江大三峡景区毗邻,全长约 6 万米,景区内有峻岭奇峰、飞瀑清泉,还有巴人悬棺、船棺、古寨等珍贵的历史遗迹。小小三峡位于马渡河(大宁河支流),全长 1.5 万米,为三撑峡、秦王峡、长滩峡三段峡谷的总称,是小三峡风景区的重要组成部分和延伸景点。2015 年入选国家生态旅游示范区。

金佛山生态旅游区　位于南川区,地处大娄山脉北部。最高峰海拔 2 238 米,森林覆盖率 95% 以上,有"天然植物陈列馆"之称。每当夏秋晚晴,落日斜晖把层层山崖映染得金碧辉煌,如一尊金身大佛射出万道霞光,金佛山因此而得名。金佛山属典型的喀斯特地貌,峰谷绵延数十条大小山脉,屹立 100 多座峭峻峰峦。天然溶洞星罗棋布,以古佛洞最为著名,洞中有山、河、坝,洞中有洞,层层交错。原始常绿林中生长有 2 997 种植物。以独特的自然风貌,品种繁多的珍稀动植物,雄险怪奇的岩体造型,神秘幽深的洞宫地府,变幻莫测的气象景观和名刹古寺遗迹,被誉为"东方的阿尔卑斯山"。2015 年入选国家生态旅游示范区。

八、全国红色旅游经典景区

红岩革命纪念馆　位于渝中区嘉陵江畔。占地面积 1 780 平方米,建筑面积 5 300 平方米,展厅面积 4 900 平方米。馆名由董必武题写。外墙体采用一万余块优质红色花岗石干挂而成,整幢建筑宛如一块卧倒的巨大红色岩石，象征以中国共产党人在重庆培育的红岩精神坚如磐石。四层楼，展出原中共代表团、中共中央南方局、八路军办事处和《新华日报》的大量资料和历史照片。2005年入选全国红色旅游经典景区。

歌乐山革命烈士陵园 位于沙坪坝区歌乐山下。原是白公馆、渣滓洞集中营旧址。园名由邓小平题写。占地2.14平方千米，主要由集中营旧址、烈士群雕、烈士诗文碑林、大型浮雕、烈士墓、陈列总馆等几部分组成。烈士群雕由438块红色花岗石组成，主题为"浩气长存"，四面分别刻有"宁关不屈""前仆后继""坐穿牢底""迎接曙光"几个金色大字。2005年入选全国红色旅游经典景区。

刘伯承同志纪念馆 位于开州区汉丰镇盛山公园内。邓小平题写馆名。占地面积5 050平方米，建筑面积2 290平方米，由主展馆和东、西部景区组成。纪念馆前矗立着中央军委铸赠的刘伯承元帅铜像，高6.1米。主展馆分内外两进院落，共有六个展厅，分别为"壮志英华，从戎救国""土地革命，屡建奇功""烽火抗战，尽显神威""解放战争，功勋卓著""开国元勋，再铸伟业""一代名帅，风范千秋"。2005年入选全国红色旅游经典景区。

聂荣臻元帅陈列馆 位于江津区西郊，背倚青山，面临长江。由主馆和铜像广场组成，占地面积约1.3万平方米。铜像广场宽阔平坦，两组大型浮雕分列左右，聂荣臻元帅铜像耸立中央。主馆建筑面积3 647平方米，主体建筑碑馆合一，内部主要陈列聂荣臻元帅生平事迹遗物，由瞻仰大厅、陈列厅、聂荣臻元帅模拟办公室和卧室、中国卫星发射演示厅、游客接待中心等几部分组成。2005年入选全国红色旅游经典景区。

赵世炎烈士故居 位于酉阳县龙潭镇。赵世炎是中国共产党创始人之一，1927年被捕牺牲。故居原名"赵家庄屋"，始建于清代光绪年间，木质结构四合院，占地面积1 605平方米，瓦房32间，八字朝门门檐上悬"琴鹤世家"匾额，邓小平题"赵世炎烈士故居"几个大字悬于大门之上。现主要有赵世炎同志故居、赵世炎烈士陈列馆、赵世炎烈士凭吊广场等。2005年入选全国红色旅游经典景区。

"11·27"大屠杀遗址　位于沙坪坝区歌乐山麓的白公馆与渣滓洞监狱。1949年11月27日,重庆解放在即,国民党反动派对囚禁在白公馆、渣滓洞等监狱的革命志士进行了疯狂屠杀,制造了震惊中外的"11·27"大屠杀。2005年入选全国红色旅游经典景区。

红岩魂广场及陈列馆　位于沙坪坝区歌乐山脚下,地处烈士墓区。红岩魂广场原址为中美合作所阅兵场,占地面积2.2万平方米。广场内以"浩气长存"为主题的赤色花岗石烈士群雕高耸入云,烈士群雕周围有烈士诗文碑林和《血与火的洗礼》大型壁画。陈列馆占地6 000多平方米,分为"歌乐山历史的见证""歌乐山历史的记录""歌乐山历史的悲壮""歌乐山属于历史"四个部分。2005年入选全国红色旅游经典景区。

中美合作所　位于沙坪坝区歌乐山下的烈士陵园内。全称为"中美特种技术合作所",组建于1942年,是国民党军事委员会调查统计局(简称"军统局")和美国海军参谋部情报署共同创建的训练特工的场所,下设秘书室、军事组、情报组、气象组、特警组、侦译组、心理作战组等。有房屋800余间,包括渣滓洞、梅园、造石场、白公馆、五灵观等地在内的大片土地被划为禁区。2005年入选全国红色旅游经典景区。

国民党军统集中营　位于沙坪坝区歌乐山下的烈士陵园内。以白公馆、渣滓洞监狱为主的歌乐山军统集中营,是1939—1949年11月国民党军统局秘密关押和屠杀共产党人和抗日爱国民主人士的监狱。2005年入选全国红色旅游经典景区。

杨闇公旧居及烈士陵园　位于潼南区双江镇。杨闇公是中共四川地区早期组织的创建者和领导人,牺牲于重庆佛图关,时年29岁。旧居包括源泰和大院、邮政局大院和杨家祠堂,占地面积近6 000平方米。烈士陵园由邓小平题写园名,占地面积3.37万平方米,包括入口休憩、办公区、陵园瞻仰区以及森林公园区四个部分。2005年入选全国红色旅游经典景区。

川陕苏区城口县苏维埃政权遗址　位于城口县苏维埃政权纪念公园内。为纪念红四方面军解放城口后成立城口县苏维埃政权而建。占地面积

4 700 余平方米,内有苏维埃政权纪念碑、川陕苏区城口纪念馆、追思广场、红军文化叙事墙、国家领导人亲属和红四方面军老战士题词等参观点。其中川陕苏区城口纪念馆占地 500 平方米,展出图片 1 000 余幅。2005 年入选全国红色旅游经典景区。

南腰界革命根据地 位于酉阳县西南部。1934 年 6 月,贺龙、关向应率领中国工农红军第三军(原红二军团)转战来到南腰界,创建了以南腰界乡为中心的川黔革命根据地。同年 10 月,萧克、王震、任弼时率红六军团与红二军团会师于此。完好地保存着中国工农红军第三军司令部旧址、红军会师纪念亭、红军烈士墓、红军石板街、红二六军团会师旧址、红军纪念亭、十大政纲、南腰界区苏维埃成立大会会址、大坝场战斗遗址等革命遗址 56 处。2005 年入选全国红色旅游经典景区。

万州革命烈士陵园 位于万州区的太白岩下。1994 年将三峡库区淹没线下近千个烈士纪念标志统一迁建于此,建成万州革命烈士陵园。占地面积 2.73 万平方米,陈列馆建筑面积 3 200 余平方米,有历史图片 500 余幅、烈士遗物 1 000 余件,展示了 5 600 多名革命烈士的光辉业绩。主要景点有纪念碑(亭)、烈士墓雕、烈士事迹陈列馆、大型英烈群雕、柱雕、烈士英名墙、瞻仰广场等。现为全国重点烈士纪念建筑物保护单位、全国爱国主义教育示范基地。2016 年入选全国红色旅游经典景区。

中共中央南方局暨八路军驻重庆办事处旧址 位于渝中区红岩村。这里是中国共产党领导的八路军、新四军驻渝办事处,也是中共中央南方局在国民党统治区开展统一战线工作的大本营,周恩来、董必武、叶剑英等中国共产党领导人曾长期在此生活、战斗。旧址大楼建于 1939 年,占地面积 500 余平方米,建筑面积 1 186 平方米,共有大小房间 54 间。2011 年入选全国红色旅游经典景区。

国共合作遗址群及抗日民族统一战线遗址群 位于南岸区黄山风景区。现存十余处遗址,均为民国时期建造的官邸式建筑,包括云岫楼(蒋介石官邸)、莲青楼(美军顾问团住址)、孔园(孔二小姐别墅)、望江亭观景点等。开辟了云岫楼、松厅、孔园、侍从室、云峰楼、莲青楼六处遗址作为基本陈列展厅,展厅面积共计 2 754 平方米。2011 年入选全国红色旅游经典景区。

邱少云烈士纪念馆 位于铜梁区少云公园凤山之巅。邱少云是中国人民志愿军"特等功臣""一级英雄",在抗美援朝战争中牺牲于 391 高地。该馆由纪念碑和英雄事迹陈列厅两部分组成。邱少云烈士纪念碑高 15 米,碑顶是 5 米高的烈士青铜塑像,碑名由朱德题写。英雄事迹陈列厅面积 1 700多平方米,设有序厅、书画陈列厅和四个英雄事迹展览厅,展出烈士衣物、图片等 250 余件。2016 年入选全国红色旅游经典景区。

九、全国农业旅游示范点

牡丹生态旅游区 位于垫江县太平镇。垫江是"牡丹故里",垫江牡丹系"华夏牡丹之源",从西汉武帝年间种植至今已有 2 000 多年的历史。占地面积 4.5 万亩,在华夏牡丹花海生态园基础上,打造了太平湖牡丹精品园、百灵山牡丹艺术园、恺之峰牡丹文化园三大旅游项目。牡丹种植面积达 2.5 万亩,居全国之首。2004 年入选全国农业旅游示范点。

黄瓜山百里果乡 位于永川区城区南面的黄瓜山上。黄瓜山山势雄伟,地貌奇特,有白岩槽、象鼻嘴、踏蹄沟、虎头山等自然景区。占地 16.65 万亩,有梨、杨梅、蓝莓、枇杷等观赏性经济作物 6 万亩,形成中华梨园、桃花源、卫星湖度假区、建工农庄等景观片区。生产黄瓜山梨、大米、花生等绿色食品,是绿色食品基地。2004 年入选全国农业旅游示范点。

金果园生态旅游区 位于北碚区缙云山麓,地处嘉陵江畔。占地面积1 380 亩,其中森林面积 795 亩、果园面积 900 亩。以四季花果为主题,主要有果桑园、樱桃园、枇杷园、桃园、梨园、蜜橘园、脐橙园、锦橙园、塔罗科血橙园、葡萄园,共有 40 余个优质特色瓜果品种,形成春夏有果桑、桃、樱桃、枇杷、葡萄,秋冬有各类柑橘的"四季皆花,四时有果"的生态景观。2004 年入选全国农业旅游示范点。

璧山老城生态农业园区 位于璧山区城区以西的云雾山中,与国家森林公园青龙湖毗邻。占地面积 1 950 亩,生态农业基地面积 900 亩,种植有 500 亩七蕊黄花、300 亩四季花果园和 100 亩云雾绿茶园。园区内还有宋代寨门、水磨娱乐、七星宝刀、宋街遗址、宋将足迹、宋代古栈道等人文景观。2004 年入选全国农业旅游示范点。

皇田现代农业观光园 位于九龙坡区杨家坪。集旅游观光、休闲度假、花卉生产、种苗繁育于一体,是目前国内规模最大、设施最先进、品种最齐全、品质最卓越的红掌(安祖花)生产基地。红掌花叶俱美,花期长,为优质的切花材料。还有紫薇、玉兰、红梅、杜鹃、蒲葵、月季等花卉苗木。2004 年入选全国农业旅游示范点。

东升茶山农业观光园 位于潼南区东梓潼街道李台村茶树湾。东升茶山属浅丘地貌,坡丘起伏不大,地势相对平坦,夏无酷暑,冬无严寒,四季分明。观光园由茶叶基地、茶叶研究所、茶叶加工厂、藏粮湖四个部分组成,现有 5 000 亩茶林和 300 亩茉莉花,蓄水量达 150 万立方米的藏粮湖也坐落在这里。2004 年入选全国农业旅游示范点。

中国柑橘城 位于忠县。主要景点有三峡柑橘工程技术中心、容器脱毒柑橘苗木繁育中心、现代化柑橘非浓缩汁加工厂、高标准柑橘示范果园、6.45 万亩柑橘示范果园基地、橘园酒店和学员培训中心,是世界首家展示柑橘育苗、种植管理、品种博览、加工制汁、鲜果处理的生态园区。2005 年入选全国农业旅游示范点。

秀芽茶叶观光基地 位于永川区茶山竹海国家森林公园的前段。占地面积 1 500 亩。由茶叶品种基因库、生态茶叶种植区、茶叶加工培训区、游客观光采茶区(制茶区)、多功能游乐服务区五大部分组成。培育出了蜀永系列等 10 余个国家级茶叶品种,南疆、早白尖等四个省级茶叶品种,集茶叶科技试验、示范、培训、茶文化知识普及、生态旅游观光于一体。2005 年入选全国农业旅游示范点。

佛建生态观光园 位于丰都县兴义镇水天坪。占地面积 3 750 亩,已建成畜牧养殖繁育示范推广、蔬菜花卉栽培示范、水产养殖休闲、优质水果观光开发四个功能区,有金地休闲度假园、近海山庄、水天原山庄等休闲度假娱乐设施。2005 年入选全国农业旅游示范点。

十、全国休闲农业与乡村旅游示范点

花漾栖谷休闲农业体验园 位于北碚区静观大坪村。占地 1 005 亩,是集蔬菜种植、水果采摘、养殖垂钓、花木销售以及餐饮住宿等于一体的原生态城郊乡村休闲农业旅游目的地。2013 年入选全国休闲农业与乡村旅游示范点。

秀山土家族苗族自治县花灯寨 位于秀山县城郊生态农业示范园区内。建筑以秀山地区古老的吊脚楼群和仿古建筑四合院为主,寨内绿树成林、流水穿寨,是融地方文化、民俗活动、民间艺术、风味小吃、土特产制作等内容于一体的综合性旅游场所。在这里,可以观赏秀山花灯歌舞表演,领略摆手舞、苗舞、花灯舞等民间舞蹈,品尝秀山米豆腐、油粑粑、粉粑、糍粑、社饭、石堤豆腐鱼等风味小吃。2013 年入选全国休闲农业与乡村旅游示范点。

百果红风情生态沟 位于玉峰山镇。已建成葡萄基地 6 750 亩,有瑜峰山、碧森源、百果红、恒业、蜀天、荣春红、提香、雅婷、蟠桃园、香浓硕共十家果园,拥有规模较大的葡萄主题公园和葡萄景观长廊。2013 年入选全国休闲农业与乡村旅游示范点。

南沱休闲观光生态农业园 位于涪陵区南沱镇。核心农业旅游区占地面积 1.8 万亩,辐射旅游休闲区 1.2 万亩。种植有龙眼、荔枝、柑橘、枇杷等特优水果 7 950 亩,榨菜、竹笋约 2.3 万亩,育苗基地 2 205 亩,主导产业及产品已获得"涪陵龙眼""涪陵黑猪"两个国家地理标志证明商标。其中"涪陵黄壳一号"龙眼,填补了涪陵地方特色水果的空白。2014 年入选全国休闲农业与乡村旅游示范点。

巴岳山—玄天湖休闲农业与乡村旅游示范园区 位于铜梁区西部的农林大世界,前临淮远河,后依巴岳群山,右邻黄门风情小镇和玄天湖风景区。占地面积约 1 万亩,主要由柳月湖、葡萄生产基地、飞龙湖、百果园长廊、农业生活体验区、家朋农庄、休闲养生区七个部分组成。2014 年入选全国休闲农业与乡村旅游示范点。

奇圣现代观光农业生态产业园 位于开州区长沙镇齐圣村。齐圣村山地面积占 90%,海拔从 100 多米至 1 100 多米,适宜发展差异化果树产业。在海拔 500 米处的山腰种植红心猕猴桃 1 500 亩,在海拔 200—500 米间发展优质柑橘 1 800 亩,在高海拔地区种植优质蓝莓 195 亩,因地制宜,耕山致富。建有集会议培训、休闲娱乐、餐饮住宿于一体的齐圣庄园,以及一批有特色的民宿和农家乐。2014 年入选全国休闲农业与乡村旅游示范点。

铜梁洞森林公园友缘山庄 位于合川区南津街铜梁洞后山,地处铜梁洞森林公园核心区内。占地面积 300 亩,建筑面积 1 万多平方米,是集自然风光、民族风情、文化体验、亲子互动、生态农业、休闲采摘等于一体的都市休闲度假生态旅游胜地。有盘龙阁、桃花岛、松林坡、海棠苑、桂花林、民俗文化广场、绿色采摘区、观光长廊、友缘湖等景点。2014 年入选全国休闲农业与乡村旅游示范点。

万灵山旅游度假区 位于荣昌区东隅。占地面积 3.6 万亩。西南临蜿蜒流过的濑溪河水,东北靠起伏的丘陵山峦。街市依山而建,层层叠叠,素有"小山城"的美誉。2015 年入选全国休闲农业与乡村旅游示范点。

三峡库区峻圆生态休闲观光产业园 位于云阳县盘龙街道。占地面积 7 050 亩。以峻圆枣业基地为核心,深挖古枣文化,研发高品质的枣类产品,全力打造"青山、清水、亲家园"为主题的现代农业示范基地,形成了集枣业发展、科普体验、健康养生、休闲观光、产业化经营于一体的生态休闲观光产业园。2015 年入选全国休闲农业与乡村旅游示范点。

八龙莼乡休闲农业示范园 位于渝鄂边界的石柱县八龙村,是石柱大黄水旅游区的重要节点。八龙村生态良好,风景秀丽,植被茂盛,种植莼菜4 050 亩,是中国最大的莼菜基地。依托独特的农业资源和山水风光,构建了"山上种莲,水中种莼,家中迎客"的立体产业体系。建设有云中花都、白天池滑雪场、莼菜湿地公园,正逐步实现"春可品莼赏花、夏可避暑纳凉、秋可采风摘果、冬可滑雪泡泉"的目标。2015 年入选全国休闲农业与乡村旅游示范点。

长龙山山地观光农业示范区 位于奉节县公平镇。长龙山为大巴山余脉,蜿蜒数十里,山势狭长,险峻称奇,宛若游龙,断处悬崖绝壁似巨龙昂首。两溪环绕巨龙,四周山峰拱列,青松苍翠,松涛阵阵,有四山朝拱之象。如遇雨过天晴,云雾缭绕其间,犹如巨龙翻腾,吞云吐雾,几欲横空出世,为渝东一大胜景。2015 年入选全国休闲农业与乡村旅游示范点。

金色杨柳生态旅游观光区 位于忠县拔山镇杨柳村。以约 1.99 万亩的柑橘园为基础建设的生态旅游观光区。建设有少穆陵园、水工渡槽、川东民居、橘海丽景、国泰龙井、金家大院、凤凰湖畔、生态渔村、金河堤柳和民俗广场等景点。万亩柑橘成熟,满眼尽是黄金橘,每年 4 月举办中国柑橘文化节。2015 年入选全国休闲农业与乡村旅游示范点。

十一、全国工业旅游示范点

长安汽车工业园 位于重庆市长江与嘉陵江的汇合处。"长安汽车"全称"长安汽车(集团)有限责任公司",拥有长安特种机器厂、长安精密机器厂、重庆长安汽车股份有限公司、重庆长安铃木汽车有限公司等全资子公司和控股企业,为国有特大型工业企业、机电产品出口企业,曾名列全国工业企业500强。工业园设有三条旅游线路,浓缩了长安汽车作为民族工业自强不息的发展历程。2004年入选全国工业旅游示范点。

太极集团涪陵医药工业园区 位于涪陵区工业园内。隶属于以涪陵制药厂为主体改制组建的重庆太极实业(集团)股份有限公司。公司主要从事中成药、西药、保健用品加工、销售,医疗包装制品加工,医疗器械销售,中草药种植等业务。2004年入选全国工业旅游示范点。

诗仙太白酒厂 位于万州区。占地面积20万平方米。诗仙太白系列酒继承商、周"古遗六法"酿酒技艺,采用传统固态发酵和"双重窖藏"工艺,精选三峡库区优质红粮、大米、糯米、玉米、小麦为原料,引歇凤山泉酿制而成,具有"窖香浓郁、醇和绵软、甘洌净爽、回味悠长"的独特风味。2005年入选全国工业旅游示范点。

"周君记"火锅食品工业园 位于九龙坡区九龙工业园区内。前身为重庆三九火锅底料厂,系重庆火锅底料、调料生产的龙头企业之一。占地面积约2.66万平方米,建筑面积3万余平方米,年生产能力约5万吨,是西南地区规模最大、机械化程度最高的火锅底料、调料生产基地。2006年入选全国工业旅游示范点。

十二、国家级非物质文化遗产生产性保护示范基地

永川豆豉食品有限公司 位于永川区北山下,紧邻桂山公园。占地面积6.7万平方米。拥有永川豆豉、松花皮蛋、酱油、食醋、豆瓣、火锅、复合调料、豆干八条现代化生产线,产品40余种,是全球最大的毛霉型豆豉(自然发酵)生产基地。永川豆豉是以大豆为主要原料酿制的一种调味食品,至今

已有 300 多年历史。2014 年入选国家级非物质文化遗产生产性保护示范基地。

十三、国家级旅游度假区

　　仙女山旅游度假区　2018 年入选国家级旅游度假区。参见国家生态旅游示范区——天生三桥—仙女山国家生态旅游示范区。

十四、国家级风景名胜区

　　长江三峡风景名胜区　以长江峡谷水道为主的河川风景名胜区,西起重庆市奉节县,东至湖北省宜昌市。长江三峡是瞿塘峡、巫峡、西陵峡的总称,以瞿塘雄、巫峡秀、西陵险和三峡云雨驰名。沿江的名胜古迹有丰都名山、忠县石宝寨、云阳张飞庙、奉节白帝城以及大量赞颂三峡风光的题刻。长江支流大宁河的小三峡,山清水秀,奇峰壁立,林木葱茏,猿声阵阵,饶有野趣。1982 年入选国家级风景名胜区。

　　缙云山风景名胜区　位于北碚区和合川区附近。占地面积 76 平方千米,海拔 350—952 米,包括缙云山、北温泉、合川钓鱼城以及北碚至钓鱼城间嘉陵江沿岸风景名胜。缙云山、北温泉的山岳江河、温泉峡谷、丛林古刹、溪流瀑布、奇葩异卉,展示了巴山蜀水幽、险、雄的特色。山中植物有 1 700 余种,有"川东小峨眉"之称。合川钓鱼城是南宋抗元的古战场,三面临江,尚存古城墙和七座城门以及护国寺、忠义祠等古迹。1982 年入选国家级风景名胜区。

　　金佛山风景名胜区　1988 年入选国家级风景名胜区。参见国家生态旅游示范区——金佛山生态旅游区。

四面山风景名胜区 1994 年入选国家级风景名胜区。参见国家生态旅游示范区——四面山旅游区。

芙蓉江风景名胜区 位于武隆区浩口乡芙蓉江珠子溪至芙蓉江入乌江口处的江口镇。占地面积 152.8 平方千米,是以芙蓉洞溶洞景观、芙蓉江峡谷景观为主景的江峡型风景名胜区。秀水碧波,丝竹垂吊江边,古树如虬参天,时而水平如明镜,时而滩急似银河,古人有"一川游尽画图中"的评价。2002 年入选国家级风景名胜区。

天坑地缝风景名胜区 位于奉节县城南岸,北靠长江三峡,与瞿塘峡紧密相连,与大宁河小三峡隔江相望。占地面积 300 余平方千米,包括天坑、地缝、龙桥河、迷宫河、九盘河、茅草坝六大景区。地缝全长 1.4 万米,分上下两段。上段从兴隆场大象山至迟谷槽,长约 8 000 米,为隐伏于地下的暗缝,两壁陡峭如刀切,是典型的"一线天"峡谷景观。下段由天坑至迷宫峡,是长约 6 000 米的暗洞。2004 年入选国家级风景名胜区。

潭獐峡风景名胜区 位于万州区梨树乡、地宝乡。占地面积 70 平方千米,属喀斯特地貌峡谷风景区,是罕见的原生态大峡谷。森林面积 21.4 平方千米,森林覆盖率 65%。峡谷两侧奇石密布、层峦叠嶂。深潭浅滩、野獐飞禽最为夺人眼球,"潭獐峡"之名即由此而来。潭獐峡主峡长约 21 千米,由将军峡、天王峡、桃园峡、地缝峡、海螺峡五峡组成,包括支峡 24 条,共有 48 潭,其中最负盛名的"一线天"景观,全程约 2 000 多米,最窄处不足 1.5 米。2012 年入选国家级风景名胜区。

十五、国家级自然保护区

金佛山自然保护区 2000 年入选国家级自然保护区。参见国家生态旅游示范区——金佛山生态旅游区。

大巴山自然保护区　位于城口县大巴山南麓。占地面积 1 360 平方千米,属于森林生态系统类型自然保护区,主要保护对象是亚热带森林生态系统及其生物多样性、不同自然地带的典型自然景观、典型森林野生动植物资源。山形奇异,峡谷幽长,沟深林茂,苍山滴翠,清泉如玉。有维管植物 210 科 3 481 种、陆生野生动物 139 科 656 种,其中有珙桐、红豆杉、独叶草等国家一级保护野生植物和 40 种国家重点保护野生动物。2003 年入选国家级自然保护区。

雪宝山自然保护区　位于开州区北部。占地面积 234.52 平方千米,有"巴山明珠,伊甸天国"之美誉。雪宝山最高海拔 2 626 米。主要有天水瀑景区、百里峡景区、雪宝顶景区,景点 74 处。有丰富的野生动植物资源,其中有被世界保护联盟列为世界级极危植物的崖柏,国家重点保护野生植物 50 种,国家重点保护动物 32 种。2011 年入选国家级自然保护区。

缙云山自然保护区　2011 年入选国家级自然保护区。参见国家风景名胜区——缙云山风景名胜区。

阴条岭自然保护区　位于巫溪县。占地面积 224 平方千米,其中核心区 78.5 平方千米。主峰阴条岭海拔 2 796.8 米,是重庆市最高点。保护区内植物种类达 1 500 多种,有银杏、珙桐、腊梅、崖柏、红豆杉等国家一级保护野生植物 15 种,金雕、白熊、白狐、金钱豹、小熊猫等 300 多种国家重点保护的珍禽异兽出没林间。著名景点有阴条岭主峰、大官山、兰英寨、黄草坪、巫溪大峡谷等,被称为"三峡第一园"。2012 年入选国家级自然保护区。

五里坡自然保护区　位于巫山县东北部。占地面积 352.8 平方千米,属于典型的森林生态系统类型自然保护区,主要保护对象为植被类型丰富、面积较大的成片原始森林,原生性亚高山草甸以及金丝猴、金钱豹等珍稀濒危野生动植物及其栖息地。保护区是宁河支流当阳河和庙堂河的发源地,也是全国优质水资源战略储备库的重要水源地,是三峡库区的重要生态屏障。2013 年入选国家级自然保护区。

长江上游珍稀特有鱼类自然保护区　2000 年国务院批准建立长江上游合江至雷波段珍稀鱼类国家级自然保护区。2005 年对保护区范围作了调整，并更名为"长江上游珍稀特有鱼类国家级自然保护区"。主要保护对象为白鲟、达氏鲟、胭脂鱼等长江上游珍稀特有鱼类及其产卵场。保护区跨越四川、云南、贵州、重庆三省一市，其中金沙江下游三块石以上 500 米至长江上游南溪镇，长江上游弥陀镇至松既镇，赤水河干流上游鱼洞至白车村，赤水河干流中游五马河口至大同河口，赤水河干流习水河口至赤水河口，为保护区核心区。

十六、国家级水利风景区

龙水湖水利风景区　位于大足区南部，坐落于巴岳山脉分水岭西侧。龙水湖是 20 世纪 50 年代修建的中型水库，集雨面积 16.5 平方千米，水域面积 3.53 平方千米，总库容 1 640 万立方米，为濑溪河、小安溪河的发源地之一。形态殊异的 108 个小岛点缀湖中，绵延 1 万余米，形成了山水辉映的独特景观，被誉为"重庆西湖"。2004 年入选国家级水利风景区。

清溪沟水利风景区　位于江津区南端，紧邻四面山国家级风景名胜区，处在四面山和万盛石林、黑山谷、南川金佛山等渝南旅游精品线的中心。占地面积 52 平方千米，森林覆盖率 85%，有峰谷、石林、岩洞及众多古迹。人工湖泊绵延万余米，湖水清澈，两岸青山峰谷交错，千姿百态的大小丹霞石遍布其间。山间动植物资源丰富，还有"活化石"桫椤等珍异树种。2009 年入选国家级水利风景区。

大沟水库水利风景区　位于璧山区西北的云雾山中。占地面积 27 平方千米，依托大沟水库水利枢纽工程而建。大沟水库是一座兼顾农业灌溉、城镇供水的综合水利枢纽工程，植被繁茂，水质优良，自然景观众多。2009 年入选国家级水利风景区。

双龙湖水利风景区 位于合川区涞滩镇。因双龙湖大坝附近的水面蜿蜒透迤,形似"双龙抢宝",故名"双龙湖"。双龙湖有 4.5 平方千米水域,28.5 平方千米陆地,8 万多米湖岸线,4 个全岛和 67 个半岛、100 多个湖汊港湾。曾多次举办各种类型的垂钓比赛。双龙湖也是重庆市体育局的龙舟训练基地,"合川龙舟竞渡"被列入重庆市非物质文化遗产名录。2009 年入选国家级水利风景区。

小南海水利风景区 位于黔江区。小南海是地震时山崩岩塌、溪流堵塞而形成的堰塞湖,面积 2.87 平方千米,平均水深 30 米,最深处 50 多米,蓄水量约 7 020 立方米,积雨面积 150 平方千米。有板夹溪、白鹤溪、白矾溪、清溪沟、肖溪沟五条溪流注入,水源丰富,水质良好。四周秀峰环列,湖内水碧岛绿,景色如画。森林资源丰富,有薄皮马尾松、黄杉、水杉、铁尖杉、香柏、紫柏香樟、楠木、银杏、黄檀、白花泡桐等 140 多种乔木。动物有虎、豹、黄猴、羚羊、麝、大鲵、巨蚌及 50 多种鱼类,是四川的八大渔场之一和养麝基地。2009 年入选国家级水利风景区。

山虎关水库水利风景区 位于武隆区白马山赵家乡。依托山虎关水库而建。山虎关水库为高山水库,海拔 1 050 米,积雨面积 34 万平方千米,总库容 1 116 万立方米,灌溉面积 13.3 平方千米,集灌溉、发电、养鱼、旅游于一体。景区植被为亚热带常绿阔叶林,有国家重点保护野生植物 300 多种,其中包括国家一级保护野生植物银杉。2009 年入选国家级水利风景区。

丛刊水库水利风景区 位于潼南区。依托丛刊水库而建,属于水库型水利风景区。丛刊水库是以防洪、灌溉、发电及生态用水为主的中型水库。动植物种类繁多,大坝、船闸、电站等工程景观与水面、森林、山峰等自然景观和谐统一。水库周边还有陈抟老祖展览馆、明月山、八角井等人文景观。2010 年入选国家级水利风景区。

龙河水利风景区 位于石柱县。龙河发源于鄂渝交界处,是石柱县境内最大的河流,全长 16.4 万米,天然落差 1 263 米。属城市河湖型水利风景区,占地面积 27.2 平方千米。藤子沟大坝为单曲混凝土拱坝,具有较高的观赏和科普价值。秦良玉历史文化长廊、土家族民族风情一条街汇聚于龙河两岸。以城区玉带河水系景观为核心,沿线点缀喷泉、雕塑、盆景、古桥等景观小品,展示了景区的独特风貌。2010 年入选国家级水利风景区。

南滨路水利风景区　位于南岸区,濒临长江南岸。依托长江生态防洪护堤而建,属于城市河湖型水利风景区,占地面积 3.4 平方千米。主要风景资源有:长江宏伟壮阔的水文景观,山城烟雨缥缈的天象景观,两岸起伏层叠的山城地文景观,沿江带状园林绿化形成的植物景观,融渡口文化、巴文化、宗教文化、大禹文化及相关历史传说于一体的历史人文景观,以伟岸壮观的地方工程为载体,辅以大量浮雕、小品、音乐灯饰等设施的工程景观。2011 年入选国家级水利风景区。

汉丰湖水利风景区　位于开州。汉丰湖是因修建长江三峡工程形成的人工湖,由境内两江汇成,水域面积 15 平方千米。开州区移民新城坐落在湖畔,构成"城在湖中,湖在山中,意在心中"的美丽画境。四山环抱,拥有独特的滨湖湿地、风雨廊桥、开州举子园、刘伯承同志纪念馆(故居)等自然与人文景观。2012 年入选国家级水利风景区。

勤俭水库水利风景区　位于永川区。依托勤俭水库(神女湖)而建,属于水库型水利风景区,占地面积 2.89 平方千米。环绕神女湖水体,有 16 万平方米的湖滨公园、3 万平方米的茶山公园、5 万平方米的竹山公园和 14 万平方米的神女公园。依托茶山、神女和昌州古城,突出古典浪漫主题,是以休闲度假为核心的旅游产业聚集区。2012 年入选国家级水利风景区。

璧南河水利风景区　位于璧山区。兼具河流、水库、湖泊、湿地的城市河湖型水利风景区,由璧南河畔的秀湖湿地公园、璧南河城区段和观音塘湿地公园三大水利景区组成,占地 6.3 平方千米,其中水域面积约 1.15 平方千米。水清、岸绿、景美,文化底蕴深厚。2012 年入选国家级水利风景区。

阳水河水利风景区　位于武隆区。乌江右岸支流兼水库型水利风景区,以阳水河为纽带,以中心庙中型水利工程为核心,占地面积 13.3 平方千米,其中水域面积 0.51 平方千米。"串珠"式的水库湖面,与周边原始森林以及独特的喀斯特地貌组合成优美的景观。水资源丰富,水质优良,森林错落,喀斯特地貌特征明显,蝶飞燕舞,环境优美,是休闲度假的理想场所。2012 年入选国家级水利风景区。

荣峰河水利风景区 位于荣昌区。城市河湖型水利风景区,主要依托荣昌区境内的荣峰河、东方红水库、峰高河三大水体,河流全长约 1.3 万米,占地面积约 5 平方千米,其中水域面积 1.15 平方千米。由荣昌历史文化展示区、荣峰河亚行生态休闲区、东湖湿地海棠文化休闲区、峰高河生态涵养区等区域组成,是一个综合性水利风景区。2012 年入选国家级水利风景区。

龙河谷水利风景区 位于丰都县境内。占地面积 273.12 平方千米,其中水域面积 13.23 平方千米,属于自然河湖和水库混合型水利风景区。有雪玉洞、龙河国家湿地公园、牛牵峡峡谷漂流、龙河山涧瀑布、绝壁栈道等景观。石板水电站和鱼剑口水电站由龙河串联起来,是一处集亲水、休闲、观光、运动、科普、教育、商业、度假于一体的综合性水利风景区。2012 年入选国家级水利风景区。

十七、国家地质公园

武隆岩溶国家地质公园 位于武隆区,地处长江支流乌江下游。由两个地质遗迹园区组成,即位于城区北面的天生三桥地质公园和位于城区东南面的芙蓉洞、芙蓉江地质公园,占地面积约 455 平方千米,属全国罕见的大型岩溶地质公园。地质遗迹和地质景观以碳酸盐岩溶地貌最具特色,溶洞群、天坑群、天生桥群、竖井群、峡谷、地缝、石林、石芽、峰丛、峰林、地下伏流、间歇泉、温泉分布广泛。主要景点有芙蓉洞、天生三桥群、武隆中石院天坑、武隆天星竖井群、芙蓉江、仙女山、白马山、乌江画廊等。2004 年入选国家地质公园。

小南海国家地质公园　位于黔江区。小南海原名"小瀛海",面积约 30 平方千米,清咸丰六年(1856 年)发生 6.25 级大地震,以近 100 米的落差阻塞山谷板夹溪集水而成。主要地质遗迹包括小南海地震遗址、八面山岩溶地质地貌、仰头山岩溶地质地貌、古生物化石遗迹、沉积构造、古冰川遗迹及流水地貌等,地震崩滑体、崩积物、淤坝等至今清晰可见,是国内历史最长、保存最为完好的地震堰塞湖,被国家地震局批准为黔江小南海国家地震遗址保护区和全国防震减灾科普宣传教育基地。2004 年入选国家地质公园。

长江三峡国家地质公园　2004 年入选国家地质公园。参见国家级风景名胜区——长江三峡风景名胜区。

龙缸国家地质公园　位于云阳县东南隅。以龙缸岩溶天坑为主的岩溶类和以石笋峡、南三峡、黄陵峡为代表的流水地貌类综合性地质公园,被誉为"长江三峡最后的香格里拉"。主要景点有龙缸天坑、云端廊桥、龙洞风光、龙窟峡、岐山草场、蕙草古长城、岐阳关古道遗址、盖下坝湖泊等。龙缸天坑深达 335 米,坑壁倾斜度近 90 度,有"天下第一缸"的美誉。2005 年入选国家地质公园。

万盛国家地质公园　位于重庆市东南部。包括万盛石林和黑山谷两个风景区及奥陶纪地质奇观景区。黑山谷风景区原始生态风景由峻岭、峰林、幽峡、峭壁、森林、竹海、飞瀑、碧水、溶洞、仿古栈道、浮桥、云海、田园、原始植被、珍稀动植物等景观组成,是重庆市独特的生物基因库,被称为"西南神农架"。万盛石林是我国目前最为古老的石林之一,集山、水、林、石、洞于一体,景观千姿百态。2009 年入选国家地质公园。

綦江木化石—恐龙国家地质公园　位于綦江区。由木化石、老瀛山、古剑山三个景区组成,占地面积 99 平方千米,是以木化石为核心,恐龙足迹为主体,丹霞地貌为特色,兼顾林海景观和宗教文化景观的综合性地质公园。木化石数量众多,形态丰富,保存完整,产出地集中。恐龙足迹集中分布在三角镇红岩坪,填补了我国西南地区白垩纪地层恐龙遗迹的空白。丹霞地貌分布广泛,其中以红岩坪虎山、老瀛山、古剑山、西山坪等最为奇特。2009年入选国家地质公园。

十八、国家森林公园

双桂山国家森林公园　位于丰都县的长江之滨。占地面积 102 公顷。山有双峰,状如笔架。北宋嘉祐年间,苏洵、苏轼、苏辙父子三人途经丰都,游览了双桂山,留下了《仙都山鹿》等千古名篇和"白鹿夜鸣迎嘉宾"的优美传说。林木苍翠、百鸟争鸣,涧壑流泉、云蒸霞蔚,楼、台、亭、阁掩映于绿树和百花丛中。有迎宾门、恩来亭、贺龙阁、护国寺、大观困、民俗馆、镇邪楼、苏公祠、丰都孔庙、钟鼓楼、九龙壁、汉砖壁、大成殿、道子堂、观音阁等 20 余处景观。1992 年入选国家森林公园。

小三峡国家森林公园　1993 年入选国家森林公园。参见国家生态旅游示范区——巫山小三峡—小小三峡生态旅游区。

金佛山国家森林公园　1994 年入选国家森林公园。参见国家生态旅游示范区——金佛山生态旅游区。

黄水国家森林公园　位于石柱县东北部,平均海拔 1 500 米,最高峰 1 934 米。占地面积 42 平方千米,是长江三峡黄金旅游线上唯一的土家族旅游风景区。公园内有土家乐园毕兹卡绿宫、高原明珠黄水湖、原始森林大风堡、水上仙境万盛坝、天然画廊油草河等景点 36 处。除了常见树种 3 000 余种外,还有国家珍稀保护植物——中国一号水杉母树、红豆杉、大青树、香果树、黄杉、荷叶铁线蕨等。其原始森林区人迹罕至,是豹、獐、雉等 50 余种野生动物的乐园。1998 年入选国家森林公园。

仙女山森林公园　1999 年入选国家森林公园。参见国家生态旅游示范区——天生三桥—仙女山国家生态旅游示范区。

茂云山国家森林公园　位于彭水县西南部,地处武陵山系与大娄山系交会的褶皱地带,属于乌江画廊中下段。占地面积 19.1 平方千米,包括摩围山游览区、长溪河游览区、芙蓉江(彭水段)游览区,最低海拔 211 米,最高海拔 1 676 米,森林覆盖率达 91%。彭水乌江电站库(坝)区,形成库容 2.32 亿立方米的高峡平湖景观。现有景点 30 余处,是集林海之雄、溶洞之奇、绝壁之险、峡谷之幽、植物之稀、动物之趣于一体的山岳型自然风景区。2000 年入选国家森林公园。

武陵山国家森林公园　位于涪陵区大木乡,地处武陵山脉北段。占地面积 16.33 平方千米,海拔 980—1 980 米。分为六大片区,共有 30 个景点。属于典型的喀斯特地貌景观,溶洞众多,溪涧密布,峰峦叠嶂,林海茫茫,呈现出一片浩瀚幽静、神秘险峻的自然风光。森林覆盖率 95%,动植物种类达 2 000 余种,是春季赏花、夏季避暑、秋季观景、冬季赏雪之绝佳胜地。2001 年入选国家森林公园。

青龙湖国家森林公园　位于璧山区北部的云雾山中。占地面积 52 平方千米,有青龙戏水、九女出浴、金坛虎啸、五虎闹山、三江峡谷、青龙宝塔、老鹰岩、青龙洞、月亮石、古老寨、铁围寨、金田寺、天堂庵等景观,以湖水清幽、山色秀美、人文丰富为特色,享有"川东小九寨"的美誉。青龙湖有三宝,指的是竹山玉笋、云雾绿茶、七蕊黄花。2001 年入选国家森林公园。

黔江国家森林公园　位于黔江区。地处长江三峡、千里乌江画廊、酉阳桃花源、张家界旅游区中心地带,属于巫山、大娄山之间的中低山区。占地面积 128 平方千米,共有五大景区:武陵仙山景区为核心景区,属泥沙岩峰林地貌,有名寺古刹、古树名木,号称"松杉王国";八面山景区茫茫林海,被称为"绿色皇宫";神龟峡景区为洞瀑景观区,有慈竹画廊、生物钟乳等景观;官渡峡景区为水域景观区,水上娱乐项目丰富;古钟山景区为石林景观区。2001 年入选国家森林公园。

东山国家森林公园　位于重庆市东北部、梁平区东南方,属大巴山脉的一部分。因在梁平大坝的东边而得名。占地面积 37.8 平方千米,由菩萨顶、蟠龙洞、东明湖三大景区组成,共有自然、人文景观74处。菩萨顶山峦起伏、高耸入云,古代寨堡、现代军事设施雄伟壮观;蟠龙洞溶洞密布,怪石林立,古驿道、摩崖石刻、历史名人佳篇荟萃;东明湖水质优良,秀美无比。2001年入选国家森林公园。

桥口坝国家森林公园 位于巴南区。占地面积76.55平方千米,海拔1000—3000米,由云篆山、桥口坝、安澜白鹭林、圣灯山四个景区组成。以人文古迹、风景名胜为依托,集观光、探险、运动、休闲、娱乐、科普于一体,现代林业与旅游业相融合,是重庆市主城区及近郊区最大的森林公园。2002年入选国家森林公园。

铁峰山国家森林公园 位于万州区北部。占地面积91平方千米,森林覆盖率95%。分为金狮岭、凤凰山、铁佛寺、贝壳山四个景区。主要自然景点有千峰耸翠、朝天门日出、凤凰岭云海、天鼓迎凤、石公石母、五池连珠、竹影凝翠等,人文景观有渝东名刹凤仪禅院、养儿窝摩崖石刻等。森林茂密,有野生植物869种,野生动物500多种,是丰富的动植物宝库。2002年入选国家森林公园。

红池坝国家森林公园 位于巫溪县。海拔1800—2800米,占地面积242平方千米,由云中花海、天子城草原、西流溪和团城景区四大区域组成,共有景点60多个。拥有全球高海拔地区最大的鲜花海洋"云中花海",堪称世界奇观的夏冰洞,也是中国南方最大的高山草甸草原。2002年入选国家森林公园。

雪宝山国家森林公园 2002年入选国家森林公园。参见国家级自然保护区——雪宝山自然保护区。

歌乐山国家森林公园 位于沙坪坝区中部。歌乐山因"大禹会诸侯于涂山,召众宾歌乐于此"而得名,主峰海拔693米,为重庆近郊群峰之冠,素有"渝西第一峰""山城绿宝石"之美誉。占地面积14.03平方千米,由主峰中心景区、蒋介石官邸"林园"和重庆烈士陵园三个景区组成。中心景区有马蹄井、龙泉井、聪明泉、巴文化雕塑长廊等众多融入神话传说的巴渝人文景点,有歌乐灵音、云顶烟云、狮峰幽岩等秀美清幽的自然景观。山脚下的烈士陵园景区有中美合作所、白公馆、渣滓洞等历史遗迹。2003 年入选国家森林公园。

玉龙山国家森林公园　位于大足区东南隅,地处华蓥山支脉巴岳山背斜地带。占地面积 35.17 平方千米,森林覆盖率 92%。由黑竹林沟原始次生林风景区、三清洞风景区、禅乐竹海风景区、龙水湖风景区四大景区组成。峡谷中生长着与恐龙同时代的有"植物活化石"之称的桫椤树群,狐狸、刺猪、山羊、岩羊、野兔、山鸡等野生动物屡见不鲜,还有珙桐、香樟、古楠、虬松、怪柏、奇石、青杠、梅竹、茶丛点缀其间,山、水、石、园、庙、洞融为一体。2003 年入选国家森林公园。

茶山竹海国家森林公园　位于永川区城区北部,地处箕山山脉。箕山古称"苍龙道山",据传由蜀汉丞相诸葛亮赐名,与峨眉仙山、青城道山、九寨美景并称"蜀汉四景"。占地面积 99.79 平方千米,森林覆盖率 97%。有桂山茶园、青龙茶园、大山坪茶园三大片茶园,成团成簇的连片茶园达 20 平方千米;有犀牛竹海、金盆竹海、扇子湾竹海、白云湾竹海、大岚垭竹海等六大片竹海,竹海面积达 33 平方千米;茶竹共生自然景观举世无双,故名"茶山竹海"。还有薄刀岭、竹海迷宫、金盆湖、茶竹天街、朱德品茶楼、天子殿遗址、陈子庄艺术陈列馆等景点。2003 年入选国家森林公园。

黑山国家森林公园　位于万盛经济技术开发区,地处四川盆地向云贵高原过渡的渝黔交界的大娄山北麓。占地面积 26.51 平方千米,海拔近 1 000 米,年平均气温约 12℃,夏季最高温度 23℃。包括黑山、黑山谷、狮子槽、沙坝和楠木沟五个片区,地貌景观、山林植被丰富多样。古夜郎国文化遗址与少数民族生活习俗,为山林增添了神秘色彩。2003 年入选国家森林公园。

九重山国家森林公园　位于城口县庙坝镇,地处大巴山脉南麓。海拔 700—2 471 米,占地面积 100.89 平方千米。气候温和,雨量充沛,日照充足,垂直带谱明显,是同纬度地带生物多样性最显著的地区之一。地质形迹典型,地貌类型众多,犹如一座巨大的地质博物馆。由九重山、卧龙草场和48个青草塘组成的三大景区景色各异,自然天成:九重山峰聚壑连,众多高峡窄谷幽深神秘;卧龙草场绿草如茵,野花遍地,鸟雀飞鸣,生机盎然;48个青草塘蜿蜒起伏,长达2.5万米,草塘四周绿树成荫。2004年入选国家森林公园。

大圆洞国家森林公园 位于江津区。占地面积34.59平方千米,属中亚热带常绿阔叶林带,森林覆盖率95%。地质景观极具特色,有7条幽深峡谷、14面红岩绝壁、28道断崖岗峦、32座奇峰峭岭以及无数奇石,丹霞地貌风姿独特。水体景观清幽秀丽,大圆洞、金仙洞、望龙溪、毗罗溪、白马水等瀑布似银帘垂空,龙洞湖、龙潭湖、仙鹤湖像碧玉珍珠镶嵌在崇岭之中,悬天河、望龙溪、白马溪、龙洞溪等溪河弯曲多变。有岩墓石刻、古栈道、大圆洞碑、天马寺以及孔子庙、盖堂寺、郑兴庙、白马寺等遗迹。2004年入选国家森林公园。

南山国家森林公园 位于南岸区,是城市中的森林公园,占地面积30.8平方千米。山岭纵贯排列,峡谷险峻幽深,岩溶地貌遍布,长江三面环绕,森林修竹堆绿耸翠,花卉草木争奇斗艳,宫观古刹巍峨。历史遗迹众多,抗战文化深厚,巴渝文化独特,山城夜景辉煌美丽。2004年入选国家森林公园。

观音峡国家森林公园 位于重庆市主城区的西北隅,地处嘉陵江观音峡两岸。占地面积16.15平方千米,由张飞岭、鸡公岭和凤凰岭三个景区组成,拥有自然景点10个,人文景点11个。长岭横亘峰峦叠翠,观音峡谷雄奇险秀,岩溶地貌景观荟萃,奇岩怪石形象生动;张飞道、天府寨、珠现门等历史文化遗迹众多;龙车寺、道明寺、观音阁等宗教文化遗存丰富。2005年入选国家森林公园。

天池山国家森林公园 位于忠县县城。天池山因地壳运动在山顶形成了两个天然湖泊而得名。占地面积9.53平方千米,包括天池景区、仙人洞景区、老土地景区、陶家沟景区、长石景区五个景区,共49个景点。地貌景观独特,天池山南麓东面悬崖峭壁,岩高百余米,苍松斜展,从南向北绵延数十里;北段山势陡峭,横亘于天地间,极为壮观。植被类型丰富,有天然"植物基因库"之称。2008年入选国家森林公园。

桃花源国家森林公园 位于酉阳县桃花源镇。占地面积27.34平方千米,森林覆盖率80%。地文、人文、水文、生物资源极其丰富,有数百个自然和人文景观,有"植物王国""天然氧吧"的美誉。保存着重庆境内保护最为完好的红椿天然原生种群。周边还有世外桃源、太古洞、酉州古城、桃花源广场、桃花源风情小镇、二酉山世外桃源文化主题公园和梦幻桃源实景剧等景区。2008年入选国家森林公园。

巴尔盖国家森林公园 位于酉阳县。占地面积36.44平方千米,包括山黛沟景区、笋岩大峡谷景区、木叶河景区三大部分。森林公园内的花莲村,山川秀美,土地肥沃,光照充足,昼夜温差大。由于得天独厚的自然环境,生产的大米米粒光滑,颗粒均匀,米饭油润光亮,香味浓郁,口感极佳。2010年入选国家森林公园。

毓青山国家森林公园 位于铜梁区。海拔298—887米,占地面积23.67平方千米,其中林地面积23.45平方千米,森林覆盖率89%。森林资源丰富,有珍贵的金丝楠木群、桫椤群和众多古树,还有桂花、三角梅、紫薇、山茶等植物。2015年入选国家森林公园。

十九、国家湿地公园

彩云湖国家湿地公园 位于九龙坡区和高新区交界处。由原二郎高科技公园东区与桃花溪溪河公园合并而成,占地面积1.07平方千米。规划有四个相对独立又互相衔接的功能区:生态景观区,主要利用桃花河水系形成人工湖体;九龙坡文化休闲景观区,提供旅游、娱乐休闲配套服务;运动休闲区,有足球场、网球场、游泳池等;滨水景观区和湿地生态示范区,围绕桃花溪水体营造都市中难得的湿地景观。2009 年入选国家湿地公园。

酉水河国家湿地公园 位于酉水河河道的酉酬码头至酉阳县与秀山县交界处。河流湿地水源充足,两岸植被茂盛,河流湿地类型特征明显;野生动植物资源丰富,生物多样性价值突出;山水结构独特,景观优美。河湾古寨位于湿地公园腹地,土家建筑吊脚楼依山傍水而建,距今已有 600 多年历史,被誉为"中国最美的土家山寨"和"土家族发祥地"。2015 年入选国家湿地公园。

汉丰湖国家湿地公园 2015 年入选国家湿地公园。参见国家级水利风景区——汉丰湖水利风景区。

秀湖国家湿地公园 位于璧山区。占地面积 100 万平方米,其中水面面积约 33.3 万平方米。因郭沫若曾赞誉璧山为"黛山秀湖"而得名。以璧北河及其支流、森林沼泽、溪源湿地、山地湖泊、库塘、稻田、泉眼和人工渠系等湿地为主体景观,融入"花之乐""林之乐""石之乐""水之乐"等元素,将 150 种乔木、200 多种旱地植物和 300 多种水生植物布局园中,形成花海、花岛等景观。2016 入选国家湿地公园。

阿蓬江国家湿地公园 位于黔江区、酉阳县。占地面积 27.85 平方千米,其中湿地面积 17.07 平方千米。包括阿蓬江峡谷、石泉古苗寨、菖蒲高山大草原和龙头山四个部分。阿蓬江峡谷山峭、水秀、滩险、峡幽,主要有官渡峡、神龟峡、大河口、石柱门、间隙喷泉、罾潭峡等景点。石泉古苗寨分上中下三寨,被 1 000 多棵古树、500 多丘梯田和满山翠竹紧紧包围,是重庆市迄今为止发现的最大苗寨。菖蒲高山大草原平均海拔 1 500 米,被誉为"江南的鄂尔多斯"。龙头山与梵净山齐名,有三王洞、飞灵寺、金顶龙头寺、天梯、石林、草场、舍身桥、天生桥等特色景观。2016 年入选国家湿地公园。

迎风湖国家湿地公园 位于垫江县普顺镇迎凤村。占地面积 3.9 平方千米,其中自然湿地 1.04 平方千米。湿地形态自然,植被景观秀丽,野生动植物资源丰富,每年冬季来迎风湖越冬的雁鸭类游禽和涉禽达 3 500 多只。公园东南部的半岛上常年栖息着 200 多只鸬鹚种群,在我国西南地区较为罕见。2016 年入选国家湿地公园。

濑溪河国家湿地公园 位于荣昌区。占地面积 24.92 平方千米,其中湿地面积 7.5 平方千米。濑溪河是荣昌区的母亲河,是荣昌区的饮用水源地。湿地植物资源和动物资源丰富,有湿地维管植物 150 种、脊椎动物 227 种。2016 年入选国家湿地公园。

涪江国家湿地公园 位于潼南区涪江流域。占地面积 10.12 平方千米,其中湿地面积 7.29 平方千米。以涪江、三块石运河、库塘、稻田、自然河流等自然与人工复合湿地系统为主体,以城市湿地资源群为景观特色,以保护修复潼南区湿地资源为重点,充分融入当地佛教文化和红色革命文化,集湿地保护与修复、海绵城市建设与人居环境优化、湿地科普宣教和湿地生态体验于一体。2017 年入选国家湿地公园。

龙河国家湿地公园 位于丰都县东部。占地面积 15.14 平方千米,其中湿地面积 6.42 平方千米,由江心沙洲岛屿湿地、山地河流湿地及河口江岸滩涂、消落带等构成复合湿地生态系统。2017 年入选国家湿地公园。

迎龙湖国家湿地公园 位于南岸区迎龙镇武堂村。占地面积 2.22 平方千米,其中湿地面积 0.86 平方千米。具有库塘型湿地和溪谷湿地、丘区湿地等多种湿地形态。共有维管植物 438 种,水生脊椎动物 155 种,其中国家重点保护动植物 16 种。2017 年入选国家湿地公园。

巴山湖国家湿地公园 位于城口县巴山镇。巴山湖是巴山水电站蓄水后形成的高峡平湖。巴山湖水域全长 3.2 万米,通过绿化、保护、建设,已形成"一湖碧水,两岸青山"的山水美景。占地面积 11.16 平方千米,其中湿地面积 5.88 平方千米。山体相拥相对,峡谷幽深秀美,湖水清澈浩瀚,植被保存完好,有众多的珍稀动植物和绿色农牧特产。2017 年入选国家湿地公园。

双桂湖国家湿地公园 位于梁平区双桂街道。占地面积 3.94 平方千米。公园内生物丰富多样,共有脊椎动物 182 种,包括鸳鸯、红隼、斑头鸺鹠等国家重点保护野生动物;高等植物 706 种,包括苏铁、水杉等国家重点保护野生植物。2017 年入选国家湿地公园。

青山湖国家湿地公园　位于万盛经济技术开发区北部的金桥镇。占地面积9.89平方千米,其中湿地面积3.84平方千米,是西南山地湖泊——河流湿地复合体的典型代表。以河溪、库塘、水田和人工渠系等构成自然与人工复合湿地系统,湿地类型多样,拥有湖、半岛、瀑布、溪、沟、谷、湾、塘、林、山等多样化景观。2018年入选国家湿地公园。

皇华岛国家湿地公园　位于忠县境内的三峡库区。占地面积约14平方千米,其中湿地面积6.37平方千米。以河流湿地景观为主体,集岛屿、湖泊、库塘、稻田、森林、人文景观于一体。有高等植物932种,脊椎动物329种,其中国家一级保护野生动植物6种、国家二级保护野生动植物15种,另有湿地维管植物94种。还有抗元名城皇华城、被誉为"活的地下二十四史"的中坝遗址、观鸟天堂东溪河等景观。2009年入选国家湿地公园(试点)。

大昌湖国家湿地公园　位于巫山县的大昌镇,处在三峡库区腹心地带。占地面积14.65平方千米,其中湿地面积10.21平方千米。大昌湖是三峡蓄水后形成的湖泊,与大昌古镇相邻,公园美景和古镇文化交融。大昌湖湿地花卉园占地面积0.1平方千米,设有郁金香、牡丹、月季、紫薇、兰花、梅花、玫瑰、薰衣草八大主题园区。2011年入选国家湿地公园(试点)。

黎香湖国家湿地公园　位于南川区西北部。黎香湖又名"土溪水库",属国家中型水库,设计蓄水1 780万立方米,常年蓄水1 260万立方米,水质清澈幽静,港湾众多,驳岸线全长6.5万米,可供开发的半岛38个、湖心岛1个,山清水秀,气候宜人,是生态旅游、休闲度假、健体养身的理想之地。附近有国家级风景名胜区南川金佛山、武隆仙女山、万盛石林、巴南东温泉等景区。2014年入选国家湿地公园(试点)。

大溪国家湿地公园　位于秀山县大溪乡,范围包括酉水河大溪乡河段、梅家河及周边汇水山林,是渝东南生态保护发展区的重要组成部分。占地面积12.77平方千米,其中湿地面积4.5平方千米,湿地率35%。以永久性库塘湿地为主,包含季节性河流湿地、洪泛湿地、稻田湿地和永久性河流湿地。2014年入选国家湿地公园(试点)。

藤子沟国家湿地公园　位于石柱县。占地面积 6.71 平方千米,其中水库湿地面积 4.6 平方千米,是集湿地保护、科普教育、休闲游憩、产业发展于一体的山地复合型溪谷湿地公园。2014 年入选国家湿地公园(试点)。

安居国家湿地公园　位于铜梁区安居镇。因境内有大安溪(琼江)而得名,有"安居乐业"之意。占地面积 4.75 平方千米,其中湿地面积约 3.68 平方千米。江岸芭茅芦苇丛生,内河湖泊相连,是安居古城的江边绿洲和江畔湿地。2014 年入选国家湿地公园(试点)。

石桥湖国家湿地公园　位于武隆区石桥乡。石桥湖又名"芙蓉湖",系芙蓉江截流修建江口水电站形成的库区,占地面积 11.79 平方千米,其中湿地面积 7.35 平方千米,湿地率 62%。群山怀抱,层峦叠嶂,湖水碧绿,除了湖边山坡上稀稀疏疏的几处农舍,鲜有人迹,一派世外桃源的意境。石桥乡以发展环湖休闲旅游经济为引擎,在芙蓉湖周边打造了乡土气息浓厚、特色产业突出的乡村旅游产业带。2015 年入选国家湿地公园(试点)。

三江国家湿地公园　位于合川区。包括嘉陵江干流自渠河口至合川境约 3.48 万米河段,涪江自渭沱电站大坝至嘉陵江断面 22.1 千米河段,涪江一级支流小安溪与嘉陵江一级支流百岁溪,占地面积 38.6 平方千米,其中湿地面积 25.86 平方千米,湿地率 67%。2016 年入选国家湿地公园(试点)。

通惠河国家湿地公园　位于綦江区中部。占地面积 4.54 平方千米,其中湿地面积 2.47 平方千米,湿地率 54%。通惠河自北向南延伸至綦江城区,总长约 3.5 万米。以河流湿地和库塘湿地为主体的复合湿地生态系统,在我国西南山地地区具有较强的典型性和代表性。2016 年入选国家湿地公园(试点)。

二十、国家矿山公园

江合煤矿矿山公园　位于北碚区复兴镇歇马村石牛沟。占地面积 1.81

平方千米。江合煤矿诞生于清代嘉庆中期,留下了大量的地质遗迹、生产生活遗迹,系统地保存了资源勘探、地质调查、开采工艺、生产工具、社会生活、运输工具等各个方面的遗迹,是西南地区乃至全国薄煤层开采实验、科技示范和人才培训的重要基地。2010 年入选国家矿山公园。

铜锣山矿山公园 位于渝北区石船镇。铜锣山矿区自 20 世纪 70 年代开始碎石开采,弃土堆积成山,遗留下 39 个矿坑,有的积水深达 50 米,矿坑深达数十米,受喀斯特地貌的影响,雨水在深坑中汇集,形成了碧水深潭。矿山公园占地面积 22.69 平方千米,森林覆盖率达 80%。2017 年入选国家矿山公园。

万盛矿山公园 位于重庆市南部万盛经济技术开发区,地处渝黔边界。这里因矿而立,因煤而兴,煤炭产量曾一度占重庆市的一半,是重庆钢铁工业唯一的优质主焦煤供应基地,百年沧桑留下了珍贵的矿业遗迹资源。由砚石台煤矿和红岩煤矿组成,占地面积 6.38 平方千米。矿业遗迹丰富,保存有缆车、吊挂人车、斜井、平硐、煤仓、工业广场建筑群以及各种采矿工具器械等,布局紧凑,流线清晰,完整再现了矿山生产流程。2017 年入选国家矿山公园。

二十一、国家考古遗址公园

钓鱼城考古遗址公园 位于合川区城东的钓鱼山上。钓鱼山枕嘉陵江、涪江、渠江交汇之口,三面临江,危崖拔地,是古代战争的军事要塞。山体突兀耸立,相对高度约 300 米。山上有一块平整巨石,传说曾有一巨神于此钓嘉陵江中之鱼,"钓鱼山"由此而得名。在钓鱼城 2.5 平方千米的重点保护区内,现存有 8 000 米城垣、8 道城门,以及炮台、墩台、栈道、暗道出口、水军码头、兵工作坊、帅府、军营、校场、天池、泉井、脑顶坪等宋、元军事及生活设施遗址。2013 年入选国家考古遗址公园。

二十二、世界遗产

大足石刻　位于大足区。始凿于公元7世纪的初唐时期,两宋时期达到鼎盛。石窟多达75处,雕像5万余尊,代表了公元9—13世纪世界石窟艺术的最高水平,是人类石窟艺术史上的丰碑,从不同侧面展示了唐、宋时期中国石窟艺术风格的重大发展和变化,具有前期石窟不可替代的历史、艺术、科学价值。集佛教、道教、儒家造像之大成,规模宏大、雕刻精美、题材多样、内涵丰富、保存完好。以宝顶山、北山、南山、石门山、石篆山"五山"为代表的大足石刻,于1999年入选世界文化遗产。

中国南方喀斯特:武隆　"中国南方喀斯特"集中了中国最具代表性的喀斯特地形地貌,形成于距今50万—3亿年间。武隆区地处重庆市东南边缘、乌江下游,自古有"渝黔门屏"之称。喀斯特代表性景观有天下第一洞芙蓉洞、亚洲最大的天生桥群、世界罕见的后坪天坑。芙蓉洞是一个大型石灰岩洞穴,全长2 400米,洞体高大,宽高多在30—50米之间,其中辉煌大厅面积在1.1万平方米以上;洞内各种次生化学沉积形态(钟乳石类)琳琅满目,正在形成中的池中珊瑚状和犬牙状方解石晶花,洞壁上各种姿态的卷曲石、方解石和石膏晶花,国内稀有,世界罕见。天生桥属典型的喀斯特地貌,以天龙桥、青龙桥、黑龙桥三座石拱桥称奇于世,属亚洲最大的天生桥群。天龙桥桥高200米,跨度300米,桥中有洞,洞中生洞,洞如迷宫,壮观神奇。青龙桥是垂直高差最大的一座天生桥,桥高350米,宽150米,跨度400米,似一条青龙直上青天。黑龙桥孔深黑暗,桥洞顶部岩石如一条黑龙藏身于此,以流态各异的三迭泉、一线泉、珍珠泉、雾泉四眼宝泉而独具特色。后坪天坑群为占地面积15万平方米的五个天坑,藏于原始森林和竹林中,天坑周围绝壁万丈,天坑下面是地洞,地洞中隐藏着更大的天坑。五个天坑的口径和深度均在 300 米左右,呈圆桶形状,附近还有 10 平方千米成片的原始森林和 20 平方千米左右的石林、水库等,极具科考价值。2007 年作为"中国南方喀斯特"的代表性区域入选世界自然遗产。

中国南方喀斯特:金佛山 2014 年作为"中国南方喀斯特"的拓展项目入选世界自然遗产。参见国家生态旅游示范区——金佛山生态旅游区。

二十三、全国重点文物保护单位

大足区北山摩崖造像 1961 年入选全国重点文物保护单位。参见世界遗产——大足石刻。

宝顶山摩崖造像 1961 年入选全国重点文物保护单位。参见世界遗产——大足石刻。

八路军重庆办事处旧址 1961 年入选全国重点文物保护单位。参见全国红色旅游经典景区——中共中央南方局暨八路军驻重庆办事处旧址。

"中美合作所"集中营旧址 1988 年入选全国重点文物保护单位。参见全国红色旅游经典景区——中美合作所。

白鹤梁题刻 位于涪陵区北隅。刻于长江中的天然石梁上,石梁长约 1 600 米,平均宽度约 15 米,常年没入水中,枯水时才露出水面。石梁上刻有自唐代至清代的题刻 165 段,石鱼 14 尾,记录了涪陵江段 1200 年间 72 个年份的历史枯水资料。白鹤梁题刻被誉为"世界第一古代水文站",历史枯水资料相当完整。三峡大坝建成后,白鹤梁题刻已深埋水下,现已修建了白鹤梁题刻水下博物馆。1988 年入选全国重点文物保护单位。

龙骨坡遗址 位于巫山县庙宇镇。更新世时期遗址,又称"巫山猿人遗址",占地面积 1 300 平方米。出土了古人类门齿和带犬齿的颌骨化石,数十件与人类化石同一层次的巨猴、剑齿虎、双角犀等化石,距今约 204 万年。出土的遗物代表了一种直立人的新亚种,被定名为"直立人巫山亚种",一般称之为"巫山人","巫山人"化石成为我国境内迄今发现的最早的人类化石之一。1996年入选全国重点文物保护单位。

钓鱼城遗址 1996年入选全国重点文物保护单位。参见国家考古遗址公园——钓鱼城考古遗址公园。

高家镇遗址 位于丰都县高家镇,地处长江右岸第三级阶地。文化遗物区占地面积1万余平方米,为旧石器中晚期遗址,文化层厚约5米。发掘面积64平方米,出土石制品1500余件,其中绝大多数为石核,少数为加工生活资料的石器,如石片、砍砸器、刮削器等。2001年入选全国重点文物保护单位。

桂园 位于渝中区中山四路。桂园是一个独立的小院,大门临街,占地面积700平方米,主楼为砖木结构。1939年张治中任国民政府军事委员会委员长侍从室一处主任(分管军事)时租下,迁居入住时亲手种下桂花树,并用其父"桂徽"之名命名小院为"桂园"。1945年重庆谈判期间,为毛泽东在重庆市内办公会客之地,也是共产党同国民党代表进行谈判和签订《国共双方代表会谈纪要》的地方。2001年入选全国重点文物保护单位。

石宝寨 位于忠县,地处长江北岸边。此处临江有一孤峰拔起的巨石,相传为女娲补天所遗的一尊五彩石,故称"石宝"。明末谭宏起义,自称"武陵王",据此为寨,"石宝寨"之名由此而来。石宝寨始建于明代万历年间,经康熙、乾隆年间修建完善。整个建筑由寨门、寨身、阁楼(寨顶石刹)组成,共12层,高56米,木质结构,在巨型围堤环绕下,成为长江上的一处大型江中"盆景"。2001年入选全国重点文物保护单位。

丁房阙—无铭阙 丁房阙位于忠县忠州镇人民路,为东汉晚期双阙,宋代右阙倒塌后修复,明代左阙也有过大修;国内罕见的庙前阙,左右两阙相距约2.5米、高约6米,由台基、阙身、腰檐、阙楼和顶盖等构件组成;左阙为子母阙,右阙为单阙,左右二阙形制不一。无铭阙位于忠县城北隅,始建于东汉,原为双阙,现仅存右阙,由阙基、阙身、阙檐、阙楼、阙顶等共九块石料叠筑而成,总高 5.66 米;阙身系一整石琢成,右侧浮雕白虎。2001 年入选全国重点文物保护单位。

张桓侯庙 位于云阳县盘石镇龙宝村狮子岩下。又名"张飞庙",为纪念三国时期蜀汉名将张飞而修建。始建于蜀汉末期,距今已有 1 700 多年。宋、元、明、清代多次扩建,现存建筑面积 1 400 平方米,主要建筑有正殿、旁殿、结义楼、望云轩、助风阁、杜鹃亭和得月亭七座,其中杜鹃亭和得月亭为纪念唐代诗人杜甫在此客居两年而建,是难得的文武合庙。殿宇群依山取势,庙内碑刻书画丰富。2001 年入选全国重点文物保护单位。

赵世炎故居 2001 年入选全国重点文物保护单位。参见全国红色旅游经典景区——赵世炎烈士故居。

重庆湖广会馆 位于渝中区东水门正街。建于清乾隆中期,道光末年扩建。占地面积 8 561 平方米,现有广东会馆、江南会馆、两湖会馆、江西会馆及四个戏楼,包括广东公所、齐安公所。建筑浮雕镂雕十分精湛,题材主要为《西游记》《西厢记》《封神榜》和《二十四孝》中人物的故事,还有龙凤、动物及各种奇花异草等。雕栏画栋,雕刻精美,是我国明清时期南方建筑艺术的代表,也是我国现存规模最大的古会馆建筑群之一。2006 年入选全国重点文物保护单位。

中国西部科学院旧址 位于北碚区文星湾。现为重庆自然博物馆北碚陈列馆。中国西部科学院是爱国实业家卢作孚于 1930 年创建的中国第一所民办科学院,院址最初设在北碚火焰山东岳庙,1934 年迁建北碚文星湾。1943 年,该院联络中央地质调查所等十余家科研机构在此兴建了中国西部博物馆。旧址主体建筑有惠宇楼、地质楼、卢作孚旧居、地磁测点碑等。2006 年入选全国重点文物保护单位。

二佛寺摩崖造像 位于合川区涞滩古镇二佛寺内。宋代绍兴年间,在寺前山崖上始凿佛像。石刻造像开凿在依山而建的二佛寺大殿崖壁上,造像 1 700 余尊。北崖造像 1 071 尊,主尊佛释迦牟尼通高 12.5 米,造像展现了释迦灵山说法的场面。西崖造像分四层,共计 286 尊。南崖造像分五层,计 256 尊。涞滩二佛寺摩崖造像是我国石窟艺术群中不可多得的禅宗石窟。2006 年入选全国重点文物保护单位。

育才学校旧址 位于合川区草街镇凤凰村古圣寺内。古圣寺原名"虎声寺",建于明代隆庆年间,现存牛王、大雄、观音三大殿,善堂和厢房十余间,占地面积 3 375 平方米。1939 年,教育家陶行知在此创办育才学校,招收因战争流离失所的儿童入学。学校得到中共中央南方局的大力支持,聘请了贺绿汀、翦伯赞、郭沫若、田汉、茅盾、周谷城、姚雪垠、秦邦宪等知名人士任教。2006 年入选全国重点文物保护单位。

潼南大佛寺摩崖造像 位于潼南区西北的定明山下。潼南大佛寺创建于唐代咸通年间,初名"定名院",又名"南禅寺"。后因宋朝在寺内依山凿一大佛,改称"大佛寺"。寺依山崖凌空而立,高 33 米,梯台状,佛阁七层,层层飞檐高翘,皆覆琉璃瓦。崖壁凿雕释迦牟尼坐像,高达 27 米,头像为唐代咸通年间镌刻,佛身为宋代靖康年间续刻。头饰螺髻,袒胸,着双领下垂外衣,左手压膝,右手置腹前,全身饰金。潼南大佛是石刻造像中罕见的珍品,被称为"蜀中四大佛"之一。2006 年入选全国重点文物保护单位。

杨氏民宅 位于潼南区双江镇。是西南地区规模最大、保存最好的清代宅院之一,被喻为"清代民居博物馆"。宅院始建于清代光绪初年,占地面积 5 400 平方米,建筑面积 2 616 平方米。民宅面向涪江,分为主要建筑和附属建筑两部分,主要建筑分布于中轴线上,依次为前院、中院、内院和后院。民宅为穿斗式、抬梁式相结合的木结构悬山顶建筑,呈四合院布局。2006 年入选全国重点文物保护单位。

白帝城 位于瞿塘峡口的长江北岸,三面环水,雄踞水陆要津。据传西汉末年,公孙述割据四川,自称"蜀王",因见此地一口井中常有白色烟雾升腾,形似白龙,故自称"白帝",于此建都,将紫阳城改名为"白帝城"。现存白帝城为明、清两代遗址。山顶的白帝庙是观"夔门天下雄"的最佳地点。历代著名诗人李白、杜甫、白居易、刘禹锡、苏轼、黄庭坚、范成大、陆游等都曾登临,留下大量诗篇,故有"诗城"之美誉。2006 年入选全国重点文物保护单位。

天生城遗址 位于万州区周家坝街道。天生城建于南宋淳祐年间。明末清初为抵御张献忠及清军入川,曾予补筑,清晚期再次补筑。占地面积13.2万平方米。现有前、中、后三道城门及两道卡门。城内现存南宋淳祐、宝祐、咸淳等时期五处筑城题记及碑刻和元代记功碑。另有古炮台3座,大水池2处,水井、水塘各1处,并有部分古建筑遗迹。2013年入选全国重点文物保护单位。

老鼓楼衙署遗址 位于渝中区解放东路。曾为南宋川渝地区的军政中心——四川置制司及重庆府治所。遗址呈缓坡状分布,包括宋元、明代、清代、近现代四个时期的文化堆积。已发现清理各类遗迹261个,出土了保存较好的陶瓷器、钱币、瓦当、礌石、坩埚及漆器等文物9 000余件(套),标本数万件。2013年入选全国重点文物保护单位。

重庆冶锌遗址群 位于丰都县,地处三峡库区淹没区,部分冶炼遗物已随江岸坍塌落入江滩。包括冶锌遗址20多处,集中分布面积约10平方千米。遗址群距今约有500年,是三峡库区目前考古发掘出的保存最好、规模最大的冶锌遗址。曾发掘出冶炼罐、炉渣、炉灰等冶炼堆积物。现复原了丰都明代先民们冶锌的全过程,在三峡博物馆进行展示。2013年入选全国重点文物保护单位。

荆竹坝岩棺群 位于巫溪县白鹿镇香树村,分布在大宁河支流东溪河荆竹峡西岸,全长7 000米。棺木悬于岩崖绝壁之上,高出河面100—140米,有2 000多年历史。现存岩棺棺木24具,棺木以偶数成组排列搁置在岩壁狭窄的平台状石墩上,上面岩石突出,形成天然岩檐,使棺木免遭日晒雨淋。其中完整棺木尚存15具,为整木挖凿而成。最大的一具棺木长约3米,高近1.5米,里面套有一具稍小的棺木,是岩棺葬中特殊的一种形态。2013年入选全国重点文物保护单位。

汇南墓群 位于丰都县三合镇。时代为汉代至六朝。分布范围约3.5万平方米,发掘面积1.6万平方米,清理土坑墓57座、砖室墓119座、石室墓

1 座、瓦棺葬 1 座。西汉墓出土陶罐、盆、鼎、豆、钵、壶、釜、镜、矛、带钩、半两钱、铁剑等。东汉墓出土陶罐、耳杯、钟、房、俑、釉陶钟、钵、青铜洗、灯、印章、带钩等。六朝墓出土青瓷盘口壶、碗、杯、盘、水注、盏、杯、银镯、指环、叉、簪等。其中汉代白釉瓷碗为我国早期瓷器的典型代表,汉代陶鞍马解决了汉代有无马鞍的争论,胡人武士俑、哺乳俑、汉代乐舞俑等为全国罕见。2013 年入选全国重点文物保护单位。

独柏寺正殿 位于潼南区独柏乡。独柏寺始建于唐代咸通年间,唐、宋、元等各代维修改建。正殿修建于元末,歇山式建筑,通高 6.7 米,台明高 0.7 米,四角亮柱施斗拱,角柱升起,面阔三间,宽 13.6 米,进深 9.8 米,整个建筑占地 305 平方米,建筑面积 130 平方米。2013 年入选全国重点文物保护单位。

重庆古城墙 位于嘉陵江与长江交汇的渝中半岛。重庆古城墙最早可追溯到 2 000 多年前,战国、蜀汉、南宋、明初四次大规模修筑,形成了"九开八闭"17 门的城垣布局。目前仅存五座城门,渝中有很多地名以城门命名,如朝天门、千厮门、临江门、储奇门、金紫门,还有与城门相关的地名如金汤街、凤凰台等。2013 年入选全国重点文物保护单位。

彭氏宗祠 位于云阳县凤鸣镇黎明村。清代同治年间建成的家族祠堂建筑,属于彭氏家族祭祀祖先和先贤的场所。祠堂与坞堡结合的群体建筑,占地面积 3 500 平方米,四合院落,分前后两进,由门厅、享殿、耳房、厢房、高楼及四角炮楼组成。高楼居两院正中,正方形平面布局,木结构九级楼阁式,三重檐四角攒尖顶,下六层四周石砌墙体,面阔、进深均为 10.5 米,全楼通高 35 米。2013 年入选全国重点文物保护单位。

双桂堂 位于梁平区金带镇万竹山。始建于清代顺治中期,占地面积约 7 万平方米。殿堂为木石结构,现有大山门、弥勒殿、大雄宝殿、戒堂、破山塔、大悲殿、藏经楼、五百罗汉堂等。两侧有厢房、僧舍 300 余间,由长廊相连,周围有白莲池、后缘池、花园等点缀。双桂堂被尊为"西南佛教禅宗祖庭",在中国及东南亚佛教界具有显著地位。2013 年入选全国重点文物保护单位。

石门大佛寺摩崖造像 位于江津区石门镇白坪村。大佛寺依山傍水，前临长江，背倚崖壁，建筑面积 720 平方米。寺内观音造像高 13.5 米，肩宽 5.9 米，胸厚 5.2 米，是我国现存最大的脚踏莲花观音造像之一。整个造像倚崖而雕，属高浮雕近圆雕型石刻，刻工精湛。观音造像头戴宝冠，宝冠中有一笑容可掬的罗汉；身着天衣绶带，全身贴金彩绘，胸饰缨络，腹部悬挂法轮，坐于莲花之上，神态安详。2013 年入选全国重点文物保护单位。

瞿塘峡摩崖石刻 位于奉节县瞿塘峡南岸白岩山陡峭岩壁上。由于碳酸盐溶质附积于岩壁表面，岩壁呈灰白色，故也称"粉壁墙"。共有宋代至近代的碑刻 12 幅，总面积 600 平方米左右。石刻均为阴刻，字体有楷、隶、草、篆等，内容涉及面很广，既有对夔门胜景的赞美，又有抗日救国的豪迈宣言。因兴建三峡工程，对"瞿塘"、"夔门"、《瞿塘上峡》七律诗和《皇宋中兴圣德颂》四块题刻予以切割搬迁；剩下的八块，有的原地封存保护，有的按 1：1 的比例翻模复制到下游 600 米处的峡壁上。2013 年入选全国重点文物保护单位。

弹子石摩崖造像 位于南岸区弹子石街道集翠村。由大佛造像和五佛殿组成。大佛摩崖造像开凿于元末，依山雕凿，佛龛高 10.6 米，宽 10.14 米，深 2.8 米，龛内造像为弥勒佛，高 7.5 米，台座两端各雕一双手合十的弟子立像。五佛殿内的造像凿造于明代永乐年间，龛高 6.4 米，宽 11.55 米，进深 1.4 米，龛内造像中央为三坐佛，两侧为二弟子，均高 4.5 米，皆为结跏趺坐。2013 年入选全国重点文物保护单位。

刘伯承故居 位于开州区赵家街道。占地面积 5 767 平方米。一栋青瓦土墙、半边茅屋组成的三合院，属晚清川东一带的普通农舍，当时仅有陋室三间，后陆续增建了几间。故居的正堂屋大门上方，挂着邓小平题写的"刘伯承同志故居"大匾。左侧房是刘伯承的卧室，右侧房是刘伯承父母亲的居室。故居前有两棵浓荫如盖的黄桷树。2013 年入选全国重点文物保护单位。

嘉陵江三峡乡村建设旧址群 位于北碚区。从 1927 年起,爱国实业家卢作孚在北碚领导"嘉陵江三峡乡村建设"实验活动,开工厂、办学校、搞城建、辟公园、建文化设施,留下了一批建筑旧址,主要包括峡防局、红楼、清凉亭、农庄、磐室、竹楼、柏林楼、数帆楼、中国乡村建设学院等旧址。2013 年入选全国重点文物保护单位。

特园 位于重庆市上清寺西南角的嘉陵江畔。又称"康庄旧居",始建于 1931 年。抗日战争时是爱国民主人士鲜英的公馆。2008 年在旧址建立了中国民主党派历史陈列馆。建筑面积 1.2 万平方米,内有 4 层展厅,由中国国民党革命委员会、中国民主同盟、中国民主建国会、中国民主促进会、中国农工民主党、中国致公党、九三学社、全国工商业联合会、中国无党派人士等历史陈列组成,展出历史图片 3 000 余幅,文物史料 1 000 余份,珍贵实物 1 200 余件。2013 年入选全国重点文物保护单位。

世界佛学苑汉藏教理院旧址 位于北碚区缙云山。1930 年开始筹建,1932 年开学,是四川开办的第一所佛学高等学府,课程以藏文、佛学为主,兼授历史、地理、法律、农业等学科。1937 年设立藏文编译处。1950 年停办。现存天子殿"双柏精舍"、大雄殿、天王殿、闻慧殿、碑亭、世界佛学苑汉藏教理院碑、大雄殿前左右碑记、正殿后石碑和太虚台等。2013 年入选全国重点文物保护单位。

南腰界红三军司令部旧址 位于酉阳县南端的南腰界乡南界村。1934 年 6 月,贺龙、关向应率领中国工农红军第三军(原红二军团)转战来到南腰界,创建了以南腰界乡为中心的川黔革命根据地。红三军司令部设在余家桶子,是清末秀才余兰城的住宅,建于清朝晚期,为木石结构的吊脚楼建筑,占地 450 平方米,房屋 12 间。现有当年贺龙手栽的两棵花红树,中国工农红军二、六军团会师大会纪念亭,红军烈士墓。2013 年入选全国重点文物保护单位。

国民政府立法院、司法院及蒙藏委员会旧址 位于渝中区中山医院内。1937 年 11 月,国民政府迁都重庆。国民政府立法院、司法院、蒙藏委员会、内政部等机构及重庆市卫戍警备司令部先后征用义林医院作为办公地,抗战胜利后退还给医院。旧址始建于1935年,中式的飞檐屋顶、西式的弧形门窗,为典型的中西合璧的折中主义建筑风格。2013年入选全国重点文物保护单位。

国民政府军事委员会政治部旧址 位于沙坪坝区土主镇三圣宫村三圣宫。1938年初,国民政府军事委员会政治部在武汉成立,同年12月迁驻于此。1940年9月起,政治部部长张治中在此居住和办公,直至抗战胜利。三圣宫建于清代,现存山门、前殿、戏楼、黄金堂和左右厢房等建筑。2013年入选全国重点文物保护单位。

国民政府外交部旧址 位于渝中区解放东路。1938—1946年,国民政府外交部在此地设部办公。中西式砖木结构建筑,一楼一底,楼上有回廊,四面坡顶,小青瓦覆顶,四周带有券廊,外墙青砖勾缝。旧址建筑始建于清末民初,初为巴县议会的左楼,1929年改为培养军政干部的高级中学。2013年入选全国重点文物保护单位。

抗战金融机构旧址群 位于渝中区。包括中央银行旧址、中国银行旧址、美丰银行旧址、交通银行旧址、川康平民商业银行旧址、聚兴诚银行旧址六处建筑。中央银行旧址位于道门口,五层钢筋混凝土结构建筑。中国银行旧址位于陕西路,五层钢筋混凝土结构建筑。交通银行旧址位于打铜街,五层钢筋混凝土与砖石木混合结构建筑。美丰银行旧址位于新华路,七层钢筋混凝土框架结构建筑。聚兴诚银行旧址位于望龙门,三楼一底、中西结合的砖木结构建筑。川康平民商业银行旧址位于打铜街,四层钢筋混凝土与砖木混合结构建筑。聚兴诚银行旧址位于解放东路,一楼一底、中西结合的砖木结构建筑。2013年入选全国重点文物保护单位。

国民参政会旧址 位于渝中区中华路。国民参政会是抗日战争时期由国民党、共产党及其他党派和无党派人士代表组成的最高咨询机关,具有广泛的政治影响。旧址建筑建于1920—1930年,是一幢二楼一底的西式小楼,共有房屋21间,是重庆近代建筑从开埠时期的殖民风格向现代中国建筑过渡的典型代表之一。2013 年入选全国重点文物保护单位。

林园　位于重庆市西郊歌乐山麓。抗日战争时期,国民政府主席林森的官邸。修建于 1939 年,中西合璧,美轮美奂。一号楼是蒋介石的住宅和办公室,称"中正楼";二号楼是宋美龄的起居室,称"美龄楼";三号楼曾是美国驻华特使马歇尔的公馆,称"特使楼";四号楼就是林森的"主席官邸"。2013 年入选全国重点文物保护单位。

黄山抗战旧址群　位于南岸区黄山路。包括云岫楼(蒋介石官邸)、松厅(宋美龄别墅)、孔园(孔令俊别墅)、草亭(马歇尔旧居)、莲青楼(美军顾问团住址)、云峰楼、松籁阁(何应钦寓所)、黄山小学、周至柔旧居、侍从室、侍卫室、防空洞、望江亭、发电房等。黄山原为重庆白礼洋行买办黄云阶的私产,1938—1946 年成为国民政府的军事指挥中心和政府要员的官邸,抗战胜利后国民政府还都南京,黄山建筑群移交中国福利院。现建有重庆黄山抗战遗址博物馆。2013 年入选全国重点文物保护单位。

同盟国驻渝外交机构旧址群　位于渝中区、南岸区。抗日战争期间,先后有 30 多个国家在重庆建立了大使馆或公使馆。旧址群包括苏联大使馆旧址、苏联大使馆武官处旧址、美国大使馆旧址、英国大使馆旧址、中英联络处旧址、法国领事馆旧址、澳大利亚公使馆旧址、土耳其公使馆旧址、南山苏联大使馆旧址、法国大使馆旧址、美国大使馆海军武官处旧址、美军招待所、法国水师兵营旧址、印度专员公署旧址等。2013 年入选全国重点文物保护单位。

南泉抗战旧址群　位于巴南区南泉街道。抗日战争期间国民政府重要政治人物及相关机构在陪都重庆留下的遗迹,包括孔园、听泉楼、校长官邸、竹林别墅、中央政治学校研究部旧址等。其中,孔园是时任国民政府财政部长、中国银行行长孔祥熙的住所,听泉楼是时任国民政府主席林森的居所。孔园建于 1939 年,听泉楼建于 1937 年,均为中西结合式的砖木结构,总建筑面积 1 700 余平方米,还有地下室、八角亭、防空洞、岗亭等附属设施。2013 年入选全国重点文物保护单位。

国民政府行政院旧址 位于渝中区中山四路。抗日战争期间是国民政府西迁来渝后的最高行政机构——国民政府行政院的办公地,如今是中共重庆市委八号楼。旧址建筑建于19世纪末,建筑面积1 621平方米,砖木结构,二楼一底,共有房屋19间。2013年入选全国重点文物保护单位。

抗战兵器工业旧址群 位于九龙坡区、江北区、万盛经济技术开发区。共有三处旧址:九龙坡区的兵工署第一兵工厂旧址、江北区的望江机械厂抗战生产洞、万盛经济技术开发区的飞机洞。兵工署第一兵工厂前身为张之洞于清光绪时在湖北汉阳创办的湖北枪炮厂,1938年迁至重庆,1939年搬至鹅公岩张家溪面临长江的崖壁上的116个岩洞中,共有9个装配车间,107个生产洞(现存50个),总面积21 001平方米。2013年入选全国重点文物保护单位。

同盟国中国战区统帅部参谋长官邸旧址 位于渝中区李子坝嘉陵江边的嘉陵新路,占地面积4 800平方米。早期为宋子文行馆,1942—1944年为同盟国中国战区统帅部参谋长史迪威将军居所。1991年中国国际友人研究会和重庆市人民政府在重庆成立了史迪威研究中心,并在此建立了史迪威博物馆,展出史迪威与中国、征战印缅、飞虎空军、驼峰飞行、美军驻延安观察组、友谊长存六个方面的历史照片200多幅。2013年入选全国重点文物保护单位。

保卫中国同盟总部旧址 位于渝中区两路口街道。保卫中国同盟于1938年6月在香港成立,宋子文任会长,宋庆龄任主席。1942年8月,保卫中国同盟总部在重庆成立。1945年11月,宋庆龄离渝返沪,保卫中国同盟随之迁往上海,更名为"中国福利基金会"。旧址建于1936年,由主楼、后楼、防空洞等构成,砖木结构。旧址内现展出实物和历史照片等110件,反映了1942—1945年宋庆龄在渝期间投入抗日战争的历史事迹。2013年入选全国重点文物保护单位。

重庆谈判旧址群 位于渝中区。重庆谈判是抗日战争胜利之际,中国共产党和中国国民党就中国未来的发展前途、建设大计在重庆进行的一次历史性会谈。从 1945 年 8 月 29 日—10 月 10 日,经过 43 天谈判,国共双方签订《双十协定》。重庆谈判旧址群包括蒋介石官邸、国民政府军事委员会委员长侍从室旧址、吴铁城官邸和宋子文官邸(怡园)等,多为中西结合式别墅建筑。其中,蒋介石官邸是进行谈判的重要场所,宋子文官邸是马歇尔来渝调停时居住的地方。2013 年入选全国重点文物保护单位。

抗战胜利纪功碑暨人民解放纪念碑 位于渝中区解放碑步行街。1947年 8 月落成,1950 年 10 月改名为"人民解放纪念碑"。纪念碑为八面柱体盔顶钢筋混凝土结构,通高 27.5 米,边长 2.55 米,碑内连地下共 8 层,设有旋梯达于碑顶。碑顶四面装有自鸣钟。碑座的上半部各面共刻碑文五篇,有1940 年定重庆为陪都的《国民政府令》及《抗战胜利纪功碑碑铭共序》《抗战胜利纪功碑碑文》等。2013 年入选全国重点文物保护单位。

重庆市人民大礼堂 位于渝中区人民路。建于 1954 年,由大礼堂和东楼、南楼、北楼四部分组成。大礼堂占地面积 1.85 万平方米,参照北京天坛的祈年殿设计,圆形建筑,高 65 米,大厅净空高 55 米,内径 46.33 米。圆形大厅四周环绕四层挑楼,三层圆顶由大红廊柱支撑,金色顶子,绿色琉璃瓦,将中国古典建筑风格与现代西方建筑设计融为一体。2013 年入选全国重点文物保护单位。

聂荣臻故居 2013 年入选全国重点文物保护单位。参见全国红色旅游经典景区——聂荣臻元帅陈列馆。

二十四、国家一级博物馆

中国三峡博物馆 位于渝中区。又名"重庆博物馆"。前身为 1951 年成立的西南博物院,是一座集巴渝文化、三峡文化、大后方抗战文化、统战文化、移民文化等的收藏、保护、研究、展示、传播于一体的综合性省级博物馆。占地面积 3 万平方米,建筑面积 4.5 万平方米,展厅面积 2.1 万平方米,有四个基本陈列、六个专题陈列及环幕电影、半景画陈列。馆藏文物11.35 万余件套,以古人类标本、三峡文物、巴渝青铜器、汉代文物、西南民族文物、大后方抗战文物、瓷器、书画、古琴为特色。2008 年入选国家一级博物馆。

红岩革命历史博物馆 位于渝中区红岩村。包括红岩革命纪念馆、歌乐山革命纪念馆、中国民主党派历史陈列馆,以传播宣传红岩精神为主要工作任务。1997 年被中共中央宣传部列入全国百个爱国主义教育示范基地。2012 年入选国家一级博物馆。

重庆自然博物馆 位于北碚区缙云山麓。占地面积 14.4 万平方米,建筑面积 3.08 万平方米,展示面积 1.62 万平方米。建筑设计理念来源于自然现象"根包石"——重庆市的市树黄桷树之根蜿蜒交错扎根于巴渝土地的岩石之中。馆内基本陈列为动物星球、恐龙世界、山水都市、地球奥秘、生命激流、生态家园六大展览,主要展示地球演变、生命进化、生物多样性以及重庆的壮丽山川。2017 年入选国家一级博物馆。

二十五、中华老字号

重庆市商务集团饮食服务有限公司(注册商标:老四川、颐之时) 位于渝中区节约街。重庆市商委直属大型商业企业。公司拥有"颐之时""老四川""味苑""山城饭店""会仙楼"等著名餐饮、宾馆品牌的使用权,同时开展旅游、美容美发、保健、航空机票代理等业务。其中,老四川大酒楼创办于20 世纪 30 年代初,以经营灯影牛肉为特色,如今已发展为以牛肉"三汤三肉"为特色的综合性酒楼。"颐之时"品牌以精品川菜、小吃独步重庆食坛。2006 年入选中华老字号。

桥头火锅饮食服务有限公司（注册商标：**桥头**） 位于南岸区上新街。集餐饮、底料加工、商场、住宿、照相于一体的综合性企业。桥头火锅起源于清朝宣统年间，距今已有百年历史，为重庆市非物质文化遗产，享有"吃在重庆，味在桥头"的美誉。2006 年入选中华老字号。

金星股份有限公司（注册商标：**金角**） 位于綦江区古南街道新村路。始创于 1937 年，1994 年以重庆金星食品厂为基础，吸收数十家企业投资入股，成立重庆金星股份有限公司。生产传统名优食品"金角""老四川"五香牛肉干及其系列产品，年产牛肉干系列产品 800 多吨。2006 年入选中华老字号。

江津米花糖有限责任公司（注册商标：**玫瑰牌**） 位于江津区几江大同路。江津米花糖因产于江津区而得名，原为"太和斋米花糖"，始于清末宣统年间，选用优质糯米、核桃仁、花生仁、芝麻、饴糖、植物油、玫瑰糖等原料，运用传统工艺与现代科技相结合精制而成。2006 年入选中华老字号。

江津酿造调味品有限责任公司（注册商标：**迈进**） 位于江津区德感工业园区。公司由江津市酿造厂改制而成，拥有标准化厂房、先进的无菌灌装生产线和宽畅的瓦缸露晒发酵场地，具有国家级调味品评委两名，主要生产"迈进"牌酱油、晒醋、豆瓣酱、甜面酱等酿造调味品，是西南地区规模较大的酿造调味品生产基地。"江津酱油""江津醋"酿制技艺被列入重庆市非物质文化遗产。2006 年入选中华老字号。

桂楼食品股份有限公司（注册商标：**桂楼**） 位于涪陵区涪清路。主营生猪养殖、屠宰、加工、销售、科研、服务的集团化民营企业。现已建成国家二级标准屠宰厂一座，配套一条自动化屠宰生产线、一座 1 500 吨冷库、两条年产 6 000 吨分割肉生产线。生产能力为年屠宰生猪 100 万头、年产分割肉 12 000 吨、腌腊品和熟肉制品 2 000 吨。公司所属八个规模化养猪场有基础种猪近 5 000 头，年出栏优质商品猪 10 万头，是重庆市乃至西南地区生猪产业化经营的龙头企业之一。2006 年入选中华老字号。

精益高登眼镜连锁有限公司（注册商标：**精益高登**） 位于渝中区八一

路。精益眼镜于清朝宣统末年创始于广州,1919 年孙中山到广州精益眼镜公司验光配镜,欣然题词"精益求精"。1937 年抗日战争全面爆发后,精益眼镜公司总部由上海迁往重庆。公司拥有 80 个直属连锁店和加盟店,世界最先进的全自动电脑组合验光仪、全自动焦度计、全自动电脑扫描自动磨边机等系列先进设备。2006 年入选中华老字号。

华华实业(集团)有限公司(注册商标:华华) 位于渝中区陕西路。始创于 1938 年,专营各种国产高、中、低档呢绒、绸缎、棉布服装。如今是一家经营纺织品、服装百货、通信器材、物业管理、租赁服务、仓储运输、酒店旅游、广告传媒等业务的大型股份制企业。拥有重庆大生物业管理有限公司、重庆长寿狮子滩大酒店有限公司、重庆潮流数码科技有限公司、重庆翰雅广告传媒有限公司等四个控股子公司及大生商场、儿童服装城、云霓商厦、华华商场、华华通讯、纺织服装等六个分公司,拥有涵盖六大商品或服务类别的共十个"华华"服务商标。2006 年入选中华老字号。

张鸭子食品有限公司(注册商标:大河张) 位于梁平区工业园区。主要从事"张鸭子"的生态养殖、加工生产、销售经营及餐饮管理等市场活动,年生产能力可达 2 000 吨以上。企业采取"公司+农户"的现代农业经营模式,建立了上千亩的麻鸭生态养殖基地。张鸭子卤烤鸭,先卤后烤,具有卤香纯正、色泽鲜亮、味道鲜香等特点。"张鸭子卤烤工艺"已入选重庆市非物质文化遗产。2010 年入选中华老字号。

白市驿板鸭食品有限责任公司(注册商标:白市驿) 位于九龙坡区白市驿镇白新街。前身是 1963 年成立的国有企业重庆白市驿板鸭厂。主要从事畜、禽机械化屠宰及"白市驿"牌系列畜、禽肉食品的综合加工,形成了以白市驿板鸭为拳头产品,以鸭肉干、鸭肫、鸭翅、鸭掌、鸭舌、休闲板鸭、鸭肉香肠、腊肉、猪头、板兔、缠丝兔、兔丁为主的礼品、彩袋、休闲、生鲜、速冻五大系列产品。2010 年入选中华老字号。

冠生园食品有限责任公司(注册商标:冠生园) 位于渝中区民权路。重庆冠生园创办于 1938 年。主要经营副食品、糖果糕点等,是一家集商业贸易、餐饮和食品加工于一体的综合性企业。公司生产的豆沙蛋黄、莲蓉蛋黄、嫦娥醉月广式月饼和杏仁桃酥广受好评。2010年入选中华老字号。

江津酒厂(集团)有限公司(注册商标：几江) 位于江津区德感工业园区桥溪路。始建于1951年，如今是一家集酒类科研、生产、销售于一体的民营企业集团，是全国最大的小曲清香型白酒生产企业之一。生产"几江""笛女""石松""百年好合""露华浓""钓鱼城"六大品牌100多个品种，年产销白酒近4万吨。2010年入选中华老字号。

黄花园酿造调味品有限责任公司(注册商标：黄花园) 位于九龙坡区石坪桥街道青龙村。始创于1940年，现已成为中国西部地区专业酿造调味品生产、销售的综合性大型企业。生产酱油、食醋、豆瓣酱、甜面酱、火锅底料及复合调料。公司旗下拥有"黄花园""山城""南泉"三大品牌。2010年入选中华老字号。

前进食品厂(注册商标：瑞兰斋) 位于云阳县双江大桥西头。以生产地方特产、传统美食——桃片糕为主的食品生产加工企业，年生产能力2 000余吨，另有八个桃片糕专卖店。桃片糕起源于唐代，以上等糯米，经选筛、淘、炒、夜露、磨粉合糖搓拌、香木甑蒸、切片而成。2010年入选中华老字号。

桐君阁股份有限公司(注册商标：桐君阁) 位于渝中区解放西路。由重庆桐君阁药厂、重庆中药材站等13家中药工商企业联合组建而成的大型企业集团。"桐君阁"始于清朝光绪末年。公司于1996年在深交所上市。现有2个中成药生产企业、4个药品商业公司及1个中药材专业交易市场，直营药房1 356家，加盟药房7 300家，创研、生产了传统剂型20余种，产品达600多个，其中40余个产品进入国家基本药物目录，56个品种进入国家药典，11个品种获国家中药保护。2010年入选中华老字号。

忠州腐乳酿造有限公司(注册商标：石宝寨) 位于忠县忠州镇沈阳路。前身为1956年由义顺和、永顺长、三兴合、福记民生四家私营作坊和旧式公司公私合营成立的忠县国营酿造厂。属于食品生产企业，主要从事以腐乳为主的调味品系列产品的生产销售等经营活动，年产量两万吨。2010

年入选中华老字号。

小洞天饭店(注册商标：小洞天) 位于渝中区民生路。隶属于重庆小洞天饮食(集团)有限责任公司。1995 年注册成立,主要经营中餐、茶水、住宿等业务。2010 年入选中华老字号。

永川豆豉食品有限公司(注册商标：永川) 2010 年入选中华老字号。参见国家级非物质文化遗产生产性保护示范基地——永川豆豉食品有限公司。

四川篇

四川省简称"川",别称"天府之国"。商周时期,四川地区建立了由古蜀族为中心的蜀国,因此古称"蜀"。北宋咸平四年(公元1001年),将地处今四川盆地一带的川峡路分为四路,称"川峡四路"或"四川路",后简称"四川"。清初,分全国内地为18行省,四川省为其一。

　　四川省位于中国内陆西南部腹地,地处长江上游,东邻重庆市,南接云南省、贵州省,西衔西藏自治区,北连陕西省、甘肃省、青海省,总面积48.6万平方千米。

　　四川位于中国大陆地势三大阶梯中的第一级青藏高原和第二级长江中下游平原的过渡带,西高东低的特点明显。西部为高原、山地,海拔多在4 000米以上;东部为盆地、丘陵,海拔多在1 000—3 000米。全省分为四川盆地、川西北高原和川西南山地区三大部分。

　　四川气候,东部冬暖、春旱、夏热、秋雨、多云雾、少日照、生长季长,西部寒冷、冬长、基本无夏、日照充足、降水集中、干雨季分明。四川盆地为亚热带湿润气候区,年平均气温16—18℃;川西南山地为亚热带半湿润气候区,年平均气温 12—20℃；川西北高山为高原高寒气候区，年平均气温 4—12℃。

四川省下辖成都、绵阳、自贡、攀枝花、泸州、德阳、广元、遂宁、内江、乐山、资阳、宜宾、南充、达州、雅安、广安、巴中、眉山等 18 个地级市，阿坝藏族羌族自治州、甘孜藏族自治州、凉山彝族自治州 3 个自治州。省政府驻地成都市。截至 2018 年年底，常住人口 8 341 万。共有 56 个民族。四川拥有全国第二大藏区、最大的彝族聚居区和唯一的羌族聚居区。

四川土地肥沃、物产富饶、资源富集。四川在新石器时代晚期形成了以宝墩文化、三星堆遗址、金沙遗址为代表的高度发达的古蜀文明。四川为全国资源、能源大省，天然气储量位居全国第一，是川气东送的起点。拥有中国（四川）自由贸易试验区、天府新区等经济发展高地，是中国西部物资集散地，长江经济带组成部分，经济总量位居全国第六。四川是国宝大熊猫的故乡，"中国三大名酒"中的五粮液与剑南春的原产地，川菜名列"中国四大菜系"。

一、中国历史文化名镇

邛崃市平乐镇 位于成都市西南处。古称"平落",早在公元前 150 年西汉时期就已形成集镇,迄今已有 2 000 多年历史。拥有明清时期建筑 23.54 万平方米,古街两边的房屋多数为一楼一底的木结构建筑,保存完好程度达 85%,具有浓郁的川西风格。小镇周边有芦沟自然风景区、金华山风景区、花楸山风景区和秦汉古驿道风景区。2005 年入选中国历史文化名镇。

大邑县安仁镇 位于成都平原西部。古镇历史悠久,唐代武德年间建安仁县,地名取"仁者安仁"之意。完整地保留着川西风格的明清古典建筑,全国重点文物保护单位大邑刘氏地主庄园坐落于此。还有同庆茶楼、刘元瑄公馆、刘体仁小独院、刘湘公馆等人文景点。2005 年入选中国历史文化名镇。

阆中市老观镇 位于南充市。古奉国县城的遗址,至今已有 1 500 多年历史。自古就是闻名的旱码头,历来为军、商要地。完好保留着 1.5 平方千米的古建筑街区,有奉国寺遗址、古粮仓、古栅门、谯玄庙。曾为川陕革命根据地和苍溪县苏维埃政府所在地。灯戏是古镇的历史品牌,有"民歌之乡""中国民间文化艺术之乡"的美誉,现为峨眉电影集团外景拍摄基地。全国首批国家建制镇示范试点镇之一。2005 年入选中国历史文化名镇。

翠屏区李庄镇 位于宜宾市长江南岸的李庄坝。春秋战国时为古僰国之地,素有"万里长江第一古镇"的美誉。原有号称"九宫十八庙"的古建筑群,现完好保存的有明代的慧光寺、东岳庙、旋螺殿,清代的禹王宫、文昌宫、南华宫、天上宫、张家祠等十余处。古建筑群规模宏大,布局严谨,完整地体现了明、清时期川南庙宇、殿堂建筑的特点。1939 年,同济大学、中央研究院、中央博物院等知名学府和研究机构迁到该镇,小镇成为中国抗战大后方的四大文化中心之一。2005 年入选中国历史文化名镇。

双流区黄龙溪镇 位于成都平原南部。历来是军事重镇,传说蜀汉时诸葛亮南征,曾派重兵把守于此,有着 2 100 余年的历史。现是以旅游业为龙头、农业为基础的旅游型城镇。有着明清时代的木板民舍、古老的唐家大院、民国时期的三县衙门,还有黄龙溪大佛寺、观音寺、古蜀门楼、鹿溪晓月等景点。历史上是茶叶之乡和南方丝绸之路的必经之地。2007 年入选中国历史文化名镇。

沿滩区仙市镇 位于自贡市釜溪河畔。拥有 1 400 多年历史,是釜溪河重要码头之一。明代以来自流井盐场兴旺发达,仙市成为井盐东出自贡的运输要道,被誉为“古盐道上的明珠”。建筑保留着原有风貌,寺庙祠堂众多。因“四街、四栈、五庙、一祠、三码头、一鲤三牌坊、九碑十土地”以及精美的古典建筑群和兴盛的佛教文化而闻名遐迩,还有古镇巡游、钟馗出驾、古典婚庆、打铁弹棉花等民俗活动。2007 年入选中国历史文化名镇。

合江县尧坝镇 位于江阳、纳溪、合江三县区接合部。北宋皇祐年间是川黔交通要道上的驿站,有“川黔走廊”之称。古街保留完好,建筑完整,有小青瓦房 2 000 余间,被称为“川南古民居的活化石”。还有进士牌坊、东岳庙、大鸿米店、娘亲古榕、九龙聚宝山、兴顺号、添寿堂、神仙洞等景点。多部影视作品曾在此取景拍摄。2007 年入选中国历史文化名镇。

古蔺县太平镇 位于泸州市。古称“落洪口”,属古鳛国部落和夜郎国。历史文化悠久,保留着古街和明清时期的古民居,多为古代干阑式和吊脚楼等建筑构架。太平镇是红军长征“四渡赤水”中二、四渡的主要渡口,建有红军长征四渡赤水博物馆(全国爱国主义教育示范基地、全国国防教育示范基地)。有红军遗址 87 处,红军标识随处可见。现为全国重点镇。2007 年入选中国历史文化名镇。

恩阳区恩阳镇 位于巴中市,恩阳河从旁流过。由最初的水码头发展而来,在水运占主导的古代一度繁荣,曾有"小上海"之称。现保存有 28 条古街,数百座明清古建筑。1933 年成立的川陕革命根据地、恩阳县苏维埃政府,在小镇留下众多的红色遗迹,如政府机关以及列宁小学等。2008 年入选中国历史文化名镇。

龙泉驿区洛带镇 位于成都市东郊。建于三国蜀汉时期,传说因蜀汉后主刘禅的玉带落入镇旁的八角井中而得名。客家人占全镇人口的九成,来自广东、湖广、江西、川北等地的客家人,依然保持各自的传统、语言、习惯,古镇也保存着完好的客家古民居和千年老街,有"西部客家第一镇"之称。古镇格局为"一街七巷子":老街、北巷子、凤仪巷、槐树巷、江西会馆巷、柴市巷、马槽堰巷和糠市巷。2008 年入选中国历史文化名镇。

大邑县新场镇 位于成都平原西部与邛崃山脉的山丘坝交会处。始建于东汉时期,是茶马古道上的历史文化名镇之一,数百年来商贾云集。古镇占地面积 40 万平方米,是四川规模最大、保护完好的西蜀水乡古镇。建筑属明清风格而又凸显西蜀建筑特色。主要景点有集儒、佛、道于一体的川王宫等。2008 年入选中国历史文化名镇。

昭化区昭化镇 位于广元市中部。建城历史已有 2 000 多年,西周时为都邑,春秋战国是苴国都城,是四川最早建县之地。北宋时因宋太祖钦赐"昭示皇恩,以化万民"而得名"昭化县"。较完整地保存了昭化古城,为剑门蜀道风景名胜区的重要组成部分。有众多历史名胜,如古城门、古城墙、费祎墓、桔柏古渡、天雄关、牛头山、人头山、金牛古道、太公红军山、柏林沟古镇、紫云湖、平乐寺、将军岭等,被誉为"世外千年古镇"。2008 年入选中国历史文化名镇。

合江县福宝镇 位于川黔交界处,地处四川盆地南缘。始建于元末明初,以庙兴镇,依山而建。古镇有 100 多家古店铺和三宫八庙,高低错落,千姿百态;排排吊脚木楼随山势起伏,错落有致。张爷庙、万寿宫、惜字亭及古镇民居等历史建筑具有一定的历史、文化和观赏价值。保留着具有浓厚地方特色的高胜山歌、灯戏、狮子翻高台、猴子爬高竿、傩戏等民间艺术。2008

年入选中国历史文化名镇。

资中县罗泉镇 位于资中、仁寿、威远三县交界地区,已有1 700多年的历史。三国时期蜀汉丞相诸葛亮扎营于此,因为持续干旱,水源奇缺,便派兵寻水,发现有一井底涌出泉水,遂将此井命名为"箩泉井"。历史上以产盐而闻名天下,其历史可追溯到秦代,至清朝时盐业开发达到顶峰,光绪年间有盐井1 500余眼,所产的井盐于1925年获巴黎世界博览会金奖。现有建于清朝同治中期的盐神庙,是我国唯一纪念、朝拜盐神的庙宇。2008年入选中国历史文化名镇。

屏山县龙华镇 位于宜宾市。始建于宋代,明清时已成规模,是历代四川边防驻军重地。古镇小街依山而建,房屋错落有致,石台阶将上下街道连接成环形。街道由青石板铺成,全木质结构的街坊至今保存完好。小龙溪发源于老君山,溪水清澈见底,河上建龙华凉桥。八仙山上有一座世界第一的立佛"八仙山大佛",为深浮雕接引立佛像,高32米,凿于主峰紫红色崖壁上,建于明末,已有400余年历史。2010年入选中国历史文化名镇。

富顺县赵化镇 位于沱江下游。建于宋,兴于明,盛于清,是自贡"东大道下川路"运盐的重要驿站和水码头,也是"戊戌六君子"之一刘光第的故乡。镇内有七街四巷、九宫庙、六码头、九口十八滩,有摩崖石刻题记、培村门厅"两湖会馆"、千年古庙罗汉寺、曾家祠牌匾群、普安和鳌山等古寨遗址,还有龙王沱、"石龙过江"、鸡冠山、瑶浩中坝、"牛腿子"、八甲山、屏风山、牛心山等自然景观。白酒酿造、竹编、秸杆画、蚕茧丝绸、划龙船、土漆并称"赵化六艺"。2010年入选中国历史文化名镇。

犍为县清溪镇 位于马边河畔。四川著名的"茉莉之乡",钟灵毓秀,人文荟萃,物产丰富,自古以来是马边河下游水码头。始建于唐代永徽初年,已有1 370年历史。街区面积近50万平方米,保留着明清以来22条古街道的原始格局,保存有"九宫十八庙"、黄家祠、魏氏宗祠、宁芷邨故居等民居,清代沉犀节孝坊、名列犍为古八景的"沉犀秋月"和"清溪渔唱"等景点。2010年入选中国历史文化名镇。

贡井区艾叶镇 位于自贡市。历史上贡井矿盐的发祥地之一,素有"盐都西场镇""盐运第一滩"之称。留存着千年盐产业的传统井盐生产工业建筑群、盐业商贸建筑群和民居宅院、古寺庙宇、东汉崖墓、北宋的佛教寺庙天池寺等众多历史古迹,还有沙塘半岛和五皇洞瀑布等自然景观。古建筑多为清末民初和清朝中期建筑,尤以四海井民居和盐运古道横街子最有特色,依旭水河和沱滩而建,高低错落有致,属川南特有的穿斗式建筑群落。2014年入选中国历史文化名镇。

大安区牛佛镇 位于自贡市沱江河岸。因地临江水,浑若牛形,名"牛王山",明初更名为"牛佛镇"。川南最大的农村集镇之一,有着千年历史。曾是川南有名的商埠和水码头,明清古街巷格局至今保存完整,拥有观音寺、禹王宫、万寿宫、贺乐堂等文物保护单位。历史文化底蕴深厚,有着舞龙灯、划龙船、牛儿灯、花灯、川剧座唱等丰富的民俗文化活动,是"四川民间文化艺术之乡"。2014年入选中国历史文化名镇。

平昌县白衣镇 位于巴中市,是平昌的南大门。始建于秦汉时期,方圆十余里,是古柳州遗址。明代崇祯年间在现老街牌坊竖一白衣观音神像,始称"白衣"。镇内的吴氏宫邸和六庙三宫,建于清代光绪年间,耗时十年建成,规模宏大,内有保存完好的吴氏家族从江西运来的岳飞手书"忠孝廉洁"石碑四座。吴家先后涌现出了翰林进士三人,七品以上官员十多人。2014年入选中国历史文化名镇。

古蔺县二郎镇 位于四川盆地南部边缘,与贵州习水县一桥相通。因红军四渡赤水及当地生产郎酒而闻名。始建于先秦时代,古时属"夜郎"的疆域,2000年前,古夜郎人就已开始酿酒。清代有大小酒坊、糟房20余家,酒师、酒工数以百计,生产著名的"凤曲法酒"。古镇还有天地宝洞和美酒河风景区,山清水秀,植被茂盛,集奇、险、峭、峻、秀于一体。川盐入黔的古盐道保存完好,还有美酒河摩崖石刻和世界最长的石刻龙建筑群。2014年入选中国历史文化名镇。

金堂县五凤镇 位于沱江两岸。成都市十个古镇之一。因境内有五座高峰,遂名"五凤镇",五条古街亦以金凤、青凤、玉凤、白凤、小凤为名。汉唐时是沱江上游重要水码头。镇内坐落着丰富而独具特色的清代古民居,还有着气势恢弘的南华宫以及关圣宫、王爷庙、火圣庙、南华宫、炳灵店等古遗址。2014年入选中国历史文化名镇。

叙州区横江镇 位于宜宾市,与云南省水富市楼坝镇隔河相望,是联系宜宾市、水富市南部农村的中心集镇,古朴的青瓦、石板路显现出历史的风貌。石城山为著名的风景区,亦为兵家必争之地。镇域内有石达开寨门、古栈道、叠翠湖、三股水瀑布、仙女湖、水帘洞、观音阁、滴水洞、万松寺、官家洞、雨思庙、二龙抢宝、曲水流觞、石笋、原始森林、野猴群居区等景观。2014年入选中国历史文化名镇。

隆昌市云顶镇 位于内江市。素有"古寨之乡"的美誉,建于云顶峰顶的云顶古寨被誉为"千年古城堡""万担收租院""民俗文化的活化石"。古寨建于明代洪武初年,寨内有54座庄园以及炮台、兵棚、哨楼,是川南地区著名的城堡式家族建筑群。寨内现存房屋1.09万平方米,仅为原有住房面积的26%,其余的被毁。现建设了寨中绿色长廊,打造"梅""兰""竹""菊"四个精品园。2014年入选中国历史文化名镇。

二、中国历史文化名村

丹巴县莫洛村 位于梭坡乡。村庄三面环山,全村居民以藏族为主,少量汉族杂居,完好保存了藏民的文化习俗和生活习惯。这里古时是东女国,至今延续着古老而神秘的女国文化,保存着众多古碉建筑。2005年入选中国历史文化名村。

仁和区迤沙拉村 位于攀枝花市平地镇,东临金沙江。始建于明代洪武年间,已有600多年历史。历史上是南丝绸之路拉乍古渡的一个驿站,因长期的多民族交往和融合,形成独具特色、蜚声中外的彝族民俗文化和建筑文化。居民大多是彝族,也有汉族,是汉族和彝族生活习俗高度融合的"中国第一彝族自然村"。村内建筑物多具江南水乡特色,房屋户型一般以小四合院为主,建筑表面木刻雕花,做工精细。2005年入选中国历史文化名村。

汶川县萝卜寨村　位于雁门乡境内海拔2 000多米的高半山台地上,地处九寨沟旅游环线和羌文化核心地带。村内地势平缓、宽阔,是岷江大峡谷高半山最大的平地,也是鸟瞰大峡谷风光的理想之地。村民全部是羌族,是世界上最大、最古老的黄泥羌寨,被誉为"云朵上的街市""古羌王的遗都"。2008年汶川地震,羌寨顷刻间变成一片废墟,全村224户人家的房屋被夷为平地,灾后重建开发成羌文化地震遗址景点,并逐渐恢复建筑原貌。游客能够品尝大樱桃,欣赏羌族传统的精美羌绣。2008年入选中国历史文化名村。

阆中市天宫院村　位于天宫乡。地形呈盆地状,九座山环绕,凤鸣河穿村而过。唐代袁天罡、李淳风奉唐王之命,先后来阆中定居天宫,共建"天宫院",死后葬于此地。天宫院成为民间天文术数研究和朝圣之所,也曾用作民俗道场和佛院。还有将军庙、汉代古建筑和川北古民居等文化遗迹。天宫院村的庙会远近闻名,每年农历正月初二至正月十六都举行文艺表演和巡游活动。2010年入选中国历史文化名村。

泸县新溪村　位于兆雅镇。始建于明朝正德年间,因有溪水横穿主街而得名。村内保留着明清时的古建筑,建筑风格古朴雅致,又不乏工艺美感。阁楼、戏台、祠堂等错落有致,石街、台檐、花台的雕刻栩栩如生。历史文化深厚,是川南地区极负盛名的货运集散码头。相传明朝永乐年间建文帝流亡到泸州时,在新溪码头岸边巨石刻下"建文三塔"。新溪火龙、新溪腰鼓、新溪花灯等民俗表演有着上百年历史。2014年入选中国历史文化名村。

纳溪区乐道街村　位于泸州市天仙镇永宁河畔,地处川滇黔渝四省市接合部。幽远深邃的老街长300米左右,宽不过3米;小青瓦的房子,全木结构的门楼牌坊,青石条铺成的古道,古老的茶馆、酒馆、戏楼,诉说着古镇的悠久历史。保存着有200多年历史的古庙南华宫、抗战期间由恽代英的学生曾子平修建的抗战小学,还有绿树成荫的状元大峡谷、动人心魄的黄桷滩瀑布等。2014 年入选中国历史文化名村。

三、全国特色景观旅游名镇(村)

雨城区上里镇 位于雅安市。曾是南方丝绸之路的重要驿站。小镇依山傍水,田园小丘,木屋为舍,保留着许多明清风貌的吊脚楼式建筑,还有"十八罗汉朝观音"的 18 座山丘。以二仙桥为代表的八座古石桥历史悠久、风格各异。1935 年红四方面军长征途经上里并驻扎半年之久,在镇内留下数十幅石刻标语。2010 入选全国特色景观旅游名镇(村)。

龙泉驿区山泉镇 位于成都市。地处四川龙泉山脉中西部,是龙泉花果山风景名胜区的核心部分,著名的水果之乡。旅游名胜颇多,在百公堰山水公园、毛家口水库、天鹅岭等自然景观的基础上,又打造了桃花诗村、九道花湾、七里香埂、大佛春天、龙泉香格里拉等景点。晋希天故居、大佛寺、北周文王碑、张飞营、神仙洞、刘伯承柳沟铺战址、古驿道等文物古迹,给古镇增添了历史沧桑感。2010 入选全国特色景观旅游名镇(村)。

仪陇县马鞍镇 位于三星寨之南的一座马鞍形小山垭上。隋唐时期,因垭口上有几间路边小店,为巴、仪、营、蓬一带来往商贩歇息之所。经过数百年的风雨洗礼,垭口逐渐繁荣,店铺日益增多,形成一个小小的集镇。辖区内有琳琅山风景区、红军街、红九军政治部遗址、朱德纪念馆等红色旅游景点。2010 年入选全国特色景观旅游名镇(村)。

合江县福宝镇 2010 入选全国特色景观旅游名镇(村)。参见中国历史文化名镇——合江县福宝镇。

汶川县水磨镇 位于岷江支流寿溪河畔。早在商代就享有"长寿之乡"的美誉,时称"老人村"。汉族和少数民族的交融区,西蜀风情和藏羌文化交相辉映。现有都江堰青城山第 18 景——黄龙庙宇,完整地保存了我国各个朝代的历史文物。著名的景点、景观有春风阁、西羌汇、禅寿老街、万年台、字库塔和寿溪湖等。2008 年 5 月汶川地震以后,打造成为独具羌族特色的旅游小镇。2011 年入选全国特色景观旅游名镇(村)。

罗江区白马关镇 位于德阳市,横亘于成都平原东北处。因三国时期刘备军师庞统乘白马攻打雒城于此中箭身亡而得名。著名景点有庞统祠、庞统血坟、落凤坡、张飞点将台、古驿道、换马沟、龙洞仙踪、大霍山万佛寺、芙蓉溪、桃花溪等,集儒、释、道等人文景观与奇石沟壑、森林等自然景观于一体。2011 年入选全国特色景观旅游名镇(村)。

洪雅县柳江古镇 位于眉山市西南花溪河支流柳江两岸。四川十大古镇之一。历史上称为"明月镇",始建于南宋绍兴年间。背靠峨眉山、瓦屋山,侯家山、玉屏山拱卫左右,杨村河、花溪河穿镇而过。有川西风情吊脚楼、中西合璧曾家园、访古寻悠水码头、亲水临河古栈道、百年民居汇老街,还有圣母山碑林、世界第一大睡观音、108 棵千年古树等特色景观。2011 年入选全国特色景观旅游名镇(村)。

阆中市天宫院村 2011 年入选全国特色景观旅游名镇(村)。参见中国历史文化名村——阆中市天宫院村。

沿滩区仙市镇 2011 年入选全国特色景观旅游名镇(村)。参见中国历史文化名镇——沿滩区仙市镇。

合江县尧坝镇 2011 年入选全国特色景观旅游名镇(村)。参见中国历史文化名镇——合江县尧坝镇。

双流区黄龙溪镇 2011 年入选全国特色景观旅游名镇(村)。参见中国历史文化名镇——双流区黄龙溪镇。

纳溪区天仙镇 位于泸州市的永宁河畔,地处川滇黔渝四省市接合部。著名的天仙硐旅游景区位于镇域内。前山丹霞赤壁、后山飞瀑叠翠,前山佛教、后山道教,前山挺拔奇险、后山曲径幽深;有花背溪、黄桷滩、夜郎谷等三条峡谷,天生桥、�口岩、响水滩等九条飞瀑。还有生态茶叶基地、林下养殖基地、十里枇杷长廊和十里梨花长廊。2015 年入选全国特色景观旅游名镇(村)。

绵竹市九龙镇 地处德阳市。山高林密,资源丰富,森林覆盖率近80%。以清泉村生态农业示范园区的 5 000 亩梨园为依托,逐渐兴起了以观光旅游为龙头的第三产业。九龙山是绵竹市的祖山,小镇建有九龙寺,寺以山取名,山以势得名。镇域内有刘天官、跑马岭、冒木井、无隐寺、洋房子等遗址,现建有九香山度假村、龙岛避暑山庄、清泉山度假村等现代风格休闲设施。2015 年入选全国特色景观旅游名镇(村)。

剑阁县剑门关镇 位于四川盆地北部边缘,地处剑阁县北部。蜀汉时称"剑阁",隋唐时始称"剑门关",置大剑镇。著名的剑门关风景区位于境内,有"北屏障、两川咽喉""剑门天下险""蜀之门户"等美誉。镇域内有着众多历史遗迹,如全国重点文物保护单位剑门蜀道遗址、剑溪桥、姜维墓、苦竹寨遗址等,还有近现代重要遗迹——剑门关红军战斗遗址。剑门关国家森林公园集雄、奇、幽、秀的自然风光于一体,汇汉、唐、宋、明、清的诗人名作于一地。2015 年入选全国特色景观旅游名镇(村)。

西充县青龙乡 位于南充市。现已撤销青龙乡,并至义兴镇。有着川北民居风格的青瓦房,明末清初的古建筑和亭台楼阁,以严家大院和贺山寺占地面积最大、保存最完整。青龙湖国家湿地公园坐落于此,森林覆盖率达40%,植被茂盛,是典型的湖泊型湿地,有着多样性的生物种群。是脐橙基地,曾获四川脐橙特优之冠,现建成了青龙园艺场、丰冒顶园艺场和十个村社园艺场。2015 年入选全国特色景观旅游名镇(村)。

丹棱县幸福村 位于顺龙乡。历史悠久,以红砂石文化为根基,以民居、庭院、古道、古树、古桥、奇石景观为代表,千年银杏夫妻树、龙抬头、青蛙石、鹰嘴崖、清代石拱桥"赵桥"、大寨梯田、丹马盐铁古道、古城牛角寨等自然景观与人文景观交相辉映。村内 31 户房屋,有 27 户为保存较为完好的传统川西式民居三合院。村民以种庄稼为生,保留着川西山区原始古朴的风格,斗笠、蓑衣、箢箕、背篓、竹耙、犁头、渔笆笼等农具随处可见。2015 年入选全国特色景观旅游名镇(村)。

沐川县三溪村　位于沐溪镇。村内的沐溪河上有一座古桥,建于清朝乾隆年间,当地人称它为"凉桥""风雨桥"或"断桥"。该桥长约 58 米、宽 2.8 米,为今日沐溪河上仅有的一座桥。沐川自古以来交通不便,传说当地百姓为了在沐溪河上建一座桥,把家里的钱财都拿出来,也只修成一大半。2015 年入选全国特色景观旅游名镇(村)。

小金县官寨村　位于沃日镇。官寨村村民居住相对集中,村落布局合理,村内保存有完好的土司经楼和碉楼。随着当地金冠苹果合作社、生态猪养殖社、葡萄种植基地、野生菌加工基地等相继成立,官寨村开始走上了产业化发展的新路子。2015 年入选全国特色景观旅游名镇(村)。

隆昌市云顶镇　2015 年入选全国特色景观旅游名镇(村)。参见中国历史文化名镇——隆昌市云顶镇。

古蔺县太平镇　2015 年入选全国特色景观旅游名镇(村)。参见中国历史文化名镇——古蔺县太平镇。

四、中国特色小镇

郫都区德源镇　位于成都市近郊,地处川西平原腹心地带,是郫都区的南大门。现已改设为德源街道。清水河流贯全境,土地肥沃,水资源丰富,有着万亩优质大蒜和花卉等种植基地。清水河生态艺术公园分为听水花园、戏水花园、品水花园、活水花园、闻香花园,集森林、湖泊、草原于一体,是小镇的绿色休闲长廊。2016 年入选中国特色小镇。

盐边县红格镇　位于"阳光花城"攀枝花市的中心区域。以阳光、温泉、运动、休闲为特色的全国重点镇,四川省著名的避暑度假胜地和特色鲜明的旅游小镇。有精品农家乐八家。小镇依托温泉自然生态资源和攀西阳光休闲旅游度假区区位优势,以阳光温泉康养、运动康养、医疗康养、美食康养四大板块为中心,成为宜居、宜业、宜游山水园林城镇和国际阳光温泉康养度假目的地。2016 年入选中国特色小镇。

纳溪区大渡口镇 位于泸州市长江之滨。资源丰富,风光秀美,民风淳朴。"清溪映月"风景区分为"南湖烟柳""古城遗风""诗韵飘逸""百牙晓月""贵口扬帆"五大区域,有"池阳怀古""柳杨烟绕""岁月如流""傩戏之乡""画舟霜柏""诗涌岸绿""三亭邀月""古坊印记""清溪映月""古渡寺影""山水情缘""贵口扬帆"12 个景点。还有凤凰湖、烟子洞、十里黄栀子长廊等景区。2016 年入选中国特色小镇。

西充县多扶镇 位于南充市。四川省首批百强小城镇建设试点镇之一。打造的"多福古镇"项目由衙门、过街楼、文庙、城隍庙、古戏台、老城门、纪信街等特色景点组成,以明清风格建筑为主,同时有机融合了川西民居、徽派建筑等特点,成为西南地区独具特色的明清风情古镇。明末农民起义军张献忠的殉难地——凤凰山位于镇内。2016 年入选中国特色小镇。

宣汉县南坝镇 位于四川盆地东北部,地处大巴山南麓。川东北四大古镇之一。1933 年,许世友率红九军 25 师和 11 师在南坝圣灯山上与敌激战一昼夜,红军以两个师和游击队近两万人的兵力先后歼敌八个团,圣灯寺战场遗址至今犹存。2016 年入选中国特色小镇。

翠屏区李庄镇 2016 年入选中国特色小镇。参见中国历史文化名镇——翠屏区李庄镇。

大邑县安仁镇 2016 年入选中国特色小镇。参见中国历史文化名镇——大邑县安仁镇。

郫都区三道堰镇 位于成都市。因用竹篓截水做成三道相距很近的堰头导水灌田而得名,是成都平原上著名的水乡古镇,至今已有 1 000 多年历史。建筑临水而筑,以灰瓦白墙、小青瓦屋顶、高低错落的封火山墙、挑梁等为特征的徽派建筑与川西民居风格结合,形成一道亮丽的风景线。主要景点:堰桥,堰桥文化广场,三道堰休闲公园,桥头花园,三道堰古镇大牌坊以及水乡坊、滨河坊等仿古牌坊,建于 1923 年的永定桥,中共郫县第一个支部成立所在地和郫县革命的发源地——青塔寺,充满传奇和地域特色的古水陆码头、望江楼、闻水阁等。2017 年入选中国特色小镇。

自流井区仲权镇 位于自贡市西南部。自贡彩灯文化最早的发源地之一。秋收起义总指挥卢德铭和四川早期革命领导人李仲权烈士的故乡。有各类文物古迹 26 处,其中卢德铭故居、卢德铭烈士事迹陈列室为爱国主义教育基地。自汉唐时期仲权老街便有制灯、赏灯、游灯的传统,盛行提灯会、天灯会等节庆活动,明清时期逐步形成天街灯市,现已建成彩灯文化创意园、彩灯艺术园、创意教育园三大园区。2017 年入选中国特色小镇。

洪雅县柳江镇 2017 年入选中国特色小镇。参见全国特色景观旅游名镇(村)——洪雅县柳江古镇。

稻城县香格里拉镇 位于甘孜州南部。大部分地区海拔 2 700—3 500 米。山脉纵横绵延,除仙乃日、央迈勇、夏诺多吉三座雪山以外,主要山峰有额翁山、瓦冲山等。河流主要有俄初河、赤土河。全镇居民以藏族为主。境内有风景优美的亚丁国家级自然保护区。香格里拉镇是中国香格里拉生态旅游区的核心区,拥有完美的自然景致、浓郁的康巴风情、完善的旅游服务设施,是稻城旅游的支撑点和稻城南部地区的中心镇。2017 年入选中国特色小镇。

江油市青莲镇 位于四川盆地西北部。我国唐代浪漫主义诗人李白的出生地,是绵阳市重点打造的"国际诗歌小镇"。作为李白文化主要承载地,按照旅游强镇的目标,以李白文化遗存为依托,以和谐的山水生态建设为先导,围绕"诗意中国·诗歌小镇"的发展战略定位,建设集旅游观光、朝拜诗仙、诗歌诵读、休闲体验、健康养老、美丽乡村于一体的宜居、宜业、宜商、宜旅的现代文化休闲小镇,成为全国最大的李白文化体验基地、爱国主义教育基地。2017 年入选中国特色小镇。

雨城区多营镇 位于雅安市。相传蜀汉三国时期,诸葛亮带兵南征,因在此扎营众多,故名"多营坪"。镇域既有河谷冲积平坝,又有丘陵和山区。"黑茶鼻祖"藏茶的发源地和千年川藏茶马古道的起始地,是国家级重点示范镇和国家文化产业示范基地,现已建成以"重温西康往事、品读千秋藏茶、感悟雅味春秋"为特色的文化创意产业群。镇域内的中国藏茶村,为茶马古道第一驿站,是集藏茶展销、藏茶文化、藏茶旅游、藏茶产品展示于一体的中国藏茶文化创意发展产业的重要基地和平台。2017年入选中国特色小镇。

安居区拦江镇 位于遂宁市,地处琼江河上游。水资源丰富,新生湖、吊石岩水库、莲花湖三湖聚源的水乡环境,为种植莲花提供了有利的自然生态条件。莲藕种植面积达1.2万亩,已形成包括"好吃嘴"食品、莲花老窖、荷叶切片、莲蓬、莲子、莲心等莲藕衍生产品在内的特色产业体系。种植观赏莲花品种700余种,是遂宁市世界荷花博览园的重要莲花生产基地。还有大佛岩和毗卢寺等人文旅游资源。2017年入选中国特色小镇。

罗江区金山镇 位于德阳市。宋代元丰年间设镇,现为罗江区经济发展第一大镇。小镇以军民融合产业为主导,正在建设宜居宜业、工农结合的特色城镇;同时着力发展乡村休闲旅游,已形成以春花秋月、香山鹭岛为龙头的乡村休闲旅游景区,以彭家坝水库为载体的生态湿地公园。2017年入选中国特色小镇。

安岳县龙台镇 位于安岳县东北部。龙台镇下辖的花果村,曾是宋代理学家陈抟的童年生活之处,现存遗址陈抟坝、天池坡、陈抟衣冠墓、七宝山观音寺。米筛村的梓潼观,修建于清康熙年间,是一座两重檐的木结构斗拱建筑,保存完好。双岗村的毗卢沟摩崖石刻,有明代石刻道教人物造像10余尊,保存完好。玉池村的大石山摩崖石刻,有清代石刻佛教人物造像30余尊,保存完好。还有陈希夷故里、米筛坝古民居遗址、中共龙台区委旧址及绿色柠檬生态园区。2017年入选中国特色小镇。

平昌县驷马镇 位于巴中市。平昌县县域经济第一镇。境内有驷马河国家湿地公园、驷马省级自然保护区、驷马水乡景区。驷马水乡景区内有川北民居、锦秀花乡、万家码头、水乡大峡谷、水乡大舞台等景点,是一个集湿地体验、休闲度假、观光农业、艺术写生、巴文化溯源、新型工业等于一体的多业态综合性文化旅游胜地。现为国家重点小城镇、国家乡土艺术特色镇。2017年入选中国特色小镇。

汶川县水磨镇　2017 年入选中国特色小镇。参见全国特色景观旅游名镇(村)——汶川县水磨镇。

昭化区昭化镇　2017 年入选中国特色小镇。参见中国历史文化名镇——昭化区昭化镇。

龙泉驿区洛带镇　2017 年入选中国特色小镇。参见中国历史文化名镇——龙泉驿区洛带镇。

五、中国历史文化街区

华光楼历史文化街区　位于阆中市古城区。青石板铺就的街区,保留着唐宋格局、明清城市风貌。有各级文物保护单位 13 处,不可移动文物 24 处。其中最具代表性的华光楼,始建于唐代,清代道光年间毁于火灾,同治年间重建。华光楼是一座过街门楼,横跨大东街南头,临嘉陵江,正对南津关古渡。其屋顶为三重檐,歇山式盔状,盖翠绿色琉璃瓦,各层装花窗,12 个飞檐凌空,宝顶摩云。楼底石拱门有 1933 年红四方面军的石刻标语。在阆中现存楼阁中,华光楼建造最早又最宏伟壮观,被称作"阆苑第一楼"。2015 年入选中国历史文化街区。

六、国家级文化生态保护实验区

羌族文化生态保护实验区　羌族是我国历史最悠久的民族之一,羌族的语言、服饰、饮食、村落布局、民居建筑、风俗习惯、礼仪节庆、民间艺术、手工技艺等,有着浓厚的文化底蕴和鲜明的地方特色,是羌族人民智慧的结晶,是中华文化的重要组成部分。羌笛、羌族多声部、羌绣、羌年等国家级非物质文化遗产(代表性项目)以及一大批全国重点文物保护单位就是其中的代表。羌族文化生态保护实验区以茂县为核心区,以汶川县、理县和北川县为重点范围,包括阿坝州和绵阳市行政区域及相关地域。2008年入选国家级文化生态保护实验区。

七、国家生态旅游示范区

邛海国家生态旅游示范区 位于西昌市。邛海是四川省第二大淡水湖,因形如蜗牛,古称"邛池"。境内有邛海公园、观鸟岛湿地公园、邛海宾馆、新沙滩渔村、莲池、月亮湾、阳光度假村、萝莎玫瑰园、天下第一缸、青龙寺、老海亭遗址、核桃村观赏园等景点。湖边湿地环境中有众多的白鹭和海鸥等鸟类。螺髻山高耸入云,直插九霄,形似青螺。山峦奇秀、古木参天的泸山也坐落于此,内有光福寺、三教庵、观音阁等历史人文景点,还有全国唯一一个研究单一民族、单一社会形态的专题性博物馆——凉山彝族奴隶社会博物馆。邛海—螺髻山风景名胜区为国家级风景名胜区。2013年入选国家生态旅游示范区。

光雾山国家生态旅游示范区 位于南江县北部边缘。国家级重点风景名胜区——光雾山—诺水河风景名胜区的重要组成部分。有石林成阵的燕子岩、神秘的万字格、扑朔迷离的莲花洞、云蒸霞蔚的龙架烟云等景点。冰川时期"植物活化石"巴山水青冈成片分布,面积达4万余亩,享有"四川盆地北部边缘山区重要的生物基因库"之美誉。2013年入选国家生态旅游示范区。

唐家河生态旅游区 位于广元市。地处岷山山系龙门山西北段、摩天岭南麓,四川盆地向青藏高原过渡的高山峡谷地带。自然生态系统和森林植被保存完好,生物资源富集,生物多样性程度极高,被世界自然保护联盟认定为全球生物多样性保护的热点地区之一,被世界自然基金会评为 A 级保护区,具有重要的科研和保护价值。境内有三国阴平古道、红军战斗遗址和众多原生景观,被誉为岷山山系的"绿色明珠"。2014 年入选国家生态旅游示范区。

海螺沟景区 位于甘孜州东南部,贡嘎山东坡,是青藏高原东缘的极高山地。海螺沟以低海拔现代冰川著称于世。晶莹的现代冰川从高峻的山谷倾泻而下,形成巨大的冰洞、险峻的冰桥和中国最高的大冰瀑布。沟内蕴藏有大流量沸、热、温、冷矿泉,大面积原始森林和特高的冰蚀山峰,以及大量的珍稀动植物。2014 年入选国家生态旅游示范区。

毕棚沟景区 位于理县朴头镇。地处米亚罗自然保护区的核心区域,东与卧龙自然保护区接壤,南接四姑娘山,是邛崃山系大熊猫走廊的重要组成部分。森林原始、瀑布飞挂、冰川奇特,有着优美的自然风光,是集原生态景观博览、极地探险、滑雪滑冰、休闲度假于一体的大型原生态旅游风景区。红叶、杜鹃花种类繁多,是国内著名的红叶观赏圣地。2015 年入选国家生态旅游示范区。

神木垒生态旅游区 位于雅安市宝兴县硗碛乡西部,属于夹金山国家森林公园、夹金山风景名胜区的一部分。占地面积约 40 平方千米,主要有夹金山、木尔寨沟两个原始生态区。既有参天古木,也有高原草甸,原始森林风貌保存良好。牧民的牛羊、骡马甚至放养的猪在山坡草甸惬意地啃食牧草,仿佛世外桃源。生长着金丝猴、扭角羚等国家一、二级保护野生动物。这里还是当年红一方面军与红四方面军胜利会师的地方。2015 年入选国家生态旅游示范区。

八、全国红色旅游经典景区

华蓥山游击队遗址 位于华蓥市华蓥山。1947—1949 年,中国共产党南方局领导川东临时工作委员会组织了一系列革命武装起义,因起义和活动地点靠近或在川东平行岭谷最西侧的华蓥山,这些地下武装统称为"华蓥山游击队"。现有阳和之战遗址、阳和碗厂遗址、界牌巧夺军车遗址等。2005 年入选全国红色旅游经典景区。

红四方面军总指挥部旧址纪念馆　位于通江县诺江镇。1932 年 12 月,红四方面军解放通江城,总部随即进驻通江文庙。在长达两年半的时间里,红四方面军和川陕苏区地方武装,粉碎了敌人的"三路围攻"和"六路围剿",将根据地扩展到 22 县 1 市,成为中华苏维埃共和国第二大区域,红军由入川时的 4 个师 1.5 万人发展到 5 个军 8 万多人。现已建立红四方面军总指挥部旧址纪念馆,馆的整体设计兼具明清建筑的古朴典雅风格和巴蜀园林的建筑特色。2005 年入选全国红色旅游经典景区。

川陕苏区红军烈士陵园　位于通江县沙溪镇王坪村。原名"王坪烈士陵园",始建于 1934 年。占地面积 4.7 万平方米,安葬着近万名红军将士的忠骨,是全国最大的红军烈士陵园之一。纪念碑碑顶刻有镰刀斧头图案,碑体有长枪、短枪浮雕。烈士事迹陈列室展出红四方面军主要领导人及在川陕苏区牺牲的团级以上红军指挥员的生平事迹和红军烈士遗物。2005 年入选全国红色旅游经典景区。

巴山游击队纪念馆　位于南江县桃园镇铁炉坝村。巴山游击队是红四方面军西渡嘉陵江前组建的一支留守川陕革命根据地的武装力量。纪念馆由厘金局遗址、广场、主题雕塑、巴山游击队指挥部旧址、史迹陈列馆、巴山游击队赵明恩烈士墓等组成。2005 年入选全国红色旅游经典景区。

刘伯坚纪念馆　位于平昌县城北佛头山森林公园内。刘伯坚烈士是我党我军在第一、二次国内革命战争时期的重要领导人之一,毛泽东称他是"我党我军政治工作第一人"。纪念馆陈列烈士遗物 1 000 余件。广场建有刘伯坚烈士纪念碑,碑名由邓小平题写。2005 年入选全国红色旅游经典景区。

万源保卫战战史陈列馆　位于万源市红军公园内。为纪念红四方面军历史上"时间最长、规模最大、战斗最艰苦、战绩最辉煌"的万源保卫战而建的专题性纪念馆。占地面积 1.3 万平方米,馆舍面积 2 500 平方米,展线长170 米,主要陈列万源保卫战中红军遗存的各类文献资料、武器弹药、石刻标语等珍贵文物,再现了徐向前、李先念、许世友等 8 万红军将士与刘湘 20 余万国民党川军血战万源的历史场景。2005 年入选全国红色旅游经典景区。

红军血战剑门关遗址 位于剑阁县剑门关景区内,现已辟为红军攻克剑门关纪念馆。1935 年 4 月,英勇的红军战士前赴后继,将鲜红的军旗插上了雄伟的剑门关。纪念馆四壁为剑门七十二峰,千仞绝壁,地下为下沉式沙盘。纪念馆内分为两个部分,第一部分展示红军在剑阁开展革命斗争所留下的文物,第二部分采用玻璃屏幕背投和投影仪多屏融合技术,模拟再现了红军浴血剑门关的历史场景。2005 年入选全国红色旅游经典景区。

苍溪红军渡江纪念地 位于苍溪县县城东南的塔山湾嘉陵江畔,地处川陕渝红色旅游线、三国文化旅游线、汶川大地震遗址旅游线上。原是一个古渡口,依山傍水,地势险绝,山岩陡峭,林木葱茏。1935 年 3 月,红四方面军总指挥徐向前、副总指挥王树声以及红 33 军军长王维舟,选定此处为强渡嘉陵江主渡口,红四方面军迈出了策应中央红军挥师西进的第一步。现为全国爱国主义教育示范基地。2005 年入选全国红色旅游经典景区。

旺苍县红军街 位于旺苍县东河镇。1933 年红四方面军解放旺苍全境。1934 年 3 月—1935 年 4 月,红四方面军总指挥部等党、政、军主要领导机关以及兵工厂、被服厂、造币厂等迁驻于此,旺苍老城成了川陕苏区政治、军事、经济、文化中心。红军街上有川陕省委、川陕省苏维埃政府、西北革命军事委员会和红四方面军总指挥部等 46 处党政军领导机关旧址,是我国现存面积最大、保存最好、遗址点最多的红军遗址群之一。2005 年入选全国红色旅游经典景区。

朱德故居纪念馆 位于仪陇县马鞍镇琳琅村朱家大湾,与朱德故居遥遥相望。朱德故居建于清代嘉庆中期,建筑面积 336 平方米,土木结构,典型的川北农家小院。无产阶级革命家、政治家、军事家朱德从 9 岁开始在这里住了 14 年。纪念馆占地 3 760 平方米,古朴典雅。馆名由邓小平题写。馆区有四个展厅:"从爱国名将到马克思主义者""从人民军队的缔造者到红军总司令""从八路军总司令到解放军总司令""开国元勋和社会主义事业开拓者"。2005 年入选全国红色旅游经典景区。

皎平渡红军渡江遗址、会理会议遗址　位于会理县东南的通安镇。1935 年 5 月,毛泽东、朱德、周恩来等中央领导人在皎平渡会理一侧的中武山洞中指挥红军渡江,从此中央红军摆脱了数十万大军的围追堵截,实现了渡江北上的战略意图。1994 年修建了连接川滇两省的渡江大桥,聂荣臻元帅为红军渡江纪念碑题写碑名。2005 年入选全国红色旅游经典景区。

彝海结盟遗址、红军长征纪念馆　位于冕宁县拖乌乡。1935 年农历 4 月,工农红军长征经过冕宁彝族地区,军委总参谋长刘伯承同彝族沽基家支首领小叶丹在海子边杀鸡饮血,结为盟友,帮助他们组织彝民红军沽基支队,还赠送一些枪支和一面红旗,加强了民族团结和军民团结,保证了红军顺利通过彝族地区。纪念馆是在纪念红军长征过冕宁暨彝海结盟 70 周年时修建的。2005 年入选全国红色旅游经典景区。

红军四渡赤水太平渡陈列馆　位于赤水河上游与古蔺河交汇处的太平镇。古街道的清代民居建筑保存完整,充满了古朴的韵味。太平渡是"四渡赤水"的轴心地区和重要渡口,第二和第四次渡过赤水河就发生在这里。四渡赤水战役期间,中央红军机关全部驻扎在镇上,镇上的所有古建筑都是红军长征的重要遗迹和遗址。长征街上一座小青瓦的三层小楼,已辟为红军四渡赤水太平渡陈列馆。2005 年入选全国红色旅游经典景区。

夹金山红军纪念碑　位于宝兴县城红军文化广场。1935—1936 年红军在此翻越夹金山。纪念碑与气势雄伟的《雪山丰碑》主题雕塑、长达 160 多米的红军翻越夹金山浮雕交相辉映。展厅陈列以红军文物、图片、雕塑、文字资料、多媒体等多种形式,再现了红军翻越夹金山的情景。2005 年入选全国红色旅游经典景区。

石棉县红军强渡大渡河纪念地　位于石棉县大渡河西岸。纪念馆总面积 6 600 平方米,建筑采用唐式风格、对称布局和院落形式。展厅以弘扬红军精神为主题,分为长征、大渡河战役、红军长征过安雅、翼王悲歌、历史评述五个部分。馆藏文物 228 件。配套工程包括纪念广场、雕塑广场、红军渡口、红军宣誓场和强渡大渡河纪念碑。2005 年入选全国红色旅游经典景区。

泸定桥革命文物纪念馆 位于泸定县。占地面积 1 600 平方米,建筑面积 3 449 平方米。展区分为"战略转移""抢险飞夺""传播火种""北上征程""泸定历史"五个单元,以红军长征为主线,以飞夺泸定桥为重点,综合利用声、光、电等现代技术,展示了红军飞夺泸定桥的惊、险、奇、绝和对中国革命的重大意义。馆内收藏、展示各类历史文物、图片、资料等 400 余件。2005 年入选全国红色旅游经典景区。

磨西镇毛泽东住地旧址 位于泸定县磨西镇天主教堂。1935 年 5 月,毛泽东率红军抵达磨西后,住在天主教堂神甫楼,并于此召开了磨西会议。现楼内保留了毛泽东当年的住房和召开磨西会议的房间,陈列着红军曾经用过的一些物品。2005 年入选全国红色旅游经典景区。

朱德总司令和五世格达活佛纪念馆 位于甘孜县旭日岭,江泽民题写馆名。馆内陈列了五世格达活佛生平介绍、红军长征途经甘孜州的事迹和革命文物,如红军长征路线图、红军途经甘孜州路线图、红四方面军路线图、朱总司令会见格达活佛塑像。2005 年入选全国红色旅游经典景区。

巴西会议旧址 位于若尔盖县巴西乡。会址原为喇嘛教寺院班佑寺,现仅存残墙。1935 年 9 月,中共中央在班佑寺内召开政治局会议,谴责张国焘右倾逃跑主义行为,决定率直属纵队先行北上,向甘肃俄界进发。巴西会议是决定党和红军前途命运的一次关键性会议,在中共党史上有着重要的历史地位。2005 年入选全国红色旅游经典景区。

卓克基会议旧址 位于马尔康市卓克基镇。1935 年 7 月,毛泽东及中央红军机关长征进入卓克基,在官寨中停留一周。红军驻留卓克基期间,在官寨附近的墙壁、岩石、树木上凿刻和书写了大量标语。中共中央召开了政治局常委会议,军委发布了"夏洮战役计划"。2005 年入选全国红色旅游经典景区。

红原瓦切红军长征纪念遗址 位于红原县。红原县建于1960年,由周恩来总理亲自命名。地处青藏高原东部,县城海拔3 504米。1935年8月,红军在翻越大雪山后开始了穿越大草原的征程,这是中国革命史上最为艰难最为悲壮的征程。遗址包括瓦切红军过草地遗址、红军过草地大型浮雕群、日干乔湿地等。2005年入选全国红色旅游经典景区。

两河口会议旧址 位于小金县两河口镇的关帝庙,主体建筑已毁,现仅余后部马房。1935年6月中共中央政治局在此召开会议,通过了《关于一、四方面军会合后战略方针的决定》,统一了北上建立川陕甘根据地的战略方针,为实现党和红军北上抗日及领导全国抗日运动的伟大战略目标奠定了基础。2005年入选全国红色旅游经典景区。

松潘县红军长征纪念碑碑园 位于松潘县川主寺镇元宝山。碑园由纪念碑、大型群雕、大型浮雕和陈列馆组成。纪念碑由红军战士铜像、亚金钢三棱柱碑体、汉白玉基座组成,总高41.3米,是中国工农红军长征总纪念碑。背靠雪山,面向草地,气势恢宏,当夕阳西下时金光四射,尤为壮观,被誉为"中华第一金碑"。碑园奠基于1988年,1990年落成。2005年入选全国红色旅游经典景区。

芦花会议旧址 位于黑水县。1935年7月,中共中央在芦花召开政治局会议,听取了红四方面军的工作汇报。中央政治局肯定了红四方面军的英勇斗争精神和所取得的巨大成绩。此次会议加强了一、四方面军的团结,统一了两军的思想和行动。2005年入选全国红色旅游经典景区。

邛崃市红军长征纪念馆 位于邛崃市高何镇石塔寺。该寺为1935年中国工农红军四方面军建立的第四区苏维埃纪念馆旧址,现建成邛崃市红军长征纪念馆。纪念馆由四个部分构成:红军长征纪念陈列馆、红军石塔寺区苏维埃政府旧址、红军石刻标语陈列亭和全国重点文物保护单位石塔寺石塔。红军亭刊立着红军遗留下来的石刻标语,如"赤化全川""只有抗日才能救中国""拥护共产党""共产党万岁"等。2005年入选全国红色旅游经典景区。

赵一曼纪念馆 位于宜宾市翠屏山腰的翠屏书院。为纪念中国共产党的优秀党员、杰出的抗日民族英雄赵一曼而修建,占地 3 120 平方米。陈列展出党和国家领导人朱德、董必武、宋庆龄、陈毅等的题词,赵一曼从事革命活动的文献资料,以及赵一曼在东北进行抗日武装斗争的事迹。收藏有关赵一曼烈士的遗物 171 件,照片 706 幅,文献资料、题词等 200 余件,其中一级品 10 件。现为全国百家爱国主义教育示范基地。2005 年入选全国红色旅游经典景区。

陈毅故居 位于乐至县城北的劳动镇正沟湾。建于清代乾隆初年,有大小房屋 36 间,建筑面积 750 平方米,三重堂四合院布局,木质穿榫结构。故居大门中央有邓小平书题"陈毅故居"匾额。依故居而建陈毅纪念馆,馆前竖有陈毅铜质站像,高 2.6 米,馆内陈列反映陈毅生平事迹的图片、实物 4 000 多件。序厅等处悬挂有朱德、董必武的题词和著名画家、书法家的珍贵作品。2005 年入选全国红色旅游经典景区。

邓小平故居和纪念馆 位于广安市广安区协兴镇。邓小平故居和纪念馆都属于邓小平故居保护区。保护区还包括洗砚池、翰林院子等 13 处邓小平童年、青少年时期的活动场所及邓小平故居陈列室、邓小平铜像广场等,占地面积 29.91 平方千米。2005 年入选全国红色旅游经典景区。

"两弹一星"国防科技教育基地 位于绵阳市。包括"两弹城"和邓稼先旧居。"两弹城"是原核工业部中国工程物理研究院的院部旧址,我国研制核武器、发展核工业的摇篮。"两弹元勋"邓稼先,"中子弹之父"王淦昌等杰出科学家,都曾经在这里工作和生活。邓稼先旧居以一个缩影,展现了当年以邓稼先为代表的一大批科研工作者在十分简陋的条件下实现了我国核力量武器化的突破。2011 年入选全国红色旅游经典景区。

西昌卫星发射中心 位于冕宁县。中国卫星发射基地,由总部、发射场(技术区和两个发射工位)、通信总站、指挥控制中心和三个跟踪测量站以及其他一些相关的生活保障单位组成。主要担负广播、通信和气象等地球同步轨道卫星发射的组织指挥、测试发射、主动段测量、安全控制、数据处理、信息传递、气象保障、残骸回收、试验技术研究等任务。2011 年入选全国红色旅游经典景区。

理县桃坪羌寨　位于理县杂谷脑河畔桃坪乡。桃坪历史悠久,始建于公元前 111 年,西汉时在此设广柔县。寨中巷道纵横,保留了远古羌人居"穹庐"的习惯。是世界上保存最完整的、尚有人居住的、碉楼与民居融为一体的建筑群。完善的地下水网、四通八达的通道和碉楼合一的迷宫式建筑艺术,被中外学者誉为"羌族建筑艺术活化石""神迷的东方古堡"。堡内的地下供水系统从高山上引来泉水,经暗沟流至每家每户,可以调节室内温度,作消防设施,一旦有战事还是维持供水和逃生的暗道。2011 年入选全国红色旅游经典景区。

汶川地震震中纪念地　位于汶川县映秀镇百花大桥之上的牛眠沟口、莲花心至漩口镇的蔡家杠村。2008 年 5 月 12 日,汶川发生里氏 8 级大地震,这是新中国成立以来破坏力最大的地震。现纪念地矗立着一块刻有"5.12 震中映秀"几个大字的巨石,这块巨石是地震时因山体崩裂滚下来的,如今成为震中映秀的标志性路牌。2011 年入选全国红色旅游经典景区。

北川羌族自治县地震遗址博物馆　位于绵阳市。在 2008 年 5 月 12 日汶川大地震遗址上所建的博物馆。由遗址区和博物馆组成,主要景观有三倒拐、河流交汇处、龙尾山等。任家坪、县城遗址和唐家山堰塞湖是组成地震遗址博物馆的三个核心地块。世界上独一无二的地震遗址博物馆。2011 年入选全国红色旅游经典景区。

东河口地震遗址公园　位于青川县。2008 年汶川大地震后建立的第一个地震遗址保护纪念地。是汶川大地震中地质破坏形态最丰富、体量最大,地震堰塞湖数量最多、最为集中,伤亡最为惨重的地震遗址群,包括红光乡东河口村、石坝乡青龙村、马公乡窝前村和苏河乡三凤村四大崩塌现场,集中连片面积近 50 平方千米。国家级地震科普教育基地。2011 年入选全国红色旅游经典景区。

虹口深溪沟地震遗址纪念地等遗址遗迹及纪念馆　位于都江堰市龙池

镇深溪村。2008年5月12日汶川大地震之前,这里是离成都最近的原生态旅游区。地震后,成为离成都最近的山区地震遗迹科考探险区,被国家地震局、文物局列为全国四大整体地震保护遗址之一。纪念地侧重展示在汶川地震中所形成的大规模地表断裂、地震断层现象,为地震灾害的防灾减灾工作提供实地考察和实验场所。现为全国爱国主义教育基地。2011年入选全国红色旅游经典景区。

街子古镇等反映灾后重建成果的景区 位于成都市崇州城西北的凤栖山下。境内有晋代古刹光严禅院、凤栖山、千亩原始森林、千年银杏、千年古楠、清代古塔、清末民初古建筑一条街、宋代民族英雄王小波起义遗址、唐代一瓢诗人——唐求故居、古龙潭、五柜沱、云雾洞等景观和景点,全镇共有各种文物古迹20余处。2008年5月12日汶川大地震中,街子古镇遭受重创,经过两年多的灾后重建,成为著名的灾后重建成果展现景区。2011年入选全国红色旅游经典景区。

"万众一心、众志成城"抗震救灾主题展览馆 位于大邑县安仁镇。2008年5月汶川大地震后,中央宣传部、国家发展和改革委员会、解放军总政治部联合举办了"万众一心、众志成城——抗震救灾主题展览"。2011年建成主题展览馆永久展览。主题展厅面积5 000平方米,展线长820米,陈列实物270余件(组),图版559个,灯箱23个,视频播放点12处。2011年入选全国红色旅游经典景区。

汉旺东汽工业遗址纪念地 位于绵竹市汉旺镇。2008年5月汶川大地震中,东方汽轮机厂遭到毁灭性破坏。纪念地由东汽厂区、东汽宿舍区以及汉旺镇区三大区域组成,包括地震中受损最严重的生产车间遗址、"海鸥"大门、抗震救灾纪念广场、感恩纪念墙等。2011年入选全国红色旅游经典景区。

泸顺起义旧址 位于泸州市大云路。1926年12月,为配合北伐战争的胜利进军,中国共产党重庆地方执行委员会在四川的泸州、顺庆(今南充)地区独立领导和策动部分四川军阀部队举行了一次大规模的武装起义——泸顺起义。旧址始建于清朝光绪年间,为盐务总局驻地,现为中共泸州市委党校。泸州起义纪念碑高 19.26 米,底座宽 12.1 米,寓意 1926 年 12 月 1 日发动泸州起义,萧克题写碑名。2011 年入选全国红色旅游经典景区。

汶川县水磨古镇 2011 年入选全国红色旅游经典景区。参见全国特色景观旅游名镇(村)——汶川县水磨镇。

鸡鸣三省石厢子会议旧址 位于叙永县石坝彝族乡石厢子场。1935 年 2 月,中央红军长征到达石厢子后,除暴安良、扶弱济困、开仓放粮,与彝族人民杀猪过年,度过了长征途中唯一的一个新年。毛泽东、周恩来等中央领导人在这里主持召开了石厢子会议,在"鸡鸣三省"之地,完成了长征中著名的"博古交权",实现了中国革命史上的重大转折。旧址为四合院布局,小青瓦屋面,穿斗式梁架,木板墙壁木板门。2016 年入选全国红色旅游经典景区。

达维会师遗址 即红一、四方面军会师遗址,包括达维会师桥和原懋功县城天主教堂干部同乐会遗址两部分。达维会师桥位于小金县达维镇,天主教堂位于中共小金县委大院内。1935 年 6 月,中央红军翻过海拔 4 000 多米的夹金山,抵达懋功县(今小金县),在达维的一座木桥上与红四方面军的先头部队会师。达维会师桥头修建有"红军长征一、四方面军达维会师纪念碑"。2016 年入选全国红色旅游经典景区。

黄猫垭战役遗址 位于苍溪县城东北的蟠龙山。因山上盘龙寨和狮子寨之间的岩壁上有一对黄色巨石,其形若猫,故名"黄猫垭"。1934 年 9 月红四方面军徐向前总指挥率红 30 军及 31 军 93 师抢占黄猫垭,切断了敌军退向苍溪的后路,并将其全部歼灭,取得了黄猫垭大捷。随即直捣苍溪县城,取得反六路围攻的彻底胜利,为西渡嘉陵江,策应中央红军北上抗日创造了有利条件。黄猫垭口竖有黄猫垭战役胜利纪念碑。2016 年入选全国红色旅游经典景区。

阆中市红四方面军革命纪念馆 位于阆中市南街的秦家大院。红四方面军总政治部所在地,徐向前进入阆中后就住在这所大院内。秦家大院建于清初,是一座有 30 多间房屋的三进四合院。2016 年入选全国红色旅游经典景区。

川陕革命根据地博物馆 位于巴中市巴州区城南南龛山。1932年2月,红四方面军挺进川北,在川陕边党组织和人民群众的支持下,创建了川陕革命根据地。现建有川陕革命根据地博物馆,收藏有苏维埃政府石刻的《中华全国苏维埃第一次代表大会劳动法令(草案)》、中共川陕省第二次党代会通过的《发展川陕反帝运动的决议草案》、川陕省第二次工农兵代表大会通过的《目前政治形势与川陕省苏维埃的任务》等革命文物。2016年入选全国红色旅游经典景区。

宣汉红三十三军纪念馆 位于宣汉县。1933年11月,川东游击军被改编为中国工农红军33军,兵力迅速扩充到2万多人,成为红四方面军五大主力部队之一,书写了中国革命史上一个县独立组建一个军的传奇。33军在宣汉反敌六路围攻,在万源消灭"神兵",在城口开辟苏区,留下了一个个惊天动地的红色故事。纪念馆展陈面积600平方米,再现了红33军辉煌而悲壮的战斗历程。2016年入选全国红色旅游经典景区。

宣达战役纪念馆 位于达州市通川区。1933年10月,中国工农红军第四方面军在宣汉、达县地区对国民党军发动进攻战役,重创刘存厚部,毙俘4 000余人,史称"宣达战役"。此次战役使川陕边根据地向东扩展了约150千米,将通南巴地区与川东游击根据地完全连成一片。现建有宣达战役纪念馆,包括张爱萍故居、达州红军文化陈列馆等。2016年入选全国红色旅游经典景区。

九、全国农业旅游示范点

友爱镇农科村 位于成都市郫都区。中国"农家乐"的发源地。全村花卉面积数百亩,川西平原特色的农家四合院、典雅别致的小康住宅楼,在红花绿叶的掩映中,显得清丽脱俗,风格别具。村内农家旅游接待户百余户,成为颇具盛名的花木盆景生产、销售和农家旅游基地。2002 年入选全国农业旅游示范点。

红砂村花乡农居 位于成都市锦江区三圣街道。民居建筑极富川西特色。有 3 000 多亩的花卉种植基地,曾成功举办四川省首届花卉博览会。游客既可在生态园、花果山庄、圣花园、佳馨茶园等生态休闲场所品茗赏景,也可在茉莉园、王家花园、牛王庙中休憩聊天,还可在液压酒吧中推杯换盏。2002 年入选全国农业旅游示范点。

兴龙镇万亩观光果园 位于成都市龙泉驿区龙泉山下。占地面积 2 万余亩,是成都龙泉花果山水果的主产区,也是成都市近郊最大的一个生态观光型自然公园。果园中种植的梨子、枇杷符合国家绿色食品标准,享誉海内外。园内有千年古刹长松寺、清音溪、马祖洞、鲁班井、"长松八景"等景点,是成都市民回归自然、寻古探幽的好去处。2002 年入选全国农业旅游示范点。

华蓥山黄花梨有限公司 位于华蓥市禄市镇国家级科技示范园区梨业园内。有生产基地 6 000 余亩,其中无公害黄花梨基地 3 000 余亩,优质干果板栗、核桃基地 1 000 亩,石榴基地 1 000 亩,良种母本园(优质果木、花木、笋材两用竹繁育基地)1 000 亩,另有水产、蛋鸡养殖场 0.75 亩,竹木仿古建筑度假休闲山庄 1.5 亩。2002 年入选全国农业旅游示范点。

夹江天福观光茶园 位于成都—乐山高速公路夹江天福服务区。集茶叶分级包装、销售、科研、文化、教育、旅游于一体的茶叶企业。亭台楼阁、流泉飞瀑、绿草如茵、茶香四溢,成为成乐高速公路上的一颗璀璨明珠。建有茶博物馆,通过实物、场景、蜡像、模型、灯箱以及现代化声光设备,展示茶的历史、中国茶事、世界茶事、巴蜀茶文化。还有不同民族、朝代的茶艺表演可供欣赏。2002 年入选全国农业旅游示范点。

五通桥国家花木科技园 位于乐山市五通桥区。四川乐山国家农业科技园区的重要组成部分,自然条件优越,冬无严寒,夏无酷热,适宜花木栽种繁育。占地面积5.6万亩,花木种植面积8 200亩,已有绿化树种、茶花、盆花盆果、草坪四大系列400多个品种。2002年入选全国农业旅游示范点。

老龙山生态农业旅游区 位于绵阳市游仙区游仙镇。占地面积1 500余亩,是绵阳市近郊最大的生态观光农业开放式公园,绵阳市农家乐中最早集餐饮、娱乐、会议、住宿、品茶、体育健身于一体的综合性大众休闲山庄。2002年入选全国农业旅游示范点。

张坝桂圆林 位于泸州市江阳区茜草街道。占地面积1 000余亩。成片的百年桂圆古树、优质的长江奇石、珍稀的中华桃花水母,被称为桂圆林"三宝"。拥有百年以上老桂圆树1.5万多株,是我国桂圆种植基因库。建有主景游览区、名果街区、旅游度假区和花木盆景区。游客可在此观赏众多植物,游览白鹤栖息地,还可在人工湖垂钓。2002年入选全国农业旅游示范点。

宇森酒堡 位于攀枝花市仁和区。汇集民族文化、酒文化、石文化和茶文化的主题旅游度假村。中式建筑风格的宇森酒堡,红墙青瓦,绿树成荫,美不胜收。堡内有可容纳千人就餐的中式餐厅和各式包厢,既有麻、辣、鲜、香的川菜,又有由绿色无公害蔬菜烹制的农家菜,游客可在优雅舒适的环境中享受精美的饮食文化和酒文化。2005年入选全国农业旅游示范点。

雅安农业高科技生态园区 位于雅安市。占地面积1 500亩。按照"特色产业规模化、农业园区工业化"的思路,建设藏茶和名优茶、生物制药、乳制品加工、集约化和规模化高效种养殖业、其他农副产品加工五大产业。主要企业有以液态牛奶加工生产为主的四川菊乐食品有限公司雅安分公司,以藏茶生产为主的四川雅安茶厂有限公司,以绿茶生产为主的四川老茶客茶业有限公司,以雅鱼驯养殖为主的雅安周公河雅鱼有限公司,以食用菌生产为主的四川金地菌类有限责任公司,从事医学实验动物和创新药物研究的四川农业大学实验动物工程技术中心。2005年入选全国农业旅游示范点。

凤垭山生态园区 位于南充市嘉陵区城郊。凤垭山因山体形似凤凰而得名,与大小尖山形成"群龙朝圣"格局,被称为"千里嘉陵第一山"。核心区面积 6 000 亩,基础设施配套齐全,道路四通八达,生态植被良好,形成了"春天有花、夏秋有果、四季有绿、常年有景"的特色生态景观。黄花梨、桃、枇杷、葡萄、樱花、桂花等各类花卉、果树、高档盆景品种达 1 000 余种,是名副其实的"花果山"。2005 年入选全国农业旅游示范点。

曲沿村生态家园 位于洪雅县城的九龙山下。具有川西农居风格的村落,山、水、林、人居和谐地结合在一起,田园风光让人流连忘返。为洪雅县率先发展水果种植和奶牛养殖的现代生态产业园。2005 年入选全国农业旅游示范点。

中国竹编工艺城 位于青神县城南的南城镇兰沟村。占地面积 50 余亩,集竹生态园林、竹编产销、竹艺观光于一体,是"中国竹编艺术之乡"的标志,也是国际竹藤组织指定的青神竹手工艺培训基地。20 世纪 80 年代初,在传统竹编艺术的基础上,以"坐标编织法"编织书画艺术品和山水花鸟图案,以"描图编织法"编织名人字画、山水花鸟,提升了青神竹编艺术品的品质。2005 年入选全国农业旅游示范点。

广安市牌坊新村 位于广安区协兴镇。2002 年,牌坊村 1 700 余名村民从邓小平故居保护区核心区迁出,建立牌坊农民新村。现已建成占地面积 342 余亩、总建筑面积 8 万余平方米、绿地面积达 16.5 亩的农民新村。并建成 700 亩的优质水果基地、500 亩的反季节蔬菜基地和大型的家禽家畜生产基地。特色农家旅游和会议经济蓬勃发展,已开办农家乐 36 家、农家旅社 88 家、旅游商品经销店 120 家。2005 年入选全国农业旅游示范点。

叙府龙芽科技园 位于宜宾市郊区。陆地面积 4 800 余亩,湖面水域面积 2 200 余亩,山清水秀,空气清新,远离污染,生态环境优异。园区集气势恢宏的仿古建筑群、迷人的金秋湖、葱郁的生态茶园、现代化茶叶加工车间、丰富的茶文化博览厅于一体,是叙府茶业有限公司精心打造的 10 万亩生态早茶加工中心、茶叶新技术、新品种研发及推广基地。2005 年入选全国农业旅游示范点。

鸭池沟桃花山景区 位于眉山市东坡区广济乡鸭池村。有桃林3000余亩,柑橘林2800亩,森林300亩,四季果林葱郁,花果飘香。已成功举办九届桃花会,接待各地游客250多万人次。2005年入选全国农业旅游示范点。

十、全国休闲农业与乡村旅游示范点

都江堰市高原社区 位于都江堰市龙池镇西北部。侗族、仡佬族、汉族聚居村落。主要产业为传统种植业,以烤烟、茶叶、油茶为主,有高原茶场800亩。2013年入选全国"美丽乡村"创建试点单位。2010年入选全国休闲农业与乡村旅游示范点。

华蓥山黄花梨度假村 位于华蓥市禄市镇。集饮食、住宿、休闲于一体的农业生态旅游基地,分为梨业园区、桃花园区、水产养殖区、植物园、休闲中心五个功能区,年接待能力10万人。现有竹木仿古建筑7.5亩,休闲鱼池30余亩。2010年入选全国休闲农业与乡村旅游示范点。

常乐酒业有限公司 位于攀枝花市仁和镇。从事果树种植、果酒生产、休闲度假、生态养殖等多种经营的民营股份制企业。占地面积80多亩,拥有酒堡、石道馆、酒道馆。2010年入选全国休闲农业与乡村旅游示范点。

老龙山生态农业旅游区 2010年入选全国休闲农业与乡村旅游示范点。参见全国农业旅游示范点——老龙山生态农业旅游区。

元聪万亩生态休闲农业田园区 位于双流区彭镇羊坪社区。四川省规模最大的集生产、观光于一体的连片葡萄生产基地,种植的葡萄品种有140多个,是集葡萄生产、鲜果销售、葡萄加工、葡萄酒酿制、西域风情生态观光休闲旅游于一体的多功能产业园区。2011年入选全国休闲农业与乡村旅游示范点。

飞龙峡景区 位于自贡市自流井区。飞龙峡山体如断臂大佛,水形似游弋烈龙,民间传说中有"佛抱龙飞、断臂为景"之说。由尖山和农团两个景区组成,其中尖山湖、飞龙峡、保安寨为核心景区,还有桃林、石榴园、桃花岛、长恩寺等景点,常年举办三月桃花会、五月石榴花会、樱花节、狂欢节等旅游活动。森林茂密,植被丰富,山清水秀,景色宜人。2011 年入选全国休闲农业与乡村旅游示范点。

维斯特农业科技集团有限公司 位于北川新县城附近。2008 年汶川大地震后山东援建北川的国家重点农业项目。园区分农业科技示范展示区、五星级休闲度假中心、培训中心、研发中心四大版块,是集高山果蔬种植,市场交易,新技术展示、研发、培训,生态旅游于一体的大型生态农业示范区。2011 年入选全国休闲农业与乡村旅游示范点。

天仙硐景区 2011 年入选全国休闲农业与乡村旅游示范点。参见全国特色景观旅游名镇(村)——纳溪区天仙镇。

明苑湖休闲农庄 位于资阳市雁江区保和镇晏家坝村。集乡村旅游、农业展示、新村建设等于一体的旅游度假区。分为九曲禾川现代农业示范观光园、雾里水乡休闲度假山庄、盛美农业产业园、明苑湖休闲农庄、西建果业、绿能生态农业产业园等六大园区,连片的有机种植园、生态养殖园构建出一幅幅美丽的画卷。每年还举办葡萄采摘节、草莓采摘节等节庆活动。2013 年入选全国休闲农业与乡村旅游示范点。

龙桥文化生态园 位于泸县县城玉蟾街道龙脑新农村。以全国重点文物保护单位"龙脑桥"为核心,沿九曲河形成风景环线,以小马滩村、龙华村、赵岩村为支点,着力打造集休闲、观光、娱乐、购物、文化演展于一体的乡村旅游型新农村综合体,展示"盈彩水岸美曲流,一环相连串玉珠,三轴汇心带七区,龙乡田园画中游"的绝美意境。2013 年入选全国休闲农业与乡村旅游示范点。

白坪飞龙休闲农业与乡村旅游产业园 位于武胜县。占地面积 7.5 万亩,重点发展创意农业。已建起万亩标准甜橙园、万亩标准蔬菜园、万亩优质粮油基地、千亩标准花卉园基地,形成了"花样年华""橙海阳光""四季花海""丝情画意""开心农场""金色大地"六大景区,精心打造了下坝农耕记忆、粮食大院、朝门院子等 20 余个特色景点,呈现出回归大自然的诗意境界。柑橘博览园栽种了甜橙、柠檬、金柑、柚等六类 60 余个品种,菊花博览园栽种国内外各种名菊 600 余种。2013 年入选全国休闲农业与乡村旅游示范点。

梅湾湖度假村　位于丹棱县双桥镇梅湾村。又名"梅湾水库",是 20 世纪 70 年代兴修水利时建造的人工湖。山岛葱茏,莺飞鱼跃,桃树、梨树、脐橙、椪柑树、柑橘树成片成林。每逢阳春三月,桃花盛开,游人如织,世外桃源般的梅湾湖成为丹棱旅游一道靓丽的风景。2014 年入选全国休闲农业与乡村旅游示范点。

曙光休闲观光农业园　位于广元市利州区龙潭乡。以龙潭乡建设村为中心,包括山地农业主题公园、生态儿童乐园、红军文化园、农耕文化体验园、养生文化园五个园区,是集都市生鲜产品生产、主题公园旅游、农事教育、生态循环等功能于一体的生态农业主题公园。2014 年入选全国休闲农业与乡村旅游示范点。

醉美江湾农业园　位于泸州市江阳区黄舣镇。江阳区国家现代农业示范区的核心区,泸州市新农村江南示范片的核心区。有全国第一个以白酒生产加工为枢纽的连接上下游产业的白酒加工配套区,拥有万亩菜花基地、万亩有机高粱基地,积极发展高粱、蔬菜、水果三大农业支柱产业。还有罗湾长江桂园带等自然旅游资源。2014 年入选全国休闲农业与乡村旅游示范点。

什邡市箭台村　地处什邡市元石镇。水资源丰富,农业基础设施良好,主要出产小麦、油菜、叶烟、水稻、蔬菜等。境内有雍王陵、射箭台、君平泉、蒋琬旧庐、金带桥、雍西寺等多处古文化遗址。2014 年入选全国休闲农业与乡村旅游示范点。

葛仙山休闲农业与乡村旅游景区　位于彭州市中部。葛仙山是龙门山国家地质公园、龙门山风景名胜区的重要组成部分。区域内的青藏大冰盖冰川漂砾,是 20 世纪末发现的世界罕见的地质遗迹奇观,被誉为"地质科学迷宫"。2015 年入选全国休闲农业与乡村旅游示范点。

百胜生态农业体验园 位于自贡市城区东南方,地处四川盆地成都平原西南边缘。园区内有川南风格的民居建筑群,篱笆小道、鲜花围绕。2015 年入选全国休闲农业与乡村旅游示范点。

中国玫瑰谷 位于绵竹市龙门山下。背靠九鼎山,保存了完整的自然生态系统。拥有万亩有机玫瑰园,其中大马士革玫瑰花花瓣淡粉色,花瓣边缘颜色稍浅,有绸缎般的质感,纯粹、细腻的花香冠压群芳,提取的玫瑰精油被认为是玫瑰精油中的极品。2015 年入选全国休闲农业与乡村旅游示范点。

花香果居 位于成都市新都区斑竹园镇。斑竹园镇是"中国名柚之乡"。园区占地面积 3 500 余亩,其中新都柚 2 000 多亩。以田园观光、农家休闲和古迹览胜串珠成链,展现出"一心一轴两环线"的美丽乡村新画卷。2015 年入选全国休闲农业与乡村旅游示范点。

贾家东来桃源 位于简阳市,地处四川盆地西部、龙泉山东麓。有各种生物上千种,其中动物约 300 种,植物 600 多种。粮食作物以水稻为主,次为小麦、玉米、豆类、红苕和小杂粮;经济作物以棉花、油菜为主,是全国闻名的商品猪生产基地之一。2015 年入选全国休闲农业与乡村旅游示范点。

十一、全国工业旅游示范点

泸州老窖集团公司 位于龙马潭区南光路。泸州酿酒历史自秦汉以来已有两千多年,自古就有"酒城"的美誉,是中国浓香型白酒的发源地。泸州老窖集团是在明清 36 家古老酿酒作坊的基础上发展起来的国有大型骨干酿酒集团。泸州老窖大曲酒创始于元代。泸州老窖酒传统酿制技艺被列入首批国家级非物质文化遗产(代表性项目)名录。拥有明代万历年间建造的全国重点文物保护单位窖池群、泸州老窖罗汉酿酒基地和泸州老家酒史陈列馆。2002 年入选全国工业旅游示范点。

长虹电器股份有限公司 位于绵阳市。公司前身国营长虹机器厂,是我国"一五"期间的 156 项重点工程之一,是当时国内唯一的机载火控雷达生产基地。公司曾被《巴菲特杂志》、世界企业竞争力实验室、《世界经济学人周刊》联合评为第七届中国上市公司 100 强,排名第 84 位。2002 年入选全国工业旅游示范点。

龚嘴水力发电总厂 位于乐山市大渡河下游。下辖龚嘴、铜街子两个水电站,总装机容量 130 万千瓦,控制流域面积 7.64 万平方千米,总库容 3.57 亿立方米。主坝坝型为混凝土重力坝,最大坝高 85.5 米,坝顶长度 447 米,坝基岩石为花岗岩,坝体工程量 74.5 万立方米,主要泄洪方式为坝顶送流。2002 年入选全国工业旅游示范点。

攀枝花钢铁公司 位于攀枝花市。鞍钢集团公司的全资子公司。依托攀西地区丰富的钒钛磁铁矿资源优势,依靠自主创新推动钢铁钒钛产业跨越式发展,已发展成为跨地区现代化钢铁钒钛企业集团。2005 年入选全国工业旅游示范点。

二滩水电站 位于攀枝花市盐边与米易两县交界处,地处雅砻江下游。二滩电站是雅砻江水电基地梯级开发的第一个水电站,上游为官地水电站,下游为桐子林水电站。水电站最大坝高 240 米,水库正常蓄水位海拔 1 200 米,总库容 58 亿立方米,调节库容 33.7 亿立方米,装机总容量 330 万千瓦,多年平均发电量 170 亿千瓦时。2005 年入选全国工业旅游示范点。

五粮液工业园区 位于宜宾市北面的岷江之滨。占地近 8 平方千米。厂区处处绿树草坪,风景如画。五粮液酒是浓香型白酒的代表,以"香气悠久、味醇厚、入口甘美、入喉净爽、各味谐调、酒味全面"的独特风格闻名于世。五粮液酒自 1915 年于巴拿马万国博览会首获金奖以来,在世界各地的博览会上共获 38 次金奖。2005 年入选全国工业旅游示范点。

金威啤酒厂工业旅游区 位于成都市高新区新加坡工业园。占地面积

272 亩。大力推行"循环经济",所有废料循环利用,实现了零排放,并成功导入工业旅游概念,配套建成西南地区第一家啤酒文化展览馆,成都市首家配套工业旅游运营的 4D 动感影院和占地 4 000 多平方米、直接从发酵罐供鲜啤酒(原浆啤酒)的酒吧。先后荣获"中国驰名商标""绿色食品"等荣誉称号,四度蝉联"全国食品安全示范单位"。2006 年入选全国工业旅游示范点。

美宁生态食品科技园 位于遂宁市创新工业园区。是农业产业化国家重点龙头企业、全国农产品加工示范企业。园区为中国肉类罐头智能化加工基地,占地 320 余亩,引进世界先进的肉糜类罐头、汤汁类罐头、厨房类产品的智能化生产线,建成了 1 万吨立体智能冷藏库,年产罐头 12 万吨,年屠宰肉牛 10 万头、生猪 60 万头,产品销往美国、加拿大、日本、法国、俄罗斯等40 多个国家和地区。2006 年入选全国工业旅游示范点。

十二、国家级非物质文化遗产生产性保护示范基地

成都蜀锦织绣有限责任公司 位于青羊区二环路。蜀锦又称"蜀江锦",是指起源于战国时期的成都地区出产的锦类丝织品,大多以彩色经线起彩,彩条添花,经纬起花,先彩条后锦群,方形、条形、几何骨架添花,对称纹样,四方连续,色调鲜艳,对比性强,是一种具有民族特色和地方风格的多彩织锦,与南京的云锦、苏州的宋锦并称为"中国三大名锦"。蜀锦地理标志产品保护范围为成都市青羊区、金牛区、双流区三个区。成都蜀锦织绣博物馆是唯一的蜀锦织造技艺传承保护单位。2011 年入选国家级非物质文化遗产生产性保护示范基地。

四川省绵竹年画社 位于西南镇安国社区。绵竹年画是一种传统民间工艺美术品,因产于四川绵竹而得名。绵竹木版年画与天津杨柳青、苏州桃

花坞、河南朱仙镇等地的木版年画齐名,是我国著名民间木版年画之一。与其他年画的不同之处在于,所刻线版只供印出墨线轮廓,从不套色制作,最终必须由彩绘艺人按程序施彩而成。绵竹年画最见特色的是"填水脚",即用颜料进行局部涂抹,寥寥几笔大写意,却能生动传神,凸显绵竹年画艺人的高超技艺。2011 年入选国家级非物质文化遗产生产性保护示范基地。

友谊茶业有限公司 位于雅安市雨城区多营镇。拥有友谊茶厂、荥经茶厂两个边茶专业定点生产企业以及拉萨、昌都两个销售部。年生产边茶 1万吨,桶装水 20 万桶。生产的兄弟友谊牌康砖、金尖、藏茶、餐厅、青砖茶等十多个品种,远销日本、韩国、尼泊尔及中国台湾、香港地区。2011 年入选国家级非物质文化遗产生产性保护示范基地。

大吉香巴拉文化发展有限公司 位于康定市炉城镇大坪村。公司在康定市投资开发的康定格萨尔旅游文化园,以被列入世界非物质文化遗产名录的《格萨尔》史诗为主线,集观光、文化体验、博物馆、休闲度假、文化交流、健康养生、餐饮购物等于一体,集中展示康藏文化。2014 年入选国家级非物质文化遗产生产性保护示范基地。

凉山彝族自治州民政民族工艺厂 位于喜德县光明大道。主要生产彝族漆器。彝族漆器在喜德已有 1 000 多年的传承和发展史。彝族漆器是彝族传统文化的重要组成部分,主要以餐具和酒具为主,涉及彝族人民生活的方方面面,堪称彝族文化的重要符号之一。彝族漆器髹饰技艺已被列入国家级非物质文化遗产(代表性项目)名录。2014 年入选国家级非物质文化遗产生产性保护示范基地。

云华竹旅有限公司 位于青神县南城镇。主要经营竹家具、竹编工艺品。早在 5 000 多年前新石器时代,青神县的先民便开始以竹子为材料编制簸箕等竹器。青神县被誉为"中国竹编艺术之乡"。青神竹编工艺已被列入国家级非物质文化遗产(代表性项目)名录、中国国家地理标志保护产品,并在 2008 年北京奥运会、2010 年上海世博会展出。2014 年入选国家级非物质文化遗产生产性保护示范基地。

十三、国家级旅游度假区

邛海旅游度假区 位于西昌市。集旅游、文化、科技、商务办公等于一体的国际旅游度假区。邛海是国家生态旅游示范区,四季如春,冬无严寒,夏无酷暑,沿湖有海滨公园、新沙滩、月亮湾度假村、东郊公园,有彝族风情园、航天主题园、阳光花海、婚庆基地、生态庄园、山地露营、主题酒店、高山马场项目等,是理想的御寒避暑胜地和休闲度假天堂。邛海—螺髻山风景名胜区为国家级风景名胜区。2015 年入选国家级旅游度假区。

十四、国家级风景名胜区

峨眉山风景名胜区 位于峨眉山市西南部,地处四川盆地西南部。集自然风光与佛教文化于一体的山岳型风景名胜区。巍峨俊秀,树木葱茏,飞瀑流泉,景色清幽,自古就有"峨眉天下秀"之誉。峨眉山是"中国四大佛教名山"之一,山上有佛寺数十处,寺内珍藏有许多精美的佛教文物。在山顶俯瞰万里云海,可欣赏日出、云海、佛光和圣灯四大绝景。优美的自然景观,良好的生态环境,使峨眉山成为探奇览胜的理想处所。1982 年入选国家级风景名胜区。

九寨沟—黄龙寺风景名胜区 位于松潘、九寨沟县。包括九寨沟、黄龙寺两个片区。九寨沟以雪峰、湖泊群、林莽、瀑布群、钙化滩流闻名于世,是国家级自然保护区、国家地质公园、国家森林公园和世界自然遗产。黄龙寺景区有白雪皑皑的玉翠山,有 3 000 余个碧透斑斓的彩池,遍地奇花异草,是国家地质公园和世界自然遗产。1982年入选国家级风景名胜区。

青城山—都江堰风景名胜区　位于成都平原西北部。青城山和都江堰是世界文化遗产。青城山因四季常青,满目青翠,诸峰环峙状若城郭而得名。主峰老霄顶海拔1600米,丹梯千级,曲径通幽,素有"青城天下幽"之美誉,与剑门之险、峨眉之秀、夔门之雄齐名。青城山分青城前山和青城后山,前山景色优美,文物古迹众多;后山自然景物神秘绮丽,原始华美如世外桃源。都江堰位于都江堰市西隅,是中国古代建设并使用至今的大型水利工程,被誉为"世界水利文化的鼻祖"。1982年入选国家级风景名胜区。

剑门蜀道风景名胜区　位于绵阳市。数百里古蜀道上,峰峦叠嶂,雄奇险峻,壮丽多姿,构成了川陕交通的一大屏障。剑门蜀道沿线三国文化深厚,庞统、蒋琬、姜维、邓艾、马超、鲍三娘等在此留下了精彩的故事;古迹众多,三星堆遗址、德阳文庙、昭化古城、七曲山大庙、皇泽寺、千佛崖等都是重要文物遗存;美景密布,富乐山四季花似锦,翠云廊古柏三百里,明月峡"飞梁架绝岭"。1982年入选国家级风景名胜区。

贡嘎山风景名胜区　位于甘孜州。以贡嘎山为中心,包括泸定县海螺沟、九龙县伍须海和康定市木格错,总面积1万余平方千米。贡嘎山海拔7500多米,主峰周围6000米以上的高峰45座,现代冰川159条。海螺沟内有我国最高最大的冰瀑布及决川弧、冰川断层、冰川消融等景观。伍须海和木格错以高山湖泊、原始森林、草原、瀑布、温泉等景观为特色。贡嘎山是红军长征经过的地方,有泸定铁索桥等许多革命史迹遗址。1988年入选国家级风景名胜区。

蜀南竹海风景名胜区　位于长宁、江安两县毗连的连天山余脉中。竹林绵延起伏,逶迤苍莽,宛若烟波浩渺的绿色海洋,故名"竹海"。林中溪流纵横,飞瀑高悬,湖泊如镜,泉水清澈甘洌。竹海素以雄、险、幽、峻、秀著名,其中青龙湖、七彩飞瀑、古战场、翡翠长廊、茶化山、花溪十三桥等景观被称为"竹海十佳"。林中还有珍稀动物及明、清两代摩崖造像数十尊。1988年入选国家级风景名胜区。

西岭雪山风景名胜区 位于大邑县西部边缘。地处邛崃山脉中段，属青藏高原东部边缘和成都平原过渡地带。自然资源丰富，景观类型多样，以高山自然风光为特色。因海拔高低悬殊，气候类型多样，高山终年积雪，可观赏不同季节的景色，有"一日观四季，十里不同天"之美誉。1994年入选国家级风景名胜区。

四姑娘山风景名胜区 位于小金县与汶川县交界处。四姑娘山是横断山脉东部边缘邛崃山系的最高峰，由四座连绵不断且常年被冰雪覆盖的山峰组成，如同四位头披白纱、姿容俊俏的少女。其中"幺妹"身材苗条、体态婀娜，常说的"四姑娘"就是指这座最高最美的雪峰。四姑娘山以雄峻挺拔闻名，山体陡峭，直指蓝天，冰雪覆盖，银光照人。山麓森林茂密，清澈的溪流潺潺不绝，人称"东方的阿尔卑斯山"。1994年入选国家级风景名胜区。

石海洞乡风景名胜区 位于兴文县古宋镇。由天泉洞中心景区、九丝山景区、大坝鲵源景区、周家沟溶洞景区组成。我国喀斯特地貌发育最完善的地区之一，地面怪石林立，如云南路南石林，地下溶洞纵横，似桂林芦笛迷宫，故称"石海洞乡"。天下奇观集于一地，上下相映，与竹海、恐龙、悬棺并列为"川南四绝"。2002年入选国家级风景名胜区。

邛海—螺髻山风景名胜区 位于凉山州，地跨西昌市、普格县、德昌县一市两县。螺髻山奇峰林立，海子棋布，原始森林保存完好，有目前世界上最大的原始古冰川刻槽遗址。五彩缤纷的冰川湖泊，雄奇壮观的冰川角峰、刃脊，世界上最大的冰川刻槽，姹紫嫣红的杜鹃花海，幽深奇险的温泉瀑布，构成"螺髻五绝"。2002年入选国家级风景名胜区。

白龙湖风景名胜区 位于川、陕、甘三省接合部，地处岷山山脉和大邑山脉交会处。白龙湖明镜般闪烁，玉带般蜿蜒，似银色巨龙在崇山峻岭中飞舞。分为沙洲湖、刘家峡、龙洞峡、洛阳河、青草坪、景谷峡、宝珠寺七个各具特色的景区。有双峡环流、黄峡探奇、栈桥夜月、西港飞虹等十大景观50多个景点。2004年入选国家级风景名胜区。

光雾山—诺水河风景名胜区 位于南江县、通江县北部。光雾山主峰海拔 2 507 米,因常年被雾气笼罩而得名。光雾山景区占地面积 400 余平方千米,由桃园、神门、小巫峡、大坝、十八月潭五大片区组成,有峰林、洞穴、山泉、森林等景观,尤其以秋季的满山红叶最具特色。诺水河景区占地面积约 170 平方千米,以岩溶地貌为主,有大型地下溶洞群,主要洞穴有中峰洞、狮子洞、楼房洞、龙湖洞、宋家洞等。2004 年入选国家级风景名胜区。

天台山风景名胜区 位于"巴蜀四大古城"之一的邛崃市。相传大禹治水路过蜀国,曾选此山为登高祭天之处。历来为僧人访游之处,留下了众多的石碑、石刻,还保留着国内唯一的古代宗教法庭——和尚衙门、宗教集市——和尚街、"第一禅林"永乐寺等众多遗址。"高山玩水"是天台山特色品牌,有十八里香草沟、小九寨、花石海等十余个亲水玩水项目。2004 年入选国家级风景名胜区。

龙门山风景名胜区 横跨彭州市、什邡市、绵竹市三市。龙门山占地面积约 1 900 平方千米,以规模宏大的飞来峰构造地质而闻名,是一座具有五千年文明史的天下名山。古称"茶坪山""湔山",传说治水英雄大禹就诞生于此,为纪念大禹"凿龙门、铸九鼎、治水患",改名为"龙门山"。现为国家地质公园。2004 年入选国家级风景名胜区。

米仓山大峡谷风景名胜区 位于广元市。占地面积 265 平方千米。在原鼓城山—七里峡省级风景名胜区范围基础上,由米仓山大峡谷、汉王山、木门会议会址等重要的自然、历史和文化景观整合组成,景点近百个。以山、水、峡谷景观为主,融合林、泉、洞等自然景观和红色文化,自然与人文交相辉映。2017 年入选国家级风景名胜区。

十五、国家级自然保护区

卧龙国家级自然保护区 位于汶川县西南部。我国建立最早、面积最大、以保护大熊猫及高山森林生态系统为主的综合性自然保护区。区域内生活着 100 多只大熊猫,约占全国大熊猫总数的 10%。还有金丝猴、羚牛等 56 种珍稀濒危动物,其中国家一级重点保护野生动物 12 种,国家二级重点保护野生动物 44 种。原始森林植被没有任何人工痕迹,汇集了高山草甸、林海雪原等高山生态景观。1975 年入选国家级自然保护区。

九寨沟国家级自然保护区 位于九寨沟县。九寨沟是世界自然遗产、国家森林公园和国家地质公园。原始的生态环境,雪山、森林、湖泊,一尘不染的清新空气,组合成奇幻、幽美的自然风光。高峰、彩林、翠海、叠瀑、藏情,被称为"九寨沟五绝"。茂密的原始森林中生长着各种奇花异草,大熊猫、金丝猴、白唇鹿等珍稀动物栖息在此。独有的原始景观,丰富的动植物资源,迷人的四季景色,使九寨沟被誉为"人间仙境"。1978 年入选国家级自然保护区。

唐家河国家级自然保护区 位于四川盆地西北缘青川县。最高海拔 3 846 米。以大熊猫、金丝猴、羚牛等珍稀野生动物为主要保护对象。在崇山峻岭之中,流淌着 4 条河、11 条大溪沟和 123 条小溪沟。区内大熊猫数量较多且分布集中,主要生活在海拔 1 700—3 000 米以针阔叶混交林为主的地段。这些地带箭竹资源丰富,20 世纪 70 年代开花枯死的竹子已更新长至 1 米多高,为大熊猫等珍稀动物提供了丰富的食物及良好的生存环境。1986 年入选国家级自然保护区。

蜂桶寨国家级自然保护区 位于宝兴县蜂桶寨乡。区域内有脊椎动物 380 种,其中属国家重点保护的野生动物有大熊猫、金丝猴、牛羚等 50 余种。邓池沟石龙门山腰的二级台地上有一天主堂——邓池沟天主教堂,是一个四川建筑风格的木质四合院,而内部呈现的是欧洲哥特式的意境,为法兰西建筑风格与巴蜀建筑文化有机结合的典范:36 个木结构房间组成中西合璧的教堂,明暗相通,栅栏环绕,雕梁画栋;8 根独立圆柱支撑起的古罗马式礼拜堂,圆拱天穹,嵌刻镛窗,古朴幽深。1994 年入选国家级自然保护区。

大风顶国家级自然保护区 位于马边县,地处四川盆地和云贵高原的过渡地带。以保护大熊猫及其生态环境为主的森林和野生动物类型自然保护区。保护区属中亚热带季风湿润气候区,物种丰富。已知植物有 51 科 132 属 248 种,包括国家一级重点保护野生植物珙桐、桫椤、连香树等,国家二级重点保护野生植物银杏、篦子三尖杉等;已知陆栖脊椎动物有 25 目 75 科 268 种,包括国家一级重点保护野生动物大熊猫(约 32 只)、四川山鹧鸪、牛羚等 7 种,国家二级重点保护野生动物小熊猫、白鹇等 28 种。1994 年入选国家级自然保护区。

大风顶国家级自然保护区 位于美姑县城东北的树窝、龙窝乡。占地面积 50 700 公顷,其中核心区 31 100 公顷。属森林生态系统类型自然保护区,主要保护对象为大熊猫等珍稀野生动植物及其栖息环境。栖息有国家重点保护野生动物大熊猫、牛羚、小熊猫、豹、猕猴、虹腹角雉、白腹锦鸡、白鹤等 30 余种。分布有国家重点保护野生植物珙桐、银杏、连香树、红豆粉等 10 种。还盛产天麻、贝母、牛膝等名贵药物。1994 年入选国家级自然保护区。

攀枝花苏铁国家级自然保护区 位于攀枝花市,地处川、滇两省交界的云贵高原西北部。苏铁亦称"铁树",最早出现在距今约 2.8 亿年的地球古生代二叠纪,现存的苏铁类植物仅一科 10 属约 110 种,被誉为植物中的"活化石"。1971 年在这里发现了占地 300 余公顷共有 10 多万株的苏铁林,是世界上迄今为止发现的纬度最高、面积最大、植株最多、分布最集中的原始苏铁林。这里的苏铁是一种罕见的新种,定名为"攀枝花苏铁"。野生植物类型自然保护区,以攀枝花苏铁及其生态环境为主要保护对象,是目前中国唯一的苏铁类植物国家级保护区。1996 年入选国家级自然保护区。

四姑娘山国家级自然保护区 位于小金县东部。属自然生态系统类型的自然保护区,主要保护对象:以原始暗针叶林为主的自然生态系统,以大熊猫、雪豹、牛羚、白唇鹿、金丝猴等国家重点保护野生动物为主的生物多样性及其栖息地及其栖息地,以冰川为主的独特地质地貌。占地面积 48 500 公顷,其中核心区 16 000 公顷。世界上高山植被区系最丰富的地区和生物多样性分布中心之一,植被分布呈现出明显垂直带谱。现为国家环保科普基地。1996年入选国家级自然保护区。

龙溪—虹口国家级自然保护区 位于都江堰市北部。全国35个大熊猫保护区之一。地处大熊猫现代自然分布区狭长条状弧形带的中段,是岷山山系大熊猫B种群重要的栖息地,大熊猫生存和繁衍的关键区域和"天然走廊"。保存着原始的高山峡谷自然生态系统和完整的植被垂直带谱,生物物种丰富,植被类型多样,具有极高的保护价值和科学研究价值。建有保护区动植物标本博物馆,收藏有动物标本220份、植物标本400余份和大量图片资料。1997年入选国家级自然保护区。

贡嘎山国家级自然保护区 位于甘孜州。主要保护对象为以大雪山系贡嘎山为主的山地生态系统、各类珍稀野生动植物资源、以海螺沟低海拔现代冰川为主的各种自然景观资源。贡嘎山地区是全球25个生物多样性热点地区中横断山地区的典型代表,也是长江上游的重要生态屏障,生态地位极其重要。复杂多样的自然地理条件,孕育了丰富多彩的动植物物种,素有"动植物宝库"之称。1997年入选国家级自然保护区。

若尔盖湿地国家级自然保护区 位于若尔盖县,地处青藏高原东北边缘。综合性湿地生态系统类型的自然保护区,重点保护对象是黑颈鹤及高原湿地生态系统。拥有丰富的自然资源、秀丽的高原风光和宜人的景色,是我国第一大高原沼泽湿地,青藏高原高寒湿地生态系统的典型代表,也是世界上面积最大、保存最好的高原泥炭沼泽之一。1998年入选国家级自然保护区。

亚丁国家级自然保护区 位于稻城县南部,地处青藏高原东部横断山脉中段。北峰海拔6 032米,南峰、东峰海拔5 958米,三座雪山呈品字形巍然耸立,遥相对峙,俊秀雄奇,被誉为"雪域神峰"。保护区以三座雪峰为核心区,主要保护丰富的动植物资源、复杂多样的生物基因、罕见的自然景观及其赖以存在的极高山自然生态系统。其环境基本未受人类活动的干扰和破坏,原始风貌保存完整,被誉为"最后的香格里拉"。2001年入选国家级自然保护区。

白水河国家级自然保护区 位于四川盆地西北边缘的彭川市。森林植被保存完整,生物多样性异常丰富,以大熊猫等珍稀野生动植物和生物多样性为保护对象的自然保护区。成都平原突兀而起的险峻高山,雄壮的飞瀑,壮观雄异的云海,绚丽的日出晚霞,奇妙的彩虹幻影、佛光神灯,清幽的碧波深潭,尤其是丰富的动植物资源、保存完好的生态环境和悠久的人文历史,形成一个绚丽多彩的生态旅游胜地。2002 年入选国家级自然保护区。

王朗国家级自然保护区 位于平武县,地处全球生物多样核心地区之一的喜马拉雅—横断山区。占地面积 80 000 公顷,由王朗景区、扎昔加古寨景区、白马天母湖景区等多个独立景区组成。拥有自然的生态系统和完整的森林景观系统,空气纯净。这里既是大熊猫栖息的重要走廊,又是连接岷山大熊猫种群的枢纽。区域内有大熊猫、金丝猴、扭角羚等七种国家一级保护野生动物。2002 年入选国家级自然保护区。

长宁竹海国家级自然保护区 位于宜宾市。我国最大的集山水、溶洞、湖泊、瀑布于一体,兼有人文景观的原始"绿竹公园"。整个竹海呈"之"字形,曲径通幽,溪流纵横,飞瀑高悬,湖泊如镜,空气清新。主要景观景点有幽深秀丽的忘忧谷、原始古朴的墨溪、竹荫蔽日的翡翠长廊、佛道合一的仙寓洞、险峻独特的天宝古寨、壮观的七彩飞瀑、竹海第一大湖青龙湖、我国第一家竹类博物馆蜀南竹海博物馆等。2003 年入选国家级自然保护区。

察青松多白唇鹿国家级自然保护区 位于白玉县。属野生动物类型自然保护区,主要保护对象为白唇鹿及其生存环境。有国家一级保护野生动物白唇鹿和雪豹、中华秋沙鸭等 8 种,国家二级保护野生动物鸢、雀鹰、大鵟、藏马鸡等 27 种,我国特产动物血雉、长嘴百灵等 20 种。2003 年入选国家级自然保护区。

画稿溪国家级自然保护区 位于叙永县北郊。资源富集,风光绮丽,以大量珍稀动植物资源与瑰丽无比的自然风光著称。有建于清咸丰年间的茅山寨门,高耸入云、形似牛心的牛心山,拐拐相连、车行道险的二十四道拐等景点。峭壁千仞、飞瀑高悬、溪流跌宕、云海万千、绿浪接天,被誉为"绿的海洋""瀑布的世界""云海的故乡""山峦的展览室""动植物的珍藏馆"。2003年入选国家级自然保护区。

雪宝顶国家级自然保护区 位于平武县西北部。占地面积 63 600 公顷。属野生动物类型自然保护区,主要保护对象是大熊猫、金丝猴、扭角羚等国家重点保护野生动物及其栖息地,共有国家重点保护野生动物 43 种,国家重点保护野生植物 26 种。雪宝顶坐落在岷山南段,是岷山的最高峰,藏区"本教七大神山"之一。2006 年入选国家级自然保护区。

米仓山国家级自然保护区 位于南江县。自然生态环境独特奇异,古朴原始的风韵犹存,既有蔚为壮观的峰丛石林,又有险峻无比的岩崖景观、幽深神秘的岩溶洞穴。水体景观有:湍急的河流,温顺的浅溪,碧蓝如玉的深潭,婀娜多姿的瀑布飞泉。天象景观绚丽多彩,日出、晚霞、月华、云海,神韵斐然。人文景观十分丰富,有历史遗迹、宗教文化遗迹、红军文化遗迹和民俗文化传统等。2006 年入选国家级自然保护区。

花萼山国家级自然保护区 位于万源市。北亚热带常绿阔叶林生态系统的典型代表区域,主要保护对象为珍稀动植物及其北亚热带常绿阔叶林生态系统。物种呈多样性,具有我国南方与北方、华东区与西南区动植物区系交会的显著特征,特别是有许多受国家重点保护的古老、孑遗、特有、珍稀、濒危动植物种类生存在保护区内,堪称"物种避难所"。2007 年入选国家级自然保护区。

海子山国家级自然保护区 位于理塘县、稻城县。属于湿地和野生动物类型保护区,保护对象为高寒湿地和麝类野生动物。青藏高原面积最大的高寒湿地之一,是金沙江和雅砻江的水源涵养地和水源补给地。自然景观和生物多样性独特,是我国麝类种群密度最大的区域之一。2008 年入选国家级自然保护区。

诺水河珍稀水生动物国家级自然保护区 位于通江县。我国长江上游大鲵的重要分布区,也是长江上游特有鱼类岩原鲤种群在嘉陵江上游支流的集中分布区。占地面积 9 220 公顷。主要保护对象包括大鲵、水獭、岩原鲤、重口裂腹鱼、青石爬鱼兆等珍稀水生动物,中华倒刺鱼巴、白甲鱼、华鲮、南方鲇、鳜、黄颡鱼等名贵经济鱼类及其水生生态系统。2012 年入选国家级自然保护区。

黑竹沟国家级自然保护区　位于峨边县。占地面积 2.96 万公顷,其中核心区 1.67 万公顷。是以大熊猫及其栖息地为主要保护对象的森林和野生动物类型自然保护区。地处凉山山系大熊猫栖息地的中心地带,是大熊猫、四川山鹧鸪、红豆杉、珙桐等珍稀濒危野生动植物的重要栖息地,大熊猫凉山种群遗传物质交流的唯一通道。2012 年入选国家级自然保护区。

格西沟国家级自然保护区　位于雅江县河口镇,地处雅砻江中游右岸、青藏高原东南部横断山脉地带。四川雉鹑种群数量和密度最大的区域、中国大绯胸鹦鹉分布的最北沿之一。属野生动物类型自然保护区,以四川雉鹑和绿尾虹雉等高山雉类以及大绯胸鹦鹉等珍稀野生鸟类为主要保护对象。2012 年入选国家级自然保护区。

小寨子沟国家级自然保护区　位于北川县青片乡。占地面积约 36 000 公顷。以保护大熊猫、金丝猴为主的森林和野生动物类型自然保护区。森林覆盖率 80% 以上,植被成带状分布,从高到低依次为常绿落叶阔叶林带、针阔混交林带、亚高山针林带、高山草甸,景色秀丽。2013 年入选国家级自然保护区。

栗子坪国家级自然保护区　位于石棉县。占地面积 4.79 万公顷,森林覆盖率 90% 以上。生物多样性显著,珍稀濒危物种种类较多,特有种丰富。2013 年建成首个大熊猫放归自然基地,先后完成了大熊猫泸欣、淘淘、张想的放归和监测任务。保护区对防止小相岭山系大熊猫栖息地进一步破碎化、对防止小相岭大熊猫孤立小种群的灭绝起着关键作用。2013 年入选国家级自然保护区。

千佛山国家级自然保护区　位于四川盆地西北边缘的安州区,地处青藏高原东南缘岷山南端。占地面积 1.77 万公顷。森林和野生动物类型自然保护区,保护对象为大熊猫、金丝猴、扭角羚、红豆杉、珙桐等珍稀野生动植物及其栖息地的生态环境。绝壁高耸,刀劈斧削,沟谷幽深,有多处大小不同、形态各异的瀑布、海子,山腰万亩野生杜鹃和山顶的日出云海,景观独特。2014 年入选国家级自然保护区。

南莫且湿地国家级自然保护区 位于阿坝州壤塘县东部,以黑颈鹤、白唇鹿和湖泊、沼泽等高原湿地生态系统为主要保护对象。2018 年入选国家级自然保护区。

长江上游珍稀特有鱼类国家级自然保护区 位于长江上游地区,跨四川、重庆、贵州、云南四省(市)。保护对象为白鲟、达氏鲟、胭脂鱼等珍稀、特有鱼类及其产卵场。2005 年入选国家级自然保护区。

十六、国家级水利风景区

仙海湖水利风景区 位于绵阳市内。仙海湖即沉抗水库,是武都引水工程涪梓干渠中部的大型囤蓄水库,以防洪、灌溉为主,兼顾水产养殖、林果开发、旅游观光的综合性水利工程。占地面积 73 平方千米,有孤岛、半岛 40 余座,林木品种繁多,自然风光秀丽,还有古驿道、神仙树等景点,是城市后花园型的休闲胜地。2002 年入选国家级水利风景区。

鲁班湖水利风景区 位于三台县鲁班镇。鲁班水库是都江堰引千里岷江水,灌梓州万顷田的水利工程,10 平方千米的平阔水面上,宝石般镶嵌着 6 沟 12 弯、89 个半岛或孤岛,层林叠翠,神秘莫测。四周群山环抱,水天连成一体,充满诗情画意。2005 年入选国家级水利风景区。

白水湖风景区 位于绵阳市安州区。湖周群山环抱,湖面宽阔幽静,水质清澈,微风轻拂,波光粼粼。山石以水清而晶莹,林木以水纯而灵秀。23

个自然小岛像璀璨的绿宝石撒在白水玉盘之上,将数千亩水面巧妙分割组合,形成多层次的立体景区和许多幽深曲折的港湾。周边有砾石溶洞龙泉砾宫、罗浮山佛教圣地及卧佛寺、西南第一泉沸泉,地质奇观海锦生物礁地质带就在湖边。2005 年入选国家级水利风景区。

双溪湖水利风景区 位于川南名城荣县城北处。以亚热带低山湖泊为主体,以山林、溪流、沟壑、名胜古迹为背景的城郊型旅游风景区。双溪湖蓄水 5 800 万立方米,湖谷区分东川沟和洛阴溪两大沟汊。还有新开发的水晶阁、花果山度假村、蒙泉山庄、儿童游乐园等。2005 年入选国家级水利风景区。

尖山水利风景区 位于盐都自贡市贡井区西部的荣边镇。尖山湖分为东西两湖,可储水 264 万立方米。共有七个主要景点,即尖山湖、农团山、狮子湾卢德铭故居、永安古镇、开后宫、何乐祠、金银湖,以林地和湖光山色为主要特色。这里一年一度的三月桃花会,是自贡市重大旅游活动。2006 年入选国家级水利风景区。

泸沽湖水利风景区 位于四川省与云南省交界处。泸沽湖古称"鲁窟海子",又名"左所海",俗称"亮海",占地面积 50.1 平方千米,平均水深 40.3 米,库容量 22.52 亿立方米,湖水最大透明度达 12 米,湖面海拔 2 685 米,水平如镜,水天一色。周围崇山峻岭环绕,为典型的高原湖泊自然风光,再加上其独特的摩梭母系社会文化,形成了独具特色的自然景观与人文景观。2006 年入选国家级水利风景区。

江口水乡水利风景区 位于平昌县。通巴两江水域的双滩和风滩电站库区形成的两大人工湖泊,湖波涟涟,绵延数十里。库区两岸依山抱水的川东田园和古镇民宅,在湖光山色间更显清旷灵秀。被国家列为生态环境和湿地自然保护区的驷马湿地,明镜映青山,绿水纳蓝天,鱼鸟戏湖底,美不胜收。江阳十景、双滩朱显灵庙、牛角坑"白佛洞"、古雕石牛、牛角滩瀑布等景点和景观,彰显了平昌水乡深厚的水文底蕴和浓厚的人文积淀。2008 年入选国家级水利风景区。

大深南海水利风景区 位于蓬安县济渡乡。依托大深沟水库而建,属于水库型水利风景区,占地面积 8.91 平方千米。沟狭林茂,怪石林立,湖光山色,秀丽无比,还有数百种植物和动物。景区内有湖心岛——皇冠岛,有欧式风格的迎宾楼,有恢复重建的南海寺,大坝对岸有周家坡半岛和狮子梁,库尾有峡谷和悬棺、瀑布、古石平桥、石拱桥。2011 年入选国家级水利风景区。

都江堰水利风景区 位于都江堰市城西,坐落在成都平原西部的岷江上。始建于秦昭王末年的都江堰,是蜀郡太守李冰父子组织修建的大型水利工程。由分水鱼嘴、飞沙堰、宝瓶口等部分组成,两千多年来一直发挥着防洪灌溉的作用,使成都平原成为水旱从人、沃野千里的"天府之国",是全世界迄今为止年代最久且仍在使用、以无坝引水为特征的宏大水利工程。2013 年入选国家级水利风景区。

水墨藏寨水利风景区 位于汶川县。依托潘达尔生态旅游区、水磨古镇和水乡藏寨水利工程而建,属自然河湖型水利风景区。占地面积 276.44 平方千米,其中水域面积 2.94 平方千米。拥有植物活化石——野生珙桐群落和龙血树、楠木、红豆杉、银杉等 2 000 多种珍稀植物。群山环抱,湖光山色,植被丰茂,水磨古镇风情万种,藏汉羌文化相互融合,风景如画。2013 年入选国家级水利风景区。

涪江六峡水利风景区 位于绵阳市,地处涪江上游最后一个峡谷河段。依托武都水库而建,属水库型水利风景区。武都水库水域面积 13.75 平方千米,是涪江流域骨干蓄水工程中控制流域面积最大、综合效益最好的骨干水库。现代水利工程与李白文化、蜀道文化、藏羌文化和自然景观巧妙结合,串联起画屏峡、六龙峡、燕云峡、青天峡、飞瀑峡、芳春峡六峡,峰峦叠嶂,悬崖峭壁,素有"小长江三峡"之称。2013 年入选国家级水利风景区。

黑龙滩水利风景区 位于仁寿县县城郊外的龙泉山南麓。黑龙滩水库被誉为"川西第一海",蓄水 3.6 亿立方米,碧波万顷,水天一色,85 座小岛星罗棋布,回环掩映,如梦如幻。湖区腹部最大的岛群——三大湾蓬莱岛,由小连山、阿弥陀佛山、花果山、风披山等组成,山山相连,峰巅露出湖面,岛上绿树成荫。2013 年入选国家级水利风景区。

古宇庙水库水利风景区 位于"中国石牌坊之乡"隆昌市郊外。依托古宇庙水库而建,属于水库型水利风景区。占地面积 26 平方千米,其中水域面积 4.29 平方千米,水域宽阔,层峦叠翠,以幽、深、秀、奇著称。以湖为体、以水为魂,成为集生态、观光、休闲、健身、人饮、防洪、灌溉于一体的水库景观带。2013 年入选国家级水利风景区。

升钟湖水利风景区 位于南部县西北部。升钟水库水面达 53.3 平方千米,总库容 13.39 亿立方米,以灌溉为主,兼具防洪、发电、养殖等功能,是西南地区最大的水利工程之一,有"西南第一湖"之称。水面宽阔,岛屿独特,大坝壮观,生机勃勃。景区内森林茂密,奇山怪石鳞次栉比,名胜景点比比皆是。2013 年入选国家级水利风景区。

白鹭湖水利风景区 位于苍溪县白桥镇宝珠村。白鹭水库是一座以农业灌溉为主,兼有防洪、养殖、旅游等综合用途的中型水利工程。峰峦叠嶂、松柏葱郁、沟壑蜿蜒,水生态环境良好,人文资源丰厚,依水而生的农耕文化魅力独特。2013 年入选国家级水利风景区。

青龙湖水利风景区 位于西充县城西北处。青龙湖水域面积 2 平方千米,湖体形似青龙,蜿蜒曲折且分支极多,有 93 道湾,63 个山嘴,湖水清澈,碧绿如翡翠,湖中岛丘林立,湖岸山体起伏,自然成趣。离青龙湖不远处的谯家洞,明代永乐初年凿成,可容纳 200 余人,洞内有甬道、神龛、居室。2013 年入选国家级水利风景区。

琼江源水利风景区 位于遂宁市西郊。依托麻子滩水库、跑马滩水库而建,属于水库型水利风景区。由跑马滩水库、麻子滩水库以及下游部分河道组成,占地面积 27.3 平方千米,其中水域面积 9.65 平方千米。景区内有宏伟壮观的枢纽工程,还有国家级重点文物保护单位唐代卧佛以及神奇的万卷经窟、石刻群、风动石、跑马场遗址、皇坟、古栈道等景点。2013 年入选国家级水利风景区。

大渡河金口大峡谷水利风景区 位于乐山市金口河区。占地面积 404 平方千米。属典型的河流侵蚀谷峡谷地貌,金口大峡谷长约 2.6 万米,谷深 2 600 米,比美国科罗拉多大峡谷还深 860 米,峡谷两侧壁立千仞,气势雄伟,其中还有"老苍""白熊"等人迹罕至的深沟。鸟声伴溪语,卵石叠翠峰,月亮湾、情人谷、卧牛潭、石鼓瀑令人叫绝,还盛产五彩水晶石。奇景、奇石、奇花,形成"峡谷三奇"。2014 年入选国家级水利风景区。

大小杜鹃池水利风景区 位于峨边县哈曲乡和勒乌乡。占地面积 120 平方千米。杜鹃池海拔 2 500 米左右,是两个大小不同的高山海子,因每年春季其周边杜鹃花繁茂而得名。大小杜鹃池上下相连,似镶嵌在高山之巅的两颗明珠。重峦叠嶂,迷雾缭绕,奇瀑深潭,溪水在深谷咆哮,流泉在峻岭奔腾。彝汉各族群众在此区域长期交流融合,形成独特鲜明的小凉山彝族文化。2014 年入选国家级水利风景区。

桫椤湖水利风景区 位于犍为县同兴乡。与桫椤湖景区、蜀南茉莉香都度假村共同构成嘉阳—桫椤湖旅游环线。因坛罐窑水电站横断马边河,导致水位上升而形成桫椤湖,水域面积 1.5 平方千米。景区包括马边河下游水域、同兴乡青龙峡、蒙自峡、板板桥原始桫椤林景区,有悬崖、断层、古堡、栈道、石梯等景观。拥有被誉为"植物活化石"的桫椤 20 多万株,有仍在运行的客运蒸汽窄轨小火车,有民国时期中英合资煤矿的矿业遗址黄村井。2014 年入选国家级水利风景区。

嘉陵第一桑梓水利风景区 位于蓬安县。以千里嘉陵第一坝马回水电站为依托,以蜿蜒的嘉陵江为轴线,占地面积 20 余平方千米,其中水域面积 5.5 平方千米。汇集了嘉陵江流域经典的诗画田园、独具影响力的巴蜀文化发源地、千古浪漫爱情胜地、"天地人合一"理念的展示台、嘉陵江农耕文明五大品牌资源,体现了汉代辞赋家司马相如故里独特的浪漫风情。2014 年入选国家级水利风景区。

金沙湖水利风景区 位于阆中市。以嘉陵江阆中段水域为中心的城市河湖型水利风景区。占地面积 101 平方千米,自然生态优美,集动、静态水景于一体,与阆中独特的民俗文化组成了一幅"人水和谐"的优美画卷。群山起伏,山峦重叠,深谷交错,沟壑纵横,犹如一幅浓淡相宜的水墨丹青,空灵而幽静。在宽阔的湖面上观赏阆中古城,领略阆苑仙境神韵,令人流连忘返。2014 年入选国家级水利风景区。

青竹江水利风景区 位于青川县摩天岭南麓及龙门山北端。青竹江是青川县的母亲河,境内流长 15.4 万米,以峡谷、滨水景观为特色,形成了贯穿青川县的绿色生态走廊。森林覆盖率 72%,溪沟甚多,水网密布。以唐家河国家自然保护区为核心,整合了阴平古道风景名胜区、青溪古城、阴平乡村,形成了生态文化、三国文化、红色文化、民族文化及农耕文化相互交融的特色。2014 年入选国家级水利风景区。

太极湖水利风景区 位于武胜县。依托东西关水电站工程而建,属于自然河湖型水利风景区。太极湖由东西关水电站拦河筑坝后蓄水成湖,因嘉陵江盘曲成阴阳太极图形而得名。占地面积 50 平方千米,其中水域面积 40 平方千米。太极湖水面辽阔,烟波浩渺,碧水连天,水质清净。两岸十里松林,葳蕤蓊郁;石锤石鼓,传说动人。景区内有嘉陵江武河曲带,有太极文化广场、太极岛森林公园等。2014 年入选国家级水利风景区。

大瓦山五池水利风景区 位于乐山市金口河区。由大天池、干池、鱼池、高粱池、小天池等高原湖泊与大瓦山山脉组成,占地面积 30.65 平方千米,属于自然河湖型水利风景区。既有天然湖泊,又有峨山峡谷,玄武岩构成顶盖的平顶山险峻神秘,各种珍稀动植物繁衍其间。2014 年入选国家级水利风景区。

百岛湖水利风景区 位于大竹县。因湖中岛屿星罗棋布而得"百岛"之名。依托乌木滩水库而建,占地面积 70 平方千米,其中水域面积 10 平方千米,属于水库型水利风景区。乌木滩水库地处嘉陵江水系上游,是一座集防洪、农田灌溉、城镇供水于一体的中型水利工程。景区内有"川东竹海"五峰山森林公园和百岛湖温泉度假村。2015 年入选国家级水利风景区。

宝石桥水库水利风景区 位于开江县。宝石桥水库占地面积 188 平方千米,其中水域面积5.75平方千米。风景区以宝石桥水库和明月水库为核心,辐射水库灌区万亩荷花休闲观光园区,还有金山寺、飞云温泉、仁德桥、沙坝古镇等一批旅游景点。2015年入选国家级水利风景区。

飞仙湖水利风景区 位于芦山县。依托飞仙关水电站而建,占地面积9.6平方千米,其中水域面积1.75平方千米,属于水库型水利风景区。飞仙关水电站是芦山地震灾后的援建项目,总库容2 210万立方米,是一座以防洪、发电为主,兼顾灌溉的中型水库。地处藏羌彝文化、蜀文化、茶马古道文化融合发展之地,已建成飞仙新村、南天百彩园、飞仙茶马古道等景点。2015年入选国家级水利风景区。

黄鹤湖水利风景区 位于内江市。依托黄河镇水库而建,占地面积12.46平方千米,其中水域面积1.89平方千米,属于水库型水利风景区。黄河镇水库总库容1 450万立方米,是一座以农业灌溉为主的中型水库。通过水生态修复工程、水利枢纽整治工程等措施,打造集库区、沼泽、湿地、河流等多种类型于一体的湿地生态系统,已建成安泰山庄、特色农家乐、花卉苗木观光基地、农业休闲产业园等休闲项目。2015年入选国家级水利风景区。

化湖水利风景区 位于巴中市巴州区。依托化成水库而建,占地面积12平方千米,其中水域面积3.12平方千米,属于水库型水利风景区。化成水库位于渠江流域上游,是一座以农业灌溉、城镇供水为主的中型水库。景区内的摩崖造像、红军石刻至今保存完好。2015年入选国家级水利风景区。

白云湖水利风景区 位于广安市。依托全民水库而建,占地面积42.88平方千米,其中水域面积7.33平方千米,属于水库型水利风景区。全民水库总库容9 052万立方米,是一座以防洪、灌溉为主的中型水库。景区毗邻邓小平故居,有西溪河、亚洲第一宽瀑——湟龙峡大瀑布、广安红色影视基地、茍角古镇等众多自然人文景观和景点。2015年入选国家级水利风景区。

邛海水利风景区 位于西昌市东南处。邛海是史前地质构造运动时断陷形成的天然湖泊,远处群山环抱,沿岸绿树成荫,湖滨公园水榭长廊,配以时令鲜花,环境优美。湖水常年清澈,四季均宜泛舟、垂钓。湖内盛产鱼虾,是有名的天然渔场和水上运动场。2016年入选国家级水利风景区。

张坝水利风景区　位于泸州市江阳区长江右岸。依托长江张坝生态堤防工程而建,占地面积3.82平方千米,其中水域面积1.12平方千米,属于城市河湖型水利风景区。长江张坝生态堤防工程总长4 000米,防洪标准为20年一遇。风景区生物景观独特、丰富,保存有1.5万株明末清初种植的桂圆树,还有荔枝林、桃树林、梨树林和樱桃林,绵延十余里,素有"十里绿色长廊"之美誉。2016年入选国家级水利风景区。

则曲河水利风景区　位于壤塘县。依托高原河流则曲河及沿河堤防工程而建,占地面积约1 003平方千米,其中水域面积38.27平方千米,属于自然河湖型水利风景区。高原自然风光秀美独特,藏民俗文化浓郁,主要包括海子山高山湖泊群、南莫高原湿地、觉囊文化中心寺庙群、棒托寺和藏族新村等核心景点,是一处集水利科普教育、休闲度假、文化体验、乡村旅游、生态观光等多种功能于一体的水利风景区。2016年入选国家级水利风景区。

红岩子湖水利风景区　位于南部县。依托红岩子电航枢纽工程及红岩子湖、盘龙湖和观音湖而建。占地面积88.1平方千米,其中水域面积29.1平方千米,属于城市河湖型水利风景区。通过实施红岩子公园整治、嘉陵江流域生态治理、嘉陵江沿岸景观提升、河湖连通、沿线乡镇污水处理等一系列工程,形成了水资源丰沛、江河贯通、调蓄滞洪功能完备的水系网络。2016年入选国家级水利风景区。

天池湖水利风景区　位于华蓥市。依托天池湖水库而建,占地面积84.36平方千米,其中水域面积2.6平方千米,属于水库型水利风景区。天池湖水库属嘉陵江流域渠江清溪河水系,总库容5 030万立方米,是一座以灌溉、城乡供水为主,兼有防洪、旅游、发电及改善生态环境等功能的中型水利工程。水利工程雄伟壮观,库区水面开阔,岸线蜿蜒曲折,中心岛屿植被茂密,生态良好。2016年入选国家级水利风景区。

上里古镇水利风景区　位于雅安市雨城区。依托流经上里古镇的陇西河及两岸堤防工程而建。属于自然河湖型水利风景区,占地面积约 17.1 平方千米,其中水域面积 1.32 平方千米。景区以河为轴,沿河点缀着众多溪涧、水库、湿地,古水堰、古桥、十里绿堤、陇西廊桥、黄龙大桥等古今水利工程、建筑穿插其间。两岸群山相伴,上里古镇、中里新村、共和村、庙坪村等川西民居建筑和四季田园风光有机结合。2017 年入选国家级水利风景区。

玉湖水利风景区 位于南江县红光镇。占地面积 29 平方千米,主要包括亲水旅游区、风景游览区、都市休闲区、湿地生态区和周边景观区,具有纯朴的风土人情和浓厚的渔民文化。景区以乡村旅游发展为核心,建成了七彩林业、云顶茶业、水产养殖特色产业和生态农业体验区,开发了垂钓体验区、运动健身区、水上娱乐区、滨湖游览区,已具备接待 5 000 人的能力。2017 年入选国家级水利风景区。

观音湖水利风景区 位于遂宁市船山区。观音湖生态湿地公园紧贴涪江东岸沿线,是利用荒滩岸线打造的绿色生态走廊。观音湖水面积约 9.3 平方千米,有数个湖心岛,展现出城中有水、水中有城的西部水都的独特景观。2017 年入选国家级水利风景区。

十七、世界地质公园

兴文石海世界地质公园 位于兴文县,地处四川盆地与云贵高原过渡地带。占地面积 156 平方千米。包括四个园区:以天泉洞为代表的 200 多个大小溶洞组成的洞穴群小岩湾地质园区,以自然生态著称、汇聚多种地质遗迹景观的僰王山园区,形成于 4.9 亿年前的奥陶纪景区,古石林、千年银杏、溶洞群、太安石林以及凌霄僰人遗址组成的凌霄城园区。地质遗迹主要有二叠纪地质剖面、地表喀斯特地形、天坑、溶洞、洞穴堆积物、瀑布、溶蚀峡谷、古生物化石、风暴岩沉积等,其中最著名的是天坑,是我国发现和研究天坑最早的地方。2005 年入选世界地质公园。

自贡世界地质公园 位于自贡市。由大山铺恐龙化石群遗迹园区和青龙山恐龙化石群遗迹园区组成,占地面积 56.6 平方千米。以闻名遐迩的中侏罗世恐龙化石遗迹和历史悠久的井盐遗址为特色,辅以有"活化石"之称的桫椤子遗植物群景观,并融合自贡厚重的历史文化,集科学研究、科普教育、观光游览和休闲度假等多功能于一体。2008 年入选世界地质公园。

十八、国家地质公园

九寨沟国家地质公园 位于九寨沟县。地处四川盆地向青藏高原过渡的边缘地带,我国第二级地貌阶梯的坎前部分,在地貌形态变化最大的裂点线上,有高山、峡谷、湖泊、瀑布、溪流、山间平原等多种形态,地貌属高山峡谷类型,山岭的海拔高度大都为 3 500—4 500 米,最高峰嘎尔纳峰海拔 4 764 米。随着冰川期气候的到来,高山上发育了冰川,山谷冰川又伸展到海拔 2 800 米的谷底,留下了多道终碛、侧碛,形成堤埂,阻塞流水而形成堰塞湖。这里保存着第四纪古冰川的遗迹,冰斗、冰谷十分典型,悬谷、槽谷独具风韵。2000 年入选国家地质公园。

龙门山国家地质公园 位于彭州市、什邡市、绵竹市。龙门山的地质发展已有 37 亿年,其间经历了多次翻天覆地的构造运动,从而形成了如今的地质特征。占地面积 1 900 平方千米,主要地质遗迹为推覆构造(飞来峰)或"冰川漂砾"古冰川遗迹、典型地层剖面等地质遗迹,是驰名中外的龙门山推覆构造带的缩影,被地质学家称为"地质科学迷宫"。2001 年入选国家地质公园。

海螺沟国家地质公园 位于青藏高原东南缘,大雪山山脉中段的贡嘎山东坡。占地面积 350 平方千米。主峰贡嘎山峰顶呈金字塔形状,海拔 7 514 米,被誉为"蜀山之王"和"天府第一峰"。地貌类型复杂,有世界上仅存的低海拔冰川,还有热矿泉群、完整的垂直自然带谱与多样性很强的高山生态系统。冰川与热泉共存,寒冷与温暖相容,罕见奇观世界瞩目。2002 年入选国家地质公园。

大渡河峡谷国家地质公园 位于乐山市金口河区,地处汉源县与甘洛县接壤处。以大渡河大峡谷和大瓦山玄武岩地质地貌为特色。大渡河大峡谷气势雄伟、险峻幽幻、壮观秀丽,两侧壁立千仞、如画如雕,记录了十多亿年来地质演化的历史。2002 年入选国家地质公园。

安县国家地质公园 位于绵阳市安州区,地处四川盆地西北边缘龙门山脉中北段与涪江冲积平原接壤地带,是丘陵与山地兼有的地区。西北部属龙门山地,山峰林立,沟谷纵横,坡陡谷深,山脊海拔多在 1 200—2 000 米,最高峰千佛山海拔 2 922 米,山坡坡度一般 25—55 度,最大达 70 度以上。地质公园占地面积 508 平方千米,以深水硅质海绵礁为特色。拥有以独特的钙质砾岩喀斯特著称的罗浮山峰林、龙泉砾宫溶洞、汶江石林,以水文景观为特色的白水湖、罗浮山温泉、沸水泉,以特殊地质构造和地貌为特色的千佛山、鹰嘴岩,还有著名作家沙汀的故居和墓园。2002 年入选国家地质公园。

黄龙国家地质公园 位于松潘县,地处三大地质构造单元的接合部。占地面积 1 340 平方千米。雪峰林立,海拔 5 000 米以上的就有 7 座。岷山主峰雪宝顶海拔 5 588 米,从顶峰流下的雪水汇聚成溪,沿石钟乳山坡倾泻而下,形成众多的瀑布悬流;这些瀑布泻落至山腰处,散落聚积,形成了 3 000 余个碧透斑斓的彩池,千姿百态。从黄龙沟海拔 2 000 米的底部到海拔 3 800 米的山顶,依次为亚热带常绿与落叶阔叶混交林、针叶阔叶混交林、亚高山针叶林、高山灌丛草甸等。包括大熊猫、金丝猴在内的 10 余种珍稀动物徜徉其间。特殊岩溶地貌与珍稀动植物资源相互交织,享有"世界奇观""人间瑶池"的美誉。2004 年入选国家地质公园。

华蓥山国家地质公园 位于华蓥市与邻水县交界处。占地面积 116 平方千米,中低山岩溶地貌,主要地质遗迹面积 35.5 平方千米。高登山为华蓥山最高峰,海拔 1 704 米,地势起伏较大、山势陡峭。地质遗迹主要有华蓥山断裂带、石林、天池湖、碧家洞、白岩、仙女洞、白崖、小山坝温泉、响水洞漏斗群、高登山双壳化石采集地、十里大峡谷、杨家河一线天等。2005 年入选国家地质公园。

江油国家地质公园 位于江油市。占地面积 116 平方千米,由窦圌山、佛爷洞、观雾山、吴家后山四个主要景区组成,以丹霞地貌、泥盆系标准纪地质剖面和岩溶景观为主要特色。"樵夫与耕者,出入画屏中",唐代诗人李白诗描绘窦圌山风光的诗句已成千古绝唱。2005 年入选国家地质公园。

射洪硅化木国家地质公园 位于射洪市明星镇。占地面积 12 平方千米,其中核心区 3 平方千米,为保护和研究硅化木地质遗迹而成立的专业地质公园。除了硅化木、恐龙、乌木外,还有丰富的湖相沉积波痕群、峡谷地貌、水体景观、古人类化石等地质遗迹和人文景观,是全国科普教育基地。2005 年入选国家地质公园。

四姑娘山国家地质公园 位于小金县与汶川县交界处。地处我国地貌第一阶梯青藏高原东部边缘,属于第二阶梯四川盆地向青藏高原的过渡地带,大地构造属于我国大地地槽区的松潘—甘孜褶皱带。主要地貌类型:干暖河谷(半干旱河谷)地貌、高山地貌、极高山地貌。海拔 5 000 米以上的雪峰 52 座,终年积雪。湖泊众多,有冰斗湖 26 个,堰塞湖 8 个,沼泽湖 7 个,现代冰川发育良好,面积和蓄水量最大的四峰冰川面积约 12 平方千米。2005 年入选国家地质公园。

大巴山国家地质公园 位于大巴山南麓,地处川、陕、鄂、渝四省(市)交接部的中心地带。占地面积 219 平方千米,由八台山园区和百里峡园区两个相对独立的园区组成。地处我国地理南北气候分界的重要区域,拥有独具特色的岩溶地貌景观,包括峡谷、溶洞、绝壁、孤峰、峰丛、溶蚀洼地、岩溶竖井、石芽坪、漏斗群等众多岩溶地貌景观。2009 年入选国家地质公园。

光雾山—诺水河国家地质公园　位于巴中市北部的米仓山地区。由光雾山园区与诺水河园区两部分构成,占地面积 362 平方千米。地表和地下岩溶地貌景观最具震撼力,是我国南北岩溶过渡地区岩溶地貌的典型代表。光雾山园区的桃园景区,有石林、峰丛、孤峰、岩溶盆地、漏斗、落水洞、岩溶峡谷等;诺水河园区的诺水洞天景区,呈现地下岩溶地貌,在狭长的诺水河两岸就有 128 个溶洞,规模之大,洞之奇特,钙华类型之齐全,发育之完整,堪称世界之最。2009 年入选国家地质公园。

清平—汉旺地质公园　位于绵竹市西北部。占地面积 26.6 平方千米,主要地质遗迹分布面积 5.95 平方千米。地质遗迹景观资源丰富、特征鲜明。与汶川地震及次生灾害链相关的地质灾害类景观类型齐全,包括滑坡遗迹、崩塌遗迹、地震地表破裂带、泥石流灾害遗迹、地震堰塞湖遗迹、震害建筑遗址、泥石流损毁建筑遗址等。2011 年入选国家地质公园。

青川地震遗迹地质公园　2011 年入选国家地质公园。参见全国红色旅游经典景区——东河口地震遗址公园。

十九、国家森林公园

都江堰国家森林公园　位于成都平原西部。海拔 2 000 余米。盆地中央有一高山湖泊——龙池,堪称"天下奇景"。现开辟为杜鹃花观赏园、珍稀濒危植物保护区和中国特有植物种质资源保存区、中国槭树科植物及优质木材种质资源保存区、报春花和百合花专类园及野生花卉种质资源保存区。各类植物多达 3 000 余种,有被称为植物"活化石"的珙桐,珍稀濒危树种莲香树、银鹊、圆叶玉兰、古银杏等,有三大片各 60 公顷的杜鹃花自然分布区。1992 年入选国家森林公园。

剑门关国家森林公园 位于剑阁县。山势峥嵘崔嵬,有"一夫当关,万夫莫开"之称。剑门七沟众谷淙淙山泉,沟谷深处曲径通幽,犹若仙境。石怪,有石龙、石虎、石蛤蟆、石笋峰,怪石嶙峋;洞怪,有大洞、小洞、龙洞;水怪,剑泉水甘洌可口,用它酿制的豆腐色鲜味美;动物怪,珍鸟异兽不胜枚举,其中乌龙乃川内珍稀两栖动物。1992 年入选国家森林公园。

瓦屋山国家森林公园 位于邛崃山支脉峨眉山西北面。占地面积 3.65 万公顷,绿地面积超过 95%,原生态率 93%。有天然珙桐林 2 万公顷。植物有 3 500 种,其中乔木 200 余种,药用植物 2 200 多种,属国家珍稀濒危保护种子植物 44 种,国家一级保护野生植物 7 种,国家二级保护野生植物 30 种,被子植物占世界总科属的 60%。杜鹃花有 40 多种,分布面积达 4 万公顷,其中以瓦屋山命名的杜鹃花就有 17 种。1993 年入选国家森林公园。

高山国家森林公园 位于盐亭县云溪镇。又名"负戴山",唐代已有盛名,山势雄峻,草木茂盛,万树荟萃,历代多有文人隐居于此,古迹众多。山上亭阁遍布,有杜甫居住过的昙云庵,唐代宰相严震墓和纪念宋代文学家、书画家文同的文湖州祠。森林公园海拔 648 米,森林面积 100 公顷,森林覆盖率达 99.98%。1993 年入选国家森林公园。

西岭国家森林公园 位于大邑县西岭镇。占地面积 4.83 万公顷。园区内的西岭雪山海拔 5 364 米,因唐代诗圣杜甫的"窗含西岭千秋雪"诗句而得名。公园内地质情况复杂,三大岩类均有出露,峡谷众多。气候温和,雨量充沛,日照少,云雾多,湿度大。1993 年入选国家森林公园。

二滩国家森林公园 位于盐边县和米易县。占地面积 7.32 万公顷,其中高峡平湖 1.01 万公顷,森林覆盖率 86%。地处成都—峨眉山—西昌—昆明旅游热线上,雄伟壮观的二滩水电站,烟波浩渺的碧湖,四周环列的青翠群山,莽莽的原始森林,湖中风光旖旎的 8 个小岛,组成了具有旅游、探险、采风、娱乐、度假、疗养等多种功能的旅游区。1993 年入选国家森林公园。

海螺沟国家森林公园 位于泸定县,地处青藏高原东南缘,贡嘎山主峰的东坡。由海螺沟、燕子沟、磨子沟、南门关沟、雅家埂和磨西台地六个景区组成。森林植被类型为原始森林,拥有山岳冰川、大冰瀑布、生态植被景观、红石公园、雪域温泉等景观,还有独特的康巴风情。1993 年入选国家森林公园。

天台山国家森林公园 位于邛崃市。公园内相对高差 1 850 多米,森林垂直分布明显。生物种类繁多,现有种子植物 1 000 余种,其中观赏植物 300 多种。杜鹃花、报春花和龙胆花被誉为"秦岭三大名花",还有紫斑牡丹、朱砂玉兰、兰花等野生名贵花卉。野生动物 200 多种,金钱豹、青羊、豹猫、红腹锦鸡、大鲵等属国家重点保护野生动物。1993 年入选国家森林公园。

七曲山国家森林公园 位于梓潼县城区,地处"三百里程十万树"的蜀道翠云廊北端。占地面积 2 346 公顷。主体景观为大规模的森林群落景观,其中最老的皇柏有 2 100 年,最年轻的潘家柏也已 200 年。七曲山大庙是文昌帝君的发祥地,被列为全国重点文物保护单位。还有古老的战场遗址,历代名人墨客留下的大量历史故事和诗词文章,使森林公园具有凝重、深邃的历史内涵。1994 年入选国家森林公园。

九寨国家森林公园 位于九寨沟县。地处世界自然遗产九寨沟与黄龙之间,处于"大九寨"国际旅游区的核心区域。占地面积 4.49 万公顷,有森林、水体、地貌等自然景观和民风民俗、神奇传说等人文景观。地貌类型奇特,植物种类繁多,奇花异草云集,有高等植物 1 200 余种,森林覆盖率达 70%以上。有野生动物 255 种,其中珍稀动物 26 种。1995 年入选国家森林公园。

福宝国家森林公园 位于合江县县城东南部,地处贵州高原大娄山褶北缘向北延伸的尾部。占地面积 4.32 万公顷,分为玉兰山、自怀、天堂坝三个主景区,享有"林海"的美誉。其中自怀景区有世界同纬度上唯一保留完整的常绿阔叶林带,盛夏时节气温平均比山外低 5℃以上,有"天然大空调"之说。景区内有省林业厅挂牌保护的葵花松母树木基地和独具特色的丹霞地貌。原始森林中有植物千余种,动物上百种,是难得的天然动植物基因库。1997 年入选国家森林公园。

黑竹沟国家森林公园　位于峨边县黑竹沟镇。海拔 1 500—4 288 米。占地面积 8.38 万公顷,分为黑竹沟探秘览胜区、金字塔旅游观光区和杜鹃池度假休闲区等三个游览区。主要景点有珙桐、无底洞、熊猫埂、鲤鱼背、连香林、云坝、云杉王、三岔河大峡谷、白龙出洞、乱石惊涛、珍珠滩、双龙奔江、石上游龙、龙潭跌瀑、三叠瀑布等。2000 年入选国家森林公园。

夹金山国家森林公园　位于小金县南部,与著名的四姑娘山风景区毗邻。主要有夹金山、木尔寨沟两个原始生态区。森林资源丰富,植被完好,溪流纵横,丰富的水源汇成了星罗棋布的海子和形态各异的大面积冰川。最大的夹金海子碧波荡漾,水深难测,传说是山神坐骑——犀牛吐水而成。金丝猴、扭角羚、牛羚、马鹿、红腹锦鸡、野画眉等国家一、二级保护野生动物在此繁衍生息。2000 年入选国家森林公园。

龙苍沟国家森林公园　位于雅安市中部,地处四川盆地西部边缘,属龙门山地褶皱带的南端,大相岭的东段余脉的北侧。森林植被类型为亚热带常绿阔叶林,主要土壤为山地黄壤、山地黄棕壤、山地暗棕壤等。主要有人参沟、龙苍沟、马草河三大水系,山溪、小河长流不断,其后汇入黄沙河与黑石河,最后汇入经河。2000 年入选国家森林公园。

美女峰国家森林公园　位于乐山市沙湾区。海拔 900—2 027 米,占地面积 1 900 公顷。森林植被资源丰富,分布有常绿阔叶林、落叶林、针叶林、灌丛等植被带。石峰、石笋形态万千,藤缠石、树夹石等石树争辉,有石豹、石猴、石象、沫水神女、长袖观音、仙女列队、美女舒袖、雪莲初绽等自然景观。2001 年入选国家森林公园。

白水河国家森林公园　位于彭州市大宝镇。占地面积 3.02 万公顷。属中亚热带常绿阔叶林地区,森林覆盖率达 87%。以壳斗科、樟科、胡桃科的乔木树种为主构成的天然次生林,形成了繁茂葱郁的阔叶林景观。春季以腺果杜鹃、长蕊杜鹃构成的中低山杜鹃林景观,花蕊怒放,光艳四溢。2001 年入选国家森林公园。

华蓥山国家森林公园　位于华蓥市,地处四川盆地川东平行岭谷区华蓥山中段西麓。占地面积 8 091 公顷。景观类型包括地貌、森林、水体、天象及人文景观等。地貌景观包括岩景、溶洞景观和峡谷景观三大类型。森林景观以水杉山庄最为典型,并有近千株高达 20 余米的珍稀树种水杉及国内稀有竹种白夹竹变种。水景主要为瀑布和天池。天池湖是川东最大的高山喀斯特天然湖泊,湖面面积 253 公顷。天象景观包括佛光、日出、云海等。2002 年入选国家森林公园。

五峰山国家森林公园 位于大竹县东部。占地面积 876 公顷。公园内竹类品种达 30 余个,主要景观为遮天蔽日、苍翠挺拔的楠竹景观,以竹林规模大、竹品种多、森林植物多样、自然生态环境优良而著称。植物繁茂,森林覆盖率达 94%。有种子植物 83 科 432 种,有马尾松、香樟等常见乔木树种 10 余种,有白夹竹、楠竹等竹类 11 种,有国家一级保护野生植物红豆杉及桂花、楠木等多种名木古树。2002 年入选国家森林公园。

千佛山国家森林公园 位于绵阳市安州区西北部。地貌类型属中山峡谷,奇峰陡峭险要无比。森林植被繁茂,森林覆盖率 95%。大面积的珙桐林、杜鹃林和箭竹林,形成了一道道亮丽的植被景观。还有大量的古树名木,其中号称"杜鹃王"的古树胸径达 1 米、"银杏王"胸径达 2.8 米,树姿优美,枝叶繁茂。千佛山得名于始建于唐初的千佛寺。2002 年入选国家森林公园。

措普国家森林公园 位于巴塘县。自然人文生态环境独特,原始风貌保存完好,有雪山、草原、森林、湖泊、河流、峡谷、瀑布、温泉、寺院等自然和人文景观,被誉为"中国大香格里拉生态旅游区的明珠"。背依扎金甲博神山,面对揭幕普湖,在林间草地上修建有措普寺。寺庙大殿内雕刻、壁画工艺精湛。2002 年入选国家森林公园。

米仓山国家森林公园 位于南江县北部。森林覆盖率 97%,其中 80% 以上是天然林。观花树种有杜鹃、玉兰、丁香、栀子、迎春、厚朴、木槿、蔷薇、茶花、忍冬、猕猴桃、连香树、野桂花、野樱桃等,观叶树种有枫类、槭类、水青冈、椴树、桦木、杨树等。水青冈分布面积约 4 000 公顷,水青冈全世界有 10—14 种,亚洲有 7 种,我国有 5—6 种,而米仓山就有 4 种,是地球上水青冈属植物起源地和现代分布中心之一。落叶阔叶林面积约 3 万公顷,被评为"中国红叶之乡"。2002 年入选国家森林公园。

天曌山国家森林公园 位于广元市,地处龙门山和米仓山南麓。占地面积 1 334 公顷,森林覆盖率 98% 以上。天曌山原名"天台山",山顶部有一平台,常在云雾之中,故名"天台"。天曌山海拔 1 200 米,山顶有 6.6 公顷林地。不但有蟠桃石、九龙山、走马岭、司马光读书台、苍溪河、天池湖、雪坪、银子坑、汉王洞、藏经洞、好汉坡、神仙桥等充满神奇传说的景点,还有山牛、苏门羚、黄鹿、野兔、灵猴、金雕、云豹、林麝、貉、锦鸡和画眉等珍奇珍稀动物。2003 年入选国家森林公园。

镇龙山国家森林公园 位于四川盆地东缘的大巴山南麓。海拔 1 200 米以上的山峰有 54 座,其中有五座山峰呈五角形分布,形成"五龙捧圣"格局。林地面积 2 133 公顷,森林覆盖达率 84%。植物种类达 1 200 多种,拥有茂密的人工林和美丽的天然林。2003 年入选国家森林公园。

二郎山国家森林公园 位于天全县。包括二郎山、喇叭河、红灵山、白沙河四个景区,是青衣江和大渡河的分水岭。占地面积 57 500 公顷,森林覆盖率 78%,有自然、人文景观 100 余处。植被资源丰富,以常绿或平常绿灌木、常绿或落叶乔木为主。地质古老,地貌奇特,植被带谱完整,景观类型丰富,生态环境良好,是川西黄金旅游环线上的重要节点。有维管植物 68 科 380 属 1 500 余种,有天然杜鹃园 50 多公顷,还有一个 7 公顷的大叶杜鹃园。2003 年入选国家森林公园。

雅克夏国家森林公园 位于黑水县沙石多乡。地处九寨—黄龙—大草原—冰川旅游环线上,占地面积 4.49 万公顷。植被丰茂,彩林长达 80 里,蔚为壮观。树种主要有桦树、松树、柏树、枫树和各种乔木。以浩瀚古朴的森林景观为主体,以气势磅礴的雪山冰川和奇特的地质地貌为骨架,由艳丽无比的森林季相景观、风光旖旎的瀑河溪潭景观、瑰丽多彩的天象景观、神奇迷人的野生动物景观和多姿多彩的民族风情,组合而成复合型生态旅游区。2003 年入选国家森林公园。

天马山国家森林公园　位于巴中市巴州区。由天马山和阴灵山两大片区组成,有天马山、五马槽、酢房沟、蒿枝坪、古楼山等景点。天马山、老土地、四方碑、五马槽雄险秀丽,绵延数十千米,天高悬一线,峭壁险无双。2004年入选国家森林公园。

空山国家森林公园　位于通江县。包括刘家寨、簪子岩、挂包岩、猴子峡、椒园子五大景区,有地貌、生物、人文、天像、水体五类景观。喀斯特地貌的山峰园区,独特的地质结构与丰富的森林资源相融,形成了神奇的空山天盆,凤凰岭、挂宝岭、鹰爪岭和137个空山峰丛及天元峰、天宇峰、天蝉峰、天香峰等天盆奇峰逶迤屏列。森林植被有针叶阔叶混交林、落叶阔叶林、常绿阔叶林、常绿与落叶阔叶混交林、常绿针叶林、竹林,还有天然板栗园和核桃园。有高等植物329科1 800余种,其中国家重点保护的珍稀植物9种。2004年入选国家森林公园。

云湖国家森林公园　位于绵竹市汉旺镇,地处四川盆地西北山区。占地面积1 013公顷,最高海拔2 402米。群山起伏,峰峦叠嶂,林海茫茫,云雾缭绕,松涛阵阵,森林覆盖率92%以上。生物资源丰富,有珙桐、杜鹃、水杉、小熊猫、黑熊、大灵猫、红腹角雉等野生动植物2 000余种,是一座天然的动植物基因库。2004年入选国家森林公园。

铁山国家森林公园　位于达州市西郊。地属亚热带常绿阔叶林带,有森林面积2 666公顷,森林覆盖率85%。林木葱郁苍翠,松柏、柳杉、香樟、山茶等竞相争秀。野生动物随处可见,繁花丛中雀叫鸟鸣。有杨公庙、铁山关、钟观音、灯盏窝等14个自然风景和历史遗迹。山高路险,易守难攻,自古为川东军事要地,铁山关、尖山关雄关屹立,700多年前的梁坪遗址、保城寨遗址保存至今,1934年红四方面军曾飞越铁山关,攻取达州市。2006年入选国家森林公园。

荷花海国家森林公园　位于康定市普沙绒乡,地处贡嘎山和五须海风景区之间。森林群落结构复杂,林型多样,主要森林植被为乔木、亚乔木、灌木、草本植物、苔藓等,低海拔地区多为高山栎、杨树、桦木等阔叶林。有五个大型高山湖泊,其中荷花海海拔 3 960 米,湖水清澈。有大小温泉 10 余处,大流量沸泉喷涌而出,流淌在万木葱茏的沟中,白雾飘忽不定,群山若隐若现,恍如仙境。2006 年入选国家森林公园。

凌云山国家森林公园 位于南充市高坪区。包括凌云山、白山、横达山三个景区,占地面积 1 116 公顷。植被主要为亚热带针叶林、亚热带山地阔叶林、灌丛和山地草甸,乔木有 30 科 110 余种,灌木 50 余种。成片森林以柏木纯林为主,其次为马尾松、慈竹等。散生乔木树种有喜树、香樟、桉树、榆树、银杏、刺桐等。还有道家三清殿、由山脊绵延而成的两尊天然睡佛和真武宫等景点。2008 年入选国家森林公园。

北川羌族自治县国家森林公园 位于绵阳市。占地面积 3 656 公顷,由九皇山、药王谷、望禹坪三个景区组成。海拔 600—2 200 米,植物呈带状分布,一山分四季、景色各千秋。拥有植物 195 科 856 属 2 350 种,其中有珙桐、银杏等国家一级保护野生植物 3 种,国家二级保护野生植物 13 种;有大熊猫、小熊猫、金钱豹、金丝猴、猕猴、林麝、黑熊、金雕、胡兀鹫、绿尾虹雉等国家一、二级保护野生动物 47 种。2012 年入选国家森林公园。

阆中国家森林公园 位于阆中市城郊。以大盘龙山、小盘龙山、锦屏山、灵山、玉台山、西山以及绕城而过的一湾嘉陵江水为主体,四面环绕阆中古城,形成"三面江光抱城郭,四围山势锁烟霞"的独特景观。森林覆盖率 87%,空气清新,负离子含量 3 400 个/立方厘米。有国家一级保护野生植物苏铁和银杏,国家二级保护野生植物莲、楠木、樟、红椿和喜树。2013 年入选国家森林公园。

宣汉国家森林公园 位于宣汉县柏树镇。占地面积 4 621 公顷,由观音山森林公园、峨城竹海森林公园、五马归槽景区组成,森林覆盖率 95%,是秦巴山区生物多样性保护区。有郁郁葱葱的飞播林海和保存完好的天然林海,还有成片成丛、花色各异的杜鹃花海。有野生植物 379 种,野生脊椎动物 62 种。2015 年入选国家森林公园。

苍溪国家森林公园 位于苍溪县。占地面积 2 899 公顷,包括东河、三溪口、红军渡三个景区,是集碧水峡江、茂林幽谷、林海古树、红色文化与道教文化于一体的山水型森林公园。森林覆盖率90%以上,有杉树、红松、马尾松、冷松、青杠树、银杏树等树种,有国家一级保护野生植物银杏和水杉,还有菌类及天麻、兰花等植物230余种;有国家二级保护野生动物猕猴等10余种。2015年入选国家级森林公园。

沐川国家森林公园　位于沐川县小凉山余脉五指山北麓。占地面积6 486公顷,由竹海丹霞、凉风坳和五马坪三个景区组成,森林覆盖率88%。竹海丹霞景区以散生竹森林为主,有箫洞飞虹等景点20余处;凉风坳景区以原始森林为主,有一线天等景点30余处;五马坪景区以人工林森林为主,有天池灵湖等景点10余处。亚热带地带性植被保存良好,为多种动植物提供了栖息场所。2015年入选国家森林公园。

鸡冠山国家森林公园　位于崇州市。森林公园涵盖了鞍子河大熊猫自然保护区,拥有龙门山脉规模最大、数量最多的瀑布群及漂流河段,拥有川西旅游环线风景区中面积最大、品种最多、最为集中的枫槭林、桂花林、芍药林和高山杜鹃林,构成了适宜熊猫生存的环境。有柳杉黑森林海、烟霞岭枫叶、红绸岗栎树黄叶、高山杜鹃花海、巴粟坪翠竹长廊、牛津河桂花坪、高山草甸、高山箭竹林等罕见森林景观,极富观赏价值。2015年入选国家森林公园。

鲜水河大峡谷国家森林公园　位于长江上游雅砻江一级支流鲜水河流域,跨道孚县、雅江县、新龙县,地处青藏高原东南缘、大雪山西部的鲜水河断裂带,最低海拔2 618米,最高海拔5 039米,森林覆盖率52%,绿地覆盖率87%。自然地理区位独特,森林风景资源多彩,高山—森林—草甸—湿地—雪山组合成复杂的生态景观。2016年入选国家森林公园。

金川国家森林公园　位于金川县,横跨观音桥镇、二嘎里乡、太阳河乡、毛日乡、马奈乡、马尔邦乡、独松乡,占地面积4.78万公顷。由情人海片区和嘎达山片区组成。资源丰富,动植物种类繁多,有成片的原始针阔叶林,垂直带谱分布明显,是川西北地区最主要的生物基因库。正在打造生态旅游、森林康养、科普教育等多功能森林公园。2017年入选国家森林公园。

沙鲁里山国家森林公园 位于甘孜州、凉山州西部。沙鲁里山是金沙江和雅砻江的分水岭,最高峰萨内日海拔6 032米,雪峰连绵。海拔4 000米以上屡见古冰斗、冰碛垅、冰漂砾、冰川湖,是冰川湖群集中之地。沙鲁里山是四川省主要林区之一,除川西云杉、丽江云杉、长苞冷杉、鳞皮冷杉、黄果冷杉及高山松、落叶松等针叶林外,还有多种高山栎及桦木。林区多鹿茸、麝香、虫草、贝母、党参、黄芪、大黄等药材。沙鲁里山是四川珍贵动物白唇鹿的分布中心,有扭角羚、盘羊、雪豹、藏马鸡、血雉等高原稀有动物。2017年入选国家森林公园。

黄荆老林国家森林公园 位于古蔺县西北部,地处川黔两省交界处,与赤水风景名胜区、画稿溪自然保护区相连。森林覆盖率96%以上,林海茫茫,古木参天,是地球同纬度唯一保存完好的亚热带原始常绿阔叶林区,被誉为"北纬28度线上最后的处女地"。拥有珙桐、红豆杉、桫椤等众多国家一、二级保护野生植物,脆蛇蜥、九节狸、高原蛙等国家一、二级保护野生动物。2017年入选国家森林公园。

蓬安国家森林公园 位于蓬安县。占地面积3 750公顷,由白云寨、料石寨两个片区组成。植被主要有常绿落叶阔叶混交林、落叶阔叶林、针阔混交林、针叶林等类型,森林覆盖率85%。有维管植物121科339属516种,脊椎动物64科155属208种。主要景点有皇冠岛、文君岛、乾隆石平桥、明朝石拱桥和大深南海等。2017年入选国家森林公园。

太蓬山国家森林公园 位于营山县。占地面积4 988公顷,由太蓬山、望龙湖、安化三个片区组成。太蓬山自隋唐以来与峨眉山齐名,有"东拜太蓬、西朝峨眉"之说。分布着亚热带低山针阔混交林和常绿针叶林,有黑鹳、大灵猫、红腹锦鸡等国家重点保护野生动物。红军入川建立川陕革命根据地的三大战场之一,保存有王定国旧居、红九军指挥部遗址等20余处革命遗迹。2017年入选国家森林公园。

賨人谷国家森林公园 位于渠县县城东隅,地处华蓥山脉中北段。占地面积4 100公顷,以奇山、秀水、幽洞、丽峡、飞瀑、湖泊、涌泉、怪石、古栈、茂林著称,被誉为"川东小九寨"。賨人是古代川东地区影响深远、强悍尚武的一支少数民族,亦是渠县最古老的土著民族,留下了賨国都城遗址、汉阙、咂酒等珍贵的文化遗产。賨人谷拥有全国唯一的賨人穴居部落遗址和賨人文化陈列馆,拥有古賨文化与秀丽的自然风光,有"奇山奇水奇石景,古賨古洞古部落"的美誉。2017 年入选国家森林公园。

二十、国家石漠公园

兴文峰岩国家石漠公园　位于兴文县东南部的大河乡、麒麟乡,地属乌蒙山余脉。占地面积 939 公顷。峰岩绝壁,壁立千仞,气势恢宏,巍峨壮观,自然环境和喀斯特森林生态系统良好,喀斯特地貌类型多样,生物多样性丰富,具有较高的科学和保护价值。2017 年入选国家石漠公园。

二十一、国家湿地公园

构溪河国家湿地公园　位于苍溪县。构溪河发源于双河乡和龙山镇之间的侨盘山,流经阆中龙泉、千佛、石滩、妙高、扶农,在河溪镇处汇入嘉陵江。构溪河流速上急下缓,在妙高、扶农、河溪境内河床成"U"形,河水清澈,在河道转弯处形成宽阔的自然湖泊。沿岸丘陵山区有丰富的林木植物,其中树木有 64 科 126 属 461 种,为川北地区最集中、保护最好的野生植被区。2015 年入选国家湿地公园。

大瓦山国家湿地公园　位于乐山市金口河区永胜乡,地处四川盆地西南边缘山地地带。占地面积 26.1 平方千米,由围绕大瓦山脚的大天池、干池、小天池、高梁池和鱼池五个相连的高山天然湖泊组成。鱼池海拔约2 500米,面积近0.66平方千米,池水深不见底,池中鱼多而肥美;最大的天池,海拔1 850米,池水常年不满不溢,池边山形奇特,周围一片很大的草甸,花草繁茂。"五大天池"池水看上去是黑色的,而舀起来看却又非常清澈。2016年入选国家湿地公园。

柏林湖国家湿地公园 位于广元市昭化区。主要包括柏林湖及周边湿地区域,占地面积1 598平方千米。山清水秀,环境清幽,风景迷人,被称为山沟里的"小九寨"。有自然形成的柏林湖、五岚二锦、三国古柏等自然景观,有古刹名寺、石雕古墓、魁星阁楼、佛洞等人文景观。湿地公园所在的柏林古镇,于东汉末年建葭萌分县,已有1 800多年历史,秦汉古街被誉为川北民居标本。2016年入选国家湿地公园。

若尔盖国家湿地公园 位于青藏高原东部。主要由白河和黄河主河道构成,占地面积26.63平方千米,是世界上面积最大、保存最完好的高原泥炭沼泽湿地之一。在黄河及白河的主河道、瓦延诺尔措湖周围等区域栽有高山柳约667万株,形成1平方千米的护岸林和以黑颈鹤为主的水鸟栖息地。2016年入选国家湿地公园。

桫椤湖国家湿地公园 2017年入选国家湿地公园。参见国家级水利风景区——桫椤湖水利风景区。

青龙湖国家湿地公园 2017年入选国家湿地公园。参见国家级水利风景区——青龙湖水利风景区。

二十二、国家矿山公园

丹巴白云母矿山公园 位于丹巴县。丹巴白云母矿是我国开发最早的白云母矿之一,采矿历史可上溯至20世纪初。1939年,丹巴云母在美国举办的世界矿产博览会上引起轰动,从此丹巴便有"云母之乡"的美称。公园主要由甘地工区、403 工区、高瓦工区、妥皮工区等九处规模较大的工区及杨柳坪云母加工厂组成。有采矿坑、矿洞遗址 26 个,矿洞四周风光秀丽,与藏族山寨相得益彰。2005 年入选国家矿山公园。

嘉阳矿山公园　位于犍为县芭沟镇。建矿历史已有 70 余年,沉积了丰厚的工业遗迹和人文历史。有被誉为工业革命"活化石"的嘉阳小火车,国内唯一专门用于观光体验的真实矿井——黄村井,中西合璧的原生态小镇芭蕉沟,被专家认为是我国煤炭工业发展的"活体里程碑"和"实体博物馆"。2010 年入选国家矿山公园。

二十三、国家考古遗址公园

三星堆国家考古遗址公园　位于广汉市南兴镇真武村。占地面积 12 平方千米,古文化遗存分布点 30 多个,年代上起新石器时代晚期,下至商末周初,是迄今为止在西南地区发现的范围最大、延续时间最长、文化内涵最丰富的古国、古城、古蜀文化遗址。出土各种精美文物近千件,揭示了三四千年前的古代蜀国文化面貌,把巴蜀早期历史推进了 1 000 多年,初步建立了巴蜀文化考古序列,填补了中国考古学、青铜文化、青铜艺术史上的诸多空白。出土的文物中,高 2.62 米的青铜大立人、宽 1.38 米的青铜面具、高达 3.95 米的青铜神树,堪称旷世珍宝;以金杖为代表的金器,以满饰图案的边璋为代表的玉石器,多属前所未见。三星堆遗址被称为 20 世纪人类最伟大的考古发现之一,被誉为"长江文明之源""世界第九大奇迹"。2010 年入选国家考古遗址公园。

金沙国家考古遗址公园　位于成都市西郊苏坡乡。金沙是三星堆文明衰亡后古蜀国在商代晚期至西周时期的都邑所在。出土了珍贵金器、玉器、石器、青铜器、象牙器 1 200 多件,其中有象牙近 1 吨;金器有金面具、金带、圆形金饰、喇叭形金饰等,其中金面具与广汉三星堆的青铜面具的造型风格基本一致,其他各类金饰为金沙所特有。玉器种类繁多,其中最大的一件玉琮高约 22 厘米,颜色为翡翠绿,雕工极其精细,堪称国宝。2001 年入选"全国十大考古新发现"。2010 年入选国家考古遗址公园。

二十四、世界遗产

九寨沟 位于九寨沟县。因周围有九个藏族村寨而得名。一条纵深 4 万余米的山沟谷地,面积约 620 平方千米,约有 52% 的面积被茂密的原始森林所覆盖。林中夹生箭竹和各种奇花异草,大熊猫、金丝猴、白唇鹿等珍稀动物栖息于此。自然景色兼有湖泊、瀑布、雪山、森林之美。地僻人稀,景色富有原始自然风貌,有"童话世界"之誉。有长海、剑岩、诺日朗、树正、扎如、黑海六大景区,以翠海、叠瀑、彩林、雪峰、藏情"五绝"驰名中外。1992 年入选世界自然遗产。

黄龙 1992 年入选世界自然遗产。参见国家地质公园——黄龙国家地质公园。

峨眉山—乐山大佛 峨眉山位于峨眉山市西南隅,屹立于大渡河与青衣江之间。占地面积 154 平方千米,主峰万佛顶海拔 3 099 米。峨眉山是"古老的植物王国",植物多达 3 700 余种,有被称为"植物活化石"的珙桐、桫椤和著名的峨眉冷杉、桢楠、洪椿;有品种繁多的兰花、杜鹃花等;野生动物多达 2 300 多种,有珍稀的大熊猫、黑鹳、小熊猫、短尾猴、白鹇鸡、枯叶蝶、弹琴蛙、环毛大蚯蚓等。峨眉山是"中国四大佛教名山"之一,传为普贤菩萨说法道场,有寺庙 20 多座,佛龛百余,洞窟 40 个,又有万年寺、报国寺、洪椿坪、洗象池、金顶华藏寺等名胜。乐山大佛又名"凌云大佛",雕凿在乐山市岷江、青衣江、大渡河三江汇流处岩壁上,依岷江南岸凌云山栖霞峰临江峭壁凿造而成,为弥勒佛坐像,是唐代摩崖造像的艺术精品之一,是世界上最大的石刻弥勒佛坐像；大佛头与山齐，足踏大江，双手抚膝，体态匀称，神势肃穆；通高 71 米，头高 14.7 米，头宽 10 米，发髻 1 021 个，脚背宽 8.5 米，脚面可围坐百人以上。在大佛左右两侧沿江崖壁上，还有两尊身高 10 余米、手持戈戟、身着战袍的护法武士石刻，数百龛上千尊石刻造像，形成了庞大的佛教石刻艺术群。1996 年入选世界自然和文化遗产。

青城山和都江堰 青城山位于都江堰市西南隅，地质地貌以"丹岩沟谷，赤壁陡崖"为特征，植被茂密，林木葱翠，古观藏趣，历来享有"青城天下幽"的美誉，还是国宝大熊猫重要分布地之一。青城山是中国道教的发源地之一，以天师洞为核心，有建福宫、上清宫、祖师殿、圆明宫、老君阁、玉清宫、朝阳洞等 10 余座道教宫观。都江堰位于成都平原西部的岷江上，由秦国蜀郡太守李冰和他的儿子建于公元前 3 世纪，建成后成都平原沃野千里成为"天府之国"，这项工程直到今天还在发挥着作用，被称为"活的水利博物馆"。青城山和都江堰地处横断山北段川西高山峡谷这一世界生物多样性关键区域内，地质构造复杂，山峦起伏，坡陡谷深，生物种类繁多，是全世界亚热带山地生物多样性保护最完整的地区。2000 年入选世界文化遗产。

四川大熊猫栖息地 由世界第一只大熊猫发现地宝兴县及四川省的卧龙自然保护区等七处自然保护区和九处风景名胜区组成，涵盖成都、雅安、阿坝和甘孜共四市州的 12 个县，占地面积 9 245 平方千米。这里生活着全世界 30% 以上的野生大熊猫，是全球最大最完整的大熊猫栖息地，也是全球除热带雨林以外植物种类最丰富的区域之一，被全球环境保护组织确定为全球 200 个生态区之一。2006 年入选世界自然遗产。

二十五、全国重点文物保护单位

成都—武侯祠 位于武侯区。三国时期蜀汉丞相诸葛亮的祠堂，因其生前被封为"武乡侯"而得名。又称"汉昭烈庙",是我国唯一的一座君臣合祀祠庙。蜀建兴十二年(公元234年),蜀国军师诸葛亮第六次北伐行至五丈原,重病而亡,被蜀汉后主刘禅追谥为"忠武侯"。墓高5米,方圆60米。武侯祠现占地面积15万平方米,由三国历史遗迹区(文物区)、西区(三国文化体验区)以及锦里民俗区(锦里)三部分组成,享有"三国圣地"的美誉。现已辟为武侯祠博物馆。1961年入选全国重点文物保护单位。

成都—杜甫草堂 位于青羊区西门外浣花溪畔。唐代诗人杜甫流寓成都时的住所。唐乾元二年(公元759年),杜甫避战乱携家入蜀,在此营建茅屋而居,称"成都草堂"。唐末诗人韦庄寻得草堂遗址,重结茅屋。宋元明清历代都有修葺扩建。杜甫在此居住近4年,创作流传至今的诗歌240余首。占地面积近20万平方米,建筑古朴典雅,园林清幽秀丽,被视为中国文学史上的"圣地"。现已辟为杜甫草堂博物馆。1961年入选全国重点文物保护单位。

成都—王建墓 位于金牛区三洞桥。建于前蜀光天初年。王建,河南舞阳县人,虽目不识丁,但作战勇猛,被唐昭宗封为蜀王。唐哀帝天祐四年(公元907年)唐亡,王建称帝,史称"前蜀";死后葬于三洞桥,史称"永陵"。宋代以后日趋荒芜,隐没不彰。墓封土高15米,直径80米,周长225米。墓曾被盗,仅存无法盗走的陵墓建筑和精湛的石刻。1961年入选全国重点文物保护单位。

成都—都江堰 1982年入选全国重点文物保护单位。参见国家级水利风景区——都江堰水利风景区。

成都—辛亥秋保路死事纪念碑 位于青羊区人民公园西北部。建于1913年,是当时川路总公司为纪念清宣统三年(公元1911年)四川保路运动中牺牲的烈士而修建的纪念建筑。碑高31.85米,砖石结构,由碑台、碑座、碑身、碑首组成。碑台仿照铁路月台,呈圆柱形。碑座与碑身为方锥形,碑座四面分别是铁轨、火车头、信号灯、转辙器和自动连接器的浮雕图案。碑身四面嵌有长条青石,四面都刻有"辛亥秋保路死事纪念碑"字样,每个字约有 1 平方米。1988 年入选全国重点文物保护单位。

成都—什邡堂邛窑遗址　位于邛崃市。唐代瓷窑窑址,因邛崃在唐代属于邛州,故称"邛窑"。创烧于南朝,宋时终止,是四川烧瓷品种最为丰富和最具代表性的古代瓷窑之一。在什邡堂、尖子山、瓦窑山、西河乡及固驿镇等地都发现了古窑的遗址,其中以什邡堂的窑址最为著名,产品有各式碗、盘、瓶、罐、钵,还有带提梁的水罐。器物的装饰有的为褐绿斑点,有的为褐绿彩绘花草纹,也有花鸟纹。还发现了具有南朝至隋代瓷器特征的四系壶、河系罐、高足盘及小平底敛口深碗等。1988 年入选全国重点文物保护单位。

成都—明蜀王陵　位于龙泉驿区十陵街道。明太祖朱元璋之皇室家族陵墓群。以明代第三代蜀王僖王陵为中心,有僖王赵妃墓、僖王继妃墓、黔江悼怀王墓、怀王墓、惠王陵、昭王陵、成王陵等 10 多座。僖王陵地宫长 28 米、宽 8.96 米、高 6.59 米,深埋地下 9 米,后殿正壁中心镶嵌的圆形镂空描金彩釉双龙盘,堪称明代艺术珍品,还出土了 500 多件彩釉兵马俑、舞乐俑等珍贵文物,被誉为"中国古代陵墓中最精美的地下宫殿"。1996 年入选全国重点文物保护单位。

成都—杨升庵祠及桂湖　位于新都区。杨升庵祠为桂湖的主体建筑,是明代著名学者和文学家杨慎的故居。明末战乱,园林荒圮,清初废湖为田。清代嘉庆、道光年间两次重建。1927 年桂湖辟为公园。现有楼台亭阁等古迹 20 余处,基本保存了清代道光中期的建筑和布局。1996 年入选全国重点文物保护单位。

成都—大邑刘氏庄园　位于大邑县安仁镇。大地主刘文彩的宅园,占地面积 7 万余平方米,建筑面积 2 万余平方米,房屋 350 余间。中西合璧的近代庄园建筑,分为南北相望的两大建筑群。南部俗称"老公馆",1932 年建造;北部俗称"新公馆",1942 年落成。现已辟为大邑地主庄园陈列馆,老公馆陈列雇工院、刘文彩生活现场、大型泥塑《收租院》,新公馆布置有川西民俗陈列。1996 年入选全国重点文物保护单位。

成都—平原史前城址 新石器时代遗址。包括六处古城址,是迄今所知我国西南地区发现的年代最早、规模最大、分布最密集的史前城址群。一是新津县龙马乡的宝墩古城址,占地面积 60 万平方米。二是郫都区古城乡的郫县古城址,占地面积 30 万平方米。三是温江区万春镇的鱼凫古城址,占地面积 40 万平方米。四是都江堰市青城乡的芒城古城址,占地面积 11 万平方米。五是崇州市上元乡的双河古城址,占地面积 11 万平方米。六是崇州市燎原乡的紫竹古城址,占地面积 20 万平方米。发现有高耸的城墙、礼仪性房址、干栏式建筑、木骨或竹骨泥墙房址、长方形竖穴土坑墓和种类多样的灰坑。2001 年入选全国重点文物保护单位。

成都—十二桥遗址 位于蜀都大道。商代至西周建筑遗址,分布面积逾 5 万平方米。发现保存较完好的商代大型宫殿式木结构建筑和小型干栏式木结构建筑群等遗迹。宫室群由形制不一的房屋组合而成,主体建筑为一座面积 1 248 平方米的大型干栏式房屋。在商、西周地层中出土大量的陶器、石器、骨器以及卜甲、铜器。以十二桥遗址为中心的十二桥文化,是四川省继三星堆文化后古蜀文明发展史上的又一高峰。2001 年入选全国重点文物保护单位。

成都—古蜀船棺合葬墓 位于成都市商业街。东周时期多棺合葬的土坑竖穴墓。墓坑长约 30 米,宽约 21 米,面积约 600 平方米。墓坑内现存 14 具船棺、独木棺葬具,其中大型葬具 4 具,长达 10 米以上,最大直径 1.7 米。墓具都由楠木整木雕凿而成,下垫纵横交错的众多枕木。出土的大批精美漆器为四川战国漆器精品。2001 年入选全国重点文物保护单位。

成都—宝光寺 位于新都区。隋代名"大石寺",寺中的塔名"福感塔"。唐代黄巢起义军攻破长安,唐僖宗逃到四川,在此寺内修建行宫,唐僖宗晚上看见寺中福感塔下发出宝光,便改寺名为"宝光寺"。占地面积 8 万平方米,建筑面积 2 万余平方米,红墙环绕,佛塔凌空,竹树掩映,藏经丰富,曾是南方"四大佛教丛林"之一。2001 年入选全国重点文物保护单位。

成都—石塔寺石塔 位于邛崃市高何镇。始建于南宋乾道年间。平面呈四边形,通高 17.8 米,13 级密檐式,全部用红砂石雕砌而成。塔下为四方形素面台基,须弥座上正中置一方形平座,塔身上部叠涩 8 级出挑,与 12 根八棱檐柱及石梁、石檩共同支撑宽大的一层塔檐,四角微有反翘。每层塔身四面各刻圆拱形佛龛三个,内刻坐佛一尊,共计 148 尊。塔身从第一层上部起至第五层,每层略有增大,之后又逐层收小,从而成为"梭柱"。塔刹为双重覆钵上仰莲承托二背靠背坐佛。2001 年入选全国重点文物保护单位。

成都—观音寺 位于新津县永商镇。宋代淳熙年间创建,后毁于兵燹,明代宣德年间重修。现存牌坊、山门、弥勒殿以及接引、毗卢、观音诸殿。面临邛水,背负群山,苍松翠柏,山如九峰拱卫,状如莲花,故有"莲华接翠"之称。明代绘制的佛教十二圆觉壁画,比例匀称,丰满细腻,神态端庄。其中以清静慧菩萨最为精致,菩萨身披薄如蝉翼的轻纱,肌肤丰润,衣饰优美。2001 年入选全国重点文物保护单位。

成都—罨画池 位于崇州市市中心。"罨画"意为彩色的画。始建于唐代,初名"东亭",是我国少数几处保存至今的唐宋衙署园林之一。现存建筑群多为清朝重建。占地面积近 3.3 万平方米,其中池面 1.46 万平方米。由罨画池、陆游祠和州文庙三部分组成。池周楼桥亭阁古朴典雅,山石墙曲径通幽,名贵花木千姿百态,盆景艺术享誉川西;池中游船往来,倒影如画,五彩缤纷。南宋诗人陆游在蜀州任官时,留下不少吟咏罨画池美景的诗篇。2001 年入选全国重点文物保护单位。

成都—水井街酒坊遗址 位于锦江区。明清时期酿造白酒的作坊遗址,占地面积 1 700 平方米。发掘面积近 280 平方米,揭露晾堂 3 座、酒窖 8 口、炉灶 4 座、灰坑 4 个。前店后坊布局,晾堂、酒窖、炉灶等是后坊遗迹;酒坊旁边的街道路面及陶瓷饮食酒具,是临街酒铺的遗物。遗址所在的全兴酒厂老窖至今仍在生产,堪称"中国白酒第一坊"。1999 年入选"全国十大考古新发现"。2001 年入选全国重点文物保护单位。

成都—金沙遗址 2006 年入选全国重点文物保护单位。参见国家考古遗址公园——金沙国家考古遗址公园。

成都—孟知祥墓 位于成华区磨盘山。五代时期后蜀皇帝孟知祥夫妇合葬墓,史称"和陵"。孟知祥曾动员百姓遍种芙蓉,今成都市简称"蓉",当自孟知祥植蓉始。孟知祥死后,儿子孟昶继位。某年除夕,孟昶在桃符板上题写吉祥词句"新年纳余庆,佳节号长春",是为我国历史上第一副春联。是南方罕见的具有北方草原建筑风格的古墓,墓室为石头砌筑的穹隆顶结构。古墓内壁画脱落严重,墓内陪葬品早年被盗,仅出土器物残片及残玉哀册、谥册、玉饰片以及孟妻福庆长公主墓志铭。2006 年入选全国重点文物保护单位。

成都—彭州佛塔 位于彭州市丹景山镇。建于北宋至和初年。因在原福昌禅院内,故又称"福昌寺塔"。密檐式 13 级方形砖塔,通高 28.34 米,瘦高挺拔,现部分残损。塔内分为五层塔室,有蹬道盘旋可上顶层。塔砖上有"宋记""杨记""景记""义记"等戳印。砌塔的条砖和方砖对缝用黄泥白灰沙浆黏合,以扁铁为筋,增强了塔身的抗震性能。2006 年入选全国重点文物保护单位。

成都—淮口瑞光塔 位于金堂县淮口镇。创建于东晋,南宋绍兴年间重修。楼阁式砖塔,通高 33 米,13 级,塔体逐级内收,形成优美的曲线外形。塔基两层,石砌。各层每面分三间,每间开假券门,内设佛像。各层以砖叠涩出檐,其中一层腰檐每面施砖斗拱七朵。综合运用了小砖叠涩法、拱券法、筒卷法及斗拱承托等构筑方式,是四川典型的宋塔造型。2006 年入选全国重点文物保护单位。

成都—望江楼古建筑群 位于武侯区锦江岸边。为纪念唐代女诗人薛涛而建。占地面积 11.8 万平方米,由望江楼、濯锦楼、浣笺亭、五云仙馆、流杯池和泉香榭等组成。望江楼古称"崇丽阁",建于清代光绪中期,因矗立在锦江岸边,民间称为"望江楼",为成都市的标志性建筑;全木结构,高 30 多米,四重檐八角攒尖琉璃瓦屋顶,结构精巧,造型和比例协调,每层的瓦脊、撑弓都饰有精美的禽兽泥塑和人物雕像,翘角尖端挂有铜铃。2006 年入选全国重点文物保护单位。

成都—洛带会馆　位于龙泉驿区洛带镇。包括广东会馆、湖广会馆、江西会馆、川北会馆。明末清初,四川因战乱、灾荒而人烟稀少,统治者鼓励移民入川,形成了我国历史上规模最大的一次移民运动。会馆成为入川落籍的同乡聚会议事和祭祀的中心。广东会馆、湖广会馆、江西会馆均始建于清代乾隆年间,占地面积分别为 3 050 平方米、2 750 平方米、1 185 平方米;川北会馆始建于清代同治年间,占地面积 3 330 平方米。会馆建筑既反映移民原籍的建筑风貌,又结合川派建筑特色,内部构件细腻精巧,各种雕饰图案栩栩如生。2006 年入选全国重点文物保护单位。

成都—蒲江石窟　位于蒲江县朝阳湖山崖上和鹤山镇蒲砚村。飞仙阁摩崖造像共 92 龛,造像 777 尊,其中唐代造像 64 龛 491 尊、五代造像 17 龛 256 尊、清代造像 11 龛 30 尊,最大的造像为高达 6 米的唐代弥勒佛。龙拖湾有南北朝至唐、宋造像 10 龛 80 尊,主要有西凉摩崖题名碑、唐代观音像和释迦牟尼像、宋代释迦牟尼像。庵子岩有明代造像 3 龛 34 尊。土地嘴有唐代造像 13 龛 263 尊。石马庵造像共 9 龛 91 尊,其中唐代 5 龛 81 尊、清代 4 龛 10 尊。2006 年入选全国重点文物保护单位。

成都—邛崃石窟　成都地区现存规模最大、保存最完好的摩崖造像。主要位于三处:石笋山摩崖造像位于大同乡景沟村,有造像 33 龛;磐陀寺摩崖造像位于临邛镇磐陀村,有造像 6 龛;花置寺摩崖造像位于临邛镇柏树村竹溪湖景区,有造像 13 龛。三处石窟均始刻于唐代,经历了 1 000 多年的风雨,保存至今。2006 年入选全国重点文物保护单位。

成都—领报修院　位于彭州市白鹿镇。成都教区培养天主教传教士的神学院,修建于清代光绪末年。由正堂、南北耳房和西楼构成四合院布局,白色的立柱和灰黑色的屋瓦,具有罗马式与歌特式混合建筑风格。主体建筑共四层,有法式的穹顶、过厅,四围有两层共八间教室和众多单间的修士、学员的卧房,地下还有储藏室。2006 年入选全国重点文物保护单位。

成都—江南馆街街坊遗址　位于锦江区江南馆街。唐至宋代遗址。占地面积约 5 万平方米,发掘出土唐、宋时期排水渠 16 条、铺砖面路 4 条、泥土支路 4 条、房址 22 处,明、清时期道路 1 条、房址 8 座、井 3 口,出土有瓷器、佛像等汉、唐、宋时期文物。2013 年入选全国重点文物保护单位。

成都—玉堂窑址 位于都江堰市玉堂镇。唐至北宋时期的瓷窑群遗址,占地面积约 2.5 平方千米。共有 18 座窑包。清理出全长 42.92 米的砖结构龙窑,一窑可烧制瓷器 1.5 万件以上。窑形为斜坡式龙窑,由火堂、前后窑室、隔墙和烟道组成。炉内采用垫柱支撑、垫板承托、支钉间隔的双重敞烧法。窑场以散烧为主,装饰方法多为印花、划花和釉下彩。胎质以褐灰色为主,白土施表,釉为石灰釉。2013 年入选全国重点文物保护单位。

成都—灵岩寺及千佛塔 位于都江堰市幸福镇。灵岩寺创建于金代,明、清重修,现仅存的大雄宝殿和钟楼为清代建筑。千佛塔建于唐代开元年间,石雕覆钵式实心塔,通高 3 米,下设须弥座塔基,上置覆钵形塔身。共 13 层,各层雕满结跏趺坐佛像;顶层有莲花花瓣和莲座,其中置铁铸释迦牟尼佛像。释迦牟尼佛铁铸雕像与塔身石刻佛像风格不同,疑为后世补配。2013 年入选全国重点文物保护单位。

成都—灌口城隍庙 位于都江堰市玉垒山南麓。占地面积 3 000 平方米。清代乾隆中期重建,光绪初年遭火灾焚毁,随即重建。现存建筑主要为清光绪初年及现代重建,主要建筑物有灵官楼、十殿、魁星殿、马王殿、城隍大殿、娘娘殿、观音殿、财神殿等。2013 年入选全国重点文物保护单位。

成都—奎光塔 位于都江堰市奎光路。始建于明代,后毁于兵火,重建于清代道光中期。青砖结构、楼阁式,每块砖上都刻着楷体的"清"字。塔身为平面六角形,17 层,高 52.67 米。塔内有盘旋阶梯可上至 7 层,以上 10 层为中空。2013 年入选全国重点文物保护单位。

成都—寿安陈家大院 位于温江区寿安镇。始建于清代乾隆年间,清代同治年间扩建。包括翠柏山房、忠孝祠、圣旨碑、中堂、后寝、寝庙、照壁、大花厅等建筑,集住宅、宗祠、园林于一体,有"川西第一祠"的美誉。大花厅封檐板上 81 个神秘文字符号,迄今无人能够破译。2013 年入选全国重点文物保护单位。

成都—青城山古建筑群 位于都江堰市西南部。青城山是我国道教发源地之一,山中有 8 大洞、72 小洞,道家宫观遍布其间,由下而上有建福宫、天师洞、祖师殿、上清宫等。建福宫始建于唐代开元年间,建筑面积 1 196 平方米,前有亭楼映衬,后有丹台翠林。上清宫的罩式高阁供奉道教教主李老君骑青牛的巨大铜像。祖师殿始建于晋,面对白云溪,背后是轩辕峰,林岚掩映,环境清幽。天师殿为清代光绪中期重建,洞窟里隋代石刻张天师像,三只眼睛怒视,神态威严,左掌直伸,据说是天师以镇山之宝降魔的法像。2013 年入选全国重点文物保护单位。

成都—北周文王碑及摩崖造像 位于龙泉驿区山泉镇。北周文王碑坐落于石佛寺后的岩壁上,立于北周闵帝初年。碑高 2.44 米,宽 1.24 米,碑首刻蟠螭、佛像莲花、米雀、扶桑叶片,额题阳文正书,竖读 15 行,每行 4 字,字体为魏碑体。碑文正体楷书,阴刻 40 行,每行 34 格。石佛寺的摩崖石刻面积 268 平方米,摩崖造像 10 余龛,多为唐及五代作品,少数为宋至清代作品。2013 年入选全国重点文物保护单位。

成都—平安桥天主教堂 位于青羊区西华门街。清代光绪中期修建。古朴典雅的拜占庭式建筑群,占地面积近 2 万平方米,包括大小经堂、圣母无染原罪堂、主教公署,建筑面积 8 508 平方米。圣母无染原罪堂能容千余人,小经堂专供主教、神父祭献,四周走廊宽敞相通,108 根楠木廊柱气势恢宏。整个建筑的梁、柱、门窗、地板全部采用从邛崃山采运来的楠木。1939 年 6 月日寇飞机轰炸成都,教堂中弹,大经堂左侧房梁被炸断,部分门窗损坏。2013 年入选全国重点文物保护单位。

成都—四川大学早期建筑 位于四川大学华西校区和望江校区。由数十幢中西合璧的建筑组成。拱门、青砖、黑瓦、红墙,西式的拱形窗户结合中式的额枋,特色鲜明。华西校区巍然耸立的钟楼,中式的楼顶配以西式的时钟;万德堂屋脊上装饰着神态各异的麒麟、神龙、展翅的鸽子、远古的神兽;办公楼的中式门楼入口石栏杆上雕刻着龙,而内部是一个西式的教堂;老图书馆(懋德堂)画栋雕梁,屋脊上反趴着水兽、跃跃欲飞的盘龙等,充满中国韵味,堂内石柱上到处可见鹰的浮雕、西洋式的徽标。2013 年入选全国重点文物保护单位。2017 年入选"中国 20 世纪建筑遗产项目"。

成都—新场川王宫 位于大邑县新场镇。建于清代同治年间,为纪念先秦李冰而建,后演变为儒、释、道合一的庙宇。前殿供奉李冰雕像,配殿供奉文殊、普贤、吕纯阳、张三丰塑像,左右偏堂供民间移送的祖宗灵牌。庙内有不少赞颂李冰的楹联、诗文。"文化大革命"中,塑像、墨迹被毁,后部分修复。2013 年入选全国重点文物保护单位。

甘孜州—泸定桥 位于泸定县大渡河上。始建于清代康熙中期,相传康熙帝御令修建,桥头立有御牌。桥长 103 米,宽 3 米,13 根铁链固定在两岸桥台落井里,9 根作底链,4 根分两侧作扶手,共有 12 164 个铁环相扣,全桥铁件重 40 余吨。两岸的桥头古堡为传统木结构古建筑。1935 年中国工农红军长征途经这里,以 22 位勇士为突击队,冒着敌人的枪林弹雨,在铁索桥上匍匐前进,一举消灭桥头守卫,"飞夺泸定桥"。1961 年入选全国重点文物保护单位。

甘孜州—德格印经院 位于德格县更庆镇。始建于清代雍正初年,占地面积约 5 000 平方米,建筑面积 9 000 余平方米,分藏版库、纸库、晒经楼、洗版平台、裁纸齐书室及佛殿、经堂等。藏版库共 6 间,书版分门别类地插满了版架。书版最大的长 110 多厘米,宽 70 厘米,厚约 5 厘米,最小的长 33 厘米,宽仅 6 厘米。完整保存 27 万余块印版,素有"藏文化大百科全书""藏族地区璀璨的文化明珠""雪山下的宝库"的盛名。德格印经院雕版印刷技艺被联合国教科文组织列入非物质文化遗产名录。1996 年入选全国重点文物保护单位。

甘孜州—丹巴古碉群 丹巴县素有"千碉之国"的美誉,全县共有唐代至清代碉楼 562 座,以梭坡和中路两乡境内的碉楼群最多最壮观。古碉楼一般为 4 角、6 角甚至 13 角的高方柱状体,用泥土和石块建造,分为要隘碉、烽火碉、寨碉和家碉,其中以家碉及寨碉居多。碉门矮小、门板厚实,碉内用木板隔层,有的高达 20 层,易守难攻。千百年来,经受了战争和风雨的剥蚀,地震的考验,仍然巍然屹立,有的已偏倚却不倒,有的弯曲为弓,自成风景。2006 年入选全国重点文物保护单位。

甘孜州—松格嘛呢石经城和巴格嘛呢石经墙 位于石渠县阿日扎乡。松格嘛呢石经城是一座四方形的石头城,高约 10 米,四边百米见方,里面是一圈圈的嘛呢墙,中间有狭窄的通道。石头城没有任何框架支撑,更没有使用黏合剂,完全由一块块石头堆砌而成,虽历经千年仍岿然不动。巴格嘛呢石经墙是世界上最长的嘛呢石经墙,长 1 600 米,宽 2—3 米,最高 3 米左右,墙体全部用嘛呢石片垒砌而成,每隔一段距离就有几座佛塔相连,墙的两边还有许多大大小小的"窗口","窗口"里摆放着石刻佛像。2006 年入选全国重点文物保护单位。

甘孜州—波日桥 位于新龙县乐安乡,横跨雅砻江。始建于清代。桥长 125 米,宽 3 米,孔径跨度 60 米,由桥身、桥墩、桥亭三部分构成。桥墩全部用圆杉木、卵石、片石相间叠砌而成。两个桥墩中部,用 4—6 根圆木撑成拱形,圆木长度自下而上逐步递增,形成两个悬挑臂,然后在悬臂上架梁、铺上桥板,再装上栏杆,构成桥身。桥墩上用石片叠成"伞"形结构,便是桥亭。整座桥没有用一颗钉、一块铁,每一个接合部均用木楔连接,被誉为"康巴第一桥"。1936 年红四方面军与红六军团在新龙会师后,经波日桥挥师北上,因此波日桥又被称为"红军桥"。2006 年入选全国重点文物保护单位。

甘孜州—白利寺 位于甘孜县生康乡。建于清康熙初年。是藏传佛教格鲁派寺院,由五世格达活佛主持的寺庙,占地面积 1.9 万平方米。现存主寺为藏式一底二楼阁楼式建筑,土墙泥顶。寺内设有讲经院、弥勒殿、护法殿等。西殿有 3 尊高 5 米的贴金佛像。白利寺是 1936 年红军长征路过此地时成立的甘孜博巴政府(藏民政府)所在地,大殿二楼前有朱德总司令和五世格达活佛的纪念堂。2006 年入选全国重点文物保护单位。

甘孜州—罕额依新石器时代文化遗址和汉代石棺葬墓群 位于丹巴县中路乡。新石器时代遗址,占地面积 2 万余平方米,文化堆积层 6 米多。出土遗物可分为生产工具、生活用具和装饰品,生产工具以石器为主,生活用具以陶器为主,遗迹有房屋建筑和灰坑,房屋墙体用石块砌成,内壁抹黄色沾土。晏尔龙石棺葬墓地发掘面积 350 平方米,清理石棺葬 12 座及寺庙基址,年代上限可到吐蕃时期,下限为明代。2013 年入选全国重点文物保护单位。

甘孜州—白玉嘎托寺　位于白玉县河坡地区白龙沟,与西藏自治区仅一山之隔。始建于南宋绍兴年间,是康巴地区藏传佛教第一座宁玛派寺院。独立的殿堂、高耸的金顶在满山坡密密麻麻的僧舍和殿堂中最为引人注目。2013 年入选全国重点文物保护单位。

甘孜州—拉日马石板藏寨　位于新龙县拉日马镇。"拉日马"藏语意为神仙居住的地方。地处高原牧区,地势平坦,三面环山,水草丰茂,神山耸立。寨子里的民居大多用石板盖成,一宅一院,木栅栏、青石路、石板屋顶,古朴而坚固。底楼一般用块石或兼用泥土夯墙,旧时作牛马圈,现在通常用来堆放农具、柴火。二楼为主人居室,中间一室通常作客厅和厨房。顶楼房顶先用泥土覆盖,整平夯实后再铺上石板,块块青石在阳光下自成一景。2013 年入选全国重点文物保护单位。

甘孜州—乡城夯土碉楼　位于乡城县尼斯乡马色村、香巴拉镇色尔宫村。"乡城"是藏语"卡称"的汉语音译,意为"手中的佛珠"。明代隆庆至崇祯年间兴建。现存夯土碉楼四座。碉楼外部墙体用泥土夯筑。碉楼的底层没有窗户,光线较暗,主要作为畜圈。楼层间木梯的总格数为单数。经堂一般单设,供家庭佛事活动之用,是藏房中最神圣的地方。2013 年入选全国重点文物保护单位。

甘孜州—长青春科尔寺　位于理塘县城城北隅。"长青春科尔"在藏语中意为"弥勒佛法轮常转、妙谛永存"。明代万历初年创建。占地面积 33.3 万平方米,有"康南佛教圣地"之称。珍藏有各种类型的释迦牟尼镀金铜像、佛教经典、三世达赖用过的马鞍、明清时代的壁画等珍贵文物。每年藏历正月十五的酥油塑花会,被誉为"康区一绝"。2013 年入选全国重点文物保护单位。

甘孜州—噶丹桑披罗布岭寺 位于乡城县桑披镇。"噶丹"表示传承格鲁派祖师宗喀巴首建的西藏噶丹寺的名系,"桑披"意为"遂心如意、兴旺发达","罗布"是"宝贝、神物"之意,"岭"即"寺庙"。清代康熙初年兴建。金碧辉煌的壁画,精细艳丽的唐卡,形态各异的铜雕泥塑,令人叫绝。1936年红军长征路经乡城,桑披寺僧侣和乡城群众主动为红军带路送行、筹粮运草、收养伤病员,红军给寺庙赠送了"扶助番民,独立解放"的锦匾和银锭,桑披寺成为"藏汉团结"的象征。2013年入选全国重点文物保护单位。

甘孜州—八邦寺 位于德格县八邦乡。南宋淳熙年间创建。规模宏大,环境幽静,建筑沿山而上层层叠叠。主殿建于山岗之脊,四合院式三层建筑,正殿高24米,8根粗逾合抱的大柱俱为千年巨树整树制成。二楼为活佛住所,雕梁画栋,金碧溢彩。殿内四壁绘满壁画,形象生动,色彩绚丽,是著名的藏画杰作。2013年入选全国重点文物保护单位。

甘孜州—穆日玛尼石经墙 位于石渠县。始建于公元11世纪,最初称为"奔琼玉喀玛尼"。历经多次兴盛、毁坏、维修和发展,18世纪扩建后称为"穆日玛尼",逐渐成为当时世界上规模最大的玛尼墙之一。"文革"时期遭到严重破坏,至今还没有完全恢复。墙中刻有大藏经《甘珠尔》《解脱经》《阿弥陀佛经》《贤劫经》《般若八千诵》《白莲花经》《金刚经》《心经》《长寿经》《普贤行愿品》等许多经函。2013年入选全国重点文物保护单位。

南充—朱德故居 1988年入选全国重点文物保护单位。参见全国红色旅游经典景区——朱德故居纪念馆。

南充—张桓侯祠 位于阆中市古城区。纪念三国时蜀汉名将张飞的祠庙。因张飞死后追谥为"桓侯"而得名"桓侯祠",俗称"张飞庙"。张飞曾领军驻守阆中达七年之久,章武元年(公元221年)为部将范彊、张达所杀,死后葬于此,墓址立庙祠祭祀。后屡遭兵火毁坏,屡坏屡建,屡废屡兴。现存建筑为一组多重四合院式明、清古建筑群,占地面积6 666平方米,建筑面积2 400多平方米。1996年入选全国重点文物保护单位。

南充—阆中永安寺 位于阆中市水观镇黄泥岗。黄泥岗群山环抱,形如黄龙之头,永安寺建在龙头上,有龙滩河绕寺而流。寺后岩石隆起若龙额,一石若舌,直伸龙滩河。始建于唐代,宋、元、明递有重修。占地面积约一万平方米,三进四合院庙宇。大殿中两巨柱上塑有滚龙抱柱,瞪眼吐舌,张牙舞爪,金甲鳞鳞。大殿佛龛上塑释迦牟尼、药师佛、阿弥陀佛三尊大佛。壁上有彩画。2001年入选全国重点文物保护单位。

南充—五龙庙文昌阁　位于阆中市河楼乡白虎村五龙山麓。五龙庙始建于唐代,原有山门、戏楼、左右厢房及文昌阁等,现仅存文昌阁,为元代至正初年重修。文昌阁占地面积2 666平方米,建筑面积100平方米。全木结构,面阔三间,布筒瓦覆盖的单檐歇山式屋顶,檐柱侧脚明显,前檐下施六铺作斗拱出双挑:第一挑瓜子拱雕呈翼型,第二挑华拱左右各出斜拱,极为别致。2001年入选全国重点文物保护单位。

南充—玉台山石塔　位于阆中市保宁镇。可能为唐代所建。覆钵式喇嘛塔。塔高8.6米,分为塔基、塔身和塔刹三个部分。塔基为四方形,刻四瓣梅花形须弥座。塔身为上大下小长圆柱体,内刻一佛跏趺坐于莲台。上装塔刹,有石雕八力士举刹身。刹身为六方柱,各方柱有佛一座。塔顶为一焰纹状圆石。石塔雕刻精美,除局部风化外基本保存完整。石塔的人物造型、装饰及塔身造型带有明显的唐代特征。无论从哪个角度看,塔身都是"斜"的。2006年入选全国重点文物保护单位。

南充—无量宝塔　位于嘉陵江岸鹤鸣山。宋代建筑。13层仿木密檐式砖塔,方形楼阁式斗拱建筑,通高37.1米,造型独特。塔基由条石砌成,塔身由青砖垒成,塔顶由生铁铸成。第2—10层外壁砌有小龛,每层12柱,从第5层开始仅能容一人攀援至顶。寺内原有大钟,钟声洪亮,"白塔晨钟"为"南充古八景"之一。2006年入选全国重点文物保护单位。

南充—醴峰观　位于大坪镇。因山梁有口水井,井泉甘洌,故称"醴峰"。晋代太安初年李特率众起义失败,李特的妻子罗氏与儿子李雄继续战斗,李雄夺得胜利后称帝成都。罗氏贵为皇太后,入住成都,因不服水土而病死。李雄将母亲罗氏埋葬在醴峰观背后的山梁上,并将山中七座井全部封埋。故后人将"醴峰"写成"李封"。元代大德年间在罗氏墓前建此庙。古庙现有大殿为元代建筑,主体构架保存完好。2006 年入选全国重点文物保护单位。

南充—张澜旧居　位于顺庆区建华职校内。张澜是一位民主革命家,曾任民盟中央主席、中央人民政府副主席、全国人大常委会副委员长、全国政协副主席。建华职校前身为私立建华中学,由张澜创办于 1939 年,张澜长期在此从事社会活动。旧居为清代光绪年间修建的木结构建筑,四合院形制,小青瓦屋面,悬山式屋顶,穿斗结构,建筑面积 800 平方米。2006 年入选全国重点文物保护单位。

南充—阆中观音寺　位于阆中市保宁镇。始建于唐代,明代弘治年间迁建于现址。背负觇星台,面对嘉陵江,门临潺潺溪流,周围翠竹环绕,环境清幽。占地面积 3 500 平方米,建筑面积 617 平方米,由天王殿、罗汉殿、大雄殿、松花井组成。民国时,藏经楼被大火化为灰烬,800 余卷经书未能幸免。松花井开凿于唐朝武德年间,用松花井水酿造的保宁醋甘香纯正,为我国"四大名醋"之一。2013 年入选全国重点文物保护单位。

南充—西充文庙　位于西充县城内。始建于南宋淳祐年间,经元明清三代修葺,颇具规模。山门为牌楼式建筑,前有 11 级石阶,屋架为小式穿斗石木结构。大门两边施有护柱石,屋顶呈歇山式结构,山门与大成殿以过厅相连。过厅前柱础有四个石狮,后柱础呈莲花形。大成殿两面山墙为叠梁与穿斗结合,殿内用减柱造,屋顶为重檐歇山式结构。2013 年入选全国重点文物保护单位。

南充—巴巴寺　位于阆中市蟠龙山。"巴巴"在阿拉伯语中有"祖先""祖师"之意。清代康熙中期,伊斯兰教传教士华哲·阿卜董拉希来到阆中传教,阆中川北镇总兵马子云待为师长,让他定居在铁塔寺。康熙二十八年(公元 1689 年)阿卜董拉希去世,他的弟子与马子云在他生前所卜之处建造"拱北"(墓亭),将其安葬于内,命名为"久照亭",俗称"巴巴寺"。2013 年入选全国重点文物保护单位。

南充—川北道贡院 位于阆中古城学道街。也称"阆中贡院",俗称"清代考棚"。建筑年代无从稽考。前身是明代县试、府试所在地。从清顺治九年(公元 1652 年)到顺治十七年(公元 1660 年),阆中考棚共举行了四科乡试,被称作"清代四川第一考棚"。嘉庆二十二年(公元 1817 年),考棚因年久失修部分倾塌,后进行了抢救性修复和扩建,考棚面积增至 6 666 平方米,属于典型的三进二院式明清建筑。2013 年入选全国重点文物保护单位。

南充—丁氏庄园 位于仪陇县马鞍镇。客家人丁邱南、丁邱毓、丁邱玉、丁邱珍四兄弟修建的豪华庄园。占地面积 6 800 平方米,建筑面积 3 800 平方米,集居住与防卫为一体,号称"川北第一庄"。清光绪三十二年(公元 1906 年)破土动工,1925 年落成。土木混合承重层楼式群体建筑,由三个院落和三层楼的碉楼组成。整座庄园没有一钉一铆,全靠斗拱、大梁、立柱纵横交错,相互连结,完整而坚固。2013 年入选全国重点文物保护单位。

南充—禹迹山摩崖造像 位于南部县碑院镇。大佛刻凿在海拔 667 米的禹迹山腰,背岩而立。佛像高 18 米,肩宽 5.9 米,腰宽 6.13 米,下肢宽 5.2 米,脚掌长宽均 1.3 米,两脚相距 2 米。面颊丰腴,两耳齐肩,面容端庄,双目微启平视,头饰螺髻,袒胸束腰,左手平举与胸齐,掌心向上,右手施说法印状。大佛头部与下肢皆镂空圆雕,仅腰背与山石相连。造像无题刻稽考,应为唐末宋初所刻。2013 年入选全国重点文物保护单位。

南充—大像山摩崖造像 位于阆中市东郊的嘉陵江南岸。凿成于唐代贞元年间。依崖开龛,内刻弥勒坐像,通高 9.88 米,脚下莲座部 0.45 米;两足赤,踏莲花,身着圆领僧衣,袒胸,头顶堆塑螺髻,头后有火焰光,面容端庄慈祥。佛身后有 0.1 米高的小佛 3 000 余尊,镌工精湛。龛两侧有历代石刻碑记和诗文题刻 10 余处,其中宋代颜体楷书石刻"虎溪"字径达 5 米。2013 年入选全国重点文物保护单位。

达州—渠县汉阙 位于渠县土溪镇。全国仅存汉阙 29 处,渠县就有 6 处 7 尊,因此被命名为"中国汉阙之乡"。冯焕阙建于汉代建光初年,原为双阙,现仅存东阙。东阙由母阙和子阙组合而成,现存母阙高 4.38 米,是一座完整的石质仿木结构建筑。沈府君阙是汉阙中唯一幸存的双阙,约建于东汉延光年间,两阙东西相距 21.62 米,阙高 4.84 米,雕刻精巧,状物逼真。冯焕阙和沈府君阙于 1961 年入选全国重点文物保护单位。2001 年蒲家湾汉阙、王家坪汉阙、赵家村汉阙与冯焕阙、沈府君阙合称"渠县汉阙"。

达州—罗家坝遗址 位于宣汉县普光镇。新石器时代至东汉的巴人文化遗址。占地面积约 60 万平方米,文化堆积 11 层,最深达 2.75 米。发现生活遗址区和墓葬区,灰坑 90 余处,墓葬近百座。墓葬均是狭窄竖穴土坑墓,仰身直肢葬。出土青铜器、陶器、玉石器等数以千计,堪称稀世珍品。罗家坝文化遗址与成都金沙遗址、成都商业街古蜀大型船棺独木棺葬遗址被称为"继三星堆遗址之后古巴蜀文化的三颗璀璨明珠",改写了长江上游人类文明史。2001 年入选全国重点文物保护单位。2016 年入选国家大遗址保护规划名单。

达州—城坝遗址 位于渠县土溪镇及流溪乡。占地面积约 230 万平方米。秦灭巴蜀后于此建宕渠县,东汉车骑将军冯绲增修,俗名"车骑城"。出土最多的是两汉时期的文物古迹,还发现房屋地基、窖址、水井、墓葬。2006年入选全国重点文物保护单位。

达州—开江牌坊 主要有两座牌坊,均建于清代。一是开江县任市镇牌坊,四柱三间,面阔 11 米,通高 12 米,坊体厚 0.8 米,系数十块陶件组合而成,仅柱底基石用巨石雕成,须弥座、牌坊的里外各个部件雕刻有不同的图案。二是开江县甘棠镇牌坊,俗称"雷家院牌楼",四柱三门三楼,面阔 12米,通高 15 米,坊体厚 0.7 米,用料考究,纹饰雕刻精湛别致。2006 年入选全国重点文物保护单位。

达州—真佛山庙群 位于达县福善镇。始建于清代道光中期。依山势而建,占地面积 4 万平方米,建筑面积 1.5 万平方米,以木、石为主的建筑,位于中轴线上的建筑依次是山门、戏楼、天王殿、天子殿、德化寺、大雄宝殿,呈梯形布列,递增至山顶。从山脚到山门,有石梯 1 179 级。现有塑、雕近千尊,楹联 25 对,匾额 20 块。2013 年入选全国重点文物保护单位。

达州—渠县文庙 位于渠县县城内。建于宋代嘉定年间以前,几经移建和重修,现存建筑重修于清代嘉庆末年。布局严谨有序,构思精巧别致,建筑工艺精湛。主体建筑大成殿,脊顶为江西景德镇烧制的卧龙两条,殿顶纯为金黄琉璃瓦铺盖。2013 年入选全国重点文物保护单位。

达州—列宁街石牌坊及红军标语 位于石桥镇。1933 年 9 月,红四方面军挥师南下解放石桥古镇,在古镇中的四座牌坊上刻下了"拥护红军、扩大红军""反对军阀混乱""打倒国民党统治,建立苏维埃政权"等标语。在最为壮观的一座牌坊上刻下"列宁主义街"五个大字。红军北上抗日后,革命标语被群众用石灰掩盖起来。新中国成立后,当年的红军标语重见天日。2013 年入选全国重点文物保护单位。

雅安—高颐墓阙及石刻 位于建设新区。高颐曾任益州太守等职,因政绩显著,卒后汉皇敕建阙以表其功。高颐阙建于汉献帝建安年间,主阙 13 层,高约 6 米,宽 1.6 米,厚 0.9 米;子阙 7 层,高 3.39 米,宽 1.1 米,厚 0.5 米。阙用红砂石英岩石叠砌,阙顶仿汉代木结构建筑,有角柱、枋斗;浮雕图像想象丰富,内涵深厚。阙前两具石兽雌雄各一,似狮非狮,似虎非虎,肩生双翅,为东汉石刻精品。1961 年入选全国重点文物保护单位。

雅安—樊敏阙及石刻 位于芦山县石马坝。樊敏早年在青衣羌国任国丞 10 年,曾任巴蜀太守,官至司徒。樊敏阙为扶壁式双阙,右阙尚存阙檐、阙顶等残件。左阙高 4.99 米,宽 2.25 米,厚 0.92 米,顶为重檐五脊式,正脊中部雕有一口含绶带的雄鹰。主阙檐下正面有浅浮雕"龙生十子"神话故事图像,两面分别刻有西王母、玉兔等神话题材图像,雕刻严谨,技法简练。樊敏墓前石碑,建造于东汉建安年间,为国内保存较完整的汉碑之一。碑文为隶书,558 字,为金石家所推崇,著录者众。1988 年入选全国重点文物保护单位。

雅安—严道城址 位于荥经县城西古城坪。古严道城为南方丝绸之路上的重要驿站,牦牛道的起点。严道城呈正方形,占地约 17 万平方米,由主城和子城两部分组成。现存南墙和东北角墙体,中段有城门遗迹。城垣板夯而成,夯层厚 20 厘米。城址周围发现了曾家沟春秋战国墓群、同心村巴蜀战国墓群、牛头山砖室墓群、青下坝砖室墓群、烈太战国墓群、高粱湾岩墓群、高山庙秦汉墓群、水井坎沟岩墓群。2006 年入选全国重点文物保护单位。

雅安—平襄楼　位于芦山县芦阳镇。始建于北宋,为纪念三国时期蜀国平襄侯姜维而建造。平襄楼占地面积 202 平方米,高 14 米,五开间,三重檐歇山顶,施五铺作斗拱。虽经历代维修,仍保持宋、元时期的建筑风格。2006 年入选全国重点文物保护单位。

雅安—芦山青龙寺大殿　位于芦山县龙门乡。青龙寺建于元代至治年间,现仅存大殿。大殿高 9 米,面阔、进深均为三间,建筑面积 234 平方米;歇山式抬梁木结构斗拱建筑,梁与檩之间由斗拱撑托。后檐柱上斗拱简约,均以蜀柱替代栌斗承托正心檩,用挑枋实现出檐。2006 年入选全国重点文物保护单位。

雅安—开善寺正殿　位于荥经县严道镇。开善寺又名"开山寺",建于明代成化年间,现仅存正殿。正殿面阔、进深各三间,均为 14.55 米,单檐歇山顶抬梁式木结构,八架椽屋用四柱,前后檐和山墙面均施斗拱,式样复杂,做工精细。檐下施七踩斗拱,阑额饰深浮雕,有双凤朝阳、二龙戏珠等图案,精巧细腻,线条流畅。2006 年入选全国重点文物保护单位。

雅安—名山文庙　位于名山区名山中学校园内。建于清代道光中期。占地面积 6 000 余平方米,由万仞宫墙、棂星门、泮池、大成门、庑房、大成殿、崇圣祠等组成。棂星门上挺立着吉象、金狮、麒麟、灵蟾四座寓意吉祥的神兽石像。状元桥桥栏上雕琢有八条游龙。大成殿高 13 米,陛石的中心原雕有一条蟠龙,现已难以辨认。2013 年入选全国重点文物保护单位。

雅安—九襄石牌坊　位于汉源县九襄镇。清道光末年,捐贡出身的黄体诚为感念寡母、恩嫂的养育之恩,打点县令上报清廷,经道光皇帝颁发圣旨,修建此石牌坊。牌坊高约 11 米,宽约 10 米,呈三间门洞形,中门宽大,侧门略小。支撑牌坊的四根大石柱,前后两面有八尊威武的雄狮,每尊雄狮的身上各跨着一尊菩萨或古佛,现有一尊完整,其余均已残破不全。2013年入选全国重点文物保护单位。

内江—隆昌石牌坊 位于隆昌市。建造于清道光中期至光绪中期。原有大小石牌坊33座,至今幸存13座。其中德政坊5座、节孝坊4座、功德坊2座、百寿坊1座、庙宇山门坊1座,分别是郭陈氏节孝坊、禹王宫山门坊、牛树梅德政坊、孝子总坊、刘光第德政坊、肃庆德政坊、郭玉峦功德坊、舒承湜百岁坊、节孝总坊、李吉寿德政坊、觉罗国欢德政坊、郭王氏功德坊。2001年入选全国重点文物保护单位。

内江—资中文庙和武庙 位于资中县北郊的重龙山麓。两庙相距仅百米。文庙始建于北宋雍熙年间,占地面积5 000平方米,主要建筑有棂星门、大成门、大成殿、东西庑廊、钟楼、鼓楼、乡贤祠、名宦祠等,庙中竖有清康熙帝手书"四书大景碑"、明成化年间"重修文庙碑",字迹清晰。武庙始建于明代嘉靖年间,主体建筑及布局仿山东曲阜孔庙,棂星门、大成门、大成殿排列于南北中轴线上,东西厢房、钟楼、鼓楼、乡贤祠、名宦祠对称分布两侧。2006年入选全国重点文物保护单位。

内江—顺河崖墓群 位于东兴区顺河镇。建造于东汉时期。主要有蛮子山崖墓群、观音洞崖墓群、狮子山崖墓群和后山崖墓群等,总计崖墓200多座。崖墓大小不一,大的高10米如小山,小的双手能合抱。每座墓的墓门上都雕有图案,有的墓室墓壁上刻有花鸟虫鱼。2013年入选全国重点文物保护单位。

内江—圣水寺 位于中区。初建于唐代咸通年间。因寺后山间泉水终年不涸,水质清纯甘甜爽口,被视为灵泉,故名"圣水寺"。占地面积2万余平方米,建筑面积6 000多平方米,有大小庙房170余间,盛时常住僧众300余人,号称"中川第一禅林"。院落式布局,分为四大院落,现存的圆觉楼、藏经楼、大雄宝殿、天王殿均为明清风格。2013年入选全国重点文物保护单位。

内江—盐神庙 位于罗泉镇。建于清代同治中期。此地盐业始于秦朝,清光绪年间有盐井1 515口,所产井盐于1925年获法国巴黎世界博览会金奖。庙宇占地面积1 964平方米,建筑面积2 700平方米,在长达52米的地基中轴线上,对称布置主要殿宇、厅堂、环廊、楼阁。庙内供管仲为盐神,关羽和火神李冰作为管仲的辅佐相伴左右。盐神庙在管仲神像侧有上联"壮志酬齐桓,首创盐荚历古今",下联的位置一片空白,尚待文坛高手应对。2013年入选全国重点文物保护单位。

内江—翔龙山摩崖造像 位于市中区翔龙路。始凿于唐代中晚期,五代、宋、明、清及民国均有增刻。现存造像61龛,计有大小造像368尊,高者达8米,小者仅数厘米。最大的千手观音造像,以浮雕、透雕、圆雕、阴线等多种技法镌刻,手臂、法器均为原生岩整体凿造,体量硕大,宝相庄严。有摩崖题刻9处,集篆、隶、楷、草于一壁,字体多样,风格迥异,书法、诗文俱佳,最为著名的是张大千早年重书的明代赵贞吉诗碑。2013年入选全国重点文物保护单位。

自贡—燊海井 位于大安区大安街道。开凿于清代道光初年。盐井井深1 001.42米,是世界上第一口超千米的大井。既产卤,又产气,每天喷出万余担的黑卤,日产天然气8 500多立方米,烧盐锅80多口。如今燊海井恢复了当年用牛汲卤、用井里产的低压天然气熬盐的真实情景,保留了用一根根圆木、篾索捆制而成的高达18.3米的"天车",以及运用杠杆原理由数人在碓架上一脚脚蹬踩冲击打井的木碓架。1988年入选全国重点文物保护单位。

自贡—西秦会馆 位于自流井区。建于清代乾隆初年。陕西籍盐商的同乡会馆,俗称"陕西庙"。占地面积3 451平方米,中轴线上布置主要厅堂,两侧建阁楼和廊房,用廊屋连接组成若干大小院落,四周以围墙环绕,形成多层次封闭式的布局。屋顶造型有歇山式、硬山式、重檐六角攒尖式和重檐庑殿式。其中以武圣宫大门、献技楼、参天阁、贲鼓阁和金镛阁最具特色,檐脊屋面相连,翼角起翘似飞,挺拔高昂。这种多檐的复合结构在明清两代建筑中很罕见。1988年入选全国重点文物保护单位。

自贡—富顺文庙 位于富顺县城。宋代建筑。占地面积6 666平方米,面阔 46 米,纵深 160 余米。文庙有"五绝":一是棂星门,由三组石坊组成,中间一组石柱高达 12.65 米,为各地文庙所罕见;二是大成殿,高 30 米,建筑面积 532 平方米,共有大圆柱 50 根,梁枋、檐板都有精雕的图案;三是孔子石像,不着冕旒,线条简洁,衣着飘逸,是稀世珍品;四是龙的世界,有各具形态的雕龙 300 多条;五是一尊古铜色裸体男陶像,身高 25 厘米,肩宽 10 厘米,右手向上举过头顶,左手自然垂下,下身男性特征明显,给封建意识浓厚的北宋兴建的文庙披上了神秘色彩。2001 年入选全国重点文物保护单位。

自贡—荣县大佛石窟　位于荣县东郊大佛山山麓。始建于唐代,一尊如来坐佛佛像高踞山腰,占地面积 2.3 万平方米。佛身通高 36.67 米,头长 8.76 米,肩宽 12.67 米,膝高 12 米,脚宽 3.5 米,是世界第一大释迦牟尼佛(现世佛),也是第二大石刻佛,仅次于乐山弥勒大佛(未来佛)。大佛所在的庙宇,唐代名"开化寺",后称"大佛禅寺",明末清初毁于兵火,清代嘉庆年间重建。2006 年入选全国重点文物保护单位。

自贡—吴玉章故居　位于荣县双石镇。吴玉章是我国无产阶级革命家、教育家、历史学家、语言文字学家,同董必武、林伯渠、徐特立、谢觉哉一起被誉为"延安五老",曾任中国人民大学校长、中国文字改革委员会主任。1958 年吴玉章将旧宅捐赠办师范学校;1988 年吴玉章诞生 110 周年,国家拨款重建吴玉章故居。故居占地面积 15 500 平方米,建筑面积 1 050 平方米。2006 年入选全国重点文物保护单位。

自贡—荣县镇南塔　位于龙头山巅。建于宋代。塔体通高 21.6 米,砖石结构,外观近似密檐塔,实际为楼阁式塔。塔基为方形须弥座基,高 2 米,每边长 7.8 米。塔身四方形,11 层,层层上收,各层均开窗。塔内 5 层,有实心柱。66 级踏道绕实心柱盘旋至顶。底层有拱门,装饰着仿木的斗拱 12 朵。塔顶呈覆盆。2013 年入选全国重点文物保护单位。

自贡—自贡桓侯宫　位于自流井区。祀奉桓侯张飞的庙宇,因张飞是屠夫出身,桓侯宫成为屠宰业的行业会馆。始建于清代乾隆年间,咸丰末年被焚,光绪初年在原址复建。占地面积 1 240 平方米,有戏台、大殿、钟楼鼓等建筑,灰塑、木雕、石刻做工精细。2013 年入选全国重点文物保护单位。

自贡—吉成井盐作坊遗址　位于大安区杨家冲上凤岭。包括吉成井、裕成井、益生井、天成井等四口盐井,留存有四座天车(井架)、碓房、灶房、盐仓等附属盐业生产设施。吉成井原名"裕丰井",开办于清代咸丰、同治年间,井深 1 108 米,井径 10 厘米,天车高 12 米。裕成井原名"裕顺井",清代光绪年间开办,井深 1 213 米,井径 9.93 厘米,天车高 18 米。益生井原名"西江井",清代咸丰、同治年间开办,井深 1 018.8 米,井径 10.08 厘米。天成井于 1913 年投产,井深 1 188 米,井径 10.7 厘米。2013 年入选全国重点文物保护单位。

自贡—东源井古盐场　位于贡井区扇子坝大塘山。清代咸丰年间创办,当时仅下好石圈子就停工,清光绪十五年(公元 1889 年)复淘加深,于 1935 年最终建成。在钻井过程中,一边钻井,一边生产,断断续续历时长达 46 年之久。井深 935.88 米,具有"气卤并产,气盛卤丰"得天独厚的天然条件。2013 年入选全国重点文物保护单位。

自贡—张伯卿公馆　位于贡井区筱溪街。张伯卿是自贡的实业家、大盐商,四川军阀混战时期曾任四川边防军统筹处处长,身兼七职,权倾一时。公馆建于 1923 年,耗费白银四万两。主楼建筑面积 1 148 米,有房间 14 间,室内家具门窗均以名贵木材制作。主楼平面布局如"工"字形,以条石为基础,一楼一底,廊檐、柱础、屋顶、楼栏都雕有不同的人物、动物、花草。公馆设计采用了多种西方建筑风格,如罗马式拱券、拜占庭式结构、哥特式尖拱、巴洛克式曲线、洛可可式装饰等。2013 年入选全国重点文物保护单位。

德阳—三星堆遗址　1988 年入选全国重点文物保护单位。参见国家考古遗址公园——三星堆考古遗址公园。

德阳—德阳文庙　位于旌阳区。始建于南宋,后因年久失修塌毁,明代洪武初年重建,明末毁于兵燹。清代顺治初年再建,现存建筑为清代道光年间的基本格局。有宫墙、棂星门、大成门、大成殿、崇圣祠、东西庑、节孝祠、孝子祠、乡贤祠、名宦祠、名伦堂等建筑,有"德阳文庙甲西川"之称。2001 年入选全国重点文物保护单位。

德阳—剑南春酒坊遗址　即剑南春"天益老号"酒坊遗址,位于绵竹市城关镇。绵竹酿酒历史悠久,宋代中央政府在绵竹设酒务监官或酒务税丞管理酒税,清代康熙年间有酿酒作坊90余家。绵竹大曲在乾隆年间就已闻名遐迩。1961年绵竹大曲更名为"剑南春"。遗址面积1.2万平方米,清理出土大批与白酒酿造工艺密切相关的遗迹,包括酒窖26口、炉灶5座、水井1口、晾堂2座以及粮仓、池子、水沟、蒸馏设施等,还发现了大曲窖。整条街前店后厂的格局完整清晰。2006年入选全国重点文物保护单位。

德阳—塔梁子崖墓群　位于中江县民主乡。东汉中晚期崖墓。崖墓俗称"蛮子洞",是汉代乃至魏晋南北朝时期四川地区普遍流行的一种葬式。发掘六座崖墓,均依山而凿,由墓道、墓门、主室、甬道、侧室、棺床、壁龛、灶台等组成,有单室、双室、多室等形制,以多室墓为主。在崖墓中首次发现有壁画和墨书榜题,并发现一批珍贵的画像雕刻。2006年入选全国重点文物保护单位。

德阳—庞统祠墓　位于罗江区鹿头山白马关。庞统是三国时代刘备的军师,与诸葛亮齐名。诸葛亮称"卧龙",庞统称"凤雏",有"卧龙、凤雏,得一人可安天下"之称。建安十九年(公元214年)庞统中流矢卒,蜀汉昭烈帝刘备建庞统祠墓。三进四合院布局,石墙、石柱、石柱廊、石窗,肃穆庄重。祠内存有庞统及诸葛亮雕塑像,还有历代匾联、碑刻、字画等珍贵文物。天井有大柏两株,相传是张飞所栽。祠墓旁有车辙清晰、长满苔藓的古驿道。2006年入选全国重点文物保护单位。

德阳—雒城遗址　位于广汉市雒城镇。雒城是汉代广汉郡治,始建于东汉。占地面积1.7平方千米,文化层厚1米左右。发掘城墙两段,共长70米,宽2.5—8.9米,高0.3—1.4米。城墙用夯土筑成,内外两侧均包砌城砖。在城墙废墟上发现有篆隶"雒城""雒官城墼"铭文砖砌筑的墙基。发现绳纹筒瓦、云纹瓦当、花边砖、陶罐、五铢钱等器物。2013年入选全国重点文物保护单位。

德阳—中江北塔　位于中江县凯江镇。宋代佛塔。建于北宋熙宁年间。13 级密檐式,通高 25 米。塔体逐层缓缓收拢,呈优美柔和的弧形,苍劲端庄。从第 2 层起为层层密檐,每层塔檐用大青砖叠涩出檐。按八卦方向从八面挑出承托,叠涩而成穹隆顶。塔身四面檐角有一线青黄色石砖,与灰黑色火砖对比,产生一种神秘的视觉效果。飞檐上残留着部分铃环,静夜风动,叮咚作响。2013 年入选全国重点文物保护单位。

德阳—龙护舍利塔　位于旌阳区孝泉镇。始建于汉代,隋代大业初年已仅存塔基,元代至正年间重修。明代正德年间改置琉璃宝顶,故又称“龙护舍利琉璃宝塔”。塔建于两层台座之上,为密檐式四方砖塔,外形 13 层,高 37 米,塔檐四角挂有铜铃,塔内有盘旋阶梯可登至第 11 层。塔前存有清代建成的藏经楼。2013 年入选全国重点文物保护单位。

德阳—龙居寺中殿　位于广汉市新丰镇。龙居寺创建于明代洪武年间,系佛教高僧马祖道场。占地面积 1.4 万平方米,南北轴线上原有山门、观音殿、中殿、藏经楼、楠木林、后花园,两侧有厢房、方丈院等建筑。寺内保存有妈祖塑像,相传为唐代遗物。还收藏有“履空逸士碑”“梅花碑”“武侯津畔旧人家”榜书石刻等文物。2013 年入选全国重点文物保护单位。

德阳—慧剑寺　位于什邡市回澜镇。相传建于宋代淳熙年间。占地面积 5 万多平方米,庭院组群布局,殿宇楼阁的门、窗梁柱、卷檐枋楣和斗拱藻井、天棚壁面均施彩绘,凌空的房檐屋背上置龙蛇虬兽、花鸟鱼虫,再衬以参天的栅楠。有古朴深阔的天王殿,翘檐凌空的觉皇殿,三十三身变化的观音殿,法像庄严的大佛殿,琉璃光玉的祖师殿,藏有 500 余册经卷的藏经楼,享有艺术长廊美称的罗汉堂。2013 年入选全国重点文物保护单位。

乐山—峨眉山地区古建筑群　峨眉山地区古建筑主要有报国、万年、伏虎三大寺。报国寺始建于明万历年间,有弥勒、大雄、七佛等殿和藏经楼,寺内有清康熙御题匾额、高达 2.4 米的明初彩釉瓷佛。万年寺建于东晋隆安年间,无梁砖殿中有北宋铸造的普贤菩萨骑六牙白象铜铸像,通高 7.3 米,重 62 吨。伏虎寺始建于唐代,殿堂林立,建筑巍峨。牛心岭下的清音阁有楼、阁、亭、台等建筑。天池峰下的千佛庵有清代七方千佛莲灯具。万年寺铜铁佛像于 1961 年入选全国重点文物保护单位,后峨眉山地区明清寺庙古建筑与万年寺铜铁佛像合称"峨眉山地区古建筑群"。

乐山—乐山大佛 1982 年入选全国重点文物保护单位。参见世界遗产——峨眉山—乐山大佛。

乐山—大庙飞来殿 位于峨眉市城北的飞来岗。正面的檐柱三开间,长达 18.28 米,内柱五开间、进深五开间。大殿平面上的柱子分布呈减柱造法,檐柱上施以栏额和平板格,平板枋上置有斗拱,斗拱都为六铺作单抄双下昂,上昂向上卷成象鼻形,下昂雕刻成龙头,精美华丽。明间的左右两柱上通体塑有泥胎蟠龙,具有典型的宋元时期建筑风格。殿为歇山顶,顶上覆盖有小青瓦,为明、清改建时铺砌。1988 年入选全国重点文物保护单位。

乐山—麻浩崖墓 位于凌云、乌尤两山之间的溢洪河道东岸。墓群始于东汉前期,止于南北朝时期,以东汉后期墓最多。墓群分布在大地湾至虎头湾间东西长约 300 米的红砂石山崖中,有编号的崖墓 544 座,层层叠叠,密如蜂房。墓室分为单室、双室、多室三种类型,棺室内凿崖棺。后室设灶台案龛。单室墓一般在主室一侧设一棺室,双室墓在后室两侧设棺室。1988 年入选全国重点文物保护单位。

乐山—杨公阙 位于夹江县甘江镇。三国时期益州太守杨宗的墓阙。建于东汉晚期。双阙并立,相距 13 米,阙高 4.86 米,底宽 1.25 米,厚 0.88 米,红砂石质。西阙于南宋淳熙年间重建,阙身镌有"汉故益州太守杨府君讳字德仲墓道"字样,现已残缺不全。东阙主体剥落严重,阙身原有字迹已模糊不清。2006 年入选全国重点文物保护单位。

乐山—犍为文庙 位于犍为县城内。始建于北宋大中祥符年间,曾 3 次重建 3 次搬迁,12 次大型维修,现占地面积 2.4 万平方米。中轴线上依次排列万仞宫墙、棂星门、泮池、大成门、燎台、大成殿、启圣宫,东南侧有建于清代的节孝坊和奎阁,构成庙、坊、阁古建筑群。大成门屋面"天开文运"匾下的飞角三重檐,在国内文庙中独一无二。2006 年入选全国重点文物保护单位。

乐山—夹江千佛岩石窟 位于夹江县城西部。青衣江左岸的石壁上，排列着 200 多窟石刻造像共 2 400 余尊，故称"千佛岩"。造像开凿于隋，兴盛于唐，延及明、清。造像排列错落有致，少则一尊独占一窟，多则上百尊集于一窟，大可逾丈，小不及尺，绚丽多彩。造像中最大的弥勒像龛，佛像高 2.7 米，姿态与乐山大佛相似。2006 年入选全国重点文物保护单位。

乐山—郭沫若故居 位于沙湾区。始建于清嘉庆年间。中式穿斗结构平房，由四进三井和一个后院组成，有大小房间 36 间，占地面积 2 148 平方米，至今保留古朴风貌。临街商业店铺，取号"郭鸣兴达"，寓兴旺发达之意。二进横匾"汾阳士第"，意郭氏为唐汾阳王郭子仪后裔。二进、三进陪房为郭沫若诞生之处及与张琼华结婚时的洞房。后院是郭沫若幼年启蒙的地方。花园左为郭沫若书法碑廊。2006 年入选全国重点文物保护单位。

乐山—离堆 位于都江堰市近郊的乌尤山与凌云山之间。相传为 2 000 多年前秦蜀守李冰开凿。每逢夏季，大渡河、青衣江水奔流而下，在凌云山下与岷江水汇合至百米之外的乌尤离堆，主流顺岷江主河道而下，支流从麻浩入分洪道，绕过乌尤山后在马鞍山再汇入岷江，保证了过往船只的安全。明代中后期，大渡河道北移百米，形成今天的主河道，离堆的作用日益式微。2013 年入选全国重点文物保护单位。

乐山—三江白塔 位于井研县三江镇。塔为密檐式砖木结构，塔身为须弥座四方形，通高 28 米，共 13 层。塔内梯道盘旋，可至第 10 层。每层四面均有假窗，有一通光方孔，有斗拱装饰。转角用圆砖与三角形砖，施工时每砌三层用抓钉嵌扣，直至塔顶，具有较强的防震性能。因塔外刷白灰，故称为"白塔"。造型严谨，风格朴素，线条匀称，柔和绚丽。2013 年入选全国重点文物保护单位。

广元—皇泽寺摩崖造像 位于西嘉陵江西岸、乌龙山东麓。造像在皇泽寺的后面，镌造于临江的绝壁之上。始凿于北魏晚期，历经北周、隋、初唐、盛唐不断雕凿，中唐时期趋于衰落，持续时间 300 多年。现存造像 57 窟龛、大小造像 1 200 多躯。主要的石刻龛窟有中心柱窟、大佛窟、五佛亭石龛、则天殿石龛等。1961 年入选全国重点文物保护单位。

广元—千佛崖摩崖造像 位于嘉陵江东岸的古栈道石柜阁旁。造像龛窟重叠 13 层,造像 1.7 万余尊,密如蜂房。有唐刻 27 段、五代刻 5 段、宋刻 26 段、元刻 26 段、明刻 8 段、无年号者 41 段,另有唐、宋、元、明、清历朝历代的文字题记和摩崖碑刻 100 多窟。最大的洞窟大云洞有造像 234 尊,窟正中弥勒佛立像系大云洞的主佛,据说是女皇武则天的象征。1961 年入选全国重点文物保护单位。

广元—觉苑寺 位于剑阁县武连镇。始建于唐代贞观年间,宋代元丰年间赐名"觉苑寺"。现存建筑面积 1 957 平方米。大雄宝殿系木结构单檐歇山式屋顶,正方形平面布局,横向用 10.85 米长的抬梁将屋架托起,纵向用 8 米长的抬梁将屋架托起,宽敞开阔。天王殿为木结构重檐歇山式屋顶,观音殿系单檐歇山式小青瓦屋顶抬梁式屋架。2001 年入选全国重点文物保护单位。

广元—剑门蜀道遗址 剑门蜀道北起广元市朝天区棋盘关,经朝天、利州、元坝、剑阁四县区,南至梓潼县演武镇,全程约 270 千米,因穿越剑门天险而得名。始于西周,民间沿用至今。现仅存南门箭楼等建筑。剑门蜀道沿线保存了道路、铺驿、栈阁、关隘、名人古墓、古遗址、古柏、古镇等众多文化遗存。2006 年入选全国重点文物保护单位。

广元—青川郝家坪战国墓群 位于青川县乔庄镇。战国中期至晚期棺椁墓葬群。探明墓葬 150 多座,发掘 70 余座,出土了大量楚文化器物,其中以青川木牍最负盛名。木牍为墨书秦隶,笔法流畅,有篆籀遗韵,有些字形体现了篆隶之间的转化轨迹。木牍正面记载了秦武王二年(公元前 309 年)王命左丞相甘茂更修《田律》等事,背面为与该法律有关的纪事,对研究秦文化、楚文化、巴蜀文化三者之间的文化关系及秦灭蜀进而统一全国所采取的政治措施等提供了珍贵的史料。2013 年入选全国重点文物保护单位。

广元—鹤鸣山道教石窟寺及石刻 位于剑阁县老县城东南部。造像始于北魏晚期、盛于隋唐,凡大小 21 龛窟、造像 80 尊,长生保命天尊像、七星纹图、六丁六甲图像、太极演示图、天龙八部图等造像精美,内涵丰富,是我国唐代道教造像的代表作。保存有《大唐中兴颂有序》《剑州重阳亭铭并序》《王嘉锡游山题记摩崖》等唐、宋、明、清、民国碑刻 28 处。2013 年入选全国重点文物保护单位。

广安—安丙家族墓地 位于华蓥市双河镇。南宋四川宣抚使、少师安丙及其家族的墓地。占地面积 6.66 万平方米,已发掘 5 座墓葬,发现享堂、九层坎、石马坪、昭勋寺等文物及大片附属建筑遗址。墓内发现大量精美的高浮雕石刻及壁画,技法精细,形象逼真,堪称一绝。出土了许多国家级文物精品,包括金、银、铜币,金、银、铜、玉、陶等不同质地器物,以及大量的三彩俑。安丙墓内出土一方墓志,铭文长达 5 000 余字,详记安丙生平事迹。1996 年入选“全国十大考古新发现”。2001 年入选全国重点文物保护单位。

广安—邓小平故居 位于广安区协兴镇。占地面积 833 平方米,大小房屋 17 间,穿木斗平房,青瓦粉壁,具有典型的川东民居特色。庭院绿树成荫,翠竹掩映。院前梯田层层,夏日荷叶青青,稻花飘香,充满浓郁的蜀乡风情。邓小平祖上三代人都居住在这里。清光绪三十年(公元 1904 年)邓小平诞生于北厢房,并在这里度过了少年时期。2001 年入选全国重点文物保护单位。

广安—宝箴寨 位于武胜县宝箴塞乡。始建于清代宣统年间。清末,武胜境内有寨碉几百座,如今仅存宝箴寨。全寨面积 2.6 万余平方米,三面临深沟悬崖,仅北面一门可出入。寨墙周长 2 000 余米,用条石砌成,最高处达 10 余米,平均高 6.5 米,宽 0.5 米至 1.5 米,有 8 个天井,108 道门。寨内厅堂房廊气势恢宏,仓库池井部署齐全,总体呈七天井四院落布局,有大小房屋百余间。2006 年入选全国重点文物保护单位。

广安—广安白塔 位于渠江聋子滩。南宋淳熙至嘉定年间修建。四方形,共 9 层,通高 36.7 米。砖石结构,仿木楼阁式建筑,中空,有阶梯可登至塔顶。无塔刹,顶部四方相通。塔与对面奎星塔遥遥相对,仰视远观,秀出云表,"白塔凌云"名列"广安十六景"之首。2013 年入选全国重点文物保护单位。

广安—冲相寺摩崖造像 位于肖溪镇。冲相寺本名"药寺",隋代开皇年间创建。寺后定光岩上摩崖造像始凿于隋代,延续至民国,共有造像 43 龛410 尊,历代题刻 20 余则。现存 3 龛 18 尊及部分题刻。定光佛(燃灯古佛)龛窟高 5 米,宽 4.3 米,深 1.5 米,佛高 4 米。其余有七佛龛、净土变龛、维摩经变龛等。2013 年入选全国重点文物保护单位。

凉山州—大洋堆遗址 位于西昌市经久乡。占地面积 9 600 平方米,主体部分的土台为人工堆砌而成。文化层堆积分为三层,代表三个不同的历史时期。早期文化遗存是一批长方形的土坑墓,出土有石器、陶器和铜器,时代约在商周时期。中期文化遗存是一批祭祀遗迹,两个首尾相套的大小陶罐,伴以长方形黄土坑的祭祀现象十分奇特,为西南地区首见,时代约在春秋时期。晚期文化遗存是两座早期大石墓,时代约在战国时期。2006 年入选全国重点文物保护单位。

凉山州—凉山大石墓群 主要分布于川西南的冕宁、喜德、西昌、德昌、米易等县市。修建于春秋末到东汉初。德昌县王所乡、喜德县冕山镇两处大石墓群保存最完好也最为典型。王所乡有大石墓 3 座,占地面积 7 500 平方米;冕山镇有墓葬 9 座,占地面积 2 000 平方米。墓室为长条形,墓顶用数块巨石依次覆盖,盖顶石重达数吨,最重达 10 吨。墓室主要分两种类型:一种用 10 余块大石围砌成墓室,另一种用小石块砌成墓室,墓室外皆有封土。每座墓葬入的人数,少则 40—50 人,多达 100 多人,可能是以血缘关系为纽带的同一氏族的成员。2006 年入选全国重点文物保护单位。

凉山州—博什瓦黑岩画 位于昭觉县碗厂乡。唐宋时代南诏大理国时期的彝族宗教文物遗迹。"博什瓦黑"意为岩石上的龙蛇。岩画掩映在松树林和杜鹃林中,画面面积 440 平方米。在 16 块天然巨大的岩壁上阴刻 19 组27 幅,最大的一块顶部面积为 198 平方米。除少数原始岩画外,绝大部分是佛教阴线镌刻画像,部分造像的面部采用浅浮雕手法。岩画以一尊长达 7.6

米的卧佛为中心,四周散布的岩石上多刻有造像,规模宏大,描绘逼真,风格各异。2006年入选全国重点文物保护单位。

资阳—安岳石窟　安岳县已发现历代石窟造像218处,造像10万余尊,素有"中国石刻之乡"的美誉。安岳石窟的开凿始于南梁武帝普通年间,盛于唐宋两代,延续到明清直至民国,几乎每个乡都有大型石窟造像遗址。主要为民间结社造像,以佛教石窟为主,也有部分道教造像。拥有各级别石窟造像保护单位100余处,其中,唐代的卧佛院于1988年入选全国重点文物保护单位,宋代的毗卢洞于2001年入选全国重点文物保护单位,隋至宋代的千佛寨、唐代的玄妙观、五代至明代的圆觉洞、宋至明代的华严洞和茗山寺、宋代的孔雀洞、明代的木门寺于2006年入选全国重点文物保护单位。

资阳—木门寺　位于安岳县八庙乡。始建于明代永乐年间。亭内修塔,亭外建殿。亭仅两扇大门用木料制成,其他部位均为石料仿木建造,故名"木门寺"。无际禅师亭为石砌无梁方殿,呈"介"字形,高12米,长7.8米,宽6.8米,柱、枋、檐、脊、斗拱、鳌头、房瓦、滴水、椽子等均为石制,但外观和木制无异。石亭系单檐四角攒尖式,飞檐挑角,面宽6.8米,进深5.65米,总高10米,檐高3.6米,四周以斗拱撑托,空隙间以镂空雕卷叶花装饰。亭内立五级八角石塔一座,高4.7米,是无际禅师圆寂的石塔。2006年入选全国重点文物保护单位。

资阳—卧佛院摩崖造像　位于安岳县八庙乡。卧佛院造像刻经始于唐代开元年间,宋代起逐渐衰退。造像区长865米,龛窟142个,石刻造像1 613尊,石刻佛经15窟,碑刻、题记、经幢、异兽图像等数十处。造像以佛教禅宗为主,间有密宗造像,题材多达57种。有我国现存最大的唐代全身石刻卧佛造像,也是我国唯一一处左胁卧的"涅槃图",堪与乐山大佛——世界第一大弥勒坐佛媲美。1988年入选全国重点文物保护单位。

资阳—毗卢洞石刻造像　位于安岳县石羊镇。毗卢洞是毗卢洞、幽居洞、千佛洞和观音堂的总称,曾是五代至北宋年间四川佛教密宗的主要道场之一,开创于五代后蜀时期。现存摩崖石刻造像465尊,碑刻题记32处。观音堂内的水月观音高 3 米,悬坐于凸露的峭岩石窟之中,背倚浮雕的紫竹和柳枝净瓶,头戴富丽华贵的贴金花冠,蛾眉上竖,凤眼下垂,直鼻微隆,朱唇略闭,上身穿短袖薄裟,袒胸裸肘,臂戴膀圈,璎珞像随身而泻的金色瀑布网坠于胸腹,下身长裙薄如蝉翼紧贴于腰腿之间,衣裙飘逸,富于动感。2001年入选全国重点文物保护单位。

资阳—圣德寺塔 位于简阳市区南郊。圣德寺创建于唐代乾符年间。寺塔原名"圣音塔",因塔体涂以灰粉呈白色,故称"白塔"。早年庙毁塔存。塔竣工于南宋嘉泰初年,通高 37.9 米,塔基高达 5 米,塔身 12 级,每级绘佛图,壁间塑佛像,四面开窗户透光。塔空曲转,有梯可通上下。登临塔顶举目远眺,河山城郭尽收眼底。2006 年入选全国重点文物保护单位。

资阳—陈毅故居 2006 年入选全国重点文物保护单位。参见全国红色旅游经典景区——陈毅故居。

资阳—铁佛守崖墓群 位于安岳县。东汉中晚期崖墓群。共有崖墓 80 多座。墓葬多由墓道、甬道、墓室组成。墓室均为单室墓,墓顶多为弧形顶,有少数呈人字顶。墓室长 2—5 米、宽 2—3 米、高 1.8—2.2 米,均有短甬道,甬道深 0.5—1.2 米,高 1.2—1.5 米,宽 0.8—1.5 米。不少墓甬道两旁、墓室有石刻画像。2013 年入选全国重点文物保护单位。

资阳—困佛寺摩崖造像 位于乐至县回澜镇。唐代石刻卧佛。佛像长 10.5 米,头长 2.1 米,头戴螺髻,鼻梁略高,脸部浑圆,双眸微合,嘴唇轻闭,安详端庄,神态怡然。佛身披袈裟,袒胸赤脚,左手置腹上,右手微曲,手指放在胸前,通体服饰线条流畅逼真。卧佛四周雕刻有顶礼膜拜弟子 20 尊,弟子作哀戚状。龛楣上对刻二飞天,其飘带飘逸,披肩缠臂,潇洒柔美。2013 年入选全国重点文物保护单位。

资阳—半月山摩崖造像 位于雁江区碑记镇。因坐落于似下弦月的半月山而得名。唐代贞观中期开始刻造,宋绍兴初年竣工,历时约 490 年。弥勒佛倚坐像端坐于长方形石龛中,身高 22.24 米,胸宽 11.2 米,雄浑古朴,气魄宏大。佛像面部丰润,双耳垂肩,安详恬静,目光平和下视。2013 年入选全国重点文物保护单位。

遂宁—鹫峰寺塔 位于蓬溪县赤城镇。建于南宋嘉泰年间。方形 13 级楼阁式塔,砖石结构,通高 36 米。塔身每层各面分为三间,砖砌仿木倚柱、斗拱。砖叠涩塔檐出檐较大,角部有明显起翘。塔身二层以上每层各面均开佛龛三个,各层塔室均辟佛龛。塔刹为宝瓶葫芦顶,施五级球形葫芦攒尖收结。塔内祀 13 佛,分别为无量寿佛、接引佛、准接佛、光明佛、药师佛、弥陀佛、须弥佛、燃灯古佛、慈悲佛、广法佛、楞严佛、如来佛、欢乐佛。2006 年入选全国重点文物保护单位。

遂宁—广德寺 位于船山区卧龙山。始建于唐开元年间。唐、宋、明 11 次敕封,明武宗正德年间敕赐“广德寺”。1 300 余年来,历尽沧桑,几度被毁,数次重建,高僧辈出,香火兴盛,有“西来第一禅林”之誉。现存建筑为明代洪武初年重建并经清代多次扩建。依山建寺,中轴线上有殿宇七重,东西配殿独自成院,大小殿阁塔坊共 25 座,多为明代建筑。所藏文物皇帝御赐玉印两颗、明代圣旨坊、缅甸玉佛、济善塔和九龙碑,被喻为“镇寺五宝”。2006 年入选全国重点文物保护单位。

遂宁—宝梵寺 位于蓬溪县宝梵镇。始建于北宋。宋英宗赵曙赐名,意为“佛中之圣,梵中之宝”。明代景泰初年重建。大雄殿设计精细,结构严谨,形式美观,基础牢固,被誉为明代中期建筑的佳作。殿内 87 幅、总计 181.5 平方米的壁画中外驰名,被宗教界尊为禅宗秀迹,文博界誉为蜀中明代壁画代表作,《中国绘画史》等 10 余种辞书均有记载。现存明代佛教故事《西方镜》彩绘壁画 10 幅,颇似唐代著名画家吴道子笔意。2006 年入选全国重点文物保护单位。

遂宁—陈子昂读书台 位于射洪市金华镇。初唐诗人陈子昂青年时期读书处,原名“读书堂”,或称“陈公学堂”。中唐后政局混乱,战争频仍,因之衰废。至清初,建筑全坍坏。清朝光绪初年重建,此后基本保持原状。读书台内匾对甚多,多数为古今名家手迹,其中木刻《感遇三十首》《陈伯玉先生别传》等为重要文物。2006 年入选全国重点文物保护单位。

遂宁—卓筒井 位于大英县卓筒井镇。卓筒井的井盐汲制技艺起源于北宋庆历年间,已入选第一批国家级非物质文化遗产(代表性项目)名录。卓筒井为直立粗大的竹筒以吸卤的盐井,深约 130 米,井口直径 10—12 厘米。大英县境内保留有大顺灶和三眼卓筒井。大顺灶是熬盐的灶房,曾经"统辖"18 眼卓筒井,是卓筒井工艺仅存的一处还能生产的盐灶。2013 年入选全国重点文物保护单位。

遂宁—慧严寺大殿 慧严寺原名"五鼓庙",位于蓬溪县金桥乡。大雄宝殿建于明正统年间,单檐歇山顶,抬梁式木结构,面阔 11.42 米,进深 10.9 米,高 8.5 米,金柱柱径 0.38 米,檐柱柱径 0.30 米,素面台基高 0.3 米。檐下共施斗拱 23 朵,正面斗拱为五铺作单抄双下昂,昂尾雕施三卷云。殿内梁架的驼峰、雀替镌有仙草琼花,保存完好。厢房为单檐悬山顶,穿斗式屋架,面阔 22.65 米,进深 9.40 米。2013 年入选全国重点文物保护单位。

遂宁—饶益寺 位于射洪市柳树镇。建于明正统年间,清光绪初年扩建。四合院布局,大雄宝殿为木结构,抬梁式梁架,脊为镂空花砖建造,二龙缠绕,龙身镶嵌瓷片。藏经楼主楼建于明代万历年间。现存清代壁画 31 幅,水墨淡彩,绘佛经故事及少量民间故事,带有浓郁的民间情趣。2013 年入选全国重点文物保护单位。

遂宁—蓬溪奎塔 位于蓬溪县赤城镇。原名"鳌峙阁""奎阁",建于清代嘉庆年间。五重檐八方形穿斗式与抬梁式结合的木结构建筑,由塔基、塔身与塔顶组成,通高 25.53 米。塔身为正八边形,共五层,结构简洁,功能实用,外形美观。2013 年入选全国重点文物保护单位。

遂宁—高峰山古建筑群 位于蓬溪县文井镇。始建于唐代。现存清末至民国建筑 5 200 余平方米,由主庙、王源清墓及碑亭、范云峰墓及碑亭、寨垣及寨门四大部分组成。主庙建筑面积 3 900 多平方米,为保存完好的木结构八卦式道观建筑群,楼阁环绕,结构复杂,间设暗室、暗道、隔墙壁,天桥、楼梯重重叠叠。古建筑格局的初始状态、建筑原始形制保存完好,撑拱、穿枋、雀替、柱础等构件多为雕刻件,浅、深、圆雕手法俱全。2013 年入选全国重点文物保护单位。

泸州—龙脑桥 位于泸县县城九曲河上。建于明洪武年间。石墩石梁式平桥,东西两面各三座桥墩,中部八座桥墩分别以巨石雕凿成吉祥走兽,总计有4条龙、2头麒麟、1头青狮和1头白象。雕龙口衔"宝珠",可用手拨动。风起时,龙鼻发出响声。象鼻卷曲,长牙上伸,胖身下垂,神态自若。八头瑞兽高昂着头张大着嘴迎向河流的上游,威武刚毅,雕刻精美细腻,清乾隆皇帝曾下旨加以保护。1996年入选全国重点文物保护单位。

泸州—泸州大曲老窖池 位于下营沟。始建于明万历年间。四口窖池纵向排列,均为鸳鸯窖,每口窖池内为两个地坑。一号窖池长6.8米,宽4.2米,深2.2米;二号窖池长6.9米,宽3.4米,深2.25米;三号窖池长6.6米,宽3米,深2.33米;四号窖池长7.6米,宽3.9米,深2.45米。四口老窖池是我国现存建造最早、持续使用时间最长、保存最好的酒窖池之一,所产酒质地优良,1915年荣获巴拿马国际博览会金奖。1996年入选全国重点文物保护单位。

泸州—春秋祠 又名"春秋池""春秋阁",位于叙永县叙永镇。主要供奉关羽,因传说关羽喜读《春秋左氏传》,故名"春秋祠",也称"陕西会馆"。清代光绪中期修建,当时建筑面积4 500平方米,现存建筑面积2 500平方米。长方形布局,沿中轴线有四个封闭式四合院。整个建筑以精湛的木雕艺术见长,刻工精细,形态生动,构图巧妙,以"百鸟窗"和"叙永八景"木雕为最佳,被誉为"川南木雕博物馆"。2006年入选全国重点文物保护单位。

泸州—泸县宋墓 泸县有宋代墓葬100余座,主要是南宋中期的官绅石室墓葬,均为竖穴式、长方形单室墓葬。墓室大致长3.5米、宽1.7米、高2米,墓顶有藻井式、盝顶式和人字形顶。墓葬石刻精湛,其中有我国唯一的女将军造像。清理出土各类石刻164件,石刻题材有四灵造像、人物造像、场景造像、植物图案、动物图案、家具图案、建筑图案七大类。石刻规模之大,数量之多,题材之丰富,工艺之精美,保存之完好,全国首屈一指,入选2002年"全国重大考古发现"。2006年入选全国重点文物保护单位。

泸州—神臂城遗址　位于合江县神臂城镇。神臂城即泸州老城,亦称"铁泸城",宋元古战场遗址。南宋淳祐年间,为避蒙古军袭击,四川境内构建了 17 座山城,神臂城为其中之一。神臂城三面环水,周长 3 365 米,现存城垣 1 100 余米,两道保存较完整的石砌拱形城门,以及炮台、护城池、地下坑道、一字城、蓄水池、舂米足碓、炮台、烽火等遗址,还有无数军事及生活设施遗迹。2013 年入选全国重点文物保护单位。

泸州—合江崖墓群　分布于合江县 12 个乡镇。崖墓形制独特,主要为横穴式小墓室。分布密集,状如蜂房,保存较完整。一般由墓道、墓门、墓室、壁龛组成,少数墓室内有灶台、石塌。以单室为主,结构简单,墓室无雕刻,有少数墓墓门外壁刻有岩画。葬具有木棺、陶棺、石棺、石函等。随葬品有陶俑、陶器、陶畜禽、石俑、石马等。模型明器中摇钱树数量多、品质精,川南特色鲜明。秘戏陶俑和碓房交欢灰陶俑为国内罕见。2013 年入选全国重点文物保护单位。

泸州—罗盘嘴墓群　位于泸县奇峰镇。宋代墓葬,占地面积约 450 平方米。仿木结构石室墓,竖穴式墓圹,由墓道、墓门、墓室、墓顶等组成。墓室长 2.9 米、宽 1.25 米、高 2.58 米。墓室侧龛浮雕花卉门扇,后龛雕女侍,后壁横梁正面镌墓志,室底设棺台,盝顶。墓门左右两侧门柱剔地起突高浮雕镇墓武士各一。石刻仿木结构装饰是宋代《营造法式》和宋代建筑的印证。2013 年入选全国重点文物保护单位。

泸州—报恩塔　位于江阳区报恩塔文化广场。俗称"泸州白塔","白塔朝霞"为"泸州八景"之一。南宋绍兴年间,泸南安抚使冯楫为报母恩而建,历经明清三次维修,大体轮廓保持原状。砖石结构,双檐七级楼阁式,通高33.2 米,檐子 13 层,107 级踏道经塔心盘旋至顶,塔内有 90 龛 256 尊深浮雕石刻造像。塔基为八边形,边长 4.1 米。檐下砖砌仿木斗拱,第二、三层檐下有负重鸟兽类雕塑,保存完整。2013 年入选全国重点文物保护单位。

泸州—泸县龙桥群　泸县保存有石板梁桥 140 多座,最早的桥建造于北宋治平年间,明、清两代建造的桥数量最多。桥的形制大小与地形及河溪大小密切相关,长者100余米、宽约10米,短者仅1米左右、宽约40厘米。大多数桥墩在河流上游一侧雕有龙。2013年入选全国重点文物保护单位。

泸州—尧坝镇古建筑群 位于合江县尧坝古镇。古街长1 000多米,有民居2 000余间,部分为明代建筑,多数为清代重修,历史原貌保存完好。古镇入口的一座牌坊,为清代嘉庆皇帝御赐。中东岳庙始建于明代万历年间,主体建筑为明代珍品。大鸿米店为清代嘉庆年间武进士李跃龙府邸,占地面积约800平方米,为江南风格的全木质建筑,米店两侧高耸的风火墙独具一格。2013年入选全国重点文物保护单位。

泸州—泸县屈氏庄 位于方洞镇。始建于清代嘉庆至道光年间,民国初年扩建碉楼、戏楼、佛堂,遂成现存格局。占地面积2万多平方米,整体布局似一艘大船,后花园花山如船尾,前花园为船头,石牌坊如巨帆,寓意"一帆风顺"。有围墙三层,房屋180余间,设有戏台、佛堂、金银库、凤凰井、内花园、外花园、前花园、吞花园、水池、凉亭、钓鱼台、网球场、跑马场等,是典型的高墙碉楼民居。2013年入选全国重点文物保护单位。

泸州—玉蟾山摩崖造像 位于泸县县城旁。玉蟾山因山形、山石状似蟾蜍而得名,历来以山幽、石奇、水秀、文物多而闻名川南。现存明代摩崖石刻400余尊,大者盈丈,小不及尺,线条流畅,神态逼真。其中千手观音、九龙浴太子、悟道图、刘海戏蟾、十八罗汉飘海等,雕工精细,技艺娴熟,堪称艺术精品。另有五代徐铉书"第一名山"、宋代黄庭坚书"玉蟾"、明代杨慎书"金鳌峰"、清代成骏书"玉蟾丛翠"等石刻题记。2013年入选全国重点文物保护单位。

泸州—清凉洞摩崖造像 位于叙永县马岭镇。明代大型石窟雕刻。在长50米、宽4—5米,距地表1米的天然半环形洞窟红砂石质崖壁上,横向排列42龛,均为拱形龛,龛高2.5米、宽1.55米、深0.4米。窟内有摩崖造像223尊,佛像大者高2.17米,小者仅高0.07米,均为深浮雕,刻工精细,线条流畅,造型生动。2013年入选全国重点文物保护单位。

泸州—红军四渡赤水战役旧址 位于古蔺县。中央红军长征时四渡赤水在古蔺县留下的遗迹。包括太平渡渡口、二郎滩渡口、太平镇红军驻地、二郎红军街、双沙毛泽东及总司令部驻地旧址、鱼化红军村、观文云庄四渡赤水战斗遗址、镇龙山奔袭战战场遗址、金星乡岭上红军驻地旧址、东新乡正峰寺红军驻地旧址、土城乡改路沟红军驻地旧址等 11 处。2013 年入选全国重点文物保护单位。

宜宾—僰人悬棺葬 位于珙县、兴文、筠连等县。保存有悬棺 265 具。置棺距离地表 10—50 米,最高者达 100 米。置棺方式一为木桩式,在峭壁上凿孔,楔入木桩以支托棺木;二为凿穴式,在岩壁上凿横穴或竖穴以盛放棺木;三为利用岩壁间的天然洞穴、裂缝盛放棺木。棺木头大尾小,多为整木,用子母扣和榫头固定。采用仰身直肢葬,麻布裹尸身,随葬品置脚下两侧,多寡不定。悬棺葬的时代,上限未知,下限为明代。僰人悬棺被称为"巴蜀一绝"。1988 年入选全国重点文物保护单位。

宜宾—真武山古建筑群 位于真武山上。始建于明代万历初年,至清中叶共有建筑 20 余处,形成以道教宫观为主,融道、释、儒文化于一体的建筑群。今尚存地姆宫、文昌宫等 8 处,建筑面积约 4 000 平方米,包括楼、殿、坊、廊、桥池、洞、台。由山脚至山顶修建石级,仿泰山分立中石坊三座。1996 年入选全国重点文物保护单位。

宜宾—夕佳山民居 位于江安县夕佳山镇。始建于明万历中期,是一座典型的川南封建地主庄园。占地面积 6.8 万平方米,周围楠木、樟树环抱,园内白鹭飞舞,鸟语花香,环境幽雅。建筑面积 1 万余平方米,四合院式,纵深三进,有房舍 123 间,天井 11 个。以正门、前厅、堂屋为中轴线向两翼展开,设有东花园、西花园、后花园。除围墙和四角的碉楼为石砌外,其余均系悬山穿斗木质结构,青瓦盖顶。1996 年入选全国重点文物保护单位。

宜宾—黄伞崖墓群 位于高场镇。汉代僰人凿造的墓葬。发现 188 座墓葬,距江面 16—40 米。已发掘 15 座崖墓,大都由墓道、墓门、墓室及壁龛等组成。最大的墓还有享堂,呈前堂后室布局,门前凿立双阙。墓室分为单室、双室或多室,门额或室壁之上一般都有浮雕柱头、斗拱、屋檐之类的仿木建筑图像。葬具多为石棺,少数为瓦棺,亦有石、瓦棺并用者,又有一室一棺和一室多棺之分。2006年入选全国重点文物保护单位。

宜宾—石城山崖墓群 位于双龙、横江、复龙三镇。宋至明代僰僚民族崖墓葬。共有崖墓177座,分布在天堂沟、三十六臂山、北斗岩、雷打石和黑石头等五个墓区,其中以双龙镇五星村的天堂沟墓区最为集中,多达44座。墓室均为单室,室顶有藻井顶、平顶、拱顶和仿木屋建筑脊梁顶等四种。2006年入选全国重点文物保护单位。

宜宾—旋螺殿 位于南溪区李庄镇。始建于明万历中期。通高25米,面阔、进深均8米,三重檐八角攒尖顶,屋面铺筒瓦兼小青瓦。殿内结构与一般庙宇不同,用四井口柱直贯二层,井口柱间施抬梁、穿枋、角梁连接,形成梁架骨干。顶部藻井,八面均用斗拱。其左侧用如意斗拱,右侧斜翘和斗拱后尾向上重叠呈网目状,并向右旋转,形如旋螺,故名"旋螺殿"。2006年入选全国重点文物保护单位。

宜宾—隘口石坊 位于珙县玉和乡。为清代贡生谢正业为其母亲修建的贞节牌坊,建成于清道光末年。石质仿木结构,三重檐歇山式顶,通高17米,四柱三间,宽11.33米。通体雕刻,分别用阴刻、线刻、浮雕、镂雕、圆雕、透刻等手法刻,有文字、花卉、飞禽、瑞兽、人物等图案,内容为古代节孝忠义及神话传说故事,雕刻技艺精湛。所镌文字有篆、隶、草、楷等书体,各具神韵。2006年入选全国重点文物保护单位。

宜宾—中国营造学社旧址 位于南溪区李庄镇。抗日战争期间,中国营造学社被迫南迁,辗转武汉、长沙和昆明。1940年,中国营造学社与国立同济大学、中央研究院、金陵大学、中央博物院一起迁入历史古镇李庄镇,直至1946年迁回北京。旧址为两个相连的小院,占地面积1 480平方米,建筑面积349平方米,包括学社办公室、梁思成办公室和卧室,以及莫宗江、刘致平、罗哲文等人的居室。2006年入选全国重点文物保护单位。

宜宾—五粮液老窖池遗址 位于翠屏区。明代至民国时期的酿酒作坊遗址。发现窖池、炉灶、晾堂、水沟等酿酒设施,出土大量瓷器、陶器等酒具、食具遗物、酿酒工具等,明清时期作坊建筑的基本构架和前店后厂的布局保存较好;其中有 15 口老窖池从明初一直连续使用至今,并保留着原有的操作流程和酿造工艺,至今已达 600 多年,为我国现存最早、唯一仍在使用的地穴式曲酒发酵窖池。2013 年入选全国重点文物保护单位。

宜宾—七个洞崖墓群　位于长宁县古河镇。东汉时期崖墓群。凿于岷溪河岸的红砂岩峭壁上,洞口从上至下排成 4 列,大小墓群共 28 座,其中 7 墓较集中,其余 21 墓错落分布。集中的七座墓均为长方形弧形顶墓室,远望墓门若洞,故名"七个洞"。均为单室,无墓道。墓门和峭壁上有飞龙、舞女、花卉、杂技、灯笼等浮雕图案 189 幅。2013 年入选全国重点文物保护单位。

宜宾—南广河流域崖墓群及石刻　位于高县罗场镇、可久镇、嘉乐镇。共有崖墓 120 余座,墓葬形式大致为直穴式和横穴式两种,大部分墓穴建有石门,崖墓上多刻有反映当时人们生产生活的石刻,工艺精良。由于年深日久及盗墓者的严重破坏,已无完整的墓葬。2013 年入选全国重点文物保护单位。

宜宾—旧州塔　位于翠屏区。建于北宋大观年间。四方形砖塔,13 级密檐式,通高 29.5 米,印缅塔式建筑风格。塔基以砖砌成,砌砖用泥土黏合,塔内壁画具有浓厚的宗教色彩。900 多年来历经无数战乱烽烟,仍巍然耸立在岷江之滨。每当夕阳西下,金波帆影,千鸟归林,古意盎然,"旧州夕照"成为宜宾一景。2013 年入选全国重点文物保护单位。

宜宾—楞严寺　位于屏山县中都镇。又名"雷音寺",建于明成化年间。现存大雄宝殿及后殿和东厢房。正殿抬梁式梁架重檐歇山顶,屋面施筒瓦,檐下施斗拱;其余建筑均为穿斗式梁架悬山顶小青瓦屋面。建筑结构具有防震功能,处于马边地震带却屹立 500 多年而不倒。收藏有大型佛像 42 尊(幅)。2013 年入选全国重点文物保护单位。

宜宾—南溪城墙　位于南溪区。原南溪县城城墙,始筑于明天顺年间,历代均有修补。沿江砌就,现存长度 1 109 米,高 6 米,厚 0.5 米。尚存文明门、广福门和望瀛门三座城门。文明门是正门,号称"长江第一门",前面有民国时期修建的码头台阶。登上城墙,可见大江东去。2013 年入选全国重点文物保护单位。

宜宾—宜宾大观楼 位于翠屏区西街口。修建于清乾隆年间。筑于城门上的谯楼,因形似北京的天安门,在当地有"小天安门"之称。楼高 28 米,长 31.6 米,宽 20.4 米,登楼眺望,远山如画,双江若带,由此得名"大观"。楼分四层。底层用石砌,中有十字形通道,可容车马通行。上面三层系斗拱木质结构,四角飞檐凌空翘首,窗棂檐楣精心雕镂。二楼东檐端挂有"大观楼"三字匾额,每字见方 1.5 米。2013 年入选全国重点文物保护单位。

阿坝州—卓克基土司官寨 位于马尔康市卓克基镇。始建于清康熙末年,1936 年毁于大火,随即重建。依山而建,占地面积 5 400 平方米,仿汉式四合院样式,由四组碉楼组合而成,木质结构,共有大小 63 间房。1935 年,毛泽东及中央机关长征途中曾在此住宿一周。官寨的蜀锦楼收藏有大量的藏文和汉文典籍。1988 年入选全国重点文物保护单位。

阿坝州—直波碉楼 位于马尔康市松岗乡。建于清乾隆年间。共有四座碉楼,石木结构,整体由下向上逐渐内收呈台锥形。其中一座碉楼呈八角形,由下往上成锥体状,由石块和黄泥砌筑而成,整体高 43 米,墙壁厚近 1 米。内部分 13 层,已经倾斜 2.3 米,经历四次大地震而屹立不倒,被称为"中国版的比萨斜塔"。2001 年入选全国重点文物保护单位。

阿坝州—松潘古城墙 位于松潘县进安镇。现存城墙为明洪武中期在原唐松州涂城的基础上扩建而成,正统年间增修外城城墙,形成内外两城的城市布局。城墙全长 6 200 米,内夯土石,外包砌砖,最高处 12.5 米,最厚处 31.5 米。有城门七道,门基大石上刻有各种浮雕图案。东、南、北门保存完整,且建有瓮城,各种浮雕图案清晰可见。东门门洞宽 6 米,高 5.8 米,厚 22 米;南门门洞宽 6 米,高 8.8 米,厚 30 米;北门门洞宽 6 米,高 5.8 米,厚 31.5 米,是我国现存明代城门中规模较大者。2001 年入选全国重点文物保护单位。

阿坝州—棒托寺 位于壤塘县茸木达乡。"棒托寺"在藏语中意为"草坝上的寺庙"。寺庙背靠瞻巴拉山,面对象山和大渡河支流则曲河。占地面积约1万平方米,建筑面积1 538平方米。寺内珍藏有明清时期镌刻的大藏经《甘珠尔》和《单珠尔》,刻有经文及佛像的石片约50万片。周围有元明清等各时期的佛塔32座。2001年入选全国重点文物保护单位。

阿坝州—营盘山和姜维城遗址 营盘山位于茂县,又名"云顶山",汉代为县治,唐代筑叠溪城,明初复筑。遗址为新石器时代遗址,包括房屋基址9座、墓葬及人殉坑5座、灰坑80余个、灰沟4条、窑址及灶坑等,还发现一处类似大型广场的遗迹。姜维城遗址位于汶川县威州镇,包含新石器、汉代和宋代等时期的遗存,传说蜀汉大将军姜维曾在汶川一带驻防,现存有古城墙,故名"姜维城"。2006年入选全国重点文物保护单位。

阿坝州—措尔机寺 位于壤塘县中壤塘乡。因第一任活佛"措尔机活佛"而得名。始建于元代大德年间,属藏传佛教之觉囊派寺院,占地面积2 500平方米。保存有元、明、清时代建筑四座,历代活佛住宅、康玛庙、康萨庙、大经堂,以及数百幅明、清、民国以及现代绘制的唐卡,用金水、银水所写的佛经,佛像、法器、镶宝石银质灵塔等文物。2006年入选全国重点文物保护单位。

阿坝州—日斯满巴碉房 位于壤塘县宗科乡。始建于元末明初。平面布局为长方形,以片石砌墙,木构平顶建筑。碉房共分九层,通高25米,外形呈阶梯状,底层为牲畜圈,二层北为厨房,南为客厅,三、四层为寝室,五层为经堂,六层以上为杂物库房,各层间置独木梯以通上下,二层以上每层皆开一大窗及若干小窗,作通风或战时射击孔之用。是我国发现的年代最久、规模最大、层数最多、建筑最高的藏族传统民居建筑之一,被誉为"藏族民房之王"。2006年入选全国重点文物保护单位。

阿坝州—阿坝红军长征遗迹 1935年,长征中的工农红军左路军兵分两路,一路从安曲沿海子山梁子进抵阿坝,一路经四寨(红原)进驻阿坝,总指挥部设在格尔登寺内。红军在阿坝州停留1年6个月,建立了少数民族最早的革命政权——格勒德沙共和国中央革命政府,留下的遗址遗迹包括中共中央政治局两河口会议、芦花会议、沙窝会议、毛尔盖会议和巴西会议会址,土门战役、包座战役、绥崇丹懋战役遗址。2006 年入选全国重点文物保护单位。

阿坝州—哈休遗址　位于马尔康市沙尔宗乡。新石器时代遗址。占地面积近 10 万平方米。文化堆积分为秦汉时期遗存和新石器时期遗存,其中秦汉时期遗存破坏严重,新石器时期遗存局部受到破坏。哈休遗址距今 5 000—5 500 年,是长江上游地区的一种新石器时代地方文化类型,确认了长江上游地区早在 5 500 年前就已有人类定居,并且创造出了发达的古代文化。2013 年入选全国重点文物保护单位。

阿坝州—大藏寺　位于马尔康市沙尔宗乡。"大藏"在藏文中意为"圆满的信心"。建成于明永乐中期。有弥勒殿、宗喀巴大师殿、大雄宝殿及护法殿等六座佛殿。大殿的楼顶为镏金铜瓦。寺院前方有一座 30 米高的佛塔,内有无数珍贵圣物。保存着清乾隆皇帝所赐象牙印章和织锦布料,还有天衣、五佛冠、历代圣旨及诏书多函。2013 年入选全国重点文物保护单位。

阿坝州—甲扎尔甲山洞窟壁画　位于马尔康市白湾乡。文物年代为明至清。洞窟为一天然岩石洞穴,平面呈瓶状,外大内小,深 23.59 米,高 7.88 米,最宽处 3.29 米。洞内人工砌筑石墙,内有泥塑佛塔三座。在洞口外西侧岩石上、洞内东西壁以及佛塔四周均绘有佛教壁画,绘画总面积约 70 平方米。2013 年入选全国重点文物保护单位。

阿坝州—曾达关碉　位于金川县马尔邦乡与曾达乡交界处。清乾隆初年建造的军事防御碉。东碉高 28 米,底边每边长 3 米,石墙厚 0.9 米。西碉高 49.5 米,底边每边长 5 米,石墙厚 0.85 米,是目前世界上现存最高的古碉之一。曾达关为古关隘,扼守金(川)丹(巴)之咽喉,双碉齐锁要道,易守难攻。2013 年入选全国重点文物保护单位。

阿坝州—筹边楼　位于理县薛城镇。建于唐太和初年,清康熙年间被毁,现存的筹边楼为乾隆年间修建。正方形,二层重檐歇山式木结构建筑,通高 18 米。底楼以外柱 12 根、内柱 4 根将空间隔成进深、面阔各三间。内外柱为方形,四棱卷刹起弧线,方形须弥座石质柱础。二楼为方形大厅,四周板壁及顶部望板皆彩绘各种人物故事图案。2013 年入选全国重点文物保护单位。

阿坝州—沃日土司官寨经楼与碉楼 位于小金县沃日镇。清乾隆初年修建,民国时期重建。"沃日"在藏语中意为"领地",小金川支流沃日河流域是沃日土司的世居之地。沃日土司因乾隆年间协助征剿金川有功受封"安抚司",沃日土司官寨是乾隆皇帝征战大小金川古战场的重要遗址之一。经楼平面呈长方形,石木结构三重檐四角攒尖顶,屋顶施小青瓦,共五层,建筑面积 80 平方米,通高 22.5 米,汉藏风格合一。经楼旁紧贴一碉楼,呈台锥形,通高 19 米。碉楼曾经历 8 级地震,依然雄姿挺拔。2013 年入选全国重点文物保护单位。

阿坝州—达扎寺 位于若尔盖县县城东北部。始建于清康熙初年。主要建筑有三大扎仓的经堂、达扎活佛的寝宫、寺院藏医门诊部、宗喀巴殿、怙主殿、犀甲护法神殿、时轮塔、菩提塔、尊胜塔、降魔塔,还有禅院、转经房等,既有藏族传统的建筑风格,又有汉地建筑风格。珍藏有众多佛及菩萨像,还有金汁抄写的《般若经》等经典,供奉有 3 000 多年历史的佛祖像和印有六世活佛手纹的石碑等文物。2013 年入选全国重点文物保护单位。

眉山—江口崖墓 位于彭山区江口镇。现存西汉晚期至三国时期的崖墓 4 580 座,以东汉时期崖墓为大宗。崖墓依山凿穴,分布密集,形式多样,石刻精湛,出土文物丰富。墓葬形制有船形室墓、竖井横室墓、岩室与砖室结合墓、天井墓和异形墓,分为单室、双室、三室等多种类型。清理崖墓 76 座、砖墓 2 座、土坑墓 7 座,出土陶俑等文物数百件。崖墓中出土的珍贵文物,珍藏于北京、南京、成都等大型博物馆。2001 年入选全国重点文物保护单位。

眉山—瑞峰崖墓群 位于青神县瑞峰镇。东汉崖墓群。依山势而凿,共 469 座,分布密集,保存完好。有的建在崖底,有的建在崖壁中间,有的高悬崖顶,还有许多崖墓只露出崖墓口。崖墓有大小主副之别,但基本都由墓道、前堂、门楣、甬道、主室、侧室、壁龛组成。有几座中大型墓室,形制大都为"前堂后寝,左右厢房"。前堂都有较为繁琐精致的装饰,状似官府宅第大门,工艺细致,雕饰简巧。墓门大多是双门楣或多门楣,一般在门楣上雕饰有斗拱。2006年入选全国重点文物保护单位。

眉山—报恩寺 位于东坡区永寿镇。始建于唐代。现存建筑为元代泰定年间重建。大殿面阔三间13.65米,进深四间13.45米,高8.3米,单檐歇山顶,抬梁式木构架,檐柱略有升起和侧角,柱头卷杀为倒钟形,明间栏额断面近圆形,柱础为莲瓣覆盆式。报恩寺大殿是一座典型的元代建筑,保留了许多宋代的营造方式。2006年入选全国重点文物保护单位。

眉山—三苏祠 位于东坡区。这里是北宋文学家苏洵、苏轼、苏辙的出生地。元延祐年间三苏故居改建为祠堂,明洪武初年改宅为祠,明末毁于兵燹,清康熙初年在原址重建。占地面积6.93万平方米,红墙环抱,绿水萦绕,荷池相通,古木扶疏,小桥频架,堂馆亭榭掩映在翠竹浓荫之中,形成"三分水、二分竹"的岛居特色。祠内珍藏有三苏父子的大量手迹、各种印版和拓版的诗文字画等文物。"一门父子三词客,千古文章四大家",是蜀中最负盛名的人文景观。2006年入选全国重点文物保护单位。

眉山—双堡牌坊 位于仁寿县双堡乡。石质仿木结构牌坊,两坊上下对列,间距44.5米,一条石板大道贯穿其间。建于清光绪初年,是两座节孝坊。一号坊高11.47米,二号坊高12.53米,均为四柱三开间,三重檐歇山式屋顶,牌楼式仿木结构、筑宝瓶式坊顶,石柱前后分立八尊镇门兽。层层板鳌作脊藻角翘空,装有八个雕花云板。2006年入选全国重点文物保护单位。

眉山—牛角寨石窟 位于仁寿县高家镇。营建于中唐时期。石窟分布范围约1万平方米,有摩崖造像2480尊,已编号建档的有101龛1519尊,其中佛教造像龛95个,造像1395尊;道教造像龛6个,造像124尊。保存完好和基本完好的21龛,部分残缺、剥蚀的39龛,严重剥蚀的28龛,尚有13龛为泥土所埋。2006年入选全国重点文物保护单位。

眉山—丹棱白塔　位于丹棱县城西隅。建于唐大中年间,历经 1 150 多年风雨剥蚀,至今保存完整。白塔通高 27.5 米,正方四角砖尖 14 层密檐式。塔身下部第一层特别高大,第二层起每层之间的距离特别短,塔檐紧密相连,好似重檐楼阁的重檐。无台基和基座,塔身直出地面。塔檐翼角上原悬72 只铜铃,风吹时当当作响,"白塔钟声"是"丹棱古八景"之一。2013 年入选全国重点文物保护单位。

眉山—甘泉寺　位于仁寿县县城东南方。始建于明宣德年间。占地面积 8.93 万平方米,现仅存大雄宝殿、部分厢房、石刻和石围墙。大雄宝殿进深 12.5 米,面阔 12.5 米,通高 9.3 米,檐高 5.2 米,前檐下阶梯式踏道两级。木结构,单檐歇山式九脊顶,抬梁式梁架前后乳栿,屋面施青灰色筒瓦,四周柱间共施斗拱 24 朵。2013 年入选全国重点文物保护单位。

眉山—郑山、刘嘴摩崖造像　位于丹棱县双桥镇。盛唐时代的造像群。郑山、刘嘴两座青山凸起互望,两座山上各有几块形态各异的大石包,大石包之上雕刻着一龛龛精美的佛像,密如蜂房,当地人称为"大石包造像"。现存造像 152 龛,大小雕像约 3 100 尊,其中郑山造像 68 龛 700 余尊、刘嘴造像84 龛 2 393 尊。绝大多数是佛教造像,少数为道教造像及佛道合龛造像。最大龛是释迦牟尼佛像,大如真人;最小龛是三世佛龛,像高不足尺。2013 年入选全国重点文物保护单位。

眉山—能仁寺摩崖造像　位于仁寿县中农乡。雕刻于唐、宋时代。在原能仁寺庙后两侧山崖石壁有摩崖造像百余龛,以千佛龛和神奇的"漏米大佛"为最。大部分在"文化大革命"期间遭毁损,现存 28 龛,造像 270 余尊,高者 1.8 米,光头大耳,面部消瘦,肌肉坚实,颈有三道竖肌突起,或者交领僧衣或者交领袈裟,双手或胸前合十或抄于袖内。2013 年入选全国重点文物保护单位。

眉山—中岩寺摩崖造像　位于青神县瑞峰镇。中岩寺始创于东晋,自唐宋以来是川西南佛门圣地。岩壁上下密布摩崖造像 2 000 余尊,多为唐宋造型。法界庄严,神态各异,技艺精湛。达摩尊者像龛高 1.6 米,宽 1.2 米,深 0.2 米,脚踏芦苇于波涛,形态飘然。有两个佛龛内雕刻着三座经幢,其中一座经幢上以 2 厘米、8 厘米的字径雕刻着《佛顶尊胜陀罗尼幢》的经文。2013 年入选全国重点文物保护单位。

眉山—冒水村摩崖造像 位于仁寿县虞丞乡。镌凿于宋淳熙年间至清宣统年间。有造像 6 龛共 22 尊。一号龛"川主与孔位",供碑位"大成至圣先师孔子"代替造像,这在其他各处造像中不多见。二号龛供"六指莲花观音",坐姿随意,头上戴着普通的头巾,身着平常的衣裙,大慈大悲的观世音变成了一个神态天真、容貌俏丽的少女。三号龛是"世尊讲法图",释迦牟尼像高 5.1 米,赤脚站在 0.93 米高的莲台之上,当地人称之为"虞丞大佛"。2013 年入选全国重点文物保护单位。

眉山—曾家园 位于洪雅县柳江古镇。始建于清代。现存建筑修建于 1927—1937 年,占地面积 11 621 平方米,建筑面积 5 402 平方米。有四个四合院、三个戏台,院中有观景台、八字龙门、小姐楼、书房、石牌坊,还有牡丹园、荔枝园和休闲亭,楼台相望,廊檐相接。整个宅院鸟瞰呈繁写的"寿"字,据说为顺应"寿"字的笔画布局,把外面的墙或楼建造得颇为独特,尤其是临河的一排楼房如锯齿一样,一拐一弯,形态怪异。2013 年入选全国重点文物保护单位。

巴中—红四方面军总指挥部旧址 1988 年入选全国重点文物保护单位。参见全国红色旅游经典景区——红四方面军总指挥部旧址纪念馆。

巴中—南龛摩崖造像 位于巴州区。分布在云屏石、山门石、千佛岩、大佛洞、佛爷湾一带长约 350 米的崖壁上,以大佛洞最为集中。始凿于隋代,多为唐代造像,另有宋代 2 龛、清代 2 龛、民国 5 龛。现存龛窟 176 个,造像 2 553 余尊。汇聚了佛教各教派和儒道释三家造像,精巧玲珑、端庄丰满、神情潇洒、典雅大方。1988 年入选全国重点文物保护单位。

巴中—通江千佛岩石窟 位于诺江镇。始凿于唐代龙朔年间。造像群由净土变、天龙八部、说法图、七级佛塔、千佛屏等龛组成,共有造像 54 龛 3 000 余身,分布在高 10 米、宽 53 米的白砂岩石上。龛形有方形龛、双重檐龛、拱形龛,采用高浮雕、浅浮雕、线刻和镂空雕刻手法,既有初唐时期建筑的简朴之风,又有盛唐时期建筑的风韵。2006 年入选全国重点文物保护单位。

巴中—通江红军石刻标语群 红四方面军在创建和巩固发展川陕革命根据地期间,在通江留下了大量的石刻标语,其中以巴中市沙溪、至诚、诺江、毛浴、芝苞、杨柏、板凳等乡镇的红军石刻标语最为集中。最大的两幅红军石刻标语:一是沙溪镇景家塬村海拔 800 米红云崖上的"赤化全川",字高 5.9 米、宽 4.9 米,笔画宽 0.8—0.9 米、深 0.3 米;二是至诚镇九子坡村海拔 1 100 米佛尔崖上的"平分土地",字高 6.95 米、宽 6.35 米,笔画宽 0.89 米、深 0.1 米。两幅标语雄踞高山之巅,数十里之外也清晰可见。2006 年入选全国重点文物保护单位。

巴中—白乳溪石窟 位于通江县东山乡。开凿于唐代,续刻于北宋。现存龛窟 23 个,造像 151 尊,碑刻 3 通,线刻经幢 1 个,题记 4 幅,分布在 4 块锥形白砂岩石上。龛窟形式有单层圆形龛、双层方形龛、外方内屋形龛等。窟形风格古朴,形制多样,装饰主题突出,构图繁复,装饰华丽,雕刻精湛。2013 年入选全国重点文物保护单位。

绵阳—平阳府君阙 位于游仙区绵阳博物馆新馆前。平阳府君阙属墓阙,由大小相近的两座阙组成,南北相距 26.2 米。主阙通高 5.45 米、宽 1.66 米,副阙通高 5.29 米,均由阙基、阙身、阙盖、阙檐、介石和阙顶组成,全由条石和板石堆砌,其间无任何黏结物,严整坚固,别具风格。1961 年入选全国重点文物保护单位。

绵阳—云岩寺 位于江油市武都镇。唐僖宗李儇于乾符年间敕令在窦团山修建云岩寺,分为东西两院,东禅林西道观,宋代整体改为道观。占地面积 1.3 万平方米,建筑面积约 4 000 平方米。建于山脊,背负三座主峰,中轴线对称布局。寺前山门外有李白赞窦团山石碑一通,碑文"樵夫与耕者,出入画屏中"为于右任手书。我国现存唯一的宋代道教木制转轮经藏——《飞天藏》为镇寺之宝。1988 年入选全国重点文物保护单位。

绵阳—郪江崖墓群 位于三台县郪江镇。崖墓数以千计,其中以金钟山、泉水坝、紫荆湾墓群最为集中。崖墓以东汉墓为主,规模不一。多室墓均在中轴线上,一般可分墓道、墓门、前室、中室、后室、侧室和耳室,墓内利用山岩凿有台阶、水沟、壁龛、灶案、棺台、床等。很多墓有圆雕、浮雕、线刻和画像装饰雕刻,有些墓内有红色涂料彩绘。汉代以红色为高贵吉利,故很多墓内部用朱红、土红涂抹和彩绘,一些床台、石棺也有此装饰。1996 年入选全国重点文物保护单位。

绵阳—七曲山大庙 位于梓潼县城景观大道。道教文昌帝君的祖庙。始建于晋代,蜀地百姓为祭祀张亚子而建。后经元、明、清三代多次扩建,逐步形成由三条轴线组成的道教文化建筑群。占地面积 1.2 万平方米,建筑面积 6 000 平方米。主要建筑有元代盘陀石殿、明代桂香殿、清代百尺楼等。大庙完整地展现了由元到清各个时期的建筑风格。1996 年入选全国重点文物保护单位。

绵阳—平武报恩寺 位于平武县城内东北角。始建于明代正统年间,迄今已有 570 多年历史。相传明英宗时,镇守龙州的世袭土官王玺用重金招聘曾修建过北京紫禁城的工匠,仿紫禁城形制而建,故布局结构酷似紫禁城,又称"深山王宫"。占地面积 2.78 万平方米,建筑面积 3 500 平方米,规模宏大,布局严谨,装饰华丽,工艺精湛。1996 年入选全国重点文物保护单位。

绵阳—老君山硝洞遗址 位于江油市重华镇。包括朝阳洞、天雨洞、高观洞、犀牛洞、妖精洞、干人洞、牛角洞、九仙洞、明月洞、老君洞、中沟洞,洞深数百米至数千米不等,形成规模巨大的古硝洞遗址群。硝洞内尚存大量炼硝遗存,古代炼硝留下的硝渣、废料等堆积如山,人工开采痕迹清晰可见,较好地保存了古代制硝场所的原貌。2006 年入选全国重点文物保护单位。

绵阳—李业阙 位于梓潼县长卿镇。建于汉代建武年间。李业为汉代四川梓潼县人,官居郎官。该阙为现存最早的汉阙之一,形似碑碣,高 2.5 米、宽约 1 米,由红砂石凿成。阙身正中阴刻隶书"汉侍御史李公之阙"。

2006 年入选全国重点文物保护单位。

绵阳—卧龙山千佛岩石窟 位于梓潼县卧龙镇。唐代贞观初年始凿。造像开凿在长 5.5 米、宽 5.2 米、高 3.2 米的长方体石墩四周壁上,共 1 003 龛,现存造像 138 尊。西龛开凿"西方三圣"龛,东龛为弥勒佛龛,北龛内雕一坐佛。清末依石龛修建面阔五间、进深三间的歇山式木构庙宇,很好地保护了佛龛造像。2006 年入选全国重点文物保护单位。

绵阳—永平堡古城 位于北川县开坪乡。明嘉靖年间修建。顺着牛背山山势修建在数百米的山梁上,占地面积 9 平方千米。保留着 200 多米长的城墙,200 多平方米的营房遗址和点将台、练兵场。400 多年前,明朝 9 000 精兵曾在这里驻守,扼守从成都平原进入松潘地区的要道。2013 年入选全国重点文物保护单位。

绵阳—河边九龙山崖墓群 位于河边镇。东汉晚期崖墓群。发现崖墓150 余座。崖墓距山顶 5—10 米,均为单室,由墓道、墓门和墓室组成。墓门为长方形,墓室平面略呈梯形,墓壁凿龛,多数墓葬内有雕刻,部分雕刻有涂朱现象,刻画出一幅幅汉代田园风情画。随葬品以陶器为主,还有少量铁器和铜钱。以规模大、墓室结构完整、出土器物丰富以及墓室内特色丰富的雕刻等闻名,"绵阳五绝"之一的东汉说唱俑也出土于此。2013 年入选全国重点文物保护单位。

绵阳—开禧寺 位于安州区塔水镇。修建于明永乐年间。木构建筑,占地面积约 5 万平方米,主要包括文昌殿、接引殿、千手观音殿等 10 余座建筑。"文化大革命"期间、2008 年的汶川大地震时受到严重破坏,仅大雄殿保存较为完好。大殿进深四间,面宽三间,屋顶有青瓦,四角屋檐向上高高翘起,四周墙上有斗拱 20 朵,殿梁上有明永乐四年(公元 1406 年)的题记。2013 年入选全国重点文物保护单位。

绵阳—鱼泉寺 位于游仙区东宣乡。始建于明正统初年。明末清初遭兵燹。清代康熙、乾隆年间增建观音殿、地藏殿和前殿,续构两廊及前灵官楼。除大雄殿为明代建筑外,其余现存建筑均为清代遗存。大雄殿的柱、梁、枋用材硕大，梁枋、斗拱遍布彩绘，保留有 20 多幅清代水墨壁画。2013
年入选全国重点文物保护单位。

绵阳—潼川古城墙　位于三台县潼川镇。明嘉靖年间始建，清乾隆中
期重建。城墙上原设有九座炮台，五道城门，今仅存东门、南门。南门谯楼
为木结构抬梁式，重檐歇山顶，面阔 12 米，进深 6.8 米，脊高 7.5 米。现存城
墙约 2 000 米，均用长 1.2 米、高和宽 0.3—0.35 米的条石垒砌。南门城墙高
6 米，厚 9.8 米，城门门洞为纵联式券拱，内外门洞间有双扇铁皮木质大门，
门楣有浅浮雕花卉卷草纹饰。2013 年入选全国重点文物保护单位。

绵阳—云台观　位于三台县安居镇云台山。始建于南宋开禧初年，从
明永乐到万历年间重建殿堂。至清光绪中期，已为四川道教名山，蜀中名
观。现存有三皇观、回龙阁、长廊亭、城隍庙、天王殿、九间房、灵宫殿、振辰
楼、钟鼓楼、正殿等建筑，结构严谨，工艺精湛。保存有明代的铜钟、铜鼎、匾
对、云台胜境墨稿、圣谕和乐笏、尚方宝剑等。小桥流水，古柏参天，风景秀
美。2013 年入选全国重点文物保护单位。

绵阳—尊胜寺　位于三台县争胜乡。始建于南宋，明永乐、清康熙和乾
隆年间均予修缮扩建。现存明清古建筑群占地面积 3 605 平方米，建筑面积
934 平方米。大雄殿为木结构单檐歇山顶，面阔、进深均为四柱三间，是宋元
建筑过渡到明清建筑的实例。藏经楼为木结构重檐歇山顶，面阔五柱，进深
四柱，建筑面积 276 平方米，梁柱未出现倾斜、下沉等情况，始终保持初建时
的雄姿。2013 年入选全国重点文物保护单位。

绵阳—马鞍寺　位于游仙区刘家镇。始建于宋，重建于清乾隆年间。
现有四重殿宇，除玉皇殿三间外，均系长五间宽三间的悬山顶抬梁式建筑。
建筑的挑、枋、壁间都绘有壁画，壁画钟馗降魔、刘海戏金蟾、太公钓鱼、吕洞
宾戏牡丹等栩栩如生。2013 年入选全国重点文物保护单位。

绵阳—青林口古建筑群　位于江油市二郎庙镇。明清建筑。保留有较
完整的文昌宫、妈祖庙、南华宫、戏台、桥楼亭和大量木构一楼一底民居。街
坊民居有的采用檐式木结构，也有四合院、三进台式建筑，还有奇特的悬空

吊脚楼,别具一格的亭台楼阁。古老的松树、青翠的扁柏、婆娑的菩提,掩映着古镇的翘角楼尖。2013 年入选全国重点文物保护单位。

绵阳—碧水寺摩崖造像　位于游仙区涪江北岸。始建于唐代。造像分布在寺内凸出的大石上,共有 20 余龛。造像龛皆为圆拱形,最大的有 5—6 平方米,最小的不足 0.5 平方米。龛内造像少则 3—5 尊,多则 50 余尊。雕刻技法有高浮雕、浅浮雕、镂空雕、圆雕、线刻等。大殿内还有一尊雕刻于唐代早期的圆雕观音立像,高约 5 米,头戴化佛金冠,领系璎珞,身披贴体袈裟,雍容华贵。2013 年入选全国重点文物保护单位。

茶马古道　我国西南地区以马帮为主要交通工具的民间国际商贸通道。茶马古道源于古代西南边疆的茶马互市,兴于唐宋,盛于明清。绵延 3 000 多千米、持续 1 300 多年的川藏茶马古道,被誉为"世界上地势最高的文明文化传播古道之一"。四川境内的茶马古道,以雅安至康定段最为崎岖。1954 年川藏公路建成通车后,茶马古道时代宣告结束。2013 年入选全国重点文物保护单位。

二十六、国家一级博物馆

自贡恐龙博物馆　位于自贡市东北部。是在著名的"大山铺恐龙化石群遗址"上就地兴建的一座大型遗址类博物馆,我国第一座专业性恐龙博物馆,世界三大恐龙遗址博物馆之一。占地面积 6.6 万多平方米,馆藏化石标本几乎囊括了距今 1.45—2.01 亿年前侏罗纪时期所有已知恐龙种类,是世界上收藏和展示侏罗纪恐龙化石最多的地方之一。2008 年入选国家一级博物馆。

三星堆博物馆　位于全国重点文物保护单位三星堆遗址东北角,地处历史文化名城广汉城西鸭子河畔。占地面积约 35.3 万平方米,建筑面积

2 600 平方米,收藏和展示三星堆遗址及遗址内一、二号商代祭祀坑出土的青铜器、玉石器、金器、陶器、骨器等千余件珍贵文物,尤以青铜大立人、青铜面具、青铜神树最为著名。2008 年入选国家一级博物馆。

成都武侯祠博物馆 位于武侯区武侯祠大街。成都武侯祠 1961 年入选全国重点文物保护单位,1984 年成立成都武侯祠博物馆。占地面积 3.7 万平方米,建筑面积 9 200 平方米。馆藏刘备、诸葛亮、关羽、张飞、赵云、庞统等塑像,以及东汉灰陶说书俑、蜀汉延熙十六年文字砖、明云纹双云耳三足铁鼎、东汉四耳蹲蛙青铜鼓、蜀汉铭文铜弩机、蜀汉直百五铢等,都是文物精品。2008 年入选国家一级博物馆。

邓小平故居陈列馆 位于广安市广安区协兴镇牌坊村。占地约 6 666 平方米,建筑面积 3 800 平方米。由一个序厅、三个展厅、一个电影放映厅及相关附属设施组成,是国内唯一一家纪念邓小平的专题博物馆。陈列馆以"我是中国人民的儿子"为主题,全景式地展现了邓小平和中国共产党人为国家富强、人民幸福而不懈奋斗的光辉历程。2008 年入选国家一级博物馆。

成都杜甫草堂博物馆 位于青羊区青华路。唐代诗人杜甫流寓成都时的居所。珍藏有各类资料 3 万余册,文物 2 000 余件,包括宋、元、明、清历代杜诗精刻本、影印本、手抄本以及近代的各种铅印本,还有 15 种文字的外译本和朝鲜、日本出版的汉刻本 120 多种,是有关杜甫生平和创作馆藏最丰富、保存最完好的地方。2008 年入选国家一级博物馆。

四川博物院 位于成都市浣花溪风景区。我国西南地区最大的综合性博物馆。新馆占地 5.86 万平方米,主体建筑 3.2 万平方米,展厅 14 个,展厅面积约 1.26 万平方米,包含书画、陶瓷、青铜器、民族文物、工艺美术、藏传佛教、万佛寺石刻、张大千书画、汉代陶石艺术等 10 个常设展览。收藏文物 26 万余件,其中珍贵文物 5 万余件。馆藏精品有张大千临摹敦煌壁画、三星堆青铜器等。2012 年入选国家一级博物馆。

成都金沙遗址博物馆 位于青羊区。在金沙遗址原址上建立的一座遗址类博物馆,也是展示商周时期四川地区古蜀文化的专题类博物馆。占地面积 30 万平方米,建筑面积 3.8 万平方米,由遗迹馆、陈列馆、文化保护与修复中心、金沙剧场、园林区等组成。2012 年入选国家一级博物馆。

自贡市盐业历史博物馆　位于自流井区釜溪河畔的龙凤山下。馆址为修建于清代乾隆初年的西秦会馆。我国唯一的盐业史博物馆,也是我国博物馆发展历史上最早建立的专业博物馆之一。2013 年入选国家一级博物馆。

二十七、中华老字号

龙抄手店(注册商标:龙)　位于成都市锦江区城守街。创建于 1941 年。龙抄手把握了抄手"汤清、馅细"的要诀,制作分制馅、制皮、制汤、包馅成型和煮制五道程序,每道程序都非常讲究,而制皮、制馅和制汤最为关键。在全国第 12 届厨师节上被评为"中华名宴"。2006 年入选中华老字号。

陈麻婆豆腐店(注册商标:陈麻婆)　位于成都市白云寺街。始创于清同治初年。老板姓陈,他的老婆陈氏面带麻粒,人们戏称为"陈麻婆"。陈麻婆厨艺精良,只用一小块牛肉剁碎煸炒,一小块豆腐切丁烫熟,一小撮青蒜提味,便能做出惊天美味,人们称之为"陈麻婆豆腐"。2006 年入选中华老字号。

赖汤圆店(注册商标:赖)　位于成都市白云寺街。清光绪中期,老板赖源鑫在成都沿街煮卖汤圆,他制作的汤圆不烂皮、不露馅、不浑汤,不粘筷、不粘牙、不腻口,滋润香甜,爽滑软糯,成为成都当时最负盛名的小吃。传统工艺传承至今。2006 年入选中华老字号。

钟水饺店(注册商标:钟)　位于成都市白云寺街。始创于清光绪中期,创始人钟少白,因开业之初店址在成都的荔枝巷,故又称"荔枝巷水饺"。该店最为著名的品种有红油水饺和清汤水饺两种。红油水饺味微辣、鲜香、咸中带甜;清汤水饺淡而不薄,入口细腻化渣。1992 年入选"成都名小吃"。2006 年入选中华老字号。

夫妻肺片店(注册商标:**夫妻**) 位于成都市白云寺街。20 世纪 30 年代初期,郭朝华、张田正夫妻走街串巷出售肺片,因精选材料,制作精细,深受欢迎,为区别于其他人出售的肺片,遂命名为"夫妻肺片"。历经 80 多年的发展,已成为成都的一张美食名片。2006 年入选中华老字号。

荣乐园(注册商标:**荣乐园**) 位于成都市白云寺街。前身"正兴园"开设于清咸丰末年,做一些"参肚席"之类的筵席应市。老板是满族人,能做满汉全席,又精于布置就餐环境,从上海订制了印花台布、玻璃桌面、高级沙发等,到江西景德镇订烧仿古瓷器作为食用器皿,迅速走红成都。2006 年入选中华老字号。

盘飧市(注册商标:**盘飧市**) 位于成都市华兴正街。20 世纪 30 年代创办,从杜甫《客至》诗句"盘飧市远无兼味,樽酒家贫只旧醅"中截得"盘飧市"作店名,专门制作销售鸡翅、鸡爪、鸭翅、鹅掌、鹅翅及鸡、鸭、鹅的胗、肝等卤制品。"飧市卤宴"在全国第 12 届厨师节上被评为"中华名宴"。如今除经营传统卤品外,还增添了川味酸菜鱼火锅和各种川菜风味炒菜、成都小吃。2006 年入选中华老字号。

耗子洞鸭店(注册商标:**耗子洞**) 位于成都市提督街口。民国初年,此地有一家外小内大的店铺,形如鼠洞。店主在店口摆摊卖卤鸭,因选料严格,做法特别,味道极好,被顾客称为"耗子洞老张鸭子"。1954 年厨师范俊康随周恩来赴日内瓦,以此菜宴请贵客,连喜剧大师卓别林也大加赞誉。"耗子洞"牌系列樟茶鸭品如今已走出国门。2006 年入选中华老字号。

保宁蒸馍有限公司(注册商标:**保宁**) 位于历史文化名城阆中市。保宁蒸馍以不加碱发酵、贮存时间长、风味卓然闻名。1915 年以保宁蒸馍为载体制作的保宁干醋,荣获巴拿马太平洋万国博览会金奖,1927 年获四川省劝业会金奖。2006 年入选中华老字号。

带江草堂(注册商标:**带江草堂**) 位于成都市外西三洞桥畔,隶属于成都市饮食公司。1936年前后,四川郫县人邹瑞麟创办三江茶园,经营茶水,也卖凉粉、凉面、麻花、花生糕、豌豆糕之类的小吃和"冷啖杯"。邹瑞麟烹制的大蒜鲶鱼誉满蓉城,被称为"邹鲶鱼"。后从杜甫诗句"每日江头带醉归"中摘取"带江"两字,店名改为"带江草堂",以经营鱼鲜风味菜为特色。带江草堂与文人雅士有不解之缘,张大千、巴金和郭沫若等曾是座上客。2006年入选中华老字号。

五粮液集团有限公司(注册商标:五粮液) 位于我国白酒之都宜宾市。前身是四川省宜宾酒厂,由明代初期的8家酿酒作坊沿袭而来,在20世纪50年代初联合组建而成。现已成为规模庞大、具有深厚文化底蕴的国有特大型现代企业集团。2006年入选中华老字号。

全兴股份有限公司(注册商标:全兴) 位于蒲江县大塘镇南街。依托成都全兴酒厂改制设立的大型国有集团公司。主要产品全兴大曲以酒香醇甜、爽口尾净远近闻名,是"老八大中国名酒"和"川酒六朵金花"之一,曾于1963年、1984年、1989年三次荣获国家质量金奖和"中国名酒"称号。2006年入选中华老字号。

剑南春(集团)有限责任公司(注册商标:剑南春) 位于绵竹市春溢街。公司拥有三国宝:一是全国重点文物保护单位"天益老号"窖群,有自明清以来连续使用至今的古窖池695口,是仍在使用的活文物;二是"剑南春酒传统酿造技艺",作为我国浓香型白酒的典型代表被列入国家级非物质文化遗产(代表性项目)名录;三是"剑南春"品牌,入选首批中华老字号。2006年入选中华老字号。

古蔺郎酒厂(注册商标:郎牌) 位于古蔺县二郎镇,与贵州茅台酒厂仅一河之隔。始建于1921年,20世纪30年代被誉为宴会珍品,远销东南亚。郎酒具有"酱香突出,醇厚净爽,幽雅细腻,回味悠长,空杯留香久"的独特风格。2006年入选中华老字号。

沱牌曲酒股份有限公司(注册商标:沱牌) 位于射洪市沱牌镇。沱牌曲酒是"川酒六朵金花"之一,"沱牌""舍得"为中国驰名商标。公司是全国首批 100 户现代企业制度试点企业,其控股的沱牌舍得股份公司于 1996 年在上海证券交易所挂牌上市。现年产能 30 万吨,高端陈年老酒贮量全国第一。2006 年入选中华老字号。

保宁醋有限公司(注册商标:保宁) 位于历史文化名城阆中市。我国最大的食醋生产基地之一,酿造历史源于明万历年间。已建成保宁醋品牌文化园和 12 万吨保宁醋生产(科研)基地。拥有国内最先进的酿造技术,微机数控化监测、管罐封闭式作业、高沸闪点式灭菌和连续自动化灌装等操作系统,年产食醋 12 万吨。2006 年入选中华老字号。

郫县豆瓣股份有限公司(注册商标:鹃城) 位于郫都区安德镇永安路。其豆瓣制作技艺起源于清康熙年间。公司是最早一家获得出口权的豆瓣企业,是国家级非物质文化遗产(代表性项目)郫县豆瓣传统制作技艺的传承企业。年产"鹃城"牌豆瓣及其系列产品 2 万余吨,产品畅销国内各大城市及世界 200 多个国家和地区。2006 年入选中华老字号。

临江寺豆瓣有限公司(注册商标:临江寺) 位于资阳市雁江区临江镇柏树桥。"临江寺"豆瓣首创于清乾隆年间。以生产豆瓣、豆腐乳、酱油、食醋、酱腌菜等产品为主的农业产业化龙头企业,拥有 50 多个品种,180 多个规格。"临江寺"牌"金钩豆瓣"曾获中国首届食品博览会银奖。2006 年入选中华老字号。

江口醇酒业(集团)有限公司(注册商标:江口醇) 位于平昌县江口镇酒乡路。"江口醇"源于清光绪初年。以酒类酿造为主的多元化集团,全国酒类行业优秀企业、四川农业产业化经营重点龙头企业,享有自主进出口业务经营权。产品畅销全国,部分产品远销日本、新加坡、马来西亚等 10 多个国家和地区,年销各类酒及饮料 1.2 万余吨。2006 年入选中华老字号。

四川烟山味业有限责任公司(注册商标:烟山) 位于南充市高坪区小龙镇。清乾隆年间从浙江引进冬菜腌制技术,世代相传。四川省农业产业化经营重点龙头企业,拥有先进的现代化冬菜及系列调味品加工生产线,建成 16.6 平方千米标准冬菜、辣椒产业化基地。"烟山"牌冬菜以油润、光泽、清香、脆嫩著称。2006年入选中华老字号。

雄健实业有限公司(注册商标：雄健丰田) 位于中江县工业集中发展区。公司围绕"一业为主,多种经营"的发展战略,形成以生产专用粉、挂面为主业,以肉类食品加工、生物制药、钢铁件镀锌、现代物流仓储服务、工程项目建设、家居建材城市场经营、投资担保服务为辅业的多元化企业。公司被评为"全国农产品加工业示范企业"。2006年入选中华老字号。

三木调味品酿造有限公司(注册商标：太源井) 位于自贡市沿滩区太源井街。"太源井"牌晒醋始创于清道光末年。"太源井"牌特级、一级、二级、大众晒醋多次获国家及省、市名、特、优产品评比奖励。2006年入选中华老字号。

绍丰和调味品实业有限公司(注册商标：绍丰和) 位于郫都区鹃城村。清代初年,偶然发现生霉的蚕豆经晾晒,拌合鲜辣椒而食,鲜美无比,余味悠长,遂成郫县豆瓣。现公司主产红豆瓣、盐渍菜、调味品等系列产品。"绍丰和"豆瓣按祖传秘方工艺生产,配料考究,工艺独特。2006年入选中华老字号。

鼎兴食品工业有限公司(注册商标：鼎兴) 位于南充市顺庆区溁溪工业集中区。主要生产"鼎兴"牌黑豆酱油、食醋、甜面酱及复合调料系列产品和"白塔"牌小磨香油、顺庆冬菜,是川东北地区规模最大的调味品生产企业。"鼎兴"牌甜面酱酱香浓郁,味道醇厚,入口细腻,曾荣获全国食品行业优质奖。2006年入选中华老字号。

德仁堂药业连锁有限公司(注册商标：德仁堂) 位于成都市青羊区鼓楼北二街。以医药、餐饮、地产为主业的集团公司,与1 000多家厂商建立了长期稳定的合作关系,药品总代理品种近200个,经营1万多个规格的药品,药品零售连锁自营门店达368家,管理着318家加盟门店,遍及四川省各地、市、州。2006年入选中华老字号。

泸州老窖股份有限公司(注册商标：泸州老窖) 2006年入选中华老字号。参见全国工业旅游示范点——泸州老窖集团公司。

川北(凉粉)饮食文化有限公司(注册商标：川北)　位于南充市顺庆区漤溪镇兴南街。川北凉粉始于蜀汉,历经近两千年盛誉不衰。公司主营川北凉粉系列小吃(粉类、面食类、粥类)、中餐(凉菜卤菜类、家常特色炒菜类)、快餐(经济型套餐系列),现已建立榨油厂、红油厂、沱粉厂和辣椒、油菜籽种植基地,先后荣获"中国绿色食品餐饮企业""食品安全示范企业"等荣誉称号。2011 年入选中华老字号。

龚扇竹编工艺厂(注册商标：龚倩)　位于自贡市贡井区艾叶镇。龚扇是蜀中名扇之一,晶莹光亮,宛如纨绢,驰名中外。竹丝扇始于龚氏,故俗称"龚扇",至今已有百多年历史。曾在清光绪十二年(公元 1886 年)四川宝川局"赛宝会"上一举夺魁,被选送进皇宫,慈禧太后赐名"宫扇"。2008 年被评为国家级非物质文化遗产(代表性项目)的传承保护单位。2011 年入选中华老字号。

寿昌号蚕丝制品有限公司(注册商标：寿昌号)　位于阆中市武庙街。阆中生产蚕丝制品源于清光绪中期,如今是亚洲规模最大的综合型蚕种生产基地之一。"寿昌号"是阆中蚕丝制品生产的骨干企业,也是南充市重点农业产业化龙头企业,主要经营蚕丝被、蚕丝服饰及床上用品,产品远销加拿大、美国、荷兰、澳大利亚等十多个国家和地区。2011 年入选中华老字号。

全泰堂药业有限公司(注册商标：全泰堂)　位于遂宁市德胜路。始创于清光绪中期,已有 120 余年的历史。现是集药品批发、零售连锁、中药饮片收购和精加工、社区医疗、中药材种植、国医养生、生物科技、仓储物流于一体的综合性民营企业。2009 年,公司与成都中医药大学联合打造西南地区规模最大的集中医诊疗、科普、亚健康调养、食疗配方、家庭医疗器械、名贵药材展销于一体的国医养生馆。2011 年入选中华老字号。

成都同仁堂(注册商标：庚鼎)　位于锦江区总府路。20 世纪初,北京同仁堂在成都春熙路择址开业,后改名为"达仁堂"。前店后坊,主营膏、丹、丸、散等中药材及中药饮片。1948 年曾更名为"德仁堂"。后继者恪守"同修德仁、济世养生"的经营准则,从经营传统膏丹丸散的独家店铺发展成为经营药品、医疗器械以及健康服务项目的多店面综合性药店。2011年入选中华老字号。

丰谷酒业有限责任公司(注册商标:丰谷) 位于绵阳市飞云大道。丰谷酿酒始于公元212年的富乐烧坊,如今是集科研、生产、销售于一体的综合型酿酒企业,研发出中国"低醉酒度"高档白酒三大标准,并荣获"2012中国最具创造力技术奖"。"低醉酒度"技术的应用,开启了健康饮酒的新时代。"丰谷"为中国驰名商标。2011年入选中华老字号。

护国陈醋股份有限责任公司(注册商标:护国岩) 位于泸州市纳溪区护国镇。护国镇素有"醋乡"的美称。"护国陈醋"始于清光绪中期,具有百余年生产历史。产品采用优质麦麸、大米为主要原料,经过采药、制曲、煮熬、发酵、拌醅、装罐、日晒、夜露、浸泡等十多道工序,酝酿四五百天后方出成品。产品不含任何化学品,酸味醇厚,回味爽口,余味悠长,久贮不腐。2011年入选中华老字号。

清香园调味品股份有限责任公司(注册商标:清香园) 位于江油市江油工业园区。主要生产经营酱油、食醋、复合调料等粮酿调味品及果醋饮料,产品有百余个品种。清香园酱园坚持用料考究、天然晒露的传统工艺,精工细酿,所产酱油色泽红润剔透,鲜味香醇,浑然天成。2011年入选中华老字号。

德昌源酱园厂(注册商标:桥) 位于乐山市五通桥区。起源于清代同治年间的江东园作坊,生产豆腐乳、酱类、酱腌菜等,后更名为"德昌源",是四川历史最悠久的腐乳生产专业厂家,独特的酿造技艺被列入四川省非物质文化遗产。拥有先进的全自动化生产设备,年产腐乳5 000吨。2011年入选中华老字号。

光洪食品有限责任公司(注册商标:苏稽) 位于乐山市中区苏稽镇。具有百年生产历史,以传统工艺和现代高新技术相结合,精选优质糯米、花生、麦芽糖、油脂、芝麻等原料,生产"苏稽"牌香油米花糖系列产品,产品造型美观,香甜可口,酥脆化渣,远销日本等国家和地区。2011年入选中华老字号。

八百寿酒业有限公司（注册商标：彭祖） 位于长寿之乡、彭祖故里——眉山市彭山区。彭山酿酒历史悠久，彭祖美酒源远流长，1973 年在县城附近蔡家山出土的汉砖酿酒图系全国重点文物，现存于中国历史博物馆。公司前身是彭山县酒厂，由清末的六家私人酿酒作坊发展而来，酿酒老窖池一直使用至今。2011 年入选中华老字号。

天味食品有限公司（注册商标：天车） 位于成都市双流区黄甲大道。为调味品研发、生产、销售的大型食品企业，先后开发出"大红袍""好人家""天车""羊羊羊"四大系列 100 余种产品，产品畅销全国并远销海外。主要品牌"大红袍""好人家"为中国驰名商标。2011 年入选中华老字号。

罗江区豆鸡有限责任公司（注册商标：罗江） 位于德阳市罗江区城关镇西外街。罗江豆鸡创始于 20 世纪 30 年代，是德阳市传统名小吃，1936 年在成都花会佛教食品展览会展销，获专利权，并取得金质招牌。公司生产的罗江豆鸡，口味多、规格齐、风味独特，深受商家和消费者的好评。2011 年入选中华老字号。

老号汤长发麻饼厂（注册商标：汤长发） 位于崇州市街子镇朝阳路。汤麻饼创始于清乾隆晚期，至今已有 200 多年的历史，作为传承标志的"长发祥号"牌匾保存至今。"汤长发麻饼"以酥、脆、香、松著称，20 世纪 40 年代被列为"蜀州四大名小吃"之一，在 1990 年首届天府食品博览会上获得金奖，1992 年被成都市政府命名为"成都名小吃"。2011 年入选中华老字号。

加加食品集团股份有限公司（注册商标：贵族王中王） 位于阆中市七里新区汉王祠路。专业调味品酿造企业，以传统工艺与现代工艺相结合的晒缸发酵、豆豉发酵、低盐固态发酵、高盐稀态发酵、中草药制曲、生物菌种等技术，生产、研制、开发"贵族王中王"系列醋、酱油、香辣酱、调味酱等产品，被中国调味品协会赞为"阆中出好醋，调味王中王"。2011 年入选中华老字号。

桂花庄食品有限公司（注册商标：桂花庄） 位于成都市新都区龙桥镇

桂花村。起源于新中国成立初期的以制作四川本土腌腊肉为主的加工作坊,现已成为生产系列腌腊制品、牛肉制品和土特产品的综合性企业。产品多次被评为国家金奖、全国名优产品。"桂花庄"为中国知名品牌、著名商标。2011年入选中华老字号。

梓橦宫药业有限公司(注册商标:梓橦宫) 位于内江市市中区乐贤镇。"梓橦宫"品牌始于清乾隆年间,是四川历史最悠久的制药品牌。公司拥有10条生产线,生产片剂、胶囊剂、散剂、颗粒剂、搽剂、软膏剂6个剂型,56个品种。2011年入选中华老字号。

痣胡子龙眼包子宾隆店(注册商标:痣胡子) 位于成都市青羊槐树街。传说因卖龙眼包子的师傅脸上有一颗带胡子的痣,遂把他经营的龙眼包子统称为"痣胡子龙眼包子"。现已发展为现代化中式快餐店,除经营"成都市名小吃"痣胡子龙眼包子、叉烧包子、金钩包子、素菜包子等系列品种外,还经营张老五凉粉和各式精美的名特优小吃及川式菜点。2011年入选中华老字号。

胡开文文具有限责任公司(注册商标:胡开文) 位于成都市锦江区春熙路。主要经营销售文化用品、体育用品、乐器、科教仪器用品、办公用品、眼镜、验光配镜、工艺美术品及收藏品、首饰、家具。2011年入选中华老字号。

张老五凉粉店(注册商标:张老五) 位于成都市青羊区。"张老五"是成都新通惠实业有限责任公司的品牌。张老五凉粉由张姓师傅于1944年综合四川地区民间传统凉粉特色而创,做工精细,调味考究,以色泽棕红、质地软糯、麻辣鲜香、回味悠长的风味特色驰名中外。其黄凉粉、旋子凉粉、过江凉粉等系列品种为"成都名小吃"。2011年入选中华老字号。

洞子口张凉粉店(注册商标:洞子口张) "洞子口张"是成都通锦达商贸有限责任公司的品牌。张老二凉粉店的凉粉品类颇多,有用豌豆做的白凉粉和黄凉粉,也有用米浆做的米凉粉。豌豆凉粉有切成条状的,也有用工具刮成条状的。2011年入选中华老字号。

九远饮食有限责任公司(注册商标:韩) 位于成都市锦江区牛市口路。起源于 1914 年成都温江人韩玉隆创办的玉隆园面食店,距今已有 100 多年历史。20 世纪 80 年代发展成为大型酒楼,在成都繁华路段开设多家高端餐饮店,并研发创设了张鸭子、味之腴、三友凉粉、牛肉焦饼、金玉轩醪糟等成都名小吃,有口皆碑。2011 年入选中华老字号。

贵州篇

贵州省简称"黔"或"贵"。公元974年,土著首领归顺,宋朝敕书中有"惟尔贵州,远在要荒"一语,是以"贵州"之名称该地区的最早记载。明永乐十一年(公元1413年)设置贵州承宣布政使,正式建制为省,以"贵州"为省名。

贵州省地处我国西南腹地,东靠湖南省,南邻广西壮族自治区,西毗云南省,北连四川省和重庆市。总面积17.6万平方千米。

贵州省地处云贵高原,属于我国西南部高原山地,地势西高东低,平均海拔1 100米。全省约93%的面积为山地和丘陵,素有"八山一水一分田"之说,是全国唯一没有平原的省份。赫章县珠市彝族乡韭菜坪海拔2 900.6米,为境内最高点。黎平县地坪乡水口河出省界处海拔147.8米,为境内最低点。喀斯特地貌面积占全省总面积的61.9%,岩溶分布范围广泛,形态类型齐全,构成一种特殊的岩溶生态系统。

贵州的气候温暖湿润,属亚热带湿润季风气候。气温变化小,冬暖夏凉,气候宜人。最冷月(1月)平均气温3—

6℃,最热月(7月)平均气温22—25℃。降水较多,雨季明显,阴天多,日照少,"一山分四季,十里不同天"。

贵州省下辖贵阳、六盘水、遵义、铜仁、毕节、安顺6个地级市,黔东南苗族侗族自治州、黔南布依族苗族自治州、黔西南布依族苗族自治州3个自治州。省政府驻地贵阳市。2018年年末,常住人口约3 600万。少数民族人口占全省总人口的39%,少数民族自治地区面积占全省面积的55.5%。

贵州省是中国古人类发祥地之一,远古人类化石和远古文化遗存发现颇多。贵州省是西南交通枢纽,世界知名山地旅游目的地和山地旅游大省,全国首个国家级大数据综合试验区,国家生态文明试验区,内陆开放型经济试验区。贵州省是矿产资源大省,已发现矿产110多种,有多种矿产的保有储量位居全国前列。煤炭储量大,煤种齐全、煤质优良,素有"江南煤海"之称;磷矿储量占全国总量的40%以上;重晶石储量为全国的1/3;还是我国新崛起的黄金生产基地。

一、中国历史文化名镇

花溪区青岩镇　位于贵阳市南郊。建于明洪武初年,原为军事要塞。设计精巧、工艺精湛的明清古建筑交错密布,寺庙、楼阁雕梁画栋,飞角重檐相间,有九寺、八庙、八牌坊、五阁、三洞、二祠、一院、一宫、一府等建筑。城门内外原有八座牌坊,现存三座。每年正月间有舞龙、跳花灯,正月初九至二十有苗族跳场,正月十五有舞龙灯,五月初五有"游百病",二月十九及九月十九有观音会,颇为热闹。2005年入选中国历史文化名镇。

习水县土城镇　位于赤水河中游河畔。早在7 000年前就有人类在此繁衍生息。西汉元鼎年间在此始置平夷县,北宋大观年间建滋州。元末明初,当地百姓在改造房屋时发现了大量土城墙,故名"土城"。明万历年间建成九龙囤等四大军事囤堡。土城是古时"川盐入黔"的重要码头和集散地,素有"川黔锁钥"之称。有汉砖、古陶、汉墓、宋酒窖、古盐号、古船帮、张半单宅等众多的历史文物古迹。土城还是一块红色圣地,1935年红军以土城浑溪口为主要渡口,挥师一渡赤水河,揭开了红军"四渡赤水"的光辉篇章。2005年入选中国历史文化名镇。

黄平县旧州镇　位于云贵高原东部。有据可考的历史已达2 300余年。街区与建筑群多形成于明清时期,文物古迹众多,曾有九宫、八庙、三阉、四堂,现保存完好的有西上古街、文昌宫、仁寿宫、万寿宫、铜鼓山等遗迹,素有"金盆"(万亩大坝)、"银碗"(舞阳湖)、"玉带"(舞阳河)之美誉,有舞阳湖风景名胜区、朱家山原始森林景区、且兰古城等。2007年入选中国历史文化名镇。

雷山县西江镇 位于黔东南州。坐落在河谷地带的缓坡上,四周群山环抱,东北部紧靠雷公山自然保护区。溪流较多,水资源丰富,森林覆盖率达85%。有得天独厚的自然风光和民族文化资源,"千户苗寨"西江村被称为国家级露天博物馆。牛角酒、老腊肉、板凳舞、芦笙舞,及"游方""飞歌""吃新""斗牛"等习俗,令人迷醉;鼓藏节、苗年节、吃新节、爬坡节等节庆活动,热闹非凡。2007年入选中国历史文化名镇。

西秀区旧州镇 位于安顺市东南部,地处黔中腹地。始建于元至正年间,居住有汉族、苗族、布依族、仡佬族等民族,是我国屯堡文化的发源地和聚集区之一,有"梦里小江南、西南第一州"之称。景色优美,"扶风叶笛""碧波秋月""麟山晴岚""华严晚钟""南堤绿柳""北岭寒梅""翠微春霭""文阁夕照"为"旧州八景"。饱经沧桑的古城墙、古驿道、古遗址、古墓葬等文化遗存,彰显出厚重的历史文化底蕴。2008年入选中国历史文化名镇。

平坝区天龙镇 位于安顺市,是黔中的"黄金通道"。元代是顺元古驿道上的重要驿站。明初朱元璋在这里大量屯兵。清康熙年间实行"改土归流"政策,屯堡人由军户转变为普通百姓。20世纪初被当地儒士改名为"天龙屯堡"。天龙屯堡四周建有石拱门,巷道如网,房屋大多沿袭江南水乡风韵,却采用石头修建,是一个军事防御功能完善的屯堡建筑。屯堡人的服饰被称为明代服饰的活标本。2008年入选中国历史文化名镇。

赤水市大同镇 位于遵义市。原名"大洞场",已有2000多年历史。大同河穿镇而过,属赤水河的重要支流。林业资源丰富,森林覆盖率85%。是竹业重镇,也是旅游重镇,有四洞沟风景名胜区、丹霞地貌杨家岩等人文自然风光。2014年入选中国历史文化名镇。

松桃苗族自治县寨英镇 位于铜仁市,地处国家级自然保护区梵净山东南麓。汉族、苗族、侗族、土家族、仡佬族和谐聚居于此。兴建于明洪武年间,为古代军事驿站,历史上曾被誉为"梵净山下的小南京"。古建筑群保存完好,古城墙、青石板街道、万寿宫、福寿宫、红石板梵净古道别具一格,今已辟为梵净山博物馆。古镇周边的金山寺、回龙寺、观音山、乌龟菫、石板天然画、独岩冲、小金顶、浑水洞、十里飞瀑等，景色万千。风格独特的"滚龙艺术"吸引着八方宾客。2014年入选中国历史文化名镇。

二、中国历史文化名村

西秀区云山屯村 位于安顺市七眼桥镇。古代军屯村寨，始建于明洪武年间，屯墙、街巷、宅院以及自然生态环境保存完整。古民居建于谷地两侧，单体式、三合院式、四合院式、平行排列式顺山体布局，建有七座粗大料石砌筑的高层碉楼。石的屋顶，石的山墙，石的街道，各宅院大门雕琢精美的垂花门罩和隔扇门窗，布局严谨，结构坚固，集防御与生活功能于一体，是明代军事屯堡建筑的典型代表。屯堡人的生存状态被认为是明代汉族文化的活化石。2005年入选中国历史文化名村。

锦屏县隆里村 位于隆里乡。始建于唐代，是明代的重要军事城堡。古之隆里，"城内三千七，城外七千三，七十二姓氏，七十二眼井"，戍边重镇规模之大可见一斑。唐代诗人王昌龄曾经贬谪于此，后人为纪念王昌龄修建了龙标书院、王昌龄祠、状元桥、状元墓。民族传统文化厚重而又多彩，有唱汉戏、吟故事、玩龙灯等民俗活动。还有张应昭墓、土司墓、龙里花桥、碑刻龙溪、真武山等景点。2007年入选中国历史文化名村。

黎平县肇兴寨村 位于肇兴乡，坐落在群山环抱的山间坝子之中。南宋正隆年间，肇兴的先民就在这里建寨定居。肇兴河清澈透明，穿寨而过。村寨呈船形状，吊脚楼鳞次栉比，戏楼、歌坪点缀其间。五座戏楼、五座风雨楼桥、五座鼓楼、五座花桥，蜚声中外。寨中一条主要街道由东而西，两旁全是青瓦木楼。2007年入选中国历史文化名村。

赤水市丙安村 位于丙安乡，地处川黔古道上，三面环赤水河。早在殷商时期,这里就有古人渔猎的踪迹。基本保持了明清以来赤水河谷的古城堡原貌,村子两端寨子门保存完整,上、下两道寨子门小巧别致。悬空楼、虚脚楼、无底楼、独柱高脚楼,错错落落,沿崖壁修筑的石阶延伸到河滩边。2008 年入选中国历史文化名村。

从江县增冲村　位于往洞镇,地处黔、湘、桂三省(区)交界的九洞地区。原称"正通",有"通扫地方的富足之地"之意。明隆庆年间建寨,已有近 500 多年历史。侗寨神奇而富有诗意,一条清澈的小溪绕寨而过。寨子如一座美丽的半岛,四周青山环抱,栋栋吊脚楼依山傍水,山水交融。现存主要景观有鼓楼、风雨桥、民居建筑、古石板巷道、古井、古墓等。山上多原始杂木林,种植有众多的杉树、松树、竹子、果树。2008 年入选中国历史文化名村。

开阳县马头村　位于禾丰乡。已有 700 余年的历史,曾是元代底窝紫江等处总管府、靖江路总管府和明代底窝马头驻地。马头古寨是一个以布依族为主的少数民族聚居地,道路、民居依山就势而建。现存明清古建筑 90 余栋,还有古道、古桥、古井、古树,村民保存有明清地契、木雕、宫灯等文物 200多件。一年一度的"六月六布依歌节",独具风情。2008 年入选中国历史文化名村。

石阡县楼上村　位于国荣乡。古称"寨纪",始建于明弘治年间,是一座以周氏家族为主的血缘村落。有以始建于明万历年间的梓潼宫为核心的四合院、三合院 20 余座,东南部为生产区,西南部为居住区,西北部为娱乐区,东北部为墓葬区,功能分区清晰。古楼、古屋、古巷、古桥、古井、古树、古墓、古书保存良好,古风古韵犹存,至今保存着哭丧、哭嫁、吹唢呐等习俗,被誉为"佛顶山下的明清古村落"。2008 年入选中国历史文化名村。

三都水族自治县怎雷村　位于都江镇。"怎雷"水语意为"岩脚下的寨子"。已有 300 多年历史,是水族和苗族聚居地。由四个自然寨子组成,坐落在半山坡上,山下为层层梯田。200 余栋民居均为传统的干栏式建筑,其中百年以上的民居 14 栋,禾仓 110 栋。吊脚木屋、水书、纺车织布机、石雕、马尾绣、蜡染以及铜鼓舞、古瓢舞、古乐等均保留原始状态。2010年入选中国历史文化名村。

西秀区鲍屯村 位于安顺市大西桥镇。始建于明洪武年间,迄今已有630余年历史。汪公殿、大佛殿、关圣殿、练武场、鲍氏祠堂等建筑呈"一"字形排列,左右两边各有四条弯弯曲曲的街巷,整个布局形成一个巨大的"八卦图"。耸立的石头碉堡,高约30米,为村内的制高点。已有600多年历史的古水利工程,由天然河流、岩溶泉水、渠坝建筑构成,集灌溉、防洪和饮水功能于一身,被称为"袖珍都江堰"。2010年入选中国历史文化名村。

雷山县上郎德村 位于郎德镇的北部。始建于元末明初,背山面水,依山而建。寨子四面群山环绕,古木参天。寨内的吊脚楼鳞次栉比。民居均为木结构干栏式建筑,大多面阔三间,上下三层。世居居民全为苗族。郎德村素有"中国民间文化艺术之乡"和"芦笙之乡"的美誉。2010年入选中国历史文化名村。

务川仡佬族苗族自治县龙潭村 位于大坪镇,坐落于仡佬族的母亲河——洪渡河河畔。由前寨、中寨、后寨三个自然村寨组成,居民均为仡佬族人。古称"火炭垭",早在秦汉时期已有人聚居开采朱砂,千年积淀,造就了独具特色的仡佬族丹砂文化,龙潭也成为中国丹砂文化的中心之一。民居大多为传统木构建筑,建成年代在明清至民国年间,以三合头、石院墙、石寨墙、大朝门、小朝门、镂空雕刻、瓦堆屋脊为主要特色。2010年入选中国历史文化名村。

江口县云舍村 位于太平镇,坐落于被誉为"天堂河谷"的太平河畔。"云舍"意为"云中的房舍——仙人居住的地方"。土家族文化保存完整,被誉为"中国土家第一村"。依山傍水修建的村民宅舍,明清时建筑的幽深巷道,蜿蜒崎岖的青石板道路,印证了土家族先民在此繁衍生息的悠久历史。村内及周边主要旅游景点有神龙潭、龙塘河、轰鸣泉、土家筒子屋、仙人洞等。2014年入选中国历史文化名村。

从江县岜沙村 位于丙妹镇。"岜沙"在苗语中是"草木繁盛"的意思。

由老寨、宰戈新寨、王家寨、大榕坡新寨和宰庄五个寨子组成,是贵州省重点保护的民族村寨,被誉为苗族文化的"活化石"和"生态博物馆"。岜沙人至今保持着千年前古老的生产生活方式,着装依旧保持着强烈的原始色彩。2014 年入选中国历史文化名村。

黎平县地扪村　位于茅贡乡北部,地处长江水系清水江源头。全村 570 多户都是侗族。"地扪"在侗语中意为"泉水源源不断的水源头""村寨发祥、人丁兴盛的地方"。村寨依山傍水,一条清澈的小河从村寨中间穿过。寨中建有花桥三座、鼓楼五座、戏台二座,还有中心表演戏台、侗族生态博物馆,是侗族地区民族风情文化保存较为完整且具有代表性的侗族村寨。2014 年入选中国历史文化名村。

榕江县大利村　位于栽麻乡西南部,坐落于大利溪畔的深山幽谷中。是典型的侗族聚居村,侗族特色的干栏式青瓦木楼沿河而建,五座侗族风雨桥将两岸村寨连为一体。始建于明代,有 29 栋百年以上的民居建筑,百年以上的古树 128 株。保存有建于清乾隆年间的石板古道、清宣统年间的四合古墓、清末民初的侗族四合院,还有独特的古晾禾谷仓、鼓楼、萨坛、吊脚楼、三合楼、高脚楼、矮脚楼、平地楼、古水井,被称为"侗族建筑博物馆"。2014 年入选中国历史文化名村。

三、全国特色景观旅游名镇(村)

余庆县大乌江镇　位于黔中与黔北接合部,地处遵义、铜仁、黔南、黔东南四地的中心,横跨乌江南北。冬无严寒,夏无酷暑,气候宜人,年平均气温 16℃左右。旅游资源丰富,有碧波荡漾的飞龙湖、雄奇秀险的乌江峡谷、摄影天堂万丘红渡梯田、神秘秀美的老林河、红军强渡的乌江回龙渡等景点景观。盛产水稻、玉米等粮食作物,烤烟、花生、辣椒、苦丁茶等经济作物。

2010 年入选全国特色景观旅游名镇(村)。

松桃苗族自治县寨英古镇 2010 年入选全国特色景观旅游名镇(村)。参见中国历史文化名镇——松桃苗族自治县寨英镇。

盘州市城关镇 位于六盘水市南部。明代、清代是普安卫、州、厅的驻地,民国后为县政府驻地。1936 年红二方面军领导人贺龙、任弼时、关向应、王震等在此召开具有重要历史意义的"盘县会议"。1999 年县城迁往红果后,仍为全县经济、文化、旅游中心和最大的物资集散地。现有普安州文庙、张道藩故居、北门城楼及古城垣、普安州城隍庙、九间楼等省级文物保护单位 5 处,碧云洞摩崖石刻、范家公馆、水星寺、南极观、吴君襄墓等市级文物保护单位 9 处。2015 年入选全国特色景观旅游名镇(村)。

大方县普底乡 位于毕节市。"普底"古称"普根底",彝语意为"水塘坪子"。居住着彝族、苗族、白族等十多个少数民族,少数民族人口占全乡总人口的 76%。彝族火把节、彝年节、祭花神,苗族"跳花坡",满族"颁金节"等节庆活动丰富多彩。"百里杜鹃"国家生态旅游示范区、国家森林公园坐落乡境,还有方家坪畜牧大草场,被誉为"世界上最大的天然花园"。地下矿产资源丰富,埋藏着大量的优质无烟煤及铁矿。另有黄家坝阻击战纪念碑、戛木战斗地等红色旅游纪念地。2015 年入选全国特色景观旅游名镇(村)。

威宁彝族回族苗族自治县板底乡 位于毕节市。以彝族为主的民族杂居自然村寨,已有 200 多年的历史。坐落在海拔 2 249 米的山间坪子中,村西野竹成林,东、南、北三面均为以低矮的青杠、杜鹃为主的混交丛林。每年阴历五月初五的赛马节是板底一带彝族最隆重的传统节日,传统舞蹈有海马舞、铃铛舞,"撮泰吉舞"是彝族最古老的傩舞,被誉为舞蹈中的"活化石"。2015 年入选全国特色景观旅游名镇(村)。

普安县龙吟镇 位于黔西南州。居住着苗族、布依族、汉族等民族,以苗族为主,被称为"中国苗族第一镇"。地处云贵高原向黔中过渡的梯形级状斜坡地带。境内河道属珠江流域北盘江水系,主要河流为乌都河、石古河。已探明地下矿藏有金、铅锌、重晶石、硅等。主要景点有双巴岩、天马山、河洋峡谷、石古恒河猴自然保护区等。2015年入选全国特色景观旅游名镇(村)。

盘州市妥乐村　位于石桥镇。600多年前即为彝族聚居地,因明初西南屯军而变为彝族和汉族的杂居之地。有百年以上甚至千年以上的古银杏树1 145株,是世界上古银杏生长密度最高、保存最完好的地方之一。银杏树自由生长,有"姊妹树""夫妻树""瀑布树"等各种自然形态。房屋均为青瓦木墙,呈线形伫立于树荫下,人间胜境浑然天成。2015年入选全国特色景观旅游名镇(村)。

盘州市坡上村　位于四格乡东部。地处高寒山区,土地瘦薄,无矿产资源,过去是有名的贫困村。2005年确定了以马铃薯产业作为经济发展的突破口,马铃薯种植面积已达5.6平方千米,年产鲜薯1.68万吨。大力实施种草养羊项目,人工种草2.67平方千米,羊存栏数达4 000多只,肉牛存栏数达1 700余头,生猪存栏数达3 400多头。2015年入选全国特色景观旅游名镇(村)。

威宁彝族回族苗族自治县石门坎村　位于威宁县石门乡。具有"西南苗族最高文化区"之称。清光绪末年,英国传教士在这里创办乌蒙山区第一所平民小学——石门坎光华小学,此后教会陆续修建了学校、教堂、宿舍、办公室、医院等建筑40余栋。石门坎首创苗文,结束了苗族无母语文字的历史;率先实践双语教学;兴建西南苗疆第一所初级中学,先后有近百位知名人士在此执教;倡导民间体育运动,成为贵州足球的摇篮。2015年入选全国特色景观旅游名镇(村)。

铜仁市九龙村　位于碧江区漾头库区。重点发展特色农业、农林产品加工业、旅游及服务业。特色农业发展已初具规模:果树种植大面积推广,逐步形成了柑橘、桃、李、杨梅等水果生产基地;利用宽阔水面,以网箱养鱼为主的水产养殖业快速发展。自然风光秀美,有九龙洞风景名胜区和十里锦江风光带,各种石花、石幔、石鸟、石兽随处可见。优美的锦江风光、东山寺、明清民居古建筑等人文景观与溶洞连成一片,"黔中各郡邑,独美于铜仁"。2015年入选全国特色景观旅游名镇(村)。

松桃苗族自治县桃花源村　位于乌罗镇,地处梵净山下。桃花源村景区从边江河与高硐河的交汇处——两河口顺流而下,至江口县交界处,全长约 5 千米。整个景区由一条河和河谷、梵净山原始林带和无数的山溪飞瀑、沙洲及山寨风光组成。四季恒温,常年气温 15—19℃。万亩竹园、莽莽林海、水清玉溅,被冠以"梵净第一水乡"的美称。2015 年入选全国特色景观旅游名镇(村)。

三都水族自治县姑鲁村 位于三合镇。农民收入主要来源于种植业和畜牧业。在村子东南面的一个小山沟内,有一个奇特的景点"产蛋崖"。据说山崖上的石蛋 30 年左右就会脱落一次,石蛋脱落时如下蛋一般,地质学家与生物学家认为可能是由于岩石中含矿物质的差异而形成一种结晶体,在地震运动中逐渐脱离原岩石。2015 年入选全国特色景观旅游名镇(村)。

三都水族自治县水各村 位于九阡镇。全寨民房均是木瓦结构,样式美观。历史悠久,有仙人桥、山河瀑布、石棺墓、唐代的石砌城墙等名胜古迹,还藏着一部分水书和水歌刊集。水族"卯节"的发源地。"卯节"水语称之为"借卯",也称"歌节",被誉为"东方情人节",于每年水历十月(相当于农历六月)辛卯日举行。拥有"九阡酒""九阡李"等名优特产。2015 年入选全国特色景观旅游名镇(村)。

从江县岜沙村 2015 年入选全国特色景观旅游名镇(村)。参见中国历史文化名村——从江县岜沙村。

江口县云舍村 2015 年入选全国特色景观旅游名镇(村)。参见中国历史文化名村——江口县云舍村。

西秀区旧州镇 2015 年入选全国特色景观旅游名镇(村)。参见中国历史文化名镇——西秀区旧州镇。

平坝区天龙镇 2015 年入选全国特色景观旅游名镇(村)。参见中国历史文化名镇——平坝区天龙镇。

花溪区青岩镇 2015 年入选全国特色景观旅游名镇(村)。参见中国历史文化名镇——花溪区青岩镇。

黄平县旧州镇 2015 年入选全国特色景观旅游名镇(村)。参见中国历史文化名镇——黄平县旧州镇。

三都水族自治县怎雷村 2015 年入选全国特色景观旅游名镇(村)。参见中国历史文化名村——三都水族自治县怎雷村。

四、中国特色小镇

六枝特区郎岱镇 位于六盘水市东部。居住的少数民族有苗族、布依族、仡佬族、彝族等。郎岱古镇在周代至春秋战国时期属牂牁国,秦代至西汉时期属夜郎国,牂牁文明、夜郎文化源远流长。有着丰富的历史遗迹,明清庙宇多达 16 座。以夜郎文化旅游园和牂牁江风景名胜区为主的旅游业是其支柱产业。矿产资源丰富,煤、石英蕴藏量较大,石灰石遍及全镇。还是贵州省万亩商品蔬菜基地和六盘水现代农业产业园区、特色养殖示范基地。2016 年入选中国特色小镇。

仁怀市茅台镇 位于贵州高原西北部,大娄山脉西段北侧。赤水河贯穿全境,是川黔水陆交通的咽喉要地。历来是黔北重要交通口岸,清代时成为川盐入黔四大口岸之一。清末民初,贵州省 2/3 的食盐由此起运各地,有"川盐走贵州,秦商聚茅台"的美誉。中国酱酒胜地,被誉为"中国第一酒镇"。1935 年红军长征在此四渡赤水,现建有红军烈士陵园和红军渡河纪念碑。2016 年入选中国特色小镇。

花溪区青岩镇 2016 年入选中国特色小镇。参见中国历史文化名镇——花溪区青岩镇。

西秀区旧州镇 2016 年入选中国特色小镇。参见中国历史文化名镇——西秀区旧州镇。

雷山县西江镇 2016 年入选中国特色小镇。参见中国历史文化名镇——雷山县西江镇。

贞丰县者相镇 位于云贵高原西部地区。相传三国时诸葛亮在此创建营地,筑土城墙,操练兵马,故称"宰相城",后讳"宰"改为"者","者相"因此得名。汉族、布依族、苗族等多民族杂居,少数民族人口占全镇总人口的49%。北盘江穿镇而过,境内有美丽的喀斯特地貌。镇区南面有汉代古城遗址,镇内有著名的天下奇观、地质绝品——双乳峰,有三岔河水利风景区,还有纳坎石林、纳孔布依古寨等景点。2017年入选中国特色小镇。

黎平县肇兴镇 位于黎平县东南部。侗族、苗族、水族、汉族聚居,其中侗族人口占九成以上。城镇区为肇兴侗寨景区,全寨1 100余户4 000余人均为侗族,是全国最大的侗族自然村寨,有"千户侗寨""侗乡第一寨"之称。有鼓楼、风雨桥、戏楼、寨门、吊脚楼等侗族建筑。大力发展生态农业,现有油茶基地2 270公顷,茶叶基地33公顷,钩藤基地67公顷,还有传承民族文化的刺绣、靛染、编织、银饰等手工业。2017年入选中国特色小镇。

平坝区高峰镇 位于安顺市,贵昆铁路、滇黔公路穿境而过。居住着布依族、苗族、仡佬族等少数民族。高峰山为西南佛教文化的发源地,明代旅行家徐霞客在游记中赞其"得天独厚"。素有"粮仓"之称,出产"贡皇""福寿"牌优质大米。"高峰山"牌水晶葡萄香甜可口,现有1.33平方千米水晶葡萄种植基地。还有煤、硅石、白银石、方解石等矿产资源。2017年入选中国特色小镇。

水城县玉舍镇 位于六盘水市南部。平均海拔1 800米,属喀斯特地貌。汉族、彝族、苗族、布依族、蒙古族杂居,以彝族、苗族为主。旅游资源丰富,有被称为"凉都翡翠"的玉舍国家级森林公园,有海坪彝族火把节的固定举办场地彝族文化园,有彝族建筑风格与西方建筑艺术相结合的历史建筑钱家雕,有雄伟壮观的玉源水库。还拥有世界稀有的珙桐、西康玉兰等树种,遍布全镇的煤、铁、锰、铅锌、冰岩石、氟石矿、白云石等矿产资源。2017年入选中国特色小镇。

镇宁布依族苗族自治县黄果树镇 位于安顺市,贵黄、滇黔公路纵贯全镇。居民以布依族、汉族为主体。镇内有中外著名的黄果树风景名胜旅游区,包含石头寨、天星桥、滴水滩瀑布、霸陵河峡谷三国古驿道、陡坡塘、郎宫等景区。其中石头寨是著名的"蜡染之乡",其蜡染制品远销东南亚。2017年入选中国特色小镇。

万山区万山镇 位于铜仁市。我国最大的汞产品生产基地,享有"中国汞都"的赞誉。旅游景点众多,有历史悠久的佛教圣地中华山,有鬼斧神工的省级风景名胜区夜郎谷,有经过 630 余年开采遗留下来的、纵横交错长达 970 千米的"地下长城"坑道,有气势磅礴的民族文化"活化石"——鼟锣。镇域内的万山汞矿矿山公园,是全国首批也是贵州省第一家国家矿山公园。2017 年入选中国特色小镇。

开阳县龙岗镇 位于黔中腹地。世代居住着汉族、布依族、苗族,少数民族人口占全镇总人口的 20%。旅游资源丰富,有紫江地缝、十三寸水库、拐二水库、小谷光溶洞、挞水岩瀑布、卡比石林等自然风光。紫江地缝是省级风景名胜景区,集雄、奇、险、秀于一体,喀斯特地貌发育完好,奇峡异谷绵延数十里。甲若民族风情园、大石板新庄的农民文化家园是全镇民俗风情的浓缩,还有川祖庙、莫家书院等保存完好的历史古迹。镇内土壤富含硒元素,是开阳县富硒农产品的主要生产地之一。矿产资源丰富,有煤、重晶石、硫铁等矿。2017 年入选中国特色小镇。

播州区鸭溪镇 位于遵义市。"黔北四大名镇"之一。是播州区西部的煤电、汽车制造、酿酒和包装产业基地以及经济、文化、商业中心,城镇化率达 62%。环境优美,南面是绿树成荫的雷加坡,北面是鸭溪最高峰太阳顶,后水河穿镇而过注入鸭池河,主要景点有浒洋水库风景区、雷家坡森林公园、牛角洞、白岩沟红军烈士陵园、桃李石溪景区、杨柳村景区等。1935 年 3 月,中央红军前敌司令部在鸭溪召开军事会议,毛泽东由此重回红军指挥中心,与朱德一起发出长征中第一个"朱毛命令"。2017 年入选中国特色小镇。

湄潭县永兴镇 位于遵义市。已有 400 多年历史,曾为"黔北四大商业重镇"之一。历史建筑群以风火墙为单元,每一单元的临街为店铺,店铺向后延伸是牌楼,上方用青花瓷片镶嵌为花草图案或字样,穿过牌楼便是悬山穿斗式木结构的四合院。现存四合院 40 余个,如欧阳曙公寓、李氏古宅、浙大教授楼——张氏阁楼等。这里是"中国第一米"茅贡米的原产地,中国驰名商标"湄潭翠芽"的核心基地,"老干妈"辣酱的发源地。2017 年入选中国特色小镇。

瓮安县猴场镇 位于黔中腹地。交通便利,商贸发达,是"黔北四大场镇"之一。历史悠久,文化底蕴深厚。明代即设有安抚司。1934 年 12 月—1935 年 1 月,中国工农红军在此召开了著名的"猴场会议",现有猴场会议会址、毛泽东行居、宋钦故居、土司衙门、傅玉书故居、瓮余湄铁壁合围剿匪司令部、十八革命烈士陵园等遗址。民间耍龙舞狮习俗源远流长,素有"全国民间艺术龙狮之乡"的美誉。2017 年入选中国特色小镇。

五、国家级文化生态保护实验区

黔东南民族文化生态保护实验区 包括黔东南州下辖的 1 个市 15 个县,总面积 3.03 万平方千米。黔东南民族文化生态以苗族文化和侗族文化为主体,由水族、布依族、土家族、畲族、仡佬族、壮族、瑶族等多民族文化共同组成,包括节庆文化、民间传统表演艺术文化、传统工艺文化、民族制度及礼俗文化、民族传统医药文化、文物古迹、传统村落等。保护实验区以保护非物质文化遗产为核心,对黔东南文化及其生态环境进行整体性保护。2014 年入选国家文化生态保护实验区。

六、国家生态旅游示范区

樟江国家生态旅游示范区 位于荔波县。占地面积 118.8 平方千米。是目前世界同纬度罕见的亚热带喀斯特原始森林残存区。由大小七孔景区、水春河景区和樟江风光带组成。以丰富多样的喀斯特地貌、秀丽奇特的樟江水景和繁盛茂密的原始森林、各类珍稀动植物为特色,集奇特的山水自然风光与当地布依族、水族、瑶族等民族和文化特色于一身。2013 年入选国家生态旅游示范区。

百里杜鹃国家生态旅游示范区 位于毕节市。"百里杜鹃"天然原始林带宽 1 000—3 000 米,绵延 5 万余米,有马缨杜鹃、露珠杜鹃、团花杜鹃等 41 个品种,囊括了世界杜鹃花的全部 5 个亚属,享有"地球彩带、世界花园"之美誉。居住着彝族、苗族、白族、满族、布依族等十多个少数民族,彝族火把节、彝年节、祭花神、苗族跳花坡、满族颁金节等节庆活动丰富多彩。2013 年入选国家生态旅游示范区。

梵净山旅游景区 位于铜仁市江口、印江、松桃三县交界处。梵净山是国家级自然保护区,"中国十大避暑名山"之一,弥勒菩萨道场,联合国"人与生物圈"保护网成员单位,世界自然遗产。梵净山得名于"梵天净土"。占地面积 419 平方千米,其中核心区 258 平方千米,森林覆盖率 90%,保存有 200 万—7 000 万年前的古老珍稀物种。有云瀑、禅雾、幻影、佛光四大天象奇观,标志性景点有红云金顶、月镜山、万米睡佛、蘑菇石、万卷经书、九龙池、凤凰山等。2014 年入选国家生态旅游示范区。

赤水景区 赤水市位于贵州西北端,地处云贵高原向四川盆地的过渡地带,因美丽而神秘的赤水河贯穿全境而得名。全市森林覆盖率达 68%,有竹林面积 5.8 万公顷,已初步形成竹建材、竹工艺品、全竹造纸、竹生活用品和竹笋加工五大系列 300 多个品种。素有"千瀑之市""丹霞之冠""竹子之乡""桫椤王国"的美誉,更因中国工农红军在此"四渡赤水"以及赤水丹霞世界自然遗产而扬名中外。2015 年入选国家生态旅游示范区。

七、全国红色旅游经典景区

遵义会议纪念馆 位于遵义市红花岗区红旗路。1935 年 1 月中国工农红军长征到达遵义,中华苏维埃共和国中央革命军事委员会总司令部就驻在此幢楼中。中共中央政治局扩大会议在主楼楼上的小客厅举行,史称"遵义会议"。会址原为国民党 25 军第 2 师师长柏辉章的私邸,建于 20 世纪 30 年代初,砖木结构,中西合璧的两层楼房。1964 年毛泽东主席亲笔题写"遵义会议会址"。2013 年 7 月修建了遵义会议陈列馆。2005 年入选全国红色旅游经典景区。

红花岗红军山烈士陵园　位于遵义市红花岗区,坐落在凤凰山国家森林公园的丛林中。新中国成立后,在遵义地区找到了 77 个红军烈士坟墓。1953 年在小龙山上修建红军烈士公墓,将烈士遗骸陆续集中迁至山上。陵园中有烈士纪念碑、陈列室、邓萍墓、红军坟、女卫生员塑像等。2005 年入选全国红色旅游经典景区。

娄山关景区　位于遵义市北部大娄山山峰之间,处于遵义、桐梓两地的交界处,是娄山关红军战斗遗址。娄山关又名"娄关""太平关",是大娄山脉的主峰,海拔 1 576 米,千峰万仞,自古被称为"黔北第一险隘",历来为兵家必争之地,素有"一夫当关,万夫莫开"之说。1935 年 1 月红军长征途中占领遵义,贵州军阀王家烈在娄山关一带设防,红军发起总攻,大获全胜。2 月,红三军团在彭德怀的率领下,与敌军展开激战,取得红军长征以来的首次大捷,为遵义会议的召开作出了重要贡献。2005 年入选全国红色旅游经典景区。

赤水红军烈士陵园　位于赤水市南郊杉树坝。全国第一个为纪念"四渡赤水"战役中牺牲的红军烈士而修建的陵园。陵园依山就势,占地面积 4 万平方米,由主体陵园、百竹园、香樟古树园三部分组成,安葬红军烈士 325 名。大理石碑绘有中央红军四渡赤水战役图。陵园陈列馆有 60 幅图片,内容包括四渡赤水战役、领导人题词、红军标语、红军用过的武器弹药、赤水革命老区的历史等。2005 年入选全国红色旅游经典景区。

黄陂洞战斗遗址　位于赤水市天台镇星光村。黄陂洞四周峰峦起伏,弯多坡陡,崖险沟深,地形复杂。1935 年 1 月在这里发生了黄陂洞遭遇战,这是一场敌众我寡、装备悬殊、持续时间长的战斗,数百红军战士壮烈牺牲,红军被迫南撤,未能实现占领赤水、会师川西北的战略构想。2005年入选全国红色旅游经典景区。

红一军团纪念馆 位于赤水市丙安乡丙安古镇。全国唯一的红一军团纪念馆。1935年1月,林彪奉命率红一军团团部及红二师到达丙安古镇,将红一军团总指挥部和红二师师部设于丙安场,指挥了著名的丙安、复兴场、黄陂洞战斗,为红军"四渡赤水"拉开了序幕。陈列馆展示内容分为挥师黔西南、鏖战赤水、四渡赤水和红色丙安四个部分,展出图片资料278幅、文物128件,其中珍贵文物63件。2005年入选全国红色旅游经典景区。

红军四渡赤水纪念地 1935年1月,中共中央和中央革命军事委员会决定中央红军由遵义地区北上,在四川省泸州西南北渡长江,因渡江未成,暂时留在川南活动,先后四渡赤水。红军四渡赤水战役旧址包括土城渡口、二郎滩渡口、茅台渡口、娄山关等遗址。位于习水县土城镇的土城渡口旧址,包括青杠坡红军战斗遗址、土城大埂山毛泽东指挥战斗处、土城会议会址、土城狮子沟红军司令部旧址、土城红一方面军三军团指挥部旧址、毛泽东和周恩来住处、朱德住址、红军开仓分盐处、土城船业工会旧址、春阳岗酒窖址、刘伯承住址、土城渡口12处。位于习水县习酒镇的二郎滩渡口旧址,包括二郎滩渡口及二郎庙、二郎滩背水战斗遗址。位于仁怀市茅台镇的茅台渡口旧址,包括鲁班红军烈士墓、红军战斗遗址、长岗毛泽东住地、红一军团干部会议旧址、红军医院遗址、梅子坳毛泽东住址、刘伯承拔枪打乌鸦处7处。位于遵义市汇川区的娄山关旧址,包括关口的点金山、大小尖山战斗遗址。2005年入选全国红色旅游经典景区。

乌江景区 位于黔南州瓮安县、遵义市余庆县、遵义市播州区和贵阳市息烽县,总面积100平方千米。以横贯余庆县中部的大乌江为主体,分为大乌江金城峡段区、四龙场区、沙湾段区、牛尾滩段区、老村河片区、花山民族风景片区及他山摩崖、万丈坑红军烈士墓两个独立景点,有自然景观39个、人文景观12个。乌江为长江原支水系,乌江七峡风光各具特色,被誉为"小三峡"。红军强渡乌江天险的历史,使乌江更具传奇色彩。2005 年入选全国红色旅游经典景区。

黎平会议旧址　位于在黎平县城的二郎坡。晚清修建的民居建筑,建筑面积近 800 平方米。建筑两端有高大的风火墙,房屋面宽五间。正中有一座门楼,两边为铺面,原为胡荣顺商号。里面是一个大院,有九个大小不同的天井。1934 年年底,中央红军由湖南通道进入贵州占领黎平,总司令部设在此处。12 月 18 日,中共中央政治局在此召开会议,通过了《中央政治局关于战略方针之决定》,为遵义会议的召开奠定了思想和组织基础,史称"黎平会议"。2005 年入选全国红色旅游经典景区。

木黄会师纪念地　位于印江县木黄镇。1933 年 10 月,任弼时、萧克、王震率领的红六军团奉命从湘赣根据地出发,突破敌人的围追堵截,于 1934 年 10 月进入石阡甘溪,遭桂敌袭击受挫,贺龙率红三军团主力南下接应。10 月 24 日两军主力会师于木黄,来自不同战略区域的两支红军组成了一股强大的革命力量,为红二方面军的诞生奠定了基础。有会师柏、木黄会师纪念馆、木黄会师纪念碑等遗迹。2005 年入选全国红色旅游经典景区。

苟坝会议旧址　位于遵义市枫香镇苟坝村。1935 年 3 月,中共中央在这里召开会议,撤销了进攻打鼓新场的计划,避免了红军全军覆灭的危险,制定了新的战略方针。苟坝会议是遵义会议的继续和完善,由毛泽东、周恩来、王稼祥组成了三人军事小组,进一步确立和巩固了毛泽东在党中央和红军中的领导地位。2016 年入选全国红色旅游经典景区。

息烽集中营革命历史纪念馆　位于息烽县城南隅。息烽集中营与重庆渣滓洞监狱、江西上饶集中营同为抗战期间国民党设立的集中营,是国民党军统局设立的规模最大、等级最高的一所秘密监狱。息烽集中营占地 2 平方千米,内设监狱 8 栋 43 间。从 1938 年 10 月—1946 年 7 月,关押了共产党人和进步人士 1 220 余人,其中 600 多名革命者在这里献出了宝贵生命。纪念馆系统介绍了集中营的历史,展出 80 多件珍贵的历史文物以及车耀先自传手迹、杨虎城遗物等先烈遗物。2005 年入选全国红色旅游经典景区。

王若飞故居 位于安顺市若飞大道。王若飞是中国共产党早期革命家,曾任中共中央秘书长、中共中央委员,1945 年 8 月作为中共代表团成员与毛泽东、周恩来赴重庆谈判,1946 年 4 月 8 日乘飞机回延安,因飞机失事遇难。故居始建于清代,是临街的四合院,木结构小青瓦建筑,为王若飞曾祖父所建。清光绪二十二年(公元 1896 年),王若飞出生于此。现为王若飞纪念馆,展线长 330 余米,陈列展览图片资料 125 幅,实物资料 47 件。2005 年入选全国红色旅游经典景区。

深河桥抗战遗址 位于独山县城北。1944 年 12 月,日本侵略军攻占独山县城,中国军队、美国盟军和黔南各族人民在深河桥共同抗击日军,最终迫使日军败出黔境,独山由此被誉为"抗日战争的转折地"。现已建成深河桥抗日文化园,设有黔南事变陈列馆、贵州抗日陈列馆,陈列了大量的图片、史料和实物。2011 年入选全国红色旅游经典景区。

周逸群烈士故居 位于铜仁市碧江区。周逸群是八一南昌起义的重要组织者之一,与贺龙一起创建了湘鄂西革命根据地。始建于清道光年间,占地面积 1 162 平方米。正屋现为烈士生平事迹陈列室,展出近 500 幅珍贵的图片史料及实物,系统地介绍了周逸群在家乡读书、东渡日本留学、进入黄埔军校、参加南昌起义、创建洪湖苏区及其战斗历程等情况。2011 年入选全国红色旅游经典景区。

邓恩铭烈士故居 位于荔波县向阳路。在中国共产党第一次全国代表大会 13 名代表中,邓恩铭是年纪最轻且唯一的少数民族(水族)的代表,山东地区学生运动、工人运动的卓越领导者。故居占地面积 320 多平方米,保存着邓恩铭少年时代用过的木床、桌子、椅子、凳子、石磨、药碾、八挂钟等遗物。故居右侧修建有烈士事迹陈列室,陈列着烈士少年时代用过的笔、墨、砚台、墨盒、玉首饰、幅符、衣架、马灯、家信等物品。2011 年入选全国红色旅游经典景区。

红二、六军团总指挥部会议旧址及陈列馆 位于石阡县长征路天主教堂内。1936 年 1 月,贺龙、任弼时等率领红二、六军团,兵分三路向石阡进行战略转移。入城后,总指挥部及军团司令部、政治部等直属机关进驻天主教堂南楼等处,贺龙等领导人入住北楼。红军军政负责人任弼时、贺龙、关向应、王震、萧克等在此召开会议,研究军事行动。天主教堂始建于清光绪中期,有中西合璧、砖木结构楼房 10 余幢,建筑面积 3 000 余平方米。陈列馆保存有 400 余件红军在石阡开展革命活动时的文物。2016 年入选全国红色旅游经典景区。

甘溪红军战斗遗址　位于石阡县甘溪乡。1934 年 10 月,中央红军长征先遣队红六军团进入石阡甘溪,与敌人发生遭遇战,陷入重围。激战 10 余日,红军战士伤亡惨重,最终摆脱敌人,胜利实现与红二军的会师,谱写了一曲可歌可泣的英雄赞歌。20 世纪 70 年代在此修建了红军烈士纪念碑。2016 年入选全国红色旅游经典景区。

困牛山红军集体跳崖遗址　位于石阡县龙塘镇。1934 年 10 月,红六军团作为长征先遣队从湘赣苏区突围西征,途经石阡时在甘溪与桂军发生遭遇战。红 18 师师长龙云和 52 团团长田海清率 800 多名红军战士,为掩护红军主力突围转移,把敌人引到困牛山一带,激战三昼夜,终因寡不敌众被围困,百多名战士砸毁枪支,集体纵身跳崖壮烈牺牲。现有困牛山红军壮举纪念碑,碑名由萧克将军题写。2016 年入选全国红色旅游经典景区。

史迪威公路晴隆二十四道拐遗址　位于晴隆县城西南处。二十四道拐公路是著名的史迪威公路的标志路段,蜿蜒于高达 1 799 米的晴隆山西南坡。始建于 1935 年,1936 年竣工通车,全长 4 000 米,宽 6 米,共计 24 个弧形拐弯。第一拐到第二十四拐直线距离 350 米,垂直高度 250 米,坡倾角 60 度。第二次世界大战期间,二十四道拐盘山公路是国际社会援华物资送达中国大后方陆路交通的重要路段,各种物资经过滇缅公路到达昆明后,必须经二十四道拐才能运送到战时陪都(重庆)或抗战前线。2016 年入选全国红色旅游经典景区。

八、全国农业旅游示范点

兴义万峰林 位于兴义市东南部。占地面积 300 万亩。万峰林长 200 多千米,宽 30—50 千米,是我国西南地区三大喀斯特地貌区之一。一座座奇峰从锦绣田园中拔地而起,形成罕见的峰林田园风光。农业景观颇多。一片天然形成的八卦田平卧在纳灰寨农田中央,层叠有序。田中有三个天然地漏,深不见底,被称为"地眼"。还有万亩油菜花,村寨掩映其中,若隐若现。2004 年入选全国农业旅游示范点。

巴拉河流域农业旅游区 位于黔东南州苗岭山谷地带。这里分布着龙井、怀恩堡、南花、季刀、南猛、脚猛、猫猫河七个苗族村寨和遗留的古代军事堡垒。怀恩堡至今留存有屯堡和明末清初的古驿道,南花苗寨民族风情浓郁,季刀苗寨有百年粮仓,郎德苗寨有全国重点文物保护单位苗族建筑群,脚猛苗寨有苗族铜鼓舞的民俗,南猛村是"芦笙艺术之乡"。2004 年入选全国农业旅游示范点。

修文县谷堡乡 位于修文县城西南部。远远闻名的果蔬大乡,形成了猕猴桃、金秋梨、布朗李、板栗、楠竹、杜仲六大经济林基地,有"猕猴桃之乡"的美誉。猫跳河流域已形成早毛豆、早辣椒、早糯玉米等次早菜基地。乡境内还有神秘雄奇的猫跳河峡谷风光,有王阳明遗迹、三人坟、天生桥、蜈蚣桥、古驿道和红军长征遗址"索桥"。2004 年入选全国农业旅游示范点。

共青林场怡心园 位于兴义市城郊。全国共青团系统最大的林场,是集生态农业、观光度假、休闲娱乐和农业高新技术水果种植示范、苗木培育、园林绿化、花卉奇石于一体的综合性的科技生态观光园。现有林地 54 000 亩,活立木蓄积 50 多万立方米,以柑橘为主的优质果园 200 亩,温室大棚已育出数万盆"一品红"等鲜花。2005 年入选全国农业旅游示范点。

丹寨县金钟农场　位于龙泉镇。这里原是荒山。20 世纪 50 年代,200 多名贵阳青年垦荒队员来此拓荒。经过 60 余年的发展,农场种植优质茶叶 2 985 亩,建成果园 555 亩,种植猕猴桃、葡萄、柑橘、金秋梨、板栗等优质果树 1.9 万株,种植富硒水稻 18.9 万亩。现已成为贵州省级经济开发区。2005 年入选全国农业旅游示范点。

下司镇农业观光园　位于麻江县东北部,地处清水江上游。集历史文化、民族文化、自然山水和田园风光于一体的综合性生态旅游区。这里有"风情胜皇都"的摆仰苗族风情、"中国现代民间绘画乡"的铜鼓村农民画、下司酸汤系列民族特色饮食、太阳岛—桃源岛—月亮岛滨河休闲度假区、湾塘农家乐、下司长滩、花桥—隆堡农业生态观光带。盛产蓝莓、锌硒米、红蒜等,还有麻江姊妹酒。2005 年入选全国农业旅游示范点。

黄平县舞阳河景区　位于黄平县西北部。以万亩大坝农业生态观光区为核心,以历史文化古镇为依托,集农业生态、田园风光、历史文化、自然山水、民族风情为一体的综合性生态旅游观光区。2005 年入选全国农业旅游示范点。

牛场中药材基地　位于施秉县牛大场镇山口村。基地土壤中的镉、砷、铬、锌含量符合一级质量标准,汞符合二级质量标准,自然条件适宜发展优质、无公害的绿色药材生产。所产太子参主要有效成分指标居全国同类产品前列,种植面积已占施秉县太子参种植面积的 1/3 以上。基地盛产首乌、毛慈姑、太子参、半夏、草乌、南沙参等名贵中药材。2005 年入选全国农业旅游示范点。

"金谷福梨"观光园　位于福泉市城厢镇。水果种植面积约 152 亩,有金谷福梨、巨峰葡萄、杨梅、猕猴桃、蟠桃、橘子等水果品种。充分利用果林生态资源,发展林下经济,建成了林下养鸡示范基地。每年举办"贵州·福泉金谷梨花节"。2005 年入选全国农业旅游示范点。

贵定县音寨村　位于贵定县盘江镇。丰富多彩的自然景观,布依族风情,观光农业,驰名中外的特色饮食盘江狗肉以及布依族餐饮,构成了黔中一道靓丽的风景线。这里有驰名中外的牟珠洞,洞深千余米,洞内有形态各异的钟乳石;有雷鸣洞,洞麓有飞瀑,瀑布下有一潭,泉水清澈;有兴建于明弘治年间的五孔石拱桥。寨前田园平旷,寨后松杉成林。每年农历七月初二,村内举行布依族民族团结月活动,举行斗牛、对歌、篮球比赛等文体活动,规模在万人以上。2005 年入选全国农业旅游示范点。

新蒲镇农业观光园 位于遵义市城区东郊。这里有山水相映的三坝太平湖、磨子石灌木丛区、水火溶洞、森林密布的太平山、威武雄壮的狮子山、历史文化悠久的古城堡中桥李家寨等 10 余处自然景观和人文景观。有著名的蚕科所,主要从事桑树育种及栽培管理、桑蚕育种及栽培管理、柞蚕育种及放养。种植有柑橘、猕猴桃、奈李、桃、梨、枇杷等优质水果,同时进行名、特、优、稀果茶苗木及花卉的开发研究工作。2005 年入选全国农业旅游示范点。

董公寺镇生态农业园 位于遵义市汇川区。自然景观有温泉、溶洞、人工森林、水库、河流、奇峰、怪石;人文景观有唐贞观年间的高岩山白岩洞古庙、丰帽山原始人类遗址、红军战斗过的飞来石战役遗址;农业观光景观有农业科技示范园、万亩中药材基地等现代农业项目和各种果园、养殖场。有丰富的地热矿泉资源,提供度假疗养服务。2005 年入选全国农业旅游示范点。

花溪生态农业示范园 位于贵阳市城区南部。占地面积 300 亩。园区有奇花异果展示廊、荷花功能区、生态竹亭休闲区、高科技现代农业设施展示区、垂钓烧烤区、果园功能区、健身走廊、儿童戏水区、森林茶吧、农业科普知识展示区、生态餐厅,鱼、禽、瓜果、粮、菜搭配布局,生态型农业、观光休闲型农业、都市农业、现代高科技农业融为一体,构成极具趣味性、观赏性的一幅幅生态图画。2005 年入选全国农业旅游示范点。

情人谷—阿栗杨梅园 位于贵阳市乌当区阿栗村。占地面积 22 500 亩。主要由观光农业杨梅园和情人谷风景区组成。山清水秀、风光独特,有秀丽奇险的峡谷风光、红叶闪烁的枫树林、久负盛名的杨梅园和瓜果飘香的旧寨生态村。杨梅园内有成片的野生杨梅 67 公顷、科技杨梅 370 公顷,桃、橘、美国黑草莓等水果基地 67 公顷。还有划船、漂流、攀岩、洞穴探险寻宝、烧烤等旅游项目。2005 年入选全国农业旅游示范点。

安顺黄果树石头寨　位于镇宁县安庄乡。石头寨是扁担山 48 个布依寨中的一个,依山傍水,四周群山秀丽,寨前田连阡陌,寨后绿树成荫,寨边有宽阔的石头河。全村建筑均以石头和石板为主要材料,日常生活用具均与石料相关,如石磨、石缸、石盆、石灶、石桌、石凳等。原始的蜡染作坊程序保留完整。有生态万鸟园、野猪林、石头寨、布依蜡染制作坊等景点,还有民族风情表演项目。2005 年入选全国农业旅游示范点。

普定县讲义一号营村　位于普定县马官镇。由讲义村、号营村组成。讲义村建有蔬菜大棚基地、清水流洗菜池,板田大蒜、白山药、荷兰豆、韭黄等种植基地。号营村田连阡陌,地下河贯村而流,围村而过,山间坝子多为农田,有林地 1 500 多亩,荒山草坡 105 亩,还有传统屯堡文化花灯、地戏,有农家乐旅游点——号营山庄。2005 年入选全国农业旅游示范点。

天台山天龙屯堡　位于安顺市平坝区。地处安顺大屯堡旅游经济圈的东大门,旅游业迅速发展,由此带动了天台村的糟辣椒、卢车坝村的早熟蔬菜、高田村的西瓜、周官村的脸子雕刻、山背后村的农家饭等专业村发展,探索出了"政府+公司+旅行社+农民旅游协会"乡村旅游开发的"天龙模式"。2005 年入选全国农业旅游示范点。

梵净山景区　2005 年入选全国农业旅游示范点。参见国家生态旅游示范区——梵净山旅游景区。

九、全国休闲农业与乡村旅游示范点

台金休闲观光农业科技园　位于金沙县。占地面积 2 130 亩,是一个将循环经济、立体农业、生态旅游融为一体的农业旅游产业综合体。主要景点有浪漫婚纱影像影视基地、世界蜜蜂生态园、咖啡花屋生活馆、科技农业展示园、乡俗文化体验园、伏羲广场、创意农业园、珍稀植物园等,开展现代农业文化旅游、乡俗文化旅游、体验式主题文化旅游。2013 年入选全国休闲农业与乡村旅游示范点。

桃花谷休闲农业观光园　位于铜仁市碧江区西部的云林仙境景区内。云林仙境景区占地面积 705 亩,以苗侗民族历史文化和杨氏部落文化为内涵。观光园依托云林仙境景区独特的区位优势、山水景观和苗侗吊脚木楼群,建设民族文化、历史文化、生态文化有机融合的旅游休闲度假养生基地。2013 年入选全国休闲农业与乡村旅游示范点。

双堡休闲农业观光园　位于安顺市西秀区山京现代高效茶产业示范园区。前身为西秀区山京人民公社大食堂,现观光园内尚保留有相关历史建筑。观光园的果园、茶园等占地面积 4 995 亩,已发展成为集餐饮、住宿、水果采摘、农事体验于一体的综合性乡村旅游景点。2013 年入选全国休闲农业与乡村旅游示范点。

黄丝休闲农业与乡村旅游示范点　位于福泉市黄丝江边,与江边布依山寨和山城鼎罐城遥相呼应,是一个占地面积 1 200 亩的现代农业产业化园区。实施了河道治理、景区绿化、民族文化长廊、布依风情园和农业科技示范园等项目,发展草莓、提子、葡萄、猕猴桃、梨、桃、樱桃、无花果等精品水果种植。2014 年入选全国休闲农业与乡村旅游示范点。

哒啦仙谷休闲农业示范园　位于盘州市滑石乡岩脚村。地处南北盘江分水岭地带,属典型的喀斯特峰丛谷地地貌。占地面积 1.2 万亩,“杂交水稻之父”袁隆平为园区题字命名“哒啦仙谷”。湖畔半岛酒店、桐花寨、七彩花田、儿童游乐园、哒啦生态馆、乡村客栈、QQ 农场、果蔬采摘体验园等项目已投入运营,是一个集休闲观光农业、休闲旅游、养生、娱乐、住宿、会议、餐饮于一体的综合性园区。2014 年入选全国休闲农业与乡村旅游示范点。

金钗石斛生态示范园　位于赤水市复兴镇凯旋村。占地面积 330 亩。

依托张家湾独特的自然景观和历史文化资源,打造集丹霞地貌奇石观赏、石斛种植新技术推广、石斛文化展示于一体的休闲农业与乡村旅游示范基地和生态农业科普示范基地。已完成石斛广场、游客接待中心、精品石斛保护园、生态水景、转石奇观栈道的建设,带动农户种植石斛 3 亩,乡村旅游农家乐 10 余户。2014 年入选全国休闲农业与乡村旅游示范点。

云谷田园休闲观光农业示范园 位于凯里市舟溪镇。周边山水环绕,拥有得天独厚的自然环境。占地面积 2 505 亩,在发展现代精致农业的基础上,融合了观光农业、乡村旅游度假、农业文化休闲、新型乡村养生地产开发、商业配套运营等多种业态,现已建成农业观光、大型有机生态餐厅、休闲观光采摘、现代农业展示中心等项目。2015 年入选全国休闲农业与乡村旅游示范点。

旧州镇生态文化旅游园 位于安顺市西秀区旧州镇。这里生态良好,是典型的传统农业大镇,也是我国屯堡文化的发源地和聚集区之一。旧州过去是以种植、养殖和加工业为主的农业乡镇,经济总量小,发展水平低。在推进特色小镇建设过程中,流转土地 1 515 亩,开发现代观光农业园,转变了单一的种植模式。2015 年入选全国休闲农业与乡村旅游示范点。

娘娘山高原湿地生态农业示范园区 位于盘州市普古乡。地处乌蒙山脉南端,最高海拔 2 319 米。占地面积 27.21 万亩,以精品特色水果、湿地生态旅游为主导产业,配套发展特色种植、养殖和加工业。项目建设包括农业产业化和休闲旅游度假两个板块,建设有银湖农业科技示范园、温泉会馆、高原湿地公园、体育公园、蓝莓采摘园、特色水果采摘园和六车河大峡谷景区。2015 年入选全国休闲农业与乡村旅游示范点。

水城县猕猴桃产业示范园区 位于水城县,覆盖米箩乡倮么、俄戛、草果三个村,辐射周边 18 个乡镇。占地面积 6.57 万亩,分为种植示范基地、产学研基地、深加工基地和布依风情生态园、米箩现代农业观光园五个功能区。以水城红心猕猴桃为主导产业,现已建成垂钓池、玫瑰花园、采摘观光大棚、生态餐厅、猕猴桃科研所、巴郎庄园猕猴桃产业化推广及营销服务平台、芭蕉林等项目。2015 年入选全国休闲农业与乡村旅游示范点。

洪渡河旅游休闲区 位于务川县。洪渡河系乌江一级支流,发源于正安县谢坝乡,流经湄潭、正安、凤冈、务川、德江、沿河等县,在沿河县洪渡镇汇入乌江。自然风光优美,洪渡河漂流惊险刺激,独特的仡佬族民风民俗和自然山水交相辉映。还有荷塘水榭、亭台曲径、村落庭院,辅以苍翠青山,绘就了一幅独特的新农村画卷。2015 年入选全国休闲农业与乡村旅游示范点。

十、全国工业旅游示范点

贵州醇酒厂 位于兴义市。公司生产区域占地面积 4 平方千米,生态工业旅游景点占地面积 2 平方千米。公司的酿造历史可以追溯到 20 世纪 50 年代。1983 年研制的浓香型白酒 35 度贵州醇,酒体清澈透亮,醇绵干爽,度数低而不淡,酒味香而持久,加水加冰色味不变,被誉为"中华第一醇"。2004 年入选全国工业旅游示范点。

乌江渡发电厂 位于遵义市。乌江干流上第一座大型水电站,是我国在岩溶典型发育区修建的一座大型水电站,1982 年并网发电。修建乌江渡发电厂大型水电工程形成的乌江水库,水域宽阔,分布着七峡、九岩、十三险滩等 60 多个景点,现已形成两条天然水上旅游黄金线。2005 年入选全国工业旅游示范点。

贵州海尔电器厂 位于遵义市汇川区。青岛海尔集团对口帮扶贵州而建设的西南海尔冰箱生产基地,是一座现代化的花园式工厂。遵义市中心和海尔公司之间约 3 000 米路程点缀着遵义市政府中心广场、三阁公园、遵义会议会址、红军烈士陵园等景点,"海尔"成为遵义红色旅游的又一个景点。2005 年入选全国工业旅游示范点。

茅台酒厂 位于赤水河畔的茅台镇。酒厂占地面积约 10 平方千米,茅台酒国家地理标志产品保护地域面积约 15 平方千米。茅台酒是大曲酱香型白酒的鼻祖。工业旅游示范点景点,有茅台酒生产厂房、别具一格的楼阁亭台和国酒园林、茅台现代化办公大厦、国酒文化城和红军四渡赤水纪念塔。周边还有国酒门、巨型茅台酒瓶、美酒河巨幅摩崖石刻等酒文化景观及赤水河、盐津大峡谷等风景名胜。2005 年入选全国工业旅游示范点。

华泰绿色食品工业园 位于安顺市西秀区。占地面积 13 万平方米,集山药种植、研发、加工、生产和销售于一体的贵州省重点龙头企业。公司实施的 13.33 平方千米山药种植基地及 1.7 万吨山药系列产品建设加工项目,系国家发改委重点示范项目、国家科技部"星火计划"项目。2005 年入选全国工业旅游示范点。

百花药厂工业园 位于遵义市忠庄镇。百花医药集团是集新药研发、药品生产、药品批发、医学研究及治疗、投资理财于一体的现代化企业集团,现拥有能生产 15 种剂型的 9 条生产线,有中药提取、前处理、片剂、颗粒剂、胶囊剂、丸剂等 13 个车间。公司拳头产品有百花杜仲降压片、百花八味和胃口服液、百花六味防脱生发酊、百花消炎止咳片等。2006 年入选全国工业旅游示范点。

水城钢铁集团公司旅游园区 位于六盘水市钟山区。水城钢铁集团始建于 20 世纪 60 年代,是国有大型钢铁联合企业,年产生铁 260 万吨、钢 300 万吨、钢材 180 万吨。旅游园区内有笔架山公园、万立人工湖、水钢文化广场等景点,还有一座集水质处理、旅游观赏、休闲娱乐于一体的人工瀑布。2006 年入选全国工业旅游示范点。

十一、国家级非物质文化遗产生产性保护示范基地

石桥黔山古法造纸专业合作社 位于丹寨县南皋乡石桥村。这里是一

个以苗族为主的少数民族聚居地。石桥村手工造纸已有 1 000 多年的历史。石桥古法造纸作坊生产白皮纸和彩色皮纸两种,生产工艺流程与明代宋应星著的《天工开物》记载的图解基本一致。生产白皮纸所用的原料是构皮麻和杉根,从原料加工成纸张需要 10 多道工序手工完成,纸质洁白,有柔韧性,耐拉力,纸面平整,吸水性强。皮纸制作技艺已被列入首批国家级非物质文化遗产(代表性项目)名录。2012 年入选国家级非物质文化遗产生产性保护示范基地。

芳佤银饰刺绣有限公司 位于"中国苗绣之乡"台江县苗疆东大道。公司经营范围有苗族刺绣、银饰、剪纸、服饰等各类工艺品。采取"公司+刺绣专业村+绣工"的生产模式,在台江县各乡镇建立苗族刺绣生产基地。公司所设计的产品参加"多彩贵州两赛一会"曾多次获奖。公司陈列馆收藏有黔东南各个时期苗族刺绣、服饰、织锦 200 余件套,苗族剪纸 300 余幅,纺织刺绣工具 50 余件。2014 年入选国家级非物质文化遗产生产性保护示范基地。

宁航蜡染有限公司 位于丹寨县。丹寨县是我国最后的鸟图腾部落,也是以苗族为主体的多民族聚居区。这里的苗族女性自幼学习蜡染技艺,代代传承,苗族蜡染技艺被列入首批国家级非物质文化遗产(代表性项目)名录。公司致力于贵州苗族蜡染的挖掘、传承与开发,少数民族蜡染饰品的设计、制作、加工、销售等。公司以"公司+基地+农户"的模式运作,在传承苗族蜡染技艺的基础上开拓创新,成功开发了麻、棉、丝等蜡染系列产品。2014 年入选国家级非物质文化遗产生产性保护示范基地。

十二、国家级旅游度假区

赤水河谷旅游度假区 位于仁怀、赤水、习水三个市县。以赤水河和赤水河谷绿道为轴线,南端连着"中国第一酒镇"茅台镇,北端连着世界自然遗产丹霞地貌赤水市,中间串起"四渡赤水"红色文化、国酒文化、巴国文化、盐运文化、考古文化等旅游文化的美丽长廊,全线共设置 26 个露营地、23 个观景台和休憩点,形成一个集峡谷观光、滨河骑游、美酒养生、红色体验、古镇游憩、生态科普等功能于一体的综合性旅游度假区。赤水河谷沿河红色土壤聚集,山间林木茂密葱茏,丹霞地貌怪石嶙峋,堪称原生态亚热带森林博物馆。2018 年入选国家级旅游度假区。

十三、国家级风景名胜区

黄果树风景名胜区 位于镇宁和关岭两县接壤处。以黄果树大瀑布为中心,18 个风格各异的大小瀑布形成一个庞大的瀑布群。大瀑布位于犀牛滩,落差 74 米,宽 81 米,瀑下为水深 17 米的犀牛潭,瀑布周围景色瑰丽,河流曲折,地形起伏,有许多激流险滩。还有石林、溶洞和布依族、苗族村寨以及红岩碑、关索庙、天龙庙等古迹。1982 年入选国家级风景名胜区。

潕阳河风景名胜区 位于镇远、施秉、黄平三县境内,是贵州东线旅游的中心。占地面积 625 平方千米,有 10 个景区 246 个景点。潕阳河分为上潕阳和下潕阳两段,两段河流特点各异。上潕阳看山,双飞水、水上月宫、孀妇哭夫等景观惟妙惟肖。下潕阳看峡,诸葛峡风景区可见火烧赤壁、高碑湖等景点;龙王峡奇峰林立,水道曲折,拥有一线天、龙王宫、孔雀峰、三叠水等景观;东峡一带的龙池、鲶鱼洞、犀牛塘、千层岩,滩多浪急,怪石林立;相见河两岸有迎宾鸽、三剑峰、闺门三秀、石猴出洞、唐僧师徒峰、雄师回首、金鸡叫天门等景观。1988 年入选国家级风景名胜区。

红枫湖风景名胜区 位于清镇市、安顺市平坝区。红枫湖面积 57 平方千米,最深处达数十米,湖中岛屿 100 多个,以岩溶地貌和湖光山色为特色。湖区分为北湖、中湖、南湖和后湖。北湖碧波万顷,中湖水狭山奇,南湖山重水复,后湖群峰环水。南湖将军湾溶洞群中的将军洞,长达 600 多米,有 3 个洞中湖,白而透明的各种钟乳石倒映水面,似水晶宫殿,形成山中有湖、湖里有岛、岛上有洞、洞中有湖、洞湖相通的奇特景色。1988 年入选国家级风景名胜区。

龙宫风景名胜区 位于安顺市南郊,与黄果树风景区毗邻。占地面积 60 平方千米,分为中心、漩塘、油菜湖、仙人箐四大景区。有着全国最长的水溶洞,还有多类种型的喀斯特景观,地下暗河全长 15 千米,穿越大小 20 多座山,串联 90 多个洞穴,被赞誉为"大自然的大奇迹"。并有田园山寨、山野峰峦、嶙峋石林及丰富多彩的民族风情作衬托。1988 年入选国家级风景名胜区。

织金洞风景名胜区 位于织金县。占地面积 450 平方千米,分为织金古城、织金洞、裸结河峡谷、洪家渡四大景区。织金洞属高位旱溶洞,全长 1 万多米,洞内有迎宾厅、万寿宫等 10 个景点,拥有 40 多种岩溶堆积形态,被称为"岩溶博物馆"。地质遗迹丰富,有岩溶洞穴、岩溶峡谷、岩溶天生桥、岩溶天坑、岩溶高峰丛、岩溶丘陵、岩溶单面山与象形山、岩溶水文、古生物化石、地层岩石和构造遗迹 11 大类遗迹,共同构成一个以洞穴、峡谷、天生桥、天坑为核心的高原喀斯特景观。1988 年入选国家级风景名胜区。

樟江风景名胜区 1994 年入选国家级风景名胜区。参见国家生态旅游示范区——樟江国家生态旅游示范区。

赤水风景名胜区 1994 年入选国家级风景名胜区。参见国家生态旅游示范区——赤水景区。

马岭河风景名胜区 位于兴义市南盘江支流马岭河上。马岭河峡谷是一条在造山运动中产生的大裂谷地缝,长 74.8 千米,宽 50—150 米,深 120—280 米,谷底低于地面 200 米。万峰环绕,千泉归壑,溪水溯蚀,江流击水,孕育出多姿态多彩的"百鱼、百瀑、百帘、百泉"奇观。以地缝嶂谷、群瀑横飞、碳酸钙壁挂三大特色最为著名,被誉为"地球上最美丽的伤疤"。大峡谷全年都可漂流,一次可以看到 13 条瀑布,其中"万马奔腾"大瀑布高达 176 米。

1994 年入选国家级风景名胜区。

斗篷山—剑江风景名胜区 斗篷山位于都匀市、贵定县、麻江县交界处,有"鸡鸣三县"之说,主峰海拔 1 961 米,因状如斗篷而得名;又因山高林深、四季山花不断,被称为"黔南花冠"。名胜区包括胡广峡谷、马腰河峡谷、黄河谷、天池四大片区,占地面积 63.6 平方千米。景区被浩瀚的原始生态林和次生态林所覆盖,森林覆盖率达 90% 以上。有国家重点保护野生植物 22 种。2004 年入选国家级风景名胜区。

九洞天风景名胜区 位于纳雍、大方两县交界处。六冲河自西向东流经两县,形成上游总溪河景区、下游九洞天景区。河水在此潜入地下,被称为"瓜仲河伏流",长约 7 000 米。伏流下游山脊上有 9 个巨大天窗,泛舟河上,天空时隐时现,"九洞天"由此得名。集峡谷、岩溶、伏流于一体,河谷为岩溶箱形深切割峡谷,岩壁垂直,分布有溶蚀旱洞、伏流洞穴、溶蚀塌陷等喀斯特典型地貌。两岸悬崖峭壁上有众多常年性和季节性瀑布、冒泉,河流涨落受季节影响变化较大。2004 年入选国家级风景名胜区。

九龙洞风景名胜区 位于铜仁市东南方,地处武陵山脉六龙山区北缘,沅水支流锦江南岸。占地面积 245 平方千米,包括九龙洞景区、六龙山景区和锦江景区。九龙洞是一个大型天然喀斯特溶洞,钟乳石林立,石花、石幔、石鸟、石兽随处可见,其中高 20 米以上的钟乳石柱有数十根。优美的锦江风光,东山寺、明清民居古建筑等人文景观与溶洞连成一片,自古就有"黔中各郡邑,独美于铜仁"的赞誉。2004 年入选国家级风景名胜区。

黎平侗乡风景名胜区 位于贵州省东南边缘,地处黔、湘、桂三省(区)交界处。占地面积约 159 平方千米。包括"四区两点一群","四区"即肇兴—地坪、茅贡—坝寨、岩洞—口江、八舟河—天生桥四个景区,"两点"即尚重、洪州两个独立景点,"一群"即德凤翘街古建筑景群。侗族建筑群古朴完整,侗族文化悠久迷人,民俗民风淳朴浓郁,岩溶天桥举世无双,红色文化资源丰富,自然风光和少数民族文化有机融合,鼓楼、花桥和侗族民居等人文景观美不胜收,还有国家级非物质文化遗产侗族大歌、侗族琵琶歌和侗戏。

2004 年入选国家级风景名胜区。

格凸河穿洞风景名胜区 位于长顺县与紫云县交界处。"格凸"为苗语,意为"圣地"。占地面积 56.8 平方千米,包括大穿洞景区、大河景区、小穿洞景区、妖岩景区及多处独立景点。以喀斯特地貌为基础,以穿洞群景观为代表,集峡谷河流、原生植被、苗族文化及风土人情景观于一体。有美丽壮观的格凸大穿洞绝景和壮观的万燕归巢,有世界第二大洞厅苗厅,有世界上最深的地下河竖井天坑响水洞,有世界上保存最完好的古河道遗址穿上洞、盲谷及神秘的谷中原始森林,有秀丽的夹山风光、世外桃源般的大河苗寨,还有人类最后的穴居部落等。2005 年入选国家级风景名胜区。

平塘风景名胜区 平塘县位于贵州高原向广西丘陵下降的倾斜面上,属中亚热带岩溶喀斯特地貌。名胜区有四大片区,景物景观各具特色。平舟河片区以世外桃源般的村寨田园和河谷风光为主;龙塘片区集山、水、峡谷、洞、林、湖、瀑、石于一身;西凉片区以神秘的原始森林以及幽深神奇的溶洞为主题;甲茶片区以瀑布、竹林和亚热带南国风光为主。2009 年入选国家级风景名胜区。

苗山侗水风景名胜区 位于榕江县。占地面积 168 平方千米,分为三宝千户侗寨、宰荡侗族大歌、七十二寨侗乡、龙塘奇观四大景区。这里有世界唯一的苗民祭祖庙"苗王庙";三宝千户侗寨景区的章鲁村侗族语音被国家民族事务委员会认定为中国侗文标准音;侗族琵琶歌、萨玛节、侗族大歌、摆贝苗族服饰等蜚声海内外。有气象树、下毛雨树、大瑞古柏、晚寨古杉、千年矮子松等古树名木。2009 年入选国家级风景名胜区。

石阡温泉群风景名胜区 位于石阡县城南端,松明山西麓,龙川河右岸。由凯峡河景区、楼上古村落景区、石阡温泉与古建筑景群及鸳鸯湖等独立景点构成,以独特的热矿泉和古建筑群为代表。地热资源丰富,水中普含氡、硒、锶、硅酸等对人体有益的元素。著名景点有城南温泉,万寿宫,禹王宫,凯峡热水河,鸳鸯湖,上苗寨,杨家巷,五老屏山,下苗寨,太虚石刻,云台山石林,红二、六军团指挥部旧址,甘溪红军烈士纪念碑等。2009 年入选国家级风景名胜区。

乌江山峡风景名胜区　位于沿河县境内的乌江山峡南段,山峡北段接重庆市涪陵乌江峡谷,南邻贵州省梵净山自然保护区。占地面积 102 平方千米。乌江发源于贵州威宁县,经沿河县至重庆涪陵汇入长江,干流全长 1 037 千米。名胜区以乌江中下游深度切割的山峡自然风光为主,兼有两岸土家民族风情文化,素有"乌江百里画廊"之称。境内河段有夹石峡、黎志峡、银童峡、土坨峡、王坨峡和龚滩等奇特景观,是一大探险旅游胜地。2009 年入选国家级风景名胜区。

江界河风景名胜区　位于瓮安县,地处乌江中游。占地面积 311 平方千米。乌江流经瓮安县的河段俗称"江界河",全长 52 千米,是乌江最具魅力的河段。瓮安县境内的乌江支流雍江(又称"瓮安河")自南而北注入乌江,湘江由北而南流入乌江,形成了诸多峡谷自然风光,流泉飞瀑、茂林修竹、奇洞幽谷,处处皆胜景。名胜区内有大小渡口 20 余处,其中江界河渡口唐代就已开渡,已有 1 000 多年的历史。还有红军抢渡乌江战斗遗址、江界河大桥、震天动峡谷、偏岩摩崖石刻等景点。2009 年入选国家级风景名胜区。

十四、国家级自然保护区

梵净山自然保护区　1986 年入选国家级自然保护区。参见国家生态旅游示范区——梵净山旅游景区。

茂兰自然保护区　位于荔波县,毗邻广西木伦国家级自然保护区。占地面积 2.13 万公顷,主要保护对象为喀斯特森林及珍稀动植物。茂兰喀斯特森林是一种特殊的森林植被类型,分布集中、原生性强、相对稳定,但相当脆弱和难以恢复,在世界植被中占有重要地位,是别具一格的"喀斯特漏斗森林景观"。有国家一级保护野生植物 200 余种,国家二级保护野生植物

200 余种;国家一级保护野生动物 5 种,国家二级保护野生动物 32 种。1988 年入选国家级自然保护区。

赤水桫椤自然保护区 位于赤水市葫市镇金沙沟一带。占地面积 1.33 万公顷,拥有世界上数量最多、面积最广的桫椤林区,是世界上唯一的侏罗纪地球史迹自然生态园林,也是世界上唯一的以桫椤及其生存环境为保护对象的自然保护区。桫椤系当今地球上保存不多的一种冰川前期植物,被称为科学研究的"活化石"。桫椤普通株高 4—6 米,很多地段成片分布,形成以桫椤为优势的植物群落,种群数量达 4 万余株,实属罕见。1992 年入选国家级自然保护区。

草海自然保护区 位于威宁县西南部,地处云贵高原中部顶端的乌蒙山麓腹地。草海集雨面积 1.2 万公顷,年汇水量 800 万—900 万立方米,是我国著名的三大高原湖泊(草海、滇池、青海湖)之一,贵州最大的高原天然淡水湖泊。完整的、典型的高原湿地生态系统,被"中国生物多样性保护行动计划"列为一级重要湿地。黑颈鹤等 228 种鸟类的重要越冬地和迁徙中转站,每年到草海越冬的珍稀濒危动物黑颈鹤多达 1 500 只,各类水禽达 7.5 万余只。被誉为"贵州旅游皇冠上的一块蓝宝石",有"高原明珠"之称。1992 年入选国家级自然保护区。

习水中亚热带常绿阔叶林自然保护区 位于习水县。占地面积 4.9 万公顷。以中亚热带常绿阔叶林森林生态系统为主要保护对象的森林和野生动物类型自然保护区。出露岩层主要为红砂岩,围椅形悬谷、红岩柱、崩塌林等地貌与常绿阔叶林构成了绿树红岩、峡谷林深的红层地貌森林景观,森林覆盖率达 90%。野生动植物资源丰富,已经查明的生物物种有 1 500 多种,其中属国家重点保护野生植物的有珙桐、桫椤、福建柏、香果树等 10 多种,属国家一级保护野生动物的有豹和云豹,属国家二级保护野生动物的有猕猴、大灵猫、穿山甲等 27 种。1994 年入选国家级自然保护区。

雷公山自然保护区 位于黔东南州中部,地跨雷山、台江、剑河、榕江四县。占地面积 4.73 万公顷,是以保护台湾杉等珍稀生物为主的森林生态系统类型自然保护区。这里在历史上未受到第四纪冰川侵袭,成为许多古老孑遗生物的避难所,蕴藏着各类生物近 5 084 种。台湾杉是第三纪古热带植物区系孑遗种,为世界上稀有的珍贵树种。雷公山的台湾杉林群落面积较大,保存较完整,原生性较强,现有保存完好的秃杉天然林 35 片,面积约 15 公顷。2001 年入选国家级自然保护区。

麻阳河自然保护区 位于沿河县西北部,地处麻阳河、洪渡河流域。占地面积 3.11 万公顷,主要保护对象是国家一级保护野生动物黑叶猴及其栖息地。喀斯特地貌发育明显,野生动植物资源种类繁多,活跃着 76 群 730 余只国家一级保护野生动物黑叶猴,素有"黑叶猴王国"的美誉。还有国家二级保护野生动物穿山甲、红腹锦鸡、灵猫、水獭、白鹭等 23 种。主要景点有黑叶猴王国、河谷景观、老鹰岩、石牌、国画石、月亮石、朱家洞、大河坝温泉等。2003 年入选国家级自然保护区。

宽阔水自然保护区 位于绥阳县。占地面积 26 231 公顷,属森林和野生动物类型自然保护区,主要保护对象为以原生性亮叶水青冈林为主体的典型亚热带中山常绿落叶阔叶混交林、黑叶猴、红腹锦鸡种群及其自然生态环境。有国家一级保护野生动物黑叶猴、豹、云豹、林麝 4 种,国家二级保护野生动物大灵猫、小灵猫、猕猴、穿山甲、大鲵、白冠长尾雉、红腹锦鸡、红腹角雉等 23 种。还有国家一级保护野生植物珙桐、红豆杉、南方红豆杉,国家二级保护野生植物黄杉、鹅掌楸、香果树、水青树等 6 种。2007 年入选国家级自然保护区。

大沙河自然保护区 位于道真县北缘。以保护银杉、黑叶猴等珍稀濒危物种及其自然生态环境的森林生态系统类型自然保护区。银杉是 300 万年以前的世界上古稀孑遗植物,被誉为"林海珍珠""植物中的熊猫"。保护区内的银杉数量多,分布集中,占全国天然银杉总植株的 26%。旅游资源丰富,洞穴类有仙女洞、黄泥洞、城门洞、私钱洞、老龙洞,山石类有甑子岩、花岩、天生桥、灰矸河岩、飞沙岩,河流类有大沙河、小沙河、灰矸河,生物类有银杉群落、珙桐群落、南方红豆杉群落、黄杉群落、黑叶猴群、猕猴群,文物古迹有黔蜀门屏、大沙河烈士纪念碑、仙女洞岩棺,土特产有洛党(川党变种)、天麻、黄连、方竹笋、道真茶叶。2018 年入选国家级自然保护区。

佛顶山自然保护区　位于石阡县西南部。占地面积 1.52 万公顷,以保护森林生态和野生动植物为主的自然保护区。有国家一级保护野生植物珙桐、南方红豆杉、红豆杉、伯乐树 4 种,国家二级保护野生植物鹅掌楸、柔毛油杉、香果树等 11 种;有国家一级保护野生动物豹、白颈长尾雉 2 种,国家二级保护野生动物猕猴、穿山甲、大灵猫、小灵猫等 30 种。主要景观景点有 30 余处,如洞塘河峡谷风光、金顶福缘寺、金顶日出、薄刀岭、水地图、尧上民族村、扶堰古村落等。2016 年入选国家级自然保护区。

长江上游珍稀特有鱼类自然保护区　2000 年国务院批准建立长江上游合江至雷波段珍稀鱼类国家级自然保护区。2005 年对保护区范围作了调整,并更名为"长江上游珍稀特有鱼类国家级自然保护区"。主要保护对象为白鲟、达氏鲟、胭脂鱼等长江上游珍稀特有鱼类及其产卵场。保护区跨越四川、云南、贵州、重庆三省一市,其中金沙江下游三块石以上 500 米至长江上游南溪镇,长江上游弥陀镇至松既镇,赤水河干流上游鱼洞至白车村,赤水河干流中游五马河口至大同河口,赤水河干流习水河口至赤水河口,为保护区核心区。

十五、国家级水利风景区

舞阳河水利旅游区　位于镇远古城。从黄平县旧州至镇远城东月亮湾长达 95 千米的河段,有八个著名峡谷。旧州至施秉的头峡、无路峡、老洞峡和观音峡,通称"上舞阳山峡";施秉至镇远月亮湾的诸葛峡、龙王峡、西峡和东峡,通称"下舞阳山峡"。舞阳河在镇远县境内长 93.7 千米,流域面积 2 200 平方千米,水域面积 7.308 平方千米,建有水电站八座。2001 年入选国家级水利风景区。

恐龙湖水利旅游区 位于织金县官寨乡、乌江支流绮结河中段河谷内。伏流溶洞等历史遗痕,构成了神奇壮美的恐龙湖喀斯特地貌景观。峡谷两岸雄屹的悬崖绝壁,高跨度的门型天生桥及伴生的"姊妹双桥",深邃莫测的井型天窗,更是罕见的旅游精品。恐龙湖是喀斯特地貌熔岩奇观的典型代表,水上水、洞上洞、桥上桥、天外天景观令人称奇。2001年入选国家级水利风景区。

龙鳌河水利风景区 位于岑巩县,地处舞阳河风景名胜区与梵净山自然保护区中间地带。由龙鳌河、马家寨、鳌山、思州古城、龙田将五个景区构成。龙鳌河上游的落箭塘是一个近200人的土家族居住地;中游有47个景点,其中以银河飞瀑和龙鳌飞水最著名。马家寨坐落于水尾镇狮子山东麓,全寨上千人口清一色姓吴,寨内有陈圆圆之墓。景区内还有平庄万佛长廊、万米溶洞、天马云门洞、水尾将军洞等。2002年入选国家级水利风景区。

三岔河水利风景区 位于贞丰县者相镇。三岔河湖由头猫河、坡乍河、纳摩河三条河流汇聚成湖而得名,湖岛相依,别有情趣。湖中的莲花岛,石梯、石门、石洞相间分布,石狮、石牛、石马形态逼真,石桌、石椅、石凳错落有致。湖心岛四周红枫绿柳蔽日,中间绿草如茵。三岔河湖一年四季都有迷人的景致,春天,春风和煦,碧波荡漾,桃李芬芳;盛夏,骄阳明媚,万树葱茏,百花争艳;晚秋,枫叶似火,稻谷飘香,明月皎洁;隆冬,报春腊梅提早盛开,簇簇翠竹依然婆娑。2002年入选国家级水利风景区。

舞阳湖水利风景区 位于舞阳河上游的波洞河、上塘河交汇处。舞阳湖原名"两岔河水库",是舞阳河源头的第一座人工水库,坝高43米,坝体长300米,蓄水量达6320万立方米,发电装机2000千瓦,灌溉农田24.9平方千米。舞阳湖内16个岛屿和多处半岛遥相呼应,宛若无数蓬莱仙岛汇聚于此。2002年入选国家级水利风景区。

杜鹃湖水利风景区 位于长顺县。原称"猛坑水库",后因两岸杜鹃花密布丛生而定名"杜鹃湖"。以长达7000米的人工湖为主体,四周群山环抱,森林覆盖率近90%,生长着原生态的常绿杜鹃花。生态环境优良,杜鹃、杨梅、映山红林是景区的主要特色。还留存有树龄600年的古银杏,树龄400年、高达40余米、8人才能合抱的杉树王等。杜鹃湖区共有珍珠泉、花山、和尚坡、黄鹂冲、杜鹃岭等17个自然景观景点,以及付家院古崖画群、翰林墓、徐霞客亭遗址等人文遗迹。2002年入选国家级水利风景区。

天河水利风景区 位于毕节市西北部,与倒天河水库融为一体。群山环抱,自然景色优美。山顶苍松翠柏,碧云连天,山脚湖光山色,相辉相映;溶洞内千姿百态的钟乳石巧夺天工、栩栩如生。主要景点有沙帽山、倒天河、响水轰雷瀑布、烈士陵园、观音山、狮子山、观音洞、水上游乐场、贞寿坊、古碑林等。2003年入选国家级水利风景区。

松柏山水利风景区 位于贵阳市花溪区党武乡松柏村。水库大坝为混凝土双曲率薄拱坝,坝高52.5米,集水面积139平方千米。水库系长江流域乌江水系南明河上游第一级中型水利工程,与红枫湖、百花湖、啊哈水库、花溪水库一起被贵阳市民称为"五口水缸",与阿哈水库、花溪水库一起被称为"三盆水"。2004年入选国家级水利风景区。

金茫林海水利风景区 位于修文县扎佐镇冷水沟。占地面积3.7平方千米。是典型的喀斯特地貌,山形地貌优美,气候温暖湿润,森林植被繁茂,动植物资源丰富。景区内散居着苗族、布依族村民,具有浓郁的少数民族风情。2007年入选国家级水利风景区。

明湖水利风景区 位于六盘水市钟山区明湖村。占地面积30.5万平方米,其中湖区水面19.3万平方米,湿地11.2万平方米。有山、水、岛、林,水文景观秀美,湖心姊妹岛与湿地、山地融为一体。湿地类型主要是人工库塘湿地和少量永久性河流湿地,其中人工库塘湿地包括窑上水库、龙贵地水库和明湖村湿地,永久性河流湿地包括水城河窑上水库至党校段及明湖小山峡溪流。2011年入选国家级水利风景区。

木城河水利风景区 位于关岭县东南部,北与黄果树风景名胜区相连。占地面积26.5平方千米,其中水域面积8平方千米。平均海拔668米,年平均气温 18℃ ,素有"天然温室"之称,是贵阳市无公害蔬菜生产基地。代表性景点:水上画廊——木城河,国家一级保护野生植物八德上洞桫椤树群,凉水井"情人树"(滕榕),乐安"夫妻树"(黄桷树与血芭木穿插共生树),坡舟布依族建筑群,关脚木棉树群,八德古榕,跌泻 18 级的那大关瀑布,乐安温泉等。2011 年入选国家级水利风景区。

大板水水利风景区 位于遵义市区近郊,地处大娄山山脉东部中段。依托大板水国家森林公园而建,属于水土保持型水利风景区,占地面积 28.23 平方千米。群山起伏,峰峦众多,山溪、瀑布、水潭、泉水、温泉、水库、溶洞等水景形态多种多样,冬季经常出现彩虹、云海、雾凇等气象景观。植被繁茂,生物物种丰富,有红豆杉、银杏、香果树等国家重点保护野生植物 18 种,有云豹、猕猴、灵猫、穿山甲、白颈长尾雉、红腹锦鸡等国家重点保护野生动物 21 种。还有寺庙群、古山寨遗址、土司遗迹、长征遗迹、苗族风情等人文景观资源。2011 年入选国家级水利风景区。

永乐湖水利风景区 位于贵阳市南明区永乐乡羊角村。永乐湖原名"石笋沟水库",大坝高 42.6 米,坝顶高 1 217 米,有效库容 514.8 万立方米,设计灌溉面积 3.97 平方千米。湖内两根 57 米高的天然石柱形似竹笋,为景区标志性景观。主要景观有永乐湖、大坝、擎天石笋、蟒蛇岭、龟石峰、石塘峡谷、大风洞、山原森林、民族村寨、永乐堡等。2011 年入选国家级水利风景区。

乌江山峡水利风景区 2011 年入选国家级水利风景区。参见国家级风景名胜区——乌江山峡风景名胜区。

高原千岛湖水利风景区 位于罗甸县城郊。占地面积 422.3 平方千米。罗甸县是西南地区南下出海的重要通道、交通枢纽和人流物流集散地,有着奇特的喀斯特地貌、亚热带的温山暖雨,素有"贵州西双版纳""天然温室"之称。主要景观有高原千岛湖、库汊千岛、龙滩大坝、羊里码头、罗天乐大桥、扁担雄关、碧影潭、响水洞天坑、大井涌泉、三泉汇流、洞穴博物馆等。2011 年入选国家级水利风景区。

涟江水利风景区 位于惠水县。占地面积 63 平方千米,其中水域面积 9.8 平方千米。以江、湖、田、岛、山为主体景观,以布依族文化和田园景观为主要文化特色,集观光漂流、休闲度假、文化体验等功能于一体的水利风景区。盛产金钱橘、黑糯米,被誉为"中国金钱橘之乡""中国黑糯米之乡"。2012 年入选国家级水利风景区。

仰阿莎湖水利风景区 位于锦屏、黎平、剑河三县交界处。仰阿莎湖因国家西电东送"十五"重点工程——清水江流域修建的三板溪水电站而形成,湖区主航道长 130 千米,涉及水体支流 50 多条,水库面积近 80 平方千米。分为具有浓郁苗侗民族特色的山水园林旅游城、氡硫温泉景区、八郎古生物化石群景区、百里原始阔叶林景区和仰阿莎湖景区。仰阿莎湖区又分大潭胜景、虎跳峡、九龙峡、鱼梁峡、南哨湖湾五大景段,湖连湖、景中景、山外山,景色绝美。2012 年入选国家级水利风景区。

锦江水利风景区 位于铜仁市。从佛教名山梵净山东、西方向流出的两条江,穿山越谷,在铜仁城中汇合而成锦江。锦江穿城而过,城在山中,水在城中,人在画中,形成一幅天然的水墨山水画卷。锦江沿岸主要景点包括铜岩跨鳌亭、锦江十二景、锦江公园、三江公园、水晶阁、大明边城、九龙洞等,有"百里锦江画廊"的美誉。2012 年入选国家级水利风景区。

施秉舞阳河水利风景区 位于施秉县。占地面积 81 平方千米。舞阳河发源于贵州省瓮安县,流经黄平、施秉、镇远三县,注入沅江,汇入长江,全长 200 多千米,有上舞阳和下舞阳之分。施秉县舞阳河水利风景区位于湾多、奇峰多、猴多、鸟多、竹木多的上舞阳。主要景观景点有云台山、杉木河、黑冲、飞云崖、旧州古镇、重安江等。原始植被郁郁葱葱,奇峰怪石镶嵌于舞阳河两岸,构成一条天然绿色艺术长廊。2013 年入选国家级水利风景区。

织金关水利风景区 位于织金县城东部。占地面积 28.5 平方千米。以湖泊、喀斯特地貌、草场、茶园、地质遗迹、古驿道等山水风光为主要景观。主要景点有织金湖、织金古城、织金关、织金瀑布等。织金湖碧波荡漾,与四围群山的阳刚之气相互映衬。以险要著称的织金关是古平远州东大门的关隘要塞,为兵家必争之地。青山碧水、峰林溶洞、茶马古道、民俗风情交织在一起,勾勒出一幅动人的画面。2013 年入选国家级水利风景区。

莲花水利风景区 位于龙里县龙山镇。占地面积 165 平方千米,其中水域面积 45.8 平方千米,属于城市河湖型水利风景区。主要分为龙里莲花休闲体验区、龙架山国家森林公园、中铁国际旅游度假区、龙里大草原景区。2014 年入选国家级水利风景区。

三江水利风景区 位于锦屏县三江镇。"三江"即汇聚锦屏县城的清水江、亮江和小江。三条江上的九个电站呈梯级分布。城市河湖型水利风景区,占地面积 50.38 平方千米。景区形成了"一心三带七区"的发展格局:以三江镇为旅游集散综合服务中心,沿清水江、亮江、小江三条风光带,划分为茅坪古镇文化休闲体验区、亮江特色餐饮区、大同田园风光游览区、瓮寨生态民俗体验区、卦治传统青石产业文化游览区、平略农耕文化体验区、三板溪水生态和科普观光区七个旅游功能区。2015 年入选国家级水利风景区。

乌江水利风景区 位于思南县。城市河湖型水利风景区。占地面积 86 平方千米,其中水域面积 45 平方千米。主要由白鹭湖国家湿地公园、乌江喀斯特国家地质公园、九天温泉、腾龙峡旅游休闲度假区、万圣山省级森林公园组成。另有周家盐号、旷继勋烈士故居、府文庙、万寿宫、思南古建筑群等人文景观。2015 年入选国家级水利风景区。

双门峡水利风景区 位于绥阳县风华镇。依托双门峡而建,占地面积 1.33 平方千米。地质构造比较复杂,万象洞主要发育于寒武系和奥陶系为主的白雪岩中,被称为"贵州溶洞之父"。集山、水、洞、瀑、崖于一峡,景色秀美、清幽、静谧。主要景观有双门峡、丰坎寺、情侣洞、情侣瀑布、一线瀑布、柔情双瀑、断肠洞等。2015 年入选国家级水利风景区。

奢香九驿水利风景区 位于大方县。由螺蛳湖、云龙湖、大海坝、小海坝、太公湖、飞燕湖、白瓦湖七个小型水库组成,呈"七星伴月"格局。占地面积 16.1 平方千米,属于水库型水利风景区。主要有慕俄格古城、落脚河景区、清虚洞景区、螺蛳湖景区、太公湖景区、大海坝景区、白瓦湖景区、奢香墓、大方古井等景区景点。2015年入选国家级水利风景区。

草海水利风景区　2016年入选国家级水利风景区。参见国家级自然保护区——草海自然保护区。

青龙河水利风景区　位于开阳县禾丰乡。依托青龙河和紫江水电站而建,占地面积21平方千米,其中水域面积2.1平方千米,属于自然河湖型水利风景区。景区与南江大峡谷相邻,具有底蕴深厚的土司文化和浓郁的布依族、苗族风情。主要景观有马头寨古建筑群、香火岩、玉水金盆、书香门第、水调歌头、水头寨度假村、布依十三坊、云山茶海、万寿古桥等,享有"十里美画廊、片片黄金甲"的美誉。2016年入选国家级水利风景区。

清水江水利风景区　位于凯里市下司镇清江村。占地面积79.54平方千米,其中水域面积7.85平方千米。主要依托旁海航电工程、下司水电站等水利工程而建,沿江自然风光优美,苗侗风情浓郁,形成秀美的自然河湖型水利风景区。主要景点有下司太阳岛、月亮湾、镰刀湾、河道峡谷、苗人圣山——香炉山等自然景观,有民族特色浓郁的苗侗风情园和"贵州八大古镇"之一的下司古镇、世界最长最宽的风雨桥、世界一流的皮划艇激流回旋训练基地等人文景观和设施。2017年入选国家级水利风景区。

洒金谷水利风景区　位于福泉市北部。主要依托沙河、麻哈河、卫阻河、陡河水库等而建,属于城市河湖型水利风景区。占地面积189.35平方千米,其中水域面积1.76平方千米。洒金谷以古、幽、奇、险闻名,有将军石、涌雪瀑、金龟戏瀑、一线天、仙影岩、仙人洞等景观,古桥、古驿道、古摩崖石刻散布景区。景区布局为"一心、两带、三片区","一心"为古城文化旅游,"两带"为沙河、卫阻河景观带,"三片区"为龙昌、双谷、岔河片区。2017年入选国家级水利风景区。

金海雪山水利风景区　位于贵定县中部。主要依托独木河、合作水库、跃进水库生态河道治理工程而建,属自然河湖型水利风景区。占地面积70.8平方千米,其中水域面积2.1平方千米。有上万亩的油菜田和李树林,每到春分时节,田园盛开的油菜花与满山遍野的李花交相辉映,形成"金海雪山"美景。景区以金海、雪山、水墨、乡韵等田园风光为特色,以"六河一源、六湖一聚、三十四堤桥景观"为主题,打造了集旅游集散、文化体验、乡村休闲、疗养度假于一体的水利风景区示范点。2017 年入选国家级水利风景区。

十六、世界地质公园

织金洞世界地质公园 2015 年入选世界地质公园。参见国家级风景名胜区——织金洞风景名胜区。

十七、国家地质公园

关岭化石群国家地质公园 位于关岭县新铺乡。占地面积 26 平方千米。地质公园埋藏的化石形成于距今两亿两千万年的海湾环境,主要化石包括:海生爬行动物、海百合等以及古植物化石。主景区有三个原位保护的展示馆,原地展示贵州鱼龙、安顺黄果树鱼龙、胡氏新铺鱼龙。此外博物馆还展示有数十条鱼龙、海龙和海百合化石标本。2004 年入选国家地质公园。

兴义国家地质公园 位于兴义市西北部。包括顶效贵州龙景区、乌沙贵州龙景区、马岭河峡谷景区、西峰林田园风光区、东峰林景区、泥凼石林区、坡岗岩溶生态区及万峰湖等景区,总面积 350 平方千米,外围保护区面积 1 000 平方千米。拥有举世罕见的三叠纪贵州龙动物群和三叠纪大型相变带地质遗迹,是我国锥型喀斯特发育最典型、连片分布最广、岩溶地貌类型最多的地区。2004 年入选国家地质公园。

双河洞国家地质公园　位于绥阳县。占地面积 319 平方千米,由双河洞、宽阔水、九道门等景区组成。双河洞是重要的碳酸熔岩沉积区,长达 238.48 千米,是目前世界上最长的白云岩和世界最大的天青石洞穴。有 1 亿年前形成的、长达 128 千米的双河洞系统及其他 145 个喀斯特洞穴,距今 2 万—250 万年前就已形成的孑遗植物(银杏、珙桐、红豆杉、南方红豆杉、鹅掌楸、亮叶水青冈等),以及绥阳温泉、芙蓉江峡谷、喀斯特峰丛槽谷、喀斯特瀑布等景点。2004 年入选国家地质公园。

乌蒙山国家地质公园　位于六盘水市,地处滇、黔、川、桂四省(区)交界处。占地面积近 400 平方千米,主要包括北盘江峡谷和碧云洞溶洞群两个园区及韭菜坪、金盆天生桥、阿勒河、盘州市三叠纪古生物化石群落、盘州市大洞古人类遗址五个景区。以乌蒙山顶峰及其东坡高原喀斯特地貌为特色,以北盘江喀斯特大峡谷为主体,拥有青藏高原东坡新生代以来各个时期形成的各种类型的喀斯特地质遗迹和地貌景观。2005 年入选国家地质公园。

平塘国家地质公园　位于平塘县,与广西九万大山和黔南山区连接。包括“玉水金盆”景区、六硐景区、龙塘湖景区、掌布景区、甲茶景区、按安景区、大窝凼景区,总面积约 350 平方千米。可溶碳酸盐岩分布广泛,岩溶地貌占总面积的 80%,主要有峰林盆地、峰林洼地、峰丛洼地及峰丛漏斗四种地貌地质景观。2005 年入选国家地质公园。

苗岭国家地质公园　位于云台山,地跨黄平、施秉、镇远、剑河、台江、雷山六个县。占地面积 225 平方千米,分为革东、舞阳河、雷公山三个园区。以革东古生物化石地质为核心,以舞阳河白云岩喀斯特地貌、雷公山浅变质碎屑岩地貌为特色,主要有地质剖面、古生物、地貌、水体四大类地质遗迹景观。2009 年入选国家地质公园。

乌江喀斯特国家地质公园　位于思南县。占地面积 203 平方千米。以喀斯特地貌景观为主,兼有典型的乌江峡谷地貌、地质构造遗迹、水体景观、名贵植物等自然景观和乌江文化的古建筑、古村落、宗教、民俗等人文景观。

拥有我国目前已发现的同纬度上规模最大的喀斯特石林——思南石林,石林、穿洞、天坑、残丘、喀斯特泉、洞穴堆积等喀斯特景观发育完备。2009 年入选国家地质公园。

赤水丹霞国家地质公园 赤水市的丹霞区域面积达 1 200 多平方千米,是全国面积最大、发育最美丽壮观的丹霞地貌,是青年早期丹霞地貌的代表。主要包括赤水丹霞旅游区(含赤水大瀑布、佛光岩、燕子岩三大景段)、竹海国家森林公园、中国侏罗纪公园桫椤景区、四洞沟景区、红石野谷景区。赤水丹霞主要为高原峡谷型和山原峡谷型丹霞地貌景观。西区是典型的高原峡谷型丹霞地貌,主要由起伏较为和缓的丘原(马鹿至九角洞一带较为典型)及其外围的深切峡谷构成。东区是典型的山原峡谷型丹霞地貌景观,原始的高原台地彻底解体,并缩小为脊状山梁,和其间的深切峡谷组成了山原峡谷的壮丽景观。2011 年入选国家地质公园。

十八、国家森林公园

百里杜鹃国家森林公园 1993 年入选国家森林公园。参见国家生态旅游示范区——百里杜鹃国家生态旅游示范区。

竹海国家森林公园 位于赤水市东郊。占地面积 1.07 万公顷。中心景点为野竹坪观光休闲区,以浩瀚的竹海风光为主,还有天锣、地瀑、八仙树、夫妻树等奇特的自然景观。公园内有楠竹 3 200 公顷,拥有竹类 12 属 40 多种及 2 个竹变种。1993 年入选国家森林公园。

九龙山国家森林公园 位于安顺市南郊。占地面积 1.25 万公顷,其中森林面积 4 270 公顷,被誉为安顺的"天然氧吧"。地形地貌独特,九座山峰如龙头昂首吟啸。由中心景区、天落湾石林景区、海子景区、云山屯景区构成,有天落湾石林、九龙湖、山京海子、明洪武年间建造的海神庙、屯堡文化村落等自然和人文景观。2001 年入选国家森林公园。

凤凰山国家森林公园 位于遵义市市中心的湘江河畔。凤凰山因"形如凤翥"而得名。山岳型自然风景区,由凤凰山景区、大龙山景区、红花岗景区、桃溪寺景区、十字铺杜仲林景区、九节滩与莲花山景区、五星村松林景区和遵义植物园组成,南北跨度 40 多千米,占地面积 1 062 公顷。有常绿阔叶、落叶阔叶、马尾松组成的混交林,森林覆盖率 90% 以上。主要森林植物有 66 科 139 属,被誉为"遵义的一颗绿色明珠"。2001 年入选国家森林公园。

长坡岭国家森林公园 位于贵阳市郊区。占地面积 1 294 公顷,是贵阳市环城绿化带的重要组成部分。森林覆盖率 83%,有贵阳市"生态博物馆"之称。有以樱花湖、天鹅湖为代表的水文景观,以樱花林、杨树林、松树林为代表的森林景观,碧绿如茵的森林草坪和历史悠久的古驿道,还有以布依族婚俗为代表的民俗风情展示及民族建筑,是贵阳市大型郊野游憩地。2001 年入选国家森林公园。

尧人山国家森林公园 位于三都县东南郊。占地面积 4 400 公顷,是天然的植物基因库,野生动物的乐园。尧人山是北半球同纬度生态最好的几个区域之一,堪称"水乡绿海、黔南明珠"。当地水语称尧人山为"怒尧",称尧人山原始森林为"弄台兰"。水族歌谣中常常用尧人山名来寓意事物的神秘莫测和高不可攀。2001 年入选国家森林公园。

燕子岩国家森林公园 位于赤水市风溪河西岸。占地面积 1.04 万公顷,由燕子岩、皇水沟、石闪坪、恒山林海四大景点构成,森林覆盖率达 99%。燕子岩是一座高约 80 米的悬崖,悬崖的中间呈拱弧形,成百的燕子在这里筑巢栖息。公园内有成片密集的桫椤群,面积近千公顷。石壁、流水与葱翠的植被相映,构成美妙的图画,遍布的紫红色丹霞石更是单独成景。原始、原生植被丰富密集,生物物种约 1 200 余种,其中列入国家及省重点保护的野生植物近百种。燕子岩国家森林公园是赤水市"千瀑之市、竹子之乡、丹霞之冠、桫椤王国"的缩影。2001 年入选国家森林公园。

玉舍国家森林公园 位于水城县南部。占地面积 3 340 公顷,其中森林面积 2 713 公顷,有 20 公顷保存完好的原始林,森林覆盖率在 90% 以上。由森林游览区、森林游乐园、森林生态保护区、森林探险区、森林发展区等组成,以森林及溪水景观为主,林茂、山清、水秀、物丰、树美、石奇、峡险、情浓。有光叶珙桐、西康玉兰、水青树、十齿花、南方红豆杉等多种国家重点保护的野生植物,有白腹锦鸡、红腹锦鸡、白狐、花面狸、香獐等国家重点保护的野生动物。2002 年入选国家森林公园。

雷公山国家森林公园 2002 年入选国家森林公园。参见国家级自然保护区——雷公山自然保护区。

习水国家森林公园 位于习水县。海拔 1 000—3 000 米,占地面积 1.4 万公顷,由地域上不相连接的三大片区组成。其中,中国杉王片区位于县城北郊,占地面积 3 702 公顷;飞鸽片区和三岔河片区在县城的西北部,与重庆市江津四面山国家风景名胜区接壤,占地面积分别为 4 701 公顷和 5 624 公顷。处于大娄山山系西北坡向四川盆地南缘的过渡地带、侵蚀强烈的中山峡谷区,丹霞地貌发育典型;地处中亚热带,地形切割深,海拔差异大,森林茂密,立体气候特点显著。2003 年入选国家森林公园。

黎平国家森林公园 位于黎平县。占地面积 5 475 公顷,其中森林面积 4 710 公顷。由东风林场、太平山和平甫侗寨三大景区组成。太平山景区有太平山宝顶草场、宝顶峰、石芽坡、飞龙洞、潜龙洞等地文景观,有福禄河、潜龙溪、虎溪河、莲花溪、虎溪瀑、白龙瀑、青龙瀑、竹根泉、古水井等水文景观,有莲花寨鼓楼、平龙鼓楼、聚福寺等人文景观。有以乔木为主的森林植物 76 个科 224 个属 521 种,分布有大量的珍稀树种和名贵药材及珍稀野生动物。2003 年入选国家森林公园。

朱家山国家森林公园 位于瓮安县。占地面积 5 172 公顷,森林覆盖率 92%。由朱家山、映山红、塔坡、西坡、江界河五大景区组成。森林风景资源独特多样,完好地保存着地球同纬度上独有的常绿阔叶原始森林,是黔中生物多样性最为丰富的地区。现有种子植物 137 科 392 属 750 种,中国特有种

338 种。公园内还有岩溶地貌所特有的溶洞群落,拥有乌江峡谷风光和举世闻名的江界河桁式组合大桥。2004 年入选国家森林公园。

紫林山国家森林公园 位于贵州高原苗岭以南向广西丘陵过渡的斜坡地带,东有三都尧人山国家森林公园,西有荔波樟江风景名胜区和茂兰喀斯特国际人与生物圈网络保护区。占地面积 3 529 公顷,森林覆盖率 93%。分为翠泉景区、五龙山景区和紫林山三个独立的景区,植被类型多样,有常绿阔叶林、常绿落叶阔叶混交林、针阔混交林、针叶林、山顶矮体、灌丛草甸、竹林等多种植被景观。2004 年入选国家森林公园。

潕阳湖国家森林公园 位于黄平县,地处武陵山脉向西南的延伸部分。气候温和湿润,雨量充沛,为各种生物的生长、繁衍提供了优良的环境,林木葱茏,层叠无穷,云雾迷蒙,气象万千。有木本植物 87 科 210 属 401 种。主要景点有象鼻山、泥坑半岛、湖中岛和豺狗湾松林带。2004 年入选国家森林公园。

夜郎国家森林公园 位于赫章县。占地面积 4 733 公顷,森林覆盖率 89%。由相距 40 千米的水塘林场和平山林场两个景区组成。处于高原峡谷区,地文景观丰富,有夜郎三峡、七星剑峡、铜鼓峡、斧劈峡等峡谷,高山重重,奇峰叠翠,奇岩怪石,风光无限。七星大河上由溶洞发育而成三座鬼斧神工的天生桥,桥面宽阔,跨度 100—120 米。公园内的"赫章可乐墓葬遗址"于 2001 年入选"全国十大考古新发现"。2004 年入选国家森林公园。

青云湖国家森林公园 位于都匀市近郊。集森林景观、地貌景观、水体景观、动物景观、天象景观和独具民族特色的人文景观于一体的城市后花园。由青云湖、石门湖、螺蛳壳三大景区组成,占地面积 2 991 公顷。森林覆盖率 91%,属亚热带常绿阔叶林和针叶阔叶混交林。主要景点有奎星阁、钟楼、东山晓日、文峰塔、尧林溶洞、青云湖、龙泉井、柳杉林、仿古建筑群、解放黔南革命烈士纪念碑、张翀摩崖、周焘石刻、石门湖瀑布、古城墙、妈祖天后宫等。2005 年入选国家森林公园。

大板水国家森林公园 2005 年入选国家森林公园。参见国家级水利风景区——大板水水利风景区。

毕节国家森林公园 位于毕节市乌蒙山区,地处云贵高原东侧梯级斜坡地带。占地面积 4 133 公顷,由拱拢坪、乌箐岭、白马山三个景区组成。以森林风景资源为依托,凝聚地文、水文、生物和天象等景观,是一座融奇花异木、珍禽异兽、洞溪瀑布、民族风情于一体的景观复合型森林公园。属中山峡谷地貌,森林植被以针叶茂林和次生林为主,有维管植物近 1 000 种。公园内的雷音殿被称为"天下岩溶第一殿"。2005 年入选国家森林公园。

仙鹤坪国家森林公园 位于安龙县。包括坡脚景区、仙鹤坪景区、平乐景区和笃山景区四个景区,占地面积 9 065 公顷,其中林地面积 6 346 公顷,森林覆盖率为 70%。自然景点、人文景点丰富,素有"九十九个堡,九十九个弯、九十九个滩"的美誉。主要景点有笃山溶洞群、笃山天生桥、笃山龙井天坑、笃山悬竹林、仙鹤坪原始森林、冗华天堂山喀斯特原始森林、兴隆山一线天、王囊仙起义遗址、南盘江风光、打凼布依寨、笃山写字岩等 93 处。2005 年入选国家森林公园。

龙架山国家森林公园 位于龙里县城郊。绵延起伏的山脉似群龙飞舞,因此得名"龙架山"。占地面积 6 079 公顷。珍稀植物众多,珍禽异兽活跃其间,是我国西南地区的物种基因库。现已引种培育珙桐、红豆杉等国家一级保护野生植物 35 种,桫椤、鹅掌楸等国家二级保护野生植物 71 种,贵州省级重点保护野生植物和特有树种 54 种。开发有森林野战营、滑草、高空溜索、水上乐园等户外拓展活动,有观光果园、热带植物温室、奇异瓜果温室等现代农业体验项目。2006 年入选国家森林公园。

九道水国家森林公园 位于正安县桴焉乡。占地面积 1 244 公顷。因有九股泉水而得名"九道水"。九股泉水注入九道水水库,形成了公园颇具魅力的景观。绿色食品有野生方竹笋、野生天麻、野生猕猴桃、野生木瓜以及正安"油茶"。融山、林、水、溶洞及地方人文特色等于一体,是开展休闲度假、消夏避暑、科学考察、科教探险等活动的胜地。2006 年入选国家森林公园。

台江国家森林公园 位于台江县,地处云贵高原东段向湘西丘陵过渡的大斜坡地带,及雷公山主脊北段东麓。占地面积 6 700 公顷,由红阳景区和南宫景区组成,有百里原始阔叶林画廊、红阳万亩草场、翁密河漂流和苗族古村寨等景点。公园内有植物 674 种,主要有红豆杉、伯乐树、台湾杉、香樟、闽楠、中华猕猴桃、深山含笑、青钱柳等。主要野生动物有 178 种,其中包括国家一级保护野生动物白颈长雉,国家二级保护野生动物鸳鸯、雀鹰、松雀鹰、猕猴、黑熊等 28 种。2012 年入选国家森林公园。

甘溪国家森林公园 位于贵定县城西南部。占地面积 2 680 公顷,森林覆盖率 69%。由甘溪林场片区和阳宝山独木河片区组成。林场片区有牡丹谷、犀牛河、林间观光步道等景点。阳宝山独木河片区有西南佛教圣地之一的阳宝山,还拥有一线壁、犀牛饮水、万年榛子果、飘带湾、聚龙潭、双桃峰等景观的独木河。2015 年入选国家森林公园。

油杉河大峡谷国家森林公园 位于大方县星宿乡和雨冲乡。占地面积 5 178 公顷。生态环境复杂,植被类型变化多样,以常绿落叶阔叶林为主,兼有常绿阔叶林、落叶阔叶林、针阔混交林、针叶林、竹林、山地矮林、山地灌丛及草地、高山湿地等。拥有雨冲河、千年古银杏林、响水河、两岔河、仙宇屯、大峡谷、南天门、北寒沟等八大游览区共 33 个景点。2015 年入选国家森林公园。

黄果树瀑布源国家森林公园 位于六盘水市六枝特区。属于中山地貌类型区,由地域上不相连的三大片区组成,其中瀑布源景区 2 670 公顷,月亮河景区 3 024 公顷,梭戛景区 117 公顷。植被类型为常绿阔叶混交林,森林覆盖率 74%。常见植物有 111 科 263 属 377 种,其中蕨类植物 20 种、裸子植物 8 种、被子植物 349 种,国家一级保护野生植物有巨瓣兜兰、硬叶兰,国家二级保护野生植物有钗子股、长茎羊耳蒜和樟。已记录的陆生脊椎动物 4 纲 20 目 44 科 112 种,其中哺乳纲 15 种、鸟纲 80 种、爬行纲 12 种、两栖纲 5 种,包括国家二级保护野生鸟类鸳鸯、红隼和黑鸢。2015 年入选国家森林公园。

仰阿莎国家森林公园　2017 年入选国家森林公园。参见国家级水利风景区——仰阿莎湖水利风景区。

福泉国家森林公园　位于福泉市。占地面积 5 859 公顷,由云雾山和仙桥石林两个片区组成。地文资源丰富,观赏花草树木种类繁多、数量大、分布广,季相景观突出。有蛤蚌河峡谷、云雾山、石万千、一线天、小石林、"地下舞厅"麻央洞等众多景点。蛤蚌河峡谷为典型的断层侵蚀河谷,"山似张家界,水比九寨沟"。还有三十三道拐古驿道、大白马营古战场遗址、平皇阁遗址等历史遗迹。2017 年入选国家森林公园。

冷水河国家森林公园　位于金沙县。占地面积 2 110 公顷,由石仓林场、西洛湖、冷水河三大景区构成,森林覆盖率 67%。地文风景资源丰富,大部分为深切河谷、岩溶溶洞、险峰绝壁、瀑布、跌水和险滩岩溶地貌。人文资源分为三类,分别是红军长征和革命遗址、民族风情文化、清代古墓葬群。有保存较好的原生森林植被,其中国家一级保护野生植物 3 种、二级保护野生植物 12 种,国家一级保护野生动物 1 种,国家二级保护野生动物 11 种,享有"黔西北绿色宝库"的美誉。2017 年入选国家森林公园。

十九、国家湿地公园

鸳鸯湖国家湿地公园　位于石阡县枫香乡鸳鸯湖村。占地面积 7.78 平方千米,其中湿地面积 2.56 平方千米。由鸳鸯湖、包溪河两个片区组成。鸳鸯湖为树枝状汇集的狭长湖体,总长 20 千米。基本为喀斯特地貌,有相思岩、情人十八湾、象鼻洞、八戒石、婚庆林、湾塘风光、河口苗寨、风雨桥、观鸳亭等自然景观,及鸳鸯戏水、白鹭飞翔、鱼游浅底等生态景观。每年秋末冬初,大批鸳鸯从北方举家南迁飞抵湖区越冬栖息,是我国最大的野生鸳鸯越冬栖息地之一。2016 年入选国家湿地公园。

锁黄仓国家湿地公园　位于草海国家自然保护区下游。占地面积 2.25 平方千米,湿地率为 31.3%。属于暖温带高原季风气候区,日照丰富,夏季凉爽,冬季稍冷,冬春较干旱,年平均气温 10.5℃。生物资源、水生植被丰富,有野生脊椎动物 165 种,其中有国家一级保护野生鸟类黑颈鹤,国家二级保护野生鸟类黑鸢、雀鹰、松雀鹰、苍鹰、红隼、灰鹤等 9 种。2018 年入选国家湿地公园。

明湖国家湿地公园　2018 年入选国家湿地公园。参见国家级水利风景区——明湖水利风景区。

飞龙湖国家湿地公园　位于乌江中游的余庆县。飞龙湖为构皮滩电站下闸蓄水而形成的人工湖泊,因形似飞龙而得名。占地面积 27.43 平方千米,湿地率 84%。以乌江河谷湿地生态系统的生物多样性为基调,以峡谷悬崖峭壁、喀斯特河谷植被景观、水库大坝和苗族民俗风情为特色,集湿地保育、防洪调蓄、能源开发、湿地生态功能展示、生态观光、科研科普、休闲度假、文化娱乐等多功能于一体。2018 年入选国家湿地公园。

白鹭湖国家湿地公园　位于思南县县城南部乌江河段,地处武陵山腹地和乌江流域的中心地带。占地面积 42.65 平方千米,其中水域面积 25.15 平方千米。属于典型的喀斯特地貌,拥有小溪槽天坑、黑河峡谷、盐井坝岛、天生桥以及马尾洞、犀牛洞、仙人洞等溶洞群。以乌江中游人工筑坝形成的白鹭湖为主体,以白鹭湖泊沼泽湿地生态系统为核心,有白鹭湖、六池河、黑滩河、黑鹅溪等水文景观。2018 年入选国家湿地公园。

大坪箐国家湿地公园　位于纳雍县,地处乌江北源六冲河上游。山顶上的沼泽湿地是乌江上游的隐形水库和碳库,与大坪箐水库、沟谷及山顶缓丘上的中亚热带常绿阔叶林互为补充,持续地为河流供给水源。占地面积 10.74 平方千米,其中湿地面积 5.51 平方千米,湿地率 51%。典型的云贵高原中山沼泽湿地,是由藓类沼泽、草本沼泽、灌丛沼泽、森林沼泽、库塘组成的集合体。2018 年入选国家湿地公园。

白果坨国家湿地公园　位于德江县共和镇独鱼溪至思南县交界处的乌

江主河道及印江河道。占地面积 16.53 平方千米,湿地率为 51%。由河流、库塘、森林等组成复合湿地生态系统,是云贵高原喀斯特地区最具典型性和代表性的湿地公园之一。分为休闲文化园、湿地文化园、体验园、百花园、农耕园等板块,构建出山、水、林有机统一的湖光山色美景。2018 年入选国家湿地公园。

江口国家湿地公园 位于江口县。占地面积 6.61 平方千米,河道全长 45 千米,湿地率 42%。与梵净山景区连成一线,沿河两岸原始林和次生林结合,主要植物群落有枫杨林、醉鱼草群落、水麻灌丛、黄荆群落等。栖息着国家二级保护野生动物大鲵,及中国特有的尾斑瘰螈、峨眉髭蟾、山溪后棱蛇和乌梢蛇等。境内还有寨沙佛教文化苑、云舍土家民族文化村等景点。2018 年入选国家湿地公园。

招堤国家湿地公园 位于安龙县。占地面积 5.08 平方千米。涉及湖泊、河流、沼泽与人工四个湿地类,有淡水湖泊、草本沼泽、永久性河流、喀斯特溶洞、库塘等九个湿地型,构成以岩溶湖泊为主体,以招堤为魂,以荷花为特色,以城镇—湿地—森林为依托的独特的复合生态系统。招堤是保存完整的古代水利工程,曾与苏堤、白堤齐名。2018 年入选国家湿地公园。

长寿湖国家湿地公园 位于铜仁市万山区。占地面积 4.8 平方千米。地处山川台地与河谷深切地带,自然环境得天独厚,孕育了丰富的植物资源,有针叶林、阔叶林、灌草丛及水生植被等多种植被类型。有维管植物 107 科 248 属 321 种,鱼类 27 种,野生脊椎动物 143 种,其中包括大鲵、鸳鸯等国家二级保护野生动物 10 种。主要建设项目有猕猴苑、梯田观光园、生态果园、掠影长廊、长寿人家、长寿长乐园、蟠桃园等。2018 年入选国家湿地公园。

北盘江大峡谷国家湿地公园 位于贞丰、关岭、镇宁三县交界处。占地面积 41.25 平方千米,其中湿地面积 20.88 平方千米。主要依托北盘江董箐水库及其支流打帮河而建,涵盖了库塘、永久性河流、永久性湖泊、稻田等多种湿地类型。北盘江大峡谷绵延数十千米,水急崖陡,河道曲折,雄奇壮美。

峡谷中有古代壁画、驿道、摩崖石刻、花江铁索桥、奇石、飞瀑、猴群等景观。2018 年入选国家湿地公园。

碧江国家湿地公园 位于铜仁市碧江区,地处武陵山脉主峰梵净山的东南边缘,包括后洞河水库及下游的小江后洞河至清水塘电站以及周边的缓冲区域,占地面积 4.17 平方千米。以人工湖泊和具有丰富水量的自然河流为核心,由永久性河流、洪泛平原湿地、库塘与森林组成复合型湿地生态系统。铜仁大峡谷万仞石壁,断崖绿带,俊秀巍峨,有飞水岩瀑布、三叠瀑、玉女神瀑等景点。鸳鸯湖成为成千上万对鸳鸯扎堆过冬的地方。2018 年入选国家湿地公园。

光照湖国家湿地公园 位于晴隆县。占地面积 39.81 平方千米,其中湿地面积 21.83 平方千米。以光照湖人工湖泊湿地生态系统为核心,以北盘江和光照湖为主体,包括河流湿地、人工湿地两大湿地类,永久性河流、季节性河流、库塘三个湿地型。2018 年入选国家湿地公园。

邢江河国家湿地公园 位于安顺市西秀区东南部。占地面积 6.01 平方千米,其中湿地面积 4.87 平方千米,湿地率 81%。湿地类有河流湿地和人工湿地,包括永久性河流、洪泛平原和稻田三种湿地型。公园的建设着力体现"山里江南、生态之城"的文化特征,树立"万亩田园出胜景、百里邢江入画廊"的公园形象。2018 年入选国家湿地公园。

乌江国家湿地公园 2018 年入选国家湿地公园。参见国家级水利风景区——乌江水利风景区。

娘娘山国家湿地公园 2018 年入选国家湿地公园。参见全国休闲农业与乡村旅游示范点——娘娘山高原湿地生态农业示范园区。

万峰国家湿地公园 2018 年入选国家湿地公园。参见全国农业旅游示范点——兴义万峰林。

阿哈湖国家湿地公园 位于贵阳市花溪区、南明区、云岩区、观山湖区。在小车河城市湿地公园基础上整合阿哈水库湿地而建,占地面积 12.18 平方千米,其中湿地 4.73 平方千米。主要有河流湿地、喀斯特溶洞湿地、草本沼泽湿地、库塘湿地等。公园主要水体阿哈水库,是以城市供水和防洪为主的中型水库。2014 年入选国家湿地公园(试点)。

蒙江国家湿地公园　位于罗甸县中南部,是珠江上游重要的水产种质资源地之一。占地面积 72.26 平方千米,湿地率 48%,包括人工湿地、永久性河流湿地、洪泛平原湿地、稻田等湿地类型。公园以亚热带河谷季雨林植被景观、水库和周边纯朴的布依族、苗族民俗风情为特色,以保护珠江上游及龙滩水电站生态安全、保护珠江上游特有鱼类种质资源环境为目标。2014 年入选国家湿地公园(试点)。

清水江国家湿地公园　位于都匀市匀东镇五星村。占地面积 7.59 平方千米,其中湿地面积 4.41 平方千米,是由河流、库塘、水田、森林等组成的复合湿地生态系统。有维管植物 135 科 336 属 474 种,野生脊椎动物 5 纲 33 目 89 科 270 种。2014 年入选国家湿地公园(试点)。

黄江河国家湿地公园　位于荔波县甲良镇,包括荔波县境内黄江河及其支流漂洞河、懂奎河的部分河段、河流上的石板水库与者吕水库,占地面积 3.9 平方千米。包括河流湿地、沼泽湿地、人工湿地三大类,有永久性河流、季节性河流、洪泛平原湿地、喀斯特溶洞湿地、喀斯特森林沼泽、库塘和稻田七个湿地型。2014 年入选国家湿地公园(试点)。

摆龙河国家湿地公园　位于贵定县沿山镇。包括摆龙河、凉水井水库水域周边河流两岸的水土保持林、洪泛平原湿地、部分稻田,占地面积 3.8 平方千米,其中湿地面积约 2.44 平方千米。湿地类型包括河流湿地、沼泽湿地、人工湿地,分为永久性河流、洪泛平原湿地、喀斯特溶洞湿地、草本沼泽、库塘、稻田六个湿地型。有国家一级保护野生植物红豆杉、银杏,国家二级保护野生植物喜树、伞花木,国家二级保护野生动物斑林狸、猕猴、鸳鸯、红隼、红腹锦鸡、大鲵等 12 种。2014 年入选国家湿地公园(试点)。

乐民河国家湿地公园　位于遵义市播州区,地处乐民河流域。占地面积 26.7 平方千米。其中最美的一段乐山大坝,田园风光如诗如画。这里还有遵义市的花木示范基地,包括优质烟叶种植基地、杂交玉米种子培育基地、红高梁种植基地、花卉苗木培育基地、名贵中药材种植基地、有机蔬菜种植基地,形成了一个现代农业生态科技园。2014年入选国家湿地公园(试点)。

龙潭河国家湿地公园 位于凤冈县。占地面积7.84平方千米,其中湿地面积4.27平方千米。兼有人工湿地和自然湿地,包括永久性河流、洪泛湿地、喀斯特溶洞湿地、库塘四种湿地型。以生态建设和山川河流、公路沿线等地的环境美化为建设重点,精心打造太极生态养身园、龙潭河—六池河—九道拐十里长河沿岸,成为供市民踏青赏花、品果、垂钓的"天然氧吧"。2014年入选国家湿地公园(试点)。

喇叭河国家湿地公园 位于海龙屯遗址附近。海龙水库、喇叭河及北郊水库相互串联,形成了湿地公园的主体。占地面积3.04平方千米,湿地率为67%,包括永久性河流、库塘、稻田三种湿地型。湿地公园定位为"红城绿水,市外桃园",既有小桥、流水、老屋、古树的山村气息,又有江风、竹影、稻歌的水乡韵味。2014年入选国家湿地公园(试点)。

湄江湖国家湿地公园 位于湄潭县。占地面积27.87平方千米。贯穿整个湿地公园的湄江湖,是湄潭县的一口"大水缸",被誉为当地的"生命之湖"。水源丰沛,水域宽阔,水质清澈,水流平缓;湖岸弯环曲折,湖周山形柔美,水草丰美,果木葱郁,鱼跃湖面,鸟戏轻波,山水相映,景致秀美别致。2014年入选国家湿地公园(试点)。

东风湖国家湿地公园 位于习水县。占地面积2.49平方千米。通过对湿地环境的保护,进一步恢复湿地原有的自然能力,建设成为城市湿地公园。2014年入选国家湿地公园(试点)。

八舟河国家湿地公园 位于黎平县高屯街道和龙形街道。占地面积5.96平方千米,湿地率48%。公园水系属长江流域洞庭湖水系,也是贵州省第二大河流清水江的主源。生态良好,有着丰富的生物多样性和悠久的湿地文化,是河流、沼泽、水库、稻田等湿地与森林组成的复合湿地生态系统。2014年入选国家湿地公园(试点)。

牂牁江国家湿地公园 位于六盘水市。占地面积37.64平方千米,其中湿地面积 16.76 平方千米,湿地率 45%。生物资源丰富,有野生植物 119 科 226 属 368 种,野生动物 25 目 56 科 157 种,是一个颇具特色的库塘型湿地公园。2014 年入选国家湿地公园(试点)。

水西柯海国家湿地公园 位于黔西县南部。占地面积 150.9 万平方米,分布有以柯家海子、龚家海子、甘家海子、螺蛳塘、大海子、小海子、榨孔塘等为主体的喀斯特湖泊群。地势起伏不大,海子大小不等,海子和海子之间由地下暗河、季节性河流或沟渠串联。最大的海子面积达 34 万平方米,最小的面积为 667 平方米。2014 年入选国家湿地公园(试点)。

加榜梯田国家湿地公园 位于从江县加榜乡。占地总面积 29.16 平方千米。山高、坡陡、谷深,"上山穿云端,下山沉河底;两山能对话,相会走半天"是公园地形特征的真实写照。以保护加榜梯田湿地及以梯田为载体衍生的民族文化和农耕文化为核心,以梯田独特景观为特色,集湿地保育、科普宣教、生态观光等多功能于一体的综合性湿地公园。2015 年入选国家湿地公园(试点)。

鱼梁河国家湿地公园 位于惠水县。占地面积 3.14 平方千米,湿地率 42%。包括河流湿地、人工湿地两大类,有喀斯特溶洞湿地、永久性河流、洪泛湿地、季节性河流和库塘五个湿地型。2015 年入选国家湿地公园(试点)。

平舟河源国家湿地公园 位于平塘县。以平舟河及其支流为主的河流湿地类型。占地面积 7.28 平方千米,其中湿地面积 3.71 平方千米,湿地率 51%。建设有生态型河岸、亲水平台、湿地走廊、音乐喷泉、人工荷塘等多类景观。2015 年入选国家湿地公园(试点)。

岔河国家湿地公园 位于福泉市岔河乡。占地面积 6.24 平方千米,其中湿地面积 2.42 平方千米,湿地率 39%。包括河流湿地、沼泽湿地、人工湿地三大类,有永久性河流、洪泛湿地、草本沼泽、库塘和稻田五个湿地型。公园中有国家一级保护野生植物银杏和南方红豆杉,国家二级保护野生植物大叶榉树、杜仲、樟树、喜树和香果树;国家一级保护野生动物林麝,国家二级保护野生动物大鲵、细痣疣螈、穿山甲、猕猴、凤头鹰等 15 种。2015 年入选国家湿地公园(试点)。

洪渡河国家湿地公园 2015 年入选国家湿地公园(试点)。参见全国休闲农业与乡村旅游示范点——洪渡河旅游休闲点。

红枫湖国家湿地公园 2015 年入选国家湿地公园(试点)。参见国家级风景名胜区——红枫湖风景名胜区。

百花湖国家湿地公园 位于贵阳市观山湖区。占地面积 20.76 平方千米,其中湿地面积 10.65 平方千米,湿地率为 51%。包含永久性河流、库塘等多种湿地型。2016 年入选国家湿地公园(试点)。

九十九滩国家湿地公园 位于独山县。占地面积 3.05 平方千米,其中湿地面积 1.38 平方千米,湿地率为 45.2%,包括永久性河流、库塘两个湿地型。共有维管植物 90 科 181 属 238 种,脊椎动物 29 目 80 科 178 种,湿地植物 43 科 78 属 106 种。有国家一级保护野生植物掌叶木和南方红豆杉,国家二级保护野生动物细痣疣螈、鸳鸯等 18 种。2016 年入选国家湿地公园(试点)。

翁你河国家湿地公园 位于台江县排羊乡和台拱镇。占地面积 3.4 平方千米,其中湿地面积 1.42 平方千米,湿地率 41.6%。以保护湿地生态系统为核心,以河流湿地景观为特色,以云贵高原东南边缘喀斯特低丘河谷湿地生态系统为主的湿地公园。2016 年入选国家湿地公园(试点)。

岩鹰湖国家湿地公园 位于修文县小箐乡岩鹰山村。占地面积 4.84 平方千米,湿地率 54.7%。主要包括河流、沼泽、人工三个湿地类,有永久性河流、喀斯特溶洞湿地、季节性河流、草本沼泽、库塘、沟渠、稻田七个湿地型。2016 年入选国家湿地公园(试点)。

玉屏舞阳河国家湿地公园 位于玉屏县,主要包括玉屏县境内的舞阳河干流及其主要支流龙江河、车坝河、野鸡河、安坪河。占地面积 8.6 平方千米,其中湿地面积 7.05 平方千米,湿地率 81.9%。有国家级重点保护野生动植物 17 种,贵州省重点保护动物 31 种。2016 年入选国家湿地公园(试点)。

黄果树国家湿地公园 位于镇宁县黄果树风景名胜区内。占地面积 5.54 平方千米。以"三湾"即白水河、王二河、三岔河三条水系为轴,以反映喀斯特地貌湿地景观为特色,体现瀑乡多样水态、河谷梯度景观、布依文化与田园风光等景观风貌的城市湿地公园。2016 年入选国家湿地公园(试点)。

车家河国家湿地公园 位于印江县天堂镇。占地面积 4.99 平方千米,其中湿地面积 2 平方千米,湿地率 37.8%。包括河流湿地、沼泽湿地、人工湿地三大类型,涵盖了永久性河流、洪泛湿地、喀斯特溶洞湿地、草本沼泽、库塘五个湿地型。2016 年入选国家湿地公园(试点)。

册亨北盘江国家湿地公园 位于册亨县,地处北盘江流域。占地面积 23.36 平方千米。2016 年入选国家湿地公园(试点)。

望谟北盘江国家湿地公园 位于望谟县。占地面积 24.35 平方千米。2016 年入选国家湿地公园(试点)。

二十、国家矿山公园

万山汞矿矿山公园 位于铜仁市万山区万山镇。占地面积 105 平方千米,其中核心景区面积约 5 平方千米。以万山城区的汞矿矿业遗迹为核心,包括汞都博物馆、苏联专家楼景区和黑硐子、仙人洞古代采矿遗址景区及冷风洞、大坪坑、冲脚地质生态恢复示范点等景区景点。通过深挖内涵、突出文化,把文化背景、工业元素、生态环境整治和矿业遗迹特色再现于世人面前,成为地质科普旅游的经典景区。2005 年入选国家矿山公园。

二十一、国家考古遗址公园

可乐考古遗址公园 位于赫章县可乐乡。"可乐"在彝文中意为"中央大城"。为秦汉遗址,南北长 400 余米、东西宽 300 余米,文化堆积层厚度为 0.6—4.1 米。地表为深褐色农耕土,耕土下为红烧土堆积层。遗迹有灰坑、地窖、水沟等。遗址地表散布有大量绳纹瓦当、板瓦、陶器残片和其他文化遗迹。出土大量青铜兵器戈、矛、箭、镞等,出土钱币"大泉五十"6 000 余枚。发现了夜郎国独有的"套头葬"。2001 年入选"全国十大考古新发现"。2010 年入选国家考古遗址公园。

二十二、世界遗产

中国南方喀斯特:荔波　中国南方喀斯特,集中了我国最具代表性的喀斯特地形地貌,形成于距今 50 万—3 亿年间。荔波县的喀斯特原始森林、水上森林和"漏斗"森林,合称"荔波三绝",它们有的在山上,有的在水中,有的在"天坑"里,但都是石头上长出的森林。水上森林树木"年纪"多在百岁以上,根系裸露水中,紧抱巨石,任水冲击仍郁郁葱葱。小七孔的水上森林,森林长在碧水中,更有屹立水中的参天大树,直指苍穹。小七孔鸳鸯湖 700 多米长的水上林荫道,树枝低垂水中,四周湖水绿如蓝。2007 年作为"中国南方喀斯特"的代表性区域入选世界自然遗产。

中国丹霞:赤水　2010 年作为中国丹霞的代表性区域入选世界自然遗产。参见国家地质公园——赤水丹霞国家地质公园。

中国南方喀斯特:施秉　贵州东部施秉县的喀斯特地区,地处云贵高原东部边缘向湘西低山丘陵过渡的山原斜坡地带。喀斯特强烈发育,地形破碎,成为一个河流深切的中亚热带喀斯特峡谷区,占地面积 282.95 平方千米。在古老的、相对不可溶的白云岩上发育的典型而完整的白云岩喀斯特地貌,其中以峰丛峡谷喀斯特最为典型,是全球热带、亚热带白云岩喀斯特最为典型的范例。2014 年作为"中国南方喀斯特"的拓展项目入选世界自然遗产。

土司遗址：播州海龙屯遗址 位于遵义市汇川区高坪镇龙岩山巅。土司城堡遗址，又称"海龙囤""龙岩囤""龙岩屯"。自秦汉以来，中央王朝在西南地区实行"以夷制夷"政策——疆土交给向朝廷称臣纳贡的土官来统治。始建于南宋宝祐五年（公元1257年）。是中国西南地区历史最久、规模最大、保存最完整的土司城堡之一。屯上最高海拔1354米，屯下海拔974米，相对高差300—400米。海龙屯居群山之巅，三面是绝壁，仅东南面一条小道通往山顶。屯前建有铜柱关、铁柱关、飞虎关、飞龙关、朝天关、飞凤关，屯后建有万安关、二道关、头道关。2015年作为有代表性的土司遗址入选世界文化遗产。

梵净山 2018年入选世界自然遗产。参见国家级自然保护区——梵净山自然保护区。

二十三、全国重点文物保护单位

贵阳—息烽集中营旧址 抗日战争时期国民党军统局设立的规模最大、等级最高的一所秘密监狱，由设于息烽阳郎坝的本部和玄天洞囚禁处组成。玄天洞是息烽县城东郊南望山麓的一个天然溶洞，洞顶高15米，宽54米，深130米，洞内面积3400平方米，仅有一条小路与外界相通。洞前和洞内原有明朝以来修建的玉皇殿、三清宫、地母庙等建筑。抗日战争期间，玄天洞成为息烽集中营的监牢之一，1938—1946年，抗日爱国将领杨虎城及其家眷被秘密囚禁于洞中，与世隔绝近8年。1988年入选全国重点文物保护单位。

贵阳—马头寨古建筑群 位于开阳县禾丰乡。寨内道路多以青石、鹅卵石铺墁。马头寨民居不少为干栏式四合院、三合院，一般为穿斗与抬梁混合结构,一正两厢加对厅(或照壁)。门窗均饰精致木雕。正房大门外加建腰门,左厢前部多建有朝门,以龙凤等吉祥图案居多。马头寨是元代底窝紫江等处总管府驻地,元代抗元运动领袖宋隆济的故乡,又是明代"底窝马头"所在地。总管府遗址至今犹存。寨内还有1935年红军一、三军团留下的标语数十条。2006年入选全国重点文物保护单位。

贵阳—阳明洞和阳明祠 阳明洞位于修文县城东栖霞山,因明代哲学家、教育家王守仁(王阳明)被贬为贵州龙场驿丞曾寄居此洞中而得名,其"致良知""知行合一"等重要思想及一些脍炙人口的散文名篇在此完成。洞旁现存清代建筑数座,石刻题咏甚多。阳明祠位于贵阳市东扶风山麓,为祀王阳明专祠,始建于清嘉庆年间,后几度重修,四合院结构,主体建筑为享堂(大殿),院内有两株500多年的桂花树。2006年入选全国重点文物保护单位。

贵阳—文昌阁和甲秀楼 文昌阁位于贵阳老城,始建年代待考,至迟在清嘉庆初年;包括山门、魁星楼、文昌宫、韦驮亭、文昌阁、东西配殿等,建筑面积2 900平方米。甲秀楼矗立在贵阳南明河中的万鳌矶石上,明万历年间于此筑堤联结南岸,并建一楼以培风水,名曰"甲秀",取"科甲挺秀"之意,现存建筑建于清宣统初年;上下三层,高约20米,朱梁碧瓦,四周水光山色,名实相符。2006年入选全国重点文物保护单位。

毕节—大屯土司庄园 位于七星关区大屯乡。始建于清康熙年间,后经当地彝族土司逐年扩建,遂成现在之规模。占地面积6 000余平方米,依山势而建,整体布局为中轴大体对称的三路构筑,各路皆有三重堂宇。左路建筑有东花园、粮仓、绣楼等,中路建筑有大堂、二堂和正堂,各路堂宇之间均有石坝或内墙间隔。1988年入选全国重点文物保护单位。

毕节—奢香墓 位于大方县云龙山下乌龙坡头的洗马塘畔。奢香,彝名"舍兹",系宣抚使、彝族恒部扯勒君长奢氏之女,明洪武初年嫁与贵州彝族默部水西(今大方)君长、贵州宣慰使霭翠为妻。霭翠率部归附明朝。霭翠病逝后,奢香代袭宣慰使职,为国家的统一作出了重要贡献。奢香病逝,明朝遣使参加祭奠葬礼,加谥奢香为"大明顺德夫人",并赐以朝衣锦帛。墓葬按正三品规格结合彝俗的墓建风格营造,占地面积约 2 万平方米。1988 年入选全国重点文物保护单位。

毕节—黔西观音洞遗址 位于黔西县观音洞镇。旧石器时代中期或晚期的文化遗址,距今约 4 万年至 20 万年,这时的人类还处在晚期直立人阶段,已经能够直立行走。大型洞穴型遗址,占地面积约 1 000 平方米。洞穴堆积厚达 9 米,分为上、下两部分。洞里留下了 25 种哺乳动物化石,这些动物稀奇古怪,有柯氏熊、大熊猫、嵌齿象、贵州剑齿象、似东方剑齿象、巨獏、中国犀等,大抵属于"南方大熊猫——剑齿象动物群",其中有 8 种动物已经灭绝。被命名为"黔西观音洞文化"。2001 年入选全国重点文物保护单位。

毕节—可乐遗址 2001 年入选全国重点文物保护单位。参见国家考古遗址公园——可乐考古遗址公园。

毕节—织金古建筑群 位于织金县。织金古城山清水秀,溪涧纵横,古迹众多,门类齐全,包括佛寺、道观、文庙、书院、会馆、祠堂、衙署、宝塔、泉井、津梁、古道、民居、店铺、作坊等,分布在一座座大理石小山上和流经城内的贯城河畔。织金古建筑大多建于"改土归流"之后,清代康熙年间即建有武庙、文庙、斗姥阁、隆兴寺、东山寺、财神庙、城隍庙、马王庙、黑神庙、炎帝庙、地藏寺等 10 余座,形成四庵、四阁、四祠、八大庙,多为倚崖傍洞或濒水临泉建造的干栏式吊脚楼。2006 年入选全国重点文物保护单位。

毕节—川滇黔省革命委员会旧址 全称中华苏维埃人民共和国川滇黔省革命委员会旧址,位于毕节市百花路原福音堂内。1936 年 2 月,红二方面军(红二、六军团)创建黔西北革命根据地,在此成立了中华苏维埃人民共和国川滇黔省革命委员会。福音堂始建于 1924 年,砖木结构和木结构混合,面阔七间,围墙用斗砖砌筑,墙上镶嵌大理石标志牌。2006 年入选全国重点文物保护单位。

毕节—敖氏和罗氏墓群石刻 包括金沙县石场乡的敖氏墓石刻和清池镇的罗氏墓石刻,建于清光绪年间。敖家坟墓群建筑的门楼、牌坊、栅栏、照壁上的圆雕龙凤、浮雕翼角、镂雕纹饰等敦厚凝重,典雅古朴,共有楹联、题词、律诗、散文、墓志等作品数十件 3 000 余字,各种形状的图案及雕塑 1 000 多幅,刻有人物千余,马匹近百,植物 30 多种,花纹图案 50 多类,被誉为"黔西北露天石雕艺术博物馆"。罗氏墓石刻图案 400 余幅,保持了我国传统石刻的线刻、浅浮雕、深浮雕、透雕、镂空雕、圆雕等工艺,被誉为"保留在石头上的史书"。2013 年入选全国重点文物保护单位。

黔西南州—交乐墓群　位于兴仁市雨樟镇。占地面积 9 平方千米,有汉墓 90 多座。墓葬形制有土坑墓、砖室墓、石室墓三类。其中 14 号墓为多室券顶,封土直径 15 米,墓壁残高 2 米,为男、女墓室并列的异穴同冢,面积百余平方米,为贵州省最大的多室砖墓。出土文物 600 余件。出土的铜车马,马车高 76 厘米,马高 116 厘米,国内罕见;还出土有摇钱树、连枝灯、提梁壶、陶抚琴俑等国宝级文物。2006 年入选全国重点文物保护单位。

黔西南州—"二十四道拐"抗战公路　2006 年入选全国重点文物保护单位。参见全国红色旅游经典景区——史迪威公路晴隆二十四道拐遗址。

黔西南州—龙广观音洞遗址　位于安龙县龙广镇。新、旧石器时代过渡时期的洞穴遗址,占地面积约 1 200 平方米。文化堆积厚约 5 米,可分 13 层,各层均有文化遗物出土,遗址年代应在距今 6 000—10 000 年。发掘出土打制石器、磨制石器、骨器、陶片、人类和动物遗骸等各类遗物 20 余万件,以及大量用火遗迹。其中人类遗骸 30 余件,石制品数以万计,骨制品近百件,陶片 20 余件。2013 年入选全国重点文物保护单位。

黔西南州—普安铜鼓山遗址　位于普安县青山镇铜鼓山山顶。战国至西汉时期一个铸造铜器(以兵器为主)的手工作坊遗址。保存有房址 4 座、窑址 1 座、灰坑 11 个和活动面、火塘、大量零散柱洞等遗迹,出土有较完整的陶器、石器、青铜器、铁器、玉器和冶铸青铜器的陶石范模 500 余件,陶器碎片 1 万余片。冶铸青铜用具除部分陶坩埚外,出土的范模包括戈范、剑范、钺范、镞范和鱼钩范等。2013 年入选全国重点文物保护单位。

黔西南州—兴义万屯墓群　位于兴义市万屯镇。东汉时期墓葬。共有

17座墓,墓葬种类有土坑、砖室、石室和砖石混合等形制,结构复杂。出土了铜车马、提梁铜壶、陶质水塘稻田模型、镂空铜豆、五铢、汉砖等珍贵文物数百件。其中汉代铜车马极为珍贵,马车不仅有车厢,还有车篷,车马总长1.12米,铜马分段铸造,拼装而成,可拆卸。全马分头、耳、颈、身躯、尾,左前肢微提,张嘴露齿,两耳直立,腹部丰满,臀部方圆,长肢、肘腋开豁,尾打结,动感强烈。马的缰绳及车的连接绑缚,皆以涂金薄铜片充绳索,车的构件多达260余件。2013年入选全国重点文物保护单位。

黔西南州—明十八先生墓　位于安龙县天榜山下。明末,桂王朱由榔被拥上帝位,改元永历。大西军首领孙可望、李定国将永历帝迁入贵州安隆所。居守贵阳的秦王孙可望置六部九卿,铸"兴朝通宝",欲自立为王。朱由榔谋召李定国统兵入卫,不料事泄,孙可望遣将至安龙问罪,将吴贞毓等18名朝臣杀害。该墓葬有吴贞毓等18人的遗骸。墓区占地面积约4 000平方米,由墓区、祠堂、摩崖三个部分组成,四面高墙围护。墓后建有"十八先生祠"。2013年入选全国重点文物保护单位。

黔西南州—鲁屯牌坊群　位于兴义市区东北部。鲁屯牌坊原有四座,均建于清道光年间,现存三座,均为四柱三间五楼式结构。黄氏坊最为精致,高、宽均为7米,铆榫结构,牢而坚固;坊底为束腰须弥座,四柱立于须弥座上;八根八棱方柱,均用完整的石料加工而成。四柱各面均阴刻有楹联,文字对仗工整,书体楷隶兼有,刻艺细致洗练,尤以明间中柱楷书题联,堪称对联中的佳作。两座李氏坊,一前一后,紧紧相邻,规模、造型、格调与黄氏坊略同,唯题刻内容有异。两坊2013年入选全国重点文物保护单位。

黔西南州—兴义刘氏庄园　位于兴义市下五屯街道。民国初年贵州省长刘显世和游击队军司令、滇黔边务督办刘显潜的故居。始建于清嘉庆年间,咸丰同治时期初具规模,民国期间又大兴土木,成为全省最大的私家庄园。由中西合璧的大小13座四合院组成,占地面积46 666平方米,是我国面积最大的屯堡式建筑群之一。现存忠义祠、花厅、书斋、刘显潜居室、家庙、校场坝等建筑及部分城垣和炮楼,基本保持原貌。建筑构件上的石雕和木雕,具有浓郁的地方特色。2013年入选全国重点文物保护单位。

黔南州—福泉城墙 位于福泉市城厢镇。明洪武年间创建土城,后改为石墙,周长4 666米。1967年前后城垣被拆毁,现仅存外城及小西门旁的一段残垣。小西门水城由内城、水城、外城三道城墙构成一座瓮城。内城蜿蜒于山腰,水城筑于山麓之河畔,外城横卧沙河之上,用两层石拱桥相连接,围河水于城内。桥下皆设铁栏闸门,切断水上通道,以防外敌由水道袭城。2001年入选全国重点文物保护单位。

黔南州—葛镜桥 位于福泉市城东南郊。明万历年间,葛镜倾尽家财,耗时30年建成该桥。桥长52米,宽5.5米,高30米,横跨在麻哈江两岸绝壁之上。桥在绝壁之上起拱,借江心一礁石下脚,设计巧妙,用料考究,工艺精湛,历经400多年坚固如初。2006年入选全国重点文物保护单位。

黔南州—惠水仙人桥洞葬 即石头寨洞棺葬,位于惠水县摆金镇一溶洞内。该溶洞为河谷间喀斯特峰丛穿洞,分为上洞和下洞,当地百姓称上洞为“棺材洞”,下洞因洞顶山体似天然桥梁,称为“仙人桥”。仙人洞洞口高约50米,宽约25米,洞顶岩层厚约10米,洞深约100米。石头寨岩洞葬始自唐宋,历明清,沿用上千年。石头寨岩洞葬保留了贵州古代苗瑶民族的主要葬俗形式。2013年入选全国重点文物保护单位。

黔南州—黔南水族墓群 位于三都县南部和荔波县北部的水族聚居区。三都县水龙乡有古墓近60座,荔波县有古墓300多座。水族墓葬分为四类。一是地面建长条形仿干栏式石棺;二是地面建长条形石棺,墓前建门楼式墓碑,部分墓葬甚至不用石板盖顶,棺内填土;三是薄石板叠砌墓,地面用大小不一的薄石板砌成长方形坟堆;四是墓葬有圆形封土并用规则的条石围砌,墓前建门楼式墓碑,墓碑上刻墓主姓名、生卒年,少数碑文使用水文、汉文两种语言文字。2013年入选全国重点文物保护单位。

黔东南州—增冲鼓楼 位于从江县往洞镇。始建于清康熙初期。贵州省历史最久、规模最大、保存最好的侗家鼓楼,杉木结构,呈宝塔形,双葫芦顶,共13层,八角攒尖顶,高25米,其中木构架高达17.65米。楼的平面呈八角形,中心设有直径达 1.4 米的圆形火塘,金柱间放置着四条大板凳。五层的楼顶悬挂一个长 3 米直径 0.5 米的牛皮大鼓,为召集寨中群众议事和报警之用的指挥鼓。1997 年国家邮电部发行《侗族建筑》一套四枚邮票,其中有一枚就是增冲鼓楼。1988 年入选全国重点文物保护单位。

黔东南州—镇远青龙洞 位于镇远县东郊。青龙洞建于明代中叶,历史上称为"真武观""玄妙观"或"青龙寺"。现有山门、吕祖殿、观音殿、玉皇阁、望江楼、正乙宫、斗姥宫等建筑物。背靠青山,面临绿水,贴壁临空,五步一楼,十步一阁,翘翼飞檐、雕梁画栋,几十座靠崖连洞的古建筑集中在山腰宽 40 米、高约 60 米、长约 300 米的狭长悬崖地带,恰似一幅悬挂在舞阳河畔的山水长卷。1988 年入选全国重点文物保护单位。

黔东南州—郎德上寨古建筑群 位于雷山县苗岭。建于清咸丰、同治年间。郎德上寨是个苗族村寨,依山傍水,群山环抱,茂林修竹衬托着古色古香的吊脚楼,蜿蜒的山路掩映在绿林青蔓中。青瓦吊脚木楼鳞次栉比,木楼为悬山顶屋面,曲径回廊。寨子中央有一个大芦笙场,地面用鹅卵石铺成 12 道太阳光芒和飞奔的骏马。2001 年入选全国重点文物保护单位。

黔东南州—地坪风雨桥 位于黎平县地坪乡,横跨南江河之上。始建于清光绪初年。桥长 57.61 米,宽 5.2 米,桥身距正常水位 10.75 米,河中立一青石桥墩支撑木梁结构的桥身,下部有两排各 8 根粗大的杉木穿榫连成一体,架通两岸。杉木大梁上平铺杉木桥板,20 多排圆柱用枋木交织,压排穿榫连接成一体,形成长廊。青瓦覆盖,可挡风避雨,故名"风雨桥"。2001 年入选全国重点文物保护单位。

黔东南州—飞云崖古建筑群 位于黄平县新州镇。明正统年间首建月潭寺,明万历年间、清咸丰年间两次毁于战争。现存建筑平面布局为东西二院,东院由牌楼、皇经楼、长廊、滴翠亭、碑亭、接引阁、小官厅、观音殿、童子亭、圣果亭组成;西院由月潭寺牌坊、云在堂、养云阁、大雄宝殿、南厢房、北厢房、萃秀园等组成。另有各代留存的摩崖石刻数十处。2006 年入选全国重点文物保护单位。

黔东南州—旧州古建筑群　位于黄平县旧州镇。城区面积约 2 平方千米,曾有"九宫、八庙、三庵、四阁"和 2 000 余栋古民居,全为典型的"印子房",造型优美,精致典雅。临街民居多一楼一底,砖木结构单檐硬山顶,两侧为风火墙,一般为二进四合院。今存古建筑有十万营、仁寿宫、天后宫、文昌宫、关帝庙、川主庙、天主教堂、江西会馆、两湖会馆、福众桥等。保存较好的西上街,有 18 幢古民居,其中以卢氏宅院、朱氏宅院、杨氏宅院、罗氏宅院构筑最为精巧。2006 年入选全国重点文物保护单位。

黔东南州—和平村旧址　位于镇远县和平街。原是晚清时期镇远总兵署衙门,民国初年改为贵州省第二模范监狱,抗日战争时期是国民政府第二日本俘虏房收容所。占地面积 5 148 平方米,建筑面积 1 508 平方米,面阔 66 米,进深 78 米,原有办公楼、礼堂、医务室、监禁室、哑子室、米库、厨房及监视塔等建筑 14 栋。2006 年入选全国重点文物保护单位。

黔东南州—黎平会议会址　2006 年入选全国重点文物保护单位。参见全国红色旅游经典景区——黎平会议旧址。

黔东南州—镇远城墙　位于镇远县县城。包括府城墙、四宫殿和卫城墙。府城墙始建于明正德年间,全部为方整青条石砌筑,建有炮台口、城楼,原长 2 030 米,尚存 1 500 米;城墙中段有方形烽火炮台、士兵守宿指挥堡。四官殿始建于明代,由正殿、钟楼、石拱券城堡组成,建筑面积 270 平方米,正殿为重檐歇山式穿斗木结构吊脚楼。卫城墙始建于明洪武年间,现存城墙由城墙、西门码头、上北门城门城楼、上北门码头、三堵护城堤和下北门城门城楼组成,总长 1.5 千米。2013 年入选全国重点文物保护单位。

黔东南州—隆里古建筑群　位于锦屏县隆里乡。明洪武年间,明太祖朱元璋派大军征剿吴勉农民起义军,后在龙里(今隆里)实行"军屯",置守御千户所,是为隆里古建筑群营造之始。隆里所城呈四方形布局,占地面积 48 174 平方米,城墙周长 1 100 余米,城墙外有护城河,架设吊桥。古建筑群共有民居、宗祠、庙宇、书院、城墙、街区和城外的桥梁、寺庙等建筑 700 余幢,大多为徽派建筑。2013 年入选全国重点文物保护单位。

黔东南州—岩门长官司城 位于黄平县谷陇镇。岩门设司始于明代。清顺治初年授岩门长官司,世袭。清乾隆初年建此石城。城垣全长 1 642 米,宽 2.67 米,高 4.5 米。城墙青石精砌,墙顶墁以料石,上下安砌墙垛。高险处构筑炮台三座,城门有楼,炮台有房,靠江处设有水关。城垣临江而建,工程难度极大,当年汇集了湖广两地的能工巧匠,以糯米、桐油、石灰熬浆粘接,十分坚固。岩门司城地势险要,后倚高山,前阻深江,上接重安、凯里,下达沅州、靖州,为黔东南之要塞。2013 年入选全国重点文物保护单位。

黔东南州—锦屏飞山庙 位于锦屏县城东北角。清乾隆年间为纪念唐末五代诚州首领杨再思而建。主体建筑飞山阁高 24.8 米,四层三重檐四角攒尖顶,翼角出檐深远,层面盖小青瓦,脊砖紧扣,上置琉璃宝顶,木梯上下相通。两座配殿与阁楼相连,依山傍水构成封闭式的四合院。整个建筑由大殿、配殿、阁、戏台组成,建筑面积 727 平方米。原有杨再思将军木雕神像,现已拆除。2013 年入选全国重点文物保护单位。

黔东南州—高阡鼓楼 位于从江县下江镇。始建于清雍正年间。占地面积 110 平方米,密檐式六角攒尖顶木结构,通高 25 米。设 18 根落地柱,其中主承柱 6 根,檐柱 12 根。楼身 15 级,双楼冠,各层封檐板彩绘风情图案,顶层檐下均置如意斗拱,斗拱下装漏窗。鼓楼二层和顶层分别置有牛皮木质鼓。2013 年入选全国重点文物保护单位。

黔东南州—宰俄鼓楼 位于从江县下江镇宰俄村。始建于清雍正年间,后毁于火灾,1986 年复建。鼓楼平面为正八边形,立面为 13 层密檐双楼冠八角攒尖顶,人字斗拱结构。顶端置陶瓷葫芦宝顶,顶层檐下置如意斗拱,斗拱下装漏窗。各层封檐板彩绘风情图案,翼角高翘,高俊、挺拔、优雅,是侗族鼓楼建筑的典型代表。2013 年入选全国重点文物保护单位。

黔东南州—金勾风雨桥 位于从江县往洞乡增盈村金勾寨。始建于清光绪初年,1992 年重建。桥面长 33.6 米,宽 4.75 米。桥屋中部抬升为五层密檐鼓楼楼冠,北端从第二间起、南端从第一间起抬升为歇山式五层密檐屋顶。长廊外侧半装木板,两端桥墩用片石和鹅卵石垒砌。中部桥墩为毛石混凝土结构,墩上用原木作加长伸臂梁以支撑桥屋。2013年入选全国重点文物保护单位。

黔东南州—三门塘古建筑群 位于天柱县坌处镇。包括宗祠2座、碑刻300余通、印子屋28栋、水井20眼、石拱桥6座、石板桥10座、石板路12条、卵石路30多条。民居建筑多穿斗式悬山顶小青瓦结构,横向三开间或五开间,门窗雕刻精美。宗祠外为风火墙,内为木构建筑,穿斗式硬山顶小青瓦结构。印子屋的外墙高过屋脊,墙头平翘,瓦盖庑殿式,多级卷云马头墙,墙头下粉刷边带,描绘山水花草虫鱼。村巷街道、桥梁码头青石铺砌,阡陌相通。2013年入选全国重点文物保护单位。

黔东南州—述洞独柱鼓楼 位于黎平县述洞下寨。俗称"现星楼""杉树鼓楼"。始建于明崇祯年间,现存鼓楼建于1921年。七层密檐式四角攒尖顶建筑,高15.6米,面积53.3平方米。除第一层立有撑柱以外,整座鼓楼只有一根直径0.5米左右的中柱支撑。中柱直立于鼓楼中央,直伸顶端。楼内以中柱为中心,大小不一的枋片纵横交错于中柱,形似伞状。整座鼓楼为全木结构,没有一钉一锤。2013年入选全国重点文物保护单位。

黔东南州—重安江水碾群 位于黄平县重安镇的重安江江心沙洲上。明永乐初年设重安长官司,弘治初年设重安守御千户所,并屯兵于重安江堡。屯军大规模建造水碾,用以替代土著居民石碓舂米的原始劳作。水碾水轮深藏沙洲腹部,明末鼎盛时期共有40余座,现存碾房19座,目前仍有13座能正常使用,主要用于碾桐籽榨油、碾竹材造纸、碾做香的原料粉末等。2013年入选全国重点文物保护单位。

黔东南州—榕江大利村古建筑群 2013年入选全国重点文物保护单位。参见中国历史文化名村——榕江县大利村。

铜仁—石阡万寿宫 位于石阡县汤山镇。又称"江西会馆"或"豫章会馆",始建于明万历年间。规模较大,装修工艺较精。尤其是木雕戏台人物栩栩如生。以此宫为首,禹王宫、玉皇阁、黑神庙、忠烈宫毗连一线,全长180余米,整个庙群占地面积11 850平方米。1936年,红二、六军团长征途经石阡曾在此地短暂休整。2001 年入选全国重点文物保护单位。

铜仁—万山汞矿遗址 位于万山区万山镇。国内现存开采时间最早、历史最长、规模最大的汞矿遗址之一。万山的汞矿储量和产量均居我国之首,素有"中国汞都"之称。相传秦汉时就有人在此采矿,唐、宋时盛产朱砂、水银,唐垂拱年间以光明丹砂为贡品。遗址包括仙人洞、黑硐子、云南梯洞子三个部分,地表面积 250 万平方米,采掘面积约 3.2 万平方米,遗址内存有石梯、竖井及矿道数条。2006 年入选全国重点文物保护单位。

铜仁—东山古建筑群 位于铜仁市城东隅,南临锦江。占地面积约 3 万平方米。铜仁东山古木参天,风景秀丽。古建筑群有明正德年间在山巅修建的澄江楼、川上亭,明嘉靖年间增建的大观楼,清道光年间修建的奎星阁,以及其他清代古建筑崇真观、崇仙宫、真武观、文昌宫、大雄殿、武侯祠、魁星楼、护国楼等。2006 年入选全国重点文物保护单位。

铜仁—寨英村古建筑群 位于松桃县寨英镇。寨英早年为军需物资转运地,后成为梵净山麓大商埠,街道两侧店铺林立,著名商号有天字号、地字号、何裕商号以及盛极一时的八大商号——富华、吴祥泰、同兴昌、曹易和、易和兴、同德祥、聚泰长、协裕祥。现存四合院式、三合院式、苗族吊脚楼等古民居建筑 85 栋,会馆类建筑 2 处,消防池 8 个,古井 2 口,各种商铺 50 余处,手工作坊 30 处,城门 4 个,卡子门 1 个,城墙 673 米,码头 4 处,融居住、经商、防御于一体。2006 年入选全国重点文物保护单位。

铜仁—思唐古建筑群 位于思南县思唐镇。元代于此设水特姜长官司,明初改为水德江长官司,洪武中期思南宣慰司迁此,永乐初期设思南府。府城依山修建,呈 6 级阶梯,总面积 3 万平方米。迄今保存众多文物古迹,有文庙、会馆、寺院、码头、衙署遗址、典型民居和著名商号等。2006 年入选全国重点文物保护单位。

铜仁—黔东特区革命委员会旧址 位于沿河县谯家镇。1934 年 7 月,湘鄂川黔革命军事委员会在沿河县铅厂坝张家祠堂召开黔东特区第一次工农兵苏维埃代表大会,选举产生了黔东特区革命委员会。旧址是黔东特区革命委员会机关和红三军机关驻地,后依群山,前临碧溪,是清同治年间所建的木质结构平房。2006 年入选全国重点文物保护单位。

铜仁—石阡府文庙 位于石阡县越城路。始建于明永乐年间。历经战火,多次重修,至清乾隆后期重修后,庙制稳定。占地面积约 3 000 平方米,三进院落,自西向东、自上而下建有庙墙、泮池、状元桥、棂星门、大成门、两庑、天子台、大成殿以及崇圣祀、考棚等。2013 年入选全国重点文物保护单位。

铜仁—楼上村古建筑 2013 年入选全国重点文物保护单位。参见中国历史文化名村——石阡县楼上村。

六盘水—大洞遗址 位于盘州市珠东乡。石灰岩洞穴,洞口宽 55 米,高约 40 米,主洞长 1 600 米。包括古人类的生活居址、石器加工场和猎物屠宰场等遗址,也发现用火遗迹。获得 4 颗古人类牙化石、2 000 余件石器制品和近万件动物化石,以及一批灰烬、灰屑、烧骨等文化遗物。石制品以燧石、玄武岩为主要原料,包括石核、石片、刮削器、钻具、手斧等。盘州市大洞是更新世洞穴和旧石器时期洞穴遗址,在世界旧石器中期遗址中实属罕见,1993 年入选"全国十大考古新发现"。1996 年入选全国重点文物保护单位。

六盘水—小冲墓群 位于盘州市红果镇。共有墓葬 138 座,分布面积 1 万余平方米,分别为张氏、邓氏家族墓群,形成于明末至清光绪年间。墓群中葬有享受清朝俸禄者 40 人,官二品、六品、九品不等,有武功将军、处仕郎、登仕郎、纬武郎、武英俊、武略骑尉等。规模大,墓碑造型别致,石刻雕塑精美。2013 年入选全国重点文物保护单位。

遵义—遵义会议会址 1961 年入选全国重点文物保护单位。参见全国红色旅游经典景区——遵义会议纪念馆。

遵义—杨粲墓 位于红花岗区深溪镇。南宋播州安抚使杨粲夫妇的墓。唐末至明万历年间,播州杨氏统治播州长达 725 年,是西南地区著名的大土司。杨粲为第 13 代,南宋嘉泰初年袭播州安抚使职,官终武翼大夫。杨粲墓建于南宋淳祐年间,平顶双室,用白砂岩条石砌筑,最大的一块石料达 6 000 千克,以子母扣层层套合的方法固定。在两室墓底腰坑内发现两具铜鼓。男室铜鼓重 12.25 千克,高 28 厘米,面径 44.5 厘米,鼓壁夹垫剪破的铜钱碎片,应为北宋哲宗时所铸。女室铜鼓重 17.75 千克,高 30 厘米,面径 49.5 厘米,纹饰精美。1982 年入选全国重点文物保护单位。

遵义—海龙屯 2001 年入选全国重点文物保护单位。参见世界遗产——土司遗址:播州海龙屯遗址。

遵义—湄潭浙江大学旧址 位于湄潭县湄江镇和永兴镇。抗日战争期间,浙江大学西迁至湄潭县城及城东北永兴镇,1946 年撤离。原有文庙、天主堂等 25 处建筑,现保存较好的有 9 处,包括湄潭办公室图书室旧址(文庙)、谈家桢等教授住处(天主堂)、研究生院旧址(义泉万寿宫)、湄江吟社旧址(西来庵)、理学院物理系旧址(双修寺)、永兴分校教授住处、农学院畜牧场实验楼旧址、文艺活动旧址(欧阳曙宅)、学生住处(李氏住宅)等。2006 年入选全国重点文物保护单位。

遵义—红军四渡赤水战役旧址 2006 年入选全国重点文物保护单位。参见全国红色旅游经典景区——红军四渡赤水纪念地。

遵义—务川大坪墓群 位于务川县大坪镇。汉代墓群,形成于西汉早期至东汉晚期。由江边汉墓、龙潭汉墓、官学汉墓组成,占地面积约 30 万平方米。发掘汉墓 43 座、窑址 2 座,出土文物 400 余件(套)。墓葬形制有土坑墓、石室墓、岩坑墓等。出土遗物有国家一级文物铜蒜头壶,国家二级文物提梁鼎、青铜甑、穿绳钱串,以及钱树佛像、鋬、扁壶、提梁壶、釜、瓶、盘、洗、钵、耳杯、印、钱币等铜器,罐、钵、釜、俑、房屋模型等陶器。2013 年入选全国重点文物保护单位。

遵义—复兴江西会馆 位于赤水市复兴镇。始建于清道光中期,光绪初年被焚毁,宣统年间重建。四合院布局,建筑面积 1 000 平方米。由山门、戏楼、两厢、正殿、后殿等建筑组成。正殿面阔五间 24 米,进深三间 10.5 米,抬梁穿斗混合式硬山风火山墙青瓦顶。前后檐柱、廊柱有直径 0.57 米、高 11 米石柱 24 根。撑拱、雀替、挂落、驼峰等构件雕刻精湛。2013 年入选全国重点文物保护单位。

遵义—尚稽陈玉璧祠 位于播州区尚稽镇。清乾隆初年,陈玉璧调任遵义知府,大力兴办蚕丝事业,遵义缫丝、织造业应运而生,"遵义府绸"名扬海内。祠建于清道光年间,由砖石牌楼、风雨廊、厢房、祠堂、碑廊、阁楼组成,建筑面积约 1 000 平方米,挑拱重檐,绿瓦红楹,飞角流丹,富丽壮观。清咸丰、同治年间毁于兵燹,仅存廊瓦;清光绪年间重修,历世变而独存。2013 年入选全国重点文物保护单位。

遵义—茅台酒酿酒工业遗产群 位于仁怀市茅台镇杨叉街。海拔 415 米左右,冬暖夏热,绿色植被丰广,地质结构主要是侏罗白垩系紫砂页岩,对流经溪水有较好的过滤作用,有利于酿就高品质酒。遗产群始建于明代,因战乱几次被毁,清同治初年重建。现存成义酒坊、荣和酒坊和衡昌酒坊的旧址以及酿酒厂房等基础设施共 10 处。界内有古井一口,井水清澈甘美,含丰富的矿物质和微量元素,早期茅台酒就用此水酿成。2013 年入选全国重点文物保护单位。

安顺—穿洞遗址 位于普定县城郊。旧石器时代晚期遗址。出土人类完整头骨两具,哺乳动物碎骨 1.8 万多件,牙齿 500 多枚,动物化石 13 个属或种,石制器物 2 万余件,骨器 1 000 余件,发现用火遗迹多处。在一处遗址发现两具头骨,至今国内无此先例,出土的骨器超过全国发现总和的 30 倍,世所罕见。已建成穿洞古人类遗址博物馆。1988 年入选全国重点文物保护单位。

安顺—天台山伍龙寺 位于平坝区天龙镇。建于明万历中期。伍龙寺是庙宇,但外观俨然是一座石头城堡,后在寺中修建了道教的玉皇阁,佛寺与道观合为一体,成为似佛非佛、似道非道、亦佛亦道的古建筑。外部用石块砌垒,墙壁上开有少量猫窗。有大小房间 40 余间,精雕细琢。明末清初,吴三桂路经此地曾上山拜望在此出家的叔父吴凤,留下朝服、朝笏、腰刀等,今仍存于古刹之中。2001 年入选全国重点文物保护单位。

安顺—云山屯古建筑群 2001 年入选全国重点文物保护单位。参见中国历史文化名村——西秀区云山屯村。

安顺—文庙 位于西秀区黉学坝。始建于明洪武初年,天启初年毁于兵燹,旋重建。后几次增建、修复,臻于完备。现存建筑占地面积约 8 000 平方米,共三进,基本完好。大成殿前明间檐下有两根檐柱,是用两块巨石透雕镂成的盘龙大柱,柱高近 5 米,直径约 0.8 米,工艺精湛绝伦。两条石龙宛如从天而降,龙身时隐时现,龙首遥相呼应,栩栩如生。柱础为石雕狮子,雄狮足蹬绣球,雌狮怀哺幼狮,口含铜铃。二狮背负万钧,昂首奋吼,形象骁猛异常。石狮与大成门外的两根石龙柱,被称为“文庙四大石雕瑰宝”。2001 年入选全国重点文物保护单位。

安顺—宁谷遗址 位于宁谷镇。汉代古牂牁郡治所。遗址分建筑、陶窑和墓群三个部分,占地面积约 10 万平方米。汉墓 160 座,发掘获得大量汉代文物,包括乳钉几何纹方砖、秦半两、汉五铢、大泉五十等圆形方孔小钱、金器、铜器、铁器、陶器、木器等生产、生活、军事用器数百件。2006 年入选全国重点文物保护单位。

安顺—平坝棺材洞 位于平坝区齐伯乡。苗族人放置棺材的喀斯特岩洞,地处老熊山距地面约 20 米高的半山腰,从唐至德年间沿用至今。山洞依地形分成四个不同区域,大洞口宽 27 米、高 21 米,小洞口宽 10 米、高 15 米,洞内厅堂宽大无缝隙,干燥凉爽。清点出 568 具棺材,随葬器物 80 余件。形制有船形棺、圆木棺(筒形棺)、方形棺、梯形棺、长方形棺、现代棺六种,大多保存较好。上刻有古钱、寿字、吉字、鱼类变形等图案。出土的两件鹭纹彩色蜡染百褶裙,融蜡染、挑花、刺绣、填彩于一体,被评为国家一级文物。2013 年入选全国重点文物保护单位。

安顺—鲍家屯水利工程 位于西秀区大西桥镇。始建于明代。由横坝、顺坝和高低龙口组成,包括大小七个堤坝、五条主渠道、两座水碾房、两座石桥。采用“鱼嘴分流”方式,把上游河道一分为二,形成“两河绕田坝”的态势,村落周边不同高程的 2 000 余亩田地都能得到自流灌溉。小青山脚下的回龙坝,采用水利工程较少见的 S 形坝,降低了洪水的冲击力,而且极具美感。2013 年入选全国重点文物保护单位。

安顺—武庙　位于西秀区中华东路。始建于明洪武年间,原名"寿亭侯祠",后改称"关帝庙"。清康熙初年改建为武庙。1919 年因合祀关羽、岳飞,又称"关岳庙"。中轴对称布局的古建筑群,石墙围护三进四合院式石木结构。大殿内有 36 根整料石柱构成主架,最高石柱达 14 米。观音阁系三层重檐四角攒尖顶木结构楼阁,具有较高的建筑艺术价值。占地面积近 4 000平方米,规制齐备,布局精致,殿宇楼阁相得益彰,廊庑厅厢各具特色。2013年入选全国重点文物保护单位。

安顺—王若飞故居　2013 年入选全国重点文物保护单位。参见全国红色旅游经典景区——王若飞故居。

茶马古道　我国西南地区以马帮为主要交通运输方式的民间国际商贸通道。茶马古道源于古代西南边疆的茶马互市,兴于唐宋,盛于明清,二战后期最为兴盛。贵州省境内的茶马古道,从云南胜境关入贵州,沿滇黔驿道、楚黔驿道后,经湖南至京城,人们称之为"皇家贡道",也是商旅的通京大道。另外还有多条茶马古道:或从云南曲靖、宣威进入贵州威宁,经赫章、毕节入四川叙永,开凿于秦汉时期,线路变化复杂;也有自毕节瓢儿井、马路、清池沿赤水河,经旱路或水路到内地的,商旅多行。2013 年入选全国重点文物保护单位。

二十四、国家一级博物馆

遵义会议纪念馆　2008 年入选国家一级博物馆。参见全国红色旅游经典景区——遵义会议纪念馆。

二十五、中华老字号

茅台酒厂有限责任公司（注册商标：茅台） 2006 年入选中华老字号。参见全国工业旅游示范点——茅台酒厂。

同济堂制药股份有限公司（注册商标：同济堂） 位于贵阳市南明区新华路。贵州同济堂始创于清光绪中期，以"遵古炮制、备货齐全"，聘请名医坐诊，"秤足质好、药采道地、明码实价、诚实待人、童叟无欺"而闻名。现在的国药集团同济堂（贵州）制药有限公司是一家集科研、生产、销售、种植于一体的高新技术药业，生产胶囊剂、片剂、颗粒剂、锭剂、糖浆剂、酊剂、口服溶液剂、膏剂等 12 种剂型，中西药品种达 140 多种，拥有自主知识产权的专利产品 7 个。2010 年入选中华老字号。

都匀毛尖茶集团有限公司（注册商标：都匀毛尖） 位于都匀市斗篷山路。拥有 13.3 平方千米良种茶园和配套的茶叶加工厂，是生产、加工、销售一条龙的茶叶产业化集团公司。生产素有"北茅台，南毛尖"之称的都匀毛尖茶，以及高山绿茶、花茶、野生苦丁茶等系列产品。都匀毛尖茶早在明代时即为贡茶，是"贵州三大名茶"之一，名列"中国十大名茶"。2010 年入选中华老字号。

赖永初酒业有限公司（注册商标：赖永初） 位于贵阳市新添大道。综合型白酒知名企业，创有"赖永初""赖恒""恒兴"等知名品牌。赖永初是茅台酒的创始人之一，公司所生产的赖永初酒，就是以他的名字命名。赖永初独资创办的恒兴酒厂所生产的优质酱香型白酒赖茅酒，20 世纪二三十年代就已驰名中外。1953 年国家以恒兴酒厂为基础，将三家企业合并组成了现在的国营贵州茅台酒厂。2010 年入选中华老字号。

九阡酒厂（注册商标：九阡） 位于三都县九阡镇。九阡酒有文字记载已有 1 800 多年。九阡镇一带的水族以糯米为主要原料,采集月亮山中 100 余种天然植物制成酒曲,酒品香型独特、味道醇正、色泽金黄。2010 年入选中华老字号。

鸭溪酒业有限公司(注册商标:鸭溪) 位于遵义市鸭溪镇。集酿酒生产、勾兑、包装、销售于一体的白酒企业,年半成品酒生产能力 3 000 吨,勾兑、包装生产能力 5 000 吨。产品系浓香型白酒,主要有鸭溪窖酒、鸭溪酒王、鸭溪广兴祥三个系列数十个品种,形成高中低档、高中低度较完整的结构体系。2010 年入选中华老字号。

振业董酒股份有限公司(注册商标:董) 位于遵义市汇川区董公寺镇。董酒的生产历史可以追溯到魏晋南北朝时期。引百草入曲,是世界上唯一同时采用大小曲发酵、双醅串蒸的蒸馏白酒,是传统白酒串蒸工艺的鼻祖,堪称中国传统白酒的活化石。2010 年入选中华老字号。

老谢氏传统火烤鸡蛋糕厂(注册商标:老谢氏) 位于遵义市汇川区。"老谢氏传统火烤鸡蛋糕"起源于清末民初。四川南溪县糕点技师谢九成,技艺超群,1935 年来到遵义最大的糕点房"裕泰恒"主持糕点制作,从此谢氏祖传工艺落户于遵义。根据祖传工艺,结合遵义地方特点调整配方,独创"拗锅"技艺,制出了"双面火烤"上品蛋糕,供不应求。2011 年入选中华老字号。

廖元和堂药业有限公司(注册商标:廖元和堂) 位于遵义市高新技术产业园。清代初年,遵义板桥廖氏先祖研制出一种丹药,如蚕豆大小,对四时盛行的瘴气、偏瘫、中风、癫痫、小儿高热惊风等症有特效。清康熙中期,对药丸进行改良并更名为"化风丹"。1956 年公私合营,廖家将家族祖传的化风丹制作秘方和药厂无偿献给国家。现在的廖元和堂药业有限公司建有丸剂、胶囊剂、中药饮片等生产线。2011 年入选中华老字号。

云南篇

云南省简称"云""滇"。因位于"云岭之南"而得名。元至元十一年（公元 1274 年）设云南等处行中书省，"云南"正式作为滇域的名称。

云南省位于我国西南边陲，北回归线横贯云南省南部。东部与贵州省、广西壮族自治区为邻，北部与四川省相连，西北部紧依西藏自治区，西部与缅甸接壤，南部和老挝、越南毗邻。总面积 39.41 万平方千米。云南省有 25 个边境县，是中国通往东南亚、南亚的窗口和门户。

云南属山地高原地形，山地面积占 84%，高原面积占 10%，盆地面积占 6%。地形以元江谷地和云岭山脉南段宽谷为界，分为东西两大地形区。东部为滇东、滇中高原，平均海拔 2 000 米左右；西部高山峡谷相间，地势险峻，山岭和峡谷相对高差超过 1 000 米。怒山山脉梅里雪山主峰卡瓦格博峰海拔 6 740 米，为境内最高点；河口县南溪河与红河交汇的中越界河处海拔 76.4 米，为境内最低点；两地直线距离约 900 千米，海拔相差 6 000 多米。

云南气候基本属于亚热带高原季风型，年温差小、日温差大、干湿季节分明,气温随地势高低垂直变化异常明显。在一个省区内,同时具有寒、温、热(包括亚热带)三带气候,最热(7月)月均温在19—22℃,最冷(1月)月均温在6—8℃,年温差一般只有10—12℃。

云南省下辖昆明、昭通、曲靖、玉溪、普洱、保山、丽江、临沧8个地级市,楚雄彝族自治州、红河哈尼族彝族自治州、文山壮族苗族自治州、西双版纳傣族自治州、大理白族自治州、德宏傣族景颇族自治州、怒江傈僳族自治州、迪庆藏族自治州8个自治州。省政府驻地昆明市。2018年末,全省总人口4 829.5万,其中少数民族人口约占全省人口总数的1/3。除汉族以外,6 000人以上的世居少数民族25个。

云南省是人类文明的重要发祥地之一,生活在距今170万年前的元谋人,是迄今为止发现的中国乃至亚洲最早的人类。云南地质现象种类繁多,矿产资源极为丰富,尤以有色金属及磷矿著称,被誉为"有色金属王国"。有61个矿种的保有储量居全国前10位,其中铅、锌、锡、磷、铜、银等25种矿储量居全国前3位。森林面积居全国第3位,有"药物宝库""香料之乡""天然花园""动物王国"之称。

一、中国历史文化名镇

禄丰县黑井镇　位于龙川江畔。早在3 200年前的新石器时代晚期就有少数民族的祖先在这片古老的土地上生息劳作。当地人牧牛山间,寻牛至井处,牛舔地出盐,遂称此地为"黑牛盐井",后简称"黑井"。战国时代,因"醯卤之利"而成为人们争夺、攻守的重要地区。在唐代有"盐泉"之称。小镇被誉为"失落的盐都""明清建筑的活化石",至今保留着较为完整的传统城镇格局,有21处文物保护单位。经济以旅游业为主,著名景点有贞孝总坊、武家大院、大龙祠、诸天寺、黑井文庙等。2005年入选中国历史文化名镇。

剑川县沙溪镇　位于大理、丽江、香格里拉三大旅游区之间。居住有汉族、白族、彝族、傈僳族、纳西族,其中白族占总人口的85%。自然风光秀丽,名胜古迹众多,著名景点有寺登街、石宝山、白龙潭、华丛山、马坪关等。现为中国乡村文化遗产地标村庄、国家新型城镇化综合试点地区。2007年入选中国历史文化名镇。

腾冲市和顺镇　位于保山市。古名"阳温暾村",因有河流顺乡流过,改为"和(河)顺"。始建于明朝,当地汉族大多是明初到云南从事军屯和民屯的四川人、江南人、中原人的后代。著名的侨乡,自古有重教兴文的优良传统,从这里走出了马克思主义哲学家艾思奇,有被誉为"中国乡村文化界堪称第一"的和顺图书馆和保存完好的文昌宫。2007年入选中国历史文化名镇。

孟连傣族拉祜族佤族自治县娜允镇　位于普洱市。"娜允"是傣语谐音，为"城子、内城"之意。地处西南边陲，自元代起就是云南南部政治、经济、文化和宗教的中心之一，明代永乐初年朝廷设孟连长官司，清代康熙中期朝廷册封孟连宣抚司使，孟连宣抚司署至今犹存。全镇多民族和谐聚居，以傣族、拉祜族、佤族为主，是我国仅存的傣族古城，保留着傣族的特色和风韵。傣族、拉祜族、佤族的传统节日泼水节、神鱼节、葫芦节和新米节的欢庆活动精彩纷呈，成为当地一大旅游亮点。2009年入选中国历史文化名镇。

宾川县州城镇　位于大理州。自古以来就扼南北之要冲，地势险要，是通往中原的重要通道和驿站。因此地出现过白霞焕彩的奇景而又名"白霞城"。整座城池基本保持着明、清时代的古城格局，呈正方形棋盘式，十字街中心建有四层六角攒尖过街钟鼓楼（宾兴楼）。还保存有文庙、武庙、城隍庙、忠烈祠、观音阁、报国寺、文昌宫等古建筑群和明清及民国时期的古民居。2010年入选中国历史文化名镇。

洱源县凤羽镇　位于大理州。"茶马古道"上的重要集镇。相传"凤殁于此，百鸟集吊，羽化而成"，故名"凤羽"。境内有汉族、白族、回族、傣族、彝族、纳西族等11个民族居住，至今保存着白族民居聚落与白族典型建筑，如凤翔书院、凤羽武庙、镇蝗塔、镇江塔、留佛塔等。盛产砚台，自元末明初就开始生产，至今已有400多年的历史，现开发了"八仙过海""龙凤呈祥""双凤朝阳"等30多个品种，其中"九龙"巨砚被1999年昆明世博园艺博览会作为珍品收藏。2010年入选中国历史文化名镇。

蒙自市新安所镇　位于红河州。两千多年的历史沧桑，一千多年的军事活动，孕育了光辉的历史和灿烂的文化，留下了星罗棋布的文化古迹，保留有明清历史街道11条、军事遗址5处、古寺庙9座、古民居68座、古墓葬800多座、古石碑23通和古戏台、古商铺、古驿道等众多物质文化遗产，保留着新安特色的妆会、洞经、书法、绘画、雕刻、刺绣、诗词、小吃等众多非物质文化遗产。2010年入选中国历史文化名镇。

二、中国历史文化名村

会泽县白雾村　位于娜姑镇。早在西汉时期就是军商往来的要道驿站,明朝中后期东川府(府治会泽)铜矿的开发,带来了白雾的经济繁荣和文化昌盛,成为会泽西部的商贸重镇,形成了南铜北运的大站和明清王朝铸币铜料的主供地,获得了"万里京运第一站"的美称。一字街长 200 多米,宽5—6 米,有明清古建筑 24 座,包括寿佛寺、三元宫、张圣宫、万寿宫、文庙、财神庙、太阳宫、祠堂、常平仓、养济院、大戏台、天主教堂等,古老的民居、马店、驿站、各类店铺鳞次栉比。2004 年入选中国历史文化名村。

云龙县诺邓村　位于邓镇,地处世界自然遗产三江并流风景名胜区南端。"诺邓"在白族语中意为"有老虎的山坡"。古代的"茶马古道",东向大理昆明,南至保山腾冲,西接六库片马,北连兰坪丽江,四方商贾云集,百业昌盛,历史上曾一度为滇西地区的商业中心之一。保留着大量的明清两朝建筑,如著名的玉皇阁道教建筑群,还有较完整的古盐井以及明代五井盐课提举司衙门旧址。2007 年入选中国历史文化名村。

石屏县郑营村　位于宝秀镇东南部,背靠秀山,面朝赤瑞湖。已有 600多年历史,有以姓氏和地理环境命名的三街九巷,街道是青石路面,民房多是大四合院。全村有 403 座四合院,保存完整的四合院有 28 座。其中著名的有陈氏宗祠、郑氏宗祠,建筑规模宏大,木雕工艺精湛。被称为"我国明清民居建筑的博物馆"。2008 年入选中国历史文化名村。

巍山彝族回族自治县东莲花村　位于永建镇。地处红河支流米汤河畔,三面环水,环境优美。始建于明代中叶,伊斯兰民族风情浓郁,马帮文化悠久。民国年间,东莲花马帮来往于东亚诸国;东莲花家家养马,户户经商,来往商旅如织,经济繁荣,一度被称为"小上海"。现存清代建筑 1 万余平方米,民国时期建筑 1.8 万平方米,三房一照壁、四合五天井等式样的古民居 28 座,较完整地反映了当地的传统文化风貌和地方民族特色。2008 年入选中国历史文化名村。

祥云县云南驿村 位于云南驿镇北部,地处坝区,海拔 1 980 米。村舍围绕白马寺山麓沿昆畹公路两侧呈弧形分布。有着 2 000 多年建制历史,保留着古镇古驿道的原有风貌。第二次世界大战期间,成为中缅印战区的重要军事基地,是通往东南亚各国的航空转运站,是抗日战争中南方空中运输大通道"驼峰航线"上的重要通道和补给线。处于滇西黄金旅游干线上,周边分布着水目寺塔、水目山国家森林公园。2010 年入选中国历史文化名村。

隆阳区金鸡村 位于保山市金鸡乡。地处保山坝东北边缘,怒山山脉宝鼎山西麓。相传曾有凤凰栖息于此,凤凰翩翩起舞之时彩霞满天、百花遍地、百鸟来朝,当地人便称之为"金鸡",村名由此而来。吕不韦的后裔吕凯的故里,附近有不韦县城遗址。有宝鼎寺、四方街、古戏台、文昌宫、金鸡寺、卧牛寺、李家大院、树包泉等景点。2014 年入选中国历史文化名村。

弥渡县文盛街村 位于密祉乡。西靠太极山麓,东有亚溪河环绕,是昆明通往印度、缅甸的交通要塞,古称"六诏咽喉"。"古丝绸之路"上"开南古驿道"中的一个重要驿站,保存有"马帮文化"遗迹。保存有以文盛街为轴心的较为完整的古村落风貌和格局。古村居所、民居建筑多为三坊一照壁、四合五天井、四合院式,也有"一颗印"式院落。周边景点有杨家桂花店、尹宜公故居、石家耕读大院、魁阁、珍珠泉等。2014 年入选中国历史文化名村。

永平县曲硐村 位于博南镇。地处大理市、保山市、怒江州三地交界处,是我国通往东南亚、南亚的交通门户和物资集聚地。古称"奇硐",相传因城西小狮山上有一个奇异山洞而得名。依山而建,以传统民居建筑为主,有许多建于清末及民国时期的古院落、古建筑,如博南古道遗址、罗家大院、简易师范旧址、县城老衙门、百年清真寺等。滇西回族人口聚居最为密集的自然村落,有着浓郁的回族文化。留下了众多历史名人如徐霞客、杨慎、桂馥、林则徐、埃德加·斯诺等的足迹。2017 年入选中国历史文化名村。

永胜县清水村　位于期纳镇与程海镇的交界处,海拔1 520米。"南方古丝绸之路"上的重要驿站,唐宋时期分属南诏国、大理国。自明洪武年间设清水驿站以来,军屯、民屯、商屯并举。历史上曾出了4个进士及许多举人、贡生,被誉为"滇西北文风之地"。现保存有明代建筑6栋,清代及民国建筑近600院(所),被誉为"明清古建筑博物馆"。2014年入选中国历史文化名村。

三、全国特色景观旅游名镇(村)

建水县临安镇　位于红河州。建水古城所在地,始建于唐代南诏时期,至今已有1 200多年。滇南的政治、经济、文化中心,有"文献名邦""滇南邹鲁"之称。现有全国重点文物保护单位纳楼长官司署、指林寺大殿、朝阳楼、建水文庙,还有朱家花园、学政考棚、文笔塔、天缘桥、东林寺、福东寺、普庵寺、缘瓦寺、燃灯寺、崇文塔、崇正书院等景点和朱德旧居纪念地。2010年入选全国特色景观旅游名镇(村)。

古城区束河古镇　位于丽江市。"束河"在纳西语称"绍坞",意为"高峰之下的村寨",因村后聚宝山形如堆垒之高峰而得名。始建于明万历年间。纳西族先民在丽江坝子中最早的聚居地之一,是"茶马古道"上保存完好的重要集镇,也是纳西族先民从农耕文明向商业文明过渡的活标本。古镇民居为纳西族民居典型的三坊一照壁布局,小院种花,大院植树,四季花果飘香,有甚者引水入院,蓄水成池,配以亭台,成为一幅雅致的风景。现为世界文化遗产丽江古城的重要组成部分,也是游览丽江古城、玉龙雪山、泸沽湖、长江第一湾和三江并流风景区的枢纽点。2010年入选全国特色景观旅游名镇(村)。

大理市喜洲镇　位于大理州,西倚苍山,东临洱海。隋唐时期称"大厘城",是南诏时期"十睑"之一。洱海西岸白族政治、经济、文化重镇,是白族工商业发展的摇篮,清光绪年间形成驰名三迤的"喜州商帮"。有各级文物保护单位9个,一批明清、民国至当代各时期各具特色的白族民居建筑,有驰名中外的蝴蝶泉,有杜鹃花盛开的苍山花甸坝,有海边胜景海心亭和天然奇景海舌等景点。白族的服饰、语言、饮食、音乐、舞蹈、民俗等,具有浓郁的民族风情和历史文化气息。2010年入选全国特色景观旅游名镇(村)。

官渡区官渡古镇 位于昆明市东郊。因邻近滇池,先民以捕螺蛳为生,螺蛳壳堆积如山,旧称"窝洞"。4 000多年前就已有人类居住,南诏大理国时期为滇池东北岸一大集镇和交通要冲。宋代以前即设渡口,渔舟及过往的官船都在此停靠,然后改坐轿或骑马过状元楼入昆明城,因此得名"官渡"。明清时商业、手工业很发达。俗称"六寺、七阁、八庙"的古建筑保存至今。建有云南围棋厂、乌铜走银传习馆、官渡饵块传习馆、官渡滇剧花灯传习馆和非物质文化遗产传承基地等。2010年入选全国特色景观旅游名镇(村)。

景洪市曼景法村 位于景洪市勐龙镇。西双版纳州建设局以曼景法村为试点,推广傣家新民居建设,这些新民居保持了傣族传统民居干栏式、屋面小片瓦的建筑风格。全村几乎家家户户搞起了"住傣家竹楼、品傣家风味、看傣家服饰、观傣家歌舞、采傣家民风"的民俗旅游活动,"傣家乐"格外红火。2010年入选全国特色景观旅游名镇(村)。

丘北县普者黑村 位于丘北县双龙营镇西隅。彝族(黑彝)是丘北境内最早的土著民族之一,"普者黑"在当地彝族语言中意为"盛满鱼虾的湖泊"。普者黑村是普者黑风景区的重要组成部分,以水上田园、湖泊峰林、彝家水乡、岩溶湿地、荷花世界、候鸟天堂六大景观而著称。2010年入选全国特色景观旅游名镇(村)。

宁蒗彝族自治县落水村 位于永宁乡,东邻四川省,全境属泸沽湖景区的核心区。分为普米村和摩梭村,普米村又叫"上落水村",摩梭村又叫"下落水村"。普米村依山而居,背后就是丛林茂密的高山,摩梭村傍湖而居,门前就是泸沽湖。古民居保存完好,房屋结构都是由祖母房、花楼、经堂等组成的、木材垒盖的四合院式木楞房。摩梭人聚居区,建有摩梭人展演馆。2011年入选全国特色景观旅游名镇(村)。

建水县团山村 位于西庄镇。历史上曾是彝族人的居住地,也是一个汉族移民村,"团山"为彝语"图手"音译,意思是"有山有水有金有银、风光秀美的地方"。团山村被誉为"云南楼兰古城",现存古建筑有传统的汉族青砖四合大院、彝族土掌房和汉彝结合的瓦檐土掌房三类建筑。团山民居建筑群是全国重点文物保护单位。2011年入选全国特色景观旅游名镇(村)。

盐津县豆沙镇 位于滇川交界处,四川盆地向云贵高原过渡的起伏地带,乌蒙山脉关河(朱提江)深谷的中段,自古以来是中原入滇的要隘之地。居住着汉族、回族、苗族和白族四个民族,中原文化、荆楚文化、巴蜀文化、僰人文化和古滇文化在这里交汇融合,形成独领风骚的朱提文化。还有入滇第一关、石门万古绝壁、僰人神秘悬棺等景点。2011年入选中国特色景观旅游名镇。

景洪市勐罕镇 位于西双版纳州,是澜沧江黄金水道和西双版纳旅游东环线的重镇。"勐罕"在傣语中意为"铺卷白布供行走的地方"。历代为勐罕土司驻地,素有"东方明珠""孔雀羽翎""鱼米之乡"的美誉。有全国重点文物保护单位曼春满佛寺,还有傣族园、民族神话园、曼春白塔、哈尼古寨、龙得湖、树包塔、独树成林、澜沧江沿岸风光、千亩攀枝花林等众多景点。2011年入选全国特色景观旅游名镇(村)。

石林彝族自治县长湖镇 位于昆明市。地处石林县岩溶发育的中心部位,全镇皆为典型的喀斯特地貌,多为一些宽缓的垄岗、山丘和洼地,岗顶石灰岩裸露,洼地漏斗溶隙较多,其间有长湖、园湖等溶蚀潜流性盆地。长湖风景名胜区,湖面宛如一条长长的银蛇盘旋于群山中,绵延25千米。居住着彝族、汉族、回族、哈尼族和瑶族,少数民族人口占总人口的94%。20世纪60年代,中国第一部彩色宽银幕电影《阿诗玛》的许多镜头取自长湖风景名胜区。2011年入选全国特色景观旅游名镇(村)。

腾冲市和顺镇 2011年入选中国特色景观旅游名镇(村)。参见中国历史文化名镇——腾冲市和顺镇。

玉龙纳西族自治县石鼓镇 位于丽江古城西部,是历代兵家必争的战略要地。因镇上有一面汉白玉雕刻的鼓状石碑而得名,石碑直径 1.5 米,厚 0.7 米,相传是诸葛亮南征时所立。依山而建的小镇错落有致,蜿蜒而上的石阶纵贯小镇。镇中的小街宽约数米,由青石板铺成,街两旁店铺林立。3 月江边油菜花和村村寨寨的梨花桃花竞相开放,身置其中若进入梦中的香格里拉。著名景点有长江第一湾、红军长征纪念馆、石鼓亭、茶马古道铁索桥等。2015 年入选全国特色景观旅游名镇(村)。

镇沅县九甲镇 位于普洱市哀牢山西南麓,地处哀牢山国家级自然保护区内,镇域内有树龄 2 700 余年的古茶树王及万亩野生茶树群落,有风景秀丽的大雪锅山,有千家寨省级风景名胜区,有气势磅礴的大小吊水瀑布,有早出晚归、成群结队的鹦鹉。独特的地理位置和气候特点,孕育了许多特色物产,其中九甲草烟、九甲火腿、九甲腊生、九甲核桃最为有名。还有丰富的铅、锌、煤、金、铜等矿产资源。2015 年入选全国特色景观旅游名镇(村)。

大姚县石羊镇 位于楚雄州。原盐丰县城所在地,是著名的"滇国盐都""祭孔圣地",儒家文化、盐文化、历史文化、彝族文化、佛教文化构成石羊古镇的特色风情。重叠的山峰,古老的宝塔,整洁的街市,纯朴敦厚的民风,给人古朴典雅之感。最引人注目的是始建于明洪武年间的孔庙建筑群和庙内端坐了数百年的孔子铜像。还有天台高眺、文殊夕照、宝岫朝烟、香河夜月、象岭燕方、柳暗春波、西谷早梅、鹿洞天清等"羊城八景"。2015 年入选全国特色景观旅游名镇(村)。

红河县迤萨镇 位于红河州。清末,迤萨人开辟了通往越南、老挝、缅甸、泰国以马帮运输为主的民间国际贸易渠道,经济迅速发展,商业集镇初具规模。现有约 6 000 人侨居老挝、泰国、加拿大、法国等 17 个国家和地区,为云南省第二大侨乡。人马同行的壮举缔造了蜚声南滇的马帮文化,留下了中西合璧式和城堡式建筑。现完整保存有古民居建筑近百幢,其中东门楼及迤萨民居入选全国重点文物保护单位。2015 年入选全国特色景观旅游名镇(村)。

宁洱县那柯里村 位于同心镇。"那柯里"为傣语,意为"小桥流水、沃土肥田、岁实年丰"。古普洱府"茶马古道"上的一个重要驿站,依山傍水,生态环境良好,保存有较为完好的茶马古道遗址、百年荣发老店,还有当年马帮用的马灯、马饮水石槽等历史遗迹、遗物,具有深厚的茶文化、古道文化痕迹。2015年入选全国特色景观旅游名镇(村)。

沧源佤族自治县翁丁村 位于勐角乡深山中。地处中缅边境,是我国保存最为完整的一个原生态佤族村。传统干栏式民居建筑、牛头寨门、剽牛桩、捏西栏(公房)、古老的水碓,原始的剽牛祭祀、声势浩大的拉木鼓活动,传统编织、传统服饰,待客佳肴鸡肉烂饭,具有浓郁的翁丁佤族特色。2015年入选全国特色景观旅游名镇(村)。

广南县坝美村 位于八达乡和阿科乡交界处。"坝美"在壮语中是"森林中的洞口"的意思。四面环山,不通公路,进出寨子主要靠村前村后两个天然的石灰岩溶洞,村民们要摸着岩壁蹚水、撑竹筏、划独木舟、坐小船,经过几千米长的幽暗水洞才能进出。由于地处偏僻,交通不便,长时期与世隔绝。坝子四周皆为喀斯特陡峭山峦,有王子山、墨斗山、将军岩、猴爬岩等群山屹立。2015年入选全国特色景观旅游名镇(村)。

宾川县朱苦拉村 位于平川镇东北部的大山深处。地处楚雄、大理、丽江三个州市的交界地,被金沙江支流渔泡江环绕。由于交通不便,几乎与世隔绝,是一个鲜为人知的彝族山寨。这里有我国最古老的咖啡林,比较完好地保留了我国咖啡的百年文化。清光绪中期,法国天主教传教士进入朱苦拉传教,修建了一所教堂,栽种了一片咖啡林,从此村民开始自种、自磨、自饮咖啡。2015年入选全国特色景观旅游名镇(村)。

鹤庆县新华村 位于草海镇,地处凤凰山下,依山傍水。村寨中的黑龙潭清澈见底,水中密布着星星点点、洁白如玉的海菜花,水鸭游弋其间。潭水经东面出口流入漾弓江,出水口处保留着过去的水磨、水车。村东南一片1.33平方千米的草海,水草丰盛,盛产莲藕、菱角、海菜花和鱼虾,夏季荷花怒放,呈现一派难见的高原水乡景色。历史上是"茶马古道"的必经之地,至今保存着类似古长城的石城墙和石寨古遗址。村民具有鹤庆白族的民俗民风,还有近千年的民族工艺品的生产历史。2015 年入选全国特色景观旅游名镇(村)。

四、中国特色小镇

建水县西庄镇 位于红河州。名胜古迹、人文景观众多,有全国重点文物保护单位——双龙桥、2006 年世界纪念性建筑保护基金会遗产保护项目——团山民居群、黄龙寺风景区、"打响武装解放建水第一枪"的乡会桥起义旧址、谢家湾温泉等。深宅大院保留了原汁原味的中国汉族传统民居风格,青瓦白墙、飞檐翘角,装饰精美华丽,石雕、木雕栩栩如生,板壁、梁柱和门窗上装饰有诗词绘画、典故楹联,营造出修身齐家的文化生活氛围。2016 年入选中国特色小镇。

瑞丽市畹町镇 位于德宏州,镇境南与缅甸九谷市相邻。"畹町"在傣语中是"太阳当顶的地方"之意。"畹町"汉代即见之于典籍。多民族聚居的乡镇,居住着汉族、傣族、德昂族、景颇族等民族。抗战名镇,曾与滇缅公路、南洋机工、远征军、盟军、史迪威公路一起名扬世界。新中国成立后,周恩来总理与缅甸总理携手从这里徒步进出国境,共谱和平外交篇章,畹町桥就是这段历史的见证。畹町是"南方丝绸之路"的主要驿站,新中国成立后的首批国家一类口岸,在云南国际大通道建设中的区位优势尤为突出。2016 年入选中国特色小镇。

大理市喜洲镇 2016 年入选中国特色小镇。参见全国特色景观旅游名镇(村)——大理市喜洲镇。

姚安县光禄镇 位于楚雄州,素有"迤西文化名邦""花灯之乡"的美称。

历史文化积淀深厚,古建筑和古文物较多,有始建于唐天祐年间的龙华寺,元代建筑姚安路军民总管府,清代建筑文昌宫,民国时期建筑高雪君祠,还有众多旅游景点,如汉弄栋县城故址、土立祠、送子娘娘殿、龙王殿、斗母阁、玉皇阁、观音阁、文昌宫、至德寺、高雪君铜像、飞来石等。2017 年入选中国特色小镇。

新平彝族傣族自治县戛洒镇 位于玉溪市哀牢山脉中段东麓,红河上游的戛洒河穿境而过,是新平县的经济重镇、旅游大镇,素称"花腰傣之乡"。"戛洒"为傣语,意为"沙滩上的街子"。境内有大槟榔园民族生态园、陇西世族庄园、茶马古道、石门峡等景区景点。陇西世族庄园是全国重点文物保护单位,大槟榔园是当地有名的民族文化生态村,花腰傣村民至今保留着古老的民风,妇女们依然传承着织布、挑花、刺绣、编织等独特的手工艺。2017 年入选中国特色小镇。

勐腊县勐仑镇 位于西双版纳州东南部。"勐仑"在傣语中意为"柔软的地方"。传说佛祖释迦牟尼巡游,经南仑河头时,坐在一块石头上休息时说"这里的石头好柔软","勐仑"由此得名。镇域内有中国科学院西双版纳热带植物园,是我国面积最大、收集物种最丰富、植物专类园区最多的植物园。世代居住着傣族、哈尼族、汉族、彝族,固定的传统民族节日主要有傣族的泼水节、关门节、开门节,哈尼族的嘎汤帕节、打秋节、(阿克)俄托节等。2017 年入选中国特色小镇。

隆阳区潞江镇 位于保山市,地处怒山与高黎贡山之间的怒江大峡谷末端。古属"勐赫"傣族土目领地,现居住着汉族、傣族、傈僳族、德昂族、彝族、回族等多个民族。在这里可以感受到不同的民风民俗,如傣族的象脚鼓舞、嘎秧舞、泼水节,傈僳族的三弦舞、倒杯酒、同心酒,德昂族的水鼓舞等。主要景点有高黎贡山自然公园、曼海千亩咖啡观光园、芒旦傣族风情园、潞江小平田中心集镇、耖浒白龙潭风景区、丙闷榕树奇林景区、摆老塘变色温泉等。2017 年入选中国特色小镇。

双江拉祜族佤族布朗族傣族自治县勐库镇 位于临沧市。居住有拉祜族、佤族、布朗族、傣族等 12 个少数民族。茶叶是其传统支柱产业,是当地农村经济和农民收入的主要来源。勐库大叶茶的发源地,当地人民千百年来在种茶、制茶、饮茶的基础上创造了独特灿烂的茶文化。生长于勐库大雪山的千年万亩古茶树群落,是目前国内外发现的海拔最高、密度最大、分布最广的古茶树群落,是珍贵的自然遗产和生物多样性的活基因库。2017 年入选中国特色小镇。

彝良县小草坝镇 位于昭通市。最高海拔 2 226 米,最低海拔 905 米,平均海拔 1 710 米,是一个低纬度高海拔的高寒山区农业镇。小草坝是云南省大型国有林场之一,昭通市最大的原始森林。镇境内有朝天马、牛角岩自然风景区,奇山、奇水、奇洞配以奇特的森林植物景观,独具特色,还有庙山叠瀑、河坝水帘、环河磐石、赤溪红壁、万佛奇洞等数十个景点。盛产天麻,有"天麻故乡"和"世界天麻原产地"等美誉。2017 年入选中国特色小镇。

嵩明县杨林镇 位于昆明市。古称"羊林",元代以来改称"杨林",已有两千年的历史。镇情可概括为"三多、三突出":生态公益林多,生物多样性多,古树名木多,森林资源优势突出,自然景观秀丽突出,水资源丰富突出。驰名中外的杨林肥酒的产地,素有"肥酒之乡"的美称,"太平村酒贱,农歌早稻黄"是对杨林美景的真实写照。这里还是明代医学家、音韵学家兰茂的故乡,保存有建于明成化年间的兰公祠,祠后有兰茂墓。2017 年入选中国特色小镇。

孟连傣族拉祜族佤族自治县勐马镇 位于云南省西南边陲,是一个以傣族、拉祜族、佤族为主体、15 个民族共存的边境山区少数民族镇。"勐马"是傣语,"勐"是"地方","马"是"来到"的意思。勐马镇是孟连县通往缅甸的主要通道之一,镇域经济以橡胶、茶叶、咖啡三大产业为主。傣族世代傍水而居,擅长捕捞,傣族民居为干栏式建筑,别具一格的建筑风貌成了当地旅游的一大亮点。2017 年入选中国特色小镇。

腾冲市和顺镇 2017 年入选中国特色小镇。参见中国历史文化名镇——腾冲市和顺镇。

剑川县沙溪镇　2017 年入选中国特色小镇。参见中国历史文化名镇——剑川县沙溪镇。

五、中国历史文化街区

石屏县古城区历史文化街区　保护范围为 41 万平方米。古城始建于明代,保持着较完整的清代至民国的街巷空间格局和历史建筑,还有一些元明时期建筑。古城街区形如龟壳状,道路骨架由向四方辐射的东正、西正、南正、北正街构成,四街交会,28 条巷道在密密麻麻的屋宇间纵横交错,无街不弯,无巷不曲。弯街曲巷把古城割离成大小不等的 10 多块,恰如龟身裂纹,隐含九宫八卦阵势布局。街巷两侧屋舍相连,门户相对,给人处处相似、路路回环的感觉。2015 年入选中国历史文化街区。

六、国家级文化生态保护实验区

迪庆文化生态保护实验区　实验区涵盖香格里拉市、德钦县、维西县和香格里拉经济开发区,共 29 个乡镇、188 个行政村,总面积达 2.387 万平方千米。迪庆地处"三江并流"世界自然遗产、国家级风景名胜区腹地,滇、川、藏"中国香格里拉生态旅游区"核心区和"茶马古道"黄金旅游线路要冲。以迪庆州境内的藏族文化为主体,包括傈僳族、白族、彝族、普米族、回族、苗族等13 个世居民族民间传统文化,是集自然遗产、物质文化遗产和非物质文化遗产于一体的整体性多样化文化生态保护区。2010 年入选国家级文化生态保护实验区。

大理文化生态实验保护区 保护区以苍山洱海区域为中心,辐射大理州 12 个市县行政区域,总面积 2.95 万平方千米,世居白族、汉族、彝族、回族、苗族等 13 个民族。包括以大理、巍山为中心的南诏大理国历史文化保护区,以大理洱海为中心的坝区白族民俗文化保护区,以云龙为代表的山地白族民俗文化保护区,以巍山、南涧、漾濞为中心的彝族文化保护区,以大理、宾川鸡足山为代表的佛教文化保护区,以大理喜洲为代表的白族建筑文化保护区,以各种文化艺术之乡为代表的民间艺术保护区,以白族文化为代表的民间宗教文化保护区。容纳了大理各民族所创造的一切社会文明成果,如大理、巍山两个国家级历史文化名城,14 项国家级重点文物保护单位,白族扎染、鹤庆瓦猫、南诏古国等物质文化遗产和非物质文化遗产。2011 年入选国家级文化生态保护实验区。

七、国家生态旅游示范区

野象谷国家生态旅游示范区 位于西双版纳国家级自然保护区勐养保护区内。占地面积约 370 万平方米,有野象约 50 群,300—350 只。自然资源丰富,汇集了热带雨林、南亚热带常绿阔叶林及众多珍稀动植物种群,是集生态旅游、科普科考教学、休闲度假于一体的综合性生态旅游景区,已列入"联合国教科文组织人与生物圈保护区"。建有观象架走廊、树上旅馆、高空索道、人工蝴蝶养殖园、网笼百鸟园等。有我国第一所驯象学校,游人在此可观看大象表演节目。2013 年入选国家生态旅游示范区。

玉溪庄园国家生态旅游示范区 位于澄江市。这里的抚仙湖是我国淡水湖中水质最好的湖泊之一。占地面积 80 万平方米,分为云烟、云花、云果、云药和云菜五个园区。其中云烟园最具特色,以多媒体、苗圃、展馆陈列等方式,讲述了云南烟草业的发展史,展示野生烟草样本、育种育苗、病虫害防治、烟叶收割烤制、香烟手工卷制的全部流程。浓荫滴翠、廊桥曲回、花茂果盛、鸟语蛙鸣,形成了集自然风光、田园野趣、生态环境、有机庄园体验于一体的户外休闲游览观光场所。2013 年入选国家生态旅游示范区。

昆明市石林景区　位于石林县,地处滇东高原腹地,冬无严寒,夏无酷暑,四季如春,是一个集自然风光和民族风情体验、休闲度假、科学考察于一体的大型综合旅游区。石林以喀斯特景观为主,以"雄、奇、险、秀、幽"著称,具有世界上最奇特的喀斯特地貌景观,石牙、峰丛、溶丘、溶洞、溶蚀湖、瀑布、地下河错落有致,是典型的高原喀斯特生态系统。2014 年入选国家生态旅游示范区。

七彩云南古滇文化旅游名城　位于昆明市滇池南岸。这里是 2 000 多年前消失的古滇国都城,具有深厚的历史文化底蕴和丰富的旅游景观资源。占地面积 10.6 平方千米,包括古滇文化核心区、民族民俗文化展示区、生态景观示范区、滇池国际养生养老度假区、七彩云南·欢乐世界主题乐园、民生工程示范区、新昆明南城核心区和现代旅游服务配套区。依托云南得天独厚的气候和人文资源、500 里滇池山水宜居环境,打造成一个集文化体验、旅游观光、休闲养生、商务会展等功能于一体的大型文化旅游城市综合体。2016 年入选国家生态旅游示范区。

八、全国红色旅游经典景区

禄劝彝族苗族自治县皎平渡　位于皎西乡的金沙江渡口。1935 年 5 月,红一方面军 3 万名红军战士在皎平渡过金沙江,甩掉了几十万国民党军队的围追堵截,跳出了敌人的包围圈。1994 年修建了连接川滇两省的渡江大桥,聂荣臻元帅为红军巧渡金沙江纪念碑题写了碑名,宋任穷题写了碑铭,详细记载了红军的渡江经历和在会理进行的两次激战。现皎平渡纪念碑、纪念馆等纪念设施已相继在皎平渡落成。2005年入选全国红色旅游经典景区。

红军长征柯渡纪念馆　位于寻甸县柯渡镇丹桂村。占地面积3 000平方米,建筑面积2 500平方米,展厅面积2 200平方米。整体建筑为晚清时期一颗印风格。分为中央红军总部驻地旧址和中央红军领导人驻地旧址两个展区,主要包括中央红军总部长征驻地旧址、总参谋部作战室和毛泽东、周恩来、刘伯承、朱德等在丹桂村的休息室及烈士遗物。2005年入选全国红色旅游经典景区。

万里长江第一湾—石鼓红军渡口　位于玉龙县石鼓镇西部。在金沙江流转角处的小山岗上有一面汉白玉雕成的鼓状石碑,"石鼓"因此得名。石鼓渡口江面宽阔,水势平缓,适于摆渡,历来为兵家必争之地,当年红军在此过金沙江。在石鼓碑背后的高坡上,建有"红军长征渡口纪念碑",碑高约8米。碑前的牌楼是红军渡江纪念室,陈列着红二方面军长征过云南的文物。2005年入选全国红色旅游经典景区。

龙街红军横渡金沙江渡口　位于玉龙县。龙街渡口是金沙江主要渡口之一,两岸群山陡立,地势险要,乃滇川通道的枢纽,历来是兵家必争之地。1935年5月,中国工农红军在龙街渡口佯作渡江,巧妙牵制围追堵截的国民党军队,使红军主力得以从皎平渡顺利渡过了天险金沙江,取得了北上战略转移的决定性胜利。2005年入选全国红色旅游经典景区。

扎西会议纪念馆　位于素有"鸡鸣三省"之称的滇东北威信县扎西镇。1935年1月中央红军分兵三路从遵义向川南进发,土城战斗失利,损失惨重。红军一渡赤水后,在四川泸州、宜宾一带北渡长江,严重受阻,被迫改向集结扎西。中央政治局先后在水田花房子、大词滩、扎西镇连续召开会议,确定了中央红军新的战略行动方针。因为扎西是会议结束的地点,史称"扎西会议"。纪念馆展厅面积2 590平方米,展出各种图片170多幅,红军遗物70多件。2005年入选全国红色旅游经典景区。

水城红军扩军旧址　位于会泽县城近郊。1935年,中国工农红军第一方面军第九军团长征途经此地,一次性扩军 1 300 多人,筹款 10 万银元,为中央红军顺利到达陕北提供了保障。建有"乌蒙磅礴"红军群雕和扩军广场。2005 年入选全国红色旅游经典景区。

独克宗古城红军长征纪念馆 位于香格里拉市独克宗古城金龙街。1936 年红军长征抢渡金沙江后进入迪庆州。建筑面积 2 400 平方米,分为序厅、雪山草地的铭记、爬雪山过草地互动景观、红旗卷起农奴戟、今日长征路、迪庆高原新面貌等展厅。展厅里有序陈列着当年红军进入迪庆时使用过的船只、枪炮、标语、文件书籍以及马灯、药箱、粮袋、水壶等生活用品,还用大量的图片介绍了长征中鲜为人知的故事。2017 年入选全国红色旅游经典景区。

"一二·一"四烈士墓及"一二·一"纪念馆 位于昆明市云南师范大学校园东北隅。1945 年抗日战争胜利后,在中华民族面临着两个前途、两种命运的历史紧要关头,昆明的西南联大等 30 多所大中学校学生积极响应中国共产党的号召,掀起了"反内战、要和平、反独裁、要民主"的"一二·一"运动,遭到了国民党反动势力的残酷镇压,于再、潘琰、李鲁连、张华昌四人英勇牺牲,数十人受伤。1946 年社会各界人士捐款修建了四烈士墓,并举行了 3 万人参加的出殡示威游行。1981 年在墓前修建"一二·一"运动纪念馆。2017 年入选全国红色旅游经典景区。

西南联合大学旧址 位于昆明市云南师范大学院内。1937 年 7 月卢沟桥事变爆发后,南京国民政府组织东部高校仓促内迁。北京大学、清华大学、南开大学迁至湖南长沙,组成"长沙临时大学"。因日军沿长江一线步步紧逼,1938 年 2 月搬迁入滇。1938 年 4 月,学校定名为"国立西南联合大学",1946 年西南联大解散,学校陆续回迁。1985 年建立国立西南联合大学纪念馆,馆藏文物 1 218 件(套)。2017 年入选全国红色旅游经典景区。

陆军讲武堂旧址 位于昆明市翠湖西承华圃。旧址建筑是一栋民国风格的黄色小楼,主体建筑为走马转角楼式的二层砖木结构,东、南、西、北四楼对称衔接,成一方形四合院,占地约 1.44 万平方米。陆军讲武堂创办于清宣统初年,是我国最早的培养新式陆军军官的学校之一。至 1928 年共办 19 期,毕业学员 4 000 余人。旧址建筑已作为展览馆,有当年的大课堂(礼堂)、兵器库,还有展示讲武堂校史、护国运动的长期固定展览。2017 年入选全国红色旅游经典景区。

民族团结誓词碑 位于宁洱县县城西北侧的普洱民族团结园内。碑高 1.42 米,宽 0.6 米,厚 0.12 米,用白色石灰石雕刻而成。1951 年普洱专区举行第一届兄弟民族代表会议,26 个民族的部分头人代表及党政军代表 47 人剽牛喝咒水,宣誓团结一心跟着共产党走,并在用傣族、拉祜族和汉族文字书写的誓词上签名。此碑被誉为"新中国民族团结第一碑"和"新中国民族工作第一碑"。2017 年入选全国红色旅游经典景区。

滇西抗战松山战役遗址 位于龙陵县腊勐乡。松山雄踞怒江西岸,海拔 2 200 米,山势险峻,地形复杂,是滇缅公路的咽喉要地,素有"直布罗陀"之称。怒江东岸的高山峭壁与西岸的松山对峙,形成惊涛拍岸、飞峰插云的怒江天堑。中国远征军于 1944 年 6 月进攻松山,历时 95 天,全歼守城日军 3 000 余人,拉开了中国抗日战争大反攻的序幕,史称"松山战役"。遗址内地堡、坑道、战壕密布,在松山主峰子高地的南侧竖有中国远征军雕塑群,有单体雕塑 402 座。2017 年入选全国红色旅游经典景区。

滇西抗战纪念馆 位于腾冲市国殇墓园东侧。建筑面积近 1 万平方米,外观结构为腾冲本地特有的"四合五天井"的建筑形制。采用多空间立体布展的方法,以抗战实物为主,兼顾图片、文字及影像资料,展览面积 5 000 多平方米,展出文物 12 000 件,图片 1 500 幅。纪念馆的西侧有一座中国远征军名录墙,镌刻了 10 万多名参与滇西抗战的中国远征军将士及地方参战人员的姓名。纪念馆的东侧是一座警钟亭。2017 年入选全国红色旅游经典景区。

施甸县抗战江防遗址 位于怒江中游东岸。1942 年 5 月,施甸打响了滇西抗战反击战的第一枪。10 万中国远征军进驻施甸,在怒江东岸 125 千米江防线上布防,固守怒江,筑起一道抵御日军的铜墙铁壁。江防遗迹包括大山头炮兵阵地、孩婆山战场遗迹、老渡口作战遗址、小团山盟军高炮阵地以及望江台、三个山、大蜂子窝、小金岗元、小乌木、二台坡、大红梁子、老兵洞等。2017年入选全国红色旅游经典景区。

片马抗英遗址 位于泸水市片马镇。原名"片马人民抗英斗争胜利纪念遗址",建筑面积3 036平方米,共保存有23件文物和168件文献、图片资料。片马是祖国边疆的重要边防前哨之一,也是边疆各民族在19世纪初抗击英国殖民侵略的主战场。片马人民曾在民族英雄、片马管事勒墨夺扒及带兵官褚来四的率领下,会同泸水各土司武装,给英国侵略军以沉重打击。2017年入选全国红色旅游经典景区。

班洪抗英遗址 位于沧源县班洪乡班洪村。占地面积7 029平方米,主要包括纪念广场、展陈馆主馆、馆前广场、班洪四大嫂饭店等。班洪地处我国边境线上,银、铅矿产丰富。1933年英帝国主义武力侵占班洪,班洪佤族部落17部落首领在班洪聚义,剽牛盟誓,武装抗击英军,终于把英军赶出国境,收复失地。2017年入选全国红色旅游经典景区。

罗炳辉将军故居 位于彝良县角奎镇。罗炳辉出生于彝良一个汉族贫苦家庭,是中央军委认定的解放军36个军事家之一,被评为100位为新中国成立作出突出贡献的英雄模范之一。故居是罗炳辉17岁离家从军前的居所,1987年国家拨专款在原址按原貌重建,土木结构草房三间,陈列有罗炳辉在家时使用过的生活用具。2017年入选全国红色旅游经典景区。

乌蒙回旋战旧址 位于镇雄县。1936年春,红二、六军团在云贵高原乌蒙山区对国民党军进行机动作战,史称"乌蒙山回旋战"。由此红军保存了有生力量,摆脱了强敌围攻,书写了红军长征史上精彩的一笔,是中国战争史上灵活用兵、巧妙突围的著名战役。旧址包括七星关战斗遗址、江南村苏维埃政权旧址、平山堡战斗遗址、野马川会议会址、以则河战斗遗址、哲庄坝战斗遗址和盘县会议会址等。2017年入选全国红色旅游经典景区。

南洋华侨机工回国抗日纪念遗址 位于德宏州。1938年10月,"南洋华侨筹赈祖国难民总会"在新加坡成立,南洋800万侨胞汇集财力、物力、人力,并通过抵制日货、开展舆论宣传等方式援助祖国抗战。1939年初,南侨总会组织3 200多名华侨汽车司机与机修人员组成"南洋华侨机工回国服务团",分15批回国,驱驰在滇缅路上运输抗战物资,其中1 000余名侨胞献出了年轻的生命。2014年首个以南洋华侨机工回国抗日为主题的纪念馆建立,呈现了南侨机工在抗日战争中的活动历程。2017年入选全国红色旅游经典景区。

怒江驼峰航线纪念馆　位于中缅边境的泸水市片马镇。抗日战争时期,怒江州是驼峰航线主要飞越的地区,因形似驼峰而取名"驼峰航线"。1942年5月至1945年8月,中美空运大队飞越驼峰8万架次,空运物资80多万吨,保障了缅北战场抗战物资的供给,中美两国共损失飞机609架,牺牲飞行员1 500多名,其中坠落在怒江州境内的飞机有27架。纪念馆占地面积3 300平方米,建筑面积1 209平方米。2017年入选全国红色旅游经典景区。

杨善洲精神教育基地　位于施甸县南端,坐落在杨善洲生前艰苦创业并在此工作生活了20多年的大亮山林场(现已更名为"善洲林场")。杨善洲生前任保山地委书记10年,退休后带领家乡群众义务植树造林22年,晚年又把林木价值超过3亿元、面积达37.33平方千米的林场经营管理权无偿交给国家。杨善洲精神教育基地主要由善洲墓园、善洲事迹陈列室、干部培训中心、进场公路等组成。2017年入选全国红色旅游经典景区。

九、全国农业旅游示范点

昆明市团结乡　位于昆明市西山区。森林茂密,矿产和生物资源丰富,民族风情浓郁,是一个少数民族聚居的建制乡。依托丰富良好的山、水、林自然风光,多姿多彩的民族文化和民族风情,昆明近郊环城市休闲旅游带的旅游区位和农业产业优势,打造以"农家乐"为主的乡村旅游。先后开发了棋盘山森林公园、卧云山旅游开发区、豹子箐生态旅游区、桂皇阁原始森林旅游区、欢喜滑草场等一批景区景点。2004年入选全国农业旅游示范点。

罗平县油菜花海　罗平县地处滇、桂、黔三省接合部,素有"滇东门户""鸡鸣三省"之誉,是进出云南省的东大门,聚居着汉族、彝族、布依族、苗族等民族。罗平属北亚热带季风气候,气候温和,适宜种植油菜。中国31个主要油菜籽生产基地之一,每年春节前后,533平方千米连片的油菜花成为滇东北高原上的一大盛景。罗平油菜籽制作的香油,因质优价廉而闻名于世。2004年入选全国农业旅游示范点。

箐口哈尼族民俗村　位于元阳县老县城。这里"山间水沟如玉带,层层梯田似天梯",且日出或日落时的霞海最为壮观。哈尼族是这里的世居民族,民俗村集中体现哈尼梯田文化,森林、村庄、梯田和江河四度同构,在此游客不仅可以欣赏到壮丽的梯田风光,还可以观赏哈尼蘑菇房、寨神林、水渠、分水木刻、水碾房、水磨房、水碓房等生产生活设施。2004年入选全国农业旅游示范点。

高原葡萄酒有限公司　位于弥勒市云南红酒庄。葡萄和葡萄酒产业是云南省政府重点扶持的生物资源经济产业,弥勒市是云南省葡萄资源集中地之一。公司是云南红酒业集团的下属公司,国家级农业产业化龙头企业,从事云南红系列葡萄酒的研发及生产。"云南红"已成为西南地区著名的红酒品牌,跻身于中国红酒品牌的前列。2004年入选全国农业旅游示范点。

蒙自市万亩石榴园　位于新安所镇。新安所石榴以个大、肉厚、核小、汁多、味甜著称,相传从伊朗和阿富汗引进种植,已有700多年的种植历史。石榴园已发展到占地面积43.33平方千米,种植面积居全国首位;年产量达6万多吨,占全国石榴总产量的1/3。石榴园内还有花开煌晔园、迢递河源园、诸子百家园等景点。2004年入选全国农业旅游示范点。

大等喊傣族自然村　位于云南边城瑞丽市的西南部。"大等喊"在傣语中意为"大金水塘"或"大金湖"。村内种满了柚子树、凤尾竹、董棕等,万绿丛中一座座干栏式的傣家竹楼,构成了一幅美妙的天然画卷,被誉为"农村天然公园"。在大等喊村的密林深处,有一清乾隆年间修建的奘寺,传说佛祖传经布道路过此地住了一夜,信徒为纪念他而建。奘寺是典型的傣式建筑,俨然一座傣族古代宫殿。《孔雀公主》《西游记》等影视作品都曾到此取景,人们把这里戏称为"孔雀王宫"。2004年入选全国农业旅游示范点。

十、全国休闲农业与乡村旅游示范点

高香万亩生态茶园　位于峨山县。茶区海拔2 000多米,周边有19 500亩的生态自然保护区,溪流四季不断,奇花、异草遍地。高香茶园的产品,先有栗香,后有豆香,令人舌面生津,齿颊留香。高香茶产品1996年就已荣登"中国名茶榜"。2012年入选全国休闲农业与乡村旅游示范点。

腾冲市江东村　位于固东镇,地处横断山脉西麓。由于属火山灰沉积区,土质特殊,所产银杏果实"色白而亮、味香而浓、果圆而大"。该村大力发展古银杏生态旅游特色产业,全村有1 950亩连片生长的古银杏树,年产干果约400吨。江东村还有神奇惊险的江东山古溶洞、秀丽的龙川江小江峡、神秘的古战场"鬼磨针"、沧桑的石门古栈道、怪石嶙峋的莲花山等景点。2013年入选全国休闲农业与乡村旅游示范点。

爽馨石榴农业生态旅游休闲园　位于宾川县金沙江南岸的干热河谷地区。这里光照充足,土壤肥沃,为高原特色生态农业的发展提供了天然优势。爽馨石榴园建有1 125亩的石榴采摘基地,并采取"公司+基地联农户"的运作方式,带动周边地区发展优质爽馨石榴19 995亩。2013年入选全国休闲农业与乡村旅游示范点。

宁洱县磨黑镇　位于普洱市。磨黑古镇自古就是"茶马古道"上的重要驿站,从内地和藏区来的商贾、马帮进入滇南和东南亚都必经磨黑,是连接边疆和中原及东南亚的交通咽喉要地。马店、商铺、古宅、古桥、古道等众多历史文化遗迹,至今保存完整。2015年入选全国休闲农业与乡村旅游示范点。

澄江市禄充村　位于抚仙湖西岸。村南有禄充大洞,地下泉水丰富,水温常年保持在24℃左右。夏秋时节,用水车来车水捕捞成群结队逆水而上的抗浪鱼群,是这里的一大奇观。村东有一座笔架山,三峰鼎立,形如笔架,每年农历二月十九日,主峰上的观音寺庙会盛况空前。位于笔架山北面的波息湾,是游泳和开展水上运动的好地方。以笔架山为主体设立了"笔架山抗浪鱼自然生态区",恢复了生态区108眼渔洞,成为一道亮丽的风景线。2015年入选全国休闲农业与乡村旅游示范点。

石林台湾农民创业园 位于南昆铁路、324国道与九石阿旅游专线夹角地带。占地面积54 000亩,其中核心区面积12 000亩,分为"三心、三带、七分区"。"三心"即创业服务中心、创业孵化中心和现代农业观光旅游服务中心;"三带"即精品农业展示区、农业生产示范区和现代农业观光旅游示范区;"七分区"即优质特色水果产业区、蔬菜产业区、花卉产业区、生态养殖区、园林绿化区、农产品加工区和仓储物流区。2015年入选全国休闲农业与乡村旅游示范点。

腾冲市界头镇 位于保山市。属龙川江源头上游怀抱中的"花园盆地"。因距缅甸重镇密支那的板瓦镇仅40千米,故名"界头"。旅游资源奇特,风光旖旎迷人,被《中国国家地理》杂志评选为"云南最美的地方"。境内有温泉6处,勘探出金属矿物有铅、锌、锡、氧化锌、锑、铁及一定数量的金、银和铌钽等,非金属矿物有煤、硅藻土、硅灰石、硅酸盐等,还有世界上最大的杜鹃花树、最古老的银杏树、最大的秃杉林。2015年入选全国休闲农业与乡村旅游示范点。

普者黑玫瑰庄园 位于丘北县。食用玫瑰种植面积达80公顷,是文山规模最大、产业链最完整的食用玫瑰种植园。庄园围绕"丰富多样、生态环保、安全优质、四季飘香"的高原特色农业发展思路,采取"合作社+农民+基地+销售"的运作模式,推进玫瑰花产业稳步发展。在此游客可以赏花度假,采摘鲜花,亲手加工制作鲜花饼、玫瑰醋,还可选购玫瑰活肤嫩颜皂、玫瑰花粉、冻干玫瑰花、冻干玫瑰花蕾、冻干玫瑰花精粉等玫瑰加工产品。2015年入选全国休闲农业与乡村旅游示范点。

帕哎冷茶叶农民专业合作社 位于澜沧县惠民镇芒景上寨组。芒景景迈古茶是1 300年前由景迈哎冷山帕勐部落栽培。景迈的哎冷山帕勐部落首领帕哎冷，被认为是世界茶文化上有据可考的种茶始祖。帕哎冷留下的万亩古茶园地，与15万多亩的原始森林相伴相生。这里不但是普洱茶的精神家园，还是普洱茶的茶祖朝圣地。帕哎冷茶叶农民专业合作社，家家有树，户户种茶，茶与树为邻，人与茶为伴。2015年入选全国休闲农业与乡村旅游示范点。

斛哥庄园　位于普洱市思茅区南屏镇。专业从事以铁皮石斛为主的种植和销售于一体的综合性企业。拥有国内规模和技术领先的育苗基地数百亩，仿野生原始森林种植基地1.56万亩。公司拥有10余项石斛种植专利和行业领先的树栽标准。2015年入选全国休闲农业与乡村旅游示范点。

十一、全国工业旅游示范点

红河卷烟厂　位于红河州"北大门"的弥勒市。全国唯一生产单一品牌的烟草工业企业。红河州属典型的亚热带季风气候，北回归线穿越中部，具有得天独厚的烤烟生产自然条件，有"烤烟之乡"的美誉。红河牌系列卷烟以红河州弥勒市的优质烟叶为原料，配以高档香料，经现代化加工精制而成。2004年入选全国工业旅游示范点。

鲁布革电站　位于云南省曲靖市罗平县和贵州省兴义市交界处，地处云贵两省交界的深山峡谷之中。珠江上游南盘江左岸支流黄泥河上的最后一座梯级电站，是我国20世纪80年代首次利用世界银行贷款并实行国际招投标，引进国外先进设备和技术建设的电站，被誉为中国水电基本建设工程对外开放的"窗口"。主坝为堆石坝，最大坝高103.8米，为引水式水电站，由首部枢纽、引水发电系统、地下厂房三部分组成，总装机容量60万千瓦，年发电量27.5亿千瓦时。2004年入选全国工业旅游示范点。

红塔烟草工业园　位于玉溪市中心城区红塔区。占地面积57.59平方千米，由北城片区、九龙片区、观音山片区、大营街片区、高新片区、红塔片区、高仓片区、洛河片区组成,形成"一园八片区"发展格局。园区中最知名的企业当属云南红塔烟草(集团)有限责任公司,烟厂所产名烟以玉溪市内的红塔山命名,所产的"玉溪""红塔山""阿诗玛""红梅"卷烟多次被评为省优、部优产品。园区建有红塔文化走廊、红塔山主题公园烟事文化馆等。2006 年入选全国工业旅游示范点。

香格里拉藏药文化城 位于香格里拉市。香格里拉是闻名全国的旅游胜地,拥有普达措国家公园、独克宗古城、噶丹松赞林寺、虎跳峡等景点。藏药是在广泛吸收、融合了中医药学、印度医药学等理论的基础上,通过长期实践所形成的独特的医药体系,迄今已有上千年的历史,是我国较为完整、较有影响的民族药之一。香格里拉藏药文化城展示了博大精深的藏药文化。2006 年入选全国工业旅游示范点。

澜沧江啤酒企业集团工业园 位于临沧市东北部的云县。由云南澜沧江啤酒企业集团创建,该集团是以啤酒产业、白酒产业、茶产业为龙头主导产业,跨地区生产、跨行业经营的大型民营企业集团,主要产品有啤酒、白酒、葡萄酒、绿茶、红茶、普洱茶、茶饮料等 10 大类 100 多个品种。工业园融合了工业观光、科学探考、商贸考察、休闲购物、旅游度假等多种功能,种植有各种南北名木,体现了现代工业与自然的和谐统一、完美交融,是临沧市乃至全省为数不多的"花园式企业"。2006 年入选全国工业旅游示范点。

十二、国家级非物质文化遗产生产性保护示范基地

贝山陶庄文化产业有限公司 位于建水县陈官相思河畔。建水紫陶始于清道光年间,与江苏宜兴陶、广西钦州陶、四川荣昌陶并列中国"四大名陶"。贝山陶庄成立于 1992 年,坚持传统工艺生产,坚持镇浆制泥、手工拉

坯、湿坯装饰、雕刻填泥、高温烧成、无釉磨光的工艺流程,打造集调研考察、保护传承、观光体验于一体的公园式主题园区,还培养了一大批工艺专业人才。2011年入选国家级非物质文化遗产生产性保护示范基地。

困鹿山贡技茶场　位于普洱市宁洱县困鹿山。困鹿古茶园从清雍正初年开始制作贡茶,延续到1914年为止。李家制作的贡茶成为贡品中的上品,因茶芽长年陈放后色泽金黄且紧压捆绑后形似南瓜,得名"金瓜"。贡茶技艺的第八代传人李兴昌于2004年创建了以普洱贡茶工艺生产茶产品的困鹿山贡技茶场。2009年开办"普洱茶·贡茶制作技艺传习所"。2011年入选国家级非物质文化遗产生产性保护示范基地。

兴艺古典木雕家具厂　位于剑川县金华镇。始建于1995年,厂长段国梁为中国工艺美术大师,职工多为剑川木雕艺人中的佼佼者,还有庞大的民间能工巧匠队伍分散在千家万户。家具厂在做好木雕经营的同时,致力于白族传统木雕技艺的传授和培训,参与了多项国家级、省级文物的修复工程,其木雕旅游产品曾多次获得全国大奖,成为剑川白族木雕技艺传承的骨干企业。2014年入选国家级非物质文化遗产生产性保护示范基地。

周城璞真综艺染坊　位于大理市喜洲镇。周城段氏创建的璞真染坊已有近500年的历史。2006年,白族扎染技艺被列入国家非物质文化遗产(代表性项目)名录。2015年,在璞真综艺染坊的基础上,注册成立大理市璞真白族扎染有限公司。建成了建筑面积达1 970多平方米的白族扎染博物馆,在继承优秀传统技艺的同时,积极研发能满足市场需求的各类产品。2014年入选国家级非物质文化遗产生产性保护示范基地。

十三、国家级旅游度假区

阳宗海旅游度假区　位于宜良县、呈贡区、澄江市交界处,以阳宗海北部湖滨为中心。阳宗海湖面海拔 1 770 米,形如一只巨履,两头宽、中间窄,占地面积 30 平方千米,平均水深 22 米,最深为 30 米,蓄水量 6.9 亿立方米,为云南省仅次于抚仙湖和泸沽湖的第三深水淡水湖。阳宗海度假区设有高尔夫球场,有水上大世界、水上牵引升空跳伞、海滨浴场、水上摩托、高速快艇、实弹射击等运动项目 40 多项,是西南地区目前娱乐设施规模最大、内容最丰富的水上娱乐中心。2015 年入选国家级旅游度假区。

西双版纳旅游度假区 位于景洪市南郊,占地面积 60 平方千米。以神奇美丽的热带雨林风光和多姿多彩的民族风情著称。现已建成州民族博物馆、南传佛教文化苑、会展中心、避寒皇冠假日度假酒店、嘉盛华美达广场酒店等项目,是集旅游度假、佛教禅修、休闲养生、康体娱乐、购物观光、文化体验于一体的精品旅游度假区。2015 年入选国家级旅游度假区。

十四、国家级风景名胜区

大理风景名胜区 位于云南省西部。大理是一座有千余年历史的文化名城,"下关风""上关花""苍山雪"和"洱海月"四景各具特色。以苍山洱海为中心的湖泊山岳风景名胜区,包括剑川县石宝山景区和宾川县鸡足山景区。苍山挺拔壮丽,主峰海拔 4 112 米,山上有 3 000 多种植物,是我国植物资源宝库。洱海为高山淡水湖,湖面海拔 1 966 米,碧水清波,山水相映,明媚秀丽。在下关至上关间分布着古南诏德化碑、大理三塔和蝴蝶泉等名胜古迹。1982 年入选国家级风景名胜区。

路南石林风景名胜区 1982 年入选国家级风景名胜区。参见国家生态旅游示范区——昆明市石林景区。

西双版纳风景名胜区 1982 年入选国家级风景名胜区。参见国家级旅游度假区——西双版纳旅游度假区。

滇池风景名胜区 位于昆明市近郊。滇池为滇中高原的陷落湖,水面海拔 1 800 多米,占地面积约 300 平方千米。西山为滇中名山,有"睡美人"之誉,登山揽湖,"五百里滇池,奔来眼底";山上林木苍翠,有元代华亭、太华西佛寺建筑群,有嵌缀峭壁之上的三清阁建筑群。西岸片区有大观楼、海埂、西园、曹溪寺以及城西北筇竹寺等景区、景点。东岸片区为滇文化发祥地,有呈贡龙潭山旧石器时代遗址、石寨山新石器时代遗址、天子庙战国"滇墓"、晋城古镇等。1988 年入选国家级风景名胜区。

玉龙雪山风景名胜区 位于丽江、宁蒗、中甸三县(市)。由玉龙雪山、丽江古城、虎跳峡和泸沽湖四个片区组成,占地面积 770 多平方千米。玉龙雪山是欧亚大陆纬度最低的一座有现代冰川的雪山、国家地质公园,山势陡峻,银装素裹,拥有丰富的地质遗迹和显著的地质地貌多样性。丽江古城是中国历史文化名城、世界文化遗产,其纳西古乐、东巴仪式、占卜文化以及纳西火把节别具一格。虎跳峡峡谷迂回约 20 千米,江面最窄处仅 30 米,江滩至两岸峰顶高差约 3 900 米,为世界最深峡谷之一。长江第一湾,以山峦、奇岩、溶洞为特色。泸沽湖属高原断层溶蚀陷落湖泊,如明镜镶嵌于群山之中,典型的高原湖泊自然风光和独特的摩梭母系民族文化形成了特色突出的自然与人文景观。1988 年入选国家级风景名胜区。

"三江并流"风景名胜区 位于青藏高原南部横断山脉的纵谷地区,跨越丽江市、迪庆州、怒江州,地处东亚、南亚和青藏高原三大地理区域的交会处。由怒江、澜沧江、金沙江及其流域内的山脉组成,整个区域占地面积达 4.1 万平方千米。三大河流自北向南平行流淌,流经海拔 3 000 余米的峡谷,其两岸是海拔 6 000 米以上的冰河期峭壁,是世界上罕见的高山地貌区,也是世界上生物物种最为丰富的地区之一,汇集了高山峡谷、雪峰冰川、高原湿地、森林草甸、淡水湖泊、稀有动物、珍贵植物等奇异景观。这个地区是我国的地震中心,也是世界上最为丰富的气候现象地点之一。1988 年入选国家级风景名胜区。

腾冲地热火山风景名胜区 位于腾冲市。由黄瓜菁、硫磺塘、火山群、云华红花油茶区、云峰山等景区组成,主要景观区占地面积103.2平方千米。泉群分布广,有沸泉、热泉、温泉、碳酸泉群等80多处,其中以黄瓜菁、硫磺塘最为壮观。火山锥星罗棋布,有保存较好的大山锥和火口20多个。有高等植物2 000余种,其中有大树杜鹃王等珍稀濒危植物20余种,另有云南山茶花的祖先——红花油茶。1994年入选国家级风景名胜区。

瑞丽江—大盈江风景名胜区　位于德宏州。包括芒市景区、三仙洞景区、畹町景区、瑞丽姐告景区、南姑河景区、允燕景区、凯邦亚湖景区、铜壁关自然保护区,占地面积659平方千米。景区总体结构为"二线、三片区、一边",即瑞丽江、龙川江和大盈江游览线,潞西片区、瑞丽片区、盈江片区,长达503.8千米的边境线。峡谷、瀑布、熔岩、溶洞极为壮观。这里还是傣族、景颇族、阿昌族、德昂族主要居住地,民俗风情浓郁多姿。珍稀濒危动植物较多,有国家一、二级保护野生动物白眉长臂猿、绿孔雀等43种,濒危植物娑罗双树、岩胡桐等14种。1994年入选国家级风景名胜区。

九乡风景名胜区　位于宜良县九乡乡。占地面积167.1平方千米。以洞穴景观为主,有大小溶洞上百座,类型齐全,几乎集中了溶洞风景区的所有景观类型,数量和规模堪称世界之最,被称为"溶洞之乡"。现已开发峡谷旅游观光电梯、荫翠峡、惊魂峡、古河穿洞、雄狮厅、仙人洞、雌雄双瀑、林荫寨、蝙蝠洞和旅游索道十大景域。此外还有张口洞古人类居住遗址,代表了我国南方一种独特的旧石器文化,被称为"九乡一绝"。1994年入选国家级风景名胜区。

建水风景名胜区　位于建水县。包括建水古城和燕子洞两大部分,集溶洞景观、人文景观和浓郁的民族风情于一体,占地面积115.5平方千米。建水古称"临安",自元代以来就是滇南政治、文化、交通中心,文化发达,人才辈出。建水古城有保存完好、规模宏大的文庙,以及朝阳楼、双龙桥、指林寺、朱家花园等一批古建筑,还有许多保存完好的古式民居,堪称"古建筑博物馆"。燕子洞是亚洲最大、最壮观的溶洞之一,春夏季节有百万只雨燕飞舞巢居,吸引着无数中外游人前来一饱眼福。1994年入选国家级风景名胜区。

　　普者黑风景名胜区　　位于丘北县。由普者黑、锦屏、温酬、冲头、平寨等五个片区组成,占地面积 388 平方千米,其中核心景区 165 平方千米。属于滇东南岩溶区,喀斯特岩溶地貌发育典型,以水上田园、湖泊峰林、彝家水乡、岩溶湿地、荷花世界、候鸟天堂六大景观著称。区域内 265 个景点各具千秋,312 座孤峰星罗棋布,83 个溶洞千姿百态,54 个湖泊相连贯通,13 平方千米水面清澈透明,13 千米大峡谷雄伟壮观,3 千米"茶马古道"神秘古朴,还有 26.7 平方千米高原喀斯特湿地。2004 年入选国家级风景名胜区。

　　阿庐风景名胜区　　位于滇东南泸西县城北部。荟萃了阿庐古洞、吾者温泉、土掌房、阿拉湖、歹鲁瀑布、九溪山森林公园等 50 余个景点,以喀斯特地下岩溶和江、湖、瀑、泉自然景观为主体,辅以原汁原味的民族文化,形成了生态景观与人文景观和谐优美的人居环境和富有特色的生态文化旅游区。被誉为"云南第一洞"的阿庐古洞,又名"泸源洞",是一组奇特壮观的地下溶洞群,洞内四大自然奇观——佛光惊现、天造神物、古洞云海、地河幻景,世所罕见。2004 年入选国家级风景名胜区。

十五、国家级自然保护区

　　轿子山自然保护区　　位于昆明市东川区西南与禄劝县分界处。包括轿子山片区和普渡河片区两个片区,占地面积 1.65 万公顷。主要保护以急尖长苞冷杉林、高山柏林、黄背栎林、高山松林等为代表的植被类型及森林生态系统,以攀枝花苏铁、须弥红豆杉、西康玉兰、丁茜、乌蒙绿绒蒿、东川当归、林麝、中国穿山甲、大灵猫、红瘰疣螈、云南闭壳龟等为代表的珍稀濒危、特有动植物及其栖息地,以及第四纪冰川遗迹特别冰蚀地貌。2011 年入选国家级自然保护区。

元江自然保护区　位于元江县。由元江东岸片区和章巴望乡台片区组成,占地面积 22 379 公顷。主要保护对象是干热河谷最典型的河谷型萨王纳植被、较完整的山地常绿阔叶林和丰富的珍稀野生动植物资源,属于森林生态系统自然保护区。保护区内有国家珍稀保护植物桫椤、元江苏铁、水青树等 16 种,国家重点保护野生动物 57 种,包括绿孔雀、巨蜥、蟒蛇等 12 种国家一级保护野生动物。2012 年入选国家级自然保护区。

哀牢山自然保护区　位于云南省中部哀牢山脉中北段上部,地处云贵高原、横断山和青藏高原南缘三大地理区域的接合部,横跨楚雄、双柏、景东、镇沅、新平五个县(市)。占地面积 6.78 万公顷,哀牢山主峰海拔 3 166米。属森林生态系统类型自然保护区,主要保护亚热带中山湿性常绿阔叶林生态系统和黑长臂猿、绿孔雀、灰叶猴等珍贵野生动物。1988 年入选国家级自然保护区。

高黎贡山自然保护区　位于腾冲市隆阳区及怒江州的泸水市,地处云南西部中缅边境地区。占地面积 4.065 公顷,最高海拔 5 128 米,最低海拔720 米。森林和野生动物类型自然保护区,主要保护对象为中山湿性常绿阔叶林,高山温性、寒温性针叶林为主的森林垂直自然景观。以独特的地理地貌、丰富的动植物资源而著称于世,被誉为"世界物种基因库""自然博物馆"和"世界雉鹃类的乐园"。1986 年入选国家级自然保护区。

大山包黑颈鹤自然保护区　位于昭通市昭阳区,紧邻长江主要支流之一的牛栏江。占地面积 1.92 万公顷,大部分地区海拔在 3 000 米左右。主要保护对象是黑颈鹤越冬栖息地亚高山沼泽化高原草甸湿性生态系统。保护区内有国家一级保护野生动物黑颈鹤,还有国家二级保护野生动物灰鹤、苍鹰、鸢、雀鹰、白尾鹞、斑头鸺鹠等七种。湿地分布点较多,集中成片且面积较大的湿地主要分布在跳墩河、大海子、勒力寨、秦家海子、燕麦地水库及畜牧站等地,其中以跳墩河和大海子面积最大。2003 年入选国家级自然保护区。

大围山自然保护区 位于云南省东南部,地跨屏边、河口、蒙自、个旧四县(市),占地面积4.4万公顷。属森林生态系统类型的自然保护区。保护区内有国家一级保护野生植物多歧苏铁、叉叶苏铁、滇南苏铁、宽叶苏铁、红河苏铁、望天树、长蕊木兰、伯乐树、毛坡垒、云南龙脑香、水松、云南穗花杉12种,国家二级保护野生植物有桫椤、蚬木、篦子三尖杉、滇桐、马尾树、水青树、云南拟单性木兰、任木、原始莲座蕨等23种。2001年入选国家级自然保护区。

金平分水岭自然保护区 位于金平县。占地面积4.2万公顷。主要保护对象为珍稀濒危物种黑长臂猿、蜂猴等及森林生态系统。保护区内有我国面积最大且保存完整的原始状态山地苔藓常绿阔叶林,有105种国家重点保护野生植物,32种珍稀濒危兽类,8种国家重点保护两栖爬行类动物,58种国家重点保护鸟类。2001年入选国家级自然保护区。

黄连山自然保护区 位于绿春县中南部。地处哀牢山南延余脉,与老挝丰沙里自然保护区相连。海拔2 637米,占地面积6.51万公顷,森林覆盖率75%,是世界上生物多样性丰富的"绿色三角洲"之一。主要保护对象为以热带季节雨林、山地雨林、湿性季风常绿阔叶林、山地苔藓常绿阔叶林为主的森林生态系统和以绿春苏铁、白颊长臂猿、黑长臂猿、印支虎、马来熊等为代表的珍稀濒危物种及其栖息地生态环境。2003年入选国家级自然保护区。

文山自然保护区 位于文山市和西畴县,地处北回归线附近。占地面积2.69万公顷。属森林生态系统类型的自然保护区,主要保护对象为华盖木、长蕊木兰等多种木兰科植物及其生态环境,季风常绿阔叶林和山地苔藓常绿阔叶林生态系统。保护区是华夏植物区系的核心部分,复杂而稳定的地史条件,成为许多种子植物的避难所。蕴藏着大量的古老物种资源,如华盖木、啄核桃、伯乐树等古老而孤立的类群。2003年入选国家级自然保护区。

无量山自然保护区 包括景东县自然保护区和南涧县自然保护区,占地面积 3.13 万公顷。主要保护对象为以黑冠长臂猿、黑颈长尾雉为代表的珍稀野生动物，以长蕊木兰、钟萼木、红豆杉为首的珍稀野生植物，以及众多野生动植物赖以生存的横断山区南部亚热带中山湿性、半湿润常绿阔叶林。保护区内分布着全球仅有的数棵华盖木大树，还有 3 085 种野生种子植物。2000 年入选国家级自然保护区。

西双版纳自然保护区　位于西双版纳州。由勐腊、尚勇、勐仑、勐养、曼稿五大片区组成，占地面积 24.18 万公顷。处在世界季风热带的最北缘，横断山脉南端，地势西北高、东南低，三面环山的山间盆地地势开阔，周围海拔 1 000 多米的山地、高原阻挡了北方冷空气南下，有利于热带海洋暖湿气流的引申。地貌以中低山地为主，有和缓起伏的山丘和群山环抱的宽阔盆地，沟谷纵横，溪流密布，澜沧江及其支流横贯全境。主要保护对象为热带森林生态系统和珍稀动植物。现为联合国教科文组织世界人与生物圈保护区网络成员单位。1986 年入选国家级自然保护区。

纳版河流域自然保护区　位于景洪市和勐海县。由互不连接的勐养、勐仑、勐腊、尚勇、曼稿五个保护片区组成，占地面积 2.66 万公顷，森林覆盖率 95.7%。我国第一个按小流域生物圈保护理念规划建设的多功能综合型自然保护区，主要保护对象为以热带雨林为主体的森林生态系统及珍稀野生动植物。保护区是我国热带森林生态系统保存比较完整、生物资源极为丰富、面积最大的热带原始林区，有国家重点保护野生植物 20 种、国家重点保护野生动物 68 种。2000 年入选国家级自然保护区。

苍山洱海自然保护区　位于大理市、漾濞县和洱源县接壤地带。占地面积 7.97 万公顷。属于森林生态系统类型、内陆湿地和水域生态系统类型和地质遗迹类型的多层次综合型自然保护区，主要保护对象为高原淡水湖泊水体湿地生态系统、第四纪冰川遗迹高原淡水湖泊、以苍山冷杉——杜鹃林为特色的高山垂直带植被及生态景观、以大理弓鱼为主的特殊鱼类区系。1994 年入选国家级自然保护区。

白马雪山自然保护区　位于德钦县和维西县。处在青藏高原向云贵高原过渡地带,自然地理环境及生物资源十分丰富,过渡色彩非常明显。占地面积 27.64 万公顷,主要保护对象为高山针叶林、山地植被垂直带自然景观和滇金丝猴。滇金丝猴是我国特有的一级珍稀濒危保护动物,与大熊猫一样被称为"国宝"。该保护区是我国现有面积最大的滇金丝猴国家级自然保护区。2003 年入选国家级自然保护区。

南滚河自然保护区 位于沧源县和耿马县。占地面积 5.09 万公顷,最高海拔 2 977 米,最低海拔 480 米,相对高差为 2 497 米。保护区内的山体为横断山山脉怒江山系的南延部分,大青山、回汗山、窝坎大山、芒告大山构成山脉的主峰。森林植被保存完好,动物、植物种类繁多,是热带雨林保护区,主要保护对象为亚洲象及其栖息的热带雨林生态系统。1994 年入选国家级自然保护区。

药山自然保护区 位于巧家县。由药山和杨家湾两个片区组成,占地面积 20 140 公顷。属于森林生态系统类型的自然保护区,主要保护对象是具有我国东部与西部植物区系过渡性质的常绿阔叶林,特别是具有重要科研价值的半湿润常绿阔叶林生态系统。有高海拔地区的沼泽化草甸湿地生态系统,燕山期至喜山期中晚阶段的古夷平面、第四纪冰期遗迹、深切河谷和巧家组地层等地质遗迹。分布着国家一级重点保护野生植物巧家五针松以及攀枝花苏铁、南方红豆杉、珙桐、松茸等,国家重点保护野生动物猕猴、林麝、斑羚、黑熊、豹、穿山甲、金猫等。2005 年入选国家级自然保护区。

会泽黑颈鹤自然保护区 位于会泽县,地处金沙江的支流牛栏江流域。由大桥片区和长海子片区组成,占地面积 1.29 万公顷。属于野生生物类型自然保护区,主要保护对象为黑颈鹤及其越冬栖息地的湿地生态环境。还有国家一级保护野生动物黑鹳、中华秋沙鸭及其他鸟类 102 种。近年来成功恢复湿地 133 公顷、草地 333 公顷,种植各类树木 1 万余棵,保护成效明显。2006 年入选国家级自然保护区。

永德大雪山自然保护区 位于永德县东部。地处横断山脉怒山山系的南延部分,主峰是我国北回归线附近的最高峰,是澜沧江、怒江两大水系的分水岭。占地面积 1.75 万公顷。植被垂直分布典型多样,生物多样性十分丰富。主要保护对象为以中山湿性常绿阔叶林为代表的南亚热带山地垂直带谱自然生态系统及豚鹿、黑冠长臂猿(滇西亚种)、绿孔雀、云南红豆杉、长蕊木兰等 64 种珍稀特有动植物物种。2006 年入选国家级自然保护区。

乌蒙山自然保护区 位于昭通市。东连贵州岩溶山原,北与四川盆地相望,南向滇中高原过渡,西处横断山脉边缘,地跨大关、彝良、盐津、永善和威信五个县。由三江口片区、朝天马片区和海子坪片区组成,占地面积 2.61 万公顷。森林生态系统类型自然保护区,主要保护对象为亚热带湿性常绿阔叶林生态系统、珍稀濒危特有物种及其栖息地。2013 年入选国家级自然保护区。

云龙天池自然保护区 位于云龙县。占地面积 1.45 万公顷,主要保护对象是滇金丝猴等珍稀濒危动植物及其生存环境,云南松种质资源、天池湿地生态系统和珍稀濒危野生动植物资源。保护区内有滇金丝猴、金钱豹、云豹、金雕、红瘰疣螈、云南红豆杉、云南榧树等国家一、二级保护野生动植物40 种,其中有大噪鹛、红腹角雉、金江湍蛙、草绿龙蜥、云龙箭竹、云龙报春等地区特有物种。2012 年入选国家级自然保护区。

长江上游珍稀特有鱼类自然保护区 2000 年国务院批准建立长江上游合江至雷波段珍稀鱼类国家级自然保护区。2005 年对保护区范围作了调整,并更名为"长江上游珍稀特有鱼类国家级自然保护区"。主要保护对象为白鲟、达氏鲟、胭脂鱼等长江上游珍稀特有鱼类及其产卵场。保护区跨越四川、云南、贵州、重庆三省一市,包括金沙江向家坝水电站坝轴线下 1.8 千米处至重庆长江马桑溪江段,赤水河河源至赤水河河口,岷江月波至岷江河口,越溪河下游码头上至谢家岩,长宁河下游古河镇至江安县,南广河下游落角星至南广镇,永宁河下游渠坝至永宁河口,沱江下游胡市镇至沱江河口。其中,金沙江下游三块石以上 500 米至长江上游南溪镇,长江上游弥陀镇至松既镇,赤水河干流上游鱼洞至白车村,赤水河干流中游五马河口至大同河口,赤水河干流习水河口至赤水河口,为保护区核心区。

十六、国家级水利风景区

珠江源水利风景区 位于曲靖市沾益区马雄山麓。海拔 2 158 米,占地面积 12 平方千米。从马雄山顶下至半山腰,上下两个洞口流水潺潺,就是我国第三大江——珠江的源头。景区内有"一水滴三江,一脉隔两盘,一线串五珠"的奇异景观。"一水滴三江"指的是以马雄山主峰为分水岭,水流分别朝东、北、西三个方向自然流淌,从而形成了隶属于长江水系的牛栏江和隶属于珠江水系的南盘江、北盘江三条江河径流;"一脉隔两盘"是指由马雄山的一条支脉分别隔成的南盘江和北盘江两条河流;"一线串五珠"是指由河流在马雄山串成的五个小湖泊。森林覆盖面积 95% 以上,植物 1 000 种以上。拥有山、水、树、洞、花五大奇观,及珠江正源、大树杜鹃花区、伏地松、龙溪涧、天下第一棋盘、天下第一罗盘、珠源禅寺、珠源第一瀑、霞客草堂等 20 余个景点。2002 年入选国家级水利风景区。

五者温泉风景区 位于泸西县白水镇。是历史上古"阿庐"部落及其先民聚居繁衍生息之地,因幽雅、清静、自然被称为"世外桃源"。每年春季,漫山遍野的山茶花、杜鹃花争奇斗艳,十分壮观。酷似小三峡的五者水库湖光山色,美不胜收。五者温泉出水量 600 立方米/小时,出口水温高达 78℃,是一处含有多种矿物质的高温型泉水,有较好的医疗保健作用。已建成温泉宾馆、公园、垂钓中心、农家乐、游乐城等设施,成立了具有民族特色的五者温泉艺术团,是集餐饮、娱乐、度假、保健治疗于一体的旅游区。2002 年入选国家级水利风景区。

梅子湖水利风景区 位于思茅区南郊。梅子湖是拦截梅子河筑坝蓄水而形成的人工湖,原名"红旗水库",主要用于供给居民饮水和灌溉农田。梅子湖湖长 3.2 千米,水域面积 0.04 平方千米,平均水深 15 米,蓄水量 660 万立方米。景区大门外有气势宏伟的引水渡槽,景区内建有小规模的动物园和种鱼池。2003 年入选国家级水利风景区。

绵羊冲度假村 位于建水县。绵羊冲水库占地面积 1.734 平方千米,其中水面 1.4 平方千米。水库中有普陀岛,有水上单车、摩托艇、快艇滑板冲浪、香蕉船冲浪、沙滩摩托、沙滩排球、网球等游乐项目。2005 年入选国家级水利风景区。

昔木水库水利风景区 位于景谷县永平镇勐戛河支流昔木河上。昔木水库属澜沧江水系,年供水总量 2 326 万立方米。水库始建于 1956 年,先后进行了一次扩建和两次除险加固。昔木水库的建成,有效解决了永平坝的旱涝无常问题,缓解了农业、工业和人畜饮水严重短缺的情况。2005 年入选国家级水利风景区。

阿拉湖水利风景区 位于泸西县。阿拉湖即板桥河水库,坝高 37 米,库容 7 240 万立方米,是泸西县"西水东调"的骨干蓄水工程。库区原始森林面积 7.33 平方千米,由两条长度悬殊的山间峡谷和两个岔冲相互串联,水面达 40 多平方千米。景区内开发有茅庐、草亭、野生动物养殖场、野味餐厅等。2005 年入选国家级水利风景区。

孔雀湖生态风景区 位于芒市城东南隅。孔雀湖因历史上是绿孔雀栖息地,且湖面酷似一只开屏的孔雀而得名。湖区面积 4.75 平方千米,整个景区除水面和环湖公路外,森林覆盖率达 100%。孔雀湖周围山体处于滇西南山的南缘和高黎贡山余脉西侧的斜坡地带,主山体呈北至西南走向,形成若干个错落有致的不规则环湖山峰,最高点仙人洞后山(雷郎后山)海拔 1 235 米。河流因切割侵蚀和主山体的影响,又形成了东西、南北相间的山地宽谷区,湖底平坦。2005 年入选国家级水利风景区。

勐梭龙潭水利风景区 位于西盟县。为勐梭龙潭自然保护区的核心区域,西盟佤族生态旅游区的重要组成部分。勐梭龙潭是一个天然的热带雨林淡水湖泊,水域面积 0.47 平方千米,潭水最深处 37.8 米,蓄水量 500 多万立方米,属断层陷落湖泊。勐梭龙潭与缅甸的龙潭水脉相通,同清同浑,齐涨齐落,被佤族赋予"姐妹龙潭""夫妻龙潭"的美称。景区内有荷花塘、湿地、龙摩爷圣地、圣水、蟒蛇谷、盘须岩、祈雨洼、赕佛山、千指树、树包石、相思树、聚友滩、缅寺、观碧亭等18个景点。2006年入选国家级水利风景区。

北庙湖水利风景区 位于保山市北庙村。依托北庙湖水库而建,最高海拔1912.1米,占地面积6平方千米。北庙湖水库以灌溉为主要功能,兼顾防洪、发电、水产养殖、旅游等综合效益。湖的四周广植云南松、思茅松、果松,建有茶园、葡萄园、果园、花圃园,种茶花、杜鹃、兰花、月季、荷花等各类花卉近百个品种。2006年入选国家级水利风景区。

茈碧湖水利风景区 位于洱源县东北部。茈碧湖是高原断陷溶蚀洼地形成的天然淡水湖泊,因湖内生长茈碧花而得名。湖泊海拔2055米,面积7.8平方千米,径流面积690平方千米,最深处32米,库容9300万立方米,是洱海上游的主要湖泊之一,也是洱海的源头,是集灌溉、防洪、排涝、养殖、城市供水于一体的多功能综合效益型水库。2007年入选国家级水利风景区。

阿庐湖水利风景区 位于泸西县县城北部。依托白水塘水库而建。白水塘水库属淡水湖泊(水库)类中型水利工程,水域面积2.94平方千米,总库容3550万立方米,被称为泸西县的"高原明珠"。有飞龙上天、砚瓦石、喜鹊凹、绿荫塘、千亩花海、杨梅山森林区、疯子洞与仙鹤岛、"竹家庄"休闲娱乐农家园等八大景观景点。2009年入选国家级水利风景区。

摆龙湖水利风景区 位于丘北县城西北部。摆龙湖又名"红旗水库",水面面积3.6平方千米,最大水深30米,透明度达8米,总库容5370万立方米,是一个集防洪、灌溉、发电、旅游娱乐、养殖、种植、人畜饮水等多功能于一体的水利工程。水库中分布有10座小岛和3个半岛,岛上植被繁茂,花草幽香,被称为"云南的千岛湖"。库区整体绿化率达90%以上。目前已开发采茶园、野鸭湾、竹林岛、桃园山庄、水韵阁、观景台、穿心石洞、四岛万年龟、青龙岛、水中雾海等景点20余处。2009年入选国家级水利风景区。

洗马河水利风景区 位于普洱市思茅区东部。依托洗马河水库而建,水面面积 9.49 平方千米。相传三国名相诸葛亮带兵南征,曾在此洗刷战马,故名"洗马河"。景区内山水交融,设有草坪、高廊、竹楼、诸葛塑像、洗马群塑等景点。2010 年入选国家级水利风景区。

拉市海水利风景区　位于玉龙县拉市乡。依托拉市海水库而建,属于水库型水利风景区。拉市海汇水面积 265.6 平方千米,最大蓄水量 1.8 亿立方米,水深可达 9 米。库区周边群山汇聚,森林覆盖率 87%以上。由于修建水坝,拉市海由季节湖变成了保持一定水位的高原湖泊,越冬水鸟可在此安然栖息。景区南有千年古刹指云寺,北有玉龙雪山,东有马鞍山,西有渔家木舟待发的静景和各种造型的叠峦。2011 年入选国家级水利风景区。

君龙湖水利风景区　位于文山市西北部。依托暮底河水库枢纽工程而建,占地面积约 21.5 平方千米。暮底河水库总库容 5 785 万立方米。由综合接待区、滨河景观休闲区、民族文化休闲区、农家乐休闲区、温泉水疗度假区、特色体育运动区、攀岩漂流区、水库游览区八个功能区组成,主要景点有百兽听禅、聚鱼湾、桃花岭、叠玉堆、鸳鸯湾、天鹅汲水、五老问渡、药王谷、云飞渡、天狗望月、君龙峡、涌涎豁等。2012 年入选国家级水利风景区。

青海湖水利风景区　位于祥云县城东南角的沙龙镇。青海湖是滇中高原西部的天然淡水湖泊,海拔 1 966 米,水深 3 米,蓄水量约 7 000 万立方米,控制流域面积 96.8 平方千米,"青海月痕"为祥云十大景观之一。沿湖周围是祥云粮烟高产区,素有"鱼米之乡"的美称。2013 年入选国家级水利风景区。

明月湖水利风景区　位于宜良、石林、陆良三县交界处。明月湖是南盘江筑坝修建柴石滩水库所形成的高峡平湖。占地面积 123.98 平方千米。主要以低中山貌为主,具有较典型的云南高原湖盆地貌特征,森林覆盖率 85%以上。依托南盘江、麦田河水体、柴石滩水库水利工程优美的自然景观和丰富的自然资源,结合当地少数民族文化,以"江、湖、岛、山"等山水风光为核心,打造集水利工程景观、民族风情、水上运动、休闲度假等于一体的水利风景区。2015 年入选国家级水利风景区。

冰岛水利风景区 位于双江县勐库镇。依托南等水库而建,占地面积23 平方千米,其中水域面积 1.67 平方千米,总库容 5 149 万立方米,属于水库型水利风景区。景区的功能定位为冰岛茶文化体验、民族特色水文化科普教育、滨水休闲度假、户外生态拓展,主要景点有神农祠、冰岛湖、冰岛村。2015 年入选国家级水利风景区。

查姆湖水利风景区 位于双柏县城附近。依托小庙河水库而建,占地面积 9.2 平方千米,其中水域面积约 0.6 平方千米。以查姆湖为中心,以查姆湖周边山脉、森湖公园、文化广场为依托,建设了查姆湖公园、沿湖岸线生态湿地公园、环湖生态绿廊、老黑山森林公园,形成城市河湖型水利景观,成为双柏县城的一大亮点。2017 年入选国家级水利风景区。

纳龙湖水利风景区 位于丘北县锦屏镇清平村。依托清平水库而建,占地面积约 6.6 平方千米,其中水域面积约 1.15 平方千米,是集水库型、河湖型、灌区型、水土保持型于一体的综合水利风景区。2017 年入选国家级水利风景区。

十七、世界地质公园

石林世界地质公园 2004 年入选世界地质公园。参见国家生态旅游示范区——昆明市石林景区。

苍山世界地质公园 位于大理市、漾濞县和洱源县接壤地带。占地面积 519.9 平方千米。苍山属于横断山系云岭山脉中支的南端,西北是海拔4 000 米以上、绵延不绝的青藏高原,东南是平均海拔 2 000 米的云贵高原。由于雄伟高大的喜马拉雅山系在苍山结束,苍山以南再无 3 500 米以上的山脉,因此苍山被称为"世界屋脊的屋檐"。苍山是国际上著名的第四纪末次冰期"大理冰期"的命名地,是孕育了 20 亿年的"天然地质史书",特殊的地质、地理、地貌，造就了山水相映，风、花、雪、月、石共存的自然景观组合。2014 年入选世界地质公园。

十八、国家地质公园

腾冲火山国家地质公园　位于腾冲市和梁河县。我国四大火山群之一。公园内有 97 座火山体，其中火山口、火山锥的火山形态保存完整的 25 座，火山锥类型多样。有数级熔岩台地，主要有环火山口熔岩台地、环火山锥熔岩台地和裂隙溢出的熔岩台地，面积大、坡度平缓。火山熔岩构造景观主要有熔岩空洞、熔岩塌陷、熔岩流动和原生节理构造四种类型；火山碎屑岩可见熔集块岩、熔角砾岩和熔结凝灰岩三种类型。这些火山形成于距今 340 万—1 万年的上新世至全新世，其中距今 1 万年左右形成的火山共四座。较早形成的火山熔岩由于长期遭受强烈风化，火山锥体大多破坏，仅保存六座仍能见穹丘地貌或火山山体的火山。2002 年入选国家地质公园。

禄丰恐龙国家地质公园　位于禄丰县。占地面积约 260 平方千米，主要地质遗迹保护区面积约 170 平方千米。主要地质遗迹为古生物化石，以恐龙、腊玛古猿化石享誉海内外，有中侏罗世的禄丰龙（蜥龙）动物群化石遗迹、晚中新世禄丰古猿动物群化石遗迹，还有构造遗迹、地质灾害遗迹、矿床遗迹等，多方面展示了中生代以来地质作用、生物演化和人类进化历史。以地质公园内石阶级的恐龙化石埋藏遗址为依托，建成了科普旅游基地和恐龙文化旅游主题公园——世界恐龙谷，展出 60 余具高度完整的恐龙骨骼化石装架。2004 年入选国家地质公园。

玉龙黎明—老君山国家地质公园　位于玉龙县。占地面积 1 110 平方千米，类型为地质地貌景观类。地貌类型丰富，主要地质遗迹有高山高原丹霞地貌，是我国迄今为止发现的面积最大、海拔最高的丹霞地貌区；冰川地貌,既有古冰川遗迹,又有现代冰川;金沙江河谷地质地貌景观由长江第一湾、虎跳峡、多级阶地等组成。公园是纳西族、汉族、白族、傈僳族、彝族、普米族、苗族、藏族等民族的聚居区,有丰富多彩的民俗文化。2004 年入选国家地质公园。

澄江动物化石群国家地质公园　位于澄江市帽天山附近。帽天山化石带呈带状蜿蜒分布,长 20 千米,宽 4.5 千米,埋藏深度在 50 米以上。涵盖 16 个门类、200 余个物种,其中有无脊椎动物化石,也有原始脊索动物化石。特别可贵的是,现今生物所有门类的远祖代表在此都有发现,有硬体也有软体印模,是保存完整的寒武纪早期古生物化石群,生动再现了 5.3 亿年前海洋生命的壮丽景观和现生动物的原始特征。2001 年入选国家地质公园。

玉龙雪山国家地质公园　位于丽江市古城区西北部。玉龙雪山在纳西语中被称为"欧鲁",意为"银色的山岩"。山体长约 45 千米,宽约 20 千米,有大小山峰 60 余座。主峰扇子陡海拔 5 596 米,山势陡峻,银装素裹,迄今仍是无人登顶的处女峰。地质公园占地面积约 340 平方千米,冰川遗迹、构造山地、断陷盆地、深切峡谷等地质丰富,地质地貌多样性显著。第四纪冰川形成的石洞、石穴多姿多彩,是欧亚大陆纬度最低的一座有现代冰川的雪山。2009 年入选国家地质公园。

九乡峡谷洞穴国家地质公园　2009 年入选国家地质公园。参见国家级风景名胜区——九乡风景名胜区。

罗平生物群国家地质公园　位于罗平县罗雄镇。占地面积 69.56 平方千米,由大洼子化石园区和金鸡峰丛园区组成。大洼子园区展示了 2.44 亿年前的三叠纪早期地球生命系统的世界级化石产地,是 2.52 亿年前的地球大灭绝的生命复苏和大辐射奇迹化石区。金鸡峰丛区有美轮美奂的岩溶高原可持续农业地质生态系统景观,是传统智慧和现代技术的完美结晶。公园内生物门类的多样性、化石保存的完整性举世罕见,对于研究 2.52 亿年前的大灭绝之后的生物复苏具有重要的价值。2011 年入选国家地质公园。

阿庐国家地质公园　位于泸西县。占地面积 38.7 平方千米。拥有多期次的洞穴群景观、地表喀斯特景观、古夷平面遗迹、构造活动与古环境演变遗迹、古生物化石、古人类遗址、洞穴文化景观、地质工程景观,系统地展现了喀斯特高原、峰丛、盆地、峡谷、洞穴的发育演化过程,完整地诠释了地表和地下喀斯特的协同演化机制。2011 年入选国家地质公园。

十九、国家森林公园

巍宝山国家森林公园 位于巍山县城东南部。占地面积 1 255 公顷,森林覆盖率 88.2%。巍宝山主峰海拔 2 569 米,绵亘数十千米,峰峦起伏,山形似一头蹲坐的雄狮回首俯瞰县城。巍宝山是云南道教名山,自唐代开始建筑道观,到清末道教殿宇遍布全山。前山层峦叠嶂,道观多藏于密林之中;后山险峻陡峭,庙宇多依山势建于岩壁之间。这里又是南诏发祥之地,至今留下许多传说胜迹。文昌宫的文龙亭保存着清代乾隆年间的彝族踏歌壁画。1992 年入选国家森林公园。

天星国家森林公园 位于威信县北部。茫茫林海从三面环抱着县城,占地面积 7 420 公顷。其中天星水库占地 133 公顷,犹如一颗明珠镶嵌在高山之巅,还有姿态万千的观斗山石雕群。公园拥有活化石植物树蕨 2 000 多株,还有 80 公顷成片群状分布的国家一级保护野生植物树蕨(又名"桫椤树")。有百亩竹苑、茶园风情、绿茵草坪、观峰望霞、湖光山色、神龙壁泉、凉亭、迎客亭、植物园、动物园等景点。1992 年入选国家森林公园。

清华洞国家森林公园 位于祥云县城南部。占地面积 9 856 公顷,森林覆盖率 76.5%。包括水目山、大龙潭、清水沟、清华洞、清海湖五个景区,集洞穴景观、森林景观、历史人文景观于一体。清华洞素称"滇西第一洞",属喀斯特地形石岩溶洞,主洞洞口宽 80 余米,高 30 余米,洞内可容数千人;洞口右侧顶穹正中,仰视见尺余椭圆形亮光通山顶,称"碟大天"。明代旅行家徐霞客及李元阳、郭松年、杨慎等历代官宦、墨客多次游览,洞口留下摩崖题刻24处。1992年入选国家森林公园。

东山国家森林公园 位于弥渡县。占地面积4 540公顷,其中林地面积3 880公顷。分为红岩至弥城片区、西庄林区片片区两个片区,风光秀丽,环境优美,气候宜人,属亚热带季风气候,有着"天气浑如三月里,风花不断四时春"之美誉。1992年入选国家森林公园。

来凤山国家森林公园 位于腾冲市。来凤山是90多万年前火山喷发形成的盾形火山,是腾冲市众多火山中最古老的一座,传说有凤凰到此而得名。占地面积6 467公顷,分为四个互不相连的片区。植被茂盛,品种繁多,森林覆盖率90%以上,被称为"镶嵌在极边第一城的一颗绿色明珠"。近年来大力发展以茶花优良品种为主的茶花园母树林基地,育有110个品种2 500株形态花色各异的茶花树。1992年入选国家森林公园。

花鱼洞国家森林公园 位于河口县南溪镇。占地面积3 143公顷,森林植被类型以季节性雨林和石灰山季雨林为主。茫茫林海中多层异龄树种混交,林冠参差,林相丰富,多姿多彩。以南溪河为干流的多条小溪流,山泉长年不断,时而清泉淙淙,时而蜿蜒蛇行,自然生态景观神奇绚丽。已建成以风景林区为主的热带雨林、花鱼洞、望天树、热带经济林木四大景区和野生动物保护养殖中心、娱乐场、狩猎场等。1992年入选国家森林公园。

磨盘山国家森林公园 位于新平县东南部。占地面积2.42万公顷。磨盘山因山体形如磨盘而得名。中山半湿性常绿阔叶林原生和次生原始森林区,随海拔的增高而呈现出植物垂直分布带,活立木蓄积量44.3万立方米,森林覆盖率64.2%。公园内有6个湖泊,12个景区,还有养生馆、艺术博览馆。1992年入选国家森林公园。

龙泉国家森林公园 位于易门县城以南的照壁山腰。占地面积1 000公顷。有多姿多彩、云雾缭绕的三山奇峰,有清幽秀洁的龙泉,还有神秘莫测的龙泉古洞、栩栩如生的自然雕塑、茂密繁盛的奇木古树等,现已形成集山、水、林、龙(恐龙化石)、寺、洞于一体的综合性森林公园。早在唐朝末年这里就兴修庙亭,成为滇中夷人文化活动的中心,留下了众多匾额、楹联和石壁题字。1992 年入选国家森林公园。

太阳河国家森林公园　位于普洱市思茅区东南处。占地面积 2.16 万公顷,森林覆盖率 92%。地处北热带向南亚热带过渡地带,气候和植被的过渡属性造成了区域地理成分的复杂性,丰富的动植物资源构成了独特、多样、秀丽、清幽的森林景观。有野生植物 2 104 种,野生动物 812 种,黑熊、野牛、绿孔雀、猕猴、小熊猫等国家重点保护野生动物在此栖息。分为犀牛坪湿地公园、原始丛林部落、水湾大寨、雨林庄园、东盟自驾车营地、阿里河温泉小镇六大特色板块。1992 年入选国家森林公园。

金殿国家森林公园　位于昆明市东北郊的鸣凤山。占地面积 1 970 公顷,分为双乳山、圆宝山、平顶山、长虫山、三尖山、摩天岭和石关七个景区。地文景观丰富,熔岩地貌分布较广,石芽裸露地占林地面积 15% 左右,形成了“长蛇蜿蜒”“坡野群羊”等景观。还有多处溶蚀漏斗,幽深莫测的喀斯特溶洞。森林植被类型多样,有华山松林、云南松林、云南油杉林、滇青冈林、松栎林、干香柏林、桉树林、油茶林、黑荆树林等。1992 年入选国家森林公园。

章凤国家森林公园　位于陇川县城中心地带。占地面积 7 000 公顷。人工种植了高山榕、柳叶垂榕、菩提榕、紫皮细叶榕、波罗蜜、弯心果、灯台树、樱桃、三角梅等乡土树种。基本建成了景颇族民族英雄早乐东广场、晨曦广场、团结广场花园、大台阶景观等。1993 年入选国家森林公园。

十八连山国家森林公园　位于滇黔两省富源县、罗平县和兴义市的接合部。占地面积 2 078 公顷。有丰富的森林景观,上万亩的原始森林,森林覆盖率达 84%。十八连山是花卉的世界,一年四季花果争香斗妍。腊月山茶花开,随之是锦簇团团的马樱花,清明时节杜鹃花如火如荼,五六月猕猴桃枝繁叶茂,花香扑鼻。景区内有棋盘星、三棵桩滴水岩等瀑布群,还有燕子洞、模儿洞、仙人洞等溶洞景点。1993 年入选国家森林公园。

鲁布革国家森林公园　位于滇、桂、黔三省(区)接合部,以罗平县鲁布革乡为中心,以罗斯林区、水沟林区和玉带湖为基本框架,占地面积 4 867 公顷。有著名的九龙瀑布景区、多依河景区、享誉中外的鲁布革水电站,以及鲁布革小三峡、金鸡峰丛等景观,居住有布依族、彝族、苗族等少数民族。分布有国家一级保护野生植物桫椤、铁树、银杏,国家二级保护野生植物榉木、红椿、金毛狗等 9 种,国家二级保护野生动物猕猴等 23 种。1993 年入选国家森林公园。

珠江源国家森林公园 1993 年入选国家森林公园。参见国家级水利风景区——珠江源水利风景区。

五峰山国家森林公园 位于陆良县马街镇。五峰山是南岭主山,海拔 2 339 米,有一水、一寺、一潭、二场、三坡、三箐、三岩、五凹、五壁、五峰、百蝶、百鸟、百树、千花的自然景观和历代名人雕塑等人文景观。2002 年入选国家森林公园。

钟灵山国家森林公园 位于寻甸县。占地面积 540 公顷。钟灵山海拔 2 332 米,山势地貌独特壮观。有山势地貌自然生成的 36 鼓、72 峰,始建于明代的钟灵寺遗迹,还有历代高僧塔林、易隆古驿道、关岭古战场遗址、诸葛亮七擒孟获会盟碑址等景点。1993 年入选国家森林公园。

棋盘山国家森林公园 位于昆明市西山区团结乡。占地面积 1 085 公顷。棋盘山海拔 2 483 米,因山上有一石石面呈现棋盘纹,纵横各 19 道,称"棋盘石",山亦因此得名。明旅行家徐霞客曾游览此地,并在游记中详细记叙了棋盘峰的山川地形及棋盘石胜迹。旧时山上有庙宇,塑棋盘大仙像,登山烧香祷告者络绎不绝。现修复为四进八院的寺宇建筑群。还有筇竹寺花红洞、法界寺、花红园等景点。1997 年入选国家森林公园。

灵宝山国家森林公园 位于南涧县。灵宝山海拔 2 528 米,属云岭山脉无量山系,为澜沧江与把边江两大水系的分水岭。占地面积 811 公顷。植被以常绿阔叶林为主,在不同植被类型中分布着绚丽多彩的观赏植物,有花团锦簇的马樱花、如火如荼的山茶花、竞相争艳的杜鹃花。山上有灵宝山寺、子孙殿、阿噜腊大殿等古建筑十余座,所有建筑均用石料砌筑而成。石建筑群与林涛花海构成了一幅叹为观止的山水人文画卷。1997 年入选国家森林公园。

铜锣坝国家森林公园 位于水富市太平乡。滇东北保留较完好的亚热带常绿阔叶林区,占地面积 3 237 公顷。分布着 5 条溪流,18 个小盆地,108 个山峰,平水坝、白寨坝、铜锣坝、五里坝等 7 个小湖泊和数 10 条瀑布。动植物种类繁多,药物资源丰富。林中分布着 100 多种观赏树种、珍奇植物和 20 多种国家一、二级保护野生动物,国家保护野生植物罗汉竹随处可见。园内有西部大峡谷温泉生态园,温泉中含有丰富的矿物质,极具疗养价值。1999 年入选国家森林公园。

五老山国家森林公园 位于临沧市城东。占地面积 3 600 公顷。五老山因五座山峰如老人列坐闲谈而得名,主峰海拔 2 583 米,主山脊五老山峰为澜沧江水系和怒江水系的分水岭。植被为典型的常绿阔叶林及云南松、华山松林,生长有国家一级保护野生植物云南红豆杉、国家二级保护野生植物水青树以及紫金龙、白花贝母兰等珍稀植物 10 多种,有国家重点保护野生动物 24 种。主要景点有五老飞瀑、情人谷、鹿恋湖、金竹林大叠水、五峰亭等。1999 年入选国家森林公园。

紫金山国家森林公园 位于楚雄市首府鹿城西南部。占地面积 1 700 公顷,森林覆盖率94.8%。紫金山岭属滇中高原哀牢山系东侧支脉,紫金山、薇溪山、虎山、万松岭峰顶高耸,四面众多沟壑下切。拥有半湿润常绿阔叶林、针叶林、山地次生常绿阔叶林矮林、草地、挺水植物群落等五大森林景观类型。有以元江、滇石栎、云南松、华山松等为代表的 11 种植物群落。2000 年入选国家森林公园。

飞来寺国家森林公园 位于德钦县近郊。占地面积 3 431 公顷。公园内有建于明代万历年间的飞来寺,距今已有 400 多年的历史,古松森列,日影斑驳,小溪曲折,松涛低鸣。还有为悼念 1991 年 1 月 4 日梅里雪山登山队的 17 名遇难登山队员而立的纪念碑,有为纪念十世班禅视察德钦所建的佛塔。2000 年入选国家森林公园。

圭山国家森林公园 位于石林县。圭山海拔 2 601 米,因雄奇险秀的山峦形若大海龟隆起的背部而得名"老龟山",后改为"老圭山",当地彝语称"构波玛",意为"大雁的山"。占地面积 3 200 公顷。广泛分布着古代可溶性碳酸盐沉积岩、石灰岩发育形成的典型的岩溶地貌。森林覆盖率达 80%,分布着多样的森林植被,大多是受高原亚热带季风影响形成的半湿常绿阔叶林。2000 年入选国家森林公园。

新生桥国家森林公园 位于兰坪县城西部。占地面积 2 620 公顷。属中、高山山地地貌类型,山体雄浑高大,峡谷幽深陡峭,河流、涧溪纵横交错,流水成为最丰富活跃的景观要素。森林覆盖率高,山峦起伏,空气湿度较大,雨天云雾山水相映,隆冬时节玉树银花,银装素裹。公园内还有修建于明清时期的银盐古道,古道中一块块青石板上的马蹄印迹依稀可见。2001 年入选国家森林公园。

西双版纳国家森林公园 位于景洪市以东、澜沧江以北。地处海拔 720—1 355 米的河谷地带,占地面积 2 000 公顷,其中热带沟谷雨林达 1 666 公顷,森林覆盖率超过 98%,是个天然的大氧吧。有沟谷雨林、孔雀飞舞、民俗歌舞、泼水狂欢等项目,是西双版纳最大的综合性生态旅游景点之一。气候温暖湿润,树木葱茏,蔓藤盘根错节,不少珍禽异兽如亚洲象、犀鸟、孔雀、黑冠长臂猿都生活在这片热带丛林里。有西双版纳特有和稀有的植物望天树、红光树、云南肉豆蔻、四薮木、黄果木、胡桐、美登木、三尖杉等。2004 年入选国家森林公园。

宝台山国家森林公园 位于永平县。占地面积 1 047 公顷,植被覆盖率 96.7%。有各类植物 1 001 种,列入国家一、二级保护的野生动物达 30 多种。原始生态保存完好,森林植被茂密,物种资源丰富,文物古迹众多,自然景观秀丽,以古老、神奇、壮观而闻名滇西。有始建于明崇祯年间的金光寺,古朴雄壮,被誉为"滇西名胜"。2005 年入选国家森林公园。

双江古茶山国家森林公园 位于双江县。占地面积 54.1 平方千米,由古茶山片区、森林湖片区、冰岛湖片区三部分组成。分布有须弥红豆杉、长蕊木兰、中华桫椤、红瘰疣螈、黄喉貂、猕猴等国家一、二级保护野生动植物。公园是北回归线上的自然奇观,是澜沧江—湄公河国际河流的重要生态屏障,是世界野生古茶树起源中心的核心区域。2015 年入选国家森林公园。

澜沧国家森林公园 位于澜沧县。占地面积 7 870 公顷,由景迈山、大岔河和佛房山三个片区组成。植被类型丰富,有世界罕见的景迈山千年万亩古茶林,保存完好、丰富度较高的稀有濒危植物群落和原始常绿阔叶林,"串珠状"多水塘湿地耦合系统和秀丽多姿的叠水群。2017 年入选国家森林公园。

金沙江国家森林公园 位于永仁县。占地面积 4 747 公顷,包括金沙江片区、永定河峡谷片区。以典型的干热河谷地貌森林植被、金沙江大峡谷、虎跳峡、方山森林等重要风景资源为支撑,融森林、山川、历史、人文、宗教、民俗于一体。景点有望江岭、七星桥、诸葛营遗址、孔明洞、静德寺、观音寺、珍珠滴水岩、犀牛塘、弈仙台等,更有享誉省内外的诸葛营民族文化生态旅游示范村。2017 年入选国家森林公园。

博吉金国家森林公园 位于广南县。依托九龙山而建,九龙山在壮语中称"博吉金"。地处珠江水系水源源头保护区,由博吉金、坝美两个片区组成,占地面积 3 670 公顷,其中林地面积 3 300 公顷,森林覆盖率 85%。生态环境多样,植被类型丰富,物种繁多,有国家一、二级保护野生植物 9 种,国家二级保护野生动物 14 种。2017 年入选国家森林公园。

墨江国家森林公园 位于墨江县城周边地区。占地面积 9 840 公顷,其中林地面积 9 810 公顷。由杨仕岭片区和砂岩崖谷片区组成。拥有独特的生物多样性、壮观的砂岩峡谷、砂岩崖壁复合景观及绚丽多姿的哈尼文化资源。砂岩崖谷片区的四甲河峡谷、蒲叶河峡谷、过得河峡谷和绿叶河峡谷四大砂岩峡谷深邃幽静,特殊的沟谷生态效应又孕育了特殊的生物多样性。2017 年入选国家森林公园。

观音山国家森林公园 位于泸西县东北郊。占地面积 3 850 公顷,由观音山、阿拉湖、小石龙三个独立片区构成。喀斯特地貌变化丰富,雄奇的山峦连绵不绝,石芽、峭壁、清溪、巨石鬼斧神工,秀峰、幽谷、巨藤、古木千姿百态。地表水、地下暗河、溪流、涌泉、温泉、水库,赋予了公园丰富的水文景观资源。喀斯特地貌地下森林景观为全国罕见,还有绵延数千亩的花海、树龄百年以上的古树群等景观。2017年入选国家森林公园。

二十、国家湿地公园

哈尼梯田国家湿地公园　位于元阳县。以哈尼族为主的各族人民利用当地"一山分四季,十里不同天"的地理气候条件所创造的农耕文明奇观,已有1 300多年的历史。梯田规模宏大,绵延整个红河南岸的元阳、绿春、金平等县,仅元阳县境内就有126.6平方千米。哈尼梯田系统包括了最具代表性的、集中连片分布的水稻梯田及其所依存的水源林、灌溉系统、民族村寨。其展现的生产生活方式,反映了人与自然的和谐相处,展现了人类在极限自然条件下顽强的生存能力、伟大的创造力和乐观的精神。2007年入选国家湿地公园。

洱源西湖国家湿地公园　位于洱源县。洱源西湖是高原平坝淡水湖,湖面约4平方千米,平均水深4—6米,最深12米,是洱海的重要水源之一。湿地生物丰富多样,有洱海大头鲤、灰裂腹鱼、大理裂腹鱼等特有鱼类,是许多越冬鸟类的栖息地和觅食地,也是濒危鸟类紫水鸡的生存地。湖中有六村七岛,构成村内有湖、湖中有村的天然村湖画景。明代杨升庵、李元阳、杨南金等一代名士曾多次泛湖唱和,留下不少名句。2009年入选国家湿地公园。

盈江国家湿地公园　位于盈江县西南部平原镇、太平镇和弄璋镇境内大盈江江域。占地面积 17.26 平方千米,其中湿地面积 13.65 平方千米,湿地率为 79.1%。这里有记录的野生动物 228 种,受国家重点保护的野生动物 145 种,还有滇桐、千果榄仁、红椿、茉莉果、马槟榔五种国家二级保护野生植物。2013 年入选国家湿地公园。

东草海国家湿地公园　位于鹤庆县,范围涵盖波南河、五龙河、海尾河、小龙河等水域,占地面积 2.68 平方千米。东草海水面海拔 2 193.2 米,总库容 186 万立方米,可灌溉面积 3.1 平方千米,年供水量 329 万立方米。公园属古母屯海范围,由河流湿地和沼泽湿地构成,是黑鹳、小天鹅等珍稀越冬候鸟的重要停歇地和越冬地,还保存有云贵高原特有的海菜花、野菱等国家重点保护野生植物。2013 年入选国家湿地公园。

长桥海国家湿地公园　位于蒙自市城区北部。占地面积 12.25 平方千米,其中湿地面积 11.46 平方千米,湿地率 93.6%,属于永久性淡水湖泊湿地。长桥海最大宽度 2 900 米,最大水深 5.5 米,蓄水量 5 300 万立方米,径流面积 261 平方千米。公园以云贵高原典型的永久性淡水湖泊湿地生态系统为特色,以独特的彝族、苗族、壮族等民族风情文化为内涵,成为集湿地保护保育、恢复修复、湿地文化展示、生态教育培训、湿地科普宣教、湿地科研监测和湿地生态旅游于一体的综合性湿地公园。2013 年入选国家湿地公园。

异龙湖国家湿地公园　位于石屏县。占地面积 37.49 平方千米,其中湿地面积 36.36 平方千米,湿地率达 97%。大面积的浅滩和湖面为鸟类的生存提供了充足的食物资源和栖息之所,公园成为候鸟及其他鸟类的越冬地和繁殖地。湖中野鸭嬉戏,水鸟绕船,湖畔山峦起伏,炊烟袅袅。2014 年入选国家湿地公园。

杞麓湖国家湿地公园　位于通海县。占地面积 38.81 平方千米,其中湿地面积 37.63 平方千米,湿地率 96.9%。公园内常见鸟类以赤颈鸭、红嘴鸥等雁鸭类和鸥类居多;鱼类甚多,其中杞麓白鱼、翘嘴鲤、云南鲤为杞麓湖特有物种,大头鲤为国家二级保护野生动物。2014 年入选国家湿地公园。

南滇池国家湿地公园　位于昆明市滇池南岸的晋宁区。湿地生态系统保存较完整,湿地生物多样性丰富,同时具有维持滇池水生态安全的重要功能。有滇池南岸湖泊、湖滨沼泽、入湖河流以及周边库塘等湿地类型,占地面积12.2平方千米,湿地率91.4%。动植物资源丰富,共分布有植物226种,动物127种。2014年入选国家湿地公园。

沾益西河国家湿地公园　位于曲靖市沾益区。主要有河流湿地、沼泽湿地和人工湿地三大类,占地面积10.41平方千米。以西河湿地生态系统为主要资源,以湿地保护、科普教育、水质净化、生态观光为主要内容。园内珍稀鸟类及高、低等植物等原生态动植物物种丰富,湿地生态系统、农田生态系统、林地生态系统等多种生态系统类型结构完整。2014年入选国家湿地公园。

抚仙湖国家湿地公园　位于玉溪市。以抚仙湖为主体,占地面积230平方千米,其中湿地面积220平方千米,湿地率为95.7%。抚仙湖是珠江源头第一大湖,是我国最大的深水型淡水湖泊,湖岸线长约10.08万米,湖面面积216.6平方千米,湖容量达206.2亿立方米,占全国淡水湖泊蓄水量的9.16%。有湖滨带草甸群落、水生群落和人工湿地群落三大类型湿地植被,湿地植物共96种,还有国家二级保护野生鸟类白腹锦鸡等17种。2015年入选国家湿地公园。

青华海国家湿地公园　位于保山市隆阳区东部哀牢山下,保山坝子中部。青华海是远古时代哀牢古湖演变的孑遗部分,早在公元3世纪便是哀牢古国的政治、经济、文化中心。公园包括青华海东湖、西湖、北庙水库、东河两岸,总面积13.59平方千米,其中湿地面积6.61平方千米,湿地率48.6%。青华海自然风光优美,集山水、田园风光于一体,是城市居民及周边群众休闲度假的理想场所。2016年入选国家湿地公园。

星云湖国家湿地公园　位于江川县城北处。星云湖俗称"江川海",与抚仙湖一山之隔,一河相连,湖水碧绿清澈,波光妩媚迷人,月明之夜皎洁的月光映照湖面,如繁星闪烁坠入湖中,晶亮如云,故名"星云湖"。星云湖占地面积 34.71 平方千米,平均水深 7 米,最大深度 10 米,透明度约 1.5 米,是发展水产养殖业的天然场所,也是云南省较早有专业部门繁殖和放养鱼类的湖泊。2016 年入选国家湿地公园。

五湖国家湿地公园 位于普洱市思茅区。占地面积 11.48 平方千米。由洗马湖、梅子湖、野鸭湖、信房湖和纳贺湖五湖组成,五湖之间有人工管道和沟渠相通。地处云贵高原西南部横断山脉南段(思茅中生代凹陷之南部)的思茅盆地内,地貌主要为侵蚀堆积型第四系沉积堆积盆地地貌。地势平坦,河谷众多,森林植被覆盖率高,形成了"森林—湿地"的独特地貌景观。2017 年入选国家湿地公园。

黄草洲国家湿地公园 位于泸西县中枢镇南部。占地面积 3.09 平方千米。属于滇东南高原喀斯特地区典型的岩溶湿地,由以岩溶涌泉为水源地的岩溶沼泽、岩溶湖泊、河流以及岩溶残丘上的森林共同构成的复合湿地生态系统,保存较为完整。2017 年入选国家湿地公园。

箐花甸国家湿地公园 位于兰坪县,紧邻怒江、澜沧江、金沙江"三江并流"世界自然遗产老君山片区。占地面积 4.79 平方千米,其中沼泽湿地面积 2.07 平方千米,湿地率为 43.2%。拥有亚高山泥炭沼泽湿地生态系统,有莜麦吊云杉、金铁锁、灰鹤、胸腺猫眼蟾、贡山猫眼蟾、滇金丝猴等珍稀、特有野生动植物。该区域是金沙江一级支流黎明河的源头之一,大面积的沼泽湿地具有蓄水保水作用,对涵养水源、调节河川径流和河流补给有一定作用。2017 年入选国家湿地公园。

普者黑国家湿地公园 位于丘北县城北郊。占地面积 11.07 平方千米,其中湖泊 5.3 平方千米、沼泽 2.06 平方千米,湿地率 66.4%。喀斯特地貌景观丰富,包括溶丘和溶丘洼地、峰林、峰丛、孤峰、溶洞与落水洞等。喀斯特洞穴遍布,类型全、数量多,构成宏大神奇的洞群。植被类型为石灰岩灌丛、石灰岩阔叶林等。有鱼类 18 种,两栖动物 6 种,爬行动物 10 种,兽类 16 种,鸟类 142 种,其中属于国家重点保护野生动物的 10 种,野生维管植物有 465 种。2017 年入选国家湿地公园。

二十一、国家矿山公园

　　东川国家矿山公园　位于昆明市东川区。占地面积238平方千米。分为铜文化展示(铜博物馆)、古代矿业遗迹展示区、铜运古道体验区、现代矿业观光区、自然景观游览区等五个功能区。矿业遗迹主要以矿业生产活动遗迹、矿业制品遗存及矿业社会生活遗迹为主,包括古代采冶铜遗迹、近现代采冶铜遗迹、采冶铜方法遗迹、铜运古道遗迹、青铜器、钱币、斑铜制品等,部分矿业遗迹代表了当时国内甚至国际上的先进技术水平。2010年入选国家矿山公园。

二十二、世界遗产

　　丽江古城　又名"大研镇",位于丽江市古城区。纳西族称作"巩本知","巩本"为仓廪,"知"即集市,古城曾是仓廪集散之地。始建于宋末元初,占地面积7.279平方千米。作为少数民族城市,从总体布局到工程建筑融汉族、白族、彝族、藏族等各民族特色,又具有纳西族的独特风采。街道依山傍水修建,以红色角砾岩铺就,有四方街、木府、五凤楼、黑龙潭、文昌宫、王丕震纪念馆、雪山书院、王家庄基督教堂、方国瑜故居、白马龙潭寺、顾彼得旧居、净莲寺、普贤寺等景点,为中国历史文化名城。民族习俗和娱乐活动丰富多彩,如纳西古乐、东巴仪式、占卜文化以及纳西族火把节等。1997年入选世界文化遗产。

　　"三江并流"　2003年入选世界自然遗产。参见国家级风景名胜区——

"三江并流"风景名胜区。

中国南方喀斯特：石林 喀斯特是发育在以石灰岩和白云岩为主的碳酸盐岩石上的地貌。中国喀斯特有面积大、地貌多样、典型、生物生态丰富等特点，"中国南方喀斯特"集中了中国最具代表性的喀斯特地形地貌区域，形成于距今 50 万—3 亿年。石林于 2007 年作为"中国南方喀斯特"的典型代表入选世界自然遗产。参见国家生态旅游示范区——昆明市石林景区。

澄江化石地 2012 年入选世界文化遗产。参见国家地质公园——澄江动物化石群国家地质公园。

红河哈尼梯田 2013 年入选世界文化遗产。参见国家湿地公园——哈尼梯田国家湿地公园。

二十三、全国重点文物保护单位

昆明—太和宫金殿 又名"铜瓦寺"，位于鸣凤山麓。我国现存最大最完整的纯铜铸殿，因在阳光照耀下光芒四射、金光灿烂，故名"金殿"。初建于明万历年间，仿照湖北武当山天柱峰的太和宫及金殿样式建造，供奉北极真武大帝。现存金殿为清康熙初年平西王吴三桂重建。重檐飞阁仿木结构方形建筑，高 6.7 米，宽、深均 6.2 米，包括梁柱斗拱、瓦楞顶檐、神像罗幔、桌案瓶器、匾楹旌旗等都用铜铸成，总重量达 250 吨。殿基边沿环绕大理石雕凭栏，台阶、御路、地坪皆大理石砌成。1982 年入选全国重点文物保护单位。

昆明—地藏寺经幢 位于昆明市博物馆内。又称"大理国经幢"，1919年从地藏寺废墟出土，故名"地藏寺经幢"。幢体七级八面，通高 6.3 米。基座是一个八方形的须弥座，上面是雕有云纹和天龙八部的鼓形幢基，两条龙为一组，龙头相向，共戏一珠，呈"二龙抢宝"之态。第一层界石上刻有慈济大师段进全撰写的《敬造佛顶尊胜宝幢记》,用汉字楷书直行镌刻,记载了建幢的目的和经过。1982 年入选全国重点文物保护单位。

昆明—聂耳墓 位于西山山坡上。聂耳是人民音乐家,中华人民共和国国歌《义勇军进行曲》的曲作者,1935 年在日本溺水逝世,1938 年归葬于此。1954 年重修聂耳墓,墓碑上镌刻郭沫若手书"人民音乐家聂耳之墓"。墓地呈琴状,主体为琴盘,墓穴为琴颈,墓道上七个花台呈琴品状,象征七个音阶;24 级石阶象征他仅活了 24 岁。1988 年入选全国重点文物保护单位。

昆明—云南陆军讲武堂旧址 1988 年入选全国重点文物保护单位。参见全国红色旅游经典景区——陆军讲武堂旧址。

昆明—妙湛寺金刚塔 位于官渡镇。我国现存年代最久的砂石构筑的喇嘛式佛塔。始建于明天顺初年。塔基呈方形,高 4.8 米,边长 10.4 米。基台上建有五座金刚宝座式塔。基台中部为主塔,通高 16.05 米,塔座为方形折角须弥座,四角各雕有力士像,四面均雕刻有反映佛教内容的狮、象、孔雀、迦楼罗等形象。须弥座上为七层石雕莲瓣的覆莲座,上承覆钵形塔身。塔刹上有十三天相轮、伞盖、垂八铃铎和四天王像。整座石塔典雅壮观,主塔与小塔之间布局协调,雕工细腻。1996 年入选全国重点文物保护单位。

昆明—石寨山古墓群 位于晋宁区。战国至汉代滇王及其家族臣仆的墓地,占地面积约 5 000 平方米。清理古墓 50 座,墓坑无规则,一般是选择山石之间的土壤掘坑以为墓穴。出土文物 4 000 余件,器物种类繁多,有青铜器、金器、银器、铁器、玉器、海贝等,青铜器工艺精湛、造型优美、装饰华丽、雕铸生动、风格独具,是罕见的古代工艺品。其中金质篆书的"滇王之印",印证了《史记·西南夷列传》记载的西汉元封初年武帝"赐滇王玉印"的史实,轰动国内外考古界。2001 年入选全国重点文物保护单位。

昆明—筇竹寺 位于玉案山上。始建于唐宋年间,为佛教禅宗传入云南的第一寺。现有三重院落,沿中轴方向依次为山门、大雄宝殿、华严阁。中轴线上建筑的屋顶均采用黄色琉璃瓦铺设,围合中轴线的建筑一律采用青瓦铺设。寺院一反"开门见山"的传统布局,进入寺院还须经一坡道缓缓而上,绕过院墙,方可到达山门。五百罗汉分布为大殿 68 尊、天台莱阁 216 尊、梵音阁 216 尊。2001 年入选全国重点文物保护单位。

昆明—惠光寺塔和常乐寺塔 慧光寺塔位于东寺街原慧光寺内,常乐寺塔位于书林街原常乐寺内,均建于南诏国时代,今寺俱废而塔尚存。常乐寺塔为四方形密檐式空心砖塔,高 40.57 米,13 级,全塔形如天弓,极具张力;有地宫,深 1.5 米;各层出槽以 10 层平砖叠涩出挑。塔顶四角各置铜制“迦楼罗”,每只高达 2.03 米,西南、东北角“迦楼罗”喙内各放管状口笛一枚,每当西南风起即“呜呜”鸣叫,可惜口笛为风露所锈,早已不鸣。塔刹为铜制,由相轮、伞盖、圆光、牟尼珠组成。慧光寺塔与常乐寺塔形制相同,但无地宫。夜晚,两塔所有佛龛明灯燃起,灿若星河。2006 年入选全国重点文物保护单位。

昆明—曹溪寺 位于安宁市温泉镇。地处龙山东麓,俯瞰螳螂川,与“天下第一汤”遥相对望,以“天涵宝月”“珍珠泉”“三潮圣水”奇观而闻名。建筑于唐代,传说每隔 60 年的中秋时分,月光从大殿前檐的窗上直射入殿内释迦牟尼的前额,并从前额照到肚脐,然后消失,这便是传说中的“天涵宝月”。其实每到春秋时分,“日照佛胸”的奇景都会在早上日出后半小时左右出现。现存一些碑刻陈列于碑廊,其中崇祯御笔“松风水月”乃民国年间由省外拓片来滇翻刻。2006 年入选全国重点文物保护单位。

昆明—安宁文庙 位于安宁市八街镇。始建于元代大德年间,天历初年毁于兵燹,至元年间重建,后多次重修扩建。占地面积 4 500 平方米,原有七进六院 22 座建筑,现仅存主体建筑大成殿和崇圣祠。近年修复了大山门、青云楼、大成门、大成殿、棂星门等建筑,配有南北厢房和左右耳房 14 间,仿古建筑 17 间,重塑孔子及 72 弟子的画像。参天古木遮天蔽日,一株 300 多年树龄的金桂花树芳香四溢。2006 年入选全国重点文物保护单位。

昆明—真庆观古建筑群 位于白塔路与拓东路交叉路口。原名“真武阁”,始建于元代,明清两代均有扩建,一度为昆明地区香火最旺的道教宫观,2001 年重修。现存有真庆观、都雷府和盐隆祠三部分,占地面积 4 万余平方米,是昆明市区面积最大、保存明清两代建筑最多的古建筑群。建于清康熙年间的紫微殿,进深四间,单檐歇山顶,斗拱粗大疏朗,梁架结构具明代北京皇家建筑风格。都雷府尚存一古井,水甘洌,充满神奇传说。建于清光绪初年的盐隆祠,大殿为土木结构,进深二间,面阔三间,楼上走廊花厅刻有二十四孝图等传统道德画。2006 年入选全国重点文物保护单位。

昆明—王仁求碑　位于安宁市鸣矣河乡。立于唐代武周圣历初年。碑名"大周故河东州刺使之碑",成都闾丘均撰文,王善宝书丹。碑材为纱石质,通高 4.01 米,碑身高 2.03 米,宽 1.17 米,厚 0.36 米。王仁求曾任河东州刺史,碑文赞述王仁求开发管理姚府以西 20 余州,助唐将讨平阳瓜州刺史蒙俭与土酋和舍之乱。河东州建置不见于新旧《唐书》,碑文所记此史实可补正史缺遗。2006 年入选全国重点文物保护单位。

昆明—马哈只墓碑　位于晋宁区昆阳镇。"哈只"是对朝觐过伊斯兰教圣地麦加的人的尊称。马哈只墓建于明初,年久日深倾陷为土丘,20 世纪 60 年代初期依墓四角的石框用条石和水泥砌筑成今状,保持了回教长方形墓的形制。石碑通高 1.65 米、宽 0.94 米、厚 0.15 米,碑额呈圆拱形,龟趺碑座。石碑正文楷书 14 行 284 字,字迹略有残损。墓主马哈只,生于元至正四年(公元 1344 年),卒于明洪武十五年(公元 1382 年),生前曾朝拜伊斯兰教圣地麦加,育有二男四女,其中次子即为七下西洋的郑和。郑和在第四次出使西洋前曾回乡祭扫,这段经过刻记在《故马公墓志铭》碑阴上。郑和的家世出身文献史料盖不详实,《故马公墓志铭》的发现补充了文献史料记载的诸多不足。2006 年入选全国重点文物保护单位。

昆明—石龙坝水电站　位于螳螂川上。我国最早兴建的水电站之一。电站一厂于清末宣统二年(公元 1910 年)开工,1912 年发电,最初装机容量为 480 千瓦。如今,这座水电站的马达依然在轰鸣,累计发电量超过 10 亿千瓦时,见证了中国水电百年的历史。2006 年入选全国重点文物保护单位。

昆明—抗战胜利纪念堂　位于原云贵总督府旧址。兴建于 1944 年,最初名为"志公堂",随后改为"中山纪念堂",1946 年落成时改为"抗战胜利纪念堂"。除观众厅为弧形山墙外,均采用传统的歇山顶筒板瓦屋顶,清式斗拱,彩画架枋,白石勾栏,具有浓郁的民族风格。抗战胜利纪念堂的广场中央有云南人民英雄纪念碑。2006 年入选全国重点文物保护单位。

昆明—国立西南联合大学旧址 2006 年入选全国重点文物保护单位。参见全国红色旅游经典景区——西南联合大学旧址。

昆明—大观楼 位于西山区大观公园内。清康熙中期兴建,三重檐琉璃饿角木结构建筑。挂有孙髯翁撰写的 180 字长联,被誉为"天下第一长联"。清咸丰中期长联与楼均毁于兵燹。同治中期重建,复遭大水,光绪中期再修。光绪十四年(公元 1888 年)赵藩重以楷书刊刻长联。2013 年入选全国重点文物保护单位。

昆明—福林堂 位于光华街。云南现存最古老的药店,清咸丰年间创建。创始人李玉卿深谙医道,为穷苦百姓治病不收诊费,只要求重病愈者在后堂植杏树三棵,轻者一棵,逐成杏林,故药店取名"福林堂",意为"福泽杏林"。福林堂初开张时仅一间铺面,前面看病卖药,后面切药制药,因面积狭小,又称"簸箕堂"。经过四代人 100 多年的苦心经营,现已成为昆明最负盛名的中药店。2013 年入选全国重点文物保护单位。

昆明—丹桂村中央红军总部驻地旧址与金沙江皎平渡口 丹桂村中央红军总部驻地旧址位于寻甸县柯渡镇,由一幢一进两院的四合院落和阁楼组成。1935 年 4 月,中央红军第一方面军军委纵队和一、三、五军团由马龙进入寻甸,中央军委总部住在丹桂村何本恩家四合院里。周恩来、朱德、刘伯承在这里住宿办公,毛泽东住在紧靠总部驻地杨明修家的广式楼房里。1935 年 5 月,军委干部团翻山越岭日夜兼程 90 千米,控制了皎平渡两岸渡口,红军主力渡过了金沙江。1977 年在丹桂村建立了红军长征纪念馆。2013 年入选全国重点文物保护单位。

玉溪—李家山古墓群 位于江川区龙街镇。战国至东汉初期的墓葬。清理出墓葬 85 座,墓葬为竖穴土坑墓,长度在 4—6 米的大墓 14 座。墓地出土了几千件随葬物品,包括兵器、乐器、生产工具、生活用具和装饰品,以牛虎铜案以及铜编钟最为珍贵。还有铜扣饰、铜贮贝器和数量相当多的金银器、玉器和珠贝器。李家山青铜器先后到日本、瑞士、法国、意大利等地展出，观赏者赞不绝口。1992年入选"全国十大考古新发现"。2001年入选全国重点文物保护单位。

玉溪—秀山古建筑群　位于通海县城南。宋柏、元杉、明玉兰、茶花被称为"秀山四绝"，素有"秀甲南滇"的美誉。现存田勾町王庙、三元宫、普光寺、玉皇阁、清凉台、涌金寺、白龙寺七大古建筑群。普光寺现存殿宇建于元代，正殿屋架为斗拱式结构，呈典型蒙古建筑形式。清凉台建于元代，由鲁贤祠、桂香殿、海云楼、药王殿、蓬莱阁、武侯祠等连成一个四院三通的建筑整体。涌金寺因山势如"地涌金莲"而得名，殿宇宏伟。白龙寺坐落在秀山南面的茂林之中，古朴典雅。2006年入选全国重点文物保护单位。

玉溪—玉溪窑址　位于红塔山脚的瓦窑村。元末明初的古瓷窑。分古窑、平窑、下窑，占地面积约1.87万平方米。出土瓷片、残瓷器、残窑具上万件，重约2吨。发现龙窑两座，窑长28.8—33.8米，宽2米左右，顺坡上爬，窑头低、窑尾高，形状似龙，故称"龙窑"。出土的产品有碗、盘、杯、碟、瓶、罐、盆、壶、钵等。花纹制作法有绘、刻、划、印、贴、捏等。图饰主要有花草、禽兽、鱼藻和房屋等。釉色有青瓷、青花瓷、酱瓷（黑釉），其中以青花瓷为最多。2013年入选全国重点文物保护单位。

玉溪—金莲山、学山遗址群　位于澄江市右所镇。包括金莲山青铜墓葬群和学山古聚落遗址，两者相距不足1 000米。金莲山墓葬群形成时代约为春秋时期至东汉时期，估计墓葬数量达千余座，墓葬具有明显的石寨山文化特征。已清理出各类墓葬496座，墓葬形制均为长方形竖穴土坑墓，部分墓葬有腰坑，少部分墓葬有二层台，出土青铜、铁、陶、玉石、玛瑙等器物2 000余件。学山古聚落遗址为与金莲山青铜墓葬群同时代的古代聚落遗存，其中发现有半地穴式房屋遗迹。2013年入选全国重点文物保护单位。

玉溪—文兴祥商号旧址　位于红塔区棋阳路。建于1934年，由正房、倒座(前厅)、东厢房、西厢房围合而成的四合院以及一座六角亭组成。四合院为云南民国时期典型的"走马转角"和"四合五天井"布局,结构体系、瓦屋顶做法、小木作、花台、地仗、油饰、彩画等较好地保持了云南传统民居特征。廊檐、门、窗等木雕制作考究,雕刻细腻精美。外墙的门窗、露台、女儿墙、垂带及外墙面色彩则采用了西洋做法,体现了中西建筑风格的融合。2013 年入选全国重点文物保护单位。

玉溪—陇西世族庄园 位于戛洒镇。陇西李氏兴起于清乾隆年间,李毓芳因征战有功被皇帝诰封为"云骑尉",其子李显智又被封为岩旺土把总,后来数代都为世袭土司。李有富掌权后,走私贩盐、经商办厂,于 1943 年建盖了这座庄园。庄园西靠白虎山白虎崖,门向朝东鸟瞰戛洒坝和红河谷,形成西依山险、东控平川之势。占地面积 2 800 平方米,分主体建筑、花园、马厩三部分,为欧洲中世纪城堡式的建筑风格。门两侧、后山墙、左右廊房大墙都设有枪眼。2013 年入选全国重点文物保护单位。

楚雄州—元谋猿人遗址 位于元谋县老城乡。旧石器时代早期人类化石发现地。元谋人化石是目前我国发现的最早的人类化石之一,也是我国首次发现的早更新世古人类,属于直立人种中的一个新亚种,被定名为"直立人元谋新亚种",简称"元谋人"。距今约 170 万年,比北京人、蓝田人化石早 100 多万年。还出土有泥河湾剑齿虎、桑氏缟鬣狗、云南马、爪蹄兽、中国犀、山西轴鹿等 29 种哺乳动物化石。1982 年入选全国重点文物保护单位。

楚雄州—腊玛古猿化石地点 位于禄丰县石灰坝村。占地面积约 2 万平方米,化石层厚约 5 米,发现了世界上第一具腊玛古猿头骨化石以及 1 000 余件西瓦古猿化石,有头骨、颌骨、肢骨、牙齿等,其中一件较完整的下颌骨保留有门齿、犬齿、前臼齿共 12 枚,还有轭齿象、三趾马、犀牛、爪兽、羚羊等 10 余种动物化石。腊玛古猿具有早期人类的形态特征,距今 800 多万年,被誉为人类的祖先,它的发现填补了距今 1 500 万年前的开远古猿演化到距今 170 万年的元谋猿人之间的一个重大缺环。1988 年入选全国重点文物保护单位。

楚雄州—大姚白塔 位于大姚县西城门外的宝顶山顶。始建于唐代天宝年间,是云南早期的一座藏式喇嘛塔。塔系青砖所砌,高 18.4 米,顶部为圆锥形,腰部收缩,上大下小似磐锤,故名"磐锤塔"。塔分为三层,露出地面的基座是八角形的须弥座。塔身用石灰抹白,故名"白塔"。历史上曾经历过数次地震,仍安然屹立。2006 年入选全国重点文物保护单位。

楚雄州—龙华寺 位于姚安县光禄镇西山麓。西山形如游龙盘旋,山仞重峦突兀,民间称"龙华山"。本名"活佛寺",始建于唐代天祐年间。古代宫殿式建筑,前后四院四轩,共 110 余间,占地面积 4 372 平方米。清康熙末年毁于火灾,后重修。光绪中期又毁,按原样复修。两次火灾都未殃及大悲殿(圆通楼)及后轩,故圆通楼及后轩仍为明代建筑。旅行家徐霞客曾旅游到此,对当地的地理环境和风物景观有简笔描述,当时的住持为他敬奉午餐,并留他在后轩歇息。2006 年入选全国重点文物保护单位。

楚雄州—元谋古猿化石地点 位于元谋县竹棚、小河地区。出土古猿化石标本 2 296 件,其中头骨 1 件、完整颌骨 1 件、上下颌骨残段 26 件、单枚牙齿化石 2 268 枚。与古猿伴生的以三趾马、剑齿虎为代表的哺乳动物群化石 6 000 余件,约 60 多个种类。时代最晚为中新世,距今 600 万—700 万年。是我国乃至亚洲出土古猿化石数量最多、最接近人类并向人类进化的古猿化石地点,对于人类起源与演化、进化的研究有重要的科学价值和学术价值。2013 年入选全国重点文物保护单位。

楚雄州—大墩子遗址 位于元谋县城东部,东靠莲花山,系一高出河床 14 米的河旁台地,占地面积约 5 000 平方米。遗址南部因河水长期冲刷已成断崖。新石器时代遗址,文化堆积较厚。遗址反映出当时的社会经济状况是以农业为主,兼营狩猎、采集与饲养家畜。当时的农业虽较粗放,但已发展到原始的锄耕阶段。出土的炭化粳稻和发现储藏谷糠与禾草类粉末的窖穴,说明粳稻已是当时的重要作物。2013 年入选全国重点文物保护单位。

楚雄州—万家坝古墓群 位于楚雄市万家坝村。墓葬年代分为两类,一为西周至春秋早期,二是春秋晚期至战国时期。发掘面积约 3 300 平方米,发掘墓葬 79 座,其中大墓 13 座、小墓 66 座。出土随葬品 1 245 件,其中青铜器 1 000 余件,其余有陶、木、玉石、玛瑙、琥珀、绿松石等。出土文物中的 5 件铜鼓,距今约 2 300 年以上,是迄今世界上发掘所得铜鼓中最早者。还有 6 枚一套的羊角编钟。2013 年入选全国重点文物保护单位。

楚雄州—德丰寺 位于姚安县栋川镇。始建于明永乐初年。三重堂古代建筑群,是云南省现存明代斗拱建筑中最为完整的一座。正殿装置 18 扇格子门,殿内有高大的铜铸释迦牟尼佛像,还有一尊被称为"老睡像"的佛像。保存的德化铭碑,刻于宋大理国元亨初年,为"云南八大名碑"之一。保存珍贵历史文物 600 余件,品种、数量、质量均为全州之冠。2013 年入选全国重点文物保护单位。

楚雄州—楚雄文庙 位于楚雄市中大街鹿城小学内。县文庙于明弘治年间迁建于此,府文庙于明嘉靖年间迁建于县文庙之右射圃,清代康熙中期毁于地震,随即奉旨重建,遂统一布局。清咸丰末年又遭毁损,同治年间再次重修,但规模远不及前。现仅存苍颉殿、大成殿、大成门、三元桥、伴池等。2013 年入选全国重点文物保护单位。

楚雄州—星宿桥和丰裕桥 星宿桥位于禄丰县城西门外的星宿江上,又称"西门大桥",始建于明万历中期,现存石桥建于清道光年间,历史上是昆明通往滇西地区的咽喉,马驰车驶,历经 170 多年仍屹立如初。丰裕桥原名"飞虹桥""利济桥",当地人称为"螺丝河桥",位于禄丰县城北菜园村,始建于明天启年间,多次被水毁又重修,清光绪中期修复,沿用至今。桥长116.55 米,宽 8.6 米,五孔单跨,桥面有石栏,两头立有大小石狮、石象各两对,中孔拱顶两侧雕刻龙头、龙尾。2013 年入选全国重点文物保护单位。

西双版纳州—景真八角亭 位于勐海县景真寨。始建于清康熙中期,相传仿照佛祖释迦牟尼的金丝台帽"卡钟罕"而建,是当地傣族群众举行宗教仪式的地方。佛亭呈八角形,砖木结构,高 21 米,有 31 个面,32 个角,墙面上有 31 幅象、狮、虎等浮雕。亭外壁镶嵌着镜子和彩色玻璃。锥形攒尖顶式的多层屋檐,12 根 10 米长的横梁撑起 10 层别致的八角形楼阁,面铺平瓦,如鱼鳞覆盖。亭角上塑有金鸡、凤凰和色彩鲜艳的异卉奇葩雕刻。1988年入选全国重点文物保护单位。

西双版纳州—曼飞龙塔 位于景洪市勐龙镇曼飞龙寨。始建于清乾隆年间。由主塔和八座小塔组合成母子塔群,宛如一丛春笋破土而出,故傣语称为"塔糯"(笋塔)。因通体洁白如雪,又称"白塔"。主塔居中,通高16.3米,小塔通高9.1米,均为实心。砖石结构,塔基为八角形须弥座,座上最外圈为八个佛龛,龛内供佛像。在正南向龛下的原生岩石上,有一人踝印迹,传为释迦牟尼的足迹,因而兴建此塔。1988年入选全国重点文物保护单位。

西双版纳州—曼短佛寺 位于勐海县。始建于南唐保大年间。由大殿、戒堂、彭房、僧舍、佛塔和"窝苏"(八角亭)等建筑组成。主体建筑大殿阔四间约10米,深八间约18米。大殿是拍梁、穿斗结合的梁架结构,重檐歇山式屋顶,上下两檐都是五面坡。不用檐柱,四面偏厦是墙抬梁,墙体与檐口间设有斜撑。殿内外的构件上均有龙、凤花卉等图案的雕刻装饰。2006年入选全国重点文物保护单位。

西双版纳州—曼春满佛寺 位于景洪市勐罕镇。"曼春满"在傣语中意为"花园寨"。始建于隋开皇年间,是佛教传入西双版纳后修建的第一座佛寺。中央大殿长23.5米,宽21米,面积490平方米。佛殿高大宽阔,44根直径分别为0.4米和0.6米的圆形水泥柱分排在殿宇两旁。圆柱高的12米,矮的也有4—5米,所有圆柱都以红色为基色,用金粉绘制图案作饰品,金碧辉煌。曼春满佛寺在东南亚享有盛名,每年的重大佛事活动期间,来自斯里兰卡、泰国、缅甸、老挝等地的僧侣和信众云集于此,举行朝拜和诵经活动。2013年入选全国重点文物保护单位。

丽江—大宝积宫与琉璃殿 位于大研镇。太宝积宫平面呈方形,面阔三间,重檐歇山屋顶。宫内保存壁画12幅,壁画面积为61.48平方米。最大的一幅壁画《如来讲经图》高3.67米,宽4.98米,如来佛朱衣金身端坐正中,上列十八尊者,两侧画四大天王等诸神,表现技法融合了汉族、藏族、纳西族、白族等的传统手法。琉璃殿平面呈正方形,面阔二间,重檐歇山屋顶,内

壁外侧残存壁画十余幅,题记九处。壁画作于明永乐年间至清代,历时 300
载,早期作品朴实,晚期作品线条粗犷奔放。1996 年入选全国重点文物保护
单位。

丽江—营盘村墓群 位于永胜县六德乡。占地面积约 3 平方千米。依
山而筑,华表、碑石林立,掩隐在绿荫叠翠之中。墓碑数以万计,墓碑上雕刻
的凤凰、麒麟、太极图等图案及花纹工艺精湛,碑文一律是规范的楷书、隶书
或行书,文字工整,刻迹较深。墓葬大多为明末及清代所建。2006 年入选全
国重点文物保护单位。

丽江—宝山石头城 位于金沙江峡谷中。纳西语称为"拉伯鲁盘坞",
意为"宝山白石寨"。建于元朝至元年间,为丽江路宣抚司所辖的七州之
一——宝山州治所。整座城建在一座独立的蘑菇状岩石上,四壁陡峭,势如
刀削,猿猴也难以攀爬。四周加筑一圈五尺高的石墙,仅有南北两座石门可
出入。元宪宗三年(公元 1253 年)忽必烈南征大理国,元军就驻扎在石头
城,昆明大观楼长联中"元跨革囊"的典故就出于此。2006 年入选全国重点
文物保护单位。

丽江—黑龙潭古建筑群 位于大研古城北隅。黑龙潭由涌泉汇集成
潭,纳西语称"古六吉",意为"九龙水",又称"玉泉"。黑龙潭分为两池,以
石桥为界,左边是浑水潭,右边是清水潭,两池相通而水色各异,泾渭分明,
就像阴阳各半的"太极图"。清乾隆初年建龙神祠,乾隆帝题"玉泉龙神"匾
额。潭畔有三重檐的得月楼及五孔石拱桥锁翠桥。有两组道教建筑群,隐
于绿荫深处的龙泉观称为"上观",临于碧潭深水的黑龙宫称为"下宫"。潭
旁有明代义士薛尔望之墓,还有唐梅、宋柏和明茶树。2006 年入选全国重点
文物保护单位。

丽江—金龙桥 又名"梓里桥",位于永胜县和丽江市古城区之间的金
沙江上。建于清光绪初期,是长江上现存最古老的桥梁,曾有"万里长江只
一桥"之誉。桥面单孔净跨 92.3 米,引桥 131.6 米,桥宽 3.5 米,由 18 根手工
锻制的大铁链悬系两岸,其中 16 根为承重底链,上横铺木板,再直铺行步木

板、横行钉木档成为桥面。金龙桥建成后,丽江东路驿道畅通,促进了马帮运输的发展。2006 年入选全国重点文物保护单位。

丽江—大觉宫壁画 位于丽江市束河古镇。大觉宫为斗拱结构,额枋梁柱饰以各种鸟兽浮雕。殿内有明代壁画,现存六幅,计 21.64 平方米。画幅不大,画面斑驳,画中菩萨、金刚与道家同框,十分罕见,是明代丽江壁画的珍品。2013 年入选全国重点文物保护单位。

丽江—普济寺 位于丽江古城普济山麓。藏名"舍培兰辛林",意为"解脱修行院"。始建于清乾隆中期,嘉庆中期重修,1937 年重修殿宇。原有大殿、僧院等 12 个院落,现存三院,由山门、护法堂、大殿、南北厢房等组成。大殿面阔、进深均五间,重檐歇山顶,以顶覆铜瓦,故又名"铜瓦殿"。大殿前有两棵云南樱花,至今已有 200 多年的历史,被誉为"云南樱花之冠"。寺外有很多梨树,每到春季,景色绚丽,游人如织。2013 年入选全国重点文物保护单位。

丽江—观音阁石刻造像 位于永胜县城东部的灵源箐观音阁内。观音阁始建于北宋大理国时期,现存建筑系清代光绪初年重修。造像镌刻于观音阁内的石壁上,高 1.78 米,宽 0.75 米,旁注"唐吴道子笔"字样,造型美观,镌刻细致,立体感强,栩栩如生。昆明圆通山的碑刻观音像,即仿此翻刻。2013 年入选全国重点文物保护单位。

大理州—石钟山石窟 位于剑川县城西南的石宝山。因有一紫红丹岩形状如倒扣的石钟而得名。山上有三区石窟群,造像共 139 尊,均雕刻在红砂石上。造像以南诏国的发展历史为主要内容,其中有南诏历史上功绩显著的三位王者的雕像,还有释迦牟尼、八大明王等佛教造像和樵夫、老翁、琴师、童子雕像,充满民间生活气息。石窟的开造年代,上迄南诏(唐),下至大理国(宋),至今已有 1 000 多年的历史。1961 年入选全国重点文物保护单位。

大理州—崇圣寺三塔 位于大理古城西北部,西对苍山应乐峰,东对洱海。始建于南诏劝丰祐时期。采用垫一层土修一层塔的方法,塔修好后将土逐层挖去让塔显现出来,故有"堆土建塔"与"挖土现塔"之说。建塔时所搭的桥,高如山丘,长达 5 000 余米。三座塔鼎足而立,大塔居中,二小塔南北拱卫。大塔名"千寻塔",通高 69.13 米,凡 16 级,为四方形密檐式空心砖塔。南北两小塔均为 10 级,高 42.17 米,为八角形密檐式空心砖塔。寺中的鸿钟径丈余、厚及尺,声闻 80 里。1961 年入选全国重点文物保护单位。

大理州—太和城遗址 位于大理市七里桥乡。西依苍山,东临洱海,地势险要。南诏国于唐代开元年间迁都于此,大历年间迁都羊苴咩城后逐渐荒废。现存苍山顶的金刚城及南北相距约 500 米的两道城墙。城墙依山势用土夯筑,残存的北段城墙高出地面约 3 米,厚约 5 米。城内的"南诏德化碑",高 3.02 米,宽 2.27 米,厚 0.58 米,立于大历初年。碑文作者相传是南诏汉族清平官(宰相)郑回,由唐朝流寓在南诏的御书杜光庭书写。碑两面共刻 5 000 多字,叙述南诏的政治制度、经济以及对唐朝廷友好的愿望。1961 年入选全国重点文物保护单位。

大理州—南诏铁柱 位于弥渡县太花乡原铁柱庙内。铁柱庙史称"铁柱宫"或"铁柱观",由山门、前院、后院三部分组成,占地面积 5 541 平方米,建筑面积 1 542 平方米。南诏铁柱立于铁柱庙前院正殿中央,柱体为圆柱形,通高 3.3 米,直径 32.7 厘米,铁质、实心,重 2 069 千克。柱身分 5 节浇铸,题记"维建极十二年岁次壬辰四月庚子朔十四日癸丑建立"22 字,外刻单凸线边框。"建极"是南诏第 11 世王世隆的年号,"建极十二年"即唐咸通十三年(公元 872 年)。南诏铁柱在没有任何保护措施的情况下,历经多次地震却千年不倒,且千年不锈。1988 年入选全国重点文物保护单位。

大理州—喜洲白族古建筑群 喜洲位于大理古城北隅,是白族聚居城镇。现存明、清、民国时期较完整的民居 101 院,还有承袭白族传统形式的现代民居,共约 1 500 余座。各院平面布局有一向一坊、一向二坊、二向三坊、三坊一照壁、四合五天井、五福寿、六合同春、走马转角楼等式样。主房高、耳房低,正面设照壁。照壁多为三滴水面照壁,设庑殿式壁顶及脊,下用斗拱。壁上多题代表家庭地位与家风的文字。其中比较著名的有杨品相宅、严家大院、侯家大院等。2001 年入选全国重点文物保护单位。

大理州—元世祖平云南碑 位于大理城外苍山龙泉峰下,面洱海而屏苍山。立于元大德年间。石碑高 4.5 米,宽 1.65 米,碑额篆书"世祖皇帝平云南碑"。行文 50 行共 1 300 字,现存 1 000 余字。碑文由元朝文臣程钜夫(程文海)奉元成宗敕而撰写,歌颂忽必烈讨平云南一统南滇的圣德神功。以正楷大字书丹,劲瘦工严,有欧、柳遗风,是元碑中的精品。2001 年入选全国重点文物保护单位。

大理州—白羊村遗址 位于宾川县城东北隅。新石器时代遗址,是滇西洱海地区内涵比较丰富、文化特征鲜明的典型遗址,也是云贵高原地区目前所知年代较早的以稻作农业为主的文化遗存。占地面积约 3 000 平方米,遗存有房址、墓葬、家畜的遗骨、褐陶、数量众多且具特色的石刀等。2006 年入选全国重点文物保护单位。

大理州—山龙山于图山城址 位于巍山县大仓镇。南诏国第一座都城的遗址。遗址后依大黑山,前临阳瓜江,山环水抱,占地面积约 5 000 平方米。清理出一块 80 多平方米的房屋地基,是由两层阶梯和四层阶梯衔接成的两个台面,出土大量瓦砾、石礅、莲花柱础、铺地砖,及佛、菩萨、天王力士、罗汉头像等 180 余件(块)雕像。石刻佛像有单躯、两躯、三躯和多躯,有立像和坐像,雕刻手法有浮雕和圆雕,面部圆润丰满,肌肉润腴,肉感强烈。佛头多为螺发高髻,穿袒肩袈裟。菩萨头戴宝冠,身佩华丽的璎珞,衣褶飘逸,具有明显的唐代雕刻艺术特征。2006 年入选全国重点文物保护单位。

大理州—水目寺塔 位于祥云县马街乡。南诏龙兴年间为纪念大理国护法公高量成之子而建。建造者为水目寺三祖之一的皎渊,因此又称"渊公塔"。四方形 15 级密檐式实心砖塔,通高 18.16 米,双层台基。塔的四周原有八角环形殿宇,塔尖从殿顶伸出,俗称"寺抱塔"。塔殿已毁,仅存塔基的48 个石柱础。塔身第一级南壁绘有佛教题材壁画 23 幅,画幅高 2.38 米,宽 2.63 米,画面已剥蚀不清。2006 年入选全国重点文物保护单位。

大理州—佛图寺塔 位于大理市下关镇,地处苍山斜阳峰麓。始建于南诏劝丰祐时期。白族民间流传有"白族英雄段赤城舍身斩蟒"的故事，因此俗称"蛇骨塔"。13 级密檐式方形砖塔，通高 30.7 米，塔基用毛石垒砌，条石压沿。2006 年入选全国重点文物保护单位。

大理州—州城文庙和武庙 位于宾川县州城镇。建于明弘治年间，明嘉靖及清康熙、雍正、嘉庆、光绪年间多次修复和添建。文庙面对笔架山，一进四院，由照壁、棂星门、大成门、大成殿、后宫及南北两院、名宦乡祠等建筑构成，或危楼高阁栖凤盘龙，或草木葳蕤烟聚萝缠，或小井石栏曲径通幽。房檐斗拱和额枋梁柱上装饰着青蓝点金和各种贴金彩画。各院之间以特色各异的砖砌石洞相通。武庙与文庙相对而建，供奉历史上象征忠义爱国精神的关羽和岳飞。2006 年入选全国重点文物保护单位。

大理州—西门街古建筑群 位于剑川县古城内。古城始建于明洪武年间，已有 620 多年历史，至今完整地保留了明代格局，西门、北门、南门护城河桥犹存，还有众多的明代古宅和清代民居。西门街古巷古宅较多，如七曲巷四合天井的何宅、五马坊明代古建筑张宅、赵薄藩故居光禄第、原古谯楼下明建武将军府第鲁宅等。2006 年入选全国重点文物保护单位。

大理州—沙溪兴教寺 位于剑川县沙溪镇寺登街。建于明永乐年间。国内仅存的明代白族"阿吒力"佛教寺院。现存大殿、二殿。大殿东西 14.58 米，南北 18 米，重檐歇山式九背顶，上下檐均架斗拱飞角，有明代佛教壁画 12 铺。两殿气势雄伟，高低长宽尺度及梁柱之数与白族木工匠艺《木经》歌诀中"九五出六，用墨逢六"之数相合。2006 年入选全国重点文物保护单位。

大理州—长春洞 位于巍山县巍宝山。始建于清康熙中期，由贵州道人李法纪、杨发荫修建，后由道人杨阳会改大殿为二转楼，光绪年间道人杨老七、张朝用重修厢房和花园，遂成规整的八卦图案的平面布局，为九楼十院的道观建筑格局。殿内祀玉皇大帝、雷祖、土地、马帅、灵官等神像。2006 年入选全国重点文物保护单位。

大理州—海门口遗址 位于剑川县甸南镇天马村。遗址中房屋 4/5 在水上、1/5 在陆地上。发现住房桩柱 224 根，年代为公元前 1335 年前后。发现文物近千件,其中陶器475件、石器169件、骨器六七十件、铜器14件。陶器有夹沙和硬陶两种,前者皆手制,后者轮制且有花纹。石器有斧、锛、凿、刀、镞、锥、环、纺轮、磨石等,石刀全部穿孔。骨角器有针、锥、纺轮、穿孔兽牙、穿孔骨片等。铜器有斧、钺、刀、凿、环、鱼钩和装饰品。发现四处谷物,属于粳稻类型。2013年入选全国重点文物保护单位。

大理州—银梭岛遗址 位于大理市洱海东南海域。岛上史前就有人类活动,遗址的年代跨度较大,最早距今5 000年,最晚至公元前后。出土新石器时代的石器、陶器、青铜器、汉代墓砖、南诏有字瓦和几何纹砖等,其中陶片就有30吨。还清理出石墙、柱洞、灰坑、火堆、水沟、墓葬等遗迹。2013年入选全国重点文物保护单位。

大理州—顺荡火葬墓群 位于云龙县白石镇的莲花山上。明永乐到嘉靖年间的墓葬群。墓葬多为横向排列,整个墓地依山势缓缓而下呈等腰三角形,占地面积约1.5万平方米。现存古墓千余冢,完好的梵文碑85块,梵文经幢7座。火葬墓群是当地白族墓葬,为现在顺荡居民祖先的坟茔,多数梵文碑刻较为清晰。2013年入选全国重点文物保护单位。

大理州—弘圣寺塔 位于大理市中和镇。弘圣寺毁于明初。大理国时期的建筑。16级方形密檐式空心砖塔,塔通高43.87米。塔身下部为块石砌成,各层之间用砖砌出叠涩檐,逐层收分。第二层东西面设佛龛,内置石刻佛像。第三层东西面设券洞,与塔心相通。塔刹宝盖为八角形,角挂风铎。发掘出土文物700余件。2013年入选全国重点文物保护单位。

大理州—等觉寺 又名"报国寺",位于巍山县古城东北隅。始建于南诏(唐代),清咸丰间部分建筑被毁,仅余太阳宫、双塔等处。清光绪年间建禄位祠、昭忠祠。现存太阳宫建于明永乐中期,面宽五间的单檐歇山式建筑,正面及左右檐下皆设重昂五踩斗拱,后檐以垂柱花板作装饰。明成化初年建双塔,为九级方形密檐式实心砖塔,高约10余米,其中东塔仅保留两级,高约5米。2013年入选全国重点文物保护单位。

大理州—诺邓白族乡土建筑群 位于云龙县深山里的诺邓古村。诺邓是一个因盐业而发展起来的聚落,长期以煮盐为生,汉代产盐百万斤的老盐井至今犹存,泥土地面上留有白花花的盐卤结晶。建筑群包括玉皇阁、文庙、武庙、棂星门木牌坊等。玉皇阁保存基本完好,阁内数根直通三重檐到顶的立柱还是初建时的老物件。2013 年入选全国重点文物保护单位。

大理州—沘江古桥梁群 云龙县保存的桥梁,从最古老原始的溜索、藤桥到现代化的钢桁桥,种类繁、样式多,素有"云龙古桥冠全滇"之誉。云龙县沘江上保存有各种类型的古桥近百座,其中除浮桥是沘江枯水季节临时搭建外,其余都是永久性桥梁。伸臂式木梁桥通京桥,全长 40 米,净跨 29 米,是云南省境内同类桥梁中跨径最大的桥梁。其他还有梁桥彩凤桥、五里桥、永镇桥、阳春桥、义风桥、炼场坪桥、小岭桥、检槽桥、街子房桥等。2013 年入选全国重点文物保护单位。

大理州—景风阁古建筑群 位于剑川县城西部,西依金华山,北傍永丰河。由景风阁、来薰楼、灵宝塔、棂星门、文庙、启圣宫、财神殿、龙神祠(已毁)、关岳庙和戏台等建筑组成,始建于明末清初。这些古建筑基本上都采用斗拱飞檐结构,气势轩昂,宏大壮观,雕梁画栋,古雅精致。古柏参天,绿树成荫,历来是剑川白族群众举办节日活动和闲暇游览的地方。2013 年入选全国重点文物保护单位。

大理州—云南驿古建筑群 位于滇西高原与滇西横断山脉相交的祥云县。云南驿因"彩云南现"而得名,"云南"之名由此而来。自汉武帝元狩初年以来,有史可考的"彩云南现"10 余次,有"彩云之乡"的美誉。云南驿是我国古代西南"丝绸之路"和"茶马古道"上的重要驿站和交通枢纽,是中原文化传入云南的桥头堡。古建筑群依山而建,结合地形自由布局,道路随山势曲直而布置,房屋就地势高低而组合。现存古建筑主要有古驿道、驿站、大马店、李家大院、李家客栈、郭家大院、钱家大院、天星竿、关圣殿、白马寺、李氏宗祠、钱氏宗祠、杨炳麟故居等。2013 年入选全国重点文物保护单位。

大理州—南诏镇古建筑群 位于巍山县南诏镇巍山古城。现存玉皇阁、文华书院、萧公祠,占地面积近 1.5 万平方米,建筑面积 3 256 平方米。玉皇阁是道教建筑,始建于明代,清同治中期毁于战乱,光绪晚期重建;由山门、前殿、中殿、大殿和两厢组成。文华书院始建于清光绪初年,基本按文庙建制布局,现存雁塔坊、魁星阁、藏书楼,是清代蒙化府的三大书院之一,存有杜文秀起义时叛产碑10通。萧公祠是宗祠建筑,始建于明万历年间,清光绪晚期重建,现存中厅、大殿。2013年入选全国重点文物保护单位。

临沧—广允缅寺 位于沧源县城勐懂镇大街。俗称"学堂缅寺",始建于清道光初年。主殿纵式布局,面阔14.8米,进深24.4米,穿斗式木架结构。亭阁位于殿前,形成过厅,门前二柱倒悬两条木雕巨龙,亭作重檐歇山顶,檐下饰斗拱,属清代形式,有机结合了汉族建筑与傣族寺院的特点。大殿内壁绘10幅壁画,画中建筑多数为重檐歇山顶,属汉族建筑式样,而人物形象有不同民族的官员、仕女、兵丁、侍从等,其中武士戴顶冠,着马蹄口窄袖上衣,属典型的清代服饰。1988年入选全国重点文物保护单位。

临沧—石佛洞遗址 位于耿马县城南的小黑江畔。洞口面宽80米,高30米,纵深约100米。新石器时代文化遗址,文化堆积厚3.2—3.5米,揭露出五层居住面遗迹和椭圆形、长方形房址各一座,出土遗物有石器、骨器、陶器、稻谷等。石器均为磨制,其中状如齿轮的"棍棒头"极为罕见。陶器中单耳罐、折肩罐、圜底体,仅为云南地区新石器时代遗存所见。遗址的主人早在3 000年前就会牛耕,会种稻,会烧陶,创造了西南地区先进的新石器文化。1996年入选全国重点文物保护单位。

临沧—沧源崖画 沧源崖画产生于3 000多年前的新石器时代晚期,是我国所发现的最古老的崖画之一。沧源县勐来乡、丁来乡、满坎乡、和平乡海拔1 500米左右的山崖上,分布有崖画点14个,当地佤族人称为"染典姆",意为"岩石上的画",崖画上的人物图像被奉为"仙人"。图案中可辨认出1 099个图形,其中有人物、动物、房屋、道路、树木、舟船、太阳、云朵、山峦、大地、手印以及表意符号,多为狩猎和采集场面,也有舞蹈、战争等内容。2001年入选全国重点文物保护单位。

临沧—勐旺塔及西北塔 位于临沧市临翔区。始建于明天启初年,现存较早、保存较完好的早期南传上座部佛教单体塔。勐旺塔为砖石结构实心塔,11级,高16.6米,塔身以约65度角上收,以八边形球状体叠砌而成,呈锥形。两塔造型独特,工艺精湛,塔身装饰素雅,纹饰以花卉为主,具有鲜明的民族特色。形制虽为缅式,但也受汉式密檐塔的影响,是汉文化与上座部佛教文化的有机结合体。勐旺塔在清末被雷击,塔尖已毁,塔身上部被劈裂,仅存9级。2013年入选全国重点文物保护单位。

昭通—袁滋题记摩崖石刻　位于盐津县西南的豆沙关。豆沙关地势险要,扼锁通道,隋、唐时称为"石门关",为四川进入云南的交通要道,秦、汉"五尺道"的要隘。唐贞元年间,南诏王异牟寻派使者请求归唐。唐遣巡官崔佐时与异牟寻会盟于大理点苍山,南诏与唐朝重归于好。翌年唐朝廷派御史中丞袁滋赴云南册封异牟寻为云南王。持册御史袁滋由戎州(今四川宜宾)入滇,经石门(今豆沙关)时刻石记事。题记摩崖刻于巨岩上,内容与新旧《唐书》《蛮书》《资治通鉴》等书记载相同。1988年入选全国重点文物保护单位。

昭通—孟孝琚碑　位于昭通市昭通实验小学北校区。建碑时间不详,清光绪中期于昭通白泥井出土。碑的上端断残,下端完整,左有龙纹,右有虎纹,下有龟纹。残碑高1.33米,宽0.96米,碑文共15行,每行残存21字,隶书,主要记述孟孝琚的生平。此碑书法苍劲,文辞典雅,浑朴古茂,笔画瘦劲古朴。2006年入选全国重点文物保护单位。

昭通—瓦石悬棺　位于威信县长安乡。现存悬棺三具。明代以前遗物,石上凿孔,插入厚木,棺凌空横置木上,挂于数百米悬崖绝壁上,原貌基本尚存。从山下仰望万仞绝壁上的悬棺,既神秘又震撼。2013年入选全国重点文物保护单位。

昭通—龙氏家祠　位于昭通市城南的簸箕湾村。民国时期云南省主席龙云祭祖修建的家祠。1942年竣工,占地面积17.33万平方米,包括祠堂和宅院两大建筑群,并有门楼、粮仓、月牙池、花园、碉楼、网球场、城墙、护城河等附属设施。2013年入选全国重点文物保护单位。

迪庆州—中心镇公堂 位于香格里拉市旧城区。始建于清代。汉藏合璧式建筑群,外观呈现汉式斗拱鸱吻飞檐,顶端宝鼎耀目,金碧辉煌,内壁采用藏式金刚杵柱,朱门绘彩,璀璨夺目。门两侧壁上,藏传佛教的四大金刚飞跃而立,栩栩如生,整个公堂如虎踞龙盘,气势宏伟。楼高三层,两边的墙上绘有藏传佛教的四大金刚。中央有一高大粗壮的中柱,群众视若神明,绑以柏枝和哈达,以示崇敬。1936年红二方面军长征路过中甸时,这里用作贺龙的司令部。现是藏民议事、集会及举办佛教活动的场所,也用于举办红白喜事,藏语称"独肯瑞巴夏康"。1996年入选全国重点文物保护单位。

迪庆州—寿国寺 位于维西县康普乡。清雍正年间始建,乾隆初年被焚毁,乾隆中期重建,为滇西北藏传佛教噶举派十三大寺院之一。占地面积2 600平方米,由山门、正殿、侧殿组合成一座四合院。正殿为三重檐攒尖顶式木结构,面阔20.32米,纵深20.4米;檐下有密集的斗拱装饰,既有清代汉式楼阁建筑风格,又有藏式寺院的藻井殿堂特色,还融进了剑川木雕技艺。保存有10幅壁画和1幅隔板画,还有贵重器物、经书和法器。2006年入选全国重点文物保护单位。

迪庆州—茨中教堂 位于德钦县燕门乡。始建于清同治中期,原在自菇村,法国传教士主持兴建。光绪中期被群众焚毁,后指地为界,强征劳力、银两,移至茨中重建。教堂包括大门、前院、圣堂、后院、果园、菜园、葡萄园、水田等,主体建筑为中西结合式。大门砖砌,似牌楼样式,三层,下作通道,上建攒尖顶亭阁,上置十字架。2006年入选全国重点文物保护单位。

迪庆州—丽江—金沙江岩画 20世纪80年代末,在金沙江流域的中甸县发现了古岩画,后又在丽江市虎跳峡发现了古岩画。3 000年前新石器时代的岩画,位于金沙江边的悬崖上,呈带状分布,集中处画幅高达4—5米,长约20米。岩画有红、白两种颜色,内容以人物形象为主,展现了古人类打猎、舞蹈、骑马等场景。岩壁上还有一些白色的手印。2013年入选全国重点文物保护单位。

曲靖—段氏与三十七部会盟碑 位于曲靖市第一中学校园碑亭内,与

《爨宝子碑》并列。立于大理国段素顺明政三年(北宋开宝四年,公元 971 年)。碑高 1.25 米,宽 0.58 米,厚 0.61 米,分上下两段。碑的上段为正文,碑的下段是官衔题名。行款正文直行,从左至右才能读通;上下题记、题名,又需从右至左才能读通。全碑共 403 字,书体行楷,书法敦厚遒劲。碑文记述了大理国主段氏(白族)联合 37 部(彝族)出战滇东部落后,于石城(今曲靖市)会盟立誓并颁赐职赏的情况。此碑在明代已有著录,后湮没土中,清康熙十八年(公元 1679 年)在曲靖城北的旧石城遗址出土。1961 年入选全国重点文物保护单位。

曲靖—爨宝子碑　位于曲靖市第一中学校园碑亭内,与《段氏与三十七部会盟碑》并列。碑刻署年为"太亨四年岁在乙巳"(东晋义熙元年,公元 405 年),因两晋有禁碑之令,故当时刻石极少。碑高 1.83 米,宽 0.68 米,厚 0.21 米。碑文计 13 行,每行 30 字;碑尾有题名 13 行,每行 4 字,额 15 字,均正书。此碑的书法在隶楷之间,体现了隶书向楷书过渡的一种风格。在书法史上,《爨龙颜碑》与《爨宝子碑》并称为"爨",前者因字多碑大称"大爨",后者被称为"小爨"。1961 年入选全国重点文物保护单位。

曲靖—爨龙颜碑　位于曲靖市陆良贞元堡小学内。立于南朝大明年间。碑高 3.38 米,上宽 1.35 米,下宽 1.46 米,厚 0.25 米。碑阳正文 24 行,行 45 字,共 927 字,追溯了爨换家族的历史,记述了爨龙颜的事迹,为后人研究爨换家族及晋南北朝时期的云南历史提供了宝贵的资料。在书法史上,《爨龙颜碑》与《爨宝子碑》并称为"二爨",前者因字多碑大称"大爨",后者被称为"小爨"。1961 年入选全国重点文物保护单位。

曲靖—八塔台墓群　位于珠街乡。由八个相傍而又独立的椭圆形封土堆组成,故名"八塔台"。占地面积约 5 000 平方米,发掘出墓葬数百座,其中春秋战国时期的封土堆墓 30 余座,战国至两汉时期的土坑竖穴墓 220 座,宋、元、明时期的火葬墓 304 座。墓群类型多样,交叉堆积,互相渗透,形成了上自先秦时期,下至宋元明,时间跨度长达 2 000 余年,高 7 米的文化堆积层。发掘出土各类文物数以万计,殉葬品种类、数量繁多,令人惊叹。2006

年入选全国重点文物保护单位。

曲靖—会泽会馆 位于会泽古城内。会泽秦汉时为古夜郎地，东汉时设堂琅县，是云南最早设置的郡县之一。因当地富产铜矿，历史上商客云集，最盛时祠堂、会馆、庙宇多达 108 处。清康熙三十八年（公元 1699 年），会泽成为东川府治驻地，寺庙会馆剧增，会泽县城成为我国会馆最多的县城之一。现存有建于清康熙年间的江西会馆、湖广会馆，建于清嘉庆年间的福建会馆，建于清光绪年间的云南会馆等八大会馆。2006 年入选全国重点文物保护单位。

曲靖—大河遗址 位于富源县大河乡。旧石器时代洞穴遗址。洞穴由三叠系石灰岩构成，占地面积约 300 平方米。发现了砍砸器、刮削器、尖状器、雕刻器、石片等成品石制器和半成品石料，东方剑齿象、中国犀、巨貘、猕猴、虎、黑熊、鬣狗、野猪、牛、水鹿、羚羊、竹鼠、豪猪等动物化石 100 余件，还发现古人类用火遗迹——灰坑及大量烧土、烧骨和人工铺成的砾石地面，发掘出两枚古人牙化石。这些石制品既有本地区文化的传统特点，又有典型的欧洲莫斯特文化和勒瓦娄哇技术特点，是莫斯特文化在中国南方的首次集中出现。2006 年入选"全国十大考古新发现"。2013 年入选全国重点文物保护单位。

曲靖—罗汉山古墓群 位于明代曲靖府城南城的一座小山上。古墓共有 12 冢，分布在 1.6 平方千米的山顶。墓葬形成大约在东汉中晚期，墓葬的规模宏大。出土器物镏金车马饰，工艺之精湛，色泽之明快，镏金技术之高超，在云南同类型的汉墓中均为罕见。2013 年入选全国重点文物保护单位。

曲靖—可渡关驿道 位于宣威市可渡河南北两岸。作为"滇黔锁钥""入滇第一关"的可渡，自古便是兵家必争之地。该驿道始由秦始皇时期兴建，汉代王莽时期加宽，明朝朱元璋时期扩修，有"秦道明关""通京大道"之说。全长约 5 000 米，宽约 2 米，全部用青石板铺成，保存完好。2013 年入选全国重点文物保护单位。

曲靖—陆良大觉寺 位于陆良县坝子中央。始建于元至元初年。明万历年间重修。明清鼎盛之际被称为"滇东第一大刹",民国年间为云南 16 座名寺之一。主要建筑有山门殿、天王殿、大雄宝殿以及钟楼、鼓楼、东厢房、西厢房等,气势恢宏。大雄宝殿高 17 米,五开间,重檐歇山顶,抬梁式木构架,有较突出的明代建筑风格。2013 年入选全国重点文物保护单位。

保山—国殇墓园 位于腾冲市城西南的来凤山北麓。为纪念抗日战争时期中国远征军第 20 集团军攻克腾冲战斗中阵亡的将士而建的墓园,也是我国规模最大、保存最完整的抗战时期正面战场阵亡将士纪念陵园。滇西抗战胜利后,时任云贵监察使李根源倡议兴建陵园以祭悼阵亡将士,1945 年落成。李根源根据《楚辞》中的"国殇"篇,为之取名为"国殇墓园"。墓园遍植松、柏、竹,林下绿草如茵,阶沿多置盆花。在每一台阶两侧有民族风格浓郁的展厅,展出腾冲抗战照片百余幅及实物数十件。1996 年入选全国重点文物保护单位。

保山—汉庄城址 位于保山市南郊的诸葛营村。汉代古城址。城址平面略呈长方形,占地面积约 11.6 万平方米。城墙用红黏土掺砂石夯筑而成。城址内外发现大量方格纹、菱形纹砖,五铢钱,朱雀纹、卷云纹瓦当以及板瓦、筒瓦等。城址附近发现墓葬多处,出土"建武四年""元康四年"的铭文砖,书有"长乐寿未央""益寿未央"的吉语砖,都是汉、晋时代的遗物。2001 年入选全国重点文物保护单位。

保山—保山玉皇阁 位于保山市城西太保山。明代汉族风格的古建筑。三层,重檐斗拱,由 36 根高大的圆柱支撑,顶部为梁架半拱,渐次往上收拢成八卦形,至屋顶为太极图。屋顶系金黄琉璃瓦铺就,外观飞檐翘角,端庄大方,气势雄伟。楼内有精美的壁画、泥塑和浮雕。玉皇阁的第二层挂有一块匾,从正面看是"至诚无息"朱黄色大字,从左边看是"龙飞凤舞"红绿色大字,从右边看则是"海晏河清"褐红色大字,至今无人能说得清其中的奥妙。2006 年入选全国重点文物保护单位。

保山—和顺图书馆旧址 位于腾冲市和顺乡。建于 1928 年,是中国农村的第一座图书馆。占地面积约 3 000 平方米。在中轴线上排列有大门、二门、正房和后厅等。二门用砖石建成三个拱门,面阔、进深各三间。正房为书库,面阔 18.9 米,进深 8.5 米,穿斗式木结构,单檐硬山顶。两次间前各建六角楼亭一座,两门悬胡适等人所题匾额。2006 年入选全国重点文物保护单位。

保山—松山战役旧址　2006 年入选全国重点文物保护单位。参见全国红色旅游经典景区——滇西抗战松山战役遗址。

保山—绮罗文昌宫　位于腾冲市绮罗古镇。始建于明万历年间,清咸丰初年重建。占地面积 5 348 平方米,建筑面积 2 240 平方米,以规模宏大、工艺精巧著称。建筑物分布在南北向的四条纵轴线上,正中轴线上依次为山门、泮池、棂星门、前楼、文昌殿、启圣楼、后园等,东轴线上依次为义学楼、义孝楼、至圣楼、伙房等,西轴线上依次为戏台、财神殿、魁星阁、土主殿、后花园等,最西轴线上依次为大门、汉景殿、女娲殿。文昌宫为祭祀道教文昌帝君的场所,但布局采用了文庙布局。2013 年入选全国重点文物保护单位。

保山—滇西军都督府旧址及叠园集刻　位于腾冲市第一中学内。滇西军都督府旧址原为清光绪中期修建的财神庙。1911 年 10 月,同盟会发动腾越辛亥起义,义军领袖张文光在财神庙举行演说大会,并被推举为滇西军都督。清末宣统年间在这里建立腾越厅自治局。财神庙左侧的叠园集刻碑廊,为辛亥元老李根源搜集前贤遗墨制作而成。2013 年入选全国重点文物保护单位。

德宏州—南甸宣抚司署　位于梁河县城遮岛镇南甸路。宣抚使是封建时代中央政权在边疆设置的政权机构,具有生杀大权。该宣抚司署始建于清咸丰初年,1935 年落成,历时 84 年。由五进四院 47 幢 149 间房屋组成,占地面积 1.06 万平方米,按汉式衙署布置。规模宏大,人称傣族的"小故宫"。1996 年入选全国重点文物保护单位。

德宏州—允燕塔　位于盈江县城以东的允燕山上。始建于 1947 年,1955 年竣工。1982 年重修,并于塔前增立"嘎朵"(传说中的一种奇兽)一对。占地面积 400 平方米,多层砖混结构,由主塔(高 20 米)和 40 座小塔组成,均呈圆锥体形。塔的基座上共设五层坛台,第一层每面立七座小塔;从第二层开始逐层收缩,每层的四角各立一小塔。塔身雕刻莲瓣、力士等饰纹,塔尖敷以金箔,其余涂白石灰。2006年入选全国重点文物保护单位。

文山州—侬氏土司衙署 位于广南县县城。广南侬氏土司由壮族侬氏世袭28代,前后达684年之久,在我国壮族土司中世袭时间最长。衙署建于元初,占地面积1.1万平方米,深门重院,曾有古建筑100余间。署前砌一道青砖照壁,大门口置石狮一对,左侧有供告状人击鼓申诉的鼓棚。进大门第一台设监狱、代办房、签房等两间;第二台是东西书院、议事厅、大堂等,后院有气势恢宏的五凤楼,左上侧有侬氏宗祠、白马庙等。2013年入选全国重点文物保护单位。

文山州—大王岩岩画 位于麻栗坡县城东500米处的羊角垴的石壁上。新石器时代的作品,距今4 000年左右。崖画分两组,画面由黑、白、红三色绘成人像,其中两个较突出人像被当地群众称为“大王”,“大王岩”由此得名。一号崖画面高8米,宽6米,可见人物、动物形象31个,色彩对比鲜明,形象逼真;二号崖画面高3米,宽约20米,可见图像13个,人物不画五官,躯干呈三角形,四肢形态各异。2013年入选全国重点文物保护单位。

普洱—孟连宣抚司署 位于孟连县娜允古镇。清康熙四十八年(公元1709年)孟连土司受封宣抚司世职。光绪二十年(公元1894年)颁给“云南镇边直隶厅世袭孟连宣抚司”印。宣抚司署在傣语中被称为“贺罕”,意思是“金色的王宫”。三檐歇山顶干栏式的议事厅,长23.2米,宽16.1米,高10.2米,6排共47根金色干栏柱藏在屋檐下,简洁悦目。议事厅二楼一人多高的龛台就是土司的“宝座”。2006年入选全国重点文物保护单位。

普洱—民族团结誓词碑 2006年入选全国重点文物保护单位。参见全国红色旅游经典景区——民族团结誓词碑。

普洱—景谷傣族佛寺建筑群 位于景谷县永平镇和威远镇。包括芒岛佛寺、迁糯佛寺和勐卧佛寺。芒岛佛寺为单间石砌券门攒尖顶建筑,门柱及拱券采用红砂石支砌,门柱屋顶为歇山式,拱券上方为攒尖顶,上设葫芦宝顶。迁糯佛寺保存着多部 200 多年前的古老经书、贝叶经以及报时大鼓,是云南省最大的傣族南传佛教佛寺之一。勐卧佛寺梁架为抬梁式,外檐墙体为黏土砖砌筑,屋面为筒板瓦屋面,翼角起翘较高,檐口均有垂花柱,屋面为筒板瓦屋面,屋脊相交处设葫芦宝顶。勐卧佛寺双塔已被菩提树包裹,俗称"树包塔、塔包树"。2013 年入选全国重点文物保护单位。

普洱—景东文庙 位于景东县县城玉屏山东麓。始建于明正统年间,清康熙中期改建,20 世纪 80 年代重修。占地面积 5 511 平方米,主体建筑大成殿为单檐歇山顶抬梁式,面阔五间 20.7 米,进深五间 14.95 米,琉璃瓦面,檐下有斗拱 28 攒,正脊置宝顶、吻兽等,大殿立柱彩绘金龙。现存宫墙、泮池、状元桥、泗水牌坊、魁星阁、六角亭、钟鼓楼、棂星门、左右厢房、大成门、天子台、大成殿等建筑,是滇西南地区保留较完整的古建筑之一。2013 年入选全国重点文物保护单位。

普洱—糯福教堂 位于澜沧县糯福乡。建于 1922 年。建筑面积 507 平方米。拉祜族干栏式围廊建筑,内部装修为欧美教堂风格。内有礼拜堂、拉祜文教室、牧师休息室。2013 年入选全国重点文物保护单位。

普洱—景迈古茶园 位于澜沧县惠民乡。占地总面积 18.66 平方千米,是世界上保存最完好、年代最久远、面积最大的人工栽培古茶园之一。当地布朗族、傣族人民驯化与栽培茶树已有 1 900 年历史,南宋时期出现了茶叶交易市场——嘎轰。明代以来,这里的茶叶是向孟连土司乃至皇室进献的贡品。1950 年芒景布朗族末代头人苏里亚赴京参加国庆观礼,将古茶林内选采制作的"小雀嘴尖茶"献给了毛泽东主席。2001 年在上海召开的亚太经济合作论坛大会上,江泽民主席把采摘自古茶园的茶叶作为礼品赠送给各国首脑。2013 年入选全国重点文物保护单位。

怒江州—玉水坪遗址 位于兰坪县通甸镇玉水坪村。遗址的上层堆积为新石器文化层,下层堆积为旧石器文化层,其中有大量的打制石器、石核、动物骨骼。出土的石器制作较原始,多为一次打击而成,大部分为刮削器和砍砸器。动物骨骼大多因敲击而成较小的碎片,可辨认出的动物有象、鹿、牛、熊、犀等。该遗址的发掘,标志着当地有人类活动的历史向前推进了至少6 000年。2013年入选全国重点文物保护单位。

红河州—纳楼长官司署　位于建水县临安镇。纳楼茶甸长官司副长官普氏衙门之一,清代光绪末年建,占地面积2.8万平方米,建筑面积2 951平方米,有照壁、操场、大门、大堂、前院、后院,依山而升。厢房、耳房、书斋左右对称。三进四合院,有房70余间。大堂高大,雕刻精细。1996年入选全国重点文物保护单位。

红河州—建水文庙　位于建水县城内。始建于元至元年间,历代50多次扩建增修。占地面积7.6万平方米,纵深达625米,七进院落,在全国屈指可数。总体布局采用中轴对称宫殿式,仿照曲阜孔庙的格局,是一组规模宏大的建筑群。大成殿建于明弘治年间,28棵柱支撑全殿。前檐12根石拄,每根高5米,重达5 000千克,用整块大青石雕成。大门左右两根檐柱雕巨龙盘绕,称为"石龙抱柱"。正面22扇格子门所雕飞禽走兽,形态各异;玻璃瓦的屋顶,光彩夺目。庙宇周围古柏森森,庄严肃穆,雄伟壮观。2001年入选全国重点文物保护单位。

红河州—指林寺大殿　位于建水县临安镇。元代建造,明代景泰初年重修。原有一殿一坊一阁二庑二塔,现仅存指林寺大殿和指林寺牌坊。大殿建于元元贞初年,大型木结构建筑,保存有两幅明代佛教工笔白描壁画。大殿丹墀前有指林寺牌坊"第一山",坊前有天王殿,天王殿前有两座七级密檐塔。2006年入选全国重点文物保护单位。

红河州—朝阳楼　位于建水县临安镇。建于明洪武年间,为当时建水城的东城门楼。朝阳楼与北京天安门的建筑风格类似,有"小天安门"之称。楼有三层,由48根大木柱和许多粗大的楹梁接合形成坚固的构架,再以砖石砌成城墙及城门。楼高24.5米,进深12.31米,面阔26.8米,面积414平方米,三重檐歇山式屋顶。在顶层檐下,东面悬有清代书家书写的"雄镇东南"四个大字,西面悬摹唐朝书法家草圣张旭"飞霞流云"狂草榜书。2006年入选全国重点文物保护单位。

红河州—双龙桥　位于建水古城城西,横跨泸江与塌冲河交汇处的水面上。3 阁 17 孔大石拱桥。清乾隆年间先建 3 孔,道光年间又建 14 孔与之相连,因此俗称"十七孔桥"。桥中建有三层楼阁,两端各有亭阁 1 座。桥身用巨石砌成,全长 148.26 米,宽 3 米,远看犹如一艘楼船,近观似长虹卧波。2006 年入选全国重点文物保护单位。

红河州—五家寨铁路桥　位于屏边县和平乡五家寨四岔河大峡谷上,是昆明至越南河内的滇越铁路线上一座大型肋式三铰拱钢梁桥。其形恰似汉字"人",故又名"人字桥"。桥长 67.15 米,宽 4.2 米,高 102 米,全用钢板、槽、角钢、铆钉连接而成。始建于清光绪末年,由法国巴底纽勒工程建筑公司设计,建设期间牺牲近 800 名中国劳工。2006 年入选全国重点文物保护单位。

红河州—蒙自海关旧址　位于蒙自市城南湖东南部。清光绪十五年(公元 1889 年)清政府设置的蒙自海关及税务司署旧址。蒙自海关是云南省设置的第一个海关。原有房屋 50 余间,今仅存 1 幢建筑。面阔 23 米,进深 14 米,抬梁式木结构,单檐歇山顶。1938 年夏—1939 年春,曾辟为西南联合大学文法学院的教室。2006 年入选全国重点文物保护单位。

红河州—鸡街火车站　位于个旧市鸡街红旗路。建于 1918 年,1921 年投入使用。主要建筑为中西合璧的仿法式建筑,有站房、候车室、储运室、行车道等,为个碧石铁路的中心枢纽站,可东达蒙自,南抵个旧,西至建水、石屏,北至开远、昆明。鸡街火车站是我国近代民族实业家对抗帝国主义经济侵略的实物见证。2006 年入选全国重点文物保护单位。

红河州—企鹤楼　位于石屏县异龙镇。由企业家陈鹤亭建于 1923 年。由准堤阁、三佛殿、石拱桥、喷珠池、企鹤楼、二门、大门、厢房、碑亭组成,占地面积 2.98 万平方米,建筑面积 1.4 万平方米。主楼面阔 31 米,进深 12 米,共四层,底层设通道,砖石成拱券,除底层外每层四周设廊及护栏,南北两面有窗棂,四重檐攒尖顶。2006 年入选全国重点文物保护单位。

红河州—陈氏宗祠　位于石屏县宝秀镇。由清末进士陈鹤亭建于1925年。中国古典式回廊四合院建筑与民间吊脚楼建筑的结合体。占地面积3 427平方米，三进四合院，沿中轴线依次为祠门、莲池、阁楼、中殿和大殿。祠门为牌坊式建筑，三开间，瓦顶、门框皆用砖石拱券。祠门前石狮一对，雕琢精湛；莲池上有三孔石桥，雕有十二生肖图。2006年入选全国重点文物保护单位。

红河州—来鹤亭　位于石屏县异龙镇。始建于明崇祯年间。重檐八角攒尖顶建筑，亭与文昌阁后墙相连，省去了两根檐柱，但外观造型仍为八角顶。所有檐角都飞翘而起，并垂挂风铃。亭内有两尊彩塑，一尊是吕洞宾驾鹤腾空，另一尊是吕洞宾醉卧牙床，栩栩如生。亭柱上垂挂着五副木刻对联，亭旁一块青石碑上刻着"天下第一亭"。2013年入选全国重点文物保护单位。

红河州—郑氏宗祠　位于石屏县宝秀镇。始建于清光绪初年，占地面积1 452平方米，由祠门、中殿、正殿、偏殿组成四合院。宗祠中殿及正殿面阔均13.1米，进深9.3—10米。梁柱门窗雕镂精致。宗祠在清末曾经办过学堂。2013年入选全国重点文物保护单位。

红河州—建水朱家花园　位于建水古城建新街。为清末乡绅朱渭卿兄弟建造的家宅和宗祠。占地面积2万多平方米，建筑面积5 000多平方米。主体建筑呈"纵四横三"布局，为建水典型的"三间六耳三间厅，一大天井附四小天井"式传统民居的变通组合体。房舍格局井然有序，院落层出迭进，有大小天井42个，房屋214间。整组建筑陡脊飞檐，雕梁画栋，精美高雅。庭院厅堂布置合理，空间景观层次丰富且变化无穷，形成"迷宫式"建筑群。2013年入选全国重点文物保护单位。

红河州—团山民居建筑群　位于建水县西庄镇团山村。历史上曾是彝族人的居住地，也是一个汉族移民村。清末，村民参与个旧锡矿开发，挣得巨额钱财，皆回乡建盖豪宅以光耀门庭。现存完好的大型民居15座，寨门3座，寺庙3座，宗祠1座，祖茔1座，占地面积1.8万平方米，形制规整，布局灵活,内雅外秀,工艺精湛。2005年入选世界纪念性建筑遗产保护名录。2013年入选全国重点文物保护单位。

红河州—石屏文庙建筑群 位于石屏县异龙镇。始建于元至正年间,明洪武中期重建,嘉靖、天启年间修葺并扩建,清顺治、乾隆年间亦进行修缮。面阔33.75米,进深96.33米,面积4 257平方米。现存有棂星门、泮池、大成殿、先师殿、尊经阁等建筑。泮池石雕凭栏雕刻细致。2013年入选全国重点文物保护单位。

红河州—红河县东门楼及迤萨民居 位于红河县迤萨镇。迤萨古城因独特的马帮文化而著名。民国初期的东门城楼、马帮驿馆、马帮民居及迷宫大院等11幢古老建筑,是马帮历史文化的缩影。东门楼是红河县唯一现存的城门楼。近百幢古民居,中西合璧,建筑面积共约7 850平方米,外观成方形碉堡状,坚固稳重,虽历经近百年仍风采依旧。2013年入选全国重点文物保护单位。

红河州—熊庆来故居 位于弥勒市朋普镇。熊庆来曾执教于南京东南大学、云南大学、清华大学,是中国现代数学的先驱,中国函数论的主要开拓者之一,以"熊氏无穷数"理论载入世界数学史册。故居建于清代末期,占地面积1 055平方米,有大小四院,砖木结构,硬山顶建筑,为当地民房样式。2013年入选全国重点文物保护单位。

红河州—碧色寨车站 位于蒙自市草坝镇碧色寨村。清宣统元年(公元1909年)滇越铁路铺轨至碧色寨,车站建成,为滇越铁路的一个大站。1921年个碧铁路通车,碧色寨成为终端站,也是滇越铁路与个碧石铁路的换装站,滇南进出口货物都在这里中转。车站建筑由滇越铁路站房、个碧石铁路站房、火通公司、寸轨机车库、哥胪士酒店、滇越铁路警察分局、个碧石铁路警察分局、美孚水火油公司仓库、加波公司、蒙自海关碧色寨分关仓库、蒙自海关碧色寨分关员工食堂建筑组成。2013年入选全国重点文物保护单位。

红河州—宝丰隆商号 位于个旧市胜利路宝丰巷。是炼锡炉坊和商号。始建于 1916 年,1926 年竣工。建筑依山势而建,盘丘而上,中西合璧式结构,占地面积 7 714 平方米,建筑面积 5 132 平方米。现存中西合璧的走马转角楼四合院建筑,包括东门楼及戏楼、仿法式主楼、左厢房、绣楼、配房、左碉楼等。房主李聘丰为民国年间个旧的名商巨贾。2013 年入选全国重点文物保护单位。

红河州—周家宅院 位于蒙自市武庙街。始建于 1916 年。蒙自豪绅、富滇银行副行长、个碧石铁路协理周伯斋的旧居。单檐硬山顶木结构,住房与园林结合的四合院建筑。共四院 90 间楼房,占地面积 2 808 平方米,建筑面积 3 258 平方米。院内和方形石柱上刻有对联 19 副。东侧院里的一幢青砖楼房,取"颐养天年"之意,名为"颐楼"。1938 年西南联大学生避乱到蒙自,周家老宅成为女生宿舍。因楼高风大,学生们又忧国思乡,御夜听风,难以入眠,因此把"颐楼"称为"听风楼"。2013 年入选全国重点文物保护单位。

红河州—红河哈尼梯田 2013 年入选全国重点文物保护单位。参见国家湿地公园——哈尼梯田国家湿地公园。

茶马古道 "茶马古道"是唐代以后,特别是清光绪年间至民国时期,我国西南地区以马帮为主要交通工具的民间国际商贸通道,也是进行物资交流和贸易的"南方丝绸之路"。在茶马市场交易的漫长岁月里,中国商人在西南边陲,用自己的双脚,踏出了一条崎岖绵延的"茶马古道"。线路主要有两条:一条从四川雅安出发,经泸定、康定、巴塘、昌都到西藏拉萨,再到尼泊尔、印度,国内路线全长 3 100 多千米;另一条路线从云南普洱茶原产地(今西双版纳、思茅等地)出发,经大理、丽江、中甸、德钦,到西藏邦达、察隅或昌都、洛隆、工布江达、拉萨,然后再经江孜、亚东,分别到缅甸、尼泊尔、印度,国内路线全长 3 800 多千米。在两条主线的沿途,密布着无数大大小小的支线,将"滇、藏、川大三角"紧密联结在一起,形成了世界上地势最高、山路最险、距离最长的"茶马古道"文明。2013 年入选全国重点文物保护单位。

二十四、国家一级博物馆

云南省博物馆　位于昆明市广福路。创立于 1951 年。陈列面积 2 400 平方米,收藏青铜器、古钱币、陶瓷器、古书画、碑帖、邮票及各类工艺品共计 20 余万件。藏品最具特色的是滇文化青铜器、南诏与大理国时期的佛教文物以及近现代多姿多彩的少数民族文物精品,其中闻名中外的文物有战国时期的牛虎铜案、西汉时期的四牛镏金骑士铜贮贝器、北宋郭熙的《溪山访友图》、大理国时期的金阿嵯耶观音立像等。2008 年入选国家一级博物馆。

云南民族博物馆　位于昆明市郊区,与滇池边的云南民族村相邻。云南各少数民族历史文化最集中的收藏与展示场所,场馆占地面积 13 万平方米,建筑面积 6 万平方米。藏品达 12 万件,各类展品达万余件,分"云南少数民族社会形态——改革与发展""云南少数民族生态产业""云南少数民族纺织工艺和服饰艺术""云南少数民族民间美术""云南少数民族节庆乐舞""云南少数民族手工艺品""云南少数民族古籍文献""奇石珍宝"八个专题。2008 年入选国家一级博物馆。

二十五、中华老字号

吉庆祥食品有限责任公司(注册商标:吉庆牌)　位于昆明市螺峰街。起源于清光绪末年创设的吉庆祥糕饼铺。公司主要产品为滇式月饼、滇式糕点、饼干、重油蛋糕、面筋萨其马、回饼、面包、威化饼和蛋糕等。独家创制的"云腿月饼",旧时称为"火腿坨"或"火腿四两坨",壳硬金黄、香味独具、甜咸适宜、油润不腻、酥软可口,深受消费者喜爱。2006年入选中华老字号。

冠生园食品有限公司(注册商标:梅花牌)　位于昆明市滇池路。"冠生园"创建于1915年,至今已有100年的历史。昆明冠生园作为"滇式月饼"的标杆企业,是"云腿月饼"地方标准主要起草单位。公司主要生产梅花牌和云之冠牌中西式糕点、中秋月饼、奶油(松露)曲奇饼干、广味粽子、广味叉烧包等品种,产品销售到全国各地。2006年入选中华老字号。

昆明酿造总厂(注册商标:昆湖牌)　位于昆明市西山区螺蛳湾。由原昆明市拓东酱菜厂和原昆明永香斋酱菜厂经资产重组建立。是云南省最大的现代化调味品生产经营企业,主要有酱油、食醋、酱类、酱咸菜四大类产品,年产2万吨酱油、2000吨食醋。自1981年以来,多次荣获国家、省、市优质产品等多项荣誉。2006年入选中华老字号。

桂美轩食品有限公司(注册商标:桂美轩)　位于昆明市护国路。"桂美轩"始创于1936年。公司生产的云腿月饼、鲜花饼、重油蛋糕、芙蓉糕、面筋萨其马等10多个产品,曾荣获国家、省、市优质产品奖。2006年入选中华老字号。

福林堂药业有限公司(注册商标:福林堂)　位于昆明市五华区三市街。前身是1956年公私合营成立的昆明市药材公司。"福林堂"始创于清咸丰七年(公元1857年),是云南省现存历史最悠久的药店之一。2006年入选中华老字号。

老拨云堂药业有限公司(注册商标:老拨云堂牌)　位于楚雄市经济技术开发区医药工业园。"老拨云堂"始创于清雍正初年,曾与北京同仁堂、天津达仁堂、杭州胡庆余堂并称为"中医四大名堂"。"老拨云堂"主导产品为拨云锭,曾经通过"茶马古道"远销全国各地和东南亚,因"宫内眼疾者用之无不见效"而倍受嘉奖,有"拨云抽丝眼光若电,云开雾散医道通神"之美誉。还一度作为"银锭"流通,民间曾有"身带拨云锭,走遍天下不受穷"之说。2006年入选中华老字号。

腾冲制药厂(注册商标:腾药)　位于腾冲市腾越镇天成社区。腾药历史悠久,早在北宋年间就有所记载,距今已有 800 多年的历史。药厂创建于 1956 年。目前药厂生产的主要剂型有酊剂、散剂、丸剂、冲剂、片剂、糖浆剂、酒剂七大剂型 108 个品种,年生产能力达千吨以上,产品销往省内外及东南亚地区。2006 年入选中华老字号。

月中桂食品有限责任公司(注册商标:月中桂) 位于昭通市昭阳区昭阳路。创办于 1925 年。是生产绿豆糕、黑芝麻糕、各式月饼等产品的食品工业企业。现有不同规格的绿豆糕、黑芝麻糕、燕麦糕、苦荞糕等糕点系列产品,有精制火腿饼、荞饼等系列产品,还有荞麦快餐系列产品,共计 100 多个品种规格。2006 年入选中华老字号。

通海宏斌绿色食品有限公司(注册商标:调鼎斋) 位于玉溪市杨广镇。从事蔬菜加工及酱菜、泡菜、调味品系列产品生产的加工企业。公司产品覆盖全国 30 余个省市,并成为日本味之素、日本日清、李锦记、海天、双汇、太太乐、康师傅、统一、今麦郎、白象等国内外大型企业的指定供应商。2006 年入选中华老字号。

通海民族银饰制品有限公司(注册商标:孔雀牌) 位于玉溪市通海县河西镇连芳巷。始创于清咸丰初年,于 1956 年组建通海民族银饰制品厂。公司生产的民族银饰制品、银制工艺品,千锤成条,万锤成片,精工生产,手工巧制,有几百个花色品种。入选"全国民族用品定点生产企业"。2006 年入选中华老字号。

昆明饮食服务有限公司(注册商标:建新园) 位于昆明市官渡区金马街道。始建于 1956 年。公司以餐饮服务为主导,兼营粮食制品加工、餐用原料配送、厨师培训和等级鉴定等业务,旗下拥有建新园、福华园、滇味饭庄、永顺快餐、米厂心等企业,其中"建新园"是云南过桥米线的领军品牌,也是一个有着百年历史的餐饮名店。2006 年入选中华老字号。

精益眼镜有限公司(注册商标:瑞明) 位于昆明市盘龙区。始创于 1937 年,1956 年公私合营,成为云南省当时唯一一家国有专业眼镜企业,也是云南省历史最悠久的老字号眼镜零售企业。现拥有 10 家连锁店。公司提供专业视光学眼镜验配服务,主要产品有光学框架眼镜、隐形眼镜及其护理产品、角膜塑型镜、太阳镜、近视太阳镜、老花镜及私人定制眼镜。2010年入选中华老字号。

杨林肥酒有限公司(注册商标:杨林) 位于嵩明县杨林镇。"杨林肥酒"创始于清光绪初年,是"云南十佳名酒"之一。1956年,嵩明县成立国营云南杨林肥酒厂,专营杨林肥酒的生产和销售。2004年,龙润集团收购了云南杨林肥酒厂,成立了云南杨林肥酒有限公司和云南龙润酒业有限公司,生产、销售老友情、燃情、八年陈酿、十年陈酿、云南绿、本色、古滇醇等杨林肥酒系列产品。2011年入选中华老字号。

万和食品有限公司(注册商标:万和) 位于昭通市昭阳区威信路。始于清宣统年间。公司集食品和调味品的生产、无公害果蔬种植经营于一体,具有独立的进出口经营权。昭通地处高原盆地,不湿不燥、不寒不热,无冬无夏,不仅盛产五谷杂粮及优质的辣椒、花椒,更拥有大自然的恩赐——龙泉水。公司生产的"万和"牌昭通酱、酱油、食醋及"恩安"牌腐乳、咸菜等系列产品,远销中国香港、韩国及东南亚等地。2011年入选中华老字号。

昆明德和罐头食品有限责任公司(注册商标:德和) 位于昆明市盘龙区龙泉路。始于1921年创办的兄弟罐头食品公司,是我国最早生产罐头食品的企业之一,现为云南省规模最大的罐头食品综合生产制造企业。1923年孙中山品尝了其生产的宣威火腿,留下了"饮和食德"的题词,"德和"注册商标即取自孙中山的题词。2011年入选中华老字号。

宣威火腿集团有限责任公司(注册商标:宣字) 位于宣威市上堡街。前身是云南省宣威市食品公司,始建于1954年。主要生产经营"宣字"牌宣威火腿系列产品。宣威火腿以营养丰富、肉质滋嫩、油而不腻、香味浓郁、咸香回甜著称。"宣字"牌宣威火腿为国家原产地域保护产品,曾荣获国家质量银质奖。2011年入选中华老字号。

通海县酱菜厂(注册商标:通海牌) 位于通海县秀山街道。始建于1956年。主要产品为酱油、酱咸菜、泡椒、大头菜及调味品等五大系列近100

个品种,产品已覆盖全国市场,并出口日本和东南亚市场。"通海酱油禄丰醋,新兴姑娘河西布"的民谣,佐证了"通海"牌产品精湛的酿造技术。2011年入选中华老字号。

云南白药集团股份有限公司(注册商标:云南白药) 位于昆明市呈贡区云南白药街。"云南白药"由云南民间名医曲焕章于1902年创制,以神奇的疗效被世人誉之为"伤科圣药"。公司前身为1971年成立的云南白药厂。公司于1993年在深圳证券交易所挂牌上市,成为云南省第一家A股上市公司。公司生产以云南白药系列和田七系列为主的10种剂型70余个产品。2011年入选中华老字号。

昆明中药厂有限公司(注册商标:云昆牌) 位于昆明市螺蛳湾。肇启于明洪武年间,至今已有600多年的历史。现为昆药集团的核心中成药制造企业,拥有四个生产基地,生产的止咳丸、舒肝颗粒、感冒消炎片、清肺化痰丸、参苓健脾胃颗粒、天麻祛风补片等药品畅销全国。2011年入选中华老字号。

无敌制药有限责任公司(注册商标:王子荣) 位于昆明市东郊白沙河。明朝末年,云南边地,山高林密,战乱频仍,风湿骨病多发,江川名医王屺综合当地民间配方,博采众长,创制出了治疗风湿骨关节疾病、跌打损伤的膏丹良药,名"无敌丹"和"无敌膏"。公司主要生产无敌丹胶囊、外用无敌膏、无敌药酒、无敌止痛搽剂等家传秘方特色药品。2011年入选中华老字号。

下关沱茶(集团)股份有限公司(注册商标:下关沱茶) 位于大理市下关镇建设西路。"下关沱茶"始创于清光绪末年。公司前身为创建于1941年的康藏茶厂。现为云南省唯一的国家边销茶定点生产和储备企业,主要生产以普洱紧压茶为主、其余茶类为辅的五大茶类200多个品种。下关沱茶制作技艺已被列入国家级非物质文化遗产(代表性项目)名录。2011年入选中华老字号。

勐海茶厂(注册商标:大益牌) 位于勐海县新茶路。1938年,中国茶叶总公司派遣 90 多位茶叶技术工作者赴勐海县筹建茶厂,1940 年勐海茶厂正式建成投产。现拥有占地 25 万平方千米的普洱茶综合加工厂,两个绿色生态茶叶种植基地,遍布各乡镇的茶叶收购组和初制所。为云南"七子饼茶"及现代普洱茶人工后发酵工艺的推广生产,作出了重要贡献。2011 年入选中华老字号。

保元堂药业有限责任公司(注册商标:洪光保元堂) 位于昆明市马街镇普坪干沟尾村。"保元堂"始创于 1940 年,创始人为大理白族著名中医段洪光。公司在大理段氏南诏古方的基础上,结合现代民族医药理论,开发出具有民族特色的中药制剂:胃康胶囊、肾安胶囊、胆胃康胶囊、延胡胃安胶囊、藿香万应散。2011 年入选中华老字号。

禄丰剪刀厂(注册商标:禄丰) 位于禄丰县金山镇宋家坡。"禄丰剪刀"创始于清光绪初年。1957 年组建禄丰剪刀厂,是云南省著名的日用五金产品厂家。禄丰剪刀具有钢质坚好、刃口锋利,造型美观、规格多样,操作灵巧、经久耐用的特点,行销全国。2011 年入选中华老字号。

滇红集团股份有限公司(注册商标:凤牌) 位于凤庆县小北门。前身为顺宁实验茶厂,创建于 1939 年。从 20 世纪 40 年代起,所生产的"滇红"名茶就出口英、美等国。新中国成立后,一直是国家出口红茶定点生产企业。"滇红特级工夫茶"自 1958 年起被外交部指定为外事礼茶。现拥有茶园基地 66.7 平方千米,初制加工厂 85 个,保存有世界各地 800 多个茶树优良品种,征集保存了 1 500 多份茶树育种材料。2011 年入选中华老字号。

西藏篇

西藏自治区,简称"藏"。唐宋时期称西藏地区为"吐蕃",元明时期称为"乌斯藏",清代称为"唐古特""图伯特"等,康熙年间起称为"西藏"。13世纪中叶,西藏正式纳入我国版图,从此中央政权始终对西藏行使着有效管辖。

西藏自治区位于中国西南边陲,北邻新疆维吾尔自治区,东接四川省,东北紧靠青海省,东南连接云南省,周边与缅甸、印度、不丹、尼泊尔等国接壤,陆地国界线长约3 842千米。总面积122.84万平方千米,约占全国总面积的八分之一。

西藏自治区位于青藏高原西南部。青藏高原是世界上隆起最晚、面积最大、海拔最高的高原,平均海拔4 000米以上,被视为南极、北极之外的"地球第三极"。地貌大致可分为喜马拉雅山区、藏南谷地、藏北高原和藏东高山峡谷区。定日县的珠穆朗玛峰海拔8 844.43米,是世界最高峰。

西藏自治区的气候具有西北严寒干燥、东南温暖湿润的特点,自东南向西北依次有热带、亚热带、高原温带、高原亚寒带、高原寒带等各种类型。藏南谷地温和多雨，年平均气温8℃；藏北高原为典型的大陆性气候，年平均气温0℃以下，冰冻期长达半年，气温最高的7月不超过10℃，雨季多夜雨，冬春多大风。西藏自治区是我国太阳辐射能最多的地方，日照时间也是全国最长的。随着海拔增高、气压降低、空气密度减小，每立方米空气中的氧气含量逐渐递减。

西藏自治区下辖拉萨、日喀则、昌都、林芝、山南、那曲6个地级市和阿里地区。自治区政府驻地为拉萨市。截至2019年末，常住人口350.56万，其中藏族人口占90.48%。

西藏自治区地域辽阔，资源丰富，以雄伟壮观、神奇瑰丽的自然风光闻名。西藏是我国湖泊最多的地区，有1 500多个大小不一、景致各异的湖泊错落镶嵌于群山莽原之间，湖泊总面积约占全国湖泊总面积的30%。纳木错、玛旁雍错、羊卓雍错被称为西藏的"三大圣湖"。土地资源丰富，天然草地面积位居全国第一，是我国主要的牧区之一。传统民居多姿多彩，饮食习惯独特，酥油、茶叶、糌粑、牛羊肉被称为西藏饮食的"四宝"。

一、中国历史文化名镇

乃东区昌珠镇 位于山南市。居民多为藏族。经济以农业为主,种植青稞、小麦、油菜,产虫草、麝香等。雅砻河东岸扎西次仁山上的雍布拉康寺,海拔 3 740 米,为"雅砻三圣寺"之首,是西藏历史上第一座宫殿。"雍布拉康"意为"建在母鹿后腿上的宫殿",始建于公元前 2 世纪,后来成为松赞干布和文成公主在山南的夏宫。2007 年入选中国历史文化名镇。

萨迦县萨迦镇 位于日喀则市仲曲河上游。平均海拔 4 350 米,属高原温带、半干旱气候。被誉为"第二敦煌"的萨迦寺就建于此。曾是西藏政治、军事、文化的中心,这里出现过萨班智达·贡噶坚赞、八思巴等诸多叱咤风云的人物,他们对祖国的统一作出过不可磨灭的贡献,在中国历史及藏传佛教史上都具有重要的地位。2008 年入选中国历史文化名镇。

二、中国历史文化名村

吉隆县帮兴村 位于吉隆镇的吉隆沟,海拔 2 000 多米。吉隆沟风光秀美,物种丰富,自古就是我国西藏沟通南亚的重要通道,历史上唐朝使者王玄策出使印度次大陆、赤尊公主进入西藏,都是从这条路出入。帮兴村文化厚重,一栋栋藏式民居掩映在青山绿水间,宛如人间仙境。现存民居房屋大多为20世纪20年代所建,以石木结构为主,是典型的藏式林区建筑风格,与周边气候和环境融为于一体。当地至今还流传着具有1 300多年历史的传统舞蹈——帮兴谐钦。2014年入选中国历史文化名村。

尼木县吞达村 位于吞巴乡,地处雅鲁藏布江中游北岸。以农为主、农牧结合的村庄。建于公元7世纪,是藏文创始人吞弥·桑布扎的故里,是国家级非物质文化遗产(代表性项目)纯手工藏香的发祥地,也是全西藏藏香制作最为集中的地区。藏香、尼纸、雕刻并称为"尼木三绝"。主要景点有吞弥·桑布扎故居、吞巴庄园、水磨长廊景观、藏文字主题博物馆等。2014年入选中国历史文化名村。

工布江达县错高村 位于错高乡,地处巴松措湖东北端。工布江达县主要林区之一。村民以放养藏香猪、采集虫草和松茸为主要的收入来源。错高村完整地保存了工布藏族传统村落布局、民居建筑风格,有居民住宅、嘛呢拉康、佛塔、早期藏式建筑等。民居沿用工布藏族的传统建造方式,因地制宜利用木、石构建,三层堆放草料,二层用于居住,一层多用于圈养牲畜。错高梗舞是当地极具特色的表演,2008年被列入西藏自治区非物质文化遗产名录。2014年入选中国历史文化名村。

三、全国特色景观旅游名镇(村)

尼木县吞达村 2016年入选全国特色景观旅游名镇。参见中国历史文化名村——尼木县吞达村。

四、中国特色小镇

尼木县吞巴乡　位于拉萨市与日喀则市之间,地处雅鲁藏布江北岸。高原河谷自然景观优美,历史人文景观沉淀丰厚。所属吞达村有吞弥·桑布扎故居、吞巴庄园、水磨长廊、藏文字主题博物馆等,是著名的"藏文鼻祖之乡""水磨藏香之源",也是西藏少有的千年古村落之一。现为拉萨市旅游文化开发保护区,拥有八项国家级、自治区级非物质文化遗产(代表性项目)。2016年入选中国特色小镇。

扎囊县桑耶镇　位于山南市雅鲁藏布江北岸。以丰富的历史文化资源而闻名,有"藏民族之宗、藏文化之源"的美誉。著名的桑耶寺建成于唐大历年间,素有"西藏第一座寺庙"的美称,珍藏着吐蕃王朝以来西藏各个时期的历史、宗教、建筑、壁画、雕塑等多方面的遗产。桑耶寺周围河渠纵横,寺内殿塔林立,融合了藏、汉、印三种风格,建筑布局和模式对西藏乃至其他地方的寺庙建筑产生了重要的影响。2016年入选中国特色小镇。

普兰县巴嘎乡　位于冈底斯山脉和喜马拉雅山脉之间的台地,邻近印度、尼泊尔,是阿里地区通往尼泊尔、印度进行经济、文化、宗教交流的重镇,西藏两个边境口岸之一,其边境贸易已有500多年的历史。巴嘎乡以牧为主、农牧结合,粮油产量占全地区总产量的60%以上。藏传佛教的"四大神山"之一冈仁波齐就坐落在镇内,西藏地区"三大神湖"之一的玛旁雍错也有一半的面积属于巴嘎乡。2017年入选中国特色小镇。

芒康县曲孜卡乡　位于昌都市澜沧江边,地处川、滇、藏三省(区)公路交会处,是214、318两条国道线的接合部。曲孜卡温泉正对汹涌澎湃的澜沧江,背靠巍峨雄壮的达美拥雪山,共有108股泉眼,温泉清澈,终年沸腾,被誉为"藏东温泉之乡",乡名"曲孜卡"的藏语意思就是"温泉圣地"。还有千年盐田、桃花沟等景区。主要特产有藏盐、橘子、石榴、核桃、苹果、葡萄、花椒等。2017 年入选中国特色小镇。

吉隆县吉隆镇 位于日喀则市,地处吉隆沟。海拔 2 600 米。拥有红豆杉、喜马拉雅长叶松、长叶云杉等多种珍稀植物,天麻、贝母、黄连等 80 多种药材,素有"世界植物博物馆"之称。还有雪豹、金钱豹、黑熊、长尾叶猴、恒河猴、马鹿、岩羊、豹猫等动物出没。吉隆沟属于珠穆朗玛峰自然保护区的核心区,以雪山、森林、河谷为主要特色,被称为"天赐之路""蕃尼古道",素有"人间第二天堂"的美誉。镇域内有尼泊尔建筑风格的千年古寺——帕巴寺。自古就是我国西藏与尼泊尔交往通商的要道,1961 年设立海关,1978 年被确定为国家一级陆路通商口岸,边境贸易较为活跃。2017 年入选中国特色小镇。

当雄县羊八井镇 位于拉萨市西北方,地处念青唐古拉山下的盆地。羊八井镇两侧是高耸入云的皑皑雪山、冰川和原始森林,中间为碧绿如茵的草甸盆地。经济以牧业为主,兼有少量农业。以丰富的地热资源享誉全区,集聚了太阳能、宇宙射线观测、高原电网试验等多项现代化科研设施,被誉为"藏北草原现代生态小镇"。2017 年入选中国特色小镇。

贡嘎县杰德秀镇 位于山南市。"杰德秀"系藏语中"口齿伶俐"之意,曾名"姐得秀""杰得雪"等。"西藏地区八大古镇"之一,也是藏族围裙"邦典"的主要产地,有"围裙之乡""邦典之乡"的美称。杰德秀围裙编织工艺被列入西藏自治区第一批非物质文化遗产名录。镇域内有杰德秀镇围裙厂、鲁康商业街、顿希曲果寺、苏若林寺、曲布尼姑寺和帕当巴拉康寺等。2017 年入选中国特色小镇。

五、全国红色旅游经典景区

乃东区山南烈士陵园 位于山南市泽当镇。建于 1965 年,陵园内安葬着在西藏和平解放、平叛改革、中印边境自卫反击战和现代化建设中牺牲的烈士。陵园由大门、陈列馆、观赏池、纪念碑和墓区五个部分组成,是西藏自治区规模最大、资料最完整的革命烈士纪念建筑。陈列馆内陈列着102位烈士的事迹和遗物,有照片96幅、雕塑11座、插画62幅和烈士遗物400余件。现为全国重点烈士纪念建筑物保护单位、全国爱国主义教育示范基地。2005年入选全国红色旅游经典景区。

中央人民政府驻藏代表楼旧址 位于拉萨市西郊中共西藏自治区委党校院内。1964年修建,建筑面积448平方米,为一座砖石结构二层小楼,白色外墙,东西对称,雨棚上藏汉文"中央驻藏代表楼"几个大字庄严醒目。小楼曾是中央人民政府驻藏代表张经武的办公及住宿地,是西藏革命历史的重要实物例证。2011年入选全国红色旅游经典景区。

拉萨烈士陵园 位于拉萨市城关区。占地面积6.4万平方米,由纪念碑、广场、烈士亭、照壁、陵寝等组成。陵园内安葬着在西藏和平解放、平叛改革、中印边境自卫反击战和现代化建设中牺牲的800多位烈士。其中有著名的"爱民模范"洛桑丹增、"反骚乱勇士"袁石生、"全国先进工作者"孔繁森。现为全国爱国主义教育示范基地。2011年入选全国红色旅游经典景区。2016年入选国家级烈士纪念设施保护单位。

青藏铁路拉萨站 位于拉萨市西南的柳梧新区,海拔3 641米。青藏铁路、拉日铁路、拉林铁路(川藏铁路的一段)线路上的主要车站,2006年投入运营,现系客货一等站。主站房矗立在广场南侧,依山而立。车站设计为两层斜体建筑,站房建筑面积2.36万平方米,高22.9米。2011年入选全国红色旅游经典景区。

江孜县宗山抗英遗址 位于日喀则市城宗山上的宗堡(江孜古堡)及其周围,海拔4 022—4 140米。江孜古堡周围建有土、石夯筑的围墙,墙体高4米,厚约1米,墙内现存建筑有孜结拉康殿、哲拉康大殿、生宁宗、哲布岗会议厅、宗本官邸、宗府宿舍、仓库、马房等,现有大小房屋193间,总建筑面积7 064平方米。清光绪三十年(公元1904年)英军入侵西藏,江孜人民英勇抵抗,史称"江孜保卫战",电影《红河谷》再现了这段历史。建有江孜宗山英雄纪念碑。现为国家国防教育示范基地。2011 年入选全国红色旅游经典景区。

康马县乃宁曲德抗英遗址　位于日喀则市。乃宁曲德寺是后藏地区一座历史悠久的古寺,创建于吐蕃王朝赤热巴巾赞普时期,有近 1 200 年历史,创建人为古印度僧人阿羌甲·强拜桑布,也是"八大藏戏"之一的《朗萨雯波》的发祥地。清光绪三十年(公元 1904 年)英军入侵江孜,藏军及寺庙喇嘛在乃宁寺乌孜大殿前奋起抵抗,史称"乃宁大血战"。2011 年入选全国红色旅游经典景区。

昌都烈士陵园　位于昌都市卡若区城关镇。占地面积 4 万多平方米,建有烈士墓、烈士纪念碑、烈士纪念广场、纪念馆等。有 1 180 名在解放昌都、民主改革、平叛斗争和社会主义建设中牺牲的烈士长眠于此。2016 年入选国家级烈士纪念设施保护单位,并入选全国红色旅游经典景区。

中共西藏工委阿里分工委旧址　位于阿里地区噶尔县昆莎乡。1951 年8 月,新疆军区"进藏先遣连"和平解放阿里地区,1952 年 10 月成立西藏工委阿里分工委。2015 年在旧址基础上修复了分工委礼堂、电影放映室、更衣室及部分附属设施,整理了周边环境。礼堂同时布置成展室,布展面积 294平方米,展出图片 175 幅、实物 232 件,以多媒体手段全方位展示阿里分工委当年工作、生活、战斗的情景。2016 年入选全国红色旅游经典景区。

六、全国农业旅游示范点

拉萨娘热民俗风情园　位于拉萨市北郊的娘热沟。占地面积 75 亩,建有民俗手工艺展销园、民俗风情园、林卡娱乐园、藏式客房、民俗藏餐厅等。早在 4 500 年前就有藏族先民在此繁衍生息。公元 7 世纪,松赞干布在这里建造了九层高的沽喀玛如堡。桑普扎在此创造了藏文字,藏传佛教第一篇石刻《嘛呢经》就矗立于此。2005 年甲米水磨坊加工技艺被列入国家级非物质文化遗产(代表性项目)名录。2004 年入选全国农业旅游示范点。

七、全国休闲农业与乡村旅游示范点

林芝市扎西岗村　位于巴宜区鲁朗镇,地处 318 国道沿线,与南迦巴瓦峰、色季拉国家森林公园、鲁朗林海等知名景点相邻。"扎西岗"在藏语中意为"吉祥坡"。当地居民为工布藏族,宏大的工布民居坐落于山岗平原之上,彩绘木窗彼此相对,木板铺设的阔大斜屋顶如同翱翔的飞翼,在雨水充沛的鲁朗林海中起到很好的排水功能。2013 年入选全国休闲农业与乡村旅游示范点。

工布江达县阿沛村　位于工布江达镇,地处米拉山麓、尼洋河畔、川藏公路旁。公元 7 世纪,阿沛家族开始以世袭贵族的身份在这里定居,"阿沛"在藏语中意为"命运的安排"。由于泥石流和河流改道等原因,阿沛庄园旧址目前只剩下一幢两层碉房和残垣断壁,村民也迁到了阿沛新村。整个新村都是藏式建筑,一排排两层藏式小楼彩饰飘扬。2013 年入选全国休闲农业与乡村旅游示范点。

拉萨市蔡公堂白定村　位于城关区蔡公堂。原为门巴扎仓(药王山)的一个庄园,即白定谿卡。"白定"在藏语中意为"吉祥台地"。2014 年入选全国休闲农业与乡村旅游示范点。

八宿县然乌镇　位于昌都市。居民主要种植青稞、小麦、油菜,牧养牦牛、黄牛、山羊、绵羊。主要旅游景点有然乌湖、来古冰川及然察公路上的德姆拉山口。然乌湖是高原湖泊,湖面海拔 3 800 多米,是帕隆藏布江的发源地,夏季湿润多雨。然乌湖北面的来古冰川为世界三大冰川之一,为然乌湖提供洁净丰富的水源。湖边有草场和农田,远望是延绵雪峰,还有自然生长上千年的古沙柳。2015 年入选全国休闲农业与乡村旅游示范点。

察雅县吉塘居委会 位于吉塘镇的横断山脉北段,地处 214 国道旁,是川藏公路南线、滇藏公路至昌都、拉萨至昌都的必经之地。"吉塘"在藏语中意为"安逸美丽之坝"。此地气候温和,光照充足,盛产苹果、梨、桃子、核桃、花椒等,是一个典型的以农牧业为主的乡镇。境内有铁、锰、磷、锡、铜、锌等矿产资源,还有温泉地热资源、森林资源、水资源及渔业资源,其中卓玛温泉是当地著名的旅游景点。2015 年入选全国休闲农业与乡村旅游示范点。

工布札达县扎布村 位于林芝市工布江达县金达镇。依山傍水,历史悠久,社会和谐稳定。村内有企业包装制品厂、酒厂和塑麻制品厂,主要农产品有秋葵、梨子、红苹果、油桃,还有雌黄、芒硝等资源。2015 年入选全国休闲农业与乡村旅游示范点。

班戈县青龙乡五村 位于那曲市班戈县与拉萨市之间。"青龙"在藏语中意为"盛产毡子的地方"。青龙乡是一个纯牧业乡,全乡平均海拔 4 500 米左右。境内有一个著名景点"圣像天门":一只天然形成的巨大石象,站立在圣湖纳木错北部恰多朗卡岛上,象鼻深入湖面,石象的身体与象鼻之间形成一个巨大的石门,如同通往天堂的圣门。"圣像天门"作为藏传密宗的一处圣地,千百年来吸引着无数的高僧隐士在此清修。2015 年入选全国休闲农业与乡村旅游示范点。

八、国家级非物质文化遗产生产性保护示范基地

江孜地毯厂 位于江孜县拉则乡。江孜素有"卡垫之乡"的美称。江孜地毯厂是以生产民族手工业地毯、卡垫为主的集体所有制企业,前身是 1973

年成立的江孜卡垫生产合作社。主要生产、出口各类卡垫、地毯、挂毯、马垫、靠背、坐垫等毛织系列产品。采用传统的手工编织工艺,生产不同规格尺寸、70 余种花色品种的卡垫系列产品,各类产品远销北美、西欧、东南亚等 10 余个国家和地区。2012 年入选国家级非物质文化遗产生产性保护示范基地。

西藏自治区藏药厂　位于誉有"藏药材之乡"的昌都市卡若区昌都镇。集开发、研制、生产于一体的国有企业。前身为昌都藏医院藏药厂,由地区人民医院藏医科发展而来。科研实力雄厚,享有多项制作专利。生产的藏药"七十味珍珠丸"是藏医最有代表性的名贵珍宝藏成药之一,其配伍技艺已有 500 余年历史。2012 年入选国家级非物质文化遗产生产性保护示范基地。

拉萨市古艺建筑美术公司　位于拉萨市城关区恰彩岗路。公司先后承担了扎什伦布寺强巴佛殿、萨迦寺、夏鲁寺、"拉萨三大寺"、大昭寺、小昭寺、山南桑耶寺、阿里托林寺、罗布林卡等 20 多个名胜古迹的维修和修复工程。公司有多名藏族矿植物颜料制作技艺传承人。2014 年入选国家级非物质文化遗产生产性保护示范基地。

西藏唐卡画院　位于拉萨市北京中路。前身是创建于 2000 年的堆觉白吉藏族传统美术室。集展览、研讨、培训、鉴定和收藏于一体,以保护、传承、发展藏族唐卡艺术为主要工作,保留、展示了与唐卡创作相关的整套流程。西藏自治区图书馆唐卡画院分馆也位于此。2014 年入选国家级非物质文化遗产生产性保护示范基地。

九、国家级旅游度假区

鲁朗小镇旅游度假区　位于林芝市巴宜区的东部。鲁朗小镇是广东省援藏重点项目,定位为"凸显藏族文化、自然生态、圣洁宁静、现代时尚的国际旅游小镇"。2016 年建成,拥有保存完好的原始森林林海、原生态藏东民居村落、美丽的高原草甸花海。以秀美的自然景观和扎西岗村等村落为背景,以三座五星级旅游度假酒店为主体,游客近可观湖景湿地,中可览森林牧场,远可眺壮丽雪山。2018 年入选国家级旅游度假区。

十、国家级风景名胜区

　　雅砻河风景名胜区　　位于山南市南部。占地面积 920 万平方米,包括桑耶、雅江中游、乃东、藏王墓、桑日、曲松、神湖七大景区。集古建筑、古遗迹、古墓群、宗教文化场所等人文景观和江河湖泊、雪山冰川、温泉瀑布、峡谷溶洞、草原牧场等自然风光于一体。植物种类丰富,植被随海拔变化呈垂直带分布,其中河谷地区带季雨林被誉为"西藏的西双版纳"。人文景观有西藏最早的宫殿雍布拉康、西藏第一座寺庙桑鸢寺、全国重点文物保护单位昌珠寺和藏王墓群等。1988 年入选国家级风景名胜区。

　　纳木错—念青唐古拉山风景名胜区　　位于当雄县和班戈县。具有完整而特殊的地质构造和生态系统,拥有纳木错湖、念青唐古拉雪山和现代冰川遗迹,以及独特的高原生态系统下大量的野生动植物资源。纳木错湖海拔4 720 米,占地面积 1 962 平方千米,是世界上海拔最高的湖泊,为"西藏三大圣湖"之一,也是我国第二大咸水湖。它的东南部是雄伟壮丽、终年积雪的念青唐古拉山,山顶海拔 7 117 米,北侧依偎着和缓连绵的高原丘陵,四周环绕着广阔的草原。2009 年入选国家级风景名胜区。

　　唐古拉山—怒江源风景名胜区　　位于安多县。占地面积约 5 900 平方千米。地理位置和自然条件独特,包括羌塘草原、大陆性冰川、雪山、大河源头以及高原地热等自然景观,还有一批体现高原民族与恶劣气候抗衡并和谐共处的人文景观。怒江因山高谷深,水流声大如怒吼,故名"怒江",发源于唐古拉山。2009 年入选国家级风景名胜区。

土林—古格风景名胜区 位于札达县的中部,地跨札达县的托林镇、底雅乡和香孜乡,占地面积约 818 平方千米。拥有以古格遗址为代表的人文景观,又有雪域高原风光、冰川雪峰景观、土林雅丹地貌、象泉河流等自然风光,野生动植物资源丰富。扎达土林原为远古大湖湖盆及大河河床,经历千万年地质变迁,湖盆升高,水位线递减,冲磨出了高低错落的"林木",并有早期人类洞窟遗址。古格王国于公元 10 世纪建立,至 17 世纪吐蕃王朝瓦解后结束,现存遗址房屋建筑、佛塔和洞窟达 600 余处,形成一座庞大的古建筑群。2012 年入选国家级风景名胜区。

十一、国家级自然保护区

珠穆朗玛峰国家级自然保护区 位于定日、聂拉木、吉隆和定结四县,地处西藏南部与尼泊尔交界处。占地面积 338 万公顷。从海拔 1 400 多米的南部河谷地带一直攀升到珠穆朗玛峰,相对高度落差达 7 400 多米。拥有全球独一无二的极高山生态系统、原始的山地森林生态系统以及半干旱荒漠灌丛、草原生态系统,成为全球最丰富独特的天然物种基因库,是高原生态地理、板块运动和高原隆起及环境科学、社会科学等学科的研究基地。1994 年入选国家级自然保护区。

羌塘国家级自然保护区 位于昆仑山和可可西里山以南,冈底斯山和念青唐古拉山以北。占地面积 2 980 万公顷,是仅次于格陵兰国家公园的世界第二大陆地自然保护区,也是平均海拔最高的自然保护区。主要保护对象为高寒生态系统及多种大型有蹄类动物。不仅有星罗棋布的湖泊、空旷无边的草场以及皑皑的雪山和冰川,而且有众多的濒危野生动植物,是高原荒漠生态系统的代表性地区。2000 年入选国家级自然保护区。

雅鲁藏布大峡谷国家级自然保护区　位于雅鲁藏布江下游。前身为墨脱自然保护区。占地面积 91.68 万公顷,其中核心区 32 万公顷。1998 年我国科学家首次徒步穿越雅鲁藏布大拐弯,国务院批准将"雅鲁藏布大拐弯"命名为"雅鲁藏布大峡谷"。雅鲁藏布大峡谷平均深度 5 000 米,是地球上最深的峡谷。大峡谷核心无人区河段的峡谷河床上有罕见的四处大瀑布群,其中一些主体瀑布落差在 30—50 米之间。主要保护对象为山地森林垂直景观及珍稀动植物,是我国跨自然带最多的自然保护区。2000 年入选国家级自然保护区。

芒康滇金丝猴国家级自然保护区　位于芒康县。我国山地生物物种多样性较丰富并具有典型代表性的地区之一,占地面积 18.53 万公顷,其中核心区面积 8.71 万公顷。野生动植物类型自然保护区,主要保护对象为国家一级保护野生动物滇金丝猴、斑尾榛鸡、马来熊、绿尾虹雉等及其生态系统。已发现滇金丝猴 700 余只。2002 年入选国家级自然保护区。

慈巴沟国家级自然保护区　位于察隅县中部。占地面积 10.14 万公顷,其中核心区 5.32 万公顷。属于森林生态系统与野生动物类型自然保护区,主要保护对象为山地亚热带原始常绿阔叶林与针叶林、云南松林等生态系统和生物多样性,以及分布其间的国家重点保护野生动植物资源,在生物、地质、冰川、气候、水利等众多科研领域中占有特殊的地位。2002 年入选国家级自然保护区。

雅鲁藏布江中游河谷黑颈鹤国家级自然保护区　位于墨脱县、波密县、米林县。占地面积 61.43 万公顷,其中核心区面积 13.48 万公顷。野生动物类型自然保护区,主要保护对象为黑颈鹤及其越冬栖息地,包括三大块分布于西藏"一江两河"地区的黑颈鹤主要的越冬地和觅食地。黑颈鹤是世界上现存 15 种鹤类中最为珍稀的种类,全世界仅存 1 万只左右,被列入我国一级保护野生动物。现在保护区内越冬的黑颈鹤数量逐年增加,约占全球黑颈鹤数量的 80%。2003 年入选国家级自然保护区。

色林错国家级自然保护区　位于班戈县与申扎县交界处,地处冈底斯山北麓、藏北高原断陷盆地。属野生动物类型自然保护区。占地面积 203 万公顷,其中核心区 81.26 万公顷。高原高寒草原生态系统中珍稀濒危生物物种最多的地区之一,有国家一级保护野生动物黑颈鹤、雪豹、藏羚、盘羊、藏野驴、藏雪鸡、玉带海雕、白尾海雕等,国家二级保护野生动物棕熊、猞猁、兔狲、藏原羚、猎隼、秃鹫、红隼等,还生长着许多珍稀、濒危植物物种,如西藏沙棘、掌业大黄、马尿泡、合头菊等。2003 年入选国家级自然保护区。

拉鲁湿地国家级自然保护区　位于拉萨市市区西北部。占地面积 1 220 公顷,平均海拔 3 645 米,是典型的青藏高原湿地,属于芦苇泥炭类沼泽。湿润的气候和丰美的水草,每年引来大批赤麻鸭、黄鸭、西藏毛腿沙鸡、斑头雁、棕头鸥、戴胜、百灵和云雀等各种野生鸟类,另有少量国家一级保护野生动物黑颈鹤在此嬉戏。世界上海拔最高、面积最大的城市天然湿地,也是我国唯一的城市天然湿地,有"拉萨之肺"之称。2005 年入选国家级自然保护区。

类乌齐马鹿国家级自然保护区　位于昌都市北部和类乌齐县西部。占地面积 12.06 万公顷。主要保护对象是马鹿及其生存环境,属野生动物类型自然保护区。马鹿是仅次于驼鹿的大型鹿类,因体形似骏马而得名,属国家二级保护野生动物。有高等植物 73 科 231 属 652 种,脊椎动物 4 纲 13 目 47 科 180 种,其中国家一级保护野生动物 10 种,国家二级保护野生动物 34 种。2005 年入选国家级自然保护区。

麦地卡湿地国家级自然保护区　位于嘉黎县措拉乡,地处以麦地藏布为中心的拉萨河源头生态敏感区域。占地面积 8.81 万公顷,平均海拔 4 900 米。属于高原湖泊沼泽草甸湿地,包括永久性淡水草本沼泽、泡沼、泛滥地、湖泊、高山湿地和灌丛湿地等湿地类型。栖息分布着国家一级、二级保护野生动物 29 种,是黑颈鹤、赤麻鸭、斑头雁等多种水禽的迁徙走廊,也是高原鱼类洄游、产卵育幼场所,还有藏原羚、岩羊、盘羊、狼、猞猁、棕熊等珍稀野生动物栖息于此。2016 年入选国家级自然保护区。

玛旁雍错湿地国家级自然保护区　位于普兰县北部。占地面积10.12万公顷,其中玛旁雍错湖泊面积约6.9万公顷,海拔4500米以上。玛旁雍错水质至今仍保持淡水状态,湖水最深可达70米,是世界上海拔最高的淡水湖。湖区周围基本保持着原始的生态面貌,对湿地周边的气候具有直接调节作用,对维护当地生物多样性具有重要意义。保护区是黑颈鹤、藏羚羊等珍稀濒危物种种群的重要栖息地和重要的迁徙走廊或繁殖地。2017年入选国家级自然保护区。

十二、国家级水利风景区

措木及日湖水利风景区　位于林芝市八一镇西北处。依托措木及日湖而建。措木及日湖又称"冰湖",在藏语中意为"清澈双眼",由措木及日、昂措两个高原湖泊组成,是一座古冰碛湖,古冰川活动遗迹随处可见。湖面约10平方千米,湖水湛蓝清澈,湖内游鱼如织。受亚热带和高寒带等气候影响,生物群落多样,植被及野生动物资源异常丰富,原始自然风貌保存完好,是世界上生物多样性最典型的地区之一,堪称"生物基因库"。景区是藏族、门巴族、珞巴族等少数民族聚居地,民族风情独特。2010年入选国家级水利风景区。

雅砻河谷水利风景区　位于山南市乃东区,地处念青唐古拉山南麓与喜马拉雅山北侧的雅鲁藏布江中游地段。依托雅砻河而建,属于自然河湖型水利风景区。占地面积380平方千米,其中水域面积80平方千米。雪山冰川、河流湖泊、田园牧草、河滩谷地等自然景观与众多历史文化遗址和独具魅力的民风民俗等人文景观相互融合。现有藏民族历史文化遗存和藏传佛教文化遗存50余处,古代墓群20余处。2013年入选国家级水利风景区。

拉萨河水利风景区　位于拉萨市城区。依托拉萨河城区综合治理工程而建,占地面积 7.65 平方千米,其中水域面积 2.52 平方千米,属于城市河湖型水利风景区。充分利用高原河流的河谷地貌和河道特征,以拉萨河城区段两岸生态人文景观为景区主体,形成市民休闲、商业文化、旅游文化三个功能分区。两岸布置了吉雪沃塘、玉带晴虹、滨河公园、高原新艺、鹏矗生态园、雪域琼岛、佛光福等七个藏族风貌主题公园及《文成公主》大型文化实景演出基地。2016 年入选国家级水利风景区。

十三、国家地质公园

易贡国家地质公园 位于波密县与林芝市交界处的雅鲁藏布江东岸,主体位于波密县易贡乡。占地面积 2 160 平方千米。以易贡巨型山体崩塌地质遗迹为特色,主要地质遗迹有易贡巨型山体崩塌区、易贡巨型滑坡区、易贡堰塞湖区、易贡藏布—帕隆藏布断裂带与反向河区、茶场与铁山旅游区、冰川地质遗迹区、现代冰川区、峡谷地貌区与次生崩塌滑坡区,还有国内最大的现代海洋性冰川雪山群,以及堰塞湖、冰湖、峡谷、瀑布、泥石流、滑坡、塌方、滚石、滑石、角峰、铁山等地质地貌景观,是一个名副其实的"地质博物馆"。2002 年入选国家地质公园。

土林国家地质公园 位于札达县。地貌上属于西藏山原湖盆谷地的藏南山原湖盆宽谷区、札达盆地亚区,平均海拔 4 500 米,南侧喜马拉雅弧形山脉卡美特山的最高海拔 7 756 米,札达盆地出口的最低海拔为 2 900 米。地质遗迹类型多样,最具有代表性的是札达盆地的土林地貌。由于札达盆地边部各种基岩的抗风化能力存在差异,历经漫长的地质演化,形成了波状起伏、气势恢宏的土林地貌。2005 年入选国家地质公园。

羊八井国家地质公园 位于拉萨市西北部,地处阿尔卑斯—喜马拉雅环球地热带上,有"天然地热博物馆"和"青藏高原上的地热城"之称。地热资源丰富,拥有全国最大的地热发电站。在白雪皑皑的群山环抱之中,融融热流构成了世界屋脊上引人入胜的天然奇观。规划建设羊八井、念青唐古拉、曲桑、热振寺四个区域,设立观光游览、科学考察、休闲度假、野营探险、地学科普、生态科普等不同功能园区,占地面积 2 500 平方千米。2009 年入选国家地质公园。

十四、国家森林公园

冈仁波齐国家森林公园　位于普兰县。占地面积 16.77 万公顷。"冈仁波齐"在藏语中意为"神灵之山"。最高峰海拔 6 656 米,是世界公认的神山,被誉为"神山之王",被印度教、藏传佛教等认为是世界的中心。2004 年入选国家森林公园。

班公湖国家森林公园　斑公湖大部分位于日土县,小部分在克什米尔地区境内,占地面积 48 200 公顷。班公湖海拔 4 242 米,是高原内陆湖,藏语称"错木昂拉仁波",意为"明媚而狭长的湖"。湖水由东向西依次为淡水、半咸水、咸水,颇为奇特。湖中分布着大小岛屿,其中最著名的当数世界海拔最高的鸟岛。湖岸四周有早期文明遗迹。2004 年入选国家森林公园。

然乌湖国家森林公园　位于八宿县然乌镇,地处念青唐古拉山脉向横断山脉转折地带,为帕隆藏布水系的源头地区。占地面积 11.62 万公顷。高山断裂河谷与湖泊相间,岭谷相差较大,呈高山侵蚀地貌景观。地处森林向草甸植被的过渡地带,植被类型比较简单,从下到上依次为亚高山常绿针叶林、高山灌丛草甸和高山植被稀疏带,植物种类有 61 科 194 属 505 种。2004 年入选国家森林公园。

热振国家森林公园　位于林周县北部唐古乡。海拔 4 200 米,占地面积 7 500 公顷。连绵 30 千米的热振河谷具有独特的河谷风光,山清水秀,古柏环绕,环境优美,生存着大量的珍稀野生动植物,如黑颈鹤、白唇鹿等。有古刺柏 22 万株,其中许多树龄 300—500 年,高达 5—12 米,树径 0.3—0.8 米,单株材积最高可达 3.5 立方米。2004 年入选国家森林公园。

姐德秀国家森林公园　位于贡嘎县。占地面积 8 500 公顷。森林植被主要为河边滩地人工栽种的柳树,树种有白柳、垂柳、筐柳等,沿河分布,像一条绿色生态走廊镶嵌在雅江两岸。有灌丛、湿地、河流等自然景观交错相间,风光秀美,景色宜人。地势平缓,草地如茵,江边湿地是多种湿地鸟类的天堂,主要分布有黑颈鹤、斑头雁、赤麻鸭等鸟类。周边还有多吉扎寺、昌果新石器古文化遗址、制造氆氇和邦典的民族手工艺加工厂等景点。2004 年入选国家森林公园。

巴松湖国家森林公园　位于林芝市工布江达县。占地面积 41 万公顷。这里随着气候变暖,冰川后退,堰塞成湖,形成串串湖泊与蓝天、白云、雪山、冰川相映,峡谷、森林、草原、花海相依,冬雪、纯花、夏绿、秋黄四时变幻的自然景观。人文景观多姿多彩,有神秘的戎堡、格萨尔王的传说以及独特的工布风情,是藏东地区社会、历史、文化、宗教、艺术等发展的缩影。2006 年入选国家级森林公园。

色季拉国家森林公园　位于米林县。占地面积 40 万公顷,森林覆盖率 55%。原始森林密集,森林植被垂直带谱明显。高海拔地区主要有小叶杜鹃、高山柳、雪层杜鹃、金缕梅及蒿草分布,主要树种有冷杉、云杉、圆柏、高山松、华山松、高山栎、槭树、五角枫,下木主要有杜鹃、箭竹、忍冬、小檗、绣线菊、蔷薇、三棵针、黄花木等,地被植物有苔藓、蕨类及草本,共有植物 1 200 余种,并有松茸、天麻、虫草等 200 多种名贵中药材,被誉为"世界植物的博物馆"。2006 年入选国家森林公园。

尼木国家森林公园　位于拉萨市与日喀则市、山南市、那曲市交界处,地处雅鲁藏布江中游北岸。占地面积 6 300 公顷。由四个部分组成:一是海拔 3 850 米、尼木最大的咸水湖,如巴湖;二是植被葱郁、物种繁多的尼木日措湿地,生态环境良好,是黑颈鹤、斑头雁、赤麻鸭等多种珍稀鸟类及野生动物栖息的天堂;三是吞巴乡林区,古树参天,千年核桃、古柏、原始灌木和万亩人工林相映成趣;四是尼木县吞巴乡藏文创始人吞弥·桑布扎故居及水磨长廊。2009 年入选国家森林公园。

比日神山国家森林公园　位于林芝市八一镇,地处雅鲁藏布江中下游主要支流尼洋河畔。占地面积 2.26 万公顷,其中森林面积 1.26 万公顷,森林覆盖率 56%。森林公园依江而立,雄踞尼洋河谷,工布自然保护区环绕四周,由措木及日景区、比日神山生态景区和藏东南文化遗产博物馆及尼洋河组成。植被垂直景观明显,观赏性花草树木种类繁多,林相、季相景观突出,月月有花可赏,季季景观不同。还有林麝、白唇鹿、棕尾虹雉、秃鹫等国家一级保护野生动物 9 种,藏酋猴、黑熊、岩羊等国家二级保护野生动物 37 种。2012 年入选国家森林公园。

十五、国家湿地公园

多庆错国家湿地公园　位于亚东县和康马县交界处。海拔 4 300 米,占地面积 3.27 万平方千米,其中湿地面积占 80%。典型的藏南高原湿地生态系统,湿地分为湖泊湿地、沼泽与沼泽化草甸湿地、河流湿地三种,以前两者为主。多庆错湖是典型的由降雨和冰雪融水补给的高原湖泊。堆纳沼泽湿地形成于一万多年以前,是藏南典型的沼泽和沼泽化草甸湿地。湿地植被皆为草丛沼泽,共发现脊椎动物 101 种,其中国家一级保护野生动物 5 种、国家二级保护野生动物 15 种。2015 年入选国家湿地公园。

当惹雍错国家湿地公园　位于尼玛县。海拔 4 600 米,占地面积 1 381平方千米。主要包括当惹雍错、达果雪山和周边一定范围内的草地、草甸、沼泽和河流。当惹雍错地处藏北高原中部一个深陷的湖盆底部,是 300 万年前形成的高原断陷湖,是西藏原始本教崇拜的圣湖,也是西藏第三大湖。

2015 年入选国家湿地公园。

嘉乃玉错国家湿地公园 位于嘉黎县城所在地阿扎镇周边区域,地处藏北高原向藏东峡谷过渡地带。占地面积 35 平方千米,其中湿地面积 12.6 平方千米。主要包括嘉乃玉错及其来水区域的沼泽地,湖泊周边的高山矮林、灌丛、草地,泽嘎错、泽拉错以及三湖相连的河流湿地等。代表性物种有禾叶点地梅、黑颈鹤、斑头雁、玉带海雕等。2015 年入选国家湿地公园。

雅尼国家湿地公园 位于林芝市中南部,跨越巴宜区和米林县。雅鲁藏布江与尼洋河交汇处的三角洲湿地,水面海拔 2 920 米,占地面积 69.73 平方千米。尼洋河又称"娘曲",是雅鲁藏布江北侧的最大支流,发源于米拉山西侧的错木梁拉,全长 307.5 千米,在巴宜区的则门附近汇入雅鲁藏布江。尼洋河流域地形复杂,沿途河道多岔流、滩地、江心洲,两岸风景秀丽,植被完好,气候宜人,沙洲星罗棋布,牛羊点缀其间,四季景色迥异,一派"西藏小江南"的秀美风光。2016 年入选国家湿地公园。

白朗年楚河国家湿地公园 位于喜马拉雅山北坡、年楚河中游的白朗县,地处年楚河保存较为天然、河漫滩较为宽阔的河段。占地面积 20.18 平方千米,其中湿地面积 12.16 平方千米,湿地率 60%。主要包括白朗县境内 38 千米长的年楚河主河道及其两侧的洪泛平原、草本沼泽和沼泽化草甸,代表性物种有玉带海雕、黑颈鹤、斑头雁、白尾海雕等。2017 年入选国家湿地公园。

拉姆拉错国家湿地公园 位于加查县的曲科杰丛山之中,海拔 5 335 米。占地面积 28 平方千米。主要包括拉姆拉错、格萨尔拉错、德桥亚勇湖,斯布荣曲、吉龙那曲两条河流及其周边的沼泽、洪泛平原和季节性河流等。拉姆拉错是高山淡水湖,在藏语中意为"天女之魂湖""吉祥天姆湖",是藏地著名的神湖。景观优美,珍稀物种多,文化底蕴深厚,科研和保护价值极高。2017 年入选国家湿地公园。

朱拉河国家湿地公园 位于工布江达县,地处朱拉河上游地区。海拔 3 500 米,占地面积 12.6 平方千米,其中湿地面积约占 74%。湿地类型分为河流湿地和沼泽湿地两大类型,有永久性河流、灌木沼泽和沼泽化草甸三个湿地型。代表性物种有斑羚、红腹角雉、黑颈鹤、西藏齿突蟾等。具有藏东南地区典型的河流湿地复合体的生态系统特征,发挥着涵养水源、调节区域小气候、维持生物多样性等重要功能。2017 年入选国家湿地公园。

紫曲河国家湿地公园 位于昌都市类乌齐县县城南部。占地面积 9.16 平方千米,其中各种类型的湿地 7.62 平方千米,湿地率 83%。自 2014 年起依据国家湿地公园总体规划开始建设和管护,相继实施了湿地植被修复工程,完善了湿地公园基础设施,安装了界碑、界桩、标示标牌、护栏等管护设施,湿地生态得到全面保护。2018 年入选国家湿地公园。

嘎朗国家湿地公园 位于波密县,地处彼得藏布与帕隆藏布两江交汇处。海拔约 2 700 米。围绕嘎朗湖形成了典型的高原湖泊湿地,占地面积 26 平方千米。处于中央的湖泊,由天然的地壳运动形成,是几千年前西藏原始地貌的生动记忆。嘎朗湖四面环山,湖水碧绿如镜,湖中鱼类繁多,野禽成群,有黄鸭、大鹰、野鸭、黑顶鹤等鸟类。景色优美,既有工布特色的地方民居,又有古老而神秘的嘎朗王宫遗址,既有野桃花竞相绽放的浪漫春季,又有满山遍野苍劲挺拔的青松、雄伟壮观的皑皑雪山。2009 年入选国家湿地公园(试点)。

狮泉河国家湿地公园 位于阿里地区葛尔县、日土县、革吉县。占地面积 126.67 平方千米。狮泉河又名"森格藏布",发源于冈仁波齐峰北侧,流经藏西北干旱高寒区,全长 430 千米,在扎西岗与支流噶尔藏布汇合,出境进入克什米尔后称"印度河"。这里是西藏降雨量最少的地区,沿岸以宽谷地形为主,有沼泽和温泉分布。2014 年入选国家湿地公园(试点)。

卓玛朗措国家湿地公园 位于洛隆县。地处我国三大候鸟迁徙路线的西线主干上,是怒江的重要源头。主要湿地类型为湖泊湿地、河流湿地和沼泽湿地三大湿地类和永久性淡水湖、永久性河流、洪泛平原湿地、草本沼泽、沼泽化草甸、灌丛沼泽、森林沼泽七个湿地型,总面积 32.64 平方千米。2015 年入选国家湿地公园(试点)。

下洛国家湿地公园　位于曲松县县城西侧的下洛村。占地面积 46.54 平方千米。湿地毗邻色曲阿玛河南岸,植被繁茂,生态环境良好。春夏时节,绿草如茵,牛羊成群。风光秀美,俨然一片翠美的绿洲。2015 年入选国家湿地公园(试点)。

娜若国家湿地公园　位于比如县。占地面积 61.87 平方千米。2015 年入选国家湿地公园(试点)。

江萨国家湿地公园　位于日喀则市桑珠孜区甲措雄乡的年楚河段及河道两边的湿地和森林区域。占地面积 18.28 平方千米,其中湿地面积 12.56 平方千米,湿地率约为 69%。湿地类型主要为沼泽湿地、河流湿地。地处日喀则市城郊处,对于调节当地的气候有很重要的意义。2016 年入选国家湿地公园(试点)。

拉妥国家湿地公园　位于贡觉县。占地面积 35.94 平方千米。2016 年入选国家湿地公园(试点)。

夯错国家湿地公园　位于那曲市色尼区。占地面积 25.35 平方千米。2016 年入选国家湿地公园(试点)。

炯拉错国家湿地公园　位于边坝县。占地面积 34.88 平方千米。2016 年入选国家湿地公园(试点)。

琼果河国家湿地公园　位于琼结县。占地面积 13.03 平方千米。2016 年入选国家湿地公园(试点)。

十六、世界遗产

布达拉宫历史建筑群　包括布达拉宫、大昭寺和罗布林卡。布达拉宫位于海拔 3 700 米的拉萨市中心的红山上,被誉为"高原圣殿"。始建于公元 7 世纪,是藏王松赞干布为文成公主而建。依山而建,占地 41 万平方米,建筑面积 13 万平方米。主体建筑分为红宫和白宫,红宫居中,白宫横贯两翼。宫体主楼 13 层,高 115 米,石木结构。白宫是达赖喇嘛的冬宫,曾是原西藏地方政府的办事机构所在地。红宫是达赖喇嘛的灵塔殿和各类佛殿,共有 8 座存放各世达赖喇嘛法体的灵塔。布达拉宫于 1994 年入选世界文化遗产。大昭寺位于拉萨老城区中心,始建于唐贞观年间,由藏王松赞干布建造,又名"祖拉康""觉康",在藏语中意为"佛殿"。大昭寺在元、明、清屡加修改扩建,融合了藏、唐及尼泊尔、印度的建筑风格,是西藏现存最辉煌的吐蕃时期的建筑,也是西藏最早的土木结构建筑,并且开创了藏式平川式的寺庙市局规式。大昭寺于 2000 年作为布达拉宫扩展项目入选世界文化遗产。罗布林卡位于拉萨西郊,在藏语中意为"宝贝园林"。始建于 18 世纪 40 年代,是一座典型的藏式风格园林,历代达赖喇嘛消夏理政的地方。占地 36 万平方米,分为宫区、宫前区、林区三部分,有植物 100 余种,堪称"高原植物园"。建筑以格桑颇章、金色颇章、达登明久颇章为主体,是西藏人造园林中规模最大、风景最佳、古迹最多的园林。罗布林卡于 2001 年作为布达拉宫扩展项目入选世界文化遗产。

十七、全国重点文物保护单位

拉萨—噶丹寺 位于达孜区的旺波日山上。始建于明永乐年间,由藏传佛教格鲁派(黄教)创始人宗喀巴兴建,是格鲁派第一座寺庙。主要建筑有宗喀巴寝殿、大经堂、僧舍等殿宇,设 2 个扎仓(僧舍院),23 个康村,每个康村管辖若干米村(康村、米村是扎仓下面的地域性组织,亦是僧人食宿之地)。拉基大殿规模宏大,可同时容纳 3 000 余人,殿中有弥勒像与宗喀巴等铜造像,陈列有宗喀巴生前法座椅子。寺内原有壁画中的《释迦牟尼讲经图》,是格鲁派早期壁画的代表作。1961 年入选全国重点文物保护单位。

拉萨—布达拉宫　1961 年入选全国重点文物保护单位。参见世界遗产——布达拉宫历史建筑群。

拉萨—大昭寺　1961 年入选全国重点文物保护单位。参见世界遗产——布达拉宫历史建筑群。

拉萨—哲蚌寺　位于根培乌孜山南坡。原名"吉祥永恒十方尊胜州"，由藏传佛教格鲁派（黄教）创始人宗喀巴之弟子降央曲吉·扎西班丹于明永乐年间创建。规模宏大、鳞次栉比的白色建筑群依山而建，铺满山坡，远望好似巨大的米堆，故名"哲蚌"，在藏语中意为"米聚"，象征繁荣。历史上最盛时僧众超过 1 万人，拥有 141 个庄园、540 多个牧场，是藏传佛教最大的寺庙。与甘丹寺、色拉寺合称"拉萨三大寺"。1982 年入选全国重点文物保护单位。

拉萨—色拉寺　位于布达拉宫北面的色拉乌孜山脚上。由宗喀巴弟子释迦益西主持兴建，明宣德年间建成。全称"色拉大乘寺"，是藏传佛教格鲁派（黄教）六大主寺之一，与哲蚌寺、甘丹寺合称"拉萨三大寺"。主要建筑有措钦（集会殿）、吉扎仓、麦扎仓、阿巴扎仓及 32 个康村。释迦益西后应召赴北京，受封"大慈法王"，藏语为"绛钦却杰"。回藏后，他将钦赐经像珍藏于寺内，至今仍存。其中释迦益西的彩色丝像，虽经 500 余年色彩仍很鲜艳。收藏在措钦大殿的 200 余函《甘珠尔》《丹珠尔》经书，用金汁抄写而成，十分珍贵。1982 年入选全国重点文物保护单位。

拉萨—罗布林卡　1988 年入选全国重点文物保护单位。参见世界遗产——布达拉宫历史建筑群。

拉萨—小昭寺　位于城关区。占地 4 000 平方米，在藏语中意为"藏宝之所"。始建于唐贞观中期，历史上几经火焚，现存建筑大多是后来重修的。主要由庭院、门楼、神殿、转经回廊等组成。神殿是寺院的主体，殿高三层，底层依序为门厅、经堂与佛殿。后部为金顶殿，歇山式屋顶，顶层是汉式金瓦，金光闪闪，蔚为壮观。建筑风格融合了汉藏式建筑特点，最初的管理也由汉僧主持，是汉藏两个民族团结友谊的象征。与大昭寺并称"拉萨二昭"。

2001 年入选全国重点文物保护单位。

拉萨—聂塘卓玛拉康　位于曲水县。公元 11 世纪,著名孟加拉僧人阿底峡大师应邀到拉萨传教弘法,长居此地,直至北宋皇祐六年(公元 1054 年)圆寂。弟子们为表纪念,于此建寺,俗称"聂塘寺"。因主供阿底峡大师生前随身供奉的本尊度母铜像(卓玛佛像),遂名"卓玛拉康",又名"聂塘度母殿"。现存的度母殿为 20 世纪 30 年代热振活佛主持重建。至今保存着阿底峡大师生前用过的法螺、化缘钵和木塔。2006 年入选全国重点文物保护单位。

拉萨—拉让宁巴　位于城关区。"拉让宁巴"历史上称为"吞巴",是松赞干布时期吐蕃最有名望的重臣吞米·桑布扎的府邸。15 世纪西藏著名的宗教改革家、藏传佛教格鲁派(黄教)创始人宗喀巴大师曾在此居住。17 世纪时,五世达赖曾将此作为寝宫暂居,直到大昭寺顶楼寝宫竣工后搬离,故被称为"拉让宁巴","拉让"指的是活佛的寝宫,"宁巴"在藏语里是"旧"的意思。2013 年入选全国重点文物保护单位。

拉萨—邦达仓　位于拉萨老城区八角南街。是老城区目前建筑结构保存最完整的一个"森厦"(贵族宅邸),始建于明末清初。由两层回廊庭院、主体建筑等组成的藏式风格古院落,占地面积 4 790 平方米。曾是热振时期藏军司令擦绒的府邸,后卖给当时西藏最大的商号邦达家族。西藏和平解放前,邦达仓一直是当地最大的商号。2013 年入选全国重点文物保护单位。

拉萨—桑珠颇章　位于拉萨市八廓南街。明崇祯年间,蒙古和硕特部首领固始汗率领和硕特部攻进西藏,建立政权,史称"甘丹颇章王朝"。桑珠颇章为蒙古和硕特部首领固始汗的豪宅。固始汗死后,和硕特部在西藏的统治逐渐削弱。桑珠颇章后为七世达赖的父亲索朗达吉所拥有。大院共有三层,设有卧室、诵经室、书房、客厅、仆人居室等,总建筑面积约 3 279 平方米。主楼房屋整体风貌保存良好。2013 年入选全国重点文物保护单位。

拉萨—冲赛康　位于城关区。三层的藏式传统大院,清朝政府曾在这里成立首座驻藏大臣衙门,供驻藏大臣办公和居住。《清实录》《卫藏通志》

等史籍中提及的"通司岗""宠岗",就是冲赛康在那个时代的音译。"冲赛康"意为"可以看到集市的房子"。现已改建为清政府驻藏大臣衙门旧址陈列馆。2013年入选全国重点文物保护单位。

拉萨—拉鲁颇章 位于城关区公德林街道。"颇章"在藏语里是"宫殿"的意思,"拉鲁颇章"意为"拉鲁家族的宫殿"。始建于17世纪末,占地面积3 800平方米。曾为六世达赖喇嘛的行宫,八世达赖喇嘛选择拉鲁为吉祥之地,立为达赖喇嘛家族的祖业,后归为拉鲁家族所有。如今只剩下一幢三层传统藏式小楼建筑。二楼墙上的莲花生大师立姿壁画,有300多年的历史。2013年入选全国重点文物保护单位。

拉萨—喜德寺 位于城关区北京东路,是吐蕃赞普墀祖德赞在大昭寺周围兴修的六座拉康之一。早先属于宁玛派寺院,第三世热振活佛时期改宗格鲁派。14世纪起成为热振寺的属寺,热振活佛的驻锡地。原有的主要建筑包括经堂、佛殿、僧舍、僧厨。寺院中心是一方形庭院,后部为佛殿及经堂,庭院的其他三面为僧舍、僧厨。僧舍100余间,均为藏式平顶二层建筑。2013年入选全国重点文物保护单位。

拉萨—门孜康 位于娘热路。始建于1916年。在藏语中,"门孜康"意为"医学历算院"。西藏地区素来重视医学教育,十三世达赖喇嘛土登嘉措创建门孜康,并建立了一套较为严格的教学制度。学员由各地寺庙选送,学习人体的脏腑解剖、藏草药等知识,还包括佛学、语言学等内容。门孜康还担负编制藏历历书的任务,对于藏区的农耕活动具有重要的指导作用。1959年以后,门孜康与原药王山医学利众寺合并,成立拉萨藏医院,即现在的西藏自治区藏医院。2013年入选全国重点文物保护单位。

拉萨—中央人民政府驻藏代表办公处旧址 2013年入选全国重点文物保护单位。参见全国红色旅游经典景区——中央人民政府驻藏代表楼旧址。

林芝—烈山墓地 位于朗县金东乡列村。唐代墓葬。墓地范围约50万平方米,共发现封土墓184座,其中封土占地700平方米以上的大型墓23

座、700 平方米以下的中型墓 74 座,封土最高者达 14 米。墓葬封土平面形状主要有梯形、方形、圆形、亚字形和方圆复合形等。墓葬构筑主要采用典型藏式建筑风格的夹石、夹木夯筑方法。在墓葬区发现了建筑、祭祀、石碑座等遗迹现象。2001 年入选全国重点文物保护单位。

林芝—扎木中心县委红楼 位于波密县机关大院中。红色仿苏联式木楼,建于 1953 年,为当时的康藏公路管理局办公、住宿所用。原有三座建筑,后拆除东西两侧的红楼,现保存下来的是三座中最大的一座。红楼平面呈"凹"字形,两层石木结构,长 38.4 米,宽 13.4 米,共有房屋 25 间。墙体下部由石块堆砌而成,高 1.4 米,墙体上部为木质墙体,呈红色。建筑物内侧主体墙体为石块堆砌,其余隔间墙体为木质墙板,房顶为平面木质。2013 年入选全国重点文物保护单位。

日喀则—萨迦寺 位于萨迦县。"萨迦"在藏语中意为"灰色土",以其地土质呈灰白色而得名。北宋熙宁年间由萨迦派(花教)创始人昆·贡却杰布创建,为该教派的祖寺,后屡经重修。北寺已毁,南寺保存较完整。主体建筑为大经堂,面积约 5 700 余平方米,还有大殿、欧东拉康及萨迦地方政权的办公楼和萨迦法王的居室、殿堂,均为元代所建。藏有丰富的文物,尤以经书为著,收藏各种经书 28 000 多本,是西藏著名的藏书和写经中心。1961 年入选全国重点文物保护单位。

日喀则—扎什伦布寺 位于桑珠孜区尼色日山坡上。全称"扎什伦布白吉德钦曲唐结勒南巴杰瓦林",意为"吉祥须弥聚福殊胜诸方州"。日喀则最大的寺庙,为四世之后历代班禅喇嘛驻锡之地。与拉萨的"三大寺"甘丹寺、色拉寺、哲蚌寺合称格鲁派的"四大寺"。寺内最宏伟的建筑是大弥勒殿和历代班禅灵塔殿。大弥勒殿中间供奉着 1914 年九世班禅曲吉尼玛主持铸造的镏金青铜强巴佛,即弥勒佛的坐像。1961 年入选全国重点文物保护单位。

日喀则—江孜宗山抗英遗址 1961 年入选全国重点文物保护单位。参见全国红色旅游经典景区——江孜县宗山抗英遗址。

日喀则—夏鲁寺　位于甲措雄乡。始建于北宋元祐年间,建寺的创始人名杰尊嘉饶穷涅。元仁宗延祐年间迎请布顿大师主持寺务,自此在西藏佛教中建立了夏鲁派。现在的大殿建筑群,基本上为元代建筑。大殿分前后正殿及左右配殿,皆为木构梁架琉璃瓦顶。是西藏传统形式与内地结构造型相结合的古建筑群,保存有元代壁画和八思巴文文告。1988 年入选全国重点文物保护单位。

日喀则—白居寺　位于江孜县城东北部。海拔 3 900 米。藏语称为"班廓德庆",意为"吉祥轮乐寺"。明永乐年间奠基。由大殿、吉祥多门塔、扎仓和围墙四大建筑单元组成。菩提塔又名"十万佛塔",由近百间佛堂重叠而成,人称"塔中有塔",是白居寺的标志。建筑充分代表了 13 世纪末—15 世纪中叶后藏地区寺院建筑的典型样式。1996 年入选全国重点文物保护单位。

日喀则—曲德寺、卓玛拉康、大唐天竺使出铭　位于吉隆县。曲德寺始建于公元 10 世纪,原系三层建筑,现顶层已坍塌,仅存残垣,保留有原始壁画和木构件。卓玛拉康始建于元至元年间,现存建筑保留有雕刻精美的木构件及原始壁画。大唐天竺使出铭,系唐显庆三年(公元 658 年)使臣出使天竺经此地时所刻;崖壁面阔约 1.5 米,高约 4 米,现存文字 24 列,311 字,字体为汉文楷书,铭文为阴刻,是迄今为止在西藏已经发现的年代最早的一通藏汉文石刻。2001 年入选全国重点文物保护单位。

日喀则—查木钦墓群　位于拉孜县曲玛乡查木钦村。海拔 4 000 米左右。吐蕃五朝末代赞普——朗达玛家族后裔的墓葬群。共有墓葬 134 座,封土形状有凸字形、方形、长方形、圆形、塔形五种,还有残葬坑 30 余个。墓群极为壮观,高大的封土好似一座山间巨垒。墓葬形制较全,尤其是石狮和墓碑,是研究西藏古代丧葬制度,以及吐蕃时期后藏一带的政治历史、文化、民风民俗等远古历史文化的重要资料。2006 年入选全国重点文物保护单位。

日喀则—平措林寺　位于拉孜县平措林乡。海拔 4 100 米。明万历年间修建。主体建筑由集会殿、拉康顿珠、外经院、宗政府遗址、僧舍等组成。

集会殿建筑面积 1 700 平方米,共三层。附属建筑由土布坚拉康、吉杰拉康、罗汉堂、布达拉康、巴日拉康、卓玛拉康、喇嘛拉康、扎西拉康以及部分僧舍组成。壁画主要分布在集会殿底层的前廊、经堂、依估殿,二层的廊壁及三层的俄门佛殿,具有很高的历史、艺术、科学价值。2006 年入选全国重点文物保护单位。

日喀则—帕巴寺 位于吉隆镇,海拔 2 850 米。建于唐贞观年间。松赞干布时期,赤尊公主进藏随身带有三尊释迦牟尼佛像,其中瓦帝桑布之尊被安放在吉隆镇,遂为它建造了此寺。为楼阁式石木结构建筑,塔身方形,塔中心有楼梯可盘旋至顶。共有四层,层层出檐,从下往上逐层收分,每层檐角上套有黄铜制成的火焰套饰。底层为佛殿,是寺庙的主体部分,由门廊及主殿两部分组成。外环绕以外环廊,内有暗回廊相绕,供信徒转经之用。寺外墙壁和门廊南壁分别绘有三世佛、大成就者、护法神、观音像等早期壁画。2013 年入选全国重点文物保护单位。

日喀则—帕拉庄园 位于江孜县班觉伦布村。又称"帕觉拉康",是西藏三大领主之一帕拉家族的庄园。13 世纪中叶,曾是萨迦王朝的首府,西藏地区政治、经济、文化、军事中心。分为三个院落,总面积 4.72 万平方米。庄园主体为三层楼院落建筑,共有大小房屋 82 间,住房面积 5.36 万平方米,设有经堂、会客厅、卧室等。经堂陈设考究,经书、佛龛保存完好,卧室中金银玉器琳琅满目。还有帕拉贵族当年遗留下来的名贵餐具、珍贵裘皮服饰,再现了帕拉家族当年的豪华生活场景。2013 年入选全国重点文物保护单位。

昌都—卡若遗址 位于澜沧江以西卡若附近台地上。海拔 3 100 米,是我国已发掘的海拔最高的一处新石器时代遗址。发掘面积 3 040 平方米,揭露面积 1 800 平方米左右,发现房屋遗迹 31 座,石墙 3 段,圆石台 2 座,石围圈 3 座,灰坑 4 处。出土文物数万件,包括石器 7 978 件、骨器 368 件、陶片 200 多块、装饰品 50 件。卡若遗址的发掘对研究西藏的原始文化具有划时代的意义。1996 年入选全国重点文物保护单位。

昌都—查杰玛大殿 位于类乌齐镇。始建于元至元年间。大殿为三层建筑,主体呈四方形,堂内矗立 180 根大柱,最大的 64 根大柱需两人合抱;三层外墙上层涂有白色,中层为红色,下层为红、白、青条纹相间,故谓"条花殿"。建筑具有藏、汉、尼泊尔建筑风格。珍藏着大量文物精品,如桑吉温的银质佛像,八瓣莲花的时乐金刚像,明、清时的唐卡,不同时期的金、银、铜各类佛像上百尊,雕刻精美的经板等。2006 年入选全国重点文物保护单位。

昌都—小恩达遗址 位于卡若区昂曲河东岸。遗址分布在小恩达小学一带,海拔 3 263 米。占地面积约 10 万平方米,属于新石器时代晚期遗址。遗存分为早晚两期,有房屋遗址、灰坑、窑穴数处及一处古墓葬,出土了大量石器、陶片、兽骨等。该遗址的发现,对于探讨藏民族的起源,西藏地区早期和黄河流域等地的文化联系,以及建立和完善卡若文化的类型和序列提供了珍贵的材料。2013 年入选全国重点文物保护单位。

昌都—昌都强巴林寺 位于昌都镇昂曲和杂曲两水交汇处,耸立在古冰河切割而成的红壤层上。明正统年间创建。寺内主佛为强巴佛(弥勒佛),"强巴林寺"因而得名。强巴林寺有五大活佛世系,12 个扎仓,数千僧侣,并辖周围小寺 70 座。主要建筑保存完好,经堂内塑有数以百计的各类佛像和高僧塑像,还保存有上千平方米的壁画以及众多的唐卡。2013 年入选全国重点文物保护单位。

昌都—芒康县盐井古盐田 位于盐井镇澜沧江东西两岸。已有 1 300 年历史,此地保留了完整的、原始的手工晒盐方式。盐田是用木料在澜沧江两岸架起的一座座"平台",再用紫红色黏土把台面抹平压实,加以围堰,成为一个个平整如镜的晒盐池。晒盐池大的不超过 10 平方米,小的仅 1—2 平方米。澜沧江西岸地势低缓,盐田较宽,所产的盐为淡红色,名"红盐";因采盐高峰期多在 3—5 月,俗称"桃花盐";江东地势较窄,盐田不成块,产的盐是纯白色,称为"白盐"。2013 年入选全国重点文物保护单位。

山南—昌珠寺 位于雅砻河东岸的贡布日山南麓。属格鲁派寺院。建于松赞干布时期,据说文成公主曾在此驻足修行。措钦大殿东西长 45 米,南北宽 29 米,里边有天井、天棚,经堂有柱 64 根,主要佛殿三间。殿内有 12 座佛堂。1961 年入选全国重点文物保护单位。

山南—藏王墓 位于琼结县宗山的西南方。背靠丕惹山（意为"增长之山"），是吐蕃王朝时期第 29 代赞普至第 40 代（末代）赞普、大臣及王妃的墓葬群。现有古墓 9 座，墓的形制大致相同，均为方形平顶，土石夯筑而成。在山峰下赤德祖赞墓前，立有石狮一对，其高 1.55 米，形态生动，刀法流畅。毗邻的赤松德赞（赛那累）墓旁，有方形石碑一座，下宽上窄，上覆石珠顶盖，下盖浮雕流支，四角雕有飞天；碑侧刻有龙纹；碑身正面刻古藏文，以歌颂赤松德赞赞普一生功绩。1961 年入选全国重点文物保护单位。

山南—桑耶寺 位于扎囊县桑耶镇。始建于唐代宝应初年，由吐蕃赞普赤松德赞授旨古印度来的传教大师寂护、莲花生主持修建，是西藏藏传佛教佛法僧俱全的第一座寺庙。"桑耶寺"在藏语中意为"无边寺""存想寺"，融合了汉、藏、印度三种建筑风格，故又叫"三样寺"。占地 2.5 万平方米，由中心殿、四大洲、八小洲、太阳殿、月亮殿、红白黑绿四塔及附属建筑组成，具有藏、汉、印早期建筑的风格。寺外原有三座王妃殿，现仅存康松桑嘎林一处。1996 年入选全国重点文物保护单位。

山南—扎塘寺 位于扎囊县。北宋元丰年间创建。原规模较大，有内外三重院墙，现仅存主殿。主殿外观五层，实为三层，现仅存一层，由门廊、经堂、回廊和佛殿组成。佛殿内保存许多珍贵壁画，以表现释迦牟尼的不同手印为主题，周围的人物均为僧人，当为建寺时所绘。1996 年入选全国重点文物保护单位。

山南—拉加里王宫遗址 位于曲松县城南侧。始建于 13 世纪。现存建筑分为早、中、晚三期。早期建筑藏语称"扎西群宗"，建于 13—14 世纪，现仅存高 12 米的宫墙残段和南、北大门；中期建筑藏语称"甘丹拉孜"，建于 15—18 世纪，为遗址现存的主体建筑，由王宫、仓库、拉康（宫殿）、广场、马厩等组成，原为五层，现存三层，尚残存部分壁画；晚期建筑称"夏宫"，建于 18 世纪，现存一基本完整的院式宫殿。2001 年入选全国重点文物保护单位。

山南—吉堆吐蕃墓群 分布于洛扎县吉堆乡。建于唐朝。共有墓葬 48

座,以一号大墓为中心,呈放射状分布。墓葬封土为覆斗状,平面为梯形,封土采用夹石夯筑的方法。在墓群东西两面各有一处摩崖石刻和碑文,石刻内容和碑文一致,记录了吐蕃时期一位赞普和大臣德乌穷之间的誓文。墓群反映了吐蕃历史、洛扎地方史和吐蕃丧葬制度,为研究吐蕃扩张时期的结盟及其形式和内容提供了不可多得的证据。2001 年入选全国重点文物保护单位。

山南—朗色林庄园　位于扎囊县朗色林乡。建造于明代,是西藏早期农奴制庄园的典型建筑。主要由双重围墙、护墙壕、主楼、马厩、经堂、仓库、神殿及花园组成,主楼高达七层。2001 年入选全国重点文物保护单位。

山南—色喀古托寺　位于洛扎县与不丹边境处。北宋元丰年间修建。占地面 4 820 平方米,外有围墙环绕,东西长 98 米,南北宽 48 米。寺内主殿为大佛殿。碉楼九层,高达 28 米,楼顶系金顶。保存有藏传佛教噶举派传承事迹和人物壁画,以及西藏门当绘画派的早期壁画和吐蕃写经。2001 年入选全国重点文物保护单位。

山南—吉如拉康　位于乃东区。"拉康"系藏语"佛殿"的音译。始建于吐蕃王朝赤德祖赞时期。建筑面积 982 平方米。分为南、北两部分,南侧为寺院主体,由释迦牟尼佛堂、集会堂及转经回廊等组成;北侧建筑主要有纳拉康、嘎登曲工拉康等。规模不大,但留存的建筑、雕刻、泥塑、壁画等非常丰富。2001 年入选全国重点文物保护单位。

山南—松卡石塔　位于扎囊县。建筑年代不详。有形制大同小异的五座佛塔,呈东西一线分布,均用整块巨石雕刻而成,高 2 米左右,通体白色。由塔座、塔和塔顶三部分组成,塔座有多边形和正方形两种,塔瓶呈覆钵形。石塔附近有各个不同时期的摩崖造像。2006 年入选全国重点文物保护单位。

山南—敏竹林寺　位于扎囊县。藏传佛教宁玛派(红教)的六大寺庙之一,初建于 10 世纪末,清代康熙初期重修和扩建。共有五座建筑群及附属建筑,占地约 10 万平方米,墙体以片石砌筑。主要佛殿为祖拉康。以注重研习佛教经典、天文历法、书法修辞及藏医、藏药等而闻名全藏,历年的《藏历年表》均出于此。2006 年入选全国重点文物保护单位。

山南—康松桑卡林 位于扎囊县桑耶乡桑耶寺南。创建于 8 世纪晚期,由吐蕃赞普赤松德赞的一位王妃按照桑耶寺乌孜大殿的式样修建。占地面积 4 000 平方米。主殿居中,共四层,高 18 米,周围是两层楼的僧舍大院。殿内雕梁画栋,富丽堂皇,结构简单轻巧,具有一定的汉式建筑风格,而柱头等局部具有藏式建筑特点,属藏汉结合的建筑风格。2006 年入选全国重点文物保护单位。

山南—仲嘎曲德寺 位于隆子县日当镇。藏传佛教格鲁派寺庙。在吐蕃时期为本教寺庙,11—13 世纪改宗藏传佛教噶当派,15 世纪后又改宗格鲁派,与卡定寺形成东、西两大寺院。鼎盛时期僧人达 200 余人。寺中设拉布让(大喇嘛私邸)、聂章(管理财政)、基巴(管理膳食)、雅勒(管理集会)等管理机构。2013 年入选全国重点文物保护单位。

山南—拉隆寺 位于洛扎县扎日乡,海拔 3 700 米。"拉隆"在藏语中意为"神的旨意"。南宋绍兴年间修建。背山面河,整个建筑群修建在一个略呈"亚"字形的长方形大院内。围墙南北长约 200 米,东西宽约 120 米。围墙为两层空心建筑,墙头用小佛塔作顶,墙体宽 1.8 米,通高 6.5 米,其中小佛塔高 2.1 米。主殿北面建有写追拉康,拉康内有大量石刻贴于墙上,形成独特的立体壁画,其中以石刻骷髅最具特色。2013 年入选全国重点文物保护单位。

山南—贡嘎曲德寺 位于贡嘎县岗堆乡,海拔 3 598 米。明天顺年间修建。又称"多吉丹寺",意为"金刚座寺",是当时西藏地区传播萨迦派密法的主要道场。现存建筑包括大殿及其北侧的一、二层建筑,其余附属建筑均已不存。2013 年入选全国重点文物保护单位。

山南—达杰林寺 位于乃东区亚堆乡曲德贡村。始建于 11 世纪,十三世达赖时期进行扩建,形成如今的规模。1950 年被废弃,1982 年逐步恢复原貌。占地面积 1.2 万平方米,主体建筑是大殿、僧舍。保存有三套《甘珠尔》、一套《丹珠尔》、五世达赖缂制唐卡、魔皮制的护法神唐卡等。每年藏历五月二十五日举办展佛活动。2013年入选全国重点文物保护单位。

那曲—邦纳寺 位于索县色昌乡巴秀村。始建于14—16世纪。占地面积500余平方米,建筑面积1 781平方米。平面基本上呈"凸"字形,主要由经堂、佛殿、门廊、转经轮室组成,为藏族传统的碉房式建筑,装饰有汉式建筑风格。现存大殿,建筑面积500平方米。2006年入选全国重点文物保护单位。

那曲—其多山洞穴岩画 位于班戈县纳木错的西岸。新石器时代至唐代的洞穴岩画。岩画分布在其多山上的两个天然洞穴中。岩画用红色颜料绘制。一号洞穴绘有动物、人物、符号等图像200余个,为多次绘成。岩画内容丰富,除了狩猎畜牧、争战演练、舞蹈娱乐等内容外,还有宗教符号及祭祀活动的场景。有许多岩画已成经典的图像,其中一幅狩猎野牦牛图,展现了狩猎者的丰富经验及对动物特性的了解。2013年入选全国重点文物保护单位。

阿里地区—古格王国遗址 位于札达县。古格王国建于10世纪前后。占地约18万平方米,有房屋、佛塔和洞窟等600余座,形成一组庞大的古建筑群。建筑群下部有地道相通,外围有石砌城墙。城角设有碉堡。保存有寺庙、殿堂五座,寺内残留有泥塑佛像、壁画及历代吐蕃赞普和王子的画像。遗址周围散布铁盔甲、马甲、盾牌、箭镞等遗物。另有一条由石块垒成的长约2 000米的水渠故道。1961年入选全国重点文物保护单位。

阿里地区—托林寺 坐落于札达县城西北的象泉河畔。北宋至道初年创建,是古格王国在阿里地区建造的第一座佛寺。"托林"在藏语中意为"飞翔空中永不坠落"。原有大小殿宇13座及众多佛塔、经堂。现存建筑有朗巴朗则拉康、杜康和拉康嘎布三座大殿与一座佛塔。主体建筑朗巴朗则拉康,保存有早期的建筑结构与风格。托林寺在西藏佛教后弘期具有极其重要的地位,是西藏名寺之一。1996年入选全国重点文物保护单位。

阿里地区—科迦寺 位于普兰县科迦村。藏传佛教萨迦派寺院,藏传佛教后宏期的主要寺庙之一。"科迦"在藏语中有"定居"之意。北宋至道初年创建。清光绪二十四年(公元 1898 年)释迦佛殿被毁,现存殿堂建筑两座,均为由若干房间组成的复合二层多边形建筑。寺内存有早期壁画、木构件及造像。2001 年入选全国重点文物保护单位。

阿里地区—皮央和东嘎遗址 位于札达县东嘎村、皮央村。由东嘎扎西曲林寺遗址和皮央石窟群组成。皮央寺始建于古格王国建国初期的 10 世纪,东嘎在 10 世纪建寺。遗址包括石窟遗迹、石窟壁画、佛寺遗迹、佛塔遗迹、墓葬、居住遗址、岩画等。存留的石窟近千座,包括礼佛窟、禅窟、僧房窟、仓库窟、厨房窟等各种类型的石窟。2013 年入选全国重点文物保护单位。

十八、国家一级博物馆

西藏博物馆 位于拉萨市罗布林卡东南角,是西藏第一座具有现代化功能的博物馆。1999 年落成开馆,具有鲜明的藏族传统建筑艺术特点。占地面积 5.4 万平方米,总建筑面积 2.35 万平方米,展厅面积 1.05 万平方米,馆藏文物丰富,囊括了历代中央政府治藏文物、佛像、唐卡、古籍经典、瓷器、玉器、民俗文物以及考古发现的史前文物等。2008 年入选国家一级博物馆。